학술총서-07

「현대해양법론」 전면 개정

韓國과 바다의 國際法

金榮球 著

한국해양전략연구소
효성출판사

「서 문」

발간의 말씀(發刊辭)

저희 한국해양전략연구소가 연구지원한 김영구 교수님의 노작(勞作)「한국과 바다의 국제법」이 드디어 발간됨을 진심으로 기쁘게 생각합니다.

「한국해양전략연구소는 국가와 민족 나아가 전 인류의 미래가 바다에 있다는 사실을 직시하여, "바다를 아는 지식," "바다를 경영하는 능력," 그리고 "바다를 지키는 힘"에 관련된 제반 관련 주제들을 연구하기 위하여 1997년에 창립(創立)되었습니다. 창립 이후 약 2년이 지난 오늘까지 저희 연구소는 이러한 목적에 부합하는 각종 연구결과를 출간(出刊)해 오고 있습니다. 우리나라가 21세기를 맞아 해양국가로서 도약(跳躍)하기 위해서 바다에 관한 국가정책을 수립함에 있어 가장 중요하고 기초가 되는 연구는 바로 해양법에 관한 연구이며 그렇기 때문에 이번에 김영구 교수님의 **한국과 바다의 국제법** 출간은 그 의의가 각별하다고 생각하는 바 입니다.」

김영구 교수님의 이 저서는 국제해양법(海洋法) 규범을 체계있고 간결하게 서술하면서 동시에 각 해양법적 제도에 관련된 한국적 문제에 대한 심층적 분석을 가한 역저(力著)입니다. 이 책은 저자가 1988년 발간한바 있는 저서 "현대해양법론"(서울: 아세아사)을 기초로 지난 10년간 발전, 변모된 해양법의 새로운 내용과 한국(韓國)과 한반도 관련 해양법상 현안 문제들에 관한 깊이 있는 연구결과를 총 정리한 것입니다.

지난 10년간 해양법협약의 변화된 내용중에서는「심해저개발제도에 관한 이행협약」의 성립과 발효가 가장 중요하고 현저한 발전이고 또 변화라고 할 수 있을 것입니다. 또「공해어업에 관한 이행협약」의 채택 역시 중요한 발전입니다. 그 밖에 1992년 6월에 소집된 유엔인간환경개발회의(UNCED)와 그 5년 후에 열린 유엔총회 특별회기(Earth Summit+5) 이래 발전되어온 "지구환경의 보존과 인류를 위한 지속가능한 개발"을 위한 새로운 규범의 발전들도 해양법의 변화와 발전에 있어서 중요한 부분이라고 할 수 있습니다.

김영구 교수님께서 심혈을 기울려 저술하신 이 책은 이 같이 첨예하게 변화 발전된 해양법의 부분들을 중점적으로 새롭게 다루고 있습니다. 특히 1992년 Rio Summit 이후 전혀 새로운 모습으로 발전한 국제해양환경법 내용을 소개하고 있으며, 독도(獨島) 문제 및 배타적 경제수역에 관련된 동북아의 해양질서 개편에 관해서도 풍부하고 정확한 자료와 성실한 학문적 노력으로 분석을 시도하고 있습니다.

「서 문」

   그러므로 이 책은 특히 최근 10년간 급속하게 발전되어온 해양법상의 여러 협약과 제도들에 관하여, 최신(最新)의 자료를 바탕으로 정밀한 분석과 정리를 완결한 유일한 전거(典據)로서 활용될 수 있을 것입니다. 이 책은 앞으로 해양법의 기본적인 내용을 이해하고 국제해양법을 체계있게 공부하려는 학부 및 대학원생은 물론이고 해양의 문제에 관한 주어진 정책과제를 긴급히 해결해야 할 정책실무자의 참고를 위해서 문제접근의 첫 번째 길을 열어주는 지침서가 될 것으로 생각합니다.

   해양의 중요성이 더욱 뚜렷하게 나타나기 시작한 21세기를 맞아 이 책은 한국과 바다의 국제법에 관한 훌륭한 참고자료로 사용될 것임을 굳게믿으며, 앞으로도 이와 같은 좋은 연구결과들을 지속적으로 출간하기 위해 노력할 것을 약속드립니다. 다시 한번 훌륭한 역저(力著)를 내신 김영구 교수님의 노고(勞苦)에 찬사와 축하를 드립니다.

1998년 12월 29일
한국해양전략연구소
이사장 **鄭 義 昇**

「서 문」

序　文

　　1988년에 출간된 金榮球교수의 尨大한 "現代海洋法論"이 10년만에 "韓國과 바다의 國際法"이라는 書名으로 全面的 改訂版이 간행된다.

　　强大國의 海洋支配 정책을 유지하려던 40년 전, '58년 제네바 제1차 유엔 海洋法 議會에서, 비율빈 대표가 "On the Death of Mr. Three Miles"라는 "弔辭"를 읊었던 광경이며, 2년 후 '60년 제2차 제네바회의에서 6해리 領海辭 플러스 6해리 漁業水域案이 單 1표 차로 부결되고 마는 장면을 목격하던 필자는 그 후에 전개된 엄청난 變革을 놀라움으로 관찰해 왔다.

　　'73년에 再開된 제3차 유엔海洋法會議는 迂餘曲折 10년 작업 끝에 '82년 12월에 320개 條文의 유엔海洋法協約을 채택하였는데 沿岸國의 權利가 영해 12해리 플러스 無慮 200해리 排他的經濟水域 EEZ로 可히 無限定이라할 만큼 확대되고 만 것은 歷史의 當爲性이라 할 것인가? '56년 유엔國際法委員團 ILC가 해양법 草案을 유엔總會에 제출했을 당시 이러한 결과를 어찌 상상이나 하였겠는가?

　　그간의 해양법 展開狀況을 예의 고찰하면서 만 10년 만에 이루어진 金교수의 現代海洋法論 改訂版은 우리 국내 뿐 아니라 외국에서도 드문 國際海洋法의 大系라 할 것이다. 유엔協約의 발전, 특히 國際海洋環境法의 劃期的인 변화("持續可能開發 槪念의 擡頭" '92년)며, 深海底 開發制度의 수립(國際海底機構, '96년), 그리고 國際海洋法裁判所의 構成('96년) 등을 풍부한 자료와 문헌으로 소상히 기술하고 있다.

　　우리나라의 경우, 14년 간의 "國交正常化 交渉"(1951-65) 끝에 韓·日間에 체결된 '65년의 어업협정은 上記한 '60년 제네바 회의에서 한 표 차로 부결된 6해리 플러스 6해리, 도합 12해리의 소위 專管漁業水域의 趨勢를 따른 것이었다. 그러고 난 후, 유엔 海洋法協約의 성립과정을 보아가면서 '65년 협정에 적절한 조정을 가하고(예로, Exclusive Fishery Zone 설정, 1977), 양국이 1996년 共히 同協約에 가입하고부터는 '65년 協定의 전면적인 개정 교섭이 시작된 것인데, 일본측은 끝내 一方的인 廢棄通告를 행하고 '99년 1월 22일에 協定이 終了케 되어서 서둘러서 새로운 漁業協定을 EEZ 境界의 劃定을 기다려 3년간 효력의 modus vivendi 暫定協定 형식으로 조

「서 문」

인케 된 것이다.

　金교수는 그간 40編에 달하는 주로 韓國關係 海洋法 논문을 발표하였는데, 이 논문들을 신중히 재검토, 재정리하여 이 改訂版에 반영한 것으로 보인다. 韓·日, 韓·中 어업문제, EEZ 境界劃定의 理論과 實際的 검토, 大陸棚, 深海底문제, 獨島 영유권, 그리고 西海五島 등 北韓과의 境界問題, 領海內 外國軍艦의 通航問題 등, 한국의 해양법 문제 전반에 끊임없는 연구를 계속한 것이다.

　이렇듯, 著者가 改訂版 書名을 "韓國과 바다의 國際法"이라 한 것은 매우 적절한 것으로 생각된다. 이처럼 國際法의 기본적 내용에 대한 法規的 硏究와 더불어 自國의 國家慣行에 관한 철저한 연구를 試圖한 예는 외국 저서에 간간히 보였지만 <註:例之, 20世紀 最高의 碩學이며 위대한 國際法學者의 한 분으로 꼽히는 Paul Guggenheim의 "Traité de Droit international public - Avec mention de la pratique internationale et suisse", 2 tomes, 1953> 한국에서는 처음 보는 예이다. 이로써 김교수의 이 著作은 國際法의 解釋學的 典據에 寄與하고 한국 국제해양법 權威書로서의 위치를 차지하게 될 것이라 믿는다.

　豊富한 문헌과 關係判例를 망라 인용하고 상세한 索引을 마련하여서 學術書로서 그리고 귀중한 實務參考書로서 훌륭한 저서를 완성시킨 저자의 다년간의 勞苦와 學究精神에 敬意를 표하고저 한다.

1998년 12월

鄭　一　永

百想財團 理事長

「서 문」

머릿 말

　1998년이 저물고 있다. 이 해는 유엔이 정한 「세계 해양(海洋)의 해」였다. 발효된 지 5년이 지난 유엔 해양법협약이 실질적으로 「바다의 헌장(憲章)」으로 가동(稼動)되고 있고 이 새로운 해양질서가 정착됨을 바탕으로 해양에 관한 획기적인 인식전환(認識轉換)을 위한 각가지 중요한 행사들이 전 세계적으로 진행되었다. 국내적으로 보면 올해 벽두(劈頭)에 한일어업협정이 일본에 의해서 일방적으로 종결통고되고, 결국 한일(韓日), 한중(韓中) 간의 잠정적인 어업협정이 서둘러서 타결(妥結)되었다. "열린 경쟁의 시대"가 여러 면에서 열악(劣惡)한 우리의 국제적인 경쟁력에 각성(覺醒)과 분발을 촉구하는 가운데 특히 바다의 문제는 조금치의 유예(猶豫)도 없이 산적한 과제(課題)로 우리를 재촉하고 있다. 이 책은 이러한 시대적인 상황을 배경으로 쓰여졌다.

　10년전 「현대해양법론」이라는 서명(書名)으로 출간된 책에서는 "해양법에 관한 기초적인 내용을 체계를 세워서 소개하는 것"을 목표로해서 해양법 제도와 규범의 내용을 가능한 간결하고 균형있게 기술(記述)해 보려 노력한 바가 있다. 본래의 의도와 목표가 그 책에서 정확히 도달되어 있지 못했었음에도 불구하고 일반 해양정책 실무가들과 해양법을 공부하는 진지한 연구자들로부터 분에 넘치는 격려와 호응을 받았다. 그러나 이미 그 책은 1986년도 자료로 변론종결되어 있었기 때문에 가장 빠른 변화와 발전을 이룩해온 해양법학 분야의 개설서(槪說書)로서는 시대착오적인 "서적(書籍)"으로 폄하(貶下)될 수 밖에 없는 사정이 일찍이 성립되어 있었다. 저자로서 이러한 경우에 당연히 온 힘을 기울려서 즉시 새로운 연구와 집필로 새로운 책을 내어놓아야 함에도 불구하고 결국 10년이라는 적지 않은 시간의 공백(空白)을 두고 나서야 이 책에 대한 전면적인 수정(修正)과 개필(改筆)을 일단락하여, 「한국과 바다의 국제법」이라는 새로운 서명(書名)으로 다시 세상에 내어놓게 되었다.

　물론 이 책은 앞의 책과 똑같이 해양법에 관한 개설서(槪說書)로서 "해양법에 관한 기초적인 내용을 체계를 세워서 소개하는 것"을 목표로하고 있으며 해양법 제도와 규범의 내용을 가능한 간결하고 균형있게 기술(記述)한다는 원칙에 충실하여 집필되었다.

　해양법협약의 내용중에서는 「심해저개발제도에 관한 이행협약」의 성립과 발효가 가장 중요하고 현저한 발전이고 또 변화라고 할 수 있을 것이다. 또 「공해어업에 관

「서 문」

한 이행협약」의 채택 역시 중요한 발전이다. 그 밖에 1992년 6월에 소집된 유엔인간환경개발회의(UNCED)와 그 5년 후에 열린 유엔총회특별회기(Earth Summit+5) 이래 발전되어온 "지구환경의 보존과 인류를 위한 지속가능한 개발"을 위한 새로운 규범의 발전들도 해양법의 변화와 발전에 있어서 중요한 부분이다. 이 책을 개필함에 있어서는 이러한 부분을 중점적으로 새롭게 고쳐서 쓰는 일에 노력이 집중되었다.

이 책의 서명 「한국과 바다의 국제법」은 앞의 책, 「현대해양법론」의 부제(副題)였다. 앞의 책에서 목표한 바는 단순한 해양법의 개설서를 넘어서 한국의 해양법적 문제에 대한 충분한 분석과 자료를 제시하는 일이었다. 그리고 새 책에서도 이러한 목표는 그대로 추구되었다. 그런 취지에서 새책에서는 특히 일본과 중국의 직선기선 획정 문제와 어업협정 문제 그리고 독도(獨島) 영유권 문제가 비교적 자세하게 다루어 졌다. 어떤 기준에서 본다면 개설서(槪說書)로서의 체제가 이미 무너진 것이라는 비판도 가능할지도 모르나 한국적인 문제를 간과함은 이 책의 존재의미 자체를 부정하게 된다고 보고 그러한 문제들에 대한 지면을 절약하지 않았다. 다만 본문의 분량이 증가되고 관련 해양법 조약과 국내법령들이 폭주하여 앞의 책에서 부록(附錄)으로 다루던 조약 및 국내법령을 별책, 「한반도 관련 해양법 조약 법령집」으로 먼저 발간하였었다.

10년의 공백을 더 이상 연기하지 않기 위해서 이 책의 개필(改筆)을 꼭 이 해(1998년) 안에 일단락시키려고 노력하였다. 그러나 1998년은 필자 개인에게도 무척 다사다난(多事多難)한 한해가 아니였나 생각된다. 책의 집필에만 몰두하기 위하여 여러 가지 일을 사절(謝絶)하고 생략(省略)했음에도 불구하고 중요한 국제회의를 세 번이나 참석해야만 하였고, 한일(韓日)어업협정 및 한중(韓中)어업협정의 타결 등은 언제나 새로운 과제로 새로운 연구를 다시 해야하는 사정으로 겹쳐왔다. 서문(序文)을 쓰고있는 지금까지도 사실상 이 책은 필자에게 아직도 미완성의 과제일 뿐이다. 이 책을 이용하실 해양정책 실무가들과 진지한 연구자들과 더불어 해양법 문제를 같이 공부하고 고민해 갈 한 사람의 연구자로서 필자는 미완의 결실이나마 이 책을 그대로 상재(上梓)키로한 만용(蠻勇)을 용서하기 바란다.

이 책의 집필과 발간을 가능하게 도와주신 한국해양전략연구소의 정의승 이사장님께 감사를 드린다. 한국해양전략연구소는 그 학술총서 발간지원 계획에 본서의 출간을 1998년 사업으로 채택하여 주시고 많은 격려와 지원을 아끼지 않았다. 우리에게 이러한 민간연구기관이 내용과 체계를 갖추어 그 사업을 발전시켜나가고 있다고 하는 사실은 얼마나 큰 지주(支柱)가 되는 일인지 모른다.

이 책의 완성을 위해서 많은 분들의 격려와 도움을 받았다. 그 중에서도 특히 헌

「서 문」

신적인 노력으로 필자의 작업을 도와준 정일근, 박신호, 강보석 및 박기덕 제군의 노고를 여기에 기록하므로서 감사드리고 싶다.

  나이가 60이 되어도 세상 물정도 잘 모르고 변변치 않은 학문연구를 한다고 몰두하는 기벽(奇癖)이 심한 남편에게 언제나 이해(理解)와 사랑으로 새 힘을 주는 아내 이성숙(李成淑)에게 이 책을 바친다.

1998년 12월 16일

저자(著者)   **김 영 구(金榮球)**

「현대해양법론 서문」

책 머리에

　이 책은 海洋法을 공부하는 國際法學徒는 물론이고, 海洋을 통한 한국의 國益伸張에 寄與하려 하는 젊은 知性人들을 위하여 집필되었다.
　바다는 예로부터 財貨를 運送하는 交通路로서 뿐만 아니라, 人類文化의 交流와 文明의 架橋로서 중요한 역할을 해 왔다. 그러나 이제는 바다를 이용하는 인간활동의 범위가 넓어지고 기술이 혁신되어, 바다는 漁業을 통하여 중요한 식량의 공급원이 되었고, 石油, 天然Gas 및 深海底鑛物 등 資源의 寶庫로도 각광받고 있다. 反面에 海洋에서의 인간활동의 확대로 인한 海洋環境 훼손의 결과로 해양환경보존에 관한 전 지구적인 협력과 노력이 地球家族으로서의 全 人類에게 주어진 긴급한 課題가 되어 있다.
　20세기 初 西歐戰略家들이 喝破한 것처럼 "바다를 지배하는 者가 商業을 지배하고, 商業을 지배하는 者가 世界를 지배한다"는 命題는 이제 "바다를 알고 바다의 資源을 合理的으로 開發하는 國家만이 自國民의 生存을 보장하고 人類의 繁榮에 寄與할 수 있다"는 命題로 바뀌어져야 하게 되었다.
　韓國은 숙명적으로 바다와 깊이 연관되어 있다.
　역사적으로 보면 韓國은 한때 韓半島 周邊 海洋을 統制한 적도 있으나, 대체로 近世 以來 海洋進出이나 活用은 不振하였다. 그 이유는 儒敎的 思想에서 연유된 冒險 忌避의 思考方式과 漁民 賤視의 고정관념이 있는데다가 隣接한 日本으로부터의 빈번한 倭冠의 侵犯으로 바다를 忌避하는 민족적 체질을 갖게 되었기 때문이라고 생각한다. 이러한 海洋思想의 결여와 海洋活動의 不振은 여러면에서 지금까지 民族發展의 沮害 要因으로 작용하고 있다.
　韓國의 領土는 半島이므로 3면이 바다인 것은 自明한 사실이나 3면이 바다이기만 하면 海洋의 利點을 그냥 누리는 것은 아니다. 韓國은 오히려 一種의 地理的 不利國으로 國民的 自覺과 努力이 없이는 海洋에 관한 국가적 이익을 제대로 保全하지 못하고 마는 경우가 많게 되어 있다. 國家의 存立과 發展을 위한 國家政策의 樹立과 그 實現에 있어서 海洋은 資源의 寶庫이며 활동의 터전이다. 그리고 海洋에 있어서의 國益伸張을 위하여 海洋法은 國家 意志 表現의 必須의 言語이며 手段임을 韓國은 이제 잘 깨우치고 있어야만 한다.
　海洋法은 國際社會의 발전 추세에 따라 世界的으로 그 硏究의 열기가 가속화되어 1970年代 以來에는 이른바 海洋法 硏究의 時代(the decade of ocean law studies)

「현대해양법론 서문」

를 열었으며 國際法學 分野 중 가장 현저한 發展을 이룩하였다. 우리 韓國에서도 그동안 여러 碩學들이 상당한 수준의 硏究業績을 海洋法 分野에서 쌓아올린 바가 있다. 그러나 이상하게도 海洋法의 전반적 내용을 체계있게 소개하는 책은 아직 나와 있지가 않은 實情이다. 몇몇 碩學들이 槪說書를 내신 것이 없지 않지만, 방대한 海洋法의 내용을 간결하게 다루다 보니 사실상 대부분의 내용이 소개조차 제대로 되어 있지를 못한 것이 사실이다.

소위 "太平洋時代"의 主役으로서 빠르게 변화해 가는 國際的 環境에 대처하여, 韓國이 그 國家的 安全을 지키고 國力의 伸張을 이룩해 나가려면 다른 분야는 물론이지만, 특히 海洋에 관한 政策의 수립과 추진에 있어서 적어도 試行錯誤的인 浪費가 있어서는 않되겠다.

이러한 試行錯誤的 浪費를 줄이려면 海洋에 관한 모든 專門的 知識과 情報가 막힘없이 교류되고, 확산되어 萬人의 知性으로 걸러내어진 가장 合理的인 見解가 consensus로 집약되고 政策에 반영될 수 있어야만 한다. 그러나 불행히도 韓國에 있어서 海洋에 관한 學問的 硏究나 專門的 情報의 교류는 몇몇 碩學들의 전유물이 되고 있고 심지어 政府의 實務的 海洋政策 立案者들이 쉽게 참고할 수 있는 體系的이고 포괄적인 資料조차 준비되어 있지 아니하다.

本書는 海洋法 분야에 관해 국민적인 知識帶의 底邊을 확대하고 政策實務의 實用的인 參考에 공하기 위하여 최근까지의 海洋法에 관한 규범내용의 發展과 學說의 내용을 체계를 세워서 소개하는 것을 목적으로 작성되었다. 따라서 이 책에서 著者는 海洋法 내용을 우선 體系化하고 各 부분적 제도 및 규범의 내용에 관해 간결하지만, 初學者나 政策實務者들에게 이해될 수 있기에 충분할 정도의 설명을 균등하게 해나가는 것을 원칙으로 정하고 집필하였다.

이 책에는 著者가 海洋法을 硏究해 온 지난 10년간 작성하고 발표했던 論文들이 本書의 각 장절 편성에 부합하도록 수정 보완되어 참고되고 있음을 밝혀 두어야 하겠다. 大韓 國際法學會論叢, 韓國 海法會誌 등에 寄稿되었던 이들 논문들은 이 책의 중요한 부분을 구성하고 있다.

이 책은 總論을 포함한 12個의 章으로 구성되어 海洋法의 내용을 전반적으로 說明하고 있다. 책의 序頭에는 條文 索引表를 두어서, 특히 1958년 海洋法協約과 1982년 유엔海洋法協約의 各 該當條文에 관한 설명을 필요에 따라 찾아 볼 수 있게 하였다.

內水制度와 基線에 관한 부분을 한 개의 章(第2章)으로 독립시킨 것, 國際海峽과 群島水域制度를 한데 묶은 것(第4章) 그리고 島嶼制度를 領海에 관한 설명에서 떼어서 閉鎖海, 半閉鎖海와 함께 다른 하나의 章(第5章)으로 설명한 것은 이 책에서 시도한 특징적 구성이라고 생각된다.

「현대해양법론 서문」

   各 章의 說明은 필연적으로 상호연관되고 있다.
   어느 경우에는 各 章別 論理의 構成을 위해 중복된 설명이 필요하다고 생각되는 부분도 있었다. 예컨대, 公海의 法的 性質은 第8章에서와 꼭같이 第10章에서도 言及되어야만 했다. 그러나 이러한 경우도 설명의 중복은 결단코 배제하였다. 그러므로 讀者는 참고 장절의 表示에 따라 연관된 장절의 부분을 아울러 읽어 나가기를 권하는 바이다.
   各 章에서는 海洋法 各 制度와 規範의 내용을 간결하고도 充實하게 설명해 나가되, 특히 韓國的 問題가 내제되거나 연관된 부분에서는 과감하게 충분한 분량의 설명으로 理論과 論點들을 소개하고 著者 나름대로의 의견을 제시하였다.
   이 책의 副題를 「韓國과 바다의 國際法」이라고 한 것은 이 때문이다. 海洋法에 있어서의 韓國的인 問題로서 특별히 著者의 附加的인 見解를 제시한 것 중에서 중요한 내용만을 열거하면,

1. 西海 5島嶼 근해에서 北韓과의 境界 問題.
2. 國際海峽 通航制度, 특히 潛艦通航에 관한 부분.
3. 領海內 他國 軍艦의 通航問題(사전통고제 및 사전허가제).
4. 韓國의 200海里 經濟水域 範圍 案.
5. 이와 관련된 獨島의 經濟水域 境界劃定上 基準으로서의 意義.
6. 大陸棚境界에 관한 최근 國際判例의 비판.
7. 韓-中共, 韓-日 大陸棚境界劃定의 基準.
8. 北韓의 間諜船에 대한 海上對間諜 작선시 軍艦의 國旗審査權 행사.
9. 韓國이 國際海底機構 理事會의 理事國으로 참여하는 방안.
10. 國際海底機構 理事會의 意思決定方式으로서 가중투표제 도입.

과 같은 것들이다. 이와 아울러 著者는 韓國의 沿岸에 24해리 接續水域을 설정하는 방안과 黃東支那海의 海洋還境 保存을 위해 濟州海峽과 西흑산도 근해에 海洋汚染 規制를 위한 「特定海域」을 설정하는 방안 등도 검토되어야 한다고 主張하는 바이다.
   이 책에는 69매의 地圖와 63매의 圖表가 사용되고 있다. 이처럼 많은 地圖와 圖表를 사용하는 이유는 물론 설명을 간결하게 하고 讀者의 이해를 돕기 위함이다. 어떤 圖表나 地圖들은 소위 法學에 관련된 설명에는 그다지 필요치 않다고 생각되는 것들까지도 포함되어 있다. 이런 것들까지 사용하고 있는 이유는 專門的인 法律人이 아닌 一般讀者나, 政策實務者들의 이해를 돕고 本書의 이용을 편리하게 하기 위함이다.
   海洋法에 관한 用語가 아직 國語로 定立되어 있지 못한 것은 本書의 記述에 있어서 커다란 어려움으로 느껴졌다. 예컨대, "事前投資家"는 "優先投資家" 또는 "選拔投資家", "優先投資家", "先發投資家" 등으로 無秩序하게 표현되고 있다. 英語에 있어서도 初期

에는 Preparatory Investor로 써오다가 後에 Pioneer Investor로 바뀌고 있다. 本書에서는 一般的인 用語使用例를 참작하여 이들 中 普遍的인 用語를 選擇해서 一貫되게 使用코자 努力하였다. 그러나 이러한 一貫性이 維持되지 못하고 있는 경우도 있다. 예컨대, "互惠國間 開發體制"와 같은 것이다. 이것은 Reciprocating States Regime을 一般的으로 指稱하는 경우에 사용된다. 그러나 文脈의 强調 등의 필요가 있는 때는 "相互主義 國家間의 深海底 開發體制" 등의 表現으로 바꿔 쓴 경우도 많이 있다. 槪念上 이 兩者의 表現에 무슨 差異가 있느냐? 고 묻는다면 보다 說明的인 "뉴앙스"(Nuance)가 必要하다고 생각되는 文脈속에서 後者를 使用하였다고 말할 수 밖에 없다.

또, 國際司法裁判所(ICJ)나 海洋法裁判所(ITLOS)의 경우 "裁判所"라는 用語는 日本語의 殘滓이며, 따라서 國際司法"法院" 및 海洋法"法院"으로 表記하는 것이 韓國의 國內法 用語例와의 一貫性을 維持한다는 뜻에서 바람직한 것으로 생각되기도 한다. 그러나 한편 생각해 보면, 國際司法裁判所라는 用語는 우리 國際法學에서 이미 익숙한 것으로 상당한 사용상의 慣行이 확립되어 있는 점도 看過할 수 없는 것이므로 著者는 國際司法裁判所 및 海洋法裁判所라는 用語를 그대로 사용하였다. 그러나 此際에 우리 國際法學 用語의 統一, 整備作業을 서둘어 始作할 것을 강력히 提議하는 바이다.

海洋法은 國際法 분야 중에서 가장 방대하고 다양한 규범내용을 포괄하고 있다. 1982년 성립된 유엔海洋法協約만 보더라도 본문 320개 條文과 9개의 附屬書 및 4개의 決議案으로 구성된다. 그러므로 海洋法 내용에 관한 體系化나 내용의 소개라는 작업을 어떤 특정제도나 규범내용에 치우치지 않으면서 간결하고 포괄적으로 이를 완성한다는 일은 매우 어렵게 되어 있다.

著者가 本書에서 이러한 본래의 目標를 完璧하게 달성하였다고는 생각되지 않는다. 다만 著者는 여러 고마운 분들의 激勵와 도움에 힘입어 이러한 당초의 目標를 위하여 誠心을 다하여 노력했을 뿐이다.

그리고 海洋法은 빠르게 발전해 가는 國際法 規範 중 하나에 속한다. 그러므로 지금도 學問으로서의 海洋法學은 새롭고도 중요한 자료들이 나오고 있다. 本書는 대체로 1986년도까지의 자료를 기초로 하고 있다. 本書를 出刊하기 위해 마지막 손질을 해 나가던 1987년 이후에도 많은 새로운 내용이 발표되었으므로 부득이 이러한 내용에 대한 분석과 소개는 다음 기회로 미루는 수 밖에 없게 되었다.

이 책은 당초 著者의 意圖나 目標에는 상당히 미치지 못하고 있다. 그러나 최소한도 그러한 意圖가 있었다는 徵表로, 그러한 限界性을 전제로, 나름대로 우리 學界와 實務의 所用에 기여하기를 바라는 마음에서 감히 책을 내놓게 된 것이다.

이 책이 결과적으로 다소나마 海洋法 硏究와 우리나라 海洋政策 硏究에 도움이 될 수 있다면 그것은 전적으로 이 책을 이 만큼 완성할 수 있도록 도와주신 많은 분들의

「현대해양법론 서문」

功績이다. 그러나 이 책은 完成을 향한 하나의 試圖이며 過渡的인 始作品일 뿐이다. 그러므로 이 책이 必然的으로 갖을 모든 誤謬나 허물은 著者의 것이다.

이미 西歐에서는 海洋法의 槪說書는 물론이고 海洋法의 각 분야별 專門的 硏究가 단행본으로 출간되고 있다. 우리나라에서도 各 分野別로 본격적인 海洋法 硏究 叢書가 出刊되는 날이 하루 속히 올 것을 기대하며 이러한 硏究들을 위하여 本書가 하나의 조그만 디딤돌이 된다면 더 바랄 것이 없겠다.

이 책이 나오기 까지에는 많은 분들이 고마운 激勵와 도움이 있었다. 우선 언제나 한결같은 指導와 激勵를 주신 高麗大學校 朴 椿浩 敎授님께 마음으로부터의 감사를 드린다. 朴 敎授님은 著者가 이 海洋法學(the study of the law of the sea)에 처음으로 入門할 때부터 指導와 助言을 주신 분이며, 여러 해에 걸친 이 책의 執筆其間中에 여러차례 懷疑와 挫折感에 빠졌던 著者에게 그때마다 새로운 勇氣를 주셨다. 이 책이 마무리되어 갈 때는 바쁘신 外國 出張에 까지 尨大한 草案을 갖고 다니시며 읽어 주셨다. 著者의 海洋法 硏究가 學問的 體系를 갖추는 데는 또 많은 분들의 잊지 못할 指導와 도움이 있었다. 그 중에도 특별히 감사드려야 할 분은 서울法大 裵 載湜 學長님, 漢陽大學校의 張 孝相 敎授님, 漢陽法大 金 基洙 學長님, 裵 俊相 敎授님, 朴 稚榮 學長님, 劉 光日 敎授님들이시다. 해군사관학교 姜 泳勳 敎授의 助言도 잊지 못할 도움이 되었으며, 항상 옆에서 激勵와 助言을 아끼지 않으신 歷代 海軍大學 總長님들께도 진심으로 감사를 드린다.

海事法 관련 자료를 보내주신 韓國海法會 여러분께 감사드리며 특히 海洋法 硏究에 관한 著者의 努力을 鼓舞, 激勵하여 주신 大韓海運 李 孟基 社長님, 韓國海事問題 硏究所 朴 鉉奎 理事長님, 韓國海洋大學의 李 俊秀 博士님, 朴 容燮 博士님들께 감사를 드리고 싶다.

아울러 外國 海洋法 資料를 꾸준히 보내주신 朴 善昊, 元 太御, 金 星得 提督님들께도 감사드린다. 그 밖에 항상 資料要請과 問議에 흔쾌히 응해준 外務部, 法務部, 水産廳 관계관들께도 감사를 드린다.

國際法學會論叢과 韓國海法會誌에 揭載되었던 拙稿를 本書에 인용토록 동의하여 주신 大韓國際法學會와 韓國海法會에도 깊은 感謝를 드린다. 특히 KAL-007機 擊墜 事件에 관련된 狀況圖를 引用할 수 있도록 허락해준 美國 TIME社에 感謝한다.

本書의 最終 整理段階에서 나에게 귀중한 助言을 주고, 철야 작업으로 나를 도와준 黃 正奎 君과 이 책을 上梓하는 기쁨을 당연히 같이 나누어야 한다고 나는 생각한다.

또, 끝까지 내 곁에서 Computer Word Processor 入力作業을 맡아준 安 勝萬 君의 탁월한 능력과 헌신을 진정으로 고맙게 생각한다.

草稿가 脫稿된 이후에도 이 책의 出刊은 주변이 없는 著者에게는 한낱 夢想에 不

「현대해양법론 서문」

過한 것으로서, 現實性과는 거리가 많았다. 이러한 때에 大韓國際法學會 鄭 雲章 會長님, 柳 炳華, 崔 殷範 副會長님, 金 得柱 總務理事님, 金 楨鍵, 金 燦奎 敎授님, 기타 職務理事님들이 마음으로부터의 격려를 주셨다. 특히 雙龍그룹 金 錫元 會長님의 격려와 지원이 없었던들 이 책 出刊의 實現은 어려웠을 것이다. 金 會長님은 여러 해를 걸쳐 海洋法에 관한 책을 집필하여 이를 脫稿하고 發刊코자 한다는 著者의 사정을 들으시고 흔쾌히 出刊支援을 하여 주시었다.

發刊을 開始한 후에도 많은 분들의 도움을 입었다. 그 중에도 방대한 량의 난삽한 computer植字本을 꼼꼼히 읽으면서 初校를 보아 주신 高大 崔 京洙 先生(Dundee大 法學碩士)과 金 英美 孃께 진심으로 감사를 드린다.

또, 本書가 本格的인 學術的 著書로서의 면모를 갖추게 하는 데에는 申 泰煥 博士님의 자애깊은 지도와 후원이 계셨음을 여기에 삼가 밝히며 그분께 감사드린다. 그리고 어울러 책의 조판, 인쇄, 제본에 이르는 과정에서 "우리도 이제 이 정도의 學術書籍을 만든다"는 韓國的 匠人精神을 발휘하며 정성을 다해서 책을 만들어준 卓 鏞信 차장, 申 哲雨 실장께 감사드린다. 끝으로 軍人이며 동시에 學者로서의 길을 가는 著者에게 언제나 곁에서 새로운 힘을 북돋아준 아내 李 成淑에게 이 책을 바친다.

1988년 8월 5일
著者 金 榮 球

「현대해양법론 서문」

소개의 말

1982년 12월 유엔 제3차 海洋法會議는 Jamaica의 Montego Bay에서 本文 320조와 7개 부속문건 116조 등 모두 436조에 달하는 海洋法協約을 조인했다. 이것은 60개 서명국이 비준하면 그로부터 12개월 후에 發效하게 되어있는데 현재(1988. 7.) 35개국이 비준했다. 이 協約이 發效하면 史上 최초의 종합적인 「바다의 憲法」이 된다.

이 協約은 최악의 경우에 發效되지 않아도 완전히 死文化될 것은 아니다. 왜냐하면, 어떤 條項들은 이미 草案 단계에서 여러나라가 國內法으로 採擇하고 있기 때문이다. 그 대표적인 예는 200海里 排他的 經濟水域 制度이다. 美·蘇·日 등 先進海洋國들이 1977년부터 採擇하여 현재는 이 制度를 실시하고 있는 나라가 90개국을 넘었다.

海洋法 硏究는 우선 이 協約을 기초로 시작해야 한다. 이것은 마치 經典을 읽지 않고는 說敎를 할 수 없는 것과 같다. 이러한 의미에서 금번 海軍의 金 榮球 大領이 우리나라에서는 처음으로 종합적인 力作을 發表하게 된 것은 매우 반가운 일이다. 現役의 몸으로 수년간 뼈를 깎는 외로운 투쟁의 흔적이 역력히 보인다.

著者는 유엔海洋法會議에 우리나라 代表로 수차 참석한 바 있고, 海洋法으로 이미 學位를 받았다. 그래서 이 책에는 유엔에서 나온 여러 가지 전문자료를 비롯하여 중요한 것을 거의 빠짐없이 활용하고 있다.

한편 海洋法처럼 科學, 기술의 발전과 더불어 급진적으로 변하는 分野의 硏究 결과의 출판은, 일단 어느 시점까지를 기준으로 하여 논리를 전개하는 수 밖에 없다. 그러므로 이 점은 조금도 이 책의 학술적 가치나 有用性에 영향을 주지 않는다.

이 책이 앞으로 우리나라의 海洋法 硏究에 크게 이바지하게 될 것을 믿어 의심치 않으며, 소개의 말에 대신한다.

1988년 7월
高麗大學校 法科大學
敎授 朴 椿 浩

라틴어 인용구 해설

유엔해양법협약 조문이나 다른 전거(典據)에서 빈번히 사용되고 있는 Latin語 어구를, 문맥의 의미를 보완키 위해서 본서(本書)에서 인용하고 있는바, 이들 인용구의 의미를 간략하게 해설하면 다음과 같다.

· *ab initio*	from the begining	당초부터
· *ad hoc*	for a particular purpose	특별한(목적을 위한)
· *bis*	twice, doubled, 2nd.	두번째(의)
· *corpus juris gentium*	the body of the law of nations	국제법의 실체
· *de lege ferenda*	according to the law which should be adopted	있어야 할 법(입법론)
· *delicta juris gentium*	acts which are wrongful according to the law of nations	국제법상 위법행위
· *ex aequo et bono*	equitable settlement of a dispute in disregard, if necessary, of existing law	형평(衡平)과 선(善)에 의한
· *ex injuria jus non oritur*	from injustice, no right arises	불법으로부터 권리는 발생하지 않는다.
· *ex officio*	by virtue of his office	당연 직(職)으로
· *ex post facto*	after the deed is done	사후(事後)에
· *hostes generis humani*	the public enemy	인류의 공적(共敵)
· *in camera*	in chamber, in private	비공개(非公開)로
· *in personam*	an act, proceeding or right directed against or with reference to a specific person	인적(人的)
· *in rem*	an act, proceeding or right directed against or with reference to a specific object	물적(物的)
· *in situ*	in its natural(or orginal) position	본래(本來) 대로의
· *inter alia*	among others	특히

라틴어 인용구 해설

· *inter se*	between members of a group (as distinct from others)	그들 사이에서만 (비밀히) 특별히
· *ipso facto*	by the fact itself	그 사실 자체로서, 당연히
· *ipso jure*	by the law itself	그 규범 자체로서
· *jure gestionis*	relating to activities of a state in a non-sovereign capacity	국고행위(國庫行爲)의
· *jure imperii*	relating to activities of a state in a sovereign capacity	주권적 공(公)행위의
· *jus beli*	the law of war	전쟁법
· *jus cogens*	law binding, irrespective of the will of the parties	강행규범(强行規範)
· *jus disposituum*	law capable of being modified by contrary consensual engagements	임의규범(任意規範)
· *jus sanguinis*	the principle that nationality by birth is determined by parentage	(국적취득상) 속인주의(屬人主義)
· *jus soli*	the principle that nationality by birth is determined by the territory where the birth takes place	(국적취득상) 속지주의(屬地主義)
· *lex ferenda*	the law which it is desired to establish	立案되고 있는 법
· *lex lata*	the law in force	施行되고 있는 법
· *modus vivendi*	an agreement between nations not rising to the dignity of a treaty, regulationg their conduct with respect to a paricular situation	잠정조치협정 (暫定措置協定)
· *mutatis mutandis*	the necessary changes being made	필요한 수정을 가하여
· *obiter dictum*	any opinion expressed in a judgement which is not essential for the decision in the case before the court	傍論
· *opinio juris*	a judicial conscience along which States ought to act	법적 확신(確信)
· *pacta tertiis nec nocent nec prosunt*	contracts(treaties) impose no burden, nor confer any benefits upon third parties.	契約(條約)의 제3자에게는 권리도 의무도 줄 수 없다.
· *passim*	in various places	散見

라틴어 인용구 해설

· *pendente bello*	in the process of war	전쟁의 과정에
· *per se*	by itself, intrinsically	있는 그대로, 고유의
· *possesio longi tempories uscapio*	in Roman Law; a mode of acquisition of property in a long period of time with *justa causa*(title) and *bona fides*(ignorance)	선의의 장기적 점유(占有)
· *prima facie*	at first view, from the appearance	表見的 事實에 의하여
· *prima facie jure*	of his own right	자기자신의 권한으로
· *proprio motu*	by one's own motion or initiative	자발적(自發的)으로
· *quid pro quo*	something for something, an equivalent.	동가(同價)의 相關的 對象
· *rebus sic stantibus*	the doctrine that a treaty is intended by the parties to be binding only as long as there is no vital change in the circumstances which obtained at the time of the conclusion of the treaty	事情變更의 原則
· *res communis omnium*	a thing or things which cannot be wholly or exclusively appropriated by any one person, the usage of a thing common to all states	공유물(公有物)
· *res inter alios acta*	a matter which, in law, exclusively concerns others.	법률상 他주체에게만 關聯된 無關之事
· *res nullius*	in international law, something which falls outside the sovereignty of any particular state and is subject to occupation	無主物
· *sensu stricto*	(to interpret words) in their strict sense	엄밀한 의미에서,
· *sic utere tuo ut alienum non laedas*	enjoy your own rights so as not injure those of another	타인의 권리를 해하지 아니하는 정도로 자기의 권리를 향유하라
· *stare decisis*	the rule that courts have to apply the principle of law behind a decided case to other cases of the same character	先判例 拘束의 원리
· *status quo*	the state of affairs as it existed	있는 그대로의 狀態
· *sui generis*	of its own kind; unique	特殊한
· *sui juris*	in one's own right, of full legal capacity	自身의 권한으로
· *terra nullius*	territory belonging to no one	無主地
· *ultra vires*	beyond a person's power and jurisdiction	權限外의
· *uti possidetis*	to retain possession acqurred during the war	전쟁후의 상태를 존중하여

조문색인

(領海 및 接續水域에 관한 協約)

2조   208
3조   32, 52
4조   34, 41, 51, 52
5조   29, 93
6조   41
8조   48
10조   285, 294
11조   49, 510
12조   134, 487
13조   46
14조   144, 146, 163, 194, 206
15조   158
16조   93, 148, 149, 158, 192, 225, 236
17조   701
18조   260, 262
19조   155
20조   156
21조   157
22조   157
23조   157
24조   218

(公海에 관한 協約)

2조   600, 850
3조   343
5조   608
6조   608
7조   603, 610
10조   611
11조   615
12조   620
13조   631
15조   628
16조   628
17조   628
18조   629
19조   629
20조   630
21조   630
22조   636
23조   641
26조   643
27조   644
28조   644
29조   644

(大陸棚協約)

1조   474, 475, 852
2조   350
3조   11, 751
5조   850, 855
6조   487

(유엔 海洋法協約)

1조   597, 682, 687
2조   208
3조   218
4조   31
5조   32, 52
6조   301
7조   34, 35, 41, 47, 51, 60, 69, 73, 275
8조   29, 93

조문색인

9조   46
10조   36, 42, 60, 459
11조   48, 300
12조   49
13조   49, 50
14조   129
15조   134, 487
16조   41, 48, 52
17조   143
18조   144, 194, 206
19조   147, 164, 166, 192, 244, 855
20조   144, 237
21조   152, 165, 192, 702
22조   154, 200
23조   132, 199
24조   153, 158, 618
25조   93, 148, 158, 192, 403
26조   153, 262
27조   155
28조   156
30조   192, 248, 403
32조   157, 198
33조   131, 218, 219, 355, 403, 437
34조   239
35조   249, 252
36조   231
37조   227
38조   229, 237, 244
39조   206, 243, 246
40조   855
41조   155, 243, 273, 616
42조   243, 248
43조   157
44조   129
45조   149, 234
46조   277
47조   39, 40, 274, 277

48조   274
49조   277
50조   29
51조   277
52조   278
53조   155, 279
54조   279, 855
55조   355, 369
56조   349, 363, 370, 372, 375, 389, 391, 392, 394, 398, 399, 473
57조   355, 373
58조   370, 395, 397, 404, 462, 703
59조   405
60조   300, 392, 403
61조   376, 380, 488
62조   373, 376, 381, 399, 488
63조   385, 388, 624
64조   387, 402
66조   386, 402
67조   387
68조   363, 390, 473
69조   376, 384
70조   340, 376, 383, 384, 385, 488
71조   385, 488
73조   372, 401, 404
74조   357, 359, 360, 362, 419, 422, 427, 433, 458, 488, 496, 524
76조   480, 482, 531, 744, 745
77조   363, 372, 373, 390, 473
78조   363, 751
79조   398, 643
80조   300, 393
82조   391
83조   360, 488, 492, 496, 524
86조   369, 597
87조   300, 344, 370, 395, 602
88조   370, 604

조문색인

89조	750, 756
90조	636
92조	606, 607, 624
93조	610
94조	610, 617, 618, 619
96조	634
97조	615
98조	620
100조	628
101조	628
102조	628
103조	628
104조	629
105조	629
106조	630
107조	630, 634
108조	632
109조	633
110조	606, 632, 634, 638
111조	402, 639, 640, 642
112조	398
113조	644
115조	370, 398, 644
116조	387, 389, 622
117조	622
118조	622
120조	390
121조	271, 285, 305, 434, 435, 510
122조	337
123조	337
124조	344, 383
125조	345, 346
126조	346
127조	345
128조	345
129조	346
130조	346
131조	345
132조	346
133조	747
136조	690, 761, 784
137조	372, 690, 761, 784
140조	785
141조	745, 785
143조	858
144조	819, 865
145조	690, 693
147조	300
150조	812
151조	805, 819
153조	786, 815
154조	693
155조	814
156조	786, 787
157조	745, 786
158조	786
159조	786, 787
160조	788, 806
161조	340, 789
162조	789, 803
163조	805, 811
166조	811
170조	786, 809, 821
173조	821
174조	805
187조	894
188조	895
191조	805
192조	682, 691, 710
193조	372
194조	682, 710
195조	710
196조	682, 710
197조	699

조문색인

198조　699, 710
199조　700
200조　700
201조　700
206조　682
207조　682, 684, 685, 694
208조　394, 684, 689, 693
209조　684, 689, 693
210조　394, 684, 687, 694
211조　96, 152, 394, 684, 692, 701, 702, 703
212조　684, 691
213조　685
214조　394, 403, 689
216조　394, 403, 687
217조　707
218조　96, 708
220조　96, 157, 394, 403, 701, 705, 708
221조　709
222조　691
228조　708
234조　394, 704
235조　403, 691, 709, 710
236조　246
237조　712
238조　853
239조　853
240조　853
241조　853
242조　860
243조　860
245조　854
246조　372, 392, 393, 855
247조　856
248조　856
249조　393, 857, 860
252조　856

253조　403, 857
254조　340
255조　859
259조　859
260조　859
261조　859
262조　859
266조　866
267조　866
271조　866
274조　865
279조　880
280조　880
281조　880
282조　880
283조　880
287조　881
288조　894
292조　401
293조　895
297조　372, 882
298조　360, 363, 496, 497, 883
302조　867
308조　891
309조　397
310조　397
314조　803

（附屬書）

제1부속서　389
제2부속서　484
제3부속서　812, 813, 815, 820, 862, 865
제4부속서　363, 497, 787, 821
제5부속서　884
제6부속서　881, 890, 894
제7부속서　881

조문색인

제8부속서 881

(1982년 12월 10일자 海洋法에 관한 유엔協約 제11부 履行에 관한 協定)

6조 783
7조 818

부속서 제1절 786, 817, 818, 833
부속서 제2절 808
부속서 제3절 789, 807, 818
부속서 제4절 814
부속서 제5절 819
부속서 제6절 815, 818
부속서 제8절 820, 833

목 차

제1장 총 론(總論) 3

Ⅰ. 해양법(海洋法)이란 무엇인가? 3
1. 해양법(海洋法)의 개념 3
2. 해양법의 뿌리 3
3. 해양법의 명칭(名稱) 및 유사개념(類似槪念) 6
4. 해양법의 법학적(法學的) 독자성(獨自性) 7
   (1) 해양법의 독립영역(獨立領域) 7
   (2) 해양법의 규율대상(規律對象) 8

Ⅱ. 해양법의 법원(法源) 8
1. 국제협약(國際協約) 8
2. 관습국제법(慣習國際法) 10
3. 판례(判例) 및 학설(學說) 12

Ⅲ. 해영법의 법전화(法典化)
1. 1930년 국제법전편찬회의(國際法典編纂會議) 이전(以前) 13
2. 1930년 국제법전편찬회의(國際法典編纂會議)와 그 이후(以後) 14
3. 1958년 제1차 유엔해양법회의 14
4. 1960년 제2차 유엔해양법회의 15
5. 제3차 유엔해양법회의 15
   (1) 제3차 유엔해양법회의의 특징 16
   (2) 유엔해양법협약의 성립(成立)과 준비위원회(準備委員會) 18

Ⅳ. 해양법(海洋法)과 유엔 해양법협약(海洋法協約) 19
1. 문제의 제기 19
2. 유엔 해양법협약(海洋法協約)과 관습국제법(慣習國際法) 20
   (1) 협약의 내용은 관습국제법(慣習國際法)으로 성립되었는가? 20
   (2) 일괄타결(package deal)과 선별주장(pick 21
3. 유엔 해양법협약의 발효(發效)와 그 후의 동향(動向) 23

목 차

    4. 유엔 해양법협약과 1958년도 해양법협약 ·· 24

Ⅴ. 한국(韓國)과 해양법(海洋法) ··· 25
    1. 한국의 안보적(安保的) 환경(環境)과 해양법(海洋法) ······················ 25
    2. 한국의 경제적(經濟的) 여건(與件)과 해양법(海洋法) ······················ 26

제2장 내수제도(內水制度) ··· 27

Ⅰ. 내수(內水)란 무엇인가? ·· 29

Ⅱ. 내수의 범위 ·· 29
    1. 통상기선 ··· 30
    2. 직선기선 ··· 32
       (1) 관습법규 ·· 32
       (2) 조약법규 ·· 33
    3. 만(灣) ·· 41
       (1) 1958년 이전(以前)의 관습법 ·· 41
       (2) 조약법규 ·· 42
       (3) 역사적 만(灣) ··· 43
         ① 직접 명시적으로 주장된 역사적 만 ······································ 44
         ② 묵시적으로 주장된다고 보이는 역사적 만 ·························· 44
         ③ 역사적 수역으로 논의된 적이 있는 만 ································ 44
       (4) 연안국이 2개국 이상인 만 ·· 46
    4. 하구(河口) ·· 46
       (1) 하구폐쇄선(河口閉鎖線) ·· 46
       (2) 하구지형(河口地形: Estuaries) ··· 46
       (3) 삼각주(三角洲) ··· 47
    5. 항만시설(港灣施設) ·· 48
    6. 정박지(碇泊地) ··· 49
    7. 간출지(干出地) ··· 49

Ⅲ. 기선(基線)의 법적성질 ·· 51
    1. 유효성(有效性) ··· 51

2. 공시성(公示性) ··· 52
   3. 기선에 관한 국가관행(國家慣行) ··· 52
      (1) 직선기선(直線基線) ··· 53
      (2) 만(灣) ··· 54
      (3) 하구(河口) ··· 54
      (4) 간출지(干出地) ·· 55
      (5) 산호 암초(珊瑚 暗礁) 및 기타 ··· 55
   4. 중국의 직선기선 문제 ··· 56
      (1) 해안 전체를 직선기선으로 획선한 점에 관하여 ······················ 57
      (2) 중국 직선기선의 통계학적 분석 ·· 59
      (3) 각국의 반응 ·· 63
   5. 중국이 획정한 각 직선기선의 구체적인 적법성 검토 ···················· 63
      (1) 기점-1로부터 기점-5까지 중국 직선기선의 개별적 검토. ······ 64
      (2) 기점-6에서 기점-11까지 중국 직선기선의 개별적 검토 ········· 66
      (3) 기점-12에서 기점-15 까지 중국의 직선기선의 개별적 검토 ········ 71
   6. 일본의 직선기선 문제 ··· 80
      (1) 직선기선 획선 방식과 일본 ··· 80
      (2) 일본 영해법의 직선기선 획선 방식에 관련된 두가지 법적인
          모호성(模糊性) ··· 82
      (3) 일본 직선기선에 관한 해양법적 요건의 적법성 검토 ············ 85
      (4) 일본의 직선기선 획선과 '금반언의 원칙(禁反言의 原則;
          Principle of Estoppel)' ·· 91

Ⅳ. 내수의 법적 지위 ··· 92
   1. 내수로의 입항권(入港權) ··· 93
      (1) 항만(港灣) ·· 93
      (2) 하천(河川) ·· 96
      (3) 운하(運河) ·· 97
   2. 내수에 있어서의 관할권 ··· 98
      (1) 항내 외국선박에 대한 연안국의 관할권 ··································· 98
      (2) 외국항 및 내수에 있는 함정에 대한 기국의 관할권 ············ 100

목 차

제3장 영 해(領海) ··· 103

Ⅰ. 영해 개념의 발전 ··· 103
1. 영해란 무엇인가? ··· 103
2. 해양지배(海洋支配)의 사상과 영해 개념의 생성 ··· 104
3. 영해 개념의 발전 ··· 105

Ⅱ. 영해의 법적 지위 ··· 106
1. 고전적 주권설(古典的 主權說) ··· 106
2. 국제적 지역권설(國際的 地役權說) ··· 107
3. 판례(判例)와 국가관행(國家慣行) ··· 107
4. 영해의 해저(海底), 해상(海床) 및 그 하층토(下層土)의 법적 지위 ··· 109

Ⅲ. 영해의 범위 ··· 110
1. 역사적 배경 ··· 110
2. 영해범위 주장의 현황 ··· 113
3. 한국의 영해범위 ··· 116

Ⅳ. 한국의 영해법 ··· 117
1. 한국 영해법의 제정 ··· 117
   (1) 구(舊) 「영해법」의 기본적 내용 ··· 118
   (2) 구(舊) 영해법의 내용에 대한 비판적 분석 ··· 119
   가. 입법 유형적 비판 ··· 119
   나. 1978년 한국 「영해법」의 입법론적 비판 ··· 121
     A. 대한해협에서의 영해범위 ··· 121
     B. 서해(西海) 6개 도서 주변 해역의 직선기선 ··· 127
     C. 군함의 영해 통항 문제 ··· 128
     D. 해협통항 문제 ··· 129
     (ⅰ) 대한해협 ··· 129
     (ⅱ) 제주해협 ··· 129
     E. 한국 영해법과 그 시행령에서 누락(漏落)시킨 문제들 ··· 131
     (ⅰ) 영해의 해저, 해상(海床) 및 그 하층토에 대한 관할선언 ··· 131
     (ⅱ) 접속수역의 선포 시행 ··· 131
     (ⅲ) 핵추진 선박, 핵물질 등 본질적으로 위험하거나 유독한

　　　　　물질을 운반하는 선박에 대한 통항 규제 ·· 132
　　2. 한국 영해법의 개정 ·· 132
　　　　(1) 영해법 개정의 경위 ·· 132
　　　　(2) 영해법의 개정 내용 ·· 133

Ⅴ. 영해의 경계획정 ··· 134
　　1. 대향국(對向國;OppositeStates)과인접국(隣接國;Adjacent) ····················· 134
　　　　(1) 대향국 영해의 경계획정 ·· 134
　　　　(2) 인접국 영해의 경계획정 ·· 135
　　2. 영해 경계획정에 관한 국가관행 ··· 136
　　3. 한국영해의 경계획정 ··· 137
　　　　(1) 대한해협의 경계 ·· 137
　　　　(2) 기타 인접국과의 관계 ·· 137
　　　　(3) 북한과의 경계 ·· 137

Ⅵ. 무해통항권(無害通航權) ·· 143
　　1. 통항(通航)의 의미 ·· 143
　　2. 무해(無害)의 의미 ·· 144
　　3. 무해통항의 일시적 정지 ··· 148

Ⅶ. 연안국의 권리와 의무 ·· 150
　　1. 연안국의 입법권 ··· 150
　　2. 연안국의 법령 시행권 ··· 153
　　　　(1) 법령시행권 일반 ·· 153
　　　　(2) 항로 및 통항분리제의 지정 ·· 154
　　　　(3) 연안국의 민·형사 관할권 ·· 155
　　3. 통항선박과 그 기국의 의무 ··· 157
　　4. 연안국의 의무 ··· 158

Ⅷ. 군함의 영해통항 ··· 159
　　1. 종래의 학설관행 및 국제입법 ··· 159
　　　　(1) 종래의 학설 ·· 159
　　　　(2) 초기의 실행 ·· 160
　　　　(3) 국제입법 및 판례 ·· 162

목 차

    2. 「영해협약」의 해석 ·· 163
    3. 현 「유엔해양법협약」상 군함의 영해통항 ················ 164
    4. 현 국가관행의 종합평가 ··· 168

IX. 군사수역 ··· 173

X. 중국 어뢰정 사건과 Pueblo호 사건 ·························· 181
    1. 중국 어뢰정 사건 ·· 181
      A. 사건의 개요 ·· 181
      B. 법적 분석 ·· 183
    2. Pueblo호 사건과의 비교 ······································· 189

XI. 잠수함의 통항 ·· 194
    1. 잠수함의 타국 영해통항 ··· 194
    2. Karlskrona의 쏘련잠수함 좌초사건 ····················· 196
      A. 사건의 개요 ·· 196
      B. 법률적 문제의 분석 ··· 198

XII. 핵추진 및 핵물질 등 운반선박의 통항 ····················· 199
    1. 특수선박의 통항문제 ·· 199
    2. 쏘련 원자력잠수함의 일본영해 통항사건 ············· 200
      A. 사건의 개요 ·· 200
      B. 법적 분석 ·· 202

XIII. 항공기의 타국 영해 상공비행 ·································· 207
    1. 영해 상공의 법적 지위 ·· 207
    2. 항공기의 무해비행 ··· 208
    3. "대한항공" 여객기(KAL-007) 격추사건 ············· 209
      A. 사건의 개요 ·· 210
      B. 법적 분석 ·· 212

XIII. 접속수역(接續水域) ··· 215
    1. 접속수역 개념의 변천 ·· 215
    2. 접속수역의 범위와 법적 지위 ······························ 218

제4장 국제해협(國際海峽) ·· 221

Ⅰ. 국제항해에 사용되는 해협의 의의 ·· 223
  1. 국제해협 개념의 발전
    (1) 폐쇄적 해협개념 ·· 223
    (2) 개방적 해협개념 ·· 224
  2. 유엔해양법협약상의 국제해협 ·· 227
    (1) 국제항행에 사용되는 해협 ······································ 227
    (2) 무해통항제도가 적용되는 국제해협
      (-유사한 편의의 항로가 있는 경우-) ······················· 230
      가. 제36조의 경우 ·· 231
      나. 제38조 1항 후단의 경우 ·································· 232
      다. 제45조 1항 b의 경우 ······································ 234

Ⅱ. 새로운 해협통항제도 ·· 236
  1. 새로운 해협통항제도의 성립배경 ······································ 236
  2. 통과통항제도의 내용개관 ·· 237
  3. 해협의 잠항통항권 문제 ·· 239
    (1) 잠항통항권의 긍정설 ·· 240
    (2) 잠항통항권의 부정설 ·· 240
    (3) 종합적 분석 ·· 240
    (4) 잠항통항권은 있는가? ·· 242
  4. 통항선박 및 항공기의 의무 ·· 243
    (1) 선박과 항공기의 공통의무(제39조 1항) ···················· 244
      가. 지체없는 항진의무(1항 a호) ······························· 244
      나. 연안국을 침해하는 무력행위의 금지의무(1항 b호) ···· 244
      다. 계속적이고 신속한 통과에 부수되지 않는 행위의 금지의무(1항 c호) 245
      라. 기타 통과통항규정 준수의무(1항 d호) ··················· 246
    (2) 통과통항 선박의 의무(제39조 2항) ·························· 246
      가. 항해안전에 관한 국제규칙 준수의무(2항 2호) ·········· 246
      나. 해양오염의 예방과 방지의무(2항 b호) ···················· 246
    (3) 통과통항 항공기의 의무(제39조 3항) ······················· 247
      가. 항공규칙 준수의무(3항 a호) ································· 247
      나. 항공통제 및 조난주파수 청취의무(3항 a호) ············· 247

목 차

    5. 연안국의 권한 ··· 248

Ⅲ. 특별국제해협(特別國際海峽) ·· 249
    1. 특별국제협약에 의한 해협의 통항 ·· 249
    2. 주요 국제해협에서의 통항 ·· 253
       (1) Balt해협 ··· 253
       (2) Gibraltar해협 ·· 255
       (3) Malacca해협 ··· 258
       (4) Hormuz와 Babel Mandeb해협 ·· 264
       (5) Dover해협 ··· 267

제5장 군도수역(群島水域)제도 ·· 269

Ⅰ. 군도수역제도 개념 형성의 배경 ·· 271

Ⅱ. 군도국가 ·· 273

Ⅲ. 군도직선기선 ··· 274
    1. 육지와 바다의 비율 ··· 274
    2. 군도직선기선의 길이 ··· 275
    3. 간출지 ·· 276
    4. 주도(主島)의 위치 ·· 276
    5. 기타 일반적 직선기선의 조건 ··· 276

Ⅳ. 군도수역 ·· 277
    1. 기존협정, 전통적 어업권 및 기존해저전선의 존중(동 제51조) ····················· 277
    2. 군도수역내의 통항 ·· 278

Ⅴ. 군도수역제도에 관한 최근의 관행 ··· 280

제6장   섬, 폐쇄해, 내륙국 283

Ⅰ. 섬(島)에 관한 제도 285
   1. 머릿말 285
   2. 섬(島)의 정의(定義) 285
      가. 자연적으로 형성된 섬(自然島) 286
      나. 육지 지역 288
      다. 수면으로 둘러싸일 것 288
      라. 고조(高潮)시 수면 위에 있을 것 289
   3. 섬(島)의 관할수역 289
      (1) 섬의 영해와 접속수역 289
      (2) 섬의 경제수역과 대륙붕 289
         가. 협약 제121조 3항 289
         나. 협약 해석의 보충적 수단의 검토 293
         다. 국가관행(國家慣行) 297
   4. 경계획정의 기준으로서의 섬의 가치 298
   5. 인공도(人工島) 299
   6. 산호암초(珊瑚岩礁) 300

Ⅱ. 독도(獨島) 문제 302
   1. 문제의 제기 302
   2. 영유권(領有權) 귀속의 문제 306
   3. 지리적 인식(認識)의 문제 306
      (1) 울릉도의 부속 도서로서 독도에 대한 지리적 인식 306
         가. '울릉도에서 독도가 보이는가'의 논쟁 306
         나. 역사적 전거(典據)의 가치에 관한 다른 일본의 논리 308
      (2) 독도(獨島) 명칭(名稱)의 변천(變遷)과 혼동(混同) 309
         가. 한일(韓日) 양국에 있어서 독도의 명칭 변천사(變遷史) 310
           「1」 한국측의 독도(獨島) 호칭 310
           「2」 일본측의 독도(獨島) 호칭 311
         나. 유럽 항해자(航海者)들의 "임의적인 명명(命名)" 313
         다. 울릉도와 독도 명칭의 혼동에 관한 일본측의 변명 313
   4. 국가 영유의사의 존재와 영역주권의 평화적이고 계속적인
      행사에 관련된 논리 314

목 차

　　(1) 일본의 1905년 독도 시마네 현(縣) 편입, 선점(先占)
　　　　주장에 대한 분석 ·· 315
　　　가. 한국의 독도에 대한 점유(占有) 및 영역주권의 행사 기록 ········· 315
　　　나. 일본의 독도 선점(先占) 주장의 불성립 ···································· 319
　　(2) 1905년 이후 1945년 2차대전 종결까지 일본의 독도에 대한
　　　　실효적 점유 효력에 대한 분석 ·· 322
　　　가. 19세기 일본의 독도 강점을 영유권 주장의 근거로 보는
　　　　　일본의 실질적 인식 ·· 322
　　　나. 19세기 일본의 독도 점거에 대한 국제법적 평가 ······················ 323
　　　「1」 20세기에 있어서 일본의 울릉도, 독도 침략의 경과 ··············· 324
　　　「2」 시효취득(時效取得) 요건의 검토 ·· 326
　　　　☞ 점유(占有)의 평온성(平穩性) ··· 327
　　　　☞ 점유(占有)의 공연성(公然性) ··· 328
　　　　☞ 점유(占有)의 계속성(繼續性) ··· 329
　　(3) 1945년 이후 독도에 대한 한국의 점유에 관하여 ······················· 330
　　　「1」 Mac Arthur Line ·· 332
　　(4) 1952년 San Francisco 강화조약의 효력과 독도의
　　　　영유권 귀속에 관하여 ··· 334

Ⅲ. 폐쇄해(閉鎖海) 또는 반폐쇄해(半閉鎖海) ·· 337
　1. 정 의 ·· 337
　2. 폐쇄해, 반폐쇄해 연안국의 협력의무 ··· 339
　3. 폐쇄해, 반폐쇄해 연안국의 권리 ·· 340

Ⅳ. 내륙국의 해양에의 출입권 ·· 341
　1. 내륙국의 자유통과권 개념의 형성 ·· 341
　2. 내륙국의 해양에의 출입권 보장 ·· 344
　　(1) 정 의 ··· 344
　　(2) 해양에의 출입권과 통과의 자유 ·· 344
　3. 통과권 행사의 조관(條款)과 양식(樣式) ····································· 345
　　(1) 내륙국과 통과국간의 합의 ··· 345
　　(2) 통과국의 영역주권을 위한 보장규정 ······································ 346
　　(3) 최혜국 조관의 적용배제 ·· 346
　　(4) 내륙국과 통과국의 협력 ·· 346

제7장 배타적 경제수역 347

Ⅰ. 총 론 349
1. 배타적 경제수역이란 무엇인가? 349
2. 개념의 생성과 국제입법과정 349
    (1) EEZ개념의 생성 349
    (2) 국제 입법의 과정 353

Ⅱ. 배타적경제수역의 범위 355
1. 종적(縱的) 범위 355
2. 횡적(橫的) 범위 355
3. EEZ의 경계획정 356
4. 유엔해양법협약상 경계획정의 기준 357
    (1) 해양경계획정의 기본원리 357
    (2) 잠정조치(暫定措置) 359
    (3) 해양경계분쟁 해결의 방법 362
5. 대륙붕 경계와의 관계 363

Ⅲ. 배타적 경제수역의 법적 지위 368
1. EEZ의 법적 성격 368
    (1) 학설과 협약의 내용 368
        가. 공해설(公海說) 368
        나. 영해설(領海說) 369
        다. 특수수역설(特殊水域說) 369
        라. 협약의 내용 369
    (2) 국가관행 370
2. 연안국 권리의 법적 지위 370
    (1) 주권적 권리 371
        가. 해양법 협약상 "주권적 권리"의 의미 371
        나. EEZ내에 있어서 연안국의 "주권적 권리"의 의미 372
        「1」 절대적 배타성의 제한 372
        「2」 자원 관할권의 선언적(選言的) 성격 373
    (2) 관할권 373
    (3) 기타의 권리 374
3. 배타적 경제수역은 관습국제법으로 성립되었는가? 374

목 차

Ⅳ. 연안국의 권리·의무 ··········· 374
 1. 비생물자원의 개발 ··········· 374
 2. 생물자원의 개발과 보존관리 ··········· 375
  (1) 총허용어획량(TAC)의 결정 ··········· 376
   가. 최대지속생산량(maximum sustainable yield: MSY) ··········· 376
   나. 최적지속생산량(optimum sustainable yield: OSY) ··········· 379
   다. 총허용어획량(total allowable catch: TAC)의 결정 ··········· 380
  (2) 연안국 어획능력(Capacity to harvest: CTH)의 결정 ··········· 381
  (3) 잉여허용어획량의 입어할당 ··········· 381
  (4) 내륙국(內陸國: land locked country) 및 지리적 ··········· 383
   「1」 내륙국과 지리적 불리국의 생물자원 개발 참여의 "권리" ··········· 384
   「2」 "형평에 맞는 조건(on an equitable basis)" ··········· 384
   「3」 "동일한 소지역 또는 지역의 인접 연안국" ··········· 385
   「4」 개발 참여의 제한 ··········· 385
 3. 특수어족의 관리 ··········· 385
  (1) 소하성 어종(遡河性 魚種; anadromus stocks) ··········· 385
  (2) 강하성 어종(降河性 魚種; catadromus species) ··········· 386
  (3) 고도회유성 어종(高度回遊性 魚種; highly migratory species) ··········· 387
  (4) 경계왕래어종(境界往來魚種) ··········· 387
  (5) 해양포유동물(海洋哺乳動物: Marine Mammals) ··········· 389
  (6) 정착성 어종(定着性 魚種; sedentary species) ··········· 390
 4. 해양의 경제적 이용활동 ··········· 391
 5. 인공도서 시설 및 구조물 설치 및 사용 ··········· 392
 6. 해양의 과학적 조사(Marine Scientific Research: MSR) ··········· 393
 7. 해양환경의 보호와 보존 ··········· 394

Ⅴ. 타국의 권리·의무 ··········· 395
 1. EEZ 내에서의 타국의 권리 ··········· 395
  (1) 항행의 자유 ··········· 395
  (2) 상공비행의 자유 ··········· 397
  (3) 해저전선 및 관선부설의 자유 ··········· 398
 2. 타국의 의무 ··········· 398
  (1) 연안국의 법령제정권 및 시행권 ··········· 399
   가. 생물자원 보존 관리를 위한 연안국의 법령제정권 ··········· 399

「1」 입어료(入漁料)의 부과(협약 제62조 4항 a호) ····················· 399
　　「2」 입어 어획할당량의 배정 ··· 400
　　「3」 감시(監視) ··· 401
　　「1」 생물자원 보존관리를 위한 법령시행권 ····································· 401
　　「2」 생물자원보존 이외의 법령시행권 ·· 403
　(2) EEZ내에서의 타국 군사활동 규제 ·· 404
　　가. 군사활동의 허용한계 ·· 404
　　나. 수중대잠장비(水中對潛裝備)의 설치 ·· 405

Ⅵ. 한국과 배타적 경제수역 ·· 406
　1. 개 관 ··· 406
　2. 한국과 일본간의 어업협력 문제 ··· 410
　(1) 한일어업협정 ··· 410
　　가. 1965년 「한일어업협정」 체결의 배경(背景)과 경과(經過) ···· 410
　　나. 1965년 「한일어업협정」의 내용 ·· 411
　　다. 1965년 「한일어업협정」의 성격과 문제점 ································· 412
　(2) 1965년 한일어업협정의 개정과 그 배경 ·· 413
　　가. 「한일어업협정」 체결 이후 한반도 주변 어업환경(漁業環境)의 변화 ···· 413
　　나. 한일(韓日)간 새로운 어업협력관계의 정립문제 ······················· 416
　　다. 유엔해양법협약 발효와 한일간 어업관계 ··································· 417
　　라. 「한일어업협정」 개정(改正) 협의의 개시 ································· 418
　　마. 관련된 사태의 진전 ·· 419
　(3) 한일 정부간 신어업협정 체결교섭의 경과와 내용 ··························· 420
　　가. 한국과 일본의 어업협의 실무회의에서의 기본입장 ················· 420
　　나. 한국 측 기본 입장의 수정(修正)
　　　　 - 잠정적 합의수역 설정안의 수용(受容) ····································· 421
　　다. 1997년 말 까지의 한일간 어업협력실무협의의 진전내용 ········ 422
　(4) 최종 타결된 신 어업협정안의 검토 ··· 423
　　가. 타결된 「신 한일(韓日)어업협정」의 내용 ····································· 423
　　　「1」 동해(東海) 중간수역의 설정 ·· 423
　　　「2」 동해(東海) 중간수역에서의 자원 관리 ··································· 424
　　　「3」 제주도 남부 공동관리 수역 ·· 424
　　　「4」 전통적 어업실적의 보장 ·· 425
　　나. 타결된 「신 한일어업협정」 내용에 대한 비판적 분석 ··········· 425

목 차

「1」「중간수역」속에 위치한 독도 ·· 426
  (i) 「중간수역」의 법적성격: 「중간수역」은 공해적(公海的) 성격의
      수역인가? ·· 427
  (ii) 이 협정에서 어업(漁業)문제와 영유권(領有權) 문제는
       분리(分離)되었는가? ·· 431
  (iii) 「중간수역」의 범위: ·· 434
「2」「유엔해양법협약 제121조 3항」의 문제 ···································· 434
  (i) 전속관할수역의 범위 문제: ·· 434
  (ii) 한국의 독도(獨島)에 대한 35해리 전속관할수역 포기(抛棄) ········ 434
「3」접속수역의 문제 ··· 437
「4」「구 한일어업협정」과의 비교 ··· 438
「5」한국의 전통적 어업실적 보장의 문제 ·· 439
(5) 새 한일어업협정에 관한 제언 ·· 442
3. 한일간 EEZ경계획정 문제 ··· 443
4. 한국과 중국간의 어업협력 문제 ·· 446
(1) 한중간 어업협력 추진의 개관(槪觀) ··· 446
  가. 지리적 구조와 어업환경(漁業環境) ·· 447
  나. 해양환경의 보존 상태 ··· 448
  다. 황해와 동중국해의 어족자원 개발현황 ··································· 449
(2) 한국과 중국간의 어업 협력 ··· 452
  가. 중국어선의 한국 수역 침범문제 ··· 452
  나. 한국 어선의 중국 측 수역에서의 어로자주규제 ···················· 454
  다. 한중(韓中)어업협정 체결의 의의와 내용 및 평가 ················· 455
    「1」1998년 한중(韓中)어업협정 체결의 의의 ····························· 455
    「2」1998년 한중(韓中)어업협정의 내용 ····································· 456
      i) 배타적 경제수역(EEZ) 제도의 도입 ······································ 456
      ii) 「잠정조치수역」및「과도수역」에서의 어자원 공동관리 ········· 457
    「3」한중(韓中)어업협정의 평가 ·· 458
5. 한중(韓中) 간 EEZ 경계획정의 문제 ·· 458
6. 북한과의 문제 ·· 458
7. 러시아와의 관계 ·· 462

제8장 대륙붕(大陸棚) ··· 465

Ⅰ. 대륙붕(大陸棚)의 개념 ··· 467
1. 대륙붕(大陸棚)의 정의 ·· 467
2. 대륙붕(大陸棚)의 자원(資源) ·· 468

Ⅱ. 대륙붕(大陸棚)의 법적지위(法的地位) ······························ 469
1. 법제도(法制度)의 생성과 발전 ······································ 469
(1) 1930년 헤이그 국제법전편찬회의(國際法典編纂會議) 이전(以前) ········ 469
(2) 1930년 헤이그 법전편찬회의(法典編纂會議) 이후 ··············· 470
(3) 1945년 Truman 선언 ··· 470
(4) 1958년 Geneva 「대륙붕협약(大陸棚協約)」 및 그 이후 ········ 472
2. 대륙붕(大陸棚)의 법적지위(法的地位) ····························· 473

Ⅲ. 대륙붕(大陸棚)의 범위(範圍) ·· 473
1. 대륙붕(大陸棚)의 외측한계(外側限界) ···························· 473
(1) 1958년 Geneva 「대륙붕협약(大陸棚協約)」 ··················· 473
(2) 1969년 「북해 대륙붕(北海 大陸棚) 사건」의 ICJ 판결 ······· 475
(3) 제3차 유엔해양법(海洋法) 회의에서의 협의 ······················ 477
2. 유엔해양법협약상(海洋法協約上)의 대륙붕(大陸棚) 범위(範圍) ··· 482
(1) 대륙붕의 범위 : 일반원칙(一般原則) ······························· 482
(2) 200해리 이내의 대륙변계(大陸邊界)인 경우 ··················· 482
(3) 200해리 이상의 대륙변계(大陸邊界) ······························· 483
3. 입법론적 비판 ·· 485
(1) 200해리 거리기준과 Irish Formular ································ 485
(2) 대륙사면단(大陸斜面端) 등 고정지점(固定地點)의 결정 ······ 486
(3) 용어(用語)의 정의(定義) ·· 486

Ⅳ. 대륙붕(大陸棚)의 경계획정(境界劃定) ····························· 486
1. 서(序) ·· 486
2. 경계획정법리(境界劃定法理)의 협의과정(協議過程) ··········· 487
(1) 제3차 유엔해양법회의(海洋法會議) 이전(以前) ·················· 487
(2) 제3차 유엔해양법회의(海洋法會議) 초기(初期)의 논의(論議) ······· 487

목 차

V. 판례(判例)와 국가관행(國家慣行)을 통해 본 해양경계획정(海洋境界劃定)의 법리(法理) ··············497
1. 북해대륙붕사건(北海大陸棚事件) ··············498
(1) 사건(事件)의 개요(概要) ··············498
(2) 양측(兩側)의 주장 ··············499
(3) 판결(判決)의 개요(概要) ··············501
(4) 판결에 의한 당사국(當事國)의 경계획정합의(境界劃定合意) ··············502
(5) 판결(判決)의 음미(吟味) ··············503
2. 영·불(英·佛) 대륙붕경계사건(陸棚境界事件) ··············505
(1) 사건(事件)의 개요(概要) ··············505
(2) 양측(兩側)의 주장 ··············506
(3) 판결의 개요 ··············507
(4) 판결의 음미(吟味) ··············511
3. Tunisia 와 Libya간의 대륙붕경계사건(大陸棚境界事件) ··············512
(1) 사건의 개요 ··············512
(2) 양측의 주장 ··············514
(3) 판결의 개요 ··············516
(4) 판결의 음미 ··············516
4. 미국과 캐나다 간 Maine만(灣)의 경계획정사건(境界劃定事件) ··············518
(1) 사건의 개요 ··············518
(2) 양측의 주장 ··············518
(3) 판결의 개요 ··············521
(4) 판결의 음미 ··············524
5. Libya와 Malta간의 대륙붕경계사건(大陸棚境界事件) ··············525
(1) 사건의 개요 ··············525
(2) 양측의 주장 ··············526
(3) 판결의 개요 ··············527
(4) 판결의 음미 ··············530
6. 5개 판결(判決)의 종합분석(綜合分析)과 경계획정기준(境界劃定基準) 판단의 방법론(方法論) ··············532
(1) 사실편향적(事實偏向的)·결과지향적(結果指向的) 판단 ··············532
(2) "형평의 원칙"(equitable principle)과 "형평과 선"(ex equo et bono) ··············535
(3) 경계획정판단(境界劃定判斷)의 방법론 ··············538

Ⅵ. 대륙붕(大陸棚)에 대한 연안국(沿岸國)의 권리 ·· 542
1. 200해리 이내 대륙붕에서 연안국의 권리 ·· 542
2. 200해리 이원(以遠) 대륙붕에서 연안국의 권리 ································ 544

Ⅶ. 한반도주변대륙붕(韓半島周邊大陸棚)의 개발문제 ···································· 545
1. 한반도 주변대륙붕 : 그 물리적 실체 ·· 545
   (1) 지리적 여건 ··· 545
   (2) 지형학적 구조 ··· 546
   (3) 지질학적 특성 ··· 546
2. 한반도주변국의 대륙붕 탐사활동(探査活動)과 관할분쟁(管轄紛爭) ········· 549
   (1) 한 국 ··· 550
   (2) 일 본 ··· 551
   (3) 대 만 ··· 551
   (4) 중 국 ··· 553
3. 한국·일본의 대륙붕공동개발(大陸棚共同開發) ·································· 553
   (1) 초기(初期)의 협상(協商) ··· 553
   (2) 한·일 대륙붕공동개발협정(大陸棚共同開發協定) ······················· 554
4. 한·일 대륙붕 공동개발협정에 의한 탐사와 개발 ······························ 556
5. 한·일 대륙붕공동개발협정(大陸棚共同開發協定)의 종합적 평가 ············ 559

Ⅷ. 한국 대륙붕의 경계획정(境界劃定)에 관한 법적 고찰 ······························ 561
1. 개 관 ··· 561
2. 한·일 대륙붕경계획정문제(大陸棚境界劃定問題)의 특성 ······················ 562
3. 한·일 대륙붕경계획정(大陸棚境界劃定)의 기준(基準) ·························· 565
   (1) 해양 경계문제에 관한 common law는 형성되고 있는가? ············ 565
   (2) 국제입법과 국제법원의 사법적(司法的) 판결의 동향 ···················· 566
   (3) 해양경계(海洋境界)에 관한 당사국 간의 합의의 분석 ·················· 570
   (4) 해양경계획정(海洋境界劃定) 합의의 규범적 의미 ························ 578
4. 오끼나와 해구(海溝)의 구조(構造)와 법적성질(法的性質) ······················ 583
   (1) 지형학적(地形學的) 구조 ··· 583
   (2) 지질학적(地質學的) 특성 ··· 584
   (3) 법적 성질 ··· 585
5. 조도(鳥島)와 남녀군도(男女群島)의 법적 성질 ··································· 588
   (1) 대륙붕 해양경계획정(海洋境界劃定)과 도서(島嶼) ························ 588

(2) 조도(鳥島)와 남녀군도(男女群島)의 법적성질. 590
　6. 대륙붕·배타적경제수역(大陸棚·排他的經濟水域)의
　　공동단일경계선획정 (共同單一境界線劃定)의 문제 591
　7. 중국(中國)과의 경계획정문제(境界劃定問題) 591
　　(1) 한국과 대만(자유중국) 592
　　(2) 한국과 중국 592

제9장　공해제도(公海制度) 595

Ⅰ. 공해(公海)의 개념 597
　1. 공해의 범위 597
　2. 공해의 법적성격 597
　　(1) 해양은 공유물(公有物: res communis)인가? 597
　　(2) 법적성격의 변모 599
　3. 공해의 자유 602
　4. 공해의 평화적 이용 604

Ⅱ. 항해의 자유 605
　1. 항해의 권리 605
　2. 선박과 기국(旗國) 606
　　(1) 선박의 국적(國籍) 606
　　(2) 기국의 의무 610
　3. 항해의 안전 610
　　(1) 선박의 내항성(耐航性) 보존 612
　　(2) 선박충돌의 방지 613
　　(3) 통항분리제의 실시 616
　　(4) 선원의 자격확보 617
　　(5) 항해보조시설의 설비유지 618
　　(6) 항해안전을 위한 새로운 조치 618
　　(7) 항해안전조치의 시행 619
　4. 원조제공의무 620

Ⅲ. 공해어업과 생물자원의 보존 ·· 621
  1. 공해어업의 권리 ··· 621
  2. 공해생물자원보존의 의무 ·· 622
    (1) 자국민(自國民)에 대한 보존조치실시의무 ··· 622
    (2) 타국(他國)과의 협력의무 ··· 622
  3. 공해생물자원의 보존과 관리 ·· 622
    (1) 지리적생물자원 보존기구 ··· 622
    (2) 200해리 EEZ와 공해생물자원의 보존 ·· 624
    (3) 200해리 이원(以遠)의 공해생물자원 보존과 관리 ································ 625
  4. 1992 공해어업회의와 「공해생물자원보존이행협약」의 채택 ·························· 625

Ⅳ. 공해상 기국이외의 관할권 ·· 627
  1. 해적행위(海賊行爲)의 진압 ·· 627
    (1) 해적행위의 개념 ··· 628
    (2) 해적선·해적항공기의 나포와 처벌 ·· 629
  2. 노예와 마약등 밀매의 규제 ··· 631
    (1) 노예매매의 금지 ··· 631
    (2) 마약과 향정신성물질의 불법 거래 ··· 632
  3. 무허가방송의 금지 ·· 633
  4. 국기심사(國旗審査)와 임검권(臨檢權) ··· 633
    (1) 임검권의 주체와 객체 ··· 634
    (2) 임검권 대상선박의 혐의 ·· 635
    (3) 임검권의 행사 ·· 637
  5. 긴급추적권(緊急追跡權: right of hot pursuit) ·· 639
    (1) 긴급추적권의 개념 ·· 639
    (2) 긴급추적권의 요건 ·· 640
    (3) 긴급추적권의 종료 ·· 642

Ⅴ. 해저전선(海底電線)·관선부설(管線敷設)의 자유와 보호 ································ 643
  1. 해양환경의 보호, 보존이라는 문제 ··· 647
  2. 해양환경 보호, 보존을 위한 새로운 국제법 규범체계 ································ 648
  3. 해양오염 규제에 관한 국제법 규범의 발전단계 ··· 648

목 차

제10장 해양환경의 보호와 보존 ··· 645

Ⅰ. 머릿글 ··· 647
1. 해양환경의 보호, 보존이라는 문제 ·· 647
2. 해양환경 보호, 보존을 위한 새로운 국제법 규범체계 ················· 648
3. 해양오염 규제에 관한 국제법 규범의 발전단계 ························· 648

Ⅱ. 초기 발전단계 ·· 649
1. 전통 관습국제법 ··· 650
(1) Trail Smelter 원칙 ·· 650
(2) 영역 주권 제한의 원리 ·· 651
(3) 공해(公海) 사용의 자유와 합리성(合理性)의 원칙 ······················ 652
2. 조약법 ··· 653

Ⅲ. 환경파괴에 대한 현실적 대응단계 ··· 654
1. 사회현상의 변화와 그 대응(對應) ·· 654
(1) 과학기술의 발전과 핵무기의 출현 ·· 654
(2) 해양과학기술의 발달과 Tanker의 출현 ···································· 655
(3) 환경위해물질의 규제 ··· 658
2. Stockholm 인간환경회의 ·· 659
3. 해양환경보호를 위한 국제협력기구 ·· 661
(1) 유엔산하기구 ·· 661
   가. 국제해사기구(IMO)의 해양환경보호위(MEPC) ······················· 662
   나. 국제연합 교육과학문화기구(UNESCO)의 정부간
      해양과학위원회(ICO ·· 663
   다. 해양오염 전문가회의(GESAMP) ·· 664
   라. 국제연합 인간환경계획기구 (UNEP) ····································· 664
(2) 지역적 협력기구 ··· 666
   가. 북해지역 협력기구 - Bonn 협약 - ······································ 666
   나. Balt해 지역협력기구 - Helsinki 협약 - ································ 667
   다. UNEP의 지역환경보호계획 ·· 670

Ⅳ. 새로운 국제해양환경법의 생성단계 ·· 673
1. 개관 ·· 673

2. 제3차 유엔해양법 회의에서의 논의 ·································· 674
　　　(1) 심해저위원회에서의 논의 ·· 674
　　　(2) 제3차 유엔해양법회의의 경과 ·· 677

Ⅴ. 새로운 해양법 협약상 해양환경의 보호와 보존 ······················· 681
　1. 유엔 해양법 협약의 환경법적 의의 ·· 681
　2. 해양환경보호에 관한 기본적 법 개념 ···································· 682
　　　(1) 해양환경의 오염 ·· 682
　　　(2) 오염원(汚染源)의 구분 ·· 684
　　　　가. 육상기인오염(land-based pollution) ························· 684
　　　　나. 선박기인오염(ship generated pollution) ··················· 685
　　　　다. 해중투기오염(dumping at sea) ·································· 686
　　　　라. 해저탐사 및 개발활동 기인오염 (pollution from seabed activities) 688
　　　　　1) 대륙붕개발활동 기인오염 ··· 688
　　　　　2) 심해저개발활동 기인오염 ··· 689
　　　　마. 대기기인오염(pollution from or through the atmosphere) ············· 690
　3. 유엔 해양법협약상 해양환경법의 기본구조 ···························· 691
　　　A. 해양오염규제의 법적 의무화 ·· 691
　　　(1) 해양오염규제에 관한 일반적 의무 ······························· 691
　　　(2) 환경입법(立法)의 의무 ·· 692
　　　　[2-1] 오염원(汚染源)별 환경입법 의무의 내용 ··············· 692
　　　　가. 선박기인오염에 대한 입법의무 (제211조) ················ 692
　　　　나. 대륙붕(大陸棚) 개발기인 오염에 대한 입법의무 (제208조) ············· 693
　　　　다. 심해저(深海底)개발기인 오염에 대한 입법 의무 (제209조) ············ 693
　　　　라. 해상 투기오염에 대한 입법 의무 (제210조) ············· 694
　　　　마. 육상기인 오염에 대한 입법 의무 (제207조) ············· 694
　　　　바. 대기(大氣)로부터 또는 대기를 통한 오염에 대한 입법의무 (제212조) ····· 695
　　　　[2-2] 환경 입법의 범위와 한계 ·· 695
　　　(3) 환경보호를 위한 협력의 의무 ·· 699
　　　(4) 환경적 규제조치의 의무 ··· 700
　　　B. 연안국과 기국(旗國)의 규제권한 재분배 ······················ 700
　　　(1) 개관 ··· 700
　　　(2) 영해(領海) 내에서의 규제권한 분배 ···························· 701
　　　(3) 배타적 경제수역내에서의 규제권한 분배 ···················· 703

목 차

  C. 오염규제에 관한 시행권 ··· 704
   (1) 개관 ··· 704
   (2) 연안국의 오염규제 시행권 ··· 705
   (3) 기항지국(寄港地國)의 오염규제 시행권 ·· 706
  D. 해양환경침해의 책임과 구제 ··· 709
   (1) 구체적 개별적 환경침해에 대한 국가책임. ·· 709
   (2) 일반적 환경침해에 대한 국가책임 ·· 710
    가. 해양환경에 관한 국가의 일반적 의무 선언 ······································· 710
    나. 일반적 환경 침해에 대한 국가 책임 ·· 710
   (3) 환경피해의 책임보장을 위한 국제적 협조 체제 ···································· 711
    가. 민사책임협약 ··· 712
    나. 국제보상기금협약 ··· 713
    다. 책임보장을 위한 기타 담보협약 ·· 715

Ⅵ. 국제해양환경법 개념확대 단계 ··· 716
 1. 1992년 유엔환경개발회의 (Rio Summit) ·· 716
  (1) Rio 선언 ··· 716
  (2) Agenda 21 ·· 717
  (3) 기후변화협약 ·· 717
  (4) 생물다양성협약 ·· 718
  (5) 산림보존원칙선언 ··· 719
 2. Rio Summit 이후의 진전과 발전 ·· 720
  (1) 「공해어업 이행협약」의 채택 ··· 721
  (2) 소도서국가 (Small Islands States)의 지속가능 개발을
   위한 일련의 조치들 ·· 722
  (3) 통합 연안역 관리 개념의 확립 ·· 723
  (4) 육상기인 오염통제의 강화 ··· 725
  (5) 지속가능개발위원회(CSD) 및 지구환경청(GEF)의 발족과
   역할의 증대 ··· 726
   가. 지속가능개발위원회(CSD) ··· 726
   나. 지구환경청(GEF) ··· 728
  (6) 기후변화협약과 생물다양성 협약의 이행을 위한 관련 제도의 확정 ··· 729
   가. 기후변화에 관한 유엔기본협약 ·· 729
   나. 생물다양성협약 ··· 731

제11장 심해저자원(深海底資源)의 개발(開發) ······· 735

Ⅰ. 국가관할권(國家管轄權) 이원(以遠)의 심해저(深海底) ······· 735
1. 심해저문제(深海底問題)의 대두(擡頭) ······· 735
   (1) 심해저자원(深海底資源)에 관한 국제적 관심의 태동 ······· 736
   (2) 「인류공동유산(人類共同遺産)」 개념의 형성 ······· 737
2. 심해저(深海底)의 개념(槪念)과 범위(範圍) ······· 741
   (1) 자연과학적(自然科學的) 개념(槪念) ······· 741
   (2) 심해저(深海底)의 범위(範圍) ······· 743
3. 심해저(深海底)의 자원(資源) ······· 746
   (1) 일반적 고찰(考察) ······· 746
   (2) 망간단괴(Manganese Nodules) ······· 747
   (3) 망간 Crust ······· 748
   (4) 다금속유화광상(多金屬琉化鑛床) ······· 749

Ⅱ. 인류공동유산의 개념과 심해저자원의 법적지위 ······· 750
1. 심해저(深海底)의 법적지위(法的地位) ······· 750
   (1) 공해(公海)의 법적성질(法的性質) ······· 750
   (2) 심해저(深海底)의 법적지위(法的地位) ······· 750
2. 심해저자원(深海底資源)과 인류공동유산(人類共同遺産)의 개념 ······· 755
   (1) 심해저자원(深海底資源)의 법적지위(法的地位) ······· 755
   (2) 「인류공동유산(人類共同遺産)」의 개념(槪念) ······· 757

Ⅲ. 유엔에 있어서의 심해저 제도(深海底 制度)에 관한 논의 ······· 762
1. 심해저위원회(深海底委員會: Sea-bed committee) ······· 762
   (1) Malta 국(國)의 제안 ······· 762
   (2) 심해저특별위원회(深海底特別委員會: Ad Hoc Seabed Committee) ··· 762
   (3) 심해저위원회(深海底委員會: Standing Seabed Committee) ······· 763
2. 심해저에 관한 원칙선언(原則宣言)과 개발유예선언(開發猶豫宣言) ······· 764
   (1) 심해저자원(深海底資源)의 개발유예선언(開發猶豫宣言) 등 ······· 764
   (2) 심해저(深海底)에 관한 원칙선언(原則宣言) ······· 765
3. 제3차 유엔 해양법회의(海洋法會議)에서의 토의 ······· 766
   (1) 준비회의 ······· 766
   (2) 심해저 문제의 논의 ······· 767

목 차

    (3) 유엔 해양법협약(海洋法協約)의 발효과정과 발효 후의 동향 ················ 778

Ⅳ. 유엔 해양법협약상 심해저개발제도(深海底開發制度) ························ 784
  1. 개관(槪觀) ··· 784
    (1) 협약(協約)의 규정(規定) ··· 784
    (2) 기본원리(基本原理) ··· 784
    (3) 법적 구속력(法的 拘束力)의 문제(問題) ·································· 785
  2. 국제해저기구(國際海底機構) ·· 786
    (1) 기구(機構)의 구성(構成) : 개관(槪觀) ·· 786
    (2) 총회(總會) ·· 787
    (3) 이사회(理事會) ·· 789
    (4) 개발청(開發廳) ·· 807
    (5) 사무국(事務局) ·· 810
    (6) 국제해양법재판소(國際海洋法裁判所) ·· 811
    (7) 경제기획위원회(經濟企劃委員會)와 법률기술위원회(法律技術委員會) ···· 811
  3. 심해저활동(深海底活動)에 관한 기본조건(基本條件) ······················· 812
    (1) 심해저자원 개발제도(深海底資源 開發制度)의 목표(目標) ········ 812
    (2) 심해저자원(深海底資源)의 탐광활동(探鑛活動) ························· 812
    (3) 심해저자원(深海底資源)의 개발제도(開發制度) ························· 813
  4. 심해저자원 생산정책(深海底資源 生産政策) ··································· 815
  5. 탐사 및 개발절차 (探査 및 開發節次) ·· 815
    (1) 개발계약신청자(開發契約申請者)의 자격(資格) (제Ⅲ부속서 제4조) ····· 815
    (2) 사업계획(事業計劃) 및 탐사사업계획(探查事業計劃)의 승인(承認) ······ 816
    (3) 생산허가(生産許可) ··· 819
  6. 개발청(開發廳)에 대한 심해저기술(深海底技術)의 이전(移轉) ······· 819
  7. 국제해저기구(國際海底機構)의 재정(財政) ····································· 820
    (1) 개발계약(開發契約)의 재정조항(財政條項) ································ 820
    (2) 개발청(開發廳)의 초기사업자본(初期事業資本) ························· 821

Ⅴ. 사전투자(事前投資)의 보호(保護) ·· 821
  1. 개관(槪觀) ··· 821
    (1) 사전투자(事前投資)는 왜 보호되어야 하는가? ························· 821
    (2) 사전투자보호(事前投資保護)를 위한 결의Ⅱ의 채택(採擇) ········ 822
  2. 사전투자보호(事前投資保護)의 대상(對象) ····································· 823

  (1) 사전투자보호(事前投資保護)의 요건(要件) ·················· 823
  (2) 사전투자가(事前投資家)의 종류(種類) ···················· 823
  (3) 사전투자(事前投資) 보호대상(保護對象)의 범위(範圍)에 관한 논의 ······ 824
 3. 사전투자가(事前投資家)의 활동(活動)과 광구(鑛區) ·················· 826
  (1) 선도개발활동(先導開發活動: Pioneer activities) ············ 826
  (2) 사전투자광구(事前投資鑛區)와 포기제도(抛棄制度) ············ 827
 4. 사전투자(事前投資)의 등록(登錄) ····························· 827
  (1) 사전투자등록(事前投資登錄)의 요건(要件) ················· 827
  (2) 사전투자광구(事前投資鑛區)의 지정(指定) ················· 828
 5. 사전투자광구(事前投資鑛區)의 경합(競合)과 분쟁해결(紛爭解決) ········ 828
  (1) 「결의II」의 규정(規定) ····························· 828
  (2) 중복광구(重複鑛區)의 분쟁해결현황(紛爭解決現況) ··········· 829
 6. 사전투자가(事前投資家)의 권리(權利)·의무(義務) ················· 831
  (1) 사전투자가(事前投資家)의 권리(權利) ··················· 831
  (2) 사전투자가(事前投資家, PI)의 재정의무(財政義務) ··········· 833
  (3) 개발청(開發廳)을 위한 지원의무(支援義務) ················ 833

Ⅵ. 준비위원회(準備委員會) ·· 834
 1. 준비기구(準備機構)의 설치(設置): 일반론(一般論) ··············· 834
 2. 준비위원회(準備委員會)의 당사국적격(當事國適格) ················ 835
 3. 소집(召集)과 존속기간(存續期間) ····························· 836
 4. 준비위원회(準備委員會)의 기능(機能) ·························· 836
 5. 준비위원회(準備委員會)의 구성(構成) ·························· 837
  (1) 개관(概觀) ······································ 837
  (2) 특별위원회(特別委員會: Special Commissions) ············ 838
  (3) 운영위원회(運營委員會: General Committee) ············· 840
 6. 준비위원회(準備委員會)의 재정(財政) ·························· 841
 7. 준비위원회(準備委員會)의 의사규칙(意思規則) ··················· 841
  (1) 의사정족수(議事定足數)(제16조) ······················· 842
  (2) 의결정족수(議決定足數) ····························· 842
  (3) 기타(其他) ······································ 842
 8. 최종보고서(最終報告書) ···································· 843
 9. 준비위원회의 활동마감 ···································· 843

목 차

Ⅶ. 한국(韓國)과 심해저자원개발(深海底資源開發) ·· 843
   1. 개관(槪觀) ·· 843
   2. 한국(韓國)의 국제해저기구(國際海底機構) 활동참여 ····················· 844
      (1) 선행투자가(先行投資家) 등록 및 심해저개발광구(深海底開發鑛區)확보 844
      (2) 국제해저기구(國際海底機構) 이사회(理事會) 진출 ····················· 844
      (3) 국제해저기구(國際海底機構) 법률(法律)・기술위원회(技術委員會)
          위원 진출 ·· 845
      (4) 한국의 선행투자가(先行投資家) 의무이행(義務履行) 현황 ········ 845
   3. 한국(韓國)의 심해저탐사(深海底探査) ·· 846

제12장 해양(海洋)의 과학적 조사(科學的 ·· 849

Ⅰ. 해양(海洋)의 과학적 조사(科學的 調査) ·· 849
   1. 머리말 ·· 849
   2. 1958년 제네바 협약(協約)에서의 규제(規制) ·································· 850
      (1) 영해(領海)와 내수(內水)에 있어서의 해양과학조사(海洋科學調査) ···· 850
      (2) 대륙붕(大陸棚)에서의 해양과학조사(海洋科學調査) ··················· 850
      (3) 어업수역(漁業水域)에서의 해양과학조사(海洋科學調査) ··········· 852
   3. 1982년 유엔 해양법협약상(海洋法協約上)의 해양과학조사 ········· 852
      (1) 일반원칙(一般原則) ·· 853
      (2) 영해내(領海內)의 해양과학조사(海洋科學調査) ··························· 854
      (3) 대륙붕 및 배타적경제수역에서의 해양과학조사 ······················· 855
      (4) 공해(公海)에서의 해양과학조사(海洋科學調査) ··························· 858
      (5) 해양과학조사(海洋科學調査) 시설(施設) 및 장비(裝備) ·············· 858
      (6) 해양과학조사(海洋科學調査)를 위한 국제협력(國際協力) ·········· 859

Ⅱ. 해양과학기술(海洋科學技術)의 이전(移轉) ·· 860
   1. 서 론 ··· 860
   2. 「기술이전(技術移轉)」에 관한 일반론(一般論) ································· 862
   3. 해양기술(海洋技術)의 개도국(開途國)에로의 이전(移轉) ··············· 864
   4. 유엔 해양법협약상 기술개발과 이전(移轉) ···································· 865
   5. 기술이전(技術移轉)에 관한 법적 제도(法的 制度)의 전망(展望) ···· 866

- xlviii -

제13장 해양분쟁(海洋紛爭)의 평화적 ·· 869

Ⅰ. 전통 해양법상(傳統 海洋法上) 분쟁의 해결 ······································ 871
   1. 국제분쟁(國際紛爭)의 발단(發端) ·· 871
     (1) 국제분쟁(國際紛爭)의 국내적 구제(國內的 救濟: local remedy) ········ 871
     (2) 외교적(外交的) 보호권(保護權)의 발동(發動) ······························ 872
   2. 국제 해양분쟁(國際 海洋紛爭)의 해결(解決) : 개관(槪觀) ················ 872
     (1) 당사국 간의 직접협의 ··· 873
     (2) 제3자가 개입된 교섭 ·· 873
     (3) 중재(仲裁: arbitration) ·· 874
     (4) 국제사법재판(國際司法裁判) ··· 876

Ⅱ. 유엔 해양법협약상(海洋法協約上) 분쟁해결제도(紛爭解決制度) ············· 879
   1. 개관(槪觀) ··· 879
     (1) 분쟁해결수단(紛爭解決手段) 선택(選擇)의 자유(自由) ·················· 880
   2. 구속력(拘束力)있는 결정(決定)을 낼 수 있는 강제적절차(强制的節次) ······ 880
     (1) 강제절차(强制節次)의 선택(選擇)과 결정(決定) ··························· 881
     (2) 강제절차(强制節次)의 적용제한(適用制限)과 적용배제선언(適用排除宣言) ···· 882
   3. 유엔 해양법협약상 분쟁해결을 위한 기구(機構)와 절차(節次) ············ 883
     (1) 조정(調停) ··· 883
     (2) 중재(仲裁) ··· 885
     (4) 국제해양법재판소(國際海洋法裁判所: ITLOS) ····························· 889
     (5) 해저분쟁재판부(海底紛爭裁判部: SBDC) ···································· 894
   4. 맺음말 ·· 895

참고문헌 ··· 897

색 인 ·· 915
   국문 ·· 917
   영문 ·· 936
   판례 및 중요사전 색인 ·· 948

목 차

지도목차

(지도 2-1) 해안의 일반적 방향에 직각으로 흩어진 섬 ················ 37
(지도 2-2) 만(灣)에 대한 24해리 원칙 ················ 42
(지도 2-3) SIDRA만에 대한 Libya의 내수주장 ················ 45
(지도 2-4) 한국의 직선기선 ················ 55
(지도 2-5) 중국의 직선기선 ················ 56
(지도 2-6) 산동반도 ················ 65
(지도 2-7) 중국 동해안 ················ 68
(지도 2-8) 양자강 입구 ················ 72
(지도 2-9) 양자강 입구의 직선기선 획선안 ················ 77
(지도 2-10) 일본의 직선기선 ················ 80
(지도 2-11) 세토나이카이(瀨戶內海)의 직선기선-1977년 ················ 81
(지도 2-12) 세토나이카이(瀨戶內海)의 직선기선-1996년 ················ 84
(지도 2-13) 1965년 제주도 근해의 관할수역 설정 ················ 90
(지도 2-14) 제주도 근해의 직선기선과 영해 범위 ················ 92
(지도 3-1) 한국의 영해전관수역, 평화선 ················ 116
(지도 3-2) 대한해협 ················ 123
(지도 3-3) "서해 5개 도서" 근해 ················ 127
(지도 3-4) 제주해협 ················ 130
(지도 3-5) 대향국의 경계획정(중간선원칙) ················ 135
(지도 3-6) 인접국의 경계획정(등거리원칙) ················ 136
(지도 3-7) "서해5도" 해역(한국휴전협정) ················ 138
(지도 3-8) 중국과 북한의 군사수역 ················ 177
(지도 3-9) 한국방위수역(Clark Line) ················ 177
(지도 3-10) Falk Land 전쟁시의 전쟁수역 ················ 180
(지도 3-11) 중공어뢰정의 구조 예인도 ················ 182
(지도 3-12) U.S.S.Pueblo호 피랍경위도 ················ 189
(지도 3-13) 소련 E-1 원자력잠함의 일본영해 침범 ················ 201
(지도 3-14) VILKITSKY해협 통항거절사건 ················ 206
(지도 3-15) KAL-007 피격당시의 항로 ················ 210
(지도 4-1) 콜퓨해협 사건(1946년 10월 22일) ················ 230

지도목차

(지도 4-2) 제주해협 항로의 우회도 ·· 234
(지도 4-3) TURKEY 해협 ·· 249
(지도 4-4) Balt 해협 ·· 253
(지도 4-5) Gibraltar 해협 ··· 255
(지도 4-6) Gibraltar 해협의 연안국 영해범위 ····························· 256
(지도 4-7) MALACCA 해협 ··· 258
(지도 4-8) SINGAPORE 해협의 항로폭과 수심 ·························· 258
(지도 4-9) 페르샤만에서 일본까지의 항로거리 비교 ················· 259
(지도 4-10) 홀므즈(Hormuz) 해협 ·· 264
(지도 4-11) BABEL MANDEB 해협 ··· 266
(지도 4-12) DOVER 해협 ··· 267
(지도 6-1) 파랑도의 위치 ··· 288
(지도 6-2) 독도측면도 ·· 302
(지도 6-3) 독도의 위치 ·· 303
(지도 6-4) 독도의 지형 ·· 303
(지도 7-1) 오스트렐리아와 파푸아뉴기니아간의 경계획정도 ···· 364
(지도 7-2) MAINE만 경계 분쟁사건의 ICJ판결 ························· 366
(지도 7-3) MacArther Line ··· 409
(지도 7-4) 한일 어업협정도 ··· 410
(지도 7-5) 日本國 漁業水域에 관한 暫定措置法 施行令 제1조에 의한
　　　　　 韓日暫定境界 ··· 416
(지도 7-6) 일중어업협정도 ··· 421
(지도 7-7) 신(新) 한일어업협정도 ·· 424
(지도 7-8) 한일간 EEZ 잠정경계선 안(案) ································ 436
(지도 7-9) 잠정합의수역 속의 enclave안(案) ····························· 439
(지도 7-10) 한중어업협정도 ··· 457
(지도 7-11) 北韓의 軍事境界水域 ·· 460
(지도 7-12) 西海地域 海洋管轄 區域圖 ·· 461
(지도 8-1) 양자협정에 의한 북해대륙붕의 경계선 ····················· 498
(지도 8-2) 등거리원칙(等距離原則)에 의한 북해대륙붕경계 ···· 499
(지도 8-3) 선형이론(扇形理論) ·· 500
(지도 8-4) 연안전면(沿岸前面)의 폭(幅) ····································· 500
(지도 8-5) 1971년 독일·덴마크·네덜란드간 대륙붕경계획정 ····· 503
(지도 8-6) 영·불 대륙붕 특별중재판결 ·· 509

- li -

목 차

(지도 8-7) Tunisia / Libya 대륙붕경계사건 ……………………………………………… 513
(지도 8-8) Tunisia / Libya 대륙붕경계주장 ……………………………………………… 515
(지도 8-9) Tunisia/Libya 대륙붕경계에 관한 ICJ 판결 ……………………………… 517
(지도 8-10) Meine만의 경계(上) ……………………………………………………………… 523
(지도 8-11) Meine만의 경계(中) ……………………………………………………………… 523
(지도 8-12) Meine만의 경계(下) ……………………………………………………………… 524
(지도 8-13) Tunisia / Libya / Italy / Greece의 대륙붕 경계 ……………………… 525
(지도 8-14) Libya / Malta Case에 관한 Italy의 주장 ………………………………… 528
(지도 8-15) Libya/Malta case의 ICJ 판결 ……………………………………………… 529
(지도 8-16) 한반도주변대륙붕의 지리적 여건 ………………………………………… 545
(지도 8-17) 황해(黃海)·동지나해(東支那海) 등수심도(等水深圖) ………………… 546
(지도 8-18) 해저 석유채굴 가능지역(황·동지나해) ………………………………… 547
(지도 8-19) 황·동지나해 지질구조 ……………………………………………………… 548
(지도 8-20) 황·동지나해 지질도 ………………………………………………………… 549
(지도 8-21) 한·일·중의 대륙붕개발광구도(大陸棚開發鑛區圖) ………………… 550
(지도 8-22) 한·일 대륙붕 북부지역 경계획정도(境界劃定圖) ……………………… 554
(지도 8-23) 한·일 대륙붕공동개발구역도 ……………………………………………… 555
(지도 8-24) 한·일 대륙붕 개발구역 9개 소구역도 ………………………………… 555
(지도 8-25) 개정된 공동구역 6개 소구역 ……………………………………………… 557
(지도 8-26) 오스트레일리아와 인도네시아 간의 공동개발구역 ………………… 572
(지도 8-27) 인도와 미얀마간의 Andaman 해(海) 경계협정 ……………………… 575
(지도 8-28) 덴마크-독일간의 대륙붕 및 어업수역 경계협정(1982.12.31 현재) …… 577
(지도 8-29) 남녀군도와 조도 ……………………………………………………………… 588
(지도 8-30) 대만의 해저석유개발 ………………………………………………………… 893
(지도 11-1) 심해저 자원의 분포 ………………………………………………………… 749
(지도 11-2) 세계 5개 지역 구분 ………………………………………………………… 796

도표목차

<도표 3-1> 영해범위의 주장(1958년 1월 현재) 113
<도표 3-2> 영해 범위의 주장(1995년 10월 현재) 113
<도표 3-3> 영해범위주장의 추세 114
<도표 3-4> 12해리보다 더 좁은 영해를 주장하는 국가의 현황 115
<도표 3-5> 12해리보다 넓은 영해를 주장하는 국가의 현황 115
<도표 3-6> 한국 영해법의 연혁 134
<도표 3-7> 군함의 무해통항을 규제하는 나라 170
<도표 3-8> 군사안보수역을 유지하고 있는 나라 173
<도표 3-9> "HUCHUAN" Class 181
<도표 3-10> "LUDA" Class 183
<도표 3-11> 대한항공 KAL-007기 피격과정 210
<도표 3-12> SU-15(805), MIG-23(163)의 지상관재소와의 대화 211
<도표 4-1> 제주도 서남해 등대 현황 235
<도표 4-2> U.K.C.(Under Keel clearance)의 개념 262
<도표 6-1> 파랑도의 형상 287
<도표 6-2> 1946년~1965년까지 한국에 의한 일본어선 나포 현황 333
<도표 6-3> 세계의 내륙국 341
<도표 7-1> EEZ의 주장추세 351
<도표 7-2> 200 해리 수역 주장의 현황(1995년 10월) 353
<도표 7-3> 중요 국가의 배타적 경제수역 자원활용도 354
<도표 7-4> 200해리 미만의 배타적 관할수역(1995년 10월) 356
<도표 7-5> 특정어류의 번식 곡선-I 377
<도표 7-6> 특정어류의 번식곡선-II 378
<도표 7-7> EEZ내 법령위반에 체형을 부과한 국내입법 402
<도표 7-8> 해양관할수역의 면적 406
<도표 7-9> 한국 주변국가의 200해리 관할수역 선포현황 406
<도표 7-10> 한중일(韓中日) 3국의 EEZ법 실시현황 408
<도표 7-11> 한중일 3국의 어업협정 체결 현황 408
<도표 7-12> 1965년 韓日 漁業協定上 共同規制水域內의 漁撈規程 412
<도표 7-13> 주요국별 수산물 생산 추이 449

목 차

<도표 7-14> 한반도 주변수역의 어장별, 국가별 어획량 분포-1993년) ············· 450
<도표 7-15> 中國 海面漁業 單位生産量의 動向 ··· 451
<도표 7-16> 황해와 동중국해의 國別 漁獲量 變動 (단위: 1,000 톤, %) ············· 452
<도표 7-17> 한국漁船 單位努力當 生産性 推移 ··· 452
<도표 7-18> 中國 漁船의 韓國 水域 侵犯 現況 ··· 453
<도표 7-19> 中國 漁船의 韓國 領海로의 緊急避難 現況 ································· 454
<도표 7-20> 한국어선의 위반건수 ··· 455
<도표 8-1> 연안인접해저(沿岸隣接海底)의 지형학적(地形學的) 구조(構造) ········ 467
<도표 8-2> 해양저(海洋底)와 지괴(地塊)의 평형상태(平衡狀態) ······················ 477
<도표 8-3> 대륙붕의 범위(Irish formular) ··· 479
<도표 8-4> 각안(各案)에 따른 대륙붕 면적 ··· 479
<도표 8-5> 대륙붕(제76조 1항 전단) ··· 481
<도표 8-6> 대륙붕(제76조 1항 후단) ··· 482
<도표 8-7> 대륙붕(제76조 4항 (a)후단) ··· 483
<도표 8-8> 대륙붕(제76조 5항) ··· 484
<도표 8-9> 해안선의 굴곡이 등거리원칙의 경계에 미치는 영향 ····················· 504
<도표 8-10> 해양 경계획정(境界劃定)에 관한 5개 ICJ판례 대비표 ················· 532
<도표 8-11> CPC의 미국계개발공사와의 합작현황 ··· 552
<도표 8-12> 한·일 대륙붕공동개발 양여계약자(1974) ····································· 556
<도표 8-13> 한국의 대륙붕 자원 탐사활동 종합(1987) ··································· 557
<도표 8-14> 일본의 대륙붕 자원 탐사활동 종합 ··· 558
<도표 11-1> 대양저(大洋底)의 지형학적 구조 ··· 742
<도표 11-2> 해저의 지형학적 구성비 ··· 743
<도표 11-3> 심해저광상(深海底鑛床)의 금속함량(金屬含量) ···························· 750
<도표 11-4> 국제심해저기구 Group별 이사회 구성(1999-2002) ······················· 787
<도표 11-5> 심해저 자원개발체제의 삼위일체 ··· 799
<도표 11-6> 준비위원회 ··· 814
<도표 11-7> 특별위원회의 구성과 기능 ··· 838
<도표 11-8> 특별위원회의 구성과 기능 ··· 839
<도표 11-9> 한국의 심해저 탐사작업현황 ··· 846

제1장 총론(總論)

Ⅰ. 해양법(海洋法)이란 무엇인가?
Ⅱ. 해양법의 법원(法源)
Ⅲ. 해양법의 법전화(法典化)
Ⅳ. 해양법(海洋法)과 유엔 해양법협약(海洋法協約)
Ⅴ. 한국(韓國)과 해양법(海洋法)

제1장 총론(總論)

Ⅰ. 해양법(海洋法)이란 무엇인가?

1. 해양법(海洋法)의 개념

오늘날 국제화 시대 속에 사는 한국사람은 해양법 문제에 접하기 위해서 구태여 전문서점에 가서 법률서적을 찾아볼 필요는 없을 것이다. 「중공영해침범(中共領海侵犯) 한국에 공식사과(公式謝過)」「파랑도 발견하다」「일본 드디어 한일 대륙붕 공동개발협정 비준」「북한 해상 군사경계선(軍事境界線) 선언」 등과 같은 신문의 제목들에서 우리가 흔하게 대하는 일상적인 관심사들은 이미 상당수가 해양법 문제들이기 때문이다.

그러면 해양법이란 무엇인가? 위의 신문 제목들은 저마다 서로 다른 사건들을 제시하고 있지만 이들 제목 속에 공통적인 요소가 몇 가지 들어있다. 이 사건들은 둘 이상의 나라가 바다의 문제에 관해 서로 어떤 이해관계를 정립하려고 노력하고 있는 것을 나타내고 있다는 점이다. 즉 해양법이란 국가와 국가간의 이해충돌 등 상호관계를 규율하는 기준이 될 규범이라는 뜻에서 "국제법(國際法)"이며 이 규범들은 특히 바다에서의 인간활동에 관련된 것이라는 점에서 "바다의 국제법"이다.

2. 해양법의 뿌리

우리가 이제부터 알아보려고 하는 해양법은 국제법 중에서도 아주 새로운 면모를 갖는 분야이다. 어업, 해운, 해양오염규제, 심해저자원의 개발 등 해양법의 내용이 되는 인간활동의 분야는 극히 최근에 인류가 이룩한 획기적인 과학과 기술의 발전에 힘입어 새롭게 각광을 받게 된 분야이고 그렇기 때문에 이러한 발전이 이룩될수록 해양법은 새로운 규범으로 생성, 부각되고 있다고 말할 수 있다. 그러나 그렇다고 해도 해양법은 최근에 갑자기 나타난 법규범은 아니다. 해양법의 역사는 인류의 역사와 그 시작을 같이 한다고 보아야 한다. 왜냐하면 인류가 역사를 쓰기 시작한 훨씬 전부터 사람들은 바다 위를 항해하고 바다에서 고기를 잡았기 때문이다.

일반적으로 서구에서의 해양법 기원은 고대 지중해 연안 도시국가들 시대까지 소급된다고 보고 있다.[1] 고대 지중해는 희랍의 초기 도시국가들의 무역의 장(場)이었다. 이들 고대국가들이 항해와 무역활동에 관한 서로의 분쟁과 사건들을 처리해 가는 과정에서 관습국제법(慣習國際法)이라고 간주될 만한 초기의 해양법이 생성되어 갔다. 고대 아테네의 지중해 무역 중심지였던 Rhodes섬의 이름을 따서 이 초기의 해상 관습국제법을 "로오드 해법"(Rhodian Sea Law)이라고 한다.[2]

이 로오드 해법(海法)은 개인이나 국가 간의 상거래(商去來)에 관한 내용(사법적(私法的) 내용)과 국가와 국가간의 관계에 있어서의 행위의 기준(공법적(公法的) 내용)이 혼합되어 있었으므로 이것 자체가 순수한 의미의 해양법이라고 말하기는 어려울 것이다. 그러나 해상활동에 관한 국가간의 관계를 규율하는 부분은 틀림없이 해양국제공법으로서의 해양법이라고 볼 수 있다. 더구나 중요한 점은 이미 이 로오드 해법에서 "해양 자유의 원칙"과 유사한 내용이 최초로 형성되고 있었다고 하는 점이다.[3]

로오드 해법에서 비롯된 해사관습법(海事慣習法)은 그 이후 중세 지중해 해상관습법규(海商慣習法規)라고 할 수 있는 *Consolato del Mare*[4] 에 까지 연면히 이어져 내려오고 있으나 중세(中世)가 끝날 때까지도 이들 관습법규는 공사법(公私法)의 구별도 분명치 않았으며 해양 자유의 원칙이나 연안국가의 해양 지배의 원칙 중 어느 쪽으로도 확고한 관습 및 이론이 형성되어 있지 아니하였다. D.P.O'Connell은 "해양법의 역사란 해양 지배의 원칙이냐 해양 자유의 원칙이냐 하는 양자 택일 및 대립의 역사"라고 극언하고 있지만[5] 이 두 가지의 명제는 해양법의 발전에 가장 중요한 역할을

---

1) Auther Nussbaum, *A Concise History of The Law of Nations*, rev. ed.(New York: The MacMillan Co.,1954),pp.29-30.; H.A. Smith, *The Law of Custom of the Sea*, 3rd ed. (London: Stevens and Sons Ltd, 1959), p.4.; C.J. Colombos, *The International Law of the Sea*, 2nd ed. (London: Longmans Green, 1951), p.25.
2) Rhodian Sea Law의 정확한 연대는 불명하나 대체로 BC 2c~3c 경이라고 생각되고 있다. 이 법의 내용도 거의 전해져 내려오고 있는 것이 없으나 「학설휘찬」(*Pandekten*) 속에 남아있는 *Jectu*법 (*Lex Rhodia de Jectu*)의 내용 만이 확실히 알려져 있다.
3) Luc Cuyvers, *Ocean Uses and Their Regulation* (New York:John Wiley & Sons Inc., 1984), p.146.
4) 14세기경 중세 지중해의 Pisa와 Barcelona 등지에서 편집 집대성된 해상관습법규를 말한다. 이는 신성 로마제국 및 프랑스와 스페인의 해상관계 조직 및 기타 이태리 상업 도시국가 등의 해상조례를 엮은 것으로서 후에 서구 해사법 내용의 근간을 이루었다.

해 온 것임에는 틀림이 없다. 14세기 말경 Venice 등 지중해의 상업 도시국가들은 이미 그 인근의 광대한 해역을 지배하고 있었고 스칸디나비아 여러 나라들은 발트해는 물론 북해와 그린란드 인근 해역까지 그들의 주권적 권한을 행사해 오고 있었다.

1492년 콜롬부스가 신대륙을 발견하자 이듬해 교황 알렉산더 VI세는 교역자의 선교활동 구역에 관한 칙서를 공고하여 포르투갈과 스페인의 경계를 설정하고 1494년에는 이를 수정 확인하는 Tordesillas조약이 양국간에 성립됨으로써 대서양은 포르투갈에, 그리고 캐리비안 해 서쪽은 스페인에 귀속되어 대서양과 태평양의 광대한 해역이 양국의 주권적 권한 아래에 들어가게 되었다. 이와 같은 극단적인 해양지배의 사상은 16세기에 와서 강력한 도전을 받았다.

17세기 초, 신흥 해양국가인 화란의 법학자, Hugo Grotius가 자유해론(自由海論; *Mare Liberum*)을 발표함으로서[6] 해양자유의 원칙은 학문적인 체계를 갖춘 이론으로 확립되고 결국 근대 국제법의 중요한 원칙으로 성립되었다. Grotius의 이론에 의하면 바다란 너무나 광대하므로 인간이 실효적으로 점유(占有)할 수 없고 그렇기 때문에 어떤 형태의 영유권도 주장할 수 없다. 또 바다의 자원은 무진장하므로 누구나 아무 제약없이 그 자원 -주로 생물자원- 을 채취할 수 있다. 따라서 바다란 모든 인류가 똑같이 그 혜택을 누릴 수 있는 공유물(公有物; *res communis*)이라고 하는 것이다.

17세기이래 확립된 이 해양자유의 원칙은 전통국제법의 대원칙으로 존중되어 왔고 실질적으로 1945년 이전까지는 거의 아무런 도전도 받지 않았다. 그러나 제2차 세계대전의 종결 후, 국제사회는 급격한 발전과 변동의 격동기를 겪게 되었으며 해양자유의 원칙도 심각한 도전을 받아, 바야흐로 해양분할의 시대가 도래하였다. 연안국 특히 개발도상 연안국들은 인접 해양에 대한 국가관할권의 확대를 주장하였으며, 그 결과 연안 200해리의 배타적경제수역(排他的經濟水域) 제도와 해저 350해리를 넘어서 확장되는 대륙붕(大陸棚) 제도가 새로운 해양법의 내용으로 등장하였다.

D.P.O'Connell은 현대의 상황을 17세기의 그것과 흡사하다고 갈파하고 있다.[7] 그러나 해양지배 및 해양자유의 원칙에 관련된 찬반의 주장은 그 당시와 지금은 서로 반대되는 흐름 위에 놓여있다고 보아야 할 것이다. 어찌되었든 이들 찬반 주장의 내용을 보면 비록 그 용어 자체는 고풍이지만 17세기의 그것은 현대의 주장과 성질상

---

5) D.P.O'Connel,*The International Law of the Sea* (Oxford:Clarendon Press,1984),p.1.
6) *Mare Liberum*은 1608년 11월에 익명으로 출간되었다. 이 논문이 Hugo Grotius의 이름으로 공식적으로 출간된 것은 1868년 *De Jure Praede*의 제12장으로 발표된 때이다.
   Hugo Grotius,*The Freedom of the Seas*, Trans.by Ralph van Deman Magoffin,(New York: Oxford Univ. Press,1916), p.v. Introductory Note
7) D.P.O'Connell,op.cit.,p.2.

일치되는 것도 많다. 그러나 역사란 그저 단순히 반복되는 것만은 아니다. 해양법은 17세기이래 발전 변모하는 국제사회의 구조적 변화에 따라 연면히 발전해오고 있는 것에 불과하다. 현대 해양법을 이해함에 있어서도 이러한 역사적 안목에 기초한 종합적인 분석이 필요하다고 본다. 그리고 이러한 종합적 분석은 현대 해양법에 알맞는 새로운 법학적 방법론을 제시해 줄 수 있으리라고 생각한다.

3. 해양법의 명칭(名稱) 및 유사개념(類似槪念)

해양법이라는 명칭은 1973년부터 열린 제3차 유엔해양법회의 때문에 일반에 보편적으로 사용되었다. 우리 나라에서는 박종성 박사가 「해양국제법(海洋國際法)」이라는 이름의 저서를 출간함으로써 해양법을 본격적으로 소개하였다.[8] 서구(西歐)에서의 명칭을 개관하여 보면 아주 다양한 용례가 있어온 듯 하다. 초기에는 Sea Law[9], The Sovereignty of the Sea[10] 등의 표현이 있었고 G.C.Gidel은 Le droit international public de la mer[11] 라고 표현하였으며, McDougal과 Burke교수는 1962년 발간한 그들의 해양법 저서의 이름을 The Public Order of the Ocean이라고 하였다.[12] 그러나 해양법의 가장 일반적인 명칭은 Law of the Sea 또는 International Law of the Sea로 사용되고 있다.[13]

해양법은 해법(海法: Admiralty Law) 또는 해사법(海事法: Maritime Law)과 구별되어야 한다. 해법 또는 해사법 이란, 항해, 해운, 해원(海員)의 권리 의무, 해난구조 및 해상행위 등 해양활동 관련의 국내 사법적(私法的) 법규를 망라한 개념이다. 간혹 선박충돌, 해난구조 및 해상운송 등에 관한 국제협약 등이 소위 해사법(海事法: Maritime Law)의 범주로 논의되는 경우가 있으나 그 내용은 국제사법(國際私法)적인 것이 위주로 되어 있다.[14] 그러므로 국제공법(國際公法)중 바다에 관련된 법을 지

---

8) 박종성, 『해양국제법』(서울:법문사,1962)
9) T.Baty,*Britain and Sea Law*(1911)
10) T.W.Fulton *The Sovereignty of the Sea*(London:William Blackwood & Sons,1911)
11) G.C.Gidel,*Le Droit International Public de la Mer*,3.Vols.(1932 -1934).
12) Myres S.McDougal and William T.Burke, *The Public Order of the Oceans*, (New York; Yale Univ.Press,1976).
13) H.A.Smith, *The law of Customs of the Sea*, 3rd ed.(London: Stevens & Sons LTD, 1959); Higgins and Columbus, *The International Law of the Sea* (London: Longmans, Green & Co.,1951)
14) 예컨대 다음과 같은 것이 있다.
   가) Convention for the Unification of Certain Rules of Law respecting Collisions between Vessels (With Optional Protocol)
   『해상충돌예방규칙에 관한 협약과 선택의정서』
      - 1910년 9월 23일 Brussels에서 성립, 1913년 3월 1일 발효

칭하는 해양법은 이들과 구별된다. 해양법이 국제법의 한 분야라는 점을 상기한다면 국제해양법 또는 해양국제법이라는 명칭이 더욱 적절하다고 하겠다. 그런데 국제법 중 각론적 분야를 지칭하는 명칭으로는 국제환경법, 국제기구법, 국제인도법 등이 있는 바, 이들 용례에 따른다면 국제해양법이 알맞은 명칭이라고 생각된다. 그러나 제3차 유엔 해양법회의 이래 해양법이라는 명칭이 보편적으로 사용되어 왔으므로 구태여 이제 와서 국제해양법이라는 용어를 사용할 필요는 없다고 보고 이 책에서는 해양법이라는 명칭을 사용키로 한다.

4. 해양법의 법학적(法學的) 독자성(獨自性)

(1) 해양법의 독립영역(獨立領域)

다른 법학의 분야와 구별될 수 있는 해양법만의 법학적 영역은 무엇인가? 또 국제법 중 특히 해양법이라는 분야를 특정시켜서 연구하고 논의할 필요가 있는가? 하는 문제는 해양법의 학문적 독자성을 규명키 위해서 반드시 검토되어야 한다.

첫째로, 해양법은 해양의 활용을 위한 인간활동을 중심으로 한 국제관계를 규율하는 법이다. 이는 국제법의 총론적 부분과 일응 구별된다. 그러나 이 구별은 관념적, 강학(講學)상의 구별이다. 사실 구체적인 국제법 규범을 총론적인 것과 각론적인 것으로 분류한다는 것은 어려운 일이다. 해양법은 국제법 규범의 중심적 위치를 차지하고 있다. 해양이야말로 지난 수 세기동안 모든 나라들이 그들의 행위를 국제법 규범에 의해 규율 받는 국제적 활동의 본격적인 무대가 되어왔다. 국제법의 역사는 다름 아닌 해양법의 역사이다. 여러 국가들이 해양 이용활동에 관련해서 자생시킨 규범들을 중심으로 국제법의 중요한 제도와 이론은 발전되어 왔다. 국제법의 학문적 연구의 처음이 Grotius의 「자유해론(自由海論: *Mare Liberum*)」이며 해양관할에 관한 국가관행들이 Grotius 이래 변함없이 국제법의 중요한 법원(法源)이 되어오고 있다.

둘째로, 국제법 규범은 국제사회의 급격한 발전과 변화에 따라 그 법적 내용이 다양화, 세분화 되어가고 있는 데 이렇게 발전해 가는 분야 중에서 특히 해양활동에 관련된 부분을 해양법의 규율대상으로 하고 있다. 최근에 급속도로 발전되어 가는 국제

나) Convention for the Unification of Certain of Law relating to Assistance and Salvage at Sea, 1910 and Protocol, 1967.
『해난구조 규칙에 관한 협약』
- 1910년 9월 23일 Brussels에서 성립, 1913년 3월 1일 발효, 의정서는 1967년 5월 27일 Brussels에서 성립, 1977년 8월 25일 발효

다) International Convention for the Unification of Certain Rules Relating to Bills of Lading for the Carriage of Goods by Sea,
- 1924년 8월 25일 Brussels에서 성립. 1931년 6월 2일 발효.

법 분야로는 우주법(또는 외기권법), 국제경제법, 국제환경법 등을 들 수 있다. 그러나 이들 각 분야가 그 상호 간에 또는 국제법과의 관계에 있어서 확연하고 일관된 법학적 독자성을 갖추었는가의 여부는 분명하지 않다. 설사 그렇더라도 해양법은 이들 분야와 구별하여 연구되어야 한다는 것만은 분명하다.

(2) 해양법의 규율대상(規律對象)

더 말할 필요도 없이 해양법의 규율대상은 해양활용을 위한 인간활동에 관련된 국가와 국가간의 관계 및 국가와 개인, 또는 한정된 범위 내에서 개인과 개인간의 관계이다.

앞에서 우리는 해양법이 국제법의 범주 안에서 하나의 독자적 영역으로 성립되어 있음을 보았다. 그러면 해양법의 규율대상은 실제로 어떠한 것인가? 그 규율대상의 실체를 보기로 하자. 이는 두 가지로 파악될 수가 있다. 하나는 관할수역별로 보는 방식(zonal approach)이고, 또 하나는 해양활동의 기능적 내용별로 보는 방식(functional approach)이다. 해양법상의 규범내용은 각 해양관할수역에 따라 각기 특징적인 제도와 규범으로 구성된다. 1958년 제1차 유엔해양법회의에서 논의된 관할수역은 영해, 접속수역, 공해 및 대륙붕 정도이었으나 1982년 제3차 유엔해양법회의 결과 채택된 「해양법협약」에서는 군도수역, 배타적경제수역 그리고 심해저 등이 추가되었다. 해양법의 규율대상을 기능적으로 보면 항해, 어업, 해협통항, 해양환경보존, 해저자원개발, 해양과학조사, 해양분쟁해결 등으로 구별할 수 있다. 따라서 해양법의 연구대상도 위 어느 쪽 방식이냐에 따라 달라지게 될 것이다.

영해법(領海法), 대륙붕법(大陸棚法) 등은 관할수역별 접근방식(zonal approach)에 의한 연구이며, 예컨대 국제어업법론(國際漁業法論: International Law of Fisheries)은 기능적 접근방식(functional approach)에 의한 연구이다.15)

Ⅱ. 해양법의 법원(法源)

1. 국제협약(國際協約)

국제법의 가장 보편적인 존재형식은 조약(條約)과 관습(慣習)이다. 그러므로 해양법에 있어서도 국제협약은 가장 중요한 법원(法源)이 된다. 협약, 조약, 협정 등 명칭

---

15) 가) 김명규,『영해법(領海法)』(서울:형설 출판사,1976)
　　나) 홍성화,『대륙붕법(大陸棚法)』(서울:삼화 출판사,1973)
　　다) D.M.Johnston, *The International Law of Fisheries,* (New Haven:Yale Univ.Press,1965)

에 관계없이 이들은 모두 국가 간의 명시적인 의사의 합치이다. 강행규범(*jus cogens*)이 아닌 한, 국가는 그들에게 관습법상 주어진 권리 의무의 내용까지도 조약으로 변경할 수가 있다. 강행규범에 관한 관습법이란 예컨대 대량학살의 금지원칙, 침략전쟁의 금지원칙과 같은 것을 말하는데 해양법에는 인류공동유산의 원칙(common heritage of mankind principle)과 같은 추상적인 원리를 제외하고는 아직 강행규범이라고 할만한 내용이 별로 없으므로, 해양법상 특정문제에 관한 조약은 대부분의 경우에 어떤 내용으로라도, 당사국간의 명확한 합의에 의해서 상호 간의 권리와 의무를 결정적으로 확정해 줄 수 있다. 본래 조약은 당사국만을 기속 하므로 비당사국간의 관계는 관습국제법으로만 규율된다. 그러나 조약의 내용이 관습국제법의 내용을 성문화한 것일 때는 비당사국간에도 기속력이 인정된다.

조약은 합의하는 당사국이 서명하고 국내적 절차를 거쳐 비준함으로써 발효된다. 다자조약(多者條約)은 일정 수의 당사국이 비준하는 것을 발효의 요건으로 하는 경우가 많다. 조약은 폐기기간(廢棄期間)이 있으면 그때까지 유효하다. 당사국이 개별적으로 폐기선언(廢棄宣言)을 할 수 있도록 규정된 경우에는 이 선언을 한 당사국에 대해서만 조약의 효력이 정지된다. 조약 당사국이 동일한 사항에 대해 새로운 조약을 맺으면 먼젓번 조약은 효력이 정지된다.(후법 우선의 원칙)

해양법에 관한 조약은 여러 분야에서 체결되어왔다. 먼저 다자조약을 보면 1958년 제1차 유엔해양법회의에서 성립된 4개의 해양법에 관한 협약이 있고,16) 해양오염방지를 위해서는 1954년 「해양유탁방지협약(海洋油濁防止協約)」을 비롯한 여러 협약이 있다.17) 유엔「해양법협약」은 1982년 12월 10일 체결되고, 1994년 11월 16일에

---

16) 이 4개의 협약은 다음과 같다.
   가)「영해 및 접속수역에 관한 협약」(이하 「영해협약」으로 표기)
      - Convention on the Territorial Sea and Contiguous Zone, 516 U.N.T.S.205
   나)「공해에 관한 협약」(이하 「공해협약」으로 표기)
      - Convention on the High Seas, 450 U.N.T.S.82
   다)「대륙붕에 관한 협약」(이하 「대륙붕 협약」으로 표기함)
      - Convention on the Continental Shelf, 499 U.N.T.S.311
   라)「어업 및 공해 생물자원 보존에 관한 협약」(이하 「어업 및 생물자원 보존협약」으로 표기)
      - Convention on Fishing and Conservation for the Living Resources of the High Seas, 599 U.N.T.S.285
   이상 4개의 해양법협약은 1958년 4월 29일 Geneva에서 체결됨.
17) 해양환경 보존 및 오염 방지에 관한 협약:
   가)『해양유탁방지협약』
      - International Convention for Prevention of Pollution of the Sea by Oil, 1954 (OILPOL)
   나)『선박에 의한 오염방지협약』
      - International Convention for the Prevention of Pollution from Ships, 1973

발효되었다.18) 양자조약에 관하여 보면 해운, 항만, 어업, 해양경계획정 등 여러 분야에 관하여 많은 조약이 관계국간에 체결되어 있다.19)

2. 관습국제법(慣習國際法)

관습국제법은 법으로서 수락된 일반적 관행이다.

그 성립요건은 첫째, 일반적이며 계속적인 국가관행의 존재이다.

'일반적'이라고 함은 장소적으로 지구상의 모든 곳에서 예외 없이 통용되는 관행일 것을 요구하는 것은 아니다. 이는 그 규범과 직접 관련된 국가들의 관행에 있어서의 일반성만 유지하면 충분한 것으로 본다. 예컨대 해양관할수역에 관해서는 중요 연안국들의 국가관행상 일반성을 인정할 수 있으면 족하다. 즉 예컨대 상선(商船)의 관할권에 관해서는 중요 해운국 간의 일관된 관행만으로 충분하다.

'계속적'이라고 함은 시간적으로 일정기간 계속되는 관행의 존재를 의미한다. 그러나 특히 현대 국제사회와 같이 법 주체 간의 상호 의존 연관 관계가 긴밀하고 통신이 발달한 경우에 시간적으로 연속된 동일 행위의 반복이라는 요건은 변질되게 되며 단 한번의 중요한 사례(事例)의 발생만으로 즉시 관습국제법이 성립되는 경우도 있다.20)

관습국제법 성립의 두번째 요건은 이 관행이 법으로 준수되어야 한다는 국가간의 일반적인 법적확신(法的確信: opinio juris)의 성립이다. 이 법적 확신이 없으면 국가관행은 단지 국제예양(國際禮讓: rules of comity)이 될 뿐이다.

대륙붕제도가 하나의 해양법 규범으로 성립되어 가는 과정에서 위의 두 요건의 결

    (MARPOL)
  다) 『선박에 의한 오염방지협약, 1978년 의정서』
    - Protocol Relating to 1973 International Convention for Prevention of Pollution from Ships (PROTOCOL 1978)
  라) 『기름오염사고발생시 공해상 개입에 관한 국제협약』
    - International Convention Relating to Intervention on the High Seas in Cases of Oil Pollution Casualties
  이들 해양환경보존·보호를 위한 협약들에 관한 설명은 본서 제10장을 참조.
18) The United Nations Conventions on the Law of the Sea UN.DOC A/CONF 62/122(1982) Report of the Secretary-General: Forty-ninth session Agenda item 35.A/49/631(16 November 1994)
19) National Legislation and Treaties Relating to the Law of the Sea ST/LEG/SER. B/SER.B/19(13 June 1978) Part Ⅱ. Bilateral Treaties.
20) 졸고(拙稿), "현대 관습국제법(慣習國際法)의 형성을 위한 관행(慣行)과 법적확신(法的確信)에 관한 소고(小考)", 국제법학회 논총, 제38권 2호 (학회창립 40주년 기념호, 1993년 12월), pp.7-9.

합을 관찰할 수 있다. 즉 트루먼 대통령은 1945년 미국 연안에 인접한 해저의 모든 자원이 미국의 국가관할에 속함을 선언하였다. 이것을 시작으로 많은 다른 나라들이 인접 해양에 대한 관할을 주장하였고 1950년대 말에 와서는 인접해안 대륙붕의 자원을 연안국이 배타적으로 관할하는 관행이 성립되었다. 또 이어서 이들 관행의 일반성이 인정되고 대륙붕에 관한 연안국의 주장은 적법하다는 인식이 형성되었다. 이 법적 확신의 내용은 1958년 「대륙붕협약」 제1조 및 제3조에서 명문으로 규정되었다. 국제사법재판소도 1969년 북해 대륙붕사건에서 대륙붕협약의 이들 조항이 "관습국제법의 내용을 반영한 것"이라고 판시하였다.[21]

해양법의 협약 중 관습국제법의 내용을 선언한 규정들은 비당사국에 대해서도 법적구속력(法的拘束力)을 갖는다. 이는 관습국제법의 일반적 효력 때문이다. 그러나 관습국제법의 일반적 기속력은 두 가지 경우에 제한된다.

첫 번째의 경우는, 어떤 관습국제법을 어느 국가가 집요하고도 명백하게 반대하는 경우이다. 이때 그 반대의 의사는 관습국제법의 생성 초기부터 일관되고 분명한 태도로 표시되어야 한다. 그 관습국제법은 일반적 기속력이 발생되어 있을 지라도 이 '집요한 반대자'에게는 효력이 없다. 영국은 영해 3해리 제도를 고수하고 3해리를 넘는 영해의 폭에 대해서는 집요하게 반대의 의사를 표시하여 왔다. 영국 정부는 특히 이를 근거로 12해리 영해제도가 일반화된 1960년대 말에도 이러한 영해 폭이 영국에 대해서는 기속력(羈束力)이 없음을 강조했다.[22]

그러나 제3차 유엔해양법회의 협의과정 중 영해 및 국제해협에 관한 영국의 주장과 유엔해양법협약의 성립 이후의 영국의 주장을 감안할 때 12해리 영해 폭을 반대하는 영미의 주장들은 이제 이미 유지될 수 없게 되었다고 보는 것이 온당할 것이다. 한편 집요하고 명백하게 반대의사를 표시하지 않은 국가는 현실적으로 특정 관습국제법의 형성에 기여하거나 동의하지 않아도 그 관습국제법에 기속 된다.

두 번째의 경우는, 관습국제법이 아직 완전히 성립되지 않았는데 어떤 국가가 이를 법으로 승인하는 명시적 행위를 하는 경우는 어떻게 되는가? 이런 경우는 첫 번째와는 대조적인 경우인데 일정한 관행에 관하여 대다수의 국가가 아직 일반적 법적 확신을 갖지 않은 상태라도 이 관행의 법적 성질을 명시적으로 승인한 국가 사이에는 이 관행이 관습국제법으로 법적 기속력을 갖는다고 보아야 할 것이다.

아직 대다수의 국가가 영해 3해리 폭을 고수하고 있을 때 몇몇 개발도상 연안국가

---

21) [1969]ICJ Rep.3 at 39.: A.V.Lowe,"The Development of the Concept of the Contiguous Zone." 51 BYIL 109, at 149(1981).
22) 영국은 "여왕의 정부는 연안에서 3해리를 초과하는 어떠한 영역관할의 주장도 이를 인정치 않을 것이며, 이런 수역 내에서 그 연안국의 법령을 근거로 한 영국 선박에 대한 추적권의 적법성을 인정치 않을 것이다."라는 성명을 여러번 발표하였다.

들은 12해리 영해 폭을 채택 주장하였다. 이러한 경우에 이들 12해리 채택 국가들 간에는 12해리 영해제도가 법적 기속력을 갖는다고 보아야 한다. 특정 관행에 대한 이와 같은 부분적인 동의 또는 승인이 일정한 지역에서 이루어질 때 이를 지역 관습국제법(regional customary international law)이라고 말할 수 있다.

생각컨대 관습국제법이란 모든 국가를 일률적으로 기속하는 단순한 규범의 총체는 아니다. 국가 상호간에 있어서, 관습국제법상의 권리 의무는 결국 대항력(對抗力)의 문제라고 볼 수 있다. 관습국제법이 발전해 감에 따라 대항력의 내용과 범위도 달라진다. 예컨대 1960년대에 대부분의 국가는 3해리의 영해와 12해리 어업수역을 채택하고 있었다. 그런데 몇몇 남미 나라들이 200해리 어업수역을 주장하였다. 다만 200해리 어업수역의 주장의 내용은 이를 채택 주장하고 있는 남미 나라들 간에 대항력이 있다고 보아야 한다. 그러나 1970년대 이후 점차로 여러 나라들이 200해리 어업수역 또는 경제수역을 채택 주장하게 되자 대항력의 판도는 반대로 되었다.

이제 관습국제법의 내용은 200해리 어업수역을 인정한다. 아직 12해리 어업수역을 고수하고 있는 나라들이 몇몇 있지만 200해리 어업수역의 효력이 이들에게 배척될 정도로 반대의 의사를 집요하고 명백하게 유지하고 있는 나라는 없다.

3. 판례(判例) 및 학설(學說)

국제사법재판소규정(國際司法裁判所規程) 제38조 1항 d호는 재판의 보조적 준칙으로 판례와 우수한 국제법학자의 학설을 들고 있다. 이는 물론 국제법의 법원(法源)으로 열거된 것은 아니다. 그러나 이들을 통해서 이미 존재하는 국제법의 내용이 명확하게 발견된다.

국제법의 내용은 대체로 간단 명료한 것은 아니다. 관습국제법의 경우에는 더욱 그러하다. 국가의 관행은 어떤 국가라도 그들의 행위가 법적으로 어떤 목적과 의미로 행하여진 것인가를 부연하여 밝히지 않는 것이므로 국가관행을 수집하고 각 법적 의미를 분석 추출하는 것은 쉬운 일이 아니다.

국제법 학자들은 판례와 학설을 통해서 각 국가관행이 준거하는 법규범을 규명하는 중요한 기능을 하고 있다. 그들은 법의 발전과정을 추적하고 국가관행 간의 변화와 차이를 지적해 내며 관습국제법과 조약으로 이룩된 국제법 규범의 종합적 실체를 규명하여 국제사회 각 행위주체의 권리 의무를 확정시킬 수 있는 규범체계를 우리에게 제시하여 준다.

해양법도 상설국제사법재판소(PCIJ) 및 국제사법재판소(ICJ)의 많은 판례들을 통하여 발전되어 왔다. 해양법에 관한 학자들의 활동은 국제법의 어느 분야보다도 활발하다고 할 수 있는 바, 해양법뿐만 아니라 국제법 전반에 관한 학문적 체제구성과 규

범 내용의 규명에 큰 역할을 하여 왔다고 본다.23)

Ⅲ. 해양법의 법전화(法典化)

1. 1930년 국제법전편찬회의(國際法典編纂會議) 이전(以前)

해양법에 있어 관습국제법을 법전화 하려는 노력은 일찍부터 있어 왔다. 우선 학술단체에 의한 활동을 보면 국제법협회(ILA)는 1873년에 설립되었는데 초기부터 해양법에 관한 많은 논문과 보고서를 내었고 여러번 학술회의를 열어 영해, 국제해협, 해적행위, 해양오염, 심해저 등 중요한 문제들에 관한 연구와 논의를 주도하였다. 특히 ILA의 회의에는 정치인, 경제학자, 해운인 등 다양한 인사를 참여시킴으로써 해양법 논의의 내용을 충실하게 하였다.

국제법학회(IIL)는 ILA와 같은 해에 발족되었는바 당대의 저명한 국제법 학자만이 선별되어 입회해서 해양법에 관한 폭넓은 수준의 연구를 주도하였다. IIL은 국제수로, 공해, 해저전선, 해양오염 등의 문제에 관한 연구보고서를 낸 바 있다.

해양법의 법전화를 위한 연구에 기여한 세 번째의 중요한 학술단체는 하버드 법과대학이다. 이 대학에서는 금세기 초에 영해, 해적행위 등에 관하여 중요한 논문을 발표하였다.

이 세 학술단체의 연구와 그 초안들을 기초로 국제기구가 공식으로 해양법의 성문화를 시도한 것은 4차례가 된다. 그 첫 번째로는 1924년 국제연맹의 시도가 있다. 국제연맹은 법률전문가로 구성된 위원회를 만들고 이들이 성문화될 수 있는 분야의 목록을 작성토록 하였다. 위원회는 영해(領海), 해적(海賊), 해양자원 세 분야에 대한 질문서(questionaries)를 만들어 각국 정부에 배부하고 그들의 의견을 수집하였다.

이를 토대로 따로 구성된 준비위원회는 국적(國籍), 국가책임(國家責任), 영해(領

---

23) 고전적 해양법 학자들의 중요한 저서로는 다음을 열거할 수 있다.
　가) Eric Brüel, *The International Straits,* (1947)
　나) H.A.Smith, *The Law and Custom of the Sea,* (London: Stevens and Sons Ltd.1959)
　다) C.John Colombus, *International Law of the Sea,* (London: Longmans Green and Co., 1951)
　라) Gilbert Gidel, *Le droit International Public de la Mer* 3 Vol,(Paris)
　마) Myles S.McDougal and Wilitam T.Burke, *The Public Order of the Oceans* (New Haven: Yale Univ. Press,1975)
　바) Daniel Patrick O'Connell, *The International Law of the Sea* (Oxford: Clarendon Press,1982)

海)의 세 분야에 관한 해양법 초안을 준비하였다. 이 위원회는 다시 각국 정부에 Schedule of Points를 배포하여 각 정부의 견해를 문의하였으며, 이것을 기초로 Bases of Discussion을 작성하였다. 위원회는 별도의 보고서를 작성하였으며, 특히 이를 위하여 작성, 제출된 W. Schücking의 연구보고서는 해양법에 관한 당시까지의 국가관행과 규범내용에 대한 가장 권위 있는 연구라고 할 수 있다.

2. 1930년 국제법전편찬회의(國際法典編纂會議)와 그 이후(以後)

국제연맹 준비위원회의 위와 같은 준비를 토대로 국제법전편찬회의가 헤이그에서 1930년에 열리게 되었다.

이 회의에서는 영해(領海)문제를 위한 별도의 위원회가 구성되었다. 이 회의의 rapporteur였던 François는 이 위원회에서의 논의 결과를 종합한 보고서를 작성하였다. 여기에는 영해에 관한 성문화 초안이 포함되어 있다. 그 내용을 보면 영해에서의 연안국 관할의 성질과 범위 및 무해통항권 등이 규정되어 있다.

그러나 그는 영해의 폭에 관하여는 초안이 될만한 의견을 종합할 수가 없었다. 결국 이 회의에서 영해에 관한 통일된 협약을 성립시킬 수 없었다. 이 초안은 각국 정부에 배포되었으며 각 정부의 견해가 조정될 수 있을 때에 협약을 성립시키기로 하고 종료하였다.

3. 1958년 제1차 유엔해양법회의

2차대전이 종료되고 1945년 국제연합이 탄생되었다. 그 총회의 임무 중에는 "국제법의 점진적 발전과 법전화의 장려"가 포함되어 있는 바(유엔 헌장 제13조 1항 a호) 이를 위하여 1948년 국제법위원회(ILC)가 그 산하기관으로 설립되었다. ILC는 권위 있는 법률가 중에서 각국 정부가 선발 지명한 34명의 위원으로 구성되었고 rapporteur로는 헤이그 회의 때의 François가 선임되었다. ILC의 초기 작업에서 영해제도(領海制度)와 공해(公海)에 관한 협약 초안이 준비되었는바, François는 1930년 당시 자신이 제출했던 초안에 많이 의존하였다. 그런 의미에서 헤이그 회의는 무의미한 것은 아니었다.

총회의 요청에 의거해서 ILC는 1956년까지 해양법의 모든 내용에 대한 종합 보고서를 제출토록 되었다. ILC의 보고서는 지금까지의 연구를 토대로 하고 각국 국가관행을 면밀히 수집, 분석하여 해양법협약 초안을 기초(起草)한 것으로서 1958년 제네바에서 개최된 제1차 유엔해양법회의에서 토의의 기초가 되었다.

1958년 제네바회의에는 86개국이 참가하였다.(이 숫자는 헤이그 회의의 두 배가 된다) 이 제1차 유엔해양법회의에서는 해양법에 관한 4개의 협약을 채택하였다. 영해협약, 공해협약 및 대륙붕협약은 관습국제법을 성문화하여 선언한 것으로 ILC의 초안을 따른 것이다. 그러나 "어업 및 공해생물자원의 보존에 관한 협약"과 "분쟁해결에 관한 선택의정서"들은 진보적인 입법내용이 가미된 것으로서 당시에는 큰 호응을 받지 못하였다. 1958년 제 1차 유엔해양법회의에서도 1930년 헤이그회의 때부터 숙제로 된 영해의 폭에 관한 합의가 이루어지지 않았다.

4. 1960년 제2차 유엔해양법회의

영해의 폭에 관한 합의를 위해 1960년 제네바에서 다시 제2차 유엔해양법회의가 열리게 되었다. 이 회의에서는 6해리의 영해(領海)와 또 6해리의 어업수역(漁業水域)으로 구성된 12해리 관할수역을 내용으로 하는 영해 폭에 관한 규정이 거의 통과될 뻔하였으나 1표 차로 부결되었다. 그리하여 영해의 폭에 관한 합의는 다시 연기되고 제3차 유엔해양법회의에서 12해리 영해 폭의 합의가 있기까지 결국 헤이그 회의로부터 약 반세기를 더 기다리게 되었다.

5. 제3차 유엔해양법회의

제3차 유엔해양법회의는 말타(Malta)의 유엔대사 Arvid Pardo박사의 제안이 계기가 되어 소집된 심해저위원회(Sea-bed Committee)의 논의를 기초로 해양법에 관한 포괄적인 협약을 완성시키기 위하여 소집되었다. 일부 국가는 1958년 제1차 유엔해양법회의에서 어렵게 구축해 놓은 해양법체계를 혼란시킬 것을 염려하여 제3차 유엔해양법회의를 개최를 반대하기도 하였지만 1960년대 이후 국제사회에 대거 등장한 신생 개발도상국들은 그 독립 이전에 형성된 모든 전통 국제법에 대해 부정적 입장을 취하였으며 해양법의 포괄적인 검토와 진보적 입법을 위한 제3차 유엔해양법회의의 개최는 일반적인 지지를 받았다.[24] 더구나 공해에서의 어족자원 남획문제, 연안 인접 해양의 오염 등 새롭게 제기된 해양법상의 문제들은 1958년도 협약체계만을 가지고는 해결할 수 없는 것들이어서 제3차 유엔해양법회의는 그 역사적 필연성에 의하여 열리게 되었다.

이 회의는 1973년 제1차 회기를 연 이래 매년 수개월씩의 회의를 계속하였으며 1982년에 유엔해양법협약을 채택하였다. 이 회의를 위한 준비위원회의 역할을 해왔던 심해저위원회와 같이 제3차 유엔해양법회의는 3개의 주요한 분과위원회로 구성되었다. 제1위원회는 심해저제도에 관한 문제를 다루었고, 제2위원회에서는 영해, 접속

---

[24] UNGA Res. 2574-A(ⅩⅩⅣ)Dec.15.1969.

수역, 대륙붕, 배타적경제수역, 공해, 군도수역 등의 문제를 다루었다. 제3위원회에서는 해양환경보존과 해양의 과학적 조사 문제를 협의하였다.

회의 초기에는 150여 국가가 참여하였으며 마지막에는 160개국 이상이 이 회의에 참가하였다. 이들은 저마다 자국의 이익을 우선적으로 추구하였으며 협약의 타결을 위한 과정은 매우 어렵고 길지 않을 수 없었다.

(1) 제3차 유엔해양법회의의 특징

가. 협상그룹

제3차 유엔해양법회의의 협상을 위하여 여러 협의그룹이 나타났다. 아시아, 라틴아메리카 및 서구유럽 그룹, 77그룹(Group of 77) 등 국제사회의 기존조직 구분에서 연유된 외형적 협상그룹(external group)과 연안국가, 군도국가, 해협국가, 내륙국 및 지리적 불리국(LL/GDS) 그룹 등 협상내용에 따른 공동이해관계국이 자생적으로 뭉친 내용적 협상그룹(internal group)이 있다.[25]

그런데 이 내용적 협상그룹에는 특정 이해관계의 대립이 아니라 절충과 타협을 모색하는 중도그룹까지도 포함될 수 있다.(Evensen Group, Group of 21 등)

위와 같이 협상과 타결을 위한 자생적인 비공식적 협의 그룹과는 대조적으로 제3차 유엔해양법회의의 공식적 기구 속에 포함된 공식적 협의그룹도 있다. 그 중 가장 대표적인 것은 1978년 제7회기 회의이래 핵심문제의 집중협의를 위해 구성된 7개의 협상그룹(Negotiating Groups)이다.[26]

이들 공식·비공식적 협상그룹들이 제3차 유엔해양법회의에서 협상의 조기 타결과 유엔해양법협약의 성립을 위하여 어떠한 기여를 하였는가를 묻는다면 그 공로가 반반이라고 표현할 수도 있을 것이다. 그러나 적어도 이들 협상그룹은 매 회기마다 160여개국 이상이 참여한 역사적 유례가 없는 대규모의 국제회의에서 이처럼 많은

---

25) Barry Buzen,"United we stand..informal negotiating groups at UNCLOSⅢ,"4 *Marine Policy* (1980), pp.183~204.
26) NG-1. Systems of exploration and exploitation resource from the Area (Chairman, Frank Njenga, Kenya)
    NG-2. Financial arrangement (Chairman, Tommy Koh, Singapore)
    NG-3. Organs of authority (Chairman, Paul Engo, Cameron)
    NG-4. Right of access of LLGDS (Chairman, Satya Nandan, Fiji)
    NG-5. The question of settlement of disputes in the EEZ (Chairman, Constantine Stavropoulos, Greece)
    NG-6. Definition of outer limits of Continental Shelf and the regime of revenue sharing (Chairman, Andres Aguilar, Venezuela.)
    NG-7. Delimitation of maritime boundaries (Chairman, E.J.Manner, Finland)

국가들이 그들의 정치적 입장과 견해를 집약시켜 반영할 수 있도록 필수적인 통로를 제공하였다. 그리고 이들 협상그룹을 거치는 과정에서 각국의 다양하고 과격한 견해들은 공식적인 회의기구를 통해 다루어질 수 있도록 적절히 분석, 해명되어 회의의 진전에 기여하였다.

나. Consensus 방식에 의한 의사결정

제3차 유엔해양법회의의 두번째의 특징은 의사결정에 있어서 Consensus방식을 채택하였다는 것이다.

Consensus방식이란 국제기구나 국제회의의 의사결정을 공식적 표결절차에 회부하지 아니하고 모든 참가대표의 일반적 동의를 형성시킴으로써 이를 전체의 의사로 채택하게 하는 방식을 말한다. 이는 어떤 제안이 제기된 경우에 그 제안에 대한 모든 공식적인 반대의견이 해소된 상태를 의미한다.

최근에 와서 거의 대부분의 국제회의나 국제기구들의 의사결정은 이 Consensus방식에 의하는 것이 일반화되어 있다.[27] Consensus에 의한 의사결정 방식을 가장 전형적인 형태로 채택한 것은 다름 아닌 제3차 유엔해양법회의의 의사규칙(Rules of Procedure)이다.[28] 이 의사규칙 제37조 1항에 의하면 "실질적 사항에 관한 안건을 표결에 부치기 전에 일반적 동의에 이르기 위한 모든 노력이 망라되었다는 것을, 이 의사규칙 제39조 1항에 규정한 다수결로서 결정하여야 한다"고 규정하고 있다.

이는 가급적 투표에 의한 표결방식에 의하지 않고 전체대표의 일반적 동의를 얻어 의사를 결정하고자 하는 강력한 의지를 표현한 것이다.

이 의사규칙의 부록으로 첨가된 "신사협정선언"(紳士協定宣言: Declaration of Gentleman's Agreement)에는 이러한 취지가 더욱 강조되었다.[29]

이 회의의 전 기간을 통해서 이 방식을 사용하였으나 마지막으로 협약안(協約案)

---

27) Erik Suy,"Innovation in International Law Making Processes,"*The International Law and Policy of Human Welfare*(1978),p.194.
28) 3rd UN Conference on the Law of the sea *Rules of Procedure* A/Conf.62,30/Rev.2 (27 June 1974)
29) "신사협정선언"
  해양에 관한 문제는 상호 밀접히 연관되어 있어 전체적으로 고려되어야만 하며 해양법협약은 가능한 모든 국가들의 최대한 참여를 보장하는 내용으로 채택되어야 할 것임을 유의하여 본 해양법회의는 그 실질 안건에 관한 협의가 CONSENSUS 에 의하여 달성되도록 모든 노력을 하여야 하며,이 총의(consensus)달성을 위한 모든 노력이 망라되기까지는 실질 안건에 대한 표결은 실시치 않을 것이다.
  Declaration in cooperating "The Gentleman's Agreement" made by the President and endorsed by the Conference at its 19th meeting on 27 June 1974.
  Ibid., Appendix., p.17

의 최종적인 타결을 결정하는 단계에 와서 이 협약안(協約案)에 반대하는 미국의 제의로 결국 유엔 해양법협약안의 채택은 표결에 부쳐졌다.

다. 일괄타결(一括妥結: package deal)

제3차 유엔해양법회의에서 만들고자 한 해양법협약은 일괄타결 협약 (Package Deal Convention)이다. 소위 일괄타결방식이란 실제로 다음 두가지의 의미를 갖는다.

첫째로, 협약의 총괄적인 합의가 없다면 부분적 문제에 대한 합의는 무의미하거나 잠정적인 의미만을 인정할 것이라는 것이다.

둘째로, 협의과정에 있어서 하나의 문제에 대한 주장을 양보한 측은 당연히 다른 동가(同價)의 중요한 문제에 대한 상대방 측의 양보(quid pro quo)를 기대하고 있으며 이와 같이 상호 연관된 다양한 안건은 하나의 일체로 타결되어야만 한다는 의미이다.[30]

라. 교섭초안(交涉草案: Negotiating Text)

이 회의의 논의과정에서 제3차 유엔해양법회의 의장과 3개 주요 분과위원회의 의장은 협상결과 부각된 합의점을 참작하고 각 단계에서 제시된 해양법상의 각 논제에 대한 제안내용을 반영한 '교섭초안(交涉草案: Negotiating Text)'을 작성하였다. '공식적인 협약안(Formal Draft Convention)'이 작성되기 전까지 6번의 '교섭초안'이 나왔다.[31] 이와 같이 점진적인 단계로 그 규범의 내용이 확정된 해양법상의 각 논제들, 즉 영해의 폭(幅), 영해통항제도(領海通航制度), 해협통항(海峽通航), 접속수역(接續水域), 대륙붕제도(大陸棚制度), 배타적경제수역(排他的經濟水域), 공해제도(公海制度), 해양의 과학적(科學的) 조사(調査) 등 새롭게 정립된 규범들은 유엔해양법협약의 내용으로 발전되어 갔다.

(2) 유엔해양법협약의 성립(成立)과 준비위원회(準備委員會)

그러나 심해저에 관한 한, 합의는 이루어지지 아니하여 1982년 4월 그 공식초안을

---

30) Hugo Caminos and Michael Molitor, "Progressive Development of International Law and the Package Deal," 79 *AJIL* 871-890.
31) 가) ISNT(Informal Single Negotiating Text) A/Conf.62/W.P.8(1975년 5월 7일)
　　나) RSNT(Revised Single Negotiating Text) A/Conf.62/W.P.1/Rev.1(1976년 5월 6일)
　　다) ICNT(Informal Composite Negotiating Text) A/Conf.62/W.P.10/Add.1(1977년 7월 15일)
　　라) ICNT Rev.1 A/Conf 62/W.P.10/Rev.1(1979년 4월 28일)
　　마) ICNT Rev.2 A/Conf 62/W.P.10/Rev.2(1980년 4월 11일)
　　바) Informal Draft Convention A/Conf 62/W.P.10/Rev.3/Add.1 (1980년 9월 22일)
　　　　Formal Draft Convention (A/Conf.62/L.78)은 1981년 8월 28일에 성립되었다.

유엔해양법협약으로 채택함에 있어서 consensus방식은 포기되고 결국 투표에 붙여졌으며, 찬성 130개국, 반대 4개국, 기권 17개국이라는 결과를 나타냈었다. 일단 체결된 유엔해양법협약은 약간의 자구수정을 위한 속개회의에서의 심의를 가진 후, 뒤에 1982년 12월 Jamaica의 Montago Bay회의에서 협약으로 성립·체결되었다.

1973년 12월 New York의 제1회기로 시작된 제3차 유엔해양법회의는 Montego Bay 회의까지 16차례의 회기를 가졌고, 할애된 실제의 기간은 모두 93주간이나 되었다.

제3차 유엔 해양법회의 결과로 탄생된 협약은 유엔 해양법협약이다. 이는 전문(前文)과 320개 조문(條文), 그리고 9개의 부속서(附屬書) 및 4개의 결의안(決議案)으로 구성된다. 1982년 12월 10일 가입이 공개된 당일에 117개국 국가와 2개의 비국가대표(Cook Island와 Namibia)가 서명하였다. 이는 다자조약으로서는 기록적인 지지율을 보인 것이다. 제3차 유엔해양법회의에 참여한 국가는 157개 유엔회원국과 11개 비회원국(한국과 북한을 포함)을 합하여 모두 168개국이다. 유엔해양법협약은 이들 168개국에게 그 서명(署名)과 비준(批准)이 개방되었다. 이 협약은 60개국이 비준한 날로부터 12개월 후에 발효하게 되어 있었다. 이 협약이 발효될 때 협약에 규정하고 있는 심해저기구와 해양법재판소의 기능이 적절히 발휘되게 하기 위한 준비를 위해서 협약 발효 전에 부속 결의 I에 의한 준비위원회가 가동되게 되어 있다. 이 준비위원회는 50개국의 서명이 있은 후 60일 이후 90일 이내에 소집토록 되어 있다.(결의 I 제1조)

가입 개방 당일에 이미 119개국 대표가 서명을 함으로써 이 요건은 충족되었으므로, 1983년 3월 5일에 준비위원회 제1회기가 소집되었다. 준비위원회는 유엔해양법협약의 서명국들이 참여하여 해양법 재판소의 설립과 심해저기구를 위한 세부규칙 및 규정을 제정하고 부속결의 II에서 정한 사전투자보호를 위해 필요한 기능을 수행한다. 그러므로 준비위원회는 유엔해양법협약이 발효하기 전에 이미 중요한 협약상 기능을 담당하고 있었던 셈이다.

IV. 해양법(海洋法)과 유엔 해양법협약(海洋法協約)

1. 문제의 제기

바다에 관한 포괄적이며, 모든 주체가 망라되어 승인하는 일반국제법 규범을 성문화(成文化) 하겠다는 목표와 열의로써 1960년대 부터 시작된 해양법의 법전화 작업은 사상 유래가 없는 최대규모의 국제입법회의인 제3차 유엔해양법회의를 탄생시켰으며, 이 회의는 또 사상 최장기 국제회의의 기록을 남기고 인류가 지금까지 가져본 것 중에서 가장 포괄적인 해양법전(海洋法典)인 유엔 해양법협약을 성립시켰다.

그러나 제3차 유엔해양법회의 당초의 목표와는 달리 유엔 해양법협약은 Consensus에 의하여 채택되지 못하였다. 1982년 Montego Bay회의에서 이 협약이 체결 된지 10여년이 지나기까지도 그 발효요건인 60개국의 비준은 이루어지지 않았다. 가장 중요한 점은 미국을 비롯한 중요 선진공업국이 유엔 해양법협약의 몇몇 중요한 내용을 반대하고 그 승인을 결정적으로 반대하고 있었다는 사실이다. 즉, 유엔 해양법협약은 모든 주체가 망라적으로 합의하는 일반 국제법 규범으로 탄생되지 못한 것이다. 유엔 해양법협약의 이러한 흠결(欠缺)은 일반성과 보편성을 갖춘 완전한 해양법전을 만들고자 했던 당초의 목표와 열성에 비례하는 만큼의 좌절과 혼돈을 가져왔다.

그러면 유엔 해양법협약 또는 이것을 만들기 위한 제3차 유엔해양법회의가 해양법 규범의 생성, 발전에 끼친 영향은 어떤 것인가? 이 문제는 현대 해양법의 내용을 연구함에 있어서 가장 중요한 문제로 대두되고 있다고 생각된다. 유엔 해양법협약은 그 내용이 일반 관습국제법을 선언한 것일 때에는 이 협약에 서명, 가입하고 비준하였는가 즉, 체약국(締約國)인가의 여부에 관계없이 법적 기속력을 갖게 될 것이다. 따라서 가장 먼저 고찰할 문제는 유엔 해양법협약과 관습국제법과의 관계이다.

2. 유엔 해양법협약(海洋法協約)과 관습국제법(慣習國際法)

(1) 협약의 내용은 관습국제법(慣習國際法)으로 성립되었는가?

유엔 해양법협약은 해양에 관한 가장 포괄적인 성문법전(成文法典)이다. 이 속에는 전통국제법 이래 생성되어온 관습국제법의 내용이 많이 담겨져 있다. 그러나 전부가 관습국제법의 내용을 선언한 것만으로 이루어진 것은 아니다. 구체적으로 유엔 해양법협약의 어떤 내용이 관습국제법이냐 하는 것은 간단히 말할 수는 없다. 특히 관습법이란 시시각각으로 발전하는 것이므로 유엔 해양법협약 내용 중 관습국제법으로 확립되었다고 볼 수 있는 규범의 범위도 시시각각으로 변화된다고 보아야 한다. 유엔 해양법협약과 관습법과의 관계를 분석키 위해 이 협약내용을 다음 4가지 범주로 분류할 수 있다.[32]

범주 1 : 1958년 Geneva 해양법협약 -어업 및 공해생물자원에 관한 협약을 제외-
에서 관습법의 내용이 성문화되었던 부분을 1982년 유엔 해양법협약이

---

32) J.K.Gamble, Jr & Maria Frankowska, "1982 Convention and Customary Law of the Sea Observation, a Framework, and a Warning," 21 *San Diego Law Review*(1984),p.92.참조. 이들은 3개의 Category로 분류하고 있다.

답습한 것

범주 2 : 1958년 Geneva 해양법협약 이후에 새롭게 생성된 관습국제법의 내용

범주 3 : 아직 관습국제법은 아니나, 1982년 유엔 해양법협약에서 성문화됨으로써 장차 관습국제법이 될 가능성이 높은 조약상의 규범

범주 4 : 순수한 협약상 제도로 협약 발효 후에 체약국(締約國)간에만 법적 효력을 갖는 부분 등이다.

1982년 유엔 해양법협약의 제2장 영해(領海) 및 접속수역(接續水域)과 제7장 공해(公海), 제8장 도서제도(島嶼制度) 등의 중요한 내용들은 1958년도 영해협약과 공해협약을 그대로 답습하고 있다. 이들은 대체로 범주 1에 속한다고 볼 수 있다. 범주 2에 속하는 관습국제법은 1958년 이후 국제사회의 변모와 해양활동 내용의 다양화에 따라 급격히 생성된 것이다. 전형적인 부분은 군도국가제도(群島國家制度)이며, 배타적경제수역(排他的經濟水域) 및 대륙붕제도(大陸棚制度) 등도 원칙적으로 이에 속한다고 할 수 있다. 제3장 국제해협에의 통과통항제도를 이 범주에 속하는 것으로 보는 견해가 있으나,33) 반대의견도 많다.34) 군도제도, 해협통항, 경제수역 및 대륙붕의 가장 원칙적인 부분들만이 관습국제법으로서 국가 관행으로 받아들여지고 있으므로 유엔 해양법협약상 이들 제도의 구체적 규범내용의 대부분은 여전히 범주 3에 머물러 있는 것으로 보아야 한다. 심해저지역의 해저광물자원의 개발에 관한 제11장의 구체적 내용들은 범주 4에 속한다고 보는 것이 대체로 온당할 것이다. 그러나 인류공동유산의 원칙(common heritage principle)만은 관습국제법으로 확립되었다고 보는 견해35)가 유력하다.36)

(2) 일괄타결(package deal)과 선별주장(pick and choose)의 대립

유엔 해양법협약내용의 관습법적 효력을 중심으로 가장 논란이 많았던 문제는 해협통항, 군도수역통항제도 등 해양이용, 특히 통항에 관한 규정들이 유엔 해양법협약의 성립과정에서 이미 관습국제법으로 확립되었으므로 협약의 발효나 가입여부에 관계없이 그 법적 기속력을 채용할 수 있다는 주장이다.37) 이는 선진공업국 특히, 미국

---

33) UN Doc.A/CONF. 62/PV.192, at 2(1983) Statement of US Delegation.
34) Jon M.Van Dyke(ed), *Consensus & Confrontation,* Proceedings LSI Workshop.(1984. Honolulu Hawaii), pp.281-311.
35) Gonazalo Biggs,"Deep Sea-bed Mining and Unilateral Legislation,"8 *ODIL* (1980), p.223-52, at 241.
36) 졸고(拙稿),"심해저(深海底)에 관한 국내법조치(國內法措置)의 국제법(國際法)상 효력(效力)", 『국제법학회논총』 제26권1호 (1981),pp.86-107. at 86.

의 주장인데 이에 대하여 개발도상국 쪽에서는 유엔 해양법협약은 당초부터 일괄타결 협약(a package deal convention)으로 만들어진 것인 만큼 협약을 반대하는 미국 등의 국가가 협약에서 규정한 통항에 관한 일부의 유리한 규정만을 선별하여 (pick and choose) 법적 기속력을 채용하는 것은 허용되지 않는다고 반박한다.38) 특별히 흥미 있는 점은, 미국 쪽 주장에서는 유엔 해양법협약으로 인해서 특히 항해, 상공비행과 군도수역 통항제도를 비롯한 유엔 해양법협약의 제11장을 제외한 모든 내용이 관습국제법으로 확립되었다고 주장하면서도 제11장의 내용은, 인류공동유산의 원리를 포함해서 결코 관습국제법이 될 수 없다고 주장하고 있었던 것이다.

생각컨대, 어떤 규범이 관습국제법으로 성립되었는가를 결정하는 것은, 일반적이며 계속적인 국가관행이 존재하는 것과 이러한 관행을 법으로 받아들이는 일반적 법적 확신(opinio juris)이 성립되었는가의 여부에 달려있다.

일반적으로 국가관행(國家慣行)의 존재여부를 결정함에 있어서 각 국가의 국내입법, 외교적 교섭 결과의 전례(前例), 중재(仲裁), 재결(裁決), 국제재판(國際裁判)의 판결(判決), 양자조약(兩者條約) 등 다양한 입증 자료가 있을 수 있겠지만, 포괄적 국제입법회의에서의 각 국가의 협의 추세나 그로 인한 국제협약도 중요한 입법자료가 된다고 볼 수 있다.39) 따라서, 제3차 유엔 해양법 회의라는 포괄적 의사수렴 과정을 거쳐 유엔 해양법협약으로 타결된 해양법규범의 내용들은 관습국제법으로 성립될 수 있는 국가관행의 요건을 일응 갖추고 있다고 보아도 무방할 것이다. 이런 의미에서 미국 측이 제11장을 제외한 모든 내용이 관습국제법으로 성립하였다고 주장하는 것과 개발도상국 측이 인류공동유산의 원리 등이 이미 관습국제법으로 성립하였다고 주장하는 것은 양쪽 모두 상당한 근거를 갖는다고 볼 수 있다. 나머지 문제는 법적 확신(opinio juris)의 성립문제인데 예컨대, 해협통항에 있어서 통과통항(Transit Passage)제도에 관해 법적 확신이 성립되었다고 볼 수 있는가 하는 문제이다. 해협 연안국 측의 견해로는 결코 그렇게 해석할 수가 없다는 것이다.40)

---

37) Statement of Mr.Clingan, U.S. Delegation. UN Doc. A/Conf. 62/PV.192, at 2,5 (1983) : Statement of Amb. K.L.Adelman U.S.Mission to the UN Press Release , 163-82, Dec. 3, 1982, at 2.
38) Statement of Alfonso Arias Schreiber of Peru on behalf of the Group of 77.UN.Doc SEA/MB/2(Dec.6,1982),at 5 Statement of Mr.George Castaneda, Ibid.at 6.
  Statement of Mr. Ballati of Trinidad and Tobago, UN.Doc. SEA/MB/4(Dec.7,1982), at 3. Statement of President Tommy Koh, UN.Doc. SEA/MB/15(Dec.10,1982) at 3.
39) Anthony D'Amato, "The Law Generating Mechanisms of the Law of the Sea Conference and Convention," J.M.Van Dyke ed. *Consensus and Confrontation Proceeding LSI Workshop*, (Honolu: LSI,1984),p.133
40) 특히 Gilbraltar과 Hormuz의 연안국인 Spain, Morocco, Oman, Iran 4개국은 해협내에서 통과통항(Transit Passage)이 아닌 무해통항(Innocent Passage)제도를 적용할 것을 선언하였다.

한편, 유엔 해양법협약이 일괄타결방식(package deal)으로 타결되었다고 하는 것은, 관습국제법이 된 협약내용을 협약 외 주체에 대해 적용함을 배제해야 하는 원인이 되겠는가 하는 문제도 있다. 만일 이 협약내용의 일부가 관습국제법으로 확실히 성립되었다고 한다면, 원칙적으로 협약타결의 방식을 일괄타결(package deal)로 하였다는 이유만으로 그 규범의 일반적 효력을 협약 당사국 이외의 주체에 적용하는 것을 배제할 수 없다고 보아야 한다.41) 그러나 일괄타결에 있어서는 대부분의 경우에 그 일부 규범에 관한 내용은 협약내의 다른 내용과 동가(同價)의 상관적 대상(*quid pro quo*)이 되어 있을 것이며, 상관적 동가대상(同價對象)이 되는 내용의 규범을 긍인(肯認)하지 않는 협약 외 주체가 이 관행을 원용하는 점에 대하여 협약 내 주체들이 명백하고 집요하게 이의를 제기할 것이므로 결국 그러한 상황에서는 그 일부 규범을 일반 관습법으로 성립시키기에 충분한 법적확신(*opinio juris*)이 성립되기는 어려운 경우가 많을 것이다.

특히 *opinio juris*란 국제법상 행위주체들의 심적 태도를 말하는 것이며 이것은 또 시시각각으로 변화할 것이므로 이러한 것을 확정하거나 입증하는 것은 쉽지 않다. 결국 구체적으로 어떤 규범이 관습법으로 성립하였는가 아닌가를 규명하는 일은 앞으로 수년간 현대 해양법 연구의 가장 중요한 과제가 된다고 말할 수 있다.

3. 유엔 해양법협약의 발효(發效)와 그 후의 동향(動向)

유엔 해양법협약은 서방 선진국들이 이 협약의 제11장 즉 심해저 개발에 관한 조항에 계속 반대를 하고 그 서명조차도 거부해온 관계로 협약의 보편성(普遍性: universality)과 실효성(實效性;validity)42)이 문제가 되어 있었으며 그 일차적인 발효 요건43)인 60개국의 비준서가 기탁되는데 만도 약 11년이라는 긴 시간이 소요되었다.

그런데 사실상 이 협약의 보편성과 실효성 결여(缺如)의 문제는 1994년 7월 28일 유엔 총회에서 채택된 이른 바 「이행협정(履行協定)」44)으로 실질적인 해결을 보아, 그 동안 심해저 개발제도에 관련하여 이 협약에 반대하여 오던 서방 선진국들이 각기 국내 절차가 끝나는 대로 이 협약에 비준해 올 것이 예상되고 있으므로45) 이제

Ibid., p.55, 188.
41) D'Amato, "Comments", *Consensus & Confrontation*, p.175.
42) 이 협약 발효 요건인 60개국의 비준서가 기탁된 1993년 11월 16일 현재로도 그 60개 비준국(批准國)의 유엔 재정부담비율(財政負擔比率)은 4.3%에 불과하였다.
43) 협약 제 308조
44) 「1982년 유엔 해양법협약 제11장의 이행에 관한 협정」
Agreement relating to the Implementation of Part XI of the United Nations Convention on the Law of the Sea of 10 December 1982. U.N.G.A. Res/48/263.

이 유엔 해양법협약은 당초에 목표로 한바, "해양의 모든 문제를 전체적으로 고려한 해양 관습국제법의 법전화(法典化)와 현대적 해양 이용활동에 상응하는 새로운 전진적 입법(前進的 立法)"46)의 결정체로서 명실상부(名實相符)한 「바다의 대헌장(大憲章)」으로 기능 하게 되었다.

이처럼 유엔 해양법협약이 그 보편성과 실효성을 갖추고 통일된 법규범으로서의 실정규범 체계로 가동(稼動)하게 됨으로서, 그 동안 선진 공업국들의 집요한 협약 반대로 협약 성립이후 10여년 동안 우려해 오던 것과 같은 "해양 질서의 무정부 상태"는 이제 회피, 극복할 수 있게 되었다. 따라서 앞으로는 각종의 해양이용 활동, 해양자원개발 활동이 활발해 질 것이 예상된다. 특히 포괄적이고 보편적인 해양법 규범체계의 가동으로 해양법에 관련된 다양한 국가관행과 지금까지 모호했던 관습법 규범의 내용들은 확연히 통일되어 기속력이 있는 법규범으로 적용되게 될 것이다.

4. 유엔 해양법협약과 1958년도 해양법협약

유엔 해양법협약에 비준한 나라는 1998년 11월 16일 현재 130개국이다.47) 이 협약의 비준국은 이 협약으로 인하여 일정한 권리와 의무를 갖게 된다. 현재 이 협약에 비준 가입한 국가 중에는 1958년 Geneva 해양법협약의 당사국들이48) 많이 있다. 1958년 Geneva 해양법협약들은 현재 발효되어 있는 조약으로서 그 당사국을 기속한다. 그런데, 유엔 해양법협약 제311조 1항에서는 "본 협약은 당사국 간에 있어서 1958년 Geneva 해양법협약에 우선한다"고 규정하고 있다. 1994년 「이행협정」의 성립으로 유엔 해양법협약의 보편성이 확보된 이상, 이제는 동 협약 제311조와 신법우선의 원칙에 의거하여 이 유엔 해양법협약에 저촉 모순되는 1958년 4개 해양법 조약들의 내용은 실효된 것으로 보아야 한다.

---

45) 호주와 독일은 이 이행 협정의 타결을 계기로 해양법협약에 즉시 비준하였다.
(1994년 10월 5일 및 1994년 10월 14일)
Law of the Sea Bulletin, No.26.(October 1994)
Division of Ocean Affairs and the Law of the Sea, Office of Legal Affairs. pp.5-18.
46) 1982년 유엔 해양법협약, 전문 참조.
47) Current Status of the Untied Nations Convention on the Law fof the Sea http://www.un.org/Depts/los 94st. htm
48) 1958년 Geneva 해양법 3협약의 당사국인 동시에 유엔 해양법협약에 가입한 국가들 중 1969년 조약법에 관한 Vienna협약 제18조의 의무를 강하게 인정하는 것으로 판단되는 국가는 다음 15개국이다.
Australia, Bulgaria, Byelorussia, Denmark, Finland, Haiti, Jamaica, Lesotho, Malaysia, Mauritius, Mexico, Netherlands, Nigeria, Ukrainian S.S.R, Yugoslavia.
J.K. Gamble,Jr. and Maria Frankowska,"The Significance of the 1982 Montego Bay Convention on the Law of the Sea,"14 *ODIL* 149(1984)

Ⅴ. 한국(韓國)과 해양법(海洋法)

한국은 특이한 지리 정치학적 요인(geopolitical factor)을 숙명적으로 갖고 있어 바다와 깊이 연관되어 있다. 한국이 위치한 한반도는 대체로 길이가 1000km, 폭이 250km되는 길죽한 반도로서 극동의 캄차카반도와 일본열도로 둘러 쌓인 반폐쇄해(半閉鎖海:semi-enclosed sea) 속에 "꽈리"처럼 들어 있다. 그러므로 한국은 일종의 지리적 불리국가로 분류되어야 한다.

역사적으로 보면 한국은 신라시대의 장보고나 조선왕조의 이순신과 같은 특출한 인물이 나와 한때 한반도 주변 해양을 통제한 적도 있으나 대체로 근세이래 해양 진출이나 활용은 부진하였다. 그 이유는 유교적 사상에서 연유된 모험 기피의 사고방식과 어민 천시의 고정관념이 있는데다가 인접한 일본으로부터의 빈번한 왜구(倭寇)의 침범으로 바다를 기피하는 국민적 체질을 갖게 되었기 때문이라고 생각된다. 이러한 해양 사상의 결여와 해양 활동의 부진은 여러 면에서 지금까지 국가발전의 저해 요인으로 작용하고 있다.

한국의 영토는 반도이므로 3면이 바다인 것은 자명한 사실이나 3면이 바다이기만 하면 해양의 이점을 그냥 누리는 것은 아니다. 한국은 오히려 일종의 지리적 불리국으로서 국민적인 자각과 노력이 없이는 해양에 관한 국가적 이익을 제대로 보전하지도 못하고 마는 경우가 많게 되어 있다. 국가의 존립과 발전을 위한 국가정책의 수립과 그 실현이 있어서 해양은 자원의 보고(寶庫)이며 활동의 터전이다. 그리고 해양에 있어서의 국익신장을 위하여 해양법은 국가 의사 표현의 필수적 언어이며 수단이 됨을 한국은 이제 잘 깨우치고 있어야만 한다.

1. 한국의 안보적(安保的) 환경(環境)과 해양법(海洋法)

한국의 주변해역(동해, 남해, 황해)은 주변국가들의 첨예한 이해가 얽힌 관할 내해수역(zone-locked sea area)이며, 특히 그 주변국가들이란 러시아, 중국, 북한 등 사회주의 국가가 아니면 일본처럼 복잡하고 장구한 역사적 대립관계를 이어온 만만치 않은 강대국들로 되어 있다. 특히 반도의 북반부에 위치한 북한과의 대치 상황은 한국의 국가안보 그 자체에 대한 집요하고도 강력한 위협을 내포하는 냉혹한 긴장상태 바로 그것이다.

45년 전 이 한반도에서 가열(苛烈)한 전투를 정지시킨 한국휴전협정이라는 군사협정은 미묘하게 변질된 채 법적으로 정의하기 힘든 남과 북의 적대관계를 장기간 유지해 오고 있다. 이러한 안보적 여건에서 한국에게 있어 바다(해양)란 유사시에

8000km나 멀리 떨어져 있는 우방 미국으로부터의 국가 안전보장의 공약(公約)을 기대하기 위한 유일한 통로이다.

1990년대에 들어와 냉전 체제가 해소된 이후 동아시아는 지역 국가간의 내밀한 군비 경쟁이 재연되고 있는 특수한 양상을 보이고 있다. 한반도의 주변 해역 특히 동해와 서해는 미국, 일본 및 중공의 해군력이 실력으로 대립하고 있는 현장이다. 그러므로 한국이 그 국가안전을 유지하기 위한 생존전략을 구상함에 있어서는 우선 이 새롭게 발전해 가는 해양법질서를 그 기초적인 고려사항으로 소화해야만 한다.

2. 한국의 경제적(經濟的) 여건(與件)과 해양법(海洋法)

언제나 안보적 상황은 경제적 여건과도 직결된다. 한국은 육상부존자원(陸上賦存資源)이 원초적으로 결핍된 나라이다. 생물자원의 개발 특히 근해어업(近海漁業)에 관하여 한국은 일본과 숙명적으로 협력과 대립을 점철해 나가지 않으면 안된다.

생물자원과 무생물자원 특히 대륙붕 광물자원의 개발 이용에 관한 일본과의 관계를 보면, 『한일 어업협정』, 『한일 대륙붕 공동개발 협정』 등 양자협약에 나타나 있는 것처럼 그 잠정성(暫定性)으로 호도된 표면에는 독도(獨島)와 남해 대륙붕의 영유권(領有權) 등에 대한 긴박한 대립이 내재하고 있다. 그리고 이와 관련해서 한국은 중국과도 풀기 어려운 숙제를 갖고 있다. 국력의 근원으로서의 자원을 획득하기 위해서, 그리고 수출입을 보장하는 해상교통로를 확보하기 위해 한국은 바다를 개발하고 해상로를 확보하지 않으면 안된다. 한국은 또한 국가 백년대계를 위해서, 그리고 더 나아가 주변국가의 공동이익을 위하고 그들과 안정된 관계를 유지하기 위하여 이 극동지역에 있어서 안보적 경제적 지역협력을 보장할 수 있는 기구의 구축을 위해 선도적 노력을 해야만 한다고 생각한다. 그러한 역할을 위해서는 해양법에 대한 철저한 연구가 선행되어야만 한다.

제2장 내수제도(內水制度)

Ⅰ. 내수(內水)란 무엇인가?
Ⅱ. 내수의 범위
Ⅲ. 기선(基線)의 법적성질
Ⅳ. 내수의 법적지위

제2장 내수제도(內水制度)

I. 내수(內水)란 무엇인가?

　내수(內水; internal waters)는 우리말로는 국내수역(國內水域)[1]이라고 하는 경우도 있고 또 영어로는 national waters, interior 혹은 inland waters 등 다양하게 쓰여지고 있다. 지리학적으로 내수라고 하면 육지 영토 내에 존재하는 각종 수역 즉 운하(運河), 강(江), 호소(湖沼) 등을 의미하는 것으로 될 것이나, 법적으로 내수는 기선의 육지측에 있는 수역을 말한다.(영해협약 제5조 1항, 유엔해양법협약 제8조) 따라서 해양적 특성을 보유하는 내수는 만(灣), 하구지역(河口地域) 그리고 직선기선의 내측수역 등이다. 군도기선(群島基線)의 내측수역은 법상 특수한 지위를 갖는다. 군도수역(群島水域)내의 섬들은 기선에 관한 일반적 규칙에 따라 그 자체의 기선을 획정하게 되며, 따라서 그러한 각 섬의 만(灣), 하구지역들은 내수를 구성하게 된다.(유엔해양법협약 제50조)

　내수제도는 육지영토의 내부에 위치하는 수역으로 영해(領海)나 공해(公海) 등에 관한 일반 해양법의 내용과 구별되는 특이한 면을 가지고 있다. 본 장에서는 기선제도(基線制度)와 관련된 내수범위의 획정문제와 그 내수에서의 관할권의 내용들을 보기로 한다.

II. 내수의 범위

　내수는 기선(基線)의 육지측 수역이다. 그러므로 내수의 범위를 획정하는 기본적인 기준은 즉 기선이라고 할 수 있다. 전통적으로 기선은 영해제도에 속한 국제법의 내용으로 설명하는 것이 보통이었다.[2] 그러나 이것은 영해만이 유일한 국가관할권수역으로 문제되던 때에만 타당한 태도이며, 지금은 영해 이외에도 접속수역, 경제수역, 대륙붕 등 중요하고 다양한 국가관할수역들이 곧 이 기선으로부터 획정되므로 기선은 이미 영해제도의 일부를 구성하는 국제법의 내용만으로 파악해서는 부적절하다. 최근에 발간된 몇몇 영미학자들의 저서에서[3] 모두 기선을 독립된 장으로 논급하고

---

[1] 유병화, "국제법총론", (서울:일조각, 1983), p.474
[2] 「영해협약」에서는 영해의 한계를 규정하고 있는 제2장에서 기선에 관한 규정을 두고있고, 유엔해양법협약에서도 영해의 한계를 규정하고 있는 제2장 제2절에서 기선을 규정하고 있다.

30 제2장 내수제도(內水制度)

있는 것은 이런 의미에서 극히 타당한 태도라고 본다. 그러나 이 책에서는 본 절을 간결히 편성하고자 내수의 범위를 설명하는 이 곳에서 기선에 관해 설명하고자 한다. 그러므로 기선의 획정에 의해 내수의 범위는 확정되지만 다른 모든 국가관할수역에 내측한계도 모두 이 기선으로부터 결정된다는 점을 강조해 둔다.

1. 통상기선

유엔해양법협약 제5조는, "영해의 폭을 측정하기 위한 통상기선은 이 협약이 달리 규정하는 경우를 제외하고는 연안국이 공인(公認)한 대축적 해도에 표시된 해안의 저조선(低潮線)으로 한다." 라고 규정하고 있다.

영해범위의 기선(基線)을 저조선(低潮線)으로 한 것은 그리 오래된 일이 아니다. 6세기에 편찬된「유스티니아누스 법전(法典: Corpus Iuris Civilis)」, 법학제요(法學提要)에서는 해안선의 기준을 고조선(高潮線)으로 삼고 있었다.[4] 해안선의 기준을 저조선(低潮線)으로 정한 최초의 기록은 1839년 영국 프랑스간의 어업협정에서 이다.[5] 해안선의 기준에 관한 일반적 견해는 다양한 변화의 과정을 거쳐 형성되어졌다. 그 간의 각 견해를 정리하여 보면 다음과 같다. 첫째로 해안선의 기준은 문제된 사건당시의 조고(潮高)에 따라 결정되어야 한다는 견해가 유력한 때가 있었다.[6] 둘째로 영해 폭의 측정은 "항해가능지점"에서부터 측정되어야 한다고 주장된 일도 있다.[7] 세 번째의 견해는 영해의 범위는 연안국의 힘(武力)이 미치는 범위 까지로 해야하므로 연안포대의 거치(据置) 지점을 기선으로 한다는 것이다.[8] 네 번째로 Pradier Fodéré (1884년)는 연안의 기선을 고조선(高潮線)으로 주장하였다.[9] 다섯 번째로 이른 바 착탄거리설(着彈距離說)에 따라서 각 연안국이 구체적으로 결정해야 한다는 견해가 있다.[10] 여섯 번째로 이른 바 저조선(低潮線)을 기선으로 한다는 입장은 1882년 북해어업

---

3) a) D.P.O'Connell, *The International Law of the Sea*, Vol. I,(Oxford:Clarendon Press, 1982) Chapter 5~4.
   b) Louis B. Sohn & Kristen Gustafson, The Law of the Sea(St.Paul: West Publishing Co., 1984), Chapter III. The Base Line
   c) R. R. Churchill & A.V. Lowe, *The Law of the Sea*(Oxford:Manchester Univ. Press, 1983) Chapter II. Base Line
4) *Institutes of Justinian*, II, I, 3. ;D. P. O'Connell, The International Law of the Sea, Vol. I, p.171에서 재인용.
5) 27 BFSP 983.
6) Jacobsen, G. J. , *Seerecht des Friedens und des Krieges*, (1815), pp.580, 585.; Ortolan(1845); Attlmayr(1872).
7) Valin(1763).
8) Nizze(1857), ; Kaltenborn(1851), ; Gareis(1888)
9) Pradier Fodéré, *Traité de droit international public*, II,(1884-1906) p.148.

협정을 계기로 확정되었다. 이 입장은 1894년 국제법학회(IIL; Institut de Droit International)[11])에 의하여 채택되었고 국제법전 편찬회의를 위한 1928년 국제연맹 초안에 포함되게 되었다.

　기선에 관한 논의는 1930년 헤이그 국제법전편찬회의에서도 있었다. 이 회의에서는 해양법에 관한 어떠한 협약도 완성시키지는 못했지만, 기선에 관한 ILC의 초안을 작성함에 있어서 결정적인 자료로 제공되었다. 이 ILC의 작업의 결과로 1958년「영해협약」속에는 기선에 관련된 조문이 몇개가 들어가게 되었다. 이들은 제3조부터 제11조까지의 9개 조문과 제13조의 전부 10개 조문이다. 이들 각 조는 기선에 관한 현대 국제법의 내용을 잘 정리한 것이라고 할 수 있는 바, 그 내용은 영해협약에 비준(批准), 가입(加入)한 46개 체약국(締約國)만을 기속한다고 하기보다는 하나의 관습국제법으로서 일반적인 규범력이 인정된다고 해야 할 것이다. 유엔해양법협약 제4조부터 제14조 그리고 제16조의 11개 조문은 거의 위의 영해협약의 해당 조문을 그대로 답습한 것이며, 1958년 Geneva 회의에서 ILC가 미처 참고하지 못한 지리학적인 고려를 첨가하는 아주 사소한 수정만이 가미되었다. 그러나 유엔해양법협약에서 1958년「영해협약」의 기선에 관련한 조문이 가지고 있던 모호성, 부정확성과 같은 조문상의 결함을 개선하기 위한 본격적인 노력이 시도되지 않았다는 것은 유감스러운 일이다.

　연안 해안선이 굴곡이 없고 비교적 곧바르다면, 기선을 획정하는 일은 어려운 점이 없을 것이다. 그저 기선으로서 저조선(低潮線) 또는 고조선(高潮線)을 선택하기만 하면 되었을 것이다. 그러나 실제로는 그렇게 간단하지 않다. 대부분 연안의 해안선은 굴곡되어 있고 만(灣)과 연안도서(沿岸島嶼), 사주(沙洲) 등이 복잡하게 위치하고 있다. 근해 항만시설물도 연안의 모습을 복잡하게 하는데 한 몫을 하고 있다. 그러므로 기선에 관해서는 연안의 다양한 지리적 조건들이 망라해서 적용될 수 있는 일정한 규칙이 필요하게 된다. 또한 이 규칙은 가능한한 세밀하고도 정확하고 객관적이어서 기선을 설정하려고 할 경우에 어떤 지도제작자라도 이 규칙대로 그리면, 어느 특정의 연안에 동일한 기선을 그려낼 수 있도록 되어야만 하는 것이다. 또 기선내측에 포함된 수역은 내수가 되는 바, 이 수역이 내수제도에 합당한 특성을 취득하는 것이 될 수 있도록 획정되어야만 하는 것이다. 이상과 같은 두가지 요건은 기선제도를 논의함에 있어서는 항상 유의해야만 한다. 만일 기선에 관한 규칙이 충분히 세밀하고 정확하지 않다면 연안국들은 기선획정을 자의적으로 정할 것이며 따라서 부당하게 광범위한 수역이 내수에 포함되고 영해 및 접속수역 등 연안관할수역은 확장되

---

10) Despagnet, *Cours de droit international public* (1894), p.435.
11) 본서 제1장, Ⅲ 해양법의 법전화, p.13. 참조.

어 획정될 것이다. 영해협약 제3조 및 유엔해양법협약 제5조는 조문 내용이 전혀 동일 하다. 고조선(高潮線)을 택하지 않고 저조선을 택하므로써 조석(潮汐) 간만(干滿)의 차이가 큰 연안의 경우에는 기선의 바다쪽으로 획정되게 되어, 영해 기타 관할수역이 확장되는 결과로 될 것이다. 현실적으로 모든 연안국이 예외없이 공인된 대축척 해도로 저조선을 명시해 놓고 있는 것은 아니기 때문에 기선제도에 관한 모호성과 문제는 남게 된다. 위의 제3조 및 제5조는 소위 '통상기선'에 관한 규정인데 다양한 연안의 지리적 조건 때문에 유엔해양법협약 제14조는, "연안국은 기선을 획정함에 있어서 서로 다른 여러 조건에 적합하도록 앞의 각 조에서 규정된 여러가지 방법을 교대로 사용하여 기선을 결정할 수 있다"고 규정하고 있다. 영해협약과 유엔해양법협약에서는 서로 다른 지리적 조건에 따라 기선에 관한 여러가지 방법을 규정하고 있는 바 여기에서는 내수제도(內水制度)와 관련해서 직선기선(直線基線), 만(灣), 하구(河口), 항(港), 간출지(干出地) 등을 고찰해 본다.

2. 직선기선

(1) 관습법규

노르웨이 해안의 대부분은 연안협곡(沿岸峽谷; fjord)들이 있어 굴곡이 심하며, 노르웨이 언어로 암반절벽(岩盤絕壁)이라는 의미를 가진 Skjaergaad 즉, 수 없이 많은 작은 섬, 암반, 암초들로 둘러싸여 있다. 이론상으로는 여기서도 모든 fjord와 만(滿) 및 섬들의 저조선을 따라서 긋는다면 기선을 긋는 것이 불가능하지는 않을 것이다. 그러나 실제로 이러한 것은 매우 번잡하고 부자연스럽다. 나아가서 이 기선을 따라 노르웨이의 영해를 획정하는 일은 더욱 곤란한 일이 될 것이다. 노르웨이는 19세기 중반 이래로, 그 영해 획정을 위해서 이와 같은 방식 대신에 Skjaergaad의 최외측지점을 연결하는 직선을 기선으로 사용해 왔다. 1930년대에 들어와 영국은 이러한 방식은 국제법에 반(反)하는 것이라 하여 반대하기 시작했다. 영국이 반대하게 된 동기는 위와 같은 경우 즉 저조선을 기선으로 하지 않고 연안 최외측점을 연결하는 직선을 기선으로 하는 경우 노르웨이의 영해범위를 바다 쪽으로 확장하는 결과를 가져와서 영국어선이 활동할 공해의 범위를 잠식하게 되기 때문이다. 영국의 반대로 야기된 영국-노르웨이간의 분쟁은 주로 1935년에 발표된 노르웨이 칙령에 관련된 것이었는데, 이는 북위 66도 28분 8초까지를 노르웨이의 전관어로구역으로 선포한 것이다. 영국과 노르웨이는 이 분쟁을 1949년 9월 국제사법재판소에 제소(提訴)하였다.

영국-노르웨이간의 어업분쟁사건을 판결함에 있어서 ICJ는 판시하기를, 노르웨이의 직선기선제도는 국제법에 반하지 아니한다고 하였다. 재판부는 이 사건의 판결에서 지리적인 특성을 중시하고 Skjaergaad는 노르웨이의 본토의 연장이라고 보았다. 고로 육지영토의 최외측을 연결한 직선기선이 노르웨이의 영토와 바다를 구분하는 기선이 되어야 한다고 본 것이다. 동 법원에 의하면, 저조선 기선의 규칙을 적용함에 있어서는 3가지 방법이 고찰되어 왔다고 한다.12) 즉, 그것은 첫째로는 평행궤적법(平行軌跡法; tracé paralléle)인데, 이는 연안의 모든 굴곡을 따라 평행하게 영해의 외측선으로 기점하는 방식이며, 둘째는 원호정접법(圓弧正接法; courbe tangente)인데 이는 저조선을 따라 영해의 폭을 반경으로 하는 원호를 그어 그 정접점(正接點)을 영해 외측선으로 기점하는 방식이다. 그리고 세번째가 직선기선의 방식이다. 위 법원은 해안선이 심하게 굴곡되어 있고 다수의 섬으로 둘러싸여 있는 경우에는 평행궤적법이나 원호정접법은 영해획정방식으로 부적당하다고 하였다. 이러한 경우에 기선은 저조선과는 무관하게 되며, 기하학적 구성으로서만 기점될 수 있다13)고 한다. 이 방식은 또 판결 이전에도 반대를 받음이 없이 사용되어 왔던 것이다.14) 노르웨이의 직선기선 방식이 1869년(노르웨이가 최초로 직선기선방식을 채택한 해)부터 1933년(영국이 직선기선 방식을 반대하기 시작한 해) 사이에 영국이나 그 밖에 어느 다른 나라로부터의 반대도 받음이 없이 시행되어 왔다는 점을 동 재판부는 중시한 것이다.

동 법원은 직선기선 방식의 국제법상 적법성을 선언하였지만 그들은 동시에 연안국이 그 직선기선을 획정하는 방식에 관해서 무제한의 재량을 누리는 것이 아니라는 점과 이러한 획정에 적용될 조건을 명시하였다.

첫째, 직선기선은 연안의 일반적인 방향에서 현저하게 이탈하지 않을 것15)

둘째, 직선기선을 그음으로 내수로 포함될 수역은 내수제도를 적용하기에 합당할 정도로 육지영토와 밀접한 관련을 가질 것16)

세째, 특정 기선을 획정함에 있어서 그 지역에 특유한 경제적 이익이 장기간의 실행에 의해서 그 중요성과 현실성이 증명된 경우에는 이를 참작할 수 있다는 것이다.17)

(2) 조약법규

위의 국제사법재판소의 판결은 그 당시에는 가장 대표적인 사법적(司法的) 입법으

---

12) [1951] ICJ Rep.116 at 128.
13) Ibid., at 129.
14) 동 법원은 판결에서 이들 국가의 선례를 적시(摘示)하지는 아니하였다. 동 판결 이전에 직선기선방법을 사용한 나라는 에쿠아도르, 이집트, 사우디 아라비아 등이다.
   M. Whiteman, *The Digest of International Law*, Vol. VI,(Washington: Gov. Print Off., 1965), p.148.; Waldock, "The Anglo-Norwegian Fisheries case", 28 BYIL 114-71(1951).
15) [1951] ICJ Rep. 116 at 133.
16) Ibid.
17) Ibid., at 142

로 간주되었다. 사실 ILC는 동 판결의 내용을 그 해양법 초안에 그대로 받아들였으며, 결국 영해협약 제4조에서는 판결문의 문구를 그대로 조문(條文)으로 답습하고 있다. 단지 동 판결에서는 직선기선 방식을 기선 획정상 "저조선 기준의 원칙"에 대한 특수한 적용상의 변형으로 간주하고 있었으나, 영해협약이나 유엔해양법협약에서는 보다 현실적으로 직선기선 방식을 기선획정의 독자적 방식으로 하고 있다.

직선기선 방식은 연안의 해안선이 깊이 굴곡되어 있거나 그 연안에 근접한 다수의 섬으로 둘러싸여 있는 경우에 연안국이 그 기선획정방식으로 사용할 수 있다.(영해협약 제4조 1항, 유엔해양법협약 제7조 1항) 따라서, 연안의 해안선이 직선기선 방식을 적용할 수 있을 만한 조건을 갖추고 있는 경우도 연안국은 직선기선방식을 채택할 것인가 아닌가의 재량을 갖고 있다. 예컨대 미국은 극히 전형적인 지리적 조건을 갖춘 알라스카해안에 대해서 직선기선방식을 채택하고 있지 않다. 그러나 실제로 대부분의 경우 각 연안국은 그들의 재량권을 직선기선을 채택하는 쪽으로 행사하는 것이 보통이다. 왜냐하면 직선기선 방식은 영해를 바다쪽으로 확장하여 획정케 하기 때문이다.

그러면 직선기선 방식을 적용함에 있어 지켜야 할 해양법 상의 조건은 어떠한가를 보기로 하자. 영해협약과 유엔해양법협약은 거의 동일한 조건을 규정하고 있다.

가. 직선기선의 기점(location of basepoints)은 평균저조선 위의 지점일 것

우선 ①기본적인 요건으로서 (a)직선기선의 기점이 되는 "적절한 지점"(appropriate points)은 육지 연안 또는 외곽 도서의 평균 저조선 위에 지정되어야 한다.(유엔해양법협약 제7조 1항, 2항) (b)직선기선은 간출지로부터 또는 간출지까지 설정할 수 없다.(유엔해양법협약 제7조 4항)

(①-a) 평균저조선 위의 기점

유엔해양법협약 제7조 1항에서 이 "적절한 지점"을 평균저조선 위에 지정해야 한다는 명시적인 표현을 누락하고 있으나, 이것은 자명한 것이며,[18] 동조 제2항에서 "저조선을 따라 적절한 지점을 선택한다"고 명시하고 있다.

(①-b) 간출지(干出地; low tide elevation)를 기점으로 삼는 예외적 경우

직선기선의 기점은 간출지 위에 지정될 수 없다. 간출지를 직선기선의 기점으로

---

[18] UN Office for the LOS, *The Law of the Sea:Baselines*, An Examination of the Relevant Provisions of the United Nations Convention on the Law of the Sea.(New York, 1989). para.51. foot note 10.

사용할 수 있는 예외적인 조건은 두 가지가 있는 바, 첫째는 그 간출지 위에 등대나 기타 이와 유사한 영구적인 시설물이 세워진 경우이며, 둘째로는 어떤 특정의 간출지가 직선기선의 기점으로 사용되는 것이 일반적인 국제적 승인을 받은 경우이다.

우선 첫번째의 예외적 조건은 1958년 「영해 및 접속수역에 관한 협약」 제4조 3항 후단에서 이미 인정한 경우이다. 등대나 영구적 구조물이 간출지 위에 설치되어 있으면 그 간출지의 위치는 물때(潮汐)에 관계없이 어느 방향에서나 항해자들에게 확인될 수 있다. 두번째의 예외적 조건은 1958년 「영해협약」에서는 규정되지 않던 것이지만 일반적으로 간출지를 직선기선의 기점에서 배제하는 요건의 엄격성을 완화할 필요가 있다는 의견과 1951년 영국-노르웨이간 어업분쟁사건에서 노르웨이의 직선기선 중에 간출지를 기점으로 한 예가 있었든 것을 참작한 규정이라고 이해되고 있다.19)

나. 해안이 깊게 굴곡되거나 흩어진 섬들이 가까이 해안을 따라 있을 것

② 지리적 요건으로서는, (a)해안선이 깊게 굴곡지거나 잘려 들어간 지역, 또는 (b)해안을 따라 아주 가까이 섬이 흩어져 있는 지역이어야 한다.(유엔해양법협약 제7조 1항)

(②-a) 해안의 굴입(屈入; deeply indented coast line)

어떤 것이 "깊게 굴곡되고 잘려 들어간 해안"인가에 관해서, 명확하고 기계적인 요건이 정리되고 그것들을 직선기선의 획정을 허락하는 규범적인 요건으로 받아 드리는 법적 확신(opinio juris)이 성립되어 있는 것은 아니다. 해안의 지리적 형상이란 실로 다양한 것이기 때문에 그러한 기계적 요건을 성립시키는 것은 실제로 불가능하다.

유엔해양법협약 제7조 1항의 요건은(법규적 요건으로서의 모호성이 있으므로) 문언(文言)의 기계적인 의미보다 입법의 정신을 중시하여 해석되어야 한다.20) 그런데 특히 제7조 1항 전문(前文)의 요건은 영국-노르웨이간의 어업분쟁사건에 관한 국제사법재판소 판결의 취지를 충실히 따르고 있는 것인 만큼, 여기서 "깊게 골곡되고 잘려 들어간 해안"이란 노르웨이의 Eastern Finnmark해안과 같은 지리적 구조를 의미하는 것21)으로 보아야 한다.22)

따라서 적어도 일반적으로 합의되어 있다고 학설상으로 인정되고 있는 요건적 기

---

19) Satya Nandan, Shabati Rosenne, *A Commentary; 1982 UN Convention on the Law of the Sea*, Volume Ⅱ(Boston:Martinus Nijhoff Publishers, 1993), pp.102~103.
20) Ibid., para.35.
21) Anglo-Norwegian Fisheries case,(UK vs Norway) 1951 *ICJ Reports* 116.
22) Satya Nandan, Shabati Rosenne, *A Commentary; 1982 UN Convention on the Law of the Sea*, Volume Ⅱ(Boston:Martinus Nijhoff Publishers, 1993), p.100.

준은 그 자체가 독자적으로 해양법상의 만(灣)(유엔해양법협약 제10조)으로 성립될 수 있는 여러 개(3개 이상)의 굴입(屈入)이 존재하고 이와 부수하여 보다 덜 현저한 수개의 굴입이 같이 존재하는 것이다.23)

(②-b) 가까이 흩어져 있는 섬(a fringe of islands)

"해안을 따라(along the coast), 아주 가까이(in its immediate vicinity), 흩어져 있는 섬(a fringe of islands)"이란 1951년 영국-노르웨이간의 어업분쟁사건 판결에서는 "해안이 skjaergaad처럼 여러 섬으로 둘러 싸여진 지형"이라는 표현에서 유래한 것이다.24) 그러므로 이는 앞서 설명한 제7조 1항 전단(前段)의 표현이 위 판결의 문언(文言)을 그대로 옮겨온 것과는 다소 대조적이다. 따라서 이 후단(後段)의 표현은 규범적 요건으로서의 의미가 다소 더욱 분명해져 있다고 말할 수 있다.

즉 "흩어져 있는 섬(a fringe of islands)"이란 우선 여러 개의 섬이어야 함은 자명하다. 그러므로 1개 또는 2개의 섬만으로는 부족하고 최소한 3개 이상의 섬이 서로 가까이 모여서 있는 경우라야 한다고 해석된다.

이들 다수의 섬의 무리가 "해안을 따라, 그 해안에 아주 가까이" 있어야 한다. 해안을 따라서(along the coast) 위치한다는 것은 섬들이 해안의 일반적 방향과 나란히 놓여져 있는 것만을 의미하므로 설사 가까이 있는 섬들이라도 해안의 일반적 방향과 수직으로 징검다리 식의 위치에 있는 섬들25)은 이 요건에 해당되지 않는 것으로 보아야 한다.(지도 2-1 참조)

"그 해안에 아주 가까이(in its-the coast's- immediate vicinity)" 있다고 하는 것에 대해서, 얼마만큼의 거리기준 안에 있는 것을 말하는가하는 절대적인 한계가 정립되어 있지는 않다. 해안에서 3해리 이내의 거리에 있는 경우는 "아주 가까이 있다"고 충분히 판단할 수 있다. 영해의 범위가 12해리인 경우에 해안에서 24해리의 거리 안에 있는 섬들은 이 요건을 충족하는 것으로 볼 수 있다고 한다.26)

한때 미국 국무성의 실무적인 자료에서는 48해리까지도 무방한 것으로 주장한 일이 있으나27) 이러한 실무적 기준이 법적 규범으로서 받아들여질 정도로 광범위한 승인을 받은 것은 아니다. 특히 이 거리에 관한 요건은 후술하는 "내수제도에 적합할 정도로 육지영토와 밀접한 연관을 가져야 한다"는 요건과 결국 통하고 있다. 따라서

---

23) UN Office for the LOS, *The Law of the Sea:Baselines*, (1989). p.18.
24) Ibid., para.41.
25) Ibid., Figure 13.
26) Ibid., para. 46.
27) U.S. Dept. of State, "Developing standard guidelines for evaluating straight baselines", *Limits in the Seas*, No. 106(August 31, 1987), p.22.

섬들이 위치한 거리가 해안에서 48해리를 조금 넘는 경우라도 이들이 "내수제도에 적합할 정도로 육지영토와 밀접한 연관을 가져야 한다"는 요건을 충족하고 있다면 이들은 해안에서 "아주 가까이 있다"고 판단할 수 있는 경우가 있을 수 있다.

다. 해안의 일반적 방향과의 일치 및 내수제도 적합성

다음 ③기능적 요건으로서는, (a)획정된 직선기선은 해안의 일반적 방향에서 현저하게 벗어날 수 없으며, (b)직선기선 안에 있는 수역은 내수제도에 의하여 규율될 수 있을만큼 육지 영토와 충분히 밀접하게 관련되어 있어야 한다.(유엔해양법협약 제7조 3항)

(③-a) 해안의 일반적 방향과의 일치성

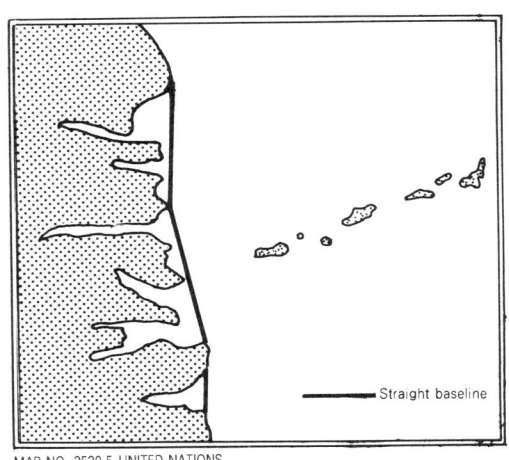

(지도 2-1) 해안의 일반적 방향에 직각으로 흩어진 섬

직선기선은, 해안선이 깊게 굴곡되고 가까이 흩어져 있는 여러 섬들의 존재로 인하여 통상기선을 이러한 지형에 대하여 굳이 획정한다면 이러한 기선으로부터 관할 수역의 범위를 기산(起算)하는 것이 불편할 정도로 복잡하게 되는 경우에, 이를 간명하게 한다는 점에 그 제도적 기능이 있는 것이다.[28] 이러한 제도적 기능이 합리적으로 유지되는 한, 결과적으로 통상기선이 획정된다면 기선 외측의 영해(領海)로 남게 될, 깊게 굴곡된 일부의 수역과 흩어진 섬들 사이의 좁은 수역들이 부득이 내수로

---

28) Ashley Roach and Robert Smith, *United States Responses to Excessive Maritime Claims*, 2nd ed.(Boston:Martinus Nijoff Publishers, 1996), p.60.

포함될 것이나, 이러한 점을 과장되게 이용하여 직선기선을 연안국이 부당하게 그 관할수역의 범위를 확장하는 구실로 사용해서는 안되는 것이다.

획정된 직선기선은 해안의 일반적 방향에서 현저하게 벗어날 수 없다는 요건은 역시 1951년의 영국-노르웨이간의 어업분쟁사건에 대한 국제사법재판소 판결[29]에서 유래한 것으로서, 위와 같은 입법적 목적으로 설정된 것이라고 생각된다. 그러나 "현저하게(to any appreciable extent)" 벗어날 수 없다는 요건은 벌써 수학적인 정확성과는 거리가 많은 것이다. 위의 판결이 나온 이래 이 요건에 관한 정확한 개념을 정립하려는 많은 노력이 계속되었다. 위 어업분쟁사건을 세밀하게 검토해 본 결과, 노르웨이의 직선기선들은 해안의 일반적 방향에서 15° 이내에 있었다고 한다. 이를 감안하여 위에서 인용한 미국무성의 실무자료에서는 이 해안의 일반적 방향과의 일치 범위의 한계를 20°까지로 제시한 적이 있다.[30] 그러나 해안에서 아주 가까이 있는 섬들의 무리가 전체적으로 볼 때 해안의 일반적 방향과 대체로 일치하는 경우에도 그 최외측의 도서를 연결한 직선기선은 그 인접하고 있는 해안선의 지리학적 형상의 방향과 20° 이상 벗어나는 경우를 얼마든지 생각할 수 있다는 이유로 위 국무성이 제시한 한계를 받아드릴 수 없다는 견해가 있다.[31]

생각건대, "해안의 일반적 방향"이란 어느 한정된 부분의 해안선의 지리학적 형상과 구별되는 것이라면, 직선기선과 해안의 일반적 방향과의 일치성 한계를 20°로 정하는 것이 전혀 근거 없는 것은 아니다. 어떤 학자들은 이 한계가 15°를 넘어서는 안된다고 주장하고 있다.[32] 다만 문제는 "해안의 일반적 방향"을 어느 경우에나 객관적으로 정확하게 결정할 수 있는 구체적인 기준이 정립되어 있지 않다는 점이다. 유엔해양법연구소의 분석[33]으로는 이 문제가 직선기선의 길이와 밀접하게 연관되어 있는 바, 적정한 길이의 직선기선에 대하여 그에 상응하는 부분의 해안의 일반적 방향은 지리학적으로 정의될 수 있다는 견해인 것 같다.[34]

(③-b) 내수제도에의 적합성(close linkage to the land domain to be subject to the regime of internal waters)

"직선기선 안에 있는 수역은 내수제도에 의하여 규율될 수 있을 만큼 육지 영토와

---

29) [1951] ICJ Rep. p.133.
30) U.S. Dept. of State, "Developing standard guidelines for evaluating straight baselines", *Limits in the Seas*, No. 106., p.19.
31) U.N.Office of the Law of the Sea, *The Law of the Sea:Baselines*, (1989). p.25.
32) Gary Knight, and Hungdah Chiu, *International Law of the Sea:Cases, Documents and Readings*, (New York:Elsvier Science Publisher, 1991), p.83.
33) U.N.Office of the Law of the Sea, *The Law of the Sea:Baselines*, (1989). para.55.
34) Ibid., para.55.

충분히 밀접하게 관련되어 있어야 한다"는 이 요건도 1951년 영국-노르웨이간의 어업분쟁사건에 대한 국제사법재판소 판결에서 유래한다.35) 그러나 일견해서 알 수 있는 것처럼 이것은 법적인 요건으로서는 그 적용상 객관성과 정확성을 유지하기 어렵다. 다만 이 요건의 취지는 직선기선의 획정으로 새롭게 내수지역으로 편입되는 수역은 항만(港灣), 호소(湖沼) 등에 필적할 정도로 육지 영토에 근접한 특성을 유지해야 한다는 것이다. 유엔국제법위원회(International Law Commission; ILC)에서 Sweden대표는 이 요건의 의미에 관하여, "문제된 수역은 육지 및 해안에 연접한 도서(島嶼)들로 둘러 싸여져서 이를 육지 영토의 일부처럼 취급함이 자연스러울 정도로 육지에 근접한 것을 의미한다"라고 설명하고 있다.36) 유엔해양법연구소의 분석37)과 버지니아대학 해양법연구소가 펴낸 「협약 주석서(註釋書)」에서도 이는 그 내수지역이 인접한 도서(島嶼)나 육지에 상당히 근접해 있어야 한다는 의미로 해석하고 있다.38) 그러면 직선기선과 해안의 거리는 얼마 정도까지를 충분히 근접한 것으로 볼 수 있겠는가? Prescott교수는 24해리를 넘지 말아야 한다고 주장하고 있다.39) 그러나 이러한 거리의 한계가 법적 기속력이 있는 확립된 규범적 기준으로 받아드려지고 있다고 생각되지는 않는다.

"직선기선 안에 있는 수역은 내수제도에 의하여 규율될 수 있을 만큼 육지 영토와 충분히 밀접하게 관련되어 있어야 한다"는 이 요건을 판단하기 위한 기준으로 직선기선과 해안까지의 거리의 한계를 논하지 않고, 그 대신 직선기선으로 포괄되는 지역에서의 해륙비(海陸比; 수면과 육지의 면적 비율)를 문제 삼는 학자도 있다.40) 1951년 영국-노르웨이간의 어업분쟁사건에서 노르웨이해안의 해륙비는 3.5:1이었다고 한다. 해양 군도의 직선기선에 대해서는 해륙비가 9:1로 명시되어 있지만,(유엔해양법협약 제47조) 연안 직선기선에 대하여 이러한 기준이 확립된 바는 없다.

(③-c) 직선기선의 길이(length of straight baselines)

해양법상 명시적으로 연안 직선기선의 길이의 한계가 규정되어 있지는 않다. 그러나 앞서 지적한 바대로, "획정된 직선기선은 해안의 일반적 방향에서 현저하게 벗어날 수 없다"는 요건(③-a)은 논리적으로 결국 직선기선의 길이에 일정한 한계가 있

---

35) [1951] ICJ Rep. p.133.
36) *Yearbook of International Law Commission*, 1955, vol. Ⅱ, p.54.
37) U.N. Office of the Law of the Sea, *The Law of the Sea:Baselines*, (1989). para.57.
38) Satya Nandan, Shabati Rosenne, *A Commentary; 1982 UN Convention on the Law of the Sea*, Volume Ⅱ(Boston:Martinus Nijhoff Publishers, 1993), p.102.
39) Victor Prescott, *The Maritime Political Boundaries of the World*, 1985, p.69.
40) Gary Knight, and Hungdah Chiu, *International Law of the Sea:Cases, Documents and Readings*, (New York:Elsvier Science Publisher, 1991), p.84.

어야 한다는 것을 의미하며, 학설41)로 이는 잘 확인되고 있다.

1951년 영국-노르웨이간의 어업분쟁사건 에서 노르웨이의 직선기선은 가장 긴 것이 40해리를 조금 넘는 것이었다. 1958년 제1차 해양법회의의 논의에서 직선기선의 길이의 한계로 15해리설이 유력하게 주장되었지만 결국 채택되지는 못하였다. 미국 무성의 실무적 기준으로는 24해리가 채택되고 있다.42)

해양군도(海洋群島; oceanic archipelago) 직선기선의 경우에는 100해리의 명시적인 제한(유엔해양법협약 제47조 2항)이 있는데 반하여, 적어도 연안군도(沿岸群島; coastal archipelago) 직선기선에 대하여 기선의 길이의 한계는 독립적인 기준으로 성립된 것은 없다고 보는 것이 옳다. 그러므로 결국 "획정된 직선기선은 해안의 일반적 방향에서 현저하게 벗어날 수 없다"는 요건(③-a)과 "직선기선 안에 있는 수역은 내수제도에 의하여 규율될 수 있을 만큼 육지 영토와 충분히 밀접하게 관련되어 있어야 한다"는 요건(③-b)을 적용키 위한 논리적 전제로서 필요한 경우에만 직선기선 길이의 적법성을 개별적으로 검증하는 것이 필요하다고 본다. 그리고 이러한 관점으로 볼 때, 통상적인 지형에서 직선기선의 길이가 24해리를 넘는 것은 일단 연안국의 관할권 주장이 해양법상 기준 위반으로 인한 권리남용의 가능성이 많은 것으로 간주될 수 있을 것이다.

라. 공해차단(公海 遮斷)의 금지

어떠한 국가도 타국의 영해를 공해로부터(또는 배타적경제수역으로부터) 단절하는 효과를 가져오도록 직선기선을 획정하여서는 안된다.(영해협약 제4조 5항, 유엔해양법협약 제7조 6항) 이 조항은 극히 예외적인 경우를 위한 것이다. 즉 에게해의 터어키 연안에서 직선기선을 획정할 경우, 그 터어키 연안을 둘러싸고 있는 아랍영(領) 도서(島嶼)의 영해를 공해로부터 차단하는 결과가 될 수도 있다. 그러나 터어키는 그런 방식으로 직선기선을 획정하지는 아니하였다.43)

---

41) Ibid., p.83.; Roach and Smith, p.64. (24 miles); Robert D. Hodgson and Lewis Alexander, "Towards an Objective Analysis of Special Circumstances: Bays, Rivers, Coastal and Oceanic Archipelagoes and Atolls", Law of the Sea Institute Occasional Paper No.13, (1971), p.8. (45 miles); Peter Beazley, *Maritime Limits and Baselines: A Guide to their Delineation*, The Hydrographic Society Publication No.2(2nd ed. revised August 1978), p.9. (45 miles)
괄호내는 주장된 직선기선의 길이의 한계임
42) U.S. Dept. of State Dispatch Supplement, "Law of the Sea Convention, Letters of Transmittal and Submittal and Commentary", Vol. 6, (February 1995), p.8.
43) *Limits in the Seas*, No.32(1971) 참조
그러나 터어키는 「영해협약」의 가맹국이 아니며, 유엔해양법협약에도 가입하지 않고 있다.

마. 특별한 지역적·경제적 이익의 참작

영해협약과 유엔해양법협약은 모두 영국-노르웨이간 어업분쟁사건에 관한 국제사법재판소의 판결을 답습하여 직선기선 획정에 있어서 연안국의 특별한 지역적·경제적 이익이 장기간의 관행으로서 그 중요성이나 현실성이 증명된 경우에는 이를 참작할 수 있다고 규정하고 있다.(영해협약 제4조 4항, 유엔해양법협약 제7조 5항)

"특정한 직선기선을 결정함에 있어서, 그 지역 특유의 경제적 이익을 고려할 수 있다"는 것은 무슨 의미인가? 그것은 제7조 1항, 3항 및 4항 등에서 규정하고 있는 직선기선 획정의 일반적인 법적 요건을 무시할 수 있다는 의미인가?

이는 "제1항의 요건에 따라 직선기선 방식이 적용될 수 있는 경우에" 특유한 지역적·경제적 이익을 참작하는 것이므로 적어도 제7조 1항의 요건을 위반할 수 없음은 분명하다. ILC는 이에 관하여,

> 특유한 지역적·경제적 이익을 참작한 직선기선의 획선은 우선, 다른 일반적 기준에 의하여 직선기선 방식의 적용이 정당화된 다음에만 정당화 될 수 있다.

라고 해명(釋明)하고 있다.44) 오랜 관행으로 명백히 증명될 수 있는 이러한 지역적·경제적 이익으로 가장 전형적인 예는 영국-노르웨이 어업분쟁사건에서도 그랬던 것처럼 어업에 관한 권리이다.45)

바. 직선기선 공시(公示)의 의무

직선기선 방식을 채택하는 연안국은 해도에 이들 기선을 명기하여 공시하여야 한다.(영해협약 제6조 6항, 유엔해양법협약 제16조)

3. 만(灣)

(1) 1958년 이전(以前)의 관습법

만(灣; a legal bay)은 국제법상 육지와 긴밀한 관련을 갖고 있는 것으로 인정되어 왔으며, 따라서 만은 영해보다는 내수에 포함되는 것으로 생각하는 것이 언제나 온당하다. 따라서 관습국제법상 원칙적으로 만의 입구를 가로질러 직선기선을 확정함으로써 만을 내수로 할 수 있다. 그러나 관습국제법은 두가지 점에서 명확한 기준을 시행하는데 소홀히 하고 있었다. 첫째는 국제법상 만(灣)으로 인정하기 위한 연안선의 굴곡의 정도이며, 둘째로는 만의 입구를 가로지르는 직선기선의 최대거리의 한계이다. 첫

---

44) Report of the International Law Commission covering the work of its eight session (A/3159), article 5 Commentary para.(4), Ⅱ YB ILC 1956, at 253, 268.
45) *Fisheries* case(United Kingdom vs Norway), 1951 *ICJ Reports* 133.

번째 즉, 만의 굴입의 기준에 관한 규범의 결여는 1910년 북대서양 연안어업사건(North Atlantic Coast Fisheries Case)에서 문제가 되었다. 본건에서 상설중재재판소(The Permanent Court of Arbitration)는 결론짓기를 국제법상 만(灣)의 요건을 정하는 일반원칙은 존재하지 않는다고 한 것이다.46)

연안의 굴입부분을 만이라고 하기 위한 요건들은 만의 내륙으로의 굴곡정도와 이에 대한 연안국의 안보와 경제적 이익 등을 고려 요소로 할 수 있을 것이다. 만입구 폐쇄선의 최대

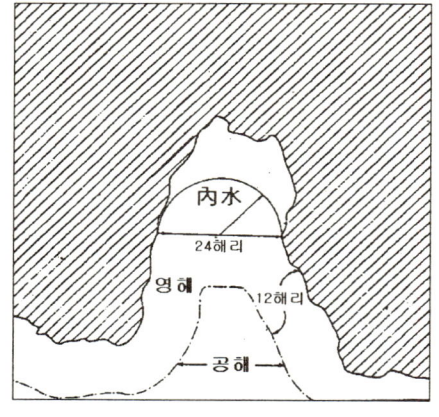

(지도 2-2) 만(灣)에 대한 24해리 원칙

거리에 관해서는 영국-노르웨이 어업분쟁사건에서 영국은 관습국제법상의 한계로 10마일이 적용되고 있다고 주장한 바 있다. 그러나 국제사법재판소는 이 문제에 관한 일관된 국가적 관행이 아직 성립되어 있지 않다는 이유로 영국의 주장을 배척하였다.

(2) 조약법규

영해협약은 제7조에서 위의 두가지 관습법의 미비점을 보완하여 명확하고 세밀한 규정을 하고 있다. 그리고 이는 유엔해양법협약에서도 그대로 답습하고 있다.(제10조) 만의 조건에 관한 이들 조항은 일반적인 직선기선의 방식이 적용되거나 만의 연안국이 2개국 이상일때 그리고 역사적 만의 경우 적용되지 않는다. 만의 요건이 되는 해안선의 굴곡의 정도에 관한 기준으로 영해협약이 규정하는 것은 다음과 같은 기하학적 검정방식이다.

첫째로 만의 굴입부분의 자연적 입구사이에 만입폐쇄선(灣入閉鎖線)을 긋는다.

둘째로 이것을 직경으로 하는 반원을 그린다. 만의 만입폐쇄선 안쪽 수역의 면적이 이 반원의 면적보다 커야만 이것을 만(灣)이라고 한다.

도서의 존재로 인하여 굴입이 둘이상의 입구를 가지는 경우에는 위의 반원은 각 입구를 연결한 선을 합한 길이를 직경으로 한다. 굴입내의 도서는 굴입수역의 일부이다. 반원의 면적보다 적으면 이것은 만이 아니다. 굴입의 정도에 관한 위의 요건이

---

46) North Atlantic Coast Fisheries case(1910) *U.N. Reports of International Arbitral Awards*, Vol.XI, p.167
47) Post Office vs Estuary Radio case(1968)에서 영국고등법원 판결은 만의 자연적 입구를 결정함으로써 만의 성립여부를 판단하였다.

충족된 경우에 그 만입폐쇄선의 길이가 24해리 미만이어야만 그 선을 직선기선으로 사용할 수 있다. 만의 자연입구지점의 저조선간의 거리가 24해리를 초과하는 경우에는 24해리의 길이의 직선기선을 가능한 최대한의 수역을 포함하도록 만내에 그어야 한다.

이 선이 직선기선이 된다.(지도 2-2 참조) 이들 조항은 미비한 관습법에 비하면 확실히 발전된 규정이다. 그러나 이들 규정을 실제로 적용하는 경우에는 많은 어려운 점이 남아있다. 가장 중요한 곤란은 소위 굴입의 자연적인 입구지점을 획정하는 문제이다.[47]

(3) 역사적 만(灣)

영해협약 제7조나 유엔해양법협약 제10조가 적용되지 않는 만으로서 두가지 종류가 있는데 그것은 역사적 만과 만의 연안이 두나라 이상의 해안으로 된 경우이다. 역사적 만에 관하여는 영해협약이나 유엔해양법협약에 아무런 규정이 없다. 1958년 Geneva 해양법회의에서는 유엔 사무총장의 Memo와 일본이 제안한 역사적 만에 관한 조항이 제출된 바 있었다.[48] 그러나 이 회의에서는 역사적 만을 포함한 역사적 수역 전반의 법적 제도에 관한 연구를 유엔이 주선할 것을 요청하는 결의를 채택하는 것으로 그쳤다.[49] 역사적 수역에 관한 유엔 사무국의 연구보고서는 1962년에 발간되었다.[50]

역사적 만에 대한 연안국의 주장이 실효적인 내수의 법적 지위로 확정되기 위한 법적인 요건을 어떤 것으로 보아야 할 것인가? 반드시 관련 인접국들의 적극적인 승인의 의사표시를 요한다고 보아야 할 것인가? 명시적인 승인의 의사표시 이외에 다툼이 없이 인정될 수 있는 묵시적인 승인의 조치가 상당한 시일에 걸쳐서 성립된 경우까지를 포함시킬 수 있다고 보아야 할 것인가? 그렇지 않으면 인접국들이 어떤 연안국의 역사적 만 주장에 대하여 반대의 의사표명이 없는 것으로 충분한가? 미국 등 강대국의 입장은 첫번째의 경우에 해당된다.[51] 그러나 아직 역사적 만에 대한 명확한 국제법적 규범의 내용이 성문의 조약 등으로 확립되어 있다고 말할 수는 없다. 따라서 역사적 수역에 관한 법제는 관습법에 일임되어 있는 형편이다. 1962년 유엔

---

47) Post Office vs Estuary Radio case(1968)에서 영국고등법원 판결은 만의 자연적 입구를 결정함으로써 만의 성립여부를 판단하였다.
48) UNCLOS I, *Official Records*, Vol.III, p.41.
49) Ibid., p.145.
50) U.N. Secretariat, "Juridical Regime of Historic Waters, including Historic Bays", *ILC Yr. Bk.*, (1962) Vol 2, pp.1~26.
51) 1973 Digest of U.S. Practice in International Law 244-45(1974); Juridical Regime of Historic Waters, Including Historic Bays, UN Doc. A/CN.4/143, 9 March 1962, in Y.B. Int'l L.Comm. 1(1964).

사무국의 보고에 의하면 관습국제법상 각 나라는 역사적 근거에 의하여 만으로서의 권원을 주장할 수 있다고 한다. 즉 상당히 오랜 기간 만(灣)으로 주장되어 내수로 간주되고 실효적으로 내수로서의 강력하고 배타적인 연안국의 관할권이 실시되어 왔으며, 이러한 연안국의 주장과 권한의 행사가 타국으로부터 인정되어 온 사실 등이 역사적 근거가 될 수가 있다.

일단 역사적 만으로 인정되면 그 만 입구를 연결하는 선이 직선기선이 된다. 이러한 직선기선의 최대길이의 제한은 없다. 현재 20여개국이 이러한 역사적 만을 주장하고 있다

① 직접 명시적으로 주장된 역사적 만

Hudson Bay (Canada)	Peter the Great Bay (Russia)
Gulf of Fonseca (El Salvador, Honduras, Nicaragua)	Gulf of Tonkin-western portion(Vietnam)
Rio de la Plata (Argentina, Uruguay)	Gulf of Manaar (India, Sri Lanka)
Gulf of Taranio (Italy)	Shark Bay (Australia)
Sea of Azov (Italy)	Spencer Gulf (Australia)
Gulf of Riga (Russia)	St.Vincent Gulf (Australia)
White Sea (Russia)	Cheshskaya (Russia)

② 묵시적으로 주장된다고 보이는 역사적 만

Gulf of Panama(Panama)	Gulf of Pohai(China)	Bight of Bankok(Thailand)
Bay d'Amatique(Guatemala)	Gulf of Sidra(Libya)	Tagus Estuary(Portugal)
Gulf of San Jorge(Arg.)	Gulf of Gabes(Tunisia)	Bay of el Arab(Egypt)
Sado Estuary(Portugal)	Gulf of Martaban(Burma)	Unguana Bay(Kenya)

③ 역사적 수역으로 논의된 적이 있는 만

Gulf of California (Mexico)	Gulf of Paria (Venezuela, Trid .& Tob.)
Gulf of St. Lawrance (Canada)	Gulf of Tadjora (Djibouti)
Shelikov Gulf (Russia)	Gulf of Iskenderun (Turkey)
Gulf of Carpentana (Australia)	Gulf of Cambay (India)
Gulf of Guayaquil (Ecuador)	Gulf of Tokin, eastern part (China)
Gulf of San Matias (Argentina)	Gulf of Anadyr (Russia)

자료:Alexander, *Navigational Restraints* (1989).

Libya가 내수로 주장하는 Sidra만은 Gadhafi가 선언한 북위 32도 30분선(소위 죽음의 선)에서 만구폐쇄선의 길이는 335해리나 된다.(지도 2-3 참조) Libya는 이 만을 역사적 만이라고 주장하고 있다.52) Libya가 1973년 10월 11일 이 선언을 하기까지 이 수역은 공해였으며 이러한 선언에 대하여 미국은 즉시(약 4개월후) 항의하였다.53) 뿐만 아니라 이곳에서 미국은 계속적 힘의 시위로 Libya의 주장에 맞서고 있다.54) 따라서 Sidra만은 결코 역사적 만으로 성립될 수 없다고 생각된다. 이들 모든 예에서 분명한 것은 역사적 만으로 주장되는 것들은 영해협약 제7조나 유엔해양법협약 제10조에서 규정하는 만 보다는 대체로 규모가 큰 굴입의 경우이다. 규모가 작은 굴입의 경우에는 위의 조약법적 요건에 충실함으로써 분쟁을 피하는 것이 더욱 현명한 일이기 때문이다.

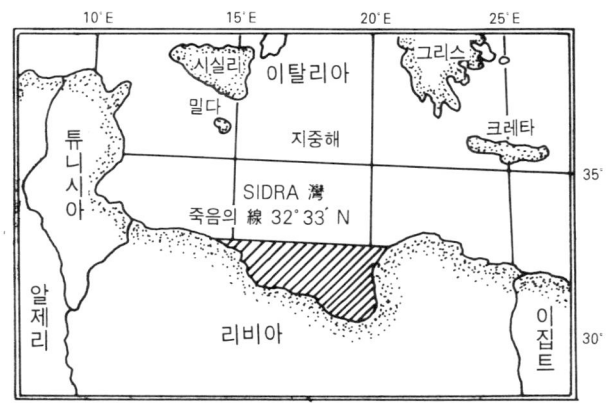

(지도 2-3) SIDRA만에 대한 Libya의 내수주장

---

52) Declaration of the Libyan Arab Jamahiriya regarding the Jurisdiction of the Gulf of Sidra, 11 October 1973.
   ···the Gulf penetrate Libyan territory and forms a part thereof, it constitutes internal waters, beyond which the territorial waters of the Libyan Arab Republic state
   ···Through history and without any dispute, the Libyan Arab Republic has exercised its sovereignty over the Gulf···
53) A.W.Rovine,ed., *Digest of United States Practice in International Law* 1974, (Washington D.C.:Gov. Pri. Off., 1974), pp.293~94.
54) 1981년 Reagan 대통령의 Freedom of Navigation(FON) Program에 의거 미국 제6함대는 이 지역에서 훈련을 계속함으로써 Lybia와 수차례 걸친 무력충돌 사건을 야기시켰다.
   a) Colonel W.Hays Parks, "Crossing the Line", *Proceedings*(U.S. naval Institute, Nov. 1986), pp.40~52
   b) Commander D.R.Neutze, "The Gulf of Sidra Incident: A Legal Perspective", *Proceedings* (U.S. Naval Institute, Jan. 1982), pp.26~31.

(4) 연안국이 2개국 이상인 만

역사적 만 이외에 만의 안쪽 연안이 두 나라 이상의 영토에 속해 있는 경우는 위의 조약법적 요건이 성립되지 않는다. 이러한 다수국 연안의 만은 세계적으로 40개소가 넘는다.[55]

다수국 연안의 만에 관한 관습국제법상의 원칙에 의하면 이들은 일반적인 만(즉, 영해협약 제7조, 유엔해양법협약 제10조에서 규정하는 단일국 연안의 만)이나 역사적 만과 달리 그 만의 입구를 잇는 선으로 직선기선을 삼을 수 없다. 여기서는 만의 해안선의 저조선이 기선이 된다.[56]

4. 하구(河口)

(1) 하구폐쇄선(河口閉鎖線)

영해협약 제13조와 유엔해양법협약 제9조에서는 거의 일치하는 표현으로 다음과 같이 규정한다.

> 하천이 바다로 직접 유입하는 경우에는, 하천의 양안에 있는 하구의 저조선지점을 택하여 하구를 가로질러 연결한 선이 직선기선이 된다.

이때 하구폐쇄선 길이의 한도에 대한 제한은 없다. 하구의 양안이 동일국 영토인 경우에나 두나라 이상의 영토인 경우에나 본 규정은 적용될 수 있다고 보아야 한다. 그러나 미국은 양안(兩岸)이 동일국에 속한 때만 이 규정은 적용될 수 있다고 보고 있다.[57]

(2) 하구지형(河口地形: Estuaries)

위의 조항들은 하천이 직접 바다로 유입할 경우에만 적용된다는 점을 중시해야 한다. 큰 하천들은 대체로 직접 바다로 유입하지 않고 하천지형을 갖는 것이 보통이다.

---

55) 다수국의 沿岸인 灣의 예;
   - Lough Foyle(에이레와 영국)
   - Bay of Figuier(프랑스와 스페인)
   - Passamaquoddy Bay(카나다와 미국)
56) 극히 예외적인 경우이나 다국적 연안의 만이 역사적 권한을 인정받는 경우도 있다. El Salvador, Honduras, Nicaragua의 3국의 연안으로 구성된 Gulf of Fonseca는 1917년 El Salvador vs Nicaragua에서 지금은 없어진 중남미사법재판소의 판결로 역사적 만으로 인정되었다. 따라서 만구 이내 수역의 내수는 위 3국의 공동소유로 하고 각국 해안에서 폭 3해리 부분만을 각국이 전유하는 것으로 정한 바도 있다. 11 *AJIL* 674(1917).
57) Whiteman, op.cit., Vol. IV, pp.343.

이러한 경우에 직선기선은 만에 관한 규정을 적용해야만 한다. 당초 ILC초안에는 이에 관한 조항이 명시되어 있었으나, 하구지형에 관한 정의가 곤란하다는 이유로 이는 제1차 유엔해양법회의에서 채택되지 않았다.

하천이 직접 바다로 유입하는가의 여부를 결정하는 것은 쉬운 일이 아니며 따라서 언제나 영해협약 제13조의 적용이 적절한가를 판정하는 것도 용이한 일이 아니다.

1961년 알젠틴과 우루과이 두 나라의 라프라타강 하구의 기선을 획정함에 있어서 우루과이쪽의 Punta del Este와 알젠틴의 Gabo San Antonio를 연결하는 120해리의 직선기선을 그었던 것이다.58) 이에 대하여 미국과 영국을 비롯한 여러 나라가 항의하였는데 알젠틴과 우루과이는 이 조치가 영해협약 제13조에 의한 것이라고 항변하였다. 그러나 이 경우 라프라타강이 직접 바다로 유입하는 강이 아님은 명백하고, 또 라프라타강의 하구는 간간이 역사적 만으로 주장되어 왔던 점에 미루어59) 여기에 영해협약 제13조를 적용함은 문제가 있다.

(3) 삼각주(三角洲)

강이 삼각주를 거쳐 바다로 유입되는 경우에는 물론 영해협약 제13조를 적용할 수 없다. 이 경우는 저조선을 따른 통상기선이나 기타 직선기선방식을 사용하여야만 할 것이다. 1982년 「유엔해양법협약」에는 직선기선의 일반적 요건을 규정함에 부가하여 삼각주 지역에서 직선기선을 획정함에 관한 기준을 다음과 같이 정하고 있다.(유엔해양법협약 제7조 2항)

> 삼각주가 있거나 그 밖의 자연조건으로 인하여 해안선이 매우 불안정한 곳에서는 바다쪽 바깥 저조선을 따라 적절한 지점을 선택할 수 있으며, 그후 저조선이 후퇴하더라도 직선기선은 이 협약에 따라 연안국에 의하여 수정될 때까지 유효하다.

이 조항은 1958년 「영해협약」에서는 없었던 규정인 바, Bangladesh 등이 강력히 제안하여60) 삽입된 조항이다.

이 조항에 관련해서는 세 가지 주의할 점이 있다.

첫째로, 이 조항은 제7조 1항에 종속된 조항이라는 점이다. 즉 제7조 1항의 지리적 요건—해안선의 굴입 요건과 흩어진 섬들의 존재—이 갖추어진 삼각주에 대해서만 본항(本項)은 적용된다는 것이다.61) 이러한 직선기선의 지리적 조건이 갖추어진 삼각주의 "바다쪽 바깥 저조선을 따라서 적절한 지점을 선택하여" 기선을 설정한다.

---

58) Text of the Argentina-Uruguay Declaration, *Limits in the Seas*, No. 44(1972).
59) Whiteman, op.cit., pp.250~257.
60) Bangladesh(1974, mimeo.) Reproduced in Ⅳ Platzoder 179; (1977, mimeo.), Article 6, Para.2. Reproduced in Ⅳ Platzoder 389.
61) U.N. Office of the Law of the Sea, *The Law of the Sea:Baselines*, (1989). para.48.

특히 삼각주의 입구에서 연안수역의 해저 지점을 기점으로 하는 문제가 1970년대 초에 논의된 바 있으나,[62] 제3차 유엔해양법회의의 최초 비공식 단일교섭초안 (Informal Single Negotiating Text; ISNT)에서 이는 채택되지 못하였다. 제안국인 Bangladesh가 그 이후에 삼각주의 퇴적토에 대해서는 일정한 수중 퇴적토 지점을 "적절한 지점"으로 선택할 수 있도록 해야한다는 견해를 비공식으로 주장한바 있으나[63] 이것도 결국 채택되지 않았다. 그러므로 현재의 국제법상 기준으로 볼 때 유엔해양법 협약 제7조 2항을 적용하는 삼각주에서도 직선기선의 기점은 육지연안의 평균 저조선 위에 설정되어야 하며 삼각주의 불안정한 수중 퇴적토 위에 설정되어서는 안된다.

둘째로는, 이 조항은 "삼각주와 그밖의 자연적 조건"이 있는 경우에만 적용된다. 그리고 세째로는, 이들 삼각주와 그 밖의 자연적 조건이 해안선을 "매우 불안정하게" 하여야 한다.

삼각주의 지형적 조건은 제안국인 Bangladesh의 Ganges/Brahma-putra강(江)의 경우가 가장 전형적인 것으로 생각되고 있다. 이 강의 삼각주는 세계 제일의 규모로서 약 6만㎢나 되며 그 반 이상이 언제나 조수(潮水)에 의하여 물이 차게된다. 또 이 지역은 계절풍(Monsoons)과 태풍이 잦아 삼각주의 지형적 형태는 신속하고 끊임없이 바뀌어, 섬들은 곧 없어졌다가 다시 새로운 섬이 나타나고 수로의 진로는 끊임없이 바뀐다.

유엔해양법협약 제7조 2항에서는 삼각주의 지형의 변화는 결국 그 직선기선의 수정을 요하는 것으로 전제하고 있다. 조문(條文)상으로는, "저조선이 후퇴하더라도"라고 표현하고 있으나 삼각주란 퇴적토에 의하여 더욱 발달하는 것이 통례(通例)이며 후퇴하는 예는 별로 없을 것이다. 어느 경우이건 간에 일단 설정된 직선기선은 삼각주 지형이 변화하더라도 "협약에 따라, 그 연안국이 이를 공식적으로 변경할 때까지" 유효하다. 연안국의 삼각주 직선기선 기점의 변경절차에 관해서 특별히 따로 규정된 것은 없으나 국내법 절차 이후에, 유엔해양법협약 제16조에 규정된 기선의 일반적 공시절차를 완료하면 될 것이다

5. 항만시설(港灣施設)

영해협약 제8조에서는 항만의 불가분의 일부를 구성하는 최외측의 영구적 항만시설(부두나 방파제 등)은 해안의 구성부분으로 간주하며 따라서 기선으로 사용할 수 있는 것으로 규정하고 있다. 유엔해양법협약 제11조는 위의 영해협약 제8조를 그대

---

62) Provision 9 of the Main Trends Working Paper, A/Conf.62/L.8/Rev.1(1974) Annex Ⅱ, Appendix Ⅰ [A/Conf.62/C.2/WR.1]
63) C.2/Informal Meeting/6 and Corr. 1(1978, mimeo.), Article 7, Para.2.

로 답습하고 있으며, 항만시설은 이를 기선으로 사용하려면 연접해 있어야 함을 명백히 하기 위해서 외항시설(外港施設)과 인공도서(人工島嶼)들은 영구적 항만시설로 간주하지 않는다는 조항을 신설하였다.

6. 정박지(碇泊地)

정박지라 함은 항구에 인접한 연안의 해역내 지점으로써, 조함(操艦)상의 이유 등으로 더 이상 항내로 접근치 못하는 선박이 그 적하(積荷), 양하(揚荷)를 위해 투묘(投錨)나 계선(繫船)에 의해서 정박할 수 있는 장소를 말한다. 이러한 정박지는 경우에 따라서 영해의 통상적인 범위 밖의 구역까지 연장되는 경우가 있다. 이러한 때에 이들 정박지는 영해범위에 포함된다.(유엔해양법협약 제12조) 항구(港口)와 이들 정박지를 연결하는 수로는 부표로 표시되어 역시 영해로 편입된다.64) 이들 정박지와 부표(浮漂)로 표시된 수로의 구역은 영해로 되는 경계를 명시하여 공인된 대축척 해도에 공시하여야 한다.65) 유엔해양법협약 제12조는 영해협약 및 ISNT의 규정들을 답습하면서도 RSNT 이후부터 조문 구성을 간결화하였다. 그러나 기존 내용의 변화는 없는 것으로 해석된다.66)

7. 간출지(干出地)

간출지란 수면으로 둘러싸이고 저조(低潮) 시에 수면 위로 나오되, 만조(滿潮) 시에는 수면 하에 있는 자연적으로 형성된 육지라고 정의한다.(영해협약 제11조 1항, 유엔해양법협약 제13조 1항) 초기의 국제법 논문이나 협약에서는 low tide elevation이란 용어 대신에 drying rocks 또는 banks라고 표현한 적도 있다. 영국-노르웨이 어업분쟁사건(Anglo-Norwegian Fisheries case. 1951)의 양 당사국들도 헤이그 국제법전편찬회의의 초안을 상고하고 영해의 범위획정에 있어서 이 drying rocks를 고려해야 한다는 점에 생각이 미쳤을 것이다. 특히 영국측은 그들의 주장속에 이들 간출지가 영해획정에 기준이 되려면, 육지영토의 범위내에 위치해야 한다는 조건을 제시하고 있다. 그러나 국제사법재판소는 그 판결에서 이 문제를 거론하지는 아니하였다. 이 문제는 1954년 ILC의 특별보고서에서 drying rock and shoals란 표현으로 다시

---

64) 1958년 제1차 유엔해양법회의 제1위원회 초안 제9조 참조. 이는 원래 Argentina의 수정안이 채택되어 확정된 것임.
A/CONF.13/C.1/S.168/Add.1, Art. 9
UNCLOS I, *Official Records* Vol. III, p.213.
65) Ibid., 영해협약 제9조, ISNT, Part II, ART. 11.
66) D.P.O'Connell, op.cit., pp.219~220.

제기되었다.67) 이 ILC논의에서는 간출지의 표현이 모호한 점이 지적된 바 있다. 이어 1958년 제네바 제1차 유엔해양법회의에서 미국은 이러한 표현대신 low tide elevation이라는 용어를 제의하였다.68) 미국의 제안 이유 중 용어표현에 관련된 모호성의 지적과 아울러 중요한 점은 이들 용어가 어떠한 기준점을 암시하고 있다는 점을 지적한 점이다. 간출지제도는 일정한 조건의 저조선이 직선으로 사용될 수 있다는 내용을 규범으로 내포하는 것이기 때문에 이러한 암시는 부적절하다는 것이다. 미국의 제안은 반대없이 채택되었다.69) 1958년 이전까지 관습국제법상 간출지가 영해범위를 정하는 제도에서 어떠한 기능을 할 것인지는 아직 명확치 아니하였었다. 그러나 영해협약 제11조에서 비로소 명확한 내용이 확정되었다. 유엔해양법협약 제13조에서도 이를 답습하여 다음과 같이 규정하고 있다.

> 간출지의 전부 또는 일부가 본토(本土) 또는 섬으로부터 영해의 폭을 초과하지 아니하는 거리에서 위치하는 경우에는 그 간출지 위의 저조선을 영해기선으로 사용할 수 있다.
> 간출지의 전부가 본토 또는 섬으로부터 영해의 폭을 초과하는 거리에 위치하는 경우에는 그 간출지는 그 자체의 영해를 갖지 아니한다.

라고 하였다.

즉, 어떤 간출지가 통상적인 해안선과 연결되어 있고 그 전부 또는 일부가 영해의 폭을 초과하지 않는 거리 안에 있을때 그 간출지는 영해의 폭을 초과하는 부분까지 그 저조선이 영해기선이 될 수 있다. 또, 그 영해의 폭 이내의 거리에 독립된 간출지가 있을 때 그 저조선을 기준한 독자의 영해범위를 획정할 수 있으나 그 일부라도 영해의 폭 이내에 접촉하지 않는 독립된 간출지는 영해획정에 있어서 참작할 수 없다는 뜻이다.70) 간출지가 본토로부터 영해의 폭보다 작은 거리에 위치한 또다른 간출지로부터 영해의 폭보다 작은 거리에 위치할지라도 역시 이는 그 자체의 영해를 갖지 못한다. 다시 말해서 간출지에서 간출지로 등넘기식으로 연결될 수 없다는 뜻이다. 영해의 폭이 12해리로 된 지금은 종래 3해리로 되었을 때보다 간출지로 인해서 기선이 바다쪽으로 확장될 가능성이 더욱 커졌다. 그래서 극단적인 경우에는 간출지가 본토로부터 12해리에 위치함으로써 영해의 외측한계가 본토로부터 24해리가 되게 된다. 이때 간출지가 독립된 것일 경우에 본토와 간출지간의 12해리로는 내수로서의 특질을 인정하기 어렵게 되어 있는 경우가 많다.71) 앞에서 설명한 것처럼72)

---

67) *ILC Yr. Bk.*(1954) II. 5(the 3rd Report of Francois, the Special Rapporteur); D.P.O'Connell, *The International Law of the Sea*(Oxford:Clarendon Press, 1983), Vol. I, p.193.
68) UNCLOS I, *Official Records*, Vol. III, p.243.
69) Ibid., p.187.
70) D.P.O'Connell, op.cit., Vol. I, p.194.

간출지는 원칙적으로 직선기선의 기점으로 사용할 수 없다.(영해협약 제4조 3항, 유엔해양법협약 제7조 4항) 그러나, 그 간출지 위에 등대 등 영속적 구조물이 고조선(高潮線) 수면 위에 있을 때와 국제적으로 일반적인 승인이 있을 때에만 간출지도 직선기선의 기점이 될 수 있다. 여기서 일반적인 국제적 승인이란 구체적으로 어떠한 경우를 말하는가는 문제가 될 수 있다. 역사적 수역의 경우와 비교해서 상당히 오랜 기간 직선기선으로 공포되고 이로부터 확정된 내수와 영해에 관한 연안국의 관할권이 실시되어 왔고 이러한 주장과 권한의 행사가 관련 타국으로부터 광범위하게 명시적으로 인정되어온 사실이 정당하게 입증될 수 있는 경우를 말한다고 보아야 할 것이다. 간출지가 영해폭의 거리내에 독립적으로 있을 때 그것은 독자적인 영해를 갖지만, 그것을 직선기선의 기점으로 삼을 수 있겠는가? D.P.O'Connell은 영해협약 제11조와 제4조 3항의 결합적인 해석으로 이를 긍정할 수 있다고 한다.[73] 유엔해양법협약 제7조 4항과 제13조도 영해협약과 똑같이 이점에 관해서 모호한 점은 하나도 개선되어 있지 않다. 논쟁의 여지는 많겠으나 일단 D.P.O'Connell과 같이 해석함이 적합하다고 하겠다.

III. 기선(基線)의 법적성질

1. 유효성(有效性)

연안국(沿岸國)이 어떤 종류의 기선(基線)을 채택할 것인가에 관해서는 선택권이 있지만 직선기선(直線基線), 만(灣), 하구(河口) 및 간출지(刊出地) 등의 기선을 획정하는 경우에 연안국의 행위는 국제법의 당해 규칙에 의거하여 획선된 경우에만 그러한 기선은 유효하다. 영국-노르웨이 어업분쟁사건의 판결에서 자주 인용되는 국제사법재판소의 판결문은 이 점을,

> 바다의 구역을 획정하는 것은 언제나 국제적인 성질을 갖는다. 그러나 그것은 연안국의 국내법에서 흔히 규정하고 있는 것처럼 연안국의 의지에 순전히 달려있지는 않다. 연안국만이 그러한 조치를 할 수 있었기 때문에 일방적 행위로 선포된 것이지만 그 획정조치의 타국에 대한 유효성은 국제법의 정하는 바에 달려 있는 것이다.[74]

---

71) Churchill & Lowe, *The Law of the Sea*(Oxford:Manchester Univ. Press, 1983), p.35.
72) Supra Note 10 and its text.
73) D.P.O'Connell, op,cit., p.211.
74) [1951] ICJ. Rep. 116, p.132.

라고 지적하고 있다. 어떤 연안국의 직선기선이 관습법과 조약법상의 모든 기준에 부합되는가에 관하여 야기된 경계분쟁사건에 있어서 관련국가가 그 연안국의 조치를 인정하느냐, 또는 반대로 그 기선을 반대하느냐 하는 것은 그 연안국의 조치의 유효성을 결정하는데 중요한 요소가 되는 것이다.

2. 공시성(公示性)

영해협약에 의하면 해도(海圖)에 명시하여 공시해야 할 것은 직선기선 뿐이었다.(영해협약 제4조 6항) 유엔해양법협약 제16조에 의하면, 이 공시의무(公示義務)의 대상은 더 늘어나서 하구와 만의 입구폐쇄선도 이에 포함되었고 이들 기선을 명시한 해도나 지리적 좌표목록 1부를 유엔 사무총장에게 기탁하게 되어 있다. 통상기선인 저조선과 간출지가 공시의무의 대상에서 제외된 것은 아마도 이들은 항상 잘 변화될 수 있는 것이기 때문이며, 또 통상적인 저조선은 연안국이 공인된 대축척 해도에서 표시해 놓았을 것이기 때문이다.(영해협약 제3조, 유엔해양법협약 제5조) 영해협약과 비교해서 유엔해양법협약은 각 연안국이 그 기선을 확정함에 있어서 보다 정확성과 신중성을 유지하도록 보장하고 있다고 볼 수 있다. 어업이나 항해에 종사하는 모든 해양인들에게 있어서 어느 연안국의 무슨 해양관할수역—영해냐, 접속수역이냐 아니면 경제수역이냐 하는 구별—에 자신이 위치하고 있는가를 정확히 아는 것은 점점 더 중요하고 또 필요한 일인 것이므로, 유엔해양법협약 제16조의 위와 같은 기능은 대단히 중요하다. 또 더구나 이러한 공시성은 기선에 관한 국제법규를 무시함으로써 야기되어온 각종의 국제적 분규를 미연에 방지 및 감소시키는 역할도 기대할 수 있다.

3. 기선에 관한 국가관행(國家慣行)

기선에 관한 관습국제법이 지금까지 어떻게 변화해 왔는가 하는 것을 개관해 보는 것은 기선에 관한 국제법 규범의 현대적 내용을 파악하는데 중요한 기여를 할 것이다.

우리는 직선기선(直線基線)이나 만(灣) 등을 설명하는 부분에서 이미 1958년 이전의 각국의 관행에 관해서 고찰해 왔다. 이것을 종합해 보면 통상기선인 저조선이나 직선기선에 관한 관습국제법의 내용은 대체로 영해협약에 규정된 내용—이것은 동시에 유엔해양법협약상의 내용과도 동일하다—과 일치한다고 볼 수 있으나 만, 하구, 간출지 등에 있어서의 기선획정에 관한 관습법은 상당히 불확실한 상태에 있었다고 보아야 한다. 1958년 「영해협약」 이후, 각국의 관행은 동 협약의 내용에 따르는 추세를 보였다.[75] 제3차 유엔해양법회의의 논의에 있어서도 기선 문제에 관한 한 큰 논

---

75) 그러나 사실 「영해협약」은 세계 연안국의 약 1/3만이 가입했을 뿐이다.

쟁도 반대도 없었으며 영해협약의 내용에 아주 사소한 수정을 가하여 그대로 유엔해양법협약에 답습(踏襲)되어 있다. 이 협약 규정 중에 어느 부분이 관습국제법으로 성립되어 있는가? 하는 내용을 규명하는 것은 필요하고도 중요한 일이다. 영해협약의 체약국이 아닌 많은 나라들이 그들의 다른 협약 조항 중에 기선에 관한 영해협약의 규정들을 채택함으로써 그 법적 구속력을 인정한 예가 있다.76) 또한 많은 영해협약의 비당사국(非當事國)들이 그들의 국내법에 이 협약의 규정들을 채택하고 있다. 비당사국 중 약 10여개 국가가 영해협약에서 규정하는 각 종류의 기선을 그들의 국내법에 그대로 규정하고 있다.77) 또한 유엔해양법협약의 비체약국(非締約國)들은 그들의 국내법에 저조선 또는 직선기선 등의 개념을 도입하고 있다.

(1) 직선기선(直線基線)

영국-노르웨이 어업분쟁사건의 국제사법재판소 판결이나, 영해협약 및 유엔해양법협약의 규정들은 모두 직선기선의 방식을 예외적인 지리적 조건이 있을 때만 적용할 수 있는 것으로 보았다. 노르웨이와 같이 굴곡이 심하고 다수의 섬으로 둘러싸인 해안을 가진 나라는 전세계적으로 불과 얼마 안된다. 그러나 세계 연안국의 과반수가 직선기선 방식을 채택하고 있다. 직선기선에 관한 관습법과 조약법들은 위에 개관한 것처럼 다소 모호한 규범이다. 그러므로 이러한 모호성으로 인하여 각 연안국이 이 규범에 따라 직선기선을 획정함에는 상당한 재량(裁量)이 남아있게 된다. 그리하여 해양수역에 관한 권위 있는 연구문서인 Limits in the Seas78)에서 분석한 바와 의하면, 직선기선을 채용한 40개 연안국 가운데 25개 국가가 직선기선에 관한 국제법상 규칙을 어떤 식으로든지 위반하고 있었다. 예컨대 멕시코, 마다가스칼 및 태국 등이 그 예이며 가장 극단적인 경우는 버마로서 직선기선의 길이가 222해리가 되는 것도 있고 육지영토로부터 직선기선까지의 거리가 75해리가 되는 지점도 있는 것이다.79) 직선기선 방식을 채용하면 그 관계된 규칙을 엄격히 따르더라도 상당한 부분의 연안해(沿岸海)를 내수(內水)로 포괄하게 된다.

직선기선에 관한 해양법상 법적인 요건이 모호한 점을 이유로 연안국의 관할수역 범위를 확장하는 방편(方便)으로서 이 직선기선 제도를 채용한 국가는 이들 일부의 개발도상국에 그치지 않는다. 1996년 5월과 6월에 각기 직선기선을 획정 공표한 중

---

76) 해양유탁방지협약(1954 International Convention for the Prevention of Pollution of the Sea by Oil: OILPOL)의 1969년 개정협약 제1조에 영해협약상의 기선의 정의를 원용하고 있다. 또한 1964년 European Fisheries Convention 제6조 참조.
77) Ireland, Kuwait, New Zealand, Samoa, Sri-Lanka, Sudan 등.
78) *Limits in the Seas*, No.14(1970), No.15(1970) and No. 31(1971)
79) *Limits in the Seas*, No.14(1970)

국과 일본은 그 국토의 전 해안에 걸쳐서, 해양법상의 법적 요건을 상당히 일탈(逸脫)하는 직선기선을 채택함으로써 확장된 내수구역을 확보하였다. 이들 두 국가는 모두가 지리적으로 한국에 인접한 대향국(對向國)이며 따라서 이 확장된 직선기선의 획선이 앞으로 이들 국가와 한국의 해양관할수역 경계획정에 직접적인 영향을 준다는 점에서 그 해양법상 위법성은 엄격히 분석, 비판되어야 한다. (본절(本節) 후단에서 상론(詳論)함. 한국의 직선기선 (지도 2-4) 참조)

(2) 만(灣)

만에 대해서는 뉴질랜드,[80] 파푸아뉴기니아[81] 그리고 사모아[82] 등이 영해협약 속에 있는 만의 조항을 그들 국내법에 원용하고 있다. 그 국내법에서 만(灣)에 대해서 언급하고 있는 국가는 이외에도 17개국이 있는 바, 그들은 만(灣)의 정의를 규정하고 있지 않거나 만구폐쇄선의 최대한계를 명시하지 않고 있다. 그러나 이것만으로 이들 국가의 관행이 영해협약의 내용에 배치된다고 속단할 수도 없다. 구체적인 경우에 이들 국가가 만의 기선을 어떻게 획정하는가 하는 태도가 중요한 것이다. 만과 관련해서 북한은 특이한 국내 입법을 강행하고 있다. 즉 북한은 1977년 8월 1일자로 200해리 배타적 경제수역과 50해리 군사경계수역을 선포하였는데 비공식적으로 발표된 그 동해측 수역의 기선은 소위 만구폐쇄선이라고 표현하였다는 것이다.[83] 일본을 통해 밝혀진 그들의 군사수역과 경제수역의 범위와 그 수역에 대해 주장된 비정상적인 배타적 권리 등에 대한 언급은 후술하겠고 여기서 그 기선에 관한 것만 보더라도 이는 국제법상 만(灣)의 정의를 어느 모로 보나 위반하고 있다. 즉 만에 대한 24해리 원칙은 명백히 무시되고 있는 바 동해안 간성(杆城)으로부터 두만강 하구(河口) 나주리를 연결한 만구폐쇄선은 전체 길이가 258해리나 되며 육지로부터 그 직선기선까지의 거리가 75해리가 되는 지점도 있다.

(3) 하구(河口)

하구(河口)의 기선에 관해서, 5개국만이 국내법상 그 규정을 두고 있다. 그 중 카메룬[84]만이 영해협약 조항의 내용에 그대로 따르고 있다.

---

[80] New Zealand Territorial Sea & Exclusive Economic Zone Act(1977) Art.2 & 6, UN *Leg.Ser* B/19, p.25.
[81] National Sea Act(1977) Schedule 1, *N.D.*, Vol. VII., p.486.
[82] Samoa Territorial Sea Act(1971) Art.2 & 6, *U.N. Leg. Ser* B/18, p.33.
[83] 조선일보 1977년 9월 13일자(화).
[84] Decree No.71/DF/416.(Aug. 26, 1971) Art. 1, *U.N. Leg. Ser* B/19, p.131.

Ⅲ. 기선(基線)의 법적성질 55

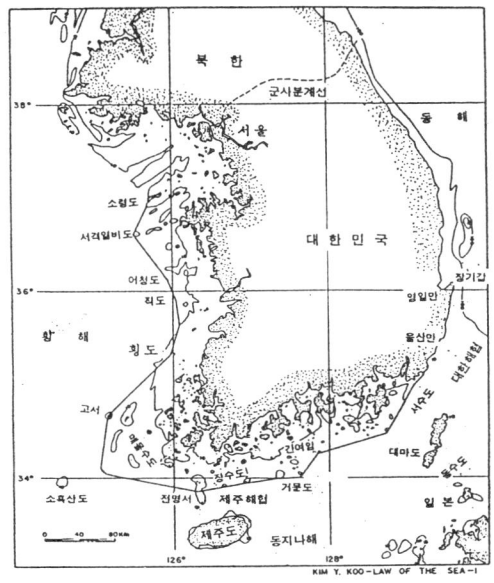

(지도 2-4) 한국의 직선기선

(4) 간출지(干出地)

국내법에서 간출지를 언급한 나라는 14개국인데 그 중 11개국은 영해협약의 내용과 일치하나 이집트,[85] 오만,[86] 사우디아라비아[87] 등 아랍 3개국은 간출지가 어디에 있든지 영해를 갖는 것으로 규정하고 있다.

(5) 산호 암초(珊瑚 暗礁) 및 기타

유엔해양법협약 제6조의 산호 암초(珊瑚 暗礁)에 관한 기선을 국내법으로 규정하고 있는 나라는 키리바티,[88] 나우르,[89] 뉴질랜드,[90] 남예멘[91] 그리고 투바루[92] 등 5

---

85) Royal Decree concerning the Territorial Waters of the Kingdom of Egypt(1951), Art. 2 & 6, *Limits in the Seas*, No.22(1970).
86) Decree of 17 July 1972 concerning the Territorial Sea, Continental Shelf and Exclusive Fishing Zones of the Sultanate of Oman, Art. 2, *U.N. Leg. Ser* B/16, p.23.
87) Royal Decree concerning the Territorial Waters of Kingdom of Saudi Arabia(Royal Decree No.33 of 16 Feb., 1958) Art.1 & 5, *U.N. Leg. Ser* B/15, p.114.
88) Kiribati:Proclamation No.20 of 1978, para.1, *N.D.*, Vol.7, p.110.
89) Nauru:Interpretation Act(1971), *U.N. Leg. Ser.* B/19, p.21.
90) New Zealand:Tokelau Territorial Sea and Exclusive Economic Zone(1977), *N.D.*, Vol. 7, p.468.
91) Act No.45 of 1977 concerning the Territorial Sea, Exclusive Economic Zone, Conti-

56 제2장 내수제도(內水制度)

개국이다. 항만시설의 기선에 관한 국내법상 규정을 가진 나라는 10개국인데 이들 내용은 대체로 영해협약의 내용과 일치하고 있다.

4. 중국의 직선기선 문제

중국은 1996년 5월 15일 그 전체 해안에 대하여 직선기선 방식을 적용하여 기선을 획선, 공표하였다. 이하에서 그 법적 문제를 분석 지적하고자 한다.

한국과 중국이 대향(對向)하고 있는 황해와 동중국해는 하나의 통일된 해면으로서 그 면적은 각기 40만 및 75만 2천㎢ 인 좁은 바다이고, 대향한 연안(沿岸)의 어디에서도 상호의 거리가 400해리에 이르는 곳은 한 군데도 없다. 이는 특히 200해리 경제수역의 범위 획정에 있어서 필연적으로 한국과 중국 간에는 경계획정의 합의가 요구되게 되어 있다는 것을 의미하며 따라서 이는 한국과 중국 간의 관할수역 범위를 기산(起算)할 기준이 될 영해 기선의 문제가 중요시 되게 된 이유이다.

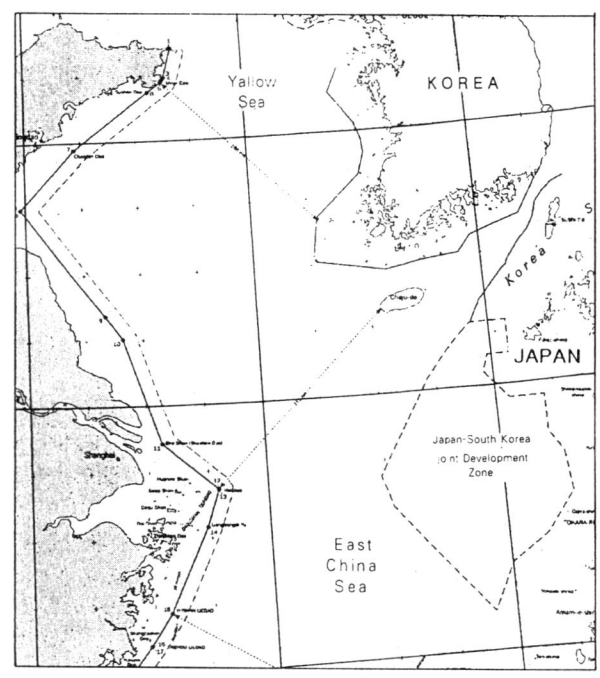

(지도 2-5) 중국의 직선기선

---

nental Shelf and other Marine Areas, Art.5, *U.N. Leg. Ser.* B/19, p.21.
92) Tuvalu:Fisheries Ordance(1978), S.2 and Proclamation of 26 October 1978, para.1, *N.D.*, Vol. 7, pp.185~197.

(1) 해안 전체를 직선기선으로 획선한 점에 관하여

중국은 1992년 「영해(領海) 및 접속수역법(接續水域法)」에서, 1958년 이래(以來) 취하여온 일관된 태도와 똑같이 영해 기선은 직선기선 방식(直線基線方式)으로 확정된다고 하고 이 모든 직선기선을 중국 정부가 공표(公表)한다고 규정하고 있었다.(제15조) 그러나 잘 아는 바와 같이 이들 직선기선은 1958년 이후 1996년 5월까지 공시(公示)되지 않은 상태로 있어 왔다. 또 중국 정부는 이 법에 의하여 관련 규정을 제정한다(제16조)고 규정하고 있으나 그 내용은 아직 알려진 바가 없다. 중국은 일부의 지역을 제외하고는 단조로운 해안선을 갖고 있으므로 그 해안의 모든 지역에서 직선기선을 채택한다는 것은 해양법의 일반 원칙으로 볼 때 맞지 않는 일이다. 따라서 1958년이래 전 해안에 대해서 직선기선을 채택하겠다는 중국의 태도는 많은 논란을 불러일으킨 바가 있다.[93]

다만 거의 40년 동안이나 그 직선기선을 공표하지 않은 채로 지내 온 관계로 이러한 중국의 의도가 확인되지 않고 있었을 뿐이다. 그러나 지난 1996년 5월 15일 발표된 중국의 직선기선 획정으로 이러한 중국의 의도와 입장은 확실히 확인되었다. 즉 중국은 중국대륙의 동해안 전체와 해남도 그리고 서사군도(西沙群島; Paracel Isl.)까지 모두의 기선을 직선기선으로 획정한 것이다. (지도 2-5 참조)

일반적으로 국토 연안의 모든 지역을 직선기선으로 둘러쌓도록 획정하는 것은 군도국가(群島國家)에서나 가능한 일이다.(「협약」 제46조~49조 참조) 대륙국가인 중국이 군도국가가 아닌 것은 너무나 자명한 일이다. 중국이 극히 폐쇄적인 공산국가로서 현대 국제사회의 법규범과 관계없는 터무니없고 일방적인 배타적 해양관할수역의 주장을 고집할 당시(1958년)에 내어놓은 이 같은 위법적인 내용을 아직도 고수한다는 것은 매우 불행한 일이 아닐 수 없다.

현대 해양법상 기선(基線)은 영해뿐만 아니라 배타적경제수역(排他的經濟水域) 및 대륙붕 그리고 접속수역 등 여러 중요한 해양 관할수역 범위 획정에 기준이 되므로 그 규범적 의미는 매우 중요하게 되었다. 따라서 어느 국가이든 이제 기선의 획정은 해양법상의 규범적 기준에 엄격히 따라야 한다.

본래 영해 기선의 개념이 형성된 것은 실제로는 19세기초이므로 국제법상 기선(基線)에 관련된 제도는 비교적 새로운 것이라고 말할 수 있다.[94] 해양관할 수역의 표준적 기선은 해안 지형의 평균 저조선(平均 低潮線; mean low water line)을 택하는 통

---

93) 졸저(拙著), op.cit. p.331. foot note 144, 146 및 그 본문 참조.
94) Satya Nandan, "Introduction," The Law of the Sea: Baselines, An Examination of the Relevant Provisions of the United Nations Convention on the Law of the Sea. (New York, 1989). p.viii.

상기선(通常基線; normal baseline)이다. 실은 일찍이 1839년 영불(英佛)어업협정에서 이미 통상기선의 기준을 평균 저조선으로 합의한 일이 있었지만[95] 그 이후에도 상당 기간 학자들 간에는 영해 폭의 측정에 기준이 되는 선(線)을, 문제된 사건 당시의 조고(潮高)에 따라 결정하자거나 (Wheaton, Ortolan-1845, Attlmyr-1872), 또는 해안의 고조선(high water line)으로 해야 한다(Pradier-Fodere-1884)는 등의 논란이 많았다.[96] 1930년 헤이그 법전편찬회의를 위한 국제연맹의 초안에 영해 획정 기선의 기준으로 평균 저조선(平均 低潮線)이 사용되도록 확정된 것은 대략 1928년경이다. 물론 이때까지 직선기선의 개념은 국제법상 통용되는 기준으로서는 나타나지 않았다.

그 해안선의 대부분이 연안협곡(沿岸峽谷; fjord)과 암반절벽(岩盤絶壁; skjaergaad)으로 둘러싸인 노르웨이가 그 특수한 지형의 연안에 직선기선을 사용하는 것이 공식적으로 승인된 것은 1951년 영국-노르웨이간의 어업분쟁사건에 관한 국제사법재판소 판결에서 비롯되었다. 그러나 이 판결에서 국제사법재판소는 다음과 같이 이 직선기선 방식이 기선획정에 있어서 "예외적인 방식"임을 강조하고 있다.

> 기선 획정 방식의 선택에 있어서 가장 중요한 고려사항은 그 기선에 의하여 둘러싸여질 해역이 내수제도에 적합할 정도로 충분히 육지지역과 밀접한 연관을 갖는가 하는 것이다. 이 점은 해양법상 만(灣)의 요건을 결정하는 데에 중심적인 개념이 되었던 것이며, 노르웨이와 같이 그 해안의 지리학적 형상이 특이한 경우에 원용될 수 있다.

라고 한 것이다.[97]

이 유명한 국제사법재판소 판결은 1958년 Geneva 제1차 유엔 해양법회의에서 타결된 「영해 및 접속수역에 관한 협약」 속의 영해 기선제도에 관한 규정의 초안(제4조) 작성을 위해 유력한 근거로서 전적으로 채택된 바 있다. 1973년부터 개시된 「협약」의 입법을 위한 제3차 유엔해양법회의의 협의에서도 직선기선이 특수한 해안 지형의 조건을 갖춘 경우에 예외적인 기선 획선 방식으로 채택되었다.(제7조) 그리고 각 해안의 지형적 조건에 따라 통상기선, 직선기선 및 만(灣)과 하구(河口) 등에 대한 기선의 획정은 "각 지형적 조건에 적합하도록 각 조에 규정된 방식을 교대로 적용하여" 기선을 결정하는 것으로 규정되고 있다.(제14조)

따라서 해안선의 전 지역에 걸쳐 통일적으로 직선기선을 획선한다는 것은 본래 해양법 규범상 인정될 수 없는 위법한 조치인 것이다.

Jeanette Greenfield 교수는 영국-노르웨이간 어업 분쟁사건에서의 국제사법재판소

---

95) 1839 Anglo-French Fisheries Convention British and Foreign State Papers, vol.27, p.983.
96) D.P.O'Connell, *The International Law of the Sea*, Vol. I (Oxford: Clarendon Press, 1982), pp.171-172.
97) 1951 Anglo-Norwegian Fisheries Case, *ICJ Reports*, (1951), p.33.

판결 취지로 보거나 중국 대륙의 해안선 형상으로 볼 때 중국 연안에 대한 전면적인 직선기선의 채택은 정당화 될 수 있다는 주장을 하고 있다.98) 그러나 이러한 주장은 국제법원 판결의 취지를 부정확하게 이해한 데에 따른 오류에 근거한 입론에 불과하다. 앞서 고찰한 바와 같이 중국의 모든 연안에서 직선기선 방식을 적용하는 것은 해양법의 어떤 기준으로 보아도 용납될 수가 없다.

중국의 동해안은 한국의 남서해안에 비하여 단조로운 편이므로 통상기선(通常基線)을 채택함이 적당하고, 다만 사주(砂洲)와 암초(岩礁)가 산재한 양자강 하구(河口)의 일부지역과 그 남부 해안에서 직선기선을 채택함이 옳을 것이다. 미국 국무성에서 작성한 「북동 아시아의 해양관할 수역도」99)를 보면 중국 연안에서 통상기선과 직선기선을 혼용하고 있다. 이것이 당연한 태도라고 생각한다.

(2) 중국 직선기선의 통계학적 분석

중국은 산동반도 끝단에서 해남도에 이르는 그 모든 해안선의 기선을 직선기선으로 획선하였는데 이는 48개의 기선으로 구성되며 직선기선 길이의 총화는 1,734.1 해리가 된다. 직선기선의 길이는 0.1해리(기점 45-46; 해남도 서남단)로부터 121.7해리에 이르기까지 다양하다.

〈중국의 직선기선〉

기선구간	길이	기선구간	길이	기선구간	길이	기선구간	길이	기선구간	길이
1-2	0.3	10-11	100.2	20-21	50.3	30-31	25.4	40-41	26.0
2-3	26.7	11-12	62.5	21-22	36.9	31-32	107.8	41-42	11.0
3-4	3.0	12-13	0.6	22-23	83.6	32-33	6.4	42-43	18.5
4-5	1.9	13-14	35.2	23-24	48.3	33-34	83.7	43-44	0.3
5-6	15.2	14-15	84.2	24-25	30.8	34-35	0.6	44-45	0.8
6-7	84.1	15-16	34.9	25-26	1.1	35-36	23.7	45-46	0.1
7-8	71.8	16-17	0.5	26-27	43.8	36-37	6.0	46-47	19.6
8-9	121.7	17-18	69.3	27-28	84.6	37-38	23.2	47-48	21.0
9-10	25.6	18-19	73.2	28-29	71.3	38-39	0.3	48-49	9.8
		19-20	14.3	29-30	66.8	39-40	7.2		

---

98) Jeanette Greenfield, op. cit., pp. 68-69.
99) U.S. Department of State, [Potential Maritime Zones of North East Asia] December, 1977.

A 최근 미국의 입장은 직선기선의 길이의 한계가 24해리로 되어야 한다고 주장한다.[100] 해양법 협약 7조 1항, 2항 및 8조 2항에서 규정되고 있는 것들을 그 근거로 제시하는 설명이 있으나[101] 만(灣)의 자연적 입구에 기선으로 획정될 수 있는 만구폐쇄선(灣口閉鎖線)의 길이를 24해리로 제한하고 있는 협약 규정 제10조 4항을 유력한 근거로 했어야 할 것이다. 이러한 입장에서 미 국무성의 Dr. Robert Smith는 중국의 직선기선의 길이별 분포를 대체로 다음과 같이 분류해서 개관해 보고 있다. 즉 미국적 기준에 의거하는 한 중국의 직선기선은 그 전체의 52%가 해양법상의 기준을 일탈한 위법적인 것이 되는 셈이다.[102]

직선기선의 길이(해리)	빈도수(전체적 분포)
24해리 미만	23(48%)
24.1~48해리	9(19%)
48.1~100	13(27%)
100해리 이상	3(6%)

B 한편, 해양경계문제 전문가인 미국의 Daniel Dzurek은 중국의 직선기선에 대하여 통계학적인 기법을 적용한 개괄적 분석을 시도하고 있다.[103]

직선기선이란, 다소 복잡한 자연적 조건을 반영해야 하는 해양관할권이라는 사회적 제도를 일반화, 단순화시킨 편의적 수단이며 따라서 각 직선기선의 형태와 분포는 해안선의 대체적인 구조, 방향 및 길이의 형태를 충실히 반영하는 것이라야 한다. 유엔해양법협약 제7조에 의거하여 획선되는 일반적인 직선기선은 해안이 깊게 굴곡되거나, 해안 가까이 많은 섬들이 흩어져 있는 지형에 대하여 획선되므로 다수의 짧

---

100) *U.S. Department of State Dispatch Supplement*, Law of the Sea Convention, Letters of Transmittal and Submittal and Commentary. Vol.6, February 1995,p.8.
101) 基線의 길이의 제한이 24해리가 되어야 한다는 것은 해양법 협약의 관련 조항의 해석으로 분명해 진다. 즉, 제7조 1항에서 "해안을 따라 아주 가까이에서(in its immediate vicinity)" 적절한 지점을 연결, 직선기선을 획정토록 규정하고 있는 점과 제7조 3항에서 "기선 내측 수역은 내수제도에 의하여 규율될 수 있을 만큼 육지와 밀접하게 연관되어야 한다."라고 규정하고 있다. 즉 이들 조항에서 분명히 지적되고 있는 바는 내수화된 수역은 영해보다도 더 배타적으로 연안국에 귀속되는 것이므로, 저조선에서 12해리보다 以遠에 있는 본래 국제수역이던 구역이 직선기선으로 획선된다고 해서 육지와 밀접하게 연관될 수 있는 것은 아니다. 협약 제8조 2항에서 "직선기선으로 종래 내수가 아니었던 수역이 내수에 포함되는 경우에 무해통항권이 그 수역에서는 계속 인정된다."고 한점도 그 근거로 볼 수 있다.
Roach and Smith, op.cit.,pp.64-65.
102) *Limits in the Sea* No.117.
103) Daniel J.Dzurek, "The People's Republic of China Straight Baseline Claim," *Boundary and Security Bulletin* Vol.4, No. 2 Summer 1996, IBRU. p. 77-87.

거나 중간 크기의 직선기선들과 비교적 적은 수의 긴 직선기선으로 구성되게된다. Dzurek는, 길이를 기준으로한 어떤 국가별 또는 지역별 직선기선의 분포 형태가 통계학상의 Poisson 확률분포104)를 이룬다고 가정하였다. 그는 직선기선 분포를 비교하는 histogram과 Poisson 분포 곡선을 분석해보면 그 국가나 지역에서의 직선기선 획선이 자연스러운 형태인가 아닌가를 판별할 수 있다고 보았다.105)

이들 중국의 직선기선들이 자연적 조건을 제대로 반영하는가의 여부를 비교 검증하기 위하여 우선 Sweden, Chile, 한국 및 중국의 직선기선 분포형태를 비교해 보기로 한다.

〈한국의 직선기선〉

기선 구간	길이(해리)	길이(km)	기선 구간	길이(해리)	길이(km)
1-2	6	11.1	13-14	59.6	110.3
3-4	3	5.6	14-15	5.6	10.4
5-6	10	18.5	15-16	33.6	62.2
6-7	33.3	61.6	16-17	3.6	6.7
7-8	44.3	82	17-18	54.3	100.5
8-9	20	37	18-19	21.3	39.4
9-10	15	27.8	19-20	15	27.8
10-11	19.3	35.7	20-21	14.6	27
11-12	15	27.8	21-22	37.6	69.6
12-13	17	31.5	22-23	24.6	45.5

---

104) Simeon Poisson은 18세기의 프랑스 물리학자이며 수학자이다.
그는 어느 특정 기간 또는 특정 장소에서 발생되는 사건의 확률분포 형태를 잘 묘사하는 확률변수의 공식을 고안하였는데 이를 Poisson 확률변수라고 한다. 이 Poisson 확률 모형은 다음과 같은 조건을 전제로 한다.
1. 이 확률 분석은 주어진 단위(시간, 거리 등)내에서 특정 사건이 발생하는 횟수를 세는 것으로 구성된다.
2. 어느 한 단위 안에서 발생하는 사건의 수는 다른 단위에서 발생하는 사건의 수와는 독립적이다.
3. 관심의 대상이 되는 분야에서 일정 시간 내에 발생하는 사건수의 확률분포는 다른 시간대에서 발생하는 사건수의 확률분포와 같다.
위의 전제적 조건으로 볼 때 자연적 형태의 지리적 해안선을 기준으로 획정되는 직선기선의 길이가 Poisson 확률분포를 이룬다고 가정한 Dzurek의 입론은 일단 수긍할 수 있다.
安相烱·李明湖 共著,「現代統計學」(서울:학현사,1995),p.147-148.
105) King, L.J. *Statistical Analysis in Geography*, Eaglewood Cliffs, NJ: Prentice‐Hall, pp.40-45.

〈구간별 빈도수〉

기선의 길이	10	20	30	40	50	60	70	80	90	100	110	120	130	140	150	160	170	180	190	200	210	220	230
Sweden	27	22	24	15	5	2	0	0	0	0	0	0	0	0	0	0	0	0	0	0	0	0	0
Chile	12	14	6	10	8	2	3	3	4	0	2	2	1	0	0	0	0	0	0	0	0	0	0
China	12	4	3	3	5	1	3	0	1	2	0	1	2	3	0	5	0	0	1	0	1	0	1
Korea	2	3	4	4	1	0	3	0	1	0	1	1	0	0	0	0	0	0	0	0	0	0	0

위의 도표에서, Sweden의 Gotland를 제외한 전 해안에 획정된 직선기선 수는 95개이며 기선의 총연장은 1,844km이다. Chile는 67개이며 총 2,478km, 중국은 Paracel군도 주변의 기선을 제외하고 중국 본토 주변에 획선된 직선기선의 총수는 48개이고 총 3,230km이며, 한국은 20개, 총 838km 이다.

직선기선 분포의 Histogram

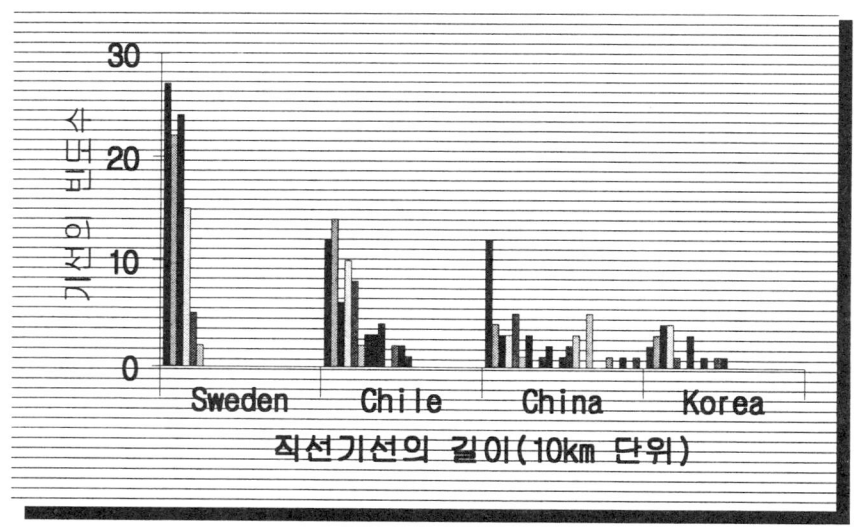

Sweden과 Chile의 Histogram 형태를 보면 많은 짧은 직선기선과 점점 적은 수의 중간크기 및 긴 길이의 직선기선으로 분포되고 있음을 알 수 있다. 기선 길이의 분포 범위를 보면 Sweden은 60km를 넘지 않고 있고, Chile는 130km, 한국은 120km를 넘지 않고 있는 데 비하여 중국은 230km의 범위에 이르고 있다. 중국은 48개(다른 두 나라 보다 훨씬 적은 수)의 직선기선의 총 길이의 연장이 3,000km가 넘고 있다. 중국 직선기선의 평균치(67.3km)는 중간값(47.4km)보다도 훨씬 크다.

위 네 나라의 직선기선 평균치(mean length), 중간값(medial value) 및 표준편차(standard deviation)는 다음 표와 같다.

국 가	기선 평균치	중간 값	표준편차
Korea	41.9km	33.6km	29.45km
Sweden	19.4km	19.2km	12.7km
Chile	37.0km	32.9km	30.5km
China	67.3km	47.4km	63.9km

위 표에서 직선기선 길이의 평균치가 그 중간값보다 클수록, 그리고 표준편차의 값이 클 수록 기선의 분포형태가 불규칙하다고 해석될 수 있겠는 바, 중국의 경우에 그 차이와 표준편차가 가장 크다.

이것은 중국 직선기선의 형태가 일반적인 다른 경우와 비교해서 매우 특이한 분포를 보이고 있다는 것을 의미하며 동시에 해안의 자연적 형태를 충분히 반영하지 못한 기형적인 것임을 증명하고 있는 것이다.

(3) 각국의 반응

중국의 직선기선 선포에 대하여 월남과 필리핀, 대만 등이 해양법상의 적법성 결여를 지적하였고[106] 일본은 우려를 나타내었다.[107] 한국이 공시적(公示的)으로 중국의 직선기선 선포내용의 적법성을 다툰 기록은 없다.

5. 중국이 획정한 각 직선기선의 구체적인 적법성 검토

구체적으로 이들 각 직선기선들은 해양법상의 규범적인 기준에 비추어 적법한가 하는 것을 한국과 지형적으로 대향(對向)하고 있는 부분이라고 할 수 있는 「기점-1」에서 「기점-15」까지 검토해 보기로 한다. 중국이 획정한 직선기선의 「기점-1」에서 「기점-15」까지의 해안은 비교적 단순한 지형으로 구성되어 있고 연안의 도서(島嶼)도 많지 않다. 그러므로 특히 이 지역에서 통상기선이 아닌 직선기선을 획정함이 해양법 규범에 적합한 것인가? 그리고 각 구체적인 기선들이 얼마만큼 해양법상의 기준과 요건에 적합한가를 검토해 보기로 한다.

---

106) Reuter, Hanoi,17 May 1996. "Vietnam sounds off over Chinese Territorial Claims." Reuter, Manila, 17 May 1996. Philippinesslams China's Maritime expansion."
107) "Tokyo to talk with PRC over 200-mile Economic Zone," Kyodo, Tokyo broadcast in English, 16 May, 1996.

(1) 기점-1로부터 기점-5까지 중국 직선기선의 개별적 검토.[108)]

[기점-1] Shandong gaogiao(1) 37° 24.0′ N, 122° 42.3′ E

산동고각(山童高角)-1: 이 기점의 위치는 산동반도 끝단 성산각(成山角: shengshan Jiao) 근처에 있는 높이가 6.7m인 암초(Heidaozi Jiao) 의 동쪽 끝단에 지정된 것 같으나 실제의 기점은 이 암초의 평균 저조선 동단(東端)으로부터 약간 바다 쪽으로 나온 수심 25m의 해면 위에 있다.

[기점-2] Shandong gaogiao(2) 37° 23.7′ N, 122° 42.3′ E

산동고각(山童高角)-2: 이 기점의 위치는 산동반도 끝단 성산각(成山角)에 지정된 것 같으나 실제의 기점은 성산각의 평균 저조선에서 약간 바다 쪽으로 나와 발달된 뻘지대 위에 있다.

[기점-3] Moyedao(1) 36° 57.8′ N, 122° 34.2′ E

모야도(謨倻島)-1: 이 기점의 명칭은 "모야도-1"로 표기하고 있으나 실제로는 갑자산(甲子山: Jiazi shan: 해발 262m) 전면에 있는 3개의 작은 암초를 기준으로 책정된 것 같다. 그리고 실제의 기점은 이 암초 부근의 수심 3m 정도 되는 뻘 지점에 위치한다.

[기점-4] Moyedao(2) 36° 55.1′ N, 122° 32.7′ E

모야도(謨倻島)-2: 이 기점의 명칭은 "모야도-2"로 표기하고 있으나 실제로는 이 모야도(謨倻島) 동북단 저조선에서 바다 쪽으로 2000yds 수심 3m 정도되는 해면위 지점이다.

---

108) 大韓民國 水路局, 「中國 沿岸 水路誌」, 書誌 제201호 (1989. 12월), pp.73-83. pp127-140. 와 다음의 지도를 참조함.
  * 『亞細亞, 장기(張崎)에서 하문(廈門)』 대한민국 수로국 지도-850, (1978년 12월 발행), 1995년 개보 고시 제33호.
  * 『亞細亞, 上海港 附近』 大韓民國 水路局 지도-811, (1990년 12월 발행), 1996년 개보 고시 제1호.
  * 『China-Yellow Sea: Qingdao to Chengshanjiao』 U.K. Hydrographic Office, (25th June 1982) small correction 1994-3956, 1996-2854.
  * 『China-East Coast: Ningbo Gang to ChangJiang Kou』, U.K. Hydrographic Office, (16th November 1984) small corrections 1996-1214, 3010.
  * 『China-Huang Hai: Sheyanghe Kou to Qingdao Gang』, U.K. Hydrographic Office, (30th July 1982) small corrections 1996-273, 1526.

[기점-5] Moyedao(3) 36° 53.7′ N, 122° 31.1′ E

모야도(謨倻島)-3: 이 기점의 명칭은 "모야도-3"으로 표기하고 있으나 실제로는 이 모야도(謨倻島) 동남단(동남고각: Dongnan Gaojiao) 저조선에서 바다 쪽으로 1500yds 지점, 수심 17m 되는 해면위에 위치한다.

이상 5개의 기점으로 획정된 4개의 직선기선들의 특성은 다음과 같이 정리할 수 있다. (지도2-6 참조)

직선기선	구간	길이(해리)	해안선과의 각도
1	[기점1-2]	0.3	17°
2	[기점2-3]	26.7	3°
3	[기점3-4]	3	6.5°
4	[기점4-5]	1.9	4°

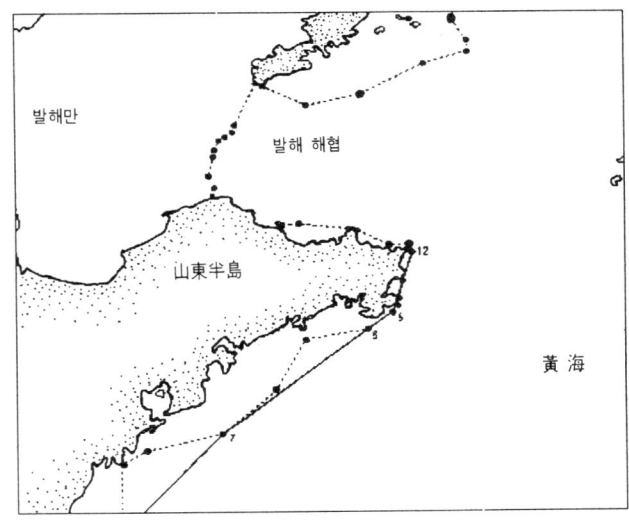

(지도 2-6) 산동반도

(i) 이들 5개의 기점은 모두 평균저조선에서 바다 쪽으로 치우쳐 수심 3m 내지 25m 되는 해면 위에 위치해 있어 직선기선의 기점이 되는 "적절한 지점"(appropriate points)은 육지 연안 또는 외곽 도서의 평균 저조선 위에 지정되어야 한다. (「협약」 제7조 1항, 2항) 는 원칙(①-a)에 위배되고 있다.

(ii) 이들 4개의 직선기선이 획정되고 있는, 성산각(成山角: Chengshan Jiao)에서 모야도(謨倻島: Moyedao)에 이르는 해안은 "깊게 골곡되고 잘려 들어간 해안"인가?

여기에는 두 개의 현저한 굴입(Rongcheng Wan, Sanggou Wan)과 한 개의 완만한 굴입 (Ningjinsuo)이 존재한다. 이 두 개의 굴입은 만구(灣口)가 각기 11해리 및 9.5해리이며 굴입된 해면의 면적이 거의 이 만구를 직경으로 하는 반원의 면적과 같으므로 (「협약」제10조) 이들 만구를 연결하는 직선기선을 그을 수 있다고 생각된다. 그러나 이들이 현재와 같은 직선기선-2, 및 직선기선-3과 같은 직선기선을 획정함을 정당화시키는 "해안 굴입의 존재"라는 요건(②-a)을 성립시키지 않는다.

(iii) 이들 4개의 직선기선이 획정되고 있는, 성산각(成山角: Chengshan Jiao)에서 모야도(謨倻島: Moye dao)에 이르는 해안에는 "해안을 따라(along the coast), 아주 가까이(in its immediate vicinity), 흩어져 있는 섬(a fringe of islands)"들이 있는가?

그 해안을 따라 존재하는 섬으로는 외차도(外遮島:Waizhe Dao)와 모야도(謨倻島: Moye Dao) 2개가 있을 뿐이다. 그러므로 직선기선 방식의 적용을 합리화해 줄만큼 "가까이 흩어져 있는 섬의 존재"라는 요건(②-b)은 성립되어 있지 않다.

(iv) 획정된 직선기선은 해안의 일반적 방향에서 현저하게 벗어날 수 없다는 요건 (③-a)에 관련하여 검토해 보면 앞에 각 기선의 특징을 정리한 표에서 그 각 기선의 해안과의 각도를 측정해 놓았지만, 이 요건은 기본적으로 그 앞의 두 개의 지리적 요건 (②-a와 ②-b)이 충족된 이후에만 검토될 수 있는 것이므로 사실상 의미가 없다.

결국, 이들 4개의 직선기선이 획정되고 있는, 성산각(成山角: Chengshan Jiao)에서 모야도(謨倻島: Moyedao)에 이르는 해안에서는 직선기선 방식으로 기선을 획정할 수 없다. 다만 Rongcheng Wan과 Sanggou Wan 에 「협약」제10조에 따라 그 만구(灣口)에 직선기선을 그을 수 있을 뿐이다. 즉 나머지 부분의 해안에 대하여는 그 각 연안의 평균 저조선을 기선으로 하여야 할 것이다.

(2) 기점-6에서 기점-11까지 중국 직선기선의 개별적 검토

[기점-6] Shushandao 36° 44.8′ N, 122° 15.8′ E

소산도(蘇山島): 이 섬은 산동반도 남쪽 끝단에 있는 작은 섬으로서 해안에서의 거리는 5.1해리, 높이는 해발 105m이고 이 섬위에는 등대가 있다. 이 섬 주변에는 작은 암초가 2개 있으며 간출지(干出地: low tide elevation)도 2개가 있다.

[기점-7] Chaoliandao 35° 53.6′ N, 120° 53.1′ E

조련도(朝連島): 이 섬은 청도(靑島: Quingdao)항(港) 입출항의 지표가 되는 섬이다. 해안에서의 거리는 16.4해리, 높이는 해발 53m이고, 이 섬위에는 등대와 siren이 있다.

[기점-8] Dashandao 35° 00.2′ N, 119° 54.2′ E

달산도(達山島) 또는 달념산도(達念山島:Danianshandao): 이 섬은 산동반도가 끝나고, 중국 동해안의 완만한 철부(凸部:convexity)가 시작되는 Haizhou Wan의 굴입 중심부 최외측에 있는 섬이다. 해안에서의 거리는 26.8해리, 높이는 해발 46m이다. 평탄하고 고립된 섬으로 중앙부가 낮다. 실제로 기점-8이 해도에 표기되고 있는 위치는 이 섬 육지 부분의 저조선을 벗어나 수심 5m 정도의 주변 암초에 기점되고 있다.

이 섬에는 등대가 없으며 주변에 평도(平島), 차우산도(車牛山島:Cheniushan dao) 등이 있다. 그리고 더 내측으로 해안에 가까이 동서련도(東西連島:Dangxiliandao)가 있다.

[기점-9] Macaiheng 33° 21.8′ N, 121° 20.8′ E

마채행(麻菜行): 이 직선기선의 기점은 수심 3m 의 해저사주(海底砂洲: submerged sand bank)위에 위치하며, 해안에서 21.2해리 떨어져 있다. 주변에는 현저한 도서나 암초가 없다.

[기점-10] Waikejiao 33° 00.9′ N, 121° 38.4′ E

외개각(外磕脚): 이 직선기선의 기점은 수심 3m의 간출지(low tide elevation)위에 위치한다. 해안에서의 거리는 23해리, 간출지 위에 등대나 영구적 구조물은 없다.

[기점-11] Sheshandao 31° 25.3′ N, 122° 14.6′ E[109]

서산도(徐山島): 이 섬은 북방에서 양자강 입구 (Changjiang kou) 로 진입하는 표식이 될 위치에 있다. 정상은 평탄하고 전체적으로는 dome 형으로 생긴 고립된 섬이다. 이 섬 위에는 등대가 있다. 해안에서의 거리는 19.2해리이다.

이상 6개의 기점으로 획정된 6개의 직선기선들의 특성은 다음과 같이 정리할 수 있다. (지도 2-7 참조)

---

109) 미국무성의 *Limits in the Sea*, No.117, Straight Baseline Claim: China (July 9, 1996)에서 Shesshandao로 표기되어 있으나 Sheshan dao의 오기(誤記)이다.

68 제2장 내수제도(內水制度)

직선 기선	구 간	길이(해리)	해안선과의 각도	해안선에서의 거리 (해리)
5	[기점 5-6]	15.2	9.5°	6.2
6	[기점 6-7]	84.1	11°	28.7
7	[기점 7-8]	71.8	2°	25
8	[기점 8-9]	121.7	20.5°	18.6
9	[기점9-10]	25.6	21°	20.5
10	[기점10-11]	100.2	20°	19

(ⅰ) 직선기선의 기점은 평균저조선 위에 있어야 한다는 요건의 검토

위 6개의 기점 중에서 기점-8은 육지부분의 저조선을 벗어나 지정됨으로서, 앞서 기

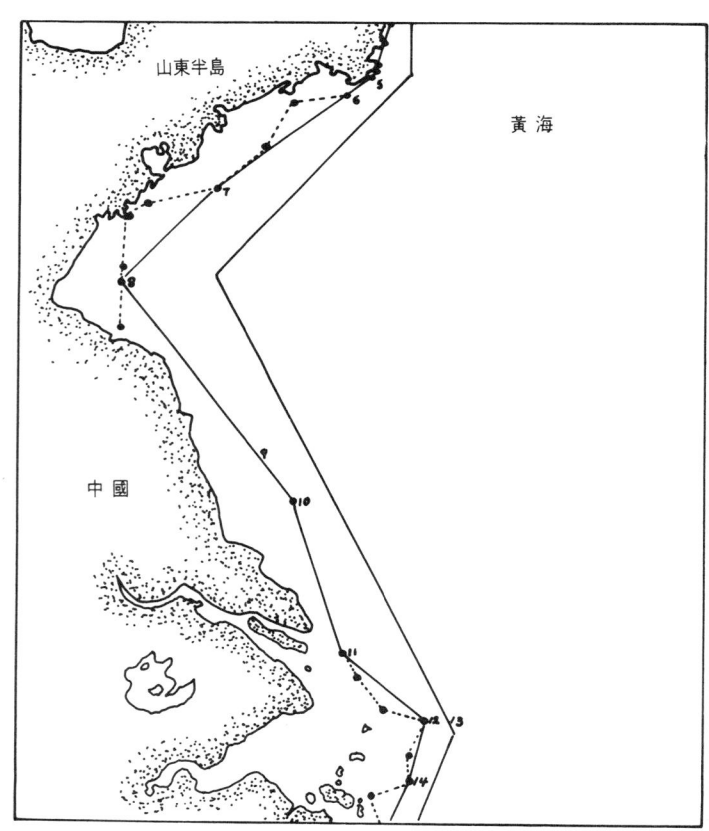

(지도 2-7) 중국 동해안

점-1, 2, 3, 4, 5에서처럼 직선기선의 기점이 되는 "적절한 지점"(appropriate points)은 육지 연안 또는 외곽 도서의 평균 저조선 위에 지정되어야 한다. (「협약」제7조 1항, 2항) 는 원칙(①-a)에 위배되고 있다.

더욱이 기점-9와 기점-10은 당초부터 각기 해저사주(海底砂洲)와 간출지(干出地)이므로 직선기선의 기점이 될 수 없는 것은 물론이고 통상기선 조차도 이를 기준으로는 책정할 수 없다. 그러므로 이들은 직선기선의 기점이 저조선 위에 지정되어야 한다는 해양법상의 원칙에 위배된다.

간출지(干出地)에 관해서는, 그 위에 등대 기타 이와 유사한 영구적 구조물이 축조되어 있거나 기선의 설정이 일반적으로 국제적인 승인을 받았다고 인정될 수 있는 경우에 그 위에 직선기선의 기점을 설정할 수 있다.(「협약」제7조 4항) 앞에서 자세히 검토한 것처럼 기점-9와 기점-10에는 등대나 영속적 구조물도 없다.

그러면 중국은 이들 기점이 국제적인 승인을 받았다고 생각하고 있는가? 중국이 공식적으로 직선기선의 기점을 국제적으로 공시한 것은 이번 (1996년 5월 15일)이 처음이므로 중국의 기점이 인접국이나 국제 사회에서 검증을 받고 또 묵시적으로 인정받을 만한 시간적인 조건이 우선 성립되어 있지 않다. 즉 기점-9와 기점-10의 설정은 "직선기선의 기점은 간출지 위에 설정할 수 없다."는 해양법상의 원칙(①-b)에 위배되고, 따라서 법적으로 용인될 수 없다.

생각컨대 중국의 기선설정에 관한 이처럼 방만한 태도는 1950년대에 일본과의 어업협정에서 중국측이 일본에 강요한 이른 바 "모택동 Line"에서 유래하는 것 같다.

앞의 (지도 2-7)에서는 이번에 공시된 중국의 직선기선과 "모택동 Line"을 비교하여 표시하고 있다. 본래 이 선은 그 이름(華東 機船 底引網 漁業 禁止線)이 의미하는 것처럼 타국 어선이 중국 수역에서 기선저인망어업을 할 수 없도록 금지하기 위한 잠정적 조치선에 불과하다. 그리고 이러한 중국의 조치는 일본-중국간의 어업 협약에 의거하여 일본만이 공식적으로 받아들인 일이 있고 한국과는 아무런 관련이 없다. 1975년 1월이래 1992년 6월까지 기간에 한국 정부가 황해지역에서 적용한 「한국어선 출어 자주규제 구역선(韓國漁船 出漁 自主規制 區域線)」과 관련하여, "일·중공 어업협정선"이 그 작도상의 참조가 되고 있었던 점은 부인할 수 없겠으나 이는 어디까지나 한국 정부의 일방적인 국내적 조치이므로 국제법상의 의미를 부여할 수 없을 것이다.

앞서 지적한 것처럼 중국이 이번에 설정해서 공시한 직선기선은 이러한 "모택동 Line"에 비하면 상당히 국제법적 규범의 테두리 안으로 접근해 있는 것은 틀림이 없다. 그러나 육지연안의 평균저조선을 무시한 기점의 설정과 또 해저사주(海底砂洲: submerged sand bank)나 간출지(干出地: low tide elevation)위에 직선기선의 기점을 설정한 태도는 폐쇄적인 사회주의 국가로서 국제법적 규범과 상관없이 독선적인 조치를 강행하던 구태(舊態)에서 아직도 완전히 벗어나지 못하고 있는 모습이므로 인접국이며 또 이해 당사국인 한국은 국제법에 근거한 관련된 권리 확보를 위해 필요한 조치를 과감히 실천하고, 모든 외교적 역량을 동원하여 중국의 이러한 불법적인 조치에 슬기롭게 대처해 나아가야 할 것이다.

(ⅱ) 해안(海岸)의 굴입(屈入) 요건과 연안도서(沿岸島嶼)

이들 6개의 직선기선이 설정되고 있는, 모야도(謨倻島: Moyedao)에서 양자강 입구 서산도(徐山島: Shesshandao) 등대가 있는 구간의 중국 동해안은, 직선기선을 획정할 만큼 ㉮"깊게 골곡되고 잘려들어간 해안"인가? 또 ㉯ 이 해안에는 "해안을 따라(along the coast), 아주 가까이(in its immediate vicinity), 흩어져 있는 섬(a fringe of islands)"들이 있는가?

[직선기선-5, 6]에 상응하는 해안에서는 1개의 항만, 1개의 만(灣)과 약간의 변화있는 굴곡을 보이는 해안 지형을 발견하게 된다. 법적 만의 요건이 구성되는 굴입지역에 대해 직선기선으로 만구(灣口)를 획선할 수 있을 것이다. 이 지역에게 도서(島嶼)는 연안에 근접하여 간헐적으로 분포되어 있다.

[직선기선-7]에 상응하는 해안을 보면, 상당히 잘 발달된 청도항의 Jiaozhou Wan이 유일한 굴입지형이며 이 이외에는 Haizhou Wan 의 굴입부에 이르기까지 비교적 단조로운 해안지형이 형성되어 있음을 확인할 수 있다. 이 지역의 도서(島嶼)는 청도항(靑島港) 남쪽에 위치한 죽차도(竹搓島:Zhuchadao)와 약간 더 남서쪽에 있는 영산도(靈山島 :Lingshandao) 2개가 있을 뿐이다.

[직선기선-8, 9, 10]에 상응하는 해안을 보면, 동서련도(Dangxiliandao)에서 시작하는 Haizhou Wan의 남쪽 날개를 이루는 해안은 대단히 단조로운 형태로 양자강 입구 까지 계속되고 있다. 이 강소성북부(江蘇省北部) 해안은 서산등대에 이르기까지 섬은 전혀 없고 전체적으로 극심한 천해지역(淺海地域)이 발달되어 있어 침선(沈船) 등 장애물이 도처에 있을 뿐이다.

이러한 해안은 직선기선을 설정하기 위한 지리적 조건은 전혀 갖추고 있지 못한 것으로 볼 수 밖에 없다.

(ⅲ) 해안의 일반적 방향과의 일치성 및 내수제도에의 적합성

모야도(謨倻島: Moyedao)에서 양자강 입구 서산도(徐山島: Shesshandao)등대가 있는 구간의 중국 동해안에 설정된 이들 6개의 직선기선은, ㉮ 해안의 일반적 방향과 일치하는가?

또 ㉰ 직선기선 안에 있는 수역은 내수제도에 의하여 규율될 수 있을 만큼 육지 영토와 충분히 밀접하게 관련되어 있는가? (「협약」제7조 3항)

이러한 기능적 요건들은 앞의 지리학적 요건이 성립된 이후에만 검토될 수 있는 것이므로 전혀 직선기선을 설정할 만한 지리적 조건이 갖추어지지 않은 이 중국의 동해안에 대해서 이러한 기능적 요건의 적합성을 검토하는 것은 논리적으로 의미가 없다. 그러나 이러한 사정을 접어두고 기능적 요건들 자체에 국한한 검토를 우선 시도해 본다면, 앞의 표에서 정리해 둔 바와 같이 [직선기선-8, 10]은 그 길이가 100해리를 훨씬 넘고 있으며, [직선기선-8, 9, 10]들은 해안의 일반적 방향에서 20° 이상 벗어나고 있다. 그리고 이 구간의 모든 직선기선들은 해안에서의 거리가 대체로 20해리를 훨씬 초과하고 있다. 인접한 "흩어진 섬 (a fringe of islands)"의 존재도 없는 상황에서 이러한 직선기선의 설정 형태는 이 기선들로 둘러싸인 수역이 직선기선 제도에 규율될 수 있을 만큼 육지와 밀접한 연관을 유지할 수 없음을 입증하고 있다고 보아야 할 것이다.

중국은 이 같은 직선기선의 획선으로, 모야도(謨倻島: Moyedao)에서 양자강 입구 서산도(徐山島: Shesshandao) 등대가 있는 구간 안에서만, 10,854㎢(3,170 sq. nm)의 수역을 부당하게 영해 범위로 편입시키게 되었다.110) 좁은 황해에서 중국의 부당한 관할 수역 확장은 그 자체로서 한국의 부당한 관할수역의 축소를 의미하게 된다.

(3) 기점-12에서 기점-15 까지 중국의 직선기선의 개별적 검토

[기점-12] Haijiao 30° 44.1′ N, 123° 09.4′ E

해초(海礁 또는 동도(童島)): 양자강 입구 삼각주의 먼 바다쪽 외측에 위치한 이 섬은 해안에서의 거리는 69해리, 모두 3개의 작은 섬들로 구성되어 있고 그 중 제일 큰섬은 서서(西嶼: XiYu)로서 높이는 해발 44m 이다. 이 섬에는 등대와 Radar Beacon이 있다.

[기점-13] Dongnanjiao 30° 43.5′ N, 123° 09.7′ E

동남초(東南礁): Haijiao(Tungdao)에서 동남방 1200yds에 위치한 간출지(干出地)이다.

[기점-14] Liangxiongdiyu 30° 10.1′ N, 122° 56.7′ E

양형제서(兩兄弟嶼): 양자강 입구 주산군도(舟山群島:Zhoushan Qundao) 동남단 바다 쪽 최외측에 위치한 아주 작은 섬이다. 두 개의 고립된 작은 섬이며 동쪽의 섬이

---

110) U.S. Dept. of State, *Limits in the Seas*, No.117, Straight Baselines Claims: China, (July 9, 1996), pp.5-6.

72 제2장 내수제도(內水制度)

높다. 해발 25m, 해안에서의 거리는 45해리.

[기점-15] Yushanliedao 28° 53.3′ N, 122° 16.5′ E

요산열도(遼山列島) 또는 어산열도(魚山列島): 남어산(南魚山:Nanyushan), 북어산(北魚山:Beiyushan) 및 오호초(五虎礁:Wuhujiao)로 구성된 섬의 무리. 남어산은 두 개의 봉우리가 있으며 높이는 해발 124m. 북어산은 중앙에 있으며 그 정상에 폐지된 등대탑이 있다. 높이는 108m. 오호초는 가장 동쪽에 위치한다. 해안에서의 거리는 40해리.

이상 4개의 기점으로 획정된 4개의 직선기선의 특성을 정리하면 다음과 같다. (지도 2-8 참조)

직선기선	구 간	길이(해리)	해안선과의 각도	해안에서의 거리 (해 리)
11	[기점11-12]	62.5	48°	37
12	[기점12-13]	0.6	47°	38
13	[기점13-14]	35.2	33°	39
14	[기점14-15]	84.2	9°	19

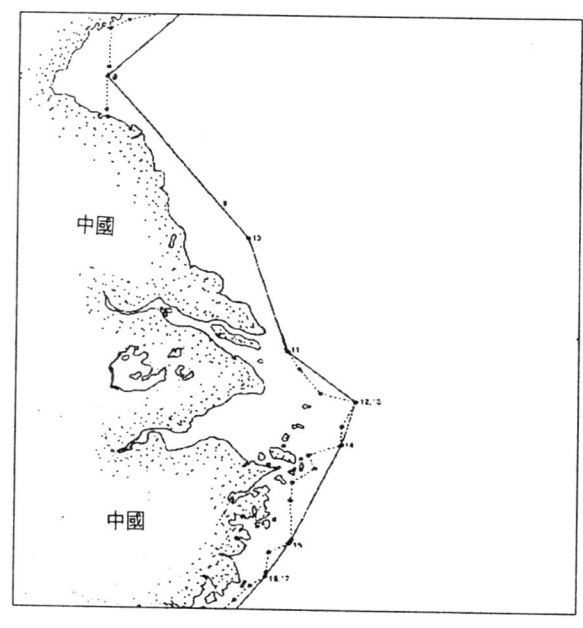

(지도 2-8) 양자강 입구

(ⅰ) 삼각주 지역의 기선

서산등대로부터 어산열도 까지 설정된 중국의 직선기선은 지형적으로 양자강 입구에서 삼각주 지역의 내수 부분을 구분하는 기선이다.

1982년 「협약」에는 직선기선의 일반적 요건을 규정함에 부가하여 삼각주 지역에서 직선기선을 획정함에 관한 기준을 다음과 같이 정하고 있다. (「협약」 제7조 2항)

> 삼각주가 있거나 그 밖의 자연조건으로 인하여 해안선이 매우 불안정한 곳에서는 바다쪽 바깥 저조선을 따라 적절한 지점을 선택할 수 있으며, 그후 저조선이 후퇴하더라도 직선기선은 이 협약에 따라 연안국에 의하여 수정될 때까지 유효하다.

이 조항은 1958년 「영해협약」에서는 없었던 규정인 바, Bangladesh 등이 강력히 제안하여[111] 삽입된 조항이다. 이 조항에 관련해서는 세 가지 주의할 점이 있다.

첫째로 이 조항은 제7조 1항에 종속된 조항이라는 점이다. 즉 제7조 1항의 지리적 요건 -해안선의 굴입 요건과 흩어진 섬들의 존재- 이 갖추어진 삼각주에 대해서만 본항은 적용된다는 것이다.[112]

이러한 직선기선의 지리적 조건이 갖추어진 삼각주의 "바다 쪽 바깥 저조선을 따라서 적절한 지점을 선택하여" 기선을 설정한다.

특히 삼각주의 입구에서 연안수역의 해저 지점을 기점으로 하는 문제가 1970년대 초에 논의된 바 있으나[113], 제3차 유엔 해양법회의 최초의 비공식 단일교섭초안(Informal Single Negotiating Text: ISNT)에서 이는 채택되지 못하였다. 제안국인 Bangladesh가 그 이후에 삼각주의 퇴적토에 대해서는 일정한 수중 퇴적토 지점을 "적절한 지점"으로 선택할 수 있도록 해야한다는 견해를 비공식으로 주장한바 있으나[114] 이것도 결국 채택되지 않았다. 그러므로 현재의 국제법상 기준으로 볼 때 「협약」 제7조 2항을 적용하는 삼각주에서도 직선기선의 기점은 육지연안의 평균 저조선 위에 설정되어야 하며 삼각주의 불안정한 수중 퇴적토 위에 설정되어서는 안된다.

둘째로는 이 조항은 "삼각주와 그밖의 자연적 조건"이 있는 경우에만 적용된다. 그리고 세째로는 이들 삼각주와 그 밖의 자연적 조건이 해안선을 "매우 불안정하게" 하여야 한다.

삼각주의 지형적 조건은 제안국인 Bangladesh의 Ganges/Brahmaputra 강(江)의 경우가 가장 전형적인 것으로 생각되고 있다. 이 강의 삼각주는 세계 제1의 규모로서

---

111) Bangladesh (1974, mimeo.) Reproduced in Ⅳ Platzoder 179; (1977, mimeo.) ,Article 6, Para. 2. Reproduced in Ⅳ Platzoder 389.
112) U.N.Office of the Law of the Sea, *The Law of the Sea: Baselines*, (1989). para.48.
113) Provision 9 of the Main Trends Working Paper, A/Conf.62/L.8/Rev.1 (1974), Annex Ⅱ, Appendix Ⅰ [A/Conf.62/C.2/WR.1]
114) C.2/Informal Meeting/6 and Corr. 1(1978, mimeo.), Article 7, Para. 2.

약 6만 평방km나 되며 그 반 이상이 언제나 조수(潮水)에 의하여 물이 차게된다. 또 이 지역은 계절풍(Monsoons)과 태풍이 잦아 삼각주의 지형적 형태는 신속하고 끊임없이 바뀌어, 섬들은 곧 없어졌다가 다시 새로운 섬이 나타나고 수로의 진로는 끊임없이 바뀐다.

「협약」제7조 2항에서는 삼각주의 지형의 변화는 결국 그 직선기선의 수정을 요하는 것으로 전제하고 있다. 조문상으로는, "저조선이 후퇴하더라도"라고 표현하고 있으나 삼각주란 퇴적토에 의하여 더욱 발달하는 것이 통례(通例)이며 후퇴하는 예는 별로 없을 것이다. 어느 경우이건 간에 일단 설정된 직선기선은 삼각주 지형이 변화하더라도 "협약에 따라, 그 연안국이 이를 공식적으로 변경할 때까지" 유효하다. 연안국의 삼각주 직선기선 기점의 변경절차에 관해서 특별히 따로 규정된 것은 없으나 「협약」제16조에 규정된 기선의 일반적 공시절차를 국내법 절차 이후에 완료하면 될 것이다. 양자강의 삼각주는 Ganges/Brahmaputra 강의 삼각주에 비교할 때 별로 작은 편이라고는 할 수 없겠지만 대단히 안정된 지형을 가졌다고 평가될 수 있다. 종합적으로 보건대, 양자강의 삼각주에는 "직접 바다로 유입하는" 하구(河口)에 적용할 「협약」제10조 보다는 제7조 2항을 적용할 수 있다고 판단된다.

그러므로 양자강 입구에서의 직선기선은 삼각주 내측의 섬인 숭명도(崇明島:Chongming-dao), 횡사(橫沙:Hengsha) 및 주산군도(舟山群島:Zhoushan Qundao)의 몇몇 섬들을 연결하여 설정할 수 있다.

장강구 북각(長江口 北角: Changjiangkou Beijiao)의 천해지역 및 동왕사(東旺沙: Dongwang Sha)의 동단(東端)을 직선기선의 기점으로 설정하는 것은, 이들이 퇴적토(堆積土)로 구성된 천해(淺海)에 불과하여, 「협약」제7조 2항에서 "바다 바깥쪽의 저조선을 따라" 기선을 설정한다는 규정에 정면으로 위배되므로 이것은 불가하다. 양자강 입구 상해(Shanghai)에의 진입로인 북수도(北水道)와 남수도(南水道) 앞에는 숭명천탄(崇明淺灘: Chongming Qiantan), 동사천탄(銅沙淺灘: Tongsha Qiantan), 구단사(九段沙: Jiuduansha), 동사사저(銅沙沙咀: Tongsha Shazui) 등 천해지역이 현저하게 발달되어 있으나, 똑같은 이유로 이들 중 어느 것도 기선의 기점으로는 사용될 수 없다.

(ii) 양자강 입구 지역의 흩어진 섬에 대한 판단

특히 항주만(杭州灣: Hangzhou Wan) 앞에는 많은 "섬들이 흩어져"(a fringe of islands)있다. 그러나 양자강 입구의 지리적 조건을 검토해 볼 때, "아주 가까이(in its immediate vicinity), 흩어져 있는 섬(a fringe of islands)"들은 있으나, 항주만 입구에 흩어져 있는 섬들 중에 기구군도(崎嶇群島: Qiqu Qundao)에서부터 마안열도

(馬鞍列島: Maan Liedao)에 이르는 일련의 섬들은 해안의 일반적 방향과 수직으로 징검다리 식으로 위치해 있으므로 이들은 "해안을 따라서(along the coast)" 배치되어 있는 것으로는 볼 수 없고, 따라서 「협약」 제7조 1항의 지리적 요건에 해당한다고 볼 수 없다.115) 그러므로 중국이 공시(公示)해 놓은 것처럼, 서산등대에서 해초(Haijiao)로 직선기선을 설정하는 것은 해양법상 직선기선의 지리적 요건이나 그 기능적 요건 어느 것 하나에도 맞지 않고 있으므로 「협약」 제7조 2항과 동 1항에 비추어 허용될 수 없다.

중국이 양자강 입구에 위치한 해초(海礁)(또는 동도(童島). Haijiao, Tung-tao; Barren Island)를 직선기선의 기준점으로 사용할 수 있는가? 에 관해서는 일찍부터 많은 논의가 있어 왔다.116) 이 동도(童島)는 중국 본토로부터 69해리나 떨어진 바다에 위치한 해발(海拔) 150fts의 바위섬이다. 이 섬을 직선기선의 기점으로 하는 경우 직선기선이 육지의 일반적 방향과 동떨어지게 된다는 비판은 이미 나온 바 있다.117)

그러나 중국측의 입장을 옹호하는 Jeanette Greenfield에 의하면 이러한 비판은 단순히 거리에만 근거를 둔 것으로서 이 한가지 기준만으로는 일반적 방향이나 근접성의 요건을 판단함에 충분치 않다고 지적하고 있다. 이 섬과 인근의 다른 섬과의 관계 및 중국본토 연안과의 밀접한 관련성으로 볼 때 이 섬을 직선기선의 기준점으로 결정할 수 있는 당위성이 충분히 있다고 그녀는 지적하고 있다.118)

Jeanette Greenfield는 중국 연안에 "아주 가까이(in its immediate vicinity)," 많은 섬들이 "흩어져 있는 것(a fringe of islands)"을 강조하고 "중국의 해안은 불규칙적으로 심하게 굴곡 되어 있고, 해안선의 길이가 11,000 km에 이르며 그 연안에 근접한 섬들의 숫자가 3,416개나 되어 이 섬들의 해안선의 길이 10,000 km가 중국 연안 해안선의 길이에 더해져야 한다."라고 한 박춘호 교수의 논문119)을 인용하고 있다.120) 또 그녀는 1951년 영국-노르웨이간의 어업분쟁사건에 관한 국제사법재판소의 판결121)을 인용하면서, "문제는 본토의 해안이 '육지와 바다를 명확하게 구분하는 구획선을 구성한

---

115) UN Office for the LOS, *The Law of the Sea: Baselines*, An Examination of the Relevant Provisions of the United Nations Convention on the Law of the Sea. (New York, 1989). p.21, para.43. Figure 13. (지도-8 참조)
116) 박춘호, 유병화, 「해양법」(서울:민음사, 1986), p.227.; 졸저(拙著),「현대해양법론」, (서울: 아세아사, 1988), pp.331-32.
117) D.R.Allen and P.H.Michell, 51 *Oregon Law Review*(1972) 797; L.B.Terr, 7 *Cornell Law Journal*(1973) 50. cited in Jeanette Greenfield, op. cit., p.69.
118) Ibid.
119) C.H. Park, *Harvard Internation Law Journal*, 14, No.2 (1973), p.237.
120) Jeanette Greenfield, op.cit.,p.68. foot note 74, 75.
121) *ICJ Rep.* (1951), 127, 129.

다'고 말할 수 있는가? 에 달려 있다."고 강조하고 있다. 그녀는 "중국 연안의 이처럼 단절되고 섬 조각들로 흩어진 지리적 형태는 1951년 국제사법재판소 판결이 제시한 기준에 따라 직선기선 방식을 적용함을 정당화시킨다."라고 결론 맺고 있다.

그러나 앞에서 명료하게 분석된 것처럼, "아주 가까이(in its immediate vicinity), 흩어져 있는 섬(a fringe of islands)"은 "해안을 따라서(along the coast)" 위치해 있어야 하는 것이다. 그러므로 그녀의 아주 성실한 분석도 결국 1951년 영국-노르웨이간의 어업 분쟁사건에 관한 국제사법재판소 판결의 취지와 해양법상의 기준을 오해하였거나 의도적으로 중요한 점을 누락시키고 있다는 비판적 지적을 회피할 수 없다.

그녀는 특히 중국 연안에 "아주 가까이(in its immediate vicinity)," 많은 섬들이 "흩어져 있는 것(a fringe of islands)"을 강조하고 있지만 지형이나 지도에 대한 이해와 분석이 대단히 미진한 점을 나타내고 있다.[122]

그녀가 강조한 것처럼, 중국 본토의 해안은 "육지와 바다를 명확하게 구분하는 구획선을 구성하지 않는다."고 그녀는 생각하고 있는 것 같다. 특히 양자강 입구의 연안에 발달된 천해 지역을 감안 할 때 이러한 "느낌"은 이해될 수 있다. 그러나 법적으로 섬은 섬일 뿐 육지가 아니며, 수심이 0.1m 라도 저조선 외측은 해양법상 "바다" 이기 때문에 그녀의 이러한 중국적인 "느낌"과는 상관없이 기선의 기점을 정할 때는 해양법상의 규칙에 따라야 한다. 그러므로 해안선의 일반적 방향과 수직으로 발달된 여러 섬들의 무리를 따라 어디까지라도 "징검다리 식으로", 바다 쪽으로 기선을 획정하여 그 내측 수역을 내수화하는 것은 해양법상 용인되지 않고 있는 것이다. 더구나 동남초(東南礁)의 경우처럼 직선기선의 기점을 이러한 "바다"위에 설정하는 것은 법적으로 결코 정당화 될 수 없다.

해초(海礁)와 동남초(東南礁)는 마안열도(馬鞍列島)의 끝단에서도 바다 쪽으로 16해리나 동떨어진 섬이다. 그러므로 이들 섬을 직선기선의 기점으로 설정한 것은 제7조 1항이나 2항의 어느 요건으로도 용납되지는 않을 것이다. 특히 동남초(東南礁)는 간출지에 불과한 것이므로 더구나 직선기선의 기점으로 설정될 수 없을 것이다.

(iii) 양자강 입구에서의 직선기선 획정안

중국이 공시한 양자강 입구에서의 직선기선 기점의 설정이 이처럼 해양법상의 기준에 맞지않기 때문에 해양법상의 기준에 맞게 다시 이를 조정한다면 어떻게 기선을 설정해야 할 것인가? (지도 2-9 참조)

물론 이는, 장강구(長江口)와 항주만(杭州灣) 입구에 "아주 가까이(in its immediate vicinity)," "흩어져 있는 많은 섬들(a fringe of islands)"이 "해안의 일반적 방향을 따

---

[122] Jeanette Greenfield, op.cit., pp.65-67., Map-3.

라서(along the coast)" 위치하고 있다고 볼 수 있는가? 그리하여 이 들의 외측 지점에 설정된 직선기선 안에 있는 수역은 내수제도에 의하여 규율될 수 있을 만큼 육지영토와 충분히 밀접하게 관련되어 있는가? (「협약」 제7조 3항) 하는 각 요건에 대한 판단에 따라 결정될 것이다.

☞『확정적 요건』

이 지역의 지형에 대하여 직선기선의 획정을 함에 있어서 확실한 점은 다음과 같이 정리될 수 있다.

① 해주만(海州灣: Haizhou Wan) 내측의 동서련도(東西連島: Dongxiliandao)에서부터 남쪽으로 양자강 입구까지는 연안의 저조선을 따라 통상기선을 설정하여야 한다는 점.

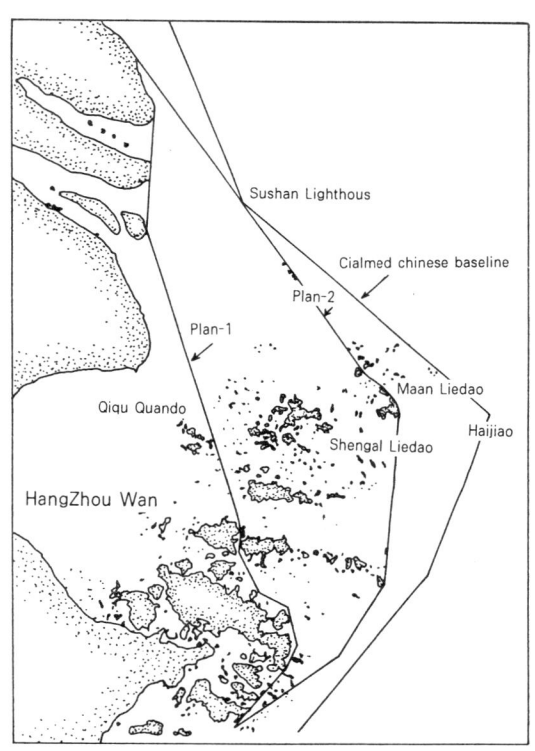

(지도 2-9) 양자강 입구의 직선기선 획선안

② 양자강 입구 상해(Shanghai)에의 진입로인 북수도와 남수도 앞에는 숭명천탄(崇明淺灘: Chongming Qiantan), 동사천탄(銅沙淺灘: Tongsha Qiantan), 구단사(九段

沙: Jiuduan sha), 동사사저(銅沙沙咀: Tongsha Shazui) 등 천해지역이 현저하게 발달되어 있으나, 이들 중 어느 것도 기선의 기점으로는 사용될 수 없다는 점.

③ 항주만(杭州灣: Hangzhou Wan) 입구의 지형을 전체적으로 고려할 때, 특히 주산반도(Chuanshan Bandao)인근의 섬들, 즉 금당산(金塘山: Jintangshan), 주산도(舟山島: Zhoushandao), 주가산(朱家山: Zougashan), 낙가산(洛伽山: Luojiashan), 하기도(蝦岐島: Xiaqidao), 환산(圜山: Xuanshan), 대문충(大蚊虫: Dawenchong)등은 "해안을 따라서(along the coast)" 형성된 것으로 간주될 수 있으므로, 이들 외측에 직선기선의 기점을 설정할 수 있다.

☞『관련 사항을 고려할 수 있는 요건』

그러나 다음에 관하여는 「협약」 제7조 1항, 2항 및 3항에 의거하여 신중한 판단을 하여야 할 것이다.

즉 첫 번째로, 기구열도, 천호열도, 마안열도로 이어지는 섬의 무리는 항주만 입구로부터 진방위 060° 방향으로 배치되어 있다. 두 번째로, 대구산(大衢山)에서, 삼성열도, 낭강산열도로 이어지는 섬의 무리는 항주만 입구로부터 진방위 090° 방향으로 배치되어 있다. 또한 세 번째 무리는 대산(垈山: Daishan)에서 시작해서 서복산, 동복산 및 사자매도와 양형제서에 이르는 이른 바 중가산 군도는 항주만 입구로 부터 진방위 100° 방향으로 배치되어 있다.

그런데, 양자강 입구 지형의 일반적 방향은 진방위 000° 내지는 348° 정도이므로 이 들은 분명히 해안의 일반적 방향에서 수직(90°) 또는 거의 수직(112°)으로 분포된 경우이다.

그러나 이들은 또한 해안에 아주 가까이 (in its immediate vicinity) 흩어져 있으므로 "육지와의 밀접한 연관성"(close linkage to the land domain)을 판단함에 있어서 ① 양자강 입구의 전체적인 지형, ② 섬과 섬간의 거리 등을 신중히 감안하여 판단해야 할 것이다.

☞『가능한 직선기선 획선안』

㋐ 제1안

현재 중국이 취하고 있는 기선 설정 방식, 즉 서산등대로부터 해초, 동남초를 연결하고 이어 양형제서와 어산열도를 연결한다.

㋑ 제2안

섬과 섬간의 거리나, "해안의 일반적 방향과의 일치성"에 대해서 충분한 고려를 한다면, 그 직선기선 설정 방식은 다음과 같이 될 것이다.

즉, 통상기선은 장강구 북각(長江口 北角: Changjiangkou Beijiao)의 해문수도 입구까지 와서, 해문수도(海門水道: Haimen shudao) 입구 양안의 저조선 끝단을 기선의 기점으로 정하고, 북수도(北水道)의 입구는 횡사(橫沙)와 연결시킨다.

주산군도(舟山群島: Zhoushan Qundao) 중, 대산(岱山: Daishan)으로 부터 양형제도(兩兄弟島: Liangxiong di-dao)에 이르는 이른 바 중가산군도(中伽山群島: Zhongjieshan Qudao)도 해안의 일반적 방향에서 수직으로 위치하고 있다. 위 중가산군도의 수직 방향으로 형성된 열도 중에서 대산 까지를 직선기선의 내측으로 설정할 수 있다고 판단된다.

그러므로 직선기선의 기점은 횡사(橫沙: Hengsha)로 부터 기구군도(崎嶇群島: Qiqu Qun dao)의 최외측 섬으로 연결하고 이를 대산(Daishan)의 동단에 연결한다. 이어서 기점은 주산도 외측의 적은 섬들을 연결하여 낙가산(洛伽山), 주가산(朱家山)의 청산각(靑山角), 하기도(蝦崎島), 대문충(大蚊虫)에 이르게 될 것이다.

㈐ 제3안

섬과 섬 간의 거리나, "해안의 일반적 방향과의 일치성"에 대해서 충분한 고려를 하는 동시에, 현재 양자강 입구에 흩어져 있는 섬들이 "해안에 근접해 있는 점"을 고려한다면 그 직선기선 설정 방식은 다음과 같이 될 것이다.

통상기선은 장강구 북각(Changjiangkou Beijiao)의 해문수도 입구까지 오기 전에 여사항(呂四航) 부근의 연안 돌출지점에서 끝나고 이 지점에서 서산등대(徐山燈臺)로 직선기선을 연결한다. 서산등대로부터 마안열도(馬鞍列島)의 동쪽 끝단에 있는 화조산(花鳥山: Huanioshan), 야묘동(野猫洞: Yemaodong), 진전산(陳錢山: Chenqianshan)을 차례로 연결하고 이를 중가산군도(中街山群島)의 동단인 동복산(東福山: Dongfushan)에 연결한다. 동복산으로 부터 다시 동정산(東亭山: Dongtingshan)에 연결한 다음 이를 대문충(大蚊虫: Dawenchong)에 연결한다.

☞『각 직선기선 획선안에 대한 평가』

제1안의 방식은 "해안에의 근접성"을 과장해서 인정한 대신, 섬과 섬 간의 거리나, "해안의 일반적 방향과의 일치성"에 대해서는 전혀 고려하지 않고 있으므로 그 적법성을 용인하기 어렵다.

제2안과 제3안을 비교한다면, 해안에의 근접성과 육지와의 밀접성을 고려할 때 3안 쪽이 절충적인 판단이 될 것이다.

80 제2장 내수제도(內水制度)

6. 일본의 직선기선 문제

(1) 직선기선 획선 방식과 일본

앞서 지적한 바와 같이 일본은 1996년 6월 14일 종래의 영해법을 개정하여 「영해 및 접속수역에 관한 법률」로 개칭하고[123] 24해리 접속수역제도를 도입함과 동시에 기선획정에 있어서도 직선기선 방식을 채택하였다.[124]

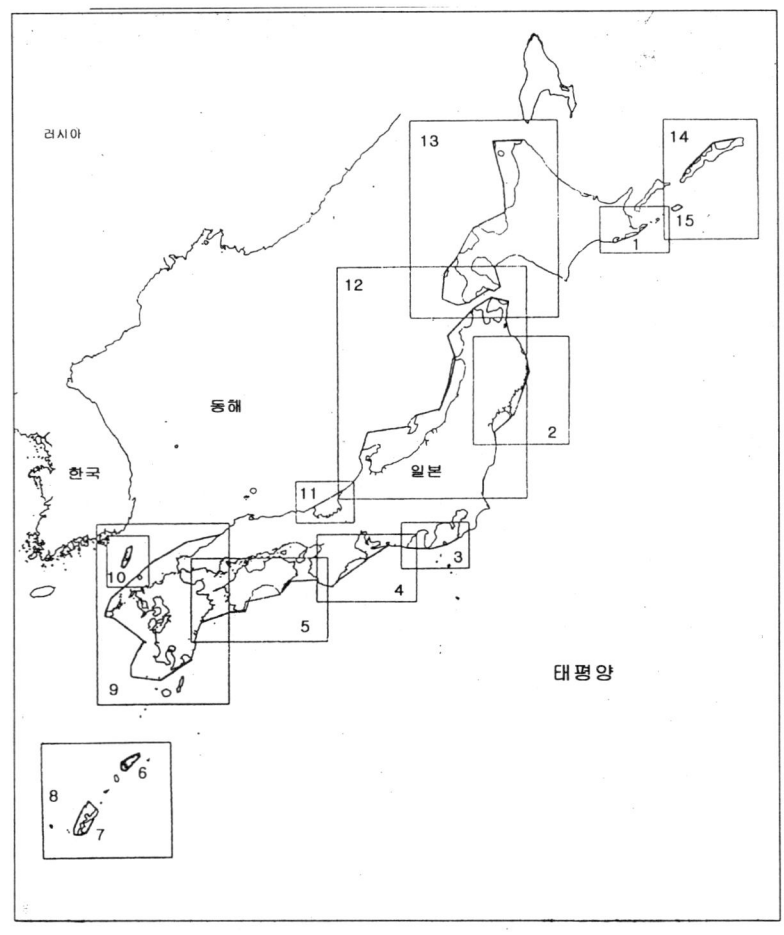

〈지도 2-10〉 일본의 직선기선

---

123) 「영해 및 접속수역에 관한 법률」(1996년 6월 14일 법률 제73호)
124) 「영해 및 접속수역에 관한 법률 시행령」(1996년 7월 5일 정령(政令) 제206호 제2조 1항 별표 제1.

III. 기선(基線)의 법적성질 81

아시아 지역에서 해양 선진국으로 자처해오던 일본은 본래 해양법 일반에 관하여 대단히 보수적인 입장을 견지해왔다고 평가할 수 있다. 1958년 Geneva에서 열린 제1차 유엔해양법회의에서 일본은 3해리 영해제도를 옹호한 유일한 아시아 국가이었다.

제3차 해양법회의가 본격적으로 시작된 1974년 Caracas회의에서도 일본은 그 당시 새롭게 논의되던 200해리 연안국 관할제도를 명시적으로 거부하였다. 그러나 일본은 1977년에 들어와서 그 「영해법」을 제정하여 12해리 영해제도를 조용히 채택하였으며 그 해에 200해리 어업보존수역까지 선포한 바가 있다.

본문 2개 조문(條文) 만으로 구성된 1977년 일본의 「영해법」은 해양에 관한 국내 입법으로서는 대단히 특이하고 인상적인 것이다. 일본은 이 간결한 입법을 통해서 종래 완강히 3해리 영해제도를 옹호해오던 그들의 보수적인 입장을 간단히 수정하는데 성공하였으며, 더구나 세토나이카이(瀨戶內海)가 내수로서의 법적지위를 갖는다는 점을 기정사실화(旣定 事實化) 하였다. (동법 제2조 1항)

그러나 일본은 한편 그 보수적인 성향을 의연히 유지하여 그 당시 이미 확립된 국제법적 제도였던 직선기선 획선 방식을 배제하였다. 이것은 당시 미국을 비롯한 해양 선진국가의 기본적인 성향으로서, 영해의 범위를 확장해 가는 개발도상 연안국가들의 일반적 추세를 저지(沮止)하고 부정(否定)하려는 공통적, 과시적(誇示的)인 정책이었음은 이미 지적한 바와 같다. 그러나 정확히 말해서 일본은 1977년 당시 직선기선을 완전히 배제한 것은 아니고 세토나이카이(瀨戶內海)의 범위를 특정하기 위해서 3개의 직선기선을 사용하였다.

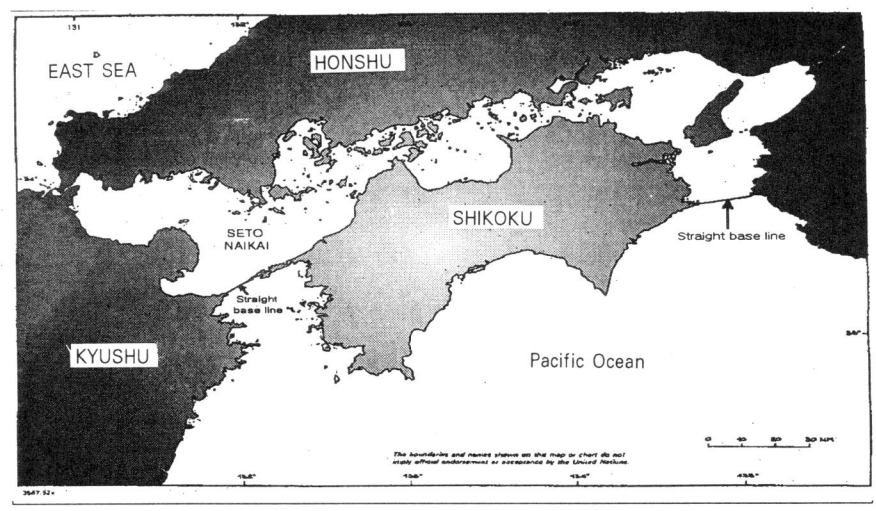

(지도 2-11) 세토나이카이(瀨戶內海)의 직선기선-1977년

1994년 7월 28일 소위 「이행협정」125)이 타결됨으로써 1982년 해양법협약의 보편성(universality)과 실효성(validity)이 갖추어 지게되자 이 협약의 비준에 관한 실질적인 장애가 없어지게 되었으며 많은 나라들이 종래의 태도를 바꾸어서 이 협약에 서둘러 비준하게 되었다. 결국 1996년에 한국, 일본 중국은 모두 이 협약에 비준하였다.126) 일본은 이 협약에 비준함을 계기로 해양에 관한 그 국내입법을 재정비하였는 바, 10개의 법령을 개정 또는 제정하였다.127) 일본의 이러한 해양법 법령 정비는 당연히 일본의 국내 입법들을 해양법의 체계에 일치할 수 있도록 개선하는 것을 목표로 하여야 할 것이나 일본의 개정된 영해법에서 새롭게 채택하고 있는 직선기선 방식은 해양법 협약의 기준에서 벗어나 있으며 국제법의 일반적 원칙을 위배하고 있어 앞으로 일본은 이러한 해양관련 국내법을 시행함에 있어 관련되는 인접국과의 관계에서 앞으로 많은 어려움을 겪게될 것이다.128)

(2) 일본 영해법의 직선기선 획선 방식에 관련된 두가지 법적인 모호성(模糊性)

첫째로 두 가지의 직선기선이 세토나이카이(瀨戶內海)지역에 중첩되고 있다. 즉 1977년 일본 영해법에서 규정한 3개의 직선기선은 개정된 1996년 영해법(제2조)에서도 그대로 유지되고 있다.129) 따라서 특히 세토나이카이(瀨戶內海) 주변에서 새롭게

---

125) 「1982년 유엔 海洋法 協約 제 11장의 履行에 관한 協約」
　　Agreement relating to the Implementation of Part XI of the United Nations Convention on the Law of the Sea. 10 December 1982.
　　U.N.G.A. Res/48/263.
126) 한국 1996년 1월 29일
　　일본 1996년 6월 20일
　　중국 1996년 6월 7일
127) 일본의 해양관련 법령 정비 현황은 다음과 같다.
　　① 영해 및 접속수역에 관한 법률 (일부 개정)
　　② 영해 및 접속수역에 관한 법률 시행령 (일부 개정)
　　③ 排他的經濟水域 및 大陸棚에 관한 法律 (신규 제정)
　　④ 排他的經濟水域에서의 漁業 등에 관한 主權的 權利의 行事 등에 관한 法律
　　　(신규 제정)
　　⑤ 排他的經濟水域에서의 漁業 등에 관한 主權的 權利의 行事 등에 관한 法律 施行令
　　　(신규 제정)
　　⑥ 해양생물자원의 보존 및 관리에 관한 법률 (신규 제정)
　　⑦ 수자원 보호법의 일부를 개정하는 법률 (일부 개정)
　　⑧ 해양오염 및 해상재해의 방지에 관한 법률 (일부 개정)
　　⑨ 원자로 등 규제법 및 방사선 장애 방지법의 일부를 개정하는 법률 (일부 개정)
　　⑩ 해안보안청 법의 일부를 개정하는 법률 (일부 개정)
128) Yutaka Kawasaki, "Japan's Ratification of UN Law of the Sea Convention and Its New Legislation on the Law of the Sea," *International Boundary and Security Buuletin*, Winter 1996-1997. p.93.

129) 『1977년 일본 영해법』(일본국 법률 제30호)
제2조 [基線]
① 기선은 저조선(低潮線) 및 만구(灣口) 또는 하구(河口)에 이어지는 직선으로 한다. 단, 내수(內水)인 세토나이카이(瀨戶內海)에 대해서는 다른 해역과의 경계로서 정령(政令)에 규정하는 선을 기선으로 한다.
② 전항(前項) 전항 본문에 규정된 선을 기선으로 사용할 경우에 기준 기타 기선을 정하기 위하여 필요한 사항은 정령(政令)으로 정한다.

『1977년 일본 영해법 시행령』(일본국 정령 제210호)
제1조(세토내이카이(瀨戶內海)와 다른 해역과의 경계)
영해법 제2조 1항 단서에서 규정한 정령으로 정한 선(線)은 다음과 같다.
① 기이일(紀伊日)의 가기등대(御埼燈臺: 북위 33° 52′ 42″, 동경 135° 03′ 50″)부터 만생전갑등대(滿生田岬燈臺: 북위 33° 49′ 50″, 동경 134° 45′ 08″)까지 그은 선.
② 좌전갑등대(佐田岬燈臺)(북위33° 20′ 24″, 동경 132° 01′ 00″)부터 관기등대(關埼燈臺)(북위33° 15′ 48″)까지 그은 선
③ 죽자도장비(竹子道場鼻)(북위33° 56′ 50″)부터 약송동해만구방파제(若松洞海灣口防波堤) 등대 (북위 33° 56′ 17″, 동경130° 51′ 11″)까지 그은 선.

『1996년 일본 개정 영해 및 접속수역에 관한 법률』(일본국 법률 제73호)
제2조 [基線]
① 기선은 저조선(低潮線), 직선기선(直線基線) 및 만구(灣口) 또는 하구(河口)에 이어지는 직선으로 한다. 단, 내수(內水)인 세토나이카이에 대해서는 다른 해역과의 경계로서 정령(政令)에 규정하는 선을 기선으로 한다.
② 전항(前項)의 직선기선은 해양법에 관한 국제연합협약(이하 「유엔해양법협약」이라 한다) 제7조에 규정된 바에 따라 정령(政令)으로 정한다.
③ 전항(前項)에 규정한 것 이외에, 제1항에 규정하는 선을 기선으로 이용할 경우의 기준 기타 기선을 규정함에 있어서 필요한 사항은 정령(政令)으로 정한다.

『1996년 일본 영해 및 접속수역에 관한 법률 시행령』(일본국 政令 제206호)
제1조(세토내이카이(瀨戶內海)와 다른 해역과의 경계)
영해 및 접속수역에 관한 법률 제2조(기선) 1항 단서에서 정령으로 정한 선(線)은, 다음과 같이 한다.
① 기이일(崎伊日)의 어기등대(漁崎燈臺)(북위 33° 52′ 42″, 동경 135° 03′ 50″)부터 만생전갑등대(북위 33° 49′ 50″, 동경 134° 45′ 08″)까지 그은 선.
② 좌전갑 등대(佐田岬燈臺, 북위33° 20′ 24″, 동경132° 01′ 00″)부터 관기등대(關埼燈臺,북위33° 15′ 48″)까지 그은 선
③ 죽자도장비(竹子道場鼻, 북위33° 56′ 50″)부터 약송동해만구방파제(若松洞海灣口防波堤) 등대 (북위 33° 56′ 17″, 동경130° 51′ 11″)까지 그은 선.

제2조 [基線] ① 법 제2조 1항에서 규정하는 직선기선은 별표 제1에 규정하는 선으로 한다.
별표 제1의 시코쿠(四國) 주변 직선기선은 다음 좌표와 같다.
   1. 33-40-02 N, 135-19-56 E
   2. 33-37-34 N   134-30-03 E
   3. 33-14-34 N   134-11-10 E
   4. 33-14-27 N   134-11-09 E

획정된 직선기선과 이들 본래의 직선기선 사이에 형성된 수역의 법적 성격은 논리적으로 정의할 수 없는 수역이 되고 말았다.

두 번째 입법적 문제로 지적될 수 있는 점은 일본의 5개 국제해협에서 영해범위를 3해리로 동결한 문제이다. 1977년 영해법의 입법 당시에 일본은 5개 중요 국제해협

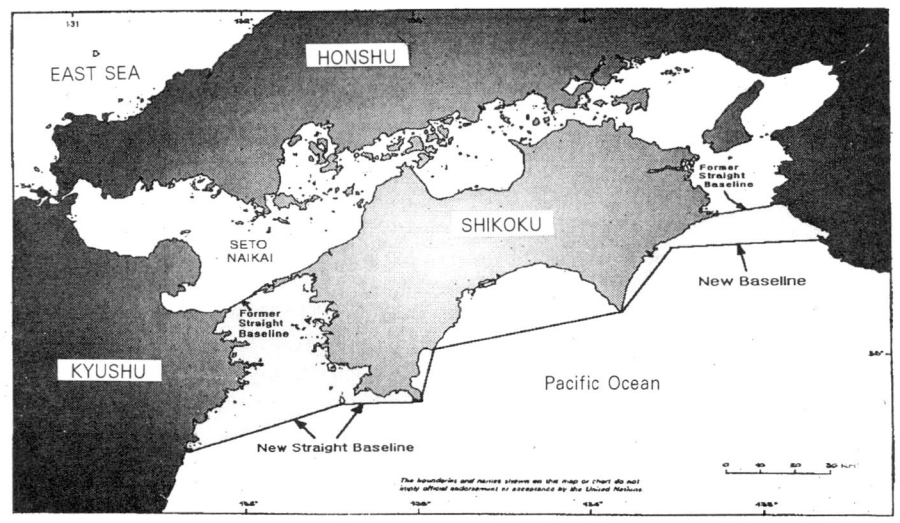

(지도 2-12) 세토나이카이(瀬戸內海)의 직선기선-1996년

(Soya; 종곡(宗谷), Tsugaru; 율경(津經), Tsushima; 대마(對馬)의 양(兩) 수로(水路, Osumi; 대우(大遇) 등)에서 영해의 범위를 3해리로 동결하였다. 이 조치는 당시 "잠정적인" 조치로 시행되었다.130) 제3차 유엔 해양법회의는 이미 종결된지 15년이나 지났으며 국제해협에 관한 통항제도는 해양법상 이미 확립된 제도로 정착되어 있고 연

```
         5. 33-14-14 N    134-10-47 E
         6. 33-01-16 N    133-06-08 E
         7. 32-43-38 N    133-01-44 E
         8. 32-43-08 N    133-01-24 E
         9. 32-43-01 N    133-00-46 E
        10. 32-41-57 N    132-32-47 E
        11. 32-25-17 N    131-41-48 E
        12. 32-25-14 N    131-41-43 E
        13. 32-25-10 N    131-41-33 E
```
130) 1977년 일본 영해법 부칙 제1조 2.(특정해역에 관한 영해의 범위)에서 "당분간"이란 용어로 표시되어 있는 점에 관하여 1977년 당시 외무성 장관은 일본 의회에서;

　여기서 "당분간"이란 의미는, 제3차 유엔해양법회의가 완전히 종결되고 국제해협 통항
　제도에 관한 국제적 기준이 수립될 때 까지 라는 것을 의미한다.

안국과 해협이용국 간의 권리 의무 조정에 관한 국제법적 기준은 확립되어 있으므로 이러한 부자연스러운 제도는 이번과 같은 해양법 법령 정비를 기하여 당연히 정리되었어야 할 것이다. 그러나 일본은 각 해협에서의 영해 기선을 1996년 영해법과 그 시행령에서 새로운 직선기선으로 수정한 다음 이 수정된 기선으로부터 「특정해역의 범위」를 다시 정하고[131] 있다. 일본은 그 주변 국제해협에서 이러한 잠정적 조치를 계속 유지하고 있으므로서 국제해협통항상의 일반적 국제법 기준에 관한 일본의 입장을 모호한 것으로 남아 있게 한 것이다.

(3) 일본 직선기선에 관한 해양법적 요건의 적법성 검토

1996년 개정 입법에서 채택되고 있는 일본의 직선기선은 다음과 같이 설정되어 있다.(동법 제2조 1항, 동 시행령 제2조 항 별표 제1)

구 역	設定 地域名	기점 수	기점 일련번호	직선기선 수
1	北海道 東北端	12	1~12	11
2	本州 東北端	12	13~24	11
3	本州 東南端	4	25~28	3
4	本州 南端	6	29~34	5
5	四國(시고쿠) 주변	13	35~47	11
6	奄美(아마미) 섬	12	48~59	9
7	沖繩(오끼나와) 東部	6	60~65	4
8	沖繩(오끼나와) 西部	11	66~76	7
9	九州	22	77~98	18
10	對馬島	29	99~127	28
11	本州 西岸(와까사 灣)	2	128~129	1
12	本州 西北岸	14	130~143	10
13	北海道 西岸	30	144~173	28
14	에토로프 섬	6	174~179	5
15	시코탄 섬	15	180~194	14
15개 구역		194개 기점		165개 기선

라고 설명하고 있다.
Statement by the Minister of Foreign Affairs, MR. HATOYAMA. the 80th Diet (7 April. 1977)
131) 영해 및 접속수역에 관한 법률 시행령 제3조 및 별표 제2.

86 제2장 내수제도(內水制度)

제1구역(北海道 東北端)			제2구역(本州 北東端)			제3구역(本州 東南端)		
순번	기선구간	길이(해리)	순번	기선구간	길이(해리)	순번	기선구간	길이(해리)
1	1~2	-	1	13~14	5.7	1	25~26	25.8
2	2~3	-	2	14~15	11.1	2	26~27	25.6
3	3~4	-	3	15~16	25.8	3	27~28	35.8
4	4~5	-	4	16~17	-	제4구역(本州 南端)		
5	5~6	11	5	17~18	-	1	29~30	42
6	6~7	4.6	6	18~19	-	2	30~31	5.2
7	7~8	*	7	19~20	5.2	3	31~32	53.7
8	8~9	24	8	20~21	23.1	4	32~33	*
9	9~10	-	9	21~22	51.6	5	33~34	-
10	10~11	7	10	22~23	-			
11	11~12	4.4	11	23~24	38.2			

제5구역(시고쿠 주변)			제6구역(埯美;아마미 섬)			제7구역(沖繩;오끼나와 東部)		
순번	기선구간	길이(해리)	순번	기선구간	길이(해리)	순번	기선구간	길이(해리)
1	35~36	42.8	1	48~49	7.2	1	60~61	31.2
2	36~37	28.2	2	49~50	9.3	2	61~62	-
3	37~38	-	3	50~51	9.0	3	62~63	-
4	38~39	-	4	51~52	7	4	63~64	-
5	39~40	50.6	5	53~54	5.4	5	64~65	9.8
6	40~41	18.7	6	55~56	14	제8구역(沖繩;오끼나와 西部)		
7	41~42	-	7	56~57	*	1	66~67	*
8	42~43	-	8	57~58	-	2	68~69	9.7
9	43~44	24.8	9	58~59	31	3	70~71	29.2
10	44~45	46.6	6	74~75	*	4	71~72	-
11	46~47	-	7	75~76	19	5	72~73	17.3

III. 기선(基線)의 법적성질

제9구역(九州)			제10구역(對馬島)			19	117~118	-
1	77~78	*	1	99~100	-	20	118~119	-
2	78~79	57.3	2	100~101	-	21	119~120	-
3	79~80	8.6	3	101~102	-	22	120~121	-
4	80~81	11	4	102~103	-	23	121~122	5.3
5	81~82	36.7	5	103~104	14.6	24	122~123	7.2
6	82~83	*	6	104~105	13	25	123~124	-
7	83~84	20.2	7	105~106	-	26	124~125	-
8	84~85	32.5	8	106~107	-	27	125~126	-
9	86~87	12	9	107~108	-	28	126~127	-
10	87~88	62	10	108~109	-	제11구역(本州 西岸;와까사 灣)		
11	89~90	*	11	109~110	-	1	128~129	52.2
12	90~91	*	12	110~111	-	제12구역(本州 西北岸)		
13	91~92	*	13	111~112	-	1	130~131	33
14	93~94	30	14	112~113	*	2	132~133	63
15	94~95	60.2	15	113~114	*	3	133~134	-
16	95~96	33	16	114~115	*	4	135~136	36
17	96~97	62.2	17	115~116	*	5	136~137	43.5
18	97~98	60	18	116~117	15.5	6	137~138	50.5

순번	기선구간	길이(해리)	8	151~152	-	21	165~166	52
7	138~139	32.5	9	152~153	-	22	166~167	*
8	139~140	60	10	153~154	-	23	167~168	-
9	140~141	32.6	11	154~155	-	24	168~169	-
10	142~143	26.8	12	155~156	37	25	169~170	-
제13구역(北海道 西岸)			13	156~157	18	26	170~171	-
1	144~145	30	14	157~158	22	27	171~172	40
2	145~146	-	15	159~160	31	28	172~173	-
3	146~147	-	16	160~161	-	제14구역(에토로프 섬)		
4	147~148	-	17	161~162	30	1	174~175	14
5	148~149	-	18	162~163	49	2	175~176	25
6	149~150	-	19	163~164	49	3	176~177	24.8
7	150~151	-	20	164~165	41	4	177~178	-

5	178~179	31	4	183~184	-	10	189~190	*(2.7)
제15구역(시코탄 섬)			5	184~185	*(2)	11	190~191	-
순번	기선구간	길이(해리)	6	185~186	-	12	191~192	-
1	180~181	7	7	186~187	-	13	192~193	9
2	181~182	6	8	187~188	-	14	193~194	*(2.8)
3	182~183	-	9	188~189	-			

※: (직선기선의 길이는 3해리 이상만 표시함) *표는 3해리 미만, -표는 1해리 미만

이들 일본의 직선기선들은 해양법상의 직선기선에 관한 요건에 적합한가?

확실히 직선기선에 관한 해양법상의 요건은 법적인 기준으로서 볼 때 명확하지 못하며 세밀하다고 말할 수도 없다. 유엔해양법협약 제7조에서 14조까지의 규정들이 내포하고 있는 모호성과 불명확성은 기선획선에 관한 국가관행들을 결국 매우 다양한 모습으로 나타나게한 원인이 되었다. 그러나 중요한 점은 이제 우리는 법규의 해석과 국가관행의 올바른 추세를 정리해 감으로써 직선기선의 법적인 요건을 결국 정의해 낼 수 있으며 이러한 요건들은 존중되어야 한다는 점이다.

직선기선이란, 다소 복잡한 자연적 조건을 반영해야 하는 해양관할권이라는 사회적 제도를 일반화, 단순화시킨 편의적 수단이며 따라서 각 직선기선의 형태와 분포는 해안선의 대체적인 구조, 방향 및 길이의 형태를 충실히 반영하는 것이라야 한다. 유엔 해양법 협약 제7조 내지 14조에 의거하여 획선되는 일반적인 직선기선은 해안이 깊게 굴곡되거나, 해안 가까이 많은 섬들이 흩어져 있는 지형에 대하여 획선된다. 그 일반적인 요건적 기준은 이미 앞에서 세밀히 분석한 바가 있다. 이를 다시 요약해 보면,

(①-a) 평균저조선 위의 기점
(②-a) 해안의 굴입(屈入; deeply indented and cut into coast line)
(②-b) 가까이 흩어져 있는 섬(a fringe of islands)
(③-a) 해안의 일반적 방향과의 일치성(no deviation from the general direction of the coast)
(③-b) 내수제도에의 적합성(close linkage to the land domain to be subject to the regime of internal waters)
(③-c) 직선기선의 길이(length of straight baselines)

등이다.[132]

---

132) 본장 Ⅱ 내수의 범위, 1.직선기선, (2) 조약법규 참조.

Ⅲ. 기선(基線)의 법적성질   89

일본 직선기선에 관하여 이들 요건적 기준들을 개괄적으로 검토해 본다.

☞ 일본의 해안선은 "깊게 굴곡지거나 잘려들어간 지형"을 이루는가(②-a)?
제1구역, 제2구역, 제11구역, 제12구역(본주 서북안(本州 西北岸)) 및 제13구역(북해도 서안(北海道 西岸))에서 이러한 요건이 전혀 충족될 수 없음은 자명하다. 제11구역 즉 와까사만(灣)의 만구폐쇄선은 52.2해리이다. 그러므로 이 만(灣)이 해양법상 만(灣; legal bay)의 요건에 맞지않는 것은 분명하다.

앞서 요건 (②-a)의 설명에서 지적한 것처럼, 일반적으로 합의되어 있다고 학설상으로 인정되고 있는 해안의 굴입에 관한 요건적 기준은 그 자체가 독자적으로 해양법상의 만(灣)(유엔해양법협약 제10조)으로 성립될 수 있는 여러 개(3개 이상)의 굴입이 존재하고 이와 부수하여 보다 덜 현저한 수개의 굴입이 같이 존재하는 것이다.133) 미 국무성의 연구에 의하면 직선기선의 획정이 고려되는 일정한 지역의 연안에서 3개 이상의 현저한 굴입이 연속적으로 존재할 것과 이들 굴입의 심도(深度)는 적어도 6:10 이상이어야 하고 그 현저한 굴입의 기선을 합한 길이가 이때 이 지역에서 획정된 직선기선의 전체의 70%를 넘어야 한다고 한다.134) 이 와까사만(灣)의 굴입(屈入) 심도(深度)는 5:10 정도이고 이는 일본 혼슈(本州) 서남(西南) 해안에서는 유일한 현저한 굴입이므로 어떤 경우에도 해안 굴입의 요건을 충족시킬 수 없다고 본다.

☞ "해안을 따라(along the coast), 아주 가까이(in its immediate vicinity), 흩어져 있는 섬(a fringe of islands)"들이 직선기선의 획정을 정당화하고 있는가(②-b)?
제9구역 이외의 경우에는 어디에서도 이 요건이 충족되지 못하고 있다.

☞ 일본 개정 영해법에 의해 새롭게 획정된 직선기선 안쪽의 내수는 결국 내수제도로 포괄될 수 있을 정도로 육지와 밀접하게 연관되어 있는가(③-b)?
사실 이는 모든 요건적 기준을 종합적으로 판단하게되는 요건이다. 특히 제11, 12, 13구역에서 보면 해안의 굴곡요건이 성립되어 있지 않는 해안에서 직선기선의 길이가 대부분 30해리를 넘고 있으며, 전체적으로 60해리가 넘는 직선기선의 수는 5개나 된다.135) 이러한 점은 기선의 기점이 되고 있는 외측의 섬들이 무리하게 연결되어 있음을 증명하는 것이다. 특히 제12, 13구역에서 기선의 해안으로부터의 거리는 30 내

---
133) UN Office for the LOS, *The Law of the Sea:Baselines*, (1989). p.18.
134) Developing Standard Guidelines for Evaluating Straight Baselines, *Limits in the Seas*, No.106., US Department of State, Bureau of Oceans and International Environmental and Scientific Affairs. (August 31, 1987), pp.5~11.
135) 한국의 직선기선 중 가장 길이가 긴 것이 59.6해리이다.

지 20해리로서 육지와의 밀접성을 인정하기 어렵다.

☞ 일본의 직선기선 획선 방식을 종합적으로 평가해 본다면,

직선기선이란, 해안선이 깊게 굴곡되고 가까이 흩어져 있는 여러 섬들의 존재로 인하여 통상기선을 이러한 지형에 대하여 굳이 획정한다면 이러한 기선으로부터 관할 수역의 범위를 기산(起算)하는 것이 불편할 정도로 복잡하게 되는 경우에 이를 간명하게 한다는 점에 그 제도적 기능이 있는 것이다.136)

일본의 경우에는 전혀 직선기선의 획선이 요구되지도 않는 지역에서 무리하게 직선기선을 설정하였다. 직선기선의 기점이 194개나 되면서, 결국 직선기선의 수는 165개라는 것은 우선 이러한 사정을 잘 입증하고 있다. 이 중에 전체 길이가 1해리도 않되는 직선기선의 수가 65개(전체의 40%), 1해리 이상 3해리 미만의 길이를 갖는 직선기선은 18개이다. 즉 3해리 미만의 직선기선이 전체의 50%를 넘고 있다. 이러한 일본의 직선기선 획선 방식은 "특별히 일정한 요건이 성립되는 지역"(locality)에 대

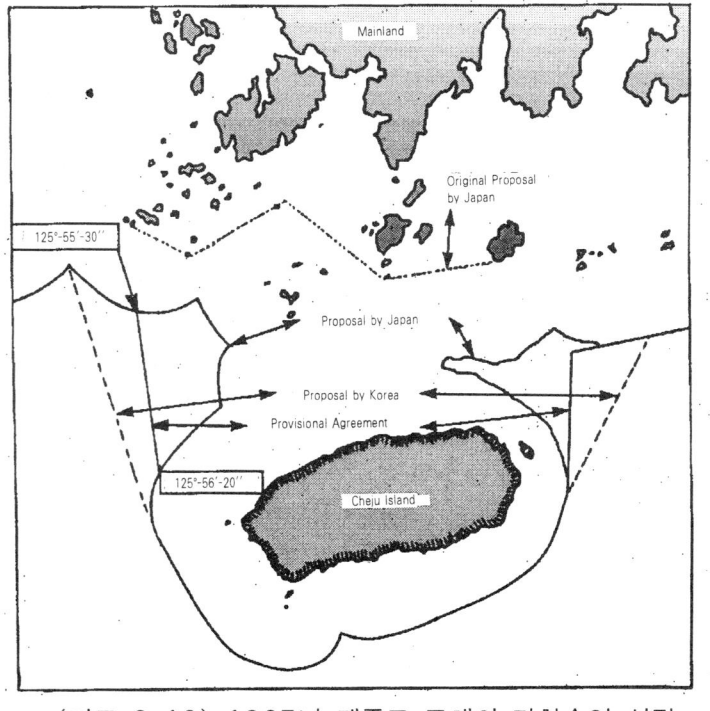

(지도 2-13) 1965년 제주도 근해의 관할수역 설정

---

136) Ashley Roach and Robert Smith, *United States Responses to Excessive Maritime Claims*, 2nd ed.(Boston:Martinus Nijoff Publishers, 1996), p.60.

하여서만 예외적으로 인정되는 직선기선 제도의 본뜻[137]을 오해하였거나 왜곡하고 있는 것으로 지적되지 않을 수 없다.

(4) 일본의 직선기선 획선과 '금반언의 원칙(禁反言의 原則; Principle of Estoppel)'

직선기선 획선 방식은 1977년 일본이 영해법을 제정할 당시에도 벌써 국제법상의 확립된 제도로 존재하고 있었던 것으로 당시에 일본은 그 동남 해안에서 이 직선기선 방식을 적용할 수 있었음에도 불구하고 의식적으로 국내 해양입법에서 이 제도를 배제(排除)하고 있었다.[138] 1994년 이행협약의 타결로 법적 제도의 중요한 내용이 바뀐 심해저 개발제도와는 아주 대조적으로, 영해 직선기선 획선 방식은 이미 1951년 영국-노르웨이 간 어업분쟁 사건에 대한 국제사법재판소의 판결이래 1958년 영해협약과 1982년 유엔 해양법협약 등을 통해서 국제법상 확립되어 있는 제도이며 해양법협약이 발효하고 본격적인 그 협약체제가 가동되는 지금과 1977년 일본의 영해법이 처음 제정되던 당시와는 아무런 차이가 없는 것이다. 그러므로 일본이, (그 밖의 다른 나라라고 해도 마찬가지이겠지만) 해양법 협약에 비준함을 계기로 해양법상 이 기본적인 규범(직선기선 획정 방식)에 대한 종래의 입장을 변경함에 있어서 수긍할 만한 근거나 명분이 없다.

더구나 일본은 종래의 해양법에 관한 보수적인 태도를 전제로 해서 1960년대이래 지금 까지 주변국과의 법적 관계를 형성시켜온 것이다. 그 현저한 예가 바로 한국과의 어업협상에서 나타나고 있다. 한국과 일본간의 어업협정을 타결하는 과정에서 한국 연안에 설정하는 12해리 어업전관수역을 위해 한국은 제주도 근해에서 다소 확장적인 직선기선을 획선코자 하였으나 일본의 강력한 항의로 인하여 결국은 상당히 절충적인 것으로 낙착되었으며(지도 2-13 참조) 1965년의 이 전관수역 설정의 전례(前例)가 1978년 한국 영해법에서의 직선기선 획선에 까지 충실히 반영된 것이다. (지도 2-14참조)

한국의 전관수역과 영해를 위한 직선기선의 설정에 강력히 반영된 바 있고, 1960년대 이래 일관성 있게 유지되어온 해양법에 관한 일본의 이 보수적인 입장과 태도는 일본 자신을 구속하며, 명분없이 변경함으로써 관련국에게 신뢰이익(信賴利益)을 저해(沮害)할 경우에는 금반언의 원칙에 위배되는 것으로서 위법적인 것이 된다고 보아야

---

137) Developing Standard Guidelines for Evaluating Straight Baselines, *Limits in the Seas*, No.106., US Department of State, Bureau of Oceans and International Environmental and Scientific Affairs. (August 31, 1987), pp.10~12.
138) 일본이 그 보수적인 성향을 의연히 유지하여 그 당시 이미 확립된 국제법적 제도였던 직선기선 획선 방식을 배제한것은 당시 미국을 비롯한 해양 선진국가의 기본적인 성향으로서, 영해의 범위를 확장해 가는 개발도상 연안국가들의 일반적 추세를 저지(沮止)하고 부정(否定)하려는 공통적, 과시적(誇示的)인 정책이었음은 이미 지적한 바와 같다.

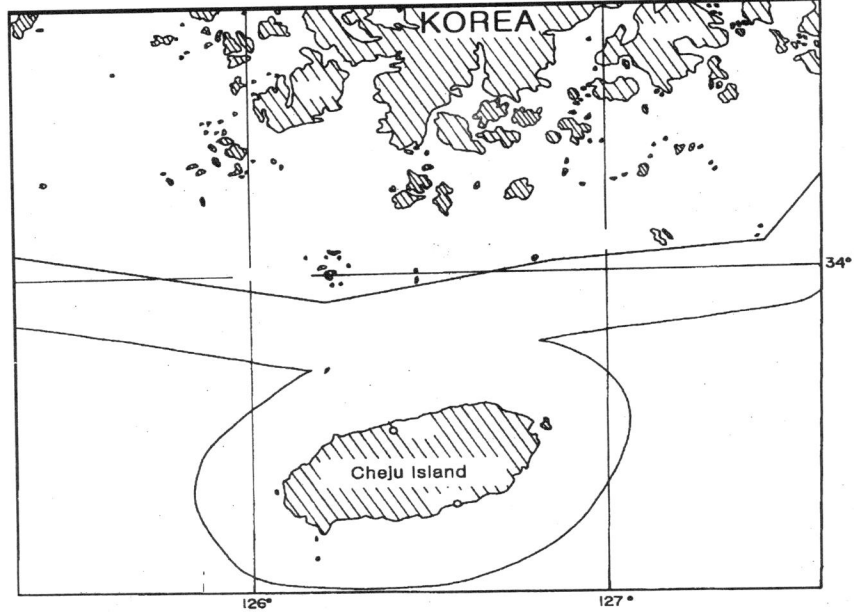

(지도 2-14) 제주도 근해의 직선기선과 영해 범위

할 것이다. Anglo-Saxon의 오래된 관습법인 이 Estoppel의 원칙은 한 당사자가 타방 당사자의 행위나 주장에 근거하여 그것을 전제로 자신의 지위를 변경시킨 경우에 그 타방 당사자가 후에 그 행위나 주장을 뒤집을 수 없다고 하는 원칙이다.[139]

영해의 범위나 직선기선 제도와 같은 중요한 해양법 제도와 관련하여 분명하게 주장된 일본의 보수적인 입장에 대하여 한국이 이를 존중하고 그를 전제로 일정한 관계를 수립해 왔다고 하면 이러한 한국 측의 신뢰는 역시 금반언의 원칙으로 보호되어야 한다.[140]

Ⅳ. 내수의 법적 지위

내수는 육지영토의 일부로 간주되어 왔다. 그러므로 연안국의 배타적 주권이 여기에 미치며, 영해에 있어서와 같은 타국 함선의 무해통항권은 인정되지 아니한다. 하

---

[139] Jorg Paul Muller, Thomas Cottier, "Estoppel" in R. Bernhardt (ed), *Encyclopedia of Public International Law*, Instalment 7, (1984), pp.78~80.
[140] D.W. Bowett, "Estoppel before International Tribunals and its Acquiescence," *BYIL*, Vol.33. (1957), pp.176-202.

나의 예외로서 연안국에 의해 직선기선이 획정됨으로써 종래에는 내수가 아닌 수역이 기선의 내측에 포함되어 내수가 될 때 그러한 수역에 대하여 영해협약과 유엔해양법협약의 체약국은 무해통항권을 인정하여야 한다.(영해협약 제5조 2항, 유엔해양법협약 제8조 2항) 내수는 법적으로 육지영토의 일부로서 국내법이 전적으로 적용되므로 본래의 유엔해양법협약의 규율대상은 아니나 내수에 있어서 연안국의 주권행사에 관해 해양법상 특별히 문제되고 각 국가의 관행으로 발전해 온 두가지 문제가 있다. 그것은 입항권(入港權)의 문제와 항내의 외국선박에 대한 재판관할권(裁判管轄權) 행사의 문제이다.

1. 내수로의 입항권(入港權)

(1) 항만(港灣)

내수에서는 연안국의 절대적, 배타적 주권이 행사된다는 점과 일반적으로 타국 선박의 무해통항권이 배제된다는 사실들로부터, 아주 자연스럽게 추론되는 것은 외국선박은 타국의 항구(또는 내수)에 입항할 권한은 없고, 연안국은 그들의 의사에 따라 선별적으로 입항을 허락할 수 있을 것이라는 점이다. 이러한 기초적인 규칙은 각 국가의 관행을 통해 세부적으로 발전해 왔다.

첫째로, 연안국은 국제무역을 위해 개방할 자국의 항구를 선정(選定)할 권한이 있다. 즉 연안국이 협약상 의무로서 받아들여야 할 외국선박이나 연안국이 자의로 선택한 외국선박의 입항을 위한 개항(開港)을 선정할 수 있다. 개항에 관한 국가의 관행은 1610년까지 소급된다.[141] 이는 보통 관세징수와 이민(移民)의 규제를 실시키 위한 특정한 개항을 지정하는 각국의 국내법에서 비롯된다.

둘째로, 연안국은 그 평화와 안전 및 시민의 편의를 위하여 필요한 때에는 국제교통을 위해 일단 개방한 항구라도 이를 폐쇄할 권한을 갖는다.[142] 연안국이 자국의 안전보장을 위해서 필요한 조치를 강구할 수 있는 권한은 흔히 외국군함의 입항금지 등으로도 나타난다. 이러한 내수에서의 연안국의 권한은 영해에서 무해통항을 일시 중지시킬수 있는 권한(영해협약 제16조 3항, 유엔해양법협약 제25조 3항)과 통한다.

셋째로, 타국선박이 자국의 항구 또는 기타 내수로 입항함에 따르는 여러가지 조건을 설정할 수 있는 광범위한 재량권을 가지고 있다. 미연방최고법원은 Patterson vs Bark Ecuador사건(1930)에서 이 문제에 관해 그 견해를 다음과 같이 밝히고 있다.[143]

---

141) Bates case(U.K.), Attorney General vs Bates(1610) 2 State Trails 371.
142) Fabor case(1903), *RIAA*, Vol. X, p.438.

미국의 항구에 대한 묵시적인 입항허가는 언제라도 철회될 수 있다. 또한 미국정부는 자신이 적당하다고 판단하는 입항의 조건 등을 타국 선박에 부과할 수 있다.

이러한 조건과 부담은 문명국간의 국제통상을 규율하는 일반적 관행에 배치되어서는 안된다고 하는 견해가 제기된 적이 있지만[144] 연안국의 재량권에 이와 같은 제한이 부과된 것으로 간주할 수 있는 어떠한 관행도 확립된 바는 없다.

넷째로, 조난을 당한 선박은 입항할 권한을 갖는다.[145] 그러나 조난선박이 아닌 한 관습국제법상 타국 선박의 입항권은 인정되지 아니한다. 이는 특별한 사유로 종래 폐쇄되지 아니한 지정 항구에 대해서도 같다.

내수에 관한 연안국의 절대적이고, 배타적인 주권(主權) 개념으로부터 도출된 이상과 같은 기본원칙의 논리적 추론들은 여러 판례를 통하여 일반적인 국가관행으로 확정되었다.[146] 간혹 학자에 따라서는 관습법상 입항권이 존재한다고 주장하는 경우도 있다. 이러한 주장의 근거는 주로 18세기 자연법학자인 Wolff가[147] 주장한 것처럼 일종의 국제통상에 관련된 권한으로서의 입항권을 드는 경우가 있다. 이러한 태도는 최근에 Colombos 등에 의해 이어져 내려오고 있다.[148] 입항권의 존재를 긍정하는 중요한 근거로서 인용되는 판례로는 1958년 Aramco 중재판결이 있다.[149] 여기서는

> 국제법상의 대원칙에 의하면 모든 국가의 항구는 외국상선에 대해서 개방되어야 한다. 그 연안국의 중요한 국가이익을 보호하기 위하여 꼭 필요한 경우에만 이는 폐쇄한다.

라고 표현하고 있다. 그러나 이 부분의 재결(裁決)은 동 중재사건(仲裁事件)의 양 당사국의 논점도 아니었고 중재 당사국은 이 재결 부분을 지지하지도 아니하였다. 일반적으로 외국선박의 입항권은 존재하지 않지만 지정항구(指定港口)는 외국 상선들이 자유로이 입항할수 있다고 전제되고 있고, 이러한 항구는 충분한 이유가 있어야만 폐쇄할 수 있다는 것이 법적인 의무는 아니지만 국제예양(國際禮讓)상의 원칙으로 되

---

143) 190 U.S. 169
144) A.V.Lowe, "The Right of Entry into Maritime Ports in International Law", 14 *San Diego Law Review*(1977), p.611.
145) The Creole case(1853), *Moore International Arbitration*(1898), p.4375. The Rebecca case(1929), 일명 Kate A. Hiff case, RIAA, Vol.IV, p.144.
146) (a) Patterson case(1903), 190 U.S. 169
   (b) Khediviai Line S.A.E. vs Seafarers International Union USA, (1960).
147) Christian Wolff(1679-1754), 그로티우스학파의 대표, 저서로는 「과학적 방법에 의한 국제법」(*Institution Juris Naturae of Gentium*, 1750)이 있음.
148) C.J.Colombos, *The International Law of the Sea*(London:Longmens Gr. & Co., 1951) 2nd ed., p.114.
149) Aramoco vs Saudi Arabia(1958) 27 *International law Reports* 117; Whiteman, *Digest of International Law*(1965), Vol IV, pp.256~261.

어 있는 것도 사실이다. 자의(恣意) 또는 고의적(故意的)으로 특정 입항선박을 의식한 항구의 폐쇄는 입항권의 침해라기 보다는 특정 국가에 대한 국가평등원칙(國家平等原則) 위반으로 인한 불법행위를 구성하여 정도에 따라서는 국제법 위반이 되며 연안국가는 국제법상의 책임을 지게되는 경우가 있다. 그러나 이와 같은 연안국 주권에 대한 미약한 제한조차도 Poggioli case에서는 전혀 인정되지 않았다.150) 이 사건의 판결에서는 항구를 폐쇄할 수 있는 연안국의 권한은 절대적인 것으로 간주되어야 하며, 그러한 권한을 행사하는데 대한 이유는 문제될 수도 없다고 결론짓고 있다. 이러한 일반 관습법적 규범 위에는 보다 더 구체적인 조약법의 체계가 존재한다. 그리고 여기서는 조약상의 합의에 따라 내수에의 입항이 허용된다. 가장 일반적으로 이러한 입항의 권리는 양자조약 형태의 우호통상항해조약에서 규정된다. 그리고 이러한 양자조약은 100여개가 존재한다. 때로는 보다 더 구체적인 협정이 체결되는 경우도 있다. 예컨대, 1964년에는 미국의 핵추진함 Savanah호의 항해와 관련하여 그 입항권을 인정키 위한 양자(兩者)조약이 체결되기도 하였다. 다자(多者)조약으로는 1923년의 「국제해항제도(國際海港制度)에 관한 조약」(The 1923 Statute on the International Regime of Maritime Ports)151)이 체결되었다. 이 조약에서 상호주의적인 기준 하에 외국선박이 항구에 입항할 수 있는 권리에 관해 규정하고 있다. 뿐만 아니라 이 조약에서는 연안국의 해항(海港)내에서 외국선박이 동등한 대우를 받을 권한까지도 규정하고 있다. 그러나 이 조약에 가입 비준한 국가는 34개국 밖에 되지 않았다. 외국선박의 타국항구(또는 내수)에의 입항권을 규정하는 이 조약의 내용이 관습국제법을 반영한 것이라는 견해도 있으나,152) 분명히 관습국제법상 입항권의 존재를 부인하는 견해도 있다.153) 일반 관습국제법상의 내용으로 이러한 권리가 성립하는가의 여부에 관해 결정적인 결론을 내리기가 어려운 상황이나, 대다수의 국가들은 양자조약 또는 다자조약으로 어찌되었든 타국 해항에의 입항권을 향유하여 온 것이다.

입항권에는 당연히 출항권도 내포된 것이라고 볼 수 있으나 외국함선의 출항에는 중대한 제한이 가해질 수도 있다. 연안국은 그 항내에 있는 외국선박을 그 국내법 절차에 따라 나포(拿捕)할 수 있다. 예컨대 관세법 위반의 혐의에 기한 선박의 나포와 같은 것이 전형적인 경우이다. 또 항내의 외국 선박은 그 배 자체에 대한 물권적 절차의 담보를 위해서도 체포의 대상이 될 수 있다. 1952년 「외항선의 나포에 관한 브랏셀협약」(The 1952 Brussels Convention on the Arrest of Seagoing Ships)에 의하면,154) 이

---

150) Pogioli case(1903), *RIAA*, Vol. X, p.669.
151) 58 *LNTS* 287. 1923년 12월 9일 Geneva에서 체결, 1926년 7월 26일 발효됨.
152) Louis S. Sohn and Kristen Gustafson, *The Law of the Sea in a Nutshell*(St.Paul; West Publishing Co., 1984), pp.79~80.
153) R.R.Churchill, A.V.Lowe, op.cit., pp.79~80.

협약 가맹국의 함선은 해사관계 손해배상사건에 관련되어서만 나포될 수 있다고 규정하고 있다. 연안국은 또한 감항능력(堪航能力)을 상실한 내해성(耐海性) 부족의 외국선박을 구인(拘引)할 수 있다. 이러한 연안국의 권한은 그 항(또는 내수)에 있어서의 배타적 주권에서 연유되며 이와같은 타국선박이 연안국 권리에 복종한다는 조건은 입항시에 묵시적 승낙으로서 이미 성립되어 있는 것이라고 보아야 한다. 기항지국(寄港地國)의 관할권이 새롭게 특별히 강조되는 예는 유엔해양법협약의 해양환경오염방지에 관한 새로운 규정 속에서 발견된다.(유엔해양법협약 제211조, 제218조, 제220조)

(2) 하천(河川)

외국선박은 가항(可航)하천을 항행하게 된다. 이 강들은 역시 전형적인 내수(內水)이지만 관행상으로는 항만(港灣)과는 전적으로 다르게 취급되고 있다. 단일 국가의 영역 내로만 흐르는 가항하천에는 타국선박이 들어갈 권한이 없다. 그러나 수개국의 영토를 관류(貫流)하거나(연속하천; 連續河川) 다수국의 경계를 이루고 있는(국경하천; 國境河川) 이른바 국제하천(國際河川)의 경우에 있어서는 외국 선박의 입항권 및 항행권이 광범위하게 인정된다. 1815년 비엔나(Vienna)회의의 '최종의정서(最終議定書)'에서는 국제하천의 항행의 자유를 강조하였으므로 이것을 시작으로 유럽의 각 국제하천은 협약에 의해 항행의 자유가 확립되기에 이르렀다. 1919년 베르사이유(Versailles)회의에서 "국제하천의 항행자유의 원칙"은 일반적 규범으로 확인되었으며 이를 제도적으로 확정키 위해 1921년 국제연맹(League of Nations)에 의해 바르셀로나(Barcelona)회의가 열렸다. 이 회의에서 「국제적 가항수로(可航水路)의 제도에 관한 협약」155)이 성립되었다.

라인(Rhein)강, 다뉴(Danube)강 등 유럽의 주요 국제하천은 하천위원회(河川委員會)가 협약으로 성립되어 하천교통에 관한 규제와 조정을 전담해 왔다. 각 하천위원회의 구성과 권한 및 국제하천의 항행자유권의 내용은 각종 협약을 거쳐서 변화하고 수정되어 왔다. 그러나 국제하천에 있어서도 비연하국(非沿河國)의 하천 자유통항권의 보장에 관해서는 일찍부터 많은 문제가 있었다. 그 가장 극단적인 예는 다뉴강의 경우가 있다.1921년 「Barcelona협약」 정신에 입각하여 Paris에서 「다뉴강 규약」(1921 Definitive Statute of the Danube)156)이 채택되었던 것인데 여기서는 비연하국(非沿

---

154) 439 *UNTS* 193. 1952년 5월 10일 Brussels에서 체결, 1956년 2월 24일 발효, 29개국이 비준함.
155) Convention and Statute on the Regime of Navigable Waterways of International Concern, 일명 Barcelona협약이라고 함. 1921년 4월 20일 체결, 1922년 10월 31일 발효, 비준국은 26개국. 7 *LNTS* 36.
156) Convention Instituting the Definitive Statute of the Danube, 1921년 7월 23일 Paris에서 체결, 1922년 10월 1일 발효, 12개국 비준. 26 *LNTS* 173.

河國)의 하천 자유항행이 보장되었다. 그러나 제2차 세계대전 이후에 「다뉴위원회」는 소련 등 공산국가에 의하여 개편되고 서방세력이 배제되었으며, 1948년 「Belgrade조약」157)에 의해서 「다뉴강 규약」은 폐기되었다. 여기서도 항행의 자유를 보장하는 것으로 되어 있지만 비연하국의 하천 자유항행권은 배제되었다. 영국과 미국, 프랑스는 새로 구성된 「다뉴위원회」를 승인하지 않는 다는 것과 「Belgrade협약」이 그들에게 구속력이 없음을 강조하였으나 다뉴강의 이용에서 그 연하국인 공산국가들로부터 실질적인 배제, 거부를 당하는 것을 피할 수 없었다. 그러므로 하천 자유항행에 관하여는 이를 실효적인 조약상의 권리로 보장받지 않는 한, 비록 그것이 국제하천인 경우에도 비연하국의 입항권은 보장될 수 없다고 볼 수 밖에 없었다.158)

(3) 운하(運河)

운하(運河)란 어느 국가의 육지 영토상에 인공적으로 구축해 놓은 해양 통로이다. 특정 국가가 그 육지 영토 위에 구축해 놓았다는 점에서 보면, 그 영토 국가의 절대적 배타적 관할권이 여기에 적용되어야 한다는 점을 수긍할 수 있다. 그러나 해양 통로로서 국제 해상교통을 위하여 구축되었다는 점에서 보면 영토국가 이외의 타국 선박의 자유항행이 보장되어야 한다는 필요성도 강하게 인정되는 것이다.

수에즈 운하(Suez 運河)는 개통 이후, 1888년 「콘스탄티노플 협약」159)에 의거, 국제해상교통로로서의 이용체계를 확립하였고 전·평시를 막론하고 모든 국가의 선박의 자유통항을 보장하고 있다. 이집트가 운하회사를 국유화하고 그 주권적 권리를 강화한 1956년 이후에도 이집트는 운하의 자유항행에 관해 「콘스탄티노플 협약」의 원칙에 따를 것을 거듭 선언해 왔다.160)

파나마 운하(Panama 運河)는 그 개통에 앞서, 이미 자유항행제도가 협약으로 규정되었으며,161) 이것은 1903년 「미국과 Panama간의 기본 운하조약」162)에서 다시 확인

---

157) Convention concerning the Regime of Navigation on the Danube, 1948년 8월 18일 Belgrade에서 체결, 1949년 5월 11일 발효, 7개국 비준. 33 UNTS 181.
158) Churchil & Lowe, op.cit., p.48.
159) 1888 Convention Respecting the Free Navigation of the Suez Canal. 1888년 12월 29일 Constantinople에서 체결, 1889년 12월 22일 발효. 9개국 비준. *Consolidated Treaty Series* (이하 CTS로 함) Vol. 171, p.241.
160) a) 1957년 4월 24일 이집트 정부선언: 「콘스탄티노플협약」의 원칙을 인정.
    b) 1979년 7월 18일 선언: 모든 국가의 운하 통행 자유를 인정, 운하에 관한 국제분쟁에 대한 ICJ의 강제관할 승인.
161) Treaty to facilitate the Construction of a Ship Canal(Hay-Paunceforte Treaty), 1901년 11월 18일 워싱톤에서 美國과 英國간에 체결, 1902년 2월 21일 발효. 32 *Stat* 1903.
162) Convention for the Construction of a Ship Canal (1903 Hay-Bunau-Varilla Treaty), 1903년 11월 18일 워싱톤에서 체결, 1904년 2월 26일 발효. *CTS* Vol. 194, p.263.

되었다. 파나마 운하의 자유 항행체제는 수에즈 운하의 그것을 모방한 것으로서 전·평시를 막론하고 일반상선과 군함의 운하통항을 보장하는 체제이다. 본래 Hay Bunau-Varilla Treaty에서는 파나마 운하 지역을 영구적으로 미국이 관리하는 것으로 되어 있었으나 「1977년 파나마 운하조약」163)에서는 2000년 이후에 모든 권한을 파나마에게 이양토록 수정하고 2000년 후에는 파나마 운하 지역을 영구적 중립지역으로 하기로 정하였다.164)

2. 내수에 있어서의 관할권

(1) 항내 외국선박에 대한 연안국의 관할권

항만이나 기타 내수에 입항한 외국선박은 연안국의 절대적인 영토주권(領土主權)하에 놓이게 된다. 그러므로 모든 국가는 그 항(또는 내수)에 들어오는 선박과 적하물(積荷物) 및 인원에 대해서 주권과 외교적 면책특권에 관한 일반관습국제법의 제한을 받는 이외에는 절대적인 주권적 관할권을 갖는다. 모든 외국선박은 상선이든지 군함이든지 연안국의 항 또는 내수 안에서는 기국(旗國)과 연안국간의 명시적 협약으로 달리 규정해 놓지 않는 한 연안국의 국내법 규정 특히 항해, 안전, 위생 및 항만행정에 관한 제반 법규를 준수해야 한다. 그러나 선박이란 그 자체로서 특수한 개체이기 때문에 외국항내에 있는 경우에도 기국의 법적 체계 내에 있으며, 또 기국의 국내법을 적용하고 실행할 수 있는 기관, 즉 선장(船長)이나 영사(領事) 등이 있다. 따라서 연안국은 자국의 국익이 관련된 경우에만, 외국선박에 그 국내법을 적용하고 그 선박의 내부적 사항에 관한 것은 기국의 법적 체계에 일임해 주고 있다. 실제로 자국의 내수영역 내에 들어온 외국선박에 대하여 배타적 주권을 행사하는 범위와 정도는 각 연안국마다 약간씩 차이가 있다. 대체로 그 사항은 영미주의(英美主義)와 프랑스주의로 양분하여 설명되고 있다.

영미주의(英美主義)는 1929년 '헤이그 설문서'에 대한 영국의 답변과 미국 연방최고법원 판례인, Cunard S.S.C. vs Mellon case(1923)165)에서 잘 요약되고 있는 바 내수영역 내의 외국선박에 대한 연안국의 관할권은 완전한 것이지만 사안에 따라 재량으로서 그 관할권의 행사를 보류할 수 있다는 것이다.166) 프랑스주의는 외국선박의

---

163) Panama Canal Treaty (With Annex, minute and letter)
    1977년 9월 7일 워싱톤에서 체결, 1979년 10월 1일 발효. *ILM* Vol. 16, (1977), p.1040.
164) Treaty concerning the Permanent Nuetrality and Operation of the Panama Canal
    1977년 9월 7일 워싱톤에서 체결, 1979년 10월 1일 발효. *ILM* Vol. 16, (1977), p.1040.
165) 262 *U.S.* 100, 124.
166) L.B.Sohn and K.Gustafson, op.cit., p.86.

'내부적 사항'은 연안국의 관할권에서 제외된다는 태도인 데 1806년 Salley and the Newton case에 대한 conseil d'Etat의 견해에서 비롯되었다고 말하여진다.167) Salley와 Newton은 미국선박이었으며, 이들 선박 내의 선원간의 살해사건에 대해, 미국 영사의 관할권을 인정한 것이다.168) 그러나 1859년 The Tempest case169)에서 프랑스법원은 같은 살해사건에 관해 기국의 관할권을 배제하였다. 이것은 프랑스주의에 있어서 '연안국의 이익'에 무관한 '내부적 사항'(internal affairs on the foreign ship) 또는 '항의 평화과 질서'(peace and good order of the port)를 저해하지 않는 함선의 내부의 사건이라는 기준이 얼마나 애매한가 함을 단적으로 나타내 주는 것이다. 그리고 프랑스주의를 영미주의와 구태여 구별한다면, 전자에서는 외국 함선에 대한 그 기국의 관할을 인정하기 위하여 연안국의 주권적 관할이 배제되는 경우를 미리 예상하고 있다는 점이라고 하겠지만 위와 같이 그 기준이 애매하고 또 영미주의도 1877년 Wildenhus case 170)에서 미연방최고법원이 밝힌 것처럼 재량으로 연안국의 관할권에 개입되는 경우의 사유를 연안국의 "평화와 위신(平和와威信; peace or dignity)" 그리고 "항구의 평정(港口와 平靜; tranquility of the port)"의 유지 보호의 필요에 두고 있는 한171) 실질적으로 양자의 차이는 존재하지 않는다고 보아야 할 것이다.

연안국에 외국선박의 내부사건에 대한 영토적 관할권을 인정한 유명한 예는 앞서 말한 미국의 Wildenhus살인사건 이외에도 1922년의 People vs Wong Cheng(마약상습)사건172)과 1894년의 Public Minister vs Jensen사건 등이 있다.173)

연안국은 외국선박의 선장이나 사고선박의 기국의 영사가 요청할 때는 영토적 관할권을 행사하여 함내 사건에 개입할 수 있다. 항내의 외국함 선상에서 발생한 절도사건에 있어서 연안국 재판관할권이 행사된 Waston case(1856) 및 Sverre case (1907)

---

167) Churchill and Lowe, op.cit., p.49.
168) Salley호는 마르세이유항에서, Newton호는 Antwerp항내에서 선내 선원간에 상해 및 살인을 범한 경우이다. 모두 미국영사가 기국관할을 주장하고 마르세이유 항과 당시 프랑스령이던 Antwerp항 당국에서도 영역주권에 기한 재판관할권을 주장하여 분쟁이 발생하였으나, 프랑스의 Conseil d'Etat에서는 이 사건이 "항내의 평화와 안정"을 저해하지 않았으므로 외국선의 "내부적 사실"이라고 보고, 기국의 관할을 인정하였다.
W.W.Bishop Jr, *International Law Cases & Materials*(New York:Prentice Hall Inc., 1953), p.388.
169) Dalloz, *Jurisprudence generale*, Vol. I, p.88.
170) 120 U.S.1-18.(1887)
171) Sohn & Gustafson, Loc.cit.
172) *Annual Digest of Public International Law Cases*(hereafter "AD"), 1919~1922, Case No. 73.
173) P.C.Jessup, *The Law of Territorial Waters and Maritime Jurisdiction*(New York: Oceana, 1927), p.165. 이 사건은 선장의 부주의로 인한 항내에서의 선박의 파손에 관한 것임.

는 이러한 예에 속한다.[174] 또 기국측의 요청과 연안국측의 재량적 개입이 경합되는 경우도 있다.[175]

항내 외국선박내의 사건일지라도 그 함선 승조원 이외의 범인이 연루된 경우는 당연히 연안국의 관할권이 행사될 수 있다. 예컨대 프랑스에서 Cordoba사건(1912)과 이탈리아 Redstart사건(1985)은 이러한 근거로 연안국이 개입하였다. 일본에서는 자국 국민이 연루된 사건에 대해서는 주권적 관할권으로 외국선박 내부사건에 개입할 수 있다고 주장된다. 또 군함이 아닌 일반 외국선박에 피난중인 혐의자를 연안국 관헌은 그 선박 내부까지 추적하여 체포할 수 있다. 1949년 Eisler case[176]에서는 폴란드 국적의 Eisler를 영국 관헌이 영국항에 정박한 폴란드 함선에서 체포한데 대해 폴란드정부가 항의하였다. 이에 대하여 영국정부는 그 답변서 중에서 다음과 같이 밝히고 있다.

> 상선은 그 함내에서 정치범 비호(庇護)를 할 수 없고 연안국은 그 영역내에 있는 외국 선박에서 범인을 체포할 수 있다고 하는 것은 일반적으로 인정된 국제법의 원칙이다. 즉 타국의 항구나 정박지에 있는 상선은 그 연안국의 관할하에 놓이게 되는 것이기 때문이다.

또 영국정부는 그 범죄인의 범행이 그 항내에서 또는 그 함선내에서 발생된 것이 아닐지라도 연안국이 이를 체포하는데 그 선박의 선장이나 기국의 영사의 요청을 필요로 하는 것은 아니라고 하였다.[177] 외국선박이 조난 등 불가항력으로 연안국의 항이나 내수에 피난하였을 때, 위에서 논한 것과 같은 강력한 연안국의 관할에 관한 일반원칙을 적용하지는 않는다. 즉 조난선박은 내수에서 연안국 관할권으로부터 면책된다.[178] 1929년 Rebecca case[179]는 연안국의 관세부가권으로부터의 면책을 확정한 판례이다.

(2) 외국항 및 내수에 있는 함정에 대한 기국의 관할권

연안국이 평화와 안전을 위한다는 명목으로 그 항 또는 내수에 있는 외국함선에 대해 관할권을 행사하는 경우를 제외하고, 기국은 그 국민이 자국 선박에서 범한 범죄에 그 국내법을 적용하여야 한다. 1933년 벨기에령의 내륙 150마일에 위치한 선거장(船渠場)에 입거(入渠)하고 있는 미국선박 내에서 미국시민이 다른 미국시민을 살해한 사건에서,[180] 벨기에 당국은 이 범죄에 관해 아무런 조치를 취하지 아니하였다. 미연방최고법원은 함정이 '미국영토의 일부'를 구성한다고 보고 미국의 형사재판관할을 인정하였다.

---

174) Ibid., pp.159~160.
175) State vs Dave Johnson Plazen(1927), *AD* 1927~1928, case No. 99.
176) Eisler case(1949), 26 *BYIL* 468(1949).
177) Whiteman, *Digest of International Law*, Vol. 9(1968), pp.135~136.
178) Sohn & Gustafson, op.cit., p.90.
179) Rebecca or Kate A. Hoff Claim case(United States vs Mexico) 4, RIAA 444(1929).
180) United States vs Flores, 289 U.S. 137, pp.158~159(1933)

제3장 영 해(領海)

Ⅰ. 영해 개념의 발전
Ⅱ. 영해의 법적 지위
Ⅲ. 영해의 범위
Ⅳ. 한국의 영해법
Ⅴ. 영해의 경계획정
Ⅵ. 무해통항권(無害通航權)
Ⅶ. 연안국의 권리와 의무
Ⅷ. 군함의 영해통항
Ⅸ. 군사수역
Ⅹ. 중공 어뢰정 사건과 Pueblo호 사건
Ⅺ. 잠수함의 통항
Ⅻ. 핵추진 및 핵물질 등 운반선박의 통항
ⅩⅢ. 항공기의 타국 영해 상공비행
ⅩⅣ. 접속수역(接續水域)

제3장 영 해(領海)

Ⅰ. 영해 개념의 발전

1. 영해란 무엇인가?

영해(領海)에 관하여, 1930년 헤이그 국제법전편찬회의(國際法典編纂會議)를 위한 협약초안 (Basis of Dissussion) 제1조에 의하면,

> 국가는 그 연안 주변의 해대(海帶)에 주권을 갖는다. 이 해대는 그 국가의 영해를 구성한다.

라고 규정하고 있다.[1]

또, C.J.Colombos는 그의 저서에서,

> 영해라는 용어는 해안선에 평행하게 그은 선으로부터 일정한 범위에 이르는 해양의 부분을 의미한다. 그 폭은 대다수의 국가가 저조선(低朝線)으로부터 3해리의 거리를 잡고 있다.[2]

라고 정의한다.

그 밖에 J.L.Brierly는 "연안에 인접한 일정 범위의 바다"[3], Oppenheim은 "국가 주변의 해대(海帶)"[4] 등으로 표현하고 있다. Colombos나 Oppenheim의 정의에서는 영해를 내수와 준별하는 태도를 엿볼 수 있으나 그 밖의 경우에는 이 구별조차 분명치가 않다. 우리가 영해의 정의를 내린다면, "영해란 국가 영역에 속하는 해면 중에서 내수를 제외한 일정 범위의 해양을 말한다"라고 할 수 있을 것이다. 일견해서 매우 자명하고 명확한 것처럼 보이는 이러한 영해에 관한 정의는, 실은 복잡한 역사적 과정을 거쳐서 형성 발전되어 왔다. 우선 영해 개념이 생성 발전되어온 경과를 살핌으로서 그 현대적 의미를 파악해 보기로 하자.

중세 봉건체제가 와해되고 점차 명확한 국경을 갖는 주권 국가들이 등장함에 따라 연안국가는 그 해안에 인접한 해양에서의 활동에 대하여 자국의 이익을 옹호하기

---

1) LoN Doc. C.74, M.39, 1929, V.
2) C.J.Colombos, *The International Law of the Sea*, 2nd Rev. ed.(London : Longmans Green Co., 1951), p.62.
3) J.L.Brierly, *The Law of Nations*, 4th ed.(Oxford:Clarendon Press, 1949), p.163.
4) L.Oppenheim, *International Law*, 8th edition ed. by H.Lauterpacht, Vol.I,(London:Longmans Green Co., 1957), p.461.

위한 일정한 통제권(統制權)을 행사할 수 있다고 하는 것이 일찍부터 인정되기 시작하였다. 이와는 별도로 육지 영토에 대한 것과 똑같이 국가가 해양을 주권적으로 지배할 수 있다는 해양지배(海洋支配)의 사상이 한때 팽배하였는데, 이 두 가지 추세가 영해 개념을 형성시키는데 큰 원동력이 되었다.

2. 해양지배(海洋支配)의 사상과 영해 개념의 생성

콜럼버스가 신대륙을 발견하고 돌아오자(1493) 발령된 교황 알렉산더 6세의 칙령(勅令)과 스페인-포루투갈간의 Tordesillas 조약(1494)에 의해서[5] 위 양국의 발견지 경계가 설정되었던 바, Verzil의 해석에 의하건대[6] 이는 지금의 Brazil을 통하는 자오선을 기준으로 그 동쪽은 포루투갈 령이요, 그 이서(以西)는 스페인 령으로 하는 것이었다. 본래 교황의 친서가 나오게 된 것은 새롭게 발견된 지역에 교역자(敎役者)를 파견함에 있어 종교적 관할 범위를 확정하기 위한 교회법상의 필요에서 였다. 즉 본래의 동기는 해양관할 범위의 확정문제가 아니었다. 그러나 결국, 포루투갈과 스페인 양국은 각자의 영역에서 타국의 통상을 규제함으로써 종교적 관할구역이 사실상의 정치적 관할구역으로 변모하는 결과를 초래하게 되었다.

일반적 개념으로서 해양에 관한 국가의 지배가 타당하다고 하는 주장은 1582년에 발표된 Bodin의 논문에까지 거슬러 올라 간다. 이 논문에서 Bodin은 연안으로부터 60해리까지 연안국의 국가적 통제권이 행사될 수 있다고 하는 것을 Baldus의 주장이라고 인용하고 있다.(60해리설)[7] 이는 그 당시 이태리 연안 도시국가들이 관습적으로 그러한 관할권을 행사하고 있었다는 것을 짐작케 한다. 17세기 초까지 해양지배의 관념은 확고한 정치적 관행으로 나타나게 되었고 법적인 이론이 성립됨으로써 그 후 약 20년간 해양지배의 관행은 확고하게 성립되었다. 그러므로 해양지배의 이론은 르네상스의 산물로 간주될 수 있다.

해양의 지배를 주장한 중요한 국가는 영국과 스웨덴이다. 이들의 주장으로부터 현대적인 해양법 이론이 비롯되었다고 말할 수 있다. 스웨덴의 주장은 Balt해(海)의 지배에 관한 것이었는데, 이는 Gustaves Adolphus 스웨덴 국왕의 확장정책의 일환으로서, Balt해 연안 국가가 아닌 경우는 Balt해에의 입항료(入港料)를 내지 않으면 이 해역 내에서의 상업적 활동을 금지해야 한다는 내용이다. 그러므로 스웨덴의 해

---

5) T.W.Fulton, *The Sovereignty of the Sea*(London:William Blackwood & Sons, 1911), p.106.
6) J.H.W.Verzil, *International Law in Historical Perspective,* Vol. Ⅳ, p.16. et.esq.:D.P.O' Connell, *The International Law of the Sea,* Vol. I(Oxford:Clarendon Press, 1982), p.2. note 3.
7) Fulton, op.cit., p.540: D.P.O'Connell, op.cit., p.124.
  그러나, Baldus가 당초 제시한 것은 30 leagues이었는 바, Bodin이 이를 잘못 번역한 이래 계속 이들이 60해리를 주장한 것으로 인용되어 온 것이다.

양지배의 주장은 지리적 범위는 물론이고 성질상으로 영국의 주장과 구별된다. 영국의 James I세는 스코트랜드식의 연안 가시거리(可視距離) 내의 해역에 관한 배타적 관할주장을 영국에 도입하였다. 이는 함정의 Mast 꼭대기에서 연안육지를 볼 수 있는 거리로부터 그 연안까지의 해역은 스코틀랜드국왕의 권한이 배타적으로 미친다는 주장이다.(可視距離說)[8] 그런데 이것은 스코틀랜드에만 국한된 내용이 아니라 북유럽 전체에 통용되는 관습이었다고 할 수 있다. 어찌됐든 James I세에 의해서 영국의 연안 영해지배에 대한 주장과 관행은 시작된 셈이다. 이로 인하여 많은 외교적 분쟁과 학설상의 논쟁이 야기되었다. 이들 논쟁에서, 영해지배의 관습이 성립됨에 있어 역사적인 관행이 필수적인 것이라고 간주되었던 것은 절충주의적 배려나 16세기의 역사적 방법론 때문이 아니라 단순한 주장이나 국가적 힘의 과시만으로는 모든 사람이 존중하고 지킬 수 있는 법적 효력을 발생시키는데는 부족하다는 생각 때문이었다. 이러한 관습법은 어떤 학자에게는 신법(神法)의 확증(確證)으로서 또 현대적 학자에게는 사회적 계약(社會的 契約)의 법적 조치로 필요한 것이라고 관념되었다.

결국 일반적으로 연안해를 확고하게 국가가 지배한다는 새로운 법적 개념은 육지 주변 해역의 법적 성질을 변화시켜서 결국 영해 개념을 생성케 하였다. 이에 관한 학문적 설명은 Craig의 설(說)에까지 거슬러 올라간다. 그에 의하면 해양의 자산(資産)은 인근 육지 영토의 주권자(主權者)에게 속한다고 하였다.[9]

3. 영해 개념의 발전

17세기에 와서 자유해론(自由海論; *Mare Liberum*)을 주장한 Grotius와 폐쇄해론(閉鎖海論; *Mare Clausum*)을 주장한 John Selden의 유명한 논쟁이 진행되는 동안에도 연안 인접 해양에 대한 일정한 주권적 통제권(統制權)은 쌍방이 모두 인정하는 바이었다. 자유해론의 주창자였던 Grotius는, 14세기 이태리의 저명한 사법(私法)학자였던 Baldus가 제시한 *Dominium*(財産權的 權限)과 *Imperium*(統治權的 權限)을 구별하는 이론을 도입하여, 공해(公海)에 있어서는 특정 국가의 어떠한 재산권적 권한이나 통치권적 권한도 적용될 수 없지만 육지로부터 실효적인 통제가 미칠 수 있는 연안해(沿岸海)에 대해서는 재산권적 권한을 제외한 통치권적 권한이 미칠 수 있다고 주장하였다. 이러한 Grotius의 이론은 17세기의 여러 학자들에 의해 계승 발전되었는데, 이들은 화란의 Pontanus, 스코틀랜드의 Welwood, 남부 영국의 Meadows 등의 학자들이다. 이들은 그러나 나중에는 이러한 *Dominum*과 *Imperium*의 구별 이론을 채택

---

[8] Fulton, op.cit., p.77, 84, 144, 154.
[9] D.P.O'Connell, op.cit., p.4.

하지 아니하였다. 이들에 의하면, 재산권적 권한은 필연적으로 그 권리의 보호를 위해 통치권적 권한을 수반해야 한다. 예컨대 통치권적 권한을 발동하여 연안해에서 외국 어부들의 어로(漁撈)를 배제하는 권리는, 실은 연안 생물자원에 관한 재산권적 권리와 동일한 내용이 되는 것이다. 오히려, 자유롭고 모든 사람에게 개방된 공해와 연안 국가의 전속적(專屬的) 권한이 미치는 연안해(즉, 領海)를 분명히 구별하는 것이 더욱 간결하고 타당한 이론이라고 생각하게 되었다. 17세기 말엽에 와서 이러한 영해개념은 확실히 수립되었다.

1702년에 발간된 Bynkershoek의 「해양주권론」(海洋主權論; *De dominio maris dissertatio*)은 공해에서의 완전한 자유와 인접해양에 대한 연안국의 주권의 행사라는 중요한 개념에 근거해서 입론되고 있다. 이 책은 18세기 이래 해양법에 결정적인 영향을 주고 있다. 그러나 연안국의 주권이 절대적이므로 영해를 통과하는 외국 선박의 통항까지도 이를 배척할 수 있다고 생각한 Bynkershoek의 견해는 일반적으로 받아 들여지지 아니하였다.

1758년에 발간된 Vattel의 「국제법」(國際法; *Le droit des gens*)에서는 Grotius나 Gentilis[10]의 견해를 따라서 모든 국가의 선박은 타국의 영해내에서 무해통항권을 갖는다고 명시하고 있다. 그러나 무해통항권의 명확한 내용이나 범위는, 예컨대 군함도 이 무해통항권을 갖는가? 하는 문제 등 여러가지 면에서 불명확한 바가 적지 않았다. 그러나 19세기 초반이래, 무해통항권이 존재한다는 견해는 대체로 승인되어온 것이다.

Ⅱ. 영해의 법적 지위

19세기 이후에, 공해와 영해의 구별이 명확해졌지만, 아직도 영해에 대한 중요한 개념이 확정되지 않았다. 그것은 첫째는, 영해의 폭에 관한 문제이고 둘째로, 영해에 대한 연안국의 권한이 명확히 어떠한 법적인 내용으로 이루어지는가 하는 것이다. 영해의 폭에 관하여는 후술하기로 하고 먼저 영해의 법적 지위에 관하여 보기로 한다.

1. 고전적 주권설(古典的 主權說)

일부 학자들은 연안국이 그 영해에 대하여 갖는 권한은 포괄적이며 전속적인 통

---

10) Gentilis Albercio(1552~1608)
　　Grotius보다 앞선 국제법의 선구자. 이태리의 우수한 법학자로 Oxford대학에서 사법(私法)을 강의함, 「전쟁과 법」(*De jure belli*)는 Grotius의 「전쟁과 평화의 법」에 지대한 영향을 줌.

제권으로서 주권적 권한(主權的 權限)이라고 주장하였다. 이러한 주장과 일치하는 다수의 국가적 관행도 발견되었다. 예컨대 19세기 초에 영국과 미국은 육지영토를 둘러싼 해양 영역의 일정한 범위 내에서는 그에 대한 법적 관할권이 국가주권의 당연한 속성으로 전제되야 한다는 입장을 취하고 있었고, 다수의 남미 국가들이 19세기 중엽에 채택한 국내법에서도 영해를 국가영역의 정당한 일부로 간주하였다.

2. 국제적 지역권설(國際的 地役權說)

또 한편 프랑스나 스페인과 같은 나라에서는 영해에 대한 주권(主權)이나 소유권(所有權)을 주장하지 아니하고 그 대신 연안국은 어업(漁業)의 규제나 관세(關稅), 국방(國防) 등의 필요와 같은 몇몇 특정 목적을 위한 경우에만 그 연안해에 대해 각 경우에 맞는 관할권을 행사할 수 있다고 생각하였다.

1898년에 발간된 La Pradelle의 논문[11]에서 고전적인 이론으로 정립되어 있다시피, 영해에 관한 연안국의 권한을 약하게 보는 입장에서는 이를 국제적 지역권(國際的 地役權; International Servitude, faisceau de servitudes)정도로 보고 있다. 이 이론에 의하면 연안국은 그 구체적 국가이익을 보호하기 위하여 필요한 경우에만 관할권을 행사할 수 있다. 따라서 이러한 권한의 존부가 재판상 문제가 되었을 때에는 연안국이 그 입증책임을 진다는 것이다. 이러한 이론은 영해에 관한 연안국의 권한을 포괄적인 주권으로 보는 입장과는 전혀 대조적인 것이다. 영해의 법적 성질에 관한 두 학설의 대립은 수십년간 계속되어 내려 왔다.

3. 판례(判例)와 국가관행(國家慣行)

영해의 법적지위 문제와 관련된 유명한 판례(判例)로는 Franconia호 사건(1876)이 있다.[12] 이는 영국 영해내에서 충돌한 독일선박에 대한 영국법원의 재판관할권의

---

11) A.G.de Laparadlle, "Le droit de' Etat sur la mer territoriale", 5 *Revue générale de droit international public* pp.264~84, 309~47(1898). cf. P. Fauchille, *Traité de droit international public*,(Paris, 1925) Vol. Ⅰ & Ⅱ, pp.128~73.

12) 독일 선박 Franconia호는 Dover해안으로 부터 2.5해리 지점에서 영국선박 Strathclyde와 충돌하여 독일 선원 38명이 사망하였다. 독일 선박의 선장 Keyn은 영국법원에 과실치사죄(過失致死罪)로 기소되어 유죄판결을 받았다. 그러나 Keyn은 자신이 외국인이므로 영국법원에 裁判管轄權이 없다고 항변하였다. 영국 刑事裁判部(The Crown Court)는 이 선박충돌사건이 연안 3해리 이내의 지점에서 일어났으므로 영국 영역권 내에 속하는 사건이라고 피고의 항변을 기각하였다. 피고는 이에 불복하여 상급법원에 上訴하였으며 이 사건은 영국 고등법원(The Court for Crown Cases Reserved)에서 管轄權 存否를 판단하게 되었다. 그리하여 이는 14명의 판사로 구성된 합의부에서 동 사건을 심의하게 되었다. 동 합의부의 다수 의견에 의하면, 영국은 영해에 대한 권한을 주장할 수 있지만, 아직까지 명시적으로 영해의 범위와 그 영해 내에서의 주

존부에 관한 분쟁이었는 바, 영국의 Court for Crown Reserved13)에서는 결국 영국법원의 재판관할권을 부인하였다.

Franconia호 사건은 당시 영국정부로서는 의외였을 것이다. 이 사건이 있은 2년 후에 영국은 영해관할권법(領海管轄權法; Territorial Waters Jurisdiction Act, 1878)을 제정하였다. 이 법에서는 국제법상 영국 여왕의 영토적 주권에 속하는 것으로 인정되는 적법한 국가 관할권 등이 영해에 적용되는 것임을 확인하였다.

영해에 관한 영국의 이러한 강한 입장은 이 입법 이래로 계속 견지되어 왔으나, 이 법은 그후 많은 논란의 대상이 되었고 영해의 법적 성격에 관한 의문은 계속되었다. 영해의 법적 성격에 관한 의심은 금세기 초에 이르기까지 계승되었다. 영연방(英聯邦)에 속한 여러나라들이 1923년 대영제국회의(大英帝國會議)에서 모든 관할통제권의 목적에 적용될 수 있는 3해리 영해제도를 채택한 이래, 포괄적이고 절대주권적인 영해를 선포하였고, 미국, 화란 및 스칸디나비아 제국(諸國)들이 이와같은 입장을 견지해 왔음에 반하여, 프랑스, 이태리, 러시아 및 오토만 제국(諸國) 등은 영해에 관한 포괄적이고 절대주권적인 권한을 주장하기보다 각종의 목적에 맞는 여러가지 관할수역을 인접해양에 대해서 주장해 왔다.

법학자들의 견해도 통일되지 못하여 1920년대의 ILA 등의 회의나 1930년의 헤이그 국제법전편찬회의(國際法典編纂會議)에서 학술적 논쟁의 대상이 되었지만 전체적인 추세는 점차로 영해에 대한 연안국의 주권을 인정해 가는 것으로 되어 갔다. 즉, 영해 개념에 관련된 구체적인 문제는 1차대전 기간중의 해전법규(海戰法規) 및 중립(中立)에 관련된 사항들과 미국 금주법(禁酒法)의 외국선박에의 적용문제 및 1930년 국제법전편찬회의의 준비 안건들을 중심으로 주로 논의되었다. 헤이그 국제법전편찬회의 이전에 각국에 돌린 "의안 검토"(議案 檢討; Schedule of Points)에 응답된 각국의 견해는 주권설(主權說)을 지지하는 쪽이 우세하였다. 이들은 회의 결과 영해에 대한 연안국의 주권을 인정하는 것으로 더욱 확실하게 정착되었다.

이 회의에서 프랑스나 폴란드 등은 영해의 법적 지위가 국제법적으로 아직 확립

권적 통제권을 公布하여 주장한 적이 없으므로, 새로운 입법으로 영해를 선포할 때까지는 영국해 외측에서 외국인과 외국선박에 대하여 영국법원의 管轄權을 인정할 수 없고, 영국 刑事法을 이들에 적용할 수 없을 것이라고 하였다. 다수의견에 속한 判事 1명이 판결 전에 죽어서 判決은 7대 6으로 가까스로 피고 勝訴가 되었다.

Regina vs R.U.Keyn, 2 *Exchequer Div.*(1876~77). p.63.

13) Court for Crown Cases Reserved.
이는 Court for Consideration of Crown Cases Reserved 라고도 한다. 1907년 영국 抗訴院(Courts of Appeal)이 발족되기 이전에 四季裁判所나 기타 하급 형사재판의 항소사건을 審議하는 말하자면 刑事高等法院이다. *Black's Law Dictionary*. 6th edition,(St.Paul, West Publishing Co., 1990), p.354.

되지 못하였다고 보았으며, "의안 검토(Schedule of Points)"에 응답하지 않았던 희랍과 체코 등이 영해를 연안국 주권에 귀속시키는 것에 이의(異議)를 제기하였다. Territorial Sea라는 용어는 육지 영토와 관련해서 과장된 의미가 내포된다고 하여 선뜻 사용하기를 주저하는 측도 있었으나, 일반적으로는 영해에 대한 연안국 주권설을 국제법 초안에 명시적으로 반영시켜야 한다는 견해가 지배적이었다. 국제법전편찬회의의 영해문제 소위원회(領海問題 小委員會)가 최종적으로 제출한 초안은 다음과 같다.

국가의 영토는 본 협약에서 "영해"라고 규정하는 일정한 해대(海帶)를 포함한다.
이 해대에 대한 주권은 본 협약과 기타 국제법에 규정된 조건에 따라 행사된다.

이 초안은 협약으로 채택되지는 아니하였다. 그 이유는 주로 영해의 폭에 관련된 견해의 합치가 실패된 때문이었다. 그럼에도 불구하고 헤이그회의 이래(以來) 영해의 주권설에 대한 더 이상의 현저한 반론은 없어졌다. 즉, 1930년 회의는 그때까지 영해를 주권적 영역으로 보는데 대한 의구심을 불식시킨 하나의 계기가 되었다고 해도 무방하다. 그러나 그렇다고 해서 그 당시 모든 국가들이 그 국내법상 영해를 영토와 똑같이 취급하여 그 국내법이 당연히 영해에 자동적으로 적용되는 것으로 본 것은 아니었다. 심지어 영국의 경우에도 국내법상으로는 영해는 왕국의 범위에 포함되지 않았으며, 영국 국내법은 특별히 규정된 범위 내에서만 영해에서 적용되었다. 다만 국제법적 의미내에서만 국가는 그 영해에 대하여 주권과 그 부수적인 포괄적 관할권을 갖는 것으로 간주되었을 뿐이다.

영해주권(領海主權)의 원리는 1950년에 François가 국제법위원회(ILC)에 그의 첫 번째 보고서를 제출할때쯤 되어서 확실한 국가적 관행으로 성립되어 있었다. 그리하여 그 이후 ILC의 논의나 1958년 Geneva 해양법회의에서는 이 문제에 관해서 만큼은 의심의 여지가 없이 명백하여졌다.[14]

4. 영해의 해저(海底), 해상(海床) 및 그 하층토(下層土)의 법적 지위

영해의 해저(海底)가 어떠한 법적 지위를 갖는가? 하는 것은 금세기에 이르기까지 논의된 바가 없었다. 영해 자체의 법적 지위에 관한 학자들의 견해가 어느 쪽인가에 따라서 그 영해 해저를 연안국의 주권적 관할에 속하는 것으로 보거나 또한 연안국의 주권적 권한이 미치지 않는 것으로 전제되고 있었을 뿐이었다.

영해의 해저에 관해서는 해안으로부터 아주 근거리에서 해저 채광(海底 採鑛)을 하거나 부두 준설(埠頭 浚渫)을 하는 정도의 활동 이외에는 이렇다할 활용이 없었기

---

14) Churchill & Lowe, *The Law of the Sea*(Oxford:Manchester Univ.Press, 1983), p.57.

때문에 하나의 독립된 법적 개념으로 이를 규명할 정도의 관심조차도 주어져 본 적이 없었으며, 이에 관련된 국가적 관행이라고 할만한 것도 없었으므로 국제관습법의 내용을 배출해 낼 여지도 없었다. 1930년 헤이그 국제법전편찬회의에서도 영해 해저에 관한 국가관행이 결여되어 있다는 점은 지적되었으나 그 초안 기초시에는 "연안국의 영역(領域)은 영해 상층의 공간과 그 해저, 해상(海床) 및 하층토를 포함한다"고 규정하였던 것이다.15)

이렇게 해저 및 하층토에 관한 연안국의 주권적 권한이 일단 규정되고 헤이그 국제법전편찬회의에서 받아들여지자 이는 쉽사리 국제법의 내용으로 수용되었으며 1958년「영해협약」에서나 1982년 유엔해양법협약에서 그대로 답습되었다. 그러나 해저의 소유권에 관해서 국내법상 분쟁이 계류되었을 경우에 그 해저에 관한 주권적 관할권이 어느 시점에 확정되었는가 하는 점은 특정 국가에 따라 국가관행과 관련하여 다투어지는 경우가 많았다.

비록 1930년에 이미 연안국 관할권이 영해의 해저와 그 상공에까지 미친다는 것이 인정되었고, 지금은 현대 해양법의 기초적 내용으로 되었지만 그렇게 되기까지의 과정은 복잡한 바가 많았다. 영해의 해저 및 그 하층토에 관한 법적제도는 영해 자체의 그것 보다는 물론 후에 형성되었고 심지어 영해의 상공에 관한 연안국의 관할권 보다 후에 인정된 것이다. 그러나 결국 후속된 실행의 진전이 이들을 서로 별개의 것이 아닌 하나의 연안국 관할수역제도 속에 통일적으로 규정될 수 있도록 하였다.16)

Ⅲ. 영해의 범위

1. 역사적 배경

영해제도 발전의 역사를 보면, 영해 폭(幅)의 문제야말로 가장 논의가 많았던 부분이라고 할 수 있다. 16세기나 17세기에 있어서는 가시거리(可視距離)를 기준으로 삼은 적도 있다.17) 그러나 후에 Grotius나 Bynkershoek같은 학자가 나와서 이와 같은 불분명한 기준 대신에 새로운 규칙을 제시하였던 바, 그것은 인접한 수역에 대한 연안국의 권한은 연안포(沿岸砲)의 위력(威力)이 실효적으로 미치는 범위까지로

---

15) LoN Doc. C.351(b), M.145.(b), (1930). v., p.213.; S. Rosenne, *League of Nations Conference for the Codification of International Law*(1930), (New York:Dobbs Ferry, 1975), p.1415.
16) G.Marston, "The evolution of the concept of sovereignty over the bed and subsoil of the territorial sea", 48 *BYIL* 321, at 322.(1976~77)
17) Supra note. 8 및 그 본문 참조.

해야 한다는 것이다. 이른바 "착탄거리설"(着彈距離說)이라고 하는 이 원칙은 당초에는 연안국의 모든 해안을 따라서 연속된 영해 구역의 설정을 의도하는 것은 아니었고, 단지 그 당시 화란이나 지중해 국가들의 관행에 따라서 연안 각처에 거치(据置)되어 있던 연안포(沿岸砲)의 포대(砲臺)가 실질적으로 지배한 부분적인 범위를 인정받기 위한 이론이었다. 그러나 한편, 스칸디나비아 국가들은 이 착탄거리설의 원칙을 채용하지 아니하고 연안 포대가 있든 없든 불문하고 모든 해안을 따라서 일정 범위까지 해양적인 Dominium(財産權的 權限)을 주장하였다. 이들의 주장 범위는 16세기에 주장되든 것으로부터 점차로 수정되어 18세기 중엽에 와서는 대체로 4해리의 범위(스칸디나비아식 1 league)로 정착되었다.

"착탄거리설"과 스칸디나비아식 "일정 범위설"은 수세기 동안 공존하여 왔고 급기야 상호 융합하게 되었다. 이들 융합의 결정적인 계기는 18세기 말에 있었다. 1792년에 Galiani는 주장하기를 특정한 연안포가 특정위치에 거치(据置)되어 있는가를 불문하고 모든 해안을 통해서 영해의 범위를 3해리로 하는 것이 합리적이라고 한 것이다.[18] 3해리라는 거리는 당시 연안포의 정확한 사정거리(射程距離)에서 연유된 것은 아니고 합리성과 편의의 고려에서 나온 것이다. 이 3해리의 영해 한계는 1793년 4월 미국의 대불 중립선언(對佛 中立宣言)시에 중립 수역 범위를 3해리로 함으로써 최초로 공식으로 채택되었다. 그 이후, 이 "착탄거리 원칙"은 폭 3해리의 연속된 영해범위를 설명하는 원리로 채용되었으나 이는 위에서 지적한 것처럼 그 본래의 기원과는 다소 거리가 있는 것이다.

3해리 영해범위의 원칙은 신속하게 널리 채택되었다. 영국은 귀족원(House of Lords)의 Stowell 대법관이 The Anna case(1805)에서 3해리 영해를 채용함으로써 이를 공식 인정한 바 되었다.[19] 실제로 연안포대의 사정거리(射程距離)는 증가되어 왔음에도 불구하고 19세기를 통해서 3해리 영해범위가 계속 지지되었던 것은 주요 해양 강대국들이 그들의 상선대(商船隊)와 군함이 공해에서 최대한의 항행의 자유를 향유할 수 있도록 보장해 놓으려 했기 때문이다.

3해리 영해범위는 19세기까지 주요 해양 강대국에 의해서 지지되어 왔지만, 그것이 완전히 모든 국가에 의해서 이의없이 수용된 것은 아니었다. Scandinavia 제국들은 계속해서 4해리 영해범위를 주장해 왔고, 그 밖에 Spain을 비롯한 몇몇 국가들은 각기 특별한 목적을 들어서 3해리가 넘는 관할수역을 주장하였다. 1차대전 직후에 이르러 프랑스, 이태리, 스페인, 오토만 제국들은 어업이나 밀수규제 등 특수한

---

18) Galani, *De Doveri de' principi neutrali verso i principi guerre giant i, e di questi verso i neutrali*(Naples, 1782). p.432.; Fulton, op.cit., p.563.
19) The Anna case.(1805) 165 *ER* 809.

목적을 위해 연안 포대의 실제적 통제범위 내에서 3해리를 초과하여 일정한 범위까지의 연안국의 관할권을 주장하였다. 이러한 3해리 초과의 주장은 3해리 영해제도에 관한 재고(再考)의 분위기를 나타내 주는 것으로서 영국 외무성(外務省)은 이로 인해 3해리 제도가 결국 종식될지도 모르는 것이라고 그 당시 판단하였던 것이다.[20]

그러나 3해리 주장국들은 일반적인 이러한 추세에 강력히 반대하였다. 예컨대 영국은 3해리 영해제도의 관행이 이미 폐기된 것으로서 보이는 1960년대 말에 이르러서도, "영국정부는 연안 3해리를 초과하는 영해 관할권을 인정하지 아니하며, 이러한 관할을 주장하는 국가들의 관련조치를 공해자유의 적법한 권리를 추구하는 영국 함선은 결코 인정치 않을 것임"을 거듭 주장하였다.[21] 이와같은 집요한 반대의 효과도 3해리 제도를 와해시키는 광범위한 주장들을 거역할 수는 없었다.

그러므로 어느 특정한 시기에도 영해 폭에 관한 단일 기준의 제도가 존재한 적은 한번도 없었다. 3해리 제도를 채택한 국가간에는 3해리 제도가 운영되었고, 기타 국가는 예컨대, 6해리를 주장하는 국가도 그러한 영해범위를 인정받았다. 그러므로 서로 다른 기준을 택하는 국가들 사이에 많은 분쟁이 야기되었다. 영국과 스페인간의 영해분쟁은 이러한 것들 중 하나인 바, 거의 19세기와 20세기의 전기간을 통하여 계속 되었다. 1930년 헤이그 법전편찬회의에서는 영해의 범위에 관한 광범위한 국제적 합의를 모색하였으나 실패하였다.

영해문제 전문위원회(專門委員會)의 마지막 회의에서 3해리를 주장한 국가는 20개국, 6해리가 12개국, 그리고 스칸디나비아 국가들은 그들의 전통적인 4해리 영해를 주장하였다. 또 일부 국가들은 영해 외측에 접속수역이라는 것을 주장하였다. 그러나 일반적 합의는 아무것도 이루어진 것은 없었다. Gidel은 그로부터 4년 후에 그의 저서에서 밝히기를 "국제법상 영해에 관한 확정적 범위는 존재하지 않고, 단지 3해리 이내의 범위 내에서는 그 적법성이 인정될 수 있다는 소극적인 기준이 있을 뿐이다" 라고 하였다.[22]

1958년 제1차 유엔해양법회의와 1960년의 제2차 유엔해양법회의에서 영해의 범위에 대한 합의를 모색하였으나 모두 실패하였다. 2차 해양법회의에서 6해리의 영해와 6해리 어업보존수역이 결합되는 영해제도에 관한 제안이 한표차로 결국 부결(否決)되고 말았지만, 설사 그것이 채택되었다고 하여도 그러한 제도는 단명(短命)이었을 것이 분명하다.

---

20) Churchill & Lowe, op,cit., p.60.
21) A.V.Lowe, "The development of the concept of the contiguous zone", 51 *BYIL* 109. at. 149(1981)
22) Gilbert C.Gidel, *Le droit international public de la mer*. Vol. Ⅰ (1934)

2. 영해범위 주장의 현황

1958년 제1차 유엔해양법회의에서는 43개국이 3해리 영해를 주장하였고, 13개국이 4해리에서 10해리 범위의 영해를 주장하였다. 12해리를 주장한 국가는 17개국, 12해리 이상을 주장한 국가는 2개국 뿐이었다.(도표 3-1 참조)

〈도표 3-1〉 영해범위의 주장(1958년 1월 현재)

영해 범위(해리)	3	4	5	6	9	10	12	200	미정
주장 국가 수(79)	43	4	1	6	1	1	17	2	4

Limits in the Seas, No.36 (Rev. 5) March 6, 1985.

그러나 이러한 추세는 지금와서는 전폭적으로 변화되어 있다. 현재는 5개국만이 3해리를 택하고 있다. 4내지 6해리를 취하는 국가는 4개국, 12해리를 120개국이 택하고 있다. 12해리를 넘는 영해범위를 주장하는 국가는 아직 17개국이나 된다.(도표 3-2 참조)

〈도표 3-2〉 영해 범위의 주장(1995년 10월 현재)

영해 범위(해리)	3	4-6	9-10	12	13-199	200	특수주장
주장 국가 수(146)	5	4	0	120	5	11	1

Summary of Maritime Claims, Dept. of State (as of October 20 1995)

넓은 영해를 택하는 국가들의 주장에는 일반적인 영해제도에 대해서 주장되는 권한과는 구별되는 것이 있다. 예컨대, 200해리의 영해를 주장하는 우루과이는 12해리 이원(以遠) 200해리까지 영해내에서 타국 선박의 항해와 상공비행의 자유를 보장하고 있다.[23] 특히 신생 독립국 사이에서 3해리의 좁은 영해제도를 반대하고 보다 넓은 범위의 영해제도를 주장해 가는 추세는, 연안해에서 타국 선박에 의해 자행되는 어로 및 환경오염행위를 국가적으로 규제하려는 목적이 내포되어 있었다. 3해리를 넘어 12해리를 영해로서 주장하는 다수의 국가는 어업이나 오염규제를 위해서 그 영해범위 이원(以遠)에까지 특수한 관할권을 주장하는 예가 많다.

보다 넓은 영해를 택하는 추세는 이제 거역할 수 없는 것 같다. 영해의 범위에 관한 그간의 추세를 분석하면 (도표 3-3)과 같다.

유엔해양법협약 제3조에서는 영해의 범위를 12해리로 정하고 있다. 이는 현행의 각 국가관행에 비추어 가장 지배적인 추세를 따른 것이라 할 수 있다. 그러므로 지금의 영해범위에 관한 국제법의 내용을 정리해 보면 다음과 같다.

---

23) L.D.M.Nelson, "The Patrimonial Sea", 22 *ICLQ* 668, at 679.(1973)

〈도표 3-3〉 영해범위주장의 추세

년 도	58	60	61	63	65	67	69	70	71	72	73	75	76	77	79	80	81	82	85	94	95
12해리이하	56	52	62	70	62	62	62	49	50	49	48	42	47	40	30	17	17	18	13	11	9
12해리	17	22	23	22	32	39	43	51	49	50	52	52	56	57	72	80	82	82	84	117	120
200해리	1	1	1	1	1	1	2	3	4	4	5	5	7	11	11	15	14	15	15	11	11

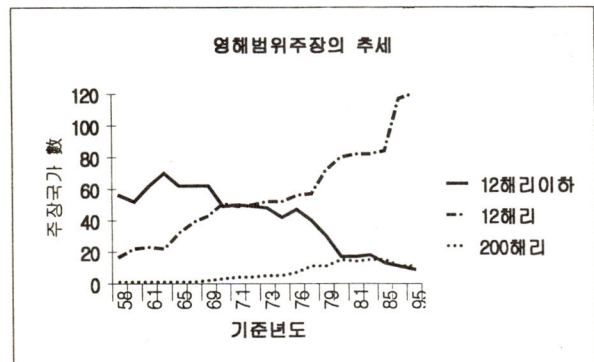

자료 : Geographic Research Study No.20. AnnexI. *Limits in The Seas* No.36. 7th ed.

첫째, 유엔해양법협약의 당사국과 12해리 영해범위의 적법성을 인정하는 기타의 모든 국가들 사이에는 12해리 영해제도가 적용될 것이다. 1997년 10월 20일 현재, 이 협약에 비준한 당사국의 수는 121개국을 기록하고 있는 만큼 12해리 영해제도는 이미 실정협약의 기속적 규범으로서도 절대적인 보편성(universality)과 실효성(validity)을 갖추고 있다.

둘째로, 12해리 영해제도를 채택하고 있는 국가의 수는 앞에 표에서 보는 것 처럼 146개 연안국 중, 120개국이며 따라서 12해리 영해제도는 하나의 실정적 다자협약 속의 제도로서 당사국들만을 기속하는 제도이기 보다 일반 관습국제법으로서 국제법상의 보편적인 제도로 확립되었다고 볼 수 있다.

12해리보다 더 좁은 영해를 주장하는 국가의 현황은 〈도표 3-4〉와 같다.

이 표에서 터키는 흑해와 지중해 연안에서 12해리 영해를 실시하고 있다. 희랍은 영공의 범위를 10해리로 실시하고 있다. 유엔해양법협약상 "연안국은 12해리까지 영해범위를 설정할 수 있다"고 했으므로 12해리 이하의 영해를 실시하고 있는 국가가 12해리 영해범위를 부인(否認)한 것으로 볼 필요는 없다. 이는 12해리 영해제도가 관습국제법으로 성립된 이상, 협약에 아직 비준하지 않고 있는 몇 나라의 경우도 마찬가지로 볼 수 있다. 특히 미국처럼 집요하고도 명백하게 12해리 제도를 반대하는 경우에는 태도를 바꾸어 명백히 12해리 제도를 받아 들이기까지 이들에게 12해리 영해제도의 법적 효력은 배제된다고 보는 학자도 있었다.[24] 그러나 미국은 이미 1988년 12월 27일자로 영해범위 12해리를 선포하였다.[25]

---

24) Churchill & Lowe, op.cit., p.61.
25) Proclamation 5928 of December 27, 1988

12해리 보다 넓은 영해를 주장하는 국가의 현황은 (도표 3-5)와 같다.

〈도표 3-4〉 12해리보다 더 좁은 영해를 주장하는 국가의 현황

순번	국가 이름	영해 범위(해리)	협약 비준 여부
1	The Bahamas	3	비준(1983.7.29)
2	Denmark	3	
3	Jordan	3	비준(1995.11.27)
4	Palau	3	비준(1996.9.30)
5	Singapre	3	비준(1994.11.17)
6	Norway	4	비준(1996.6.24)
7	Dominican Republic	6	
8	Greece	6	비준(1995.7.21)
9	Turkey	6	

자료 : Limits in The Seas, No.36, 7th ed. : Status of LOS Convention Updated 23 December 1997. gopher//gopher.un.org.70//LOS/STAUS-ALL/STAT2LOS.TXT

〈도표 3-5〉 12해리보다 넓은 영해를 주장하는 국가의 현황

순번	국가 이름	영해 범위(해리)	협약비준여부
1	Angola	20	비준(1990.12. 5)
2	Nigeria	30	비준(1986. 8.14)
3	Togo	30	비준(1985. 4.16)
4	Syria	35	
5	Cameroon	50	비준(1985.11.19)
6	Benin	200	비준(1997.10.16)
7	Congo	200	
8	Equador	200	
9	El Salvador	200	
10	Liberia	200	
11	Nicaragua	200	
12	Panama	200	비준(1996. 7. 1)
13	Peru	200	
14	Sierra Leone	200	비준(1994.12.12)
15	Somalia	200	비준(1989. 7.24)
16	Uruguay	200	비준(1992.12.10)
17	Philippines	285	비준(1984. 5. 8)

자료 : Limits in The Seas. No.36 7th ed. Status of LOS Convention Updated 23 December 1997. gopher//gopher.un.org.70//LOS/STAUS-ALL/STAT2LOS.TXT

이 표에서 Nicaragua는 200 해리 영해내에서, 외국선박에 대해 국제적 협약 등에

The Territorial Sea of the United States of America by the President of the United States of America, Ronald Reagan.

서 인정되는 무해통항권을 허용한다. Peru의 200해리 영해내에서도 Peru가 가입, 비준한 국제협약에 저촉되지 않는 국제적 통항권이 허용된다.

유엔해양법협약에 비준하지 않고 200해리 영해범위를 고집하는 나라들에게 있어서 12해리 영해범위는 법적 기속력이 없는가? 그러나 12해리 영해제도는 이제 확실한 하나의 관습국제법의 내용으로 성립되었다고 볼 수 있고 이것은 이제 200해리 영해나 3해리 영해의 국가관행과는 비교할 수 없도록 명백한 일반성(universality)을 갖추고 있다. 관습국제법 규범으로서의 대항력으로 볼 때, 그 일반적 효력을 충분히 인정할 수 있다고 생각되며, 따라서 200해리 영해제도를 아직 국내법으로 유지하고 있는 국가라도 12해리의 영해제도의 규범적 효력을 부인할 수 없다고 본다.

3. 한국의 영해범위

2차대전 직후 남한(南韓)에서 잠정적인 군정을 실시한 미국에 의해 남한의 영해는 3해리로 정해져 있었다. 그러나 이 사실은 잘 알려져 있지 않았다. 1948년 5월 10일 제정된 미 군정법령 제189호에 의하면, "북위 38도선 이남의 한국의 영해는 항구(港口), 항만(港灣), 만(灣) 기타 연안의 내수를 포함하여 해안선으로부터 해양측으로 1 league 또는 3해리의 해대(海帶)로 구성된다"고 정의하고 있다.26) 이 군정법령 제189호는 7월 12일 제정된 한국의 최초 헌법(制憲憲法) 제100조에 의해 계속 유효하게 되었으며, 따라서 한국의 영해는 건국 초기부터 3해리로 책정된 셈이다.

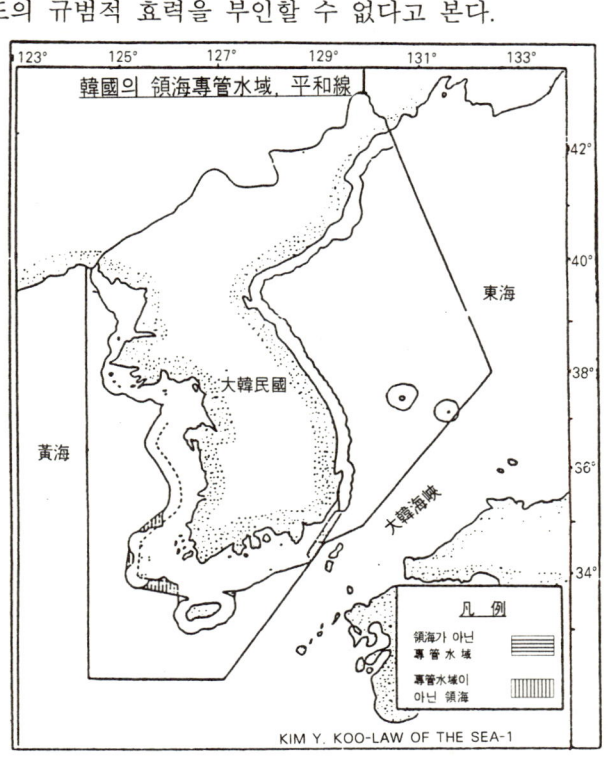

(지도 3-1) 한국의 영해전관수역, 평화선

이러한 상태는 제3공화국이「구법령 폐지에 관한 특별조치법」27) 제2조에 의거하

---

26) 미 군정법령 제189호 제3조 2항
   Sect. Ⅲ(b) USAMIK Ordinance No. 189., "Function of Korean Coast Guard", *Official Gazette*, May 10, 1948. pp.530~31. cited in Choon-ho Park, *East Asia and the Law of the Sea*, p.141.

여 구법령을 정리할 때까지 계속되었다. 이 법으로 1962년 1월 20일자를 기해 그때까지 잔존했던 군정법령이 일괄해서 폐기되었으며, 이때 제189호도 폐기되었다. 따라서 한국의 영해범위는 다시 불명하게 되었다.

그리고 이 불명한 상태는 구(舊)「영해법」이 발효된 1978년 4월 30일까지 계속되었다. 이 기간동안 한국의 영해범위는 어떻게 되어 있는 것으로 보아야 할 것인가? 가 문제된다. 3해리 영해제도는 완전히 일반적인 것은 아니나 전통 국제법이래 현저한 국가관행이 되어 왔으며 한국이 상당기간(1948년부터 1962년까지) 3해리 영해제도를 가졌던 사실로 미루어 한국이 3해리 이상의 영해범위를 주장하지 않은 것으로 보는 해석이 가능하다. 사실상 한국과 정치적 군사적으로 긴밀한 관계에 있는 미국이 3해리 영해제도를 고집하고 있었던 관계로 중요한 경우에 한국의 영해가 3해리로 간주된 경우는 많았다.

한국의 영해 범위는 1978년 4월 30일에 발효된 구(舊)「영해법」에 의하여 12해리로 명시되었다. 그러나 이를 발효시킨「영해법의 시행일 등에 관한 규정」에는 대한해협 서수로(大韓海峽 西水路)에서 영해 폭(幅)을 3해리로 동결(凍結)하는 규정만이 포함되었으며 이 법의 실질적인 시행은「영해법 시행령」이 공포, 발효된 1978년 9월 20일부터 비롯되었다. 즉 한국의 영해는 이 때 부터 12해리로 확정된 것이다.

IV. 한국의 영해법

1. 한국 영해법의 제정

한국은 "①주권적 영역으로서의 영해범위를 확정함으로서 국권의 수호와 신장을 도모하고, ②국제 해양 질서의 일반적 경향인 12해리 영해제도를 확립하고, ③전세계 연안국 중에 레바논과 한국만이 영해제도를 확정짓지 못하고 있는 현상을 타개하기 위하여,"[28] 1977년 12월 31일자로「영해법」을 제정·공포하였다.[29]

이 법 제1조는 "대한민국의 영해는 기선으로부터 측정하여 그 외측 12해리선까지 이르는 수역으로 한다"라고 규정하여 12해리 영해 폭을 채택하고 있다. 이 법은 "공포일로부터 4월 이내에 대통령령으로 정하는 날부터 시행한다"고 부칙에서 정하고 있었으나 당초 계획대로 1978년 4월 말까지「영해법 시행령」을 제정하지 못하였으므로 한국 정부는 1978년 4월 29일자로 "「영해법」의 시행일 등에 관한 규정"이라는

---

27) 법령 제659호(1961년 7월 15일 제정 공포)
28) 國會事務處, 제98회 정기 국회 외무위원회 회의록, 제15호(1977), pp.1~3.
29) 법률 제3037호 대한민국「관보」제7640호(1977년 12월 31일 토요일), pp.3~4.

118 제3장 영 해(領海)

잠정규정[30]을 만들어 「영해법」을 발효시켰다. 이것으로 한국의 12해리 영해제도는 발효되었지만 한국은 그 주변국가들에 비하여 가장 뒤늦게 12해리의 영해 폭을 채택한 나라가 된 셈이다.[31]

(1) 구(舊) 「영해법」의 기본적 내용

1978년 한국 「영해법」과 그 시행령의 기본적인 내용을 정리해 보면 다음과 같다.

① 영해의 범위:

영해법 제1조는 "대한민국의 영해는 기선으로부터 측정하여 그 외측 12해리선 까지 이르는 수역으로 한다"라고 규정하여 12해리 영해 폭을 채택하고 있다.

② 영해 기선과 내수:

영해의 폭을 측정하기 위하여 통상기선은 해안의 저조선으로 하고, 굴곡이 심한 해안(지리적 특수 사정이 있는 수역)에서는 직선기선을 사용한다.(제2조, 시행령 2조) 그리고 이러한 기선의 육지측 수역을 내수로 한다.(제3조)

③ 영해의 경계획정:

인접 및 대향국간의 영해 경계는 별도의 합의가 없는 한 중간선으로 정함을 원칙으로 한다.(제4조)

④ 무해통항제도:

(가) 모든 외국선박은 한국 영해를 무해통항할 수 있는 것을 명시하고(제5조 1항) 13가지의 유해통항(有害通航)의 행위유형(行爲類型)을 규정하고 있다.(제5조 2항) 이는 1982년 유엔해양법협약 제19조 2항을 그대로 옮겨놓은 규정이다.

(나) 국가 안전보장의 필요에 따라 영해내의 타국선박의 무해통항을 일시적으로 정지(停止)시킬 수 있음을 규정하고 있다.(제5조 3항, 시행령 7조)

(다) 외국군함과 비상업용 정부선박의 영해내의 무해통항에는 3일전의 사전통고 (事前通告)를 요구하고 있다.(제5조 1항 후단, 시행령 4조)

---

30) 대통령령 제8994호
31) ① 일본은 1977년 5월 「영해법」(법률 제30호)을 공포, 영해제도를 채택, 동 7월 1일 발효.
② 중국은 1958년 9월 4일 「中國領海에 관한 宣言」에서 12해리 영해를 宣言.
  Peking Reviw Vol.I, No.28. September 9. 1958., p.21.
③ 소련은 어떤 관할수역 등에 관해서는 이미 1921년에 12해리의 폭을 명시하고 있었다. (SURSFSR No.49, item 259) 그러나 12해리의 영해를 국내입법으로 처음 명시한 것은 1960년 "소련의 국경보호법"(Statute on Protection of the State Boundary of the U.S.S.R. Aug.5. 1960 Vedomosti SSSR No.34)에 의한 것이었다.
④ 북한은 1955년 3월 5일 「내각 결의」 제 25호로 12해리 領海를 선포하였다고 전하나, 확인되지 않았으며, 1968년 1월 23일 미국해군의 U.S.S.Pueblo호 사건에서 배가 그들의 12해리를 침범하였다고 주장함으로써 간접적으로 12해리 영해를 택하고 있음이 밝혀졌다.

Ⅳ. 한국의 영해법 119

⑤ 국제해협의 통항제도:

국제해협 통항에 대하여는 별도의 명시적 규정을 두지않고 공해대(公海帶)가 없는 국제해협에서 군함 등 통항의 사전통고 의무를 면제하고 있다.(제5조 1항 후단, 시행령 4조 단서)

⑥ 유해통항(有害通航) 선박의 규제:

유해통항의 혐의가 있는 선박을 규제하기 위하여 정선(停船), 검색(檢索), 나포(拿捕) 등 필요한 명령과 조치를 할 수 있고,(제6조) 국내 형사재판절차에 회부(回附)하여 벌금, 징역, 몰수 등 처벌을 과(課)할 수 있다.(제7조)

⑦ 주권적 면책특권(主權的 免責特權):

군함 및 비상업용 정부선박이 법령을 위반한 때는 위의 형사재판 관할권을 행사하지 아니하고 즉시 시정(是正) 또는 퇴거(退去)를 요구한다.(제8조)

(2) 구(舊) 영해법의 내용에 대한 비판적 분석

이상과 같은 1978년 한국 「영해법」의 내용은 해양법상의 영해제도를 한국적 상항에 맞게 적절히 규정하고 있다고 볼 수 있겠으나, 역시 그 법적인 구조나 내용에 관하여는 유형적 및 입법론적인 비판이 있었다.

가. 입법 유형적 비판

영해 및 기타 해양 관할수역에 관한 현대 입법의 유형을 보면, 영해제도에 관련된 국제법의 내용들 예컨대 영해의 범위, 영해의 기선, 무해통항제도, 국제해협 통항 등을 국내법인 영해법에서 체계를 갖추어 규정하거나 그 밖에 접속수역, 배타적 경제수역 등 새로운 관할수역을 설정하고 그에 관한 연안국과 해양 사용국(使用國)간의 권리 의무 관계를 해양법의 내용과 체계에 따라 규정하는 방식이 있는가 하면, 일반적으로 승인된 국제법의 내용은 당연히 국내적으로 별도의 변형(變型; transformation)이 필요없이 유효하다는 전제 아래, 이러한 국제법의 내용을 상세하게 규정하지 아니하고 자국이 영해제도에 대하여 채택하는 특별한 내용이나 변경된 내용만을 규정하는 방식이 있다.

1978년 한국 「영해법」은 그 제5조 2항에서 유엔해양법협약 제19조 2항의 유해통항 유형에 관한 조항을 그대로 옮겨 규정하고 있는 태도로만 본다면 전자(前者)의 유형으로 분류될 수 있겠지만, 국제해협 통항에 대한 기초적인 규정 까지도 생략되어 있고 영해의 해저, 해상(海床) 및 그 하층토(下層土)에 대한 관할 선언이나 핵추진 선박, 핵물질 등 본질적으로 위험하거나 유독(有毒)한 물질을 운반하는 선박에 대한 통항 규제 조항 등을 누락시키고 있는 것으로 보아 전자(前者)의 유형적 특성에 충실치도 못한 입법이 되어 있었다.

후자(後者)의 유형으로 가장 전형적인 예는 한국과 똑같은 명칭으로 한국 보다 수 개월 앞서 공포, 발효된 일본국의 1977년 「영해법」32)이라고 할 수 있다. 일본 영해 법은 조문이 2개 뿐이고 그 시행령33)의 조문도 3개 뿐이지만, 12해리 영해범위를 채 택하고 그 동안 법적으로 모호했던 세도내해(瀨戶內海)의 법적 지위를 내수로 확정 지었으며 3해리 영해제도의 가장 열렬한 옹호자였으며 동양에서 유일한 전형적인 해 양 선진국인 일본이 급격하게 변화되어가는 해양 관할수역제도와 해협통항에 관련된 국제법 규범 체계를 받아드리는 과정에서 치러야 했을지도 모르는 어려운 문제들을 유연하게 소화하는데 결정적인 역할을 해온 것이다.

일본은 주지하는 바와 같이 동양 유일(東洋 唯一)의 해양 선진국으로 자처(自處) 해 왔으며 해양법에 관한 국제적 협의에서 전통적인 3해리 영해제도를 가장 열렬히 적극적으로 옹호해온 전력(前歷)을 갖고 있는 나라인 것이다.34) 약 100년 이상 영해 3해리 제도를 고수(固守)해온 일본이35) 영해 12해리 제도를 이렇게 간결한 국내법으 로 도입한 것은 그 자체만으로도 인상적인 것이다. 일본은 영해법의 입법 과정에서 그들 내면적으로 정부와 국회에서 또 관련 이익단체와 학계를 망라한 여러 계층간의 철저한 협의와 연구가 있었던 점을 유의해 두어야 할 것이다. 그러나 일본이 이 후 자(後者)의 입법 방식을 채택할 수 있었던 것은 국제법에 국내법 우위(國內法 優位) 의 효력을 명시적으로 인정하고 있는 일본 헌법 제98조 1항 및 2항이 중요한 법적 근거가 되었을 것으로 추정된다.

어찌됐든 현대 해양법에 관한 국내 입법예에 있어서 이 후자의 방식은 일반적으 로 채택되는 방식이라고 할 수 없다. 오히려 기존의 영해범위를 확장(擴張) 또는 변 경하고 접속수역, 배타적 경제수역 등 해양 관할수역을 새롭게 설정, 시행해야 하는 각 연안국의 국내 입법 조치에서는 자연스럽게 전자(前者)의 입법 방식이 선호되고 있다. 따라서 최근의 입법예(立法例)를 보면 국내 입법의 명칭도 단순히 「영해법」으 로 하기 보다 「해양관할수역법」(Maritime Area Act)으로 하는 것이 보통이다. 이러 한 입법 방식을 취한 최근의 입법예는 다음과 같다.36)

---

32) 領海法(1977년 5월 2일 公布, 1977년 7월 1일 施行, 日本國, 法律 제30호)
33) 領海法 施行令(1977년 6월 17일 公布, 日本國, 政領 제210호)
34) 1958년 제1차 Geneva 海洋法會議에서 日本 대표는 "Mr. Three Miler"라는 별명을 받을 정 도였다.
35) 日本은 明治 3년 7월 太政官 布告 제492호로 3해리 領海範圍를 지정한 바 있다.
36) (a) *Law of the Sea Bulletin,* No.18, 21, 23.
    (b) *The Law of the Sea, Current Developments in State Practice,* No. Ⅰ & Ⅱ(New York:U.N. Office of the Special Representative of the Secretary-General for the Law of the Sea, 1987, 1989)

① Belize : Maritime Area Act, 24 January 1992.
② Brazil : Law 8617 of 4 January 1993, on the territorial sea, the contiguous zone, the exclusive economic zone and the continental shelf.
③ Madagascar : Ordinance No.85-013 determining the limits of the maritime zones(territorial sea, continental shelf and exclusive economic zone) of the Democratic Republic of Madagascar, 16 September 1985.
④ Mexico : Federal Act relating to the Sea, 8 January 1986.
⑤ Oman : Royal Decree concerning the territorial sea, continental shelf and exclusive economic zone, 10 February 1983.
⑥ Poland : Act concerning the maritime areas of Polish Republic and the marine administration, 21 March 1991.
⑦ Senegal : Act No.85-14 delimiting the territorial sea, the contiguous zone and the continental shelf, 25 February 1985.
⑧ Vanuatu : The Maritime Zones Act No.23 (15 December 1981)

나. 1978년 한국「영해법」의 입법론적 비판

이러한 입법 유형적인 비판 이외에도 1978년 한국「영해법」에 대해서는 그 내용에 대한 입법론적 비판이 꾸준히 제기되어 왔다. 특히 문제된 점들만을 분석해 보기로 한다.

A. 대한해협에서의 영해범위

한국의 영해법시행령은 1978년 9월 20일에야 비로소 공포, 시행되었다.[37] 이에 앞서 1977년 12월 31일 공포된「영해법」부칙에 따라, 1978년 4월 30일에 이 법을 발효시키기 위해서 제정된 "영해법 시행일 등에 관한 규정"에는 대한해협에 있어서의 영해의 범위가 3해리로 축소 조정되어 규정되어 있었다. 말하자면 한국 연안의 직선기선이 아직 획정되기도 전에 대한해협에서의 영해직선기선과 3해리로 조정된 영해범위는 먼저 공시된 것이다.[38] 그리고 이러한 축소된 영해의 범위는 다시 1978년 9월 20일 영해법시행령(별표-2)로 규정되어 대한해협에 있어서 한국영해의 범위는 3해리로 확정되었다. 이것은 한일어업협정상의 전관수역 획정시에 대한해협 서수로에

---

37) 대통령령 제9162호, 대한민국「관보」8056호(1978년 9월 20일 수요일), pp.14~15.
38) "영해법 시행일 등에 관한 규정"(대통령령 8994호)「별표」참조.

대해서 한일간에 12해리의 폭을 그대로 적용하고 중첩된 부분은 중간선으로 택한 것과 비교된다.

대한해협(大韓海峽; Korea Strait)은 북으로는 동해(東海), 남으로는 동중국해(東中國海)를 연결하는 중요한 위치에 있으며, 이는 대마도를 가운데로 해서 동수로와 서수로로 구성된다. 동수로(東水路; Eastern Channel)는 대마도와 일본국 본주 및 Kyushu사이에 형성된 해협으로 최소 폭은 대마도 남단과 Iki-Shima에서 25해리이다. 서수로(西水路; Western Channel)는 한반도 남단(南端)과 대마도 사이에 형성된 해협으로 최소 폭은 거제도 동단(東端)과 대마도 서안(西岸)에서 22.75해리이다. 그러므로 일본과 한국이 영해 폭 12해리를 획정하면 동수로에는 약 1해리 폭의 공해 수로(公海 水路)가 남고, 서수로에서는 양국의 영해가 중첩된다. 이 중첩되는 부분의 면적은 약 31평방해리이다.

일본은 1977년 5월 2일 영해법을 제정, 공포하여 12해리 영해제도를 채택하였는데 전문 2개조와 부칙(附則)으로 된 이 법은 1977년 7월 1일에 발효되었다. 일본은 이 법과 시행령에서 Soya(宗谷), Tsugaru(津經), Tsushima(對馬)의 양수로,[39] 그리고 Osumi(大隅), 등 5개 해협에서 그 영해범위를 3해리로 잠정 동결(暫定 凍結)시켰다.[40] 따라서 대한해협에서 양국의 영해의 범위는 (지도 3-2)와 같이 된다.

한국이 대한해협에서 영해범위를 3해리로 축소한 이유는 무엇인가?

영해법 제정 당시의 정부측 자료에 의하면[41] 대한해협은 국제해협이므로 한국이 이 수역에서 일방적인 규제를 하기가 곤란하다는 점과 강대국과의 마찰을 회피하기 위한 고려가 참작되었다고 한다. 대한해협은 당시, 쏘련 태평양함대(艦隊) 세력이 대양(大洋; 태평양, 인도양)으로 나가는 가장 중요한 길목이었다. 한국이 대한해협에서 12해리 영해를 획정하는 경우에는 특히 서수로에서 쏘련 태평양함대의 세력이 빈번히 한국 영해를 통과할 것이 예상되고 그때마다 법적 또는 군사, 정치적인 문제와 마찰이 발생될 가능성이 많다고 보고 이러한 분쟁과 마찰의 가능성을 회피하겠다는 고려가 있었던 것 같다. 소위 강대국에 대한 고려는 미국에 대해서도 같은 비중으로 적용되었다. 당시 미국은 3해리 영해제도의 강력한 옹호자이었으므로 원초적으로 한국의 12해리 범위 확장에 비판적이었다.

또 연안국의 국제해협에서 새롭게 적용될 통과통항제도(trasit passage regime)는 제3차 유엔해양법회의에서 그 당시 가장 논의가 많은 문제였는데, 대한해협에서 한국이 12해리로 영해 폭을 획정하면 이 수역에서 통과통항제도를 적용함에 따른 미

---

39) 대한해협의 동수로와 서수로를 의미한다.
40) 일본 舊「영해법」(법령 제30호) 부칙 제2항과 일본 舊「영해법 시행령」(정령 제210호) 제3조 및 「별표」참조.

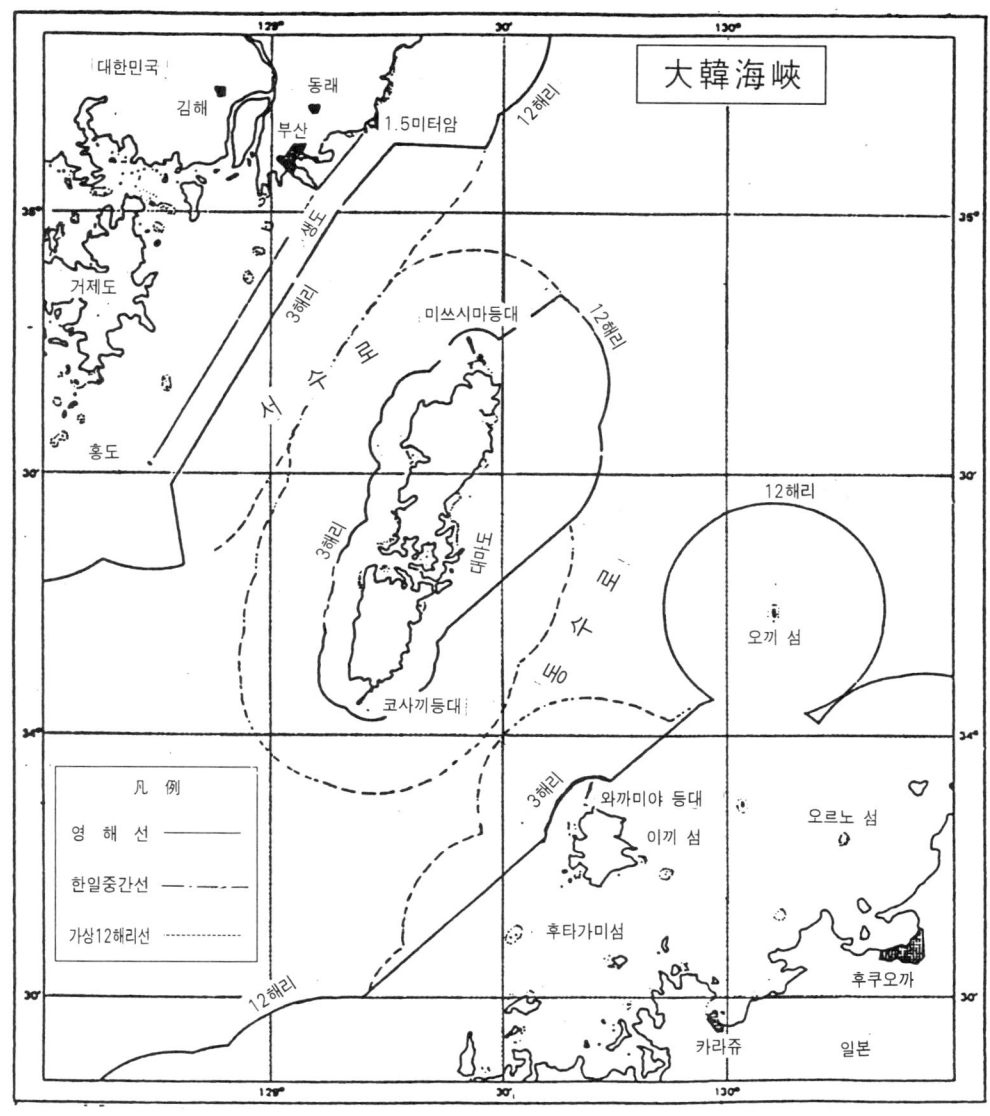

(지도 3-2) 대한해협

국과의 정책의 조화가 만만치 않은 숙제로 될 것이 예상되었던 것이다. 그러나 한국이 대한해협에서 그 영해범위를 3해리로 축소한 것은 한국 영해법보다 약 3개월 먼저 제정된 일본의 영해법에서 중요 해협 연안의 영해를 3해리로 동결(凍結)한 전례가 있었던 것이 결정적인 요인이 되었을지도 모른다.

---

41) 외무부, 領海法(案) 審議 參考資料, (1977) pp.10~11.

일본이 3해리로 그 영해를 동결한 이유는 무엇인가?

이에 관해서는 먼저 1977년 2월 23일 일본 중의원 예산위원회에 제출된 일본 정부측의 설명을 보기로 하자. 그 설명에 의하면,

> 영해의 폭이 12해리로 확장됨에 따라 해협의 통항제도를 어떻게 할 것인가의 문제는 현재 유엔해양법회의에 있어서 일반 영해의 무해통항제도에 비하여 더 자유로운 통항을 인정하자는 방향으로 심의가 진행되어 가고 있다. 국민생활의 안정과 번영에 불가결한 자원의 대부분을 해외에서 수입하고 있고 무역과 해운에 크게 의존하고 있는 해양국가이며 선진공업국가인 우리나라[일본] 특유의 입장에서 볼 때, Malacca해협 등 국제교통의 요지인 해협에 있어서 상선 및 대형 tanker 등의 자유로운 항행을 확보하는 것이 종합적 국익의 관점에서 필요하다. 우리나라로서는 이 문제가 이런 방향에 따라 국제적으로 해결되는 것을 기대한다는 입장에서 당면 대응책으로 소위 국제해협에 속하는 수역에 대하여 당분간 현상을 변경하지 않고 두는 것이다.

라고 하였다.42) 그러나 이는 일본정부가 그 국회에 대하여 공식적으로 답변한 설명의 일부일 뿐 직접적인 배후의 동기는 일본정부의 "비핵삼원칙"(非核三原則)에 있다고 보는 견해가 유력하다.43) "비핵삼원칙"이란 핵무기를 혐오하고 배격하는 일본의 특유한 국가 기본정책이다. 그 내용을 보면 일본은 핵(核)을 「갖지않고」, 「만들지 않으며」, 「반입(搬入)하지 않는다」는 것이다. 일본은 세계에서 유일하게 핵공격(核攻擊)을 실제로 체험한 국가이다. 핵무기의 가공할 파괴력과 지속적 피해의 참상을 국민이 모두 경험함으로서 국민 감정과 국가 정책이 모두 핵무기를 혐오하고 배격하게 되었다. "비핵삼원칙"은 이와 같은 사정으로 일본정부가 일관해서 기본적 정책으로 지키고 있는 원칙이다. 1977년 일본이 영해제도를 채택함에 있어 특별히 논의된 것은 삼원칙 중에서 「반입하지 않는다」는 원칙이다. 이는 보다 정확히 말하면 「반입시키지 않는다」는 의미로서 일본의 영해내에 쏘련이나 미국의 핵추진 함정 및 핵무기 탑재 함정을 들여 놓지 않겠다는 일본식 결벽성(潔癖性)을 나타낸다. 이를 위하여 일본의 중요 해협의 영해는 종래의 3해리로 동결함으로서 공해수로를 남겨 놓겠다는 의도를 표시한 것이다.44)

일본이 5개 중요 해협에 있어서 영해를 3해리로 조정한 그 「영해법」과 「시행령」의 규정들을 잘 정사(精査)하여 보면, 우선 이러한 3해리 동결조치가 잠정적인 조치임이 명시되어 있으며45) 각 해협의 통항경로에 특정해역을 설정하고 그 안에서만 3

---

42) 岩田光明. 木村泰彦, "國際海峽"(東京:教育社, 1978), pp.151~56.
43) 內田一臣, "200 海里 時代と 日本 防衛", 「世界 の 艦船」, 1977年 7月, No.242, pp.140~41.; 西村友晴, "領海 問題 と 非核三原則", (東京:安全保障調査會, 1977), pp.4~5.
44) 西村友晴, op.cit., pp.6~7.
45) 일본 舊「領海法」(法律 第30號) 부칙 제1조의 2항(특정해역에 관한 영해의 범위)

해리로 축소 조정하는 방식을 취하고 있는데, 대한해협의 서수로(西水路)에 설정된 일본의 특정해역은 한국과의 중간선을 넘어 한국측 수역까지 포함하고 있다. 이 특정해역이 3해리 작도를 위한 순수한 편의상의 구역 이상의 것이라면 한국과 관할권에 관한 분쟁의 요인도 될 수 있을 것이지만, 지극히 복잡하고 정리되지 않은 일본 영해법시행령의 문구는 그렇게 해석할 필요는 없다고 본다.46) 그런데 한편, 순수한 작도상의 편의를 위한 것이라면—오해를 야기할 수 있을 정도로— 특정해역이라는 구역까지 설정할 필요는 없었을 것이라는 평가도 가능하다47). 예컨대 대마도 서안(西岸)의 3해리 경계를 정하기 위해서는 한국이 홍도와 1.5m암에서 한 것과 같이 미쓰시마등대와 코사끼등대에서 그은 선(線)으로 충분했을 것이다.

이러한 일본의 입법 태도와 비교해서 한국의 경우는 영해 3해리 축소 조정의 조치가 잠정성(暫定性)을 갖는다는 유보(留保)는 어디에도 보이지 않는다. 그리고 3해리 조정을 위해서는 분명하고 간결한 선으로 명시하므로서 특정해역 같은 것을 설정하지도 아니하였다. 생각컨대 한국은 "비핵삼원칙"같은 것을 갖고 있지 아니하므로 일본의 3해리 동결조치가 이 처럼 한국 영해 획정의 전례(典例)가 된 것은 납득할 수 없는 측면이 있다.

한국이 대한해협에서 영해를 3해리로 축소 조정한 이유 중 국제해협에 대한 일방적 규제의 곤란과 강대국과의 마찰 회피라는 고려 요소를 음미해 보기로 하자.

당시, 국제해협에는 통과통항제도(通過通航制度; transit passage regime)라는 새로운 통항제도가 정착되어 가고 있었다. 이 제도는 영해인 국제해협에서 원활한 해상교통을 확보하고 또 연안국의 권익보호도 합리적인 범위내에서 보장하게 하기 위한 모든 입법적인 고려 요인들이 참작되어 타결된 것이었다. 더 말할 필요도 없이 대한해협이라는 국제해협의 연안국가로서 이 해협수역에서 정당한 통항규제를 하는 것은 당연한 일이다.

다음은 강대국과의 관계를 보기로 하자. 대한해협 서수로의 반쪽은 당연히 한국의 영해로 될 수역인데, 이 수역의 3해리 부분만을 영해로 하는 것이 한국의 국익보호에 올바른 길인가?

대한해협은 전략적인 길목(choke point) 중의 하나이다. choke point란 그것을 통로로 확보하려는 자와 그것을 쉽게 막아서 전략적 이익을 취하려는 자의 입장이 대립되는 지점이다. 한국의 맹방(盟邦)인 미국의 세계 전략상 choke point란 우선 미국의 통항이 확보되어야 하는 지점이다. 미국 대통령 Reagan은 이러한 choke point

---

46) Robert W.Smith, *Report* No.988(June 15. 1978) US Dept. of State. Bureau of Intelligence and Research p.4.

47) Ibid.

로 전 세계에서 16개의 지점을 지적한 바가 있다.48) 이 중에는 대한해협도 포함된다. 일반적으로 이들 choke point에서 미국의 통항을 위협하는 가상적(假想敵)은 대부분의 경우 쏘련이라고 생각되었다. 그리고 대양 해군력(the blue water navy)을 확보한 쏘련은 그 자신이 이미 choke point를 통로로 확보하려는 쪽으로 변모하고 있었다.49)

1991년 구쏘련이 붕괴된 이후 러시아는 계속된 재정압박으로 한때는 태평양함대의 함정 수를 절반으로 줄이고 민스크와 노보로시스크호 등 항모 두척을 고철로 한국에 판매하는 등 해군력을 급속도로 감축시킨 바가 있다. 그러나 이 동아시아 지역에서의 전략적 우위를 유지하기 위하여 1995년 이후 러시아는 다시 태평양함대의 전력을 증강시키고 있다.50) 따라서 이곳에서 미국의 맹방들—한국이나 일본—은 러시아의 통항을 쉽게 막아서 전략적 이익을 취하는 것이 choke point라는 이 지점의 특성을 활용하는 방법이 될 것이다.51) 전략적으로 choke point에서 상대방의 통항을 제어한다는 것은 물리적으로 통항자체를 막는다는 것과는 구별되는 것으로, 한마디로 통항을 제어할 수 있는 능력과 입장을 확보한다는 의미라고 보는 것이 정확하다. 러시아의 대한해협 통항에 있어 세계 전략상 중대한 의미를 갖는 것은 SSBN(핵추진탄도 미사일 잠수함)의 통항이다. SSBN의 통항을 탐지하는 대잠정보체계를 대한해협에서 확보하는 것은 choke point 통항의 제어를 위해 무엇보다 중요하다. 이러한 대잠정보체계를 유지하기 위해서는 대한해협의 수역은 미국의 맹방인 한국과 일본의 영해로 있는 것이 필요하다.52)

한국이 12해리 영해범위를 채택한 이상 대한해협 서수로의 반은 한국의 주권적 영역에 속해야 한다. 이것을 축소함에는 영역주권을 제한함에 합당하는 명분과 실리가 있어야 한다. 위에서 보아온 것처럼 그만한 명분과 실리는 인정되지 않는다. 그러므로 이를 12해리로 환원함이 바람직하다고 본다.

일본과 한국이 영해 폭 12해리를 획정하면 동수로(東水路)에는 약 1해리의 공해 수

---

48) Michael R. Gordon, "Naval Choke Points", *International Herald Tribune*(Sat-Sun, Feb. 15~16. 1986)
49) Ibid.
50) 1996년 5월 펠릭스 그로모프 러시아 해군사령관이 발표한 바에 의하면, 러시아는 동년 초에 8천톤급 최신예 구축함 1척을 태평양함대에 이미 취역시켰으며, 1997년 말 전략 잠수함 2척과 대잠함 체보넨코호를 추가로 배치하였다. 또한 5만 6천톤급 핵항공모함 표드르벨리키가 1997년 내에 발트해로부터 태평양함대로 합류하였다.
1997년 5월 7일 「중앙일보」.
51) 일본 수상 나까소네의 "4해협봉쇄" 발언(1983년 1월 18일 방미중 Washington Post와의 회견 시)도 이런 맥락의 주장이라고 생각된다.
52) 拙稿, "해협통항제도에 관한 연구"(한양대학원 석사학위논문, 1979), pp.147~51.

로(公海 水路)가 남고, 서수로(西水路)는 양국의 영해가 중첩된다. 이 중첩되는 부분의 면적은 약 31평방해리이다. 중첩된 부분의 중간선을 획선하여 일본과 한국의 경계로 정하면 될 것이다. 이미 1965년 한일어업협정상 전관수역을 획정할 때 이 중간선을 택한 전례가 있으므로 이처럼 환원함에 있어 경계 획선상의 문제는 없을 것이다.

B. 서해(西海) 6개 도서53) 주변 해역의 직선기선

한국은 이미 1965년 일본과 체결한 「한일어업협정」에서 12해리 범위의 어업전관수역을 정하여 배타적 어업권을 행사하고 있었다. 1978년 한국 영해 범위의 확정에 있어서 이 한일어업협정상의 12해리 전관수역이 기점상의 모델이 되었다고 생각된다. 특히 직선기선의 획정에 있어서 흑산군도 주변과 제주해협부분을 제외하고는 두 경우가 동일하다.

여기서 주목되는 점은 서해안의 직선기선은 경기만(京畿灣) 연안 소령도까지만 명시되어 있다는 점이다. 이는 한국이 1952년 「평화선 선언」을 할때나 그 수역에 국내법으로 어업자원보호수역을 설정할때 두만강 하구로부터 압록강 하구에 이르는 지역의 관할수역범위를 구체적으로 명시하던 것과는 대조적인 태도이다. 이것은 한국이 북한과의 대치상황 특히

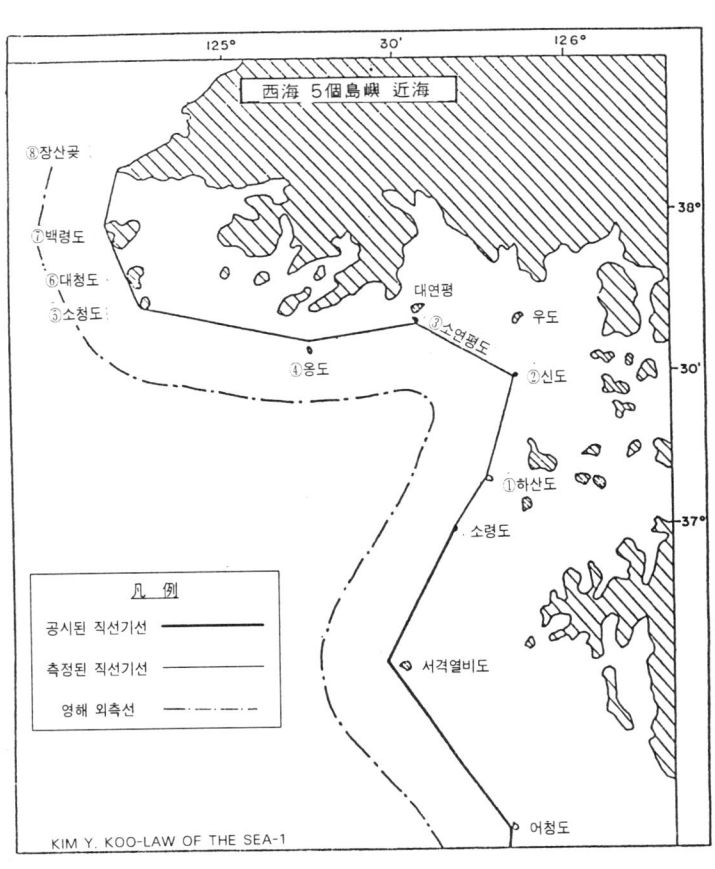

(지도 3-3) "서해 5개 도서" 근해

---

53) "서해 5개도서"란 한국「휴전협정」제2조 13항 B호 단서에서 열거한 백령, 대청, 소청, 연평, 우도를 말한다. 그러나 연평도는 대연평, 소연평의 두개로 되어 있는 섬이므로 "서해 6개 도서"라고 함이 정확하다.

서해 6개 도서 지역의 긴장을 염두에 두고 특히 현 휴전협정 체제에 영향을 주지 않으려는 조심성의 소치54)인 것으로 해석될 수 있지만 영해 범위의 불명확성은 때로는 불필요한 분쟁과 긴장을 야기시키는 원인이 될 수도 있는 일이다.55)

서해 경기만 연안에 직선기선이 설정되어 있지 않아 이 지역의 영해 범위가 모호하게 되고, 이를 기화로 최근에 타국, 특히 중국 어선들이 우리 연안 깊숙히 침범하여 불법 어로를 자행(恣行)하는 사태를 가져오게 된 것은 위와 같은 염려가 기우가 아니었음을 확인하고 있다. 또 이 지역에서 북한과의 불필요한 긴장을 조성하는 요인되어 특히 서해 도서 지역에 불가침 경계를 분명히 정해야 하는 새로운 과제가 대두되고 있다.56)

서해안 전체의 지리적특성과 "한국의 영토는 한반도와 그 부속도서로 구성된다"고 보는 대한민국헌법의 기본입장으로 보아서 당연히 일관된 방식으로 경기만 이북 지역에도 직선기선을 책정하였어야 한다. (지도 3-3 참조)

C. 군함의 영해 통항 문제

우리나라 「영해법」 제5조 1항 후단과 시행령 제4조에 의하면 외국군함이 우리 영해를 통항코자 할때는 그 통항 3일전까지 외무부장관에서 선명(船名), 선종(船種) 및 번호, 통항목적, 항로(航路) 및 일정(日程)을 통보해야 한다.

소위 군함의 영해 통항에 사전통고를 요구하고 있는 우리 「영해법」은 국내법 조치의 예로서는 대단히 단순한 형태의 규정으로 분류될 수 있다. 한국 「영해법」은 모든 경우에 일률적으로 3일전의 통고를 요구하고 있는 것인데(제5조 1항 후단, 시행령 제4조) 이것이 실질적인 방어조치를 강구하기 위한 것이라면 이는 적어도 군사적으로는 무의미한 제도이다. 한국 영해나 영공을 침범하는 외부세력이 이러한 한국 국내법 절차를 준수하면서 사전통고를 하고나서 침범해 오지도 않으려니와 이러한 침해에 대한 방어조치는 현대적 조기경보체제(early warning system)을 완벽하게 유지함으로서만 가능한 것이다. 반면에 우리 영해법 시행령은 공해대(公海帶)가 없는 국제해협에서 이 사전통고 의무를 면제하고 있다.(영해법 시행령 제4조 단서) 한국 연안에서 현재 공해대가 없는 해협은 제주해협, 흑산해협 및 매물수도 등인 바, 이들 해역이야 말로 외국 군함의 통항이 철저히 파악되고 통제되어야 할 지역이라고 생각되므로 현재의 한국 영해법의 규정은 극히 실익이 없으면서도 외형상으로는 영해내에서 타국군함의 통항을 통제하는 국가로 분류될 수 있게 규정되어 있다.

---

54) 영해법 시행령 제정을 위한 관계부처 실무회의 요록(1978. 2. 13.)
55) 拙著, 「현대해양법론」, (서울:아세아社, 1988), p.74.
56) 「南北基本合意書」 제11조 및 「南北 不可侵의 履行과 遵守를 위한 附屬 合意書」 제10조.

타국의 입법례를 보면 영해내 외국군함의 지위에 관한 상세한 규정을 두고 있는 예가 허다하다. 그 규정의 내용도 따라서 상당히 세분되어 있는 것이다. 즉 타국군함 단독(單獨)의 단순한 영해통과, 수척의 공식적인 영해의 진입, 또는 안보 취약수역에로의 통과 등 구체적 사유, 군함의 수(數), 통과수역의 특성 및 통항의 태양(態樣) 등을 세분하여 그 각 경우에 진입 절차와 체류기간(滯留期間)을 정하고 동시체류(同時滯留)가 허용되는 외국 군함의 총톤수를 제한하는 경우도 있다.57)

그러므로 외국군함의 영해통항에 관한 단순한 사전통고제도는 삭제되어야 하며 이는「외국군함의 영해통항에 관한 (합리적인) 절차와 규칙」으로 대치되어야 한다.58)

D. 해협통항 문제

한국 연안에는 대한해협, 제주해협, 흑산해협 등 중요한 국제해협이 많음에도 불구하고 영해법은 시행령 제4조 단서 이외에는 국제해협 통항에 관하여 규정하는 바가 없다. 대한해협과 제주해협에 관한 문제를 분석해 본다.

(ⅰ) 대한해협

대한해협에서 3해리로 축소 조정된 영해의 범위를 12해리로 환원한다면 일본도 동시에 3해리 동결을 풀 경우에는 이 해협은 연안국의 영해로 된 국제해협으로서 유엔해양법협약 제37조에 해당되어 협약상 제38조의「통과통항제도」가 적용될 것이다. 그러나 한국만이 12해리로 환원한다면 중간선 반대 측의 일본쪽 부분은 역시 공해(公海)(또는 배타적 경제수역)로 남게되고, 이 해협은 협약상 제36조의「정지(停止)되지 않는 무해통항제도」가 적용 될 것이다.

어느 경우이거나 한국은 연안국으로서 통항 선박의 원활한 항해를 보장하는 동시에(유엔해양법협약 제44조), 항해, 오염규제, 어로금지, 및 기타 관세, 재정, 위생, 출입국관리 등에 관한 법령을 제정 시행하고 해로지정과 통항분리대 설정 등의 조치를 행할 수 있다.(유엔해양법협약 제41조)

(ⅱ) 제주해협

한국 영해법 시행령 제4조 단서는 국제해협에 관련된 유일한 조항으로, 공해대가 없는 국제해협에서 사전통고 의무를 면제하고 있다. 앞서 지적한 대로 한국 연안에서 공해대가 없는 해협으로 중요한 것은 이 제주해협이 있다. 그런데 사전통고 의무를 면제하고 있는 것이 이들 해협에서「통과통항제도」를 적용함을 전제로 하는 것인지 그 규범적 의의가 모호하다. 이 규정이 실질적으로도 무의미한 규정임은 앞에서

---

57) Yugoslavia; Act concerning the Coastal Sea and the Continental Shelf, 23 July 1987. Law of the Sea Bulletin No.18.

58) 「外國軍艦의 領海通航에 관한 規程」試案, 拙稿「한국영해법 개정시안의 연구」(외무부 정책 연구 용역보고서, 1995) 참조.

130 제3장 영 해(領海)

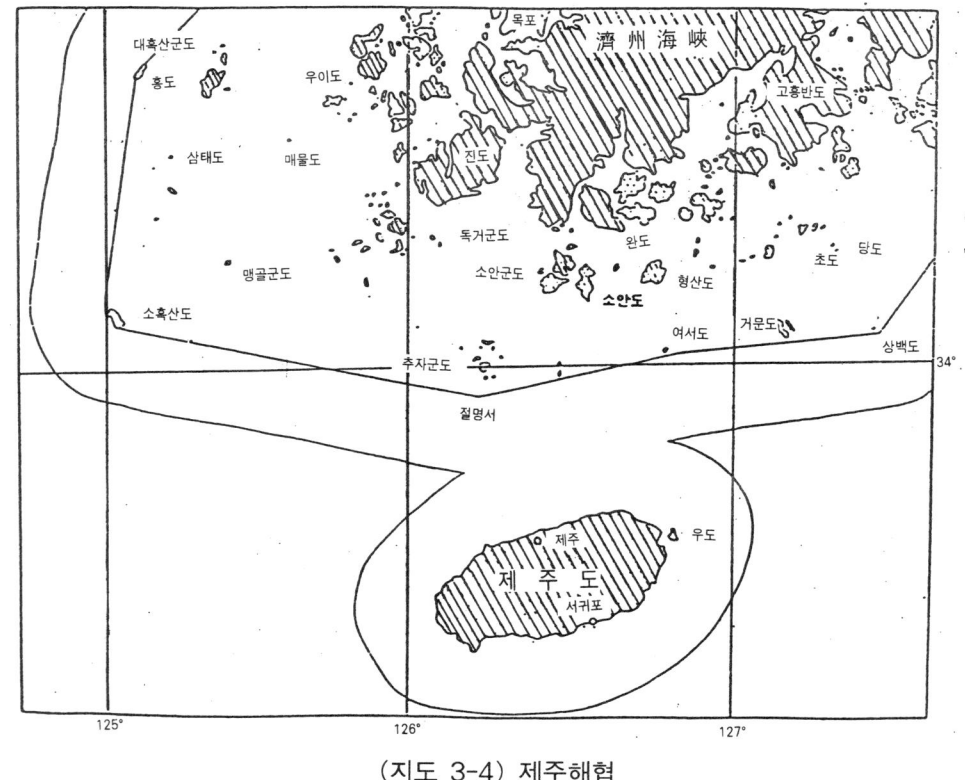

(지도 3-4) 제주해협

지적한 바와 같다. 특히 한때 한국내에서 제주해협을 국제해협이 아니라고 보는 견해가 유력했기 때문에 이러한 모호성(模糊性)은 제거되어야 한다.

제주해협은 국제해협이며 한국의 영해로 된 이 해협은 당연히 유엔해양법협약 제3장의 적용이 있어야 한다고 생각된다. 다만 동 3장 제38조 1항 단서에서는

> 다만, 해협이 해협 연안국의 도서와 본토에 의하여 형성되어 있고 그 도서의 해양측으로 항해상 내지 수로학상의 특성에 있어 유사한 편의를 가지는 공해 항로 또는 배타적 경제수역 항로가 존재하는 경우에는 통과통항을 적용하지 아니한다.

라고 규정하고 있다.

한국의 남단(南端)에 위치한 제주도와 본토 사이에 형성된 제주해협은 협약 제38조 1항 단서를 적용하기 위한 지리적 요건을 갖추고 있다. 따라서 한국 영해법은 제주해협에서 통과통항제도의 적용을 배제하는 근거 규정을 명시하여야 할 것이다. 즉 한국의 「영해법」에서 제주해협은 협약 제45조 1항 a호에 의거하여 "정지되지 않는 무해통항"만이 허용되는 해협으로 명시되어야 한다.(지도 3-4 참조)

E. 한국 영해법과 그 시행령에서 누락(漏落)시킨 문제들
(ⅰ) 영해의 해저, 해상(海床) 및 그 하층토에 대한 관할선언

우리 영해법에는 영해의 해저, 해상(海床) 및 그 하층토에 대한 주권적 관할 선언이 누락되어 있다. 1958년 영해협약이나 1982년 유엔해양법협약에서 모두 연안국의 주권이 미치는 범위로 영해의 해저, 해상(海床) 및 그 하층토가 포함됨을 규정하고 있으며 각국의 입법례를 보면 이를 명시한 경우가 많다.59) 지금에 와서는 이러한 주권적 권리가 국내법 조치나 대외적 선언으로 명시되지 않더라도 일반 국제법의 내용으로 인정될 수 있으나 석유, 천연가스 및 정착성 어족 등 중요한 해양자원의 개발 활동이 활발해진 현대적 추세를 감안하여 특히 영해의 해저, 해상(海床) 및 그 하층토에 대한 주권적 권리는 이를 특히 강조해 둘 필요가 있다.

(ⅱ) 접속수역의 선포 시행

영해의 개념이 확립되고 영해의 폭이 3해리에서 12해리로 확장되는 과정중에서 다수의 국가가 어업이나 오염규제를 위해서, 그 영해 범위를 넘어 일정한 수역에까지 특수한 관할권을 주장하는 관행이 있었다. 접속수역이란 이와 같이 국가가 영해 범위 밖의 일정한 수역에서 관세, 재정, 위생, 출입국관리에 관한 국내법을 적용할 수 있는 한정적 관할권을 행사하는 구역을 말한다.(유엔해양법협약 제33조)

1995년 10월 현재, 24해리 범위의 접속수역을 설정 시행하고 있는 나라는 모두 55개국이다.60) 한국은 그 구(舊) 영해법에서 접속수역에 관한 규정을 누락시키고 있었다. 더 정확히 표현한다면 한국은 접속수역을 설정 선포하지 않고 있었다.

첫째로, 한국이 일본 및 중국 등 인접국과의 경계문제들로 인하여 200해리 배타적 경제수역을 선포하지 못하고 있는 관계로 한국의 12해리 영해 이원(以遠)의 바다는 그 법적 지위가 공해로 남아 있다. 이러한 상황에서 영해에 인접한 수역에 대한 실질적인 관리와 통제의 수단은 전무(全無)한 상태이므로 국제법이 허용하는 24해리의

---

59) 특히 최근의 立法例에서는 이 條項이 예외없이 강조되어 있다. 이는 海洋活動의 내용과 폭이 확장되어 가는 일반적 추세를 잘 나타내 주는 경향이라고 볼 수 있다.
  ① 중국 영해 및 접속수역법(1992년 2월 25일 공포 및 발효) 제5조 참조.
  ② Belize, Maritime Areas Act(24 January,1992)
    Part III sec.8, (b), (c).
    U.N. Law of the Sea Bulletin No.21,(August, 1992), p.8.
  ③ Brazil, Law No.8617 of 4 January 1993, on the territorial sea, the contiguous zone, the exclusive economic zone and the continental shelf
    Chapter I, Article 2.
60) The Summary of Maritime Claims(as of October 20, 1995.)
  1996년 1월 25일자 미국무성 집계자료;
    - 4해리(1):Denmark. 10해리(1):Norway. 12해리(1):U.S. 15해리(1):Venezuela
    18해리(4):Bangladesh, Saudi Arabia, The Gambia, Sudan. 24해리(46).

접속수역을 설정하여 통제권을 시행함이 요구되었다. 접속수역내에서 어업에 관련된 연안국의 통제권까지를 인정하는 현대적 추세로 볼때, 특히 황해 지역에서 중국과의 어업협정이 신속하게 타결되지 않는 경우에도 24해리의 접속수역을 선포하므로서 중국어선에 대한 통제도 효율적으로 실시할 수 있게 될 것이다. 더구나 1992년 2월 25일 공포 시행된 중국의 「영해 및 접속수역법」은 중국 연안 24해리 폭에 대하여 접속수역을 설정 시행하고 있는 만큼 대향적(對向的) 위치에 있는 우리나라의 관련된 국익을 확보하기 위해서는 부득이 이 접속수역제도를 시급히 실시하는 방법이 가장 효율적일 것으로 판단되었다.

둘째로, 설사 한국이 200해리의 경제수역을 선포한다고 해도 사실상 이는 자원에 관한 제한된 관할권만을 행사하는 구역이므로 현대 국제법의 일반적 경향을 따라 관세, 재정, 위생 및 출입국관리 등 실질적인 문제에 대한 입법적 및 행정적 통제는 접속수역을 설정하여 시행함이 바람직하다고 사료되었다.

　(ⅲ) 핵추진 선박, 핵물질 등 본질적으로 위험하거나 유독한 물질을 운반하는 선박
　　　에 대한 통항 규제

유엔해양법협약 제23조에서 규정하고 있는 핵추진 선박, 핵물질 등 본질적으로 위험하거나 유독한 물질을 운반하는 선박에 대한 통항 규제가 한국 영해법에서는 누락되고 있다. 물론 유엔해양법협약의 서명국인 한국이 이 규정을 그 영해법에서 반드시 규정해야만 이 규정을 원용할 수 있게 되는 것은 아니다. 이는 이미 관습국제법으로 성립되었다는 견해도 유력하다. 그러나 자세히 관찰해 보면 이 규정은 실제로 핵추진 선박 등 특수선박의 통항에 대한 보다 구체적인 국내법적 조치에 대한 원칙규범으로서의 성격을 갖는다. 따라서 핵추진 선박이 증가해 가고있고 핵물질에 의한 오염의 위험에 특별히 노출되어 있는 동북아 지역에서는 영해법에서 이 특수선 통항 규제의 조항이 강조되어 규정될 필요가 있다

국내법으로 SOLAS협약이나 MARPOL협약 등에서 규정하고 있는 안전운항을 위한 관련서류의 비치와 운영에 관한 상세한 규정과 각 지역별로 설정된 특별 안전 예방조치 등을 규정하기 위해서 영해법에서는 원칙조항으로 특수선 통항 규제에 대한 규정을 두어야 한다.

2. 한국 영해법의 개정

(1) 영해법 개정의 경위

한국 영해법은 1978년 9월에 실질적으로 발효된 이래, 앞에서 지적한 입법론상의 문제들이 지적되어 왔으며[61] 적절한 계기에 이들을 개선하는 문제가 계속 논의

되었다. 그러나 실제로 한국 「영해법」의 개정을 진지하게 검토하게 된 계기로는 몇 가지 직접 및 간접적인 요인이 존재한다.

우선 첫째로는 1982년에 체결된 유엔해양법협약이 1994년에 곧 발효되려하고 있다는 여건이 「영해법」을 개정하여 공포 시행함에 적절한 기회를 주는 외부적 요인이 되었다.

1982년 유엔해양법협약은 심해저자원 개발제도에 관련된 협약의 법적 구조에 근본적으로 반대하는 미국을 비롯한 서방 선진국들의 거부로 협약의 보편성(universality)과 실효성(validity) 그 자체가 문제로 되어 있었으나, 1994년 7월 28일, 이 협약의 심해저 개발 체제 이행에 관한 협정이 타결되므로서 선진공업국들의 협약 참여의 기본적 조건이 성립되고 따라서 협약 자체에 관한 종래의 회의적인 분위기는 불식되었다. 1993년 11월 16일에 Guyana가 60번째의 비준서를 기탁한 상태이므로 이 협약은 1994년 11월 16일에는 발효하게 되었으며 독일은 이 협약이 발효하기 한달 전인 10월 14일에 이 협약에 비준서를 기탁하였다. 한국은 이 협약에 비준하는 문제를 검토하는 과정에서 영해법의 개정 문제를 아울러 검토하게 되었다.

그 밖의 내부적 요인으로서는, 서해 경기만 연안에 직선기선이 설정되어 있지 않아 이 지역의 영해 범위가 모호하게 되고 이를 기화로 타국 특히 중국 어선들이 우리 연안 깊숙히 침범하여 불법 어로를 자행하는 사태를 가져오게 된 사정, 또 이 지역에서 북한과의 불가침 경계를 분명히 정해야 하는 새로운 과제가 대두된 것, 대한해협 서수로에서 3해리로 축소 조정된 영해를 12해리로 환원하는 과제 등이 있었다.

결국 한국은 1995년 12월 6일자로 영해법을 개정하여 「영해 및 접속수역법」으로 공포하였다.[62] 한국은 유엔해양법협약을 1996년 1월 29일자로 비준하였으며 새로운 「영해법」은 1996년 8월 1일자로 시행되었다.[63]

1978년의 영해법 시행령은 해양오염방지법의 개정에 따라 1991년 9월 7일 일부 개정된 바있지만 이는 극히 기술적인 개정이었고,[64] 영해법 자체의 개정에 따라서 1996년 7월 31일에 「영해 및 접속수역법 시행령」으로 개명, 개정되었다. 그리고 이는 역시 동 8월 1일자로 시행되었다.

(2) 영해법의 개정 내용

새로운 「영해 및 접속수역법」은 그 이름이 나타내는 바 그대로, 기선에서 24해리의 접속수역을 새롭게 규정하였다.(제3조의 2) 따라서 앞에서 분석한 종래의 영해법의 입법론적 문제들은 접속수역을 도입한 점을 빼고는 모두 그대로 남게 되었다.

---

61) 拙著, 「현대해양법론」, pp.71~91.
62) 법률 제4986호
63) 「영해법중 개정법률의 시행일 등에 관한 규정」. 대통령령 제15133호(1996년 7월 31일)
64) 영해법 시행령 제6조

한국 「영해법」의 연혁을 표로 정리해 보면 (도표 3-6)과 같다.

〈도표 3-6〉 한국 영해법의 연혁

한국 영해법의 연혁		
1. 영해를 3해리로 규정	1948. 5. 10.	군정법령 제189호 제3조 2항
2. 한국 국내법령으로 효력 존속(3해리)	1948. 7. 27.	한국 제헌헌법 제100조
3. 일괄 폐기로 실효됨-영해 범위의 불확정	1962. 1. 20.	구법령 폐기에 관한 특별 조치법
4. 영해 12해리 채택 공포	1977. 12. 31.	한국「영해법」제정 공포
5. 영해 12해리 발효	1978. 4. 30.	영해법의 시행일 등에 관한 규정
6. 구체적 시행령의 발효	1978. 9. 20.	영해법 시행령 공포 발효
7. 영해법의 개정	1995. 12. 6.	24해리 접속수역제도 도입

V. 영해의 경계획정

1. 대향국(對向國 ; Opposite States)과 인접국(隣接國 ; Adjacent States) 영해의 경계획정

만일 두개의 국가가 마주보는 위치에서 서로의 영해폭을 합한 것보다도 적은 근거리에 있는 경우와, 또는 육지의 국경이 해안에서 끝나 이에 따라 각 연안의 영해의 경계를 정해야 하는 경우가 있다. 앞의 경우를 대향국(對向國 : opposite States), 나중 경우를 인접국(隣接國 : adjacent States)이라 하며, 유엔해양법협약 제15조와 영해협약 제12조는 동일한 조항으로 이 두 경우를 한꺼번에 규정하고 있다. 즉,

> 2개의 해안이 상호 대향 또는 인접하고 있는 경우 양국 중 어느 국가도 양국간에 반대의 합의가 없는 한, 양국의 각 영해폭을 측정하는 기선상의 최근점으로부터 등거리에 있는 모든 점을 연결한 중간선 이원(以遠)으로 영해를 확장할 수 없다. 그러나, 앞의 규정은 역사적 권원 또는 기타 특수사정으로 인하여 이와 다른 방법으로 양국의 영해를 획정할 필요가 있는 경우에는 적용되지 않는다.

라고 규정한다.

(1) 대향국 영해의 경계획정

위 제15조는 대향국과 인접국의 경계획정을 동일한 조항에서 규정하고 있으나 그 내

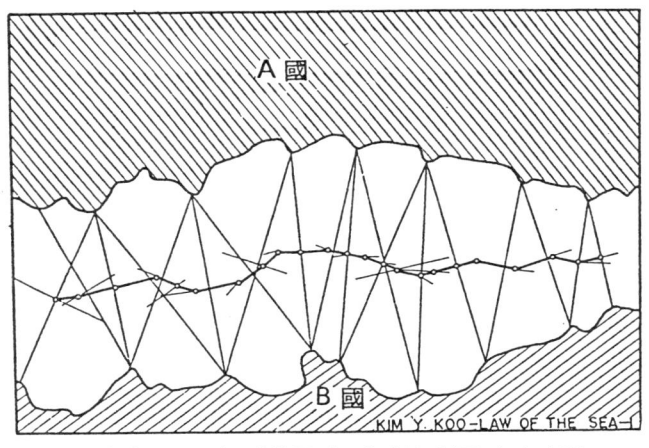
(지도 3-5) 대향국의 경계획정(중간선원칙)

용은 분리해서 고찰할 필요가 있다.

대향국간의 영해의 경계획정은 중간선원칙(median line principle) 즉, 서로 마주보는 각 연안의 서로 가장 가까운 지점간의 거리의 중간점의 궤적65)(지도 3-5 참조)을 그 경계로 하는 것이 일반적인 관행이다.66)

대향국간에 경계에 관한 합의가 성립되지 않았을때 경계획정의 기준을 제시하는 문제의 검토를 1953년 ILC는 전문위원회에 위촉하였다. 이들 전문위의 검토보고서(A/CN.4/61/Add.1)가 ILC초안 제12조 즉, "상호 대향한 국가의 영해의 획정에 관한 조항"으로 채택되었다. ILC주석서(1956 Commentary)에 의하면, 대향국 영해 경계획정에 중간선원칙의 방법이 수학적인 정확성을 가지고 모든 경우에 적용될 수 있는 것은 아니나 일반적 원칙으로서 중간선원칙을 정하여 주는 것이 바람직하다는 점에 ILC의 의견은 일치되었다.67) 그리고 이 주석서는 서로 마주보는 두 국가의 영해의 폭이 서로 다를 경우에 이 조항은 적용될 수 없다고 하였다.68)

(2) 인접국 영해의 경계획정

인접국간의 경계획정에 관련된 관행은 위의 경우처럼 일관된 것은 아니다. 가장 현저한 관행은 등거리원칙(equidistance principle)인데 이는 인접된 연안의 각 상대적 지점

---

65) 중간선의 작도에 관하여는, Aaron L.Shalowitz, *Shore and Sea Bounderies* Vol. I.(1962), p.233. cited in H. Gary Knight, *The Law of the Sea:Cases, Documents and Reading*(Baton Rouge:Claitor's Law Books, 1978), pp.254~256. 참조.

66) 1) 1846 United States-Great Britain Boundary Treaty (Oregon Treaty) article 1. (signed at Washington, June 15, 1846); 9 *Stat.* 869.; 12 *Bevans* 95
   Juan de Fuca해협에서 양국경계를 획정함에 있어서 중간선원칙을 적용함.

   2) 1910 United States-Great Britain Boundary Treaty(Treaty Concerning the Boundary Line Passamaquoddy Bay)Article 1.(signed at Washington, May 21, 1910) 36 *Stat.* 2477.; 12 *Bevans* 341.

   3) 1932 Denmark-Sweden Declaration Concerning the Boundaries of the Sound, (Stockholm, Signed and entered into force 30 Jan. 1932), 127 *LNTS* 62.

67) H. Gary Knight, op.cit., p.252.

68) Ibid. 1956 *ILC Yr. Bk.* Commentary Draft Article 12. para.(7).

으로부터 등거리의 궤적을 취하는 것이다.69)(지도 3-6 참조) 인접국간의 영해경계획정의 방법에 관련해서 ILC의 전문위원회에 제시된 방법은 모두 4가지였다. ① 첫째는 육지 영토경계의 연장선을 사용하는 것, ② 둘째는 육지 영토경계가 해안과 접한 지점에서 해안에 직각인 선을 경계로 하는것, ③ 세째는 지리적 평행선을 경계로 하는것, ④ 네째로는 연안의 일반적인 방향과 직각인 선을 긋는 방법이다. 그러나 전문위원회는 이 4가지 방법의 적용에는 모두 어려움이 있다고 보고 이를 택하지 않는다. 결국 전문위원회는 인접된 해안의 각 점으로부터 등거리인 지점의 궤적으로 인접경계를 삼도록 건의하였고 ILC는 이를 초안 제14조로 채택하였다.70) 이 ILC의 초안 제14조가 1958년 영해협약 제12조로 채택되었다. 그리고 이것은 유엔해양법협약 제15조의 내용으로 되어 그대로 확정되었다.

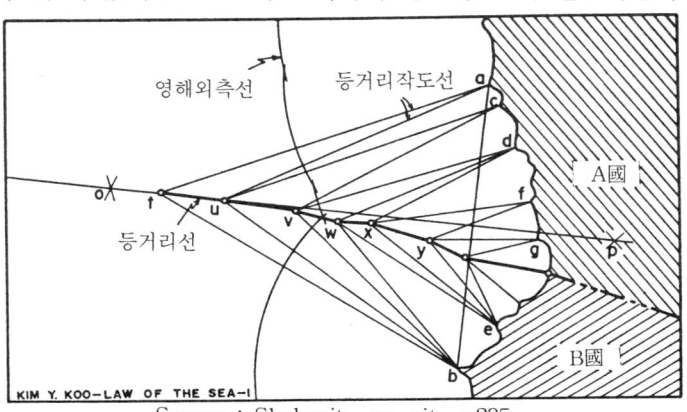

Source : Shalowitz, op. cit., p.235
〈지도 3-6〉 인접국의 경계획정(등거리원칙)

2. 영해 경계획정에 관한 국가관행

하천이 육지영토의 경계를 이룰때 그 인접된 영해의 경계는 그 하천의 가항최심선(可航最深線) 즉, Thalweg로 하거나 그 연장선으로 결정하는 경우도 있다. 또 인접국의 육지경계 해안에 접하는 지점의 위도(緯度 : latitude)를 경계로 하는 경우도 있다.71) 물론 동서로 연접한 인접국인 경우는 경도(經度 : longitude)를 경계로 할 수도 있지만 그러한 예는 아직 없다.

그러나 만일 연안에 인접한 섬이 있든지, 또는 연안의 해안선이 특수한 지형으로 되어 있는 경우 그리고 역사적 권원에 기한 특정 해역에의 관할권이 존재하는 경우와 같이 "다른 방법으로 경계를 획정할 특수한 사정이 있을때"는 관계국 사이의 협약으로 경계를 정할 수 있다.72)

---

69) 등거리선의 작도에 관하여는, H.Gray Khight, op.cit., p.257~58. 참조.
70) 2 ILC Yr. Br 253,272(1956), *Commentary Draft* Article 14.
71) 1975 Colombia-Ecuador Agreement on the Delimiting Marine and Submarine Areas and on Maritime Co-operation,(signed at Quito, 23 Aug. 1975. entered into force, 22 Dec. 1975), UN *Leg. Ser.* B/19, p.398, *ND.* V, p.12.

이러한 경우, 중간선원칙이 변용되는 것은 편의나 절충을 위한 배려에서 결과되는 것이므로 이로부터 중간선원칙을 부인하는 새로운 관행을 도출할 수는 없다. 영해의 경계획정에 관한 국가관행도 대체로 이들 조약법의 내용과 일치한다고 볼 수 있다.[73]

3. 한국영해의 경계획정

(1) 대한해협의 경계

영해의 범위에서 보아온 것과 같이 한국은 1978년 4월 30일을 기해서 12해리 영해범위를 택하였다. 한국영해의 경계를 위한 대향국은 앞서 고찰한 대한해협 서수로에서의 일본국이다. 이 지역에서 현재와 같이 영해를 3해리로 축소하는 한, 일본과의 경계획정문제는 일어나지 아니한다. 그러나 영해법을 고쳐서 이 지역의 영해범위를 12해리로 환원하는 경우에는 전체 폭이 약 23해리인 서수로에서의 영해경계획정에는 일본국과 대향국으로서의 협의가 필요하게 된다. 이미 한일어업협정상 전관수로의 획정시에 일본과의 경계를 중간선으로 정한 전례가 있으므로 중간선으로 경계획정을 하는데 문제는 없으리라고 생각된다.

(2) 기타 인접국과의 관계

한국영해의 경계를 위한 인접국은 한반도 전체를 한국영토로 볼 때, 중국과 러시아가 된다. 압록강과 두만강을 육지영토의 경계로 하고 있는 이들 국가와의 영해경계는 이들 국제하천의 가항최심선(可航最深線 : Thalweg)의 연장선과 등거리선으로 획정되어야 할 것이다.

(3) 북한과의 경계

한국과 접경하고 있는 것은 북한이다. 한국휴전협정은 그 제1조 2항과 3항의 부속지도에서 한국과 북한의 군사분계선 및 비무장지대를 명시하고 있다. 휴전으로 전쟁이 사실상 종식된 한국과 북한의 육지경계는 결국 이 군사분계선으로 되었다. 그러나 수역의 경계에 관하여 휴전협정은 아무것도 정한 바가 없다. 동해와 서해의 북한과의 경계수역에서 양측의 경계를 정하는 명확한 규정을 남겨 놓지 않은 휴전협정의 흠결로 북한수역과의 경계획정은 많은 문제를 야기하고 있다. 특히 이러한 입법적 흠결을 기화로 1972년 북한은 서해 5도 근해에서 소위 "서해사태"를 일으켰다. 그들은 휴전

---

72) 1974. India-Srirlanka Agreement on the Boundary in Historic Waters between the two Countries and Related Matters,(New Delhi, 26 June. entered into force 8 July 1974):*ND*. V, p.326.

73) Churchill & Lowe, op.cit., p.63.

138 제3장 영 해(領海)

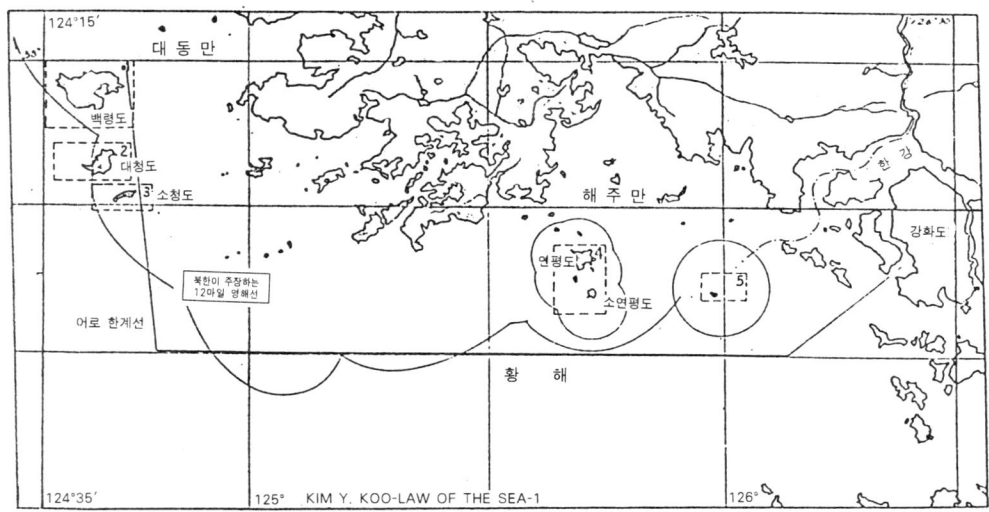

(지도 3-7) "서해5도" 해역(한국휴전협정)

이후 한국이 관할해온 서해 5도 근해의 영유권을 주장해 온 것이다. 북한과의 수역 경계에 있어서 심지어 한국 학자간에도 서해에서는 대향국간의 경계로, 동해에 있어서는 인접국간의 경계로 보고 해양법상의 경계획정원칙을 적용코자하는 주장이 있다.

서해북부해역에 있어서 소위 "서해 5개 도서(지도 3-7 참조)"는[74] 한국과 북한이 대치하고 있는 한반도의 긴장된 상황중에서 가장 예민한 지역으로 남아 있다. "서해 5개 도서"문제가 한반도에서 긴장의 요인으로 등장한 것은 지난 1973년 10월과 11월에 북한측 경비정들이 전에 없이 종전에 묵종해 오던 북방한계선(NLL; Northern Limits Line)을 월선하여 다수의 함선이 남한측 수역을 갑자기 침범하기 시작한 소위 "서해사태"로부터 발단된 것이다. 북한은 동년 12월 1일 군사정전회의에서 휴전협정관계 조항을 들어 서해 5도 주변해역은 북한의 관할수역이며, 이들 도서자체가 휴전협정에 명기된 데로 유엔군 통제하에 있음을 인정하나, 그 주변해역을 통제하는 북한의 사전 승인을 받아서 통항해야 한다는 놀라운 주장을 하였다.[75] 유엔군측은

---

[74] "서해 5개도서"란 한국 「휴전협정」 제2조 13항 B호 단서에서 열거한 백령, 대청, 소청, 연평, 우도를 말한다. 그러나 연평도는 대연평, 소연평의 두개로 되어 있는 섬이므로 "서해 6개 도서"라고 함이 정확하다.

[75] (한국 군사정전위원회 제346차 회의록, 1973년 12월 1일자 참조)
당시 양측 대표는 다음과 같다.
UN군측 대표 - Thomas U.Glear : 미국 육군소장
　　　　　　　강영식 : 한국 육군소장
　　　　　　　이종호 : 한국 해군소장
　　　　　　　H.Pemi. Ocktei : 터키 육군대령

즉시 이 황당한 주장을 일축하고 휴전협정정신의 준수를 요구하였으나, 동 회의의 속기록을 보면 사전 준비없이 휴전협정 조문에 대한 특이한 해석론을 들고 나온 공산측 주장에 유엔군측이 다소 당황했던 것 같다. 이 문제는 여러가지 측면에서 신중하게 다루어져야 겠지만, 여기서 해양법적 측면의 의미를 분석한다면 다음과 같다.

우선 휴전협정 조문의 해석이 관하여 본다.

휴전협정 제2조(정화 및 정전의 구체적 조치) 제13항 B호에는,

> 본 휴전협정이 효력을 발생한 후 10일 이내에 상대방의 …후방과 연안 도서 및 해면으로부터 모든 군사역량을 철거한다. …상기한「연안도서」라는 용어는 본 휴전협정이 발효시에 비록 일방이 점령하고 있을지라도 1950년 6월 24일에 상대방이 통제하고 있던 도서를 말한다. 단, 황해도와 경기도의 도계선 북쪽과 서쪽에 있는 도서 중에서 백령도, 대청도, 소청도, 연평도 및 우도의 도서들을 유엔군 총사령관의 군사통제하에 남겨두는 것을 제외한 다른 모든 도서들은 조선인민군 최고사령관과 중국인민국 사령관의 군사통제하에 둔다. 한국 서해안에 있어서 상기 경계선 이남에 있는 모든 도서들은 유엔군 총사령관의 군사통제하에 남겨 둔다.

라고 규정하고 있다.

공산측 주장의 요지는 "정전협정의 어느 조항에도 서해 해면에서 계선이나 정전해역이라는 것이 규정되어 있지 않았으므로"[76] 황해도와 경기도의 도계선(道界線)북쪽과 서쪽의 서해 5개 도서를 포괄하는 수역은 북한통제하에 있는 수역이라는 주장이다.

생각컨대 이는 조문의 본문과 단서를 임의적으로 조합한 불합리한 해석론에 불과하다. 동 13항 B호의 본문은 "휴전협정발효 후 10일 이내에 쌍방의 모든 군사력은 상대방의 연안도서와 해면으로부터 철수해야 한다"는 것이다. 그리고 여기서 "연안도서와 해면"이란 단서에서 달리 제한하지 않는 한 휴전성립당시 점령하고 있더라도 한국전쟁 발발이전에 상대방이 통제하고 있던 영역을 말한다. 그러므로 이 본문대로 해석하면, 북위 38도선 이남의 서해 황해도의 연변에 있는 모든 도서 즉, 서해 5개 도서는 물론이고 마합도, 창린도, 기린도, 비엽도, 순위도 등 모든 도서에서 공산측은 철수해야만 한다. 휴전당시 문제의 서해 5개 도서를 제외한 이들 도서들은 공산측이 장악하고 있으므로 이러한 교전당시의 상황을 존중키 위해서 단서로서 서해 5개 도서 이외의 도서에서의 철수의무를 해제한 것이다. 그러므로 조약은 본문 이외의 단서가 특히 제한하는 부분만 제한되어 해석된다는 조문해석의 가장 기초적인 논리에 따라서 해석하면, 13항 B호 본문의 규정에 따라서 공산측은 한국전쟁 발발이전에

　　공산측 대표 － 김풍섭 : 북한군 소장
　　　　　　　　　 오기수 : 북한군 소장
　　　　　　　　　 이영일 : 북한군 소장

[76] 정전위 346차 회의록(1973년 12월 1일 11:00시) 공산측 1차 발언 끝부분 참조.

한국이 장악하고 있던 황해도 연변의 모든 연안도서와 해면으로부터 철수하되 5개 도서를 제외한 마합, 창린, 기린, 비엽, 순위도 등만을 계속 통제할 수 있을 뿐이다.

물론 가장 바람직하기는 휴전협정상 육상 군사분계선을 획정한 것과 똑같이 명료하고도 구체적인 해상 군사분계선을 획정해 놓았더라면 좋았을 것이다. 이것은 확실히 한국휴전협정의 조문상 법적 흠결이라고 할 수 있다. 그러나 이러한 흠결을 기화로 불합리한 해석을 견강부회(堅剛附會)함은 휴전협정정신에 부합되지 못한 부당하고 불법적인 태도이다.

당시 휴전협정조문상 동서해의 해상 군사분계선 획정에 소홀히 했던데에는 그만한 이유가 있었다. 한국전쟁중 한반도의 육상에는 공산군과 유엔군의 진퇴의 변화가 많았으나 해상에서는 거의 개전 초기부터 휴전으로 종전되기까지 일관해서 한반도의 전주변 해역을 유엔군이 장악하고 이를 봉쇄하고 있었다.[77] 그러므로 교전당사자 쌍방의 군사역량의 현실적인 대치를 전제로한 군사분계선은 적어도 해상에 있어서는 육상전선에 연결되어 생각할 수가 없었던 것이다.

휴전협정 제2조 15항에서

> 본 휴전협정은 적대중의 일체 해상군사역량에 적용되며 이러한 해상군사역량은 비무장지대와 상대방의 군사통제하에 있는 육지에 인접한 해역(contiguous waters)을 존중하며, …어떠한 종류의 봉쇄도 하지 못한다.

라고 규정하고 있는데, 이 조항에 의거해서 북한의 나진항으로부터 압록강 하구까지의 한반도 전 연안을 봉쇄 장악하고 있던 유엔군의 해상군사역량은 동서해에서 육상 군사분계선까지 철수 남하되어야만 했다.

휴전협정직후 이 휴전협정 제2조 15항의 정신에 따라 유엔군 총사령관은 동서해 각 연안에서 북한측으로 확장된 그 휘하의 해군세력을 남쪽으로 제한하기 위하여 동해와 서해에서 육상의 DMZ Line에 따라 해상 북방한계선들을 설정하였다. 이것은 형식상 유엔군 총사령관 휘하의 해군세력에 대한 자기제한적 지시로 하달된 것이지만 실질적으로는 휴전협정 조문에서 명시하지 못한 부분을 그 제2조 15항의 정신에 따라 이를 이행키 위한 중요한 조치로서 행해진 것이다. 만일 휴전협정 기안자들이 조문 기술상의 신중성을 발휘하여 해상 군사경계선을 획정하려 했다면 결국 이들 획선과 일치하였을 것이다. 왜냐하면 이 경우 북한측 해상군사역량은 존재하지도 않았기 때문이다. 북한측은 유엔군측의 이같은 자기제한적 철수의 결과 군사적인 진공으로 된 영역을 반사적으로 통제하게 되었을 뿐이다. 해상에 있어서의 각 군사분계선이 이와 같이 일방의 철수와 타방의 반사적으로 허용된 통제의 과정을 거쳐서 형성

---

[77] 拙稿, "해상봉쇄에 관한 해전법칙의 발전과 변모", 「국제법학회의론총」, 대한국제법학회, 30권, 1호(영해 박종성 박사 추모 논문집) (1985년 6월), pp.90~91.

되었다고 하더라도 휴전협정 자체의 정신으로 보면, 이는 육상 군사분계선과 똑같이 휴전협정상 교전당사자 쌍방의 군사역량의 경계선이 된 것이며, 이렇게 성립된 경계를 당사자 일방이 침해하여 월선하거나 잠식하는 등 적대행위를 범한다면 이는 휴전협정의 위반이 된다.[78]

휴전이란 교전당사자 쌍방의 전쟁행위를 정지하기 위한 의사의 합치 및 그로 인해 발생한 적대행위의 정지상태를 의미하는 것이다.[79] 그러므로 관습국제법상, 당사자 일방이 휴전조약의 중대한 위반을 하였을때 상대방은 휴전을 폐기할 권리를 가질 뿐만 아니라, 긴급한 경우에는 즉시 전투를 재개할 수 있다.[80]

여기서 특히 주의할 점은 이 북방한계선(NLL)의 적법성을 주장하는 근거로서 흔히 북한이 1953년 7월 27일부터 1973년 10월까지 "20년간" 이를 존중하여 왔다는 것을 강조하는 경우가 있다. 만일 이러한 주장이 국가의 영역취득에 있어서 장기적 점유(*possesio longi tempories*)를 요건으로하는 소위 "역사적 권원의 응고"(consolidation) 이론을 차용하는 입론이라면 국제법 이론상 이는 적절하지가 않다고 본다.[81]

서해와 동해의 북방한계선들은 그것이 설정된 그 즉시 이는 한국휴전협정 당사국 간의 해상경계선으로 성립된 것이며 휴전성립후 얼마 안되어서 북한이 이를 침범하였다고 해도(그 당시는 그럴만한 해군세력도 북한측에는 없었지만) 그것은 지금과 똑같은 휴전협정위반의 효력이 발생하였을 것이다.

"서해 5도 문제"는 아직도 한국안보에 있어서는 가장 예민한 문제이다. 1973년 당시 북한측이 사전에 철저히 준비한 교묘하고도 궤변적인 이론을 갑자기 주장하는 바람에, 유엔군측이나 한국측의 반론이 논리정연하게 정리되지 못한 현상을 보인 것은 부득이하다. 그러나 이 문제의 중대성으로 볼 때 지금은 이 문제가 확연히 정리되어 있어야만 한다고 본다. 다행히 연례「한미안보회의」등에서 한국과 미국이 서해 5도 지역에서 북한측의 부당한 도발을 용납치 않겠다는 구체적 결의를 누차 분명히 하고 있는 것은 이 지역에서의 불필요한 긴장사태나 충돌을 방지하는데 크게 기여를 하고 있다고 본다.

---

78) 한국「휴전협정」제1조 7항 참조.
79) 1907 Hague Convention Ⅳ Respecting The Laws and Customs of War on Land Annex Regulations. Art. 36.
A. Roberts & R Guelff ed., *Documents on the Laws of War*, (Oxford:Clarendon Press, 1982). p.55.
80) Ibid. Art. 40
81) 여기의 문제는 국제법상 기본적으로 서해 북부해면에 관한 한국의 역사적 권원이나 실효적 점유의 성립을 전제로 하는 문제는 아니다. 또 20년의 장기적 점유의 성립을 입증하는 것은 이 경우에 필요하지도 않고 용이하지도 않다.
이한기,「국제법 강의」(서울:박영사, 1983). p.230. 참조.

현대적 무력분쟁은 상호인식 부족이나 실수에 의해서 일어나는 경우가 있다. 일단 무력분쟁이 일어나면 현대의 가공할 무기체계들은 그 폭력과 파괴의 범위를 급속도로 확장시키게 되며 이러한 확장추세는 돌이킬 수 없게 된다. 그러므로 잠재적 분쟁요인을 갖는 관련 당사국들은, 특히 한국전쟁의 경우와 같이 종전후 한 세대가 지나도록 그 긴장의 불씨를 남기고 있는 경우의 쌍방 교전 당사국들은 무력분쟁을 미연에 방지하기 위하여, 이러한 상호인식 부족이나 실수를 방지할 최소한의 장치를 가지고 있어야만 한다.

2차대전 이후에 서방국가와 동구권간에는 이러한 장치가 관습적으로 성립되어 왔다. 즉 쏘련은 소위 "브레즈네프 독트린" 등으로 동부유럽이 그들의 중점방어구역임을 누차 명시하여 왔다.

1956년 헝가리 폭동과 1968년 체코사건을 겪으면서 서방진영은 헝가리나 체코를 실질적으로 비밀 지원하는 것과 같은 모험을 회피함으로써 공산권의 중점방어구역을 하나의 기정사실로 받아들인 것을 입증하였다.

1980년 Carter대통령은 "어느 외부세력이라도 페르샤만지역을 독점 통제하려고 시도하는 것은 바로 미국의 중요 국가이익에 도전하는 것으로 간주할 것이며 이러한 도전은 군사력을 포함한 여하한 수단이라도 격퇴할 것"이라고 선언하였다. 그리고 1981년 10월 1일 Reagan대통령은 "Carter독트린에 대한 추가조항"을 발표하여 "페르샤만" 속에 사우디 아라비아가 미국의 중점방어구역으로 포함됨을 분명히 하였다.

이와 같이 소위 중점방어구역(CDZ; Critical Defense Zone)이란 국가의 안전보장상 필수 불가결한 지역으로 이에 대한 잠재적대국이 군사적 공격이나 정치 경제적 극적변화에 의한 침해 등이 절대로 용납되지 않는다는 것을 서로 상대방 적국에게 명시하여 상호 인준된 구역을 의미한다.[82] CDZ는 미국과 쏘련 등 강대국 뿐만이 아니라 작은 국가들도 전쟁억지 효과를 목적으로 이를 설정하여 공표하고 있는 실정이다.[83] 그러나 이러한 관행이 하나의 관습국제법 제도로 성립된 것은 아니다. CDZ를 위한 잠재적국간의 의사소통은 극히 복잡한 성격을 띄고 있기 때문이다. 대부분의 경우 의사소통은 명시적인 것보다 묵시적인 경우가 많다. 그리고 강대국의 경우 CDZ는 타국의 국가영역을 포함하는 것이 상례이며 이러한 경우 해당구역 동맹국의 내부적 정치질서와 그 약소국의 외부적 동맹관계 등이 강대국 자신의 완전한 통제하에 있지 않을 것이므로, CDZ에 대한 확보의 의사란 다분히 정치적 군사적 의미로 파악될 성질의 것이며 국제법적으로 정의될 수 있는 것은 아직 아니다. 한미안보회

---

82) W.M.Reisman, "Critical Defense Zones and International Law:The Reagan Codicil", 76 *AJIL* 589,590(1982 July.)
83) Ibid. p.589.

의의 공동성명이나 한미정상회담의 성명 및 Team Spirit의 실시 등으로 한국지역이 미국의 CDZ임이 대체로 잘 표명되어 있다고 생각된다. 그 중에 "서해 5도 지역"의 확보의사도 포함되어 있다.

이 경우에 이 "서해 5도 지역"에 관한 한국과 미국의 방위의지는 극히 구체적인 부분까지 합치되어 있어야만 한다고 생각한다. 그리고 이를 위해서 한국과 미국의 관계실무자간의 조그만 사소한 의견의 차이나 모호성—즉, 예컨대 한국의 영해범위나 북방한계선의 성격 등에 관한 오해나 견해 차이—도 극히 유해한 결과를 초래할 수 있다고 본다.

결론적으로 서해 5도 도서 주변해역에서 북한과 한국의 수역경계를 논함에 있어서 본절에서 논한 대향국 및 인접국간 경계획정방식인 중간선 및 등거리원칙을 적용코자하는 이론은 해양법이론상 부적절하며, 명백하게 부당한 논리이다. 북한과 한국의 경계는 휴전협정만을 근거로 해야 한다고 본다.

앞으로 만일 북한과 한국이 「불가침조약」 등을 체결하고 상호 국가승인을 하게되는 경우가 생길지라도 육상에서는 휴전선 자체가 그 경계선이 되어야 할 것이며, 해상에서도 동서해의 북방한계선이 그 경계가 되어야할 것이다. 왜냐하면 이때야말로 역사적 권원에 의한 특수사정으로 중간선원칙 및 등거리원칙이 배제되어야 하기 때문이다.

Ⅵ. 무해통항권(無害通航權)

외국선박은 타국의 영해에서 무해통항권을 갖는다.(유엔해양법협약 제17조) 이것은 영해의 개념이 형성되기 시작한때부터 특히 Vattel[84])의 주장이 있은 이래 광범위하게 인정되어 왔다. 그러나 이는 명확히 정의되기 어려운 권리이다. 무해통항의 개념과 연안국의 주권적 권리의 개념은 동시에 발전되어 서로 그 개념형성에 기여하였다고 말할 수 있다.

1. 통항(通航)의 의미

무해통항권의 "통항"의 의미를 정의하는 것은 비교적 어려운 일은 아니다. 통항은 타국 영해를 자나가는 것, 즉 실제적 통항은 물론이고 이를 위한 정상적인 항해에

---

84) Emerich de Vattel(1714-1767)
스위스의 국제법학자이며, 18세기 그로티우스학파의 대표자로서 원자론적 국제법 사상을 전개함. 1758년 「국제법」(Le droit des gens)을 저술하였다. 여기에서 그는 무해통항권에 관한 서술을 남김.

부수적인 것인 한, 일시적 정지 및 투묘까지도 포함한다. 또한 재난이나 불가항력에 기인한 경우에도 같다.(영해협약 제14조 3항) 유엔해양법협약은 재난시 예외조항의 범위를 위험이나 재난에 빠진 타선박, 사람 또는 항공기를 구조키 위한 선박의 행위에까지 확대하고 있다.(유엔해양법협약 제18조 2항)

이러한 예외적인 경우 이외에 외국 선박이 타국 영해를 "배회"(cabotage) 하는 것은 금지된다. 유엔해양법협약에 의하면 반드시 통항은 "신속하고 계속적인 것"이어야 하기 때문이다. "배회"하는 행위는 통항에 직접적인 관련을 갖지않는 행위이며 실제로 연안국의 이익을 침해할 고의가 있었느냐 없었느냐를 물을 필요도 없이 유엔해양법협약 제18조 2항의 요건이 없는 한, 이는 유해한 통항으로 간주할 수 있다.

잠수정이나 기타 수중 잠항체는 부상(浮上)하여 항행하여야 한다.(영해협약 제14조 6항, 유엔해양법협약 제20조) 이 전통적인 정의는 오래되고 일관된 국가간의 일반적인 관행에 쫓아서 규정된 것이다. 1930년 헤이그 법전편찬회의에서는 통항에 관한 정의에 그 이전의 관행에 없던 새로운 내용이 가미되었다. 즉 무해통항권의 통항에는 내수로부터 영해로 또는 영해에서 내수로 가기 위한 통항도 포함하는 것으로 하였다. 이것은 내수로 입항하거나, 내수에서 출항하는 행위에도 무해통항권과 유사한 입항권이 있기 때문이 아니라 연안국의 관할과 통제의 편의상 내수로의 입출항 선박을 무해통항권의 법적제도 적용범위내로 포함시키기 위한 것이다. 영해협약은 같은 내용을 제14조 2항에서 규정하였고, 이는 유엔해양법협약에 거의 그대로 계수되고 있다. 그러나 후자에서는 통항의 범위내에 내수외측에 있는 묘박지나 정박시설에 가기 위한 영해내의 통항을 포함하는 약간의 추가 수정이 있었다.(유엔해양법협약 제18조 1항 6호)

2. 무해(無害)의 의미

아주 오랜기간 "무해"의 기준은 명확히 정의 되지도 않았고 분명한 의미가 무엇인가가 규명되지도 아니하였다. 19세기나 20세기초에 걸친 영미의 관행을 보거나 1930년 헤이그 법전편찬회의의 심의를 위한 초안으로 영해에 관한 보고서를 쓴 바 있는 Schücking과 같은 학자들의 견해를 보거나 무해의 의미는 연안국의 국내법 저촉의 여부와는 별개의 것이라고 간주하고 있었다. 소위 유해한 통항이라고 판단함에 있어서는, 연안국의 국내법을 위반하는 행위일 필요는 없는 것이었다. 단지 연안국의 중요한 이익, 예컨대 국가적 안전과 같은 것에 저해되는 것이면 충분한 것이나 역으로 연안국의 국내법을 위반한 경우라도 그 통항의 무해성을 유지할 수 있으며, 그 중에서 연안국의 국익을 저해하는 효력을 갖는 것만이 유해하다고 간주될 뿐이다. 더구나, 연안국의 국익 저해여부가 그 기준이 되어 있는 만큼 유해의 판단에 있어 외국선박의 특정한 행위를 지적할 필요도 없었다. 외국선박이 연안국 영해내에 존재하는 그 자체만으로도 충분히 연안국을 위협하는 것으로 보았기 때문이다.

그러나 영미를 제외한 많은 국가의 관행과 또 위의 견지에 반대하는 많은 학자들이 위의 견해와 대조적인 기준을 정하고 있었다. 그들은 연안국의 국내법에 충실할 의무가 타국 영해를 통항하는 외국선박의 무해통항의 가장 본질적인 의무가 되어야 한다고 보았다. 1930년 헤이그 법전편찬회의는 이들 두 극단적 입장의 절충적인 내용을 그 초안으로 채택한 것이다. 즉

> 연안국 영해를 통항하는 선박이 그 연안국의 안전이나 공공정책 및 재정적 이익에 저해되는 행위를 목적으로 할 경우 그 통항은 무해통항이 아니다.[85]

라고 한 것이다. 이 초안에서 유해통항을 구성함에 연안국 법령의 위반을 요건으로 하고 있지는 않지만 단순한 통항이 아닌 모종의 행위자체를 필요로 하는 것으로 되어 있다.

1930년 이후의 국가의 관행들은 대체로 이 헤이그 초안의 내용에 따른 것으로 볼 수 있다. 예컨대, 1935년 8월 25일 불가리아 법령이나[86] 국제중재판결 David case[87] 등이 그 예이다. 이 문제는 1949년 Corfu Channel case를 계기로, ICJ에서 충분히 분석되었다. 이 사건 판결내용 중에 중요한 것은, 무해통항권을 정의함에 있어서, 재판부는 통항의 형태를 중요한 기준으로 삼고, 통항이 연안국에 아무런 위협을 주지 않는 형태로 진행되는 한 그것은 무해한 것이라고 보았다.

이 판결의 전체적 취지로 볼 때, 무해성은 객관적 판결이 가능한 관념으로 보았으며, 이에 관한 연안국의 판단은 반드시 결정적 요소는 아니라고 하였다. 또한 타국 영해를 통항하는 외국선박이 그 연안국의 국내법령을 위반한 사실 그것만으로서 그 통항이 무해성을 상실하는 것은 아니라고 보았다. 즉 이 사건에 관한 재판부의 전체적 견해는 초기 영미의 관행과 일치하는 것이었다.

Corfu Channel case판결 이후 1950년대 들어와 영해에 관한 성문 협약을 기초한 국제법위원회(ILC)의 위원들은 대부분 1930년 헤이그 초안에서 규정한 것과 같이 무해의 정의는 연안국의 국익을 저해하지 않는 것으로 본다는 견해를 따르고 있었으나 소수의 반대 견해도 있었다. 예컨대, Lauterpacht는 제안하기를 실제로 연안국의 국가적 안전을 위협하는 경우를 빼고는, 연안국 국내법령을 구체적으로 위반하는 행위만을 무해성 상실로 보아야 한다고 하였다. Fitzmaurice경은, 반대로 통항이 연안

---

85) League of Nations Doc. C, 351(b), M.145(B). 1930. v.p.213, Rosenne, op.cit., note 3, p.1415.
86) *U.N.Leg. Ser.* B/1, p.53.(art.4)
87) RIAA Vol. VI, p .382(1933-34) Case No.52

국 안전에 저해될 경우에는 그 함선의 행위 여하를 불문하고 이를 유해한 것으로 보아야 한다고 주장하였다. 그러나 결국 ILC의 초안에는 규명하기를 통항은 선박이 연안국의 안전에 저해되거나 "이 협약의 규정과 국제법의 다른 규범에 반하는 행위를 실제로 저지르지 않는 한 무해하다"[88]고 하였다. "이 협약의 규정"이라 함은 그 주석서에서 밝히고 있는 것처럼 ILC초안의 다른 조항에서 규정하고 있는 의무조항을 의미하는 것으로서 이는 연안국이 그 영해내에서 자국의 이익으로 확보해 나갈 배타적 권원이 있는 공공의 건강, 이민, 관세, 재정, 항해, 어업 등에 관련된 연안국의 국내법령을 준수해야 한다는 조항들을 의미한다고 보아야 한다. 미국은 "통항은 연안국의 안전에 저해되지 아니하는 한 무해하다"라는 수정안을 제출하였다. 다른 나라들은 이 안에 대하여 반대하였는데, 그 이유는 첫째로 통항선박의 행위를 요건으로 하는 조문을 생략하는 위 수정안은 "무해성" 여부의 판단에 연안국의 재량(裁量)을 너무 광범위하게 허용하기 때문이며 따라서 이는 현대국제법의 내용에 배치된다는 것이다. 둘째로는 연안국의 안전 이외에 국가이익도 보호되어야 한다는 것이다. 그리하여 결국은 영해협약 제14조 4항에는 절충적 조문이 채택되게 되었다. 즉,

> 통항은 연안국의 평화, 질서, 또는 안전을 침해하지 아니하는 한 무해하다. 이러한 무해통항은 이 협약의 규정 및 국제법의 기타 규칙을 준수하여 행한다.

라고 되어 있다.

이 조항은 실제 국가간의 관행과도 일치하며 따라서 관습국제법의 내용을 성문화한 조문이라고 말할 수 있겠다. 이 조항은 확실히 무해성의 상실에 통항선박의 특정 행위나 법령위반을 요건으로 하지 아니한다. 반면에 연안국 법령위반은 그 위법이 연안국의 국익을 실질적으로 저해하지 아니하는 한 그것만으로 무해성을 상실케하지도 아니하는 것이다. 그런데 영해협약 제14조 5항에는 하나의 예외적인 경우를 규정하고 있다. 즉,

> 외국어선의 통항은 연안국이 이러한 외국어선의 영해에서의 어업을 금지하기 위하여 제공 공포하는 법령을 준수하지 아니하며 무해한 것으로 간주되지 아니한다.

라고 하는 것이다.

"외국어선의 영해어업을 금지키 위한 법령"이란 실제 어로행위의 금지에 관한 조항은 물론이고 예컨대 영해통과중 어망이나 어구의 치장에 관한 의무조항 등도 포함된다. 이 조항은 1958년 Geneva 제1차 유엔해양법회의에서 채택되게 되었는데 어선에 적용될 수 있는 무해통항의 새로운 기준을 도입하려는 것이 그 입법 취지이었다. 따라서 이것은 연안국법령의 위반 그 자체(*ipso facto*)가 바로 무해성 상실로 되는

---

[88] *ILC Yr, Bk.*, 1956, Vol.Ⅱ, p.272.

유일한 경우가 된 것이다. 1958년 영해협약에 가입한 나라가 50여개국에 이르렀고 또 여기서 규정한 무해통항 조항이 다수의 국내 입법에 수용된 예가 있지만,[89] 무해통항의 정의는 1982년 유엔해양법협약에서 본질적으로 수정되고 있다.

위에서 인용한 바와 같이 유엔해양법협약 제19조 1항은 영해협약 제14조 4항을 그대로 답습하고 있지만 제19조 2항에서는,

> 외국선박의 통항은 영해내에서 다음 활동중 어느 것을 행하는 경우, 연안국의 평화, 공서 또는 안전을 침해하는 것으로 간주된다.

라고 규정하고 이어서 유해행위의 태양을 열거하고 있다. 여기서 열거되고 있는 유해행위의 태양은 무기의 사용, 간첩행위, 선전, 비행기나 무기의 탑재와 하역, 고의적인 해양환경의 오염행위, 어로행위, 조사측량행위, 연안국 통신간섭행위 등이다. 그런데 이 유해행위의 태양 중에서 다음 두가지는 매우 포괄적 범위의 행위유형을 규정하고 있다. 즉,

> (a) 연안국의 주권, 영토보존 또는 정치적 독립에 반하거나 또는 유엔헌장에서 구현된 국제법원칙에 위반하는 기타 방법에 의한 무력의 위협 또는 행사
>   ......
>
> (l) 통항과 직접 관련이 없는 기타 행위
>   (유엔해양법협약 제19조 2항 a~l호)

가 그것이다. 그러므로, 제19조 2항에 열거된 12가지의 유해행위의 태양이 단순히 예시적인 것인가 아니면 제한적 규정인가의 논의는[90] 사실상 아무런 실익이나 의미가 없다고 해야 한다.

1958년 협약 속에 있었던 무해에 관한 아주 단순한 정의는 1982년 유엔해양법협약에서는 위와 같이 상세한 조항으로 바뀌었다. 그것은 보다 객관적인 정의를 마련함으로써, 연안국이 이 조항을 마음대로 해석할 수 없게 하고 유해한 영해통항을 규제키 위한 연안국의 권한이 남용될 여지를 없애기 위함이었다. 유엔해양법협약에 있는 이들 조항들이 앞으로 실제 어떻게 적용될 것인지 두고 볼 일이다.

유해행위의 유형이 열거됨으로써 무해통항권의 범위는 상대적으로 축소되었다고 볼 수 있다. 즉 제19조 2항에서 열거한 행위를 범하기만 하면, 자동적으로(*ipso facto*) 그 통항은 유해통항이 되는 것이다. 1958년 영해협약에서는 일정한 행위가 실제로 평화와 공서양속(公序良俗) 및 연안국의 안전을 침해하는 것임을 입증해야만 하였던 것이

---

89) 예컨대, ① Burmese Territorial Sea & Maritime Law(1977), ② Pakistan Territorial Waters and Maritime Zones Act(1976), ③ The Yugoslavian Law(1965. 5. 22.) U.N. Leg. Ser. B/15. 19. 참조.
90) D.P.O'Connell, op,cit., p.270.

다. 더구나 위에서 인용한 제19조 2항의 (a)호에서 규정하고 있는 무력의 위협은 연안국이 아닌 타국을 겨냥한 것까지 포괄할 수 있는 광범위한 개념이다. 그러나 이들은 1958년 영해협약에 의했더라면 연안국 자신에 대한 것 이외에는, 그 무력의 시위가 겨냥된 피위협국과 연안국 사이에는 상호방위조약 같은 것이라도 체결되어 모종의 관계가 형성되어 있지 않는 한, 이를 무해와 양립할 수 없는 즉, 다시 말해 연안국에 유해한 통항으로 판단할 수는 없었을 것이다. 그러나 무해통항에 관한 위와 같은 개선된 조항도, 연안국의 국가이익에의 침해여부를 무해통항의 성립요건으로 보고 있음으로, 결국 이들은 영해협약의 기본적인 골격을 벗어나지 아니하는 것이다.

 1958년 영해협약의 어선에 관한 규정(제14조 5항)도 또한 같은 범주에 든다고 말할 수 있다. 어차피 이 제14조 5항은 제1차 유엔해양법회의 이래 어업관할권 범위가 극적으로 확대되었으므로 그 중요성을 많이 상실했다. 이미 각 국가의 입법적 관행을 보면, 제3차 유엔해양법회의에서 논의된 초기의 초안에 영향을 받아서 무해통항권 내용의 개선 조항으로 나열된 유해한 행위 유형들을 그 국내입법에서 수용하고 있다.91) 즉 이 개선된 부분은 각 국가의 관행을 통하여 이미 일반 관습국제법으로 형성되어 가는 과정에 있다.

3. 무해통항의 일시적 정지

 영해는 연안국의 영토적 주권의 범위에 속한다. 특별히 별도의 협약규정이 없는 한 타국의 영해에서 외국선박이 누릴 수 있는 유일한 권한은 무해통항권이다. 따라서 외국선박이 "무해성"을 상실하고 "통항"의 범위를 벗어나면 그 영해로부터 축출될 것이다. 그래서 "연안국은 그 영해내에서 무해하지 아니한 통항을 방지함에 필요한 모든 조치를 취할 수 있다"라고 규정되어 있는 것이다.(영해협약 제16조 1항, 유엔해양법협약 제25조 1항)

 통항의 범주를 벗어난 외국선박을 축출할 수 있는 연안국의 권한에 관해서는 상기 규정보다 더 구체적이고 명시적인 규정은 없지만 이러한 권한은 관습국제법의 내용에 내포되어 있는 것으로 보아야 한다. 그리하여 타국의 영해를 배회하는 외국선박의 행위는 무해하지 아니한 행위임이 분명하다. 그러므로 연안국이 이러한 선박을 축출할 수 있는 권한은 정당화된다. 일단 무해통항권의 범주를 벗어난 외국선박은 연안국의 완전한 주권적 관할하에 속한다고 보아야 한다. 그러므로 군함 및 정부선박에 대한 주권적 면책권을 주는 예외적인 경우 이외에는 그 연안국의 국내법령을

---

91) 예컨대, ① 1978년 한국의 영해법 제5조 2항, ② 1977년 남예멘의 영해 및 기타 해양수역에 관한 명령. *U.N. Leg.* B/19. p.21.

위반하면 연안국에 의해 나포되는 것도 또한 당연한 일이다.

외국선박의 통항이 그 연안국의 공서와 안전을 침해하는 것일 경우에 연안국이 그러한 통항을 정지시킬 수 있는 권한이 있다고 보아야 하는 것도 위와 같은 논리의 필연적 귀결이다. 일반적으로 예컨대 해군선거장(船渠場) 인접해역에 외국함선의 출입을 금지시키는 등의 형태로 연안국은 이러한 무해통항의 일시적 정지권한을 행사해 오고 있다. 이 점에 관련해서 영해협약은 제16조 3항에서 다음과 같이 규정하고 있다.

> 연안국은 외국선박을 그 상호간의 차별을 두지 않고 그 영해의 특정구역에서 무해통항을 일시적으로 정지시킬 수 있다. 이러한 무해통항의 정지는 연안국의 국가적 안전보호를 위해 필수적인 경우에만 한한다.

국가안보에 관련된 권한이 모두 그렇듯이 연안국의 무해통항 일시정지권은 자의적으로 해석되어 왔다. 이 권한은 유엔해양법협약 제25조 3항에서 위에 인용된 것과 거의 같은 내용으로 규정되고 있으나, 단지 연안국의 안전보호를 위해 필요한 경우의 예시로서 무기의 연습을 추가하여 명시하고 있는 것이 다소 개선된 점이다. 국제해협에 있어서는 무해통항을 일시적으로도 정지시킬 수 없다.(영해협약 제16조 4항, 유엔해양법협약 제45조 2항) 연안국이 그 영해내에서 타국선박의 무해통항권을 정지시킬 수 있는 권한의 내용은 결과적으로 다음과 같이 그 요건을 정리할 수 있게 된다.

첫째, 연안국 영해안에서 외국선박 상호간에 "차별을 두지않고"(without discrimination in form or in fact among foreign ships) 행해져야 한다. 적어도 무해통항권의 정지에 있어서는 선박종류나 선적국, 또 더 나아가 선적국이나 선박임차국과 연안국의 동맹관계들을 이유로 한 차별과 같은 것은 용인되지 않는다. 물론 이는 모두 "외국선박 상호간"의 차별만을 금지하는 것이므로 자국선과 외국선을 차별하는 것은 당연히 가능하다.

둘째, "일시적으로"(temporarily)정지하는 것이어야만 한다. 즉 연안국은 자국연안의 영해의 전부나 일부에 관하여 영속적, 확정적으로 타국선박의 무해통항권을 배제하지는 못한다는 의미이다. 일시적이라고 함은 그 기간이 반드시 특정될 필요는 없다고 보는 것이 일반적인 견해이다.[92]

셋째, 연안국의 영해안의 "특정구역안에서"(in specified areas) 행해져야 한다. 이것은 마지막 공시의 요건과 깊이 연관되어 있거니와 연안국은 자국연안의 영해의 전부에 대해서는 타국선박의 무해통항권을 일시적으로라도 정지시킬 수 없다. 단지 그 일부에 대해서만, 그것도 그 정지조치의 범위를 구체적으로 특정해서 그 범위내에서

---

[92] 橫田喜三郎, 「海の國際法」 (上卷),(東京:有斐閣, 1956) p.191.

만 정지시킬 수 있다는 뜻이다.

　네째, 자국의 "안전보호를 위해 꼭 필요한"(essential for the protection of its security) 이유로만 정지권을 행사할 수 있다. 연안국의 안전보호상, 꼭 필요한 "압도적인 이유"(a compelling reason)[93]가 있는 경우에만 타국 함선의 무해통항을 정지시킬 수 있다는 것이다.

　다섯째, 이러한 조치는 "정당하게 공시되어야"만(be duly published) 유효하다고 한다. 위에서 지적한 대로 이는 세번째의 요건과 관계된 것인데 무해통항권 정지조치를 실시하는 특정구역을 정당하게 공시할 의무가 있으며 이러한 공시가 있는 후에만, 그 특정구역에서 무해통항권 배제조치는 발효된다는 것이다. "정당한" 공시란 모든 항해자들이 사전에 금지조치를 알 수 있게 할만한 모든 수단을 포괄하는 것으로 보는 것이 온당할 것이다. 일반적으로 "안보수역", "군사연습구역" 등의 선포가 이에 해당한다고 볼 수 있다.

　한국영해법 제5조 3항은 안전보장을 위한 무해통항의 일시적 정지를 규정하고 있고 동시행령 7조에 의하면 이는 국방장관이 그 수역의 범위와 기간, 정지·사유 등을 명시한 고시로서 행하며, 사전에 국무회의의 심의를 거친 대통령의 승인을 얻도록 규정하고 있다.

Ⅶ. 연안국의 권리와 의무

1. 연안국의 입법권

　영해에 대한 연안국의 권한을 국가의 영역주권의 한 내용으로 보느냐(강한 입장: 英美主義), 아니면 하나의 국제지역권의 일종으로(약한 입장: 프랑스主義) 보느냐 하는 것은 각 국가의 관행과 정책에 따라 입장의 차이가 있어 왔다. 서로 구별되는 이 두가지의 입장은 결국 통항선박의 권한과 정당한 연안국 입법권의 상호관계를 어떻게 조화시키느냐 하는 문제에 직결되고 있다. 영해에 대한 연안국의 권한을 하나의 국제지역권 정도로 약하게 보는 입장에서는, 연안국은 영해수역에 대해서는 몇가지 특정한 사항에 대해서만 입법권을 갖는다고 보았다. 가장 일반적으로 인정된 사항은 항해, 관세, 어업, 위생, 국가안전 등에 관한 것들이다. 이들 특정사항 이외의 일반적인 연안국의 국내법령은 영해내의 외국선박에 적용될 수 없는 것으로 간주된 것이

---

[93] The Commentary to the Article concerning the Law of the Sea, Article 17, Commentary(2) *ILC Yr. Bk.* Vol. Ⅱ,(1956), p.273.

VII. 연안국의 권리와 의무   151

다. 이러한 견해는 내수에 있어서 외국선박에 대한 연안국의 관할권 범위에 관한 프랑스주의의 입장과 유사한 것이다. 프랑스주의에서는 외국선박의 "내부적 사항"은 연안국의 관할에서 제외되며, 그 선박의 범위 밖에까지 미치는 사항에 대해서만 국내법을 적용한다고 하는 것이다.

영해에 관한 연안국의 입법권에 대해서도 같은 입장으로 나누어 짐을 볼 수 있는 것인데, 소위 약한 입장에 속하는 다수 국가는 영해에 관한 그들의 국내입법에서 구체적 적용면만이 아니라 입법자체의 범위까지 제한한 예가 없지 아니하다. 쿠바, 루마니아, 스페인이 그 대표적인 예가 된다. 이들 국가의 국내입법에서는 외국함선의 "내부사항"에 속한 문제는 원칙적으로 외국함선의 기국만이 관할권을 갖는 것으로 규정해 놓고 있다.[94]

이와 대조적으로 강한 관할권을 주장하는 국가들은, 연안국의 관할권을 영해에 미치는 영토적 주권의 당연한 내용으로 보기 때문에 연안국의 입법권 범위에 관해서도 약한 입장의 국가들이 규정하는 것 같은 제한을 두지 아니한다. 특히 대표적으로 영국은 19세기나 20세기에 걸쳐서 이러한 입장을 견지해 왔다. 1878년 영국의 영해법(Territorial Waters Jurisdiction Act)에서는 배심재판을 받을 수 있는 모든 범죄구성요건에 대하여는 영해내의 "모든 선박"이 기소될 수 있는 것으로 규정한 바 있다. 이 규정은 국제법상 연안국에게 허용된 관할권의 한계를 유월(踰越)한 것이라고 생각되어 영국 이외의 타국 국제법학자들은 물론, 영국의회내에서 조차 상당한 반론에 봉착하였다. 그러나 영국정부는 연안국의 영해에 관한 입법권에는 아무 제한도 있을 수 없다는 확고한 태도를 견지하였으며 결국 이 법은 영국의회를 통과했던 것이다. 그리하여 1920년대에 미국이 그 영해내에서 영국선박에 대한 금지조치를 내용으로 하는 입법을 시행함으로서 야기된 미국과의 분쟁에 있어서도 영국정부는 미국의 궁극적인 입법권 자체에 대해서는 다투지 아니하는 신중성을 보였다.

그러나 연안국 관할권에 대한 이러한 강한 입장도 두가지 면에서 그 강도가 경감되었다. 첫째는, 일정한 경우 예외적인 입법권의 제한을 인정하는 것이다. 예컨대, 영국의 항내에 입항한 외국선박 안에서 출생한 아기는 자동적으로 영국국적을 취득해야 하겠지만 1897년 11월 10일자 영국법무성측 견해에 의하면 영국의 영해를 단순히 통과하는 외국선박내 있는 영국 영해내에서 아기를 낳는 경우에는 예외로 한다고 하였다. 둘째는, 국제예양(國際禮讓)상의 자제인데 설사 연안국으로서의 입법적 관할이 존재하는 경우에도 그 입법권의 행사나 집행이 국제예양상의 필요로 자제될 수도

---

94) ① Cuba:Code of Social Defense(1936) Article 7 U.N. *Leg. Ser.* B/12, p.29.
② Romania:Penal Code(1936) Article 7. Ibid., p.99.
③ Spain:Code of Military Justice(1945) Article 9. para 1. Ibid., p.108.

있다는 것이다. 이렇게 함으로써 연안국의 영해관할권을 일률적으로 주장함으로서 빠질 수 있는 소위 "강한 입장"의 부적합 및 불합리성을 보완하고 있다.

영해에 관한 국제법의 성문화 작업에서도 연안국 입법권의 범위에 관련된 이와 같은 각국의 관행상의 차이를 해결하지는 못하였다. 1930년 헤이그 국제 법전편찬회의 초안에서는 "외국선박은 국제적 관행에 따라 연안국이 정한 영해에 관한 국내법과 규정들 특히 항해, 오염 및 자원에 관한 법규를 준수하여야 한다"고 규정하고 있다.(헤이그 초안 제6조)

이 초안은 영해에 대한 연안국 주권의 원칙을 지지하며 외국선박간의 차별 금지조항과 영해 통항선박에 대한 통항료 징수 금지 조항을 빼고는 연안국의 입법권에 아무런 특별한 제한을 부과하지 않음으로서 "항해, 오염 및 자원" 등의 열거가 이 법 목적상의 제한이 될 수 없음을 나타내었다. 또한 국제예양에 관한 고려를 개입시킴으로써 특별히 무해통항권에 관련하여, 연안국의 관할권 행사를 자제토록 유도하고 있을 뿐이다. 후에 ILC초안도 유사하게 다소 모호한 태도를 취하였다. ILC초안은,

> 무해통항권을 행사하는 외국선박은 본 규정 및 기타 국제법의 규범, 특히 수송과 항해에 관한 법과 규정들에 따라서 연안국이 정한 국내법과 규정을 준수해야 한다.

라고 규정하고 있다. 즉 연안국의 입법사항을 제한적으로 열거하고 있지 아니하다. 이 조항은 결국 1958년 영해협약 제17조에 그대로 채택되었다. 그러나 이 제17조에서도 연안국의 입법권에 어떤 제한이 본질적으로 존재하는지의 여부에 대해서는 역시 명확하지 않다.

유엔해양법협약은 연안국 입법권의 내용을 다소 개선하여 규정하고 있다. 이 협약 제21조에 의하면 연안국은 항해, 관선의 보호, 어업, 오염, 과학조사, 관세, 재정, 이민, 위생 등에 관한 입법을 할 수 있다.(제1항) 그리고 이들 연안국 국내입법은 적절히 공시되어야 한다.(제3항) 위의 연안국 법령은 일시적으로 수락된 국제법 규칙이나 기준을 실시하는 것이 아닌 한 외국선박의 설계, 구조, 승무원 배치 또는 장비에는 적용되지 아니한다.(제2항) 유엔해양법협약 제21조 1항에 열거된 사항 중에서 오염에 관한 항목「(f)호」는 이 협약 중, 해양환경의 보호 및 보존을 규정하는 장에서 다시 부연되고 있다.(이 협약 제211조 4항) 제21조 2항과 3항은 연안국 입법권으로서는 중요한 제한이라고 할 수 있다. 유엔해양법협약 제21조 1항에서 규정한 연안국 입법권의 범위는 확실히 제한적이라고 해석되어야만 하겠으나 제27조의 형사재판관할권을 규정하고 있는 것으로 보아서 포괄적인 연안국의 입법권을 전제로 하고 있다는 해석도 전혀 불가능하지는 않게 되어 있다.[95] 결국 유엔해양법협약은 연안국의

---

95) Churchill & Lowe, op.cit., p.73.

VII. 연안국의 권리와 의무   153

입법권에 관해 1958년 제네바 영해협약이나 1930년 헤이그 초안과 비교할 때 제한적인 입장이 다소 분명해 졌다고는 하지만 불명확성이 완전히 극복된 것은 아니다.

현재로서는, 결국 다음과 같이 종합할 수 밖에는 없다. 즉 연안국은 그 입법권을 행사함에 있어서 무해통항을 부정하거나 저해하는 결과를 초래하여서는 안되며(제24조 1항 a호) 무해통항을 허용하는 대가로 통항료를 부과해서도 안된다.(제26조) 영해 통항선박에 제공한 특정의 역무, 예컨대 인명구조나 해로안내 등에 관한 비용은 징수할 수 있으나 이 경우에도 통항 외국선박간의 차별을 두어서는 안된다. 다른 통항법규에 있어서도 특정국가를 차별하는 규정을 둘 수 없다.(제24조 1항 b호) 이러한 제한을 전제로 제21조 1항에 열거한 범위내의 사항, 즉 항해, 오염, 어업 등에 관한 국내법령을 제정할 수 있다. 연안국은 위에 열거된 범위외의 사항에 대한 입법을 할 수 없는가? 영해에 관한 "연안국 주권의 원리"에 비추어 연안국이 그 영해내에 있는 타국선박을 대상으로 한 위의 명시적 사항외의 입법은 이를 자제해야 하는 것으로 보아야 할 것이다. 그러나 이러한 입법권의 자제는 통상적으로 국제법상의 의무로서가 아니라 국제예양상 기대되는 것일 뿐이라고 보아야만 한다. 다시 말해서 위의 범위를 유월(踰越)하는 입법이 제21조를 위반한 입법이라고 해석될 수 없다고 보는 것이다. 물론 이러한 "연안국 주권의 원리"는 영해에 관한 연안국 입법권에 한해서만 해당되는 것이며 후술하는 배타적 경제수역 및 대륙붕에 대한 연안국의 입법권에 있어서는 이와 구별하여야 한다.

2. 연안국의 법령 시행권

(1) 법령시행권 일반

연안국이 그 영해에 대하여 갖는 주권적 권능에 관한 강한 입장과 약한 입장의 차이는 영해내 외국선박에 대한 법의 시행 또는 집행의 국면에서도 존재한다. 예컨대 영국같은 나라는 원칙적으로 그 영해내에 있는 외국선박에 대하여 자국의 어떤 국내법이라도 적용할 수 있다고 보는데 반해서, 프랑스같은 나라는 이들 외국선박에게는 관세나 어업 등 특정한 사항에 관해서만 자국의 법령을 적용할 수 있다고 보았던 것이다. 물론 강한 입장이나 약한 입장이나 모두 예외를 인정하고 있다. 강한 입장의 국가들은 원리상의 입장일 뿐 영해내 외국선박에 대한 국내법 시행에 있어 국제예양상 상당한 자제가 있어야 함을 인정한다. 미국의 금주법 시행이 많은 관련 국가로부터 지탄을 받았을 때도 미국은 그들의 반대나 비난이 이들 명령을 시행할 수 있는 미국의 권한에 대한 어떤 법적인 제한에 근거한다기 보다는 국제예양과 관행상 기대되는 연안국측의 자제를 기대하는 것에 근거한다고 받아들였던 것이다. 흔히 연안국의 법령은 실제로는 아주 제한적으로 적용되고 있다. 이는 주로 그 연안국 법령의 위반이 영해 및 항만의 평화를 침해하는 경우이거나 외국선박 선원 이외의 자에 연계되어 있거나, 또는 외국선박의 기국이 연안국의 개입을 요청하는 경우이거나, 관세, 항해, 어업 등 특정한 행위에 관련된 법령일 경우에만 국한된다. 이러한 경우에 해당하지 않는 무해통항중의 외국선박에 연안국 국내법령이 시행 적용되는 경우란 거의 없다. 그럼에도 불구하고 강한 입장의 나라, 즉 영국같은 나라들은 이러한 제한의 근거는 국제예양과 관행에 있는 것이라고 본다. 한편 원리상 약한 입장의 나라, 즉 프랑스같은 나라의 경우는 이를 법적인 제한으로 받아 들인다. 이러한 두 입장의 원리상의 차이는 1930년 헤이그 국제 법전편찬회의에서 회람된 논제에 관한 각국 입장의 조사「Schedule of Points」에서 분명히 나타나고 있다. 그러나 이러한 입장의 차이는 "원리상"의 차이일뿐 실제적인 법 시행에 있어서는 강한 입장을 취하는 영미쪽이나 약한 입장을 취하는 프랑스, 벨기에, 노르웨이 등이나 모두 차이가 없다. 그러므로 실제로 협약 초안에서 연안국측 관할 시행에 대한 제한을 규정함에 있어서도 양측은 합의하는데 아무런 어려움이 없었던 것이다. 1930년부터 1958년까지의 기간중 각국의 관행은 헤이그 회의 초안의 체제를 답습하고 있었으며, 그 원리상의 이견(異見)은 해결되지 않고 잠재된 채로 있었다. 1958년 제네바 제1차 유엔해양법회의를 위한 ILC의 협약초안에서는 1930년 헤이그 초안에 근거해서 일정한 예외적인 경우외에 연안국의 국내법령 시행권을 배제하였다. 여기서 연안국의 법령 시행권이 예외적으로 인정되는 경우란, "수송 및 항해에 관한 사항"이었다. 그리고 이 ILC초안은 영해협약 제17조에 그대로 반영되었다. 1958년 이후의 관행은 영해협약 제17조로 인하여 연안국의 법령 시행권의 범위가 확정적으로 축소된 것으로 나타나지는 아니하였다. 일반적으로 항해, 관세, 재정, 이민, 위생 등에 관한 법령의 시행이 인정되었고 원리상 강한 입장의 국가들과의 실제적인 차이는 발견되지 않았다.

(2) 항로 및 통항분리제의 지정

1982년 유엔해양법협약은 법령 시행권과 관련해서 영해협약보다 현저하게 발전된 규정을 도입하였던 바 그것은 무해통항 선박을 위한 항로와 통항분리제도의 시행에 관한 조항이다.(협약 제22조) 항로 및 통항분리제도란, 영해범위의 확장추세와 국제해양교통량의 증가에 따른 해양의 보호라는 상반되는 법적 수요가 결합되어 나타난 하나의 자연발생적인 법적 장치로서 세계 도처의 중요한 해로 중에서 채택된 것이다. 제3차 유엔해양법회의에서는 초기부터 이 제도의 중요성이 인정되었으며, ISNT 이후 하나의 제도로서 초안에 포함되었고, 별다른 반대나 협의 과정상의 애로없이 협약에 포함되게 되었다.

연안국은 항해의 안전을 위하여 필요한 경우에 그 영해내에 항로와 통항분리대를 지정하여 시행할 수 있다. 이러한 항로와 통항분리대를 지정 실시함에 있어서 연안국은 적정한 국제기구의 권고를 참작하여야만 한다. 여기서 "자격있는 적정한 국제기구"라 함은 주로 국제해사기구(IMO)를 말한다.[96]

또 연안국은 관습적으로 국제항행에 빈번히 이용되는 주요 항로와 그 항로를 통과하는 특정선박들의 특성 및 그 항로에서의 교통량의 밀도 등도 고려하여 지정해야 한다.[97] 연안국이 지정하여 실시하는 항로와 통항분리대는 해도에 명시하고 적절히 공시하여야 한다. 이들 항로와 통항분리대의 설정에 있어 국제해사기구의 관여는 국제해협인 경우에는 좀더 구체적이 된다.(유엔해양법협약 제41조 4항)

항로의 폭이 최소한도 얼마정도 되어야 한다는 규정은 없다.[98] 군도수역의 항로의 경우만 50해리로 특정되어 있는 셈이다.(유엔해양법협약 제53조 제5항)

(3) 연안국의 민·형사 관할권

가. 형사재판관할권

연안국은 원칙적으로 그 영해를 통과하는 외국선박내에 일어난 범죄에 대한 형사관할권을 갖지만, 범죄의 결과가 연안국에 미치거나 연안국의 평화와 질서를 침해하거나 기국에 의해 연안국의 개입이 요청되거나 마약의 밀매를 단속키 위한 경우 이외에는 국제예양상 이를 행사하지 않는다. 그러나 법률상으로는 연안국의 권리로 유보되는 것으로 되어 있다. 법률상으로까지 연안국의 관할권이 배제되는 유일한 경우는, 그 범죄가 그 연안국의 영해에 들어오기 이전에 발생한 것이고 그 외국선박은 연안국의 내수까지 들어오지 않고 단순히 영해를 통과하기만 하는 경우이다.(협약 제27조 5항, 영해협약 제19조 5항)

연안국의 내수에 들어 왔다가 출항하여 그 영해를 통과하는 중에 있는 외국선박

---

96) 국제해사기구(IMO)는 종전의 정부간해사자문기구(IMCO)가 1975년 11월 14일 개정조약으로 개편발전된 해사관계 전문국제기구이다. IMCO는 1948년 제네바에서 열린 국제해사회의에서 창설되었으며, IMCO창설협약은 1958년 3월 17일 발효하였다. 이는 해운관계의 기술적 문제에 관해서 국가간의 협력을 증진하고 정보를 교환하며, 해상운송의 안전과 효율을 높이기 위해 실질적 기준을 제공, 권장하고 법적 문제들을 처리하기 위한 UN전문기구이다. 1975년 개정협약은 1982년 5월 22일 발효되었고, 따라서 "국제해사기구"로 되었다. IMCO보다는 조직상, 기존의 총회, 이사회, 해사안전위원회 및 사무국외에 법률위원회와 해양환경보존위원회가 증설되었다.
97) 1973년 IMCO에 의하여 재정된 「항로지정등에 관한 규정」 참조. IMCO Doc. Res. A 284(Ⅶ) *ND* Vol. Ⅳ,(1975), pp.235~43. : IMO, *Ship's Routeing*, 5th ed. (London, 1984).
98) 군도수역 항로인 경우, 적어도 80해리의 폭이 보장되어야 한다는 것이 미국의 주장이었다. D.P.O'Connell, op.cit., p.257.

내에서 일어난 범죄에 대하여는 연안국의 형사관할권은 명시적으로 인정된다.(동 27조 2항) 물론 아직 출항치 않고 영해에 남아있는 외국선박내의 범죄에 관한 관할권은 더 말할 필요도 없이 인정되어야 할 것이다. 연안국의 형사관할권이 행사되는 경우에는 외국선박의 항행상의 이익보호에 적절한 배려를 해야한다.(동조 4항) 연안국 내수의 평화침해를 이유로 형사관할권이 발동되었을 경우에는 그 피적용선박의 선장의 요구가 있을 때는 연안국의 개입을 기국에게 통보해야만 한다. 주의해야 할 것은 이미 거의 30개 국가로 늘어난 「1952년 선박충돌시 형사관할권에 관한 협약」의 가맹국들에게 있어서 위의 일반적인 관할권 원칙은 동 협약상 특별규정으로 대폭 수정된다는 점이다. 이 「1952년 선박충돌시 형사관할권에 관한 협약」에 의하면 선박충돌사건에 대한 배타적 관할권은 충돌선박의 기국에게만 있다. 즉 연안국이 그 영해내에서 이 「형사관할권 협약」을 적용치 않는다는 것을 선언하지 않는 한 1958년 영해협약에서 정한 연안국의 관할권 내용은 1952년 협약으로 인하여 제한된다.

나. 민사재판관할권

1958년 협약에 있어서는 민사관할권도 유사하게 규정되고 있다. 무해통항중인 외국선박은 그 승선중인 사람에 대한 연안국의 민사관할권 행사를 위해서 정지되어서는 안된다.(협약 제28조 1항, 영해협약 제20조 1항) 민사관할권의 시행을 위한 선박의 나포는 금지된다.(동 2항) 그러나 그 연안국 영해를 통항하는 "과정에서" 또는 "그 항해의 목적과 관련해서" 그 외국선박이 부담케 된 민사적 채무에 관한 것일 경우에는 그 채무의 실행을 위해서 동 선박을 나포할 수 있다. 연안국의 영해내에 체류중인 선박, 또는 연안국의 내수를 출항하여 그 영해를 통과중인 외국선박에 대한 연안국의 민사관할권은 물론 그 시행이 인정된다.

1958년 영해협약상의 연안국 민사관할권에 관한 규정은, 1952년 「항행선박 나포에 관한 협약」과 비교할 때 보다 더 제한적이라고 할 수 있다. 1952년 「선박체포에 관한 협약」에서는 연안국 영해를 통과하는 항해에 관련된 민사책임에만 국한하지 않고 모든 "해사책임" 이행확보를 위한 선박나포를 인정하고 있다.

1958년 협약 속의 이들 규정들은 제3차 유엔해양법회의의 토의과정중 그 내용에 관한 별다른 논의 없이 유엔해양법협약 제27조, 제28조에 거의 그대로 답습되었다. 그러므로 현 조약법상 연안국 관할권의 범위는 다음과 같이 요약될 수 있다.

즉 첫째, 연안국의 영해를 단순히 통과하는 선박내에서 발생한 형사사건과 둘째, 영해 통항과 관련되지 아니한 민사책임의 이행을 위한 선박나포의 경우만을 제외하고 연안국은 그 영해내에서 완전한 관할권을 행사할 수 있다. 유엔해양법협약에 의하면 연안국은 이러한 관할권을 행사함에 있어서 어느 특정국가를 차별해서는 안된다.(제24조 1항 6항) 또한 국제예양상 연안국의 관할권은 영해협약 제19조 및 유엔해양법협약 제27조에 나열된 경우 이외에는 통항선박에 대하여 행사되어서는 안된다. 해양오염방지에 관련된 유엔해양법협약의 규정에 의하면, 연안국은 그 위반선박의 물리적 검사에 착수할 수 있고(제220조 5항) 증거가 있으면 국내법에 의해 선박의 억류를 포함한 소송절차를 제기할 수 있다. 이러한 일반적인 원칙은 주권면책을 누리는 정부선박이나 군함에는 적용되지 않는다. 그러나 상업용 정부선박은 일반상선과 똑같이 취급된다.(영해협약 제21조) 이는 1926년 「국가소유선박 면책특권에 관한 브랏셀 협약」에서 규정하고 있는 정신과 일치한다. 현재 국가의 관행도 이와 같다. 그러나 일부 동구권 국가에서는 정부선박은 그것이 상업용이든 비상업용이든 불문하고 완전한 주권면책을 인정해야 한다고 주장하고 영해협약을 비준함에 있어 이를 유보사항으로 선언한 바 있었다.

군함을 포함한 비상업용 정부선박은 연안국의 관할권시행의 대상이 되지 아니한다. 이들에게는 관습국제법상 면책특권이 인정되기 때문이다.(영해협약 제22조 2항, 유엔해양법협약 제32조) 그러나, 군함이나 비상업용 정부선박도 연안국의 입법적 관할하에는 들어 있는 것이다. 다만 이들에 대한 그 법의 집행만이 주권면책을 이유로 면책될 뿐이다.

3. 통항선박과 그 기국의 의무

무해통항권을 행사하는 외국선박은 유엔해양법협약 제21조 1항에서 규정한 연안국의 입법권 범위내의 법령을 준수해야 하는 것은 물론 해상충돌의 예방에 관한 일반적으로 승인된 국제적 규칙을 그 기국이나 연안국이 그러한 국제규칙을 내포하는 협약에 가입하였는가의 여부를 불문하고 이들을 준수해야만 한다.(협약 제21조 4항) 해상충돌의 예방에 관련된 가장 중요한 규칙은 1972년 「해상충돌예방규칙」이다.

일반적으로 무해통항권을 행사하는 일반선박 이외에, 타국군함이나 정부선박이 외국의 영해를 통항하는 예는 연안국과의 사전협정에 의하거나 사전허가에 의하는 등 다양한 경우가 있을 것이다. 관습국제법과 유엔해양법협약 제31조에 의거, 군함 및 비상업용 정부선박의 기국은 이들 선박이 연안국의 법령이나 그 협약규정 기타 국제법규를 준수하지 않음으로서 발생하는 연안국에 대한 어떤 손실 또는 손해에 대하여도 책임을 져야한다. 영해 통항에 관한 연안국의 국내법을 위반한 군함이 있을 때, 또는 연안국의 법령준수 요청을 무시한 군함이 있을 때, 연안국은 그 영해를 즉시 퇴거하도록 요청할 수 있으며(영해협약 제23조, 유엔해양법협약 제43조) 그 퇴거를 강제하기 위해 필요한 범위의 무력을 사용할 수 있다. 군함에 대해 그 준수와 이행을 강요할 수 있는 연안국의 국내법령의 범위를 "영해통항에 관한 법령"이라고 제한

한 이유는 무엇인가? 이는 영해에 관한 연안국의 일반적 입법권의 범위에 속하는 법령을 의미하기 위한 규정이며 따라서 일반적으로 연안국의 영해관할권에 관한 강한 입장에서 말하는 국제예양상 자제되는 범위의 법령 또는 약한 입장에서 말하는 연안국 입법권의 법적 제한의 범위외의 사항에 관한 법령을 배제시키기 위한 의미로 해석하여야 한다.

그리고 영해협약 제23조나 유엔해양법협약 제30조에서는 명시적으로 규정하고 있지 않지만 군함 이외에 비상업용 정부선박도 이 경우에 포함시켜야 함은 당연하다. 또 연안국 법령의 위반이 무해성 상실의 원인이 되는 경우에 연안국은 그 영해내의 유해통항을 방지키 위해 필요한 모든 조치를 취할수 있음도 상기해야만 한다.(영해협약 제16조 1항, 유엔해양법협약 제25조 1항) 법령위반 외국선박을 영해로부터 배제시킬 수 있는 연안국의 이 권능이 때로는 타국선박을 나포하거나 국내법원에 제소하기 위한 훌륭한 구실이 되기도 한다.

유의해야할 점은 연안국은 일반적으로 국제법상 자위(自衛)의 권능을 갖는다는 점이다. 따라서 연안국이 그 영해내에 있는 외국선박으로부터의 임박한 공격에 직면했을 때는 다른 적절한 방도가 없으면, 연안국 자신을 방어하기 위해서 필요한 범위내에서 어떠한 무력도 행사할 수 있다.

4. 연안국의 의무

위에서 이미 논한 것처럼, 연안국은 그 영해내의 위험물을 공시할 의무가 있다.(영해협약 제15조 1항, 유엔해양법협약 제24조 2항) 이 연안국의 의무는 Corfu Channel case에서 공식적으로 확인되었다. 연안국의 의무로서, 협약상 명시되지는 아니하였지만 연안국은 그 영해통항을 위한 기본적 항해시설 예컨대, 등대, 부표, 항해보조물과 인명구조설비 등을 유지·제공해야 한다고 본다.

연안국은 무해통항을 방해해서는 안된다.(영해협약 제15조 1항, 유엔해양법협약 제24조 1항) 이는 앞에서 연안국 관할권의 제한요소로 언급한 바 있으나, 실제적 적용면에서 보면 영해내 항로의 요지에 불필요한 시설물 등을 설치하여 통항을 방해해서는 안된다는 것이다.

연안국의 의무 중에는 국제법의 일반원칙에 기한 것도 간과할 수가 없다. 즉 해양관할구역의 경계획정에 관한 분쟁 등에 있어서는 평화적 분쟁해결방법을 사용할 것이며 영해내에서 외국선박에 대해 연안국으로서의 권리를 시행키 위해 불필요한 무력을 사용해서는 안된다. 이들 일반원칙은 모든 국가에 차별없이 적용돼야 한다.

Ⅷ. 군함의 영해통항

1. 종래의 학설관행 및 국제입법

(1) 종래의 학설

영해내의 외국선박의 무해통항권은 영해 그 자체의 개념과 같이 오래된 개념이다.[99] 반면에, 1856년 「파리선언」 이전에는 실질적으로 군함과 일반선박의 구별이 뚜렷하지 않았고 군함건조의 기술혁신은 1880년대에 와서 비로서 이룩되었으므로 군함과 일반선박의 무해통항권이 구별되어 논의된 것은 19세기 말엽 이후가 되었다.[100]

군함을 일반선박과 구별하여 영해내 통항권의 문제를 논한 것은 무해통항제도에 관해 최초로 체계 있는 기술을 남긴 Masse 그 자신이다. 그는 1844년 무해통항권은 상업적 통항을 보장키 위한 것이므로 군함에는 적용될 수 없다고 주장하였다.[101] 이러한 그의 주장은 그의 동시대의 학자와 그 제자들에 의해서 진지하게 논의되지 않은 채 간과되었다.

Masse의 논점을 최초로 부연한 것은 1880년 William Edward Hall의 주장이다. 그는 무해통항권이 상업적 항해를 하는 상선에 인정되는 것은 모든 국가의 선박이 무역을 위해 최대한 통항의 자유를 갖는 것이 세계의 일반적 이익에 기여하기 때문인데 군함에 대해서는 이러한 정당화 요소가 없고 오히려 연안국이나 제3국에 위험하기까지 하므로 무해통항권은 인정될 수 없다고 하였다.[102]

Hall의 주장은 후세에, 자국연안에서 타국군함의 통항을 배재하려는 각국의 주장에서 번번히 인용되는 바 되었지만, 그 당시에는 그다지 전폭적인 지지를 받지는 못하였다. 오히려 군함의 무해통항권은 부인되서는 안된다는 반론에 직면하게 되었다. E.P.Perel은 1882년 그의 저서에서 지적하기를 "군대가 외국의 영토에 들어갈 수 없

---

99) 무해통항제도에 관한 체계적인 기술은 Emerich de Vattel의 Le droit des gens (1978)에서 비롯되었다고 하는 것이 통설이나, 실은 1843년 Masse의 주장에서 본격적인 내용이 비로소 나타나 있다. G.Mass'e, *Le droit commercial dons ses rapports avec le droit des gens*(1844), p.112., cited in D.P.O'Connell, *The International Law of the Sea* Vol. I, ed. by I.A.Shearer,(Oxford:Clarendon Press, 1984), p.263.
100) D.P.O'Connell, "Innocent Passage of Warships", *Thesaurus Acroasium* Vol. Ⅶ, (Greece Thessaloniki:Inc. of Public Int'l Law, 1977), p.410.
101) Mais le droit de la nation voisine sur la mer littorale n'est pas tellement absolu que cette nation puisse y interdire la navigation commerciale à ceux qui se soumettent à ses lois. Elle peut seulement en defendre l'usage aux vaisseaux de guerre. Ibid. p.411.
102) William Edward Hall, *A Treaties on International Law*, 8th ed. by A Pearch Higgins(Oxford Univ. Press, 1924), p.198.

는 것처럼 군함이 타국의 묘박지나 항구에 들어갈 일반적 권한은 인정되지 않는다. 그러나 국제교통의 요로(要路)인 수로가 타국의 영해에 내포된 경우 이는 상선에 대해서와 똑같이 군함에 대해서도 개방되어야 한다"고 주장하였다.[103]

또, 1901년 H.A.Taylor는 생각하기를, 소위 "무해"라 함은 어떤 선박의 특성에 착안한 것이라기보다 통항의 특성을 기준으로 판단하는 것이므로 군함에 대하여 무해통항권을 부인할 아무런 근거는 없다고 하였다.[104]

그러나 Hall의 주장을 따르는 견해도 후세 학자들 사이에서 현저하게 나타나고 있다. 즉 군함의 타국 영해통항은 그 연안국의 사전허가에 의해야 한다는 견해가 이미 1925년에 나타나고 있으며[105] 그 이후 Bustamante, Guggenheim 등이 이러한 주장을 동조하고 있다.[106] H.A.Smith는 군함의 영해통항을 금지시키는 것은 비우호적인 행위가 될 수도 있지만 그러한 통항을 법적 권리로 주장할 수는 없다고 하였다.[107] 또 Podesta Costa에 의하면, 군함의 영해통항은 비록 연안국이 이를 거부하지 않더라도 그것은 국제예양상 허용되는 것일 뿐이라고 하였다.[108]

군함의 영해통항에 관한 문제는 권리로서의 무해통항을 인정하는 긍정설과 이를 부정하는 부정설이 백중지세로 학자들 사이에 논의되어 왔다.[109]

(2) 초기의 실행

1878년 7월 13일에 체결된 Berlin조약에서는 Montenegro의 영해내에서, 모든 국가의 군함의 출입을 금지한다는 선언이 포함되어 있다.[110] 또한, 1856년 3월 30일

---

103) F.P.Perel, *Das international offentliche See-recht der Gegenwart*(1882), p.103. cited in, D.P.O'Connell *International Law of the Sea*, op.cit., p.276.
104) H.A.Taylor, *A Treatise on International Public Law*(1901), p.208, cited in, D.P.O'Connell, "Innocent Passage of of Warships", op.cit., p.411.
105) A.Cavaglieri, *Lezioni di Dritto Internazionale*(1925), p.260., cited in D.P.O'Connell, *International Law of the Sea*, p.267.
106) Y.Sirven. Bustamante, *La Mer territoriale*(1930), p.206., P.Guggenheim, *Traite de droit international public*(1953-53) Vol. I, p.422. cited in D.P.O'Connell. op.cit., p.267.
107) H.A.Smith, *The Law and Custom of the Sea* 3rd. ed.,(London:Stevens & Sons LTD, 1956), p.49.
108) L.A.Podesta Costa, *Derecho International Publico* 3rd ed.(1955), p.312. cited in D.P.O'Connell. op.cit., p.267.
109) 긍정설을 주장하는 학자는, 앞서 지적한 Perel, Lawrence, Taylor 외에 J.Westlake, F.von Liszt, Strupp, Frenzel, Zorn, Bonde, Hyde 등이 있다. 부정설을 주장하는 학자는 앞서 지적한 W.E.Hall, A.Cavaglieri, Y.Sirven Bustamante, P.Guggenheim, H.A.Smith, Podesta Costa 외에 Colombos, Jessup, Gidel 등이 있다. Oppenhiem은 이 문제에 관해 "신중한" 견해를 표시하는 까닭으로 긍정론자로 인용되기도 하고 부정론자로 인용되기도 한다.
110) *BFSP*, Vol.169., p.749. Art. 29.

Paris조약에서는 러시아 군함을 제외한 모든 국가의 군함은 흑해(Black Sea)를 출입할 수 없는 것으로 규정되어 있다.111)

그러나 이들 협약의 규정은 한낱 구체적인 정치협상 및 타협의 결과일 뿐 군함의 영해통항에 관한 의미있는 실행으로 간주될 가치는 없다. 1910년 「북대서양 연안어업 중재사건」(North Atlantic Coast Fisheries Arbitration)의 미국측 변론인 Elihu Root는 "군함은 연안국을 위협하므로 연안국의 영해를 통과할 수 없다. 그러나 상선은 이와 달리 무해통항을 인정하는 것"이라고 주장하였다.112) 그러나 이 주장도 비록 영해에서 타국군함의 통항을 배제하려는 많은 국가들이 후에 인용하였지만, 당시의 관행을 대변한 것이라고는 이해할 수 없다.

군함의 영해통항은 초기에는 중립법규의 문제와 연관하여 논의되었다. 화란에서는 영해나 내수로의 입항을 제한하거나 금지할 수 있는 연안국의 권한이 전시 및 준전시에 중립을 유지하기 위한 목적상 또는 기타 예외적 상황에서만 인정되었다.113) 또 스웨덴, 노르웨이 및 스페인 등도 그들 영해에서 U-boat의 통항이나 체류를 금지하였다.114) 1916년 미해군 정보부에서 발간한 자료에 의하면 그 당시 자국의 국내법을 준수할 것을 조건으로 영해내에서 타국군함의 입항을 인정하는 나라는 29개국이었다고 한다.115) 그러나 외국군함의 영해통항에 관련된 초기의 국내입법이나 관행들은 일관성이 없다.

1924년 1월 9일자 벨기에법에 의하면, 타국군함의 영해 체류에는 특정의 사전통고가 필요하고 이는 군함의 수, 체류지, 체류기간 등을 외교적 통로를 통해 제출토록 규정되어 있다. 그리고 벨기에 해군 당국은 언제라도 이 타국군함의 체류를 종료시킬 수 있는 권한이 있는 것으로 규정되었다.116)

1925년 9월 1일자 독일법에 의하면, 타국군함의 영해통항에 사전통고나 사전허가를 요구하지는 않지만, 그 군함이 독일 국내법을 준수하지 않으면 즉시 퇴거를 요구할 수 있다고 규정하고 있다.117)

1951년 1월 19일자 노르웨이법은 영해내의 타국군함의 무해통항을 보장하나, 군함의 안전을 위해 긴급히 필요한 경우 이외의 정선, 투묘는 이를 금지하였다.118)

유고슬라비아는 원칙적으로 군함의 무해통항을 보장하나, 3척 이상의 통항에는 사전

---

111) Ibid., Vol.46, p.13, Art.11.
112) *North Atlantic Coast Fisheries Arbitration, Proceeding*(1912), Vol.11, p.2006.
113) Netherland decree of 2 June 1931., Dea'k, F. and Jessup, *Neutrality, Laws, Regulations and Treaties*(1939), Vol. Ⅱ, p.788.
114) Ibid., p.840(Norway), p.939(Spain), p.963~4, 970(Sweden).
115) 10 *AJIL*(1916), Supple. 121.
116) ST/LEG./SER.B/6. p.361.
117) Ibid., p.371.
118) Ibid., p.398.

허가를 요구하였고 국가의 안전을 방위하기 위하여 필요시는 관보로 공시함으로써 군함의 영해입항을 전면적으로 금지할 수 있는 권한을 유보하였다.119) 1958년 중국은 영해를 선포하면서 외국군함은 사전허가없이 그 영해를 통항할 수 없다고 규정하였다.120)

1967년 9월 11일 알제리아는 미해군소속 소해정(掃海艇) 3척이 알제리아의 영해를 통과한 것을 항의하였다.121) 또 말레이시아 해군의 경계단대(警戒團隊)는 말라카해협에 진입한 쏘련 군함을 말레이시아 영해 밖으로 축출하였다.122)

이 경우 이들 쏘련함들은 말레지아 영해내에서 투묘하고 있었으므로 무해통항의 일반적 규범을 위반하고 있었다고 본다.

(3) 국제입법 및 판례

1894년 국제법학회(IIL)는 무해통항권의 내용을 규정하고 결의에서 군함에 대한 무해통항권 규정의 적용을 제외하고 있다.123) 그러나 1930년 국제법전편찬회의의 초안에서는 군함에 대해서도 무해통항권이 인정될 수 있는 것으로 규정하고 있다. 즉,

> 일반적으로, 연안국은 그 영해에서 외국군함의 통항을 금지하지 아니할 것이며 사전허가나 통고를 요구하지도 아니할 것이다

라고 규정하고 있다.124) Corfu Channel case에서는 국제해협에서 군함이 무해통항권을 갖는다는 것을 분명히 하였지만 일반 영해에서도 이러한 권리가 존재하는가의 여부에 대해서는 명확히 한 바가 없다. 따라서 이 문제는 1958년 제네바회의에서 다루어지게 되었다. 국제법위원회(ILC)는 다수 국가의 국내법에서 군함의 영해통항에 사전허가 및 통고를 요구하고 있음에 비추어, 협약안에 이러한 것을 규정할 것을 제의하였다. 이 ILC의 제안은 제1차 유엔해양법회의의 영해통항문제의 분과위원회에서 채택되었고, 사전허가나 사전통고제도를 요구하는 국가들이 이를 지지하였다. 그러나 전체회의(plenary session)에서는 사전통고만을 지지하는 그룹들이 군함의 무해통항권을 인정하자는 해양국가측에 가세하여 사전허가 요구조항의 삭제를 주장하고 사전통고 요구조항만을 잔존시키도록 주장하였다.

그러나 이로 인해서 사전허가를 요구하는 그룹들은 오히려 사전통고 조차도 부인하려는 국가와 합세하여 ILC의 수정안을 반대하게 됨으로써 결국 영해협약에는 이

---

119) Ibid., p.420.
120) Tao Cheng in 63 *AJIL*(1969), p.63.
121) *RGDIP* Vol.72(1968). p.383.
122) 74 RGDIP(1970). p.1100.
123) Resolutions adopted in Paris(1894). *Annuarie* Vol.13, pp.325~27.
124) LoN Doc. C.351(b)M.145(b), (1930) v, p.217.

에 관한 명시적인 규정이 포함될 수 없었다. 즉, 제1차 유엔해양법회의 결과 성립된 「영해협약」 제14조는 무해통항권을 규정하면서 군함에 관한 명확한 규정을 두지 않았다. 다만 제33조에서 연안국의 규칙이나 요청을 무시하는 군함에 대해서 연안국이 즉시 퇴거를 요구할 수 있음을 규정하고 있을 뿐이다. 이러한 영해협약의 규정때문에 군함에 무해통항권을 일반적으로 인정해야 할 것인지의 여부에 관해 조문해석과 학설상 많은 이견(異見)을 낳게 하였다.

2. 「영해협약」의 해석

1958년 영해협약의 제14조 1항은,

> 본 협약의 규정을 따를 것을 조건으로 하여, 연안국이나 비연안국이나 막론하고 모든 국가의 선박은 타국의 영해를 무해통항할 권리를 향유한다.

라고 규정하고 있다. 이 조항 즉, 제14조 1항은 제3장 "무해통항" 중의 A절 "모든 선박에 적용될 규칙"이라고 제목 아래에 들어가 있기 때문에 상선이나 군함이나 "모든 선박"이 무해통항권을 갖는다고 주장하는 학자가 있다.[125]

또, Sir Fitzmanrice에 의하면 「영해협약」은 제14조 6항에서 "잠수함은 부상해서 항해해야 한다"고 규정하고 있는 바, 동 제14조는 명백히 무해통항권에 관한 규정이고 현재 모든 잠수함은 군함이므로 제14조 6항은 군함인 잠수함이 타국 영해에서 무해통항권을 향유하는 것을 당연히 전제한 것이다. 그러므로 군함의 무해통항은 영해협약상 인정된다고 한다.[126] 그 밖에 군함의 무해통항권을 인정하는 많은 학자들의 해석론이 있다.[127] 이에 대하여 영해협약의 해석상, 군대의 무해통항은 부인된다고 하는 견해를 보면 다음과 같다.

먼저 제3장 A절 제14조 1항의 "모든 선박"에 군함이 포함되야 한다는 견해는 잘못된 해석이라는 것이다. 왜냐하면 여기서 말하는 "모든 선박"이란 상선, 어선 및 잠수함을 의미하는 것이며, 정부선박은 C절에서 군함은 D절에서 규정하는 취지로 보아야 한다.[128] ILC 최종초안 제24조가 탈락되었어도 최종초안 제25조였던 협약 제

---

125) Carl M.Franklin, *International Law Studies*. U.S. Naval War College-1959. 1960. (Washington D.C:U.S. Gov. Print. Off., 1961), p.133.
126) G.G.Fitzmaurice, "Some Results of the Geneva Conference on the Law of the Sea", *ICLQ* Vol.8(1959), pp.98~99.
127) R.R.Baxter, *The Law of International Waterways*, (Combridge:Harvard Univ. Press, 1964), p.167.; M.S.McDougal and W.T.Burke, *The Public Order of the Oceans*, (New Haven:Yale Univ. Press, 1975), p.193.; Oliver J.Lissittzyn, *International Law Today and Tomorrow*, (New York:Oceana, 1965), p.20.
128) 橫田喜三郞, 「海の國際法」.(上卷) (東京:有斐閣, 1956) pp.224~31.

23조가 군함에 대하여 별도의 규정을 유지하고 있기 때문이다.

또 제14조 6항에 의거해서, 동 협약은 잠수함이 무해통항권을 갖는 것을 당연히 전제하고 있으며 모든 잠수함은 군함이므로 군함의 무해통항권도 당연히 인정된다는 견해에 대해서 보면, 전통적으로 잠수함은 군함과 구별되어 왔고, 1930년 헤이그 초안이나 그 후의 ILC 최종초안에도 잠수함의 무해통항권은 이를 인정하되 군함의 무해통항권은 부인하였던 것이다.[129]

전체적으로 보아 영해협약에서는 그 준비작업이나 조약체결과정의 모든 사정(travaux prèparatoires)을 고려할 때 군함의 무해통항권은 인정치 아니하는 취지로 해석되어야 한다는 견해가 지배적이다.

3. 현 「유엔해양법협약」상 군함의 영해통항

제3차 유엔해양법회의에서도 이 문제는 많은 논의가 있었던 바 1975년에 작성된 비공식 단일교섭초안(ISNT; Informal Single Negotiating Text) 제29조에서는 명문으로 무해통항에 관한 조항들이 "군함에도 적용된다"고 규정함으로써 이 문제를 해결하는 듯 하였지만 1976년도에 작성된 수정단일교섭초안(RSNT; Revised Single Negotiating Text) 이후에 이 조문이 삭제됨으로서 군함이 타국 영해를 "무해하게" 항해할 수 있는가 하는 문제는 다시금 불명하게 되었다. 영해협약과는 달리 영해통항제도와 국제해협의 통항제도를 각기 독립적인 장에서 규정하고, 무해통항제도의 규정에 있어서도 각종 유해행위를 열거하고 연안국의 입법권을 보호하는 등 많은 조문상의 개선을 시도하였으므로 유엔해양법협약의 해석상으로는 군함의 무해통항을 인정할 수 있다는 견해가 있다.[130] 이 견해는 그 근거로서 다음의 3가지를 들고 있다.

첫째, 유엔해양법협약의 무해통항에 관한 제도적 규정이 제Ⅱ장 3절에서 규정되어지고 있는데 그 A관은 「모든 선박에 적용되는 규칙」이고, B관은 「상선 및 상업용 정부선박에 적용되는 규칙」이며, C관이 「군함 및 기타 비상업용 정부선박에 적용되는 규칙」이다. ISNT 제29조와 같은 명문조항이 없더라도 해석상 A관의 무해통항에 관한 일반 조항들은 당연히 B 및 C의 특별규정들과 상호 저촉되지 않는 한 상선, 상업용 정부선박은 물론이고 군함 기타 비상업용 정부선박에도 적용된다고 보고 유엔해양법협약 제17조의 "모든선박" 속에는 군함도 포함된다고 해석해야 한다는 것이다.

둘째, 유엔해양법협약 제19조 2항에 열거된 유해행위의 유형들 중에는 무력의 위협, 행사, 무기의 훈련연습, 정보수집, 항공기의 이착륙, 탑재, 군사장치의 선상발진

---

[129] Brunson MacChesmey, *International Law Situation and Document.* U.S. Naval War College-1956.(Washington D.C.:U.S. Gov. Print. Off., 1957). pp.197.
[130] 강영훈, "군함의 법적 지위"(서울:연경문화사, 1984), pp.175~77.

등의 행위가 예시되고 있는 바, 이들 행위는 "주로 군함의 통항에 따른 연안국의 평화, 공공질서, 안전을 보장하기 위한 제약으로 해석된다"라고 한다.

셋째, 협약체결의 경위로 보아서, 군함의 무해통항권은 인정된다고 보아야 한다는 것이다. 제3차 유엔해양법협약의 협의과정 중에 필리핀, 알젠틴, 중국 등이 연안국의 사전허가제 또는 사전통고제 설정권을 명문으로 규정하려는 수정안을 수차에 걸쳐 계속 제안하였으나 이것이 결국 채택되지 않았고, 영해통항에 관련된 연안국의 입법권 조항인 유엔해양법협약 제21조 제1항 7호에 "안전"(Security)이라는 용어를 삽입코자 하는 수정안이 28개국의 공동제안으로 제출되었으나 의장 등의 종용(慫慂)으로 철회되었는데, 현 유엔해양법협약에 군함의 무해통항권이 부인되고 있다면, "이러한 수정안은 불필요했을 것이기 때문에" 현 협약상 군함의 무해통항권은 인정된다고 하는 것이다.

유엔해양법협약의 해석상 과연 "권리로서의 무해통항권"이 군함에 허용된다고 볼 수 있겠는가? 하는 것은 아직도 의문이다. 우선 위의 3가지 근거에 대하여 검토해 본다.

먼저 첫번째의 근거에 관하여 본다. 영해협약 제21조나 제22조 1항과 같은 조항이 유엔해양법협약에 없다. 그리하여 이 첫번째 주장은 A관의 「모든 선박에 적용되는 규칙」이 군함을 포함한 상선 및 상업용 정부선박, 잠수함, 비상업용 정부선박에까지 적용된다는 이론이다. 본래 영해협약에서 군함의 무해통항이 인정되지 않는다고 해석된 것은 제23조의 해석에서 연유된 것이다. 제21조, 제22조 1항은 이러한 해석과는 간접적인 관련밖에는 없다. 다른 사정이 없으면, "모든선박"은 일반적인 비영리사선(非營利私船), 상선, 상업용 정부선박, 잠수함, 비상업용 정부선박 및 군함까지 포괄할 수 있는 개념이다. 영해협약 제22조 1항은 보통 비상업용 정부선박은 상선과 동일한 수준으로 취급된다는 점을 주의적으로 환기시킨 조항에 불과하다. 특별히 제23조에서 "군함"만은 달리 취급된다는 점을 분명히 하고 있었기 때문에 해석상 군함의 무해통항권은 부인되게 되었던 것이다. 그런데 영해협약 제23조에 해당하는 제30조가 유엔해양법협약 속에는 오히려 강조된 의미로서 "신속히"(immediately)란 부사가 첨가되어 정확히 동일한 내용을 규정하며 잔존해 있는 것이다. 이것은 군함이 본질적으로 특수한 성격을 갖는다는 것, 따라서 유엔해양법협약 속에서도 일반선박과는 달리 취급되고 있다는 점을 잘 입증해 주고 있다. 그리고 이점은 영해협약에 있어서 보다도 약간 더 강조되고 있다.

다음 두번째의 근거에 관하여 검토해 본다. 앞에서 지적했다시피 유엔해양법협약이 영해통항제도상 무해통항권에 관한 규정에서 영해협약과 구별되는 가장 뚜렷한 조항이 바로 제19조 제2항이다. 즉 유해행위의 유형을 명시하여 열거하고 있다는 점이다.

그러므로 여기에 열거된 행위를 범하기만 하면 자동적으로 그러한 통항은 그것이 연안국의 평화와 공서양속 및 국가적 안전의 보장을 침해한 것이 되고, 새삼스럽게 입증할 필요도 없이 그 행위 자체에 의하여(*ipso facto*) 유해한 통항이 된다. 따라서 그러한 영해내의 통항은 연안국에 의해서 배격될 수 있다는 의미이다. 그런데 여기서 열거된 12가지 유형 중에서 그 대부분이 "군함의 행위유형"인 것이다.[131] 긍정론의 논지는 "군함의 행위유형"을 여기에 열거하고 있으니 이는 군함의 무해통항을 당연히 전제하고 있는 것이 아니냐? 하는 것으로 보인다. 그런데, 제19조 2항의 특성을 상기할 때, 이러한 추론에는 좀 더 검토할 여지가 남게 되는 것을 느끼게 된다.

생각컨대 군함의 타국 영해통항 가능성은 언제나 전제되어 있어야만 하는 것이다. 그러나 그것이 군함의 권리로서의 무해통항권을 향유한다는 사실을 전제로 하는 것은 아니다. 오히려 우리는 제19조 2항에서 구체적으로 열거된 유해행위의 유형 중에 "군함의 행위유형"이 명시적으로 포함되고 있는 것으로 보아 군함의 무해통항은 인정되지 않는다는 결론을 도출하여야만 할 것이다. 예컨대,

> 연안국의 주권, 영토보전 또는 정치적 독립에 반하거나 또는 유엔헌장에 구현된 국제법원칙에 위반하는 방법에 의한 무력의 행사 또는 위협(제19조 2항 a호)

라는 행위유형을 보더라도, 연안국의 주관적인 판단여하에 따라서는 타국군함의 단순한 영역내의 존재자체가 이 행위유형에 해당할 수도 있는 것이다. 또 다른 예로서 "군사장치의 선상탑재"(동 f호) 행위유형을 보면, 군사장치를 선상에 탑재하지 아니한 군함이란 거의 상상할 수도 없는 것인데, 이러한 행위유형은 정형적으로 배격되어야 할 유해통항으로 규정되고 있는 것이다. 이러한 제19조 2항이 군함의 무해통항권을 인정하는 근거로 될 수 있다고 하는 해석은 확실히 역설적인 이론이며 따라서 순리적으로는 수긍될 수 없는 해석론이 될 수 밖에 없다.

마지막으로 세번째의 근거를 검토해 본다. 확실히 제3차 유엔 해양법회의 협의 과정 중에 군함통항에 관한 사전허가 또는 사전통고제를 규정할 수 있는 연안국의 권한을 명문으로 규정하는 제안들[132]이 제출되었다. 제3차 유엔해양법회의에서 C.2/IM/58이

---

131) D.P.O'Connell, *International Law of the Sea*, p.292.
132) ① C.2/Informal Meeting/58/Rev.1(19 March, 1982), (이하C.2/IM/58로 칭함), 본 수정안의 공동제안국은 다음의 21개국이다.
Argentina, Cape Verde, China, Democratic People's Republic of Korea, Eucador, Egypt, Guinea-Bissau, Libyan Arab Jamahirya, Malta, Morocco, Oman, Pakistan, Panama, Papua New Guinea, Peru, Philippines, Sao Tome and Principe, Somalia, Uruguary.
② A/Conf.62/L.117/and/corr.1.(14 April. 1982). (이하 L.117로 칭함), 본 수정안의 공동제안국은 다음의 28개국이다.
Argentina, Cape Verde, China, Congo, Democratic People's Republic of Korea,

consensus에 이르지 못한 이유는 물론 군함의 무해통항권을 주장하는 미국을 비롯한 서구 선진국과 갑자기 무해통항권을 옹호하기 시작한 쏘련과 그에 동조하는 동구권의 영향도 있었으나, 전체적으로 협상의 균형을 유지하려는 일반적인 배려가 지배적으로 작용하여 극단적인 태도를 자제시켰기 때문이지, 회의전체의 견해가 군함의 무해통항권을 인정한 때문은 아니다. 또, 마지막 단계에서 A/CONF, 62 /L.117 수정안이 철회된 것은 consensus에 의한 유엔해양법협약안의 채택을 위해 노력하고 있던 Tommy T.Koh의장의 정열적인 Lobby활동의 결과, 미결로 있던 다수의 수정안이 자진 철회되는 추세에 영합한 것에 불과하다. 비공식 회의에서 연속적으로 주장된 각 회원국들의 군함통항문제에 관한 발언은 찬·반 모두 실로 격렬했던 것이며, 28개국이 공동제안국으로 되어 있는 L.117이 철회되었다고 해서 회의의 지배적 견해가 군함의 무해통항권을 권리로서 인정한 것이라고 단정할 수는 없다. 오히려 다른 많은 수정안이 조건없이 철회된데 반해서 유독 L.117만은 그 철회의 의도가 무엇인가를 밝히는 하나의 절차를 갖었으니, 1982년 4월 26일 저녁 야간회의로 속개된 제176차 전체회의에서 Tommy Koh의장은 다음과 같은 성명을 낭독하여 기록을 남겼다. 즉,

> 회의문서 A/CONF. 62/L.117 수정안에 지지하고 있는 각 대표들은 협약 초안본문의 내용을 명백히 하기 위하여 이 제안을 지지 주장하였던 것이나 총회 의장의 청원에 따라 이 수정안을 표결에까지 회부할 것을 강요하지 않을 것에 합의한다. 그러나 동 제안국들은 이러한 결정이 협약 제19조와 제25조에 의거해서 연안국들이 그 안전을 보장하기 위한 필요한 조치를 강구할 권한을 저해하는 것이 될 수 없음을 확실히 하는 바이다.

라고 하였다.[133]

긍정론에서는 "만일 군함의 무해통항권이 부인되고 있다면 이러한 수정안은 불필요했을 것이기 때문에" 이러한 수정안이 주장되었었다는 것은 협약상 군함의 무해통항권이 인정되고 있다는 것을 입증하는 것이라고 주장한다. 그러나 위에서 밝힌 것처럼 제3차 유엔해양법회의의 협의과정에서 유엔해양법 초안상 군함의 무해통항권이 조문상 인정되고 있었기 때문에 제기된 것은 아님을 확실하게 알 수 있다. ISNT 제1부 제29조가 RSNT에서 탈락된 이래 이 문제는 불명(不明)한 채로 남아 있었으며 이렇게 불명한, "협약 초안의 내용을 명백히 하기 위해" 제기되었던 것이다. 그러므로

Democrate Yemen, Djibouti, Egypt, Guinea Bissau, Iran, Libyan Arab Jamahirya, Malta, Morocco, Oman, Pakistan, Panama, Papua New Guinea, Phillippines, Romania, Sao Tome and Principe, Sierra Leone, Somalia, Sudan, Suriname, Syria, Uruguay, Yemen.

 * Panama와 Tunisia는 당초에 공동제안국으로 오기되었다가 삭제되었다. 그러므로 L.117의 공동체안국을 30개국으로 인용하는 것은 오류이다.

133) A.Conf.62/SR.176(6 May, 1982)

168 제3장 영 해(領海)

이들 수정안이 결국 채택되지 않는 것이 군함의 통항을 통제함에 "필요한 조치를 강구할 「연안국의」 권한을 저해하는 것이 될 수 없음이 명확히" 성명되고 있는 것이다. 따라서 위의 긍정론에서와 같은 결론은 협약 채택의 과정과 구체적 경위에 관한 불확실한 지식에서 연유된 속단이라고 볼 수 밖에 없다.

1958년 Geneva회의에서 ILC 최종초안 제24조(군함 영해통항에 대한 사전허가, 통보요구권)가 부결된 사실을 군함의 무해통항권이 인정된다고 해석하게 된 근거로 삼은 입론을[134] "협약 성립과정과 정신을 도외시한 기계적 해석"이라고 비판했던 것처럼[135] 아주 유사한 비판을 여기에도 적용할 수 밖에 없을 것 같다.

결론적으로 유엔해양법협약상 군함은 "일반 선박과 똑같이" 무해통항권을 향유할 수 있게 되었다고 단언할 수는 없다. 이 문제는 결국 다시금 학설과 관습법의 영역에 미루어진 것으로 보는 것이 정확한 견해이다.[136]

생각컨대 현대 국제법의 일반원칙으로 보아 연안국이 자국 영해내에서 타국군함의 통항을 그 보안상 필요에 의해 합리적 범위내에서 제한하는 기본적인 권리는 부인될 수 없다. 왜냐하면 국가의 독립성의 제한은 추정될 수 없기 때문이다.[137]

4. 현 국가관행의 종합평가

146개 연안국 중 43개국이 그들의 영해에 타국의 군함이 통항을 함에 있어서는 사전의 허가나 통고를 요구하고 있다.[138](도표 3-7 참조) 이 중에는 1958년 Geneva 영해협약의 당사국도 포함되어 있다. 그들은 영해협약 제23조에 대한 유보를 행하고

---

134) C.M.Franklin, op.cit., pp.133~134.
135) 김찬규, "군함은 외국 영해에서 무해통항권을 갖는가?" 「사법행정」 1972년 10월호, p.53.; 강영훈, "군함의 무해통항권에 관한 연구",(서울대학교 법대, 석사학위논문, 1975), p.45.
136) ① 배재식, "새 해양법과 군함의 지위", 「법학」, 서울대학교 법학연구소 제24권 2, 9월), pp.41~53.
　　② D.P.O'Connell, op.cit., p.292.
　　③ I.Brownlie, *Principle of Public International Law* 3rd ed.(Oxford:Clarendon Press, 1979), p.207.
137) ① The Lotus Case PCIJ(1927) Series A No.10. Judgement of Sept.7., p28.
　　② Herbert W Briggs, *The Law of Nations*(New York:Applton Inc., 1952)., p.3.
　　③ 배재식, op.cit., pp.39~40.
　　④ 拙稿 "중공 어뢰정사건에 관련된 국제법적 문제의 고찰", 「해양전략」 제35호(1985. 4)(진해:해군대학), pp.15~16.
138) Ashley Roach & Robert Smith, *Excessive Maritime Claims,* Naval War College International Low Studies Volume 66. (Newport, 1994), pp.158-59. U.S. Dept of State, *Geographic Research Study* No.20. October 20, 1985 National Maritime Claims : 1958-1985, p.10. Status of LOS Convention, up dated as of 23 Dec. 1997. http://www.un.org/Depts/los/los94st. htm.

Ⅷ. 군함의 영해통항 169

이러한 국내법 조치를 하는 경우도 있고 아무런 유보없이 사전통고 또는 허가제를 실시하는 경우도 있다.139) 그리고 사전허가제 또는 사전통고제를 실시하는 나라들 중에는 유엔해양법협약에 가입하거나 심지어 비준까지 완료한 나라들이 있다.(도표 3-7 참조) 아직 국내법 조치로서 사전허가제 등을 실시치는 않고 있더라도 유엔해양법협약 제21조에 대한 수정안 L.117의 공동제안국이었던 28개국들은 기본적으로 군함통항에 대한 국내적 규제를 찬성하는 나라로 분류해야 할 것이다. 군함의 무해통항권을 부인하는 태도가 유엔해양법협약의 내용과 명백히 상호충돌하는 것으로 본다면, 「조약법에 관한 Vienna협약」 제18조의 정신에 따라 유엔해양법협약의 발효를 기다릴 것도 없이 협약에 서명, 비준한 국가들이 군함의 무해통항을 부인하는 국내법적 조치들은 철회되어야 할 것이나 위에서 고찰한 바와 같이 이것은 유엔해양법협약이 학설과 관행에 유보한 부분이므로 "충돌"의 문제는 결국 일어나지 않는다고 보아야 한다.

우리나라 영해법140) 제5조 1항 후단에서는 외국군함이 우리영해를 통항코자 할 때는 그 통항 3일전까지 외무부장관에서 선명, 선종 및 번호, 통항목적, 항로 및 일정을 통보해야 한다고 규정하고 있다. 본래 영해법에는 벌칙이 있어서 제5조(외국선박의 통항) 등의 규정에 위반할 경우에는 정선, 검색, 나포 등 필요한 조치를 행할 수 있고(동 제6조) 그 승무원 및 승선자는 소추되어 징역형이나 그 병과형에 처하여질 것이나, 제5조 1항 후단 「군함의 영해통항을 위한 사전통고의무」에 대한 위반의 경우에는 벌칙을 적용할 수 없고 당해 선박을 영해로부터 즉시 퇴거토록 요구할 수 있을 뿐이다.(동 제8조) 소위 군함의 영해통항에 사전통고를 요구하고 있는 우리 영해법은 국내법 조치의 예로서는 대단히 간단한 형태를 갖는 것으로 분류될 수 있다. 타국의 입법례를 보면 영해내의 외국군함의 지위에 관한 상세한 규정을 두고 있는 예가 허다하다. 그 규정의 내용도 따라서 상당히 세분되어 있는 것이다.

외국군함의 통항은 단순 통과인 경우는 사전통고를 하고 통항군함의 척수가 다수일때(예컨대 3척 이상인 경우) 사전허가를 요하게 하며,141) 영해내에서의 정선 또는 정박을 금지하거나 사전허가를 요구하는 경우가 많다. 군함의 통항의 동기에 따라서는

---

139) Multi-lateral Treaties Deposited with the Secretary General:(Dec. 31, 1981), pp.588~92.
　＊ GDR-Regulation of 11 Aug. 1965 On the Stay of Foreign Warships of German De-mocratic Republic, Article 1, para. 1.
　＊ Dominican Republic-Act No. 366 of 1 Oct. 1968, Governing the Arrival and Sojourn of Warships, Military and Naval Aircraft in Dominican Ports, Airports, and Territorial Waters in Time of Peace, Article 3.
140) 구(旧) 「영해법」 (1977). 및 1996년 개정된 「영해 및 접속수역법」
141) 예컨대, Brazil, Denmark국내법의 경우, 「해양법에 관한 각국의 국내법과 조약」(Ⅱ), 법무자료 제43집(1979. 7) 제Ⅴ장 참조.

〈도표 3-7〉 군함의 무해통항을 규제하는 나라

국　가　명	사전 통고 요구	사전 허가 요구	해양법협약 비　준
1. Albania		1946	1996.6.11.
2. Algeria		1963	1989.2.2.
3. Antigua & Barbuda		1982	
4. Bangladesh		1974	
5. Barbados		1979	1993.10.12.
6. Brazil		1954	1988.12.22.
7. Bulgaria		1987(특정항로지정)	1996.5.15.
8. Burma		1977	
9. Cambodia		1982	1987.8.10.
10. Cape Verde		1982	1996.6.7.
11. China		1958, 1992	
12. Congo		1977	
13. Denmark		1976	1983.8.26.
14. Egypt	1983		1996.6.21
15. Finland	1981		1991.4.25.
16. Grenada		1978	1993.11.16.
17. Guyana	1977		1995.6.29.
18. India	1976		1986.2.3.
19. Indonesia	1962		
20. Iran		1982, 1993	
21. Korea (Dem. People's Rep. of)		1955, 1978	
22. Korea (Rep. of)	1978		1996.1.29.
23. Libya	1985		
24. Maldives		1976	
25. Malta	1981		1993.5.20.
26. Mauritius	1977		1994.11.4.
27. Nicargua		1985	
28. Nigeria	1985		1986.8.14.
29. Oman		1989	1989.8.17.
30. Pakistan		1976	1997.2.26.
31. Philippines		1968	1984.5.8.
32. Poland		1968	1998.11.13.
33. Romania		1956	1996.12.17.
34. St.Vincent & Grenadines		1983	1993.10.1.
35. Seychelles	1977		1991.9.16.
36. Somalia		1972	1989.7.24.
37. Sri Lanka		1977	1994.7.19.
38. Sudan		1970	1985. 1.23.
39. Sweden	1966		1996.6.25.
40. Syria		1963	
41. Vietnam		1980	1994.7.25.
42. Yemen	1978(YAR)	1967(PDR Y)	1987.7.21.
43. Yugoslavia, Former	1965		1986.5.5.
43개 연안국	14개국	30개국	

사전통고의 기간을 구별하는 경우도 있다.142) 이러한 것들은 앞으로 우리 영해법이나 그 관련법령의 개선에 고려해야 할 점이라고 생각한다.

위의 타국 입법례를 고찰하고 연안국의 주권과 안전을 외국의 실력적 기관인 군함의 무절제한 활동으로부터 보호한다는 기본적인 목적에서 볼 때, 우리 영해법과 같이 간결한 사전통고 요구제도는 검토할 여지가 많다.

모든 경우에 즉, 타국군함 단속의 단순한 영해통과나 수척의 공식적인 영해의 진입 또는 안보 취약수역에로의 통과 등 구체적 사유, 군함의 수, 통과수역의 특성 및 통항의 태양 등을 고려하지 않고 일률적으로 3일전의 통고를 요구하고 있는 것인데, 이것이 실질적인 방어조치를 강구하기 위한 것이라면 이는 적어도 군사적으로는 무의미한 제도이다. 한국영해나 영공을 침범하는 외부세력이 이러한 한국 국내법 절차를 준수하면서 침범해 오지도 않으려니와 이러한 침해에 대한 방어조치는 현대적 조기경보체제(Early Warning System)을 완벽하게 유지함으로서만 가능한 것이다.

일설(一說)에서는 사전허가제와 사전통고제를 본질적으로 구별하고 유엔해양법협약상 군함의 무해통항권이 인정된다는 입장에서는 사전허가제란 군함의 무해통항권을 부정하는 것이므로 이를 택할 수 없고, 오직 사전통고제만이 유엔해양법협약과 양립해서 연안국의 이익을 보호하기 위한 절충적 방도가 될 수 있다고 하는 견해가 있다.143) 위에서 검토한 것처럼 유엔해양법협약상 군함의 무해통항권이 인정된다고 단정할 수 없으므로 이 이론의 기본적 전제는 성립되지 않는다. 또 일률적이고 간결한 사전통고제는 연안국의 안전과 이익을 보호함에 있어 실질적으로 무의미하다. 사전통고제나 사전허가제나 연안국의 국가적 안전을 위해 그 영해내 타국군함의 통항을 규제하겠다는 연안국의 의사가 표출된다는 점에는 구별되지 않을 것이므로 이러한 이론은 군함통항의 실질적 문제의 특성과는 유리된 견해라고 생각된다.

확실히 유엔해양법협약은 군함통항에 관하여 아무런 해답을 주고 있지 않다. 물론 이 문제는 학설로서 단순히 해결될 수 있는 것도 아니다. 현재로서 군함의 무해통항권에 관하여는 긍정이든 부정이든 어느 쪽으로나 분명하게 그 법적 입장을 확정시킬 수 없으므로 유엔해양법협약이 "1958년도 식"으로 다시 한번 이 문제를 방치한 것은 필연적인 것이라고 극언하고 있는 학자들도 있다.144) 이에 관한 해답은 일반적인 국가간의 관행에 대한 종합적 검토를 통해서만 얻어질 수 있다고 생각된다. 가장 흥미있는 국내입법의 예로서 쏘련의 경우를 들 수 있다. 쏘련은 가장 완강하게 타국군함의 무해통항권을 부정

---

142) Brazil의 경우, 공식방문은 60일전, 비공식 방문은 30일전에 통고하도록 요구한다. 「평화시 외국군함의 브라질 항만 및 영수의 방문에 대한 규제원칙을 정하는 명령」(1965. 6. 28 명령 제56호) 제4조 참조, Ibid, p.168.
143) 강영훈, 「군함의 법적 지위」, pp.215~17.
144) R.R.Churchill and A.V.Lowe, *The Law of the Sea*(Manchester Univ. Press, 1983)., p.70.

해 온 나라이다. 그러므로 타국군함이 쏘련 영해를 통항하려면 적어도 30일전의 사전허가가 필요하였다. 그 이전에는 물론이고 1960년 쏘련「국경보호규정」은 이것을 명시적으로 요구하고 있었다.145) 그런데, 1982년 11월 24일 제정되고 1983년 3월 1일부터 발효한 쏘련「국경법」(USSR Law on the USSR State Border) 제13조에서는 종래의 태도를 버리고 타국군함에 대해 내수를 제외한 일반 영해의 통항에 한해서 사전허가가 요구되지 않는 무해통항권을 인정하였다.146) 이것은 그들이 1958년 영해협약 비준시 군함의 무해통항권 문제에 관한 유보를 선언한 과거의 태도를 버리고, 제3차 유엔해양법회의에서는 급신장된 그들의 해군력을 의식해서 군함의 무해통항권을 인정하자는 강력한 주장을 하면서도147) 국내법으로 사전허가제를 고집하던 불합리를 늦게나마 시정한 것이다.

한편 중국은 1958년 9월 4일 선포한 영해선언에서 군함통항에 사전허가를 분명히 요구하였다.148) 군함의 타국 영해통항이 그 연안국에 의해 규제되어야 한다는 중국의 입장은 제3차 유엔해양법회의의 협의과정에서 일관성있게 강력히 표현되어 왔고 물론 C.2/IM/58과 L.117의 공동제안국으로도 중국은 참여하였다. 중국의 국내법을 보면, 1983년 9월 2일 중국 전국인민대표자회의 상무위원회를 통과하여 동 일자로 공포되고, 1984년 1월 1일부터 시행된「해상교통안전법」에서도 중국 영해로 진입하는 모든 외국군함에게 사전허가를 요구하였다.149) 이러한 태도는 중국의 1992년「영해 및 접속수역법」제6조에서도 그대로 유지되고 있다.

앞의 도표에서 보는 바와 같이 1960년대 이후 개발도상국가들은 거의 예외없이 군함의 무해통항권을 규제하고 있으므로 현 국제사회의 전체적인 추세는, 오히려 군함의 무해통항권을 부인하고 이를 규제하고 있는 쪽으로 현저하게 발전해 가고 있다고 판단할 수 있다.

---

145) Regulation of 5 August 1960 for the Defense of the State Frontier of the U.S.S.R. Article 16. & Annex Rule sec 2 and 3.; M.H.Nordquist and C.H.Park, *North America and Aisia-Pacific and the Development of the Law of the Sea*(New Youk:Ocean, 1981) p.5.(U.S.S.R)
146) U.S.S.R. Law on the U.S.S.R. State Border. Article 13. Texts as published in *Pravda and Izvestiya* 26 November 1982.; 西島良知譯, "ソ連邦國境に關する法律", *World Review*, 1983년 11월 참조.
147) UNCLOSⅢ. *Official Records* Vol. Ⅲ, pp.203~205, Doc.A/Conf.62/L.26.
148) Declaration of the Government of the People's Republic of China on China's Territorial Sea, Article 3.
   M.H.Nordquist and C.H.Park, op.cit., (P.R.C)., p.6.
149) Article 11
   … No military vessels of foreign nationality may enter the territorial seas of the People's Republic of China without being authorized by the government thereof.
   Maritime Traffic Safety Law of the People's Republic of China
  「중공해상교통안전법」(1983)

Ⅸ. 군사수역

　무해통항의 일시적 정지권은 연안국의 안전을 위한 필요성뿐 아니라 그 편의성 때문에 언제나 남용되기 쉽다.
　연안국은 인정되는 무해통항의 일시적 정지권을 근거로 실제로는 "반영구적인" 무해통항권 배제의 제도를 실시하는 관행이 있다. 이 무해통항권 배제구역은 방위수역(defense zones), 안보수역(security zones) 또는 군사수역(military zones) 등 다양하게 호칭된다. 물론 이러한 군사수역 설정의 당위성은 연안국의 안전보호를 위한 불가피하고 필수적인 필요성 즉, 국가의 자위권에 의탁하고 있다. 현재 군사방위수역을 유지하고 있는 나라는 16개국이다.[150] (도표 3-8 참조)

〈도표 3-8〉 군사안보수역을 유지하고 있는 나라

국　　가　　명	군 사 수 역 의 범 위	영　해　의　범　위
1. Bangladesh	18	12
2. Burma	24	12
3. Cambodia	24	12
4. Egypt	18	12
5. Haiti	24	12
6. India	24	12
7. Indonesia	100	12
8. Nicaragua	25	200
9. North Korea	50	12
10. Pakistan	24	12
11. Saudi Arabia	18	12
12. Sri Lanka	24	12
13. Sudan	18	12
14. Venezuela	15	12
15. Vietnam	24	12
16. Yemen	24(PDRY), 18(YAR)	12

　명칭의 여하를 불문하고 이러한 군사수역을 유지하는 나라들은 국가안전보장의 필요시에 그 영해내의 외국선박의 무해통항을 규제하는 예방적 조치로서 군사수역의

---

[150] *The Commander's Handbook on the Law of Naval Operations* and its annotated Supplement, Naval Warfare Publication No.9, Revised A, (FMFM 1-10) (Washington D.C., 1989), pp.1-22~23. : J Ashley Roach and Robert W. Smith, *Excessive Maritime Claims*, Naval War College International Law Studies Volume 66, (Newport, Rhode Island: 1994), pp.146-47.

범위를 공시하고 있다. 그 주장의 범위는 3해리로부터 200해리까지 다양하다.

영해외측의 해면(접속수역 또는 공해)에까지 연안국은 소위 "안보"를 위한 관할권을 가질 수 있는가? 1930년 헤이그 법전편찬회의를 위한 사전준비위(Preparatory Commission)에서 제시한 초안인 Basis of Discussion에 의하면 연안국은 "외국함선에 의한 자국안보의 침해를 방지하기 위해서" 영해에 인접된 공해에서 특별한 관할권을 행사할 수 있다고 규정하고 있었다.151) 그러나 헤이그 법전편찬회의에서는 아무런 타결을 보지 못하였다. 1956년 ILC는 해양법 초안을 심의함에 있어서 접속수역에서 연안국의 안보를 위한 특별한 권한을 행사할 수 있게 하는 내용의 제안을 기각시켰다. 그 이유는 "안보라는 용어의 극단적인 애매성은 남용될 여지가 많으며 이러한 권리의 허용은 필요하지 않기 때문"이라고 하였다.152) 다시 1958년 제1차 유엔해양법회의의 제1위원회에서는 당초에 연안국에게 그 "안보의 침해"를 방지하고 응징함에 필요한 조치를 접속수역에서 행할 수 있는 권한을 부여하는 초안을 작성한 바 있었지만153) 그러나 전체회의(plenary meeting)에서 이 "안보관할권 조항"은 채택되지 않았다.154)

이와 같이 대체로 1958년 이전까지 군사수역에 관한 국가관행이나 해양법상의 이론은 정착되지 않은 상태로 있었으나, 1958년 영해협약에서 "안보관할조항"이 제외되고 1982년 유엔해양법협약에서도 이러한 조항을 결국 포함시키지 않은 것은 연안국이 영해외측의 공해상에 군사수역을 설정하여 안보적 관할권을 행사할 수 있는 권한을 가질 수 없다는 일관된 국제법의 태도를 나타내고 있는 것이라고 해석된다. 이렇게 본다면 북한이 그들의 군사수역에서 영해외측까지 확장된 구역내의 타국선박에 대해 공해상의 권한을 제한하여 배타적 관할권을 주장하고 행사하는 것은 위와 같은 해양법의 일반적 원칙으로 보아 용납되지 않는 것임을 알 수 있다.

특별히 1977년 8월 1일자로 선포된 북한의 군사경계수역155)은 그 획정범위와 그 배타적 주장의 내용이 특이하고 극단적이어서, 위의 일반적 판단외에도 위법성을 가중시키는 특별한 내용을 내포하고 있다.156) 생각컨대, 북한의 군사수역은 그 설정범위부

---

151) *Basis of Discussion* Vol.2., p.34.(1930)
152) *ILC Yr. Bk.* Vol. 2,(1956)., p.295.
153) UNCLOS Ⅰ. *Official Records* Vol. 2.(1958)., p.117.
154) Ibid. p.40. *ILC Yr. Bk.* Vol. 2.(1956). p.354.
155) a) 북한의 군사경계수역으로 선포된 범위는 "동해에서는 영해의 기선으로부터 50해리 이며 서해에서는 경제수역선까지 미친다." 북한중공통신사, 영문판 The People's Korea 1977년 8월 1일자 참조.
   b) 동해측의 구체적인 참조점은 민간어업협정협의차 북한을 방문한 일본의원단에 의해 밝혀짐. Supra. Charpter 2 note. 48.
156) 북한의 군사경계수역내의 배타적통제권의 내용으로 선포된 것은 다음과 같다.

터가 해양법의 어떤 규정이나 원칙으로도 용납될 수 없는 위법적인 방법으로 광범위하게 채택되었는 데다가 그 군사경계수역내에서 주장되는 관할권의 내용을 보면 첫째, 모든 외국인, 외국군함, 외국군용항공기의 모든 행동(무기탑재나 훈련활동만이 아니라 출입항 자체까지)이 금지된다고 하는 것인데, 후술하는 바와 같이 영해에서 타국군함, 군용항공기의 무해통항은 그 허용여부가 논란의 대상은 되어 있지만 아무리 극단적인 배타적 권한 옹호자라 해도 사전허가가 있으면 이를 허용하는 것까지는 예상하고 있는데 비해서 북한의 경우는 이런 가능성마저 일률적으로 당초부터 배제하고 있으니 그 극단적 배타성은 더불어 비교할만한 예조차 존재하지 않는다. 둘째, 민간선박 및 항공기(어선은 제외)는 적절한 사전협정이나 사전허가에 의해서만 항행, 비행할 수 있다는 것이다. 이것은 말하자면, 일반 민간선박과 항공기를 가장 배타적으로 취급되어야 할 군함에 준하여 취급하는 셈이다. 더구나 어떤 사전협정이나 사전허가가 있어도 어선은 그 출입이나 통항이 처음부터 불가하다는 뜻이었다는 것이 판명되었으니[157] 실로 역사상 전례를 찾아보기 힘든 횡포한 관할권의 배타적 주장이라고 아니할 수 없다.

한국정부는 이 북한의 군사수역이 불법적이므로 이를 인정치 않는다는 성명을 즉시 발표하였고[158] 일본도 이를 부인하는 태도를 밝혔다.[159] 미국의 견해는 워싱턴의 미국무성[160]과 서울의 유엔사령부[161]에서 각기 공표되었는데, 북한의 군사수역이 휴

    군사경계내의 해상과 해저 및 상공에서는 외국인, 외국군함 및 외국군항공기의 행위는 금지되며 민간선박도 사전협정 또는 허가에 의해서만 항행 또는 비행할 수 있다. 민간선박 및 항공기는 군사목적의 행위나 경제적 이익을 침해하는 행위를 하여서는 안된다.

북한중공통신사, *The People's Korea*(Aug. 1. 1977), p.2.
157) 「일본경제신문」 1977년 9월 4일자 조간 2면 1단.
158) 한국정부 대변인 김성진 문공부장관의 1977년 8월 1일자 「성명」내용

    한국정부는 북한측의 소위 200해리 경제수역이나 또는 소위 군사경계선이라는 것이 1953년의 휴전이래 한반도에서 유지되어 왔던 현상에 변동을 초래하고 특히 휴전선에 인접된 동해 및 서해의 수역에 있어 우리 어민들의 조업 안전과 우리 선박들의 안전항행을 위태롭게할 우려가 있으므로 이를 인정하지 않는다는 것을 또 다시 명백히 밝힌다.

    1977년 8월 2일자 「한국일보」
159) 소노다(위전)일본 관방장관의 1977년 8월 1일자 「성명」

    군사경계선과 같은것을 설정하는 것은 국제법상 인정할 수 없다. 앞으로 북한측이 각국에 대해 군사경계선의 설정을 정식으로 통보할 것으로 생각되는데 상세한 정보를 수집한 뒤에 대응책을 세우겠다.

    1977년 8월 2일자 「한국일보」
160) 미국무성 대변인 존 트래트너의 1977년 8월 2일자 「선언」 내용.

    북한의 선언은 일방적 발표이며, 결코 주한 유엔군 사령부나 혹은 미국의 권리의무를 제한 또는 축소하지 않으며 휴전협정에 따른 북한의 의무를 축소시키지 않는다.

전협정 당사자의 권리의무의 내용을 변경시킬 수 없다고 강조하였다. 미국무성 존 트레트너 대변인은 기자와의 회견중에서

> 미국은 어떤 나라가 일방적으로 공해상에서의 항해와 상공비행을 제한하는 조치를 취하는 권리를 갖는 것을 인정하지 않는다.

라고 답변하였다.162)

미국의 반응에 대해서는, 북한의 일방적 조치가 내포하는 내용상의 명백한 불법성과 그 암시적인 정치적 의도의 공격성 등에 비추어서, 지극히 미온적이고 지나치게 신중하다는 평이 없지 않았지만163) 그 불법성을 지적하고 문제의 공해상에서 북한이 일방적으로 설정한 군사경계수역을 무시하고 "아무런 변화없이" 유엔군 작전을 계속 수행할 것을 명백히 한 것은 극히 적절하고도 충분한 반응이라고 생각된다. 실제로 한국과 미국은 Team Spirit훈련 등을 통해서 그러한 일관된 태도를 입증한 바가 있다. 이에 반해서 북한의 일방적 조치와 일본의 거부반응만을 단순히 보도한 쏘련의 반응이나 전혀 "근심어린 침묵"(a concerned silence)을 유지한 중국의 반응 등은 무척 대조적이라고 할 수 있다.164) 중국은 그들이 한국전쟁에 개입한 1950년말(일자 미상)에 이미, 그들 영토의 인접해역에 3개의 군사수역을 설정한 바가 있다. 이들 군사수역은 발해만 입구에 설정된 「군사경고수역」과 양자강 입구에 설정된 「군사항해수역」 그리고 자유중국영역의 접경해역에 설정된 「군사작전수역」이 그것이다. 위의 두 군사수역은 1958년 6월 12일에 다시 확인 선포되었고 1963년 11월 9일자로 다소 수정되었다. 중국의 소위 「군사작전수역」은 당초에는 "북위 29°이남"으로 되었던 것이 1957년 6월 26일에 "북위 27°"로 남하되어 수정되었다.165)(지도 3-8 참조) 이들 군사수역에 대하여 주장된 중국의 관할권의 내용은 중국과 일본간의 민간어업협정의 협의과정에서 일본에 대하여 주장된 것으로부터 간접적으로 추정되고 있는 바,166) 「군사경고수역」에 있

1977년 8월 3일자 「한국일보」
161) UN군사 대변인 Robert C.Leed대령의 1977년 8월 2일자 「성명」 내용.

> 북한의 일방적인 군사경계선의 선언은 휴전협정에 규정되어 있는 유엔군측과 공산측의 어느 한쪽 권리도 침해할 수 없다. 앞으로 공해와 공해상공에서의 유엔군 작전에는 아무런 변화가 없을 것이며, 유엔군 사령부는 계속 휴전협정을 준수할 것이고 북한측도 똑같이 이를 준수할 것을 기대한다.

1977년 8월 3일자 「한국일보」
162) Supra note. 97.
163) 1977년 8월 3일자 「한국일보」
164) Choon-ho Park, "The 50-Mile Military Boundary Zone of North Korea", 72 *AJIL* 867, 868.(1978)
165) Choon-ho Park, *East Asia and The Law of the Sea*(Seoul:Seoul National Univ. Press. 1983)(Map.2.2.)

어서는 타국함선의 출입은 사전허가에 의해서만 가능하고, 「군사항해수역」은 이보다 더욱 배타적(일본어선의 경우 출입은 완전히 금지됨)이다. 「군사작전수역」은 아마도 자유중국과의 긴장상태를 고려하여 설정된 것으로서 타국함선이 여기에 출입하는 것을 전면적으로 금지한다는 의미보다도 출입항선박은 "자신의 위험부담으로"(at entrant's own risk) 항행토록 한 경고적 의미가 내포된 것 같다. 이들 중국의 군사수역은 한국전쟁당시 설정되었으므로 그 목적이 전쟁수행 목적상의 방위적인 것이었다면 거의 유사한 시기에 설정된 한국방

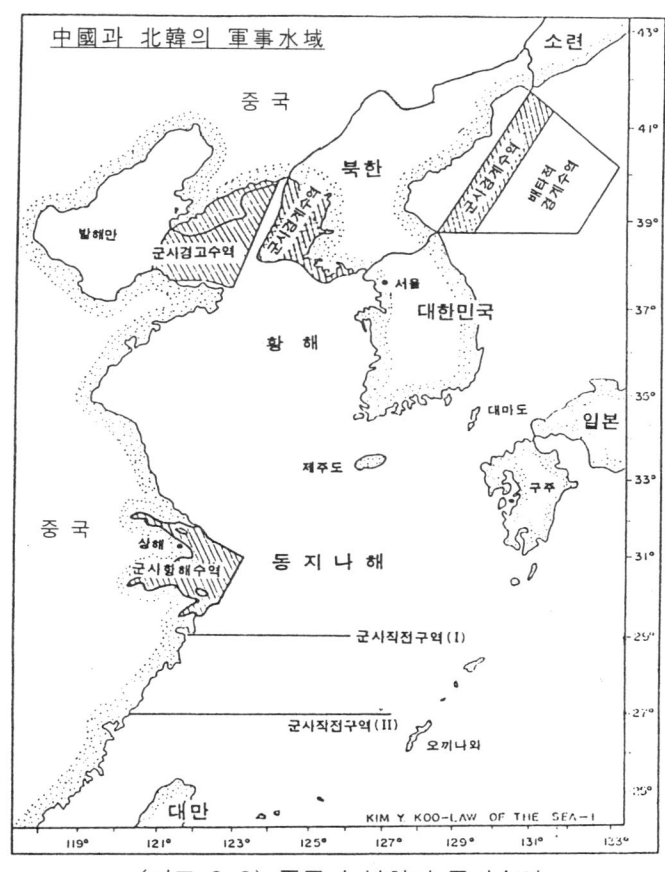

(지도 3-8) 중국과 북한의 군사수역

위수역 즉, 소위 Clark Line[167]처럼 한국전쟁의 종식 후에 이를 철회하였어야만 하겠으나 1972년 11월에 와서까지 일본에 대해서 중국군사수역 침범을 항의하고 있는 것으로 보아[168] 그들은 이를 한국전쟁 이후 30여년간이나 계속해서 유지해 오고 있는 것으로 해석할 수 밖에 없다. 이들 중국군사수역에 통상적인 해양법상 안보수역 개념의 기준을 적용해 본다면 12해리 영해범위를 확연히 초과하여 지점에 따라서는 기선으로부터 50해리에 달하는 공해수역을 점거하고 있다는 사실과 30여년 이상이나 계속된 영속적인 성격때문에 법적 기준에 심히 일탈되었음을 알 수 있다. 무엇보다도 이들 수역은 "정당하게 공시"된 적도 없으며, 이 기간동안 중국이라는 공산국가의 폐쇄적 성

---

166) Ibid. p.75.
167) Supra note. 63 및 그 본문
168) 1972년 11월 21일자 중공어업협회의 항의, 「日本讀賣新聞」(1972년 11월 24일), Choon-ho Park, *East Asia & The Law of the Sea*, op.cit., p.100 Supra note. 참조.

178 제3장 영 해(領海)

질때문에 해양법 규범상 논의될만한 문제가 대두되지도 않는 채로 그저 "일방적"으로 주장되어 왔을 뿐이다. 일본이 중국과의 어업협정협의과정에서의 유일하게 이들 군사수역을 긍인한 사실은 목전에 임박한 어업이익을 확보하는데 급급한 일본이 그들의 이익확보를 위해서[169] 협상의 기술상 부득이 중국에게 허용한 반대급부적 성격이 있는 것이므로 이것으로서 의미있는 국가적 관행이 성립되었다고 보는 것은 맞지 않는 일이다. 그러므로 중국의 군사수역들은 1972년 이전에 이미 철폐된 것으로 보는 것이 정확할 것이다. 1992년 중국의 「영해 및 접속수역법」 이후 발해만과 양자강 입구의 군사수역은 중국에 의해 주장된 바 없다.

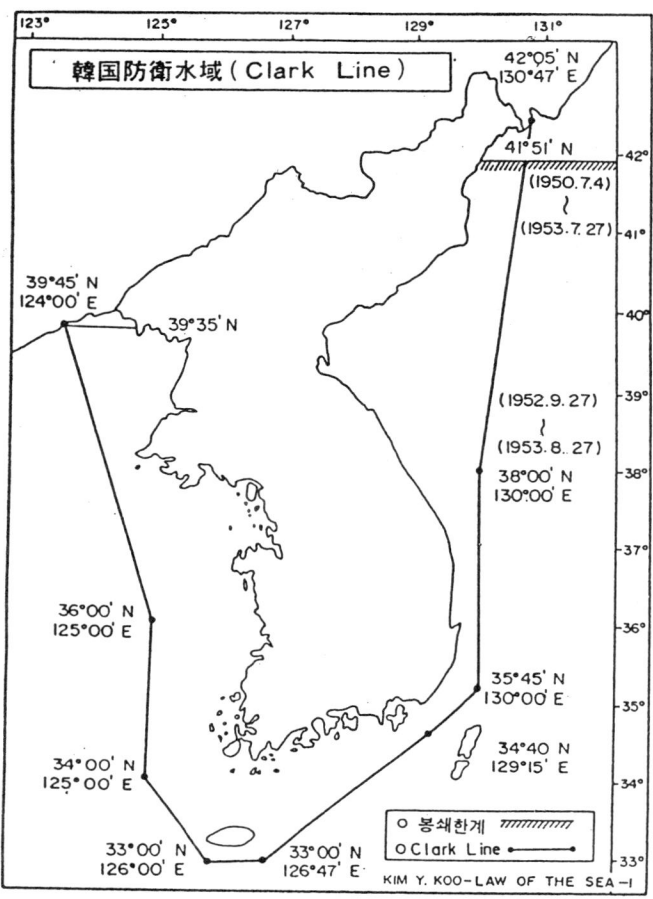

(지도 3-9) 한국방위수역(Clark Line)

한국전쟁중에 선포되고 실시되었던 「한국방위수역」 즉, Clark Line은 한국전쟁이 중반기에 접어든 1952년 9월 27일 당시 유엔통합군 사령관 Mark Clark장군이 한반도 주변에 선포한 것이다.[170] 「한국방위수역」 선포의 목적은 공산측 간첩의 한국 침투 저지와 유엔군 보급로의 확보 등으로 되어 있다. 선포한 사령관의 이름을 따서 속칭

---

169) 중국 동해안지역에 출어하는 일본 기선저인망 어선의 규모는 그 당시 약 440척에 달하였으며, 예컨대 1969년 한해동안 일본이 어획한 고등어, 정어리 총어획고(135만 tons)의 1/3(약 44만 tons)을 황해와 동지나해에서 잡았다.
    Japan Statistical Yearbook.(1970). p.152.
170) 국방부, 「한국전쟁사」 Vol. Ⅲ(對陣中期), p.931.; 법무부, 「공해에 관한 법령집」 상권,(서울:평화당 인쇄사, 1953), p.13.

"Clark Line"으로 불리는 이 방위수역의 범위(지도 3-9)는 그 해(1952) 1월 18일 대한민국 대통령 이승만에 의하여 선언된 소위 평화선의 내용보다는 다소 축소된 것이다.(지도 3-1과 비교) 이 방위수역내에서 유엔군측의 통제는 중립상선에 대한 항행자유의 권리를 제한하는 것이다. 그러나 2차대전 당시 북해나 영국 주변해역에 설정되었던 전쟁구역(War Zone : Sperr gebiete)에 있어서와 같이 무경고, 무차별 격침을 시키거나, 집중적 공격기뢰원을 부설하지는 아니하였다.[171] 이 한국방위수역은 한국전쟁이 종식된 1953년 7월 27일의 1개월 후인 8월 27일 유엔군사에 의해 철회되었다. 한국방위수역은 한국전쟁중 선포되었다가 전쟁행위의 종식과 함께 철회되었으므로 평화시에 그 국가안전보장의 필요상 예방적 조치로서 공시하고 외국선박의 무해통항을 규제하는 일반적인 경우의 안보수역과는 구별해야 한다. 오히려 이는 넓은 의미의 전쟁구역이며 전 해안에 대한 봉쇄조치에 후속된 봉쇄구역이라고 보아야 한다.[172] 그러므로 국제법상 교전자에게 허용되는 교전권의 기본적 속성의 범주내에 포괄시킬 수 있는 성질의 조치이며 따라서 한국의 영해(당시 3해리)를 초과한 공해상에서 중립상선의 통항을 규제한 것의 불법성을 문제시 할 수 없다고 할 것이다. 이에 반해서 중국의 군사수역은 전쟁행위가 종식된 후 누차에 걸쳐 거듭 수정되고 선포되었다는 점에서 그 적법성을 인정해 줄 수가 없다. 한국전쟁은 휴전에 의하여 전쟁행위가 종식되었을 뿐 평화조약과 같은 전쟁종결을 위한 전통 국제법상의 절차가 결여되었다고 해서 이를 전쟁상태로 간주하고, 교전당사자의 일방이었던 중국의 그 교전권의 연장으로 이러한 수역을 유지한다고 주장한다면[173] 이는 현대 국제법에 있어서 전쟁의 종결은 강화조약이나 종결선언이 필요없이 사실상 종국적인 무력행사의 정지로서 이루어진다는 확립된 관행을[174] 도외시한 주장이 된다고 할 수 밖에 없다.

개방정책을 추구하고 있는 현대의 중국이 그들의 가장 중요한 항구인 상해연안의 「군사항해수역」에서 한국전쟁당시 주장했던 배타적 통제권과 같은 것을 계속 고집할 수 있을 것인지는 의문이며, 미국과 중국의 합동해상기동훈련이 실현되고 있는 지금과 같은 상황에서,[175] 또한 한국을 포함한 많은 자유세계 국가와 실질적인 통상을 시도할

---

171) 拙稿 "해상봉쇄에 관한 해전법규의 발전과 변모", 「국제법학회논총」 대한국제법학회, 제30권 1호(1985년 6월), pp.90~92.; M.W.Cagle & F.A.Mason, *The Sea War in Korea* (Anapolis: U.S. Naval Institute, 1957), p.282~83.
172) Ibid., p.92.
173) 이러한 주장의 가능성을 시사한 견해도 있음; Choon-ho Park, *East Asia & The LOS* op.cit., p.84.
174) Julius Stone, *Legel Control of International Conflict*(Sydney:Maitland Pub. Ltd., 1954), p.644.
175) 미 7함대와 중공의 동해함대는 1986년 1월 12일 동남지방 해상에서 합동기동훈련을 실시하였다. 이 훈련에 중국은 여대급 구축함 1척과 수척의 보급선이 참가하였다.

것으로 보이는 금후로부터 이러한 중국의 군사수역은 더 이상 유지될 수 없다고 본다.

우리는 위에서 이미 교전당사자의 교전권을 전쟁수역의 합법성의 근거로 논하였으나 현대국제법에 있어서 이 문제는 고전 국제법에 있어서처럼 명확하거나 간단하지는 않다. 왜냐하면 1928년 부전조약(不戰條約) 이래 전쟁은 국가정책 실행수단으로는 불법시되었다. 그리고 1945년 동경과 Nuremberg 국제군사재판소는 전쟁자체를 "국제적 범죄"로 단정하였다. 그러므로 현대에 있어서 전쟁이 수행된다면 이것은 이론상 "국제적 범죄"를 자행하는 침략자와 이를 저지하는 "경찰행위"만이 존재할 것이며, 「불법으로부터 권리는 발생하지 아니한다」(Ex injuria jus non oritur)라는 법언에 따라 이러한 침략자에게는 소위 교전권을 인정할 수 없다는 견해도 있다.176)

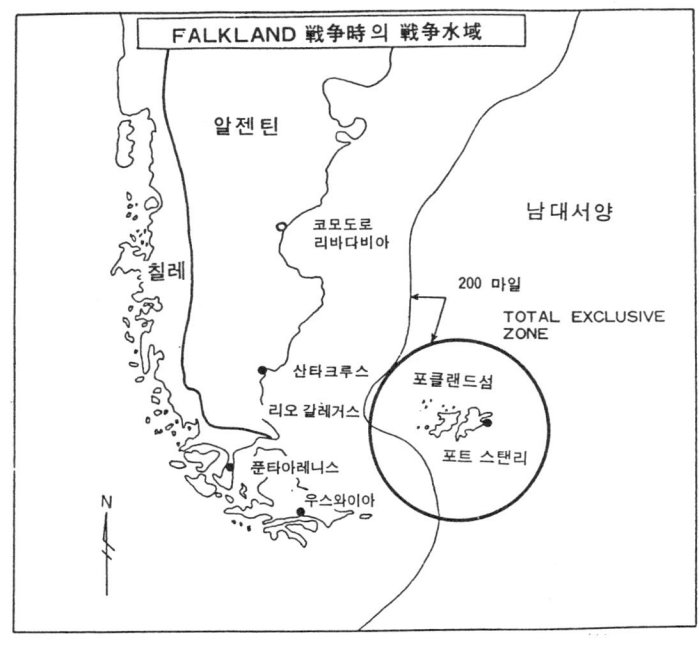

(지도 3-10) Falk Land 전쟁시의 전쟁수역

한국전쟁에 참여한 중국은 유엔에 의해 "침략자"로 규정된 바 있으며, 북한이 남한을 침략함으로서 이 전쟁이 개시되었다는 명백한 역사적 사실을 상기하면 위의 견해는 실로 흥미있는 결론을 유도할 것이다. 그러나 정치적인 내용 여하는 차치하고, 일반적으로 국제법상 전쟁의 과정에 있어서는(pendente bello) 전쟁자체가 불법화되었다 하여도 *Ex injuria jus non oritur*의 원칙을 엄격하게 적용할 수 없다고 보며, 쌍방 교전당사자는 "전쟁중"(pendente bello)에 한하여 전쟁법규의 대등한 주체로 의제되는 것이다.177) 그리하여 실질적으로 전시국제법과 평시국제법을 구분하는 고

1986년 1월 18일(토)자 「한국일보」 4면
176) Quincy Wright, "*The Outlawry of War and the Law of War*" 47 *AJIL* 370-71(1973)
177) Robert W.Tucker, *The Law of War and Neutrality at Sea*:Naval War College International Law Studies(Washington:U.S.Gov'n. Print. Off, 1957), pp.21~22.

전적인 이원적 구조(dichotomy)를 탈피한 현 국제법상으로도 상당한 부분의 중립법규, 봉쇄법규 등이 유효하게 적용되고 있는 것이다. 1982년 알젠틴과 영국간의 Falkland전쟁에 있어서 영국은 Falkland섬의 반경 200해리 해역에 일종의 전쟁구역인 Total Exclusion Zone을 선포하였던 것이다.[178](지도 3-10 참조) 이러한 "전쟁수행중"의 조치는 평시의 안보수역 개념과는 구별되어야만 한다.

X. 중국 어뢰정 사건과 Pueblo호 사건

군함의 영해통항문제와 관련하여 발생한 중요한 사건으로는 1985년 3월 중국 어뢰정 사건 때에 3척의 중국 경비정이 한국영해를 침범한 사건이 있다. 여기서 이에 관한 약간의 분석을 가하고 이를 1968년 1월에 있었던 Pueblo호 사건과 비교해 보기로 한다.

1. 중국 어뢰정 사건

A. 사건의 개요

〈도표 3-9〉"HUCHUAN" Class

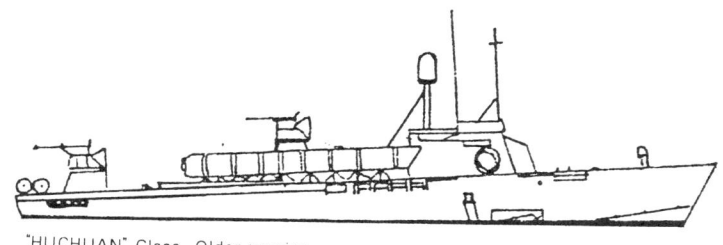
"HUCHUAN" Class. Older version

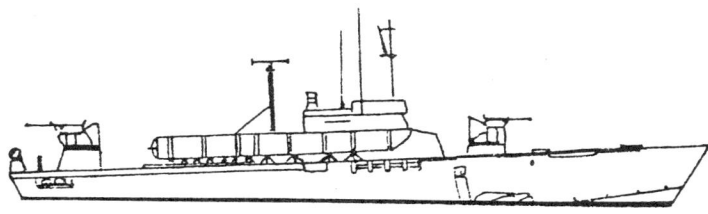
"HUCHUAN" Class. Newer version

1985년 3월 21일 오전, 중국 해군 북해함대소속 P-6 Huchan Class 고속어뢰정 편대 6척은 기동훈련차 산동반도의 청도항을 출항하였다.(도표 3-9 참조) 이 훈련편대가 예정된 훈련을 마치고 귀항하는 도중에 그중 한척(번호 3213호)이 산동반도 동쪽 20해리 해상에 이르렀을 때 선상반란이 일어났다. 이 어뢰정 통신사인 사신립(社新立)과 항해사

---

178) *Navy International*(May 1982) p.1034.

인 왕중영(王中榮)은 AK-47 자동소총을 난사하여 6명이 사망하고 2명이 중상을 입었고 이 어뢰정은 편대대열을 이탈하게 되었다. 결국 이 어뢰정은 인근 해역을 방황하다가 연료가 떨어지게 되어 한국의 흑산군도 근해에서 표류하게 되었다. 반란이 있은지 15시간 후인 3월 22일 오전 11시경에 이 조난 어뢰정은 한국어선 제6어성호(魚成號)에 의해 발견되었으며 조난중이며 구

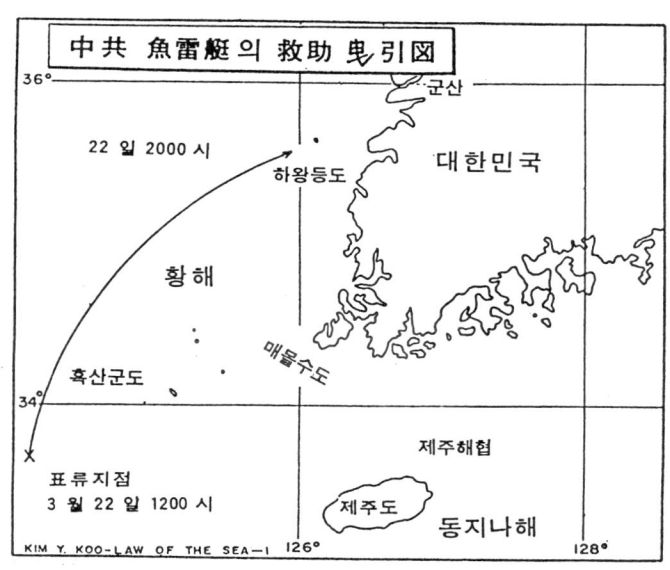

(지도 3-11) 중공어뢰정의 구조 예인도

조가 긴급히 필요한 상태임을 확인한 한국어선은 이를 구조코자 한국으로 예인하였다.(지도 3-11 참조) 결국 조난 중국 어뢰정은 같은 날 20:00시경 한국 서해안 군산항 근처 하왕등도 연안에까지 예인되어 한국경찰에 인도되었고 긴급구조 조치가 강구되었다.

중국은 문제의 어뢰정 3213호가 한국측 연안에 표류할 것으로 예상하고 3월 22일 17:00시경 신화사(新華社) 통신 외신부 사도강(司徒强)을 시켜 홍콩주재 한국총영사관을 방문하여 구조협조를 요청케 하였다. 한국은 즉시 승무원을 구조하기 위한 필요한 조치를 취하였으며 이 선박이 중국 경비정인 점을 고려하여 이에 대한 확인, 감시조치를 강구하였다.

3월 23일 새벽 6시 50분경 실종된 어뢰정을 탐색차 출동한 것으로 보이는 3척의 중국 경비함정이 무단히 하왕등도 근해의 한국영해내로 침입하여 연안근처에 진입하였다. 이들 중 2척은 3,900톤 Luda급 구축함이 있으며, 1척은 약1,000톤급의 경비정이었다.179) (도표 3-10 참조) 현장에 출동된 한국함정은 이들 중국함정에게 한국영해에서 즉시 퇴거할 것을 요구하였으며, 한국공군의 초계기까지 출동하여 잠시 긴장된 대치상태를 나타내었다.180) 엄중한 퇴거요구를 하는 한국해군함정의 조치와 미국대사관이 중개한 한국정부의 강력한 의사가 전달되었음인지 3월 23일 09시 38분에 이들 중국함정들은 한국영해로부터 퇴거하였다. 한국정부는 외무부 대변인을 통하여

---

179) "The Kunsan Incident", *Far East Economic Review* 4 April 1985, p.10.
180) 「조선일보」 1985년 3월 28일자 2면.

중국군함의 한국영해 침범에 대한 엄중한 「항의성명」을 발표하였다. 3월 23일 22:00시 홍콩주재 한국총영사는 신화사 홍콩지사의 외신부장을 면접하고 한국정부의 항의 각서를 전달한 바 있다.181) 이러한 일련의 한국정부의 항의에 대해서 중국의 즉각적인 반응은 공식적으로 없었으며, 단지 "부주의"로 한국의 진입한 사실을 인정하였다. 조난한 어뢰정과 그 승무원의 송환과 영해침범에 관한 중국의 공식적인 사과에 대한 양국의 비공식교섭이 홍콩의 신화사통신 지사를 통해서 진행되었으며, 3월 26일 13:00시 중국측의 사과각서가 홍콩주재 한국총영사관에 접수되었다. 이 사과각서는 "중국 외교부의 권한을 위임받아" 신화사 홍콩지사 부사장 이저문(李儲文)의 명의로 작성된 것이었다.

〈도표 3-10〉 "LUDA" Class

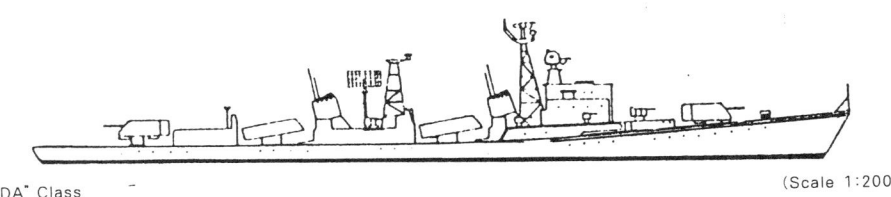

"LUDA" Class (Scale 1:200)

한국은 이 사과를 받아들이고, 3월 28일 11:00시 양국의 중간지점인 공해상(위도 36° N, 경도 124° E)에서 어뢰정과 그 승무원 전원을 중국에 인계하였다. 중국은 교섭과 인계과정에서 한국정부에게 구조와 송환조치에 대하여 깊은 감사의 뜻을 여러모로 표시하였다. 또, 중국 외교부는 한국으로부터 P-6 어뢰정과 13명의 승무원 및 사망한 6명의 시체를 공해상에서 인수한 사실을 발표하면서 "남한측의 협조에 깊이 감사한다"는 표현을 사용하였다. 그러나 2명의 난동자에 대한 조치에 대해서는 언급하지 않았다.182)

B. 법적 분석

우리는 이 사건에서 많은 국제법상의 문제점을 분석해 낼 수 있다. 예컨대 우선 조난 중국 어뢰정의 구조에 관련된 문제가 있다.

해양법에 관한 1958년 제네바협약중 「공해에 관한 협약」 제12조에서는 모든 선박이 공해상에서 위험에 처하거나 원조를 필요로 하는 모든 조난자에 대하여 즉각적인 구조조치를 할 의무가 있음을 명시하고 있다. 이 구조의무에 관한 조항은 1982년 유

---

181) Ibid.
182) 「조선일보」 1985년 3월 29일자.

엔해양법협약 제98조에 그대로 계수되고 있다.183)

　협약상 명문의 규정이 없더라도 조난자에 대한 일반적 긴급 구조의무는 일반 관습국제법상의 의무이다.184)

　공해상 조난자의 긴급구조를 하나의 의무로서 명문화한 것은 「1910년 해난구조에 관한 통일규칙을 위한 국제협약」(International Convention for the Unification of Certain Rules Relating to the Salvage of Vessels of Sea) 제11조가 최초의 예이다.185) 특히 의무적인 면을 분명히 강조한 것은 「1913년 국제해상인명안전협약」(SOLAS; International Convention for the Safety of Life at Sea) 제5장, 제10조이다.186) 이들 협약들은 조약의 일반적 해석예에 따라 체약국만을 기속하는 것으로 당초에 이해되었으나 제1차 유엔해양법회의의 논의에서 일반국제법의 내용임이 선언되었다.187) ILC의 해양법 협약초안 제36조는 공해협약 제12조에서 그대로 유지되고 있다.188) 따라서 조난자에 대한 긴급구조의무가 공해상의 모든 선박의 의무가 되는 것은 명백하다. 조난선박이 군함이거나 구조할 선박이 군함인 경우에도 이는 마찬가지이다. 「해난구조협약」 제11조는 "비록 그것이 적일지라도"라는 명문을 두어 이를 분명히 하고 있다. 따라서 SOLAS협약 제5장 제10조에서 명시하고 있는 것 같이 조난선의 긴급구조에 임할 수 없는 합리적 이유가 있어서 구조에 실행치 못한 경우 그 이유를 선박일지 등에 기록할 의무가 있는바189) 이는 군함에도 적용된다고 보아야 한다. 조난선박인 중국 어뢰정의 조난상태가 태풍이나 기타 일반적인 해난 등 자연적 불가항력(force majeure)의 원인에 의한 것이 아니고 선상반란이라는 인위적인 원인에 의한 것이라는 점이 구조선박들의 구조의무를 면제시키는 이유는 될 수 없다. 그리고 선상반란으로 인하여 이미 정상적인 지휘체계가 상실된 이 중국 어

---

183) U.N. Convention on the Law of the Sea, U.N. Doc A/Cont. 62/122(1982) Article 98.
184) UNCLOS I,*Official Records* Vol. Ⅱ, A/CONF 13/38(1958), pp.56~67.
185) Edward G.Benedicts, *American Admiralty*, Vol. 6A, 7th ed. by Knauth,(1958) pp. 615~76.
186) 3 U.S. and O.1.A.3654(1952):IMO협약연구회, 「1963년 해상인명안전협약」(1985, 9)., pp. 575~76.
187) *International Law Commission Report*(1956), p.57.
188) 다만 Yugoslavia의 제안으로 "전속력"을 "가능한 전속력"으로 수정하였으며 Denmark의 제안으로 제12조 2항이 SOLAS협정 제15조를 참작하여 추가되었다. UNCLOS Ⅰ *Official Records* Vol. Ⅳ(1958)., p.50.
　　공해협약 제12조 2항.
　　　모든 연안국은 해상에 있어서의 안전에 관하여 적절하고 효과적인 수색 및 구조 역무를 위한 기구의 설치와 유지를 촉진하고 또 필요한 경우에는 상호적 지역협정을 통해서 이 목적을 위해 인접한 연안국간에 협력하여야 한다.
189) Supra note. 177.

뢰정이 국제법상 "군함"으로서의 지위가 상실된 것은 물론이지만190) 이 중국 어뢰정의 구조에는 아무런 차이를 가져오지 않을 것이다.191) 피구조선측의 해난구조 보상의무의 당사자는 어뢰정이 국제법상 군함의 지위를 상실하였어도 역시 중국당국이 되어야 할 것이다. 왜냐하면 이 조난선박의 기국이 중국이라는 점은 변경되지 않았기 때문이다. 그러나 "한국정부는 인도적 차원에서 이 중국 어뢰정의 구조를 실시하였고, 중국이 인접된 해양에서 한국의 조난선박을 빈번히 구조한 전례 등을 감안하여" 해난구조비용의 청구권을 포기하였다고 한다.192)

다음은 중국 경비정의 한국영해 침범에 관련된 문제를 보기로 하자.

앞에서 보아온 것처럼 국제법상으로 연안국은 안보상 필요한 합리적인 범위내에서 그 연안국의 법령제정권에 의한 군함의 영해통항을 규제할 수 있다고 보고 본건(本件) 당사국인 한국이 그 영해법에서 군함통항의 규제를 정하고 있는 이상193) 중국군함의 한국영해 침범은 국제법상 위법한 행위로서 기국인 중국이 이에 대한 책임을 져야할 것이다. 더 말할 필요도 없이 한국 영해법 제5조에 의거 중국당국은 실종된 어뢰정을 탐색코자 한국영해를 진입함을 사전통고하지도 않았으며, 중국의 해상교통안전법 제39조에 규정된 것과 같이 상응하는 "한국의 권한있는 관서"에 대하여 탐색과 구조의 사전허가를 요청하거나 이를 승낙받은 바가 전혀 없다. 3월 23일 새벽 06:50분경 한국영해로 진입한 2척의 Luda급 중국 구축함과 1척의 경비정은 한국의 서해안 하왕등도 연안 3천Yds까지 들어와 이날 09:38까지 한국측 해군, 해경정 및 공군기들과 대치상황을 벌인 것이다.194) 한국측은 국제법원칙에 따라195) 이들의 영해진입 초기부터 영해로부터의 퇴거를 요구하였는데도 불구하고 3시간 이상이나 이러한 요구를 무시하고, 한국영해에서 지체하고 있었던 사실은 북경 외교부가 성명서에서 표현한 것처럼 "부주의"(inadvertently)해서 영해로 진입하였다가 철수한 것으로 보기에는 매우 어려운 점이 있다. 어찌됐든, 하왕등도 연안에 투묘해 있던 조난 어뢰정에 접근을 시도하던 중국 경비정들이 이를 탈취하거나 또는 한국측 군함이나 경비정과 무력적 충돌사태까지 가지 않고 한국측의 퇴거요구가 중국당국에 전달되어 3시간 후에나마 평화적으로 철수하였던 것은 다행한 일이다.

문제는 이러한 영해침범 사실로 인한 중국측의 국제법상 책임이다. 국제법상 국가의 위법행위로 인한 국제책임 성립에는 3가지의 요건이 필요하다. 첫째는 국가의 국

---

190) 유엔해양법협약 제29조 참조.
191) Supra. note.177. SOLAS협약 제5장 제10조 및 「해난구조협약」 제11조
192) 「조선일보」1985년 3월 20일자 "외무부 제1차관보와의 일문일답" 참조.
193) 한국 「영해법」 제5조 1항(외국군함통항의 사전통고), 제8조(법령위반 외국군함의 퇴거)
194) 「조선일보」 1985년 3월 28일자.
195) 영해협약 제23조 및 유엔해양법협약 제30조.

제법 위반행위의 발생이며, 다음은 그 위법행위를 국가책임으로 귀속시킬 수 있는 관계의 성립, 마지막으로 이러한 위법행위로 인한 손해의 발생이다.

이미 위의 분석에서 본 바와 같이 본건에 관한 한, 중국의 국가책임 성립상 제1요건인 위법행위의 발생이 있었음은 의문의 여지가 없다. 두번째의 요건은 어떠한가? 책임귀속의 관계란 세분하여 분석하면, 책임능력과 고의 및 과실의 존재 등을 말한다. 국가의 귀책가능성을 판단키 위한 책임능력의 문제는 국내법의 관계에서 논하는 행위주체의 의사능력이나 행위능력의 문제와는 달라서, 위법행위의 주체가 그 위법행위의 효과를 국가에 귀속시키는 국가기관인가 하는 문제에 귀착된다. 일반적으로 이러한 국가기관은 입법기관이든 사법기관이든 행정기관이든 불문하며, 그 국가기관의 지위의 고하를 원칙적으로 구별하지 아니한다. 다만 명백하게 외견상으로도 그 국가기관의 권한외의 행위(ultra vires act)인 경우는 국가에의 귀책이 배제된다. 중국의 경비함정은 명백한 국가기관이며, 행방불명된 소속 해군함정의 탐색작전은 그들 권한 범위내 행위로서의 내실과 외견상의 요건을 모두 갖추고 있다. 다음은 고의 및 과실의 문제이다. 국가책임의 성립에 있어서는 과실책임론과 최근에 무과실책임론 및 이 양자의 절충설 등 학설이 다양하고 국가간의 관행도 일정치 아니하다. 다만 문제된 행위와 그 주체인 국가기관의 성질 등을 구별하여, 국가가 그 기관인 사인(私人)의 행위에 "상당한 주의"를 요하는 경우에는 과실책임을 묻고, 국가기관의 성질상 특정 협약이나 규정으로 결과적 책임을 요구할 수 있는 경우는 무과실책임을 묻는 것이 현재의 추세라고 보겠다. 그런데 일반적으로 군대의 행위에 대한 책임은 무과실책임으로 보는 경향이 현저하다.[196] 그것은 군대란 가장 현저한 국가의 실력적 기관이기 때문이다. 더구나 육상의 군대보다 해상의 군함은 예로부터 그 자체가 국가의 권위를 직접 표상하는 것으로 인식되어 온 만큼 군함의 행위는 그 지휘 및 감독자의 고의나 과실을 논할 필요도 없이 국가에 책임을 귀속시킨다고 보아야 할 것이다. 따라서 본건에 있어서 중국당국이 실종된 어뢰정을 탐색함에 있어서 한국의 12해리 영해를 침범하도록 구체적인 지시나 명령을 그들 구축함에 하달하였는가의 여부는 논할 필요조차 없는것이다. 다만 이들이 발표한 것처럼 "부주의"로 한국영해를 침범한 것으로 시인한 것으로 보아 이러한 구체적 행위나 명령이 없었던 것으로 추측될 수도 있으나 그것이 중국의 국가책임의 성립을 배제할 수 없다는 것은 명백하다.

마지막으로 손해발생 여부의 문제이다. 일반적으로 손해는 재산적 손해와 정신적 손해로 분류할 수 있는 바 본건에 있어서 중국 경비정의 한국영해 침범행위로 발생되는 상당인

---

[196] 「육전법규 및 관례에 관한 협약」(1907) 제3조. 「포로의 대우에 관한 Geneva협약」(제3협약)(1949) 제12조 1항 「전시에 있어서 민간인의 보호에 관한 Geneva협약」(제4협약) (1949). 제29조 김성훈, 「최신국제조약집」(서울:일신사, 1980)

과관계 범위내의 손해에는 물론 재산적인 것도 있겠지만[197] 여기서 문제되는 것은 영역에 관한 주권적 권한과 권위의 침해가 가장 중요시 되어야 할 것이다.

이상 분석해 온 것을 종합하면, 본건의 영해침범 사실로 인해 중국의 국가책임은 확실히 성립되고 있다고 결론지을 수 있다. 일반적으로 국가책임 해제의 방법은 국제법상 재산권 손해에 관해서 금전배상을 원칙으로 하고 있다. 어뢰정구조에 관련된 해난구조비용의 청구권마저도 명시적으로 포기하고 있는 본건의 한국정부는 영해침범으로 인한 직·간접 재산적 손해를 거론하거나 청구하려는 의사를 보이지 아니 하였으므로 이는 처음부터 문제되지 아니한다. 그러나 영해의 침범으로 인한 영역주권의 침해 및 이로인한 국가적 권위와 명예의 손상은 크게 취급된 것 같다. 이는 소위 정신적 손해인 바, 일반적으로 국제법상 국가의 정신적 손해의 구제방법에는 사죄(謝罪) 또는 진사(陳謝)가 있다. 구체적으로는 ① 진사사절의 파견, ② 공개적 사과, ③ 책임자의 처벌과 장래에 대한 위법행위금지의 보장 등의 방법이 일반적으로 사용되고 있다.

본건에 있어서 중국은 사죄표명의 방법을 택하였던 바, 정식외교관계가 없었던 한국과의 문제에서 진사사절의 파견과 같은 것은 처음부터 기대하기 어려운 일이었으므로 사죄의 의사를 표명하는 방식을 택한 것은 시종일관 철저하게 국제법상 원칙에 따라 본건처리에 임하고 있었던 한국측에 대한 중국의 당연한 최소한도의 처사라고 사료된다. 그러나 그 사죄의사의 표시가 공식적이며 공개적이었나 하는 점은 검토의 여지가 있다.

첫째는, 중국측 사죄표명의 공식성 여부의 문제이다. 중국군함의 영해침범에 대해서 한국정부는 동일(23일) 외무부 대변인을 통하여 공식적인 항의성명을 내었으며, 23일 22:00시경 홍콩주재 한국총영사가 직접 신화사 홍콩지사의 외신부장을 면접하고 항의각서를 전달한 이래 양국간의 협상이 진행되었고, 3월 26일 13:00시경에 중국측의 사과각서가 홍콩주재 한국총영사에 접수되었다. 이러한 외교교섭 통로는 다소 이례적인 것이지만 정식외교관계가 없었던 양국간에 있어서는 부득이한 특수외교통로(diplomatic *ad hoc*)로 사료된다. 단지 한국측은 정식 외교기관인데 비해서, 중국측은 정식 외교기관이 아닌 신화사 통신사의 간부들이었다는 점이 일단 문제가 될 수 있다. 중국측의 대표인 신화사 통신 홍콩지사의 부사장인 이저문(李儲文)은 우리의 기준으로 보면 언론기관의 해외지사 부사장일 뿐 중국정부의 대표기관은 아니다. 중국 사과각서의 서명에 있어 그는 "중국외교부의 권한을 위임받아"(authorized by)

---

[197] 직접적으로 해군, 해경의 함정 및 항공기의 출동으로 야기된 비용 등 재산적인 손해와 기타 간접적으로 주가의 하락, 보험료의 상승 등의 손해를 입증하면, 이를 청구대상으로 할 수 있다고 생각된다. Alabama Claims case(U.S.A. vs. Great Britain) 61 *BFSP* 40(1972) :Moore, I.A. Vol. 1, p.547.

서명함을 명시하였다고 하니 일단 공식적 성질을 인정할 수 있고, 또 공산국가의 언론기관이란 결국 국가기관인 것이므로 미수교국간의 특수외교의 실무자가 될 수 있음은 충분히 짐작되는 바이나, 중국당국 자신이 본건에 있어 이저문(李儲文)의 공식적 자격을 결국 어느 정도로 인정하였는가 하는 것은 미묘한 외교적 전술의 문제이다.

1983년 5월 5일 휴전선을 넘어 한국공군기지에 비상착륙한 소위 중국 민간항공기 피납사건때만 해도, 중국은 즉시 민항기의 회수를 위한 협의를 위해 한국과의 직접교섭을 시도하고, 중국외교부 제1국장이 한국외무부로 직접타전하여 대표단의 서울방문의사를 전달할 때 그들은 "대한민국"(ROK)이라는 호칭과 대표단장 심도(沈圖)가 중국 민간항공기총국장이라는 "행정의 장"임을 명시하고 있었으나 30여명의 중국 대표단이 서울을 방문하여 교섭이 끝난 뒤에는, 심도(沈圖)는 민항회사사장의 자격을 내세웠으며 물론 합의문서에 한국의 국호를 정식으로 사용하는 것도 극력 회피하였다. 같은 해 5월 11일 중국외교차관 여조광(女兆廣)은 한국과 중국간의 공식접촉의 의의를 묻는 AP기자들의 질문에 이는 "순전히 비행기 납치사건을 다루기 위한 것"임을 강조하고 있었던 것을 상기할 필요가 있다.

그들의 경비정이 한국영해를 침범한 사실에 관련하여 중국이 한국측에 제출한 사과각서는 중국 민항기 사건때 교환된 소위 Memorandum보다는 격이 높은 외교문서라고 보아야 한다. 왜냐하면 Memorandum이란 단순한 사실의 기술(a statement of facts)을 내용으로 함에 비하여 본건의 사과각서는 중국측의 사과의 의사가 표명되었을 것이므로 외교관계상 필연적으로 정식각서(Notes) 이상의 것이 되어야만 하기 때문이다. 그러나 본건에 있어서도 한국의 국호는 사용하지 않은 것으로 판단되며 한국의 영해는 "귀측수역(貴側水域)" 정도로 표현되었다고 하니, 중국의 집요한 외교전술의 실상을 보는 것 같다.

둘째는, 중국당국의 사과표명의 공개성 문제이다. 중국 외교부는 공식적으로 그들 경비정의 한국영해 진입을 인정하였으며 사과각서의 내용은 한국정부 대변인인 문공부 장관에 의해 공표되었다. 발표된 내용에 의하면 ① 영해침범사건에 대한 사과표명, ② 책임자의 처벌조치 약속, ③ 침범사건 재발방지 노력의 약속 등이 사과각서에 포함된 것으로 되어 있다.[198]

이것은 국제법상 일반적으로 기대되는 사과표시의 중요한 요건을 모두 갖춘 본격적인 각서로 판단된다. 사과의사 표현상의 외교적 용어 사용에 있어서도 deplore, regret, apology 등 실질적으로는 예민한 어감상의 차등을 구별해 낼 수 있는데, "apology"라는 용어를 사용했다는 것은 중국측의 본격적인 사과의사를 나타내는 것이라고 볼 수 있다. 그러나 공개성에 있어서는 미진한 감이 적지 않다. 사과각서 그

---

[198] 「조선일보」 1985년 3월 27일, 이원홍 문공부 장관 공식발표 내용 참조.

자체는 공개되지 않았으며, 교섭의 경과도 중국과 한국정부 양측에 의해서 비공개로 진행되었다. 이것은 북한을 의식한 중국의 배려와 이 사건처리로 인해 그동안 상당히 진전된 중국과의 긴밀한 관계를 손상시키지 않으려는 한국정부의 정치적 배려가 있었던 것으로 짐작되지만, 한 나라의 주권적 영역권이 침해된 문제인데 비해서 이러한 사소한 정치적 배려가 너무 강조된 느낌이 없지 않다.

본건의 분석에 있어서 부수적인 문제로 고찰될 수 있는 것은 중국의 이러한 사과표명이 한국을 국가승인하는 묵시적 행위로 간주할 수 있겠는가 하는 점이다. 이에 관하여는 긍정적인 해석을 하는 사람이 적지 않은 것 같다.[199] 본래 국가승인행위이란 승인국의 일방적 행위로 이루어지는 것이며, 묵시적 승인에 있어서도 이러한 일방적이라는 성격은 동일하다. 중국이 한국의 국호를 정식으로 사용함을 회피하고, 사과각서 교환의 협의과정에 보인 소극적태도로 볼 때, 한국을 국가승인하는 것으로 간주될 모든 묵시적 조건을 회피하려는 의도가 명백히 엿보이고 있었다. 그것을 "사실상의 국가승인"(de facto recognition)이라고 해석할 수 있는가 하는 것도 의문이다.

2. Pueblo호 사건과의 비교

중국 어뢰정 사건에서는 중국의 군함 3척이 무려 3시간 동안 한국영해를 침범하였고 연안 3000Yds까지 접근하여 퇴거를 명하는 한국의 해군, 해경, 공군기 등과 대치되었다가 뒤늦게 하달된 본국의 명령에 의거, 자의로 퇴거한 사건이다. 그런데 이 중국어뢰정사건(1985년)보다 약 17년전 한국 동해안에서 발생한 Pueblo호 사건(1968년)은 북한연안으로부터 16해리 지점에 있던 미국 전자정보선 Pueblo호를 북한이 강제로 납치한 후 그들의 12해리 영해를 침범했다고 주장한 사건이므로 이 두 사건은 성질상 서로 연관있는 사건이라고도 할 수 있다. 이 두 사건에는 해양법상 대조적인 사항들이 내재되어 있으므로 이들을 분석해 보기로 한다.

첫째, 사실관계에서 중국군함은 명백하게 의도적으로 한국의 영해를 침범하였다. 그들의 행위는 만일 군함의 무해통항을 인정하는 경우라도 소위 "통항"의 개념에서 벗어나는 탐색작전이었으므로, 유해한 통항으로서 위법한 것이며, 하물며 군함의 무해통항을 인정하지 않는 것으로 해석되는 한국 영해법상 영역권에 대한 의도적이고 명백한

---

199) ① Supra. note 183, (한우석, 외무부 제1차관보의 견해 참조)
　　② 당시 한국에 와있던 카나다의 저명한 국제법학자 L.C.Green교수는 *The Korea Herald*와의 Interview기사에서, "한국영해 침범에 관한 중공의 사과표명은 실질적으로 한국영해에 대한 주권적 권한을 사실상 승인한 것으로 해석되며 본 사건을 계기로 양국은 사실상 서로를 국가승인한 것으로 볼 수 있다"고 지적하였다.
　　"Peking stance on boatcase:*de facto* Seoul recognition", *The Korea Herald*(March 30 1985) 참조.

190 제3장 영 해(領海)

침범이 있었던 것으로 보아야 함은 재론할 필요가 없다. 그런데 이에 비하여 Pueblo호는 1968년 1월 11일 한국해역에서의 작전 임무차 출항시 그들의 기동함대 사령관으로부터 북한연안에서 13해리 이상은 접근치 말도록 지시를 받고 있었으며200) 같은 해 1월 23일 북한측에 의해 나포될 당시에도 북한연안으로부터 16해리나 떨어져 있었던 것이다.201)(지도 3-12 및 도표 3-11 참조)

둘째로, 중국 경비정 영해침범 사건에 있어서, 침범군함의 기국인 중국은 가장 강력하게 12해리 영해제도를 주장하고, 군함의 무해통항권을 부인하며, 긴급시 조난선박 탐색의 경우에까지 연안당국자의 허가를 요구하는 국가이다.202)

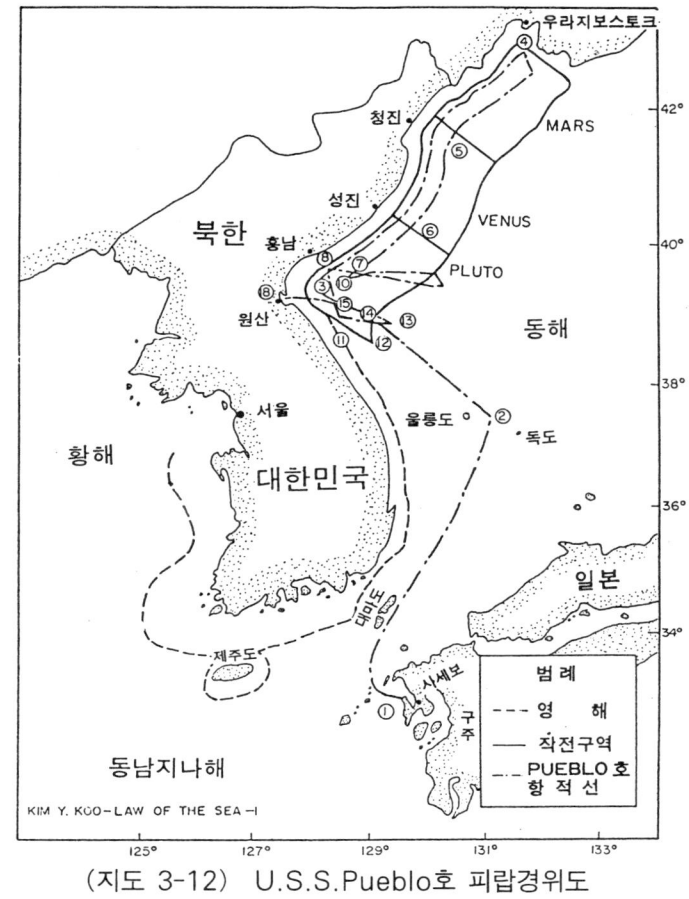

(지도 3-12) U.S.S.Pueblo호 피랍경위도

피침해국인 한국도 12해리 영해와 영해내 타국군함의 통항에 통제를 가하는(사전통고 정도지만) 입장에 있었다.203)

이에 비해서 Pueblo호 사건에 있어서 소위 영해침범국인 미국은(영해침범이라는 북한측의 주장은 입증되지 않았다) 그 국내법상 3해리의 영해를 고집하고 있었으며, 해양법상 그 당시 12해리의 영해를 인정치 아니하고 있던 국가이다.204) 반면에 북한

---

200) CTF 96 Sailing Order 0505127. Adm.Daniel V Gallery(Ret), *The Pueblo Incident* (New York:Double day & Co. Inc., 1970). Appendix C., pp.153~55.
201) Ibid., pp32~36.
202) 중공「해상교통안전법」제39조, Supra. note. 167.
203) 한국「영해법」제5조 1항.
204) ① Statement by John R.Stevenson(3 Aug. 1971) Reproduced in *Dept. of State Bulletin*

은 비공식적으로 영해 12해리를 주장하는 것으로 알려져 있었을 뿐이다. 즉, 영해협약 제4조 6항 등에 준하는 어떤 종류의 영해범위의 공시도 없었다. U.S.S. Pueblo호의 작전사령관인 CTF.96의 명령속에 연안 13해리 이내의 접근금지의 명령은 이 사건발생 수일전에 그 연안근처의 정보수집행위를 극렬히 비난한 북한의 성명이 있었던 것을 참작한 신중성에 불과하였다. 해양법상 어떤 기준으로 보아도 연안 16해리의 지점은 공해상이며, 공해상에서 타국군함을 공격, 나포하는 행위는 "전쟁행위"로 밖에 분류될 수 없는 것이다.205)

〈도표 3-11〉 U.S.S.Pueblo호의 피랍항해일지

순번	일 자	시 간	내 용
1	1월11일	0500시	일본 Sasebo항 출항
2	12일	자정	울릉도 통과 북서로 변침
3	13일	저녁	작전해역도착(원산30해리 지점)
4	16일	아침	우라지보스토크(연안14해리 지점)
5	16일	저녁	청진(연안 15해리)
6	18일	오전	성진(연안14~15해리)
7	20일	오후	마스트고장 북동으로 변침
8	20일	(한시간후)	작전해역복귀(연안12.8해리)
9	22일	정오	원산(연안16해리), 북한 함정2척 확인접근
10	23일	정오	구잠정 1척 접근 誰何 (연안16해리)
			문 : 귀함의 국적은?
			답 : 미국기 계양
			문 : 서라. 아니면 사격하겠음.
			답 : 본 함은 공해중에 있음.
11		1300	PT3척, 다수의 구잠정 출현, MIG기 출현
12		1330	U.S.S.Pueblo이탈시작, 북한포격
13		1400	문 : "따라오라"
14		1430	북한 다시 사격개시. 4명 부상
			북한 PT계류 공격조 승선 Pueblo호 나포됨
15		1500	원산항으로 항진(12.5kts)
16		1645	웅도를 통과(연안3해리)
17		2030	원산항에 계류됨

No.1680

② Henry A Kissinger, "International Law, World Order and Human Progress", *Speech Script*. distributed at Annual Conference, American Bar Association (August 11, 1975)

205) Robert R Simmons, "The Pueblo, EC-121 and Mayaguez Incidents:Some Conti- nuities and Changes", *Occasional Papers* No. 8-1987(20). School of Law, Univ. of Maryland. pp.11~12.

그러므로 공격을 받은 Pueblo호의 함장이 반격을 시도하거나, 미국의 지원세력이 북한의 구축함과 MIG기에 위협당하여 원산항으로 나포되는 이 함정을 구출키 위해 어떠한 무력수단을 사용하였다면 그것은 유엔헌장 제51조에 의거한 합법적인 자위조치(act of self-defence)로 간주될 수 있었을 것이다.

이것은 상대방의 무력적 공격(an armed attack)에 대한 자위조치인 만큼, 북한의 영해내까지 추적하여 탈취하는 것을 포함한다. 즉, 원산항에 강제 계류된 23일 20:30분까지도 그 원산항에서 U.S.S.Pueblo호와 그 승무원을 구출하는 행위는 자위적 조치내에서 일탈하지 아니하는 것으로 판단될 것이다. 해양법상의 영해범위를 북한은 12해리로 미국은 3해리로 채택하고 있었다는 점은 여기서 큰 차이를 가져오지 않는다. 명예로운 전통을 가진 미국해군의 현역 해군함정 U.S.S.Pueblo호의 함장인 Bucher소령이 어찌해서 피격 당시 포 한발도 쏘지않고 나포되었는가 하는 것은 지극히 이해할 수 없는 일이며 한국, 일본 및 동남중국해에 막강한 가용 군사역량을 가지고 있던 미국이 어찌해서 신속히 이 치욕적인 상황에 자위적 조치로서 대처하지 않았는가 하는 점에 관해서는 많은 논의가 있을 수 있지만 이러한 것은 해양법상 논의의 범주에 속하지는 않는다.

세째로, 각 경우의 연안국의 조치상황은 극적으로 대조적인 것을 본다. 명백하고 의도적인 영역주권의 침해를 자행하는 중국군함을 한국은 3시간 동안이나 퇴거를 종용하면서 대처하였는데 비해서 Pueblo호 사건에서 북한은, 그들이 주장한 12해리 영해외측의 공해상에 위치한 전자정보 수집함을 나포한 것이다. 그리고 영해침범 군함의 기국인 중국이 반 공식적으로 그리고 비공개적으로 피침해국인 한국에 사과의사를 표명하였음에 비하여, 미국은 억류된 82명의 Pueblo호 승무원을 북한으로부터 송환받기 위하여 판문점을 통한 북한과의 협상결과, 북한의 영해를 침범하였다고 "공개사과"를 하였다.

다시 일반론을 종합하여 보면, 해양법상 연안국은 그 영해내에서 무해하지 아니한 통항을 방지하기 위하여 필요한 모든 조치를 할 수 있다.(영해협약 제16조 1항, 유엔해양법협약 제25조) 그리고 타국의 영해내에서 무해통항을 하는 모든 선박은 연안국의 위의 "보호권"에 의해서 마련된 모든 법과 규정 및 조치들에 따라야 한다.(유엔해양법협약 제21조 4항) 우리가 위에서 고찰한 것처럼 군함에서는 권리로서의 무해통항권이 인정되지 않는다. 연안국은 기본적으로 그 영해내에서 일반 선박과 군함을 구별하여 취급할 수 있다.(유엔해양법협약 제19조 2항, 제30조) 그리고 이렇게 구별하여 실시된 조치들에 외국군함이 위반할 경우에는 연안국은 그 군함을 즉시 퇴거토록 조치할 수 있다.(제30조) 군함이 연안국의 법령, 규칙 및 조치들을 위반하여 발생한 모든 손실과 손해에 대하여는 그 군함의 기국이 연안국에게 배상책임을 져야 한다.(제31조) 중국 어뢰정 사건에서 중국군함의 한국영해 침범사실에 관해서는 중국과 한국이 외교관계가 수립되어 있지 않았었지만 대체로 위에서 종합한 해양법상 규범의 기준에 따라 처리되었다.

그러나, Pueblo호 사건에 있어서 미국과 북한과의 처리는 전혀 해양법상 기준으로 판단될 수 없는 요소가 많이 있음을 우리는 발견하게 된다. 국제사회란 본래 조직적 국내법체계를 갖는 국내사회와는 구별되는 극단적 분권적인 사회이므로 국제법이 법으로 기능하는 국면이 근본적으로 다른 것이다. 그러므로 해양법상 규범의 법적 강제력이란 결국 규범적인(물리적인 것과 구별되는 의미의) 것에 불과하다. 영국의 저명한 전략가인 James Cable경은 그의 저서에서 말하기를,

> "국제사회에 있어서는, 약소국이 강대국을 제한된 상황에서 조종하고 강제할 수 있다. 가장 역설적인 사실은, 국제사회에서 무모하고 무책임한 평판을 갖는 약소국이 강대국에 대하여 강제력을 행사할 수 있게 된다는 것이다."

라고 하였다.206) Pueblo호 사건이야말로 이러한 명제가 가장 적중하고 있는 예라고 볼 수 있다.

중국 어뢰정 사건에 있어서 한국은 평화애호국으로서 국제법상 문명국가의 행위 규범을 가장 모범적으로 과시하였다고 볼 수도 있다. 그러나, 만일 이 사건에서 중국군함이 더 오래 한국영해에 지체하고, 나아가 조난 어뢰정을 무단히 탈취코자 기도하였다면, 한국은 그 영해주권을 더 이상 침해받지 않기 위한 적정한 조치를 강구했어야만 하였을 것이다.

육상에서 타국의 군대가 무단히 국경을 넘어와 3시간 동안이나 우리 국내에서 우리의 법과 규칙을 위반하고 있었다면 이것은 즉시 그 자체가 "전쟁행위"로 간주되어야 할 것이지만, 해상에 있어서는 육상에서의 그것과 다른 신중성과 융통성이 요구된다. 그런 의미에서 중국 경비정의 영해침범시 한국해군의 조치는 신중하고 적절한 것이었다. 이와 관련해서 미국대통령 J.F.Kennedy가 가장 융통성있는 해군력으로 쏘련의 위협에 대처함으로써 3차대전 발발을 목전에서 방지한 1962년 Cuba봉쇄의 예를 상기할 필요가 있다. 그러나 1962년 Cuba사건의 경우와 1968년의 Pueblo호 사건의 경우는 불과 6년의 시간적 차이가 있을 뿐이나 해군력 투사를 위한 정책결정의 여건은 본질적으로 큰 변화를 나타내고 있는 것을 볼 수 있다.

해상에 있어서 해양법이 허용하는 행위규범에 따라 평화애호국으로서, 문명국가의 면모를 유지하고, 그러면서도 국가의 위신과 이익을 보호하는 가장 적정한 해군력의 투사(Projection of Power)는, 그 시간과 장소와 태양(態樣)을 가장 정확하고 현명

---

206) James Cable, *Diplomacy at Sea*(London:MacMillian, 1985), p.3.

하게 선택하여 실시해야 되며, 이러한 정책결정은 가장 신뢰성있게 이루어질 수 있어야만 한다. 1968년 Pueblo호 사건에 있어서 미국 Johnson행정부는 그 막강한 군사력과 방대한 정책결정기구를 갖고서도 정책결정이 지연되어 적정한 해군력 투사의 시기를 상실함으로서 미국의 국익과 위신에 결정적인 손실을 감수할 수 밖에 없었다. 결국 미국은 82명의 Pueblo호 승무원들을 1년 동안이나 혹심한 학대와 고문속에 방치함으로써 미국의 역사와 해군력의 명예로운 전통에 오점을 남기게 되었다.

XI. 잠수함의 통항

1. 잠수함의 타국 영해통항

타국의 영해를 통과하는 잠수함은 해면 위로 부상해서 항행해야 하며 또 선적국의 국기를 게양해야 한다. 이 규칙은 영해협약 제14조 6항과 유엔해양법협약 제20조에 규정되어 있다. 이것은 말하자면 잠수함에 관하여 일찍부터 확립된 일반 관습국제법 규범이기도 하다.

그런데 잠수함이란 초기부터 해군함정으로 발전해 왔기 때문에 모든 잠수함을 군함으로 전제해야 한다는 견해가 나올 정도이다. 그러나 소위 "잠수항행주정"(underwater vehicle)에서는 연구용과 상용(商用) 등 다양한 범주의 것이 포함되기 때문에 학설과 관습이 모두 잠수함의 개념은 군함과 구별하고 있다. 다만 해군에 속한 군함인 잠수함만은 군함에 준하여 취급될 뿐이다. 따라서 타국의 영해를 잠수 항행하는 잠수함이나 부상(浮上) 항행하더라도 그 국기를 게양치 아니하는 잠수함은 그것 자체로(ipso facto) 유해항행이 되어 연안국의 규제를 받게 되는데 그것이 군함이 아닌 경우는 연안국의 국내법에 따라 처리되며 다만 비상업용 정부선박과 군함인 경우는 소위 주권면책이 적용되어 연안국의 경찰권의 집행이나 기타 관할권의 대상이 되기에 앞서 퇴거 요구를 받게 된다고 보아야 한다.

그런데, 본래 잠수함이란 해면 위를 항행하는 일반 선박과는 달라서 무해통항에 관한 일반적 규범을 적용함에 있어서 고려되어야 할 요소도 특이한 점이 많다. 우선 비상업용 정부선박이나 군함이 아닌 잠수함의 경우에 악천후나 잠수기기의 작동과정상 부득이한 이유 등으로, 즉 소위 불가항력적 상황(force majeure)으로 타국 영해 내에서 잠항하고 있다면, 이는 무해통항의 범주에 포함시킬 수도 있을 것이다.(영해협약 제14조 3항, 유엔해양법협약 제18조 2항)

군함인 잠수함이 영해내에서 잠항하는 경우에 해양법협약 제30조 및 영해협약 제23조를 적용하여 다만 퇴거를 요구할 수 있을 뿐이라면, 연안국에게는 견딜 수 없이 곤란한 부담을 주는 것이 될 수 있다. 왜냐하면 일반적으로 잠항하는 잠수함이란 탐지하기 어렵고 따라서 그 행위를 예측하기란 불가능하며, 즉시 연안국에 대해서 치명적인 공격을 가할 수 있는 적(敵) 잠수함을 그 영해내에서 발견하고도 다만 퇴거를 명령할 수 있을 뿐이라면, 이것은 연안국의 안전에 중대한 위협을 무방비로 감수할 것을 강요하는 결과로 되는 것이다. 그리하여 어떤 국내입법에 있어서는 영해내에서 탐지된 모든 적 잠수함은 즉시 공격될 것으로 규정하고 있는 경우도 있다.[207] 또 NATO가맹국들의 해군 규정과 관행에 의하면 침입자로 판명된 수중접촉물은 모두 즉각 공격하도록 되어 있다. 이것은 Warsaw Pact에 속한 해군에서도 마찬가지다.[208] 그러나 모든 수중접촉물을 무조건 "침입자"로 간주하여 확인도 없이 공격하라는 취지는 아니다. 영해협약 제23조나 유엔해양법협약 제30조의 정신에 따라 연안국에 대한 불법적인 공격의 의사가 없는 잠수함은 즉시 부상하여 연안국의 퇴거명령에 따라야 하며, 이렇게 하는 한 이들 잠수함에 대해 무차별 공격은 불필요하게 될 것이다.

일반적으로 일단 확실한 수중접촉물(a firm contact)을 탐지한 구축함은 그것이 재래식 잠수함인 경우에는 대잠(對潛) 수중조건이 양호하면 대잠 전술상(ASW Tactics) 이를 결국 부상시킬 수 있다고 본다. 이때 접촉된 잠수함을 부상시키는 방법은 다양하다. 첫째로는, 계속 잠수함 접촉을 유지하여 추적하는 방법(hold down tactics) 둘째, 미해군전술교법(U.S.Navy "TACAID")에서 규정하고 있는 "Uncle Joe Procedures"로서 TNT나 수류탄을 2초 간격으로 5회 투하하여 수중경고음파신호를 보내는 것인데, 미국과 NATO에 속한 잠수함은 이 절차를 상호 숙지하고 있으므로 즉시 서로 확인 될 수 있다고 한다.[209] 세째로는, 수중음파통신기(underwater telecommunication system; UQC)를 사용하여 국제신호서(International Signal Code)에 의거한 수하(誰何)를 하는 것들이다.

그러나 잠수함의 접촉과 공격에 관한 한, 수상함정에서 있어서는 다양한 변수가

---

[207] Decree of 10 October 1951 Concerning the Territorial and Inland Waters of the People's Republic of Bulgaria
Article 10
…Any submarine vessel found submerged in the territorial or inland waters of the People's Republic shall be pursued and destroyed without warning, and no liability for the consequence shall be incurred
Brunson MacChesney, "Recent Development in the International Law of the Sea" *Interiational Law Situation and Documents 1956*(Washington:U.S.Gov. Print. Off. 1957). p.445.
[208] D.P.O'Connel., *The Influence of Law on Sea Power*(Wanchester:Manchester Univ. Press. 1975), p.144.
[209] Ibid.

작용하는 것이다. 수중음파탐지의 여건은 해수온도, 염도, 해류, 해저지형 등에 의해 결정적으로 달라지며, 더구나 현대의 원자력 잠수함은 수중속력에 있어 수상함의 기동을 능가하는 경우가 있기 때문에 지금에 와서 위와 같은 재래식 확인절차는 이제 실질적으로 무의미해졌다고 보아야 한다.

2. Karlskrona의 쏘련잠수함 좌초사건

연안국 영해내에서는 잠수함의 무해통항의 조건, 즉 부상항행과 국기의 게양이라는 규칙은 잠수함의 기본적 특징인 은밀성을 부인하는 것이기 때문에 사실상 가장 준수되기 어려운 조건이다.

1958년 Geneva회의에서 쏘련은, 타국 영해내의 외국군함의 통항에 대하여 완강하게 사전허가를 요구하였으며, 1961년에는 외국 잠수함의 쏘련 영해침범을 비난하고 이러한 사태 재발시는 그것을 공격할 것임을 언명하였다.[210] 그러나 1962년 Cuba사태 이후 해군력이 급신장된 쏘련은 자신이 가장 빈번한 타국 영해 침범자가 되었다.

근년에 와서 스웨덴 영해내에서 수차 타국 잠수함이 탐지되고 추적된 사실이 있다. 영해내에서 유해통항을 방지함에 필요한 조치를 강구할 연안국의 정당한 권한에 의거하여 스웨덴은 경고 후에 폭뢰공격을 가한 바가 있다.[211] 이들 잠수함은 대체로 쏘련의 것으로 추측되고 있었다. 이러한 추측이 극적으로 입증되고 쏘련의 입장을 궁지에 몰입하게 한 사건이 바로 세칭 "Whisky on the Rocks case"라고 하는 1981년의 Karlskrona사건이다.

A. 사건의 개요

1981년 10월 27일 저녁 스웨덴의 Karlskrona해군기지로부터 15km떨어진 비밀지하군사 시설물 근처, 12해리 영해이내에 선박항해 금지구역에서 쏘련의 소형 Whisky급 잠수함 1척(Hull No.135)이 좌초되어 발견되었다.[212] 스웨덴 해군 전문가들의 판단에 의하면, 다도해지역이며 천해(淺海)인 이 비밀군사기지내에, 이 정도 연안 깊숙히 은밀하게 잠항 접근한다는 것은 극히 우수하고 노련한 항해술에 의해서만 가능하며, 이는 틀림없이 스웨덴의 중요한 비밀해군기지로 보강되고 있는 이 지역에 대해서 첩보를 수집하려는 쏘련의 의도적 침입이라고 볼 수 밖에 없었다. 현장

---

210) *The New York Times*, October 26, 1961, p.6.
211) *The Times*, Pctober 4, 1966, p.8.; October 5, 1966, p.5.; October 26, 1966, p.1.; D.P.O'Connell, "International Law and Contemporary Naval Operation", 44 *BYIL* 58(1970).
212) 「동아일보」 1981년 10월 20일자. *The Pacific Stars & Stripes* Friday, Oct.30.1981.

에는 두 척의 스웨덴 경비정과 헬리콥타 등이 파견되었고 나중에 다수의 경비정, 어뢰정 및 소해정 등이 보강되었다. 쏘련이 이 좌초된 잠수함을 스웨덴의 영해로부터 탈취해 갈 가능성에 대비하여 200명의 특전대원을 포함한 500여명의 병력이 상륙주정과 함께 추가 배치되었다.213)

당초, 좌초된 쏘련 잠수함 함장 Pyoter Gushin대령은 스웨덴측의 하선요구와 좌초이유 해명요구에 불응하였다. 6명의 장교와 경찰간부를 대동하고, 사고 잠수함에 승선한 Karlskrona기지 사령관 Karls Andersson준장은 잠수함내에 모든 정보를 인도할 것과 승무원들의 하선을 요구하였다. 그러나 쏘련 잠수함 함장은 "잠수함을 떠날 수 없으며, 항해일지를 비롯한 어떠한 정보도 스웨덴 당국에 인도할 수 없다"고 거절하였다.214) 좌초된 잠수함을 구조키 위한 것으로 추측되는 미확인 수중 잠수정이 침투하였으나 스웨덴 대잠헬기에 의해 즉시 격퇴되었으며, 인근 스웨덴 12해리 영해밖에는 두 척의 구축함을 포함한 10척의 쏘련경비정들이 집결되었다. 그러나 스웨덴 수상 Thorbjorn Falldin은 이 잠수함을 탈취하려는 어떠한 쏘련의 기도도 이를 무력으로 격퇴하겠다고 선언하였다.

쏘련측과 스웨덴측은 좌초된 잠수함 문제를 협의하였는데 1981년 10월 30일 쏘련은 스웨덴의 강경자세에 굴복하고 스톡홀름 주재 쏘련대사(Mikhail Yakovlev)가 스웨덴 외무담당 국무상에게 사과의 뜻을 전달하였다. 그러나 좌초경위는 항해 착오였다는 점을 강조하였다. 스웨덴은 이러한 쏘련의 응답에 만족하지 않고, 11월 1일 문제 해결을 위한 다음 4가지 요구를 제시하였다. 즉, ① 침입 잠수함에 대한 스웨덴의 충분한 조사(함장, 승무원의 하선과 심문, 잠수함 임무의 확인 등), ② 침입사건에 관한 쏘련의 공식 사과표명, ③ 침입 잠수함의 스웨덴 내항 예인, ④ 강풍의 휘말린 좌초 잠수함의 해난구조비용의 지불 등이다. 이날(11월 1일) 오후, 쏘련측은 스웨덴의 이 요구에 대해 잠수함과 승무원의 송환을 조건으로 원칙적으로 승락한다는 의사를 통고하였다.215)

그리하여 11월 2일 스웨덴측은 강풍에 휘말려 침몰 직전에 있던 좌초 잠수함을 구조하고 내항으로 예인하였으며 잠수함 함장 Gushin대령에 대한 심문을 실시하였다.216)

조사를 완료한 스웨덴측은 11월 6일 오후 7시 25분 사고 잠수함과 승무원 56명을 석방하여 스웨덴의 12해리 영해밖에서 대기중인 쏘련함정에게 인계하였다. 조사결과 이 쏘련 잠수함의 정보수집 행위가 확인된 것은 물론이고 어뢰발사관중 하나에서 방사능이 측정됨으로서 핵어뢰를 장비하고 있었다는 것이 입증되었다.

---

213) *The Pacific Stars & Stripes* Tuesday, Nov.3.1981.
214) 「동아일보」 1981년 10월 31일자.
215) *The Pacific Stars & Stripes* Wendesday, Nov.3.1981.
216) 「동아일보」 1981년 11월 3일자.

B. 법률적 문제의 분석

본건의 좌초된 쏘련 잠수함이 쏘련의 주장대로 항해착오로 스웨덴의 영해에 진입하여 부득이 좌초하였다면, 일반적으로 연안국은 우선 이 잠수함의 항해기능 회복을 위해 구조해야 하며,(관습국제법 및 공해협약 제12조) 연안 깊숙히 은밀히 침투한 동기가 의심스럽더라도 이 잠수함이 군함인 한, 주권면책특권이 인정되어 동 함의 함장이나 쏘련당국의 동의없이는 동 함 내부에 대한 수사를 실시하는 등 연안국의 형사관할권을 행사할 수 없다.(유엔해양법협약 제32조) 자국 영해내에 좌초된 잠수함에 대한 수사를 위해 일주일씩이나 쏘련과 협상을 벌인 스웨덴은 말하자면 위와 같은 국제법적 규범을 따라 행동한 것이라고 판단된다.

쏘련은 스스로 강력히 표방하고 있던 바와는 판이하게 연안국 영해에서의 군함의 진입에 관하여 스웨덴에 사전허가나 사전통고를 한 바도 없이 은밀하게 깊숙히 침투했던 것이므로 그 자체로서 우선 금반언(禁反言)의 원칙에 반하며, 해양법 규범상 앞절에서 논한 군함의 통항에 관련된 규범을 위반한 위법이 있다고 볼수 밖에 없다. 스웨덴의 해안기지 깊숙히 침투한 쏘련의 이 Whisky급 잠수함의 영해침입 동기는 스웨덴측의 조사결과 항해기기가 온전하였으므로 항해착오가 아님은 명백하며, 확실한 목적을 가진 우수하고 노련한 수중항해술에 의한 의도적 진입이었음이 분명하다. 따라서 이러한 영해침입은 영해협약 제16조 6항 또는 유엔해양법협약 제20조의 규정에 비추어 위법적인 행위임은 틀림없다. 이러한 위법행위는 당연히 쏘련측에 국가책임을 발생시킨다.[217]

본건에 있어서 스웨덴은 재산적 손해와 정신적 손해를 모두 청구하였던 바 쏘련은 해난구조 등 재산적 손해에 대한 배상을 위하여 65만 8000불을 스웨덴에 지급한 것으로 발표되었다.[218]

정신적 손실에 관해서는 "공개적인 사과"를 스웨덴에 대하여 전달하였다. Ola Ullsten Sweden외상은 이 사과에 대하여 "충분치는 못하나 이것은 쏘련 외교사상 매우 특이한 일이다"라고 말한 것으로 보아 대체로 만족할 만한 사과표명이었던 것으로 판단된다.[219]

---

217) Supra note. 145.
218) Newsweek, November 16, 1981.
219) 「한국일보」 1981년 11월 1일자.

XII. 핵추진 및 핵물질 등 운반선박의 통항

1. 특수선박의 통항문제

핵추진선박 및 핵물질 기타 본질적으로 위험하거나 유독한 물질을 운반하는 선박은 타국의 영해를 무해통항함에 있어서, "서류를 휴대하고, 국제협정에 의하여 이러한 선박에 대하여 확립된 특별예방조치를 준수해야 한다."(유엔해양법협약 제23조)

핵추진선박 및 핵물질 운반선박 기타 위험물 운반선박을 「특수선박」이라고 칭할 수 있다. 특수선박의 영해통항문제는 1958년 Geneva 제1차 유엔해양법회의에서도 약간 논의되었다. 유고슬라비아대표는 핵무기를 적재한 함선의 무해통항을 거부할 연안국의 권리를 명시하는 추가조항을 제안하였다. 그러나, 이 안은 찬성 7, 반대 33, 기권 22로 부결되었다.[220]

그러나 유엔해양법회의에서는 초기부터 특수선박의 통항을 본질적으로 일반 선박의 그것과 구별하려는 추세에 따라, 이는 중요한 문제로 논의되어 왔다. 이것은 실제로 해운계에 원자력 여객선, 원자력 화물선 및 Chemical Tanker 등의 특수선박이 보편적으로 등장하고, 이들의 운항에는 인명보호와 해양환경보전을 위한 특별한 조치가 필요하게 되었기 때문이다. 각 연안국들도 이러한 특수선박이 자국 영해내에 진입하여 통항하는 것은 물론 그 영역내에 존재하는 것 자체가 자국의 안전과 질서를 위협할 수 있다고 간주하였다. 그리하여 스페인은 1964년의 국내입법에서 "외국인의 핵추진선박이 영해를 통항하는 것은 무해통항이 아니다"라고 규정하였다.[221]

핵추진선박의 기국은 기국 나름대로 이러한 선박을 타국 영해로 항진시킴에 있어서 특별한 배려를 하였다. 예컨대, 미국의 원자력선 Savanah호가 1964년 영국을 방문할 때 동 선박이 영국영해를 통항함에 관한 아주 상세한 약정이 양국 정부간에 마련되었다. Savanah호가 항해에서 기항예정으로 된 다른 여러나라와도 유사한 협정이 마련되었다.[222]

그러나 제3차 유엔해양법회의에서 협의되고 그 협약안에 특수선박의 운항에 관한 규정의 윤곽이 드러남에 따라 특수선박에 대한 연안국들의 의구심은 초기에 비해서 현저하게 감소된 감이 있다.

앞서 예시한 유엔해양법협약 제23조에 있어서 "서류"라 함은 1974년 「국제해상인명안전협약」(SOLAS; International Convention for the Safety of Life at Sea,

---

220) UNCLOS I *Official Records*(1958) A/CONF. 13/C. 1/L.21.
221) Act. No.25/64,29 April 1964. Art 7, U.N. *Leg. Ser.* B/16, p.45.
222) *ND* Vlo. II, p.654.

1974) 제7장 제5조의 "서류"나 제8장 제7조의 "안전설명서", 제8조의 "조작안내서", 제10조의 "증명서" 등을 말한다.223)

또, 동 제23조의 "국제협정"에는 위의 SOLAS협약과 1962년 「원자력선 운항자의 책임에 관한 협정」(1962 Convention on the Liability of Operators of Nuclear Ships)224) 등이 있다. 그리고 "특별예방조치"란 주로 SOLAS협약에 규정된 안전조치와 같은 것들을 말한다고 본다.

영해통항제도상 이들 특수선박은 군함과 유사하게 취급되는 수가 많다. 그러므로 이들의 통항은 사전통고 또는 사전허가제로 규제되고 특별히 지정된 항로로만 통항하도록 요구된다.(유엔해양법협약 제22조 2항) 특수선박에 대한 통항의 규제는 해양환경의 보존이라는 관점이 주가 되는 것이지만 영해통항에서 이들을 특별히 규제하는 데는 실로 보다 더 광범위한 정치적 이유가 복합되어 있다. 특히 일본과 같은 나라에서는 소위 「비핵삼원칙」과 관련해서 원자력선의 영해통항은 즉시 국가적 문제로 등장하는 것이다.

2. 쏘련 원자력잠수함의 일본영해 통항사건

특수선박의 통항문제와 관련해서 본절에서는 1980년 여름 쏘련 원자력잠수함이 오끼나와 근해에서 화재를 일으키고 일본영해를 통항한 사건을 중심으로 해양법상 문제들을 간략하게 분석해 보기로 한다.

A. 사건의 개요

1980년 8월 21일 새벽, 극동함대 소속으로 추측되는 쏘련의 E-1 Class 원자력잠수함225)(선명 미상) 한 척은 일본 오끼나와섬 동쪽 약 60해리 지점 수중에서 선내화재사고를 일으켰다.226)

---

223) 「1983년 해상인명안전협약」(1983 Amendments to the International Convention for the Safety of Life at Sea, 1974) 해운항만청 선원선박국 감수, (서울:석정, 1985) pp.659~79.
224) 1962 Nucler Ships Conventions:1962년 5월 25일 Brussels에서 체결됨.
225) Echo Class 원자력잠수함은 쏘련이 1958년대에 처음 건조한 것으로 N(November), H (Hotel) Class와 함께 1960년대 "쏘련 원자력잠수함의 Trio" 중의 하나이다. 쏘련은 E형 5척을 건조한 후, 1963년에서 '68년 사이에 그 전장(본래 112m)을 5m 늘리고 미사일(본래 6기)도 8기로 증가시켜 29척을 더 건조하여 이를 E-2형이라고 하였다. 극동에는 E-1이 2척, E-2가 12척 배치되어 있었다.(40%) 본건 화재사건이 발생된 1980년에는 이들 모두가 선령이 20년이 지난 노후선들이었다. E-1에 장착된 미사일은 사정거리 250해리인 SS-N3형 대잠미사일이며 주로 자유진영 항공모함을 공격목표로 하였다. 쏘련은 1970년대에 와서 E형 중 몇척에서 미사일을 제거하고 어뢰공격전문형 잠수함으로 개조하였다고 한다. 稻坂硬一, "ソ連 原潛事故 四つのナゾ", 「군사연구」 (Japan Military Review) 1980년 11월 pp.105~108.
226) 본 수중 함내 화재사건으로 사망 3명, 중상 3명 발생함. 화재원인은 불명하나 배전반의 누전

(가) 21일 06:29시, 동 함은 급히 수면에 부상, 소화작업을 실시하였으며, 인근에 있던 영국어선(가리호)에 의해 목격되었고, 일본 해상보안청과 방위청에서는 즉시 항공기와 함정 등 구조대를 급파하여 구조하려 하였으나 쏘련 잠수함에서는 이를 극력 거부하였다.

(나) 21일 오전, 일본 외무성은 동경 주재 쏘련대사관에 쏘련잠수함의 화재사실과 그들의 구조 제의의 거절을 통보하고 인도적 견지에서 모든 원조를 제공할 의사를 공식 통보하였다. 같은 날 오후에는 다시 동 대사관에 본 사고로 인한 방사능 방출의 위험성을 문의하였으나 아무런 회신을 받지 못하였다.

22일 밤, 일본 외무성은 쏘련대사관에 ① 사고 잠수함의 일본 영해통항 가능성, ② 방사능오염의 위험성, ③ 핵무기의 탑재여부 등에 관해서 회신해 줄 것과 만족한 답변이 없으면 일본영해 통과가 불가할 것이라고 공식 통보를 하였다.227)

(다) 23일 오전에야 쏘련대사관에서는 일본 외무성에 회신하였는데, ① 권한있는 쏘련 전문가에 의하면 위험은 없으며, ② 불가항력의 상황을 고려하여 쏘련은 사고 잠수함을 요론섬(與論島)과 오키노에라부섬(沖永良部島) 사이의 일본영해를 통하여 예인코자 한다는 내용이었다.

이에 대해서 동일 (23일) 14 : 00시 일본 외무성은 다시 쏘

(지도 3-13) 소련 E-1 원자력잠함의 일본영해 침범

으로 추측된다.

筑土龍男, "ソ連 原潛事故れ 推理する", 「世界の艦船」 1980년 10월, pp.148~49.

227) 「세계주보」, "ソ連原潛の 火災と 領海 强行通過事件", (동경:시사통신, 1980년 9월 9일자), pp. 6~7. 및 1980년 8월 26일자. 일본정부 외무대신 임시대리 발언요지(미발간) 참조.

련대사관에 통보하기를 위의 쏘련대사관 통보내용은 "불충분한 회신"이며 핵무기를 탑재한 군함의 일본 영해통과는 인정할 수 없다고 하였다.
(라) 동일(23일), 15 : 00시 사고 잠수함은 쏘련 tug boat에 예인되어 일본 영해에 진입하였으며 해상보안청 순시선이 거듭 영해밖으로 퇴거토록 요구하였지만 17 : 55시 영해통과를 완료하였다.(지도 3-13 참조) 이 동안 일본 외무성은 쏘련대사관에 이들 선박을 신속히 일본 영해로부터 퇴거토록 지시하기를 강력히 촉구하였다. 동일(23일) 19 : 00시, 쏘련대사관은 본 사고 잠수함으로 인한 방사능오염의 위험은 없으며, 핵병기도 탑재되어 있지 않았다는 회신을 일본 외무성에 보냈다.
(마) 동일(23일) 19:00시 관택(官澤) 일본 관방(官房)장관은 기자회견에서 쏘련의 행위를 "영해침범으로 본다"고 언명하였으며, 23:00시, 외무성은 쏘련대사관에 대하여, "쏘련의 태도는 일본에 대해 비우호적인 것이며 이를 유감스럽게 생각한다"고 항의하였다. 이 항의에서는, 또 "일본정부는 이번 사건으로 인하여 파급되는 어떠한 손해에 대해서도 배상을 요구할 권리를 유보한다"고 덧붙였다.
(바) 그뒤 일본 외무성은 다시 쏘련의 행위가 "결과적으로는 무해통항"이라는 견해를 표명하였으며, 26일 뒤늦게 열린 각료회의에서 영해통과 종료시점까지는 영해침범이나, 그후 쏘련정부의 정식 확답이 있었으므로 "무해통항으로 사후적으로 인식한다"고 정부의 통일견해를 결정하였다.[228]
(사) 쏘련 tug boat에 의해 예인된 사고 잠수함은 항모 등 2척의 호위를 받아 항해를 계속하였고 26일 대한해협 통과시는 Frigate 및 잠수함, 구난선 등이 추가로 합세하여 총 5척의 쏘련 함대(艦隊)에 의해 호위되었으며 28일 오후 블라디보스톡항에 입항하였다.[229]

B. 법적 분석

본건에 관하여는 관점에 따라 여러가지 법률문제가 분석 검토될 수 있겠지만 여기서는 무해통항 성립여부의 문제만을 중심으로 분석해 본다.

일본 외무성은 22일 밤 본 사고 잠수함으로 인한 방사선오염의 위험 유무와 핵병기 탑재여부를 묻고 이에 관한 "만족한 답변이 없으면", 영해통과가 불가능하다고 주장하였던 것이다. 사고 잠수함에 핵병기가 탑재되어 있다면 이는 일본의 소위 비핵삼원칙 중 "핵을 반입치 않음"이라는 원칙에 저촉되므로 일본에 대하여 무해통항

---

[228] Ibid.
[229] 稻坂硬一, op.cit.

이 될 수 없다는 이론이다.230)

그러나 일본의 이론대로라면, 방사능오염의 위험이나, 핵병기 탑재여부를 물을 필요도 없이 핵추진잠수함인 E-1 Class의 사고 잠수함에는 핵원자로가 있을 것이므로 일본의 비삼핵원칙에 이미 저촉되고 있는 것이다. 일본은 세계에서 유일하게 핵공격을 실제로 체험한 국가이며, 그 가공할 파괴력과 지속적 피해의 참상을 경험함으로서 국민감정과 국가정책이 일관하여 핵무기를 혐오하게 되었다. 일본의 비삼핵원칙이란 이와 같은 일본의 국가적 자세를 천명한 국가기본정책이다. 그 내용은, 일본은 핵을「갖지않고」,「만들지 않고」,「반입하지 않는다」는 것이다. 1977년, 일본의 영해 12해리를 채택함에 있어서 영해통항문제와 관련해서 논의된 것은 위의 삼원칙 중,「반입하지 않는다」는 마지막 원칙과 관계되어 있었다.231) 그러나 전 일본 해상막료장(海上幕僚長), 서촌우청(西村友晴)씨가 적절히 지적하고 있는 것 같이 이는 정확히 말해서 자유의사로 반입하지 않는다는 원칙이라기 보다 "반입시키지 않는다"는 내용을 문제시하고 있는 것이며, 따라서 필연적으로 상대를 전제로한 논리로 발전된 것이다.232) 그리하여 일본은 꼬집어서 이러한 이유를 명시하지는 않았지만,233) 일본의 중요해협에서 그 영해를 3해리로 동결하였던 것이다. 말하자면 12해리와 3해리의 이종(二種)의 영해를 병존시켜 비핵삼원칙의 일관성을 유지한다는 논리이며, 결국 일본영해내에는 핵선박을 들이지 않겠다는 일본식 결벽성을 잘 나타낸 예가 되었다. 이러한 결벽성을 정면에서 손상시킨 것이 바로 본건, 즉 쏘련 원자력잠수함의 일본영해 무단 통과사건이다.

본건 처리과정에서 잘 나타나고 있는 일본측 관계부처나 정부의 고뇌가 특히 주목되는 바이다. 일단 유해통항으로 간주하여 즉시 퇴거를 강력히 요구하였고 관방(官房)장관은 기자회견에서 분명히 "영해침범으로 간주한다"고 언명하였다가 얼마 안되어 외무성은 "결과적으로 무해통항으로 본다"고 그 입장을 수정하였으며, 각료회의에서 이러한 상반된 태도를 설명하고 합리화하기 위하여 "영해통과 종료시점까지는 영해침범이 되지만, 그후 쏘련정부의 정식회답이 있었기 때문에 사후적으로 무해통항으로 인식된다"는 소위「정부통일견해」를 발표하고 있다.234)

비핵삼원칙이란 일본정부 자신이 자기만을 기속하는 원칙에 불과하며 국제법상으

---

230) 秭山僥司, "國際海峽 通航制度と 日本の周邊",「國際政經論集」제3호(靑山學院大學 國際情致經濟學會, 1985년 6월), p.76. 참조.
231) 西村友晴,「領海問題と 非三核原則」(동경:자유민주당정무조사회, 1977), pp.6~9.
232) Ibid.
233) 1977년 2월 23일 衆議院豫算委員會에 제출된 일본정부 견해 참조; 岩田光正, 木村泰彦,「國際海峽」(동경:교육사, 1978), pp.151~56. Supra. note. 42. and its texts.
234) 1980년 8월 26일자 일본정부 外務大臣臨時代理 발언요지 참조.(국내 미발간)

로 아무런 의미를 부여할 수 없는 것이다. 그러므로 본건에 있어서도 우리는 유엔해양법협약 제23조, 제29조 및 제30조의 기준에 따라 판단할 수 있을 것이다. 본건에 있어 쏘련 E-1형 잠수함은 제23조에서 규정하는 핵추진선박이며 제29조의 군함이다. 연안국인 일본은 제23조에 따라 이 선박에 대하여 특별예방조치를 행할 수 있으며, 이에 위반하거나 저촉될 경우에는 제30조에 따라 이 선박에 대해서 영해로부터의 즉시퇴거를 요구할 수 있다. 본 사건이 발생한 1980년 8월에는 제3차 유엔해양법회의 제9회기 속계회의가 Geneva에서 열리고 있었으며 유엔해양법협약은 비공식통합교섭초안, 2차 수정안(ICNT. Rev.2)[235]의 형태로 논의되고 있었다. 이 수정초안에는 이미 유엔해양법협약 제23조, 제29조 및 제30조에 해당되는 규정들이 포함되고 있었다.[236] 그러나 이들 규정의 내용이 그 시점에서 쏘련과 일본을 법적으로 기속한다고 말할 수 있겠는가? 는 신중히 검토할 필요가 있다. 생각컨대 핵추진선박 등 특수선박의 타국 영해통항의 규제에 관한 규정은 1975년 비공식단일교섭초안(ISNT) 제2부 제20조에 이미 나타나고 있었다.[237] package deal로 consensus를 형성시켜 나가고 있던 제3차 유엔해양법회의의 협의과정으로 볼 때, 특수선박의 통항에 관한 규정은 1976년 여름 제5회기에서는 이미 타결을 완료한 것으로 생각되며[238] 적어도 이 특수선박의 무해통항에 연안국이 특별한 조건을 부여하고 특별예방조치를 취할 수 있다는 내용을 제3차 유엔해양법회의 협의과정중의 consensus에 의해서 이미 관습국제법으로 전환되었다고 볼 수 있다.[239]

군잠수함에 관한 부분은 주지하는 바와 같이 어떤 형태의 *opinio juris*도 형성되어 있지 않은 특수한 문제로 남아 있다. 이미 발효된 협약인 1958년 영해협약의 제23조는 유엔해양법협약 제30조와 동일한 규정이다. 쏘련과 일본은 모두 영해협약에 가입하고 있다. 쏘련은 영해협약 가입시, Burgaria, Byelorussian SSR, Colombia, Hungary, Romania, Ukrainian SSR 등과 함께, "연안국은 그 영해내에서 외국군함의 통항을 허가하기 위한 절차를 정하는 권리를 갖는다"는 유보를 선언한 바 있다. 그들의 국내법을 보면 1960년 8월 쏘련연방최고간부회의에서 채택된 「국경보호규정」과 그 부속규칙에는 외국군함의 쏘련영해통항에는 30일전의 사전허가가 필요한 것

---

235) ICNT/Rev.2 A/Conf.62/Wp.10/Rev.2(11 April 1980)
236) ICNT/Rev.2. Art.23, 29, 30.
237) ISNT A/Conf. 62/WP.8(7 May 1975) Part.Ⅱ. Art. 20.
238) M.H.Nordquist, C.H.Park, *Reports of the U.S. Delegation to UNCLOSⅢ*(Hawaii Honolulu:Law of the Sea Inc., 1983) p.127, 152, 153.
239) Baxter, "Multilateral Treaties as Evidence of Customary International Law", *BYBIL* 277(1968) John.K.Gamble. Jr. and Maria Frankowska, "The 1982 Convention and Customary Law of the Sea: Observation, a Framework, and a Warning", 21 *San Diego Law Review* 494(1984).

으로 명시되어 있다.240) 그리고 이 규정은 192 년 쏘련 「국경법」241)(제13조) 이전까지 유지되었다.

이에 비해서 일본은 아무런 유보를 붙인 바가 없다. 같은 다자조약의 당사국간에 유보로 인한 조약효력의 기준은 1969년 조약법에 관한 Vienna협약 제21조에서 규정하고 있다. 일본은 쏘련의 유보선언에 관해 유보거절의 의사를 표명한 바가 없으므로 동 제21조 2항에 의거, 쏘련과 일본국간에는 군함통항에 있어서 사전허가제가 가능한 것으로 해석된다.242)

본건에 있어서 쏘련은 8월 23일 오전에 일본영해를 통과할 것임을 "사전통고"하고 있다. 그러나 이에 대하여 외무성은 23일 14:00시 이러한 사전통고만으로는 불충분하며 쏘련 사고 잠수함에 핵병기가 탑재되어 있었다면 영해통과가 불가(不可)할 것임을 명백히 하고 있다. 이것은 사전허가를 요건으로 보는 것인지, 아니면 핵병기만 탑재되어 있지 않다면 통항이 무방하다고 한 것인지 다소 불명확한 점이 없지 않지만 무단히 일본영해에 진입한 쏘련함정들에 대해서 즉시퇴거를 강력히 요구했던 것으로 보아 "사전허가"를 요건으로 요구한 의사표시였다고 생각해야 한다. 영해협약의 공동당사국인 쏘련과 일본의 조약효력관계를 앞의 조약법에 관한 Vienna협약 제21조 2항에 따라 분석하면, 일본의 사전허가 요구는 가능한 것이므로, 이러한 요구나 즉시퇴거 요구 등은 적법한 것이었다. 일본의 요구가 적법하였다면, 이를 무시한 쏘련의 통과는 위법을 행한 것이 된다. 이러한 위법은 완전히 통과한 다음, 23일 19:00시, 쏘련측이 방사능오염 위험이 없고 핵병기가 탑재되어 있지 않았다는 것을 정식 통보함으로써 치유되는가? 일본 관방(官房)장관과 외무성의 견해 사이에 약간 혼란이 있었지만, 결과적으로 일본측 해석으로는 쏘련의 위법이 치유되었다고 본 셈이다. "특별예방조치" 등 특수선박의 영해시에 관한 연안국의 규제는 권한이며 의무는 아니다. 일본은 본건에서 아무런 규제나 예방조치를 행하지 못했으면서도, 쏘련의 위법한 영해침범을 "사후적으로 무해통항이다"라고 선언함으로써 쏘련의 위법행위를 치유시킨 것과 같은 결과를 가져 왔다. 23일 23:00시, 일본 외무성의 항의성명에 포함됐던 손해배상청구권의 유보도 근거가 없게 되었고, 쏘련은 일본에 대해서 사과도 할 필요가 없었으며, 하지도 않았다.

---

240) Regulation of 5 August 1960 for the Defense of the State Frontier of the Union of Soviet Socialist Republics. Article 16 and Annmex Rule, sec.2 & 3; M.H.Nordquist and C.H.Park, *North America and Asia-Pacific and the Development of the Law of the Sea*-USSR(New Youk:Oceana, 1981), p.5.
241) Law adopted by the USSR Supreme Soviet on 24 November 1982, *Vedomosty SSR* (1982), No. 48 item 891. Article 13.
242) 秭山僥司 op.cit., p.77.

마지막으로 분석을 요하는 점은 23일 쏘련이 일본 외무성에 "사전통고"를 함에 있어서 영해통항의 사유로서 「불가항력」(force majeure)적 상황을 들고 있다는 점이다. 통항문제에 있어서 「불가항력」적 사유가 참작되는 것은 두 가지 경우뿐이다. 즉, 일반 영해통항에 있어서는 무해통항 선박이 타국 영해내에서 "정선, 투묘행위"를 한 경우(영해협약 제14조 3항, 유엔해양법협약 제18조 2항)와 두번째 국제해협의 통항에 있어서는 통과통항 선박이 "계속적이고 신속한 통과의 태양에 맞지 않는" 행위를 한 경우(유엔해양법협약 제39조 1항 C호)이다. 원칙적으로 해양법상 「불가항력」의 사유가 참작되는 것은 위의 두 경우뿐이며, 항로선택의 불가피성과 같은 것은 오히려 그것이 국제항행용 해협인가? 하는 문제와 연결되는 것이라고 생각된다. 본건에 있어서 쏘련 사고 잠수함의 상황은 "불가항력"적 긴급상황이라고 볼 수 있는가? 일본 해상보안청의 긴급 구출대의 구출제의를 완강하게 거부한 쏘련의 태도로 보아서 납득하기 어렵다. 그러나 쏘련의 주관적 견해로는 긴급상황일 수도 있다는 점은 짐작될 수 있다. 함내 화재사고를 일으킨 원자력잠수함은 언제라도 침몰의 위험이 있는 것이다. 쏘련의 군사보안상의 입장으로 보면 일본영해 인근해역에 원자력잠수함을 침몰케 할 수는 없는 것이다. 항모와 순양함 및 Frigate함들이 급히 현장으로 달려 온 것은 이 때문이라고 분석된다. 격침시키지 않는 한, 가능한 신속히 쏘련으로 예인하려는 것이 쏘련의 의도였을 것이며, 그들의 의도는 주관적으로 "긴급한" 것일 수도 있는 것이다. 쏘련이 사고 잠수함을 블라디보스톡항으로 예인, 북상함에 있어서, 요론(與論)섬와 오끼노에라부섬 사이의 좁은 해협(폭 17해리)이 유일한 항로는 아니었다. 일본의 영해를 통과하지 않고 북상하는 길은 첫째, 암미제도(庵美諸島)를 돌아서 오까라 열도의 남단으로 서행하면 공해수로로만 북상할 수 있고, 둘째, 조금 더 올라가면 오수미(大隅)해협이 있다. 이 해협은 폭이 16해리 밖에 안되지만, 일본은 여기에서 특정수역을 선포하여 영해를 3해리로 동결해 놓았으므로 10해리의 공해수로가 있다.(지도 3-13) 쏘련은 이러한 공해수로를 따라 우회할 수 없을 만큼 긴급하다고 느꼈을지도 모르고, 그들은 상황을 불가항력적이라고 본 것 같다. 불가항력이라는 관점에서, 본건은 1967년 8월의 Vilkitsky해협사건과 비교될 수 있다. 과학조사의 목적으로 북빙양순항(北氷洋巡航)길에 있던 미국 Coast Guard 소속의 두 쇄빙선 Edisto호와 Eastwind호는 Severnaya Zemlya 북쪽에 이르러, 완전결빙으로 인한 통항불능의 사태를 당하였다. 8월 24일 이들은 Kara해로부터 Laptev해를 연결하고 있는 Vilkitsky해협을 통과하겠다는 의사를 쏘련당국에 통고하고 허가를 요구하였다.(지도 3-14) 이들이 쏘련의 영해인 동 해협을 부득이 통항코자 하는 이유는 북방항로의 결빙으로 인한 「불가항력」의 사유라고 하였다.[243] 그러나 쏘련은 동 해협이 쏘련의 영해라는 것과 위 두 선박이 군함이라는 이유로 이들의 Vilkitsky해협 통과를 거절하였고

---

243) Richard Petrow, *Across the Top of Russia*, (New York:David Mackay, 1967), pp.352~53.

미국 해양조사순항대는 도중에서 회항할 수 밖에 없었다.244) 미국은 국제항행용 해협에서는 영해인 경우에도 연안국은 군함에 대한 무해통항을 거절할 수 없음을 강조하였지만,245) 쏘련의 거부를 어찌하지 못하였다. 바로 그 쏘련이 유사한 상황에서 「불가항력」이라는 이유로 타국의 영해를 강행통과한 것이다.

본건에 있어서 지금까

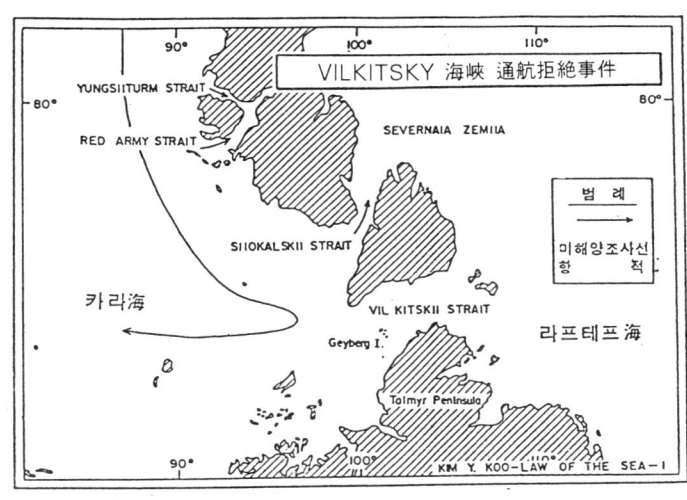

(지도 3-14) VILKITSKY해협 통항거절사건

지의 분석을 종합해 본다면 일본의 비핵삼원칙과 같은 것의 적용은 그만 두고라도, 쏘련이 일본의 거듭되는 영해통항 거부의 의사표시를 무시하고 무단히 그 영해를 통과할 것은 그것이 핵추진선박이며, 군함인 점을 감안할 때, 해양법상 명백히 유해한 통항이며 퇴거명령을 무시하였으므로 국제법 위반이 된다. 여기서 첨언할 것은 본건에서 고찰한 것과 같이 어느 국가에 있어서나 핵선박과 군함통항에 관한 규제는 법적으로나 정치적으로 대단히 어려운 문제를 항상 내포하고 있다는 점을 주의해야 할 것이다.

XIII. 항공기의 타국 영해 상공비행

1. 영해 상공의 법적 지위

영해내에서 외국선박의 무해통항권을 인정하는 것은 연안국의 영역권에 대한 하나의 제한으로 볼 수 있으나, 연안국이 그 영해에 대하여 주권적 관할권을 갖는다는 것은 금세기 초의 30년간 거의 확실하게 되었다. 또, 영해의 상공이나 그 하층토에

---

244) W.E.Bulter, *The Soviet Union and the Law of the Sea*,(Baltmore:The Johns Hoptins Press, 1971). pp.68~69.
245) The Channel Case(Merits) ICJ Judgement of 1 April 1949. U.S. Naval War College *International Law Documents* 1948-1949(Washington:U.S.Gov. Print. Off., 1950), p.142.

대한 주권적 권한도 영해의 개념과 더불어 서서히 인정되어졌다. 그러나 영해 자체에 대한 국가의 주권적 권한과는 일단 구별하는 것이 최초의 경향이었다. 영해에 대한 주권적 권한을 주장하는 나라들도 당초에는 그 영해의 상공이나 해저에 대한 주권을 주장하지 아니하였다. 영토와 영해상공 공역(空域)에 대한 법적 지위의 문제는 1870년에서 1871년 사이의 보불전쟁 당시, 기구(氣球; balloons)를 사용하면서부터 제기되었다. 보불전쟁이후에 이에 관한 학자들의 견해도 여러가지로 나뉘어졌다.

Fauchille같은 학자는 고도 1500m까지의 공역에 연안국의 "보존권"을 유보할 수는 있으나 나머지 영해 상공은 모든 인류의 사용에 개방되는 공해와 같은 것으로 보아야 한다고 하였다.[246] 1910년에 소집된 국제회의에서 이 문제를 매듭짓지는 못하였으나 1차대전중에 국가의 관행은 영공을 국가영역으로 인정하는 것으로 형성되어 갔다. 일부 국가에서는 일찌기 영공주권을 인정하였는데, 영국은 1911년 「항공법」(Aerial Navigation Act)에서 이러한 규정을 두었다. 1919년 「항공규칙에 관한 협약」(Convention for the Regulation of Aerial Navigation)을 위한 파리회의에서 타결된 협약안 제1조에서는 다음과 같이 규정하고 있다.

> 체약국은 모든 국가가 그 영역 상공의 공역에 완전하고도 배타적인 주권을 갖는다는 것을 인정한다. 본 협약의 목적상 국가의 영역이라 함은 영토와 그 외에 인접한 영해를 포함한다.

이 협약은 실은 영해 그 자체의 주권적 권한을 인정하는데 있어서도 의의가 깊은 것이었다. 1919년 이래 영해의 상공에 대한 연안국의 주권적 권한은 확립된 국제법의 내용으로 정착되었다. 이 조약의 규정은 그 후 각국의 국내법과 각종 항공조약에 수용되었으며, 1944년 12월 7일 시카고에서 타결된 「국제민간항공협약」(Convention on International Civil Aviation) 제1조에 "체약국은 각국이 그 영역의 상공에 있어서 완전하고 배타적인 주권을 보유한다는 것을 승인한다"라고 규정하게 되었다. 일명 「시카고협약」으로 통칭되는 이 협약은 1947년 4월 7일에 발효하였고 한국은 1952년 12월 11일, 이 협약에 가입하였다.

영해의 상공을 영공(territorial air space)으로 규정하여 연안국의 배타적 주권을 명시한 조항은 그 후 1958년 영해협약 제2조와 1982년 유엔해양법협약 제2조 2항 등에서 발견된다.

2. 항공기의 무해비행

영해에 있어서와는 달리 영해 상공에 있어서 항공기의 무해통항권은 인정된 바

---

246) Churchill & Lowe, *The Law of the Sea*(Oxford:Manchester Univ. Press. 1983), p.57.

없었다. 항공기가 고속이라는 점과 탐지회피능력이 크다는 점 등 연안국에 끼칠 위험요소를 생각하여, 항공기의 무해통항권은 당초부터 부인되었던 것이다. 그런데 일반적으로 항공기는 민간항공기와 국가항공기로 구별하여 협약상 규정되고 있다. 민간항공기(civil air craft)라 함은 항공기의 소유자가 누군가에 관계없이 사인(私人)이 관리하고 있는 항공기를 말하며, 국가항공기(state air craft)는 군사, 관세, 경찰 등의 목적에 사용되는 항공기를 말한다. 국가항공기는 타국의 영공비행이 완전 금지되어 있다. 그러나 민간항공기는 이를 다시 정기비행(定期飛行)과 부정기비행(不定期飛行)으로 구분하여 일정한 경우의 타국 영공비행이 허용된다. 부정기비행의 민간항공기는 「시카고협약」의 당사국간에는 하토국(下土國)의 착륙요구에 응하며, 비행안전을 위한 지정된 공로(air line)를 준수할 것을 조건으로 하여 그 체약국인 타국의 항공을 횡단비행할 수 있으며, 운수 이외 목적의 착륙(소위 기술 착륙)이 허용된다.(시카고협약 제5조) 그러나 이러한 부정기 민간항공기의 무해비행은 하토국의 안전을 위해 또는 특별사태 발생시, 일시 금지 및 제한할 수 있다.

정기비행의 민간항공기는 양자조약으로 특별히 규정되어 허가되는 경우 외에는 「시카고협약」의 당사국간에 있어서도 소위 무해통항이 허용되지 아니한다.(시카고협약 제6조) 1944년 시카고회의에서는 「시카고협약」 외에 정기민간항공에 관련된 두 개의 부속협정이 채택되었다. 그것은 국제항공운송협정(International Air Transport Agreement)과 국제항공업무통과협정(International Air Service Transmit Agreement)이다. 이들 협정은 그 협정당사국간에, 정기민간 상업항공의 개방을 확보하려는 취지인데 국제항공운송협정에 의하면, 정기상업 항공에 있어서는 부정기비행에서 허용되는 "두 개의 자유", 즉 무착륙 무해항공과 기술착륙의 자유를 허용하며, 아울러 정기상업비행의 개방을 위한 "3개의 자유" 즉, 체약국간에 있어서 ① 하류권(下陸權), ② 탑재권 그리고, 제3국과 타 체약국간에 있어서의 ③ 하류 및 탑재권(소위 "以遠權")을 허용하는 내용을 규정한다. 그러나 국제항공업무통과협정에서는 위의 "5개의 자유" 중에서 앞에 두 개의 자유만을 규정하고 있다.

그러나 실질적으로 이들 두 협정은 일반적인 승인을 받지 못하고 있고 정기민간 상업항공의 구체적 내용은 관계 당사국간의 양자조약인 항공조약들로 특정되어 이루어지고 있는 것이 일반적 추세이다.

3. "대한항공" 여객기(KAL-007) 격추사건

대한항공 여객기(KAL-007) 격추사건은 항공기의 타국 영해 상공비행 문제와 관련해서 발생한 중요한 사건이다. 여기서 약간의 분석을 하기로 한다.

210 제3장 영 해(領海)

A. 사건의 개요

1983년 8월 31일 승객과 승무원 269명을 태운 뉴욕발 서울행 대한항공 여객기(KAL-007) Boeing 747은 오후 10시(GMT 1300)에 경유지인 알라스카의 앵커리지 공항을 이륙하였다. 이 KAL-007기는 쏘련 영공과 최단거리가 50km인 최북단 R-20 항로를 비행키로 되었는데, 이륙 직후부터 예정항로에서 약간 오른쪽으로 이탈하고 있었다.(지도 3-15 참조)247)

이러한 항로오차는 이 항공기의 승무원에 의해 수정되지도 않았고 육상관제소에 의해 지적되지도 않은 채 계속되었으며 그 원인은 밝혀지지 않았다. 그리고, 9월 1일 새벽 1시 20분(GMT)경에는 쏘련 영토인 캄차카반도 연안 영해상공에 진입하였다. 당시 이 항

〈도표 3-11〉 대한항공 KAL-007기 피격과정

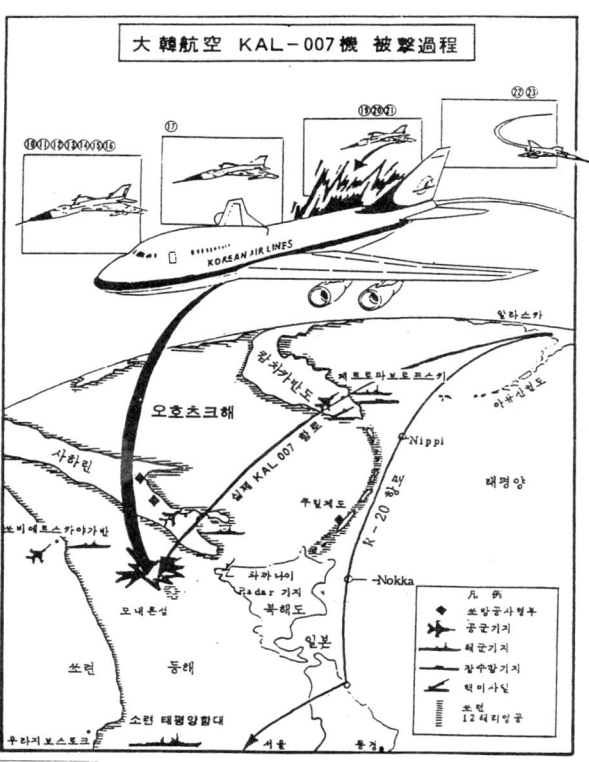

Time사의 서면승락에 의한 전재(轉載)
(Copyright 1983 Time Inc. All right reserved, Reprinted by permission from Time.

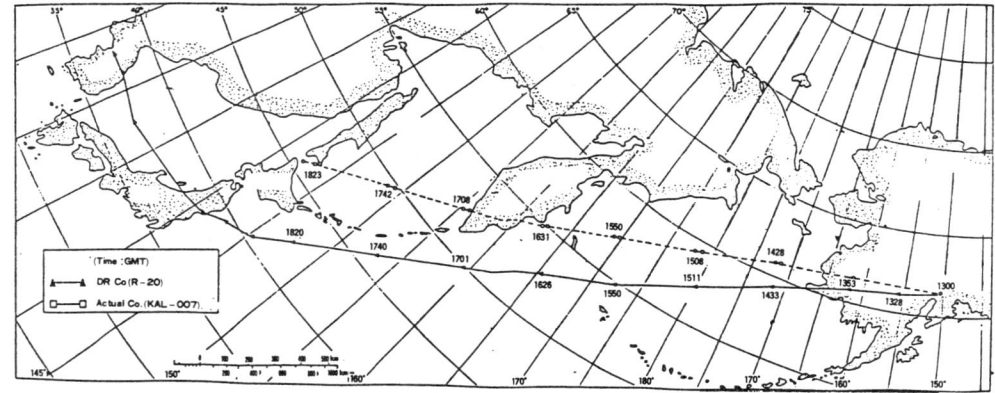

(지도 3-15) KAL-007 피격당시의 항로

---

247) ICAO Council 110th Session Working Paper/7764. December 2. 1983. Chart. #6.

공기는 30000 내지 35000feet 상공에 있었다. 인근 일본 지상기지에서 청취된 무선교신 내용의 녹음에 의하면, 쏘련은 영공진입 이전부터 격추시까지 약 2시간 이상 이 항공기를 Radar추적하고 있었다. 이 항공기는 캄차카반도 남단을 통과하여 공해로 벗어났다가 다시 새벽 3시경(GMT)에 사하린 남단의 쏘련 영공에 진입하였다. 쏘련 요격기(SU-15)들이 이 민간여객기를 발견한 것은 이때이며 약 20분간 추적 후 열추적 유도미사일을 발사하여 명중시켰다. 이때 이 항공기는 쏘련 영공을 이미 벗어나고 있었다. 격추되는 순간의 상황은 미국과 일본에 탐지된 자료를 종합하여 보면 (도표 3-11, 12)[248]와 같다. 이 여객기는 두 발의 유도탄 공격을 받은 12분 후에 북해도 서북방 Moneron섬 근처의 바다에 추락하였으며 일본 지상탐지 Radar에서도 사라졌다. 물론 부녀자와 어린이를 포함한 269명의 탑승자 전원이 사망하였으며, 극히 적은 항공기의 잔해만이 회수되었다.

〈도표 3-12〉 SU-15(805), MIG-23(163)의 지상관재소와의 대화

순번	그린위치 표준시간 (GMT)	공격기	대　　화　　내　　용
1	1805. 56	805	목표물이 보인다.
2	1806. 07	163	침로 30°고도 8,000m.
3	1807. 50	805	연료잔량 3ton.
4	1809. 00 10	805	그렇다. 목표물 변침중. 관계방위 80°본기 좌측임.(거의 정횡을 의미함)
5	1812. 05	805	목표는 육안으로도 보인다. Radar에도 탐지 계속중
6	1813. 26	805	목표는 잘 보임. 유도탄 조준완료
7	1813. 26	805	적아식별(IFF)에 응답없음.(소련기만이 기계적 응답을 할 수 있음)
8	1813. 40	805	발사기는 준비작동 완료.
9	1814. 34	805	알았다. 본기 속력 충분함. 가속엔진 불요(不要).
10	1814. 34	805	(목표의) 항해등은 켜져 있다. 섬광등도 작동하고 있다.
11	1819. 02	805	나는 목표물에 접근한다.
12	1819. 44	163	본기는 목표물 후미 25km임. 내가 보이는가?
13	1820. 88	805	앗, 유도탄 발사 표시가 점등되었다.
14	1820. 30	805	조금 더 접근하겠음.
15	1821. 55	805	추가지시는?
16	1822. 17	805	본기는 목표물을 추월함. 회전하겠음.
17	1823. 37	805	목표에서 떨어지겠음. 유도탄을 공격하겠음.
18	1823. 37	163	본기는 목표물 후미10km임. 805와 목표물을 모두 육안으로 보고 있음.
19	1825. 11	805	약간 접근함. 유도탄 조준완료 목표거리 8km.
20	1825. 46	805	발사점 정조준되었다.
21	1826. 20	805	발사함.(SU-15의 유도탄은 2기로서 열추적 1기와 Radar 추적 1기임. 전자는 목표항공기의 엔진에, 후자는 항공기의 동체에 명중됨)
22	1826. 22	805	목표물 격추됨.
23	1826. 27	805	공격위치에서 이탈하겠음.

---

248) *Time* September 19. 1983., pp.12~14. Diagram by Nigel Holmes.

B. 법적 분석

(지도 3-15)에서 분석된 것과 같이 KAL-007기가 쏘련의 영공에 두번씩 진입한 사실은 인정된다. 그런데 비무장한 민간여객기의 영공진입을 무자비하게 유도탄 공격으로 격추하여 다수의 인명을 "대량학살"한 행위를 국제법상 어떻게 평가할 수 있겠는가 하는 것이 법적 분석의 초점이 되어야 한다.

첫째로, 이 대한항공 여객기가 R-20항로를 따라 비행함에 있어 이륙 초기부터 생긴 침로오차의 원인은 끝까지 규명되지 않았다. 그러나 이것은 쏘련이 주장하는 것과 같이 간첩행위 등을 목적으로 한 고의적 착오였다고는 생각할 수 없다. 미국 정찰기 R-135기가 가까운 지점에 있었다고 하는 사실은 허위임이 확인되었지만 설사 그것이 사실이라 해도 민간인 269명을 탑승시키고 정기항로를 비행중인 민간항공기가 무슨 정보를 수집할 수 있겠는가? KAL-007기 격추사건에 관해 Defense Attache지는 단순히 쏘련의 자료만을 근거로 1984년 9월에 KAL-007기의 첩보행위설을 보도한 적이 있지만, 이들은 영국법원의 판결에 따라 1984년 11월 이 기사가 전혀 근거없음을 밝히고 KAL측에 법정 사과를 하였다. 역시 유사한 내용의 TV 특별프로를 방영한 영국의 Thames TV도 1987년 4월 1일 이러한 보도가 「일말의 진실도 없음」을 공표하고 법정 사과와 함께 KAL사에 손해배상을 지불하였다.[249]

둘째로, 쏘련 격추기들이 이 대한항공 Boeing 747기와 미국의 R-135기를 혼동하였다는 주장도 성립되기 어려운 것이다. 왜냐하면, 모든 군조종사들은 모든 항공기형의 식별법에 익숙해 있는 것이며, 747은 231 feet 4 inch의 거구인데 비해 정보 수집기 R-135는 그 꼭 절반인 136 feet 3 inch의 항공기이다. 더구나 앞에서 제시된 요격조종사의 대화에서 확인된 것처럼 공격 당시의 시정(視程)은 매우 양호하며, 공격에 임한 SU-15(805)와 MIG-23(163) 두 조종사는 목표물을 발견한 때로부터 추락시까지 이 민간여객기의 모습을 보고 있었던 것이다.

세째로, 사전경고 및 적아식별(IFF; identification friend or foe) 노력의 문제인데 쏘련 요격기는 적아식별을 위한 기계적 신호만을 보냈으며, 쏘련기가 아닌 KAL-007기의 IFF반응은 있을 수가 없었을 것이고, 대한항공 여객기의 조종사는 자신이 수하(誰何)되고 있는지도 모르는 사이에 공격당하였음을 짐작할 수 있다. 상식적으로 볼 때, 요격기는 긴급 통신주파수로 침입항공기와 교신을 시도했어야 하며, 그것도 곤란시는 최소한도 경고를 보내는 모든 조치를 선행시켜야 한다. 그리고 나

---

[249] 쏘련의 주장은 KAL-007기는 미정찰정보수집기인 R-135기와 10분간 같이 비행하고 있었다고 주장하나 실제로 R-135는 KAL-007기로부터 86마일이나 떨어져 비행하고 있었다. *Time* September 19. 1983., p.16. *Ocean Science News,* Vol. 25, No. 37. Oct. 3. 1983., pp.1~2. 「조선일보」 1987년 4월 3일자. pp.1~3.

서 강제착륙을 시도하는 것이 일반적으로 기대되는 절차가 될 것이다(시카고협약 제9조 및 제2부속서 참조).

　네째로, 쏘련은 북해도 근처의 소위 북방도서와 사할린 남부에 모종의 군사시설을 보완하여 그 지역의 군사적 중요성이 증대된 특수사정이 존재했던 것으로 짐작되는 바, 시카고협약 제9조에 의하건대, 협약상 비행금지구역은 체약국간에 "조속히" 상호 통고하도록 규정되어 있다. 그러나 쏘련이 이 지역에 대해서 그러한 사전경고를 실시한 기록은 없다. 쏘련은 분명히 1970년 10월 15일자로 시카고협약의 당사국이 되어 있었으며 공시의 방법은 다양하므로 같은 체약국인 한국과 직접 외교관계가 없었다는 것은 이러한 사항에 대한 시카고협약의 공시의무를 면제하는 이유는 될 수 없다. 생각컨대 모든 국가는 무력행위를 삼가할 의무를 가장 근본적인 것으로 전제하고 있다.(국제연합헌장 제2조 4항) 그러므로, 위 분석에서 본 쏘련의 행위는 인도주의에 관한 기본적인 고려조차도 결여한 것으로서 국제법의 기본적 규범에 정면으로 위배된 불법적인 것이라고 판단할 수 밖에 없다. 또한 「시카고협약」의 정신을 보더라도 그 제3조 c항에서 모든 국가항공기의 타국 영공침범을 금지하면서 d항에서 이러한 영공에서의 배타적 조치가 민간항공기의 항행 및 안전을 위해 "타당한 고려"(due regard)를 결하지 않아야 함을 각 체약국의 의무로 명시하고 있는 것이다.

　쏘련의 행위에 대한 세계의 여론은 준엄한 바가 있었으나, 실질적으로 내용있는 응징조치는 뚜렷한 것이 없었다. 국가정기항공조종사연맹(International Federation of Airline Pilots Associations)은 1983년 9월 19일부터 60일간 모든 정기항공편의 쏘련 기항을 중지하기로 결의하였으나, Brussel에 모인 NATO 가맹국회의에서는 그 중지기간을 2주로 단축하여 채택하였다. 유엔안보이사회는 즉시 소집되었으며 일본 육상기지가 녹음한 요격기와 육상방위통제기지간의 통화내용을 공개 청취하고 대한항공여객기를 격추하여 무고한 다수의 인명을 앗아간 쏘련의 "대량학살행위"를 규탄하였다. 1983년 9월 8일 유엔안보리(安保理)에 제의된 결의안의 내용을 요약하면,[250]

① "대량학살행위"는 일반적인 국제법 행위규범에 위배되며, 가장 기초적인 인간성의 고려마저도 결여한 불법적인 것이다.
② 조약법과 일반 관습국제법상, 민간항공기의 안전을 침해하는 여하한 무력행사도 금지되고 있다는 기본적 규범을 재확인한다.
③ 영해를 침범한 항공기, 특히 민간항공기를 조치함에 있어서는 국제적으로 승인된 절차만을 준수할 필요성을 강조한다.
④ 본 사건으로 대량학살된 인명의 생명침해와 항공기 등 기타 재산의 피해는 국제법상 "상당한" 보상을 받을 권리가 있음을 확인한다.

---

250) U.N.Doc. S/15966/Rev.1(September 12. 1983)

⑤ 위 내용의 실현을 위해 유엔사무총장은 대한항공 여객기 추락사건의 전말을 철저히 조사 보고할 것이며, 국제민간항공기구(ICAO)는 이사회를 즉시 소집할 것을 촉구한다.

라는 내용이다.

이것은 예상한 바대로 쏘련의 거부권 행사때문에 결의안으로서 채택되지는 못하였다.[251]

그러나, 1983년 9월 16일 ICAO 집행이사회의 특별회기가 소집되었으며 안보리(安保理)에서 제의된 내용등이 실질적으로 토의되었다. 동 집행이사회에 제기되고 채택된 결의안의 내용을 요약하면,[252]

1) ICAO 사무총장은 KAL-007 격추사건의 진상을 조사하여 소개하고 본 결의 채택 후 30일내에 ICAO 총회에 중간보고를 하고 그 최종보고를 ICAO 제110차 총회에 제출할 것.
2) ICAO의 항공위원회는 다음 사항을 "긴급히" 조사 검토할 것.

[일반사항]
① 군사항공기, 민간항공기 및 항공관제소 상호간의 통신체계의 개선방법
② 민간항공기의 식별과 영공침범시 요격에 관계된 구체적 절차의 검토, 개선, 보완
③ 「시카고 협약」의 전반적인 재검토
④ 「시카고 협약」 중, 특히 민간항공기에 대한 무력사용의 금지의무를 규정하고 있는 각 관계법규의 개정사항
   특히 이 문제는 1984년 1/4분기말 이전까지 ICAO 총회를 소집하여 개정내용을 심의 채택할 것[253]

[기술적 사항]
① 「시카고 협약」상, 군사당국과 민간항공관제소간의 협조 확보를 위한 기준의 제시
② 「시카고 협약」 제2부속서의 수정에 관하여 특정지역, 특정항로비행에 있어 인근지역 군사당국과 항공관제소간의 협조를 확보함으로써 식별을위한 요격의 필요성을 배제하기 위해서 사전에 비행계획을 제출케하는 내용의 조정
③ 「시카고 협약」 제2부속서의 관계조항신설에 관하여 영해침범 민간항공기에 대한 요격절차를 합리화하고 안전수칙을 보완하는 내용으로 된 "민간항공기요격절차" 규정의 신설[254]

등이다. 이 ICAO의 집행이사회의 결의는 1983년 10월 1일 ICAO 총회에서 인준되었다.[255]

---

251) Ibid.
252) ICAO Doc. A24-WP49.P/18/19/9/83, Appendix(1) 찬성 26(미국포함), 반대 2(소련, 체코), 기권 3(알제리, 중국, 인도)
253) Ibid., para.2.
254) Ibid., Appendix [2]
255) See, ICAO Doc. A24-WP77,P/38 & Ex/9, 26/a/83 & Add., 27/9/83.

XIII. 접속수역(接續水域)

1. 접속수역 개념의 변천

영해의 개념이 확립되고 영해의 폭이 3해리에서 12해리로 확장되는 과정 중에서 다수의 국가가 어업이나 오염규제를 위해서, 그 영해범위를 넘어 일정한 수역에까지 특수한 관할권을 주장하는 관행이 있었다는 것은 이미 앞에서 지적한 바 있다.

접속수역이란 이와같이 국가가 영해범위 밖의 일정한 수역에서 관세, 재정, 위생, 출입국관리에 관한 국내법을 적용할 수 있는 한정적 관할권을 행사하는 구역을 말한다.(유엔해양법협약 제33조)

이는 그 기원을 18세기 영국의 Hovering Act에 두고 있다. 영국은 이 법에 의거해 연안에서 8리-그(즉, 24해리)의 범위 내에서 배회하는 외국밀수선을 규제하였다. 1736년부터 1876년 Customs Consolidation Act에 의해 폐지될 때까지 시행되었던 이 Hovering Act는 Stowell경이 1817년 Le Louis사건[256]에서 말한 바와 같이 "편의를 위한 국가간의 공통적 예양"(common courtesy of nations for their convenience)을 근거로 하는 것이라고 생각되었다. 흥미있는 점은 이 당시 3해리의 영해제도 자체가 관행상으로는 아직 확립되어 있지 아니하였다는 점이다. 그러나 접속수역에 관한 관행이 Hovering Act로 인해 즉시 의심할 바 없이 확정된 것은 아니다. 19세기에는 Spain이 6마일의 수역에서 관세법 위반으로 영국선박을 체포한 것을 다투어 영국은 스페인과 해사관할권 범위에 관한 분쟁을 오래도록 벌리기도 한 것은 주의를 요한다. 영국과 미국사이에도 19세기 중반에 이르러서 3해리 영해제도와 영해 밖의 공해에서 기국의 독립적인 권한(소위 "기국주의")에 관한 관행이 확립되었고 이에 따라 항해의 자유는 반사적으로 보장되었다. 영국자신이 스스로 확장된 관세수역(Customs Zone)이 3해리 영해제도의 원칙과 일치되지 않는 것이라는 점을 인정하였다.

프랑스선박 Petit Jule호가 1850년 Wight섬으로 부터 23마일이나 되는 지점에서 체포된 것이 Hovering Act를 근거로 3해리 이원에서 영국이 외국선박을 규제한 최후의 사건이다.[257] 실제로 영국법률가들 자신도 이 배의 체포는 국제법상 허용될 수 없다고 자문에 답하고 있었으며, 체포된 선원 중 1명은 결국 석방되었다. 이 사건 이후 영해 3해리의 규정은 영국과 그 자치령 및 식민지에 적용되었다. 단 다음 두가지의 예외적인 경우에만, 3해리 이원의 수역에서 외국선박에 대해 관할권 행사가 가능하였다.

---

[256] 165 *ER* 1464
[257] A.V.Lowe, "The Development of the Concept of the Contiguous Zone", 52 *BYIL* 109-69(1981)

첫째는, "존재추정원칙"(doctrine of constructive presence)에 의한 경우이다. 영해 내에서의 불법어로의 목적(1888년 Araunah호 사건)[258] 등으로 3해리 밖에 있는 모선에서 자선을 영해수역안으로 보낼 때, 연안국법령의 위반이라는 점에서는 자선과 모선이 모두 영해범위 안에 존재하는 것으로 추정하며, 3해리 밖에 있는 모선까지 체포할 수 있다는 것이다. 미국 금주법 위반으로 나포된 1922년 Henry L.Marshall호 사건[259]에 관련하여 교환된 외교각서나, 1957년 Sito 사건[260] 등에서 밝혀진 바에 의하면, 영해외측에 있는 외국선박이 자기 보트가 아닌 해안에서 보내진 선박에 의해서 연안과 연락을 하는 경우에는 이를 영해 내에 존재하는 것으로 추정하지 아니 하였으며, 기국주의 원칙에 의해서 기국 이외의 연안국의 규제가 배제되었다.

두번째의 예외는 "추적권"(right of hot pursuit) 행사의 경우이다. 선박이 연안국 영해 내에서 발견되고 그 연안국의 법령을 위반했다고 믿을만한 혐의가 있을 때 이를 검문하려는 연안국의 정지신호를 무시하고 영해밖으로 도주하더라도 공해상에서 계속 추적되며 체포된다는 것이다. 이 경우 3해리 영해범위 밖의 수역에서의 외국선박에 대한 계속 추적 및 나포행위는 적법한 것으로 간주된다.

획일적으로 3해리 영해제도를 고수한 영미의 경우와 달리, 일부 구주국가들은 규제의 목적에 따라 다양한 관할수역을 주장하였다. 예컨대, 프랑스는 어업과 경찰권 행사의 목적으로는 3해리의 영해를, 중립수역으로는 6해리를 그리고 관세수역으로는 20해리를 주장하였다. 이태리, 벨기에, 희랍, 스페인, 쿠바, 터어키 등이 이와 유사한 주장을 하였다. 각 규제의 목적에 따른 수역의 범위는 각 국가마다 약간씩 다르지만, 일반적으로 관세수역 및 안전수역은 다른 수역보다 넓은 구역으로 주장되었다.

영미의 관행이나 구주국가들의 관행과 구별되는 세번째의 유형은 라틴아메리카 국가들의 관행인데, 이는 현대적인 접속수역의 개념과 유사한 내용을 내포하고 있다. 이들은 일차적인 주권적 수역으로 3해리의 범위를 주장하고, 그 이원 9해리(3리-그)의 범위를 관세 및 안전보장을 위한 관할수역으로 주장한다. 1855년 칠레 민법을 비롯하여 알젠틴, 에쿠아도르, 온두라스, 멕시코 등의 국내법이 이러한 규정을 두고 있다. 라틴아메리카 국가외에도, 이집트, 라트비아, 노르웨이 등이 이러한 관행을 따르고 있었다. 미국의 1922년 관세법(Tariff Act)은 이 유형의 주장 중에는 가장 강력한 주장을 내포하고 있다. Tariff Act에 의하면, 미국 연안 12해리 구역 내의 모든 외국선박은 1919년 Volstead Act(미국의 금주법)을 지키도록 강요되고 있었다. 미국 금주법의 외국선박에 대한 일방적인 적용은 관련 국가로부터 강력한 반발을 야기시켰는데, 특히 영국외무성

---

258) Moore, *Int. Arb* p.824.
259) 292 *Fed.* 286.
260) 89 *Journal de droit international* 229(1962)

은 모든 미국선박과 미국항구에서 출항한 모든 상선을 영국에 입항치 못하도록 하는 보복조치까지 구상할 정도였다. 그러나 미국의 일방적인 관세법 적용에 관해서, 강력한 반발이 관련국가들로부터 야기된 반면 연안국의 국내법을 위반하는 외국의 배회선박들을 규제하려는 일반적인 의도에 대한 지지도 있었던 것이다. 반발과 지지의 이러한 상반된 두 가지의 반응이 1924년 미국과 영국간의 주류협정(Liquor Treaty)으로 구체화 되었다. 이 협약에서는, 3마일 영해한계의 중요성을 재강조하였으나, 동시에 영국정부는 미국의 연안으로부터 동력선(Steamers)으로 1시간 이내의 거리에 있는 영국선박을 미국이 수색하는 것을 반대하지 않는다는 규정까지 둠으로써, 특정협약에 의한 합의(treaty agreement)가 없는 한 미국이 영해 3해리 이원에서 관할권을 행사하는 것을 허용치 않으면서도 동시에 영해 외측에 대한 규제를 원하는 미국의 요구를 만족시켰다. 미국은 파나마, 칠레, 일본 및 대부분의 구주국가들과 이와 유사한 협정을 맺었다. 1925년 헬싱키협약[261]으로 발틱해 국가간에도 이와 유사한 합의가 이루어져 있다.

영해 인접수역에서의 관할권행사에 관련된 위와같은 3가지 유형의 국가관행을 통일하고, 영해의 폭에 관한 다양한 주장으로 인한 분쟁을 불식시키기 위해서 많은 협의와 논의가 있어왔다. 이러한 논의의 해결책으로서 공해 외측에 접속수역이라는 새로운 관세수역을 둔다는 발상이 나타났다. 이 발상은 1894년 국제법협회(IIL)에서의 중립수역에 관한 논의중에 Renault가 최초로 제의하였다. 이 발상은 1930년 헤이그 회의때까지 국제법학자들 사이에서 상당한 지지를 받았으나, 관세, 위생, 안전보장수역 등으로 구체화된 이 제안을 1930년 헤이그 국제법편찬회의 초안에 포함시키려는 노력은 결실을 보지 못하였다. 1930년 헤이그 국제법편찬회의로부터 1958년 Geneva회의 때까지의 기간 중 접속수역에 관련된 국가관행은 영국과 같이 영해 외측에 이러한 관세수역을 원칙적으로 인정하지 않는 국가와 접속수역을 주장하는 국가로 나누어져 있었다. 이 기간동안에 또한 영해수역에 대한 법적 개념 자체가 확립되기도 하였다. 그러나 쿠바, 스페인, 희랍과 같은 나라들은 영해의 폭이 그 관할권이 행사되는 목적에 따라 다양하게 변경된다는 관념을 고수하고 있었다.

대부분의 국가들은 단일의 영해개념을 전제로 하고, 그 영해에 접속한 공해에서 관세, 안전보장, 또는 위생 및 출입국관리 등 특별한 관할권을 주장하였다. 어업수역에 관한 주장도 거의 일반화 되어 갔다. 어업수역과 접속수역은 당초에는 구별되지 않았다. 그러나 Gidel은 어업수역과 접속수역을 구별하고, 일반적 접속수역에 관한 주장의 합법성을 인정하나 어업수역의 경우는 협약에 의할 것을 요구하였다. 어업수역과 접속수역의 구별은 ILC에 제출한 François의 보고서에서도 그대로 답습되어

---

[261] 1925 Convention for the Suppression of the Contraband Traffic in Alcoholic Liquors, Helsinki, 19 August 1925, 발효 : 1925년 12월 24일, 42 *LNTS* 75.

있다. 따라서 1958년 Geneva회의 초안에서 이러한 태도는 그대로 견지되었다.

결국 1958년 영해협약에서는 접속수역에 관하여 다음과 같이 규정하고 있다.(영해협약 제24조 1항)

> 연안국은 영해에 접속한 일정 수역에 있어서 다음 사항에 필요한 통제를 행사할 수 있다.
> 1) 연안국의 영토와 영해 내에서의 관세, 재정, 출입국관리 및 위생 법규의 위반
> 2) 연안국의 영토와 영해 내에서 발생된 전기(前記) 법규의 위반에 대한 처벌

위와 동일한 조항이 유엔해양법협약에도 규정되어 있다.(유엔해양법협약 제33조 1항)

2. 접속수역의 범위와 법적 지위

1958년 회의에서는 영해범위에 관한 의견의 일치를 보지 못했다. 국가의 관행도 다양하여 3해리 영해를 고수하고 9해리의 접속수역을 주장하는 국가가 있는 반면 12해리의 영해를 주장하는 국가도 있었다. 영해의 범위는 종래 3해리와 12해리 또는 6해리 어느 것도 결정치 못하였으나 접속수역의 범위는 12해리까지로 결정할 수 있었다.(영해협약 제24조 2항) 그리고 영해협약 제24조 3항에서는 접속수역의 경계획정에 관한 중간선 원칙의 적용도 규정되었다.

유엔해양법협약 제33조에서는 접속수역의 폭을 24해리까지로 규정하고 있다. 이는 영해의 범위가 12해리로 확정되었기 때문이다.(유엔해양법협약 제3조) 그러나 접속수역의 경계획정에 관한 중간선원칙 적용의 규정은 유엔해양법협약에서는 탈락되었다.

접속수역의 법적 지위도 영해협약 제23조만으로는 불명확하다고 볼 수 밖에 없다. 초기의 제안이나 일반적 주장은 접속수역 내에서 연안국의 입법·행정관할권을 모두 인정하는 것이었으나 영해협약 제24조에는 결국 행정관할권만이 규정되어 있다. 연안국은 자국의 영토나 영해내에서 발생한 범죄에 대해서만 접속수역내에서 규제할 수 있을 뿐이다. 접속수역 내에서 연안국의 관세, 재정, 위생 및 출입국관리에 관한 국내법을 직접 적용 및 규제할 수 있는 것이 아닌 점은 주의를 요한다. 이는 1958년 회의를 위한 ILC초안의 내용이었다. 이 회의에서는 접속수역내에서 연안국 법령위반을 규제하는 내용의 수정안이 Poland에 의해서 제기되었고, 1958년 Geneva회의 제1위원회에서 채택된 바 있었다. 이 Poland 수정안에는 접속수역 규제의 내용으로 연안국의 안전보장 이익이 포함되어 있었다. 전체회의(Plenary Session) 심의과정에서 안전보장수역의 인정이 공해자유를 저해할 것이라는 강대국들의 우려 때문에 이 안은 결국 기각되었다. 그러므로 당초의 ILC안이 채택되게 된 것이다. 다만 ILC초안에 출입국관리 관계가 하나 더 추가되었을 뿐이다.

연안국의 형사관할권의 규정에서는 연안국은 외국선박이 내수를 통과하지 아니하

고 다만 영해를 통과중인 경우에는 영해에 들어오기 이전에 발생한 범죄와 관련해서 그 선박 내의 사람을 체포하거나 강제수사를 위한 여하한 조치도 취할 수 없는 것으로 되어 있는 만큼(영해협약 제19조 5항, 유엔해양법협약 제27조 5항), 접속수역의 법적 성질에 Poland 수정안과 같은 적극적인 내용이 삽입될 수 없었던 것은 부득이 한 것으로 볼 수 있다.

1958년 Geneva회의 이후 접속수역에 관련된 국가관행의 경향은 다양하고, 불명한 편이었다. 영국은 계속 접속수역을 인정치 아니 하였으나, 도미니카 공화국, 포루투칼, 유고, 및 브라질, 월남 등이 국내입법에서 접속수역제도를 도입하였다.[262] 또 덴마크와 스페인의 관세수역이나 인도의 관세위생수역[263]도 내용상 영해협약 제24조에 근거한 것이라고 볼 수 있다.

1958년 영해협약 제24조에서 규정한 접속수역의 개념보다 수역의 범위(폭)나 법적성격 면에서 훨씬 과장된 내용을 국내입법으로 정하거나 주장한 예도 적지 아니하다. 사우디 아라비아와 시리아의 경우에는 접속수역의 보호이익에 안보를 추가하고 있고 접속수역의 범위는 기선에서 18해리에 달하고 있다.[264] 접속수역에서의 관할권에 관하여, 스페인은 행정관할권 외에 입법관할권까지 정하고 있다.[265]

접속수역에 관한 국가관행이 이처럼 다양하고 불명확한 상태는 제3차 유엔해양법회의 이후에 조금도 개선되지 아니하였다. 유엔해양법협약상 접속수역에 관한 규정은 영해협약의 조문을 거의 글자 그대로 답습한 것이므로 접속수역의 법적 성격을 규명함에 있어서도 아무런 변화나 발전이 없었다. 접속수역의 범위가 12해리에서 24해리로 확장된 점에 관해서 접속수역의 성질이 연안국의 적법한 이익의 보호라는 관점에서 보아 과연 그러한 확장이 필요한 것인가 하는 비판적인 견해가 있다.[266]

그러나 제3차 유엔해양법회의 협의 과정중 접속수역의 범위가 24해리까지 허용된

---

[262] 도미니카공화국 : Act No.186(1967) art. 3. UN *Leg. Ser* B/15, p.77.
　　　포　루　투　칼 : Law No.2130.(1966) Basis 3, 5 *ILM* 1094(1966)
　　　유　고　슬　라　비　아 : Law of 22 may 1965. art. 19, UN *Leg. Ser* B/15, p.318.
　　　브　라　질 : Decree Law 44,(1966) art. 2, 71 *RGDIP* 300(1967)
　　　월　　　　남 : South Vietnam Decree of April 27, 1965. art. Ⅱ. 4 *ILM* 461(1965)
[263] 덴마크 : Customs Act,(1959). UN *Leg. Ser*. B/15, p.220.
　　　　　　Customs Act,(1972), UN *Leg. Ser*. B/18, p.47.
　　　스페인 : Customs Revenue Ordinances, 1950-68, UN *Leg.Ser* B/116. p.115.
　　　인　도 : M.K.M.Kuni, "Some Aspects of Indian Maritime Law", 17 *Indian Year Book of International Affairs* 109-110(1974)
[264] 사우디아라비아 : Royal Decree No.33. Feb. 16 1958., UN *Leg. Ser* B/15, p.114.
　　　시　리　아 : Decree No.304. Dec.28. 1963, *RGDIP*, Vol. 68, p.612.
[265] Supra. note. 264. Customs Decree No. 3281, Dec. 26. 1968., *Limits in the Seas*, No. 36., p.179.
[266] Churchill & Lowe, op.cit., p105.

다는 점이 명백해졌으므로 접속수역의 범위를 확장하는 예도 적지 않았다.267) 또 인도, 파키스탄, 남예멘 등은 관세, 재정, 위생, 출입국관리 등 협약상 인정된 접속수역에서의 보호이익 이외에 안보적 관할권까지 추가로 주장하였다.268) 종합컨대, 제3차 유엔해양법회의 이후 접속수역에 관한 국가관행은 통일되지도 명확해 지지도 아니하였다. 그러나 일반적으로 영해협약이나 제3차 유엔해양법회의에서 규정하는 것보다 실제 국간관행쪽이 보다 덜 제한적이며 더욱 광범위한 관할권을 내포하고 있는 것으로 보인다. 즉 접속수역 보호이익으로 국가적 안전을 포함하고, 관할권 내용에 입법적 관할권까지 포함시키는 관행이 광범위하게 받아들여지고 있다. 이러한 관행은 관습법으로 인정할 수 있을 정도로 광범위한 지지를 받고 있다. Taiyo Maru사건(1974)에서 미국법정은 이러한 관습법의 추세를 지지하는 중요한 판례를 남겼다. 이 사건은 한 일본어선이 미국 연안의 9마일 지점에서 불법어로를 하다가 미국해안경비대의 추적을 받아 나포된 사건이다. 동 사건의 판결에서 주장하기를 영해협약 제24조에서 거시하고 있는 4가지의 보호이익은 한정적인 것이 아니고 예시적인 것이므로 접속수역에서 협약에 명시되지 않은 국가이익 즉 어업도 보호돼야 한다는 것이다.269) 동 판결의 취지대로 해석한다면 접속수역의 관할권 내용은 확장되는 셈이다.

1958년 영해협약 및 그 보다 초기의 관행에 있어서 접속수역은 분명히 공해의 일부로 간주되었다. 접속수역에 있어서 외국선박에 대한 연안국의 규제 관할권은 협약에 명시되지 않는 한 그 존재가 부정되었다. 즉, 연안국의 권한은 엄격히 제한적으로 해석되었다. 그러나 제3차 유엔해양법회의 이후 접속수역은 공해로 추정되지 아니한다. 최소한도 이는 배타적 경제수역에 포함되어 있다. 그 결과, 의심이 있을 때는 연안국 관할권의 존재를 부정하는 것으로 추정되던 원칙은 이제 배제되었다. 현재의 국가 관행의 추세로 비추어 접속수역에서의 연안국 관할권은 유엔해양법협약의 규정에도 불구하고 보다 광범위하고 강력한 것으로 해석될 수 있을 것이다.

---

267) 예컨대 Malta는 관세구역을 1966년에 3해리이던 것을 1971년에 12해리로 또 1975년에는 20해리로 각기 확장하고 있다.
　　Malta, Territorial Waters and Contiguous Zones Act(1971) art. 4 and amending Acts of 1975, 1978., UN Leg. Ser B/16, p.16 and B/19, pp.62~63., *Limits in the Seas*, No. 36. p.125.
268) 인　　도 : Territorial Waters, Continental Shelf, Exclusive Economic Zone and Other Maritime Zones Act,(1976) Sec. 5. UN *Leg. Ser* B/19. p.17.
　　파키스탄 : Territorial Waters, and Other Maritime Zones Act,(1976) Sec. 4.,UN *Leg. Ser*. B/19. p.85.
　　남 예 멘 : Act No. 45(1977) Art. 11, 12. UN *Leg. Ser*. B/19. p.21.
269) United States vs F/V Taiyo Maru, No.28. 395 *F.Supp.* 413(S.D.Me, 1975)

제4장 국제해협(國際海峽)

Ⅰ. 국제항해에 사용되는 해협의 의의
Ⅱ. 새로운 해협통항제도
Ⅲ. 특별국제해협

제4장 국제해협(國際海峽)

Ⅰ. 국제항해에 사용되는 해협의 의의

1. 국제해협 개념의 발전

해협은 두 개의 바다를 연결하는 자연적 통항로이다.[1] Corfu Channel case에서 국제사법재판소는 "해협이란 육지의 두 부분사이의 통항로로서 공해의 두 부분을 연결하는 것…"이라고 정의하였다.[2] 지리학적인 의미에서 이러한 정의는 충분할지 모르나 법학적 견지에서는 미흡한 바가 있다. 지리학적으로 해협인 것이 모두 국제법적 해협제도에 해당하는 것은 아니다. 국제해협제도를 적용하자면 그 지리학적 위치 및 특성은 물론이고 국제 해양교통상의 편의와 지방경제적 이익까지도 고려되어야 한다.[3]

(1) 폐쇄적 해협개념

해협의 통항은 연안국의 안보와 밀접한 관계가 있다. 그리하여 과거에는 영토의 두 부분 사이에 존재하는 수역을 내수로 하려는 추세가 강하였고, 항해목적 이외에는 이를 완전히 폐쇄하려는 적이 있었다.[4] 그러나 근래에 와서 그러한 경향은 현저하게 변화하여 해협을 보다 개방하려는 쪽으로 기울어졌다.

해협을 폐쇄적으로 보려던 과거의 배타적 경향은 1930년 헤이그 법전편찬회의의 회의자료에도 잔존하고 있다.[5] 즉 이 자료에 의하면 해협에 있어서 영해의 범위는 양안(兩岸)으로부터 영해의 폭을 정하되 폐쇄된 공해부분이 남지 않도록 한다고 하였다. 그러므로 영해의 폭의 두 배가 넘는 해협의 경우에 해협 양안(兩岸)에서의 영해 폭을 자의적으로 확대하여 해협을 양분하는 경우가 있었다.[6]

유사한 견해로 Walter Schucking은 1926년 국제법전편찬위원회(The Codification Committee)에 대한 보고에서 일반 영해의 폭으로 6해리를 제안하면서 해협에 있어서

---

1) 박종성, 「해양국제법」, (서울:법문사, 1962), p.117
2) I.C.J. Rep., (1949), p.28.
3) D.P.O'Connell, *International Law*, 2nd ed. Vol 1, (London:Stevens and Sons, 1970), p.495.; Anglo-Norwegian Fisheries case, I.C.J Rep.(1951), p.116.
4) Ibid.
5) Bases of Discussion, C.74 M.39, 1929, V. p.59.
6) 영국과 미국은 1846년 6월 15일 조약을 체결하여 Juan de Fuca해협을 이런 식으로 양분하였다. 이 해협의 폭은 10해리이고 양국의 영해 폭은 각 3해리였다. 1846 Oregon Treaty, 9 Stat. 869.; D.P.O'Connell, op.cit., p.496.

이를 12해리로 제시하였다. 그는 또 폭 3해리일 때 해협에서는 10해리로 해야한다고 주장하였다. 그러나 이 제안을 심의한 법전편찬회의(Codification Conference 1930)는 각국의 주장을 듣고 난 뒤에 해협 내에 남게 되는 폐쇄수역의 폭이 2해리 이상이 되면 이를 공해로 하여야 한다고 결정하였다. 이러한 입장은 1956년의 국제법위원회(ILC) 의 최종초안 제12조 2항에도 남아있다.[7] 그러나 1958년 영해협약에는 이것이 채택되지 않았다.

(2) 개방적 해협개념

해협을 개방적으로 본 분명한 계기는 Corfu Channel case에서의 ICJ의 판결이다. 여기서 ICJ는 Corfu Channel에 국제법상의 해협제도를 적용할 수 있다고 명시하고 그 이유로 첫째 이 해협은 두 개의 공해를 연결하는 지리적 위치를 갖는다는 것, 둘째 국제항행에 사용된다는 사실을 지적하였다.[8]

그러나 법률적으로 해협이란, 공해상의 두 부분을 연결하는 통로라고 말할 때 이는 문자 그대로만 해석되어서는 안된다. 이는 연안국의 항구를 기항지로 하지 않는 상당량의 국제 해상교통량이 통과되는 그러한 통로를 의미하는 것으로 해석되어야만 한다. 왜냐하면 해협의 정의는 만(Bay)의 경우보다 기능적인 것이다. Corfu Channel case에서 Azevedo판사는 반대의견으로,

> 국제해협이란 의미는 언제나 연안국의 권리, 즉 다른 나라의 주권과 동등하게 존 중되어야 할 완전한 권리를 제한함을 합리화하기에 족할 만큼의 최소한도의 특별한 용도와 언제나 관련되어 있어야 한다.[9]

라고 주장하였다.

그러므로 해협에 관한 논의에 있어서 우리는 연안국이 그 영해에 대하여 갖는 이해(利害)와 국제사회가 그 해상통로를 사용함에 있어 갖는 이해를 균형시키는 배려를 잊지 말아야 할 것이다.

이런 의미에서 Corfu Channel과 Gibraltar해협을 동등하게 취급하는 것은 이와 같은 배려를 결(缺)한 속단이라고 아니할 수 없다. 사실 Corfu Channel case의 판결은 이런 뜻에서 많은 비판을 받았다. 이 사건에서 영국은 Corfu Channel이 국제 해운에 꾸준히 이용되어 왔다는 사실을 입증하려고 상당히 노력하였다.[10] 영국측이

---

7) *ILC Yr. Bk*, (1956), Vol. Ⅱ, p.271.
8) Herbert W.Briggs, *The Law of Nations:Cases, Documents, and Notes*, 2nd ed(New York:Appleton Century Cropt. Inc., 1952), p.293
9) I.C.J. Rep., (1945), p.106
10) Corfu Channel case에서 영국이 제시한 자료에 의하면, 1936년 4월 1일부터 1937년 12월 31일까지 즉, 1년 9개월간 Corfu Channel을 통과하여 Corfu항에 기항한 선박의 총수는 2,884척

제시한 자료가 그다지 인상적인 것이 될 수 없다는 점은 제외하고라도, 이 해협의 바다쪽으로 국제교통상 유용하고 편리한 항로가 남아있다고 하는 알바니아측의 주장은 경청할 만하다.

결국 특정해협에 관한 국제법상 해협제도 적용여부의 결정에는 그 해협이 국제교통상 갖는 중요도가 결정적인 요인이 되어야 한다는 것은 명백하다. 덴마크의 국제법학자인 Eric Brüel은 그의 저서에서 다음과 같이 주장하고 있다. 즉,

> 국제교통상의 이해가 특정해협의 통항에 얼마나 깊게 관련되어 있는가 하는 문제는 어떤 분명한 규칙에 의하여 기계적으로 결정될 수 있는 것이라기 보다는 하나의 사실상의 문제에 대한 종합적 판단, 예컨대 그 해협을 통과하는 함정의 수, 함정 톤수의 총량, 적재화물의 총가격, 함정의 크기 그리고 이 함정들이 여러나라의 선적(船籍)을 가진 함정들로 고루 구성되어 있는가의 여부와 같은 것에 따르는 것이다.

라고 하였다.[11]

ILC의 최종초안에서는 해협을 국제항행에 "통상적으로"(normally)사용되는 것이라고 규정하였다.(동 초안 제 17조 4항) 그 의도는 Corfu Channel case의 판결취지에 따르기 위한 것이었다고 한다.[12] 그러나 ICJ의 판결보다 이 초안이 더 제한적이라고 생각하는 사람이 많다.[13]

주지하는 바와 같이 1958년의 Geneva 영해협약 제16조 4항에서는 미국의 제안[14] 및 기타 국가의 수정안[15]에 의해서 normally라는 수식어를 생략해 버렸다. 이것은 보다 더 Corfu Channel Case판결에 접근한 것이라고 판단해야 할 것인가? 최종초안 17조에 관한 ILC의 Commentary에 의하면 Nomally라는 수식어를 삽입한 것은 Corfu Channel case의 판결취지에 따르기 위한 것이었다고 하나,[16] 이를 제거한 경

이 된다. 영국측은,

> 1년 9개월의 기간동안 2,884척이란 상당한 숫자이다. 더구나 이것은 Corfu항에 기항한 선박만을 계산한 것이므로 Corfu항에 기항하지 않고 그대로 지나간 더 많은 숫자를 포함치 않고 있는 것이다.

라고 주장하였다.
Herbert W.Briggs, Loc.cit.

11) Eric Brüel, *International Straits*, Vol. Ⅰ,(1947), pp.42~43. quoted in Donat Pharand, "International Straits", *Thesaurus Acroasium*, Vol Ⅶ. Proceedings of the Institute of Public International Relations(Thessalonikci, Greece:1977), p.68.
12) ILC의 1956년 최종초안 제17조에 관한 Commentary 참조. *ILC Yr.Bk.*(1956), p.273.
13) Ian Brownlie, *Principles of Public International Law*, 2nd ed.(Oxford Clarendon Press, 1977), p.275.
14) A/Conf.13/C.1/L.39, Para. 4, Comment(b)., UNCLOS Ⅰ *Official Records* Vol. Ⅲ, p.220. (1958)
15) A/Conf.13/C.1/L.71., UNCLOS Ⅰ *Offical Records* Vol. Ⅲ, p.231.(1958)
16) Supra note. 12.

우에도 결국 조문 표현상의 근본적인 차이는 없는 것이라고 보아야 할 것이다.
 소위 해협에 있어서의 통항제도를 본격적으로 표현한 것은, 제3차 유엔해양법회의 초기에 제안된 영국의 초안(U.K. Draft)[17]이다. 여기에서는 해협제도를 규정함에 있어 해협의 정의를,

◇ 국제 항행에 사용되며,
◇ 공해의 두 부분을 연결하는 해협으로서,(동 초안 Chapter Ⅲ Art. 1 para. 3)
◇ 그 해협 안에 동등한 적합성을 가진 공해수로가 없고,
◇ 그 해협이 연안국의 섬과 본토사이에 형성되어 있는 경우, 바다쪽으로 동등한 적합성을 가진 공해수로가 없을 때(Para. 4)를 말한다.

고 규정하고 있다.[18]
 결국 U.K. Draft para. 3은 Corfu Channel case판결의 용어를 그대로 사용하고 있으나, para. 4에서 제한을 가함으로서 해협의 개념을 구체화하고 있는 것이다.
 영해협약 제16조 4항은 또 하나의 이색적 특징을 나타내 주고 있다. 그것은 해협의 정의를 "두 개의 공해를 연결하는 수로" 이외에 "공해와 타국의 영해를 연결하는 수로"까지 포함시키고 있다.(영해협약 제16조 4항 참조) ILC의 최종초안에도 없던 이 규정이 특별히 포함된 것은, Tiran해협과 Aquaba만에서의 통항을 위한 수정안이 제기되었기 때문이다.[19] 이 수정안은 제1안에서는 찬성 31표, 반대 30표, 기권 10표로 아슬아슬하게 채택되었고, 전체회의에서 제16조 4항을 별도로 표결하자는 UAR의 요청이 기각됨으로서[20] 제16조 전체가 찬성 62표, 반대 1표, 기권 9표로 통과되는 바람에 결국 1958년 영해협약에 포함되게 되었다. 그러나 이 조항때문에 모든 Arab국가들이 영해협약 가입을 반대하게 되었다.[21]
 그러나 생각컨대 해협제도란 국제사회의 해상교통상의 이익을 위한 특별한 제도이며, 어느 선박이 타국의 영해로 들어가기 위하여 특정한 해협을 통과한다는 것은 그 선박 자신이 그 연안국의 주권적 이해에 직접적으로 관여하고 있는 경우라고 볼 수 있으므로 그 연안국이 정하는 바에 따라 입항하는 것으로 족할 것이다. 따라서 이러한 경우까지 해협제도를 확장할 필요는 없는 것이다. 이렇게 보았을 때, 이것은

---

17) U.N. Doc.A/CONF.62/C.2/L.3(1974. 7. 3)
18) Ibid. Chapter Ⅲ, Article 1, para. 3 & 4.
19) 네델란드, 영국, 포루투갈의 공동제안:A/Conf.12/C.1/L.71, UNCLOS Ⅰ *Official Records* Vol. Ⅲ, p.231.(1958); Dean, "The Geneva Conference on the Law of the Sea; What was accomplished", 52 AJIL 607, 623(1958)
20) A/Conf. 13/30, UNCLOS Ⅰ *Official Records* Vol. Ⅱ, p.65(1958)
21) Statement of the Representative of Kuwait, speaking on behalf of Iraq, the United Arab Emirates, the Libyan Arab Republic, Saudi Arabia, Qater and Kuwait. A/Conf.62/C.2/SR.14, UNCLOS-Ⅲ *Official Records* Vol. Ⅱ, p.139.(1974)

불필요한 규정이다. 1974년 7월 3일 제안된 영국안(U.K. Draft) 이후에는 이러한 불필요한 부분이 다시 생략되었다.[22] 올바른 태도라 하겠다.

2. 유엔해양법협약상의 국제해협

현재의 유엔해양법협약에서 해협통항제도가 적용되는 "해협"은 다음과 같은 범위로 정리될 수 있다.

◇ 공해 또는 배타적 경제수역의 양쪽부분을 연결하는 국제항행에 사용되는 해협(제37조)
◇ 공해 또는 배타적 경제수역의 한쪽 부분과 해협연안국의 내항을 연결하는 경우의 국제항행에 사용되는 해협(제38조 2항 후단)

위의 "국제항행에 사용되는 해협"이라도 다음의 경우에는 해협통항제도를 적용하지 아니한다.(제45조) 즉,

◇ 국제항행에 사용되는 해협의 중앙으로 공해항로 또는 배타적 경제수역을 통과하는 항로가 존재하고, 그 항로가 항해상이나 수로적 특성으로 보아 일반적 공해항로와 유사한 편의를 갖는 경우(제38조 1항 후단)이다.

이와 같이 정리하여 보면, 조문의 기본적 형태는 결국 1974년의 영국안의 제3장 제1조 3항의 "해협"에 관한 정의와 흡사하다. 사실 8년간의 해양법회의를 통한 협의 과정에서 이 부분에 관하여 수정된 내용은 영국안의 "동등하게 적합한" 항로(an equally suitable route)를 ISNT[23] 이래 "유사하게 편의한" 항로(route of similiar convenince)로 고친 것과 RSNT[24] 이래 그 유사한 편의를 "항해 및 수로적 특성"상의 그것으로 좀더 구체화한 것 뿐이다.

(1) 국제항행에 사용되는 해협

현재의 유엔해양법협약이 국제항행에 사용되는 해협을 규정함에 있어 "통상적으로"(normally)란 수식어를 사용하지 않고 있는 것은 영해협약과 동일한 태도이다. 영해협약에서 이 수식어를 제거한 의도가 본래 Corfu Channel case 판결에 따르기 위한 것이었으므로, 이것이 제거된 경우에도 "국제항행에 사용되는 해협"의 개념은 Corfu Channel case 판결취지의 범위로 해석되어야 한다는 것은 현행 유엔해양법협약에 있어서도 동일한 것이라고 본다. ICJ판결에서 국제해협의 개념에 관해 판시하고 있는 것을 보면 다음과 같다.

---

22) A/Conf.62/C.2.2/L.3, Chapter Ⅲ., Art. 1(3) UNCLOSⅢ *Official Records* Vol. Ⅲ, p.186.(1974)
23) ISNT Art. 38 A/CONF.62/WP.8/Part Ⅱ, 7 May, 1975.
24) RSNT Art. 37 A/CONF.62/WP.10.15. July. 1977.

국제항행에 사용되는 해협이 되기 위한 결정적 기준은 공해의 두 부분을 연결하는 지리적 조건과 그 해협이 국제적 항해에 사용되고 있다는 사실이다. 이 Corfu 해협이 아드리아해와 에게해 사이를 연결하는 필수적 항로가 아니라는 점은 결정적인 요건이 될 수 없다. 그러나 이 Corfu 해협은 국제 해양교통상 "유용한" 항로가 되어 왔던 것이다.[25]

즉, 당 판결의 취지상, 국제해협인가의 여부를 판단함에 있어서 그 해협을 통과하는 교통량이나, 국제항행상 그 해협이 갖는 중요성 등은 기준이 되지 않는다고 하는 것이다.[26] 이 Corfu Channel case 판결에 대하여는 특히 국제해협의 개념에 관하여 극히 객관적인 두 가지의 기준을 제시하는 데에 성공하였다고 보는 견해도 있으나[27] "국제적 항행에 이용되고 있다는 사실"이라는 요건에 관하여 보면, 이는 극히 명확하고 객관적인 기준인 것 같지만, 이 기준에는 이 판결문 해당부분의 마지막 문장에서 표현하고 있는 바와 같이 국제 해양교통상의 "유용성"을 그 기준의 내용으로 당연히 내포하는 것이라고 보아야 한다. 이 사건의 판결에서 동 국제사법재판소의 재판부는 이 점에 관하여 영국측이 지시한 다음의 내용을 인용하여 참작하고 있다.

…그럼에도 불구하고 이 해협은 국제 해양교통상 유용한 항로가 되어 왔다. 이 점에 관하여 영국정부는 1936년 4월 1일부터 1937년 12월 31일 사이에 동 해협에 관한 다음 자료를 당원에 제출하고 있다.

「다음은 이 해협을 통과한 직후 또는 통과 직전에 Corfu항에 입항한 함정의 총수이다. 1년 9개월간의 기간동안 해당 함정의 총수는 2,884척이었다. 이들 함정의 국적은 그리이스, 이태리, 루마니아, 유고슬라비아, 프랑스, 알바니아, 영국 등이다. 소형함정까지도 이 집계에 포함되어 있다. 그것은 알바니아함정이 주가된다. 그리고 물론 동일한 함정이 수회 항행할 때마다 집계될 수도 있었다. 그러나 1년 9개월간의 기간중에 2,884척이란 상당한 숫자이다. 이는 Corfu항 출입항관리소를 경유한 숫자만이므로 Corfu항에 입항하지 않고 그대로 통과한 많은 함선의 척수를 포함치 않고 있다.」

이 해협에는 여러 희랍선박들이 주 3회, 영국선박이 격주로 1회, 유고슬라비아 함선이 2척은 주 1회 또 2척은 격주 1회의 주기로 통과하고 있다. 당원(當院)에 제시된 바에 의하면 영국해군은 80여년 동안 이 해협을 규칙적으로 사용하여 왔으며 기타 국가의 해운에 의해서도 사용되어 왔다.[28]

그러므로 이 판결에서는 해협의 유용성에 관하여 분명히 두가지 요소를 참작하고 있다고 보아야 한다. 그것은 첫째 해협을 통과하는 함선의 빈도수와 둘째 이들 함선들이 소속하는 기국의 숫자이다.[29] 이 부분은 동 판결의 앞부분에서 국제해협의 요건

---

25) I.C.J. Reports(1949) at 28
26) Ibid.
27) IL Young Chung, *Legal Problems Involved in the Corfu Channel Incident*,(Geneva Droz, 1959), p.208 및 이한기, "國際海峽 通航制度와 我國의 해협통항문제", 「새로운 해협질서와 한국」 (서울:대한국제법학, 1977) p.13. 참조
28) *I.C.J. Reports*(1949) p.29

으로서 해협을 통과하는 교통량이나 그 해협의 국제항행상 가지는 중요도는 기준이 되지 않는다고 명시하고 있는 점과 대비하여 엄격히 구별해서 해석하여야 할 것이다. 본건에 관하여는, 첫째 요건에 대하여 21개월의 기간중에 2,884척 즉, 월평균 137척 이라는 빈도수였으며, 둘째 요건은 기국의 수가 7개국에 달하였다는 것이다.

일반적으로 어떤 해협이 "국제항행에 사용되는 해협"이라고 간주하고, 거기에 특별한 해협통항제도를 적용하기 위해서 그 해협의 유용성을 판단하는 위의 두가지 기준은 그것 자체로서 완전하지도 않으며, 객관성을 유지하기에 용이하지도 않다. 그러므로 Corfu Channel case의 판결에서 ICJ가 국제해협의 개념을 정함에 있어서 "객관적"인 기준을 제시하는데 성공하였다고는 보여지지 않는다.[30] 다만 분명한 것은 공해의 두 부분을 연결하고 있다는 지리적 요건과 국제항해에 사용되고 있다는 사실상의 요건이 해협에 관한 별도의 통항제도를 적용할 국제해협의 개념을 위한 요건이라는 것과 이 후자의 요건에 관해서는 단 한번이라도 "국제항행"을 위한 통항로로서 그 해협이 사용된 적이 있다는 사실만으로서 족하다고 보는 것이 아니라, 적어도 어느 정도의 빈도수를 유지하는 다수함선의 통항에 있을 것과 그 사용선박의 선적국(船籍國)은 어느 특정국가에 국한되지 않고 어느 정도의 다수국에 분포되어 있어야 한다는 것이 위의 ICJ판결의 취지라고 하는 것이다.[31]

유엔해양법협약 제37조의 해석에 있어서 "국제항행에 사용되는 해협"의 정의에 관하여 보면, Corfu Channel case에 관한 ICJ의 판결취지에 따르는 것이 가장 온당할 것이나, 이 판결이 제시한 국제해협의 개념요소를 결정하는 기준에 관해서 우리가 위해서 본 것과 같은 객관성의 결여와 불명료성은 앞으로의 분쟁해결을 위한 준거법으로서의 유엔해양법협약의 기능을 우려스러운 것으로 보이게 한다.

예컨대 제주해협은 국제해협인가? 의 문제에 있어 한국과 일본간에 견해 차이가 있어서 분쟁이 야기되었을 때, 제37조의 해석을 위하여 Corfu Channel case에 관한 ICJ판결 중 위에서 지적한 두 개의 기준 즉, 해협통항선박의 빈도수와 그 함선이 소속하는 기국의 분포정도를 논의하여야 할 것이다.

먼저 빈도수에 관하여 보면 당해 사건에서 영국은 1년 9개월 즉, 21개월의 기간을 잡아 월평균 137척이라는 빈도수를 제시하고 있다. Corfu해협에서 영국구축함 Saumarez가 지뢰에 접촉된 사건은 1946년 10월 22일에 발발하였고, 이 사건을 ICJ가 판결한 것은 1949년 4월 9일이다.(지도 4-1 참조) 그런데 영국정부가 빈도수 측정을 위해 책정한

---

29) Donnat Pharand, op.cit., p.70
30) Supra note. 27.
31) Tadao Kuribayashi, "The Basic Structure of the New Regime of Passage Through International Straits An Emerging Trend in the Third UNCLOS and Japan's Situation", *Japanese Annual of International Law* Vol. 21(1977), p.36.

기간은 1936년 4월 1일부터 1937년 12월 31일까지의 21개월이다. 어째서 하필 1937년도를 택하였으며, 또 왜 꼭 1년 6개월의 기간을 잡았을까? 즉 이러한 것들은 지나치게 임의적인 자료에 불과하다는 비판을 면하기 어렵다. 다음 통과선박의 기국의 분포정도에 관하여 보면, 당해 사건에서 영국은 7개국을 제시하고 있다. 기국분포의 최소치는 무엇일까? 2개국 이상이면 "국제적 항행에 유용한" 해협이라고 할 것인가? 아니면 적어도 5개국 이상이 되어야 한다는 견해인지? 이것도 역시 불분명하고 임의적인 증거에 틀림없다. 여기서 하나의 기준을 제시하여 본다면, 빈도수의 측정은 분쟁의 대상이 된 해협통항에 관한 사건

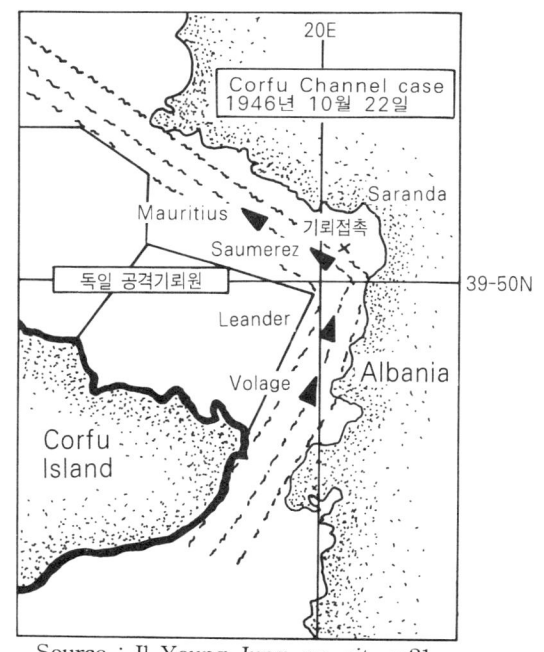

Source : Il Young Jung, op. cit., p.21.
(지도 4-1) 콜퓨해협 사건

이 발생한 때로부터 가장 가까운 1년동안의 집계를 대상으로 하되 가장 공신력 있는 통계가 실시되고 있는 집계의 순기(巡期)에 따라 그 1년의 기간을 택하고 현대적 해상교통의 일반적인 추세를 감안하여 월평균 100척 이상의 빈도를 "유용성"의 처리기준으로 보는 방법도 생각할 수 있다.

항선박의 기국의 분포정도는 Corfu Channel case의 선례를 감안하여 5개국을 최소치로 생각할 수도 있다.

(2) 무해통항제도가 적용되는 국제해협(- 유사한 편의의 항로가 있는 경우 -)

"국제항행에 사용되는 해협"으로 인정되더라도 해협통항에 관한 특별제도 즉, 유엔해양법협약상의 통과통항제도를 적용하지 않는 경우로는 현 유엔해양법협약상 3가지가 있다. 그것은,

① 제36조가 규정하는 바, 국제해협의 중앙에 공해수로(또는 경제수역항로)가 있는 경우와,
② 제38조 1항에서 규정되고 있는 본토와 그 부속도서 사이에 해협이 구성되어 있을 때 그 도서의 바다쪽에 공해수로(또는 경제수역수로)가 있는 경우이다.

①,②의 경우에 있어 각기 그 공해수로(경제수역항로)가 유사한 편의가 있을 때

당해 해협에 있어 통과통항제도의 적용은 배제된다.

③ 마지막으로 공해(또는 배타적 경제수역)와 일국의 영해를 연결하는 항로를 구성하고 있는 국제항행에 사용되는 해협(제45조 1항 b)에서는 역시 통과통항제도의 적용이 배제된다.

제36조와 제38조 1항 후단에 규정되어 있는 "유사한 편의있는 항로"란 본래 1974년 영국초안에서 "동등하게 적합한" 항로(an equally suitable route)로 규정되었던 것이며, 1975년 ISNT에서 이것이 "유사한 편의"(of similar convenience)로 바뀌었고, 1976년 RSNT에서 다시 그 유사한 편의의 기준이 "항해상이나 수로적 특성상의" 편의로 구체화되어, ISNT를 거쳐 현 협약내용으로 확정된 것이다.

이러한 조문표현의 수정이 어떤 점에서 개선된 것이라고 평가될 수 있겠는가는 협의과정에서도 분명히 정의된 바는 없지만, 생각컨대 항해자의 관점에서 두개의 항로가 정확하게 "동등한" 적합성을 갖는다는 것은 있을 수 없을 것이기 때문에 "유사한 편의"라는 용어로 수정되었다고 볼 수 있다.

또 유사성의 판단은 정치적 안전도, 항해의 시기, 거리 등에 따라 주관적으로 얼마든지 다양해질 수 있는 것인데, 이를 가급적 객관성있는 것으로 하기 위한 기준으로 "항해상이나 수로적 특성"(with respect to navigational and hydrograhical characteristics)이라는 것이 가미되었다고 보여진다. 그러므로 편의성의 판단은 오직 항해특성 및 수로적 성질에 관해서만 비교되어야 한다.

가. 제36조의 경우

유사편의한 항로가 해협중앙에 있는 경우, 그 해협의 공해(또는 경제수역)항로 이외의 영해부분에 있어서는 당연히 무해통항제도(협약 제2장 3절)가 적용되어야 한다. 제38조 1항 후단의 경우와 공해와 일국의 영해를 연결하는 해협의 경우에 무해통항규정이 적용된다는 점은 제45조 1항에서 명시적으로 규정하면서도 제36조의 경우에 대하여는 아무런 규정을 하고 있지 않다. 그러므로 위의 두 경우에 적용되는 무해통항제도는 "정지되지 않는" 무해통항권을 인정하고 있는데 반하여(제45조 2항), 제36조가 적용되어 통과통항이 배제된 경우의 영해에 있어서는 제45조를 포함한 제3장 해협통항제도의 적용은 모두가 배제되고, 제2장 영해의 무해통항제도만이 적용되어 함정의 무해통항은 일시 정지될 수 있다. 항공기의 (영해로의)상공통항은 물론 인정하지 않는다고 보아야 한다. 이는 영해협약 제16조 4항과 대비된다.

영해의 폭은 현 협정상 12해리까지로 명시되어 있다.(제3조) 그러므로 해협의 폭이 그 출구에서 입구까지 일관해서 24해리를 초과하면 해협중앙에 공해수로가 생기게 되는데, 이 경우에 만일 그 남아있는 공해수로의 폭이 극히 협소하고 그 협소한 부분에 항해장애물이 많아서 해협통과선박이 도저히 그 공해 부분만을 따라 항해하기에 곤란한 경우에는 영해인 해협전체에 역시 통과통항제도를 적용하게 되는 것이다.

예컨대, 대한해협의 동수로(東水路)의 경우에는 대마도의 동남단과 대기도(臺琦島)의 서북단의 최단 거리가 25해리이므로 이 해협의 공해수로는 가장 협소한 부위라도 폭이 1해리가 되는 셈이다. 그 최협소한 지점의 수심을 보면 115m 내지 118m가 되므로 수로특성상 항해의 불편함은 없다고 생각한다.32) 그러므로 이러한 경우에 대한해협 동수로를 구성하는 일본연안 영해에 대하여는 통과통항제도를 적용할 수 없다고 할 것이다.

제36조의 객관적 기준이 "항해 및 수로특성상의 편의"라고 되어있는 만큼 등대나 beacon 등의 항해보조물을 사용할 수 있는 해협통항선박 자체의 항해능력에 따라서도 통과통항제도의 적용범위가 달라질 수 있다. 선고가 낮고 radar가 없는 등 항해보조물 이용능력이 저조한 소형선박은 상당한 공해수로가 해협중앙에 있어도 연안영해를 통항하는 것이 더욱 편의한 경우가 있을 수 있고 이러한 경우 그 소형선박은 통과통항권을 인정해 주되, 대형선박에 대해서만 제36조를 적용케 되는 경우도 있을 것이다.

이렇게 보면 명확한 것 같으나 실은 그렇지만도 않다. 항해술이나 수로특성상의 편의의 존부란 얼마든지 연안국과 해협사용국간의 분쟁대상이 될 수 있는 것이기 때문이다.

나. 제38조 1항 후단의 경우

해협이 연안국의 본토와 부속도서 사이에 형성되어 있고 그 섬의 바다쪽으로 유사한 편의한 항로가 있으면, 그 해협에까지 구태여 해협통과제도를 적용하여 연안국의 영해에 대한 주권적 권한을 제한할 필요가 없을 것이다. 따라서 제38조 1항 후단에 해당하는 해협에는 일반적인 무해통항제도가 적용된다.(제45조 1항 a) 아주 유사한 예로서, 전술한 Corfu Channel case에서 알바니아는 Corfu島의 서측에 국제교통상 유용하고 편리한 항로가 남아 있다고 주장한 바 있는데, 재판부는 이 주장을 전혀 받아들이지 아니하였다. 그런데 이때 Corfu島는 알바니아의 영토가 아니고 그리이스 영토였으므로 현 협약 제38조 1항 후단이 규정하고 있는 경우와는 다르다고 생각할 수도 있다.

한국의 남단에 위치한 제주도와 본토 사이에 형성된 제주해협은 제38조 1항 후단을 적용하기 위한 지리적 요건을 갖추고 있다.(지도 3-4 참조) 도서의 바다쪽으로 항해상

---

32) "책상위의 이론상으로는 중간에 1해리 만큼의 공해가 남게 되는데 이 1해리부분을 통과하면 된다고 하는 것은 실제 항행하는 입장에서 볼 때 넌센스에 가까운 일이다"라는 견해도 있다.
西村友晴, 「領海問題 と 非核三原則」(東京:自由民主黨 政務調査會, 1977), p.10.

과 수로특성상의 유사한 편의가 있는 항로가 존재하는가를 결정하는 문제는 제36조의 경우와 마찬가지로 명확하거나 객관적인 기준을 찾기는 어렵게 되어 있다. 일찍기[33] 한국측은 제주도 남쪽으로 당연히 "유사편의 항로"가 존재한다고 주장하고[34] 일본대표는 그러한 것은 존재하지 아니한다고 주장하였다.[35]

생각컨대 유사편의한 항로의 존부에 관하여는 첫째, "누가" 이를 판단할 것인가 하는 것과, 둘째, "항해 및 수로학상 특성으로 본 유사한 편의"는 무엇을 기준으로 어느 범위까지 이를 인정할 것인가 하는 것이 문제가 된다고 본다. 첫째 문제에 관해서는 판단의 주체로서 연안국, 항행선박의 기국 또는 항행선박의 선장 또는 선주 등 여러가지 가능한 경우를 열거하고 있는 학자가 있으나[36] 이러한 논의는 불필요한 것이라고 본다.

실제적으로 자명한 것은, 국제법의 범위내에서 자국영역에 포함된 해협에 있어서의 항로제도에 관한 기본적인 정책을 결정하고 적절한 국내법을 마련하여 타당한 통항관리를 하는 것은 일차적으로 연안국의 소관사항이라고 할 수 있다. 현 협약 제38조 1항 후단과 제45조 1항 등을 적용하여 자국의 영해인 해협에 무해통항제도를 적용하고 제반 국내법적 조치를 강구하는 주체도 우선 연안국 자신이라고 본다. 그런데 만일 해협사용국측에서 이러한 연안국의 조치에 대하여 이의를 제기하고 "유사편의항로의 존재"를 다툴 때는 협상 또는 분쟁해결기구를 통하여 이를 해결할 수 밖에는 없는데, 이 때 고려되어야 할 문제들이 "항해 및 수로학상의 특성"으로 본 "유사한 편의"의 기준과 범위이다.

"항해상 및 수로학상의 특성으로 본 편의"에 관하여 고려할 사항은 ① 인위적인 항로조건, ② 자연적 항로조건, ③ 항로의 우회도, ④ 항해보조시설의 상태 등이 될 것이다.

① 인위적 항로 조건에 관하여 보면,

예컨대 문제의 해협이 연안국의 중요어장으로 되어 다수의 어선이 어로를 계속한다든지, 본토와 부속도서간의 빈번한 선박의 왕래 등이 있어 일반적으로 이 해협을 국제항행의 요로로 삼아 이를 통과하는 선박들의 항행이 곤란한 정도로 방해받게 된다는 사정 등을 생각할 수 있다.

---

33) LSI Law of the Sea Workshop at Seoul. 1981년 7월 1~3일.
34) Dr. Hahm, Pyong-Choon, A Korean Perspective on the Law of the Sea:A Private View Script for the Presentation at LSI the Law of the Sea Workshop(July 3. 1981), p.7
35) Professor Hideo Takabasyashi, *Comments*, at the Law of the Sea Workshop.(July 3. 1981)
36) Donat Pharand op.cit., p.76~77.

② 자연적 항로조건에 관하여 보면
  1) 해협의 영역내에 다수의 암초나 사주(沙洲) 등이 산재하여 있거나 극히 제한된 가항수심(可航水深)만이 존재하는 것과 같은 지형적 조건
  2) 불규칙한 농무(濃霧) 등과 같은 기상조건
  3) 현저한 유속을 나타내는 해류의 존재와 같은 수로학적 조건들을 들 수 있을 것이다.

③ 항로의 우회도에 관하여 보면
이는 문제의 해협으로 통과하는 것보다 도서의 바다쪽에 있는 유사편의항로로 항행함으로써 얼마만큼 항로상의 우회를 감수할 수 있는가에 관한 판단이다. 예컨대, 우회항행의 차이가 30해리 이상이면 유사한 편의는 없다고 하고 그 이하라면 괜찮다고 하는 식의 기준을 설정할 수 있겠는가? 이와 같은 일률적인 기준을 설정할 수 있다면 매우 바람직할 것이나 이에 관하여는 국제사회에서 일반적으로 받아들여지고 있는 실행도 아직 없고 더구나 어떠한 법적 확신(*opinio juris*)도 형성되어 있지 않으므로 연안국의 권리를 존중하고 국제사회의 원활한 해상교통을 확보하는 두 가지 측면의 요구를 교량하여 종합적으로 판단되어야만 할 것이다. 제주해협에 있어 유사 편의항로를 사용할 때의 우회도는 (지도 4-2)와 같다.

④ 항로보조시설의 상태
이것도 중요한 기준이 될 것인 바, 등대, 등부표들의 설치 상태와 Loran, Radar Beacon의 활용 범위 등이 고려 대상이 된다. 제주도 서남쪽의 등대현황은 (도표 5-1)과 같다.

다. 제45조 1항 b의 경우

공해 또는 배타적 경제수역의 일부와 일국의 영해를 연결하는 국제항행에 사용되는 해협은 1958년 영해협약 제16조 4항에서 처음으로 규정됨으로써 국제해협개념의 범주에 들게 하였다. 그러나 이는 앞서서 지적한 바와 같이 이러한 경우에까지 국제해협통항제도를 적용하는 것을 부당하다는 반대의견이 있어왔다.

1975년 ISNT 이래[37] 이러한 경우 해협통항제도를 적용하지 않고 "정지되지 않는 무해통항제도"를 적용하는 것으로 규정한 것은 타당한 태도라고 하겠다.

이 범주에 드는 중요한 해협으로는 Strait of Tiran(홍해와 Aquaba만), Juan de Fuca Strait(태평양과 Vancouver), Jacques Cartier Pass(대서양과 St. Lawrence강 연안) 등이 있다.

I. 국제항해에 사용되는 해협의 의의 235

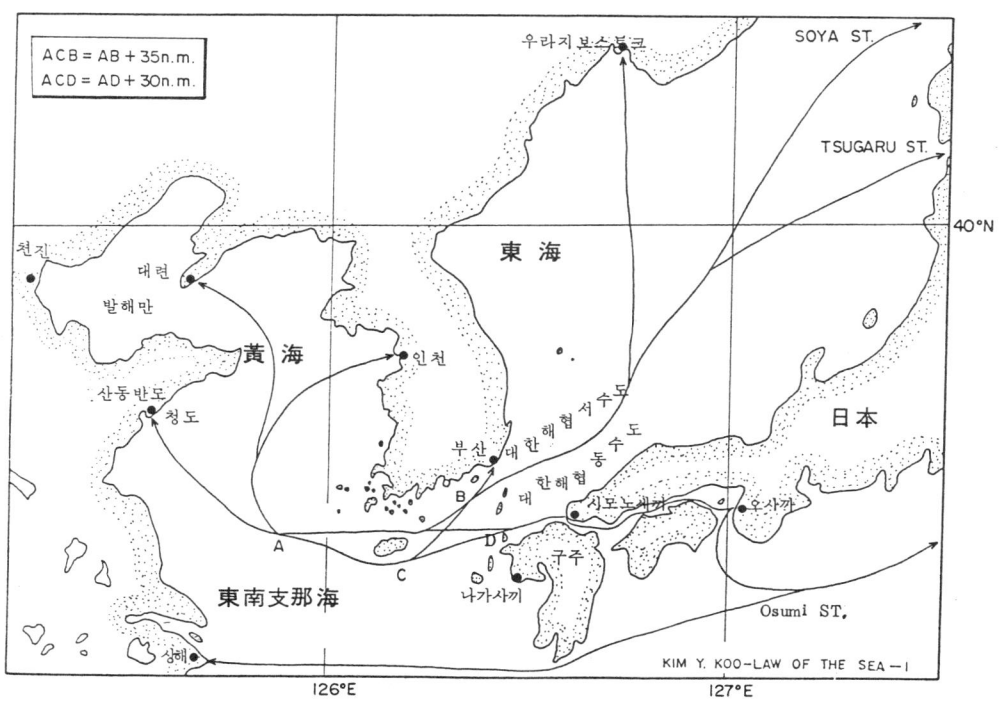

(지도 4-2) 제주해협 항로의 우회도

〈도표 4-1〉 제주도 서남해 등대 현황

西南海 燈臺 現況

燈臺名	燈 質	燈高	光 達 距 離(m)			비 고
			地理的	光學的	名目的	
우 도	Fl 20 Sec	123	27	32	20	Air Siren
성산포	F.G.3 Sec	9.3	10	2	2	
개민포	Fl 5 Sec	9.6	11	4	3	
녹 포	Fl 6 Sec	91	24	4	3	
서귀포	Fl.R3 Sec	14	12	3	2	
마라도	Fl 10 Sec	44	18	40	21	Horn
모슬포	Fl.R5 Sec	12	11	3	2	
차귀도	Fl 6 Sec	67	21	5	4	
신 창	Fl 3 Sec	15	12	4	3	
비양도	Fl 3 Sec	117	27	7	5	

---

37) ISNT. Art. 44, para 1, Subpara(b)

Ⅱ. 새로운 해협통항제도

1. 새로운 해협통항제도의 성립배경

　1958년도 영해협약에 있어서는 통상의 연안국 영해의 통항제도와 국제해협에 있어서는 통항제도가 구별되어 있지 않았다. 해협이 연안국의 영해로 되어 있는 경우에도 원칙적으로 일반의 영해와 같은 무해통항권만이 인정되었다. 단지 해협을 통과하는 외국선박의 무해통항은 이를 중지할 수 없도록 되어 있었다.(영해협약 제16조 4항) 그러므로 해협이라 할지라도 항공기의 상공비행은 금지되고 잠수함은 부상하여 그 국기를 게양하고 항행하여야만 하였다.(영해협약 제14조 6항)

　본래 무해통항이란 연안국의 평화와 공서 및 안전을 침해하지 아니하는 통항이어야 하는데, "무해성"이란 선박의 목적지, 화물의 성질, 항해의 목적 등에 따라 주관적으로 판단될 수 있는 것이라고 함은 앞에서 분석한 바와 같다. 단순히 타국의 좁은 영해(3해리 정도의)를 진입하여 "통항"하는 선박이 연안국의 이와같은 다분히 자의적 판단에 기속된다는 것은 부득이 하며 참을 수 있다고 생각되던 것은 대부분의 중요해협은 대개 24해리 정도여서 연안국 3해리씩의 영해를 제외하고도 10여해리 폭의 공해수로가 있었기 때문이다. 그러나 1970년대에 들어와 갖가지 대다수의 국가가 영해의 폭을 12해리로 확장하게 되자, 해협통항에 있어서 100여개의 중요해협이 연안국의 영해로 되어[38] 영해통항제도를 해협에 적용함에 있어서, "일시적 정지의 배제"를 규정한 영해협약 제16조 4항의 규정만으로는 문제해결이 어렵게 되었다. 무엇보다도 연안국의 영해로 "폐쇄된" 이들 해협으로 수상함정은 무해통항이라도 할 수 있겠지만, 항공기와 잠수함은 통항이 전면 폐쇄되고 말기 때문이다.

　1970년대에 들어와 제3차 유엔해양법회의를 준비하던 심해저위원회에 미국[39]과 소련[40]이 해협에 있어서 항해의 자유보장을 내용으로 하는 협정초안을 제안한 것은 이러한 연유때문이다. 미국과 소련의 자유통항 제안에 자극을 받는 해협연안국들은 연안국으로서의 정당한 국익을 보호받기 위한 새로운 해협통항 초안을 제안하게 되었는데 이는 실질적으로 해협통항을 무해통항제도 속에 묶으려는 내용에 불과하였다.[41]

---

38) 연안국들이 영해를 3해리에서 12해리로 확장함으로서 공해수로가 없어지는 세계의 중요해협의 총수에 관해서는;
　① 미국정부의 공식집계로는 116개이며,
　② 미국무성 지리국(The Geographer of the State Department)의 집계로는 121개이다.
　　Reger D Wiegley LT.JAGC.U.S.Navy., "Law and Conflict at Sea", *U.S. Naval War College review* 1980. Jan. note. 8.
39) A/AC.138/SC.Ⅱ/L.4, 1971. SBC *Report* 241(U.S.)
40) A/AC.138/SC.Ⅱ/L.7, 1972. SBC *Report* 162(U.S.S.R)

1974년 제3차 유엔해양법의회의 최종협상이 개시된 Caracas회기에서, 영국은 위의 강대국측 자유통항안과 연안국측 무해통항안을 절충한 해협통항의 새로운 안을 제출하게 되었다.42)

이 안에 의하면 해협통항은 영해통항과 별도의 제도로 규정되고 있었다. 그리하여 영해에 있어서의 무해통항제도와 구별해서 이를 "통과통항제도"(transit passage regime)라 부르게 되었다. 제3차 유엔해양법회의 기간중 해협통항제도의 논의는 결국 이 "영국안"이 골격이 되었으며 유엔해양법협약 제3장의 내용도 그 중요한 형태가 이때 이미 구성되게 되었던 것이다.

2. 통과통항제도의 내용개관

현 유엔해양법협약 제38조에 의하면, 국제항행에 사용되는 해협에 있어서 위에 지적한 세 가지 경우를 제외하고는 모든 선박과 항공기는 방해받지 않는 통과통항권을 향유한다.(제38조 1항)

「통과통항권」이란 공해(또는 경제수역)의 한쪽 부분과 다른 공해(또는 경제수역)를 연결하는 해협에서 항행의 자유 또는 상공비행의 자유를 행사하는 것을 말한다.(제38조 2항) 그런데 이 항해의 자유 및 상공비행의 자유는 해협을 계속적으로 그리고 신속하게 통과할 목적만을 위하여 행사되어야 한다.

통과통항권의 첫번째 내용은 "항해의 자유"(freedom of navigation)와 "상공비행의 자유"(freedom of overflight)이다. 이것은 영해내의 무해통항제도를 규정한 제2장과 통과통항제도를 규정한 제3장의 전형적인 차이를 나타내는 내용이다. 지금까지 무해통항을 규정하는 어떤 성문협정에 있어서도 명문으로 상공비행을 부정한 바는 없으나 영해내의 무해통항권에 상공비행권이 포함되어 있지 않다는 것은 자명하게 인정되어 오고 있는 것이다. 그런데, 영해로 된 해협에 있어서는 이제 상공비행권이 인정되게 되었다.

영해내의 무해통항제도에 있어서 잠수함은 부상해서 기국의 국기를 게양하고 항해하여야만 한다.(유엔해양법협약 제20조) 해협에서 통과통항중인 잠수함은 어떻게 하여야 하는가? 여기에 대한 구체적인 규정은 없다. 앞에서 지적한 "항해의 자유"(freedom of navigation)를 보장한 규정에 의해서 제20조의 규정이 배제되고 잠항통항이 가능하다고 하는 설이 있다.

---

41) Straits-States Proposal A/AC.138/SC.II/L.18,1973 SBC *Report* V.3,3 (Cyprus, Greece, Indonesia, Malaysia, Morocco, Philippines, Spain and Yeman). A/AC.138/SC.II/L.42, 1973. SBC Report V.3,81(Fiji)

42) A/AC.62/C.2/L.3,Chapter III 3 UNCLOS-III *Official Records* 183, 185~186.(1974)

통과통항이 무해통항과 구별되는 또 다른 특징은, 통과통항은 어떠한 경우에도 연안국의 안전을 위해서 일시적으로 정지되는 일이 없다는 점이다.(제44조) 이것은 제2장 제25조 3항(연안국의 무해통항 일시적 정지권)과 대조적이다.

통과통항권의 두번째 내용은, "계속적이고 신속한 통항"(continuous and expeditious transit)이라는 규정이다. 이것은 통과통항중인 선박과 항공기의 의무로서 규정된 제39조 1항 a호의 "지체없는" 항진의무 및 동항 c호의 "계속적이고 신속한 통항의 통상적 태양 유지의무"와 상통하는 규정이다. 이것은 제39조에서는 통과통항선박과 항공기의 의무로서 명시되고 있지만 제38조 2항에서는 통과통항권 자체의 내용구성의 한 요소로 정의되고 있는 점에 특별히 유의해야만 한다.

제2장 영해내의 무해통항제도 속에서도 "통항은 계속적이고 신속하여야 한다." (Passage shall be continuous and expeditious)라고 정의하고 있다.(제18조) 그러므로 제39조 2항의 이 조항은 통과통항권의 정의 속에 무해통항제도와 상통하는 성질이 내재하여 있다는 것을 명시하는 것이다. 통과통항제도를 "자유통항"으로 해석코자 하는 미국학자들은 "항행의 자유"(freedom of navigation)와 "상공비행의 자유"(freedom of overflight)를 통과통항권의 내용으로 앞세우고 이것은 공해자유를 규정하는 제87조와 상통하는 특성이므로 당연히 통과통항권은 무해통항적인 성질로부터 구별해야 하며, 따라서 명문의 규정이 없더라도 잠수함은 당연히 잠항통항권을 갖는 것으로 해석해야 한다고 보고 있다. 그러나 통과통항이란 다만 "계속적이고 신속한 통과"를 목적으로 한 항해의 자유 및 상공비행의 자유의 행사를 의미하는 것이다. 즉, 통과통항권은 무해통항적 특성과 완전히 구별되는 개념으로 성립되어 있지 않다.

유엔해양법협약은 별도의 장(제3장)을 두고 영해통항과는 구별되는 해협통항제도를 규정하고 있다. 그러나 제38조의 정의만을 가지고는 통과통항의 내용은 분명하지 아니하다. 그러면 국제항행에 사용되는 해협은 연안국의 영해가 아닌 특별한(sui generis) 법적 지위를 갖게되는 것인가? 일본에서는 "비핵삼원칙"의 적용를 회피하기 위하여 5대 중요해협에 유엔해양법협약이 성립 발효할 때까지 자유항행 구역을 설정하자는 제안이 나왔었는데,43) 그런 주장은 "자유통항구역"에 영해가 아닌 별도의 법적 지위를 부여하는 셈이 되는 것이다. 유엔해양법협약에서는 국제항행에 사용되는 해협을 구성하는 수역의 법적 지위에 관하여

> …본장에서 규정되는 해협통항제도는 다른 면에 있어서는(in other respects) 국제항행에 사용되는 해협을 구성하는 수역의 법적 지위나 연안국이 이 영역 및 그 위의 공역(空域), 해저와 그 하층토에 대하여 행사하는 주권 및 관할권에 아무런 영향을 주지 아니한다.…

---

43) Tadao Kuribayashi, op.cit., p.46

라고 규정한다.(제34조 1항) "다른 면에 있어서"(in other respects)만 영향을 주지 않는다면 국제해협의 통항을 규제하는 면(in these respects)에 있어서는 그 영해로서의 법적 지위에 영향을 줄 수도 있다는 반대해석이 불가능하는 것은 아니지만, 제3차 유엔해양법회의의 협의중에는 경제수역의 법적 성격에 관한 논의가 많았던 것에 비해서 해협의 영해로서의 법적 지위에 대해서는 별로 논의가 없었다. 이것은 그 영해로서의 법적 지위에 변동이 없다는 점에 아무도 의문을 갖지 않았기 때문이 아닌가 생각된다.

3. 해협의 잠항통항권 문제

제3차 유엔해양법회의의 초기에 제출된 해협통항제도에 관한 미국안[44] 및 소련안[45]에 의하면 해협에서의 통항권은 "공해에서와 똑같은" 항해의 자유권 및 상공비행의 자유권으로 표현되고 있다. 그러나 이러한 공격적인 어휘를 회피하기로 한 영국안 이래의 표현은 "오직 계속적으로 신속하게 통과할 목적만을 위한 항해의 자유 및 상공비행의 자유권"으로 되어 있다. 그러므로 후자의 경우에 통과통항시 잠수함의 잠항통항이 허용되는가?에 관하여 조문으로 표현이 모호하고 따라서 해석상 문제가 일어날 수 있게 되어 있다.

후술하는 바와 같이 해협통항제도에 있어 미국(소련도 같은 경우이지만)의 입장에서 탄도유도탄 발사를 위한 핵추진잠수함(SSBN)의 국제해협에서의 잠수통항이 보장되지 아니하는 해협제도란 아무런 의의가 없는 것이다.[46]

특히 미국학계에서는 현 유엔해양법협약 중 해양통항제도의 규정상 잠수함의 잠항통항의 권리가 보장되는가에 관해서는 많은 논의가 있어 왔다. 이 문제는 제주해협, 대한해협 등과 같이 전략적으로 중요한 해협의 연안국으로서 소련 등의 핵추진잠수함이 이들 해협을 잠항하는 경우를 중심으로 안보적 문제를 검토해야만 할 우리나라에 있어서도 중요한 문제이므로 이에 관련된 학설을 소개하고 분석해 보기로 한다.

---

44) U.S.A; Draft Articles on the Breath of the Territorial Sea, Straits, and Fisheries, U.N. Doc. A/AC.138/SC.II/L.4,(1971) submitted at a meeting of the U.N. Seabed Committee in Geneva August 3. 1971.
45) Draft Articles on the Straits Used for International Navigation submitted by the U.S.S.R Doc. A/AC.138/SC.II/L.7(July 25. 1972)
46) William T.Burke, "Submerged Passage Through Straits; Interpretations of the Proposed Law of the Sea Treaty Text". 52 *Washington Law Review* 203(1977) ISNT. Art. 44, Para. 1, Subpara.(b)을 참조.

(1) 잠항통항권의 긍정설

유엔해양법협약상 해협통항에 관한 규정들이 영해인 해협에서 잠수함의 잠항통항권을 보장한다는 견해를 간추리면 다음과 같다.

① 제38조 1항은 해협에서의 "통과통항"을 보장한다. 제38조 2항은 통과통항이란 "항행의 자유권"의 행사를 포함되는 것으로 정의한다. 그런데 이 "항행의 자유"란 당연히 잠수통항의 자유를 포함한다고 이해된다.

② 제39조 1항 c호에 의하면 통과통항권을 행사하는 선박을 계속적이고 신속한 통과를 위한 정상적인 형태의 통항에 부수되는 행위 이외의 어떠한 고의적 행위도 삼가해야 한다고 한다. 이때 "정상적인 형태의 통항"이란 잠수함에 있어서는 잠항통항으로 이해된다. 제20조가 영해에서 잠수함은 부상항행을 하고 그 국기를 게양토록 요구한 것은 해협에 관해 규정하고 있는 제3장에 속하지 않고 해협통항제도에 관한 제2장에 속하고 있기 때문이다.

(2) 잠항통항권의 부정설

위의 긍정설에 반대되는 견해를 간추리면 다음과 같다.

① 제38조 2항의 "항행의 자유권"이라는 용어는 계속적이고 신속한 통과목적의 범위내의 권리이며 잠항통항의 권리를 포함하지 않는다.

② 비록 제3차 유엔해양법회의의 협상과정에서 잠항통항권을 포함시키도록 할 수 있는 방도를 찾아 노력했던 것이나, 결과적인 유엔해양법협약 조문만으로는 의심없이 잠항통항권을 보장할 수 있도록 내용적으로 규정되어있지 않으며, 각종 제한으로 방해되어 있다.

③ 제39조 1항 c의 "정상적인 형태의 통항"은 그 자체로서는 잠수함의 잠수항행을 보장하는 것이 될 수 없다.

④ 영해에 관한 제20조의 규정—영해에서의 잠수함의 통항이 부상항행을 요구하는 조항—은 영해인 해협에서도 적용된다.

(3) 종합적 분석

① 제38조의 "항행의 자유"는 잠항통항권을 포함하는가?

긍정설의 주장에 의하면 "항행의 자유"란 당연히 잠수항행의 자유를 포함한다고 하고, 이것은 쏘련안이나 미국초안[47]에서와 같이 "공해에 있어서와 똑같은"이라는 명시적 어구는 없지만 협상의 전과정을 짐작컨대, 그러한 취지가 "양해(諒解)"되어

---

47) Supra note. 39 & 40

있다고 주장한다.48) 그러나 반대설에 의하면 단순히 "항행의 자유"라는 용어만으로 영해로 된 해협에서 "공해와 같은" 의미의 "항행의 자유"를 보장한다고는 해석할 수 없다. 여기서 항행의 자유란 "오직 계속적이고도 신속한 통과의 목적만을 위한" 것이며, 제39조의 통항선박으로서의 의무와 제41조의 연안국의 입법권에 구속되는 그러한 항행의 자유인만큼 이는 결코 "공해에서와 똑같은"그것일 수가 없다고 한다.49) 통과통항선박의 의무를 규정한 제39조 1항 b호의 요건은 무해통항에 관한 제19조 2항 a의 요건과 정확히 같은 것으로서50) 통과통항은 공해에서의 항행의 자유권이라기 보다 무해통항쪽에 더욱 가깝다51)고 한다. 생각컨대 제38조 2항의 "항행의 자유"는 그 규정 하나만으로서는 "당연히" 잠항통항권을 포함한다고 해석할 수도 없으며, 또 명확히 이 규정이 잠항통항을 배제하는 의미를 갖는다고 해석할 수도 없다.

다만 분명한 것은 제38조 2항의 "항행의 자유"는 공해에서의 항행의 자유와 같은 의미로는 볼 수 없다는 것이다. 그것은 "오직 계속적이며 신속한 통항"을 위한 "항행의 자유"일 뿐이다.

② 제39조 1항 c의 "정상적인 형태의 통항"은 해협을 통항하는 잠수함에 있어서는 "잠항통항을 의미한다"고 볼 수 있는가?

각종 선박의 정상적 통항의 형태가 무엇인가하는 것은 사실상의 문제이다. 그런데 어떤 종류의 선박, 예컨대 잠수함에 있어서 어느 것이 "정상적인 형태"의 통항인가를 규범적 기준으로서 논하는 것은 법률적 문제가 된다. 우선 함정의 특성이나 항해에 관한 전문가가 아닌 법률가가 잠수함의 정상적인 통항의 형태가 무엇인가를 판단하는 것은 용이한 일이 아니다. 일반적으로 분석하여 보면 통항의 "정상성(正常性)"은 우선 수로의 형태, 통항량의 다소, 성질, 충돌예방규칙상의 요건 등에 따라 판단되어야 한다고 생각된다. SSBN은 그 경비순항에 있어서 해협을 포함하여 전항정(全航程)을 잠항하고 있다.

그러나 협소하고 통항량이 많은 해협에서는 부상항해하는 것이 훨씬 용이하고 안전하다고 한다.52) 잠수함의 해협통항의 경우에 어느 경우에나 잠항통항만이 "정상적

---

48) W.T.Burke, op.cit., pp.202~340
49) W.Michael Reisman, "The Regime of Straits and National Security:An Appraisal of International Law Making", 74 *AJIL* 70(1980)
50) ···(Refrain from) any threat or use of force against the coastal sovereignty, territorial integrity or political independence of the Coastal State(State boarding the straits) or in any other manner in violation of the principles of international law embodied in the Charter of the United Nations···
51) M.Reisman, Loc.cit.
52) Knauss, "The Military Role in the Oceans and its Relations to the Law of the Sea", *Law of Sea:A New Geneva Conference* L.M.Alexander ed.(1972)., p.77.

인 형태"의 통항인가? 그리하여 이 "정당성"이 해협통항에 있어서 잠수함에 대하여 그 잠항을 정지당하지 않을 권한을 부여할만큼 규범적 의미를 가질 수 있겠는가? 하는 것은 확실히 의문이다.

이것과 관련하여 긍정설에 속하는 입장은 특히 영해통항을 규정하는 제2장에 제20조—영해통항시 타국 잠수함의 부상항행 의무규정—가 위치하므로, 해협통항을 규정하는 제3장에는 그 규정이 적용되지 아니한다고 주장하는 것이다.

생각컨대, 잠수함에 있어서 "정상적인 형태"의 통항이 잠항통항인가 하는 것은 사실상의 문제로서 이미 분쟁의 여지가 있는 것이므로, 이것을 규범적 기준으로 해석할 여지는 없다고 생각된다. 그리고 제2장의 규정은 제3장에 절대로 적용되거나 참작될 수 없다고 하는 이론은 성립되지 아니한다. 그것은 조약은 조약의 목적과 대상에 비추어 조약규정의 전체적 문맥상 통상적인 의미에 따라 성실하게 해석해야 한다고 명시한 조약법의 해석에 관한 Vienna협약 제31조 1항 후단 및 제2항에서 규정하고 있는 바를 상기하면 자명하다.[53]

(4) 잠항통항권은 있는가?

잠항통항에 관한 가장 구체적인 문제는 해협통항을 규정하는 제3장 전체규정의 어느 곳에도 제20조의 적용을 배척하는 명문의 규정을 두고 있지 않다는데에 있다.

W.T.Burke, John Norton Moore[54] 등의 다수의 학자가 긍정설로 주장하는 내용을 종합하면, 제3차 유엔해양법회의에서의 협의 경과(Vienna조약법협약 제23조)와 기타 보충적인 자료에 의하여 제3장의 통과통항에는 제20조가 적용되지 아니한다는 "양해"가 성립되어 있다고 하는 것을 아주 중요한 근거로 제시하고 있다.[55]

W.M.Reisman교수가 이 "양해"의 존부문제에 관하여 충실한 이론으로 반박하여 지적하고 있는 점은, Vienna조약법협약 제31조 2항 a(당사국간에 이루어진 조약에 관한 합의), 제31조 3항 a(해석 또는 적용에 관한 당사국간의 추후 합의)들에서 규정하는 바와 같은 제20조 적용배제에 관한 명시적 합의의 결여이다. 그리고 W.M.Reisman교수는 통과통항에 제20조의 적용를 배제함에는 Vienna조약법협약 제31조 2항의 당사국간의 명시적 합의가 최소한도 필요하다고 보고, 동 제32조의 보충적 자료나 제31조 3항의 "추후의 합의"나 관행에 관하여는 그러한 것이 존재하지도 않고(유엔해양법협약이 아직 발효되지 아니 하였으니) 존재할 수도 없다고 지적하였다.[56]

---

53) W.M.reisman, op.cit., p.73
54) Supra. note. 46 and J.N.Moore, "The Regime of Straits and The 3rd UNCLOS", 74 AJIL, (1980). pp.77~121.
55) W.T.Burke, op.cit., pp.202~207.
56) W.M.Reisman, op.cit., p.75

생각컨대, Reisman교수의 해석론은 매우 타당한 이론이라고 생각된다. 유엔해양법협약은 채택 성립되었다. 이제 그 해석에 관하여 Vienna조약법협약 제32조에 의한 보충적 자료는 충분히 문제될 수 있으며, W.T.Burke교수가 긍정설의 근거로 제시하고 있는, 이 문제에 관한 해석의 보충적 수단들—조약의 교섭기록과 체결시의 사정—이 용납될 수 있는 것인가 하는 것은 이제 검토될 여지가 있다고 본다. 긍정설을 펴는 미국의 다수의 학자들은 논의의 여지도 없이 협약 교섭기록이나 체결시의 사정들이 제20조의 적용을 배제할 수 있는 충분한 자료가 될 수 있다고 생각하는 것 같다.

그러나 Reisman교수가 통렬히 지적하고 있는 것처럼 제3차 유엔해양법회의에 참여한 150여개국 대표단 전체가 또는 그 대부분이 동의하는 이러한 기록되지 않은 "양해"가 존재한다고 믿는 생각은 "터무니가 없다." 그러한 양해를 믿거나 그것을 채용할 것을 권고하거나 국제재판소에서 이를 채용하려고 하는 법률가가 있다면 그는 참으로 "naive"하다.

Reisman교수는 제3차 유엔해양법회의 그 자체의 목적 중에서 가장 중요한 것이 국제해협에 관한 자유통항의 확보를 규정하는 것이었는데, 하필 그것을 "양해사항"으로 해야만 하는 것인지 이해할 수 없다고 말하고 있다. 그는,

> 우리 [서방선진해양국]에게 중요한 문제 [해협에서의 자유통항]를 양해사항으로 받아들이면서 다른 사람들 [개발도상의 해협연안국]에게 중요한 명시적 규정들 [통과통항에 관한 각종 제한규정]을 인정하려 하지 않는 모순은 참으로 곤란하다.[57]

라고 한다. 그러나 생각컨대 현대 국제사회에서 국제법의 적용 및 실시는 반드시 법실증주의자의 이론대로 진행되지는 아니한다. 특히 해협통항과 같이 군사적, 정치적 의미가 깊게 개입되어 있는 문제일수록 그러하다. 단지 L. Richardson대사가 평하는 것처럼 이 협약이 종래의 불명확성과의 견해의 차이를 깨끗이 불식시킨 훌륭한 것[58]은 결코 아니라는 점은 해협연안국이나 해협사용국이나 앞으로 유의해야 할 것이다.

4. 통항선박 및 항공기의 의무

유엔해양법협약 제39조는 통항선박 및 항공기의 의무가 규정되어 있다. 이것은 통과통항제도의 내용상 국제해협 이용자에게 당연히 요구되는 의무이다. 그러므로 연안국의 보호적 입법권(제42조)이나 항로 및 통항분리대지정권(제41조) 등에 의해 반사적으로 생기는 의무와는 일단 구별된다.

제39조의 의무는 결국 통항선박 및 항공기의 기국이 지는 의무가 된다. 따라서 의

---

57) Loc.cit.
58) E.L.Richardson "Law of the Sea: Navigation and Other Traditional National Security Considerations", *San Diego Law Review*, Vol. 19, No. 553.(1982) p.565.

무위반은 기국에게 국제책임을 발생시킨다. 연안국은 이 의무위반을 이유로 통과통항 자체를 일방적으로 금지할 수는 없다고 본다.

제39조는 선박과 항공기의 공통적 의무 4가지와 통항선박 및 항공기 각기의 의무를 구별해서 규정하고 있다.

(1) 선박과 항공기의 공통의무(제39조 1항)

해협에서 통과통항권을 행사하는 선박과 항공기에 공통적으로 적용되는 의무는,

◇ 지체함이 없이 해협을 통과할 것.(상공비행 포함)
◇ 연안국의 주권, 영토적 보존, 정치적 독립을 위협하는 행위나 무력의 사용을 삼가할 것.
◇ 재난이나 불가항력의 경우 이외에는 계속되고 신속한 통항의 "정상적인 형태"에 부수되지 아니한 어떠한 다른 행위도 삼가할 것.
◇ 본 장의 다른 규정에 따를 것.

등이다.

잠항통항에 관련하여 이미 분석하여 본 것과 같이 통과통항권의 행사에 대하여 부과되고 있는 이들 의무는 무해통항시의 그것과 유사하다.

가. 지체없는 항진의무(1항 a호)

제39조 1항 a호의 "지체없는 항진"(proceed without delay) 조항에 대해서 축조심의과정 중 Poland는 이를 "정상적 속도의 계속적 항진"(proceed continuously with normal speed)으로 수정할 것을 제의하였으며, Belgium은 "계속적인 항진"(proceed in a continuous way)으로 수정할 것을 제의하였다. 그러나 어느 제안도 채택되지는 아니하였다. 왜냐하면 "지체없는"이라는 용어속에 "계속적이고도 신속한"이라는 두가지 개념이 모두 내포된 것이라고 인정되었기 때문이다.(제38조 2항 참조)

영국초안이나 ISNT까지에서는 "or over"라는 표현이 누락되어 있었다. RSNT 이후 삽입된 이 표현은 상공비행을 위하여 필요하다고 생각되었던 것 같다.

이 의무는 통과통항권의 내용정의에서 규정하고 있는 "계속적이고 신속한 통과행위"일 것을 보장하는 가장 기초적인 의무임은 앞에서 지적한 바와 같다.

나. 연안국을 침해하는 무력행위의 금지의무(1항 b호)

이 의무는 영해내의 무해통항권을 정의하는 제2장 제19조에서 표현하고 있는 용어와 완전히 일치하고 있다.(제19조 2항 a호) "유엔헌장에 구현된 국제법의 원리"란 유엔헌장 제2조 4항의 무력행위금지의 원리를 지칭하고 있는 것이다. 영국초안이나

ISNT까지에서는 "sovereignty"라는 표현이 누락 되었으나 RSNT이후 이 용어가 삽입되고 있다. 이 제39조 1항 b호의 해석에 의하여 군함은 통과통항중인 해협에서 무기를 탑재하거나 양륙하거나 발사할 수 없으며 함포 등 무기의 훈련이나 연습을 실시할 수 없다고 보아야 한다. 물론 연안국의 사전허가 없는 과학조사와 수로측량 행위는 제40조에 의하여 명문으로 금지되고 있다. 이 부분의 해석에 관하여는 무해통항의 경우와 같이 명시적으로 열거된 규정이 없으므로 다른 해석이 가능하다. 즉, 연안국의 입법권의 범위 중에 주권과 영토적 독립에 대한 무력의 행사나 위협을 금지하는 사항이 포함되어 있지 않는 것을 이유로 위에 열거한 행위를 "어느 경우에는 허용되는 것으로 분석해야 할 때가 많을 것"이라고 해석한 예가 있었다.[59] 그러나 제39조 1항 b의 의무는 그것이 매우 포괄적이며, 연안국의 주권과 자의가 개입될 여지가 많은 것이지만 그럼에도 불구하고 그것은 역시 법적 의무임에는 틀림없고, 이들 의무는 연안국의 구체적인 국내입법조치를 기다려서 비로소 성립되는 것은 아니므로 종래의 견해를 변경하여 포괄적으로 해석한다.[60]

다. 계속적이고 신속한 통과에 부수되지 않는 행위의 금지의무(1항 c호)

이 의무 역시 제38조 2항, 통과통항권의 정의에서 "계속적이고도 신속한 통과"라는 규정과 제39조 1항 a호의 "지체없는 항진"의무 등과 상통하는 것이다.

계속적이고도 신속한 통과행위의 "정상적 형태"에 관해서는 잠항통항 문제와 관련하여 이미 논한 바와 같다.

본항의 의무에는 두 가지의 예외가 인정된다. 그것은 불가항력적 사유(force majeure)와 조난을 당한 경우이다. 무해통항제도를 규정하는 제18조 2항은 특히 이 예외규정과 대조적으로 비교될 수 있는 바, 통과통항중인 선박의 "정선(停船)이나 투묘"가 허용되는가? 하는 것이 검토되어야 하겠다. 제18조 2항에서와 같이 명문규정이 없지만 예외적 활동으로 불가항력적인 경우나 조난시의 정선 및 투묘는 허용되는 것으로 볼 수 있다. 제18조 2항에서는 자기자신의 조난이나 불가항력 이외에, 위험이나 조난상태에 있는 다른 선박과 항공기를 구조하기 위한 정선 및 투묘까지를 포함해서 규정하고 있다.

본항에 있어서는 명문이 없기 때문에 예외의 범위를 여기까지 확대할 수 있겠는가는 일단 의문시 된다. 그러나 위험이나 조난중에 있는 다른 항해자를 구조할 의무는 "선원의 일반적 의무"로서 전통적으로 확립된 관습법의 내용인 것이다. 그러므로 제18조 2항과 같은 명문의 규정이 추가되어 있지 아니하여도 이것은 긍정적으로 해

---

59) 拙稿, 「해협통항제도에 관한 연구」(한양대학원 석사학위 논문, 1979) p.67.
60) W.M.Reisman, op.cit., p.70. 다른 견해로는 Donat Pharand, op.cit., p.83.
   소련안 Doc.A/AC.138 SC.Ⅱ L.7.25 July 1972 Art. 2, Para(a) 참조.

석되어야만 할 것이다.

라. 기타 통과통항규정 준수의무(1항 d호)

"본항"이란 제32장 통과통항제도 전체를 의미하고 있다. 본장의 "관련규정"이라 함은 본장에서 통항선박이나 항공기에 그 준수를 요구하고 있는 기타의 통과통항규정을 말한다. 그 중 중요한 사항으로서는 제40조의 조사 및 측량활동의 금지, 제41조의 연안국이 지정한 항로와 통항분리대 존중의무, 그리고 제42조의 연안국보호입법권에 의한 법령 등의 준수 의무 등이 있다.

(2) 통과통항 선박의 의무(제39조 2항)

통과통항중인 선박은

◇ 해상충돌예방법을 포함한 항해안전에 관한 국제규칙을 준수해야 하며,
◇ 해양오염의 예방과 그 통제를 위한 국제규칙을 준수하여야 한다. 여기서 "감소"라는 용어는 ICNT[61] 이래 새로이 추가되었다.

가. 항해안전에 관한 국제규칙 준수의무(2항 2호)

항해안전에 관한 국제규칙에는 해상충돌예방규칙은 물론이고 해상인명안전협약(SOLAS)과 기타 IMO가 주관하여 마련하고 있는 많은 국제 규칙이 있다. 영국의 초안에서는 1972년 해상충돌예방규칙에 관한 국제협약을 특정하고 있었지만, 항해안전에 관련된 국제규칙은 특정되기보다 포괄적으로 규정해야 한다는 취지에서 이처럼 수정되었다. 여기서 "일반적으로 수락된"(generally accepted) 국제규칙이라는 수식어의 의미는 다소 모호한 점이 있다. 구태여 이 의미를 분석한다면, 해상충돌예방규칙에 관한 국제협약이나 해상인명안전협약(SOLAS) 등 항해안전에 관련된 국제규칙에 가입치 아니한 기국의 선박이 통과통항을 실시할 경우에도 이들 국제규칙이 "일반적으로 수락된" 내용인 한, 이를 준수해야 한다는 의미로 해석해야 할 것이다.

나. 해양오염의 예방과 방지의무(2항 b호)

여기서도 "일반적으로 수락된"이라는 수식어를 사용하고 있는 바, 이는 위에서와 같은 취지로 해석해야 한다.

통항중인 선박이 군함 및 정부선박인 경우에는 이들 각종 법과 규칙에 대하여 주권면책을 누리게 된다.(유엔해양법협약 제236조 참조) 그러나 군함과 정부선박도 해

---

[61] ICNT, Doc.A/CONF.62/WP.10 & Add. 1, 15 July 1977.

양환경의 보존을 위한 제반조치와 노력이 합리적이고 실제적인 것인 한 이를 저해하는 행위를 삼가도록 그 기국은 이를 확인하여야 하며(제236조 후단), 제43조에 의거 연안국과 협조하여야 한다.

(3) 통과통항 항공기의 의무(제39조 3항)

통항중인 항공기는

◇ 국제민간항공기구(ICAO)가 제정한 항공규칙을 준수해야 하며,
◇ 국제조난무선주파수를 청취하여야 한다.

가. 항공규칙 준수의무(3항 a호)

영국초안에서는 여기의 항공규칙을 「1944년 시카고 민간항공협정」으로 특정지어 규정하고 있었다. 항공협약은 현재로서는 「시카고협약」이 물론 가장 중요한 것이지만 이렇게 특정하는 것보다 포괄적으로 규정해야 한다는 취지에서 "민간항공기구에서 제정한 항공규칙"으로 수정되었다.[62]

민간항공기는 물론이고 국가항공기도 이러한 민간항공기구에서 제정한 항공규칙을 언제나 준수하고 항행안전에 관한 적정한 주의를 경주할 것이 규정되고 있다.(a호 후단)[63] 그러나 실제로 국제민간항공기구(ICAO)가 어떤 지역의 항공규칙을 직접 제정하는 것은 아니다. 「국제민간항공협약」제37조에 의하면 ICAO는 항공기에 관한 국제표준 및 절차를 채택하고 개정하며, 제38조에 의하면, 각 체약국은 제37조의 표준 및 절차에 따라 자국 관할구역에서의 항공규칙을 정한다. ICAO의 국제표준이나 절차에 완전히 일치하게 항공규칙을 정할 수 없는 체약국은 일정한 기간(60일) 이내에 이를 ICAO집행이사회에 통보하고 이사회는 이 차이를 모든 다른 체약국에게 즉시 통고하게 된다. 그러므로 특정공역에서 유효한 항공규칙은 그 공역에 관할권을 갖는 특정체약국의 항공규칙일 뿐이다.

따라서 제39조 3항 a호의 항공규칙 등 준수의무는 ICAO의 국제표준 및 절차들에 맞는 해협연안국의 항공규칙을 준수하는 의무로 풀어 해석하여야 한다.

나. 항공통제 및 조난주파수 청취의무(3항 a호)

항공통제 및 조난주파수의 계속적인 청취의무는 항공안전을 위한 보조적 조치라

---

62) A.Conf.62/C.2/L.3,Chapter Ⅲ, Art. 2,(3) UNCLOS Ⅲ *Official Records* Vol. Ⅲ, pp.183 ~ 186(1974).
63) The Statement by John R Stevenson 1972 SBC *Summary Records* 25-27 A/AC.138/SC.Ⅱ/SR.33-47. 참조

고 생각된다.

5. 연안국의 권한

통과통항에 관련하여 해협연안국의 이익보호를 위하여 인정되고 있는 권한는 제41조의 통항로 및 통항분리대 설정권과 제42조의 보호적 입법권이다. 특히 제42조가 규정한 연안국의 보호적 입법권에 관하여 보면 무해통항시 연안국의 입법권을 규정한 제21조와 대비할 수 있다.

제21조의 입법권은 유엔해양법협약과 "기타 국제법의 일반원칙"에 따라 설정되는데 제42조의 입법권은 통과통항에 관한 "제3장 2절의 규정"에 따라서만 인정된다. 제42조가 정하는 입법권은 4가지인데,

1) 통항규칙과 항해안전에 관한 사항; 이는 제41조에서 규정하는 통항로와 통항분리대 지정설치에 관련된 것을 말한다.
2) 오염의 방지, 감소, 통제에 관한 사항.
3) 어로금지에 관한 사항.
4) 관세, 재정, 이민 및 위생에 관한 국내법을 위반하는 행위에 관한 사항들이다.

위의 입법사항은 제한적인 열거로 보아야 한다.

해협연안국의 보호적 입법권에 대하여는 이들 국내법의 적용이 본절에 규정된 통과통항권을 사실상 부인하거나 또는 방해하는 것이 되지 않도록 적용, 실시하여야 한다는 중요한 제한이 있다. 이는 연안국이 국내법령의 시행등을 이유로 통항선박에 대하여 정선, 임검, 수색 등의 조치를 자행하는 것을 금지하는 취지라고 해석된다. 통항선박은 이들 국내법과 규정을 준수하여야 한다.(제42조 4항).

통과통항을 실시하는 항공기의 법규 준수의무를 누락시키고 있으나, 이는 입법의 흠결이라고 생각된다. 즉 제42조 4항의 "외국통항선박"은 "외국선박과 항공기"로 개정되어야 한다.

만일 통항선박이나, 항공기가 법규준수의 의무를 위반하였을 때에는 일반국제법의 원칙에 따라 조치하여야 할 것이다. 특히 무해통항에서 규정하는 것 같이 국내법규를 위반한 외국군함에 대한 즉시 퇴거요구권(제30조)을 본장 본절에서는 규정하고 있지 않으나, 이것은 해협에 있어서도 같이 적용된다고 보아야 한다. 그리고 물론 그 기국은 해협연안국에 대해 제42조 5항에 의한 손해배상책임을 져야할 것이다.

Ⅲ. 특별국제해협(特別國際海峽)

1. 특별국제협약에 의한 해협의 통항

유엔해양법협약 제35조 (c)호에서는 "일정해역에 관하여 장기간에 걸쳐서 유효한 국제협약에 의해서 통항이 규제되는 해협의 통항제도는 본 협약으로 아무런 영향을 받지 아니한다"라고 규정하고 있다.

이 조항의 취지는 물론 세계의 중요 해협에 있어서 장기간 특별국제협약 등으로 확립되어 온 통항의 제도를 존중하기 위한 것이다.

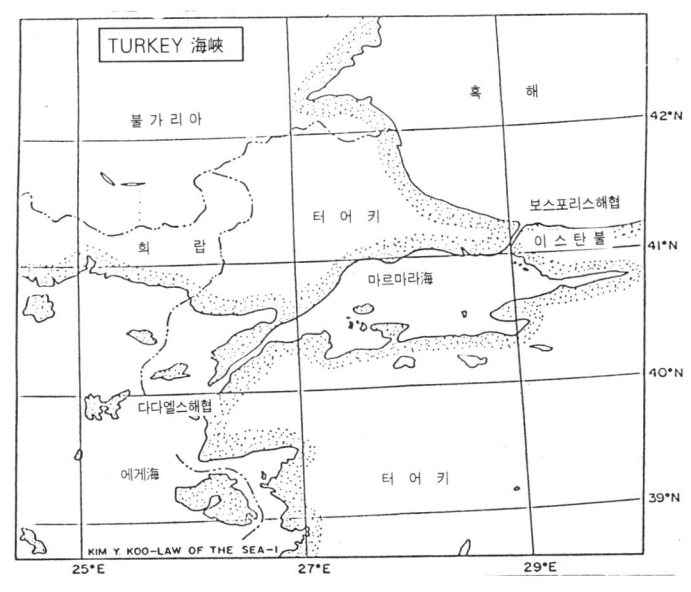

(지도 4-3) TURKEY 해협

특별국제협약 등으로 해협의 통항제도를 별도로 규정하고 있는 해협은 많지 않다. 가장 전형적인 예는 Bosporus와 Dardanells해협일 것이다. 이들 해협의 통항에는 1936년의 Montreux 조약[64])에 의한 특별제도가 적용된다.

Turkey해협 또는 흑해해협으로 불리는 이 해협은, Borporus해협과 Dardasnells해협으로 구성된다.(지도 4-3 참조)

Bosporus는 흑해와 Marmara해를 연결하는 해협이다. 폭은 최소지점이 600m(0.3해리), 최대로 넓은 곳은 3.3km이다. 수심은 평균 50~70m, 최대수심은 121m이다.

Dardanells는 Marmara해와 에게해를 연결하는 해협이다. 폭은 최소지점이 1.3km

---

64) Convention regarding the Regime of the Straits signed at Montreux, July 20th 1936. 몽뚜르조약의 비준국은 영국, 불가리아, 프랑스, 희랍, 루마니아, 터키, 소련, 유고, 일본의 9개국이다. 이 조약은 1936년 11월 9일에 발효되었다.
  P.D.Brarbolya and et. al, *Manual of International Maritime Law*(Moscow:Military Publishing House, Ministry of Defence. USSR, 1966) trans. by U.S.Dept. of Navy,(Jan. 1968), pp.148~161.

(0.6 해리), 최대폭이 7.5km이다. 수심은 평균 45m 최대수심은 104.3m이다. 이 두 해협은 모두 터키 영토내에 있다. 이 Turkey해협은 흑해로부터 지중해로 이르는 중요한 해상통로이다. 현재 흑해의 연안국은 소련, 터키, 루마니아, 불가리아의 4개국이다. Turkey해협의 통항문제는 이미 15세기부터 관계 열강들의 관심의 초점이 되어왔다. 1936년 Montreux조약 성립까지의 경과를 개관하면 다음과 같다.

 티무르제국의 티무르가 죽은 뒤 그 나라가 쇠약한 틈을 타서 1453년 서쪽에 있던 오스만 터키가 동로마제국을 멸망시키고 콘스탄티노플을 점령한 이래[65] 흑해는 터키의 영해가 되었다. 터키는 소위 "오토만제국의 옛부터 내려오는 원칙"(an ancient rule of the Ottoman Empire)을 주장하여 평시에 이 해협에서의 군함의 통항을 금지시키고 상선은 터키의 재량에 따르게 하였다. 그러나 크리미아 전쟁에서 승리한 러시아는 1774년 터키와 Kutchuck-Kainerdji조약을 강압적으로 체결하고 러시아의 상선이 흑해와 이 두 해협을 자유로 통항할 권리를 얻었다.

 이 조약은 다른 열강을 자극하여 유사한 권리를 터키로부터 얻어내게 하는 시초가 되었다. 그리하여 1799년 영국은 러시아와 같은 내용의 권한을 얻었으나 모두 군함의 통항은 금지하는 것으로 되어 있었다. 이 군함의 통항금지 원칙은 1809년 1월 6일 체결된 영토조약(英土條約)에서 다시 한번 확인되었다.

 이 조약은 "Dardanells조약"이라고도 하는데 여기서 "군함은 오토만제국의 옛 규율에 따라 흑해와 Dardanells해협에 들어 오는 것이 금지되어 오고 있으므로 이 규칙은 금후로도 모든 열강에 의하여 준수되어야 하며 영국은 이를 따를 것을 약속한다"라고 하였다. 1829년 Adrianople조약에서 터키와 러시아는 상선에 대한 통항의 자유권을 모든 나라에 대해서 확대하기로 하였다.

 그런데 1833년 7월 8일 Unkiar Skelessi조약에서 러시아 군함의 통항이 허가되었다.[66] 이 조약은 러시아에게는 극히 유리한 조약이었으나 한번도 활용해 보지 못한 채 1841년 London조약으로 개정되게 되었다. 즉 이 조약에서 터키를 예방하는 소형 사절함정을 제외한 모든 군함의 통항이 다시 금지되었다. 이 조약은 최초의 다자협약에 의한 해협규정이었다.[67] 1856년의 Paris조약 제10조, 1871년 제2차 London협약 제2조에서 군함의 통항금지는 재확인 되었으며 이들 조약의 체약당사국이 아닌

---

[65] 조좌호, 『세계문화사』,(서울:박영사, 1975), p.228.
[66] 이 협약은 본래 露・土 양국의 방어동맹협약이다. 이 협약의 비밀조항에서 러시아는 터키에게 원조를 제공하고, 터키는 호혜의 원칙에 따라서 러시아 이외의 타국군함의 해협통과는 어떤 구실하에서도 이를 허용하지 않기로 한 것이다.
 박봉식, "2차대전을 전후한 러시아의 터키 해협정책에 관한 연구", 『국제법학회논총』, (1963) Vol. 8, No. 1, p.167.
[67] D.P.O'Connell, op.cit., p.502, London협약의 체약당사국은 터키, 영국, 오스트리아, 불란서, 프러시아, 러시아의 6개국이었다.; Oppenheim, op.cit., p.54.

Ⅲ. 특별국제해협(特別國際海峽)

열강들도 이 원칙을 준수하였다. 그런데 제1차 London협약에 의하면 터키 당국은 평시에 우방, 동맹, 열강들의 군함에 대하여 1856년의 Paris평화조약을 준수하는 범위에서 예방 등의 목적인 경우에 해협을 개방할 수 있게 하였다. 이 규정에 따라 Constantinople을 방문하기 위한 외국 왕족들을 실은 군함을 몇차례 출입하게 한 일이 있고 이에 대해서 열강의 반대도 없었다. 그러나 이러한 규칙에 위반하여 타국의 군함이 출입한 예가 있다. 예를 들면, 1847년 터키는 흑해로부터 프랑스로 옥수수를 실은 배를 예인시키기 위해서 두 척의 프랑스 군함을 통과시켰다. 터키가 순전히 인도적인 견지에서 이를 허가하였음에도 이 통항허용에 대하여 열강들은 항의를 제기하였다.

1858년 미국정부는 Constantinople의 미국 공사관의 업무용으로 소형군함을 사용할 수 있다는 터키의 허가를 받고, 50문의 포를 갖춘 대형 frigate함 Wabash를 보냈다. 이에 대하여 열강은 즉시 항의를 제기한 바 있다. 또한 1902년 터키는 러시아의 구축함 4척을 들여 보냈는데, 이 구축함들이 무장을 해제하고 러시아 상선들의 기를 게양할 것을 조건으로 한 것이었다. 영국은 이에 대하여 항의하였다. 1904년 러일전쟁 당시 러시아의 흑해의용함대 소속 군함인 Peterburg와 Smolensk 두척이 지중해로 가기 위하여 이 해협을 통과하는 것이 허용되었다. 러시아 상선기를 게양하고 있는 이 두척의 함정이 나중에 러시아 군함기를 게양하고 군함으로 둔갑한 것을 아무도 눈치채지 못했기 때문에 타 열강들로부터는 아무런 항의도 없었다. 제1차 대전 당시, 터키는 아직 참전하기 전에 두척의 독일 순양함 Goeben과 Breslau를 통과시켜 Constantinople에 들어오게 한 일이 있다. 그 직후 터키가 참전하게 되자 중립국상선의 통항까지도 규제하기 시작하였다. 터키해협 규제의 문제는 1923년 Lausanne회의에서 많은 시간을 할애하여 논의한 의제가 되었다. Lausanne조약에서는, 평시는 물론이고 전시에까지 모든 군용선박과 군용항공기 및 일반상선과 항공기의 자유통항을 보장하였다. 단 터키와 전쟁중에 있는 적국의 군함은 제외되었으며 군함의 통항에 있어서는 흑해에서의 해군력의 균형을 유지하기 위하여 통항에는 군함의 톤수에 일정한 제한을 두었다. 터키는 이 해협의 연안지역을 비무장화하도록 의무를 부담하게 되었고, 터키가 중립인 모든 전쟁시에 이 지역에서의 모든 전쟁행위는 금지되게 되었다. 국제연맹의 주재하에 특별위원회가 발족되었으며, 이 위원회를 통하여 위와 같은 해협제도가 원활히 이행되도록 통괄 조정하게 하였다. 1920년대에 있어서 이 특별위원회는 여러 경우의 사건이 있었지만 그런대로 Lausanne협정에 정한 해협제도를 성공적으로 유지시킨 셈이다. 터키는 1933년 군축회의에서 군함의 통항자유를 규정한 Lausanne협정의 수정을 강력히 주장하였다. 그 결과 1936년 7월 20일 몽뚜루(Montreux)조약이 체결되었다.

Montreux조약상의 통항제도를 간추려 보면,

평화시에 있어서, 모든 상선에 대해서 해협의 자유통항이 보장되고 있다.(제2조) 군함은 주간에만 자유통항이 보장된다. 그러나 터키정부에 15일 전의 사전통고를 해야한다. 그러나 한번에 9척을 넘을 수 없으며 10,000톤 이상의 군함은 통항이 불가하고 전체 통항군함의 총톤수는 15,000톤을 넘을 수 없다.(제14조) 단 흑해 연안국가의 군함인 경우에는 사전통고가 8일 전에만 이루어지면 되고, 톤수 제한의 규정은 적용되지 않는다. 단지 전함은 2척 이하의 구축함의 호위를 받아 1척씩만 통항하여야 한다.(제11조)

잠수함은 흑해 연안국가의 것에 한해서 통항할 수 있으며 주간에 수면을 부상항해해야 하며 1척씩 통항하되 터키정부에 상세한 사전통보를 하여야 한다.(제12조) 어떠한 경우에도 흑해 연안국가 이외의 군함은 흑해 지역에서 21일 이상 체류할 수 없다.(제18조 2항)

민간항공기는 터키정부가 지정하는 항공회랑(航空回廊)을 통하여 이 해협을 상공비행할 수 있다. 그러나 무정기비행은 3일 전에, 정기비행은 정기적으로 비행계획을 터키정부에 사전통고 하여야만 한다.(제23조)

어떠한 경우에도 군용항공기의 상공통항은 금지되며, 항공모함의 통항도 금지되는 것으로 해석된다.(제15조)

전시의 통항은 더욱 엄격히 규제된다.(제19조, 제20조)

이와 같은 Montreux조약의 통항제도는 유엔해양법협약상의 통과통항제도에 우선하여 Turkey해협에 적용된다.(유엔해양법협약 제35조 c호) Montreux조약에서 다루어 지지 않은 문제들―예컨대 해협연안국의 보호입법권과 같은 것들―은 유엔해양법협약에서 새롭게 규정된 내용으로 적용될 수 있을 것이다. 그러나, Turkey는 유엔해양법협약에 처음부터 반대하는 4개국 중의 하나이며 이 협약에 아직 서명조차 하지 않고 있다. 통과통항제도를 하나의 관습국제법으로 간주하지 않는 한, 유엔해양법협약상의 통과통항제도의 터키해협 적용은 아직 문제될 수 없다고 본다. Montreux조약이 발효된 1936년 이래, 이 조약의 개정을 위한 강대국의 시도와 압력이 있어 왔다.[68] 이미 이 협약상의 해협통항규정의 내용이 실질적으로 변화되어 있다고 보는 미국의 학자도 있지만,[69] 반세기 이상 유지되어온 이 해협통항제도는 당분간 변화되지 않을 것으로 보인다.

---

[68] 상세한 내용은, 拙稿, 「해협통항제도에 관한 연구」(한양대학교 대학원 석사학위논문, 1979), pp.120~121. .참조.
[69] R.Churchill & Lowe, op.cit., pp.87~88.

2. 주요 국제해협에서의 통항

유엔해양법협약 제35조 (c)호에서 규정하는 "장기간 유효한 국제협약"으로 통항의 특별제도를 갖는 해협은 현재로서는 터키해협 이외에는 없다고 본다. 터키해협 이외의 세계의 여러 주요 해협에서의 통항제도를 검토하여 보면, 이들 해협에서는 결국 일반적인 국제법상의 해협통항제도가 적용된다는 결론을 내릴 수 밖에 없다. 본절에서는 몇몇 주요 해협들의 통항제도를 검토해 보기로 한다.

(1) Balt해협

Balt해협은 Balt해와 북해 및 대서양을 연결하는 유일한 해로이다. 덴마크해협(Danish straits)이라고도 불리는 이 해협은 Little Belt, Great Belt 및 Sound의 3개 해협으로 구성된다.(지도 4-4 참조)

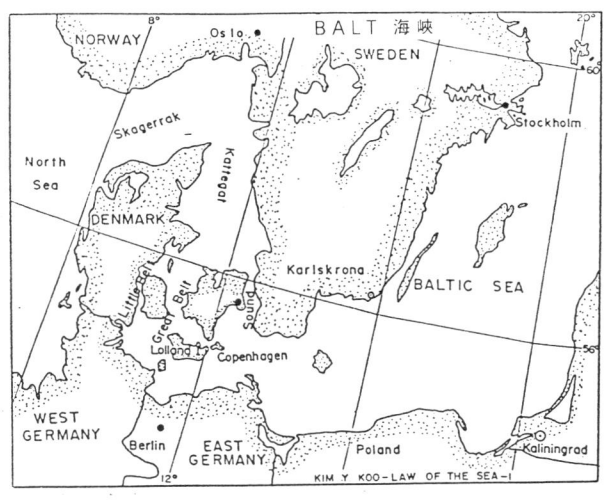

(지도 4-4) Balt 해협

Great Belt는 3개의 해협 중 가장 통항이 빈번한 수로인데 그 최소폭은 18km이다. Sound는 최소폭이 4km이며 수심은 7m~30m정도이다. Little Belt는 폭이 0.7km, 수심은 25~35m이며 소형선박의 통항에만 쓰이고 있다.

해협을 폐쇄적으로 보던 과거에 있어서 해협연안국들은 해협통항선박에 대하여 막중한 통행세를 부과하였다. 덴마크는 그 가장 전형적인 국가로서 Great Belt, Little Belt 그리고 Sound에서 막중한 세금(Oresund Duty라고 칭함)을 징수하였다. 이 덴마크해협의 전횡적인 통행세의 징수는 1645년, 1663년 그리고 1842년에까지 Balt 연안제국에 의해 확인되었다. 1848년 미국은 이 통행세 징수문제에 관하여 항의하였으며, 이에 따라 많은 해양국가들이 덴마크의 전횡적 징수에 항의함으로써, 1857년 3월 14일 Copenhagen조약으로 이 문제는 매듭지게 되었다.[70] Balt해협에 있어서 덴마크의 통행료 징수는 이 조약

---

[70] Copenhagen조약의 당사국은 Denmark, Russia, Austria, Hungary, Belgium, France, Great Britain, Holland, Sweden, Norway 등이며, 이 조약은 아직 유효한 것으로 되어 있다.

으로 철폐되었다. 학자들은 이 조약을 모든 해협에 있어 자유통항을 확보하게 된 관습법 형성의 계기로 보고 있다.[71] 그러나 이 해협으로의 항행이 갖는 중요성을 감안해서 통행료 징수는 금지시키는 대신 체약국들 사이의 거출금으로 3백만 파운드를 만들어 덴마크에 주기로 합의하였다. 이 중 영국의 부담금은 1,125,206파운드이었다. 미국은 Copenhagen조약의 체약국은 아니었으나 1858년 Denmark와의 개별적 협약을 거쳐서 미국 함정의 자유통항을 보장받고 그대신 79,757파운드를 지급하기로 하였다. 덴마크에 대한 이러한 거출금의 법적 성질은 통항료의 일시불이라고 볼 수는 없다. 왜냐하면, 통항료의 징수란 어떤 의미에서도 정당화될 수 없기 때문이다. 이 거출금은 해협통항을 위한 항만보조시설, 즉 Buoy, 등대, 등부표 등의 설치, 준설과 그 유지 및 도선업무 등에 부수되는 제반 비용의 보조금이라고 보아야 한다.[72] Copenhagen조약은 모든 국가의 상선의 자유통항을 보장하고 있으나, 군함의 통항에 대해서는 명시적 규정이 없다.

Copenhagen조약이 아직도 유효하므로 Balt해협은 유엔해양법협약 제35조 (c)호의 적용이 있는 해협이 아닌가 하는 문제가 검토될 수 있다. 그러나 Copenhagen조약은 일부 체약국간의 제한적 내용만을 정하고 있고, Balt해협의 특별한 통항제도를 정하는 것은 아니라고 보아야 한다. 즉, 제35조 (c)호는 적용될 수 없다. 덴마크는 1951년 7월 25일자로 "평시 외국군함 및 군용항공기의 Denmark 영토 출입허가에 관한 규정"(Rules Govening Admittance of Foreign Warships and Military Aircraft to Danish Territory in Peacetime)이라는 칙령을 발표하였다.[73]

Balt해협에의 군함 및 군용항공기의 통항은 이 규정에 따라서 이루어지고 있다. 이 규정의 내용을 요약하여 보면 다음과 같다.[74]

(a) Little Belt를 통과하는 군함은 8일 전에 사전통고해야 한다.
(b) Great Belt로의 군함통항의 자유는 인정된다. 단, ① 군함이 동 해협구역에서 48시간 이상 지체하는 경우 이를 8일전에 사전통고해야 한다. ② 3척 이상의 군함이 동시에 통과하거나, 해협구역에 4일 이상 지체시는 사전허가를 받아야 한다.
(c) Sound로의 군함통항의 자유는 인정된다. 단, ① Drogden과 Hollaenderdybet를 통과하는 경우는 8일전에 사전통고를 해야 한다. ② 기타의 제한은 Great Belt에서와 동일하다.
(d) 잠수함은 부상해서, 국기를 게양하고 통항해야 한다.
(e) 조난중인 군함에 대해서는 상기 제한조항을 적용치 아니한다.

그러나 덴마크는 NATO가맹국이므로 NATO소속의 군함은 그 통항에 사전통고

---

71) D.P.O'Connell, *International Law* 2nd ed.Vol I.(London:Stevens and Sons, 1970), p.501.
72) C.J.Colombos, *International Law of the Sea*, 4th ed.(London:Longmans, 1959)., p.149.
73) 칙령의 full text는 P.D.Barabolya and et al, op.cit., pp.312~317. 참조.
74) Ibid.

나 사전허가가 필요없게 되어 있다. 결과적으로 Balt해협에서는 공산국가의 군함만이 덴마크 국내법에 의한 상기의 제한을 받게 된다. 동구권학자들은 Balt해협에 있어서 이와 같은 통항규칙의 부당함을 지적하고, Balt해가 반폐쇄해인 점을 고려하여 터키해협과 유사한 특별통항제도를 수립하여 Balt 연안국가의 이익을 옹호해야 한다고 주장하고 있다.[75]

(2) Gibraltar해협

Gibraltar해협은 지중해와 대서양을 연결하는 중요한 해협이다. 해협의 폭은 8해리이고 수심은 366m~1,180m정도이다. 이 해협은 1869년 수에즈운하가 개통됨으로써 그 중요성이 더욱 커졌다.(지도 4-5 참조)

(지도 4-5) Gibraltar 해협

Gibraltar해협의 명칭은, 이 해협의 북쪽연안에 있는 Gibraltar반도에서 연유된다. 일찌기 지중해의 관문인 이 해협의 전략적 위치를 갈파한 영국은 1704년 8월 4일 이 Gibraltar반도를 점령하였다.[76] 그리고 1713년 스페인 왕위계승전쟁시 당사국간의 강화를 위한 Utrecht조약에서 스페인은 Gibraltar에 대한 완전한 영유권을 영국에게 양도하였다.[77] Gibraltar반도는 길이 4.5km, 폭이 1.4km되는 암석으로만 된 해안돌출부이며 해발 429m의 고지대이다. 영국은 이곳에 공중이나 해상에서의 공격에 견딜 수 있는 강력한 요새를 구축해 놓고 있다. 현재 Gibraltar는 영연방 자치령이다.

18세기 초부터 지금에 이르는 약 3세기동안 Gibraltar해협은 영국, 프랑스, 스페인간에 영향력 경쟁을 위한 분쟁의 대상이 되어 왔다.

1904년 영국과 프랑스간에 맺어진 소위 "Morocco협정" 속의 공동선언 제7조에서 Gibraltar해협에서의 상선과 군함을 포함

---

75) Barbara Kwiat kowska-Czechowska, "Legal Status of Baltic Straits," *Thesaurus Acrosium*(4th Session Sept. 1976)(Thessaloniki:The Inc. of Public International Law and International Relations, 1976), pp.526~528.
76) Scott C.Truver, *The Strait of Gibraltar and the Mediterranean*(Alphenaan den Rijn : Sijthoff & Noordhoff, 1980), p.163.
77) The Treaty of Utrecht, *Article*, 13 July 1713, Ibid, p.247.

한 모든 선박의 방해받지 않는 자유통항이 보장되었다.[78]

"Gibraltar해협의 자유통항을 보장키 위하여"라고 하는 동 공동선언 중의 문구에 대한 법적 해석으로, 동 선언에 의해서 이 해협에서 모든 국가의 군함과 상선의 방해받지 않는 자유통항이 보장된다는 견해가 있다.[79] 그러나, 이 선언으로서 Gibraltar해협에서 일반적인 영해의 무해통항제도와 구별되는 특별한 통항제도가 성립되었다고 볼 수는 없다.[80]

이 선언은 첫째, 영국과 프랑스간의 양자협정이기 때문에 제3국에 대해서 기속력이 없다. 그리고 이 선언으로 이 해협의 남쪽 해안을 "중립화"시키려 했던 것은 사실이지만, 이는 다른 국가의 동의가 필요했기 때문에 결국 포기되었다. 그 이후 (1907) 영국, 프랑스, 스페인간의 새로운 협정에서 "중립화"가 다시 선언되었으나 이 선언들의 효력도 위와 차이가 없는 것이다. 결국 현재 Gibraltar해협에 있어서의 통항제도는 Corfu Channel case에서 정의되고 1958년 영해협약에서 확립된 일반적인 해협통항제도의 내용만이 적용된다고 보아야 한다.[81]

1970년대 초기까지, 해협연안국인 Spain은 오래 전부터 전통적으로 6해리의 영해를 주장해 왔고 Morocco는 당초 3해리의 영해제도를 갖는 것으로 간주되었다. 그리하여, 이 해협의 중간선 북측에 Spain영해를 인정하더라도 남쪽에 Moroco의 영해를 제외한 약 1.2 내지 2.5해리의 폭의 공해수로가 남아있었다.(지도 4-6 참조) 그러나, 1973년 3월 2일자로, Morocco는 12해리 영해제도를

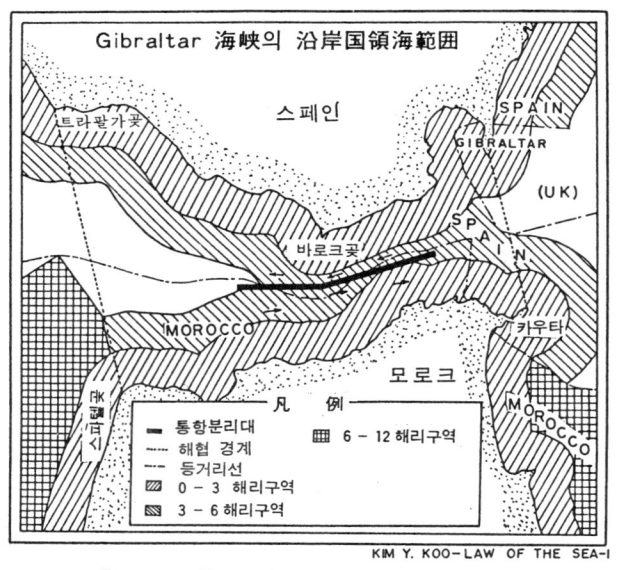

Source : Scott C Truver, op. cit., p.182.

(지도 4-6) Gibraltar 해협의 연안국 영해범위

---

78) Declaration between Great Britain and France respecting Egypt and Morocco, 8 April 1904 Ibid., p.256.:*Hertslet's Commercial Treaties*, Vol. X XIV, (1907), pp.400~402.
79) D.P.O'Connell, *International Law* Vol. I (London:Stevens & Sons LTD, 1967), p.567. C.J.Colombos, *International Law of the Sea*(London:Longmans, 1959), p.220.
80) R.R.Baxter and Jan F.Triska, *The Law of International Waterways with Particular Regards to Interoceanic Canals*(Cambridge, MA:Harvard Univ. Press. 1964), pp.335~336. Ruth Lapidoth, *Les Detroits en Droit International*(Paris:Pedone, 1972), p.39.
81) Scott C.Truver, op.cit., p.181.

채택하였고, Spain은 1977년 1월 4일 역시 12해리 영해를 채택하였으므로82) 이제 이 해협에는 공해수로가 남아 있지 않는다.

Spain은 1974년 7월 10일 제3차 유엔해양법회의에 「영해의 성질과 특성에 관한 초안」을 제출하면서, "영해인 해협에 있어서 그것이 국제항행에 사용되는 것이든 아니든 불문하고 연안국의 주권은 그 영해에까지 미친다"라고 주장한 바 있다.83) 이런 입법론적 주장 이외에도 실질적으로 Spain과 Morocco 양국은 1971년에 이미 "지중해 연안국의 자각을 진작시키고 해협에 있어서의 연안국의 평화와 안보에 관한 모든 사항을 협의할 것"에 합의한 것이다.84) 또, 1972년 6월 Spain정부는 "지중해에서의 해군력 동결과 그 점진적인 축소 방안을 심각히 고려하여야 한다"라고 하고 이는 통항권의 개념을 새로이 정립함으로써 달성할 수 있다고 주장하였다. 이러한 일련의 행위로 Spain은 Gibraltar해협을 통과하는 잠수함을 모두 부상항행케 할 권한을 유보하여 놓은 셈이다. 그러나 미국의 탄도핵미사일 탑재 원자력함수함(SSBN)의 잠항은 미국과 스페인의 정치적 우호관계에 따라서 아직도 계속해서 보장되고 있다. 어찌됐든 Rota에 미해군 잠수함기지가 남아 있는 한, 미국잠수함이 Gibraltar해협을 잠항통과하는 것은 정치적으로 보장되는 것으로 간주하여도 좋을 것이다.85)

Sidra만에서 Libya의 테러행위 및 내수주장에 맞서 응징공격을 시도한 미국은 1986년 4월 14일 영국 공군기지로부터 발진한 28대의 급유기와 29대의 공격전투기(F-111F 24대와 EF-111 5대)가 Libya의 Tripoli를 공격함에 있어 프랑스 영공을 사용할 수가 없어 Gibraltar해협으로 우회하는 6,000마일의 항로를 비행한 바 있다.86) 이 때 이들 항공기의 해협상공통과를 위해 미국은 Spain이나 Morocco로부터 사전허가를 구한 바도 없고 이들 양국은 미국 공격항공기의 상공비행을 허가하지도 아니하였다. 미국학자 W.T.Burke교수는 이러한 사례가 해협의 상공비행권이 관습국제법으로 인정되었다는 주장에 하나의 근거를 부여하는 것이라고 주장한다.87) 그러나 이 특정 사례에 있어서 Morocco나 Spain이 미국의 해협상공비행에 항의하지 아니한 것은 Sidra만에 대하여 불법적인 내수주장을 하고 테러행위를 자행하는 Libya의 Gadhafi에 대한 Reagan정부의 응징행위에 보내는 정치적 동조와 응원의

---

82) "Chronology of Territorial Sea and Fishing Zone Claims 1958 to August 1985. Annex 2 of Geographic Research Study U.S. Dept of State(1985)
83) A/CONF.62/C.2/L.6(10. July. 1974)
84) Robert E.Osgood, "U.S. Security Interest and *the Law of the Sea*", The Law of the Sea:U.S. *Interests and Alternatives* ed. by Pyan C.Amache and Richard James Sweeney, (Washington D.C.:American Enterprise in c., 1976), p.16.
85) Loc. cit.
86) *Time* (21 April 1986), *Time*(28 April 1986).
87) *Ocean Science News* Vol. 28, No. 28, July 28, 1986. p.3.

의미가 내재한다고 해석하는 편이 보다 정확한 것이라고 생각한다.[88]

(3) Malacca해협

마라카해협은 인도네시아령(領) 스마트라섬과 말레이반도 사이에 형성된 해로이다. 이 해로의 동쪽 출구에는 싱가포르해협이 있다. Malacca해협과 Singapore해협을 통틀어 the Malacca Straits라고 칭한다. 마라카해협은 해로의 길이가 500해리이며 최소폭은 Little Karimun과 P.Kukub 사이에서 8.4해리이다.(지도 4-7 참조) 싱가포르해협은 해로의 길이가 60해리이며 최소폭은 P.Senang과 P.Takong Besar사이에서 3.2해리이다.(지도 4-8 참조)

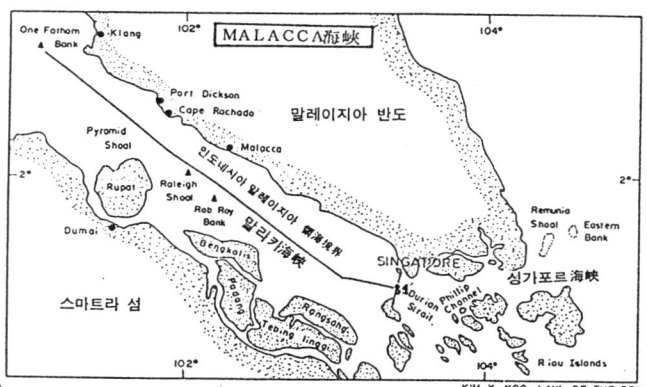

(지도 4-7) MALACCA 해협

이들 해협은 극동지역과 중동, 아프리카 및 유럽을 연결해 주는 중요한 통로이다. 그러므로 이곳은 해상교통량이 많은 곳이다. 어떤 통계는 1일 통항선박수를 140척 이상으로 보고 있다.[89] 그러나 600해리나 되는 이 긴 수로의 동쪽 절반은 천해(淺海; shallow water or shoal)와 사주(reef)가 많다. 그러므로 대형 선박이 통항 가능한 65feet의 수심을 유지하는 항로로는 폭이 1해리 정도 밖에 남지 않는 곳도 있으며, 따라서 대형 Tanker의 해난사고가 발생될 염려가 많다고 볼 수 있다. 실제로 1975년 1월 일본 유조선 祥和丸의 좌초사고로 약

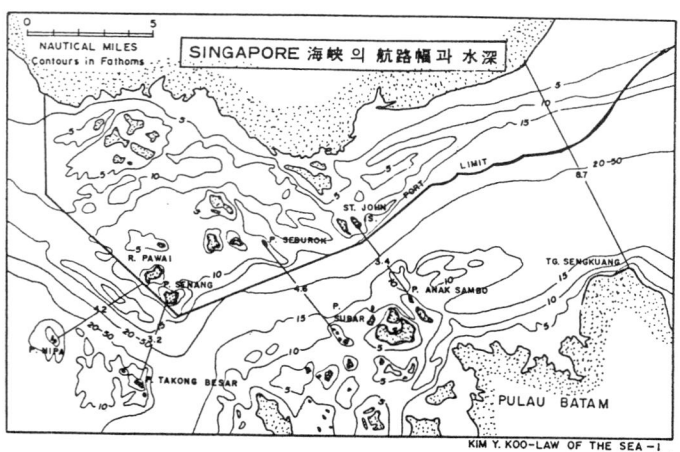

(지도 4-8) SINGAPORE 해협의 항로폭과 수심

---

[88] Tommy T.B.Koh, "Comments" *Consensus and Confrontation:US The LOS Convention* LSI Workshop Proceedings, (Honolulu:Univ. of Hawaii, 1984), p.297. 참조.

[89] *Malaysian Digest*, Kuala Lumpur, 15 Aug. 1976.

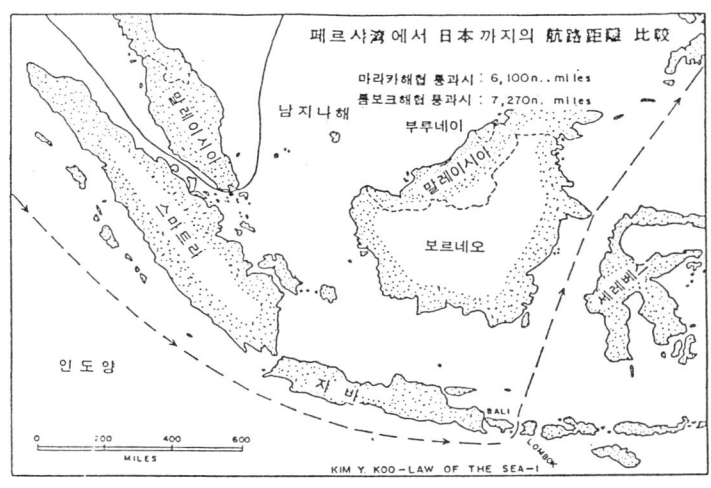

(지도 4-9) 페르샤만에서 일본까지의 항로거리 비교

1,000톤의 중유가 유출된 일이 있다. 연안국들은 탱커의 통항규칙를 실시하려고 움직이고 있다. 만일 이 해협을 통항할 수 없게 될 때, 대체 항로로서는 쟈바섬과 스마트라섬 사이에 있는 Sunda해협과 쟈바섬 동안의 Lombok해협이 있다. 현재도 대형탱커(ULCC; 30만 중량톤 이상의 초대형 탱커를 말함)들은 Lombok와 Makassar해협을 통하여 필리핀의 동안으로 항행하고 있다. Makassar해협은 Borneo와 Selebes섬 사이의 큰 해협이다.(지도 4-9 참조)

이렇게 우회하는 경우에 일본으로의 항로는 1,000마일 이상(약 3일간의 항정)이 더 증가되며 이 우회항로는 필연적으로 인도네시아의 군도수역(Archipellagic water)을 통과하게 되므로 이에 따른 제약이 수반된다. 특히 일본은 그 원유의 85%(약 1억 9천만톤)를 이 해협을 통하여 수입하고 있다. 이밖에도 일본은 그 철강석, 석탄, 소맥, 동광석 기타 잡화의 수출입을 이 해협을 통하여 하고 있다. 이와 같은 사항은 우리 한국도 유사하다.

일본은 이 해협에서의 안전통항을 위해서 1967년 싱가포르와 함께 이 해협에 있어서 통항분리방식의 채택을 IMO에 제안하였다. 그러나 IMO는 이러한 통항분리방식 설정의 전제로 이 해협에서의 정밀한 수로조사의 필요성을 지적한 바 있다. 지금까지의 해도는 화란이 1936년까지 행한 추측(錘測)에 의한 해도(wire끝에 철추를 달아 해저에 내려서 수심을 측정함)로서 그것도 홀수 10미터 이상의 선박이 존재하지 않던 때이므로 수심 10m까지만 정확히 표시되어 있는 관계로 지금과 같이 홀수(draft)가 깊은 선박들을 안전하게 항행시키는 데에는 불비한 것이다. 이에 1970년 7월 일본은 연안국인 Malaysia, Singapore 및 Indonesia와 정밀수로조사의 공동실시에 관한 합의를 맺은 바 있다. 일본은 Lombak와 Makassar해협에 대해서도 연안국인 인도네시아와 수로측량협력에 관한 합의를 1973년에 맺었다. 현재 이들 합의에 따른 정밀수로측량은 모두 완료되었다. 그리고 Malacca, Singapore해협에 있어서의 항해보조시설의 정비와 관리, 침선의 제거, 조석의 조사, 통일해도의 작성 등의 작업도 완료되었다.

원래 도선안내료, 예인료와 같은 특정역무에 대한 반대급부로서의 과징금 이외에 영해통항만을 이유로 하는 과징금을 영해통항에 과할 수 없음은 확립된 국제법상의 원칙이다.(영해협약 제18조 참조) 그러므로 항로의 정비 등도 본래는 연안국의 책임이라고 보아야 할 것이나, 위의 사업들은 사실상 일본의 경비부담으로 실시되고 있고 앞으로도 일본은 자금 및 기술협조에 나설 것을 전제하고 있다.90)

연안국측의 해협통항제도의 움직임에 관하여 보면, 마라카 싱가포르해협 연안 3국의 해협정책은 각기 국가이익에 관련되어 입장이 서로 다르다.

싱가포르는 영해 3해리를 1978년에 공포하고, Malacca Singapore해협에 국제해협제도를 적용할 것을 주장하고 있는데 반해서, Indonesia와 Malaysia는 Malacca해협에 있어서의 자유통항제도에는 강경하게 이의를 제기하고 있는 것이다. Singapore는 전통적인 중계무역국이며, 동남아시아에 있어서, 조선, 수리 및 정유공업의 기지이다. 그러므로 선박사고방지대책의 필요성은 인정하나 인도네시아의 주장과 같은 엄격한 항행제한은 국제 무역의 기항지로서의 이 나라의 경제적 이익에 막대한 손실을 가져올 것으로 보고 있다. 그러나 인도네시아는(물론 Malaysia도 마찬가지이다) 긴 연안선을 가진 도서국가로서 국가안보의 관점과 오염에 의한 손해를 민감하게 의식하고 있기 때문에 싱가포르와 같은 자유항행에 동조하기 어려운 것이다.91) 더구나 내심으로는 싱가포르가 지적하는 바와 같이 오염규제와 안보의 이면에 양 해협주변지역에서의 석유기지건설에 의한 지역개발촉진의 저의가 은폐되어 있는지도 모른다. 이러한 복잡한 국익의 상충에도 불구하고 해협연안 3국은 1977년 2월 24일 마닐라에서 외상회의(外相會議)를 개최하고, 말라카 싱가포르해협의 안전항행을 강화하고, 오염을 방지하기 위해 대책에 긴밀한 상호협조와 조정을 촉진키로 합의하였다. 그리하여 이들은 「안전항행에 관한 공동성명」을 채택하였다.92) 이 「공동성명」의 내용을 요약하면,

1) 마라카 싱가포르해협을 항행하는 선박은 해협 전(全) 해역을 통과할 시 Under Keel Clarance(UKC)를 최소 3.5미터 유지하고 특히 위험수역을 항행하는 경우 필요로 하는 안전대책을 강구한다.
2) 동 해역의 특정 위험수역 즉 One Fathom Bank, Main Strait, Philip Channel 및 Horburgh부근 등 3개의 위험수역에 통항분리대를 설정한다.
3) 심흘수선박 즉, 15미터 이상의 흘수를 가진 선박은 싱가포르해협의 Buffalo Rock암초에 이르기까지 지정된 심흘수선 항로(DWR)를 항행할 것이며 Buffalo Rock로부터 Berhanti Batu에 이르기까지는 역시 지정된 특정수역으로 항행할 것

---

90) 岩田光正, 木材泰彦 「國際海峽」,(東京:敎育社, 1978) p.133.
91) 인도네시아와 말레이지아는 1973년 3월 27일에 심해저 위원회, 해협 8개국안.(A/AC138 /SC/L.1)의 제안국에 포함되어 있다. 이 안은 1971년 미국안 및 1972년 소련안 등이 해협에서의 자유통항제를 규정함에 대항하여 해협에서 일반 영해와 동일한 "무해통항제"를 실시할 것을 주장하고 있는 것이다.
92) 兒玉伸昭, "마라카해협 연안 3국 항행제도에 관한 합의", 「세계주보」 1977년 3월 15일자. pp.56~59.

을 권고한다. 기타의 선박은 긴급시 이외에는 심수로(DWR)로 들어가지 말것을 권고한다.
4) 통항분리제(Traffic Separation Scheme)의 유효하고 적절한 실시를 위해서 항행 보조시설과 설비를 개선한다.
5) 현재 채용하고 있는 대형 선박의 자발적 권고 절차와 체계를 유지한다.
6) 싱가포르해협의 위험수역 항행에는 자발적으로 "파일로트"를 승선 시키는 원칙(任意導船制度)을 적용한다.
7) 대형탱커(VLCC)나 심흘수선박이 위험수역을 통과할 때는 시속 12노트(knots) 이하의 속도로 항행할 것을 요청하며 또 심수로(DWR)안에서는 추월을 해서는 안된다.
8) 해도, 조석, 조류의 간만에 관한 Data를 개선한다.
9) 통항분리대내에서는 1972년의 「해난사고방지에 관한 국제규칙」 제10조를 가능한 적용한다.
10) 통항분리대방식의 실시가 연안국에 재정적 부담을 주어서는 안되고 필요한 자금은 이용자가 부담한다.
11) 해양오염을 대처하는 공동정책을 책정한다.
12) 마라카 싱가포르해협을 항행하는 모든 탱커와 대형선박은 적절한 위험과 보상제도에 의해서 충분히 담보되는 것으로 한다.

각국의 국익상충에도 불구하고, 연안 3국의 이러한 협조가 이루어진 것은, ASEAN(동남아시아 연합기구)의 결속과 단결을 과시하려는 정치적 필요성이 작용하였기 때문이라고 보고 있다.[93]

여기서 가장 새롭게 특색이 있는 것은 U.K.C라는 용어이다. 항행규제 수단으로서는 새로운 형식이다. 이것은 탱커 등 선박의 선저로부터 해저까지의 간격을 지칭하는 것으로, (도표 4-2) 마라카 싱가포르해협을 통과하는 선박은 항상 U.K.C를 3.5m 이상 유지하여야 한다는 취지이다.

상호협의 과정에서 인도네시아는 당초에 톤수 제한방식을 주장하고, 싱가포르가 이에 반대하여 대안으로 제시한 것이 바로 이 U.K.C.방식이다. 이는 또 인도네시아는 4미터를 고집하고 싱가포르는 3미터를 주장하여 절충안으로 3.5미터가 된 것이다. 확실히 톤수 제한방식을 택하여 예컨대, "20만 중량톤급 이상의 대형 탱커로서 홀수 20미터 이상을 초과하는 선박의 항행은 이를 금지한다"라고 하는 식의 규제를 한다면 이는 너무 경직되고 엄격한 기준이 아닐 수 없다. 그러면 U.K.C방식은 어떠한 내용을 갖게 되는가를 살펴보자.

U.K.C를 크게 잡을수록 선저가 해저로 박히는 좌초사고의 위험은 감소되고 결국 항행의 안전성이 높아진다. 즉 .U.K.C 3미터와 5미터는 후자쪽이 더 강한 규제가 되

---

[93] Ibid.

〈도표 4-2〉 U.K.C.의 개념

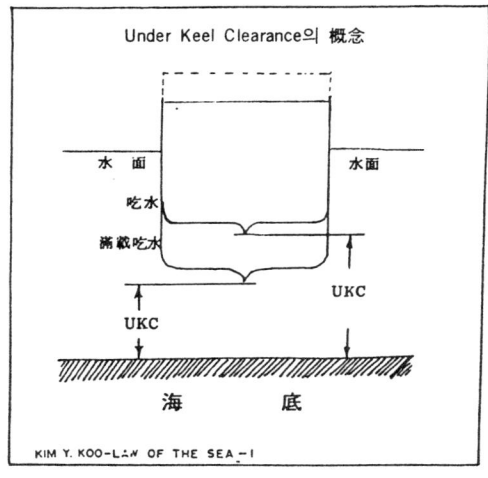

고 안전확보의 정도가 크다. 그러나 그만큼 마라카 싱가포르해협을 통항할 수 있는 선박의 범위가 제한된다는 것도 사실이다. 이 해협의 가장 얕은 수심은 간조시에 23미터이다. 예컨대 무게 23만 3천 907중량톤의 탱커의 경우에 그 만제흘수가 19.454미터라고 하면, 최저 수심에서의 U.K.C는 3.564m가 되는 셈이므로 이 배는 겨우 기준에 합격된다고 볼 수 있다. 그런데 무게가 23만 5백 40중량톤인 다른 탱커의 경우, 그 배의 만재흘수는 19.53m일 때, 이 배는 앞의 배보다 약 3천톤 가벼운 배이지만 U.K.C가 3.47m가 되어 통항불가선박에 속하게 된다. 이와 같이 Tanker의 중량과 U.K.C는 반드시 일치하지 않으나, 24만 중량톤을 초과하는 탱커들은 모두 U.K.C 3.5m 이하이며, 원유를 만재하고 이 해협을 통과할 수 있는 탱커의 최대중량톤수는 22만톤 내지 23만톤 상당이 된다고 한다. 탱커의 톤수나 흘수(Draft)에 의한 단순한 규제보다 U.K.C는 원유적재량을 감소시키고 간조시를 피하여 만조시에 해협을 통과하는 등의 조정이 가능하다고 보므로 매우 탄력적이고 어느 의미에서 합리적이다. 그러나 실제로 이 기준을 적용할 때에 그 적용 방법에 난점이 있다. 즉 U.K.C는 간만의 차, 각 지점의 수심 등에 의하여 항시 변동할 수 있는 것인데, 이를 어떻게 측정 감시할 것인가? 하는 것이다. 그 정밀도 또한 문제가 아닐 수 없다. 해협을 사용하느냐 못하느냐는 항로 채택시의 결정사항이므로, 이렇게 시간적으로 또 장소적으로 유동적인 기준을 어떻게 적용할 것인가? 라는 등 끝없는 문제를 제기하는 것이다.

이 공동협의사항 중 또 문제가 되는 것은 통항분리대 설정과 기타 항해보조시설의 보완과 유지를 위한 소요자금을 해협이용국의 부담으로 한다는 점이다. 위에서도 일본의 자금 부담내역을 상세히 논한 바 있거니와 이것은 본래 해협통항선박에게 단순한 통항만을 이유로는 어떠한 과징금도 부과하지 못하게 되어 있는 국제법상 일반원칙(영해협약 제18조 1항 및 유엔해양법협약 제26조)에 위반된다는 면에서, 신중한 검토를 요하는 것이다. 이 공동합의는 연안 3국으로서는 획기적인 일이나, 이는 어디까지나 연안 3국간의 합의이고 해협 이용국과의 합의가 거쳐진 것은 아니다. 그러므로 이 공동합의내용의 규제로서의 구속력이 문제 되었다. 규제는 권고형식으로 되어 있으나, 규제가 유효하게 작용하려면 구속력이 있어야 하겠기 때문이다. 연안 3

국은 이를 정부간 국제해사기구(IMO본부는 London에 있음)에 제출하여 그의 인준을 얻기 위해서 노력하였으며 1977년 11월 IMO총회에서 정식으로 채택되었다.[94]

일본은 U.K.C 3.5m의 규제가 실시되면, 중동으로부터 일본으로 향하는 대형탱커의 일부가 이 해협을 통과할 수 없게 되어서 Lonbok 및 Makassar해협을 경유하든지 적재량을 감소하여 항행하지 않으면 안되므로, 경제적으로 많은 제약요소가 된다. 그러므로 1977년 8월 福田수상의 동남아순방시에는 연안 3국에 대하여 이 공동합의 사항에 의한 규제적용의 경과기간을 충분히 할 것을 요청한 바 있다.

Malacca해협의 연안국인 Indonesia는 소위 군도수역(Archipelagic Water)제도를 적용하는 나라로서[95] 12해리의 영해제도를 채택하고 있다. Malaysia도 12해리의 영해를 채택하여 Malacca해협에서 양국의 경계는 중간선을 채택하고 있다. Indonesia는 특히 영해통항에 있어서 군함의 사전통고를 요구하고 있다. 1972년 4월 미합동참모회의 의장 Thomas. H. Moore제독은, "미국은 Malacca해협에서 수중, 수상 및 상공통항의 자유를 가져야 한다"라고 언명하였다. 이 성명이 있은 직후 Indonesia참모총장은 "여하한 외국잠수함이라도 사전허가 없이 우리의 영해로 들어오는 경우에는 Indonesia의 주권을 침해하는 것을 의미하므로 우리 군대는 즉각 이를 공격할 것이다"라고 경고하였다. 신문보도나 일부 인도네시아측 소식통에 의하면 미국정부는 정기적으로 수상해군함정통항에 대한 사전통고를 실시해 오고 있고 외국정보망으로부터 미국 SSBN의 통항에 관한 정보를 은폐하기 위하여 해군 對 해군 수준의 쌍무적 특별협정에 기한 통보를 해오고 있다는 것이다. 미국정부는 공식적으로 여하한 국가와 군함의 국제해협통항을 위한 사전통고를 제출하는 것을 내용으로 한 약속을 한 일이 없다고 부인하고 있다. 어찌됐던 1972년 Bangladesh분쟁 시 Bengal만으로 진입하기 위해 미해군 항모 Enterprise호와 그 호위경비함정들이 Malacca해협을 통항하게 되었을 때, Indonesia대변인은 군함의 통항을 규제하는(사전통고를 요구하는) 연안국의 권한을 강조하고, 그러나 미 제7함대사령관의 사전통고가 있었으므로 이번 미 해군함정의 통항은 이러한 권한을 저해하지 않는다고 확인하였던 것이다.[96] 관계 해협연안국과 갖는 잠정적 조치가 불확정적인 것이기는 하나 Indonesia정부가 미국과 우호관계를 유지하는 한 미국의 안보적 요건은 충족될 수 있는 것이라고 Johns Hopkins대학의 Osgood교수는 보고 있다.[97]

---

94) IMO Assembly Resolution on Navigation Through the Straits of Malacca Singapore, 14 Nov. 1977. 이 결의문의 full texts와 Annex Ⅴ(Rules for vessels navigating through the straits)는 Michael Leifer, *Malacca, Singapore, and Indonesia International Straits of the World*(Alphen aan den Rijn:Sijthoff & Nooredhoff, 1978)., pp.206~208를 참조할 것.
95) Feb. 18, 1960. Indonesian Regulation No. 4. *Limits in the Seas* No. 36(7th Rev. 1995), p. 71.
96) Osgood, op.cit., p. 15.

미국과 인도네시아의 정치적 관계를 검토하면 이러한 잠정협정(modus vivendi)은 당분간 아주 훌륭하게 유지될 것으로 보아도 무방할 것 같다. Indonesia는 역사적 연유로 일본을 혐오하며 일본 해군력의 영향권안에 종속되는 것을 극히 두려워하고 있다. 이러한 몇몇 요인들은 Indonesia로 하여금 동남아 해역에 있어 미국의 영향력이 유지될 것을 희망하게 하고 있다. 미국의 경제적 원조와 무기체계의 개선 문제 등은 이들 요인과 함께 Indonesia가 미국과 정치적 우호관계를 유지할 것을 원하게 하는 확실한 요소로 작용할 것이다.

(4) Hormuz와 Babel Mandeb해협

가. Hormuz해협

Hormuz해협은 페르샤만과 인도양을 연결하는 해협으로 아라비아반도의 오른쪽 끝단과 이란의 연안 사이에 위치하고 있다. 그 최소의 폭은 20.6해리이며 연안국은 오만과 이란이다.(지도 4-10 참조)

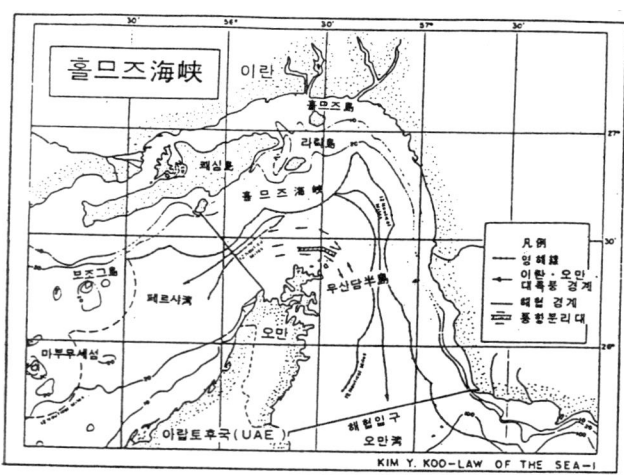

(지도 4-10) 홀므즈 해협

이 해협은 중동 석유수출의 출구로서 탱커의 항행규제에 관하여 가장 이해관계가 큰 해협이라고 할 수 있다. 이 홀므즈해협을 통과하는 tanker의 수는 1일 25척 정도, 석유량으로 치면 800만 barrels로서 전세계 1일 유량 소비량의 20%에 달한다.

홀므즈 해협의 가항수로는 오만측에 치우친 약 8,000m 폭의 수로이며 지도에 표시된 대로 통항분리대에 의해 상행과 하행의 항로가 구분되어 있다. 이 지점의 평균 수심은 85m이다.

연안양국이 모두 12해리의 영해를 선포하고 있다.(이란은 1959년 4월 12일, 오만은 1972년 7월 20일) 오만은 실정법상으로는 군함의 통항에 사전통고나 사전허가를 요구하고 있지 않다. 그러나 제3차 유엔해양법의회에서 해협통항에 있어 자유통항이 아닌 무해통항제도를 적용할 것을 내용으로 한 통항제도 즉, "영해와 국제항행용 해

---

97) Ibid., p.16.

협에서의 통항에 관한 초안"[98]의 제안국이다.

이란은 군함의 영해통항에 있어 사전허가를 요구하고 있다. 국제해협통항에 관하여 새로운 유엔해양법협약에서 규정하고 있는 통과통항제도에 대하여, Hormuz해협 연안국인 이란과 오만의 태도는 다소 부정적인 것으로 보아야 한다.

이란은 상선의 경우에 기본적으로 방해받지 않는 통항권을 해협에서 보장해야 한다는 점은 수긍하나 연안국의 안전과 특별히 반폐쇄해이며 천해(淺海)인 동 해협에서 해양오염방지 등을 위한 특별한 규제를 인정하는 "통제된 통과통항제도"(a regulated transit passage)를 고집하고 있고 군함의 경우에는 그 통항을 위한 연안국의 허가를 요하는 것으로 주장한다.[99]

오만은 이란의 입장보다도 더욱 분명하고 제한적이다.[100] 오만의 입장은 해협에 있어서도 연안국 영해인 이상 무해통항제도를 적용해야 한다는 것이다. 제3차 유엔해양법의회에서 대표 Al-Jamali는,

> 국제항행용 해협에 관한 한, 가장 중요한 점은 연안국의 정당한 이익을 보호하고, 국제통상을 증진시킨다는 것이다. 해협은 그것이 연안국의 영해인 이상 별도의 제도를 적용할 수는 없다. 연안국의 규정은 존중되고 또 준수되어야만 한다.

라고 주장하였다.[101]

오만과 이란은 연안국으로서의 권한으로 그 지역적 안전과 항행의 안전을 위해서 Hormuz해협의 해상과 상공에서 공동경비를 실시하였다.[102]

오만과 이란은 모두 영해협약의 당사국이 아니다. 그들은 영해협약 제23조에는 찬성하나 그 제16조 4항에 반대하여 이 협약에 가입하지 아니하였다.[103]

앞에서 말한 것처럼 이들 양 연안국은 새 유엔해양법협약의 "통과통항제도"에도 기본적으로 비판적이다.[104] 그러나 일반상선의 통항에 있어서는 "방해받지 않는 통항"을 보장하고 있다.[105]

이 해협에 있어서 잠수함의 잠수항행이나 항공기의 상공비행은 연안국의 양해(諒

---

98) 해협통항에 관한 소위 "오만案" U.N. Doc A/Conf.62/C.2/L.16(22 July. 1974) 참조.
99) R.K.Ramazani, *The Persian Gulf and the Strait of Hormuz* International Straits of the World(Alphen aan den Rijn:Sijthoff & Noordhoff, 1979) pp.82~84.
100) Permanent Mission of Oman to the United Nations, *Oman News Bulletin* No. 1, 23 July 1972 R.K.Ramazani, op.cit., p.85.
101) A/CONF.62/SR.36.(15 July 1974), pp.12~13.
102) Iranian-Omani Joint Patrol of the Strait of Hormuz(8 March 1974, 7 March 1977) R.K.Ramanzani, op.cit., Appendix.
103) Supra note. 21 및 그 분문 참조.
104) 이란은 1982년 12월 10일에, 오만은 1983년 7월 1일에 각기 유엔해양법협약에 서명하였으며, 오만은 89년 8월 17일 비준하였고, 이란은 1998년 1월 26일 현재 비준하지 않았다.
105) P.K.Ramazani, op.cit., p.88.

解) 하에서만 가능한 것으로 보아야 한다. 그러므로 해협연안국과의 잠정적 협약 (modus vivendi)으로 이러한 통항을 보장받아야 할 해협이용국의 불안정한 입장은 변하지 않고 있다.

나. Babel Mandeb해협

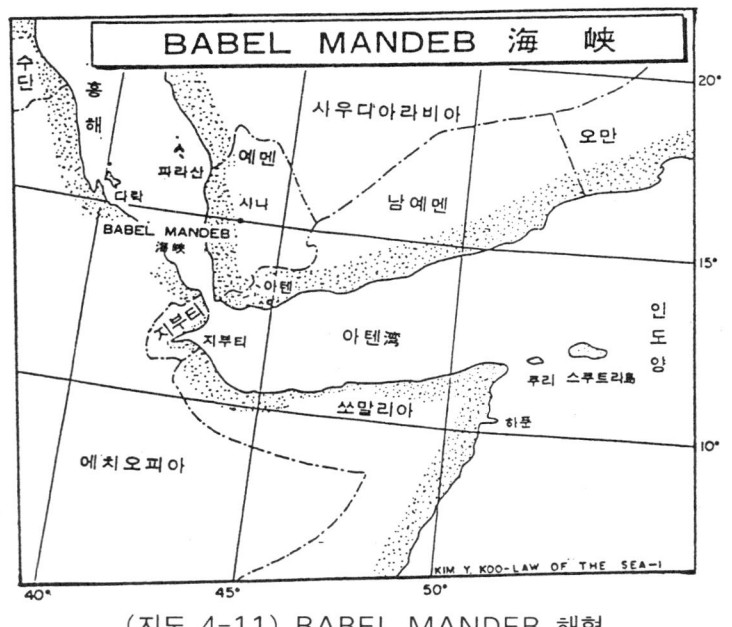

(지도 4-11) BABEL MANDEB 해협

Babel Mandeb해협은 Hormuz가 페르시아만의 출구인 것처럼 홍해의 출구이다. 홍해는 수에즈 운하를 지나기 위한 필수적 항로로서 경제적으로나, 군사적으로나 매우 중요하다. 인도양에서 북유럽에 이르는 항로가 홍해 및 수에즈를 거치면 1/3이하로 줄어든다는 점을 생각하면 그 통항로로서의 가치는 충분히 짐작하고도 남음이 있다. 특히 수에즈운하는 최근에 그 폭이 확장되고 개선 보수되어 15만 내지 27만톤 규모의 함정까지 통항이 가능하게 되었다.106)

Babel Mandeb해협의 오른쪽 연안국은 Yemen이고 맞은편에 에티오피아, 소말리아와 함께 지부티(Djibouti)가 있다.(지도 4-11 참조) 이 해협의 폭은 14해리이다. Yemen은 영해 12해리를 이미 선포했고 에티오피아도 1953년 12해리 영해를 선포하였다. Djibouti의 영해도 12해리이다. Yemen은 군함의 통항에 사전허가를 요구하고 있다.

특히 소말리아는 1973년 200해리의 영해를 선포하였으며 영해내의 일반 무해통항에 있어서도 소말리아가 국가승인을 하지 않은 나라의 선박은 그 무해통항도 허용치

---

106) James P.Piscatori, "Saudi Arabia and the Law of the Sea", *U.S. Naval War College Review* Vol. 29, No 4, p.53.
　　"Egypt", The Times(London), 5, November. 1975, Special section, p.5. 참조.

않으며 군함의 통항에는 사전통고를 요구하고 있다.

(5) Dover해협

Dover해협은 영국과 프랑스 사이에 있는 해협으로 북해와 영국해협(English Channel)을 거쳐 대서양을 연결하는 중요한 수로이다. 이 해협의 최소폭은 18해리 이다.(지도 4-12 참조)

영국연안에는 Dover항이 있고 프랑스 연안에는 깔래(Calais)항이 있고 영국측 주요도시는 헤스팅스(Hastings), 포크스톤(Folkstone), 프랑스측 주요도시로 볼로뉴(Boulongw)가 있다. 이 해협의 가운데에 있는 사주를 통항분리대로 하여 통항분리제(traffic separation scheme)가 실시되고 있다.

프랑스측의 연안통항분리구역(inshore traffic zone) 외측에 영국해협으로부터 북해로 향하는 통로가 설정되고 (도면의 화살표) 영국측 연안통항구역(inshore traffic zone)의 외측에 북해로부터 영국해협을 거쳐 대서양에 이르는 항로가 설정되었다. (도면의 하행 화살표) Dover해협의 연안국인 영국은 3해리 영해를 채택하고 있고 영해협약의 당사국이다. 그러나 프랑스는 12해리 영해를 채택하고 있으며 일반 영해에서 군함의 사전통고를 요구하고 있다. 프랑스는 1958년 제네바 4협약 중 영해협약과 공해협약에는 당사국이 아니다.

동 해협의 양국간의 경계는 중간선을 택하고 있고 통항의 규제는 IMO가 정한 통항분리대에 따라 실시되므로 이 해협에 관한 한 영해협약 제16조 4항과 군함의 해협통항에 관한 일반적 원칙—정지되지 않는 무해통항—은 유지되고 있는 셈이라고 볼 수 있다.

(지도 4-12) DOVER 해협

제5장 군도수역(群島水域)제도

Ⅰ. 군도수역제도 개념 형성의 배경
Ⅱ. 군도국가
Ⅲ. 군도직선기선
Ⅳ. 군도수역
Ⅴ. 군도수역제도에 관한 최근의 관행

제5장 군도수역(群島水域)제도

Ⅰ. 군도수역제도 개념 형성의 배경

모든 도서는 영해를 가지며, 몇 가지 경우 외에는, 배타적 경제수역 및 대륙붕 등 부수적 해양관할권수역도 가질 수 있다.(유엔해양법협약 제121조) 그런데 작은 섬들이 많이 모여 있는 경우 즉, 지리학적으로 군도(또는 도서군)의 경우에도 이러한 일반적 원칙을 적용해야 할 것인지 아니면 다른 특이한 제도를 채택하여, 예컨대 군도기선을 설정하는 등 특별한 예외를 인정해야 할 것인지 등에 관한 문제가 이미 1930년 헤이그회의 이래 논의되어 왔다. 특히 노르웨이의 Jens Evensen은 군도수역에 관한 우수한 보고서를 UNCLOS Ⅰ에 제출한 바 있다.[1] 그러나 1958년 Geneva회의에서는 결국 군도제도에 관해 아무런 합의에 도달할 수 없었다.

1958년 Geneva회의에서 주로 논의된 것은, 직선기선과 관련해서 이른바 "연안군도"(coastal archipelago)에 관한 것이었다. 그리하여 영해협약에서는, 직선기선은 해안에 인접한 군도의 최외측지점을 연결하여 획정할 수 있다고 규정하고 있다.(영해협약 제4조) 그러므로 연안군도의 경우에 그 최외측지점을 따라 직선기선을 연결함으로써 영해기선을 획정할 수 있게 된다. 노르웨이는 일찍부터 이 방법을 채택하고 있었으며, 「영국-노르웨이간 어업분쟁사건」(1951)을 통해서 ICJ가 이 방식을 인정하게 되었고, 1958년 영해협약에서 ICJ의 판결취지가 그대로 채택된 경위는 이미 제2장에서 설명한 바와 같다. 영해협약 이후에 이 방식은 많은 국가들이 자신의 연안군도에 적용하였다. 노르웨이의 직선기선 획정을 완강히 반대한 바 있는 영국도 1964년 Hebrides제도(諸島)에 이 방식을 적용하였다.[2] 또 서독은 Frisian군도에 이 방식을 적용하였다.[3]

연안군도에 적용되는 직선기선 획정의 방식이, Tonga나 Philippine같은 외양군도(mid oceanic archipelago)에도 적용될 수 있는가? 하는 문제가 1958년 Geneva회의에서 논의된 바 있다. 외양군도에도 직선기선 방식을 적용할 수 있다고 주장한 것은 특히 인도네시아, 필리핀, 덴마크, 유고슬라비아들이었다. 그러나 이들의 주장은 영해협약 속에 채택되지는 못하였다. 연안군도와 외양군도는 용어상으로도 구별되어

---

1) J.Evensen, "Certain legal aspects concerning the delimitaion of the territorial waters of archipelagos", UNCLOS Ⅰ *Official Records* Vol. Ⅰ, pp.289~302.
2) Territorial Waters Order in Council 1964. S.I.1965.o.6452A. *U.N. Leg. Ser.* B/15, p.129.
3) *Limits in the Seas* No.38(1974)

사용되고 있고 일반적으로 그 두 유형간의 차이점은 자명한 것으로 인식되어 있지만, 이러한 구별을 실제로 적용함에 있어서는 종종 어려운 경우가 있다.

예컨대 아이슬랜드의 경우에, 그 직선기선제도는 영해협약 제4조에 의거한 것이라고 주장되고 있으나, 사실상 이를 외양군도로 분류할 수 있는 여지는 다분히 남아 있는 것이다.

일반적으로 군도(archipelago)는 지리적으로 극히 다양한 형태로 존재하기 때문에 연안군도 및 외양군도를 단순히 유형별로 구분하여 합의된 규칙을 적용하기란 용이하지 않다.

앞서 지적한 것처럼 1958년 회의에서 외양군도에 대해서 특별한 권리를 주장한 나라는 인도네시아와 필리핀이다. 이들은 제1차 유엔해양법회의 개최 이전에 이미 이러한 주장을 제기하였다. 그들은 외양군도전체를 직선기선으로 둘러싸고 그 기선내의 수역을 내수와 같이 취급할 것이라고 공포하였다.4) 이들은 이어서 군도수역에 관한 상세한 국내법을 마련하였다.5) 이들 주장의 근거는 주로 안전보장이었으며, 특히 인도네시아는 방대하고도 다양한 섬 영토의 통일과 안전을 강화한다는 목적을 강조하고 있었다. 군도국가의 이러한 주장은 영국과 미국 등 다수국가의 반대를 받았다. 1958년 회의에서 군도제도의 주장에 강력히 반대한 것은 해양강대국들이다. 그들은 군도제도의 주장으로 인해서 공해 및 영해였던 해역이 내수로 되는 것을 염려한 것이다. 해양강대국의 중요한 통항로가 걸쳐있는 바하마, 피지, 인도네시아 및 필리핀 등의 군도수역이 내수로 되면 그들의 해군과 상선대는 통항권의 행사에 어려움을 겪을 것이기 때문이다. 제3차 유엔해양법회의 이전까지, 이들 해양강대국들은 해양군도에 대하여 일반 군도제도를 적용함으로서 이 섬들 사이의 영해수로나 공해수로를 그대로 확보하기 위한 끈질긴 주장을 해왔다.

1958년 Geneva회의 이후, 카리브해와 인도양 및 태평양의 여러 군도국가들이 독립하였으며, 따라서 군도국가들의 이익에 합치되도록 외양군도의 특별한 권리를 확정하는 군도수역제도의 채택을 향한 국제적 압력은 증대되었다. 군도국가들의 이익이란 다양한 것인데 경제적으로는 어업권의 보호 및 섬과 섬 사이의 통항제도 등이 있고 정치적으로는 통일을 촉진하는 것과 안전보장 등이며 기타 밀수와 밀입국의 방

---

4) 인도네시아 : Indonesia communique of 14 December 1957. Whiteman, *The Digest of International Law* Vol. Ⅳ, p.284.
　필 리 핀 : Note Verbale of 7 March 1955 U.N. Doc. A/2934(1955), pp.52~53.
5) 인도네시아 : Act. No. 4 concerning Indonesian Waters 18 February 1960. *Limits in the Seas*, No. 35(1971)
　필 리 핀 : Act No. 3046, Baselines of the Territorial Sea of the Philippines 17 June 1961. U.N. Leg. Ser B/15, p.105. *Limits in the Seas*, No. 33. (1971)

지, 오염의 단속 등이 있다. 군도수역제도는 피지, 인도네시아, 모리셔스 및 필리핀 등 군도국가들이 제3차 유엔해양법회의에서 강력히 주장함으로써 활발한 논의가 이루어졌다.6)

결국 유엔해양법협약은 제4장에 외양군도의 특별한 권리를 내용으로 하는 군도수역제도를 규정하고, 연안군도에 관한 내용은 제1장의 직선기선에 관한 조항에 포함되고 있다.

제4장에 규정된 새로운 권리의 중요한 내용은 첫째, 군도의 최외측단의 지점을 따라 "군도직선기선"을 획정한다는 점이며, 둘째, 소위 "군도수역"이라는 새로운 법개념을 탄생시켰다는 점이다.

Ⅱ. 군도국가

군도국가만이 군도주위에 군도기선을 그을 수가 있다.(유엔해양법협약 제47조 1항) 그러므로 군도국가란 무엇인가를 정의하는 것이 중요하다. 제46조에서는 "군도국가"란 "전체적으로는 하나 또는 그 이상의 군도에 의하여 구성된 국가를 말하며 기타의 섬을 포함할 수 있다"고 정의하고 있다. 또한 "군도"란,

> "상호밀접하게 관련되어 고유의 지리적, 경제적 및 정치적 실체를 형성하거나 또는 역사적으로 간주되어 온 섬들의 무리, 또 이들을 상호연결하는 수역과 기타 자연적 지형들을 의미한다." (유엔해양법협약 제46조 b호)

위의 정의는 다소 정밀하지 못하고 포괄적이어서 해석상 난점을 야기할 수 있다는 문제가 있다. 즉 첫째, 외양군도를 갖는 본토국가가 있을 때, 위의 정의로 보아 이는 군도국가에 포함되지 아니한다. 예컨대 Faroes군도를 갖는 Denmark, Galapagos군도를 갖는 Ecuador, Spitsbergenbergen을 갖는 Norway, Azores군도를 갖는 Portugal의 경우와 같다. 즉 이들 군도 주변에는 군도직선기선을 그을 수 없으며 유엔해양법협약이 규정하는 어떤 종류의 직선기선도 획정할 수 없다. 그러나 이러한 제한은 불합리하고 또 불필요하다고 생각된다. 실제로 Faroes군도나 Galapagos군도는 그 둘레의 직선기선으로 영해기선을 삼고 있는 것이다.7)

---

6) UN Doc.A/Ac.138/SC.Ⅱ/L.48(August 6. 1973) UN Doc.A/Conf.62/C.2/L.49(9 August 1974) UNCLOS Ⅲ *Official Records*, Vol. Ⅲ, p.226.

7) Faroes군도 : Order No. 598 of 21 December 1976 on the Fishing Territory of the Faroes, *U.N. Leg. Ser*, B/19, p.192.
Galapagos 군도 : Ecuador Supreme Decree No.959-A of 28 June 1971.Prescribing Straight Baselines for the Measurement of Territorial Sea, *U.N. Leg. Ser*, B/18, p.15.; *Limts in the Seas* No. 42(1972)

둘째로는, 위의 정의대로라면 일본, 뉴질랜드, 영국처럼 스스로를 군도국가라고 생각치 않는 여러 나라들도 군도국가에 포함될 수 있다는 점이다. 이런 나라들은 스스로를 군도국가로 간주할 것인지의 여부에 관해 선택권을 갖는다. 그리하여 군도국가만이 그을 수 있는 이러한 군도직선기선을 채택할 것인지의 여부에 관해서도 선택권을 갖는다고 보아야 할 것이다.

세째로, 쿠바나 아이슬란드의 경우처럼 몇 개의 섬과 하나의 큰 섬으로 구성되어 있는 경우에는 이들은 실제로 군도국가의 정의에도 해당되지만, 그들이 설정한 선이 군도직선기선이 아니라, 연안군도에 적용하는 일반적인 직선기선이라고 주장하는 경우가 생길 수도 있다. 실제로 쿠바와 아이슬란드는 이와 같이 주장하고 있다.[8] 이렇게 주장함으로써 그들은 직선기선내의 수역이 일반적으로 내수이며, 군도수역이 아니라고 주장할 수 있게 된다. 군도수역에서는 일반 내수보다 연안국의 권한이 제한되어 있는 것이다.

생각컨대, 유엔해양법협약상 군도국가의 정의는 현재의 모호성과 불명확성 탈피하기 위해서는 군도를 구성하는 섬의 크기와 섬과 섬간의 거리와 같은 구체적인 기준이 명시되어야만 한다고 본다.

Ⅲ. 군도직선기선

군도국가는 군도의 최외곽도서 및 건암초의 최외곽점을 연결하는 군도직선기선을 그을 수 있다.(유엔해양법협약 제47조 1항) 군도국가의 영해, 접속수역, 배타적 경제수역 및 대륙붕의 폭은 이 군도직선기선으로부터 획정된다.(동 제48조)

군도직선기선의 획정조건은 유엔해양법협약 제1장에 포함된 연안군도(coastal archipelago)에 관하여 정하여진 일반 직선기선의 획정조건과 유사한 점이 많으나, 특히 몇가지 조건은 상세하고 수학적으로 정의되어 있어서 군도국가의 정의에 내포된 모호성을 보완하고 있다. 이들 조건을 간추려 보면 다음과 같다.

1. 육지와 바다의 비율

군도직선기선내의 육지와 바다와의 면적의 비율은 1 : 1에서 1 : 9 이내에 있어야 한다.(유엔해양법협약 제47조 1항) 이 비율을 산정함에 있어서 육지면적은 그 해양고원(oceanic plateau)의 주변에 있는 일련의 석회암 도서와 건암초에 의하여 둘러

---

[8] 쿠　　바 : Act of 24 Feb. 1977. Concerning the Breath of the Territorial Sea: *U.N. Leg. Ser*, B/19, p.16.
　아이슬란드 : Law No. 41 of 1 June 1979 concerning the Territorial Sea, the Economic Zone and the Continental Shelf. *U.N. Leg. Ser*, B/19, p.43.

싸였거나 거의 둘러싸인 급경사 해양고원의 수역을 포함한 건초 및 환초내의 수역을 포함할 수 있다.(동 제7항)

최대비율인 1 : 1의 조건은 이론상 한 개의 큰 주도(主島)와 기타 군도로 구성된 군도국가가 군도직선기선을 설정하는 것을 방지하는 효과가 있을 것이다. 그러나 대체로 이러한 경우에는 그들 자신을 군도국가라고 생각지 않을 것이기 때문에 이 최대 비율은 필요없는 조건이라고 생각된다.

최소비율인 1 : 9의 조건은, 극히 멀리 떨어져 있는 섬을 따라 군도직선기선을 획정하는 것을 방지하는 효과가 있을 것이다. 즉 이 조건은 군도직선기선내에 포섭되는 바다가 군도수역제도를 적용하여 일정한 특권을 군도국가에 부여할 수 있을 만큼 충분히 육지영역과 연관성을 유지할 것을 요구하는 조건이라고 할 수 있다. 이는 마치 일반 직선기선의 획정으로 생성된 내수가 육지와 "밀접한 연관"을 가져야 한다는 조건과 유사하다.(유엔해양법협약 제7조 3항 참조) 직선기선을 처음으로 채택한 노르웨이의 연안군도에서 육지와 바다의 비율은 1 : 3.5였다고 한다. 1973년 영국의 제안에서 이 조건은 1 : 5였음을 비할 때[9] 1 : 9는 지나치게 관대한 조건이라고 생각될 수도 있겠지만 군도수역은 내수에 비하여 제한된 권한만을 그 영역국에게 부여하는 것이므로 이는 유지될 수 있는 조건이라고 생각할 수 있다.[10]

실제로 인도네시아와 필리핀의 주장에서 육지와 바다의 비율은 각기 1 : 1.2 및 1 : 1.8이었다.

2. 군도직선기선의 길이

기선의 길이는 100해리를 초과할 수 없다. 그러나 군도를 둘러싸는 기선 전체수의 3%까지는 125해리까지로 획정할 수 있다.(동 제47조 2항) 일반 영해의 직선기선에 있어서 그 길이의 제한이 명시되어 있지 않은 것에 비하여 이는 군도직선기선 획정에만 특정된 조건이 되는 것이라고 하겠으나, 이러한 군도직선기선 길이의 제한은 객관적인 지리학적, 생태학적 또는 해양학적 요소를 고려하여 과학적 근거를 가지고 산출된 조건은 아니다.

실제로 Indonesia의 경우에 총 196개의 군도직선기선중에서 5개(2.6%)만이 100해리 이상 125해리 이내의 범위에서 획정되어 있고 그 외는 100해리 이하이다. 또 필리핀의 경우는, 총 80개의 기선 중에서 1개는 140해리나 되고 2개는 100해리 이상 125해리의 범위에 속하며, 나머지 77개는 모두 100해리 미만이다.

---

9) U.N. Doc.A/AC.138/SC. /L.44. para. 1(b)(III)
10) Donat Pharand, "International Straits through Oceanic Archipelago", *Thesaures Acroasium* Vol. VII(Thessaloniki:1977)., p.92.

3. 간출지

군도직선기선은 원칙적으로 간출지와 연결하여 그을 수 없다. 그러나 등대나 또는 항상 해면 위에 있는 유사한 시설물이 간출지에 설치되어 있는 경우와, 간출지가 전체적으로 또는 부분적으로 가장 가까운 섬으로부터 영해폭을 초과하지 않는 거리에 있는 경우에는 그러하지 아니하다.(동 제47조 4항)

일반 직선기선에 관한 유엔해양법협약 제7조 4항과 비교하면, 영해범위내에 위치한 독립 간출지가 직선기선의 기점이 될 수 있음을 군도직선기선에서는 명문으로 규정하고 있다.[11] 그러나 "일반적으로 국제적 승인을 받는" 경우, 간출지를 직선기선 획정에 사용할 수 있게 한 제7조 4항 후단의 규정이 군도직선기선에서는 포함되어 있지 않다.

4. 주도(主島)의 위치

주도(主島) 즉, 군도 중에 지리학적으로 가장 큰 섬 및 정치, 경제학적으로 가장 중요한 섬은 군도직선기선의 내측에 위치하고 있어야 한다.(동 제47조 1항)

이러한 조건이 꼭 필요한 것인가? 하는 점은 앞에서도 지적한 바와 같이 의문이다.

5. 기타 일반적 직선기선의 조건

첫째, 군도직선기선은 군도의 일반적 형태로부터 현저히 이탈해서는 안된다.(동 제47조 3항) 섬들이 모여 있는 일반적인 모양이란 사실상 직선기선을 일단 획정함으로써 결정된다고 보는 것이 더욱 정확한 일일 것이나, 일반 직선기선의 조건 중 "육지의 일반적 방향에 일치"해야 하는 항목에 대응하는 조건으로서는 이렇게 표현하는 수 밖에 없었을 것이다.

둘째, 군도직선기선은 타국의 영해를 공해 또는 배타적 경제수역으로부터 격리시키는 방법으로는 설정될 수 없다.(동 제47조 5항) 이것도 일반 직선기선에 관한 조건에서 규정하고 있는 것과 유사한 항목이다.(동 제7조 6항 참조)

셋째, 군도국가는 적절한 축척의 해도 위에 군도직선기선을 명백히 표시하여 이를 공시해야 한다. 단, 지리적 좌표목록으로 대신할 수도 있다. 그리고 그 해도나 목록의 사본을 유엔 사무총장에게 기탁하여야 한다.(동 제47조 8항, 9항)

군도국가는 나라를 구성하는 섬들을 전부 단일의 군도기선으로 둘러싸야 할 필요

---

[11] 일반 직선기선에 있어서는 제7조 4항과 제13조를 종합하여 해석론으로 이를 긍정한 바 있다. D.P.O'Connell, op.cit., p.211. 참조.

는 없다.(동 제46조 참조) 예컨대 솔로몬제도(諸島)나 모리셔스군도의 경우처럼 다수의 군도군을 구성할 수 있다. 그러한 경우에 군도직선기선은 위의 각 조건에 맞는 한, 각기의 군도군을 구성할 수 있다. 그러한 경우에 군도직선기선은 위의 각기의 군도군 주위에 설정될 수 있다.

Ⅳ. 군도수역

군도수역은 군도직선기선으로 둘러싸여 있는 수역전체로 이루어진다. 군도국가의 "주권"은 이 군도수역의 전체와 그 상공, 해저 및 그 하층상에 미친다. 그리고 그들 속에 포함된 자원에까지 행사된다. 군도수역에 있어서는 군도국가의 "주권"은 군도제도에 관한 유엔해양법협약의 제(諸) 규정에 따라서 행사된다.(동 제49조)

군도수역의 개념은 1958년 영해협약에도 없었던 것으로서, 명시적으로는 유엔해양법협약에서 처음 등장하게 된 새로운 개념이다. 군도수역은 기선내측의 수역이므로 내수와 유사하나 내수도 아니며, 여러가지 유사점을 지니고 있긴 하지만 영해도 아닌 것이다. 군도수역의 개념의 내용을 간추리면 다음과 같다.

1. 기존협정, 전통적 어업권 및 기존해저전선의 존중(동 제51조)

(가) 군도국가는 군도수역내에서 기존협정에 의하여 누리고 있는 타국의 권리를 존중하여야 한다.(동 1항) 이는 유엔해양법협약상 새롭게 정립되는 군도국가의 권리와 기존 협약상의 군도국가의 의무 사이에 발생할지도 모르는 충돌을 회피하기 위하여 마련된 규정이다.

(나) 군도국가는 군도수역내의 특정수역에 있어서 바로 인접한 국가의 전통적 어업권과 기타 합법적인 활동을 인정하여야만 한다. 그리고 이러한 권리 및 활동의 성격, 규모와 적용수역을 포함한 행사조건과 행사기간 등은 관계국의 요청에 따라 상호간의 양자협정으로 규율되어야 한다. 이러한 권리는 제3국 또는 그 국민에게 이전되거나 공유될 수 없다.

또 Indonesia의 나투나 제도(Natuna Islands)가 말레이반도와 보르네오 북단의 말레시아 영토 사이에 위치해 있는 것처럼, 군도국가의 군도수역의 일부가 바로 인접한 국가 두 부분사이에 있는 경우 군도국가는 그 인접국이 동 수역내에서 전통적으로 행사하여온 기존의 권리와 기타 모든 합법적인 이익과 또 연안국과의 사이에 이루어진 합의에 따라서 정해진 모든 권리를 계속하여 존중하여야 한다.(동 제47조 6항)

(다) 군도국가는 타국에 의해서 부설되고, 육지에 접근하지 아니하고 군도수역을 통과하는 기존의 해저전선을 존중하여야 한다. 군도국가는 이러한 전선의 위치 및 그 보수 또는 대체의 의도를 적절히 통보받은 경우에는 그러한 전선의 수리와 대체를 허용하여야 한다.(동 2항)

이 규정은 기존의 해저전선에만 적용되며, 송유관에 관해서는 규정하는 바가 없다. 그러므로 군도수역내에 타국이 새로운 해저전선을 부설하는 경우에는 군도국가의 동의가 있어야 한다. 기존의 송유관에 대하여 군도국가가 그 이전을 요구할 수 있겠는가? 송유관 소유국이 유엔해양법협약 체약국인 경우에는 동 제49조와 제51조 2항의 해석상 군도국가는 이전을 요구할 수 있다고 생각된다. 그러나 송유관 소유국이 체약국이 아닐 때는 송유관에 관해서는 일반 관습국제법상 해저전선과 도관(導管; pipe line)의 보호에 관한 일반원칙에 따라 처리되어야 한다. 본래 공해상에 부설된 해저전선이나 도관의 기득권은 보호되게 되어 있다. 기존의 송유관 부설 수역이 군도수역으로 될 때도 원칙적으로 이러한 기득권은 보호되어야 할 것으로 생각된다.

2. 군도수역내의 통항

(가) 군도수역내에서 모든 국가의 선박은 영해내에서 향유하는 바와 똑같은 무해통항권을 가진다.(동 제52조 1항) 이 무해통항권은 군도국가의 안전보장을 위해 일시적으로, 그리고 특정한 지역내에서 정지시킬 수 있다. 그러나 이러한 일시적 정지는 정당히 공시한 후에만 발효된다. 물론 무해통항권의 일시적 정지에 있어서 외국선박간에 형식적이거나 사실상의 차별을 두어서는 안된다.(동 제52조 2항) 군도수역내에서 외국선박의 무해통항의 인정에 관해서 당초의 관행에서는 약간의 혼란이 있었다. 즉 Indonesia는 군도기선내의 수역을 내수로 간주하면서도 무해통항을 인정하였다. 그러나 필리핀은 내수라는 이유로 무해통항을 인정하지 아니하였다. 또 피지는 군도기선내의 수역을 영해로 간주하였으며 무해통항을 당연히 인정하였다.[12]

(나) 군도수역내에서 모든 외국의 선박의 항공기는 권한있는 국제기구—국제해사기구 즉, IMO가 이에 해당된다—와 협의하여 군도국가가 지정한 해로(sea lanes)와 항공로(air route)를 통항할 수 있는 "군도해로통항권"을 향유한다. (동 제52조 1, 2 및 9항) 소위 "군도해로통항권"(the right of archipelagic sea lanes passage)이라 함은 유엔해양법협약에 따라 공해나 배타적 경제수역의 두 부분 사이를 계속적이고 신속하며 방해받지 않고 통과할 목적으로

---

12) Donat Pharand, op.cit., p.94.

군도수역을 통상적인 방법으로 항해 또는 비행할 수 있는 권리를 말한다.(동 3항) 제53조 3항은 제38조 2항과 조문 구조가 유사하다. 즉 군도해로통항이란, 해협의 통과통항과 본질적으로 동일한 것이며, 따라서 군도해로통항에 관련된 통항선박과 항공기 및 군도국가의 권리 의무는 해협통과선박과 항공기 및 해협연안국의 권리 의무에 관한 규정을 준용하고 있다.(동 제54조)

(다) 군도해로통항을 위한 해로와 항공로는 국제항행 또는 비행에 이용되는 모든 통상적인 통항로를 포함하여야 한다.(동 제53조 4항)

여기서 "모든" 통상적인 통항로라 함은 함정에 관한 한 군도수역의 입구에서 출구사이에 존재하는 유사한 편의를 가진 모든 가항통로를 중복해서 망라해야 한다는 의미는 아니다.(제53조 4항)

(라) 해로와 항공로는 군도수역의 입구에서 출구까지 연속된 축선(軸線)으로 획정된다. 군도해로통항중인 선박과 항공기는 항행중 이 축선에서 좌우로 25해리 이상 벗어날 수 없다. 즉 해로와 항공로의 최대 허용폭은 50해리가 되는 셈이다. 그리고 이들 선박과 항공기는 해로에 연(沿)한 도서간의 최근접 거리의 10% 이상되게 연안쪽으로 근접하여 항행할 수 없다.(제53조 5항)

(마) 군도국가는 좁은 수로에서 통항선박의 안전항행을 위하여 통항분리제도를 실시할 수 있다.(제53조 6항) 항로지정과 통항분리제도의 설정에 있어서 군도국가는 이에 관한 안(案)을 권한있는 국제기구에 제출하여야 하며, 그 국제기구—국제해사기구 즉, IMO가 이에 해당된다—는 제출된 군도국가의 제안 중에서 군도국가와 합의되는 안을 채택한다. 국제조직에 의해서 채택된 해로지정과 통항분리제 안은 군도국가가 이를 지정, 실시, 대체할 수 있다. 그리고 군도국가는 지정되고 실시되는 해로 및 통항분리제를 해도에 표시하여 적절히 공시하여야 한다.

군도해로 및 통항분리제 지정에 관한 제53조 8항, 9항은 국제해협에서의 해로 및 통항분리제 지정에 관한 제41조 3항, 4항과 정확히 동일하게 규정되어 있다. 일반 영해에 있어서 연안국의 해로, 통항분리제 설정에 관한 제22조 2항과 이들을 비교하면, 제22조의 경우에 연안국의 재량범위가 상대적으로 크다고 평가될 수 있다.

(바) 군도국가가 해로 또는 항공로를 지정하지 않을 경우, 군도해로통항권은 국제항행에 통상적으로 사용되는 통로를 통하여 행사될 수 있다.(제53조 12항) 이 조항은 항공기에 있어서는 특히 중요한 규정이다. 일반선박은 이 조항이 없어도 무해통항권이 있으므로 해로지정이 없더라도 통상적 항로로 군도수역을 무해통항할 수 있는 것은 자명하다. 그러나 항공기는 원래 무해통항권이

없으므로 항공로지정이 없으면 군도해로통항권을 행사할 길이 없게 된다. 그러나 이 조항(제53조 12항)에 의거해서 통상적인 공로(空路)로 군도수역을 상공 비행할 수 있기 때문이다. 다만 이 조항(제53조 12항)의 조문표현이 다소 애매하게 되어 있는 것은 개선을 요한다고 생각된다. 즉 "군도해로통항권은 국제항행과 상공비행에 통상적으로 사용되는 통로로 행사될 수 있다"고 수정하여야 할 것이다.

V. 군도수역제도에 관한 최근의 관행

1977년 제3차 유엔해양법회의 제6회기 이후, 군도수역제도에 관한 논의는 총의(conesensus)가 이루어진 것으로 간주되어 비공식 통합초안(ICNT)에 포함된 이래, 유엔해양법협약 속에 확정적으로 규정되게 되었다. 그러나 유엔해양법협약이 다수국가에 의해 채택된 지금에 이르러, 최근까지의 군도수역에 관한 국가관행을 관찰하여 보면 유엔해양법협약에 규정된 내용과 일치하지 않는 예가 적지 않다.

먼저 유엔해양법협약상의 군도수역제도에 관한 내용과 일치하는 국내법을 갖는 나라는 피지, 파푸아뉴기니아, 사오톰 프린시프 및 솔로몬군도 등이 있다.[13]

다음 유엔해양법협약상 군도수역규정과 다른 국내법을 유지하고 있는 예로서는, 군도직선기선 길이의 제한을 따르지 않은 필리핀과 그 밖에 군도직선기선내의 수역을 내수로 간주하고 협약상 군도수역보다 강한 법적 지위를 주장하고 있는 Indonesia 및 Cape Verde와 같은 예가 있다.[14] 쿠바와 아이슬랜드의 경우에는 군도국가의 정의를 이들에 적용할 수 있는 여지가 있다. 그러나 이들 섬을 둘러싸고 있는 기선은 군도직선기선이 아닌 일반 직선기선으로 주장하고 있고, 그 기선내측 수역은 군도수역이 아닌 내수로 주장되고 있다.[15]

또한, 외양군도를 갖는 본토국가가 있을 때 이는 군도국가의 정의에 맞지 않으므

---

13) Fiji : Marine Spaces Act. 1977. ND, VⅡ, p.391.
　　　Papua New Guinea : National Seas Act, 1977. ND, Ⅶ, p.485.
　　　Sao Tome & Principe : Decree Law No. 14(16 June 1978) ND, Ⅶ. p.50. *U.N. Leg. Ser* B/19, p.101.
　　　Solomon Islands : Declaration of Archipelagos of Solomon Islands 1979, Declaration of Archipelagic Baselines 1979. *U.N. Leg. Ser* B/19. pp.106~107.
14) Philippines : Supra note 5.
　Indonesia : Supra note 5.
　Cape Verde : Decree No. 14/75 1 October 1975. Concerning the Territoria 1 Sea. *ND*, Ⅶ, p.18; *U.N. Leg. Ser.* B/19, p.13.
15) Supra note 8.

V. 군도수역제도에 관한 최근의 관행 281

로 그 외양군도에 군도수역을 설정할 수 없을 것이다. 그러나 앞서 지적한 것처럼 덴마크나 에쿠아도르는 그들의 외양군도에 군도직선기선을 그어서 영해를 설정하고 있다.16) 반면에 미국과 뉴질랜드는 그들의 외양군도인 마이크로네시아와 토케루 제도에 대해 군도직선기선을 사용하지 않고 있다.17)

유엔해양법협약상의 군도수역제도와 상위(相違)한 국가적 관행과 주장들의 법적 효력을 어떻게 보아야 할 것인가? 우선 유엔해양법협약은 아직 발효되지 않았음으로 협약상 제시된 군도수역제도가 법적 기속력을 가질 수 있으려면, 그것이 관습국제법으로 성립되어 있어야 한다. 예외적인 소수국가의 예를 제외하고 대체로 군도수역제도가 일반적으로 받아 들여지고 있으므로 군도수역제도는 협약발효를 기다릴 필요도 없이 관습국제법으로 성립된 것이라고 볼 수 있겠는가?

위의 경우에 있어서 덴마크는 협약 서명국이며, 에쿠아도르는 협약에 반대한 나라이다. 반면에 협약상 군도국가의 정의에 충실한 미국과 뉴질랜드의 경우에 미국은 협약에 반대하고 있고 뉴질랜드는 협약 서명국이다.

협약상 군도수역 규정과 불일치한 국내법을 유지하고 있는 나라는 필리핀과 인도네시아인 바, 이 두 나라는 모두 협약 서명 및 비준국(필리핀은 1984년 5월 8일, 인도네시아는 1986년 2월 3일)이다.

협약에 서명 및 비준한 국가는 협약발효 전일지라도 협약에 상위한 주장이나 국내법적 조치를 계속 유지하는 것은 온당한 태도로 볼 수 없으며18) 이해관계국이 그 법적효력을 다룰 수 있게 된다고 본다.

---

16) Supra note 7.
17) 미　　국 : Micronesia Fishery Zone Act, 1977 ND. Ⅶ, p.143.
　　뉴질랜드 : Tokelau, Territorial Sea and Exclusive Economic Zone Act, 1977. ND. Ⅶ, p.468.
18) 1969 「Vienna 조약법협약」 제18조 참조.

제6장 섬, 폐쇄해, 내륙국

Ⅰ. 섬(島)에 관한 제도
Ⅱ. 독도(獨島) 문제
Ⅲ. 폐쇄해(閉鎖海) 또는 반폐쇄해(半閉鎖海)
Ⅳ. 내륙국의 해양에의 출입권

제6장 섬, 폐쇄해, 내륙국

Ⅰ. 섬(島)에 관한 제도

1. 머릿말

섬(島), 특히 육지에서 멀리 떨어진 조그만 섬들은 아주 최근까지도 인간의 해양활동에 있어서 그다지 큰 역할을 하지도 않았으며 따라서 그 중요성을 인정받지도 못하였다. 그러나 1950년대 이후, 섬(島)은 차츰 해양자원 개발의 전진기지로서 새롭게 인식되었으며 그 주변에 일정한 범위의 해양관할 수역을 창출하고, 해양경계획정(海洋境界劃定)에 있어서 중요한 기준이 되기 시작하자 해양법(海洋法)상 그 중요성이 커지게 되었다.

아무런 관심도 두지 않고 방치되던 섬(島)을 새로운 시각으로 보게 되자마자 누가 그 섬의 주인인가? 즉 섬의 주권적 영유권이 문제되는 경우가 많게 되었다. 왜냐하면 무관심으로 방치되어 온 섬에 대한 영유(領有)의 인식(認識)이나 그 실효적(實效的) 지배(支配)는 인접한 다수국 사이에 혼재(混在)되거나 중복(重複)되는 경우가 많았기 때문이다. 그런데, 섬의 영유권에 대한 분쟁을 해결하기 위하여 동원, 적용되어야할 법적 원칙은 결국 영역(領域)의 시원적(始原的) 권원(權原)과 추후의 취득에 관한 일반국제법의 원칙들이다.[1]

한편, 뒤늦게 인식된 관심과 중요성에 비하여 섬(島)에 관한 해양법상의 법적 정의(定義)나 법적 제도들은 대부분 미비 되고 또 모호한 형태로 남아 있어서 많은 문제를 일으키고 있다. 본 절에서는 섬(島)에 관한 해양법의 제도에 관한 일반적인 고찰에 덧붙여 이러한 해양법상의 새로운 문제들에 관해서 간략하게 고찰해 보기로 한다.

2. 섬(島)의 정의(定義)

섬(島)이란 수면으로 둘러싸이고 만조 시 수면 위에 있는, 자연히 형성된 육지 지역을 말한다.(영해협약 제10조 1항, 유엔해양법협약 제121조 1항)

섬에 관한 이러한 정의(定義)가 최초로 시도된 것은 1956년 유엔 국제법위원회

---

[1] 따라서 이러한 문제들은 섬에 관한 해양법적 고찰을 목적으로한 본절에서 소상하게 다루는 것이 적절하지 않다고 생각된다. 그러나 한일(韓日)간의 독도(獨島) 문제는 영토적 권원의 근거에 대한 일반국제법적 분석의 문제에 그치지 않고 해양관할수역 범위 결정의 중요한 관건이 되고 있다. 그러므로 본절(節)에서는 이 문제를 가급적 간결하게 다루고져 한다. Ⅱ. 독도(獨島)문제 참조.

(國際法委員會; International Law Commission: ILC)의 초안(草案)이다. 그 초안에서는;

> 모든 섬은 그 자체의 영해를 갖는다. 섬이란, 수면으로 둘러싸인 육지로서 통상적으로는 만조시 수면상에 영구적으로 존재한다.

라고 정의하였다.[2] ILC 주석서(註釋書)에서는 섬의 정의에 관하여 설명하기를, 위의 정의는 섬의 개념에서 간출지(干出地; low tide elevation)와 해저(海底)위에 축조된 인공적 구조물을 제외하기 위한 것이었다고 밝히고 있다. 그리고 여기서 섬이란 공해(公海) 가운데 위치한 것과 연안국의 영해 범위 안에 있는 것 등 모든 경우에 적용된다고 하였다. 이 초안에서는 군도(群島)에 관한 언급은 없었다.[3]

이 ILC 초안은 1958년 Geneva 제1차 유엔 해양법회의에서 논의되었으며 결국 영해협약 제10조로 정착되었다. 여기서는;

> ① 섬이라 함은 바다로 둘러싸이고 고조(高潮)시에 수면 위에 있는 자연적으로 형성된 육지 지역을 말한다.
> ② 섬의 영해는 본 협약의 규정에 따라 측정된다.

라고 규정하고 있다.

섬의 정의에 관한 한, 유엔해양법 협약 제121조는 영해협약 제10조의 내용을 거의 그대로 답습하고 있다. 즉,

> ① 섬이라 함은 바다로 둘러싸이고 고조(高潮)시에도 수면 위에 있는 자연적으로 형성된 육지 지역을 말한다.
> ② 제③항에 규정된 경우를 제외하고는 섬의 영해(영해), 접속수역(接續水域), 배타적 경제수역(排他的 經濟水域) 및 대륙붕(大陸棚)은 다른 육지영토에 적용하는 이 협약의 규정에 따라 결정한다.

라고 규정하고 있다.

위의 정의를 중심으로 하여 유엔 해양법협약 상 섬의 법적인 개념요소를 분석해 보기로 한다.

가. 자연적으로 형성된 섬(自然島)

섬이란 "자연적으로 형성된 것이어야 한다"고 규정함으로써 섬의 개념 속에서 인공섬(人工島; artificial islands)을 배제하고 있다. 좀더 기능적으로 지적한다면 인공섬은 아무리 크고 중요한 것일지라도 그 자체의 영해나 기타 관할수역(管轄水域)을 가질 수 없으며 해양경계의 기준이 될 수도 없다.

---

[2] ILC Draft, Article 10, (1956) Ⅱ *ILC YB* 257.
[3] ILC Commentary on Article 10, (1956) Ⅱ *ILC YB* 270.

최근에 와서 각국에서는 아주 조그만 화산도(火山島)나 암초(暗礁)에 인공적 공사(artificial building-up process)를 벌려 섬의 형태나 크기를 확대하는 경우가 많이 있다.4) 고조(高潮)시 수면 상에 나오는 육지의 부분이 자연적으로 형성된 것이어야 한다고 본다면 일본 남동쪽 산호섬(珊瑚島)인 Okinotorishima의 경우에 섬이 수면 하로 확실히 침하된 이후 인공적 구조물로 수면상의 높이를 보강하는 것은 용납되지 않는다고 보아야 할 것이다.5)

이러한 문제는 우리나라 제주도 남서 쪽 85해리 지점에 위치한(지도 6-1 참조) 파랑도(波浪島)6)와 관련해서 검토할 여지가 있다. 이는 수면 하 5m 까지 돌출된 암초인데,(도표 6-1: 파랑도의 형상 참조)

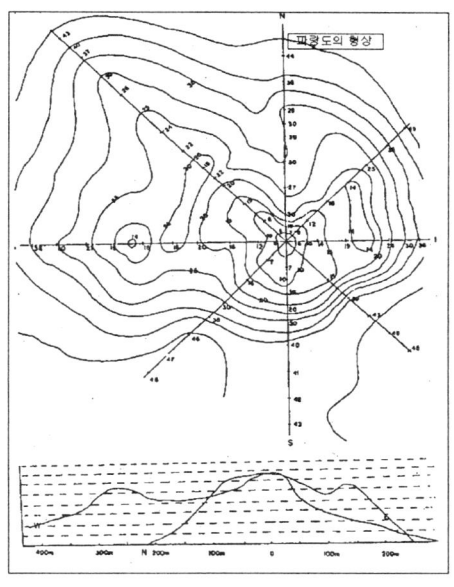

〈도표 6-1〉 파랑도의 형상

이 암초 위에 고정구조물 또는 인공섬을 축조하여 이를 해양과학 전진기지로 사

---

4) ① Iceland 외곽에 있는 조그만 화산도(火山島) Kolbeinsey 섬은 자연적 풍화작용에 의하여 수면 이하로 사라질 위험에 처해 있었다. Iceland 당국은 이 섬의 "재건(再建)"을 위하여 남아 있는 암초 위에 대대적인 시멘트 공사를 계획, 실시하였다. (The Daily Telegraph, April 25, 1985.)

② 가장 극적인 섬(島) 조성 사업(island building activities)은 일본에 의하여 감행되었다. 일본 열도의 남동 쪽 멀리 떨어진 산호도(珊瑚島) Okinotorishima는 각기 직경이 17 및 7ft 정도(a double bed size) 되는 두 개의 조그만 암초로 구성되어 있었는데 이들은 원래 고조(高潮)시 수면상으로 20 inch 및 3 ft 밖에는 나와 있지 않았다. 이 섬들은 수면하의 암초가 침하(沈下)되는 바람에 지도 위에서 사라질 운명에 놓이게 되었다. 일본은 이미 1977년 이 섬 주변에 200해리 EFZ를 선언한 바가 있으므로 일본은 이 섬이 사라짐으로서 160,000 평방해리나 되는 어업관할 수역과 그 해저의 자원관할권을 모두 상실하게 된 것이다.

1988년 봄부터 일본은 이 섬의 보강공사를 강행하여 이 두 암초 주변에 철강재와 시멘트를 사용한 구조물을 축조하였다.(The Daily Telegraph, Oct. 20, 1988; Pacific Stars and Stripes, Nov. 16, 1989)

5) 그러나 본래 존재하는 암초의 마모나 풍화를 저지하기 위한 보강 공사는 허용되는 것으로 볼 수 있다.
Clive Symmons, "Some Problems Relating to the Definition of Insular Formations in International Law: Islands and Low-Tide Elevations," Maritime Briefing, Vol.Ⅰ, No. 5, IBRU., p.3.

6) 다른 이름으로는 "이어도"(전설적으로 구전된 명칭) 또는 Socotra Rock (이 암초를 발견한 영국 상선 Socotra호의 이름에서 유래)

용하는 방안이 1980년대 이후 논의되고 있다.7) 고정구조물이나 본격적인 인공섬을 이 암초 위에 설립하는 경우에도 그것은 이른 바 해양법상의 섬으로서의 법적인 지위를 인정받을 수 없는 것은 당연하다.

나. 육지 지역

(지도 6-1) 파랑도의 위치

섬이란 자연적으로 형성된 "육지 지역"이어야 한다. 이는 수면 상으로 돌출된 부분의 지질학적 성질이 육지를 구성하는 일반적인 토지 성분 (truly terrestrial gravel content)이어야 한다는 것인데, 대부분의 경우에 이 요건이 문제되는 경우란 거의 없으나 다만 극지방(極地方) 근처에서 수면 상으로 돌출된 부분이 결빙된 해수와 퇴적토의 혼합(소위 Dinkum Sands)으로 이루어진 경우에 문제가 될 수 있다. 이론적으로 토지 성분의 함량비율에 따라 수면상 고도를 비례적으로 계산할 수 있다고 주장될 수도 있으나 이렇게 되면 자연적으로 형성된 육지부분의 고도는 대기 온도나 계절에 따라 달라지게 되며 어느 경우에는 결국 수면 하에 있는 것으로 판명될 수도 있으므로 이러한 것을 섬(島)이라고 말할 수는 없을 것이다.8)

다. 수면으로 둘러싸일 것

섬이란 결국 수면으로 둘러 싸여져 해면 상에 고립되어 있는 육지의 부분을 말한다. 이론상으로 아무리 큰 대륙도 결국은 해수면으로 둘러 싸여져 있다고 볼 수 있으므로 어느 크기까지를 섬으로 하고 어디부터 대륙으로 간주할 것인가를 구별하는 기준이 필요하다고 볼 수 있다. 예컨대, 오스트레일리아는 대륙이고 Greenland는 섬이다라고 하는 것 등인데 즉 이러한 섬의 크기에 관한 최대한도의 기준은 법적인 논의의 기능적 필요성이 거의 없다. 왜냐하면 해양관할 수역을 창출하고 해양경계를 획정함에 있어서 대륙과 섬 사이에 논리적인 구별을 둘 필요는 없기 때문이다.

---

7) 한국은 이 암초에 이미 1990년에 해양기상관측 등부표(燈浮標)를 설치하여 기상자료를 측정하고 있다고 한다.
이동영, 심재설, "파랑도 해양기지 구축에 관한 고찰," 「해양정책연구」, 제6권 2호 (1991, 겨울), p.396. :한국해양연구소, 「파랑도(波浪島; 소코트라 암초)와 그 주변해역의 다목적 이용 개발을 위한 연구」(Ⅰ) (1986.3.)

8) No.84, Original. in the Supreme Court of the United States. US vs Alaska Report of the Special Master on Question 5 (Dinkum Sands)

라. 고조(高潮)시 수면 위에 있을 것

저조(低潮)시에는 수면으로 둘러 싸여 수면 위에 있으나 고조(高潮)시에 물에 잠기는 자연적으로 형성된 육지지역을 간출지(干出地; low-tide elevation)라고 함으로써 섬과 간출지는 구별되고 있다. 간출지는 그 자체만으로는 영해나 그 밖의 해양관할 수역을 창출하지 못하며 해양경계획정의 기준이 되지도 못한다. 섬만이 이러한 지위가 인정되는 것이다. 섬으로서의 법적인 지위는 그 육지지역이 고조(高潮)시에도 수면 위에 남아있어야만 인정될 수 있는 것이므로 이 요건은 섬에 관한 가장 기본적인 요소라고 말할 수 있다.

3. 섬(島)의 관할수역

(1) 섬의 영해와 접속수역

「영해협약」 이후, 섬에 관한 협약상의 정의(定義)는 1958년 이전의 관습법에 있어서 섬(島)의 요건으로 「사람의 거주 가능성」이 요구되는가 하는 점에 관하여 모호하던 것을 해결하였다.[9] 즉, 인간의 거주 가능성 또는 경제생활의 지속은 섬(島)의 법적 요건이 아니며, 무인(無人) 불모(不毛)의 섬도 그 자체의 영해를 가질 수 있다.

섬(島)이 그 영해를 가짐에 있어 그 크기가 문제되지 않는다는 점은 1958년 이전의 관습법에서도 이미 확립된 바 있다.

섬(島)의 영해는 기선에 관한 일반원칙에 따라 확정된다. 다시 말해서 섬(島)의 저조선이 기선이 된다. 이 기선은 만일 섬(島)이 그 영해를 가질 뿐만 아니라 경제수역, 대륙붕 등 독자적인 기타 관할수역을 갖는다면 이런 모든 관할수역 획정상의 기선도 되어야 한다. 몇몇 국가가 그 국내입법에 의하여 섬(島)에 12해리의 어업전관수역을 설정한 예가 있다.[10] 이때 이 어업수역획정을 위한 12해리의 폭은 영해기선에서 기산되었다. 유엔해양법협약은 "섬(島)의 영해, 접속수역, 배타적 경제수역과 대륙붕은 다른 육지영토에 적용하는 본 협약의 규정에 따라 획정된다"라고 규정함으로써 영해기선이 섬(島)의 다른 해양관할수역의 기선이 됨을 명시하였다.(동 협약 제121조 2항)

(2) 섬의 경제수역과 대륙붕

가. 협약 제121조 3항

섬의 관할 수역에 관하여 그 제121조 3항은;

---

9) D.P.O'Connell은 사람의 거주 가능성을 도서의 요건으로 주장한 바가 있다.
   D.P.O'Connell, *International Law*, Vol.Ⅰ, 2nd ed.(London:Stevens & Sons, 1970) p.480.
10) C.R.Symmons, *The Maritime Zones of Islands in International Law*(Hague, 1979), pp.101~2.

③ 인간이 거주할 수 없거나 독자적인 경제생활을 유지할 수 없는 암석(岩石)은 배타적 경제수역이나 대륙붕을 가지지 아니한다.

라고 규정하고 있다.

이 조항은 제3차 유엔해양법회의의 최초 협의초안인 1975년 5월의 비공식단일교섭초안(Informal Single Negotiating Text; ISNT) 제132조 3항으로 나타나게 되었다.[11] 제3차 유엔해양법회의 협의 과정에서 많은 우여곡절이 있었으나 이 조항은 결국 협약 121조 3항으로 확정되게 되었든 것이다.

이 조항은 우선 법규상의 표현이 모호하다. 이 조항에서 사용된 "암석", "독자적 경제생활의 지속" 등과 같은 개념은 아주 새로운 것이고 이들 용어는 이 협약 내의 어떤 다른 조문(條文)에 의하여 부연(敷衍)되거나 정의(定義)되어 있지 않았다. 어떤 "암석"에서 "사람의 거주"나 "경제적 생활"이 가능한가 아닌가 하는 문제는 아주 자의적(恣意的)인 해석이 가능한 것이다.

이처럼 해석상의 난제(難題)를 가진 협약 121조 3항의 의미를 확정 시키기 위해서는 우선, 1969년 Vienna 조약법 협약 제31조(조약 해석의 일반 규칙) 및 제32조(조약 해석의 보충적 수단)에 의존하는 것이 정상적인 순서가 될 것이다. 즉 조약 해석의 일반적 규칙을 규정하고 있는 제31조는, "조약은 조약문의 문맥 및 조약의 대상과 목적에 비추어서 그 조약의 문면에 부여될 수 있는 통상적인 의미를 따라 성실하게 해석해야 한다."고 규정하고 있다. 협약의 대상(對象)과 목적(目的)은 주로 그 협약의 본문 문안과 특히 그 전문(前文)의 취지에서 발견될 수 있다.[12]

금세기(今世紀)에 들어와서, 특히 연안 수역의 상층수역(上層水域)은 물론, 해저(海底)와 하층토(下層土)의 자원들에 대해서 그 연안국이 어떤 주도적인 권한을 보유한다는 것이 받아드려 지게 되었다.[13] 그 시작은 아무래도 1945년의 트루만 선언(宣言)일 것이다. 이 선언에서는 "인접한 국가가 그 자원에 대한 관할권을 행사하는 것은 타당하고 합리적이다."라고 표현하고 있다.[14] 이 생각은 1970년대 제3차 유엔해양법회의 협상 과정에로 이어져서 연안국의 그 인접 수역에 대한 관할권 주장은 적어도 자원에 관한 한 수용되었다. 이는 연안 주민들이야말로 그 인접해양의 자원을 개발할 필요를 갖고 있으며 이들 자원을 효율적으로 보전 관리할 능력까지 갖는

---

11) Article 132, para. 3.
   A/Conf.62/WP.8/Part Ⅱ (7 May 1975)
12) M.Sinclair, *The Vienna Convention on the Law of Treaties*, (1973), p.75.
13) Churchill and Lowe, *The Law of the Sea* (2nd ed. 1988), p.121.
14) Proclamation by President Truman of 28 September 1945 on Policy of the United States with respect to Coastal Fisheries on Certain Areas of High Seas.
   Proclamation No.2667., 10 Fed. Reg. 12303, U.S. Dept. of State Bulletin 485 (1945): 40 AJIL (1946), Supple.45.

다고 전제될 수 있기 때문이다.15) 해양법협약 전문(前文)에서도 "해양 자원의 형평(衡平)에 맞는 효율적인 이용(利用)"을 강조하고 있으며 (제 4문단), "인류 전체의 이익과 필요성"을 그 목적의 하나로 명시하고 있다.(제 5문단) 연안 주민들의 이러한 그 인접 해양자원에 관한 우월적 지위는 섬 주민의 경우에도 인정되어야 하며 오히려 그 이해관계와 수요는 더욱 절실한 것이라고 강조된 바 있다.16) 그리고 이러한 논리의 반대 명제로서 사람이 살지 않는 멀리 떨어진 무인 고도의 섬들에는 대륙붕이나 경제수역을 인정할 필요가 없다는 결론이 도출되는 것이다.17)

이러한 반대 명제로서의 소극적인 의미 이외에도 인류 공동 유산의 개념 (the common heritage of mankind conception)과 관련된 중요한 논거는, 만일 섬의 특성과 관계없이 모든 섬들이 자동적으로 똑 같은 자격을 인정받아 원해(遠海) 고도(孤島)의 암석(岩石)들로 부터 200해리 EEZ를 모두 인정한다면 이는 일반적 육지 연안국들의 경제수역의 범위보다 훨씬 클 것이며, 결국 연안국과 내륙국들이 공통의 이해 관계를 갖는 국제해저지역(The Seabed Area)의 범위가 축소될 것이다. 그러므로 [인류공동 유산의 개념]을 유지하기 위해서는 경제수역을 가질 수 있는 섬의 범위를 제한하는 일정한 기준을 유지하여야 하며 인간이 거주할 수 없는 섬은 해양관할 수역을 발생시키는 권원(權原; title) 을 갖지 않는다고 구별해야 한다는 것이다.18)

결국 협약 제 121조 3항의 취지는 위와 같은 논리적 근거에서는 목적(目的)과 대상(對象)을 갖는 것이라고 해석되어야 할 것이다.

생각건대 섬(島嶼)의 제도를 규정하는 이 제121조 3항에서 "암석"이란 용어는 섬의 크기에 대한 구별을 위하여 암시적으로 사용된 것이라고 보여지나 19) 모호하고 부적절한 법규상의 표현임에는 틀림이 없다. 이 용어에 대한 엄격한 지리학적 해석을 한다면, 이는 지각(地殼)이 암석(岩石)으로 된 섬만을 의미하며 모래나 점토로 된 섬은 이 분류에서 제외되어야 할 것이다. 그러나 이러한 지리학적인 해석이 반드시

---

15) D. J. Attard, *The Exclusive Economic Zone in International Law* (1987), pp.3ff.
16) UN Doc.A/Conf.62/C.2/Sr.39, 66, and 69. UNCLOSⅢ Summary Records of the 39th Meeting of the 2nd Committee. Comments by the Delegate of Tonga, Argentina and Newzealand, respectively.
17) J.M. van Dyke and R.A. Brooks, "Uninhabited Islands: Their Impact on the Ownership of the Ocean's Resources", 12 ODIL 286.
18) Comments by the Delegate of Singapore and Romania. Summary Records of the 2nd Committee 39th Meeting UN Doc.A/Conf.62/C.2/Sr.29, 72, and 73.
19) 섬의 그 크기에 따라 다음과 같이 분류한 예가 있다.
Rocks: 0.001평방마일, Islets: 0.001-1평방마일 미만, Isles: 1-1,000평방마일 미만, Islands: 1,000평방마일 이상.
Robert D.Hodgson, *Islands: Normal and Special Circumstances* U.S. Dept. of State Research Study RGE-3, 1973, pp.23-4.

법적인 규범의 내용과 일치한다고 볼 수는 없다.[20] 암석(岩石) 또는 암도(岩島)를 섬 중에서 크기가 가장 작은 규모의 것이라고 하면 이는 통상 연안에 인접해 있기 마련이고 일반적인 직선기선의 기점이나 군도수역의 기점이 될 것이므로 이런 경우는 제121조 3항의 제한은 큰 문제가 없을 것이다. 그러나 외해에 떨어져 있는 무인암초(無人暗礁)에 대해 경제수역과 대륙붕을 연안국이 주장한다면 이는 관계국과 분쟁의 원인이 될 수 있다. 제121조 3항이 이처럼 많은 문제점이 있음에도 불구하고 이 조항은 현대 국제관습법의 내용을 반영한 것이라고 보는 견해도 있다.[21]

"사람의 거주"나 "경제적 생활"의 기준도 극히 애매하다. 제121조 3항의 요건은 "사람의 거주 가능성" 또는 "독자적 경제생활의 지속"으로 되어 있다. 해석상 이 두 가지 요건 중 하나만 충족되면 되는 것인가? 아니면 두 가지 모두 충족되어야 하는가?[22] 하는 논의가 있지만 제121조 3항의 규범적 의미가 규명된다면 이러한 논의는 불필요하다. 주거가능 및 독자적 경제생활 지속의 요건은 원래 도서(島嶼)의 정의에 관한 1958년 「영해협약(領海協約)」 이전의 일부 학설에 기인된 것이다. 일부의 관행과 학설은 섬의 요건으로 인간의 거주와 독자적 경제생활 영위의 가능성을 요구한 적이 있고, 최근까지 이러한 주장을 유지한 학자도 있다.[23] 그러나 도서 자체의 요건으로 이러한 것이 요구되지 않는다는 점은 1958년 「영해협약」으로 이미 분명히 되어 있다. 단지 새롭게 생성된 유엔해양법협약의 관할제도인 경제수역에 관해서 이 요건이 잔존하게 된 것이다. 유엔해양법협약 제121조에 있어서 도서(島嶼)는 원칙적으로 영해(領海) 이외에도(3항 경우만 제외하고) 접속수역, 경제수역 및 대륙붕을 갖는 것으로 전제되고 있다.

일반적으로 섬에서 사람의 거주나 경제적 생활을 가능케 하는 요소로서는 주택, 상하수도, 전기, 통신, 부두시설 등을 우선 생각할 수 있을 것이다. 이 조건을 넓은 의미로 해석할 때는, 인간생존의 최소한도의 원시적 조건으로 족하다는 주장도 가능할 것이다. "사람의 거주 가능성"의 요건이 충족되려면 일반적으로 우선 거주시설(居住施設), 상하수도(上下水道), 전기(電氣), 통신(通信), 항만(港灣) 부두시설(埠頭施設) 등이 최소한 필요하다. 또한 "독자적 경제생활 지속"의 요건을 위해서는 섬에서

---

20) A.A. Archer and P.B. Beazley, "The Geographical Implications of the Law of the Sea Conference" (1975) 141 *Geographical Journal* 10.
21) Iceland와 Norway의 Jan Mayen사이에 있는 대륙붕에 관한 경계획정 협의에서 양 정부가 조직한 Conciliation Commission의 보고서 참조. ILM, Vol.20(1981), pp797-803.
22) Ying-jeou Ma, *Legal Problems of Seabed Boundary Delimitation in the East China Sea*, Occational Papers, Reprint Series in Contemporary Asian Studies, No.3, School of Law, Univ. of Maryland, p.90.
23) D.P.O'Connell은 사람의 거주 가능성을 도서(島嶼)의 요건으로 주장하였다.
   D.P.O' Connell, *International Law*, Vol.I. 2nd ed (London:Stevens and Sons, 1970) p.480.

의 독자적 자원(資源) 만으로 경제적 생존의 지속이 가능해야 한다고 본다. 전자의 요건이라면 지금과 같이 과학기술과 교통이 발달한 현재는 어떤 암도(岩島)에 대해서도 필요한 인위적 시설의 설비가 어느 때라도 가능하다고 보아야 한다. 후자의 요건에 관하여 보면 경제적 생존을 실현시킬 수 있는 섬 자체의 자원도 그 섬(島嶼) 영해 내의 어족자원 (양식어류를 포함해서)을 고려에 넣는다면 제121조 3항의 요건을 충족시키지 못할 암도(岩島)란 하나도 없다고 말해도 지나치지 않는다. 그러나 이처럼 해석한다면 협약 제121조 3항은 결국 무의미하게 된다. 이는 Bowett가 지적한 것처럼 "그 자신의" 경제 생활(..economic life of their own..) 이라는 요건에 의해서, 인위적으로 영위되는 경제 생활은 섬의 해양 관할수역을 생성시키지 못한다고 해석함으로써 이 조항의 규범적 의미를 유지시킬 수가 있을 것이다.24)

그러므로 본 조항이 규정하는 바 대상과 목적에 비추어 협약의 문언에 부여된 통상적 의미로 이 조항의 요건을 성실하게 해석한다면 사람의 거주 가능이란 상당한 기간 동안 사람이 거주할 수 있는 필요한 시설을 특별한 곤란 없이 즉시 설치할 수 있는 조건을 의미한다. 둘째로 독자적 경제생활의 지속이란 식수, 식량 등 생존을 위한 기본적인 수요를 섬 자체의 자원만에 의해 상당기간 충족시킬 수 있는 상태를 의미한다고 보아야 한다. 그러므로 식수를 공중수송이나 도관(pipeline)설치로 원격의 해안에서 공급해야 하는 경우 등 통상적인 의미의 인구(人口)가 자체의 경제생활을 영위할 수 없는 불모(不毛)의 암도(岩島)에서는 경제수역이나 대륙붕을 인정치 않는 것으로 보아야 할 것이다.25)

나. 협약 해석의 보충적 수단의 검토

1969년 Vienna 조약법 협약 제 32조는 [조약 해석의 보충적 수단]이라는 제목하에, 조약의 규정이 31조에 의한 통상적인 해석으로는 "의미가 모호해 지거나 애매하게 되는 경우" 및 "명백히 불투명하거나 불합리한 결과를 초래케 되는 경우"에는 그 의미를 결정하기 위하여 조약의 교섭 기록이나 그 체결시의 사정을 포함한 [해석의 보충적 수단]에 의존할 수 있다고 규정하고 있다. 본래 이러한 "보충적 수단"에 의한 조약의 해석은 제32조에서 명시하는 바와 같이 특별한 경우에 보조적으로만 활용되도록 기대되는 것임을 유의할 필요가 있다.26)

사실 제3차 해양법회의의 전체 협상과정을 통해서 보면 협약의 준비정황자료(*travaux preparatiore*)로 쓸 수 있는 기록은27) 많지가 않다.28) 섬 (島嶼)의 제도와

---

24) D.W. Bowett, *The Legal Regime of Islands in International Law* (1979).
25) 졸저(拙著), 「현대해양법론(現代海洋法論)」 (서울: 아세아 사,1988), pp.250-51.
26) Rudolf Bernhardt, "Interpretation in International Law," *Encyclopedia of Public International Law,* Instalment 7.(1984), p.323.

관련된 제3차 해양법회의의 협상과정을 보면 대체로 두 가지의 상반된 견해가 나타나고 있다. 하나는 개발도상국 및 지리적 불리국들이 취하는 일종의 「형평설(衡平說)」인데, 섬의 해양 관할수역은 그 크기, 육지로부터의 거리, 주민의 인구 수 등의 요소를 교량 하여 결정되어야 한다는 입장이다. 즉 이들은 모든 섬에서 일률적으로 경제수역이나 대륙붕의 관할수역을 인정하는 것에 반대한다. 이 것과 대립되는 견해는 군도(群島)국가 또는 섬(島嶼)을 갖는 국가들이 취하는 일종의 「일률적 관할설(一律的 管轄說)」인데 섬의 해양관할 수역은 일반 육지 지역의 연안 관할수역에 대한 것과 동등한 취급을 해야한다고 주장한다. 섬에 대한 이 두개의 상반된 견해의 대립은 1930년 국제연맹의 국제법전편찬회의로 까지 소급될 수 있다.[29] 그리고 이 견해의 대립은 제3차 해양법회의 협상으로 이어졌다.

제3차 해양법회의 협상 과정에서 초기에는 형평설(衡平說) 쪽으로 의견이 모아져서 섬의 해양관할 수역의 범위는 "타당한 기준"에 의거 제한되어야 한다는 견해가 우세하였든 것이지만 그 구체적인 기준의 내용에 대해서는 전혀 합의된 안(案)이 나타나지 못하였다.

일률적 관할설(一律的 管轄說)을 주장하는 태평양 섬(島嶼) 국가들과 Greece는 각기 섬에 관한 초안을 제시하였는데, 이는 1958년 영해협약(領海協約) 제10조 1항과 같이 일률적으로 섬의 관할수역을 규정하는 것이었다.[30] 1958년 영해협약 (제10조)에서는, "섬이라 함은 바다로 둘러싸이고 만조 시에 수면 위에 있는 자연히 형성된 육지를 말한다."라고 단순히 규정하고 있다. 이 정의에서는 섬과 암석을 구별하지 않고 모든 도서 지형(島嶼 地形)은 - 그 해양관할수역 생성에서까지 - 육지 지형과 동등하게 취급되어야 한다는 것을 의미한다. 이들 초안의 제안국들은 섬의 해양관할 수역의 범위는 국가주권의 원칙에 기초하여 일반 육지 연안의 관할수역 범위의 획정과 동일한 방식으로 획정되어야 한다는 입장을 견지하였다. Greece 대표는,

> 섬에서의 경제적 생활이란 해양적인 것이다. 즉 섬이란 일반 육지연안 보다 더욱 해양 공간에 대한 수요가 큰 것이다.

라고 강조하였다.[31]

---

27) Ibid.
28) B.Buzan, "Negotiating by Consensus: Developments in Technique at the UN Conference on the Law of the Sea", (1981) 75 AJIL 324. R.Dupuy, "The Negotiating Process",(1981) 5 *Marine Policy* 287.
29) B.Gidel, *Le Droit international public de la mer* (1934) vol.3.,p.684.
30) -Draft Articles on Islands and Territories under Foreign Domination or Control by Fiji, New Zealand, Tonga and Western Samoa: UN Doc.A/ Conf.62/C.2/L.30 (30 July 1974).
   -Greece; Draft Articles: UN Doc.A/ Conf.62/C.2/L.50 (9 August 1974)
31) UNCLOSⅢ Summary Records 2nd Committee 39th Meeting

이와는 대립적으로 형평설(衡平說)을 주장하는 쪽인 Rumania, Turkey 및 기타 몇몇 Africa 국가들은 섬의 해양관할수역은 제한되어야 한다는 초안들을 제출하였다.

Rumania 초안은 작은 섬 (Islets: 1 km² 미만의 섬)과 일반의 섬을 구별하였다. 그 초안에서는 작은 섬이 국제해저지역 (The Area)의 가운데에 위치하는 경우 그 해양 관할수역은 국제해저기구와 합의로 결정해야 한다고 규정하고 있다.32) Rumania 대표는, "국가관행, 관습법 및 광범위하게 현시된 국제협약들 속에 나타난 국제법의 일반 원리에 의하면 작은 섬과 일반의 섬은 분명하게 구별되고 있다."고 주장한다.33)

Turkey 초안에서는 어떤 섬이 그 본국 육지의 영역과 인구의 10분의 1 미만인 경우에는 그 섬이 타국의 대륙붕이나 경제수역 범위 내에 있는 경우에는 그 자체의 경제수역이나 대륙붕을 가질 수 없다고 규정한다.34) 또 이 초안에 의하면 본국의 영해밖에 위치하고 독자적 경제생활을 유지하지 못하는 섬은 "암석"이나 간출지(low-tide elevation)처럼 일체의 해양 관할수역을 가질 수 없다고 규정하고 있다. "경제적 생활"이 어떤 것인가에 대한 정의가 따로 되어 있지는 않지만 Turkey 대표에 의하면, 섬에로의 항행권의 보장이나 군사 및 경찰 초소를 이 무인 암도(岩島)에 설치하는 것이 "경제적 생활"의 지속을 입증하는 근거가 될 수는 없다고 지적하고 있다. 35)

Africa국가들의 통합안에서는 섬, 작은 섬(islets), 암도(岩島; rocks), 및 간출지(low-tide elevation)들을 구별하였다. 여기에서 "암도(岩島)"는 만조시에 수면 위에 있는 자연적인 암석(岩石)이라고 정의되었으며, "작은 섬(Islets) 암도(岩島) 및 간출지들은 해양 관할수역을 갖지 않는다. 일반 섬에서의 해양 관할수역의 범위는 형평스러운 기준에 의거 판단되어야 한다."라고 하였다. 여기서 고려될 수 있는 형평(衡平)의 기준은 섬의 크기, 지리적 형태, 지질학적 구조 등이고 그 섬에 살고 있는 주민의 실제적 필요와 이해관계(利害關係), 영속적인 사람의 거주를 방해할 수 있는 특별한 생활의 조건 등이 참작되어야 한다고 명시되고 있다.36)

섬의 제도에 관하여 이처럼 양극적으로 대립된 두개의 견해, 즉 형평설(衡平說)과 일률적 관할설(一律的 管轄說)은 합의점을 도출하지 못한 체로 1975년 4월, 제3차 해

UN Doc.A/Conf.62/C.2/Sr.78.
32) Romania: Draft Articles on Definition of and Regime applicable to Islets and Islands similar to Islets. UN Doc.A/Conf.62/C.2/L.53. (12 August 1974)
33) Summary Records, Series 30.
34) Turkey: Draft Articles on the Regime of Islands UN Doc.A/Conf.62/C.2/L.55. (13 August 1974)
35) Summary Records Series 63.
36) Algeria, Dahomey, Guinea, Ivory Coast, Liberia, Madagascar, Mali, Mauritania, Morocco, Sierra Leone, Sudan, Tunisia, Upper Volta and Zambia: Draft Articles on the Regime of Islands. UN Doc.A/Conf.62/C.2/L.62/Rev.1 (27 August 1974)

양법회의 협상 과정 중 첫 번째의 협약 초안인 [비공식단일교섭초안] (Informal Single Negotiating Text: ISNT)을 작성하게 되었다. 섬의 제도를 규정한 ISNT Part Ⅱ 제 132조는 이 두개의 대립된 입장의 어느 쪽에도 거슬리지 않도록 간결하고 모호하게 표현되었다. 1975년 이후에 이 섬의 제도에 관한 본질적인 토의는 더 이상 없었다. 이는 주로 1980년대 안에 협약을 완결시켜야 한다는 일반적인 서두름 때문이었다. 1979년 해양법회의 의장이 이 섬의 제도에 관한 좀더 세부적인 협의를 시도할 것을 촉구한 바, 약간의 토의가 재개되고 특히 이 조항의 모호성을 지적하는 학자들의 견해가 발표되었지만,[37] 결국 ISNT PartⅡ 제 132조의 당초 문안이 전혀 수정된 바 없이 현재 협약 제 121조로 확정된 것이다.

ISNT 제 132조 1항은 1958년 「영해협약」(제10조)에서 규정한 섬의 정의(定義)와 전혀 동일한 표현을 유지하고 있다. 동 2항에서 섬은 육지 연안의 그것과 똑 같이 해양 관할수역을 발생시킨다고 규정하였다. 다만 그 3항에서 도서(島嶼)의 개념을 다시 정의(定義)하는 새로운 시도를 도입한 것이다. 1항 및 2항으로 섬은 완전한 EEZ를 갖는다는 견해를 지지하는 국가들의 견해가 결과적으로 확인된 셈이며 3항은 대단히 모호한 체로 남게 되었다. 이러한 모호성이 유지된 것은 중요 해양선진국들이 협약 121조의 표현을 그 들의 국가이익에 수용될 수 있는 것으로 판단했기 때문이었다.[38] 전체적으로 1970년대 이후에는, 각 국가들은 절해 고도의 무인도를 갖는다는 사실이 갑자기 광대한 해양 공간에 대한 주권적 권리를 갖게 하는 근거로 주장될 수 있다고 생각하게 되었다. 문제가 되는 3항의 모호성은 그대로 남게 되었으나 미국과 일본 등 주요 해양 국가들은 이 3항을 삭제할 것을 강력히 제안한 바 가 있다.[39] 물론 3항은 결국 삭제되지 않았으며 전체적으로 섬의 제도에 관한 협약 규정의 모호성은 그대로 유지된 셈이다.

협약 121조 3항의 해석을 위한 보충적 수단으로서 그 협상과정의 정황적 자료들을 검토한 결과, 3항의 모호성을 확인하는 것 이상의 명확한 결론은 도출될 수 없다는 것이 확실해 졌다.

생각건대 제 121조 3항의 모호성은 경제수역과 대륙붕의 경계획정을 위한 협약 제 74조 및 83조에서 발견되는 "의도된 모호성"과 일맥 상통한 것이라고 판단된다.

---

[37] R.D.Hodgson and Robert Smith, "The Informal Single Negotiating Text (Committee Ⅱ): A Geographical Perspective", 3 *ODIL*(1976) 231.; E.D.Brown, "Rockall and the Limits of National Jurisdiction of the United Kingdom:Part 1', 2 *Marine Policy* (1978) 206.

[38] J. van Dyke and Brooks, op.cit.,282.; Walter van Overbeek,"Article 121 (3) LOSC in Mexican State Practice in the Pacific," *International Journal of Estuarine and Coastal Law,* Vol.4, No.4.(1989), p.260.

[39] United States of America: Proposed Amendments (RSNT Ⅱ) (28 April 1976) Japan: C.2/Informal Meeting/28 (3 May 1978).

따라서 결국 이 조항의 모호성은 해양 경계획정의 일반적 이론과 국가관행 및 경계 분쟁에 관한 각종 국제사법 판결로 보완 될 수 밖에 없을 것이다.

다. 국가관행(國家慣行)

일부 국가의 관행은 이 121조 3항의 문맥상 의미와는 일치하지 않는 경우가 많음을 보게 된다. 즉 많은 국가가 무인 고도의 200해리 경제수역을 주장하고 있는 것이다. 1978년 프랑스는 태평양과 인도양상의 프랑스령인 모든 영토로부터 200해리 EEZ를 선포하였으며, 많은 작은 무인도 특히 아주 작은 암초(暗礁)에 불과한 Clipperton 섬에 대해서 이를 주장하고 있다.[40] 베네주엘라는 Aves 섬에 관해 유사한 입장을 취하고 있다.[41] 멕시코는 배타적 경제수역을 선포한 국가 중에서 유일하게 제121조 3항에 부합하는 국내입법을 실시한 나라지만,[42] 태평양의 Clarion 섬 및 Guadalupe 섬[43]과 같은 작은 무인도로부터 배타적 경제수역을 주장하고 있다.[44]

영국은 북대서양의 고도(孤島)인 Rockall 섬에 대해서 200해리 어업보존수역을 선포하였는데, 이에 대해서 덴마크와 에이레(Ireland)는 각기 협약 제 121조 3항에 기한 반대를 제기한 바가 있다.[45] 특히 영국은 협약 제121조 3항의 해석에 관해서 특이한 입장을 견지하고 있었는 바, Rockall 섬 주변 200해리 어업수역(그 전체 면적은 59,253 평방해리에 달한다.)을 선포할 수 있는 근거에 관하여 이는 유엔해양법협약상의 제한이므로 동 협약의 당사국이 아닌 영국을 기속하지 아니한다고 보고있었다. 그런데, 1997년 7월 25일 영국은 유엔해양법협약에 가입하여 119번째 체약국이 되었으며 이를 계기로 Rockall 섬 주변의 200해리 어업수역을 포기하고 12해리 영

---

40) *Journal Official*, 11 February 1978, pp.683-7, Decree No. 78-143 (French Polynesia), No. 78-144 (French Southern and Antarctic Territories), No.78-146(Islands of Mozambique Channel), No.78-147(Clipperton Island).
41) K.G.Kweihed, "EZ(uneasy) Delimitation in the Semi-enclosed Caribbean Sea:Recent Agreements Between Venezuela and Her Neighbours," *The Ocean Development and International Law,* Vol.8(1980). p.21.; Supra Note 10 and 11.
42) Mexican Federal Act Relating to the Sea of 8 Jan, 1986, Aride 51, *The Law of the Sea National Legislation on EEZ and EFZ* (New Youk:U.N.Office of Special Representative of the Secretary-General for the Law of the Sea, 1986), p.194.
43) 이 섬은 전체 길이가 20mile 이다. 그 음용수는 짠맛이나며 비상시의 음용에만 적합한 정도이다. 고래물개 떼를 보호하고 수확하기 위하여 약 50명의 어부가 常駐하고 있다. 인간의 지속적 경제생활은 본토로 부터의 지원을 전제로 가능하다. Naval Intelligence Division of the United Kingdom (NID), Pacific Islands, Vol.2, Eastern Pacific(1943), pp.10-11. 그러나 이 섬에 대한 맥시코의 경제수역 관할의 주장은 수긍될 수 있다고 보는 견해도 있다. Walter van Overbeek, op.cit.,262.
44) C.R.Symmons, *The Maritime Zones of Islands in International Law* (Hague, 1979), pp.125-6.
45) Ibid.,pp.117-18, 126.

해와 24해리 접속수역만을 유지하는 것으로 재조정할 것임을 천명하였다.46)

그러나 모든 나라가 해양법협약에 가입함을 계기로 이처럼 명쾌한 입장을 취하는 것은 아니다. 브라질의 St. Peter 및 St. Paul섬, 뉴질랜드의 L'Esperance섬 등은 유사한 분쟁의 대상이 되고 있다.47) 이 밖에 Costa Rica,48) 미국,49) Vanuatu,50) 그리고 Oman51) 등이 이 부류에 속한다고 볼 수 있고 기본적으로 일본은 모든 무인(無人) 고도(孤島)로부터 200해리 수역을 설정, 주장하고 있다.52)

4. 경계획정의 기준으로서의 섬의 가치

특히 위에서 고찰한 협약 제121조 3항과 관련하여서는 그 법규로서의 모호성을 불식시키기 위한 해석상의 노력이 필요하다.

우선 일반적으로 섬이 육지의 연안에 인접해 있어서 연안국의 직선기선의 기점이 되는 경우에 그 직선기선은 영해와 접속수역은 물론이고 당연히 경제수역과 대륙붕의 기선이 될 것이나 물론 이때는 이러한 기점이 되기 위해서 인간의 거주 가능성이나 경제생활의 지속이 요건이 되지는 않는다. 즉 협약 121조 3항의 적용은 없는 것이다.

이와 구별하여 하나의 섬을 경계획정의 기준으로 독립적으로 다루는 경우에, 「형평설(衡平說)」의 입장에서라면 경제수역과 대륙붕의 경계획정에 있어서 무인(無人) 고도(孤島)는 관할수역 범위 결정에 아무런 가치를 인정할 수 없을 것이나(zero effect) 「일률적(一律的) 관할(管轄)설」에서는 섬에 대해서도 하나의 육지 영토로서의 가치를 완전히 인정하여(full effect) 그 경계를 획정하게 될 것이다. 실제로 각국은 입법론에 있어서 형평설을 취하였는가 또는 일률적 관할설을 취하였는가 하는 점과는 사실상 관계없이 각각의 경우에 섬에 대하여 다양한 가치- 완전한 효과(full effect)53), 부분 효과

---

46) Foreign and Commonwealth Office Bulletin July 21, 1997.
47) R.R.Churchill and A.V.Lowe, *The Law of the Sea* (Manchester Univ. Press, 1983), p.36.
48) Decree of the Republic of Costa Rica, San Jose, 20 May 1975. Churchill and Nordquist, *New Directions*, Vol.7, p.383.
49) 미국은 1983년 Ronald Leagan대통령의 선언으로 미합중국 본토, Puerto Rico 및 북 Mariana제도, 기타 모든 해외 영토의 영해에 연접한 해양에 EEZ를 선포한 바가 있다.Exclusive Economic Zone of the United States of America, Proclamation by the President.,10 March 1983.
50) Vanuatu는 1982년 10월 6일 해양관할권법을 발효시켰는데 이 법 5조 2항은 Matthew 섬과 Hunter 섬에서 200해리 EEZ를 선언하고 있다. Matthew섬과 Hunter섬은 현무암으로 된 무인고도이며 갈매기들 만이 서식하고 있을 뿐이다. Republic of Vanuatu: The Maritime Zones Act No.23 of 1981.
51) Oman은 1981년 선포한 해양관할법에서 "모든 섬과 암초"의 기선은 평균저조선이며 이로부터 EEZ의 범위가 기산된다고 명시하고 있다. Article 2(b), Article 5 of the Decree of 10 February 1981 of the State of Oman.
52) Supra Note 39.
53) ① [Greifswalder Oie] Treaty between the German Democratic Republic and Polish

(partial effect)54), 반분효과(半分效果: half effect)55), 가치 축소 효과(reduced effect)56), 또는 가치 부정효과(否定效果: zero effect)57)- 를 부여하고 있다.58)

협약 제121조 3항의 법규적 모호성이 야기하고 있는 해석상의 혼란과 국가관행 및 경계합의의 다양성은 해양경계 분쟁의 해결을 어렵게 하는 중요한 요인이 되고 있다.

5. 인공도(人工島)

섬의 정의에서 "자연적으로 형성된"이라는 표현을 사용함으로서 협약 규정상 인공도는 국제법상의 섬(島)제도에서 배제되고 있다. 자연도와 인공도의 구별은 극히 명

People's Republic Concerning the Delimitation of the Continental Shelf in the Baltic Sea: signed 29 October 1968, entered into force 16 April 1969. 768 UNTS 260 (1971) Jornathan I.Charney & Lewis M. Alexander, *International Maritime Boundary vol. 2* (Martinus Nijhoff Publishers, 1993), pp.2005-8.
② [Aves Island] Maritime Boundary Treaty Between the United States of America and the Republic of Venezuela: signed March 28, 1978, entered into force November 24, 1980. TIAS 9890. 32 UST 3100 (1986).

54) Agreement between the Kingdom of Sweden and the USSR on the Principles for Delimitation of Sea Areas in the Baltic Sea;signed and entered into force on 13 January 1988. 17 ILM 695-97.
Agreement between the Government of the Kingdom of Sweden and the Government of the USSR on the Delimtation of the Continental Shelf and of the Swedish Fishing Zone and the Soviet Economic Zone in the Baltic Sea: signed 18 April 1988, entered into force 22 June 1988. 27 ILM 295 (1988).

55) ① Decision of the Court of Arbitration dated 30 June 1977. para. 235-255.
   Arbitration between the United Kingdom and Northern Ireland and the French Republic on the Delimitation of the Continental Shelf. Miscellanous No.15 (1978) (London: HMSO Cmnd. 7438)
② Continental Shelf Judgement, between the Republic of Tunisia and the Socialist People's Libyan Arab Jamahariya, 1982, ICJ Rep. reprinted in 21 ILM 225 (1982). p.60. para.71.
③ Delimtation of the Maritime Boundary in the Gulf of Maine Area (Canada vs. U.S.) 1984 ICJ Reports. 246, Judgment of October 12 reprinted in 23 ILM (1984). para. 217.

56) Agreement between the Government of the Italian Republic and Government of the Tunisian Republic Relating to Delimitation of the Continental Shelf Boundary between the Two Countries. "Continental Shelf Boundary; Italy-Tunisia," Limits in the Seas No. 89,(Jan. 7, 1980). Signed August 20, 1971. Entered into force December 6, 1978.

57) Continental Shelf Boundary Agreement between Bahrain and Saudi Arabia: signed on February 22, 1958 ; entered into force on February 22, 1958. ST/LEG.SER/B16. pp. 409-11. Limit in the Seas No. 12(1970)

58) 졸고(拙稿), "동해에 있어서 한일(韓日)간의 EEZ 경계획정에 관련한 해양법협약 제121조 3항의 해석과 그 적용," 서울 국제법연구 3권 1호 (1996), pp.54~65.참조.

백한 것 같지만 의외로 그렇지 못하다. 연안의 수중에 방책(防柵)을 설치해 놓음으로서 해류에 의해 모래가 여기에 쌓여서 결과적으로 연안에 섬이 나타나게 될 때 이것을 "자연적으로 형성된" 섬이라고 해야할 것인지, "인공적으로 된" 섬이라고 할 것인지 매우 어렵게 된다.

1958년의 해양법에 관한 4개 협약 중에서 인공도에 관한 유일한 조항은 대륙붕협약 제5조 4항이다. 여기서는, 대륙붕자원의 탐사, 개발을 위한 시설과 장치는 연안국의 관할 하에 있지만 섬(島)의 지위를 갖지 않고 그 자체의 영해를 갖지 않으며 또 연안국의 영해의 경계획정에 영향을 주지 아니한다고 규정한다. 이로써 미루어 인공섬(島)은 영해를 가질 수 없고 영해획정의 기점도 될 수 없음을 유추할 수 있다.

유엔해양법협약은 이를 좀더 보완하여 규정하고 있다. 동 협약 제11조에서는 "근해시설과 인공도는 영구적 항만시설로 보지 않는다"고 규정한다. 그러므로 해안의 구성부분으로도 간주되지 않게 된다.(동조 전단) 동 협약 제60조 8항과 제80조에서는 경제수역 또는 대륙붕에 설치된 인공도와 시설물은 그 자체의 영해를 가질 수 없고 그들의 존재가 영해, 경제수역 및 대륙붕의 경계획정에 아무런 영향을 줄 수도 없다고 규정한다.

현재 공해자유의 내용의 하나로서 공해에 인공도를 설립할 권리가 인정되고 있지만,(동 협약 제87조 1항 d호) 어떤 국가도 공해의 일부분을 유효하게 그 주권에 종속시킬 수가 없다. 이러한 정신은 심해저자원개발을 위한 공해상의 시설물에 대해서도 명문으로 규정되고 있다.(동 제147조 2항 c호)

6. 산호암초(珊瑚岩礁)

환초(環礁)을 구성하는 산호 암초는 조금씩 침하되는 경우도 있고 또 저조 시 수면상에 나오는 경우에도 그 섬으로부터 영해의 폭보다 먼 거리에 위치하는 경우도 있기 때문에 이런 모든 경우에 일반적인 영해범위 획정규칙으로 보아서는 이런 산호 암초는 기선획정의 기준이 될 수 없게 된다. 그러나 일반적으로 환초로 된 섬의 영해기선은 고리형 산호 암초들의 최외곽선으로 함으로써 암초섬 내측의 초호(礁湖)가 내수의 지위를 갖도록 하는 것이 산호로 된 섬의 특성이나 기타 생태학적인 성질로 보아서 바람직하다고 생각된다.

이 산호 암초의 문제는 1950년대에 ILC의 입법작업 초기에 이미 논의된 바가 있지만,[59] ILC 최종초안에 반영되지도 않았고 Geneva 1차에 해양법회의에서 의제로 논의되지도 않았다.

---

59) M.M.Whiteman, *Digest of International Law*, Vol. Ⅳ, pp.297~306.

그러나, 1958년이래 Bahamas, Maldives, Nauru와 같은 Caribbean해의 산호 암초국가를 비롯해서 인도양과 태평양에 위치한 많은 산호초섬이 국가로 독립을 하자 산호 암초에 대한 특별규정의 필요성은 점차 널리 인식되게 되었고 결국 유엔해양법협약에도 규정되게 된 것이다. 그 제6조는 다음과 같이 규정한다.

> 환초상의 섬 또는 외곽에 암초를 가진 섬(島)의 경우, 영해의 폭을 측정하는 기선은 연안국에 의하여 공인된 해도상 적절한 기호로 표시된 암초의 해양측 저조선으로 한다.

위의 조항에 관하여는 몇 가지 모호한 점을 지적할 수가 있다. 먼저 "외곽에 있는 암초"라고 함으로써 문리(文理)상 환초나 산호 암초에 국한하는 것으로 해석하지 않을 수 있는 가능성을 열어 놓았다. 그러나 이것은 "외곽에 있는 산호 암초"(fringing coral reef)와 같이 보다 구체적으로 표현하여 입법취지와 일치시켰어야 한다.

두 번째로, "암초의 해양측 저조선"이라고 표현함으로써 수면 하에 침하된 산호 암초를 기선으로 할 수 있는 가능성을 배제하여 버렸다. 그러나 이 제6조를 구태여 입법하도록 된 취지가 수면 상에 침하된 산호 암초 등을 기선으로 할 수 있도록 하기 위한 것이었음을 생각하면,60) 이는 부적절한 입법으로서 동 조항에서 "해도상의 적절한 기호"(by the appropriate symbol on charts)라는 표현을 사용하고 있는 것과도 수미(首尾)가 일관되어 있지 아니하다. 그러므로 당연히 "적절한 기호로 표시된 암초의 해양측 최외곽선"(seaward edge of the reef as shown by the appropriate symbol…)으로 규정하여야 한다.61)

셋째로, 제6조를 적용할 수 있는 외곽암초의 본도로부터 거리제한이 전혀 명시되어 있지 않다는 점이다. 만일 "외곽암초"를 제6조의 표현대로 문리해석 한다면 해안선과 평행한 산호초인 보초(堡礁; barrier reef)도 외곽암초로 해석할 수 있다. 오스트레일리아의 경우에 Great Barrier Reef는 말하자면 하나의 섬인 오스트레일리아의 외곽암초인 셈인데 연안으로부터 150해리나 떨어져 있는 것이다.

본도로부터 외곽암초가 계속되지 않고 끊어져 있을 때, 암초와의 사이에는 직선기선으로 연결함이 좋을 것이다.62) 제6조에는 이 점에 대해서는 명시적인 규정을 두어야 한다.

산호초가 군도를 구성하고 있을 때는 군도수역에 관한 일반원칙을 적용하면 제6조를 적용할 필요는 없게 될 것이다.

---

60) D.P.O'Connell, *The International Law of the Sea*, Vol. 1, ed by Shearer(New York: Oxford Univ. Press, 1982), pp.195.n.111.
61) Ibid., pp.195~196.
62) 실제로 각국의 입법적 실행은 이 방법을 채택하고 있다.
   a) New Zealand:Tokelaw(Territorial Sea and Exclusive Economic Zone) Act, 1977. *ND*, Vol. 7, p.468.
   b) Nauru:Interpretation Act,1971. U.N. *Leg. Ser.* B/16. p.19.

II. 독도(獨島) 문제

1. 문제의 제기

　독도(獨島) 문제는, 1952년 1월 18일 한국이 한반도 주변에 「인접해양에 대한 대통령의 주권 선언」(일명 평화선)을 선포하자, 일본이 한반도 주변 수역에서의 자국 어민 활동이 배제되는 것을 참을 수 없어하면서 이 평화선의 불법성을 주장하고 나서는 중에 이 평화선의 범위 내에 죽도(竹島) 즉 한국의 독도(獨島)가 포함된 것은 불법이라고 주장하여 이른 바 독도(獨島)에 대한 영유권 다툼이 한일(韓日)간에 시작된 것이다.[63]

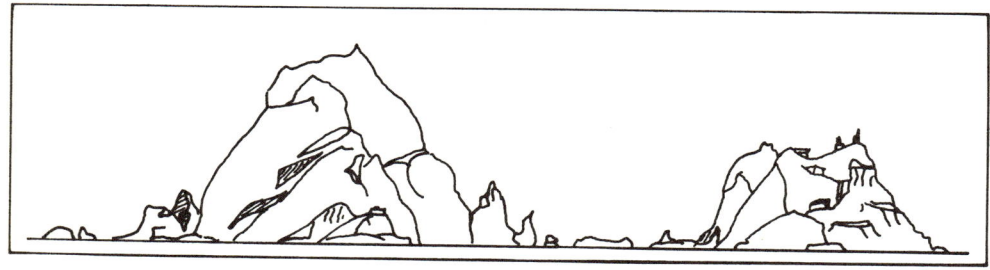

(지도 6-2) 독도 측면도

　이 문제의 섬은 울릉도로부터 진방위 106°, 47.4해리에 위치한 화산도(火山島)로서 면적은 0.19 ㎢이며, 본토인 한반도로부터의 거리는 최근접점인 울진(蔚珍)에서 118해리, 일본의 혼슈(本州) 서남단에서는 115해리가 된다. 이 섬은 동도(東島)와 서도(西島) 및 그 밖의 여러 암초로 구성된다. 이 섬의 가장 높은 지점은 서도(西島)의 정상인데 해발 174m이다. 현재의 상주(常駐) 인구는 한국의 경비 경찰병력 35인 이외에 한국 민간인 어부 일가(김성도씨 등 2~3명)가 계절에 따라 어로(漁撈)할 때에만 이 섬에서 살고 있다. 이 섬은 전체적으로 암석(岩石)으로 구성된 섬으로, 약간의 나무와 풀이 서식하지만 식량생산을 위한 경작(耕作)은 불가능하다. 그러나 이 섬 주변의 수역은 해조류(海藻類)와 어류(魚類)의 풍부한 자원이 있어서 주로 한국인에 의해서 왕성하게 채취, 개발되고 있다.
　한국의 행정구획상으로 이 섬은 경상북도 울릉군 남면 도동 63번지(서도) 및 64번지(동도)이다. 그러나 일본은 이 섬이 일본국 시마네(島根)縣에 속한 일본령(領)의 섬이라고 주장해 오고 있다.

---

[63] 1952년 1월 28일 일본의 죽도(竹島; 다께시마) 영유 주장이래, 독도(獨島)에 대한 일본의 영유권 주장은 일본 외무성과 일부 일본 학자들의 집요한 합리화 작업으로 이제는 움직일 수 없는 일본의 영토 정책의 하나가 되어 있다. 물론 일부 국수적(國粹的) 성향의 일본 국민과 정치인들의 계산된 움직임이 여기에 부수되고 있는 사실도 간과할 수 없다.

II. 독도(獨島) 문제 303

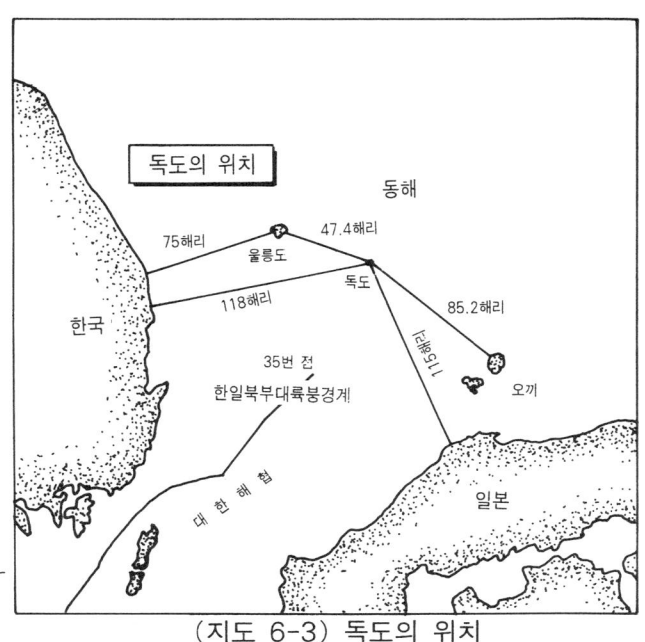

(지도 6-3) 독도의 위치

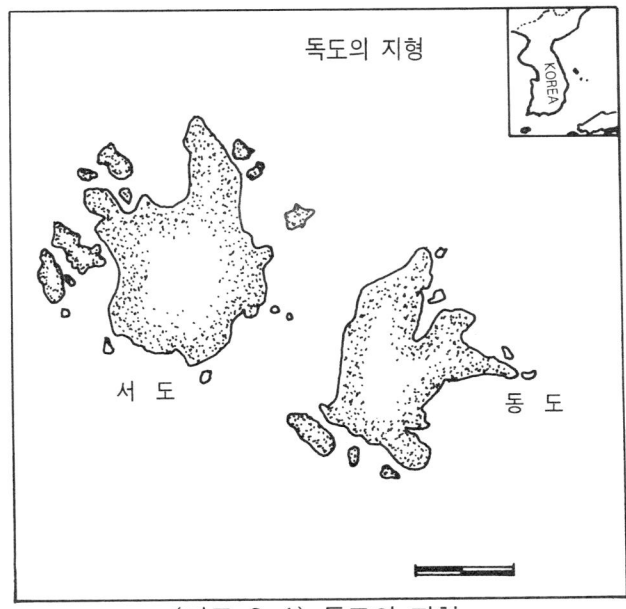

(지도 6-4) 독도의 지형

지금(1998년)은 새로운 해양질서가 동북아 지역에 정착되려고 하고 있다. 즉 1994년에 발효한 유엔 해양법협약에서 규정하고 있는 200해리 경제수역제도는 이 동북아의 황해, 동해 및 동중국해 등 좁은 반폐쇄해에 대해서도 이제 적용되지 않으면 안되게 되어 있다. 이 경제수역 제도의 적용으로 말미암아 결국 이 좁은 해양구역은 모두 연안국들의 주권적 관할수역으로 분할되게 되므로 심각한 경계획정 문제가 대두될 수밖에 없다. 그런데 이른 바 주권적 관할범위의 경계문제란 국가 영역권의 범위를 정하는 문제가 되는 것이므로 언제나 그 해결은 쉽지 않다.

일본은 한국과의 중첩된 경제수역의 경계를 정함에 있어서 독도(일본식으로는 죽도(竹島))가 자국의 영토라고 하는 전제하에 기선(基線)을 획선 하겠다는 입장을 천명하였다. 즉 일본은 1996년 봄에, 200해리 경제수역 범위의 획정에 독도를 기점으로 삼겠다는 의사를 표명함으로서 독도(獨島) 영유권 문제를 한일 간에 다시 제기하였다.64)

지난 1997년 9월 3일 합의, 발표된 미국과 일본간의 "방위협력지침"(Guide Line)에 의거, 일본은 동북아 지역안보의 주도적 지위를 미국으로부터 인수받는 국가가 될 것이고, 아주 필연적으로 한국에 대한 정치적 군사적 영향력이 갈수록 강력해 질 것이다. IMF 사태로 경제적 위기에서 회생하려는 극한적 노력을 경주하는 한국에 대하여 일본은 IMF 주요 투자국으로서의 경제적 영향력을 절대적으로 강화하고 있는 현재의 상황도 여기에 가세(加勢)되고 있다. 그리고 이러한 상황들은 일본 정부로 하여금 독도에 관한 영토정책으로 지금까지 견지해오던 일종의 "확장적 현상유지 정책"에서 벗어나서 보다 일방적으로 추진되는 "공격적 확장정책"으로 변화시킬 가능성이 있다.

1952년 독도(獨島)문제가 제기된 이래, 한국과 일본의 정치인들은 사실상 그 동안 이 독도 문제를 중요한 일이 있을 때마다 골치 아픈 문제로 치부하여 회피해 왔다. 특히 한국은 자국의 온전한 영토가 인접국에 의하여 근거 없이 법적 권원의 다툼을 받는 문제이므로 진작에 이를 근원적으로 해결해야 함에도 불구하고 이 섬을 실효적으로 지배하고 있다는 사실에만 안주(安住)하여 이 문제를 진지하게 다루는 일 조차도 금기(禁忌)로 해왔든 것이다. 1965년 한일(韓日)간 기본관계조약과 한일어업협정(韓日漁業協定)에서도 양국은 기술적으로 이 독도 문제를 회피하는 데에 성공했던 것이다. 가장 유명한 사실은 1965년 한일 양국의 합의에 부수된「분쟁해결에 관한 교환공문」에서 이 독도 문제가 명문으로 회피되었다는 것이다. 독도 영유권 문제를 국가간의 분쟁으로 보지 않는 한국의 입장에서 이를 한 차례의 외교적인 개가(凱歌)를 올린 사건으로 보는 이도 있겠으나 분명히 일본 외상은 그 국회에 출석하여 이 교환 공문에서 명기하고 있는 "양국간의 분쟁"에는 당연히 독도의 분쟁이 포함되는 것이라고 답변했던 것은 아주 유명한 사실이다. 독도 문제를 회피한 또 하나의 현저한 예로서는 지난 1974년 한일(韓

---

64)「조선일보」1996년 1월 5일자,「중앙일보」1996년 1월 7일자,「한겨레신문」1996년 1월 31일자.

日)간의 북부대륙붕 경계에 관한 협정65)을 지적할 수 있을 것이다. 이 경계 합의에서도 독도(獨島) 문제를 의식해서 경계선은 장기갑 근처까지밖에 타결되지 못했든 것이다.

그러나 한국과 일본은 이제는 더 이상 이 독도(獨島) 문제를 회피하기 어려운 때를 당면하고 있다고 지적하지 않을 수가 없다. 1996년이래 유엔 해양법 협약의 실질적인 가동과 더불어 당면의 과제로 떠오른 새로운 어업제도 및 200해리 배타적 경제수역 제도의 실시와 연관해서 한일 양국은 좁은 동해(東海)에서의 해양관할권의 경계를 획선 해야만 하게되었다. 특히 200해리 배타적 경제수역 제도라는 것은 그 관할수역 범위내의 자원과 환경 문제를 연안국이 전속적 권한과 의무로 주관해야 하는 법적인 제도이므로 관할범위의 명확한 획선은 이 제도의 시행을 위한 논리적인 전제로 되고 있는 것이다. 그리고 경계획선에 있어서 중간에 위치한 섬의 영유권이 확정되지 않고는 어떤 경계선의 타결도 불가능한 것이라는 점은 너무나 분명한 사실인 것이다.

그런데 1996년부터 시작된 한일간의 어업협의와 경계문제 협상에서 독도문제에 관련하여 특히 한국 정부는 종래와 같은 문제 회피적 태도를 불식하지 못하고 있는 것으로 판단된다. 독도는 인간의 거주와 지속적 경제생활의 영위가 불가능한 돌섬(岩島)이므로 유엔해양법협약 제121조 3항에 의거하여 경제수역과 대륙붕을 갖지 않는 섬이라고 명시적으로 전제(前提)하고 있는 우리 정부의 공개된 입장66)도 이 독도문제를 회피하려는 의식에서 비롯된 것으로 보인다. 그리고 이러한 태도는 해양법협약 제121조 3항을 엄격하게 법규적 의미에 따라 해석한다는 입장에서도 문제가 있음을 앞에서 소상하게 지적한 바와 같다.

독도(獨島)문제는 한일(韓日)간에 있어서 아직도 법적인 문제라기 보다는 다분히 정치적인 문제로 남아있다. 그리고 이 정치적인 상황이 지금까지와 같은 현상유지(status quo)의 선을 깨고 새로운 국면으로 들어가려 하고 있다. 그리고 이 변화되는 상황은 지금까지 보다 결코 한국이 다루기에 유리하거나 용이한 것은 아니다. 한국이 앞으로 변화되는 정치적 상황에서 이 독도(獨島)문제를 올바로 접근하기 위해서는 정확한 역사(歷史), 지리학적(地理學的) 사실관계를 밝혀 독도(獨島)에 대한 한국 영유권의 법적 권원을 확실히 하는 수밖에는 없다고 본다. 이러한 노력을 뒷받침하기 위해서 본 절에서는 간결하게 이 독도(獨島)문제에 관련된 한국과 일본의 주장을 법적으로 정리하고 이 섬의 영유문제와 이 섬을 기준으로 한 해양관할수역의 경계획정 문제를 고찰코자 한다.

---

65)「대한민국과 일본국간의 양국에 인접한 대륙붕의 북부구역의 경계획정에 관한 협정」. 1974년 1월 30일 서울에서 서명. 1978년 6월 22일 발효.
66)「조선일보」, 1997년 1월 25일자. 「중앙일보」, 1997년 8월 1일자.

2. 영유권(領有權) 귀속의 문제

한국과 일본은 양측이 모두 독도(獨島)가 그 "고유(固有)의 영토(領土)"라고 하여 이른 바 시원적(始原的) 권원(original title)을 주장한다. 본래 고유의 영토란 국가가 그 성립 당시로부터 국가의 기초가 된 영토를 의미하므로 여기서는 한국과 일본이 현대 국제법상 국가로 성립된 그 이전(以前)부터 독도(獨島)는 양측 어느 일방에 국가 성립의 기초인 영토로 귀속되고 있었다는 주장이다.

그런데 일본은 독도(獨島; 그들의 명칭에 의하면 죽도(竹島))영유의 근거를 1905년에 있은 시마네현(島根縣) 고시(告示)에 두고 있으므로 우선 논리상 일본의 고유영토 주장은 일본 자신에 의하여 부인(否認)된 것으로 볼 수 밖에 없다. 즉 일본은 그 국가 성립 이후에 근대 국제법이 인정한 영토 취득의 전형적인 다섯 가지 방식 즉 선점(先占), 할양(割讓), 첨부(添附), 시효(時效) 및 정복(征服) 중에서 첫 번째 방식인 선점(先占)에 의하여 독도(獨島)의 영유권을 획득하였다고 주장하는 것으로 이해해야 할 것이다.

한국은 1948년 8월 15일 정부가 수립되었으므로 국가 성립의 시기(始期)를 어떻게 보는가하는 문제가 시원적 권원의 성립과 관계된다고 할 수 있다.

이에 관해서는 여러 가지 견해가 있을 수 있겠으나, 1948년의 대한민국 정부수립은 신국가의 탄생으로 보고 종래의 대한제국(大韓帝國), 조선왕조(朝鮮王朝) 및 고려왕조(高麗王朝) 등을 국가승계(國家承繼)한 것으로 보면 국가승계에 있어서 영토의 승계는 국제법상 명확히 인정되고 있는 부분이므로 이들 피승계 국가(predecessor states)들의 영토로서 독도가 포함되어 있었던 사실만이 입증된다면 한국의 시원적 권원의 성립은 일단 문제가 없는 것이다. 물론 그렇다고 하더라도 일본측의 선점(先占)의 주장이 법적으로 성립되는 경우에는 한국의 독도에 대한 영유권의 확정적 권원(definite title)은 결국 훼손되고 말 것이다.

3. 지리적 인식(認識)의 문제

해안에서 멀리 떨어진 조그만 도서(島嶼)에 대한 연안국의 영토적 권원이 성립되기 위해서는 우선 그 섬에 대한 지리적 인식(認識)이 그 연안국에 성립되어 있어야 한다. 이 지리적 인식의 입증과 관련된 논리에 관하여 보면,

(1) 울릉도의 부속 도서로서 독도에 대한 지리적 인식
-"상거불원 풍일청명칙 가망견(相去不遠 風日淸明則 可望見)"의 해석과 입증의 문제-

가. '울릉도에서 독도가 보이는가'의 논쟁

독도 문제에 있어서 한국측은 울릉도의 부속 도서인 조그만 섬(당시 우산도(于山

島)로 알려짐)에 대해서 한국인들은 일찍부터 지리적 인식이 있었다고 주장한다. 이 주장을 위해 인용되는 전거(典據)로는 고려사 지리지(高麗史 地理誌) 및 세종실록 지리지(世宗實錄 地理誌) 등이 있다.67)

그러나 일본은 한국측의 독도에 대한 지리적 인식이 모호했었다는 증거로서 이른 바 일도이명설(一島異名說)을 주장한다. 즉 우산(于山)과 무릉(武陵)은 울릉도라는 동일한 섬을 나타내는 일종의 명칭상의 혼동이라고 하고 있다. 일본측이 이런 주장을 위하여 인용하고 있는 전거(典據)는 신증동국여지승람(新增東國輿地勝覽; 1531), 제5권, 江原道 蔚珍縣의 기록이다.68)

울릉도와 독도를 일체적인 지리적 위치에 있는 것으로 인식하고 독도를 울릉도에 부속된 小島로 간주하고 있었던 한국의 지리적 인식의 유력한 증거가 되고 있는 기록 즉 "相去不遠 風日淸明則 可望見"(서로 거리가 멀지 않아서, 날씨가 청명하면 가히 바라볼 수 있다.)에 대한 해석을 일본은 본토인 강원도에서 울릉도를 바라볼 수 있다는 것으로 해석한다.69) 일본은 한국인들이 독도를 울릉도의 부속된 섬으로 인식할 수 없었다고 주장하기 위해서 울릉도에서 독도는 바라볼 수 없다는 것을 애써서 증명하려 한다.

특히 일본 외무성 관리였던 가와까미 겐조(川上健三)는 울릉도에서 독도를 "바라볼 수"(望見) 없다는 것을 다음과 같은 수식(數式)을 동원하여 주장하고 있다.

즉, $D=2.09(\sqrt{H}+\sqrt{h})$ 70)

---

67) 「고려사(高麗史)」,(1451), 제58권 지리지(地理誌) 3, 울진현조(蔚珍縣條)
"...一云于山,武陵本二島 相去不遠 風日淸明則 可望見" (일설에 이르기를 우산(于山)과 무릉(武陵)은 본래 2섬(島)인바, 서로 거리가 멀지 않아서, 날씨가 청명하면 가히 바라볼 수 있다.)
「세종실록(世宗實錄)」(1432, 1454), 지리지(地理誌) 강원도(江原道) 제153권 울진현조(蔚珍縣條)
"...于山,武陵二島, 在縣正東海中 二島相去不遠 風日淸明則 可望見 新羅時 稱于山國 一云 鬱陵島" (우산도와 울릉도가 울진현 바로 동쪽의 바다 가운데 있는 바, 서로 거리가 멀지 않아서, 날씨가 청명하면 가히 바라볼 수 있다.)
68) 즉 여기에는,
"于山島.鬱陵島 一云武陵 一云羽陵 二島在縣正東海中.... 一說 于山鬱陵 本一島"
라고 기록되어 있다.
69) 가와까미겐죠(川上健三), 「죽도(竹島) 의 역사지리학적 연구(歷史地理學的 硏究)」, pp.103-105.
70) 이 수식은 항해학에서 사용하는 소위 지리학적 시달거리(視達距離)를 산출하는 공식(公式)이다. 이는 본래 가시수평선(可視水平線: visible horizon)을 계산하는 공식 $D=a\sqrt{h}$ (D:distance in nautical miles, a:Biot coefficient, 2.074, h:height of eye of the observer.)을, 수평선 양측에서 관망하게되는 목표물과 관찰자의 위치를 감안해서 조합한 것이다. 항해학에서는 본래 이 공식을 발광체인 등대와 같은 목표물을 수평선 넘어에서 볼 수 있는 최대광달거리를 산출함에 사용하고 있다. 특히 이 공식에서 상수 a는 지상기차(地上氣差:terrestrial refraction)을 보완하기 위한 상수인데 기온, 기압, 습도 및 대기상태에 따라서 보완 측정치가 달라진다. 가와까미 겐조(川上健三)은 그의 수식에서 상수의 치(値)를 2.09로 하고 있으나 한국의 항해학 교과서에서는 2.074를 쓰고 있다. 이것은 1970년대에 발간된 Nathaniel Bowditch의 저서

D : 시달거리(視達距離), H: 물체의 해면상 높이, h:안고(眼高)

그는 독도의 해면상 높이를 157m, 안고(眼高)를 4m로 대입(代入)하여,

30.305해리=2.09($\sqrt{157}+\sqrt{4}$)를 얻어,

독도와 울릉도의 거리인 49해리를 못 미치는 약 31해리의 시달거리(視達距離)를 계산해 냄으로써 이른 바 "망견불가(望見不可)"의 결론을 도출하였다.

그러나 가와가미 겐조의 책에서 밝히고 있는 것처럼[71] 이는 울릉도 근해에 정박한 2.5m 높이의 선상 갑판 위에서 키 1.5m인 단구(短軀)의 왜인(倭人)이 독도를 망견(望見)할 수 없음을 증명한 것에 지나지 않는 것이다. 독도의 해면상의 높이는 정확히 174m이며, 울릉도에서 독도까지의 거리는 47.4해리이므로 키가 1.7m되는 정상적인 한국인이라면 울릉도에서 해발 약 100m의 언덕 위에만 올라서면 바로 이 공식(公式)에 의하여 독도를 바라볼 수 있다는 것이 증명된다. 울릉도 최고봉인 성인봉(聖人峰)의 높이는 해발 985m이므로 100m 높이의 언덕은 울릉도 해변가에 얼마든지 있다. 실제로 울릉도에 근무하는 한국 경찰들이 청명한 날씨가 계속되는 봄과 가을에 높이 985m인 성인봉(聖人峰)과 317m인 망향봉(望鄕峰)에서 독도를 육안(肉眼)으로 관찰하고 있다는 사실을 확인하였다.

나. 역사적 전거(典據)의 가치에 관한 다른 일본의 논리

'울릉도에서 독도가 보이느냐, 안 보이느냐'의 논쟁 자체가 무의미하고 "相去不遠 風日淸明則 可望見" 또는 "歷歷可見, 風便則 二日可到" 등의 해석은 한반도 육지에서 "울릉도"를 볼 수 있고 갈 수 있다는 의미로 해석함으로써 한국인의 독도에 대한 지리적 인식의 성립을 부정(否定)할 수 있다는 유력한 일본의 논리(시모조 마사오:下條正男 등)는 가와까미 겐조(川上健三)나 오오꾸마 요이찌(大熊良一)등이 울릉도에서 독도가 보이느냐 안 보이느냐의 논쟁에 빠져든 것 자체를 비판하고 있다.[72]

특히 이 논리는 만만치 않는 서지학적(書誌學的) 이론을 만들어서 근거로 삼고 있다. 요약하면 한국의 지리지(地理誌)등의 일반적인 서술 규식(規式)에 따르면 한결같

에 근거한 것이나 최근에 미국 지도 제작국에서 전면 개정하여 발행된 동일 문헌에서는 상수 2.11을 사용하고 있다.

윤여정(尹汝政), [지문항해학(地文航海學)]. (부산: 해양대학 해사도서 출판부,1987), pp.27-28.

Nathaniel Bowditch, *American Practical Navigator*, Publication No.9., Volume 1. (1977, 1984 Edition.) Defence Mapping Agency, Hydrographic Center. Appendix T. p.1254., p.1299.

71) 가와까미 겐조(川上健三), op.cit., p.280.
72) 시모조 마사오(下條正男), "죽도문제고(竹島問題考)", 「現代コリア」, (1996년 6월): 「한국논단」, (1996년 8월)

이 육지로부터의 거리를 서술하고 있으므로 이것도 그렇게 해석되어야 한다는 것이다. 특히 이러한 주장의 논거로 그는 숙종실록(肅宗實錄)에 나오는 남구만 등의 진술을 인용하고 있으며, 숙종실록(肅宗實錄)이나 동국문헌비고(東國文獻備考) 등 한국 사서 (史書)의 내용적 신빙성을 원초적으로 다투고 있다. 그는 오히려 이맹휴의 춘관지(春官志)에 기술된 내용을 일도이명설(一島異名說)의 유력한 근거로 인용하고 있다.

시모조마사오의 논리는 일본측 학자나 전문가들이 자기들의 주장과 논리를 관철시키려는 의지가 얼마나 집요하며, 역사적 전거(典據)들이 얼마만치 잘못되게 인용될 수 있다는 것을 역연(歷然)하게 보여주는 하나의 예(例)가 될 수 있다. 그의 이러한 논리는 김병렬씨의 반박에서 잘 반증(反證)되고 있다.[73] 즉 그가 주장하는 한국 지리지(地理誌)등의 일반적인 서술 규식(規式)이란 그의 자의적(恣意的)인 유형화(類型化) 논리에 불과하며 물론 그렇게 일단 유형화 할 수 있다고 하더라도 예외란 얼마든지 있는 것이다.

(2) 독도(獨島) 명칭(名稱)의 변천(變遷)과 혼동(混同)

절해(絶海) 고도(孤島)인 독도(獨島)에 대한 지리적 인식(地理的 認識)과 영유(領有) 의사(意思)를 확정함에 있어서 이 섬들에 대한 호칭(呼稱)을 관찰하는 것은 매우 중요하다고 생각된다. 한국과 일본 양측 모두 독도에 대한 명칭은 많은 변천을 겪어왔고 또 상당한 혼돈(混沌)을 보이고 있다. 어느 쪽이 영유권의 귀속을 인정받을 만큼 의미 있는 지리적 인식(地理的 認識)과 영유(領有) 의사(意思)를 가지고 있었는가에 대한 "부가적(附加的)인 증거(證據)(additional evidence)"를 이 섬에 대한 호칭(呼稱)의 분석에서도 찾아낼 수 있다고 생각된다. 특히 이 섬 이름에 대한 연구와 분석은 한국측의 지리적 인식(認識)의 부재(不在)를 입증하기 위해서 일본 쪽 어용(御用) 이론가(理論家)들에 의해서 상당히 열심히 시도(試圖)되어 왔다.[74] 그러나 전체적으로 판단컨대 독도에 대한 호칭의 혼돈(混沌)은 일본측이 더 심한 상태이며 따라서 이들 일본측의 지리적 인식은 1905년까지도 대단히 부정확하고 모호한 상태

---

73) 김병렬, 증거를 외면하지 말라.『한국논단』, 1996년 11월.:『독도냐 다게시마냐』, (서울; 다다미디어, 1997), pp. 359-62.
74) 특히 가와카미 겐조(川上健三)와 같은 사람은 울릉도의 호칭 변천에 관한 방대한 연표(年表)를 작성해 놓고 있다.(川上健三, op.cit., pp.109-111.) 호칭사용의 해당년도와 전거(典據)의 페이지까지 명시하여 작성된 이 용의주도한 년표(年表)는 소위 일본측의 "일도이명설(一島二名說)"을 입증하기 위한 노력인 것으로 보인다. 대단히 세밀하고 정교하게 작성된 것으로 보이는 이 연표(年表)는 그러나 결정적인 오류(誤謬)를 범하고 있다. 즉 태종실록(太宗實錄) 제33권 태종(太宗) 17년 이월임술조(二月壬戌條)에서 울릉도를 '우산도(于山島)'로 표기한 것으로 작성되어 있지만, 이것은 오류(誤謬)이다. 태종(太宗)의 조정(朝廷)에서는 그 이전까지 울릉도 이외에 부속된 섬이 존재한다는 정도로만 알고 있다가 그 부속된 섬이 다름 아닌 우산도(于山島)인 것을 확인하고 여기에 이를 기록하고 있는 것이다. 태종실록(太宗實錄) 제33권 태종(太宗) 17년 이월임술조(二月壬戌條).

로 유지되어 왔음을 알 수 있다.

가. 한일(韓日) 양국에 있어서 독도의 명칭 변천사(變遷史)

「1」한국측의 독도(獨島) 호칭

① 신라(新羅)의 우산국(于山國) 정복(征服)이 있은 때(512년)로부터 울릉도와 그 부속 도서가 존재한다는 것은 일반적으로 인식된 것 같으나 호칭은 다소 모호한 상태로 혼용되었다.

울릉도- 우산국(于山國), 우릉(芋陵), 울릉(鬱陵), 우릉성(羽陵城), 무릉도(武陵島), 무릉도(茂陵島)

독도- 우산(于山), 우산(芋山), 우산도(于山島),

② 조선왕조(朝鮮王朝) 태종(太宗) 초기(쇄환 정책을 시작한 때; 1410년 경)에 이르러 쇄환정책의 실시과정에서 울릉도의 부속도서로서 독도의 존재는 점차로 확실히 인식되었다.

울릉도- 무릉(武陵), 무릉(茂陵), 울릉도(鬱陵島)

독도- 우산(于山), 우산도(于山島), 우산도(芋山島), 삼봉도(三峰島), 가지도(可支島), 석도(石島)

③ 조선왕조(朝鮮王朝), 고종(高宗) 18년(1881년)에 울릉도와 및 그 부속도서에 대한 쇄환정책(刷還政策)이 종료되었으며 이듬해(1882년) 한국 정부는 울릉도에 도장(島長)을 임명 파견하고 고종(高宗)37년(1900년)에 행정구역 조정을 단행 울릉도(鬱陵島)를 울도(鬱島)로 개칭, 군(郡)으로 승격하였으며 이 울도군(鬱島郡)이 부속도서인 죽도(竹島)와 석도(石島)를 행정 관할토록 하였다.75) 즉 한국의 행정구역상, 울릉도-울도(鬱島) ; 독도-석도(石島), 돌섬, 독섬(전라도 방언의 의역)으로 정착된 것이다.

④ 일본은 1905년 1월 28일 그 내각 결의로 리앙꾸르시마(Liancourt Rocks)를 죽도(竹島)로 명명하고 이를 시마네현(島根縣)에 편입 조치키로 작정하였다. 이 편입조치는 동 2월 22일 시마네현(島根縣) 고시(告示) 제40호로 공시(公示)되었으나 한국정부 등에 통고된 바는 없었으며 1906년 3월 28일에 울도군수(鬱島郡守) 심흥택(沈興澤)이가 일본 시찰단의 통고로 이를 알게되어 이를 상부에 긴급히 보고하는 공문서에서 독도를 "독도(獨島)"로 표기하였다.76) 이는 돌섬, 독섬 (전라도 방언)을 한자(漢字)로 작성된 공문

---

75) 고종칙령(高宗勅令) 제41호, 구한국 관보(舊韓國 官報) 제1716호, 광무(光武)4년 10월 27일 자.
76) 양태진(梁泰鎭) 편, 한국국경영토관계문헌(韓國國境領土關係文獻集), 1979, 「각 관찰도안」 제1책, 『보고서 호외』, 신용하, 독도의 민족영토사 연구, (서울:지식산업사, 1997), p.226.에서 재인용.

서에서 음역(音譯)한 것이다.
⑤ 이후, 한국은 일관되게, 울릉도 - 鬱陵島 ; 독도-獨島로 표기하고 있다.

「2」 일본측의 독도(獨島) 호칭
① 한국측의 쇄환정책(刷還政策)으로 울릉도와 독도가 공도(空島) 상태에 있었던 조선왕조(朝鮮王朝) 초기이래 일본의 하급무사(下級武士)와 어민(漁民)들이 울릉도와 독도에 왕래하여 어로(漁撈)와 기항(寄港)의 흔적을 남겼으나 공식적인 기록은 없었다. 다만, 1667년에 발간된 문헌(「은주시청합기(隱州視聽合記)」77))에서, 처음으로 울릉도-죽도(竹島), 기죽도(磯竹島) ; 독도 - 송도(松島) 라는 호칭이 나타난다.
독도에 대한 일본측의 지리적 인식이 한국측의 그것에 비하여 월등히 완벽하고 확실한 것이었다는 주장을 정교한 고문헌의 고증을 통해 펴고 있는 가와가미 겐조(川上健三)는 그의 저서에서 이 부분의 논증을 위해 그 전반(前半)을 할애하여 서술하고 있는 바, 그 책에서도, "우리나라(일본)에서는 오래도록 죽도(竹島) 또는 기죽도(磯竹島)라고 칭해진 것은 울릉도이고, 오늘의 죽도(竹島)(우리의 독도)는 그 당시에는 송도(松島)라는 이름으로 불리워 졌다." 라고 기술하고 있다.78)
여러 가지 문헌의 기록을 종합적으로 참고컨대, 적어도 1618년79)부터 명치(明治) 초기까지 이러한 -즉, 울릉도:죽도(竹島), 독도:송도(松島) 라는- 호칭은 일본에서 일반적으로 사용된 것 같다. 그러나 이 호칭의 사용도 결코 일관된 것은 아니었다.
② 일본의 독도에 대한 지리적 인식이 불완전하고 모호한 것으로 계속되어 왔다고 판단할 수밖에 없는 명백한 이유는 울릉도와 독도의 이름(일본측으로서는, 죽도(竹島)와 송도(松島))을 서로 교차적으로 혼동하여 사용해 왔다는 점이다.
더 정확히 표현한다면, 일본측으로서는 "죽도(竹島)"라고 불리던 울릉도에 대한 지리적 인식은 1618년이래, 검증될 수 있을 정도로 형성되어 있었지만

---

77) 제등풍선(齊藤豊仙), 「은주시청합기(隱州視聽合記)」(1667년), 권1, 국대기(國代記).
  가와까미 겐지(川上健三), op.cit., p.50.; 신용하, op.cit.,p.60.
78) 가와까미 겐조(川上健三), op.cit.,p.50.
79) 1618년 일본 어민(三代目 九右衛門 勝信)이 울릉도에 출어 할 수 있도록 막부에 도해면허(渡海免許)를 신청한 서류에서 울릉도를 죽도(竹島)로 표시하고, 독도는 "소도(小嶋)"로 표기하였다고 한다.
  대곡구우위문(大谷九右衛門), 『죽도도해유래기발서공(竹島渡海由來記拔書控)』, 가와까미 겐조(川上健三), op.cit.,p.51.

"송도(松島)"로 호칭되었다고 하는 독도에 대한 지리적 인식은 극히 모호한 것에 불과했다고 판단할 수밖에 없다. 이것은 울릉도의 부속 도서로서 조그만 암도(岩島)가 동남(東南) 쪽에 존재하고 있다는 것을 일찍부터 인식하고 이를 일관되게 우산(于山), 우산도(于山島), 우산도(芋山島), 등으로 부르고 있던 한국정부나 민간의 호칭 관행과 현격하게 비교되는 것이다.

③ 적어도 독도(獨島)와 같은 절해(絶海)의 적은 섬에 대한 일본측 호칭의 "일관된" 관행이 존재했었는가 하는 점은, 정교하고 치밀하게 집필된 가와가미 겐조(川上健三)의 책에서도 충분한 설명이나 입증의 노력은 보이지 않는다. 다만 울릉도를 송도(松島)로 호칭한 사실이 기록된 것은 무등평학(武藤平學)이 「송도개척지의(松島開拓之議)」를 일본 외무성에 제출한 1876년이다.80)

이 무등평학(武藤平學)의 "송도(松島)" 개척원(開拓願) 사건 이래로 일본에서는 울릉도를 "송도(松島)"로 호칭하고, 독도를 "리앙꾸르 섬(島)"으로 호칭하는 관행이 있었다고 보인다.

④ 일본측 학자들의 주장에 의하면 일본측으로서도 처음부터 울릉도와 독도를 혼동하고 있었던 것은 아니라고 한다.

에도막부(江戶幕府)이래, 명치(明治) 초기까지 어느 정도 일관되게 울릉도를 죽도(竹島)로, 독도를 송도(松島)로 호칭하던 관행이 깨어지게 된 것은 유럽 항해자(航海者)들의 임의적인 명명(命名)에 기초한 서구(西歐)제작 해도(海圖)에 영향을 받은 명칭의 혼동이 있었기 때문이라고 한다.81)

사실상 19세기에 와서, 이른 바 서세동점(西勢東漸)의 추세를 따라 많은 서구(西歐)의 항해가들과 탐험가들이 한반도 근해를 항해하면서 울릉도와 독도를 그들이 최초로 발견하였다고 착각하고 임의로 명명(命名)한 사실(史實)이 있다.

---

80) 무등평학(武藤平學)の 「송도개척지의(松島開拓之議)」 (明治 9年. 1876年), 도변홍기(渡辺洪基), 『송도지의(松島之議)』 고본, (외무성 소장), 가와까미 겐죠(川上健三), op.cit.,pp.31-41.
　　무등평학(武藤平學)의 「송도개척지의(松島開拓之議)」란, 동해의 새로운 섬 송도(松島)를 발견하여 이를 개척, 개발코자 한다는 건의문이다. 일본정부는 이 건의문을 받음을 계기로 일본 군함 (천성환(天城丸))을 보내어 이 지역을 탐사하고 그가 말한 송도(松島)란 한국령인 울릉도임을 확인하고 (일본 해군성 수로국 「수로잡지(水路雜誌)」, 16권, 1870년) 이 건의를 각하 하였다.
81) 추강무차랑(秋岡武次郎), "일본해 서남(日本海 西南)의 송도(松島)와 죽도(竹島)", 「사회지리(社會地理)」 제27호, (1948년 8월).; 전보교결(田保橋潔), "울릉도(鬱陵島) その 발견(發見)과 영유(領有)", 「청구학총(靑丘學叢)」, 제3호, (1929년 2월); 川上健三, op.cit.,pp.10-11.
　　이하에서 설명하는 것은 이들 문헌에 근거한다.

나. 유럽 항해자(航海者)들의 "임의적인 명명(命名)"

☞ 1787년 프랑스 항해자 Pérouse의 울릉도 발견과 Dagelet 명명(命名)

프랑스의 이름 있는 항해가(航海家), Jean François Galaup de la Pérouse는 두 척의 범선(Boussole호 및 Astrolabe호)을 이끌고 1787년 동남아와 한국 연안을 탐사 항행하였다.

그는 동년 5월 27일 동해(東海)에서 자기들 지도에 없는 섬 즉 울릉도를 발견하고 이 섬을 최초로 발견한 Boussole호에 승조한 육군사관학교 교수 Lepaute Dagelet의 이름을 따서 Dagelet라고 명명(命名)하였다.

☞ 1789년 탐험가 Colnett의 울릉도 발견과 Argonaut 명명(命名)

영국의 탐험가 James Colnett는 1789년 Argonaut호를 이끌고 대한해협을 거쳐 동해(東海)로 진입하였다. 그는 계속 북서진(北西進)하다가 울릉도를 발견하고 자기 배의 이름을 따서 Argonaut로 명명(命名)하였다. 1797년 화태(樺太) 서해안으로부터 한국의 동해안을 탐사한 영국 해군 중령 William Robert Broughton이 울릉도를 Argonaut로 명명(命名)한 것으로 기재하고 있는 Philipp Franz von Siebold의 기록(1840)이나, 추강무차랑(秋岡武次郎)의 기술은 모두 오류임이 확인되었다.[82]

☞ 1849년 프랑스 포경선(捕鯨船) Liancourt호가 독도를 발견(?)하고 이를 Liancourt Rocks로 명명(命名)하였다.

다. 울릉도와 독도 명칭의 혼동에 관한 일본측의 변명

유럽 항해자(航海者)들의 임의적인 명명(命名)에 기초하여 서구(西歐)에서 제작된 해도(海圖)에 영향을 받아서 일본측에 독도와 울릉도에 관한 명칭의 혼란이 야기되었다고 하는 일본측의 설명의 요지는 다음과 같다.

즉 1787년 프랑스 항해가 Perouse가 울릉도를 Dagelete로 명명하였는데 1797년에 영국사람 William Robert Broughton이 다시 이섬에 Argonaute라는 이름을 붙였다. 그러나 Broughton이 섬의 경위도(經緯度)를 잘못 측정하여 서구(西歐)의 지도에는 Dagelete와 Argonaute의 두 개의 섬이 존재하는 것으로 나타나게 되었다. 1840년 Philipp Franz von Siebold란 자가 일본지도를 작성하였는데, 그는 울릉도(당시 일본이름으로 Takeshima즉 죽도(竹島))를 Argonaute로, 독도(당시 일본이름으로

---

[82] 추강무차랑(秋岡武次郎)은 「사회지리(社會地理)」 제27호, (1948년 8월)에서의 자신의 오류를 그의 신간, 「일본지도사(日本地圖史)」, (1955년), 제5절 "송도(松島)と 죽도(竹島)との 혼동"에서 정정(訂定)하고 있다.

Matsu-shima 즉 송도(松島))를 Dagelete로 기재하였다. 그후 Broughton의 오류가 널리 알려져서 서구의 지도에는 Argonaute란 섬이 없는 것으로 되고 결국 Dagelete 만이 남았고 따라서 Matsushima 즉 송도(松島)라는 이름이 울릉도의 이름이 된 것이라고 한다.[83]

이 일본측의 정교하지만 오류에 가득찬 변명은 주로 추강무차랑(秋岡武次郎)의 "일본해(日本海) 서남(西南) の 송도(松島) と 죽도(竹島)","사회지리(社會地理)」제27호, (1948년 8월)에 기초한 것으로서 잘못된 전거(典據)에 기초한 오류였음이 밝혀졌다. 즉, 앞서 지적한 것처럼 Argonaute를 명명(命名)한 자는 Broughton이 아니고 James Colnett 였으며 경위도(經緯度) 측정을 잘못한 것도 그였다. 이것을 독일 의사이며 아마추어 지도작성가 였던 Siebold가 지도를 만들면서 친절하게도 Broughton의 이름을 잘못 주기(註記)한 것이, 구차한 변명 그 자체 속에까지 오류를 범하게 하였던 것이다.

맹목적으로 잘못된 서구(西歐)의 전거(典據)를 추종하여 한동안 죽도(竹島)라고 부르던 울릉도를 송도(松島)로 부르게 된 것도 울릉도 자체에 대한 일본인들의 모호한 지리적 인식을 입증하는 것이며 더구나 이에 부수 하여 송도(松島)라고 부르던 독도를 이제부터 죽도(竹島)로 부르자고 결정한 1905년 일본 각의(閣議)의 논의가 얼마나 인위적(人爲的)인 것이었다는 것은 더 말할 필요가 없다. 결국 종합적으로 보면 일본인들에게 있어서는 독도는 물론이고 울릉도에 대해서조차도 확고한 지리적 인식이 없었다고 보아야 할 것이다.

4. 국가 영유의사의 존재와 영역주권의 평화적이고 계속적인 행사에 관련된 논리

독도에 대한 일본의 영유권 주장의 핵심적 논리는 일본이 1905년 독도를 시마네현(縣)에 편입시킴으로써 이를 적법하고 유효하게 선점(先占)하였다는 것에 근거하고 있다. 그리고 선점(先占)이 성립하기 위해서는 1905년 당시 독도는 이른 바 무주(無主)의 지(地) (*terra nullius*)로 남아 있어야 한다. 한편 한국측 주장의 논거(論據)는 1905년 당시에 독도는 한국의 영토로 적법하게 귀속되어 있었다는 것이다. 그러므로 선점(先占)의 대상이 될 수 없다는 것이다.

한국측 피승계국가들에게 있어서 독도가 영토(領土)로서 적법하게 귀속되기 위해서는 이 외딴 섬에 대한 지리적 인식과 영유(領有)의 의사(意思) 만으로는 불충분하며 그 영역 주권이 계속적이고 평화적으로 행사된 실적(continuous and peaceful

---

[83] 외무부, 독도관계자료집(Ⅰ)-왕복외교문서(1952~76)- (1977. 7. 15.),
1962년 7월 13일자 일본측 각서, 일어. pp.242-44. ;영어. pp.260-62.

display of territorial sovereignty)이 있어야 한다.84) 앞서 지적한 바대로, 일본측이 입증하려고 애쓰는 중요한 요점은 한국측 피승계국가들에게 있어서는 독도에 대한 지리적 인식도 없었으려니와85) 실제적 주권행사의 실적도 없었다는 점이다.86)

(1) 일본의 1905년 독도 시마네 현(縣) 편입, 선점(先占) 주장에 대한 분석

일본이 1905년 독도를 시마네 현(縣)에 편입시킴으로써 이를 적법하고 유효하게 선점(先占)하기 위해서는 1905년 1월 28일87) 현재 독도에 대한 한국측의 주권적 권원이 적법하게 성립되어 있지 않아야 한다. 한국측의 시원적 권원(original title)이 설사 일단 성립되어 있었더라도, 한국측의 주권적 권원이 적법하게 성립하려면, 독도에 대한 그 한국의 영역 주권이 계속적이고 평화적으로 행사된 실적에 근거한 확정적인 권원(definite title)을 유지하고 있어야만 한다. 그리고 이러한 한국측의 영토주권의 존재는 주권행사의 의도(意圖)와 국가기능의 실제적인 행사(行使: actual exercise) 또는 표명(表明: display)을 입증하는 증거로서 제시되어야만 한다.88)

가. 한국의 독도에 대한 점유(占有) 및 영역주권의 행사 기록

한국의 피승계국가들 즉, 신라(新羅), 고려(高麗), 대한제국(大韓帝國)을 포함한 조선왕조(朝鮮王朝)가 독도를 영토로서 귀속시켜 이를 주권적으로 관리해 왔다고 하는 사실을 다시 한번 정리, 확인할 필요가 있다.89)

☞ 신라(新羅):
장수(將帥) 이사부(異斯夫)가 우산국(于山國)을 정복하였다. 이 우산국(于山國)에

---

84) Island of Palmas case (The Netherlands vs United States), RIAA (Reports of International Arbitral Award) 1928. Vol.Ⅱ, Max Huber, Sole Arbitrator.
　Martin Dixon & Robert McCorquodale, *Cases and Materials on International Law* (London: Blackstone Press, 1995), pp.280~85.
85) 그런데 이 점에 대해서 일본의 주장이 성립되지 않음은 앞에서 논술한 바와 같다.
86) 1954년 2월 10일자 일본측 각서(覺書), 외무부, 「독도관계자료집(獨島關係資料集)」(1) - 왕복외교문서(往復外交文書. 1952~76) -, (1977. 7. 15.) pp.43-58. : 가와까미 겐죠(川上健三), 「죽도(竹島)の 역사지리학적 연구(歷史地理學的 硏究)」, pp.94-99.
87) 이날, 일본 각의(閣議)에서
　"리앙꾸르 시마(Liancourt Rocks: 독도)를 타께시마(죽도(竹島))로 명명하고 이를 일본국 시마네겐(島根縣)에 편입키로 한다."는 결의를 채택함.
88) Legal Status of Eastern Greenland case (Denmark vs Norway)
　PCIJ(Permanent Court of International Justice), 1933. PCIJ Report, Series A/B, No.53. (1933), 김정건(金楨鍵) 외 5인, 판례중심 국제법, (서울:경남대 극동문제연구소, 1982), pp.186-87.
89) Supra Note 67. and its text.

는 독도가 포함된다. 그러나 독도에 대한 독자적인 지리적 인식은 확인되지 않았다.
  전거(典據):「 삼국사기(三國史記)」, 제4권 신라본기(新羅本紀) 4, 및 제44권, 열전(列傳)4. 이사부조(異斯夫條), ;「만기요람(萬機要覽)」, (1808), 군정편.

☞ 고려왕조(高麗王朝):
울릉도와 독도에 대한 지리적 인식(武陵, 于山)이 확인되었다. 정부는 이를 행정구역(溟州道)에 편입시키고, 관리(溟州道監倉 金柔立)를 파견하여 지형과 물산(物産)을 조사하였다.
  전거(典據):「고려사(高麗史)」,(1441), 제17권, 세가(世家), 인종(仁宗) 19년; (1451), 제58권 지리지(地理誌) 3, 울진현조(蔚珍縣條)

☞ 조선왕조(朝鮮王朝)
「1」-태종(太宗) 초기부터 독도에 대한 지리적 인식이 다시 확인되었다. 태종(太宗) 16년 (1416년)부터 실시된 쇄환정책(刷還政策)의 실현을 위한 행정권의 발동이 지속되었으며 이를 위해 관리(按撫使)를 주기적으로 파견하였다.
  전거(典據):「 태종실록(太宗實錄)」, 태종(太宗) 16년 9월 경인조(庚寅條), ;「세종실록(世宗實錄)」, 제29권, 세종 7년 8월 갑술조(甲戌條) ;
「2」-1693년(조선왕조, 숙종(肅宗) 19년)과 1696년(숙종22년)에 안용복(安龍福)의 담판사건이 발생하였다. 이 사건으로 에도막부(江戶幕府)는 다께시마(죽도(竹島)): 당시 울릉도에 대한 일본식 호칭) 즉 울릉도가 조선 영토에 속한다는 것을 명시적으로 인정하고 그 속도(屬島)인 마쓰시마(송도(松島): 당시 독도에 대한 일본식 호칭) 까지 한국에 속함을 인정하였다.
안용복의 담판과 대곡(大谷), 촌천(村川) 양가(兩家)들이 막부에 신청한 울릉도(鬱陵島) 어로허가(漁撈許可) 신청으로 한국(조선왕조)과 일본 정부(에도 막부) 간에 울릉도의 영유권(領有權) 및 어업권(漁業權)에 대한 외교적 분쟁이 발생하였다. 이것은 일본 쪽에서는 이른 바「죽도일건(竹島一件)」이라고 알려져 있다. 1693년 이후 한일간의 외교교섭 과정에서 특히 대마도(對馬島)의 번주(藩主)가 개입되어 중간에서 한국으로부터 울릉도를 뺏으려는 기도(企圖)가 있었다. 조선왕조의 조정은 일시 모호한 방침으로 동요한 바가 없지 않으나 안용복이 두 번째로 일본에 건너가 막부에 대하여 "울릉도(鬱陵島)와 우산도(于山島)(즉 독도)는 한국의 영토"라고 주장한 것이 계기가 되어, 영의정 남구만(南九萬) 등이 주장해서 대일 강경 방침으로 전환되었다. 에도 막부는 역사적으로 울릉도(鬱陵島)가 신라 시대부터 한국에 속해 온 것이 분명하기 때문에 결국 대마도의 움직임을 꾸짖고 한국과의 협조적 정책으로 전환하였다. 그리하여 막부는 대곡(大谷), 촌천(村川) 양가의 울릉도 도항(渡航)을 금지하였으며 1699년 1월 정식으로 울릉도(鬱陵島)가 한국령임을 승인하였다.

이러한 공식적 승인의 외교문서에 독도에 대한 언급은 따로 없다. 그러나 그 당시 한국과 일본 간에 독도를 울릉도의 부속 도서로 인식하고 있었던 것은 분명하므로 독도에 대한 한국의 영유권도 똑같이 일본에 의해서 공식확인 된 것으로 간주해도 무리가 없다.[90]

전거(典據): 「숙종실록(肅宗實錄)」, 제26권. 숙종 20년 2월, 신묘조(辛卯條); 제27권. 숙종 20년 8월, 기유조(己酉條); 제30권, 숙종 22년 9월, 무인조(戊寅條); 숙종 22년, 일본 원록(元祿) 9년 (1696년) 1월, 덕천막부(德川幕府) 관백(關白)의 결정문(決定文), 일본 태정관(太政官) 편(編), 「공문록(公文錄)」 원록(元祿) 연간 부속문서(附屬文書) 제1호, 제4호,

「3」-일본 정부가 확정적으로 울릉도와 독도가 한국령(韓國領)임을 확인한 사실은 1876년에 있었다.

명치(明治) 정부의 내무성(內務省)이 일본국의 지적(地籍)을 편집하기 위하여 시마네현(縣)에 그 현(縣) 인근에 존재한다고 하는 죽도(竹島)(타께시마: 당시 울릉도를 의미)라는 섬에 관한 정보를 조회한 것이 그 시작이다. 시마네 현(縣) 당국은 17세기 대곡(大谷), 촌천(村川) 양가에 의한 죽도(竹島) 개척(開拓)의 경위를 조사해서 죽도(竹島)와 송도(松島)(즉 독도)의 지도를 첨부하여, 「일본해내(日本海內) 죽도외일도 (竹島外一島) 지적편찬방사(地籍編纂方伺)」라는 보고서를 제출하였다. 즉 시마네현(縣) 당국은 독도를 울릉도의 부속도서로 간주했기 때문에 일괄해서 이를 취급한 것이다. 내무성(內務省)은 이 보고서 이외에 독단적으로 원록기(元祿期)에 있었던 「죽도일건(竹島一件)」의 기록을 조사해서 검토해본 결과 이 두 섬은 한국령(韓國領)이며 일본에 속한 것이 아니라는 결론을 내렸다.

그러나 "국가의 판도를 결정함은 중대한 일이기 때문에" 1877년 3월 17일 그 상급기관인 태정관(太政官: 국무총리에 해당)에게 「일본해내(日本海內) 죽도외일도(竹島外一島) 지적편찬방사(地籍編纂方伺)」라는 보고서를 제출하여 그 판단을 구하였다. 이 보고서에는 울릉도와 독도의 지리적 위치와 형상이 정확히 기술되어 있고 부속서류 중에 "「외일도(外一島)」라고 함은 송도(松島)(즉 독도)를 의미한다." 라고 하는 설명이 명기되어있다. 이 보고서를 받은 태정관(太

---

[90] 호리 가즈오(掘 和生), "1905년 일본(日本) 의 죽도영토(竹島領土) 편입(編入)", 「조선사연구회논문집(朝鮮史研究會論文集)」,제24집,(1987.3), pp. 101-102.

政官) 조사국(調査局)의 심사 결과 내무성(內務省)의 결론 (이 두 섬은 한국령(韓國領)이며 일본에 속한 것이 아니라는)이 옳다는 것이 인정되었다. 그리하여 1877년 3월 29일 공식적으로 태정관(太政官)은 내무성(內務省)에, "품의한 취지의 죽도외일도(竹島外一島)의 건에 관하여 이들 섬은 본방(本邦:일본)과 관계가 없음을 심득(心得)할 것"이라는 지령(指令)을 하달하였다. 이로서 당시 일본의 최고 국가기관인 태정관(太政官)은 시마네 현(縣)과 내무성(內務省)이 상신한 울릉도와 독도의 일본 영토 편입 여부의 문제에 관해서 이 두 섬은 일본의 영토가 아니다라는 유권해석(有權解釋)을 내린 것이다. 이 지령이 내무성을 경유, 시마네현(縣)에 하달된 것은 동년(同年) 4월 9일자이며 이것으로「지적편찬(地籍編纂)」에 관한 사건은 종결되었다.[91]

전거(典據) : 일본 태정관(太政官) 편(編),『공문록(公文錄)』내무성지부(內務省之部), 1책. (일본국립공문서관 소장(日本國立公文書館 所藏)), 「일본해내(日本海內) 죽도외일도(竹島外一島) 지적편찬방사(地籍編纂方伺)」, 태정관지령문(太政官指令文)

「4」- 고종(高宗) 18년(1881년)에 조선왕조(朝鮮王朝)는 울릉도와 및 그 부속도서에 대한 쇄환정책(刷還政策)을 종료하였다. 이듬해(1882년) 한국 정부는 울릉도에 도장(島長)을 임명 파견하고 고종(高宗)37년(1900년)에 「칙령(勅令)」제41호로서 행정구역 조정을 단행하여, 울릉도(鬱陵島)를 울도(鬱島)로 개칭, 군(郡)으로 승격하였으며 이 울도군(鬱島郡)이 부속도서인 죽도(竹島)와 석도(石島; 즉 지금의 독도)를 행정 관할토록 하였다.

일본측은 이 「칙령(勅令)」제41호에서 지정한 죽도(竹島)와 석도(石島)는 울

---

[91] 이 중요한 역사적 사실은 일본 경도대학 경제학부 교수인 역사학자 호리 가즈오(掘 和生) 교수가 처음으로 발굴 지적한 것이다. 그는 한국사에 관하여 깊은 연구를 계속하였으며 다수의 중요 논문을 발표하였다. 특히 그는 독도문제에 관하여 관심을 가지고 학문적 연구를 추구한 성실한 일본의 학자이다. 일본에 있어서 독도에 관련된 모든 연구(주로 독도는 일본의 고유 영토라고 하는 취지의 주장과 그 것에 관한 학문적 입증 등)는 전 일본 외무성 관리였던 가와까미 겐조(川上健三)의 연구 (그의 저서, 「죽도(竹島)의 역사지리학적 연구(歷史地理學的 硏究)」)에 기초하고 있다고 말할 수 있는 데 이 호리 가즈오(掘 和生) 교수는 가와까미 겐조(川上健三)의 연구가 독도에 관련된 연구 중에서 가장 실증적이며 방대한 것임에도 불구하고 당초부터 일본 정부의 요청에 의하여 시도되었으며 현실적으로 일본에 있어서 죽도영유권(竹島領有論)의 정당성 주장에 있어 최대의 전거(典據)가 되어 있음에도 불구하고 그 학문적 진실성에 문제가 있다고 하는 것을 차분히 지적하고 있다. 그는 독도가 한국의 영토라는 학술논문을 발표함으로서 일본에서 많은 물의를 일으켰으며 특히 일본 정부의 시책에 정면으로 배치된다고 하여 지탄(指彈)과 무시(無視)를 당하였으나 학자적 양심에 따라 그의 주장을 제시하고 있다.
호리 가즈오(掘 和生), "1905년 일본(日本) 의 죽도영토 편입(竹島領土 編入)", 「조선사연구회논문집(朝鮮史硏究會論文集)」,제24집,(1987.3), pp.97-98., p.103.

릉도 주변에 있는 적은 암초를 의미하는 것으로 그 것이 독도와는 관계가 없다는 주장을 펴고 있다. 그러나 이미 앞에서 고찰한 바와 같이 1900년경에 한국에서 이 섬을 "독도"라는 호칭으로 부르는 관행은 이미 확립되어 있었다는 것은 당시 울릉도와 독도를 탐사한 일본군함(신고호(新高號))의 보고[92]에도 명백히 나와 있으며 이를 공문서 등에서 한자(漢字)로 표기하기 위하여 석도(石島)라고 기재하였다는 것은 명백하다.

전거(典據); 고종(高宗)「칙령(勅令)」제41호, 구한국(舊韓國) 관보(官報) 제1716호, 광무(光武) 4년 10월 27일 자.

나. 일본의 독도 선점(先占) 주장의 불성립

위의 정리에서 결론지을 수 있는 것은 1905년 1월 28일 일본 내각이 독도를 타케시마로 명명하고 이를 자국 영토로 편입(編入), 선점(先占)키로 결정할 때까지 조선왕조(朝鮮王朝)는 독도에 대한 그 영역 주권을 계속적이고 평화적으로 행사함으로서 확정적인 권원(definite title)을 유지하고 있었다고 볼 수 있다. 그리고 이러한 영역 주권의 존재는 1905년까지 주권행사의 의도(意圖)와 국가기능의 실제적인 행사(行使: actual exercise)로 잘 표명(表明)되고 있었다고 말할 수 있다. 그러므로 일본의 소위(所謂) 선점(先占)의 주장은 법적으로 성립될 수 없다.

그러면 여기에서 당시의 국제법적 기준으로 보아 일본의 독도 선점(先占)이 법률상 성립될 수 있는가를 일본측의 점유의 효력을 중심으로 다시 검토해 보기로 한다.

한국측의 주장은, 이러한 일본의 영토 편입조치가 시행된 시기(1905년 2월 22일)는 일본이 한국의 외교권을 무력으로 박탈하고 그 국가 주권을 잠식한 시기로서, 군사력과 정치적 강압으로 1904년 2월 23일「한일 의정서」를 체결하고, 1904년 8월 22일「제1 한일 협약」을 성립시킨 이후이기 때문에 이는「Cairo선언」에서 명시한 "폭력과 강압에 의해 탈취된 지역"이며 따라서 일본의 영역 주권은 2차대전의 종결과 함께 이 지역에서 "구축(驅逐)되어야 한다."고 주장한다.[93]

그러나 이러한 한국측의 반론에 대한 일본측의 재반론(再反論)을 보면,

> 1904년 2월 23일「한일 의정서」는 "대한제국(大韓帝國)의 영토보존을 위해 군략상 필요한 지점을 일본이 일시적으로 사용할 것을 약정한 것"에 불과하여 독도의 편입과는 아무 관계가 없다고 하고, 1905년 11월 17일「한일협상조약」(을사보호조약)에 의해 한국의 외교권이 일본에 이양되기 이전까지 대한제국(大韓帝國)은 완전

---

[92]「군함 신고호 행동일지(軍艦 新高號 行動日誌)」, (일본 방위청 전략부 소장(日本 防衛廳 戰史部 所藏)), 1904년 9월 25일조, 신용하, op.cit., pp.200-201.

[93] 이한기,「한국의 영토」, (서울: 서울대학교출판부, 1969), pp.277-278. ; 김명기, "독도의 영유권에 관한 한국과 일본의 주장 근거," 독도의 영유와 독도 정책, (서울: 독도학회, 1996), pp.40-41.

주권국가로서 일본의 독도 영토 편입조치에 대하여 항의를 제기하는 데 아무런 방해도 없었다고 한다.94)

그러나 이러한 일본의 주장에 대해서는 대한제국(大韓帝國)이 그 당시 완전 독립 주권국가이었던가 하는 문제와 별도로, 1905년 2월 22일 시마네현(縣)의 고시(告示)가 국제적인 공시성(公示性)을 갖추지 못한 것이었고 한국에 대한 공식적 통보(通報)가 없었다는 한국측의 반론이 가능하다.

또 이러한 한국측의 반론에 대해서 일본은 반박하기를, 선점(先占)행위의 성립에 있어서 통보(通報)가 국제법상의 요건으로 확립된 것은 아니라는 주장을 제시한다.95)

일반적으로 무주지(無主地: *terra nulius*)를 선점(先占)함에 있어서는 그 것이 무주(無主)이기 때문에 어떤 대항요건의 주체가 존재하지 않는 것이 보통의 경우이며 따라서 선점(先占)의 의사로 점유(占有)하였음을 특별히 통고할 상대가 없는 것이 보통이라고 보아야 한다. Lauterpacht96)나 Guggenheim97)이 통고(通告)를 선점이나 영토 취득의 요건이 아니라고 보는 것은 이러한 이유 때문이다. Jennings가 승인(承認) 및 공시(公示)가 모두 선점에 의한 영토적 권원의 성립에 관련이 없다고 보는 것98)도 같은 취지일 것이다. 그러나 영토 취득을 위한 점유에는 일반적으로 대항요건이 필요하며 이러한 대항요건을 위해 공시(公示)나 통고(通告)가 그 법적인 요건으로 되어야 한다는 것은 자명한 일이다. 그러므로 Schwarzenberger99)나 전강양

---

94) 1954년 2월 10일자 일본측 각서(覺書), 외무부, 「독도관계자료집(獨島關係資料集)」(1) -왕복외교문서(往復外交文書)(1952~76)-, (1977. 7. 15.) pp.51-52.

95) The Japanese Government's Views on the Korean Government's Version of Problem of Takeshima. dated September 25, 1954.
1954년 9월 25일자 일본측 각서(覺書) (영어), 외무부, 「독도관계자료집(獨島關係資料集)」(1) - 왕복외교문서(往復外交文書. 1952~76)-, (1977. 7. 15.) pp.169-170.

　　In connection with aforementioned public announcement, there is a question of notification to foreign countries. In this respect, most of international jurists agree that there is no principle in international law which regards such notification as above as an absolute requirement for acquisition of territory. In the cases of Island of Palmas of 1928, and of Clipperton Island of 1931, moreover, the Permanent Court of Arbitration gave decisions making it clear that no notification to foreign countries is required for the acquisition of territory. The principle followed in the above two cases was asserted by the United States at the time of its occupancy of the Guano Islands.....

　　개천 광(皆川 光), "죽도분쟁(竹島紛爭) と 국제판례(國際判例)", 「국제법학(國際法學)의 제문제(諸問題)」, 전원교수 환갑기념논문(前原教授 還曆記念論文), p.362.

96) Oppenheim-Lauterpacht, *International Law,* vol. I, 8th ed. (1955), p.359.
97) Guggenheim, *Traité de Droit Internationále Public*, Tome I, p.441.
98) R. Jennings, *The Acquisition of Territory*, p.39.
99) Schwarzenberger, "Title to Territory", 51 *AJIL* (1957) 321.

일(田岡良一)100),의 학설과 국제법학회(IIL)의 선언 등에서 공시(公示)나 점유의 통고(通告)를 영토적 권원 성립의 요건으로 보는 것은 이런 연유에서 타당하다. 당시의 학자 Westlake는 선점(先占)의 공시(公示)를 국제법상 요건으로 보고 있다.101)

1928년 Island of Palmas case의 중재재결에서 화란이 Sangi국에 대한 그 종주권의 성립을 타국에 통고할 의무가 따로 없다고 본 것은 일반 원칙으로 선점(先占)의 공시(公示) 의무를 부정한 것이라기 보다, 상당한 주민이 거주하고 있는 Palmas와 같은 섬에 대한 국가주권의 행사가 상당한 기간동안 은밀히 이루어 질 수는 없는 것이고 따라서 중재재판관은 이 섬에 대한 화란의 주권 행사가 공개적이고 공시적으로 행사되어 왔다고 보았기 때문이다.102)

1931년 Clipperton Island case 에서도 France의 이 섬에 대한 선점(先占) 행위의 공시성은 별도의 통고(通告)가 필요 없을 만큼 이미 충분하였다.103)

Guano섬에 대한 미국의 선점(先占)의 경우도 문제의 섬은 명백하게 무주(無主)의 지역이라는 확증이 선 연후에 미국의 선점은 이루어 졌다.104)

실제로 France는 Clipperton섬에 대한 France의 주권이 성립되었음을 Polinesia 영자(英字)신문에 공시(公示)한 바가 있다.

당시에 이미 한국 정부에 의하여 영유의 의사로서 관리되고 있던 독도는 명치(明治) 초기에(1877년) 일본 정부에 의해서 공식적으로 그것이 일본의 영토가 아니고 한국의 영토인 것이 일차 확인 된 바가 있었으므로(소위 지적편찬(地籍編纂) 사건105)) 본래 무주(無主)의 땅이 될 수가 없고, 따라서 선점의 대상이 될 수 없다.

결국 일본이 독도를 영토로 편입한 선점(先占)의 조치는 당시의 국제법적 기준에서 보더라도 그 실효적 권원을 성립시킴에 결정적 흠결을 조성하는 공시성(公示性)의 결여가 있었던 것을 지적해야 할 것이다.

---

100) 전강량일(田岡良一), 「국제법강의(國際法講義)」, 상권(1955), p.338.
101) Westlake, *International Law*, Part Ⅰ (1904). pp.100-101.
102) Island of Palmas case (The Netherlands vs United States), RIAA (Reports of International Arbitral Award) 1928. Vol.Ⅱ, Max Huber, Sole Arbitrator.
Martin Dixon & Robert McCorquodale, *Cases and Materials on International Law* (London: Blackstone Press, 1995), p.285.
103) Herbert Briggs, *The Law of Nations,* (1952), pp.248-250.
104) 미국 대법원 판례. Johns vs United States (1890)
Dikinson, *Cases and Materials on International Law*, p.210.
105) Supra Note 63, and its texts.

(2) 1905년 이후 1945년 2차대전 종결까지 일본의 독도에 대한 실효적 점유 효력에 대한 분석

가. 19세기 일본의 독도 강점을 영유권 주장의 근거로 보는 일본의 실질적 인식

일본의 독도 영유권 주장에 있어서 이상하게도 지금까지 일본에 의하여 표면적으로 명백히 주장되거나 한국측에 의하여 구체적으로 반박(反駁)되지 않는 논점 중에, 1905년 이후 일본의 독도에 대한 실효적 점유는 2차 대전에서 일본 제국(帝國)이 패전함으로써 종결되고 구축(驅逐)되어야 하는 다른 한반도에 대한 일본의 식민 통치권 및 그로 인한 점유의 효력과 구별된다는 것이 있다. 조금만 자세히 관찰하면 이 논점이야말로 일본 사람들의 의식 속에 명백하게 각인(刻印)되어 있어 그들의 독도에 대한 영유권 주장의 중요한 근거가 되고, 추진력이 되고 있는 것이다.

생각건대, 종래 전통 국제법에 의한 영토 귀속에는 "할양(割讓), 선점(先占), 첨부(添附), 정복(征服), 및 시효(時效)"의 다섯 가지 방식이 있다.106)

일본의 논리에는 독도에 대한 일본의 점유가 무주지(無主地)의 선점(先占)이 아니고 설사 침략적인 강점(强占)이었다고 하더라도 그것은 당시의 국제법이 영유의 귀속을 인정할만한 기정사실(旣定事實: *fait accompli*)이라고 하는 것이 요점(要點)으로 들어 있다.

일본이 독도를 자기들의 영토로 주장하는 논리의 저변에 있는 이러한 관념에는, 설사 어떤 형태의 조선왕조 당국의 지리적 인식이나 영유의 의사에 기한 행정적 조치가 존재하고 있었다고 하더라도 그것은 이른 바 근대 국제법의 기준에서 무시(無視)될 수 있는 것이며 설사 1905년 이전까지의 한국의 점유가 무시되지 않는다고 하더라도 1905년 일본의 점유와 영토 편입 조치로서 이러한 한국의 점유는 당시의 국제법상 기준에서 종결, 해소된 것이라고 보는 것이다.

앞서 언급한 전통 국제법상의 영토 취득의 5가지 방식 중에서 일본의 이러한 솔직한 인식(認識)에 근접하고 있는 것은 국제법의 이론상으로는 선점(先占)의 방식보다는 차라리 시효취득(時效取得) 방식이 더욱 가깝다.

그러나 일본은 한번도 독도를 시효(時效)로 취득한 것으로 주장한 적은 없다. 만일 별단의 사정이 없이 일본이 시효취득(時效取得)을 주장한다면, 이는 "구법(舊法) 시대에 발생한 사실에는 구법(舊法)이 적용되어야 한다."는 이른 바 시제법(時際法: droit intertemporal)적 인식(認識)에 기초한 주장이 될 것이며, 이러한 논리는 서구적(西歐的)인 국제법 기준에서는 지금도 상당한 설득력을 가질 수 있다고 본다.107)

---

106) Sir Robert Jennings ed., *Oppenheim's International Law*, 9th Edition. (Harlow, Longman, 1992), p.677-708.

한국측의 논리가 일본측의 선점(先占)의 주장을 부인(否認)하는 것에 집중되고 있는 것은 일본이 선점(先占)을 주장하기 때문이기는 하지만 일본의 주장과 한국의 반론(反論)에는 이러한 관점에서 간과될 수 없는 인식(認識)의 격차가 있다는 것을 유의해야 한다.

나. 19세기 일본의 독도 점거에 대한 국제법적 평가

독도에 대한 일본의 점유가 설사 침략적인 강점(强占)이었다고 하더라도 그것은 국제법이 영유의 귀속을 인정할만한 기정사실(旣定事實: fait accompli)로서 받아드려져야 한다는 것이 솔직한 일본의 인식(認識)인 것 같다. 침략적 행위를 불법시하는 현대 국제법의 규범적 원리와는 맞지 않기 때문에 표면적으로 침략적인 강점(强占)이 적법한 것이었다고 주장되지는 않으나, 그 대신 그들은 집요하게 여러 가지 정황적 증거를 들어서 19세기말과 20세기초에 걸쳐서 일본의 독도 점거가 평온(平穩)·공연(公然)하게 이루어 졌으며, 일본은 당시의 국제법적 기준에서 보더라도 적법하게 독도에 대한 영유권을 획득하였다고 주장하고 있는 것이다.108)

1905년의 시마네 현(縣)에의 편입조치가 국제법상 유효한 영유의 의사표시라는 것, 또 일본 정부의 토지대장(土地臺帳)에의 기입 사실, 그 이후 일본 관리들(시마네현(島根縣), 신서유태랑(神西由太郎) 등의 조사단)에 의한 현지(現地) 측량행위(測量 行爲), 시마네현(縣) 당국의 일본인(나가이 요시사부로(中井養三郎)外 4人 등)에 대한 어업 면허 사실 등을 유효한 실효적 점유의 증거로 적시하고 있다. 그들 일본의 주장에 의하면, 독도는 1905년 5월 17일자로 시마네현(島根縣)의 관유토지로 등록되었으며 노일전쟁 당시인 1940년 8월에 일본 해군 관할로 되었다가 1945년 11월 일본 국유재산법 시행령 제2조에 의거 일본국 대장성(大藏省) 관리 토지가 되었다고 한다. 이러한 사실들이 일본의 영유권원(領有權原)을 확정시키는 근거가 될 수 있다고 주장되고 있는 것이다.

물론 이러한 사실들은 일본의 무주지(無主地) 선점론(先占論)의 근거로서 선점(先占)의 효력을 확증하는 것으로 인정될 수는 없다. 그러므로 현재로서 일본의 영유권 주장의 논리에 이들은 별로 도움이 되지 못할 것이다. 그러나 만일 일본이 이러한 사실들을 시효취득(時效取得)의 증거로서 주장한다면 어떻게 판단될 것인가?

---

107) Professor Jonathan I. Charney's Comment, Kim Young-Koo ed. *Maritime Boundary Issues and Islands disputes in the East Asian Region,* Proceedings of the !st Annual Conference, (1998. March), Centre for Social Science research Korea Maritime University, (Sorabol Hotel, Korea. August 4. 1997.) pp.160-61.

108) 오오꾸마 요이찌(大熊良一), 「죽도사고(竹島史稿)」, (동경: 원서방(原書房) 1968), pp.249~54.; 태수당정(太壽堂鼎), "죽도분쟁(竹島紛爭)", 국제법 외교잡지, 64권, 4, 5호 (1966년 3월), pp.122~129.; 외무부, 독도관계자료집(Ⅰ)-왕복외교문서(1952~76)- (1977. 7. 15.), 1962년 7월 13일자 일본측 각서 (일본정부 견해-4), pp.265-70. (영어)

그러므로 여기서 집중적으로 분석되어야 하는 점은, 일본이 시효취득(時效取得)을 주장하였다고 가정하고, 당시의 국제법적 기준에서 일본의 독도 점거가 유효한 것이었는가? 그리고 실제로 이러한 사실들이 당시의 국제법상 기준에서 시효취득의 요건을 충족하여 독도에 대한 일본의 영토적 권원이 성립되었다고 볼 수 있겠는가 하는 것이다. 이런 문제를 검토하기 위해서는 1900년이래 집요하게 진행된 일본의 한반도 병탄(倂呑)의 일환으로 나타나고 있는 울릉도와 독도에 대한 점유적(占有的) 활동 등에 대해서 그것이 한반도의 다른 지역에 대한 일본의 식민적 침략의 강점과 구별되는 평온(平穩), 공연성(公然性) 및 시간적 영속성(永續性)이 인정될 수 있는가 등에 관련하여 국제법상 객관적 논리를 통해 주의 깊은 분석이 필요하다.

영토 취득의 방식 또는 법적인 태양(態樣)으로서 시효취득(時效取得)이란 전통 국제법상에 있어서도 그 적법성에 관하여는 찬반(贊反)의 양론이 대립되어 있는 형편이다.[109] 따라서 현대 국제법에서는 적용의 여지가 거의 없으며, 시제법적 이유로 과거의 사항에 대해서 고찰하는 경우에도 그 요건은 비교적 아주 엄격하게 해석 적용되어야 한다.

「1」 20세기에 있어서 일본의 울릉도, 독도 침략의 경과

그러면 여기에서 우선, 『20세기에 있어서 일본의 울릉도, 독도 침략의 경과』를 간략하게 검토해 보기로 한다.

앞서 기술한 1877년 일본 명치(明治)정부의 이른 바 「지적편찬(地籍編纂)」 사건으로 일본은 울릉도와 독도를 한국령으로 공인한 이후, 1883년 3월 일본 내무성(內務省)과 사법성(司法省)은 일본인의 울릉도 도항(渡航)을 금지하는 행정지시를 하달하였다. 동년 9월, 일본 정부는 정부관리(내무성 서기관)와 기선(汽船)을 파견하여 울릉도에서 밀벌목(密伐木)에 종사하던 일본인 254명을 강제로 일본에 송환하였다.[110]

그 당시에, 많은 일본인이 울릉도에 침입해 있었다는 것을 점차로 알게 된 한국 정부도 그때까지 유지하고 있던 쇄환정책(刷還政策)을 폐지하고(1881년) 적극적인 개발정책으로 전환하게 되었다. 1882년 12월에 「울릉도개척령(鬱陵島開拓令)」이 하달되었으며 울릉도에 대한 이민(移民), 입식(入植) 정책이 시행되었다. 1883년에는 김옥균(金玉均)이 「동남제도개척사(東南諸島開拓使) 겸(兼) 포경사(捕鯨事)」로 임명되어 의욕적인 개발정책을 펴려고 하였으나 그의 실각(失脚)으로 큰 결실을 거두지 못하였다. 그러나 한국 정부의 이주(移住) 장려와 면세의 혜택 등으로 한국사람의 수는 점차 증가하여 19세기 말경에는 약 2500명에 달하였다.

1900년 고종(高宗) 칙령(勅令) 제41호로 울릉도와 독도가 명시적인 행정관할로 관

---

109) *Oppenheim's International Law*, op.cit., pp.705-706.
110) 「조선국 울릉도(鬱陵島) へ(ニ) 방인도항금지(邦人渡航禁止) ノ件」, 『일본외교문서(日本外交文書)』 제 一四, 一五, 一六 권

리되었음은 앞서 지적한 바와 같다. 그러나 이러한 한국 정부의 행정적 통제는 이 두 섬이 지리적으로 중앙 행정부로부터 원격한 위치에 있었고 행정기구 자체도 본토의 그것에 비하여 극히 미비한 것이었으므로 일본인의 밀항(密航)과 밀벌목(密伐木)은 1883년 이후에도 근절되지 않았다. 1900년경에는 일본인의 남벌(濫伐)로 쓸만한 목재는 울릉도에서도 거의 고갈되어 일본인의 밀항(密航)의 목적은 밀벌목(密伐木)보다는 주변 어장에서의 어로(漁撈)로 변해져 있었다.

1889년에 일본 정부는 한국에 「일조양국통어규칙(日朝兩國通漁規則)」을 강제로 맺게 하고 이것을 근거로 일본 어선은 대대적으로 한국 연안 각지에 출어하여 남획을 자행하였다. 일본은 일본 어민의 한국 영역 침범과 남획을 통제하기는커녕, 1898년에는 「원양어업장려법(遠洋漁業獎勵法)」을 시행하여 장려금을 주면서 한국에의 도해(渡海) 어업(漁業)을 신장(伸張)시켰다. 1902년에는 「외국영해수산조합법(外國領海水産組合法)」을 만들어서 울릉도에의 이주(移住) 어촌(漁村) 건설을 실질적으로 촉진시켰다. 이러한 일본 정부의 부추김에 힘입어 20세기 초 부터는 일정한 어기(漁期)에 따라 울릉도에 1000여명 이상의 일본인이 유입(流入)하게 된다. 이들은 가와까미 겐조(川上健三)가 역설하는 것처럼[111] 「일조양국통어규칙(日朝兩國通漁規則)」에 의거한 합법적인 어로(漁撈) 활동(세금을 내고 출어신고를 하는 등)을 한 것이 아니고, 이 불평등조약(不平等條約) 조차도 무시한 불법적인 어로(漁撈) 활동이었다. 일본인의 울릉도에서의 벌목(伐木) 활동도 거의 모두가 밀벌목(密伐木), 밀수출(密輸出)의 불법적 침략(侵掠) 그것이었다.

이러한 일본 민간인의 마구잡이 울릉도 진출의 과정에서 양국 국민 사이에 충돌이 빈발하고 이것이 양국간에 심각한 외교 쟁점이 되기도 하였으나 울릉도에서 일본인을 전부 퇴거(退去)시켜줄 것을 요구하는 한국 정부의 요청을 일본 정부는 무시하고 오히려 일본인의 울릉도 거류(居留)를 기정사실(旣定事實)로서 공인(公認)할 것을 강압적으로 요구하였다. 이러한 과정에서 마침내 일본 경찰이 울릉도에 주재하게까지 되는 것이다. 즉 19세기말로부터 20세기초에 이르러 울릉도에서 한국 정부의 주권적 영역권은 사실상 대단히 훼손되고 있었다고 결론(結論)지을 수밖에 없다. 그러나 이 일로 인해서 결국 울릉도의 영유권이 일본에 귀속되게 되는 것이 아님은 더 설명할 필요가 없다.

독도에서의 어로(漁撈) 활동 상황의 진전을 보면, 1900년경부터 특히 이 섬에서 "강치"의 포획을 위한 일본인의 활동이 왕성하게 되었다. 나가이 요시사부로(中井養三郎)가 독도에서의 강치(또는 가지) 어획권을 독점(獨占)코져 이른 바 "리앙꼬 섬 영토편입(領土編入) 및 대하원(貸下願)"을 1903년 9월 29일 제출하게 된 것도 이러

---

111) 가와까미 겐조(川上健三), op.cit., p.198-99.

한 활동에 연관되어 있다. 이것은 물론 일본인의 울릉도 진출과 그 흐름을 같이하는 일본의 한국 변방 침략의 한 부분으로 파악된다. 왜냐하면 "강치"의 포획을 위한 일본인 활동의 근거지가 울릉도였기 때문이다. 그러나 이들 일본인의 "강치" 포획 활동도 울릉도에서의 다른 어로 활동과 동양(同樣)으로 초기에는 모두 불법으로 자행된 것이며 이러한 불법적 침략이 자행되기 훨씬 이전부터 한국 어민에 의한 평화적인 어로가 독도에서 수행되어온 것은 여러 문헌으로 증명될 수 있다.[112]

노일전쟁(露日戰爭)이 일어나자 일본은 전쟁수행의 전략적 안목에서 독도의 새로운 이용 가치를 파악하게 되었다. 이것은 나가이 요시사부로(中井養三郞) 등 민간인의 독도에 대한 관심 보다 훨씬 집요하고 침략적인 것이다. 1904년 6월, 러시아의 우라지보스토크 함대(艦隊)가 대한해협(大韓海峽)에 출현하여 일본 수송선단을 차례로 격침(擊沈)시키자 동해(東海) 일원의 긴장이 고조되었다. 일본 해군은 규슈 및 중국방면 연안과 연결하여 한반도 동안(東岸)에도 망루(望樓)를 건설하고 이들을 해저전선으로 연결하여 갔다. 한국 지역의 망루는 20여 개에 이르렀다고 하며 이 망루들을 위하여 필요한 한국의 지역은 일본에 의하여 군사적(軍事的)으로 점령(占領)된 상태이었다. 울릉도에도 2개의 망루가 1904년 7월부터 9월 사이에 건설, 작동되었으며 일본군은 이미 그 이전부터 울릉도에 진주(進駐)해 있었다. 이러한 울릉도 망루의 건설과 운영의 과정에서 일본 해군은 인접 도서(島嶼)인 독도에 대한 정보를 얻게 되었으며 일본 해군은 1904년 11월 독도에의 망루 건설을 위한 조사선을 파견하게 된다. 조사선 군함 대마호(對馬號)의 보고서는 독도 동도(東島)에 망루의 건설이 가능한 것으로 보고하고 있다.[113] 1905년 러시아의 발틱 함대(艦隊)와의 결전으로 이 지역의 전략적 가치는 일본 해군에 확연히 인식되었으며 독도에도 유인(有人) 망루(望樓) (배원(配員) 4인)를 건설하고 이를 해저전선으로 연결하고 동년 8월 16일부터 가동시켰다. 이 당시 일본의 망루와 그의 작동을 위한 일본군의 점령지역은 독도를 포함하여 죽변만, 울산, 거문도, 제주도 등이다. 즉 1905년 당시 일본의 독도 점거는 한반도 전체에 대한 군사적(軍事的) 점거(占據)의 일환으로 이루어 진 것이며 특별히 한반도에 대한 일본의 침략적 형태와 구별되는 요소는 전혀 발견되지 않는다.

「2」시효취득(時效取得) 요건의 검토

이상의 사실을 근거로 일본은 독도에 대한 영토적 권원(territorial title)을 시효취

---

112) Blakeney, William, R. N., *On the Coast of Cathay and Cipango, Forty Years ago*, (London: 1902); Griffs William Elliot, *Corea the Hermit Nation*, (London:1905). Cited from Supra Note 1.
113) 「군함 대마전시일지(軍艦 對馬戰時日誌)」, 일본 방위청 전략부 소장(日本 防衛廳 戰史部 所藏), 비고문서(備考文書) p.366-7.

득(時效取得)하였다고 볼 수 있겠는가?

☞ 점유(占有)의 평온성(平穩性)

첫째로 시효취득의 요건으로서 점유(占有)의 평온성(平穩性)을 보기로 한다.

일본(또는 일본의 학자들)이 주장하는 요점은 그 당시 일본의 독도 점거 활동에 있어서는 특별한 강압적(強壓的)인 행위가 개입되어 있지 않았다고 하는 것이다.

일본측은 일본의 독도 점유가 이미 14, 5 세기경부터 시작되었다고 본다. 특히 1618년 이래 막부(幕府)로부터 도해(渡海) 면허(免許)를 얻은 백기(伯耆)의 대곡(大谷), 촌천(村川) 양가는 80년간 울릉도를 "경영(經營)"하였으며, 1656년에는 독도에 대한 별도의 도해(渡海) 면허(免許)가 발급되어 독도 및 그 주변 해역에서의 어로활동을 일본이 주도함으로써 이를 점유하고 있었다고 주장한다. 특히 도해(渡海)의 면허(免許)란 외국에서의 활동을 허락하는 정부의 의사표시이므로 그 자체가 독도의 한국 영유 사실을 전제하는 것이라는 한국측의 주장에 대해서는, 일본은 외국 지역에 대한 도해 면허와 울릉도 및 독도와 같은 무인도에 대한 도해 면허는 명백히 구별될 수 있는 것으로서 한국의 주장은 이유 없다고 반박한다.

17세기로부터 이루어졌다고 하는 대곡(大谷), 촌천(村川) 양가의 울릉도, 독도 경영이란 사실상 조선 정부가 이들 섬에 대한 공도(空島) 쇄환(刷還) 정책을 시행하는 동안 간헐적으로 이루어 진 일본 어부들의 어로활동을 과장(誇張)해서 표현하고 있는 것에 불과하고, 조선 정부측에서는 이 기간 중에도 정기적으로 파견되는 안무사(按撫使) 등에 의해서 영토적인 점유권을 행사하고 있었든 것이다. 17세기 당시로 볼때, 절해의 고도(孤島)에 대한 국가 영유권의 행사와 사실적인 점유가 이 정도의 완만한 관리로 이루어지고 있었다면 그것은 민간인 어부들의 간헐적인 어로 행위로 인하여 부정(否定)될 수 없는 것이라고 보아야 한다.

더구나 1877년에 있었던 명치정부(明治政府)의 이른 바 「지적편찬(地籍編纂)」 사건에서 일본 정부는 명백하게 독도에 대한 조선 정부의 영유를 인정한 바가 있으므로 1877년 이전의 점유를 영유의 근거로 주장함은 금반언(禁反言)의 원리(原理) (the principle of Estoppel)에 반하는 것이다. 그러므로 앞서 고찰한 것과 같이 일본 점유의 효력은 20세기 초 이후의 것을 검토의 대상으로 할 수밖에 없다. 좀더 특정적으로 지적한다면 1905년 2월 22일 일본 정부의 독도 편입 조치 이후의 점유 형태를 우선 시효취득(時效取得) 분석의 대상으로 할 수 있다고 본다. 그러므로 시마네 현(縣) 편입이후 일본의 독도 점유가 평온(平穩) 공연(公然)한 것이었는가 하는 것을 집중적으로 검토해 보아야 할 것이다.

일본은 조선 정부가 울릉군수 심흥택의 보고(報告)로 일본의 독도편입조치를 인지

(認知)한 이후에도 특별한 항의 조치를 하지 않은 점을 지적하고, 실제로 조선 정부의 항의를 일본이 강압적으로 저지한 증거는 제시되지 않았다고 지적하고 있다.114)

그러나 이러한 일본측 주장의 논리는 매우 성립되기 어려운 상황에 있다. 왜냐하면 일본 관리의 통보로 독도 불법 편입사실을 인지한 시점(時點)이 1906년 3월 28일인데, 이때는 일본 군대의 강압적 위협으로 한국의 내정(內政)과 외교권(外交權)을 박탈한 1905년 11월 17일자「한일 협상조약」(을사보호조약)이 성립된지 이미 약 4개월이 지난 때인 것이다. 그러므로 일본 군부(軍部)에 의하여 자행된 조선 정부에 대한 의사(意思)의 강박행위(强迫行爲)는 포괄적으로 이루어지고 있었으며 당시 한반도 전반에 대한 일본 정부와 그 군대의 강압적인 점유로부터 특히 독도에 대한 강점(强占)행위를 따로 구별할 사정은 존재하지 않는다고 볼 수 밖에 없고, 따라서 일본의 독도 점유의 평온성(平穩性)은 성립되지 않는다.

☞ 점유(占有)의 공연성(公然性)

둘째로 시효취득의 요건으로서 점유(占有)의 공연성(公然性)을 보기로 한다.

설사 그 당시에 아직 유효한 영토 취득의 수단으로 인정될 수 있었던 정복(征服)이나 강압적 침탈에 의한 실효적 점유를 성립시키려 해도 적어도 현실적인 영유권을 인정받을 만한 점유행위의 공시성(公示性)을 위하여 일본의 강압적인 영토 편입 사실은 한국 정부와 국제사회에 공식적으로 통고(通告)되었어야 하는 것이라고 보는 것이 온당하다. 실제로 일본이 독도 편입 사실을 공식적으로 한국에 알린 것은 1906년 3월 28일이다.115) 일본관리로부터 이 사실을 통보 받은 당시 울릉도 군수(郡守) 심흥택의 즉각적인 보고116)와 이에 따른 일련의 한국 정부 관리들의 조치117)는 독도에 대한 한국의 영유권이 일본에 훼손된 사실에 대한 경악과 분노를 잘 나타내 주고 있다. 그러나 이때는 이미 1905년 11월 17일「한일협상조약」(을사보호조약)에 의하여 한국 정부안에 일본의 통감부(統監府)가 설치되고 한국의 내정(內政)과 외교권(外交權)이 박탈된 상황이기 때문에 한국 고위 관리의 경악과 분노가 일본의 한국

---

114) 개천광(皆川洸), "죽도분쟁(竹島紛爭) と 국제판례(國際判例)", 전원광웅교수(前原光雄敎授) 환갑기념논문집(還曆記念論集)「국제법학(國際法學)の제문제(諸問題)」, (1963), p.367.
115) 이날, 시마네 현의 일본 관리들(隱岐島司 東文輔 및 神西由太郞 등 일행)이 타께시마를 시찰하고 돌아가는 길에 울릉도에 들러 울도군수(鬱島郡守) 심흥택(沈興澤)에게 독도가 일본 영토로 편입되었다고 통보한 것이다.
116) 양태진(梁泰鎭) 편(編),「한국국경영토관계문헌집(韓國國境領土關係文獻集)」, (1979), [각(各) 관찰도안(觀察道案)], 제1책, <보고서 호외>, 신용하, op.cit., p.226.
117) 대한제국 내무대신 이지용: "독도가 일본의 영토라고 하는 것은 전혀 이치에 맞지 않는다."의정부 참정대신 박제순: "독도가 일본의 영토라고 하는 것은 전혀 사실 무근이니 독도의 형편과 일본인의 행동을 살펴 보고할 것."
Ibid.

영토(독도)에 대한 강권적(強權的) 침탈(侵奪)을 저지하지 못한 것이다.

1904년 2월 23일 「한일 의정서」는 대한제국(大韓帝國)의 내정(內政)에 대한 간섭권이 일본에게 부여된 조약이므로 이때부터 한국은 국가 주권의 중요한 부분을 이미 일본에 훼손당하고 있었다고 보아야 한다.[118] 그러므로 일본의 주장과는 다르게 한국은 1904년 2월 23일 현재 이미 일종의 반주권국가(半主權國家)로 전락되어 있었다고 보아야 한다.[119] 「한일의정서」가 체결되기 2년 전(1902년 3월)에 이미 울릉도에는 일본의 경찰관 주재소가 설치된 사실을 보면 이를 알 수 있다.[120]

☞ 점유(占有)의 계속성(繼續性)

셋째로 점유(占有)의 계속성(繼續性)에 관하여 보기로 한다.

1900년경부터 독도에서 "강치"의 포획을 위한 일본 민간인 어부들의 활동이 왕성하게 진행되었던 것은, 나가이 요시사부로(中井養三郎)가 독도에서의 강치(또는 가지) 어획권을 독점(獨占)하고자 이른 바 "리얀꼬 섬 영토편입(領土編入) 및 대하원(貸下願)"을 1903년 9월 29일 제출한 것으로 미루어 짐작할 수 있다. 그러나 앞서도 지적한 바와 같이 이들 일본인의 "강치" 포획활동도 울릉도에서의 다른 어로 활동과 동양(同樣)으로 초기에는 모두 불법으로 자행된 것이며 이러한 불법적 침략이 자행되기 훨씬 이전부터 한국 어민에 의한 평화적인 어로(漁撈)가 독도에서 수행되어 온 것은 여러 문헌으로 증명되고 있다.[121] 따라서 이러한 일본 민간인 어부들의 독도에서의 어로 활동을 국가 영역권 취득을 위한 점유의 증거로서 원용할 수는 없다.

그러므로 일본이 국가적 행정권을 발동하여 독도를 점유한 것은 1905년 8월 16일로 보아야 한다. 일본의 주장에 의하면 독도는 1905년 5월 17일자로 시마네(島根) 현(縣)의 관유토지로 등록되었다고 하나 실질적인 점유는 없었는데 일본은 이때 독도에 유인(有人; 배원(配員) 4인) 망루(望樓)를 건설하고 군사적인 목적으로 독도를 실제로 점거(占據)하였든 것이다. 독도는 2차대전 기간 중인 1940년 8월에 정식으로 일본 해군 관할로 되었다가, 1945년 11월 일본 국유재산법 시행령 제2조에 의거 일본국 대장성(大藏省) 관리 토지가 되었다고 주장한다. 그러나 1945년 9월 2일, 일본의 무조건 항복의 조인이 있은 당일 일본의 한반도에 대한 통치권 및 점유는 종료

---

118) 한형건, "한일병합조약의 무효와 독도의 법적 지위", 국제법학회논총, 제27권 2호(통권 52호) (1982년 12월),pp.25-27.
119) Josef L. Kunz, Die Staatenverbindungen, in *Handbuch des Vökerrechts*, 2 Bd., (1928), S, 334f.
120) 신용하, op.cit., p.203.
121) Blakeney, William, R. N., *On the Coast of Cathay and Cipango, Forty Years ago*, (London: 1902); Griffs William Elliot, *Corea the Hermit Nation,* (London:1905). Cited from Supra Note 1.

되었다고 보아야 하며, 또 실제로 이 9월 2일에 미국 정부가 연합국 최고 사령부를 통하여 실시한 일본의 활동 범위제한 조치 (Mac Arthur Line)[122]로 인하여 일본의 현실적인 점유가 배제되고 있었으므로 1945년 11월에 독도관할 지정에 관한 일본정부의 조치 같은 것은 있을 수 없다고 보며 설사 있었다고 해도 그것은 무효이며 일본의 2차 대전기간 중의 독도 점유는 1945년 9월 2일에 종료되었다고 보아야 할 것이다. 즉, 1905년 8월 16일부터 1945년 9월 2일 까지 약 40년간의 기간 동안 일본정부의 독도 점유가 계속된 것은 이를 우선 인정할 수 있다.

1899년 「영국·베네주엘라간 국경분쟁 중재사건」에서 평온 공연한 점유가 50년간 이상 계속된 경우에는 그 취득시효의 성립을 인정해야한다는 합의가 있었으나[123] 취득시효의 성립을 인정할 수 있는 점유의 계속 기간은 각 경우에 개별적으로 판단되어야 한다는 것이 정설로 되어 있다.[124]

본래 일본의 독도 점유가 평온(平穩) 공연(公然)하게 이루어진 것이 아님은 앞서 보아온 바와 같다. 기본적으로 2차 대전의 종결과 함께 Cairo 및 Potsdam 선언과 일본의 무조건 항복선언에 의거, 자존심 있는 평화 애호 국민인 한국민으로부터 일본이 폭력과 탐욕에 의하여 탈취한 한반도에 대한 일본의 영역 지배권은 즉시 구축(驅逐; be expelled)되어져야 하는 바, 일본의 식민 통치에 기인한 영역적 통치권이 배제되는 한반도의 범위에 이 독도가 특별히 별도로 구별되어 취급될 사정은 존재하지 않는다. 그것은 1905년 당시 망루 건설을 위하여 군사적으로 점거당하였던 죽변, 울산, 거문도 및 제주도에서 일본이 구축되어야 하는 것과 똑같은 논리이다. 따라서 이 40년간의 점유의 계속이 취득시효(取得時效)를 완성시키는가 여부를 검토할 필요는 없다.

결론적으로 1905년 이후 1945년 2차대전 종결까지 일본의 독도 점거는 일본의 독도 영유권 주장을 합법화 할 수 있는 어떤 근거로도 원용될 수 없으며 시효취득의 요건이 충족된 것으로 고려될 수 없는 점유였다고 볼 수 밖에 없다.

(3) 1945년 이후 독도에 대한 한국의 점유에 관하여
-한반도에 대한 일본 통치권의 종료와 독도에 대한 한국의 주권적 영역권의 성립-

1945년 9월 2일 일본의 무조건 항복 문서의 서명(署名)과 관련해서, 한반도가 어

---

122) M. Whiteman ed., *Digest of International Law*, Vol. Ⅰ.,(1963) Dept. of State., pp.1185.; Edward Miles and et al, *The Management of Marine Regions: The North Pacific*, Institute for Marine Studies, University of Washington North Pacific Project. (July 1978), p.36.
123) *Oppenheim's International Law*, 8th edition, p.577. : Lindley, *The Aquisition and Government of Backward Territory in International Law* (1926), p.153.
124) *Oppenheim's International Law*, 8th edition, p. 576

느 시기에 일본의 통치권에서 분리(分離)되었는가에 관해서는 일본측에서 San Francisco 강화조약이 발효하는 1952년 4월 28일까지 일본의 통치권이 잔존(殘存) 한다는 주장이 있으며 한국내의 학자 중에는 전쟁 상태는 강화조약의 효력으로만 종결될 수 있다는 다분히 형식 논리적 입장에서 이러한 일본의 주장을 상당히 수용(受容)하는 의견이 있는 것 같으나[125], 독일의 경우에도 무조건 항복으로 독일은 그 식민 영역은 물론이고 독일 본토에 대한 통치권이 당연히 사실상으로 점령 4국에 귀속된 것으로 취급되었으며[126], 많은 학자들이 일본의 무조건 항복의 특성을 최종적이며 확정적인 것으로 보는 만큼[127], 한반도에 대한 일본의 식민 통치권이 1945년 9월 2일자로 종식 이탈되었다고 보는 데에 아무 무리가 없다고 본다.

1945년 9월 6일자로 미국 정부는 연합국최고사령관(SCAP)에게 일본의 점령에 관한 미국의 초기 정책지침[128]을 하달하였으며 동 7일자로 태평양 미군사령부는 한반도 38°선 이남에 대한 점령을 선포하였다. 한반도 38°선 이남의 점령을 위하여 미국이 실시한 군정(軍政)은 대한민국 정부의 수립으로 1948년 8월 15일 24시를 기하여 업무를 종료하고[129] 한반도 38°선 이남의 통치권과 점유를 대한민국 정부에 이

---

125) 김명기, 「독도와 국제법」, (서울:화학사, 1996), pp.87-89.
126) Unconditional Surrender of Germany. declaration and Other Documents, Cmd. 6648 (1945) *Oppenheim's International Law*, op.cit., pp.699-700. *Oppenheim's International Law, 8th edition*, pp. 568-69.
127) P. B. Potter, "Legal aspect of the Situation in Korea," 44 AJIL (1950) 709. : W. L. Gould, *An Introduction to International Law,* (New York; Harpers, 1957), pp.661-62. : S. Rosenne, "The Effect of Change of Sovereignty upon Municipal Law," B.Y.I.L., Vol.27. (1950) p.268.
128) United States Initial Post-Surrender Policy for Japan (dated 29 August 1945, approved 6 September 1945.)
 Purpose of this Document
 ---Part 1 Ultimate Objectives---
 These objectives will be achieved by the following principal means:
 (a) Japan's sovereignty will be limited to the islands of Honshu, Hokkaido, Kyushu, Shikoku and such minor outlying islands as amy be determined, in accordance with the Cairo Declaration and other agreements to which the United States is or may be a party.
129) General Hodge's Address on August 15, 1948 on the occasion of the inauguration of the new Government of the Republic of Korea.

  ----effective at midnight tonight, the United States Military Government in Korea ceases to exist and a civil affairs section of the headquarters of the United States forces in Korea is established. This civil affairs section will complete the turning over of essential controls to the new Korean Government, and will carry on residual duties of Military Government during the transition period.

관(移管)하였다. 그러므로 1945년 9월 2일부터 1948년 8월 15일 까지 연합국 최고 사령관과 한국 군정 사령관에 의하여 행사되었던 한반도 이남(以南)에 대한 영역적 지배권은 대한민국 정부에 적법하게 이관되었다 특히, 위의 기간 중에 일본의 독도에 대한 어떤 형태의 사실적 점유의 가능성도 Mac Arthur Line 및 연합국 최고사 령부 훈령 제677호 등에 의하여 명시적으로 배제되고 있었다.

「1」 Mac Arthur Line

특히 독도에 관해서는 일본의 영역적 지배권이 특정적으로 배제되고 있는 바, 항복 문서를 서명(署名)한 당일 (9월 2일) 미국정부는 연합군 최고사령부를 통하여 일본 어선의 활동 범위를 제한하는 조치를 내리고 있다. 이 조치는 1945년 9월 27일 일본 본주와 북해도 및 대마도 만을 포함하는 극히 제한된 범위를 일본의 외양(外洋) 활동을 허용하는 수역으로 지정하는 Mac Arthur Line으로 선포되었다.[130] Mac Arthur Line은 그 이후, 1946년 6월 22일, SCAPIN 1033을 시작으로 SCAPIN 1033/1 (1948년 12월 23일), SCAPIN 1033/2 (1949년 6월 30일), SCAPIN 2046 (1949년 9월 19일), SCAPIN 2050 (1949년 10월 10일), SCAPIN 2050/1 (1951년 1월 31일), SCAPIN 2097 (1950년 5월 11일) 등에 의하여 수정 확장되고 있으나 어느 경우에도 독도는 일본의 활동 허용 구역에서 제외되고 있었다.

한국은 이 Mac Arthur Line의 시행(施行) 주체인 SCAP과는 별도로 이 조치의 반사적 이익을 최대로 활용하여 1946년이래 이 Mac Arthur Line 의 이서(以西)로 월경하는 일본의 어선을 무차별 나포(拿捕)함으로써[131] (도표 참조) 그 이서(以西) 수역 범위내에 위치한 독도는 물론이고 그 인근 해역에 대한 실효적인 점유권을 행사하고 있었다. 이 Mac Arthur Line이 한국과 일본의 궁극적인 주권적 영역의 범위를 확정시키려는 미국 의도의 표시가 아니었던 것임을 구태여 그 조치의 단서에서 지적하지 않아도 자명(自明)한 것이나 그러한 미국 자신의 의사와는 관계없이 일본의 실효적 점유가 적법하게 배제되고 한국의 점유가 성립되어 있었다는 점이 중요한 것이다.

  M. Whiteman ed., *Digest of International Law*, Vol. Ⅱ.,(1963) Dept. of State., p.177.
130) M. Whiteman ed., *Digest of International Law,* Vol. Ⅰ.,(1963) Dept. of State., pp.1185-86.
131) Edward Miles and et al, *The Management of Marine Regions: The North Pacific,* Institute for Marine Studies, University of Washington North Pacific Project. (July 1978), p.36.

〈도표 6-2〉 1946년~1965년까지 한국에 의한 일본어선 나포 현황

년도	나포된 어선과 어부		송환된 어선과 어부	
	나포어선 척수	나포된 어부	송환어선 척수	송환된 어부
1947	7	81	6	81
1948	15	202	10	202
1949	14	154	14	151
1950	13	165	13	165
1951	45	518	42	518
1952	10	132	5	131
1953	47	585	2	584
1954	34	454	6	453
1955	30	498	1	496
1956	19	235	3	235
1957	12	121	2	121
1958	9	93	0	93
1959	10	100	2	100
1960	6	52	0	52
1961	15	152	11	152
1962	15	116	4	116
1964	25	254	-	-
1965	9	99	7	99
총계	335	4011	128	3749

자료: Edward Miles and et al, "The Management of Marine Regions: The North Pacific."

「2」 연합국 최고사령부 훈령 제677호의 해석

연합군 최고사령부는 1946년 1월 29일, "약간의 주변 지역을 정치상 행정상 일본으로부터 분리하는 각서"(SCAPIN 677: Governmental and Administrative Separation of Certain Outlying Areas from Japan)를 일본 정부에 하달하였다.

그 내용은 일본의 종래 식민통치 영역에 대한 주권적 관할을 분리하는 조치로서 그 제3항에서는,

"일본의 영역은 일본의 4개 본도(本島) 즉 북해도(北海島), 본주(本州), 구주(九州), 및 시고꾸(四國)과 대마도(對馬島)를 포함한 1000여 개의 인접(隣接)한 제소도(諸小島)로 제한하고", "울릉도, 독도, 거문도 및 제주도를 일본의 영역 범위에서 제외한다"라고 규정하고 있다. 또 그 제4항에서는,

"일본 제국정부의 정치적 행정적 관할이 배제되어야 할 특정의 지역은 다음과 같다."라고 하고, (a) 제1차 대전 이후 일본이 점령한 태평양의 제도(諸島), (b) 만주, 대만 및 팽후 군도(群島), (c) 한국, (d) 카라후도 등으로 명기하고 있다.

그리고 동 훈령의 제6항에서는,

"이 훈령의 어떠한 규정도 Potsdam선언의 제8항에 언급된 諸 小島의 궁극적인 결정에 관한 연합국의 정책으로 해석되어서는 안 된다."라고 규정하고 있다.

한국측 학자들은 이 연합군 최고사령부 훈령 677호를 독도에 대한 일본 주권이 분리된 중요한 단서로 주장하는 데 반하여 일본측은 동 훈령의 6항을 들어 이 훈령이 일본의 독도에 대한 영역권을 궁극적으로 배제하는 것으로 해석될 수 없다고 반박한다.

분명한 것은 이 훈령으로 독도를 포함한 한국에 대한 일본의 영역적 통치권과 점유가 공식적으로 배제된 것이 확인되었다는 점이다. 제6항의 단서는 관련국가의 영역의 범위가 이 훈령으로서 궁극적으로 결정된다고 명시할 경우에 야기될 수 있는 영역분쟁에 연합국 특히 미국이 개입되는 것을 미연에 회피하기 위한 주의규정(注意規定)이라고 보아야 한다.

1946년 1월 29일의 이 연합군 최고사령부 훈령 (SCAPIN 677: Governmental and Administrative Separation of Certain Outlying Areas from Japan) 이후에 이 훈령에서 일본의 통치적 행정적 관할이 배제되었던 일부 섬 지역들이 다시 일본에 반환되거나 그 잔존 주권이 인정되어 일본에 귀속된 예가 없지 아니하나 이러한 조치는 모두 별도의 확정적인 조치로 이루어 진 것이다.

한국 정부가 수립되고 한반도에 대한 영역권이 적법하게 연합군 및 미국 군정(軍政) 당국으로부터 한국 정부에 이관되기 이전까지 연합군최고사령부는 훈련 677호를 수정하는 어떠한 조치도 취하지 않았으므로 독도를 포함한 한반도의 영역 주권이 한국 정부에 귀속된 사실을 부인할 수 있는 어떠한 단서도 이 연합군최고사령부의 훈령과 관련해서 발견되지 않는다.

(4) 1952년 San Francisco 강화조약의 효력과 독도의 영유권 귀속에 관하여

1952년 9월 8일에 체결된 연합국과 일본간의 San Fransico 강화조약의 초기의 초안들(drafts)에서는 일본의 영역범위에서 배제되는 지역을 명기한 그 제2조 a항에 독도(獨島)(Liancourt Rocks)가 포함되어 있었다고 한다. 그러나 당시 동경(東京) 연합군최고사령부(SCAP) Gen. Mac Arthur의 고문역이던 Sebold라는 자[132])의 건의로 SCAP은 1949년 11월 14일 워싱톤의 국무성에 다음 사항을 요구하였다.[133]) 즉,

① 초안 제2조 a항에서 독도(獨島)(Liancourt Rocks)를 삭제할 것.

---

132) or Sebald, The Acting Political Adviser in Japan to the Secretary of State
133) SCAP Telegram 740.0011 PW/11-14-49; Secret: No.495. Tokyo November 14, 1949. 김병렬, 독도:독도자료총람(서울;다다미디어, 1998), pp.436-40.에서 재인용.

② 초안 제3조(일본의 식민 통치하에 있던 일정 島嶼를 미국의 신탁통치로 전환함)에 독도(獨島)(Liancourt Rocks)를 첨가 할 것.

SCAP가 이러한 건의를 하게된 근거는;

　i) 독도(獨島)는 한국전쟁을 수행하고 있는 미군의 전진 Radar 기지로서, 전략적 가치가 크다.
　ii) 독도(獨島)는 일본에서는 죽도(竹島)(Takeshima)로 알려져 있으며 일본의 영토로 인식되어 있다.

는 것이었다.

미국 국무성은 위와 같은 SCAP 의 건의에 대하여,
　① 독도(獨島)(Liancourt Rocks)를 초안 제3조에 첨가하는 것을 거절함.
　② 초안 제2조 a항에서 독도(獨島)(Liancourt Rocks)를 삭제함.

이라는 조치를 하였다. 이러한 거절과 삭제의 근거는:

　i) 군사전략적 가치가 큰 것과 신탁통치의 개념을 준별해야 한다는 것.
　ii) 미국이 제3국간의 영유권 분쟁에 개입될 가능성은 배제되어야 한다는 것

등이었다.134)

1951년 7월 19일자로 주미 한국 대사(양유찬)는 평화조약 초안 중 제2조 a항에서 독도(獨島)(Liancourt Rocks)를 삭제한 것에 대하여 이를 다시 명시하는 내용으로 수정해 줄 것을 요청하였다. 그는 아울러 초안 제2조 a항에 파랑도(Socotra Rocks)를 한국의 영유 범위에 첨가할 것을 요청하였다. 그러나 1951년 8월 10일자로 미국 국무성은 주미 한국 대사의 이러한 요청을 모두 거절하였다.135)

San Francisco 강화조약(講和條約)은 연합국과 일본간의 다자조약이나 그 내용에 한반도와 한국의 지위에 관한 중요한 조항136)이 있으므로 독도의 영유권 귀속을 판단함에 있어 중요한 문서가 될 수 있다.

동 협약 제2조에서는 일본의 통치적 영역권이 배제되는 범위를 규정함에 있어서 독도를 명시하지 않고 있다. 더구나 한국의 항의에도 불구하고 이를 삭제한 것은 일본의 잔존 주권(residual sovereignty)을 존중하려는 의도였다고 일본은 주장하는 것이다. 그러나 이는 위에서 본 바와 같이 제3국간의 영유권 분쟁에 휘말리지 않으려는 미국의 전통적인 국가적 방침에 의거하는 것이다.

설사, 그 당시 연합국 최고사령부에 있는 일부 담당자들의 노력에 의하여 미국 정

---

134) 김병렬, Ibid.
135) 김병렬, Ibid. pp. 519-21. 양유찬 한국대사의 공한(公翰)에 대한 미국무장관 Dean Rusk의 최종 답변 서한(書翰) (1951년 8월 9일자)
136) 동 협약 제21조, 그리고 2조, 4조, 9조, 및 12조.

부가 독도는 일본의 영토라는 심증을 확고히 하게 되고 그것이 San Francisco 강화조약(講和條約)에서 일본의 영역범위로부터 제외될 섬의 범위 중에 독도가 포함되었다가 다시 삭제된 사정이 있었다고 하더라도, 독도를 포함한 한국의 한반도에 대한 영유적 점유와 절대적인 통치권으로 구성되는 이른 바 영역권은 1948년 8월 15일 한국 정부의 수립으로 이미 적법하게 성립되어 있었든 것이다. 한반도 38°선 이남의 점령을 위하여 미국이 실시한 군정(軍政)은 대한민국 정부의 수립으로 1948년 8월 15일 24시를 기하여 업무를 종료하고 한반도 38°선 이남의 통치권과 점유는 미군정으로부터 대한민국 정부에 이관(移管)되었다. 독도에 대한 일본의 점유나 통치권은 1945년 9월 2일 이후, Mac Arthur Line 및 연합국 최고사령부 훈령 제677호 등에 의하여 명시적으로 배제되어 있었으며 연합국 최고사령부의 다른 조치, 예컨대 일본의 잔존주권을 확인한다든지, 또는 이를 첨각열도(尖閣列島)/조어대(釣魚臺)의 경우처럼 신탁통치 지역으로 지정함이 없이 미 군정(軍政)에 의하여 그 점유와 통치권이 대한민국 정부에 이관(移管)된 것이다.

San Francisco 강화조약(講和條約) 제2조의 영역 조항(Article 2: territorial clouse)이 이렇게 이미 성립된 한국의 영역권에 대하여 어떠한 변경이나 수정을 가할 수는 없는 것이다.137) 이는 1951년 9월 5일 강화조약(講和條約)의 체결과 서명을 위한 최종회의 석상에서 당시 미국 국무장관인 John Foster Dulles가 특히 동 협약 제21조의 의미와 해석에 관하여 행한 연설에서 잘 설명되고 있다.

"포츠담 선언에서 규정된 일본에 대한 항복 조건이 바로 이 강화조약(講和條約)으로 규정되는 강화(講和)의 기준이며 이 기준에 의거하여 일본과 모든 연합국들은 기속될 것이다." "--연합국들은 자유와 독립에 관한 한국에 대한 (Cairo 및 Potsdam 선언에서의) 약속을 지키기 위하여 노력해 왔으며 유엔의 회원국으로서 한국이 지금 희생을 치르고 있는 침략적 공격을 물리치기 위해서 노력하고 있다. 이 강화조약(講和條約)에 의하여 연합국들은 한국의 독립에 대한 일본의 공식적 승인을 얻어낼 것이며 한국 내에 있는 상당한 일본의 재산을 한국에 양도함에 대한 일본의 동의를 얻어낼 것이다. 한국은 전후(戰後)의 무역과, 해양활동 및 어업, 기타

---

137) 상부 Savoy 및 Gex지방에 설치된 자유지역의 변경에 관한 PCIJ 판결(判決)
The Free Zones of Upper Savoy and the District of Gex,
PCIJ, (1929/1932) Series A No.22 and A/B, No.46.
1815년 스위스의 상부 Savoy 및 Gex지방에 설치된 자유지역에 관하여, 1차대전의 전승국(戰勝國)인 프랑스는 1919년 Versailles조약 제 435조에서 이를 변경하도록 규정한 바 있다. 그러나 PCIJ는 그 판결에서, "어떠한 경우에도 이 강화조약 제 435조는 이 강화조약의 당사국이 아닌 스위스를 기속하지 않는다."고 판시하므로서 1815년에 설치된 자유지역을 변경하여 관세경계선을 전진시킨 프랑스의 조치는 스위스에 대해서 구속력이 없다고 결론 짓고 있다.
김정건외 5인, 「판례중심 국제법」 (서울; 경남대학교 극동문제연구소, 1982), pp.231~241.

상업적 활동에 있어서 연합국과 동등한 자격을 부여받을 것이다. 결론적으로 이 강화조약(講和條約)에 있어서 한국은 여러모로 연합국과 동등하게 취급되고 있다."138)

이 강화조약 제21조에 의하여 한국은 동 협약 제2조, 4조, 9조 및 12조의 수혜자(受惠者)의 자격을 갖는다. 따라서 제2조의 해석에 있어서 Potsdam 선언의 정신에 위배하여 일단 확정된 한국의 주권과 영토적 보전을 침해하는 새로운 해석을 이 동일한 협약에서 도출한다는 것은 이 협약의 전문(前文)에서 명시하고 있는 강화(講和) 정신과 협약 해석의 일반 원칙에 반하는 것으로 지적되지 않을 수 없을 것이다.

즉 독도는 2차대전 이전부터 이루어진 일본의 한반도 전체에 대한 불법적인 병탄(倂呑)이 모두 소급 무효로 된 이래, 한국의 적법하고 평화로운 영역 주권이 성립되어 있는 범위 안에 포함되어 적법하고 확실한 한국의 영유 주권이 성립되어 있었으며 또 실효적이고 평화로운 영유적 점유가 계속되어 온 한국의 영토인 것이다.

Ⅲ. 폐쇄해(閉鎖海) 또는 반폐쇄해(半閉鎖海)

1. 정 의

유엔해양법협약의 목적상 "폐쇄해 또는 반폐쇄해"라 함은 좁은 출구로 대양에 연결되어 있으며 2개 이상의 국가에 둘러싸여 있어서 그들의 영해, 및 경제수역 등으로 구성된 좁은 바다를 말한다(제122조). 여기서 "좁은 바다"라 함은 해만(海灣; Gulf), 해분(海盆; Basin) 또는 소해역(小海域; Sea) 등을 말한다.139)

이 정의는 유엔해양법협약 제123조의 적용을 위해서만 필요한 것인데, 제123조는 폐쇄해, 반폐쇄해 내의 공동 연안국간의 생물자원보존, 해양환경보호 및 해양과학조사 등을 위한 상호 협조와 조정을 위하여 "노력할" 의무만을 규정하고 있을 뿐이다. 본래 1975년 ISNT(비공식 단일 교섭 초안) 제134조에서는, "To this end they shall⋯ coordinate⋯"로 규정하여 강한 협력의무를 규정하였던 것이나, 1976년 RSNT 이후에는 이를 수정하여, "To this end they shall endeavor⋯ to coordinate"로 규정함으로써 조약 규정의 의미를 약화시켜 놓았다.

---

138) Conference for the Conclusion and Signature of the Treaty of Peace with Japan, SanFrancisco, California September 4-8, 1951, *Records of Proceedings* (1951) Department of State Publication 4392, pp.84-85.; US TIAS 2490.
139) 유엔해양법협약 일본어 번역에서는 Gulf와 Basin을 "입해(入海)", "내만(內灣)"으로 각기 번역하고 있다. 또 중국어 번역에서는 "해만(海灣)", "해분(海盆)"으로 각기 번역하고 있다.
일본 해운진광회(海運振光會), 「해양법협약 초안」 국제해운문제 연구자료 11-9(1981년 3월 1일), p.60.;A/Conf 62/WP. 10/Rev.3(27 Aug. 1980)-Chinese Version, p.49.

협약상 의무적 성질을 충분히 약화시켜 놓았기 때문에 ISNT 제135조와 같은 주의규정도 RSNT 이후에는 불필요하게 되었다. 따라서 본질적으로 제123조는 협약상 실체적 의무를 거의 내포하고 있지 않다고 보아도 무방하다.

그러나 그렇다고 해도 제122조의 정의로 포괄되는 해역은 어떤 범위의 것인가가 명확히 특정될 수 있어야 하는데, 이 정의 규정만 가지고는 해석상 난점이 많은 것을 알 수 있다.

제2차 유엔해양법회의 제3회기 제2위원회의 논의에서, Tunisia 대표는, 폐쇄해의 정의는 섬에 대한 정의보다 용이하다고 하고 전 세계적으로 30개의 폐쇄해가 지정될 수 있다고 주장한 바 있다.[140] 그러나 소련대표는 즉시 이의를 제기하여 만일 Tunisia대표의 제안이 채택된다면 30개의 새로운 난제(難題)가 생긴다고 극언하였다.

어떤 학자는 폐쇄해, 반폐쇄해의 정의를 위해 4가지의 기준을 제시하였다. 즉,
1) 바다의 둘레가 50%이상 육지로 둘러싸여 있을 것.
2) 그 바다의 면적은 5만 평방해리 이상일 것.
3) 그 바다는 다른 반폐쇄해의 일부를 구성하는 하나의 만(Bay), 해만(Gulf)에 불과한 것이 아니라 그 자체가 하나의 바다(primary sea)일 것.
4) 적어도 2개국 이상의 연안국이 접경하고 있을 것 등이다.[141]

이 기준에는 "좁은 출구에 의하여 다른 대양(open seas)과 연결되어 있을 것"이라는 협약 제122조의 요건이 누락되어 있다.

그는 다른 논문에서 전 세계적으로 24개의 반폐쇄해를 지적한 바 있다.[142]

그가 지적한 24개의 반폐쇄해는 다음과 같다.

> (1) the Gulf of Aden, (2) the Arabian Sea, (3) the Andaman Sea, (4) Baffin Bay-Davis Strait, (5) Baltic Sea, (6) the Bay of Bengal, (7) the Bering Sea, (8) the Black Sea, (9) the Caribbean Sea, (10) the Celebes Sea, (11) the East China-Yellow Sea, (12) the Gulf of Guinea, (13) the Sea of Japan, (14) the Mediterranean Sea, (15) the Gulf of Mexico, (16) the North Sea, (17) the Sea of Okhotsk, (18) the Gulf of Oman, (19) the Perisan(Arabian) Gulf, (20) the Red Sea, (21) the Solomon Sea, (22) the South China Sea, (23) the Sulu Sea, (24) the Timor-Arafura Sea

등이다.

폐쇄성의 정도에 따라 폐쇄해와 반폐쇄해가 이론상 구분될 수 있을 것이다. 예컨

---

140) Informal meeting of the 2nd Committee, (22 April 1975.)
141) L.M.Alexander, "Regionalism and the Law of the Sea: The Case of Semi enclosed Seas", *2 ODIL*(1974) 151.
142) L.M.Alexander, *Regional Arrangements in Ocean Affairs*(New Port:Office of Naval Research, 1977). pp.17~18.

대 바다의 둘레가 90%이상 육지로 둘러싸여 있으면 이를 폐쇄해라 하고 90%미만 50%이상까지를 반폐쇄해라고 구분하는 방법이 있을 것이다. 그러나 이러한 구분은 폐쇄해와 관련된 국제법의 일반적 입법례에서 나타난 바도, 논의된 바도 없다. L.M.Alexander가 지적한 24개의 반폐쇄해에 Caspian Sea와 Great Lakes가 누락되고 있는 것은 이들을 폐쇄해로 보았기 때문인 것 같다. 그러나 폐쇄해와 반폐쇄해는 적어도 유엔해양법협약의 목적상 구별되어 취급되고 있지 아니하다. 따라서 제122조에서도 이들은 하나의 개념으로 정의되고 있다. 그러므로 Alexander의 위와 같은 구별은 적절치 못한 것이라고 생각된다.

2. 폐쇄해, 반폐쇄해 연안국의 협력의무

유엔해양법협약 제9장에서는 폐쇄해, 반폐쇄해 연안국 상호간의 협력의무를 규정하고 있다. 폐쇄해, 반폐쇄해를 둘러싸고 있는 연안국들은 본 협약상의 권리 의무를 위하여 직접 또는 어떤 지역적 조직을 통해서 서로 협조하여야 한다. 특히 유엔해양법협약 제123조는 협력할 분야를 구체적으로 열거하고 있는 바,

① 해양생물자원의 관리, 보존, 탐사, 이용을 위한 조정
② 해양환경의 보호 및 보존에 관한 권리 의무시행에 관한 협조
③ 폐쇄해역내의 해양과학조사를 위한 정책의 조정과 합동조사계획의 실시를 위한 협조조정
④ 폐쇄해 연안국 협조에 관한 본 협약조항의 실현을 위해 적절한 경우, 다른 이해관계국이나 국제기구를 초빙하는 일

등이다.

그러나 이러한 협력의무는 상호 협력과 조정을 위해 "노력"할 의무에 불과하며 따라서 이는 사실상 체약국에 대한 법적 기속력이 강하게 유지되고 있는 의무가 되지 않음은 앞서 지적한 바와 같다.

원래 폐쇄해의 연안이 1개국에만 귀속되어 있으면 그 폐쇄해는 소위 "내해"(inland sea)로서 그 연안국의 내수를 구성하며 연안국의 국내법만이 적용되게 된다. 그러나 2개국 이상의 연안국에 귀속되는 경우에는 여기서 말하는 폐쇄해로 되고 그 연안해는 영해, 접속수역, 경제수역 등을 구성하여 국제법이 적용되게 한다.

폐쇄해내의 공동연안국간의 권리 의무관계는 특별협약에 의하여 정하여지는 경우가 보통이다.143) 폐쇄해, 반폐쇄해의 공동연안국간에는 관할수역의 범위 및 경계획정 문제144)나 항행145)의 문제를 비롯하여 대립과 분쟁이 발생할 요인들이 많고 이들은

---

143) 예컨대, Convention on Great Lakes Fisheries 1954년 9월 10일 워싱톤에서 체결, 6 U.S.T. 2836; TIAS 3326; 238 U.N.T.S.97.

협의를 통한 상호협조와 조정으로 해결해 나가야 한다. 제123조에서 열거된 것은 특히 근래에 와서 여러 폐쇄해, 반폐쇄해수역 관계국가들간의 문제로 대두된 중요한 문제들을 예시한 것이라고 볼 수 있다.

3. 폐쇄해, 반폐쇄해 연안국의 권리

유엔해양법협약 제9장에서는 폐쇄해, 반폐쇄해 연안국의 협력의무만을 규정하고 있으며, 그것도 앞서 지적한 바대로 협력을 위하여 "노력할" 의무일 뿐이다. 또 한편 제9장에서는 이들 폐쇄해, 반폐쇄해 연안국의 특별한 입장을 보호하기 위한 협약상의 권리를 전혀 규정하는 바가 없다.

그러나 유엔해양법협약의 여러 곳에서는 소위 "지리적 불리국"에 대한 보호 규정이 산견(散見)되고 있다. 지리적 불리국이라 함은 육지로 완전히 둘러싸여져 있지는 않지만 해안선이 아주 짧거나 어느 정도 해안선이 있어도 지리학적, 생물환경학적 여건이 해양활동 특히 해양자원의 활용에 불리하게 되어 있는 국가를 통칭한다. 폐쇄해, 반폐쇄해내에 위치하여 극히 제한된 해면에 근접하여 있는 국가들은 가장 전형적인 지리적 불리국의 예가 될 것이다. 유엔해양법협약 제70조 2항에서는,

> 본장「배타적 경제수역」의 목적상 "지리적 불리국"이라 함은 그 지리적 여건상 자국 전체인구 또는 그 일부의 영양적 목적을 위한 적절한 어류의 공급을 위하여 해당 지역내의 타국의 배타적 경제수역내 생물자원의 이용에 의존해야 하는 폐쇄해, 반폐쇄해에 연접한 연안국 또는 자체의 경제수역을 주장할 수 없는 연안국을 말한다.

라고 규정하고 있다.

이러한 지리적 불리국의 입장을 보호하기 위한 특별 조항을 열거하여 보면,

① 지역내 타국의 배타적 경제수역내에서 잉여 어획량의 개발할당에 참여할 수 있는 권리(제70조)
② 지역내 배타적 경제수역 및 대륙붕에서의 해양과학조사에 참여할 수 있는 권리(제254조)
③ 국제 해저기구 이사회의 이사국 선임에 있어서 총회 내에서의 지리적 불리국 수에 따른 합리적 비례대표를 보장받을 권리(제161조 2항)
④ 국제 해저기구 이사회의 이사국 선임에 있어서 개도국인 지리적 불리국의 특별이익대표를 선출할 수 있는 권리(제161조 1항 d호)

등이다. 이상의 권리들은 후술하는 내륙국에 대해서 똑같이 보장되고 있다.

---

144) A/CONF. 62/C. 2/L.8, Para 3(15 July 1974) UNCLOS Ⅲ *Official Records* Vol. Ⅲ, (1975), p.188.
145) A/CONF. 62/C.2/L.71. and add 1 & 2(21 Aug. 1974) Ibid., p.236.

IV. 내륙국의 해양에의 출입권

1. 내륙국의 자유통과권 개념의 형성

내륙국이란 해양이 없는 국가를 말한다.(제124조 1항(a)) 세계에는 42개의 내륙국이 있다.(도표 6-2 참조)

유럽지역에 있는 내륙국을 제외한 거의 모든 내륙국은 가난한 나라이며 Asia와 Africa의 내륙국들은 최저 개발국에 속한다.

육지 속에 위치한 국가는 해항이 없으므로 물자와 인원의 세계적 흐름은 물론, 나아가서는 정보와 사상적 흐름으로부터도 고립된다. 한때 해안을 갖지 않는다는 것은 외적이나 태풍 등으로부터 보호되는 천혜의 이점으로 생각된 적이 있었지만, 현대에 와서 바다를 갖지 않았다고 하는 것은 가장 결정적인 국가적 불리점으로 파악되고 있다.

〈도표 6-3〉 세계의 내륙국

세계의 내륙국

Western Europe(6)		Asia(5)	
1. Austria		7. Afganistan	
2. Holy Sea		8. Buthan	
3. Liechtenstein		9. Laos	
4. Luxemburg		10. Mongolia	
5. Switzerland		11. Nepal	
6. San Marino			
Eastern Europe(13)			
13. Czech Rep.	17. Moldova	21. Uzbekistan	25. Armenia
14. Slovakia Rep.	18. Turkmenistan	22. Azerbaijan	
15. Hungary	19. Belarus	23. Kyrgyzstan	
16. Macedonia	20. Kazakhstan	24. Tajikistan	
Africa(15)			Latin America(2)
26. Mali		34. Malawi	41. Bolivia
27. Niger		35. Zambia	42. Paraguay
28. Chad		36. Zimbabwi	
29. Central African Republic		37. Botswana	
30. Upper Volta		38. Swaziland	
31. Zaire		39. Lesotho	
32. Rwanda		40. Uganda	
33. Burundi			

내륙국이라는 조건은 정치적, 전략적 및 사회적 불리점은 물론이지만 무엇보다 경제적으로 극히 심각한 장애를 준다. 세계통상의 98%이상을 수송하는 해운의 교통선이 타국의 국경선으로 폐쇄되어 있다는 것은, 우선 첫째로 운송비의 부담을 의미하게 된다. 게다가 지리적 이유 및 국가의 경제적 궁핍 등이 종합되어 대부분의 내륙국들의 수송체제는 장비 관리체제 등의 면에 있어서 낙후되어 있다. 운송을 원활하게 하는 데에 꼭 필요한 각종 통신체제도 내륙국들에 있어서는 대체로 부적절하고, 신빙성이 없다.

따라서 이러한 복합적 운송의 지체는 운송비의 직접적 증가를 가져올 뿐만 아니라 보험료, 창고료, 지체보상금 등 부가적 비용을 증대시켜 경제적 발전과 부의 형성을 더욱 저해하게 한다. 특히 내륙국의 물자가 통과국의 국경을 넘어서야 해운의 교통선에 연결된다는 것은 국내운송으로 해항에 연결될 수 있는 경우보다도 통과국의 세관을 거쳐야 하는 통관절차와 관세의 난제를 포함하게 되므로 시간과 비용은 더욱 크게된다.

내륙국의 이러한 난제들은 통과국과의 상호협의된 제도로 개선될 수 있다. 그러나 통상적으로 내륙국과 통과국 사이의 통상협정이 수립되는 경우에도 협정기간 및 협정의 발효조건 등이 결합되어 실질적으로 내륙국의 원활한 통과운송이 좌절되는 경우가 허다하다. 이러한 요인들은 경제적 문제로부터 확대되어 내륙국측에 심각한 정치적, 사회적 부담이 된다.

유럽의 내륙국들은 지난 수세기 동안 많은 노력을 들여 점진적으로 이러한 문제들을 개선하여 왔기 때문에 현재의 비교적 유리하고 안정된 정치적, 경제적 체계를 유지하고 있다. 그러나 Asia와 Africa의 내륙국들에게 있어서는 통과국과의 협조 체제는 극히 초보적인 단계에 머물러 있다고 보아야 한다.

국제법의 발전과정에서 보면, 절대적 영토주권의 개념은 통과국측이 내륙국의 통과운송에 대하여 엄격한 통관세와 각종 주권적 제한을 가하던 초기단계로부터 점차적으로 자유통상의 중요성을 인정하여 이러한 과세와 제한을 경감시키는 방향으로 발전되어 왔다.

국제연맹은 1920년대에 이러한 자유통상 증진을 위한 협약체제를 성립시키기 위해 일련의 국제회의를 주선하였다. 이러한 노력의 결과, 1921년에는 「Barcelona 자유통상협약」[146]이, 1923년에는 「해항의 국제제도를 위한 제네바협약」[147]이 성립되었다. 이들 협약과 규정은 특히 내륙국의 자유통상에 관련된 권리보장에 관하여 최소

---

146) Convention and Statute of Freedom of Transit(이하 Barcelona treaty로 표기함), 1921년 4월 20일 Barcelona에서 체결, 1922년 10월 31일 발효, ST/LEG. SER.B/6, p.702(Eng. Fr)
147) Convention and Statute on the International Regime of Maritime Ports. 1923년 12월 9일 Geneva에서 체결, 1926년 7월 26일 발효 : 58 L.N.T.S.285(1926-27); ST/LEG.SER., B/6, pp.706~708.

한도의 기준을 제시하였다.

2차대전 이후에 와서 내륙국의 해양에의 출입권을 개선 보장하는 일련의 중요한 사건들이 있었다.

첫째로, 해양기술발달과 해운의 확대가 현저하게 됨에 따라 국제적 통상과 경제발전에 있어서 모든 국가의 해양에의 진출권(right of access to the sea)이 필수적인 것이라는 개념이 형성된 것이다.

둘째로, Asia와 Africa의 신생국들이 대거 국제무대에 진출함에 따라 이들 신생국들은 전통적 국제법 체계를 거부하고, 특히 내륙국인 신생국들은 해양에의 진출권을 국가의 기본적 권리로 주장하게 되었다. 이러한 움직임의 첫번째 결실은 1958년 Geneva 제1차 유엔해양법회의 결과 성립된 「공해협약」 제3조이다.[148] 이 조항에서는 처음으로 "무해안국"(내륙국)의 해양에의 출입권을 명문으로 강조하고 체약국인 연안국과 내륙국은 상호협의를 통한 공동합의로서,

① 상호주의에 입각한 통과국 영역으로의 자유통과 보장
② 연안국 항구에서 내륙국 국적선의 동등대우 보장

등을 규정한 것이다.

그러나 이러한 성과가 내륙국의 해양으로의 진출권을 실질적으로 보장하는 것은 되지 못하였다.

1964년 Geneva에서 열린 유엔통상개발회의(UNCTAD)에서도 이 문제는 중요한 의제로 취급되어 8개 원칙과 권고안을 채택하였으며, 이를 기초로 하여 1965년에는 「내륙국의 통과무역에 관한 규정」이 뉴욕에서 성립되었다.[149] 뉴욕협약은 내륙국 해양진출권 만을 위한 최초의 협약이라고 할 수 있다.

그러나 이 협약은 영해통과를 허용할 통과국들의 비준이 저조하였으며 협약 내용도 충분히 효율적인 것은 되지 못하였다.

내륙국의 자유통과권 보장을 위한 국제법적 제도개선의 노력은 1973년부터 개시된 제3차 유엔해양법회의로 이어졌다. 내륙국들은 소위 지리적 불리국들과 결합하여 최초에는 54개국의 이해관계 그룹을 형성하였으며 이 내륙국, 지리적 불리국 그룹(LL/GDS Group; Land-locked and Geographically Disadvantaged States Group)은 제3차 유엔해양법회의 협상과정을 통하여 강력한 힘을 발휘하였다.

---

148) Convention on High Seas *Article 3* 450 *U.N.T.S.* 82.
149) Convention on Transit Trade of Land-Locked States(이하 Transit Convention으로 표기함), 1965년 7월 8일 New York에서 체결, 1967년 6월 9일 발효 : 597 *U.N.T.S.* 3 (Chinese, Eng, Fr. Rus. Spanish) ST/*LEG. SER.*, B/15, pp.735~36.

2. 내륙국의 해양에의 출입권 보장

(1) 정 의

내륙국의 자유통과권 보장에 관하여 유엔해양법협약은 제10장에서 규정하고 있다. 우선 제124조는 용어정의를 규정하고 있는 바, 이 조항은 대체로 1965년 「뉴욕협약」 제1조와 유사한 구조 및 내용을 담고 있다.

① "내륙국"이란 연안이 없는 국가를 말한다.(제124조 1항 a) 1958년 「뉴욕협약」에 있어서 까지도 내륙국이라는 용어는 나타나지 않았다. 그러던 것이 1965년 New York협약에서 용어정의를 함으로써 "무해안국"은 "내륙국"으로 표기되기 시작하였다.

② "통과국"(transit state)이란 내륙국과 바다 사이에 위치하여 그 영토가 통과수송에 사용되는 국가를 말한다.

③ "통과운송"(traffic in transit)이란 내륙국의 타국의 해항을 이용하기 위해서 사람이나 화물 및 상품을 수송수단인 철도, 육로차량 등에 싣고 해안에 면한 타국의 영역을 통과하는 것을 말한다.(제124조 1항 c) 이는 1921년 「Barcelona협약」 제1조 B항 및 1965년 「New York협약」 제1조에서도 거의 동일하게 규정하고 있었다.[150]

④ "수송수단"은 철도, 해상, 호상(湖上) 하천용 선박과 육로차량, 그리고 지방사정이 필요로 할 경우에는 운반인부 및 운반동물까지를 말한다. 수송수단에 항공수송(air transport)을 포함시키지 않은 것은 하나의 입법적 흠결로 지적될 수 있을 것이다. 많은 개발도상국 내륙국들, 특히 Lesotho대표가 통과수송을 위한 수송수단에는 당연히 항공수단이 포함되어야 한다는 것을 강조한 바 있다.

그러나 내륙국과 통과국은, 상호 합의에 의하여, 관선(pipe line)이나 Gas관 및 기타 위의 수송수단 이외의 수단을 통과수송을 위한 수송수단을 포함시킬 수 있다.(제124조 2항)[151] 이러한 합의에서 항공수송을 포함시킬 수 있다고 생각된다.

(2) 해양에의 출입권과 통과의 자유

유엔해양법협약의 제87조는 공해의 자유를 규정함에 있어서 "공해는 연안국이나 내륙국의 구별 없이 모든 나라에 개방된다"라고 규정하고 있다.(제87조 1항) 공해가 모든 국가에 개방된다면, 해안이 없는 지리적 특성을 갖는 내륙국에게도 해양에의 출입권이 보장되어야만 할 것이다. 즉, 내륙국은 공해의 자유와 인류공동유산에 관한

---

150) Convention on Transit Trade of Land-locked States. *Article* 1, 597 U.N.T.S43.; Bercelona Treaty of 1921, Aricle 1 Sec. B,.7 L.N.T.S.12.
151) 1965 Transit Convention *Article 1* Sub section(d)(iii)

권리를 포함한 유엔해양법협약에서 규정하고 있는 권리를 행사하기 위해서 해양에의 출입권을 갖는다. 이를 위하여 내륙국은 "모든 수송수단"으로서 통과국의 영토를 통과할 자유를 갖는다.(제125조 1항)

내륙국이 갖는 해양에의 출입권은 법적인 권리이며 따라서 내륙국은 통과국의 영토를 통과수송함에 있어 관세, 세금 기타의 과징금을 납부할 의무를 지지 아니한다.(제127조)

내륙국이 통과국의 영토를 통과수송 할 수 있는 권리는 통과국과의 상호주의 원칙에 의하여서 허용되는 것인가.

1965년 Transit Convention의 전문에는 내륙국이 통과국의 영토를 통과수송함은 "상호주의의 원칙"에 의거한다고 명시하고 있다.152) 또 심해저위(深海低委; Sea-bed Committee)의 Main Trends 초안에서도 내륙국에게 통과권을 허용함은 통과국과의 상호주의의 기준에 의거하는 것으로 명시하고 있다.153) 이 상호주의 조건(reciprocity clauses)은 실질적으로 내륙국의 통과수송권을 배제할 수 있는 보장을 통과국에게 부여하는 것이 되므로 유엔해양법협약 제125조에서는 삭제되었다.

3. 통과권 행사의 조관(條款)과 양식(樣式)

내륙국이 통과의 자유를 행사하기 위한 구체적 조관과 양식(terms and modalities)은 통과국과 양자조약에 의하거나 지역적 협정으로 합의되어야 한다. (제125조 2항) 여기서 조관이라 함은 통과국의 영토를 지나가는 통과수송의 구체적 절차와 조건들을 의미한다. 또 양식이라 함은 통과국의 영토내와 항구에 내륙국의 통과수송을 위해 관세절차면제구역(customs free zones), 면세구역(duty free zones) 등 기타 관세시설(customs facilities)을 설치하고 운영하는 일체의 내용을 의미한다.(제128조)

(1) 내륙국과 통과국간의 합의

구체적 조관과 양식의 설정은 내륙국과 통과국간의 상호협의를 통한 합의로서 결정해야 하는 것은 당연하지만,(제125조 2항) 통과국은 그 강한 입장을 기화로 실질적인 통과권을 배제하는 것과 같은 조관을 결정하여서는 안된다.

그리고 내륙국의 국적선은 통과국의 항구내에서 최소한도 다른 외국선박에 허용되는 것과 동등한 대우를 받아야 한다.(제131조)

물론 내륙국과 통과국의 합의로서 내륙국에게 본 협약이 제시한 최소한도의 권리

---

152) 1965 Transit Convention *The Preamble* 597 U.N.T.S.41.
153) Main Trends, list item9, *Provision 181 Formula B*, p.99
 "Neighbouring transit States shall accord, on a basis of Reciprocity, free transit through their teriories of persons and goods……"

보다 더 유리한 권리나 편의를 허용하는 것은 가능하다.(제132조)

(2) 통과국의 영역주권을 위한 보장규정

그러나 반면에 통과수송이 수행되는 지역은 통과국의 주권이 절대적으로 또 배타적으로 행사되어야 할 통과국의 영역이므로 이러한 조관은 통과국의 적법한 이익을 침해하지 않도록 보장하기 위한 필요한 모든 조치가 강구되어야 한다.(제125조 3항)

(3) 최혜국 조관의 적용배제

통과수송을 위한 내륙국의 권리와 편의를 내용으로 하는 이들 조관은 최혜국 조관의 적용에서 제외된다.(제126조)

본래 내륙국의 해양에의 출입권은 공해자유의 원칙에서 도출된 기본적인 권리이며 이는 내륙국이라는 특수한 지리적 불리점을 전제로 하여 특별히 성립되는 권리인 만큼 통과수송에 관해 내륙국에 허여(許與)되는 권리와 편의는 이를 내륙국이 아닌 제3국이 최혜국 조관을 적용하여 통과국에게 요구할 수 있어서는 안될 것이다.

(4) 내륙국과 통과국의 협력

가) 통과국내에 통과수송을 위한 적절하고 효율적인 수송수단이나 항구시설이 없거나, 있어도 극히 빈약할 경우에 통과국과 내륙국은 이들을 개선하고 신설하는데 상호 협력할 수 있다.(제129조)

본래 Main Trends 초안에서, 이것은 내륙국이 새로운 수송수단과 항구시설을 신축, 개조, 개선할 수 있는 권리를 갖는다고 규정되어 있었다.[154] 그러나 1976년 제3차 유엔해양법협약 제4회기에서 Nepal의 제안으로 내륙국과 통과국 상호간의 협력사항으로 개정되었다.

나) 통과수송이 기술적 곤란이나 기타 지체로 지연될 사유가 있을 경우에 통과국은 모든 적절한 조치를 강구하여 이러한 지연을 미리 방지하도록 하여야 한다. 그리고 일단 이러한 장애가 발생하여 통과수송이 지체되고 있을 때는 통과국과 내륙국은 신속히 이 장애를 제거하기 위하여 상호 협력하여야 한다.(제130조) 통과수송의 장애 요소 중, 천연적 불가항력적 요인(force majeure) 또는 통과국의 국가안보적 사태로 일어난 것일 때, 이러한 장애 등은 이 규정(제130조 1항)의 대상에서 제외되고 있다. 그러나 생각컨대 제130조 2항의 장애에 force majeure를 제외하는 것은 입법적인 흠결로 지적되어야 한다.

---

154) Main Trends, list item 9, *Provision 190*, pp101~102.

제7장 배타적 경제수역

Ⅰ. 총 론
Ⅱ. 배타적 경제수역의 범위
Ⅲ. 배타적 경제수역의 법적 지위
Ⅳ. 연안국의 권리 의무
Ⅴ. 타국의 권리 의무
Ⅵ. 한국과 배타적 경제수역
Ⅶ. 맺는 말(結語)

제7장 배타적 경제수역

I. 총 론

1. 배타적 경제수역이란 무엇인가?

배타적 경제수역(the Exclusive Economic Zone; EEZ)이란, 연안국의 외측에 인접한 기선으로부터 200해리까지 미치는 범위의 수역을 말한다. 연안국은 이 수역내에서 해면과 해저, 해상(海床; seabed), 하층토(下層土; subsoil) 및 그 상부수역(waters superjacent to the seabed)의 생물, 비생물 천연자원에 대하여 탐사, 개발, 보존, 관리하는 하는 것과, 바다를 이용한 에너지생산 등 기타 경제적 활동에 관하여 주권적 권리(主權的 權利: sovereign right)를 가지며, 인공섬, 시설물 등의 설치 사용과 해양의 과학적 조사, 그리고 해양환경보존 등에 관한 관할권(管轄權: jurisdiction)을 갖는다.(협약 제56조 1항)

연안국 이외의 타국도 이 수역에서 항행의 자유, 상공비행권 및 관선(管線) 부설의 자유를 누리며, 일정한 조건하에 생물자원개발에 참여할 수 있다.

2. 개념의 생성과 국제입법과정

(1) EEZ개념의 생성

EEZ는 1970년대에 새롭게 생성된 개념이다. 이는 한마디로 해양법상 근래에 제기된 여러 문제를 한꺼번에 해결하기 위한 새로운 제도로 등장한 것이라고 말할 수 있다. 새롭게 제기된 문제들이란, 신생개도국들이 제기한 것인데 영해의 외측까지 확장되는 연안국의 주권적 관할권에 관한 요구와 이에 부수되는 여러가지 문제를 의미한다.

이러한 추세를 불붙인 계기가 강대국인 미국의 대통령 Truman이 1945년 발표한 두 개의 해양관할선언[1]이었다는 것은 흥미 있는 일이다.

Truman은 소위 『대륙붕선언』과 함께 미국연안 인접수역의 생물자원에 관하여 주권적 권한을 아울러 선언하였던 것이다.[2] 그리고, 이 선언이야말로 EEZ개념의 효시

---

[1] Proclamations by President Truman of 28 September 1945.; Proc. No.2667. 10 Fed. Reg. 12393:*U.S. Dept. of State Bulletin* 485(1945):40 *AJIL*(1946), Supp. 45.
[2] Ibid.; Proclamation by President Truman of 28 September 1945 on Policy of the United

(嚆矢)를 이루는 것이라고 일컬어진다.3) 그 6년 뒤인 1951년, 국제사법재판소(ICJ)는 「영국-노르웨이간 어업분쟁사건」의 판결에서 인접해양의 자원에 관한 연안국의 "특별한 이익"을 공식 승인하였다.4)

그리고 1958년 Geneva에서 개최된 제1차 유엔해양법회의에서 채택된 「대륙붕협약」 제2조는 그 13년전 Truman선언에서 주장된 바, 대륙붕의 천연자원에 관한 연안국의 주권적 권한을 인정하였고, 역시 동 회의에서 채택된 「어업 및 공해생물자원보존협약」 제6조 1항에서는 영해에 인접한 공해에서 그 생물자원의 생산성 유지에 관하여 연안국이 "특별한 이익"을 갖는 것을 인정하기에 이르렀다.5)

이들 조약을 근거로 많은 연안국들은 소위 「어업보존수역」을 그들의 영해에 인접한 공해수역에 선포하였다. 이러한 일련의 움직임은 영해의 범위를 넘어 그 인접한 공해수역에 부존하는 해양자원에 관한 연안국의 관할권을 인정하는 새로운 추세를 형성하였다.

그런데 이러한 추세를 가속시킬 수 있는 국제사회의 여건은 이미 2차대전 이후부터 조성되어 왔다. 이는 우선 2차대전 이후의 급속한 인구증가와 급진적인 산업발달로 인한 새로운 자원에 대한 수요증가와, 둘째로 해양활용기술의 획기적 발달과 이로 인한 해양활동의 증가로 야기된 급격한 해양환경의 오염 및 이에 대처할 해양환경보존이라는 새로운 과제의 대두, 그리고 세번째로는 1960년대에 대거 국제무대에 나서게 된 신생개발도상국가들의 전통국제법 전반에 대한 반항적 태도 등이다.

결국 이들이 모두 결합됨으로서 연안국 관할권확장의 추세는 가속되었다. 특히 개발도상국들은 그들의 영해 인접수역의 해양자원이 「공해자유의 원칙」을 내세우는 선진해양국에 의해 선개발(先開發) 탈취(奪取)되는 것을 우려하였고 이러한 자원을 국가적 경제자립에 활용할 수 있는 천부의 자산으로 간주하여 이들 자원에 대한 「영구적 주권 (永久的 主權)」을 선언하기에 이르렀다.6) 그러나 영해의 범위를 넘는 공해수역에 대한 주권적 권한이나 그 자원에 대한 「영구적 주권」의 개념은 「공해자유의 원칙」을 근간으로 하는 전통국제법의 원칙과 쉽사리 조화될 수 없는 것이었다. 그리하여 이 새롭게 대두한 해양관할권의 문제를 적절히 다룰 수 있는 새로운 제도와 법적 개념이 필요하게 된 것이다.

States with respect to Coastal Fisheries in Certain Areas of High Seas.
3) Polard, "The Exclusive Economic Zone-The Exclusive Consensus", 12 *San Diego Law Review* 605(1975).
4) *ICJ. Rep.*(1951), p. 118.
5) Convention on Fishing and Conservation of the Living Resources of High Seas Art. 6, Para. 1.
6) Declaration on the Permanent Sovereignty over Natural Resource U.N.G.A.Res. 3171, 28 GAOR, Supp. 30.; U.N. Doc. A/9030(1973).

1950년에서 1970년대에 이르는 동안, 전통적 영해범위 밖에 인접한 공해수역에 대한 연안국의 주권적 권한에 대한 주장과 요구는 다양한 형태로 선언되었다.

① 「평화선 선언」 -1952년 1월 18일, 한국의 이승만 대통령은 한반도 주변에 자원보호와 안전 보장을 위한 관할수역을 선포하였다. ("대한민국 인접해양에 대한 대통령 주권선언" : 대한민국 국무원 고시 14호)

② 싼티아고 선언(Santiago Declaration) -1952년 8월 19일, 칠리, 코스타리카, 에쿠아도르 및 페루 등 남미 4개국은 「남태평양 해양자원 탐사 보존을 위한 회의」를 칠레의 싼티아고(Santiago)에서 개최하고 연안 200해리 범위내 수역에 대한 주권 및 관할권을 선언하였다.7)

③ 몬테비데오 선언(Monteviedo Declaration of the Law of the Sea) -1970년 5월 8일, 알젠틴, 브라질, 칠레, 에쿠아도르, 엘살바도르, 니카라과, 파나마 및 우루과이 등 남미 9개국은 우루과이의 몬테비데오(Montevideo)에서 열린 「해양법 회의」에서 연안 200해리 수역에 대한 배타적 주권을 선언하였다.

④ 리마 선언(Lima Declaration on the Law of the Sea) -1970년 8월 8일, 페루의 수도 리마(Lima)에서 열린 「해양법에 관한 라틴 아메리카 제국 회의」에서 남미 20개국은 해양자원에 관한 연안국의 배타적 권한과 해양환경의 보존 등, 해양법에 관한 공동원칙을 선언하였다.

⑤ 이러한 요구와 주장이 배타적 경제수역이라는 개념으로 논의된 것은 1970년 Colombo에서 열린 아시아·아프리카 법률자문회의(Asian-African Legal Consultative Committee : 이하 AALCC로 표기함) 제12차 총회에서 최초로 기록되었다.8)

⑥ 그리고 이어서 이는 1971년 1월 AALCC의 Lagos회의에서 Kenya 대표 Njenga가 「배타적 경제수역에 관한 보고서」를 제출하면서 본격적으로 논의되게 되었다.9)

⑦ 이어서 이 EEZ 개념은 1972년 6월 7일, 산토 도밍고 선언10)(The

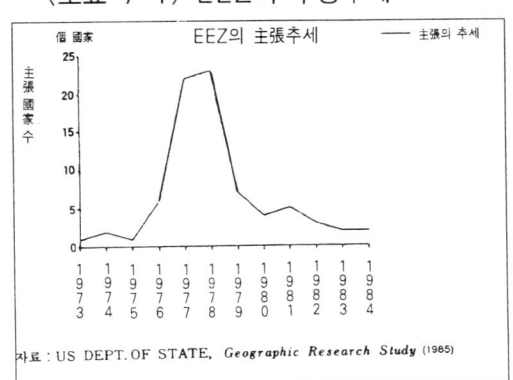

〈도표 7-1〉 EEZ의 주장추세

자료 : US DEPT. OF STATE, Geographic Research Study (1985)

---

7) 외무부 집무자료 73/1; Law of the Sea -Basic Documents -, pp. 81-82.
8) Asian-African Legal Consultative Committee, Report of the twelfth Session. Colombo (1971).
9) AALCC, Report of the 13th Session, Lagos, 1972, p. 102.
10) U.N. Leg. Ser B/16. p. 599.

Declaration of Santo Domingo) 및 Yaunde선언[11] 등에서 극적으로 지지되고 보완되었다. Kenya의 제의는 심해저위원회(Sea-bed Committee)에 제기되고, 따라서 당연히 제3차 유엔해양법회의에서 논의되었다.

제3차 유엔해양법회의 협의과정 중 EEZ의 개념은 아시아·아프리카 및 라틴아메리카 등 개발도상국의 적극적 지지를 받았지만 캐나다나 노르웨이같은 일부 선진해양연안국가들도 이 개념을 찬성하였다. 반면에 대다수의 선진해양국과 내륙국 및 지리적 불리국들은 이 개념을 당초에는 환영치 않았으나, 연안 200해리에 이르는 영해를 고집하는 극단적인 일부 연안국들의 주장[12]에 대한 절충안으로서, EEZ는 점차 일반적 개념으로 받아들여졌다. 즉, EEZ라는 새로운 해양관할제도는 광대한 범위의 영해를 주장하는 일반적 추세를 저지시키고 가능한 『공해자유의 원칙』을 보존시키면서 연안국들에게 그 인접해양자원에 대한 관할권을 부여한다는 제도적 의의가 있는 것이다.[13]

최초로 EEZ라는 용어를 사용한 것은 마다카스칼의 국내법(1973)이었으며[14] 현재와 같은 법적 의미로 이를 채택한 최초의 예는 Bangladesh(1974)이다.[15] 제3차 유엔해양법회의에서 EEZ의 내용이 본격적으로 심의된 것은 ISNT가 나온 제3회기 이후이다. 각 연안국들이 대거 국내법적 조치로 EEZ를 채택한 것은 대체로 1976년부터 1978년 사이의 기간이다.(도표 7-1 참조) 그리하여 최근[16]까지 200해리의 해양

---

11) The Conclusion in the General Report of the African States Regional Seminar on the Law of the Sea, held in Yaunde, June 1972 U.N. *Leg. Ser.* B/16, p. 601.
12) Somalia대표의 주장
   1) 국가 해양수역을 정하는 가장 합리적인 제도는 배타적 경제수역 개념보다는 영해로서 규정되어져야 한다. 개발도상국가들의 이익은 200해리 영해제도로서만 적절히 보호될 수 있을 것이다. 왜냐하면 선진해양국들의 원양어선단의 도전에 효과적으로 대처함에는 경제수역제도보다는 영해제도만이 적절할 것이기 때문이다.
   UNCLOS III, *Official Record*, Vol. II, 26th, meeting p. 209. para. 95.
   2) 배타적 경제수역의 개념은 연안국의 주권적 권한을 경제적 국면에 국한하는 제한이 내포되어 있다. 더구나 이 제도가 채택되면 선진적 기술을 가진 해양강대국들은 공해자유의 원칙이라는 명분을 내세워 이 수역에서 어로를 자행하거나 간첩활동을 함으로서 개발도상국의 안보와 영토적 안전을 침해하지 않으리라는 보장이 없게 될 것이다.
   UNCLOS III, *Official Record*, Vol. I, Plenary Session 42th Meeting, p. 186.
13) Robert W. Smith, *Geographic Reserach Study* U.S. Dept. of State, No. 20(Oct. 21. 1985), p. 14.
14) Madagascar Act. No. 73 - 060.(Sep. 28. 1973); 실제로 이는 기선에서 100해리에 이르는 대륙붕을 의미하였다.
15) Bangladesh. Act. No. XXIX, Art. 5(2)(April 13. 1974); 이 법에서는 200해리의 "경제수역"을 규정하고 있다.
16) 1995년 10월 20일자 미국 국무성 통계
   Summary of Maritime Claims As of October 20, 1995. reported by Dr. Robert W. Smith. Goegrapher. Office of Ocean Affairs, Department of States Washington D.C.

관할수역의 제도를 채택한 나라는 121개국(전체 연안국의 82.9%)에 이른다.(도표 7-2 참조) 200해리 관할수역을 극력 주장하고 옹호한 것은 개발도상국가들이었으나, 실제로 이 제도를 채택함으로서 광대한 관할수역을 차지하게 된 것은 오히려 몇몇 해양선진국들 쪽이었다는 점은 흥미있는 일이다.17)(도표 7-3 참조)

〈도표 7-2〉200 해리 수역 주장의 현황(1995년 10월)

200해리 EEZ	95개국	65%
200해리 EFZ	15개국	10.4%
200해리 영해	11개국	7.5%
200해리 미만 어업수역	4개국	2.7%
주장 미정	21개국	14.4%
연안국 총수	146개국	100%

(2) 국제 입법의 과정

EEZ제도가 성립된 계기는, 연안국의 자원확보라는 경제적 요구와 개발도상국의 이익보호라는 정치적 요구, 그리고 중립적으로는 자원의 보존, 관리, 환경보호 등 『국제사회전체의 이익』을 위한 새로운 과제를 연안국에 권한 위임한다는 명분까지가 결합된 복합적인 것이었다. 그러나 EEZ의 개념이 법적 제도로서 본격적으로 논의된 것은 앞서 보아온 것 같이 제3차 유엔해양법회의에서이다. 1973년 12월 제3차 유엔해양법회의 제1회기에서 EEZ문제는 제2위원회의 소관사항으로 배정되었다. 제2회기 및 제3회기를 통한 각국의 기본입장과 각 이익 Group간의 토의를 기초로 작성된 최초의 협약초안은 비공식단일교섭초안(ISNT)18)인데, EEZ제도는 이 초안 제2부 제45조부터 제61조까지 17개조문으로 포함되어 있었다. ISNT를 기초로 축조심의(逐條審議)에 들어간 1976년의 제4회기는 EEZ에 대한 논의가 본격화된 시기이다. 제4회기 이후에 작성된 수정교섭초안(RSNT)19)에서는 EEZ에 관한 규정은 20개 조문으로 구성되어 다소 보완되었다.

---

17) U.S. Dept. of State, *Limits in the seas* No. 36 4th ed.(1981); Churchill and Lowe, *the Law of the Sea*(Mancheser Univ. Press, 1983), p. 140.
18) Informal Single Negotiating Text, A/Conf.62/WP.8 (7 May 1975)
19) Revised Single Negotiating Text A/Conf. 62/WP. 8/Rev. 1(6 May 1976)

〈도표 7-3〉 중요 국가의 배타적 경제수역 자원활용도

순위	국 가	200해리경제수역 면적(평방해리)	유류생산량1981년(천배럴/day)	천연가스생산량(백만 입방ft/day)	어획량(또는 추정어획량:EP)(백만ton)
1	USA	2,831,400	1,064.0	13,272.6	3.2
2	France	2,083,400	-	-	n.a.
3	Indonesia	1,577,300	561.0	632.0	2.2
4	New Zealand	1,409,500	4.5	84.0	0.5
5	Australia	1,310,900	368.1	551.7	1.5
6	USSR(舊 소련)	1,309,500	196.0	1,332.0	5.0
7	Japan	1,126,000	0.9	30.0	8.4
8	Brazil	924,000	91.8	116.1	0.7
9	Canada	857,000	-	-	1.6
10	Mexico	831,500	1,106.0	584.7	1.3
11	Kiribati	770,000	-	-	n.a.
12	Papua New Guinea	690,000	-	-	0.1
13	Chile	667,300	-	-	2.8
14	Norway	590,500	509.0	2,837.5	2.9
15	India	587,600	160.0	2.2	2.0

제6회기에서는 그 법적 개념에 관한 논의가 집중적으로 실시되었으며 그 결과 작성된 통합교섭초안(ICNT)[20])에는 EEZ에 관해 제5장 제55조부터 제75조까지 21개 조문으로 규정됨으로써 현『협약』조문의 기초가 되었다. 제7회기에 이르러 핵심문제들을 집중 논의키 위해 7개의 협의그룹(Neogotiating Group ; NG)을 조직하였던 바, NG-4에서는『내륙국·지리적 불리국의 EEZ 이용관계』를, NG-5에 서는『EEZ에 있어 연안국의 주권적 권한행사에 관한 분쟁해결문제』를 논의하였다.

제8회기(1979년)에 NG-4와 NG-5의 협의는 종결되었으며 그 결과 통합교섭초안 제1수정안(ICNT Rev-1)이 작성되었다. 그 후에도 ICNT의 골격에 약간의 수정을 가하여 1980년말 EEZ의 초안내용은 거의 확정되었고, 1982년 봄 이 협약안은 채택되었다.

---

20) Informal Composite Negotiating Text. A/Conf. 62/WP. 10.(15 July 1977)

Ⅱ. 배타적경제수역의 범위

1. 종적(縱的) 범위

EEZ의 종적 범위는 해저의 해상(海床; sea-bed)과 그 하층토(下層土 : sub-soil)에서부터 그 상부수역(上部水域 : superjacent water)에 미치며, 인공도서와 시설물 등의 구축과 해풍, 해류를 이용한 에너지의 생산 등 활동에 관하여는 해면(海面)위 일정범위의 공간까지를 EEZ법제도의 적용범위로 삼는다.

2. 횡적(橫的) 범위

EEZ는 영해외측에 인접한 수역이며,(유엔해양법협약 제55조) 그 폭은 기선에서 200해리를 넘을 수 없다.(동 제57조)

영해외측에 접속수역을 설정한 경우에는(유엔해양법협약 제33조) EEZ의 내적 경계가 어디서부터인가가 문제될 수 있다. 그러나 EEZ의 내적 경계는 접속수역의 설정 여부와 관계없이 영해의 외측선이 된다. 왜냐하면 접속수역(Contiguous Zone)과 EEZ는 그 제도적 취지나 관할권의 성질이 판이하기 때문에 이 두 제도는 양립할 수 있다고 보아야하기 때문이다. 그러므로 EEZ의 횡적 범위는 영해가 12해리인 경우에 영해 외측으로부터 188해리의 범위가 된다.

EEZ의 폭은 왜 200해리를 한계로 하는가? 는 논의될 수 있는 문제이다. 200해리의 한계는 그저 우연히 정하여져서 역사적, 정치적 의미가 부여되었을 뿐이라는 견해와,[21] 200해리 범위안에서 고도회유성 어족을 제외한 대부분의 생물자원이 서식하기 때문에 자원관할수역의 범위로는 과학적, 생태학적 근거가 있다고 보는 견해들[22]이 있다. 200해리가 넘는 관할수역의 구체적 전례(前例)는 1939년 범미주국가회의에서 채택된 『파나마선언』(Declaration of Panama)을 들 수 있다. 여기서는 300해리의 안보수역을 설정한 바가 있다.[23] 정확히 200해리의 관할수역을 처음으로 명시한 예는 1947년 Chile대통령의 선언[24]이다.

생각컨대 위 Chile대통령선언이나 Santiago선언[25]에서 200해리 수역을 선포한 것은 연안의 어업자원을 보호한다는 목적이 강했으므로 남미에서 200해리의 범위가

---

21) A.L.Hollick, "The Origins of 200 miles Offshore Zones", 71 *AJIL* 494-500(1971).
22) N.S.Rembe, *Africa and the International Law of the Sea*(Alphen aan den Rijin :Sijthoff & Noordhoff, 1980), p. 151.
23) 7 Hackworth 703(1943)
24) U.N. *Leg. Ser.* ST/LEG/SER. B/6, 4.
25) Supra note 7.

정해진 것을 우연이라고 볼 수는 없다. 또 아프리카에서도 FAO 등의 과학적 연구가 그들 주장의 근거가 되었던 것이므로 200해리의 범위한계는 전체적으로 합리적 근거를 갖는 것이라고 보아야 할 것이다. EEZ의 최대 폭의 한계가 200해리라 함은 200해리 미만의 EEZ를 설정할 수도 있다는 의미이며 실제로 아직도 약 4개국이 200해리 미만의 어업보존수역(Exclusive Fisheries Zone ; EFZ)을 채택하고 있다.[26] (도표 7-4 참조)

〈도표 7-4〉 200해리 미만의 배타적 관할수역(1995년 10월)

국 명	범 위 (NM)	구 분
Finland	12	EFZ
Singapore	12	EFZ
Malta	25	EFZ
Algeria	32/52	EFZ

3. EEZ의 경계획정

EEZ의 폭은 영해기선에서 200해리까지 이르는 광대한 수역이다. 그러므로 상호 인접한 경우에는 200해리를 모두 획정할 수 없을 만큼 근접하여 수역의 범위가 상호 중첩되는 경우가 많게 된다. 이때 횡으로 근접한 국가를 인접국(隣接國 : adjacent States)이라 하고, 마주보는 국가를 대향국(對向國 : opposite States)이라고 구별할 수 있다. 상호간의 거리가 400해리 미만인 인접국 및 대향국 사이에는 필연적으로 EEZ의 경계획정문제가 발생하게 된다.

실제로 1976년 이래 갑자기 각국이 다투어서 200해리 해양관할수역을 선포하기 시작하자, 3해리의 영해만을 연안국의 관할수역으로 하던 종래의 전통국제법 하에서는 상상할 수도 없었던 어려운 경계분쟁이 세계 도처에서 발생하였다. 현재까지 나타난 중요한 경계분쟁사건만도 300건이 넘으며, 지금 까지 그 중 130여건은 당사국간의 협의가 성공하여 합의(合意)로서 해결되었으며 약 20여건의 분쟁이 제3자적 사법기관(司法機關)의 판결이나 중재재결(仲裁裁決로 결정되었다.[27] 아직도 수백건의 해양경계분쟁이 남아 있고, 국제사회에서 연안 각국은 향후 10여년간 이들 해양경계

---

26) Summary of Maritime Claims, as of October 20, 1995. by Dr. Robert Smith, Office of Ocean Affairs U.S. Dept. of States.
27) Jonathan I. Charney, "Introduction," *International Maritime Boundaries*, (London: Martinus Nijoff Publishers, 1994), p.xlii.

분쟁에서 파급되는 법적, 정치적 부담을 벗어날 수 없을 것으로 예견되고 있다.[28]

해양경계분쟁의 사법적 해결에 관한 그간의 동향을 보면 4개의 ICJ판결[29]과 1개의 ICJ 특별법원판결[30] 그리고 4개의 중재판결[31]이 나왔고 1개의 조정(調停)사건이 타결되었다.[32]

4. 유엔해양법협약상 경계획정의 기준

(1) 해양경계획정의 기본원리

해양경계획정의 문제, 특히 대륙붕과 EEZ의 경계획정문제는 제3차 유엔해양법회의의 협의 중 가장 어려운 과제였다. 유엔해양법협약 제74조는 EEZ의 경계획정에

---

28) David Colson, "Comments." *Consensus and Confrontation: U.S. and the LOS Convention*, LSI Workshop Proceedings ed. by J. M. Van Dyke (Honolulu: LSI, 1985), p. 209.
29) ICJ Decisions
  ① North Sea Continental Shelf case(Fed. Rep. of G. vs Denmark), (Fed. Rep. of G. vs Neth. D) 1969 ICJ : Rep.(Judgement of Feb. 20) reprinted in 8 *ILM* 340(1969) (이하 North Sea case로 표기함)
  ② Case Concerning the Continental Shelf(Tunisia/Libyan Arab Jamahiriya) 1982 ICJ Rep. 18 (Judgement of Feb. 24) reprinted in 21 *ILM* 225(1982) (이하 Tunisia/Libya case로 표기함)
  ③ Case Concerning the Continental Shelf(Libyan Arab Jamahiriya) 1985 ICJ Rep. 68 (Judgement of 3 June 1985) (이하 Libya/Malta case로 표기함)
  ④ Maritme Delimitation in Area between Greenland and Jan Mayen (Denmark vs Norway). 1993 ICJ Rep. 38.
  이는 1993년 6월 14일에 국제사법재판소가 판결한 「Greenland / Jan Mayen 간 해양경계 획정 사건」을 말함. 이 밖에 Jan Mayen 섬에 관하여는 Iceland와 Norway간에 합의된 경계협정(1980년 5월 28일 경계협정과, 1981년 10월 22일 대륙붕 경계협정)이 있다. 본장에서는 별단의 명시가 없는 한 Jan Mayen Case는 Denmark/Norway간의 1993년 국제사법재판소 판결을 지칭함.
30) Decision of a chamber of ICJ
  ① Delimitation of Maritime Boundary in the Gulf of Maine Area(Canada vs U.S.) 1984 ICJ Rep. 246 (Judgement of Oct. 12) reprinted in 23 *ILM* 1197(1984)(이하 Maine case로 표기함)
31) Decisions of Arbitration
  ① Decision of the Continental Shelf (U.K. vs France) Decisions of the Court of Arbitration dated 30 June 1977 and 14 March 1987(London:HMSO, Miscellaneous #15, 1978) (이하 Anglo-French Continental Shelf case로 표기함)
  ② Award by the Arbitral Tribunal on the Maritime Delimitation (Guinea/Guenea-Bissau) Dated 14 February 1985.
  ③ Arbitral Award of 31 July 1989 (Guinea-Bissau vs Senegal)
  ④ Decision of the Court of Arbitration (June 10, 1992) for the Delimitation of Maritime Area between Canada and France (St. Pierre and Miquelon), 31 *ILM* 1166.
32) Conciliation on the Continentalshelf of Jan Mayen (Iceland vs Norway) 62 *ILR* 108.

관한 다음과 같은 내용을 규정하고 있다.

> 서로 대향하거나 인접한 연안을 가진 국가간의 EEZ의 경계획정은 형평한 해결에 도달하기 위하여 국제사법재판소규정 제38조에 언급된 국제법을 기초로 합의에 의하여 성립되어야 한다.(제74조 1항)

제3차 유엔해양법회의에서 해양경계획정문제에 관해서는 크게 두 가지 견해가 대립되어 있었다. 그 하나의 입장은 「중간선원칙」을 지지하는 견해인데, 해양경계획정에 있어서는 일반적 원칙으로 중간선 또는 등거리선[33]을 EEZ의 경계로 채택하고, 특별히 정당화될 수 있는 특별한 사정을 참작하여 이에 가미한다는 입장이다. 이에 대립되는 입장은 「형평의 원칙」을 지지하는 견해인데, 경계획정에 있어서는 형평의 원칙에 따라서 형평스런 해결을 얻도록 적정한 여건을 참작하여 경계를 획정하도록 해야한다는 견해이다.

제3차 유엔해양법회의의 협의과정 중, 이 두 견해를 지지하는 양 Group은 치열하고도 계속적인 대립의 양상을 보이다가, 1980년 제9회기에 와서야 마지못해서 계속적으로 제시된 NG-7 의장인 Judge Manner의 절충 종합안을 받아 들일 뜻을 표함으로서 그 절충 종합의 내용이 ICNT. Rev-2에 겨우 반영되게 되었다.[34] 이 초안내용의 특징은 경계획정의 기본 원칙에 있어서 중간선원칙이나 형평의 원칙 어느 쪽도 우선적인 지위를 인정치 않기 위해 "국제법에 따라" 합의로서 결정해야 한다고 규정하고 있는 점이다. 그러나 해양경계획정의 기본적 원리를 제시함에 있어서 "국제법에 따라" 정한다고 규정하는 것은 아무런 규정도 하지 않은 것과 같으므로 좀더 구체적이고 규범적인 기준을 찾게 되었다. 그리하여 1981년 해양법협약 공식초안에 채택된 것은 "국제사법재판소규정 제38조에서 규정된"이라는 삽입구이다.[35] 그리고 이들 안(案)은 결국 유엔해양법협약에 그대로 채택되었다.[36]

국제사법재판소규정 제38조에 언급된 국제법이란, 조약, 관습, 법의 일반원칙 그리고 보조적으로 재판의 판결, 가장 우수한 학자의 학설 및 당사자 쌍방의 합의를 전제한 형평(衡平)과 선(善)(*ex equo et bono*) 등을 포함한다고 보는 것이다. 결국 해양경계획정의 기본원리는 "형평스런 해결을 위하여 국제법에 의거한 합의로써" 결정되기로 낙착되었으며 중간선원칙이나 형평의 원칙은 조문상 언급되지 않았다.[37]

---

33) 대향국간에는 중간선, 인접국간에는 등거리선으로 구별하는 용어사용의 예가 있다.
  Memorial(21 Aug, 1967) by FRG to ICJ para. 40-41. Convention on the Continental shelf(1958) Art. 6 para. 1 and 2.
34) ICNT Rev-2 Article 74 para. 1.
35) Draft Convention on the Law of the Sea A/Conf. 62/L.78(28 Aug. 1981) article 74. para. 1.
36) Convention on the Law of the Sea A/Conf. 62/122.(7 Oct. 1982) Article 74. para. 1.
37) Ibid.

생각컨대 "국제사법재판소규정 제38조에 언급된 국제법"이란 표현은 ICNT. Rev-2 에서의 "국제법"과 비교할 때 구체적인 규범적 기준을 제시하지 못하기는 마찬가지로서 똑같이 무의미하고 공허한 규정이다. 해양경계획정문제를 둘러싼 NG-7/2 Group과 NG-7/10 Group의 진지하고 열띤 장기간의 토론과 협의의 과정을 상기할 때 이는 실로 허망한 결과라 아니할 수 없다. 그러나 한편 그만큼 무의미했기 때문에 경계획정조항이 아무에게나 잘 받아들여지게 된 것인지 모른다.[38]

결과적으로 해양경계획정에 관한 「협약」 규정의 이러한 공허성(空虛性)은 이 문제를 앞으로의 일반 관습국제법의 구체적 발전에 일임하게 하는 결과를 가져왔다. 따라서 향후 해양경계획정문제에 관련된 국제판례와 국가관행은 더욱 주의깊게 연구되어야 한다.

(2) 잠정조치(暫定措置)

해양경계획정규정의 두번째 과제는 경계분쟁 당사국간에 최종적인 경계가 획정되기 전까지 이들 분쟁구역에 어떠한 잠정적 조치를 실시할 것인가 하는 문제이다.

그 해양경계를 획정키 위해서는 경계획정의 기준이나 기선의 획정과 같은 기초적인 문제에서부터 양국간에 상당한 입장의 차이가 예견되어 그 타결이 매우 어려울 것으로 예상된다. 이처럼 관계국간에 합의가 이루어지지 않을 경우에는 경계획정에 관한 잠정적 조치를 강구할 필요가 생긴다. 왜냐하면 이 지역에 있어서 자원개발 협력이나 해양환경의 보호를 위해서는 인접 연안국들에 의한 조속한 자원관리 및 환경 규제가 실시되어야 하기 때문이다.

NG-7 의장인 Judge Manner는 이 문제에 관해서도 수차의 종합 절충안을 제시하였다.[39] 결국 양측은 의장 종합안 NG-7/45에 동의하여 그 내용이 ICNT. Rev-2에 반영되었고 이는 유엔해양법협약 내용으로 확정되었다.[40] 배타적 경제수역의 경계획정에 관한 협약 제74조 3항에 의하면,

> 제 1항에 규정된 합의가 이루어지지 않는 동안, 관련 국가는 이해(理解)와 상호 협력의 정신으로 실질적인 잠정협정(暫定協定)을 체결할 수 있도록 모든 노력을 다 하며, 과도적인 기간 동안 최종 합의에 이르는 것을 위태롭게 하거나 방해하지 아니한다. 이러한 잠정협정은 최종적인 경계획정에 영향을 미치지 아니한다.

라고 규정하고 있다.

---

[38] 그러나 Turkey와 Venezula는 이 조항과 관련하여 유엔해양법협약에 반대했던 것이다.
[39] Informal Compromise Formulae for Article 74(3)/83(3) by Chairman of NG-7/38, 39, 42, 43.
[40] NG-7/45(22 Aug 1979) ICNT Rev-2 Article 74/83, para. 3, Law of the Sea Convention Article 74/83. para. 3.

이 조항은 관련 당사국에게 두 가지의 의무를 규정하고 있다.

그 첫째는 경계 합의가 이루어지지 않는 동안 실질적인 잠정협정을 체결할 수 있도록 모든 노력을 다할 의무이다.

여기에서 경계획정에 관한 합의가 "이루어지지 않는 동안"(pending agreement)이란 동조 2항에서 규정하고 있는 "상당한 기간 내에 합의에 이르지 못할 경우"와는 구별된다. "상당한 기간"(within a reasonable period of time)이란, 경계획정의 합의에 실패하여 협약 제 15장에 규정된 사법적 절차(司法的 節次)를 개시해야 하는 시기를 정하는 기준으로서 이는 74조 2항, 83조 2항, 그리고 제 298조 1항 (a) i호 등에서 동일하게 규정하고 있는 요건적인 기준이다. 결국 협상(協商)에 의한 합의(合意)에 실패했다고 판단할 만큼 "상당한 기간"이 경과되었는가의 여부에 관한 견해 차이에 대해서는 선결적 항변(先決的 抗辯)이 있을 때에 따로 조정위원회(調停委員會)를 선임하여 이를 판단토록 하게 될 것이다[41]

그러나 74조 3항의 잠정조치의 시기(始期)에 관한 이 조항은 동 2항의 시간적 요건과는 구별된다. 즉 합의가 이루어지기 이전에는 언제든지, 빠르면 빠를수록 모든 관련 당사국은 "실질적인 잠정조치(暫定措置)"를 강구하도록 "모든 노력"을 다할 의무를 지는 것이다. 어떤 것이 "실질적인 잠정조치"(provisional arrangements of a practical nature)가 될 것인지에 관해서도 물론 이견(異見)이 있을 수 있다. 이 잠정적 조치도 결국 합의되어야 하며 무엇이 "실질적인" 과도적 조치인가는 관련된 모든 사항을 참작하여 구체적으로 판단될 것이다. "모든 노력"을 다 하였는가의 여부 또한 실제로는 일종의 선언적 의미에 불과한 모호한 규정이라는 비판이 가능할 것이다.

두 번째는 이 과도적인 기간 동안 최종적인 합의에 이르는 것을 "위태롭게 하거나" "방해하지 않을" 의무이다.

최종의 합의를 위태롭게 하거나 방해해서는 안되는 이 의무로 인하여 분쟁지역에 있어서 관련 당사국의 모든 행위가 금지되는 것으로 해석해서는 안될 것이다. 즉 자원의 개발이나 환경의 규제 조치가 경계획정에 관한 최종적인 결정에 유해한 의미를 갖지 않는 한 모든 행위는 허용되는 것으로 보아야 한다.[42]

이 잠정적 약정은 최종적 경계획정(最終的 境界劃定)에 어떠한 나쁜 영향을 줄 수 없다.(3항 말미) 일반적으로 실제적인 잠정조치가 문제의 궁극적인 해결 이전에 시급히 필요한 경우는 많으며 그러한 경우에 그 잠정조치가 관련 당사국의 궁극적인 권리나 법적인 지위를 저해하는 것이어서는 안된다고 함은 일찍부터 국제법상의 일

---

41) Satya N. Nandan and Shabati Rosanne, *UN Convention on LOS. 1982: A Commentary* Vol. Ⅱ, Center for Oceans Law and Policy (Martinus Nijhoff, 1993), pp. 813-15.
42) Ibid.

반적 원칙으로 받아드려지고 있다.(유엔 헌장 제 40조)

이 잠정적 조치(暫定的 措置)도 결국은 관련 당사국간에 합의(合意)되어야 하는 것인 만큼 아무리 빠르게 실질적인 과도적 조치를 강구키 위해서 모든 노력을 "다" 한다고 해도 이 잠정적 조치 마저 천연(遷延)되어 사태를 악화시킬 수 있는 개연성은 남는다. 제3차 유엔 해양법회의에서 경계획정 문제를 논의하는 과정에서 이러한 개연성과 그에 대한 대비적인 입법이 고려되지 않은 것은 아니지만 결국 현재와 같은 조문의 표현으로 낙착된 것이다. 즉 1975년 최초로 나타난 비공식단일교섭초안(Informal Single Negotiating Text: ISNT)에서는 "합의가 이루어지 않는 동안, 어떤 관련 당사국도 등거리선 또는 중간선을 넘어 배타적 경제수역의 범위를 확장할 수 없다."고 규정하고 있다.(제2부 61조) 그리고 1977년 제 6회기에 Spain은 위의 ISNT 61조를 부연하여,

> 제2항에 따른 합의나 판결 [분쟁 해결절차에 의거한]이 이루어지지 않는 동안,
> 분쟁 당사국은 상호 자제하는 잠정적인 합의가 따로 없는 한 중간선이나 등거리선
> 넘어로 그들의 관할권을 행사할 수 없다.

라는 수정안을 제기하고 있다. 경계획정 기준에 있어서 등거리선 원칙에 동조하는 다른 19개국가들 (NG-7/2)도 잠정적 조치로 등거리선을 채택하는 유사한 제안들을 하고 있다.[43] 그러나 경계획정 기준에 있어서 형평의 원칙을 동조하는 다른 30개 국가들(NG-7/10)은,

> 경계획정의 合意나 判決이 이루어지지 않는 동안 관련 당사국들은 제 1항의 규정
> 에 따라 잠정적 조치를 강구하여야 한다.

라는 수정안을 제기하고 있다.[44]

최근 각국의 입법례를 보면 이 잠정조치에 관한 합의가 이루어지지 않을 때 일방적인 조치로 등거리 및 중간선을 경계기준으로 한다고 명시하는 예가 많다.[45] 1996년 8월 8일 공포되고, 동 9월 10일에 발효된 한국의 「排他的 經濟水域法」[46]에서도 이러한 일방적인 등거리 기준을 제시하고 있다.(동 제5조 2항) Namibia나 Poland와 같은 경우에는 등거리 기준 조차도 명시하지 아니하고 일방적으로 EEZ의 외측 경

---

43) NG-7/2 (20 April, 1978)
   Informal Suggestions Relating to Paragraph 1, 2 and 3 of Article 74 and 83. ICNT.
44) 유의할 만한 일로는 위의 등거리 원칙 동조국(NG-7/2) 20개국 중에는 日本이 포함되어 있으나 형평의 원칙 동조국(NG-7/10) 30개국 중에는 中國이 포함되어 있지 않다.
45) Belize: Maritime Area Act(Jan.24, 1992)
   Sweden: Act on Sweden's Economic Zone; promulgated on 3 December 1992.
   Netherlands: Act on Maritime Area (July 6, 1993.)
46) 법률 제5151호

계를 설정한다고 규정하는 예도 있고[47], Sweden의 경우는 중간선 원칙에 의한 EEZ의 외측 경계의 좌표를 각령(閣令)으로 추후 고시하고 있다.[48]

특히 200해리의 EEZ 처럼 거의 언제나 인접국과의 경계가 중첩되는 경우에는, 중첩되는 일이 없는 3해리 정도의 영해를 선포하는 경우와 달라서 연안국이 그 관할수역의 범위를 이처럼 일방적으로 획정하는 일은 문제가 될 수 있다. 그러나 생각컨대 중첩이 없는 영해와 같은 경우에도 연안국의 일방적인 영해의 선포가 적법성이나 유효성을 갖는 여부는 연안국의 일방적인 의지에 딸린 것은 아니며 언제나 타국에 대한 유효성은 결국 국제법에 따라 판단되는 것이므로[49] 잠정적 조치에 관한 합의가 있기 이전의 일방적인 선포 그 자체가 문제되는 것은 아니며 실제로 결국 국제법에 따라 그 내용의 적법성 등이 판단되어야 한다고 본다.

(3) 해양경계분쟁 해결의 방법

해양경계획정규정의 세번째 과제는, 경계획정에 관한 분쟁을 어떻게 해결할 것인가 하는 문제이다. 이 문제에 관한 협의의 경과를 보면 제3자적, 강제적 분쟁해결방식(third party, compulsory dispute settlement procedure)을 선호하는 NG-7/2 Group과 당사국간의 임의적 합의에 의한 해결방식(optional procedure resorted by mutual agreement)을 선호하는 NG-7/10 Group과의 대립이 제8회기(1979년)까지 계속되고 있었다. L.B.Sohn교수 및 Rosenne대사의 노력과 Judge Manner의 종합으로 최종단계에서 합의된 내용을 보면 "합리적 기간내에 합의에 도달할 수 없는 경우, 관계국은「협약」제15장에 규정된 절차에 부탁하여야 한다"(유엔해양법협약 제74조 2항)고 되어 있다.

---

[47] Namibia: Territorial Sea and Exclusive Economic Zone Act (June 30. 1990)
  Para.5. Delimitation

  Pending the conclusion of such an agreement, or if no such agreement can be reached, the extent of the territorial seas or exclusive economic zone of Namibia (as the case may be)may be determined or altered by Namibia as it deems fit.

  Poland: Act Concerning the maritime areas of the Polish Republic and the marine administration(21 March 1991)
  Article 16. Para.2.

  If such international treaties do not exists, the Council of Ministers may, by means of an ordinance, define the boundary of the exclusive economic zone

[48] Ordinance on Sweden's Exclusive Economic Zone issued on 3 December 1992. (1993년 1월 1일 발효)

[49] Anglo-Norwegian Fisheries Case [1951] ICJ. Rep.116, p.132.; 拙著, 현대해양법론(서울:아세아아, 1988), p. 43.

이는 즉, 제15장 2절(기속력있는 결정을 위한 강제절차)과 그 적용의 예외를 정한 제298조 1항(a)에 의해서 해양경계분쟁의 당사국들은 분쟁사건을 「강제조정」(强制調停; compulsory conciliation)에 회부할 의무를 일차적으로 갖게 된다는 의미이다. (협약 제4부속서)

그러나 조정판정은 당사국을 구속할 수 없고, 당사국은 판정에 내포된 권고를 기초로 추가협의를 진행해야 할 뿐이다. 이 협의에서도 경계에 관한 합의가 이루어지지 않을 때는, 당사국은 상호합의에 의하여 「협약」제15장 2절 제3자적, 강제적 결정절차에 사건을 회부할 수 있다. 그러나 "상호의 합의"가 없으면 경계분쟁사건은 강제적 절차에 회부될 수 없고, 결국 아무런 해결이 없이 방치될 수도 있다.(협약 제298조 1항(a)의(1), (2) 참조)

5. 대륙붕 경계와의 관계

대륙붕과 EEZ의 관할범위는 최소한 200해리 범위 내에서는 중첩되고 있다. 그러므로 EEZ의 경계문제는 필연적으로 대륙붕 경계문제와 연관해서 고찰해야 한다. 유엔해양법협약의 규정도 경계획정에 관하여 이 두개의 관할수역제도에 대해 별도의 조문(제74조와 제84조)을 유지하고 있지만 조문내용은 동일하게 되어 있다. 그러나 법적 제도의 내용상, 대륙붕제도와 EEZ는 본질적으로 중대한 차이를 갖고 있다.

첫째로, 대륙붕에 관한 연안국의 권리는 당연히 당초부터(*ipso facto, ab initio*) 존재하므로 실효적으로나 관념적으로 점유(占有)나 명시적 선언(宣言) 등에 의존하지 아니한다.[50](협약 제77조 3항) 그러나 EEZ에 있어서는 동 제77조 3항에 필적할 만한 조항은 존재하지 않으며, 따라서 연안국이 EEZ에 관한 권리를 주장하고 행사함에는 별도의 명시적 주장(主張)과 점유(占有) 등 명백한 법적 행위가 선행되어야 한다. 실제로 국제관행도 이에 따르고 있는 것으로 판단된다.[51]

둘째로, 대륙붕에 관한 제도는 해저지역의 해상(海床) 및 하층토에 관해서만 적용되는 것으로서 이는 그 상층수역의 제도, 즉 EEZ나 공해에 적용되는 법적 제도에 아무런 영향을 미치지 아니한다.(협약 제78조 1항) 반대로 EEZ제도에 포괄된 해저의 해상(海床)과 하층토에 관한 권리는 대륙붕제도의 규정에 따라 행사되며,(협약 제56조 3항) 따라서 예컨대, 정착성 어종은 대륙붕자원으로 간주된다.(동 제68조 및 제77조 4항)

결국 EEZ제도와 대륙붕제도는 상호 별개의 해양관할수역으로 양립되어 있다. 그

---

50) North Sea case ICJ Rep.(1969), p.22. para. 19.
51) Libyan/Malta case ICJ Rep.(1985) Separate Opinion of Sette-Camara, p.70.

럼에도 불구하고 실제적으로 근접해서 위치한 인접 및 대항국간의 EEZ와 대륙붕의 경계는 동일한 선으로 획정함이 편리한 경우가 많을 것이다. 실제로 지금까지 타결된 30여건의 경계획정 중에서 1978년의 「오스트레일리아와 파푸아 뉴기니아간의 해양경계협정」만을 제외하고 거의 모든 경우에 대륙붕과 EEZ의 경계는 공동경계선으로 획정되고 있다.52)

오스트레일리아와 파푸아 뉴기니아는 그 해양경계협정으로 Torres해협지역에 있어서 EEZ와 대륙붕의 경계를 따로 정하고 있다.(지도 7-1 참조)53) 이는 파푸아 뉴기니아에 근접한 오스트레일리아령 도서주민의 어업의 중요성을 감안하고, 양국 사이의 경계 북쪽에 오스트레일리아 국민이 거주하는 위요지(圍繞地: enclaves)를 형성시키게 하지 않으려는 배려의 결과였다고 한다.54)

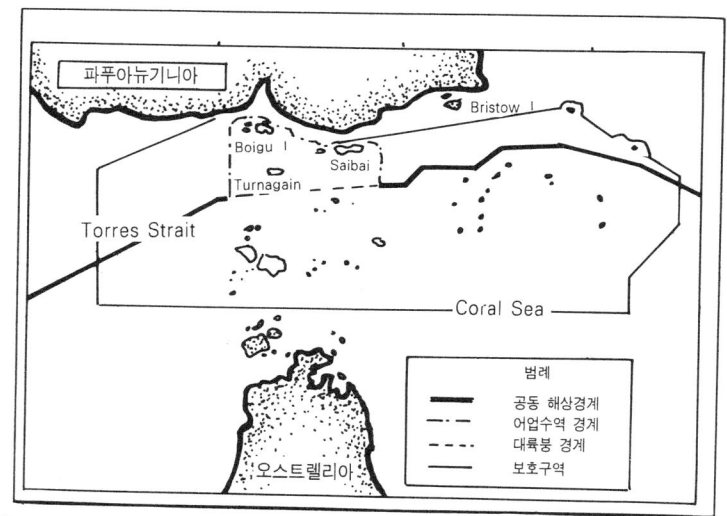

Source : H.Burmester, "The Torres Straits Treaty ; Ocean Boundary Delimitation by Agreement", 76 AJIL(1982) 335

〈지도 7-1〉 오스트레일리아와 파푸아뉴기니아간의 경계획정도

1982년 Tunisia/Libya case에서 국제사법재판소에 판결이 요구된 사항은, 양국에

---

52) Australia-Papua New Guinea-Treaty on Sovereignty and Maritime Boundaries in the Area between the two Countries Sydney, (18 Dec. 1978); Nordquist, ND Vol. Ⅶ. p. 215.
53) H. Burmester, "The Torres Straits Treaty: Ocean Boundary Delimitation by Agreement," 76 *AJIL* (1982) 335.
54) Ibid., pp. 333-41.

속하는 이 대륙붕지역의 경계획정에 적용될 국제법원칙과 규범을 밝혀 줄 것과 또한 구체적으로 이 원칙과 규범을 적용키 위한 실제적인 방법을 제시해 줌으로서 양국의 전문가가 실제로 경계를 획정함에 어려움이 없도록 해 줄 것을 요구하였다.55) 이러한 요구의 범위는 법적 원칙과 규범의 내용을 선언해 줄 것을 요청한 1969년 북해 대륙붕 사건의 경우와 대륙붕의 구체적 경계를 지도상에 명시해 줄 것을 요청한 1978년 영불 대륙붕 특별중재사건의 경우와의 중간에 해당한다고 볼 수 있다.56) 그러나 이들 판결의 공통점은 대륙붕 범위의 경계를 정하고 있었다는 점이다. 즉 명시적으로 어업관할 수역의 경계에 관해서도 이들 경계선이 공통적인 기능을 할 것이 기대되지는 않았다.

그런데, 1984년 Gulf of Maine case에서 당사국들(미국과 캐나다)은 대륙붕과 어업관할 수역의 공동 경계를 획정해 줄 것을 명시적으로 요구하고 있다.57) 이 판결을 시작으로 EEZ과 대륙붕의 공동경계를 획정하는 추세가 현저하게 되었다.58) 즉 1984년 ICJ 특별재판부는 「미국 캐나다간의 Maine만 경계획정사건」에서 역시 EEZ와 대륙붕의 공동경계를 획정하는 판결을 한 바 있다.59)(지도 7-2 참조)

이는 특별히 1982년 유엔해양법협약의 성립 이후에 처음 나온 새로운 ICJ판결이라는 점에서 많은 관심을 모은 바가 있다.

생각컨대 해양경계획정에 관하여 유엔해양법협약 제74조 및 제83조에서 규정하고 있는 "형평스런 해결"을 위하여는 EEZ와 대륙붕의 경계를 하나의 공동경계선으로 획정하는 것이 항상 적정한 것일 수는 없다. 왜냐하면 EEZ제도상의 적절한 고려사항과, 대륙붕제도상의 고려사항인 "형평스러운 해결"을 위하여 언제나 동일한 결과를 가져올 수는 없을 것이기 때문이다. 지난 1986년 8월 서울에서 열린 ILA총회의 EEZ분과의 발표에서, L.F.E Goldie교수는 EEZ와 대륙붕의 공동경계획정의 추세가 현 국가관행상 현저한 것이라고 지적하고 있다.60) 그는 또 공동경계선에 대한 국가관행상의 일반적 선호경향을 강조하면서 해양경계획정의 기준을 위한 여러 가능한

---

55) Special Agreement Between the Republic of Tunisia and the Socialist People's Libyan Arab Jamahiriya, Article.1 Continental Shelf Judgement, 1982, ICJ Rep.at 21.para.2.
56) 拙著, op.cit., p. 391.
57) Special Agreement between Canada and United States to Submit to a Chamber of the International Court of Justice, the Delimitation of the Maritime Boundary in the Gulf of Maine Area. Article 2, sec.1. 1979년 3월 29일 채택, 1980년 11월 20일 발효; TIAS. No. 10204.
58) L.F.E. Goldie, The Relationship Between the EEZ and the Continental Shelf, ILA Seoul Conference (1986) *Report of the Committee*. International Committee on EEZ, p. 12
59) Supra Note 30. Maine case ICJ Rep. 246(1984).
60) L.F.E Goldie, "The Relationship between the EEZ and the Continental Shelf", *Report of the Committee* ILA Seoul Conference(1986) International Committee on EEZ., p. 12.

고려요소 중에서 EEZ와 대륙붕에 공통으로 적용될 수 있는것—예컨대 거리기준 등, 지리적 요소—만이 우선적으로 선택, 고려되어야 한다는 것을 지적하고 있다.[61] 그

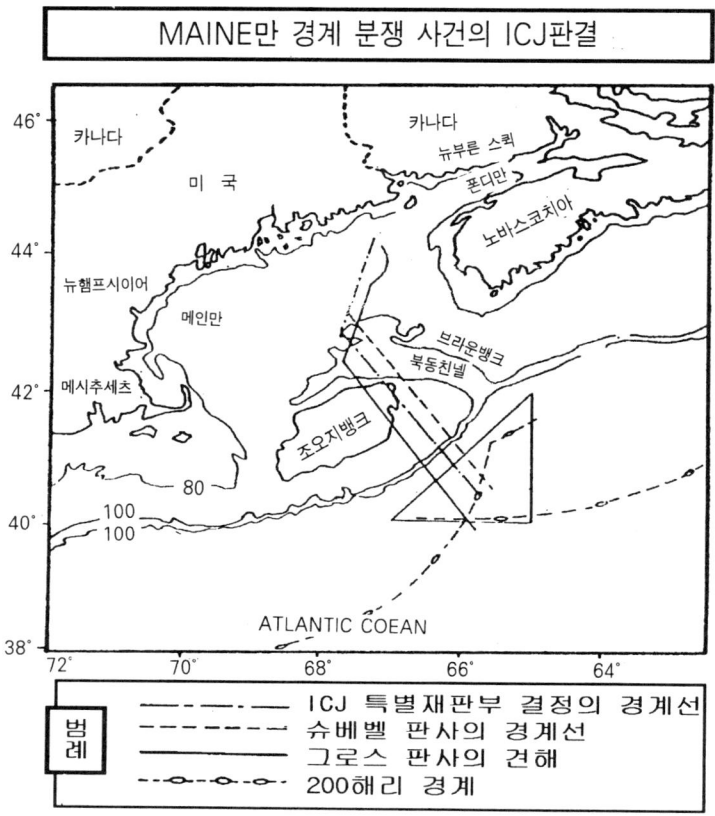

Source: Jan Schneider, "The Gulf of Maine Case; The Nature of an Equitable Result," 79 AJIL (1985) 542.

〈지도 7-2〉 MAINE만 경계 분쟁사건의 ICJ판결

는 그의 주장을 위하여 Maine Case(1984)의 ICJ 특별법원판결[62]을 인용하고 있다. Maine case뿐만 아니라, Tunisia/Libya case(1982)[63] Libya/Malta case(1985)[64] 에서도 이러한 경향이 두드러지게 나타나고 있는 것만은 확실하다. 그리하여 이들

---

61) Ibid.
62) Maine case ICJ Rep.(1984), p.327, para. 194.
63) Supra note 29 (2)
64) Supra note 29 (3)

최근 ICJ판결에서는 대륙붕의 경우 경계획정에 있어서 지질학적(geological) 및 지형학적(geomorphological) 요소들이 도외시되고 심지어 육지의 자연연장개념(the concept of natural prolongation of land mass)마저도 그 경계획정기준으로서의 의의가 퇴색된 것으로 판단하고 있다는 점을 강조하고 있다.

1985년 Libya/Malta Case에서 양 당사국은 국제사법재판소에 양국간의 대륙붕 경계획정에 적용될 국제법 원칙과 규범을 밝혀 줄 것과 구체적으로 이 원칙과 규범을 적용키 위한 방법을 제시해 줌으로서 양국의 전문가가 실제로 경계를 획정함에 어려움이 없도록 해 줄 것을 요청하였다. 이 사건에서 국제사법재판소는 200해리 이내의 대륙붕 경계획정시는 전적으로 지리적 요소 즉 연안에서 측정된 거리 기준에 의거하여 그 권원을 배분해야 한다는 입장을 밝힘으로서, 200해리 이내 수역에서 대륙붕의 경계와 어업수역의 경계가 공동 경계선으로 획선될 수 있다는 유력한 근거를 마련하였다.lnk[65]

또 1992년 캐나다와 프랑스 간 St. Pierre 와 Miquelon 섬에 관한 경계획정 사건에서 양 당사국 (캐나다와 프랑스)은 이 캐나다 해안과 프랑스령 섬들 사이의 바다에서 대륙붕과 EEZ의 공동 경계선을 명시해 줄 것을 요구함으로서 Gulf of Maine Case 의 전례를 따르고 있다.[66]

그러나 1993년 Jan Mayen Case에서는 특이한 모습을 발견한다. 즉 이 국제사법재판소 판결은 Denmark 의 일방적 제소와 국제사법재판소 규정 제36조 2항에 의거해서 Norway가 응소함으로써 준강제적 관할권이 발생되게 된 것이다. 여기서 Denmark는 법원에 대하여 대륙붕과 EEZ의 단일 공동 경계선을 획선할 것을 요구하고 있는 데 반하여[67], Norway는 대륙붕과 200해리 어업수역의 경계획선에 있어서 각기 구별되는 기준을 적용할 것을 극력 주장하고,[68] 국제사법재판소는 이 사건에서 단일의 공동 경계선을 획선하지 못하며, 설사 결과적으로 그 경계획선들이 결국 서로 일치하는 경우에도 각각의 관할 수역에 대하여 독립적인 분석을 해야 한다고 주장하였다. 무엇보다도 Norway의 견해로는 판결에서는 해양경계 획선의 규범적인 기준만을 제시할 수 있고 구체적인 경계선의 획선은 양 당사국이 합의하여 정

---

65) 1985 ICJ Rep. at 55-56., para. 77.
66) Decision of the Court of Arbitration (June 10, 1992) for the Delimitation of Maritime Area between Canada and France (St. Pierre and Miquelon), para. 1. 31 ILM 1152.
67) Jan Mayen case, 1993 ICJ Rep. at 42, para. 9.
68) Jan Mayen case (Denmark vs Norway), Counter Memorial Submitted by the Government of the Kingdom of Norway (May 11, 1990) at 81-92, paras 279-322.; Rejoinder (Sept. 27, 1991) at 191-92, paras. 653-57. ; Oral Presentation by Mr. Haug, Agent for Norway. ICJ Verbatim Record at 17-23. (Jan. 15, 1993); Oral Presentation by Mr. Tresselt, Agent for Norway. ICJ Verbatim Record at 25-26, 27-32. (Jan. 27, 1993)

해야 한다는 것이었다.

그리하여 이 사건에서 국제사법재판소는 무엇보다 먼저 단일의 공동 경계선을 획선할 것인가 아니면 결국 양자가 일치하더라도 각각의 관할수역에 대한 개별적 경계획정의 분석을 해야 할 것인가를 결정해야만 하였다. 이에 국제사법재판소는 후자를 택하는 것으로 결정하였다.[69] 그러나 실제로 법의 적용을 위한 사실관계 분석의 결과, 대륙붕 경계획정을 위한 모든 요소는 어업수역의 경계획정을 위한 모든 요소와 완전히 일치하는 것을 확인하였을 뿐이었다.[70]

Ⅲ. 배타적 경제수역의 법적 지위

배타적 경제수역은 종래 해양법상 존재한 적이 없었던 새로운 제도이므로 그 법적 지위가 특별히 논의된다.

제3차 유엔해양법회의의 협의과정에서 가장 먼저 논의된 것은 EEZ를 공해(公海)로 보느냐? 영해(領海)와 같은 성질의 수역으로 보느냐? 하는 문제이었다. 이하에서 이를 「EEZ의 법적 성격」의 문제로 기술(記述)하려고 한다.

다음은 EEZ내의 연안국 권리의 지위가 특별히 세가지 종류로 격(格)을 달리하고 있는 문제인데, 즉 주권적 권리(主權的 權利: sovereign right), 관할권(管轄權: jurisdiction) 그리고 기타의 권리(other right)들은 어떻게 구별될 수 있는가 하는 것이다.

마지막으로 EEZ의 법적 지위와 관련해서 논의돼야 할 중요한 문제는, EEZ가 현재 관습국제법으로 성립되었는가? 하는 것이다.

위의 세 가지 문제를 차례로 약술(略述)하고자 한다.

1. EEZ의 법적 성격

(1) 학설과 협약의 내용

가. 공해설(公海說)

제3차 유엔해양법회의의 회의 벽두(劈頭)부터 대두된 EEZ의 관한 논의에서 선진 해양국들은 연안국의 인접해양에 대한 관할권 확대의 추세를 저지하고, 「좁은 영해와 넓은 공해」를 원칙으로 하는 전통국제법의 체제를 유지하기 위하여 노력하였다. 그들은 EEZ의 개념을 새롭게 국제법상 받아들인다 해도 이 새로운 수역에서 특히

---

[69] Jan Mayen case, 1993 ICJ Rep. at 56-59, paras. 41-48.
[70] Ibid., at 61-62, 69-70, 79, paras. 52-53, 71, 90. 그러나 Oda Shigeru 판사는 그의 반대의견에서 이러한 법원의 결론에 반대하였다.

연안국의 권한으로 인정된 명시적 사항만을 제외하고 원칙적으로 이 수역의 성격을 공해(公海)로 보아야 한다고 주장하였다.

나. 영해설(領海說)

위의 견해에 맞서서, EEZ의 법적 성격을 영해(領海)로 확정시킴으로서 인접해양에 대한 연안국의 권한을 확보하려는 입장이다. 그러나 그 주장의 강도나 내용은 다양(多樣)한 바가 있다. 예컨대 Guinea대표가 주장한 바에 의하면,

> EEZ의 개념은 개도국의 현실적 요구를 망각시키려고 제공된 아편과 같은 것이다. 이는 오늘날 이미 그 내용은 공허한 것이 되어버렸다. 그러므로 본 대표단은 200해리 영해제도를 채택할 것을 강력히 주장하며 이 수역에 영해로서의 모든 권한을 확보할 것을 강조한다.

라고 하였다.[71]

다. 특수수역설(特殊水域說)

위의 두 가지 극단적 견해는 하나의 법적 제도로서 EEZ의 개념의 성립을 부정하거나 불가능하게 하는 것 이외에 아무 것도 아니다. 제3차 유엔해양법회의 협의과정에서 Kenya 및 Senegal의 대표는 EEZ는 영해(領海)는 아니나, 그 천연자원의 탐사, 개발, 이용 등에 연안국의 주권적 권한이 인정되어야 하며, 공해(公海)도 아니나, 항해의 자유 및 관선부설 등의 자유가 확보되어야 한다고 주장하였다.[72] 이러한 주장은 EEZ의 개념을 인정하는 일반적 견해로 받아 들여졌다. 그리하여 EEZ는 영해도 공해도 아닌 특수한(*sui generis*)[73] 제도로 인정되었다.

라. 협약의 내용

유엔해양법협약 제55조는 EEZ를 "특수한 법적 제도"(the specific legal regime)로 규정하고 있다. 협약은 EEZ와 공해(公海)를 조심스럽게 구별하고 있다. 공해(公海)제도에 관한 협약의 규정(제7장)은 EEZ, 영해, 내수 또는 군도수역에 포함되지 않는 해양의 부분에 적용되는 것이다.(협약 제86조) 그러나 모든 국가는 EEZ내에서 항행, 상

---

71) UNCLOS III *Official Records* Vol. II, p. 219.
72) ◇ Statement by the Representative of Kenya, AALCC *Brief of Documents on the LOS* 13th Session Appendix V, p. 21.
   ◇ Senegal UNCLOS III *Official Reports* Vol. II, 2nd Committee, 25th meeting, pp. 199~200. para. 69.
73) 이 표현은 RSNT의 서문에서 제2위원회 의장(Andres Aguila)에 의해 처음으로 사용되었다; Introductory Note to Part 2 of the RSNT para. 17.

공비행의 자유와 해저전선, 관선부설의 자유 등 적법한 해양사용의 자유를 가진다.(협약 제58조) 이처럼 공해자유의 내용을 규정하는 협약 제7장의 제87조가 제58조에 의거 EEZ에 적용되고, 또 제88조부터 제115조까지—공해생물자원보존에 관련된 규정들을 제외한 공해제도의 전규정—가 EEZ에 적용된다. 그러나 이는 "협약의 관련규정에 따라", 그리고 "협약 제5장(EEZ)과 양립할 수 있는 범위내에서"만 적용되는 것이다.

(2) 국가관행

EEZ에 관한 국가들의 입법적 관행을 보건대, 그 법적 성격에 관해서는 다양한 태도를 보이고 있다. 일부 국가에 있어서는, 기본적으로 영해(領海)와 EEZ를 구별함이 없이 외국선박에게는 무해통항만을 허용하거나,[74] EEZ에서 항공기의 상공통항은 허용하나, 모든 EEZ내의 외국함선의 통항을 엄격히 규제하고 일정한 해로(sea lane) 또는 항공로(air route)로의 신속하고 계속적인 통항만을 허용하고 있는 경우가 있다.[75]

그러나 일반적인 국내입법들은 EEZ의 법적 성격을 영해(領海)와 구별하고 타국의 항해, 관선부설 등의 권리를 인정하는 것이 일반적이다.

2. 연안국 권리의 법적 지위

유엔해양법협약 제56조 1항은 EEZ내의 연안국의 권리를 3가지로 구분하여 규정하고 있다.

첫째는, 주권적 권리(sovereign right)인데 EEZ내의 천연자원을 탐사, 개발 보존, 관리할 권리 및 해양에서의 에너지 생산 등 해양의 경제적 활용에 관한 권리는 연안국의 "주권적 권리"에 속한다고 한다.

둘째는, 관할권(管轄權:jurisdiction)으로서 인공도서, 시설 및 구조물의 설치, 사용에 관한 권리 및 해양의 과학적 조사에 관한 권리 그리고 해양환경의 보존과 보호에 관하여 연안국은 EEZ내에서 "관할권"을 갖는다고 한다.

셋째는, 기타의 권리(other rights)인데, 상기의 사항 이외의 협약상 인정된 권리를 연안국은 EEZ내에서 갖는다고 한다.

이와 같이 연안국이 EEZ안에서 갖는 세 가지 권리는 그 법적 지위면에서 어떻게

---

74) ◇ Guinea : Decree No.336/PRG/80(July 30 1980) Article 7, 8.
　　◇ Maldives : Law No.30/76(5th Dec. 1976)
　　　　　　　　 Law No.32/76(5th Dec. 1976) Art. 1.
　　Robert W. Smith, *Exclusive Economic Zone Claims* an Analysis and Primary Documents (Dordrecht: Martinus Nijhoff Publishers., 1986) p.188., p. 278.
75) Fiji : Marine Space Act, 1977 Supple. No. 41(Nov. 21, 1981) Sec. 10. Ibid. p. 132.

구별될 수 있는가? 가 문제될 수 있다.

제3차 유엔해양법회의의 협의과정에서 이들 연안국 권리의 구분은 3종 또는 4종 등 다양하였고 이들 구분에 귀속될 EEZ내 활동사항도 일관된 것은 아니었다.[76] 그러나 연안국이 EEZ내에서 가질 배타적 권리를 각 사항의 특성에 따라 구분하여 인정하겠다는 취지가 협약에 반영된 것이 제56조의 구분이라고 생각된다. 즉 이는 결국 각 권리의 배타성 정도의 차이를 나타내는 것으로 파악할 수 있다. 그러므로 이들 구분이 법적 지위의 본질적 차이를 나타낸 것이라고 말할 수는 없겠지만, 그 배타성의 성질의 차이는 다음과 같이 설명될 수 있으리라고 생각된다.

(1) 주권적 권리

가. 해양법 협약상 "주권적 권리"의 의미

주권적 권리(主權的 權利: sovereign right)는 국가가 독립, 절대의 존재라고 하는 특성에서 연유되어 누리는 권리를 말한다. 우선 이는 국가가 국고(國庫)행위의 주체로서 갖는 사법적 권리(私法的 權利: proprietary right)와 대칭되는 의미로 파악될 수 있다.[77]

그러나 해양법 협약에서 사용되고 있는 "주권적 권리"란 용어는 이러한 사전적인 의미를 넘어서 연역적으로 더욱 강한 이념적 성격을 내포하는 것으로 보아야 한다. 이는 1960년대 이후 개도국들의 자원에 관한 주권(主權)선언[78]들에서 강조되고 있는 『배타적 권원』과 연계되어 있다. 재산적 활동 등 경제적 문제에 관해서 공권력의 배제를 원칙으로 하고 있는 『자유방임의 원칙』(doctrine of laissez faire)은 신생 독립 개도국들이 경제적 독립을 성취키 위해 그들의 천연자원을 개발, 활용함에 있어 매우 부적절한 여건을 형성시켜 놓고 있었다. 즉 자본과 기술이 우수한 선진국에 의해 선개발, 탈취될 법제도적 여지를 감수하지 않기 위해 이들은 영역주권의 당연한

---

76) ISNT 및 RSNT에서는 5종으로 구분하였다.
　① 주권적 권리 - 천연자원의 탐사, 개발, 보존
　② 배타적 권리 - 인공도서 시설물 등의 설치, 사용
　③ 배타적 관할권 - 해양에서의 에너지 생산 등 해양이용과 해양의 과학조사
　④ 관할권 - 해양환경의 보호, 보존
　⑤ 기타의 권리
　ISNT Art. 45 para. 1, RSNT Art. 44 para. 1.
77) *Black's Law Dictionary*, 6th ed. (St. Paul: West Publishing Co., 1990), p. 1396.
78) ① Resolution for the Establishment of the Commission on Permanent Sovereignity over Natural Resources(Dec. 12, 1958) UNGA Res. 1314(VIII)
　② Resolution on Permanent Sovereignty over Natural Resources(Dec. 14, 1962) UNGA Res. 1803(X VII)
　③ Resolution on Permanent Sovereignty over Natural Resources(Dec. 17, 1973) UNGA Res. 3171(X X VII)

내용으로서 천연자원에 대한 『영구적 주권(永久的 主權)』을 선언하기에 이르렀다.

해양법 협약에서 이 주권적 권리(sovereign right)라는 용어를 사용하고 있는 경우는, 56조 1항, 73조 1항, 77조 1항, 137조, 193조, 246조 및 297조 등이다. 이 모든 경우에 이 "주권적 권리"란 용어는 앞서 지적한 역사적 경과와 밀접하게 연계되어 일반적으로 영해와 이에 인접한 일정한 관할수역 (즉, 대륙붕과 EEZ)내에서 국가가 그 천연자원을 개발 활용함에 있어 행사할 수 있는 권리로서, 그 범위내의 사람과 자원에 관해 최고의 권위로 명령, 강제할 수 있고 타국으로부터 어떠한 간섭도 받지 않는 권리를 강조하기 위한 의미로 사용되고 있는 것으로 볼 수 있다.

나. EEZ내에 있어서 연안국의 "주권적 권리"의 의미

EEZ에서 연안국은, "해저의 상부수역, 해저 및 그 하층토의 생물 무생물 등 천연자원의 탐사, 개발, 보존 및 관리를 목적으로 하는 주권적 권리와 해수, 해류 및 해풍을 이용한 에너지 생산과 같은 이 수역의 경제적 개발과 탐사를 위한 그 밖의 활동에 관한 주권적 권리"를 갖는다. (제56조 1항 a)

이 때의 "주권적 권리"는 물론 앞서 지적한 것과 같은 연안국의 유일하고 절대적인 주권적 권위로 관리되는 강한 배타적 권리로 이해되어야 한다. 그러나 동일하게 주권적 권리로 규정되고 있는 대륙붕에 있어서의 연안국의 자원 관할권과는 구별되는 다음과 같은 특성이 있다.

「1」 절대적 배타성의 제한

EEZ에서 연안국은 "그 권리의 행사와 의무의 이행에 있어서 다른 국가의 권리와 의무를 적절히 고려(due regard)하고 본 협약의 규정에 따르는 방식으로 행동하여야 한다." (협약 제56조 2항) 연안국이 그 EEZ 내에서의 주권적 자원 관할권을 행사함에 있어서 다른 권리 주체의 이익을 적정하게 고려할 것이 요구되고 있는 것은, 공해(公海)에 있어서 해양자유권(海洋自由權)을 향유하는 조건으로 규정된 제87조 2항의 경우와 유사하다. 이는 생각컨대 EEZ 내에서 연안국은 타국이 누리게 될 항행의 자유, 상공비행의 자유 및 관선 부설의 자유 등 적법한 해양이용의 자유 (협약 제58조 1항)를 허용해야 하는 것과 무관하지 않다. 즉 EEZ에 있어서 연안국의 주권적 권리란 타국의 적법한 해양이용권의 허용을 위하여 일정한 범위에서 제한되어야 함이 전제되고 있는 것이다.

연안국이 대륙붕에 대하여 갖는 자원 관할권은 EEZ에 있어서와 같이 주권적 권리로 규정되고 있지만 그 배타적 성격에 있어서 EEZ와 비교해서 덜 제한적이라고 말할 수 있다. 즉 연안국의 대륙붕에 관한 자원관할권은, "그 연안국이 대륙붕을 탐사하지 않거나 그 천연자원을 개발하지 않더라도 다른 국가는 연안국의 명시적인 동의 없이는 이러한 활동을 할 수 없다는 의미에서 배타적이다."(협약 제77조 2항) 그러나 EEZ내에 있어서 연안국은 그 생물자원의 어획능력의 범위를 결정하고 총허용어획량의 잉여분이 있을 때는 타국에 대하여 입어를 허용하여야 한다 (협약 제62조 2항)는 점과 비교할 때 EEZ에 있어서 연안국의 자원 관할권의 배타적 성격은 대륙붕에 있어서 자원관할권에 비교하여 제한적이라고 볼 수 있다.

「2」 자원 관할권의 선언적(選言的) 성격

뿐만이 아니라 대륙붕에 대한 연안국의 권리는 실효적이거나 관념적인 점유(占有: occupation), 또는 명시적인 선언(宣言: proclamation)에 의존하지 않는다. (협약 제77조 3항) Giedel이나 Lauterpacht에 의하면, 대륙붕은 원초적으로(*ipso facto ab initio*) 연안국에 귀속된 것으로서 연안국은 대륙붕에 대한 권한을 특별히 주장하거나 그 해저(海底)에 점유적 시설을 하지 않고도 대륙붕에 대한 관할권은 성립된다고 보고 있다.[79] 따라서 연안국은 대륙붕의 관할에 관한 특별한 국내적 입법 조치가 없이도 대륙붕의 자원에 대한 배타적 관할권을 주장, 행사할 수 있다고 보게 되는 것이다.

그러나 EEZ에 대해서는 제77조 3항과 같은 명문의 규정도 없으려니와 본래 EEZ는 "영해 기선에서 부터 200해리를 넘을 수 없다."(협약 제57조)고 규정되므로 이론상으로 보더라도 EEZ는 연안국이 연안에서 200해리까지 되는 수역 중에서 어느 특정된 범위 만큼을 주권적 관할 수역으로 할 것인가를 선언(宣言)해야만 비로서 관할수역으로 성립되게 되어 있는 것이다.

(2) 관할권

관할권(管轄權: jurisdiction) 또는 배타적 관할권(排他的 管轄權: exclusive jurisdiction)이란 어떠한 권리인가?

본래 관할권이란, 모든 종류의 사법적(司法的) 행위와 그 권원(權原)을 포괄적으로 지칭하는 용어이며, 협의로는 재판부가 특정사건을 심문하거나 사법적 절차를 결정할 수 있는 권능을 의미한다.[80] 그러나 EEZ내의 연안국의 권리로서 여기서 말하는 관할권은, 일반 국제법과 구체적 조약 등에서 적법하게 인정되는 타국의 법익(法益)을 위한 합리적인 제약을 전제로 한, 연안국의 일반적인 배타적 권리를 의미한다.

기본적으로 연안국은 EEZ내에서 일정한 범위의 활동을 적법하게 통할(統轄) 조정

---

79) Lauterpacht, in 27 *BYIL* (1950), 376., ; D. P. O'Connell, *The International Law of the Sea*, (1984), p. 422.
80) *Black's Law Dictionary*, p. 766.

하는 권리를 갖는다. 이는 국제사회 전체의 이익을 위하여 연안국에 수임된 기능이며, 연안국은 합리적 범위내에서 전속적이며 배타적인 권한을 갖는다고 생각된다. 이러한 의미의 권한이 연안국의 관할권이다.

(3) 기타의 권리

유엔해양법협약 제5장 배타적 경제수역 규정에서 제56조 1항, a호와 b호에서 정한 중요한 권리에 속한 사항 이외에 특별히 제5장의 규정에서 명시적으로 연안국의 권리로 규정하고 있는 것들을 의미한다. 이에 속한 권리는 협약의 규정에서 정의되고 부여된 권한을 내용으로 하며 절대성이나 배타성이 앞의 두 가지 권리의 경우와 같이 당연히 전제될 수는 없다고 생각된다.

3. 배타적 경제수역은 관습국제법으로 성립되었는가?

배타적 경제수역제도는 관습국제법으로 성립되었는가? 특별히 EEZ제도는 제3차 유엔해양법회의 이전에는 법적 개념으로 존재하지도 아니하였다. 제3차 유엔해양법회의의 협의를 통하여 거안(距岸) 200해리 범위에 미치는 연안국의 관할권에 관한 이 제도는 비로소 그 법적 내용이 형성되어 왔다.

그러나 지금은 95개국이 EEZ제도를 채택하고 있고, 배타적 어업수역 등 200해리 연안관할수역제도를 채택한 나라는 모두 121개국이나 된다. (도표7-2 참조) 현재 국제법상 200해리 EEZ제도는 하나의 기속력 있는 법적 제도로 확립되어 있다고 보아야 한다. ICJ도 Tunisia/Libya case(1982)의 판결에서, "EEZ의 개념은 현대 국제법의 일부분으로 간주될 수 있다"고 지적하고 있다.[81] 그러나 엄밀하게 『협약』상 규정되어 있는 EEZ제도의 구체적 내용이, 다시 말해서 유엔해양법협약 제5장에 규정하고 있는 EEZ에 관한 연안국의 구체적 권리 의무의 내용 등이 정확히 모두 그대로 관습국제법으로 성립되어 있다고 단언할 수는 없을 것이다.[82]

Ⅳ. 연안국의 권리·의무

1. 비생물자원의 개발

EEZ에 관한 연안국의 권리는 EEZ의 해상(海床; sea-bed), 하층토(下層土; sub-

---

[81] Tuinisia/Libya case, ICJ Rep(1982), p. 74, para. 100.
[82] Bernard H. Oxmen, "Customary International Law and the Exclusive Economic Zone", J.M.Van Dyke, ed., op.cit., pp. 138~47.

soil) 및 상부수역(superjacent waters)에 있는 생물 및 비생물자원에 관한 탐사, 개발, 보존 및 관리를 위한 "주권적 권리"를 규정하고 있지만, 연안국의 배타적 경제적 활용이 완전히 보장되는 것은 비생물자원에 국한하며, 허용어획량(allowable catch)을 결정하고, 잉여허용어획량에 대해서 타국의 입어를 허용해야 하는 생물자원에 관한 한, 연안국의 권한은 배타적이라기 보다는 그저 우선적(優先的)일 뿐이라고 말할 수 있다.[83]

또 생물자원과 비생물자원 모두에 대해서 구별없이, 연안국의 "탐사, 개발, 보존 및 관리"에 관한 권리를 규정하고 있으나 실제로 보존이나 관리에 관한 권한은 주로 생물자원에 대해서 규정되고 있고 비생물자원에 대해서는 협약에 특별히 규정된 바가 없다.

배타적 경제수역의 비생물자원이라 함은, 석유(hydro carbons), 천연Gas 등의 액체 및 기체상태의 광물과 각종 고형광물(固型鑛物)들이 포함된다.[84] 특히 근래에 밝혀진 바에 의하면 망강, 코발트, 닉켈을 다량 함유한 망강단괴(Manganese nodules)의 개발은 국가관할권 이원(以遠)의 심해저에서 보다 200해리 관할수역 이내에서 더욱 본격적으로 이루어질 것이라고 하며, 망강단괴 이외에 복합금속단괴(複合金屬團塊: Polymetalic Sulfide)도 유망한 자원으로 등장하였다고 한다.[85] 비생물자원은 해상(海床)과 하층토에 매장된 자원을 주로 대상으로 할 것이나, "상부수역"(superjacent waters)의 비생물자원이 여기에 포함되는 것은 해수에서 추출되는 여러가지 무기물 자원(the minerals)이 대상이 되기 때문이다.

2. 생물자원의 개발과 보존관리

연안국은 EEZ에서 해저의 해상(海床), 하층토 및 상부수역의 생물자원을 탐사, 개발, 보존, 관리하기 위한 주권적 권리를 갖는다.(협약 제56조 1항 a호)

생물자원에 관한 연안국의 주권적 권리의 구체적 내용은 협약 제61조부터 제73조 사이에서 규정하고 있다. 물론 연안국의 권리는 일정한 의무와 함께 부여되고 있는 것이다.

---

83) D.P.O'Connell, op.cit., p. 563.
84) 1) 액체 및 기체 광물자원 : 석유, 천연Gas, Helium, Nitrogen, CO_2 유황 및 소금의 용액
    2) 고형광물 : 페로망간단괴(Ferromanganese nodules)(Fe, Mn, Ni, Co, Cu 등 함유), 복합금속단괴(Polymetalic Sulfide) 기타 유용 광물을 함유한 Silt와 Brine. ICNT. Art. 133. 참조.
85) ◇ *Ocean Science News* Dec. 20 1982, p. 4.
    ◇ E.M.Borgese, "Making Part XI of the Convention Work", *Consensus and Confrontation: The U.S. & LOS Convention* LSI Workshop Proceedings ed. by J.M.Van Dyke, (Honolulu:University of Hawaii, 1984), p. 237.

생물자원에 관해서 연안국이 배타적 권한을 갖는 것은 총허용어획량(total allowable catch: TAC)과 자국의 어획능력(capacity to harvest: CTH)을 결정하는 것이다. 이것은 개발, 탐사 등 모든 경제적 활동에 완전한 배타적 권한이 인정되는 비생물자원의 경우와는 구별된다.

연안국이 총허용어획량(TAC)이나 자체 어획능력(CTH)을 결정하는 것도 이론상 주관적 재량에 속한 것은 아니다. 연안국은 EEZ내에서 생물자원의 최적이용목표(objective of optimum utilization)를 증진시켜야 하며, (협약 제62조 1항) 또 TAC에서 자국의 어획능력분을 뺀 잉여허용어획량(surplus of the allowable catch: SAC)에 대하여 타국의 입어(入漁)를 인정하여야 한다.(제62조 2항)

이상의 생물자원 보존체제를 공식으로 표시하면,

$$TAC - CTH = SAC$$

로 나타낼 수 있다.

타국의 입어를 인정하고 그 입어량(入漁量)을 할당함에는 개별국가와의 조약이나 기타 협약으로 이를 정하게 된다. 입어량을 할당함에 있어서 연안국은 모든 관련요소를 고려하여야만 한다. 이 관련 고려요소로는, 당해 어류가 관련 연안국의 경제 기타 국가적 이익에 대하여 갖는 중요도(重要度), 내륙국과 지리적 불리국 보호를 위한 제반조건(협약 제69조, 제70조), 동일지역 또는 소지역내에 있는 개발도상국의 잉여허용어획량(SAC)에 대한 요구, 소속 국민이 동 수역에서 관습적으로 조업을 행하여 왔거나, 특별히 어족의 조사와 식별에 실질적 노력을 쌓아 온 어떤 국가에게 경제적 혼란을 가져올 만한 요인을 극소화하기 위해서 필요한 사항들 등이 있다.(협약 제62조 3항)

결국 연안국은 200해리 EEZ내에서 생물자원에 대해서는 독점적 권한이 아닌 우선적 권한만을 갖는 것이다. 그리고 반면에, 타국 EEZ내의 기존어장에 대한 전통적 권한은 보장되는 셈이다.

(1) 총허용어획량(TAC)의 결정

연안국은 그 EEZ내에서 생물자원의 총허용어획량(total alowable catch: TAC)을 결정하여야 한다.(제61조 1항) 이를 결정함에는 최대지속생산량(maximum sustainable yield: MSY)과 최적지속생산량(optimum sustainable yield: OSY)이 기준이 된다.

가. 최대지속생산량(maximum sustainable yield: MSY)

어업기술이 발달하지 못한 19세기 후반까지 어류는 자연이 주는 무진장의 자원이라는 Hugo Grotius의 전제86)에 별다른 이견(異見)은 없었다. 그러나 20세기에 들어서면서 현대적 어업기술은 획기적으로 발전하였으며 어획량도 급증하였다. 그리하여 특정 어류가 보존, 관리를 위한 배려 없이 남획(濫獲)될 때는 멸종되는 사태가 나타났다.

각 어장마다 어류의 번식에서 오는 증가와 어획과 자연사(自然死)에서 오는 감소가 평형을 이루는 선에서 어획량의 한계가 정해져야만 어장의 총규모에 악영향을 주지 않고 해마다 계속해서 어족자원을 개발해 낼 수 있다고 하는 것은 쉽게 수긍될 수 있는 원리이다. 이와 같이 자연적 어류재생산(魚類 再生産)의 균형을 유지하는 어획량의 한계를 최대지속생산량(MSY)이라고 한다.(협약 제61조 3항)

만일 MSY를 초과해서 어획을 하게 된다면 어장의 규모는 축소될 것이며 어획량도 급격히 감소될 것이다. 이것을 과개발(過開發: overexploitation) 혹은 과어획(過漁獲: overfishing)이라고 한다.(협약 제61조 2항) 반대로 MSY 이하의 어획을 하게 되면 어장의 규모를 위협하지 않는 범위에서 잡히던 어류들이 자연사하게 되므로 낭비의 원인이 된다.

MSY는 특정 어종에 대한 개념이다. 즉, 일정한 어장의 각종 어류를 총괄하는 개념이 아닌 점을 유의할 필요가 있다. 이를 도표로 설명하면 다음과 같다.(도표 7-5 참조)

〈도표 7-5〉 특정어류의 번식 곡선-I

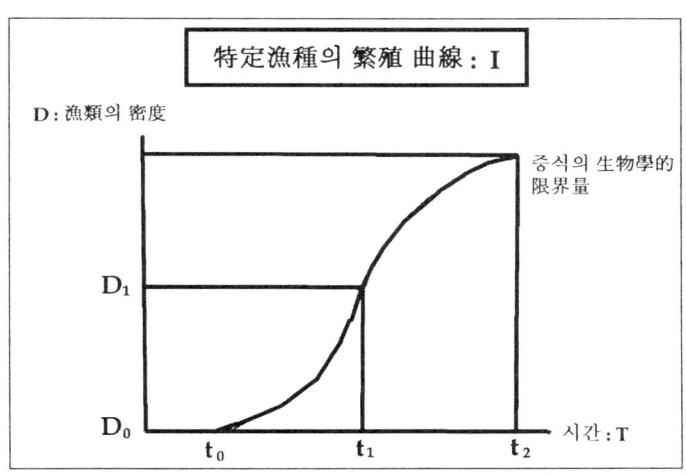

하나의 특정 어종이 생성되어 번식되기 시작하면 t_0에서는 재생산의 초기이므로 이 어족의 밀도는 서서히 증가하기 시작한다. 어족밀도가 증가함에 따라 재생산은 가속되며 먹이의 부족 등으로 증식속도 증가가 감소되기 직전인 t_1까지 어족량의 증

---

86) 拙稿, 「심해저개발제도의 법적 문제에 관한 연구」 한양대학원 박사학위논문(1983. 12) pp. 120~124.

가는 최대로 가속된다. t_1 이후에는 먹이의 압박과 자연사의 증가 등으로 재생산 참여범위는 증가가 둔화되어 어족밀도 증가의 속도는 차츰 줄어들게 된다. 그러나 아직 어족 자체의 절대량 증가는 계속되고 이것은 특정어족의 생물학적 한계에 이르는 t_2에 올 때까지 계속된다. 즉, t_2에서 이 어족의 증가는 정지된다. 이 번식곡선을 미분하면 다음과 같은 곡선을 얻게 된다.(도표 7-6 참조) 이 곡선에 나타난 바와 같이 어족밀도의 증가속도(dD/dt)가 최대인 점(h_1)에 해당하는 어족총량(P_1)을 유지할 수 있도록 어획한다면 어족번식량을 최대로 지속시킬 수가 있을 것이다. 즉, P_1은 최대지속생산량(MSY)이 되는 것이다.[87]

〈도표 7-6〉 특정어류의 번식곡선-II

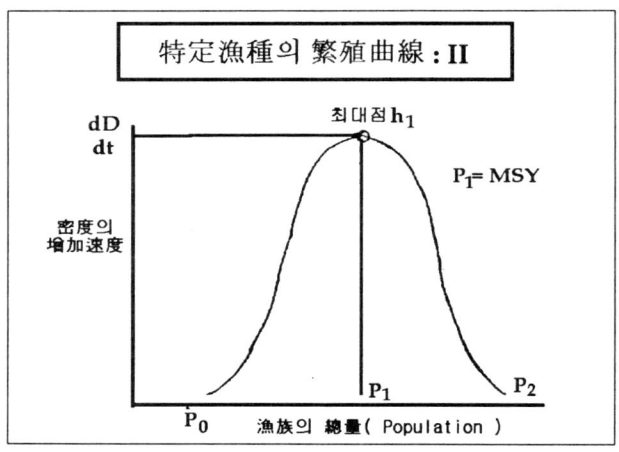

어업관리의 기준으로서의 MSY의 개념은 19세기 말부터 논의되어 왔으며 1918년 러시아의 Baranov나 1930년 영국의 E.S.Russel의 이론으로 체계화되어 20세기 초, 각국의 어업관리의 중요한 기준이 되었다.[88] 1958년 Geneva 해양법회의에서 채택된 「어업 및 공해생물자원의 보존에 관한 협약」(Convention on Fishing and Conservation of the Living Resources of the High Seas) 제2조에서도 국제적 어업관리의 중요한 기준으로 이 개념이 채택되고 있다.[89]

---

87) H.Gary Knight, *The Law of the Sea : Cases,Documents and Readings*(Louisiana: Clator's Law Book, 1978), pp. 660~61.
88) Larry A.Nielsen, "The Evolution of Fisheries Management Philisophy," *Marine Fisheries Review*(Dec. 1976) at 15-22. cited in Gary Knight, op.cit, p. 662.(h).
89) 동 조항에는 "Optimum sustainable yield"라는 표현이 사용되고 있으나, 동 조문 표현의 문맥상 이는 최대지속생산량 개념으로 사용된 것으로 해석된다. 즉, 후술하는 최적지속생산량(optimum

MSY를 과학적으로 계량함에는 많은 이견이 있다. 그러나 국내적이건, 국제적이건 어업관리정책의 수립에 있어 MSY는 과학적으로 검증된 방식으로 계량되어야 하므로 이는 여러모로 연구되어 왔다. MSY 계량방식의 예를 보면, 첫째, 특정어류에 대한 최량(最良)의 어장에서 생물학적 통계방식으로 계산된 MSY를 세계적 규모로 비례계산해 내는 방식이 있다. 두번째로는, 특정 어류의 먹이가 되는 식물성 프랑크톤(phyto-plankton)이 해양에서 자연적으로 생산되는 량을 측정하여 이로부터 가능어획량을 계산해 내는 방식 등이 있다.

나. 최적지속생산량(optimum sustainable yield: OSY)

MSY의 개념은 어족의 번식에 관련된 생물학적 추론(推論)에 불과하다. 1950년대부터 어업관리를 위한 지표로서 생물학적 추론에만 기초하고 있는 MSY에 대한 반론이 제기되었다. 주로 경제학자들이 제기한 이 반론의 요지는 다음과 같다. 즉, 어업관리의 목표는 특정어류의 총생산량만을 최대로 유지하는 것은 아니며, 전체적 어업이윤을 최대로 유지하는 것이어야 한다. 이를 위하여는 어획의 pattern을 조정하며, 경제적 순이익을 최대로 유지할 수 있도록 조정(調整)할 수 있어야 한다.

MSY의 개념에 대한 반론은 경제학자뿐만 아니라 생태학자들 측으로부터도 유력하게 제시되었다. 생태학자들의 반론의 내용은 다음과 같다. 즉, 생물학적 또는 경제학적 어업관리의 기준은 특정어종에 대한 이론적 분석에 불과하다. 그러나 특정어종이 혼자서 바다에서 고립되어 생존하고 있는 일은 없다. 이들은 타 어종 및 기타 환경적 조건과 생태학적 관련을 맺으면서 생존하고 있는 것이다.

이들 반론들은 결국 어업관리를 위한 기준지표의 결정에는 생물학적 고려 외에 경제적, 생태학적, 정치적, 사회적 고려를 가미해야만 된다는 것이다. 이러한 각종의 이질적 고려요소들이 어업관리기준에 통합적으로 분석된 것은 극히 최근의 일이며 결국 최적지속생산량(optimum sustainable yield: OSY)이라는 개념을 생성시켰다.[90] OSY란, 적정한 경제적, 사회적, 생태학적 요인을 생물학적 추론에 가미하여 수정한 생산량의 표준이며 결국 국가에 최대의 이익을 가져올 수 있는 어업생산량을 의미한다. 미국은 1960년 4월 13일 채택된 「어업보존관리법」(Fishery Conservation and Management Act of 1976)에서 OSY의 개념을 도입하였으며,[91] 일찍이 구쏘련도 그들의 국내법에 이 개념을 채택한 바가 있다.[92]

---
sustainable yield)과는 구별되어야 한다; Ibid., p. 662.(1).
90) 1975년 「미국어업협회」(The American Fisheries Society)는 MSY를 OSY로 대체해야 한다는 결의를 채택한 바 있다; Gary Knight, op.cit., p. 662.(e).
91) PL 94-265. U.S. Fishery Conservation and Management Act Sec. 2(a), 5. 참조.
92) The U.S.S.R. Decree Art. 4, See Bulter, 27 *ICLQ* (1978), p. 442.

다. 총허용어획량(total allowable catch: TAC)의 결정

유엔해양법협약은 총허용어획량(TAC)의 결정에 이 OSY의 개념을 채용하고 있다. 협약 제61조에 의하면 연안국은 EEZ내의 생물자원이 과개발(過開發: over-exploitation)로 고갈되지 않도록 보장함에 있어서, "연안어업사회의 경제적 요구와 개발도상국의 특별한 요구를 포함할 것"을 규정하고 있다.(협약 제61조 3항) 특히 제61조 4항은 관련어족 및 종속어족의 자원량에 대한 고려를 의무화함으로써 생태학적 고려를 강조하고 있다. 여기서 주의할 것은 제61조 3항에 "최대지속생산량"이라는 용어를 사용하고 있으나, 제61조 2, 3, 4항들에서 규정하는 요건들을 종합적으로 볼 때, 협약은 최적지속생산량(OSY)을 기준지표로 택하고 있는 것으로 해석해야 한다.

연안국이 총허용어획량을 결정함에 있어서는 이용 가능한 최선의 과학적 증거를 고려하여 결정한다. (협약 제61조 2항) 최선의 과학적 증거 "고려"할 뿐이므로 과학적 증거의 활용이 기속적 요건이 되어 있지 않고 있는 점과 이러한 과학적 증거의 활용을 위하여 국제기구와의 협력을 함에 있어서도 "적절한 경우(as appropriate)"에 할 수 있도록 규정함으로써 과학적 증거의 채택을 연안국의 자의적 판단에 맡기고 있다는 점을 비판하는 견해가 있다.[93]

OSY의 개념을 채택함에 있어서 어려운 점은, 검증이 가능한 생물학적 및 생태학적 사실요인들에 대한 객관적인 판단에, 경제적, 사회적, 정치적 요인을 부가함으로써 주관적인 판단이 필연적으로 개입되게 된다는 것이다. 어업에 관한 과학적 자료는 주로 해양생태계에 대한 생물학적, 물리학적 및 화학적 현상의 탐구와 조사로부터 획득된다. 그러나 이들 자연과학적 자료는 어업관리를 위한 여러 고려요소들 중의 일부에 불과하게 된다.

앞에서 지적한 것처럼 이론상 자연과학적 자료로만 계산될 수 있는 MSY의 경우에도 실제적 계량의 정확성이나 신뢰성은 유지되기가 어려운 사정에 있으므로 OSY의 계량에는 더욱 객관성이나 정확성을 유지하기 어렵다. OSY는 어업관리의 구체적 기준이기 보다는 문제해결의 접근방향이며 결과적인 목표가 된다고 할 수 있다.

OSY의 결정에 관련된 또 하나의 문제는, 둘 이상의 국가의 EEZ에 동일한 어종이 서식하는 경우에 OSY는 그 인접 타국의 사정을 참작하지 않고는 결정할 수 없다는 것이다. 제63조는 이 문제를 관계국간의 협상이나 지역적 기구의 조치로서 해결토록 규정하고 있다. 이미 이러한 문제를 해결하기 위하여 수많은 양자조약과 지역적 협정이 체결되었다. 예컨대, Norway와 EEC는 일련의 연간협정(年間協定)을 맺어서 각 어종별 총허용어획량을 확정시키고 이를 당사국과 관계 제3국에 배정하고

---

[93] W. T. Burke, "US Fishery Management and the Law of the Sea," 76 *AJIL* (1982) 34-35.

있으며 어족의 보존을 위한 필요한 조치를 상호 협의, 체결한 바 있다.94)

어느 특정국가의 EEZ와 공해에 걸쳐 공통어종이 서식하는 경우나, 고도회유성 어족에 대해서도 위와 유사한 문제가 있게 된다.95) 동일어종이 특정국의 EEZ와 공해사이를 회유 이동하는 경우, 관계당사국간의 협조를 위한 국제조약의 예로는 1978년의 「북대서양어업 상호협조조약」(Convention on Future Multilateral Cooperation in the North West Atlantic Fisheries)이 있다. 이 조약에 의하면, 동 협약상 「어업위원회」는 북대서양 연안국가들과 협의하여 회유성 어종의 보존과 관리를 위해 필요한 조치나 협조를 규정하고 있다.96)

(2) 연안국 어획능력(Capacity to harvest: CTH)의 결정

연안국은 그 EEZ내의 생물자원에 대한 자국의 어획능력을 결정하여야 한다.(협약 제62조 2항) 생각컨대 연안국이 자국의 어획능력을 결정하는 권한은 "이론상으로는" 주관적인 재량에 속하지 않는다. 이를 결정함에 있어서, 연안국은 가동할 수 있는 어로시설과 어로용역의 현실적 사용범위를 망라한 총화(總和)로써 결정하여야 한다. 그러나 "실제적으로는" 협약상 이에 관한 구체적 기준이나 제약이 규정되지 않으므로 생물자원 관할에 관련된 연안국의 권한 중 가장 배타적으로 또 주관적으로 행사될 수 있는 권한으로 되어 있다. 후술하는 입어의 할당에 있어서는 연안국은 관련요소를 참작하여 양자조약이나 기타 협약으로 이를 정하는 것이나, 자국의 어획능력을 결정함에 있어서는 관련국가와 협의할 의무는 없다. 만일 연안국이 실제로 TAC를 모두 어획할 능력이 있을 때에는 그 EEZ내에서 타국의 입어를 배제할 수도 있다. (협약 제62조 2항) 이러한 경우는 점점 많아지고 있다.

(3) 잉여허용어획량의 입어할당

총허용어획량(TAC)에서 연안국이 자국의 어획능력분(Capacity to harvest: CTH)을 제외한 부분이 잉여허용어획량(surplus of the allowable catch: SAC)이 된다. 연안국은 SAC에 대한 관련 타국의 입어를 허용함에 있어서 그 입어량을 적절히 할당하여야 한다. 이러한 입어할당에 관한 사항은 협정 또는 기타 약정으로서 한다.

입어량 할당시의 고려사항을 협약은 소상하게 규정하고 있다.(협약 제62조 3항)

---

94) EEC-Norway. Agreement Establishing Fishing Arrangements for 1981. Command Papers 3rd Ser. No. 8390; Brussel에서 1981년 5월11일 체결.(동 일자로 발효함)
95) Fleischer, "The right to a 200mile exclusive economic zone or special fishery zome", 14 *San Diego Law Review*(1977), p. 557.
96) Command Papers 3rd Ser, No. 7569; 1978년10월 24일 Ottawa에서 체결 1978년 1월 1일 발효, 가입비준국 12개국.

이들 고려사항 중에서 개발도상국의 이익보호는 특별히 강조되어 있다.(즉, 제62조 2항과 3항에 거듭 언급되고 있다) 또, 내륙국과 지리적 불리국가의 이익보호도 역시 강조되어 있는 것으로 생각된다.(이것은 동조 2, 3항에서 거듭 강조되어 있다) 그러나, 무엇보다 중요한 것은 새로운 EEZ내에서 전통적인 어로기득권(漁撈既得權)이 관련국가의 이익으로 보호되고 있다는 점이다.(협약 제62조 3항)

협약상의 이들 고려사항은 연안국을 어느 정도 기속하는가? 하는 점은 음미해 볼 여지가 있다. 다시 말해서 협약에 열거된 고려사항은 얼마나 기속적인 것인가? 제62조 3항의 고려요소들은 한정적인 열거인가? 입어할당에 있어 연안국은 생물자원의 활용과 보존의 분야 이외에 상업적 거래이익과 같은 것을 참작할 수 있겠는가? 등의 문제가 있다.

이들 고려요소를 기속적인 것으로 해석하려는 견해가 있다.97) 그러나 "모든 관련 요소들을 참작하여야 한다.(shall take into account all relevant factors-)"는 것은 "열거된 요소들을 참작할 의무"이므로 입어(入漁)의 범위와 내용을 결정하는 최종적인 의사결정에 있어서 연안국은 재량(裁量)을 확보하고 있는 것으로 보아야 한다.

열거된 고려요소들은 예시적인 열거로 보아야 한다. 왜냐하면 열거된 고려요소들 앞에 "특히(inter alia)" 란 표현이 삽입되어 있기 때문이다.

생각컨대, 연안국의 입어할당은 관계국과의 협정 또는 협약에 의하여 정하게 되며, 어로허가의 조건 및 입어료 등을 정하는 연안국의 국내법령과 규칙에 따라 규율된다.

입어할당에 관한 협의에서 연안국이 어업 이외의 국익과 관련시켜서는 안되는가? 의 여부에 대해서 협약은 아무런 규정을 둔 바가 없다. 실제로 이러한 협약, 협정을 정하기 위한 협상에서는 자연히 입어허용량의 할당과 관련해서 다른 정치, 경제적 문제가 제기되게 마련이다. 일부국가의 입법례는 입어권 할당에 있어서 관계장관은 "다른 관련사항"을 참작해서 입어량을 할당할 것을 명문으로 정하고 있다.98) 이러한 국내법령에 의하면, 비록 어떤 타국이 입어허용조건에 맞는 경우에도 다른 문제에

---

97) W. T. Burke, in 1982 *AJIL* 38.
98) ◇ New Zealand : Act No. 26 of 1977. S. 13.
   ◇ Papua New Guinea : Fisheries(Declared Fishing Zone) Act No. 6 of 1977. S. 4. 여기서 "다른 관련사항"이란 상호주의의 원칙에 기한 배려 등을 포함한다.
   ◇ 영국의 「어업제한법」(U.K. Fishing Limits Bill)이 그 상원에 제기되었을 때, 상호주의원칙에 의한 경우 외에는 외국어로를 점진적으로 금지하자는 의견이 주장되었다. Hansard, H.L., Vol. 378, Col. 1032.
   ◇ 소련이 EEC어선들을 국가별로만 입어를 허용키로 한데에 대한 상대적 조치로 EEC가 소련의 입어를 허가하지 않기로 함에 따라서 소련 어선들은 영국의 200해리 어업수역으로부터 단호히 축출되었다. *The Times* 1st. Oct. 1977.
   ◇ 상호주의의 원칙은 1977년 일본의 200해리 어업수역에서도 채택되었던 바, 일본은 상호주의 원칙에 의거, 중공과 한국의 어선들의 입어를 동해에서 거절치 않도록 정한 바가 있다.

관한 상호적 호의가 없을 때는 입어할당을 거절하게 된다.99) 입어할당의 거절이 유엔해양법협약상 연안국 의무위반으로 다루어질 수 있지만,(협약 제62조 3항) 제62조 3항의 고려사항 중에는 "연안국의 경제 기타 국가적 이익의 중요성"을 참작토록 규정하고 있으므로 거절하는 측의 주장을 합리화시켜 줄 여지는 남아 있다. 더구나 제62조 4항에서 입어할당에 관한 연안국의 법령의 조건과 기준을 열거하고 있는 바, 그 중 (i)호에는 "합작투자 또는 기타 상호협력약정에 관한 조건"이 규정되어 있다. 이러한 조건은 잉여어획량 할당참여에 상호 홍정의 여지를 열어 놓은 셈이다.

본래 잉여어획량 할당제도는 연안국의 어업에서 활용하지 못하는 어업자원을 외국이 활용할 수 있게 허용하자는 취지가 내포되어 있는 것이다. 또 이 제도의 법적 정신은 전통적 이익, 지역적 이익, 또는 내륙국, 지리적 불리국의 이익들을 우선적으로 보장하려는 것이다.

그러나 제62조 각항의 해석상 잉여어획량 할당에 있어 연안국이 자유롭고 방종한 우선순위를 부여하는 것을 규제할 법적 장치는 미흡하다. 일반적으로 입어량 할당을 배정하는 연안국의 실제적 고려요소는 입어 신청국의 사정보다는 연안국 자신의 국익에 대한 배려가 우선하리라는 것은 자명한 일이다.

(4) 내륙국(內陸國: land locked country) 및 지리적 불리국(地理的 不利國: geographically disadvantaged States)의 권리(權利)

위 62조 3항에서는 입어할당의 고려요소를 열거함에 있어 69조 및 70조에서 규정하고 있는 내륙국과 지리적 불리국의 입어를 첫 번째로 규정하고 있다.

여기서 내륙국(內陸國; land locked country: LLC)이란 물론 해안선이 없는 국가를 말한다. (협약 제124조 1항 a호) 그리고 지리적 불리국 (地理的 不利國; geographically disadvantaged States: GDS)이란 폐쇄해나 반폐쇄해에 접한 국가를 포함하여 연안국의 지리적 여건이 지극히 불리하여 그 국가의 전체 인구나 그 일부의 국민의 영양상 목적을 위한 적절한 어류(魚類)의 공급을 그 지역 (또는 소지역)내에 있는 다른 국가의 EEZ의 생물자원에 의존해야 하거나, 자국의 EEZ를 전혀 갖지 못한 국가를 말한다.100) (협약 제70조 2항)

내륙국과 지리적 불리국은 "동일한 소지역 또는 지역의 인접 연안국"의 EEZ내에

---

99) 1978년 New Zealand는 일본이 New Zealand 버터수입량을 증가하는데 동의하지 않는 한, 일본에 오징어 어로의 입어량 할당을 거절할 것을 통지하였다. 또, 다른 나라에서는 기술이전, 장비수입 또는 기술훈련원조 등을 조건으로 입어할당을 하기로 주장한 바도 있다. UNCLOS III *Official Records,* Vol. III.(Sri Lanka, p.186), (Western Samoa, p.189), (Tunisia, p. 204).
100) L. M. Alexander and R. D. Hodgson, "The Role of Geographically Disadvantaged States in the Law of the Sea", *13 San Diego Law Review* 558-82(1976)

서 관련국가의 지리적, 경제적 여건을 적절히 참작하여 잉여어획량의 개발에 "형평에 맞는 조건으로"내륙국과 지리적 불리국이 참여할 수 있는 "권리"를 갖는다.(협약 제69조 1항, 제70조 1항)

「1」 내륙국과 지리적 불리국의 생물자원 개발 참여의 "권리"

내륙국과 지리적 불리국이 지역 연안국의 EEZ에서 입어에 참여할 "권리"를 갖는 다고 하는 규정은 연안국 측의 입장에서는 내륙국과 지리적 불리국을 자국의 EEZ 내에서 생물자원개발에 참여시켜야 하는 "의무"를 부담하게 된다는 의미가 된다. 이 것은 연안국의 생물자원 중에서 오직 잉여허용어획량에 대해서만 개발참여가 고려된 다는 점에서는 다른 입어국가의 지위와 같지만 개발 참여 그 자체에서는 다른 일반 적인 타국 보다 내륙국과 지리적 불리국이 우선적인 지위(a priority or preference) 를 갖는 것으로 해석되어야 한다.101)

연안국의 어획능력이 그 EEZ내의 총허용어획량(TAC) 모두를 어획할 수 있는 수준에 이르러 타국의 입어를 허용할 잉여허용어획량(SAC)이 없을 경우에도 연안국 및 관련국가들은 내륙국과 지리적 불리국이 그 EEZ내에서 생물자원의 개발에 참여할 수 있게하는 공평한 약정을 체결할 수 있도록 협력하여야 한다. (협약 제69조 3항 및 70조 4항)

내륙국과 지리적 불리국의 개발 참여 조건과 방식은 연안국과의 합리적 형평을 위한 고려사항102)을 참작하여 결국 양자협정이나 지역협정의 형태로 연안국과의 사이의 합의로 결정되는 것이지만 연안국은 이러한 합의의 과정에서 내륙국과 지리적 불리국의 개발참여 이익을 사실상 봉쇄하는 합의의 조건을 제시함으로써 이들의 입어(入漁)를 막을 수는 없다고 해석된다.

「2」 "형평에 맞는 조건(on an equitable basis)"

내륙국과 지리적 불리국은 일반 타국에 비하여 지리적으로 불리한 조건을 갖는다. 그리고 이러한 지리적 불리 조건이 내륙국과 지리적 불리국을 경제적 기술적으로 타국 보다 불리하게 한다. 그러므로 연안국은 내륙국과 지리적 불리국에 대해서는 일반 타국과 동일한 조건하에서 입어참여의 조건과 방식을 정하면 안되고 이러한 지리

---

101) Mohamed Dahmani, *The Fisheries Regime of the Exclusive Economic Zone,* (Dordrecht: Martinus Nijhoff, 1987), p. 67.
102) a. 연안국의 수산업계나 수산산업에 해로운 영향을 주는 것을 회피하기 위한 필요성.
   b. 내륙국과 지리적 불리국이 다른 연안국의 EEZ내에서 입어하고 있는 정도와 자격 요건.
   c. 그 연안국의 EEZ내에서 입어에 참여하는 다른 내륙국과 지리적 불리국들의 참여 정도 및 그로 인해서 그 연안국이 부담하게 될 특별한 피해를 회피할 필요성.

적 불리점을 보완할 수 있도록 "형평의 원칙에 맞는" 조정(調整)을 하여야 한다.

「3」 "동일한 소지역 또는 지역의 인접 연안국"
내륙국과 지리적 불리국이 개발 참여의 권리를 갖는 것은 "동일한 소지역 또는 지역의 인접 연안국(coastal States of the same subregion or region)"의 EEZ에 존재하는 잉여 생물자원이다. 이때 소지역(小地域) 또는 지역(地域)의 장소적 범위에 관한 명확한 정의가 협약상에는 없으므로 그 해석상 어려운 혼돈이 발생할 우려가 있다.

에컨대 지중해는 북대서양 지역의 소지역으로 분류될 수 있는가? 하는 경우이다. 그렇게 볼 수 있다면 지리적 불리국인 알제리는 지중해 국가들의 EEZ에 개발참여를 할 수 있을 뿐만 아니라 모로코, 모리타니 등 아프리카 동안(東岸) 국가들의 EEZ에도 개발 참여를 할 수 있다고 보게된다. 물론 제69조 2항 및 70조 3항의 고려요소의 참작으로 결국 조정될 수 있겠으나 이처럼 확장된 해석은 받아드려지기 어려울 것이다.

또 내륙국과 지리적 불리국은 "소지역"과 "지역" 중 어느 쪽이든 자의로 선택할 수 있다고 해석해서도 않될 것이다. 왜냐하면 내륙국과 지리적 불리국은 당연히 범위가 넓은 "지역"을 선택할 것이고 그렇게 된다면 "소지역"을 같이 규정하고 있는 의미가 없어지게 된다. 그러므로 내륙국과 지리적 불리국은 "소지역"이 있을 경우에는 그 동일한 "소지역"에 속한 연안국의 EEZ내에서만 개발 참여를 할 수 있다고 보아야 한다.

「4」 개발 참여의 제한
선진내륙국 및 선진 지리적 불리국은 동일지역 및 소지역에 있는 선진연안국의 EEZ내의 잉여어획량에 대해서만 입어참여를 할 수 있다.(협약 제63조 4항, 제70조 5항) 이 때, 그 선진연안국은 그 수역에서 국민이 관습적으로 조업을 하여 온 국가에 유해한 영향을 주지 않도록 적절한 배려를 해야 한다.

그러나 연안국의 경제가 EEZ내의 생물자원 이용에 압도적으로 의존하고 있는 경우에는 내륙국 및 지리적 불리국의 개발참여를 배제할 수 있다.(제71조)

3. 특수어족의 관리

(1) 소하성 어종(遡河性 魚種; anadromus stocks)

연어(salmon)와 같이 생애의 모든 기간을 바다에서 보내지만, 알을 낳기 위하여 강으로 거슬러 올라가는 어종을 소하성 어종(遡河性 魚種; anadromus stocks)이라고 한다.

소하성 어종이 기원(起源)하는 국가, 즉 이 어종이 산란하는 강을 가진 연안국이 이 어종에 대한 일차적인 권익을 가지며, 책임을 진다.(협약 제66조 1항) "일차적인 권익"(primary interest)이란 매우 모호한 표현이라고 생각되지만, EEZ제도상 연안국이 일반 어종에 대하여 갖는 우선적 권한보다 조금 더 전속적(專屬的)인 권한을 나타내는 표현이라고 해석된다. 따라서 기원연안국(起源沿岸國)은 이 어종의 TAC를 결정하고 잉여어획량에 대한 입어를 할당한다. 원칙적으로 이 어종의 어획은 EEZ이내에서만 허용된다.(협약 제66조 3항 a호) 본래 EEZ 밖의 바다는 공해이므로 공해 자유의 원칙상 소하성 어종일지라도 기원연안국의 EEZ 외측에서의 어획은 이를 규제할 수 없다고 생각될 수도 있다. 그러나 공해제도에서 공해상의 어업을 규정하는 제116조는 그 공해어로 자유의 조건으로 소하성 어종에 관한 제66조를 지킬 것을 요구하고 있다. EEZ 외측에서의 소하성 어종의 어획은 원칙적으로 금지되지만, 기원연안국과 전통적으로 이 어족을 어획해 온 어획국들 사이에 합의된 조건에 따라 적절한 보존조치와 함께 실시될 수 있다. 이러한 어획조건을 정함에 있어서 "기원연안국의 이익과 필요는 정당히 고려되어야 한다."(협약 제66조 3항 a호) 기원연안국 이외의 어획국이 EEZ 밖에서 이 어종의 어획을 할 수 있는 경우란, 전통적 어획을 금지당함으로써 경제적 혼란을 초래하게 되는 때에 한한다고 본다. EEZ 밖의 어획에 대한 합의된 규칙의 집행은 기원국과 관련국의 합의로써 행한다.(협약 제66조 3항 d호) 기원연안국과 관련어획국은 제66조의 규정을 실시하기 위하여 적절한 경우, 지역기구를 통해서 협약을 체결하여야 한다.(협약 제66조 5항)

소하성 어종의 보존을 위한 관계국 협조를 규정한 대표적 협약으로는 1982년 「북대서양 연어보존협약」이 있다.[103] 이 협약에 의하면, 공해에서의 연어어획은 원칙적으로 금지된다. 200해리 이내의 수역에서도 12해리 이원(以遠) 구역의 거의 대부분의 수역에서 연어어획은 금지된다. 본 협약에 의거해서 「북대서양연어보존기구」(North Atlantic Salmon Conservation Organization: NASCO)가 설립되었다. 북대서양의 연어를 보존하고 관리하는 조치는 이 기구를 통해 이루어지고 있다.

(2) 강하성 어종(降河性 魚種; catadromus species)

뱀장어(eel)처럼 일생의 대부분을 민물(강)에서 보내지만, 알을 낳기 위해 바다로 나가는 어족을 강하성 어종(降河性 魚種; catadromus species)이라 한다.

강하성 어족이 생활주기의 대부분을 보내는 수역의 연안국은 이 어족의 관리에

---

[103] Convention for Conservation of Salmon in the North Atlantic Ocean, 1982년 3월 2일 Iceland의 Reykjavik에서 체결됨.
Official Journal of the European Communities(1982) C.70/10, p. 208 참조;

책임을 지고 회유어(回遊漁)의 출입을 보장하여야 한다.(협약 제67조 1항) 이 어족의 어획은 EEZ내에서만 행해져야 한다. 즉, 공해상에서의 어획은 금지된다.(협약 제67조 2항 및 제116조) EEZ내에서 어획이 수행되는 경우, TAC의 결정이나 잉여어획량의 배정 등은 협약의 다른 규정에 따라야 한다.

이 어족이 다른 국가의 EEZ를 회유하는 경우에는 어획을 포함한 이 어족의 관리는 그 다른 국가와 협의하여 어족의 유지 등을 위한 규제조건 등을 포함한 협약을 성립시켜 이러한 협약에 의거하여 시행되어야 한다.(협약 제67조 3항)

소하성 어족이나 강하성 어족의 주된 책임을 지는 국가의 국내법은 그 EEZ 밖의 수역, 즉 공해에서는 직접 집행될 수 없는 바, 이들 어족의 보존을 확보하기 위해서 주책임국가는 공해상의 기국과 인접연안국 사이의 협조를 이룩해 나가야 한다.

(3) 고도회유성 어종(高度回遊性 魚種; highly migratory species)

다랭이 또는 참치(tuna)와 같은 어종은 광대한 범위의 수역을 회유한다. 이러한 어종을 고도회유성 어종(高度回遊性 魚種; highly migratory species)이라고 한다. 유엔해양법협약의 제1부속서는 협약에서 소위 고도회유성 어종으로 규정하고 있는 이 어종의 종류를 열거하고 있다.(날다랭이 등 17종) 이 어종의 어획과 보존 및 관리에 관해서는 심해저위원회의 시절부터 많은 논의가 있었다.

유엔해양법협약에 의하면 연안국과 어업국은 배타적 경제수역의 범위 이내에서와 그 이원(以遠)의 공해에서 이 어종을 보존하고 최적이용목표를 증진시키기 위해 관계국간 직접적인 협의나 또는 적절한 국제조직을 통하여 협력해야 한다고 규정하고 있다.(협약 제64조 1항) 다시 말해서, 연안국 측으로 보면 EEZ내에서 일반적인 어업관리 기능과 의무에 부가해서 참치어종의 보존을 위해 관계국 또는 관계 국제조직과 협의해야 할 의무가 부과된 셈이다. "적절한 국제조직"이란 이미 존재해 있거나 또는 특별히 창설된 지역어업위원회와 같은 것을 말한다.[104]

(4) 경계왕래어종(境界往來魚種)

경제수역과 그 인접 공해(公海)에 걸쳐서 서식하는 어종을 일반적으로 경계왕래어종(境界往來魚種: straddling fish stock)이라고 지칭한다. 이는 생물학적으로 특정될 수 있는 어떤 특수 어종(魚種: species)을 지칭하는 것은 아니다.

---

104) 이미 설립된 국제조직 :
　① 대서양참치보존위원회(ICCAT) International Committee for Conservation of Atlantic Tuna : 1966년 5월 14일 설립(총 19개 가입국이 있음, 한국도 가입함)
　② 전미열대참치위원회(IATTC) Inter-American Tropical Tuna Committee : 1949년 5월 설립(총가입국은 6개국)

200해리 범위의 배타적 경제수역이라는 관할수역이 해양법상 새롭게 대두됨에 따라 생물자원의 보존과 관리의 주체가 200해리 범위 내에서는 연안국이 되며 그 이원(以遠)의 수역은 이른 바 공해(公海)가 됨으로서 연안국의 보존관리 조치와는 관계없이 별도의 공해조업(公海操業)이 이루어 진다. 그런데 사실상 본래부터 중요한 생물자원의 어장(漁場)은 200해리 범위 수역의 주변에 형성되어 있었으므로 원양어업국들의 공해조업(公海操業)은 연안국들의 200해리 EEZ에 인접한 공해(公海)에서 이루어 지게되었다. 그런데 이때에 일년 중 대부분 서식기간을 연안국의 EEZ에서 보내고 일정한 기간 공해(公海)로 회유(回遊)하는 어종이 있고 이 어종을 원양어업국들이 연안국의 EEZ 인근 수역에서 공해조업(公海操業)으로 집중적으로 어획한다면 연안국의 EEZ 내에서의 생물자원에 대한 보존 관리 조치는 무의미하게 될 것이다.[105] 이러한 문제를 실제로 야기(惹起)하고 있는 경우로서는 북대서양의 대구(cod), 북태평양 베링해(Bering Sea)의 명태(pollack), 칠레와 페루의 EEZ에 인접한 남동 태평양의 칠레 고등어(jack mackerel), 그리고 알젠틴에 인접한 남대서양의 오징어(squid) 등이 있다.

유엔 해양법 협약에서는 이러한 경계왕래어종(境界往來魚種)의 보존을 위하여 관련 연안국과 공해조업국(公海操業國)은 필요한 조치에 합의하도록 노력하여야 한다고 규정하고 있다. (협약 제63조 2항) 실제로 이러한 취지의 합의가 이루어진 예로는 「1978년 북서대서양 어업상호협력협약」[106]과 「1980년 북동대서양 어업협약」[107]

---

[105] E. Miles and W. T. Burke, "Pressures on the United Nations convention on the Law of the Seaof 1982 Arising from New Fisheries Conflicts: The Problem of Straddling Stocks," *ODIL*, Vol.20., No. 4., (1992), pp. 346-47.

[106] Convention on Future Multilateral Cooperation in the Northwest Atlantic Fisheries (1978 NAFO Convention으로 약칭 됨)
이 「1978년 북서대서양 어업협력협약」은 1978년 10월 24일 채결되고, 1979년 1월 1일 발효되었다. 이 협약에 의하여 설립된 어업협력기구는 「북서대서양 수산기구」(Northwest Atlantic Fisheries Organization: NAFO)이다. 이 협약의 회원국은 한국을 포함하여 15개 국가이다. 즉 이들은, Bulgaria, Canada, Cuba, Denmark, Germany, EU, Iceland, Japan, Korea, Norway, Poland Portugal, Romania, Russia, US 등이다.
이 협약기구 이전에 이 수역에는 「북서대서양 수산위원회」(International Commission for the Northwest Atlantic Fisheries: ICNAF)가 있었다.

[107] Convention on Future Multilateral Cooperation in the Northeast Atlantic Fisheries (1980 NEAF Convention으로 약칭됨)
이 「1980년 북동대서양 어업협력협약」은 1980년 11월 18일 채결되고, 1982년 3월 17일 발효되었다. 이 협약에 의하여 설립된 어업협력기구는 「북동대서양 수산기구」(Northeast Atlantic Fisheries Commission: NEAFC)이다. 이 협약의 회원국은 EU를 포함하여 11개 국가이다. 즉 이들은,
Bulgaria, Denmark, Germany, EU, Iceland, Norway, Poland, Portugal, Sweden, Spain, Russia, 등이다.

및 「1994년 중부 베링해 명태자원 보존관리협약」108) 등이 있다.

앞절에서 언급한 고도회유성 어종(高度回遊性 魚種)에 관한 제64조 1항과, 본절의 경계왕래어종(境界往來魚種)에 관한 제63조 2항의 규정은 단순히 연안국과 공해조업국(公海操業國) 사이에 자원의 보존, 관리에 필요한 협력적 조치에 관한 "합의를 위해 노력할 의무"만을 규정하므로서 법적 제도로서는 미비한 선언적 규정(宣言的 規定)의 수준을 벗어나지 못하고 있었다. 특히 이 규정들은 공해어업권에 관한 원칙규정인 제116조에서 명시적으로 준용되고 있으므로 공해어업권의 내용에 관한 법적인 규명에까지 근본적인 숙제를 남기는 결과를 갖어 왔다.

특히 1980년대 이후 수산(水産) 분야의 기술향상, 투자규모의 확대 등으로 세계 전반적으로 생물자원이 남획되는 현상이 나타나게 되었고 여기에 더하여 대표적인 고도회유성 어종(高度回遊性 魚種)인 참치와 경계왕래어종(境界往來魚種)인 대구 등의 경제적 가치가 상승된 결과 이들 자원(資源)에 대한 수요가 급증하게 되었고, 첨예하게 대립되는 연안국과 공해조업국(公海操業國) 간의 이해관계조정과 생물자원의 보존 관리가 긴급한 당면의 과제로 부상하게 되어, 이 양어종의 자원 보존 관리에 관한 새로운 법적 제도를 마련하게 되었다. 그것이 1995년 8월 4일 체결된 「경계왕래 어족 및 고도회유성 어족에 관한 1982년 12월 10일 유엔해양법협약 관련조항의 이행협정」109)이다. 이 「이행협정」의 내용과 법적 의의에 관해서는 공해(公海)어업의 장(章)에서 후술하기로 한다.

(5) 해양포유동물(海洋哺乳動物: Marine Mammals)

기본적으로 연안국의 EEZ내에서는 해양포유동물도 연안국의 주권적 권한에 의하여 탐사 개발될 생물자원의 범주에 들어가 있다. (협약 제56조) 따라서 제61조, 62조에서 규정되고 있는 생물자원의 보존관리 체제가 이들에게도 적용되어야 하는 것으로 볼 수 있다. 또 일부의 고래들은 고도회유성 어종(高度回遊性 魚種; highly migratory species)에 포함되므로 (협약 제1부속서 참조) 제64조의 적용이 있는 것

이 협약기구 이전에 이미 「1959년 북동대서양어업협약」에 의거하여 「북동대서양 수산기구」 (Northeast Atlantic Fisheries Commission: NEAFC)가 설립되어 있었으나 1977년 Norway, EC 등이 200해리 EEZ를 선포함에 따라 NEAFC를 새로운 협약 체제로 개편한 것이다.

108) International Convention for the Conservation and Management of Alaska Pollack Resources in the Central bering Sea
이 「1994년 베링 공해 명태자원 보존관리협약」은 1994년 2월 11일 채결되었다.

109) Agreement for the Implemantation of the Provisions of the United Nations Convention on the Law of the Sea of 10 December 1982 Relating to the Conservation and Management of Straddling Fish Stocks and Highly Migratory Fish Stocks

으로 보아야 한다.

그러나 고래, 바다표범, 해우(海牛) 등과 같은 해양포유동물은 대체로 멸종의 위기를 맞고 있는 동물이다. 따라서 EEZ내에서 연안국은 이러한 해양포유동물의 총허용어획량을 결정한다거나 이를 어획함에 있어 최적이용목표를 설정하는 것은 부적절한 것이다. 오히려 이들은 그 개발을 전면 금지하거나 제한할 필요가 있다. 따라서 유엔해양법협약에서는 연안국이 이러한 해양포유동물의 이용을 금지, 제한 또는 규제할 수 있는 권한을 무제한 보장하고 있다.(협약 제65조) 또한 공해조업(公海操業)에 있어서도 이러한 해양포유동물에 대한 특별보호 원칙이 그대로 준용되어(협약 제120조) 있다.

모든 국가들은 해양포유동물의 보존을 위하여 협력해야 하며 특히 고래의 경우에는 그 보존과 관리, 연구를 위해서 적절한 국제기구를 통한 노력이 필요하다. 이러한 기구로는 「국제포경위원회」(IWC; International Whaling Commission)가 있다.[110] 이 IWC에서는 이미 1979년에 200해리 이원수역에서의 포경작업을 일체 금지토록 결의한 바가 있다.(협약 제120조 참조) 단, 남극지역에서 일본의 Mink고래 포획작업만이 예외적으로 허용되었다. 이 포획유예조치로 그때까지 대규모로 실시되던 구소련의 말향(抹香)고래 포경이 전면 종식되었다.[111]

1982년 IWC는 그 연례 총회에서는 EEZ내외를 불문하고 상업적 포경의 전면 정지를 내용으로 하는 Moratorium 결의를 채택하였다. 이 포경작업의 전면 유예조치는 1986년 1월 1일부터 가동(稼動)되었다.[112]

(6) 정착성 어종(定着性 魚種; sedentary species)

정착성 어종(定着性 魚種; sedentary species)이란 수확단계에서 해저(海底)의 표면이나 그 아래에서 움직이지 않거나, 또는 해저나 그 하층토에 계속적으로 접촉하지 않고는 움직일 수 없는 생물체를 말한다.(협약 제77조 4항) 이러한 어종에는 굴, 조개, 전복 등이 포함된다. 이러한 정착성 어종은 연안국의 대륙붕자원으로 간주되어 절대적, 배타적으로 귀속되며 따라서 외국의 입어할당의 대상이 되지 아니한다.(협약 제68조)

문제가 되는 것은 게(crabs)와 가재(lobsters)가 정착성 어종에 속하는가 하는 것

---

110) 「국제포경 규제 협약」International Convention for the Regulation of Whaling 1946년 12월 2일 체결. 총가입국은 25개국, 한국도 가입함. 본부는 영국 London. (161 UNTS 72)
111) *Marine Mammal News*(Washiogton D.C., U.S.A) July 1979. Vol. 5, No. 7., p. 2.
112) 그러나 과학적 조사(scientific research)를 위한 포경(捕鯨)과 일부 기초적 수요국가(aboriginal, subsistence whaler) 의 포경은 허용된다.
　　Patricia Birnie, *International Regulation of Whaling*, (1985), pp. 641-9.

이다.113)

4. 해양의 경제적 이용활동

배타적 경제수역 내에서 연안국은, 해양에서의 에너지 생산과 같은 이 수역의 경제적 이용을 위한 기타 활동에 관한 주권적 권리를 갖는다.(협약 제56조 1항 a호 후단)
"해수, 해류, 해풍을 이용한 에너지생산"이란 파력(波力)발전, 조력(潮力)발전 및 풍력(風力)발전 등을 말하는 것인데,114) 이는 해양에 관한 과학기술이 발달함에 따라서 새롭게 등장한 해양이용방법 중 가장 전형적인 것들이다. EEZ내에서 해양을 경제적으로 활용할 수 있는 가능성은 이 밖에도 무한히 열려 있다고 보고, 그 중 에너지 생산을 예시하고 있는 규정이다. 그런데 해양을 이용한 에너지 생산은 일반적으로 어떤 구조물을 해양에 설치해야만 하므로 다음에 설명하는 "시설 및 구조물 설치"에 관한 권한과 연결된다.

해양의 경제적 이용에 관한 연안국의 주권적 권한은 앞으로 여러 형태로 무한히 발전해갈 해양개발에 관련된 인간활동의 내용을 모두 포괄하는 실로 광범위한 권리가 될 것이다. 이 주권적 권리는 생물자원의 개발과 관련된 연안국의 주권적 권리보다도 더 강한 배타적 성격을 갖는다. 왜냐하면 200해리 EEZ내에서 전개되는 해양의 이용활동에 대해서는 연안국만이 독자적인 주체가 되며, 생물자원의 경우와 같이 타국의 입어(入漁)와 같은 개입이 허용되지 않기 때문이다. EEZ제도와 밀접한 연관을 갖고 있는 대륙붕제도에서도 200해리 이원(以遠)의 광역 대륙붕에서의 개발 이익만에 한해서 연안국은 수익분담금(payments and contribution for revenue sharing)을 부담하게 되어 있는 바(협약 제82조), 이는 연안국은 200해리 내에서, 광물자원의 개발과 해양이용 활동 등에 관해 전속적인 배타적 권한을 확보한다는 것을 나타내는 것이라고 본다.115)

그러나 이러한 해양이용에 관한 연안국의 주권적 권한도 결국 해양에 관련된 환경적 의무와 그밖에 다른 국가의 정당한 권리행사와 의무의 이행에 관한 적절한 고

---

113) 이와 관련해서는, 동Behring해 어장에서의 미국과 일본간의 king crabs 어업분쟁과, 브라질 연안에서의 프랑스과 브라질간의 가제(lobsters) 어업분쟁이 유명하다. 미국은 1976년 「어업보존관리법」(U.S.Fishery Conservation and Management Act of 1976)에서 게(Crabs)를 대륙붕어족자원으로 명기하고 있다.
114) ① 파력발전 : 해면의 파력을 왕복운동으로 전환시켜 에너지를 얻는 방식
② 조력발전 : 조석의 차이를 이용하여 수문으로 저장된 해수를 간조시 방출하여 에너지를 얻는 방식으로 프랑스의 Rance조력발전소가 그 전형이라고 할 수 있다.
115) E. D. Brown, *The International Law of the Sea*, Vol. I (Introductory Manual), (Aldershot: Dartmouth, 1994), p. 234.

려(due regards) 아래에서 행사되어야 하는 것은 물론이다.(협약 제56조 2항)

5. 인공도서 시설 및 구조물 설치 및 사용

배타적 경제수역 내에서 연안국은 "협약의 관련규정"에 따라 인공도서 시설 및 구조물 설치와 사용에 관한 관할권을 갖는다.(협약 제56조 1항 b호의 (1))

여기서 "협약의 관련규정"이란 제60조 및 제246조 5항 c호 등을 말한다.

연안국은 이들 인공도서나 시설 및 구조물에 관하여 관세, 재정, 안전과 출입국관리법령에 관한 관할권을 갖는다.(협약 제60조 2항)

연안국은 인공도서 시설 및 구조물의 안전을 보장하기 위하여 적절한 조치를 취할 수 있는 「안전수역」을 이들 주위에 설정할 수가 있다.(동 4항) 이러한 안전수역은 인공도서 시설 및 구조물의 성격, 기능 등을 합리적으로 고려하여 그 목적을 보장하도록 설정되어야 하며 그 폭은 500m를 초과할 수 없다. 그러나 일반적으로 수락된 국제기준이 있거나 권한 있는 국제조직에 의하여 특별히 권고된 경우에는 500m이상의 폭을 설정할 수도 있다. 모든 선박은 연안국이 설정한 이 안전수역을 존중하여야 한다. 또, 이들 시설물 주변과 안전수역에서는 항해에 관한 연안국의 규제를 준수해야 한다. 그러나 이러한 규제는 일반적으로 수락된 국제기준에 합당한 것이어야만 한다.

유엔해양법협약 제60조 1항에서는, 인공도서의 범위에 관하여 특별한 제한이 없으나, 시설 및 구조물은 "제56조에 규정된 목적 기타 경제적 목적을 위한"(1항 b호) 것과 또 "연안국의 권리행사를 방해할 수 있는 것"(1항 c호)으로 구분하고 있다.

생각컨대 인공도서는 크기나 규모가 시설 및 구조물보다 큰 것이 예상되는 바, 인공도서에 관하여 특별한 제한이 없는데 시설 구조물은 그 설치목적이나 연안국의 권리행사와의 관련을 조건으로 규정하고 있는 것은, 해석상 역설적인 것으로 보일 수도 있으나, 시설 구조물이란 그 형태가 인공도서의 경우보다 다양할 것으로 보아 그 범위를 특정시키고자 하는 의도의 규정이라고 생각된다.[116]

인공도서(人工島嶼: artificial islands)는 개념상 두 가지로 분류된다.

첫째의 종류는 대륙붕, 사주(沙州) 또는 암초위에 축조한 인공적인 육지인 도서와 둘째로 해저육지와는 구조상 연결이 없이 특수한 공법으로 해상에 축조한 부상도시(浮上都市: a floating city)가 있다. 협약에서는 이 두 가지를 구별하지 않고 있으므로 인공도서에 관한 규정의 적용에 차이는 없다.

---

[116] Rex J. Zedalis, "Military Installations Structures and Devices on the Continental Shelf: A Response", 75 *AJIL* 930-31(1981)

인공도서, 시설 및 구조물의 건설은 적절히 공시(公示)되어야 한다. 이들 구조물에는 그 존재를 나타내는 경고(警告)표시등(表示燈) 이 영구적으로 설치되어야 한다.(협약 제60조 3항) 사용하지 않거나 방기(放棄)된 시설, 구조물 등은 제거되어야만 한다. 그리고 완전히 제거되지 아니한 시설물 등은 그 깊이, 위치, 크기 등이 적절히 공시(公示)되어야 한다. 인공도서, 시설, 구조물과 그 안전수역은 국제항행의 필수적 항로상에 해로(海路)의 사용을 방해하도록 설치되어서는 안된다.(협약 제60조 7항)

인공도서, 시설, 구조물은 도서(島嶼)로서의 지위를 갖지 않는다.(동 8항) 이들은 그러므로 자체의 영해(領海)를 갖지 않으며, 영해, 배타적 경제수역, 대륙붕 등의 경계획정에 있어서 아무런 참고가 될 수 없다.

인공도서, 시설, 구조물에 관한 이상의 모든 제도는 대륙붕에 그대로 준용된다.(협약 제80조)

6. 해양의 과학적 조사(Marine Scientific Research: MSR)

배타적 경제수역내에서 연안국은 "협약의 관련규정"에 따라 해양의 과학적 조사에 관한 관할권을 갖는다.(제56조 1항 b호의 (2)) 여기서 협약의 관련규정이란 제13장의 모든 규정, 특히 제246조를 말한다.

연안국은 EEZ내에서 해양의 과학적 조사를 규제, 허가, 수행할 권리를 갖는다.(협약 제246조 1항) EEZ내에서 해양의 과학적 조사는 연안국의 동의하에서만 수행할 수 있다.(동 2항) 그러나 연안국은 통상적인 상황에서 전체 인류의 이익과 평화적 목적만을 위한 순수한 동기의 과학적 조사활동은 이를 동의(同意)하여야만 한다.(동 3항) 연안국과 외교관계가 없는 당사국과의 사이에서도 이러한 통상적인 상황은 존재할 수 있다고 명시하고 있다.(동 4항)

순수한 동기로 주장된 과학조사 활동의 동의요청이라도 연안국은 그것이 경제수역 자원의 탐사개발에 관련된 경우에는 동의를 거절할 수 있다.(동 5항)

연안국이 희망할 경우에 연안국은 그 EEZ내에서 실시되는 해양의 과학적 조사활동에 참여할 수 있고, 조사결과 얻어진 해양자료를 제공받고 이용할 수 있다.(협약 제249조)

연안국이 그 관할수역내에서 과학적 조사활동을 기본적으로 규제할 수 있다고 하는 원칙은 이미 1958년 Geneva「대륙붕협약」에서도 명시되고 있다.[117]

대륙붕협약에 비하여 해양과학 조사활동에 관련된 연안국의 권한에 관해서 유엔해양법협약은 그 내용을 확대하고 적용범위를 명확하게 세부적으로 발전시켰다고 말할 수 있다.(본서 제11장 참조)

---

117)「대륙붕협약」제5조 8항 참조; 拙著,「한반도관련 조약법령집」, (부산: 효성출판사, 1998), p. 25~26.

7. 해양환경의 보호와 보존

배타적 경제수역내에서 연안국은 "협약의 관련규정"에 따라 해양환경의 보호 및 보존에 관하여 배타적 관할권을 갖는다.(협약 제56조 1항 b호의 (3)) 여기서 협약의 관련규정이란 협약 제12장 「해양환경의 보호와 보존」에 속한 모든 규정을 말한다.

협약 제12장의 규정 중, EEZ 안에서의 연안국의 입법권에 관한 관련규정은,

◇ 국가관할권 이내 해저활동으로 인한 오염규제에 관련된 제208조 1항,

◇ 폐기물(廢棄物)의 투기규제에 관한 제210조 5항,

◇ 선박기인(船舶起因) 오염에 관한 제211조 5항

등이며,

연안국의 규제 시행권에 관한 관련규정은,

◇ 해저활동으로 인한 오염규제시행에 관한 제214조,

◇ 폐기물 투기규제에 관한 제216조,

◇ 결빙수역에 관한 제234조

등이다.

배타적 경제수역의 개념 자체가 새로운 것인 것처럼, 이 수역 내에서 연안국이 갖게 된 해양환경의 보호, 보존에 관한 각종 권한도, 말하자면 유엔해양법협약으로 말미암아 연안국에 새롭게 부여된 권한들이다. 연안국이 그 영해 밖에서 오염방지를 위하여 갖는 권한이란, 「협약」이전에는, 1969년 「공법협약」(International Convention Relating to Inrervention on the High Seas in Cases of Oil Pollution Casualties, 1969)에서 규정하는 「개입권」 정도가 고작이었다.[118]

유엔해양법협약에서 새삼스럽게 연안국에 부여한 해양환경의 보호, 보존에 관련된 권한은 연안국에 의해서 남용될 우려가 있다. 그리하여 「협약」 제220조 제7항은 연안국 권한행사에 대한 중대한 제약을 마련해 놓고 있다. 즉, 환경을 훼손, 오염한 것으로 혐의가 있는 선박이라도 보증금 등 재정적 보증을 제출한 경우에는 연안국은 그 선박의 통항을 허용해야 한다고 규정함으로써 과도한 연안국의 규제로 인한 통상활동의 위축을 방지하고 있다. 제220조에서 규정하는 해양환경의 훼손을 방지, 경감, 통제하기 위한 "적용가능한 국제규칙이나 기준"이란, 1973년 MARPOL 및 1978년 MARPOL PROTOCOL에서 규정해 놓은 규칙과 기준을 말한다.[119] 연안국들이

---

118) 1969 Intervention Convention. Art. 1, 3 and 5.; *Basic Document in International Law & World Order* selec. and ed. by B.H.Weston and et al.(St.paul:West Publishing Co., 1980)., pp. 339~40.

119) 1973 MARPOL이란 「선박에 의한 오염방지협약」(International Convention for the Prevention of Pollution from Ships, 1973)을 말한다. 박용섭 역, 「1973 MARPOL」, (영한대역)(부산:경양사,

EEZ내에서 갖는 해양환경의 보호, 보존을 위한 이 배타적 관할권은 생물자원에 관한 주권적 권리와 함께 이 배타적 경제수역을 탄생케한 중요한 요소이다.

200해리의 광대한 수역전체에 대하여 실제로 오염통제의 법령을 시행할 능력이 갖추어져 있지 않는 개발도상 연안국가가 아직은 많은 것이지만 이들의 감시 통제능력은 급속도로 증대할 것이며, 특히 Chemical Tanker나 기타 특수선박에 대한 통항규제는 협약에서 부여한 연안국의 관할권의 범주를 넘어서 강화될 것으로 예상된다. 세계의 정치적 환경에 따라서는 오염규제권을 인접국가에 대한 경제보복수단으로 남용할 가능성도 있다.

앞에서도 지적한 바와 같이 200해리 관할수역은 가장 중요한 해상교통로를 망라하여 내포하고 있고 중요한 어장들이 이 속에 포함되므로, 연안국의 해양환경보호를 위한 배타적 관할권은 각 국가의 입법적 관행과 협상의 올바른 해석을 통해 명확히 확정되어야만 할 것이다.

V. 타국의 권리·의무

1. EEZ 내에서의 타국의 권리

배타적 경제수역 내에서 모든 타국은 공해제도에서 인정하는 항행의 자유, 상공비행의 자유, 그리고 해저전선과 관선부설의 자유를 갖는다.(협약 제58조 1항) 이들 권리는 본래 공해사용의 자유권에 속하는 것인데 EEZ내에서 "EEZ제도의 취지와 양립하는 범위 내에서" 인정하는 것이다.

모든 국가는 타국의 EEZ 내에서 이러한 권리를 행사하고 이에 따른 의무를 이행함에 있어서 연안국의 이익을 정당히 고려하여야 하며 EEZ 제도의 본래적인 취지와 모순되지 않는 한, 연안국이 채택 또는 제정한 그 국내법령을 준수하여야 한다.(협약 제58조 3항)

(1) 항행의 자유

모든 국가는 연안국의 EEZ내에서, 공해의 자유에 관한 협약 제87조에서 규정하는 바와 같은 항행의 자유와, 이 자유에 관련된 해양사용의 자유권을 누린다.(협약 제58

1986)
1978 MARPOL PROTOCOL은 「1973년 선박으로부터의 오염방지를 위한 국제협약에 관한 1978년 의정서」(International Convention for the Prevention of Pollution from Ships, 1973)를 말한다. 박용섭 역, 「MARPOL '78 의정서」(영한대역)(부산:경양사, 1986)

조 1항 후단) 본래 공해제도에서 인정되는 공해의 자유에 있어서도 그 자유권을 행사함에 있어서는 타국의 이익을 정당히 고려하여 이 자유들을 행사해야 할 기본적인 제한이 전제되고 있으므로(협약 제87조 2항) EEZ내에서 인정되는 항해의 자유도 이러한 제한은 당연히 전제된다. 이러한 기본적인 제한 외에, EEZ내에서의 항행의 자유는 협약 제5장에서 규정하는 바와 배타적 경제수역제도와 "양립할 수 있는" 것이어야 한다.(협약 제58조 2항) 그러므로 연안국의 배타적 경제수역 내에서 항행의 자유를 누리는 타국의 선박은, 연안국이 행사하는 해양환경의 보호와 보존을 위한 규제에 전적으로 따라야 하며, 인공도서나 시설 구조물로 인한 합리적 범위의 항해 제약을 감수해야 하는 것으로 해석된다

배타적 경제수역 내에서 군함도 항해의 자유를 갖는 것은 물론이지만 무기의 연습, 발사 및 기동훈련과 같은 활동을 할 수 있는가? 는 의문이다. 학자에 따라서는 유엔해양법협약 제58조 1항 후단이 "함정, 항공기 및 관선의 운영과 연관된 자유"와 같은 이 항해의 자유권에 관련된 연관된 자유권이 보장되는 것으로 특별히 규정하고 있는 취지는 연안국의 배타적 경제수역 내에서 타국 군함 등이 군사훈련 및 연습기동 등을 할 수 있는 자유를 보장하기 위한 것이라고 해석하고 있다.[120]

그러나 D. P. O'Connell 자신이 지적하는 것처럼, 이는 경제수역제도와 양립하는 범위에서만 허용될 것이므로 공해에서의 군사훈련, 무기연습 활동과 꼭 같은 내용의 "자유"가 연안국의 배타적 경제수역 내에서도 무조건 보장될 수 있다고 해석하기는 어려울 것이다. 해양법협약에 서명, 비준함에 있어서 Brazil은 자국의 배타적 경제수역 내에서 타국군함의 군사훈련이나 무기발사 등의 활동은 Brazil의 사전동의 없이는 불가하다고 선언하였다.[121] 유보(留保 : reservation)를 금지하고 있는 이 해양법

---

[120] D.P.O'Connell, *International Law of the Sea*, pp. 577~78.
[121] The Brazilian Declaration
Upon Signature.
......
(IV) The Brazilian Government understands that the provisions of the Convention do not authorize other States to carry out in the Exclusive Economic Zone military excercises or manoeuvres, in particular those that imply the use of weapons or explosives, without the consent of the coastal State.

Upon Ratification.
......
(II) The Brazilian Government understands that the provisions of the Convention do not authorize other States to carry out military excersises or maneuvres, in particular those involving the use of weapons or explosives in the Exclusive Economic Zone without the consent of the coastal State.
U. N., *Multilateral Treaties Deposited with the Secretary-General* Status as at 31

협약에서(제309조) 실질적으로 유보와 유사한 효과를 목적으로 한 이러한 해석선언 (解釋宣言 : interpretative declaration)의 법적 의미 자체가 문제될 수 있겠으나, 동 협약에서 명문으로 이른바 정책선언(declaration or statement of policy)을 허용하고 있으므로(동 제310조) Brazil 등의 해석선언은 전면적으로 그 법적 의미가 배제(排除)되지는 않는다고 보아야 한다. 제3차 유엔해양법회의에서 일반적으로 총의 (總意 : consensus)에 이른 합의의 내용은 경제수역에서 타국군함의 군사기동훈련 등은 이를 허용되는 것으로 정한 것이라고 지적하는 유력한 견해가 있으나,122) 이 점에 관한 어떤 종류의 명시적인 합의도 기록상으로는 발견되지 않는다.

연안국은 그 국내법으로 자국의 배타적 경제수역 내에서 "국제적으로 적법하고" (internationally lawful), "협약의 다른 규정과 양립하는 범위 내에서"(compatible with the other provisions of the Convention) 타국선박의 항행의 자유권의 범위를 정할 수 있다고 보아야 한다. 1977년 북한이 그들 경제수역 내에 설정한 군사경계수역 (Military Boundary Zone)에 대한 규제 내용은 이런 의미에서 위법하고 가당치 아니한 것이라고 생각된다.123)

(2) 상공비행의 자유

모든 국가는 연안국의 EEZ내에서 상공비행의 자유를 갖는다.(협약 유엔해양법협약제58조 1항) 이는 항해의 자유에 관하여 설명한 앞 절의 내용이 거의 그대로 여기에도 적용된다. 그러나 타국 군용항공기의 경제수역 상공비행의 문제는 군함의 항행자유의 문제와는 구별해서 다루어져야 한다. 영해 밖의 경제수역 상공은 공공(公空; international air space)이 될 것이므로 상공비행의 자유는 당연히 보장되어야 한다. 그러나 대부분의 경우 연안국 EEZ의 상공은 연안국의 방공식별구역(防空識別區域 Air Defence Identification Zone: ADIZ)이 설정되는 것이 보통이다. ADIZ의 범위는 기선에서 200해리의 구역과 반드시 일치하는 것은 아니나 대체로 EEZ의 상공의 범위를 망라하고 있다.124) 따라서 군용항공기의 상공비행은 ADIZ내에 실시하고 있는 연안국의 통제를 받게 된다.

군용항공기가 아니더라도 일반적으로 항공기의 상공비행권에 관하여는 몇가지 별도

December 1990(New York, 1991), p. 773.
122) T. B. Koh, "Comments", *Consensus and Confrontation:the U.S. and the Law of the Sea* Proceedings LSI Workshop.(Jan. 9-13, 1984. Honolulu, Hawaii.), pp.303~304.
123) Choon-ho Park, "The 50 Mile Military Boundary Zone of the North Korea", 72 *AJIL* (1978) 866. D.P.O'Connell, op.cit., p.578. Note. 95.
124) Brunson MacChesney, *International Law Situation and Documents*. 1956 (Washingtons : U.S. Gov. Pri. Off., 1957), pp. 578~93.

의 고려사항이 참작되어야 할 것이다. 「국제민간항공협약」제12조에 의하면, "공해상공에서" 모든 체약국의 항공기는 동 협약에 의하여 설정된 항공규칙을 준수하도록 규정하고 있다. 동 협약 제38조는 "영공에서" 체약국은 ICAO규칙과 다른 항공규칙을 설정하여 시행할 수 있는 것으로 규정하고 있다. 여기서 문제는, EEZ의 상공에서 연안국은 ICAO규칙과 상이한 항공규칙을 제정, 시행할 수 있겠는가? 하는 것이다.

EEZ 범위 내에 통상적으로 포함되는 국제해협이나 군도수역의 경우를 보면, 영해인 국제해협의 상공을 통과하는 항공기는 ICAO규칙을 준수하도록 규정되어 있다.(협약 제39조 3항) 또, 군도수역을 비행하는 항공기도 역시 ICAO규칙의 적용을 받는다.(협약 제53조 8항) 그러므로 원칙적으로 공공(公空)이 되어야 하는 EEZ의 상공에서도 연안국은 ICAO규칙과 상이한 항공규칙을 시행할 수 없다고 보아야 한다. 다만, 연안국이 인공도서를 설치하고 여기에 비행장을 건설해서 사용중인 때, 그러한 공항의 특수한 조건 때문에 국제적 표준이나 절차와 차이가 있는 항공규칙이나 방식을 채용하는 것이 필요한 경우에는 ICAO에 이를 통보하고 그러한 규칙이나 방식을 적용할 수 있다고 본다.(시카고협약 제38조)

(3) 해저전선 및 관선부설의 자유

모든 국가는 연안국의 EEZ내에서 해저전선과 관선 부설의 자유를 갖는다.(협약 제58조 1항) 이에는 항해의 자유에 관하여 설명한 것과 같아서, 이 자유와 관련하여 그 운용 등에 관한 해양사용의 자유가 부수적으로 인정된다. 유엔해양법협약 제7장 공해제도의 규정 중에 제112조에서 제115조까지가 이 자유의 중요한 내용이 될 것이다.

본래 경제수역의 해저, 하층토는 대륙붕제도의 적용을 받을 것이므로,(협약 제56조 3항) 해저에 부설될 해저전선과 관선에 관하여는 유엔해양법협약 제79조(대륙붕에서의 해저전선과 관선)가 그대로 적용된다고 보아야 한다. 연안국은 그 경제수역 내에서 행사하는 어떤 주권적 권리나 관할권에 의해서도 그 수역 내에 해저전선 또는 관선을 부설하거나 유지하는 것을 방해할 수 없다.(협약 제79조 2항) 그러나 해저전선의 경로 획정에는 연안국의 동의를 얻어야 한다.(동조 3항) 반면에 연안국은 그 영토나 영해로 진입하는 해저전선 및 관선의 부설에 대하여 일정한 조건을 설정할 권한이 있으며, 경제수역내에 연안국이 건설한 인공도서나 시설 및 구조물을 위하여 부설, 운영되는 해저전선과 도관에 관한 관할권을 행사할 수 있다.(4항)

2. 타국의 의무

연안국의 EEZ내에서 타국은 어떠한 의무를 가지는가? 하는 문제에 관하여 협약에는 아주 포괄적인 규정 밖에 없다. 즉, 모든 국가들은 연안국의 EEZ내에서 「협약

」상의 권리행사를 함에 있어서 연안국이 제정한 법령을 준수하여야 한다.(협약 제58조 3항) 물론 이 연안국의 법령은 유엔해양법협약 및 기타 국제법규칙에 모순되지 않는 것이어야 한다. 그런데 타국의 입장에서 법령준수의무라고 하면, 연안국의 입장에서는 법령제정권 및 법령시행권이 된다고 볼 수 있으므로 여기서는 연안국의 법령제정권, 법령시행권과 타국 군사활동규제권의 내용과 범위를 보기로 한다.

(1) 연안국의 법령제정권 및 시행권

가. 생물자원 보존 관리를 위한 연안국의 법령제정권

연안국의 EEZ내에서 어로행위를 하는 타국의 어선과 국민은 연안국의 법령에 의하여 수립된 자원 보존조치와 그 밖의 조건을 준수하여야 한다. 그러나 연안국의 법령은 유엔 해양법협약이 정하는 기준과 내용에 부합되는 것이어야 한다. (협약 제62조 4항)

협약 제62조 4항에서 열거하고 있는 이 연안국의 법령제정권의 범위와 대상은 규정의 형태로 보아[125], 한정적(限定的)인 열거(列擧)라기 보다는 예시적(例示的) 기준(基準)이라고 볼 수 밖에 없다. 그리고 이는 연안국 내국민과 입어(入漁)하는 타국의 어선 및 어부들에게 똑같이 적용될 생물자원의 보존과 관리에 관련된 입법사항 (제62조 4항, b, c, d, e, f.)과 연안국 EEZ 내에서 그 잉여허용어획량의 개발에 참여하는 타국의 어선 및 어부들에게 적용될 규제기준과 조건들 (동 a, g, h, i, j.)로 구분될 수 있다.[126]

「1」 입어료(入漁料)의 부과(협약 제62조 4항 a호)

위 연안국의 입법사항 중에서 중요한 것은 타국의 입어에 대한 입어료(入漁料: payment of fees and other forms of remuneration)의 부과(賦課)이다. (협약 제62조 4항 a호) 왜냐하면 연안국의 EEZ내에서 타국의 조업을 허가하는 가장 기본적인 대상적(代償的) 조건은 언제나 일정한 입어료의 납부가 될 것이기 때문이다. 그러나 유엔해양법 협약에서는 이 입어료의 부과에 대해서 어떤 구체적인 기준도 규정해 놓고 있지않다. 다만 연안국은 타국의 권리에 대하여 적정한 고려 (due regards)를 해야할 의무가 있고 (협약 제56조 2항), 연안국의 법령은 유엔해양법 협약에 부합하는 한도 안에서 제정되고 시행되어야 한다 (협약 제62조 4항)는 일반적인 제약만이 있을 뿐이다.

입어료(入漁料)란 외국 어선이 연안국의 EEZ 내에서 잡는 수산물의 대가(代價)인

---

[125] inter alia 라는 표현이 들어 있다.
[126] M Dhamani, op.cit., p. 82.

가? 어떤 경우에도 그렇게 보아서는 안될 것이다. 오히려 그 어장(漁場)에 대한 해양 과학적 조사와 생물자원 보존 및 관리를 위한 제반 비용 그리고 타국의 입어를 허용하는 제도 전체를 운용하는 데에 드는 행정적 비용들에 대한 포괄적 요금(料金)으로 파악되고 있다.[127]

입어료는 그 수역에 입어하는 모든 타국의 어선들에 대하여 차별 없이 평등하게 부과되어야 하며[128] 합리적 수준을 벗어나는 고율의 요금으로 부과되어서도 않될 것이다. 다만 그 연안국이 개발도상국인 경우에 수산업에 관련된 금융, 장비 및 기술 분야의 발전을 위한 적절한 보상을 위한 요금을 이 입어료에 포함시킬 수 있다고 본다.(협약 제62조 4항 a호 후단)[129]

입어료는 동종의 어로작업, 또는 어선의 종류에 따라 일정하게 부과될 수 있다. 입어료가 어선의 크기(tonage)에 비례하는 것은 가능하다고 본다.[130]

입어료는 통상적으로 현금으로 지불된다. 그러나 당사국간의 합의로서 달리 정할 수 있을 것이다.

「2」 입어 어획할당량의 배정

연안국은 입어하는 타국이 어획 가능한 어종(魚種)을 결정하고, 어획할당량(漁獲割當量)을 배정한다. 이는 특정어족, 어족군 또는 일정기간 동안 어선별 어획량으로 지정되거나 특정된 기간동안 일정한 국가의 국민이 어획할 수 있는 양으로 지정된다. (협약 제62조 4항 b호)

이러한 연안국의 입어 어획할당량 배정은 협약 규정으로는 연안국이 일방적으로 결정할 수 있는 것으로 되어있고 실제로 그렇게 하는 경우도 많으나[131] 또 다른 경

---

127) U.S. Fishery conservation and management Act of 1976 (PL 94-265), Sec. 204 [Permits for foreign fishing]

----In determining the level of such fees, the Secretary may take into account the cost of carrying out the provisions of this Act with respect to foreign fishing, including, but not limited to, the cost of fishery conservation and management, fisheries research, administration and enforcement.

128) 그러나 입어(入漁)하는 타국이 개발도상국인 경우에 연안국은 그들의 입어료를 삭감시키는 예는 있을 수 있다. Brazil은 Trinidad and Tobago, Surinam, Barbados 어선들이 그 연안 수역에 입어할 경우 그들에게는 통상적 입어료의 반액만을 지불토록 하고 있다.
D. J. Attard, *The Exclusive Economic Zone in International Law*, (Oxford: Clarendon Press, 1987), p. 174.

129) 1975 Fisheries Convention between Benin/France : 1976 Fishing Agreemnet between Itly/Tunisia : 1976 Fisheries Agreement between Mauritania/Portugal : 1978 Fisheries Agreement between Seychelles/USSR

130) 1977 Fishery Agreement between Mauritania/ Greece, and Portugal.

V. 타국의 권리 의무 401

우에는 그 입어 국가와 협의로 결정하는 예도 많다.132)

입어 어획할당량의 배정은 일년(一年)을 기준으로 하는 것이 보통이나, 예상하지 못한 사정의 변경을 대비하여 입어량 할당 적용기간은 연안국 자신이 변경할 수 있는 것으로 정하는 경우도 많다. 연안국은 입어 어획할당량 배정에 부수하여 입어할 동에 참가할 어선의 수(數), 유형 및 크기 등을 제한할 수 있으며, 어로기, 어로수역, 어구의 종류, 크기 및 량 등도 제한할 수 있다. (협약 제62조 4항 c호) 어획가능 어종(魚種), 그 나이(年齡) 및 크기를 지정할 수 있는 것은 물론이다. (협약 제62조 4항 d호) 입어하는 외국의 어선은 어획량, 어업활동 통계자료 및 함의 위치 등을 보고할 의무가 부과된다.(협약 제62조 4항 e호) 때로는 연안국이 주제하는 해양과학조사 연구계획에 의거하여 이러한 어업조사활동을 수행할 것이 외국 어선에게 요구될 수도 있다. 이를 위하여 어획물의 표본작성, 표본 처리, 관련 과학조사자료의 보고 등을 포함한 조사활동이 규제된다.(협약 제62조 4항 f호)

「3」 감시(監視)

연안국은 타국이 그 EEZ내에서 입어 활동을 할 때 그 타국 어선에 감시원이나 훈련수련생을 탑승시킬 수 있다.(협약 제62조 4항 g호)

나. 연안국의 법령시행권

「1」 생물자원 보존관리를 위한 법령시행권

배타적 경제수역 내에서 연안국은 생물자원에 관한 그 주권적 권리를 행사하기 위하여 자국의 법령을 시행할 권한을 갖는다.(협약 제73조) 연안국은 법령집행을 위하여 혐의선박을 정선, 승선검색 및 나포할 수 있고, 혐의자를 체포할 수 있다. 또 이러한 법령위반의 처벌을 위해 필요한 사법절차(司法節次)를 진행시킬 수 있다.(협약 제73조 1항) 나포된 선박과 인원은 합리적인 양의 보석금이나 그 밖의 보증금을 예치시킨 후에 즉시 석방해야만 한다.(협약 제73조 2항) 만일 이러한 석방조치가 부당하게 지연될 경우에 그리고 관련 당사국이 모두 협약의 당사국인 때, 이러한 석방 지연은 해양법재판소에 제소될 수 있다.133)(협약 제292조) 배타적 경제수역내의 어업법령위반에 대한 연안국의 형벌은 금고나 기타 다른 형태의 체형을 가할 수 없

---

131) Fiji(1977), Grenada(1978), New Zealand(1977), Australia(1978), Canda(1971), U.S.(1976), etc. D. J. Attard, op.cit., p. 174. Note. 223.
132) Norway/Finland (1976), EEC/Sweden (1977), Canada/Cuba (1977). D. J. Attard, op.cit., Note. 224.
133) 역류일로부터 10일 이내에, 제소할 재판소에 관한 별도의 합의가 있으면 그 합의된 재판소에 제소한다.

다.(협약 제73조 3항) 그러나, 협약의 이러한 원칙은 각국의 입법적 관행에서는 그다지 잘 준수되고 있지 아니한다.[134](도표 7-7 참조) 연안국은 외국선박을 나포하거나 억류하였을 경우에는 즉시 적절한 경로를 통하여 그 기국에 이러한 사실을 통보하여야 한다.(동 4항) 연안국은 위반선박의 나포를 위해서 필요한 경우에 배타적 경제수역 밖의 해역으로까지 추적권을 행사할 수 있다.(협약 제111조) 그러나 이러한 추적권은 타국의 영해 이내로까지 계속될 수는 없다.(협약 제111조 3항)

소하성 어종이나 고도회유성 어종의 보존과 관리를 위해 연안국의 200해리 배타적 경제수역 밖의 해역에서 실시할 경우에는 연안국과 관계국—소하성 어종의 기원국, 어획국, 고도회유성 어종의 보호국 등—들은 이러한 어로규제문제에 관한 협의를 실시하여 합의된 협약의 규정에 의거하여야 한다.(협약 제64조, 제66조)

〈도표 7-7〉 EEZ내 법령위반에 체형을 부과한 국내입법

Antigua & Barbuda	Bangladesh	Barbados
Burma	Cape Verde	Grenada
Guinea-Bissau	Guyana	India
Maldives	Mauritius	Ninue
Nigeria	Parkistan	Philippines
Portugal	Seychelles	Surinam
U.S.A.	Vanatu	Yemen, PDR

둘 이상의 연안국의 EEZ에 걸쳐서 서식하거나, 하나의 EEZ와 그 수역 밖에 인접한 공해수역에 걸쳐서 서식하는 어종의 관리를 위해서도 관계국과 관련 지역국제조직 등이 협의하여 타결한 협약에 의거해서 어로규제를 실시해야 한다.(협약 제63조) 그러나 협약의 이 원칙도 국내입법에서는 존중되고 있는 것 같지는 않다.[135]

---

134) 미국의 1976년 「어업보존관리법」에서는 동 법령위반에 대하여 6개월에서 10년 이하의 금고형을 규정하고 있다. U.S. Fisheries Conservation and Management Act of 1976. Sec. 309(b) Criminal Offenses PL 94-265; 70 AJIL 624(1976) at 650. 그 밖에 국내입법에서 금고징역 등 체형을 규정하고 있는 나라는 20개국이나 된다.
U.S. Dep. of State, Geographic Research Study(No. 20, Oct. 21, 1985)
135) 미국은, 소하성 어종에 관하여, 미국의 200해리 어업보존수역 이원(以遠)에 대한 규제는 그 이원수역이 "미국이 인정한" 타국의 EEZ나 어업수역으로 중첩되지 않는 한, 아무 조건없이 계속해서 미국 국내법(즉, 1976년 「어업보존관리법」)에 의한 어로규제를 하는 것으로 규정해 놓고 있다.
U.S. Fisheries Conservation and Management Act of 2976. Sec. 102(2) Exclusive Fishery Management Authority 70 *AJIL*(1976) at 629.

「2」 생물자원보존 이외의 법령시행권

유엔해양법협약은 EEZ내에서 연안국의 생물자원보존, 관리를 위한 법령의 시행권에 관하여 위와 같이 상세한 규정을 두고 있다.(협약 제73조) 그러나 EEZ내에서 연안국이 갖는 권한은 생물자원에 관한 것에 국한되어 있지 않으므로 다른 연안국 법령의 시행에 대해서도 좀더 구체적인 규정이 있어야 할 것이나, 제73조 1항 이외에는 구체적 규정이 없다. 이는 "입법적 흠결"로 지적할 수 있다고 생각된다.

연안국의 관할권 중에 해양환경의 보호, 보존에 관해서만은 제214조, 제216조, 제220조 및 제235조 등에서 연안국의 법령시행권을 잘 규정해 놓고 있다. 그러나, 예컨대 인공도서, 시설 및 구조물에 관하여, 연안국은 관세, 재정, 위생 및 안전과 출입국관리 등을 포함한 배타적 관할권을 갖는 바,(협약 제60조 2항) 이 배타적 관할권에는 최소한 접속수역에서의 그것과 같은 "필요한 통제권"(협약 제33조 1항 참조)도 포함되는 것인지 분명치 않다.

또 해양의 과학적 조사에 관해서, 타국의 조사활동이 연안국에 통보된 정보에 따라서 수행되고 있지 않거나 과학조사활동의 참여보장이나 견본제출 등의 조건을 이행치 않은 경우에 연안국은 이러한 조사활동의 정지나 중지를 요구할 수 있다.(제253조) 이때에도 조사활동이 통보된 정보에 따라 수행되고 있는지의 여부를 확인하고 필요한 증거를 확보하기 위해서는 해양조사선박을 임검, 승선검사, 구인, 나포할 수 있는 시행권이 연안국측에 부여되어 있어야만 한다. 그러나 협약상 이러한 시행권에 관해서 규정된 바는 없다.

영해제도에서 연안국의 법령시행권을 규정한 것은 일반적인 연안국 보호권을 정한 제25조와 연안국 법령을 위반한 타국군함의 퇴거요구권을 명시한 제30조이다. 그러나 EEZ에서는 타국군함이 연안국의 법령을 위반한 군함에 퇴거를 요구할 권한이 연안국에 명시적으로 부여되어 있지 아니하다. 따라서 타국의 EEZ에서 군함은 그 연안국의 법령을 위반하였다는 이유만으로는 퇴거당하지 아니하며, 그 EEZ내에서 계속적인 항해의 자유와 이와 연관된 해양사용의 자유를 가진다. 즉, 유엔해양법협약상 EEZ내에서 연안국의 입장은 이런 경우에 실로 무력하다.

간혹 연안국 중에는, EEZ에서의 연안국의 주권적 권리(sovereign right)의 당연한 부수적 내용으로서 그 국내법령을 위반한 타국의 군함을 축출할 권한과 기능이 있는 것으로 전제하고 특별한 안보적 권한을 국내법령으로 규정하거나 선언한 나라들이 있다.[136] 그러나 이는 협약규정상 연안국의 권한을 일탈하는 것이 될 것이다.

---

[136] Bangladesh, Burma, Cambodia, Haiti, India, Pakistan, Sri Lanka, Vietnam, PDR Yemen.
 A. V. Lowe, "Some Legal problems arising from the use of the seas for military purposes", *Marine Policy* Vol. 10. No. 3(July 1986) p.181.; *Geographic Research Study*, p. 25.

결국 연안국의 국내법령을 의도적으로 집요하게 위반하는 타국군함이나 정부선박에 대하여는 유엔헌장 제51조에 규정된 바, "자위권"의 범위 내에서 실력으로 이를 배제시킬 수 밖에 없을 것이다.

모든 국가는 타국 EEZ내에서의 권리행사와 의무 이행에 있어서 연안국의 권리와 의무를 정당히 고려해야 하고 EEZ제도의 취지와 모순되지 않는 한, 본 협약과 국제법규칙에 따라 제정된 연안국의 법령을 준수해야 한다.(제58조 3항) 이 조항을 근거로 연안국은 광범위한 법령시행권을 갖는 것으로 해석할 수도 있다. 그러나 연안국측의 권리행사 범위의 일탈을 방지하고 타국과의 분쟁을 방지하기 위해서 제73조 1항과 같은 규정을 생물자원에 관한 법령에 국한하지 말고 연안국의 모든 EEZ 관련 법령에 포괄적으로 적용토록 함이 바람직했을 것이다.

(2) EEZ내에서의 타국 군사활동 규제

가. 군사활동의 허용한계

일반적으로 EEZ내에서 타국의 군사목적 활동으로는 군함의 기동, 무기의 발사, 항공기의 발진, 착함, 군사장비의 해면, 수중 설비 등을 생각할 수 있다.

Cape Verde, Uruguay 등도 「해양법협약」에 서명 시에 군함의 기동이나 무기의 연습은 사전허가 없이 EEZ에서 금지된다는 뜻의 「선언」을 한 바 있다.137) 이들 국가의 입장에서는, EEZ내의 타국의 군사목적 활동은 원칙적으로 금지된다고 보게 될 것이다. 반면에 Italy는 이와 같은 입장을 반대하고, 연안국은 그 EEZ내에서 타국군함의 군사연습 및 기동 등 활동에 사전허가나 통고를 요구할 수 없음을 강조하고 있다.138) 유엔해양법협약 제58조 1항에서 보장하는 항행의 자유의 범위 속에 군함의 군사기동훈련 등이 당연히 포함되야 한다고 보는 유력한 견해가 있음은 앞서 지적한 바 있으나,139) 무기의 발사나 항공기의 발진, 착함 등에 이르러서는 제58조 1항의 "항행의 자유" 속에 포함시키기 어려운 경우가 있을 수 있음은 짐작하기 어렵지 아니하다.140)

---

137) U.N. Law of the Sea Bulletin, Vol. 5, July 1985, pp. 6~7.

138) ⋯the coastal States does not enjoy residual rights in the exclusive economic zone. In particular, the rights and jurisdiction of the coastal States in such do not include the rights to obtain notification of military exercises of manoeuvres or to authorizes them.

U.N. Multilateral Treaies Deposited with the Secretary-General, Status as at 31 December 1990(New York, 1991), p. 779.

139) D.P.O'Connell, op.cit., pp.577~78.
UNCLOS III President T.T.B. Koh's Comment.

140) 항공모함의 경우, 방어적인 대잠 음탐 buoy를 띄우고 헬리콥터 경계진을 발진시키는 것은 통상

나. 수중대잠장비(水中對潛裝備)의 설치

특히 연안국의 EEZ내에 타국이 군사장비를 설치할 수 있는가? 하는 문제는 일찌기 제3차 유엔해양법회의에서도 많은 논의가 있었다. SOSUS 등 대잠장비(Anti-Submarine-Warfare Sonar Array)를 해양에 설치하고[141] 이를 연안 감시기지에 관선으로 연결한 경우에, 또는 기타 군사장비를 해면, 수중에 설치한 경우에, 이들은 결국 제58조 1항에서 보장하고 있는 항행의 자유, 해저전선 및 관선부설의 자유 또는 그와 관련된 해양사용자유권에 속할 수 있으므로 이러한 군사장비의 타국 EEZ내 설치는 적법하다는 견해가 있다.[142] 그러나 군사장비의 설치행위가 언제나 유엔해양법협약 제58조 1항에 규정된 항행의 자유, 해저전선 부설의 자유나 그 관련된 해양사용자유의 범위 내에 포괄될 수 있다고는 말하기 어렵다. 왜냐하면, 대잠용 sonar array를 연결한 전선은, 통신용 전선 및 전원 Cable을 대상으로 하는 제58조 1항의 해저전선, 관선부설의 자유권의 대상에 포함시킬 수 없기 때문이다.[143]

본래, 유엔해양법협약에서 인공도서, 시설 및 구조물에 관한 연안국의 권리를 규정할 때, 1958년 제네바 대륙붕협약의 관련규정(제5조 2항)에서 유래한 이 권한을 포함시키면서 종래의 "장비"(devices)란 용어를 "구조물"(structure)로 고친 이유는, 특정의 작동이나 기능적 특성을 전제로 하지 않는 인공물까지를 모두 확대하여 포괄시키려는 의도에서 비롯된 것이기 때문에,[144] Tullio Treves의 견해와 같이 군사"장비"는 "구조물"의 범위에 들어갈 수 없으므로 인공도서 및 시설, 구조물에 관한 연안국의 배타적 관할권의 대상이 되지 않는다는 이론은 성립되지 않는다.

결국 협약에 명문의 규정이 없을 때는 유엔해양법협약 제59조에 의한 기준, 즉 전체로서의 국제사회의 이익, 관련당사국의 이해(利害) 관련성의 중요도, 그리고 형평의 원칙 등에 의거하여 판단할 수 밖에는 도리가 없을 것이다.

적인 항행에 부수되는 행위로서 연안국의 EEZ내에서의 권한에 저촉되지 아니한다고 주장하는 설이 있다.

Bruce Harlow, Rear Admiral, JAGC,USN., "Comment", *Law & Comtemporary Problems* R. C. Maxwell & H. B. Robertson ed., School of Law, Duke Univ. Vol. 46. No. 2. Spring, 1983., p. 134.

141) SOSUS system : 여러개의 수중음향송수신 장치(hydro-transducer)를 수중에 연결하고 이를 해저 또는 대륙붕에 고정시킨 다음 이들 신호를 수신할 수 있는 도선을 육상 감시기지에 연결토록 되어 있다.
142) Tullio Traves, "Military Installations, Structures and Devices on the Seabed", 74 *AJIL* (1980) at 808, 841.
143) ILC Commentary, reprinted in 4 M.Whiteman, *Digest of International Law* 547-48 (1965); Rex J. Zedalis, "Military Installations Structures, and Devices on the Continental Shelf; A Response", 75 *AJIL*(1981), pp. 927~28. note. 11.
144) Ibid., pp.930~31.

VI. 한국과 배타적 경제수역

1. 개 관

한국은 1970년대 EEZ제도가 처음으로 논의되고 주장될 때 신중하게 유보적 입장을 고수한 유일한 개발도상국이었다. 그것은 1970년대에 모처럼 급신장을 보이기 시작한 한국 원양어선단의 이익을 보호하기 위한 것과 그밖에 미국, 일본과의 외교적, 정치적 관계에 기인하는 것이었다. 어찌됐든 한국이 200해리 경제수역제도와 관련하여 복잡한 국가이익을 갖고 있음은 처음부터 명백하였다.

그리고 이보다 더욱 명백한 것은 좁은 육지 영토(98,000km²)와 빈약한 부존자원을 가진 한국으로서는 등거리 원칙에 의거 개략적으로 추정해도 육지영토의 3.9배가 넘을 EEZ의 자원활용은 절대로 천연(遷延)될 수 없는 국가적인 과제라고 하는 사실이다.(도표 7-8 참조) 한편 중국을 제외한 모든 한국의 주변국가들도 1970년대에 이미 모두 200해리 관할수역제도를 채택하였다.(도표 7-9 참조)

〈도표 7-8〉 해양관할수역의 면적

관 할 수 역	남 한	북 한	계
내 수	37,720.9	23,006.6	60,727.5
영 해	48,117.5	23,126.2	71,243.7
배타적 경제수역	286,542.7	97,718.0	384,260.7
관할수역 합계면적	372,381.1	143,850.8	516,231.9

자료제공, 한국해양수산개발원, 해양정책부 (1998년 2월 5일)

〈도표 7-9〉 한국 주변국가의 200해리 관할수역 선포현황

國 家	管 轄 水 域	施 行 日 字	面 積(nm²)
日 本	漁業保存水域	1977.7.1.	1,126,000.
美 國	EFZ-EEZ	1977.3.1-1988.3.10.	2,831,400.
러시아(舊 소련)	EFZ-EEZ	1977.3.-1984.3	1,309,500.
인 도 네 시 아	EEZ	1980.3.21.	1,577,300.
北 韓	EEZ	1977.8.1.	37,800.
필 리 핀	EEZ	1979.11.6.	520,700.

사실상 한국은 한반도 주변 인접해역에 대한 그들의 권익에 대하여 다른 어떤 주변국가보다 강한 관심과 의욕을 가져온 나라이다. 일찌기 1952년 1월 18일 한국은 「대한민국 인접해양에 대한 주권선언」을 함으로써 한반도 주변 해역에 대한 "주권적 권한"을 이미 선언한 바가 있었다.[145](지도 3-1 참조) 일찍부터 한국정부는 해양자원의 확보와 인접해양에 대한 적법한 권리의 행사를 위하여 200해리 EEZ선포를 신중히 검토해 오고 있었다. 그럼에도 불구하고 한국은 이 제도가 유엔해양법협약의 성립으로 관습 국제법상의 제도로 확정되고 세계 연안국의 거의 전부가 이 200해리 제도를 채택하고 있던 1990년대까지도 EEZ제도를 채택하지 못한 몇 않되는 국가 중의 하나로 남아 있었다. 200해리 배타적 경제수역을 이처럼 쉽사리 채택하지 못한 것은 일본과 중국도 마찬가지 였다.

한국, 일본 및 중국이 이처럼 200해리 EEZ를 쉽사리 채택하지 못하고 있던 데에는 몇가지 이유가 있다.

가장 직접적인 이유는 이들 세나라가 200해리 EEZ를 선포할 주변 해역이 모두 협소한 반폐쇄해인 데다가, (한일간의)독도(獨島) 문제나 (중국 일본간의) 첨각열도(尖閣列島)/조어도(釣魚島) 문제 등 각기 모두 상호간에 예민한 영유권 문제가 있어서 해양 경계를 획정하는 것을 어렵게 하고 있었다는 점일 것이다.

두 번째의 이유는 가장 활동적인 원양조업국으로 급신장한 한국과 중국은 물론이고 본래 원양어업국으로 자처 해온 일본까지 그 인접수역에 200해리 EEZ를 서둘러 선포함이 원해 외국어장에서 조업해야 하는 자신들의 입지에 별 도움이 되지 않는다고 판단한 일면(一面)도 있었다.[146]

세 번째의 이유는, 이들 세 나라의 정책 당국이 한국과 일본간의 「한일 어업협정」과 중국과 일본간의 어업협정 등 종래의 양자적 어업협약들의 체제를 가지고 변화된 어업관계를 이럭저럭 현상유지(現狀維持)시키는 선(線)에서, 다른 예민한 국익의 충돌을 회피할 수 있다고 믿었기 때문이라고 보는 견해가 있다.[147]

생각컨대 위의 두 번째와 세 번째의 이유라는 것은 본래부터 주관적인 것으로서 결정적인 요인은 아니고 첫 번째의 이유가 가장 중요한 것인데 영유권 문제라는 것은 쉽사리 해결될 수가 없는 것인 만큼 한중일(韓中日) 세 나라가 200해리 EEZ제도를 도입, 실시하기 곤란한 사정은 지금에 와서도 조금도 호전(好轉)되지 않았다. 그러나 1994년 11월 유엔해양법협약이 발효된 것을 계기로 이 세 나라는 결국 이 협

---

145) 대한민국 국무원고시 제14호
「大韓民國 隣接海洋에 대한 主權宣言」(1952.1.18), 拙著, 「한반도관련 해양법조약법령집」 (부산:효성출판사, 1998), p.444.
146) 최종화, 「국제해양법강의」, (부산: 태화출판사, 1998), p.108.
147) Ibid.

약에 비준하게 되었으며 첫째로 해양생물자원의 보존관리를 위해 이 새롭게 발전한 해양법 체제의 적용을 더 이상 천연(遷延)시킬 수 없게 되었다는 점, 둘째로 인접한 해양의 지속가능한 개발과 환경보존 등에 있어서 해양법상 법적체제를 조속히 도입, 적용해야 하는 단계에 이르렀다는 점 등의 요인이 이들 세 나라로 하여금 문제가 많은 200해리 EEZ를 결국 실시하도록 강요하였다. 1998년 6월 현재, 한국과 일본 및 중국은 이제 모두 200해리 EEZ제도를 국내법적으로 실시하고 있다.(도표 7-10 참조)

〈도표 7-10〉 한중일(韓中日) 3국의 EEZ법 실시현황

국 가	유엔해양법협약 비준	200해리 EEZ법 실시	
		국내법 공포	시 행
한 국	1996년 1월 29일	배타적 경제수역법 (법5151호) 1996년 8월 8일	EEZ시행일에 관한 규정 (령15145호) 1996년 9월 10일
일 본	1996년 6월 20일	배타적 경제수역 및 대륙붕에 관한 법률 (법74호) 1996년 6월 14일	부칙 제1조, 1996년 7월 20일
중 국	1996년 6월 7일	중화인민공화국의 배타적경제수역 및 대륙붕에 관한 법률	1998년 6월 26일 전인대 상무위통과 중국주석의 공포, 동일자 발효

EEZ에 관한 국내법만을 만들었다고 해서 한중일(韓中日) 3국의 상호간 어려운 문제들이 저절로 해결되는 것은 아닙니다. 이 경제수역 제도의 적용으로 말미암아 결국 이 좁은 해양구역은 모두 연안국들의 주권적 관할수역으로 분할되게 되므로 당연히 경계획정 문제가 대두(擡頭)될 수 밖에 없다. 그런데 이들 한중일(韓中日) 3국은 서로 각기 영유권의 주장이 대립되고 있는 분쟁 도서(島嶼)를 갖고 있다. 영유권 분쟁을 내포한 수역에서 주권적 해양관할범위의 경계를 획정하는 문제는 국가 영역권의 범위를 정하는 문제가 되는 것이므로 언제나 그 해결은 쉽지 않다.

최근에 한중일(韓中日) 3국은 경계획정 문제를 따로 정하기로 하고, 우선 어업협력에 관한 양자간 협정을 각기 체결하였다.

〈도표 7-11〉 한중일 3국의 어업협정 체결 현황

일중간 어업협정	1997. 9. 3. 합의	1997. 11. 가서명
한일간 어업협정	1998. 9. 25. 합의	1998. 10. 8. 가서명
한중간 어업협정	1998. 11. 4. 합의	1998. 11. 11. 가서명

이들 3개의 어업협정은 모두 아직 비준 절차를 남기고 있다. 그리고 이들은 모두 잠정협정이라는 성격을 갖는다. 특히 한중(韓中)간의 어업협정은 해양협력분야에 대한 양국간의 최초의 협정이다. 일중(日中)간에는 1975년 일중(日中)어업협정이 아직 유효하나, 이 새 어업협정의 발효로 구협정은 실효(失效)된다. 한일(韓日)간에는 1965년 어업협정이 아직 유효하나, 지난 1월, 일본의 일방적인 종료통고가 있었

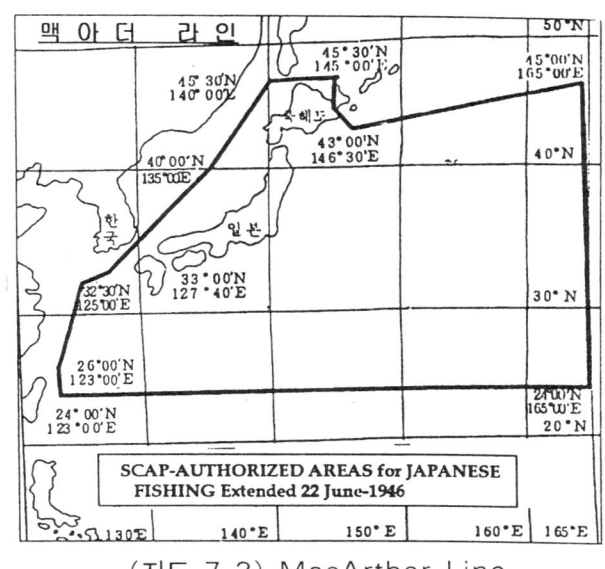

(지도 7-3) MacArther Line

으므로 새 어업협정의 발효와는 관계없이 1999년 1월 23일에 이 구어업협정은 실효(失效)된다.

한중(韓中)간의 어업협정이 성립되므로서 한중일(韓中日) 3국간에 쌍무적인 어업협력의 체계가 처음으로 완성되었다고 볼 수 있다. 이러한 쌍무적 합의들을 기초로 3국의 다자간 협력체계가 완성되어야만 비로소 한반도 주변의 반폐쇄해들에 있어서 생물자원의 보존과 관리가 가능하게 될 것이다. 그러나 후술하는 바와 같이 한일간의 어업협정에는 중대한 법적인 문제가 연계되어 있어서 한국의 영역주권을 존중하는 내용으로 다시 재협상되어야 하므로 한중일 3국간의 어업협력 문제는 아직도 많은 문제와 숙제를 안고 있다고 보아야 한다.

이 동북아 지역 발전의 주역(主役)을 맡고 있는 세 나라, 즉 한국, 일본 및 중국은 서로간의 관계에 있어서 대단히 불행하고 아픈 과거를 갖고 있다. 그러나 21세기의 시작을 눈앞에 두고 있는 지금, 지구 상에서 가장 역동적(力動的)인 지역인 이 동북아의 발전을 위해 주된 역할을 맡아야 할 이 세 나라는 소모적인 경쟁과 대립을 지양하고 효율적이고 합리적인 상호 협력관계를 모색해 나가야 할 것이다. 따라서 해양자원의 개발과 해양이용활동의 발전을 위한 기초적인 전제가 되는 법적인 협력 체계는 가장 공정하고 정의로운 기준에 의하여 현명하게 타결되어야만 한다.

일단 해양에 관한 새로운 법제도가 정착되면 앞으로는 그러한 법적 "틀" 위에서 국가 간의 바다에 관한 이해(利害)가 진행, 조정될 것이므로 이 동북아 지역에서 해양경계문제나 해양자원 개발협력의 구조가 어떻게 타결, 합의되는가 하는 것은 이제

곧 시작되는 21세기에 이들 다루기 어려운 인접국(隣接國)들과 더불어 한국이 어느 만큼 국가적 발전을 이룩할 수 있는가 하는 문제의 관건(關鍵)이 된다고 볼 수 있다.

본 장에서는 한국을 중심으로한 한중일(韓中日)간 200해리 EEZ제도의 도입과 실시에 따르는 문제점들을 간략히 정리해 보고자 한다.

2. 한국과 일본간의 어업협력 문제

(1) 한일어업협정

가. 1965년「한일어업협정」체결의 배경(背景)과 경과(經過)

특히 동해(東海)를 가운데 두고 대향(對向)하는 위치에서 해양문제에 관한 한, 한국과 일본은 복잡하고 어려운 관계를 이룩해 오고 있다. 1965년「한일어업협정」체결의 경과(經過)는 이러한 양국간의 어려운 관계를 극명하게 보여주는 예라고 할 수 있다.

미국은 2차대전 종결 이후의 질서를 계획하고 조율함에 있어서, 태평양지역에서 과도한 어로(漁撈)활동을 벌일 일본을 자제(自制)시키는 일이 중요한 과제로 되어 있었다. 미국은 일본의 무조건 항복을 받아드린 당일(1945년 9월 2일), 패전국 일본을 관리하는 최초의 조치로서 일본의 어업활동을 일본 본토 주변으로 한정하기 위하여 Mac Arthur Line을 선포하였다.148) 한국은 이 조치의 시행주체도 규제대상도 아니었지만 그 반사적 효과를 십분 활용하여 Mac Arther Line의 서쪽 경계선

(지도 7-4) 한일 어업협정도

을 월선하여 조업하는 모든 일본어선에 대한 어업 규제(規制)와 나포(拿捕)를 강행하

---

148) M. Whiteman ed.,*Digest of International Law*, Vol.Ⅳ (1964), p.1185.
  Mac Arther Line;동경의 연합군 총사령부(SCAP)가 일본주변해역에 설정한 어업한계선이다.(1945년 9월 2일 설정, 1946년 6월 22일 개정됨) 이는 대일 강화조약의 성립에 따라 1952년 4월 28일자로 폐기되었다. Ralph W.Johnson,"the Japan-United States Salmon Conflict," 43 *Washington Law Review* (1967) 43.

였다. 연합국과 일본 간에 San Francisco 평화협정이 타결되어 연합군 최고사령부의 한시적 조치였던 이 Mac Arther Line이 실효(失效)하게되자, 한국은 Truman 미국 대통령의 대륙붕 선언과 남미 제국들의 연안해 관할선언들의 전례(前例)를 좇아서 한반도 주변 해역에 대한 주권적 관할권을 선언하였다.(이른 바 「평화선 선언」)

1952년 1월 18일 한국이 선포 시행한 이 「대한민국 인접해양의 주권선언」은 형식상으로 반드시 일본만을 대상으로 한 조치는 아니었다. 그러나 실질적으로 1952년 4월 28일 San Francisco 대일강화조약의 발효로 인하여 철회(撤回)되기로 된 Mac Arther Line 대신에 일본어선을 규제하겠다는 의도가 있었으므로[149] 이 선언에 대한 일본의 반발은 예상된 것이었다. 더우기 소위 이 「평화선」 안쪽 수역에는 독도(獨島)가 포함되어 있어서 독도영유권에 관한 한국과 일본간의 공식적인 분쟁이 여기서 비롯되기도 하였다.

한국과 일본은 1952년 2월부터 양국간의 관계를 정상화하고 현안문제들을 해결키 위한 한일회담을 계속하여 왔으나[150] 합의점이 타결되지 않다가 1960년 이후 합의 타결을 위한 한국측의 획기적 노력과 양보로 1965년 6월 22일 한일회담이 시작된지 약 14년 만에야 비로소 소위 「한일 기본관계협약」과 함께 「한일어업협정」을 성립시킨 바가 있다. 일본은 결국 1965년 한국과 일본 간에 한일 어업협정이 타결되므로서 일본 어선의 한국 측 수역에서의 조업을 막고있던 이 「평화선 선언」의 적용을 실질적으로 배제(排除)할 수 있게 되었다.

나. 1965년 「한일어업협정」의 내용

1965년 「한일어업협정」에 의하면, 한국과 일본은 각국 연안 12해리를 「어업전관수역」으로 하고 이 수역 안에서는 그 연안국이 전속적(專屬的)으로 어로(漁撈)를 하는 것으로 하되 그 나머지 수역에서는 사실상 「공해자유의 원칙」에 입각한 자유로운 어로가 보장되게 되었다. 다만 한반도 주변수역의 일정 범위를 「공동규제수역」으로 정하고 이 「공동규제수역」에서는 각국이 공히 16만 5천톤을 어획하는 것으로 약속한 것이다.(도표 7-12 참조) 「공동규제수역」에서의 어로규제 방식은 그 단속권과 재판관할권을 어선이 속하는 체약국만이 전속적으로 갖도록 하는 이른 바 「기국주의(旗

---

[149] 한국정부는 1952년 10월, 포획심판령(대통령긴급명령 12호 및 대통령령 제703호)에 의거 포획심판소를 개설하고 평화선을 침범하는 일본 어선을 강력히 단속하였다.
[150] 한일회담 중에서도 특히 "한일(韓日)간의 어업에 관한 합의"에 관하여는 1952년 대일평화조약 제9조와 21조에 규정된 *pactum de contrahando*조항에 의거 해서, 협정 체결의 의무가 양국 간에 존재한다.
정일영, "序說. 한일회담 14년의 재조명,"정일영, 박춘호,「韓日關係 國際法 問題」,(서울:백상재단, 1998), p.37.

國主義)」로 하여 기본적으로 공해 어로(公海 漁撈)의 틀을 유지하였다.

「한일어업협정」은 본문 10개조, 1개 부속서, 4개의 의사록과 4개의 교환공문으로 구성된다. 본 협약에 관련하여 조업안전과 질서유지에 관한 부속 민간협정이 있다. 「한일어업협정」은 발효 후 5년간 유효하고 그 후에도 계속 유효하되, 당사국 일방이 종결의 의사를 통고한 날로부터 1년후에 자동 폐기된다.(동 제10조 2항) 이 협약은 1965년 12월 18일 발효되었다.

다. 1965년 「한일어업협정」의 성격과 문제점

1965년 「한일어업협정」은 한국으로 보면 일방적으로 불리한 일종의 불평등 조약이라고 까지 비판되었으나 당시의 한국 군사정부가 국가 경제를 부흥시킴에 있어서 필요 불가결하다고 판단한 일본과의 관계강화와 재정적 지원을 얻어내는데 가교(架橋) 역할을 하였다고 보면 나름대로의 역사적인 역할을 해낸 것으로 평가될 수 있다. 그러나 이 협정은 체결된 당시에 이미 여러 가지 문제점을 내포하고 있었다.

〈도표 7-12〉 1965년 韓日 漁業協定上 共同規制水域內의 漁撈規程

어업형태	어선의 크기	隻數限度	網目크기	漁燈의 光力	許容漁獲量 限度
50톤 미만의 底引網 어업	50톤 미만	115척	33mm 이상	-	1만톤
50톤 이상의 底引網 어업	트롤선 100~550톤, 트롤선이 아닌 것 30~170톤	(11월1일~4월30일) 270척 (5월1일~10월31일) 100척	54mm이상	-	3만톤
旋網어업	40~100톤	(1월16일~5월15일) 60통 (5월16일~1월15일) 120통	30mm이상	10Kw 2개와 1개 총 27.5Kw미만	11만톤
60톤 이상의 고등어 낚시 어업	60~100톤	(6월1일~12월31일) 16척		10Kw 미만	
비 고	15만톤의 어획량을 초과시는 각기 165,000톤을 한도로 한다				

「어업전관수역」은 이론상 일본에 대해서도 그 연안 12해리 범위의 수역으로 간주되고 있었으나 당시 무동력선(無動力船)이 주로 되어 있던 한국 어선이 일본의 전관수역 근해에 까지 가서 조업한다는 것은 불가능한 것이기 때문에 일본의 전관수역 범위는 큰 문제가 되지 않았다. 「전관수역」의 범위를 12해리로 정하고 있었으나, 이

협약이 체결된 1965년에 이미 "영해 12해리"의 개념은 보편화 되어 있었으며, 1977년에 와서는 한국과 일본은 모두가 12해리 영해를 새로운 영해법의 제정으로 실시하게 됨으로써 이 전관수역 12해리는 벌써 무의미하게 된 것이었다.

물론 「공동규제수역」도 일본측 수역에서는 고려되지 않았고, 한국 주변수역에 대해서만 규정되었다. 이 협약은 사실상 어선의 수, 어선단의 규모 및 장비와 기술면에서 월등히 우세한 당시 일본 어선들이 「한일(韓日) 어업협약」의 발효로 한반도 인근 해역에서 「어로의 자유」를 보장받게 한다는 점을 주된 기능으로 한 것이었다.

「공동규제수역」에서의 단속 방식을 기국주의(旗國主義)로 한것도 한국쪽 수역에서만 설정된 이 공동규제수역에서 당시로서는 연안국인 한국측의 단속권을 배제하기 위한 규정일 뿐이었다.

「공동규제수역」에서의 어획량 배분도 연안국의 우선권은 인정되지 않고 50:50으로만 규정되어 있다. 16만 5천톤이라는 고정적인 어획한도는 본래 양국 공히 급속도로 증가하는 어선 선복량과 어획 능력의 신장 및 어업자원의 수요 증가 등의 요인을 도외시한 불합리한 것이었으며, 또 「한일어업협정」내에 그 제반 규정의 시행을 확보할 수 있는 규제체제가 마련되어 있지 못하였으므로 처음부터 이 어획한도가 협약내용대로 지켜질 수는 없는 것이었다. 특히 일본측의 위반은 극심한 것이어서 고급어종에 치중한 남획(濫獲)은 년간 30만톤을 훨씬 상회하였다.[151]

(2) 1965년 한일어업협정의 개정과 그 배경

가. 「한일어업협정」체결 이후 한반도 주변 어업환경(漁業環境)의 변화

1965년 「한일어업협정」은 본래 1952년 설정되었든 평화선의 효력을 일본에 대하여 실효(失效)시키고 한반도 근해에서 일본인들의 어로(漁撈)를 전면적으로 가능하게 하기 위한 양자적 협정이었으며 당시 한국의 군사정부가 일본으로 부터 경제적 개발에 필요한 자금을 얻어내기 위해서 자발적으로 감수한 명백한 불평등 조약이었다. 그러나 이 「한일어업협정」의 여건(與件)은 시간이 감에 따라 체결 당시와는 많이 다르게 바뀌게 되었다.

이 협정 타결 이후에 전반적으로 한국 어선의 장비와 기술이 발전되었음은 물론이고 정부의 지원을 받아서 급신장한 원양어선단은 북태평양을 중심으로 대형 트롤 어선단이 출어하여 1976년도에는 명태, 대구 가자미 등 약 464,000톤의 어획고를 기록하였다. 그러나 이 북태평양에 진출했든 한국의 원양어선단은 1977년 3월, 쏘련과

---

151) Chung Il. Chee, Problems Arising from the Adoption 200mile EEZ and the Restructuring of current Korea-Japan Fishery Relations(Seoul:IFANS.July. 1979). Contract Reserach 79-02. p.47.

미국의 200해리 어업보존수역의 선포와 그 시행에 따라 이 북태평양 수역에서 축출되게 되었으며, 이들은 대거 일본 북해도 주변수역 어장으로 출어(出漁)하게 되었다.

한국 트롤 어선단의 북해도 주변 수역에서의 조업은 한일 양국간에 어업 분규(紛糾)로 발전하게 되었다. 그것은 당시에 한국 어선들이 일본의 "트롤어선 조업금지선" 안으로까지 진입하여 조업한데서 발단이 되었다. 「한일어업협정」상 일본측 수역에는 공동규제수역의 범위를 특별히 정한 바가 없으므로 당시 일본 정부가 북해도 주변 수역에 정해놓은 "트롤 어업금지선"은 한국 어선에 대해서는 공해자유의 원칙이 적용되는 공해수역(公海水域)일 뿐이었다. 「한일어업협정 합의의사록」(제8항)에는 체약국 간 국내 어업금지수역 등을 상호 존중토록 하는 합의가 있어서 한국과 일본측의 각 국내 금지조치의 내용들이 명시되고 있었으나, 여기에 이 북해도 트롤어업 금지선은 포함되어 있지 않았다.152) 말하자면 한국 트롤 어선단의 북해도 주변 수역에서의 조업은 「한일어업협정」상 적법한 것이었다.

그러나 실제로 한국어선들의 일본 북해도 인근해역에서의 조업은 일본 어민들의 격렬한 반발을 야기시켜, 1979년 무로랑 해역에서는 일본어선 160여척이 한국어선 9척에 돌과 화염병을 던져 공격적으로 어로를 저지하는 "무로랑 사건"이 발생하였다. 양국 어민의 민간 어업협의로 북해도 조업에 관한 어로 분규를 조정(調停)하려 시도하였으나 결국 정부간 교섭으로 이 문제는 다루어지게 되었다.

1978년 10월부터 1979년 12월까지 진행된 양국간의 협의의 결과로 한국은 이른바 「조업자율규제안」을 일본에 제시하였으며 이 안을 기초로 1980년 10월에는 양국간의 합의가 이루어 졌다. 이 합의의 내용을 보면 한국측은 북해도 주변수역 어장에서 한국어선의 조업을 위한 수역범위, 조업시기, 및 척수 등에 관한 자율적 규제를 실시하고, 일본측은 일본어선의 제주도 주변수역에서의 조업에 대해서 이에 상응(相應)한 자율적 규제를 실시한다는 것이었다.153) 이 「상호자율규제 조치」는 그 이후 북해도에서 한국어선의 조업금지구역을 추가하고 제주도에서 일본어선의 규제수역범위를 확대하는 등 약간의 내용을 개선하여154) 3년마다 연장해왔다.155) 말하자면 「한

---

152) 『대한민국과 일본국간의 어업에 관한 협정에 대한 합의 의사록』, 제8항
   수산청 어업진흥관실, [어업협력협정집], (1989.1.), p.24.
153) 『북해도 주변수역에서의 조업자율규제에 관한 왕복서한』 및 『제주도 주변수역 조업자율규제에 관한 왕복서한』
   조업자율규제기간: 1980년 11월 1일~1983년 10월 31일 (3년간)
   북해도 근해 한국 출어 척수:트롤어선 17척
   제주도 근해 일본 출어 척수: 기선저인망 어선 106척
   단 동시출어척수의 상한은 66척으로 제한함.
154) 『대한민국과 일본국 주변수역에서의 양국어선의 조업자율규제에 관한 정부간 합의』(1987. 10. 31.) 수산청 어업진흥관실, 「어업협력협정집」(1989.1.)pp.29~65.
155) 1980년부터 실시되어온 이 「상호자율규제 조치」는 1995년 5월, 제6차 조치까지 연장 시행된

일어업협정」상의 이 "조업자율규제조치"란 변화된 어업환경에 따른 협약내용의 일부 보완조치라고 할 수 있다.

일본은 1977년 5월 2일에 그 주변 수역에 200해리 어업보존수역(EFZ)을 선포하였으나 「어업수역에 관한 잠정조치법」을 제정하여 경도 동경 135° 이서(以西)의 한국과 중국 측 수역에 대하여는 이 200해리 EFZ적용을 배제하였다.[156]

일본이 1977년 서둘러 200해리 어업보존수역을 실시하게 된 것은 쏘련과 미국이 먼저 200해리 어업수역제도를 채택하고 일본 어선을 규제하기 시작한 때문이다. 북서 태평양에서 일본 원양 어선에 대한 쏘련과 미국의 규제에 보복적 조치로서 취해진 일본의 200해리 EFZ는 황해(黃海)와 동중국해(東中國海)에서 일본의 어로(漁撈)가 계속 보장되도록 하기 위해서 중국과 한국에 대해서는 적용되어서는 안되는 것이었다. 일본이 그 200해리 수역을 한국과 중국 측 수역에 대하여 적용 보류한 것은 이러한 이유 때문이다. 더욱 중요한 이유는 한국과 중국 측 수역에 200해리 제도를 적용하기 위해서는 관할 수역의 경계를 획정해야 하는 데 그렇게 하려면 예민한 영유권 문제- 한국과는 독도(獨島) 문제, 중국과는 첨각열도(尖閣列島)문제-를 건드리지 않을 수 없게 되므로 일부 수역에 대한 적용배제 방식에 의하여 이 예민하고 곤란한 문제들을 기술적으로 회피한다는 일본 측의 계산이 있었다.

동경(東經) 135° 이서(以西)의 수역에 200해리 제도를 적용 보류한 일본의 조치는 다른 면에서 보면, 세 나라의 정책 당국이 한국과 일본간의 「한일 어업협정」과 중국과 일본간의 어업협정 등 종래의 기본적으로 공해 어로(公海 漁撈)의 틀을 유지하는 「양자적(兩者的) 어업협약」들의 체제를 가지고 변화된 어업관계를 이럭저럭 현상유지(現狀維持)시키는 선(線)에서, 다른 예민한 국익의 충돌을 회피할 수 있다고 믿었었다는 점과도 상통(相通)하고 있다.

동북아에 있어서 이러한 「공해자유의 원칙」에 입각한 한국과 일본, 중국과 일본간의 양자적 어업체제란 동해(東海)는 물론이고 황해(黃海)와 동중국해(東中國海)에서 일본의 어로를 보장하기 위한, 그러기 위해서 적정선(適正線)에서 일본의 어로를 규제하는 편의적 제도였던 것이다. 일본 자신은 200해리 제도를 일부 도입하면서도 자국의 이익을 위해서 한국 및 중국과의 관계에서 이러한 현상유지적 체제를 온전(穩

바가 있다. 1996년 한일간의 어업협의가 개시되고 어업협정의 개정 협상이 진행되는 동안 이 「상호자율규제 조치」는 자동연장하기로 합의되어 있었다.

156) Japanese Law No. 31 of 2 May 1977 on Provisional Measures Relating to the Fishing Zone as Amended by Law No. 83 of 29 Nov. 1977
Enforcement Order of 17; June 1977 of Law.No.31 of 2 May 1977 on Provisional Measures Relating to the Fishing Zone. Art 1 and Art 6
Law of the Sea:National Legislation on EEZ and EFZ Office of Special Rep of Sec. Gen. for LOS(New York:UN, 1986) pp.159-66.

쥰)시킨 것이다. 그리고 이러한 현상유지적 체제는 이때부터 다시 약 20년간 이 동북아 지역에서 200해리 배타적 경제수역 제도 (EEZ)를 배제시키고 이 지역의 어업활동을 유지하는 유일한 법적인 체제로 유지되었다.

이 현상유지적 어업체제는 첫째로 한국과 중국간에는 어떤 법적 합의도 없었다는 점에서 지역적 어업질서로서는 불완전한 것이었고, 둘째로 이 동해(東海)와 황해(黃海)처럼 좁은 반폐쇄해안에서 「공해자유의 원칙」에 입각한 공해 어로(公海 漁撈)의 틀을 유지하는 어업체제란, 생물자원의 합리적 관리를 주

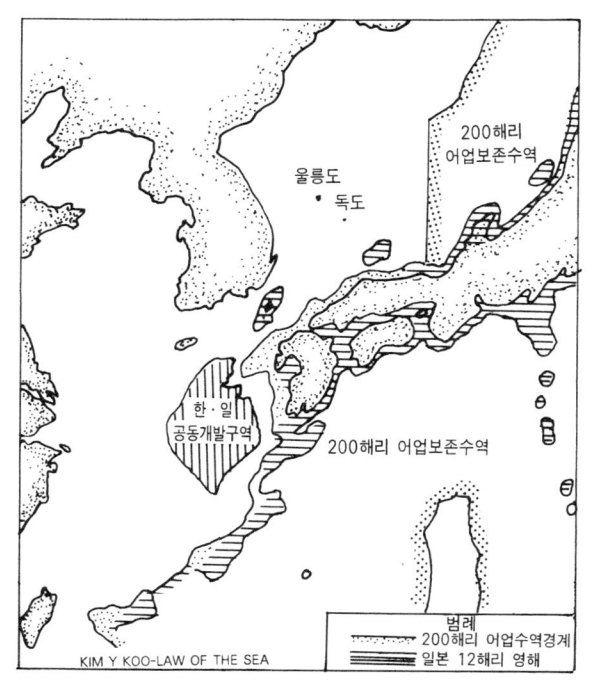

(지도 7-5) 日本國 漁業水域에 관한 暫定措置法 施行令 제1조에 의한 韓日暫定境界

내용으로 하는 200해리 EEZ 제도가 일반화된 1970년도 후반 이후에는 벌써 시대착오적(時代錯誤的)인 것이었다.

나. 한일(韓日)간 새로운 어업협력관계의 정립문제

한국과 일본간의 어업협력관계에 있어서, 「한일어업협정」은 당초에는 한국에 일방적으로 불리한 일종의 불평등한 조약으로 출발하였으나 변화되는 어업환경에 비하여 어업협력을 위한 법적 체제로서는 불완전 하고 불합리함에도 불구하고 하나의 현상유지적 상황을 지배하는 기본적인 조약으로 지금까지 유지되어 온 것이다.

물론 그 동안 양국간에는 변화되는 어업환경에 따라 제기되는 여러 문제들을 협약의 기본적 내용의 "틀"을 유지하는 선에서 운영과정과 절차상의 합의로 처리하기 위하여 계속적으로 접촉, 협의를 해왔다. 그 동안 양국간에 제기된 문제들을 보면 다음과 같다.[157]

<한국측이 제기한 문제>
① 공동자원조사수역의 확대와 조사대상 어종에 오징어를 포함시키는 문제
② 공동규제수역내에서 년간 어획량 한도를 하향조정하는 문제
③ 일본 연안어선의 크기(톤수) 제한 문제
④ 일본 오징어 어선 집어등(集魚燈) 광도(光度)제한, 오징어 자원관리.
⑤ 일본의 복어, 도미 연승어선, 게 통발어선 크기 및 척수 제한 문제
⑥ 어선사고처리 및 어업안전기금 설립문제
⑦ 휴전선 부근 특정해역에서 일본어선 조업 자율규제 문제
⑧ 어업협정 및 영해법 위반행위에 대한 처벌의 형평성 문제

<일본측이 제기한 문제>
① 한국어선의 일본 영해침범 및 어업규제수역 위반조업 단속 강화 문제
② 일본 국내어업금지수역 존중, 준수 문제
③ 한국 저인망어업에 대한 어종별 어획기준량 설정 문제
④ 조난어선의 구조 및 보호에 관한 협정 체결의 문제
⑤ 일본 어선에 대한 발포사건 재발 방지 및 북한 간첩선 경계문제

이러한 문제들은 쌍방간의 협의로 합의에 이른 것도 있고, 상호대립된 의견이 절충될 수 없어서 미결로 남은 것도 있다.

200해리 배타적 경제수역이라는 새로운 관할 수역제도가 점차 국제관습법상 확립된 제도로 받아드려지고 종래의 공해(公海)로 관리되던 수역에 대하여 연안국의 책임과 권리를 확대해 가는 세계적인 추세가 현저해진 1970년대 후반(後半) 이후에, 한국과 일본간에는 현재의 「한일어업협정」 대신에 동해(東海)의 어족자원을 개발, 보존 관리하기 위한 새로운 협력체제를 구축해야 한다는 당위(當爲)가 중요한 정책과제로 이미 떠오르고 있었다.

다. 유엔해양법협약 발효와 한일간 어업관계

1994년 유엔해양법협약이 발효되고, 한중일 3국이 모두 이 협약에 가입, 비준하여[158] 200해리 배타적 경제수역제도를 국내입법으로 실시해야되는 시기에 이르게 되자, 이제 더 이상 「한일어업협정」에 관해서 양국간의 다른 예민한 문제들을 회피시켜주기 위해서 불완전하고 불합리한 데로 이럭저럭 이를 존속시켜야 한다는 양국간의 묵시적인 양해(諒解)는 존재하지 않게 되었다. 즉 1965년 「한일어업협정」을 개

---

157) 최종화, Ibid., p.298. ; 유병화, 「동북아지역과 해양법」, (서울:진성사, 1991), pp.335~341.
158) 한국 1983. 3. 14. 서명, 1996.1.29. 비준
　　일본 1983. 2. 7. 서명, 1996. 6. 20.비준
　　중국 1982. 12. 10. 서명 1996. 6. 7.비준

정(改正)해야 한다는 당위(當爲)를 한일(韓日) 양국은 모두 인정하고, 이를 진지하게 고려하지 않을 수 없게 되었다.

그러나 이 「한일어업협정」을 개정(改正)하는 문제에 대한 한일 양국의 입장은 실질적으로 상당한 차이를 보이고 있었다.

일본 측은, 1980년대 이후, 200해리 배타적 경제수역의 개념이 점차 해양법 상의 제도로 정착되어 가고 또 수산업 종사 인력이 감소하는 추세를 감안하여 이른 바 어업구조 개선을 위한 노력을 시작하였다. 결과는 한반도 근해에서 조업하는 일본어선은 감소하고 일본근해 해역에서 조업하는 한국의 어선이 급격히 증가하는 현상을 보이게 된 것이다. 이러한 어업환경의 변화로 인해 일본 측으로서는「한일어업협정」관계에 있어서 자국을 한국에 대한 "일방적인 피해자(被害者)"로 간주하는 경향이 점차 형성되어 갔다. 본래「한일어업협정」은 한국에 대한 일본의 일방적인 요구로 타결된「불평등 조약」이었다는 점을 상기해 보면 어업환경의 변화에 따라 이처럼 한일(韓日)간 그 입장이 전도(顚倒)된 것은 역사(歷史)의 역설적(逆說的) 국면(局面)이 아닐 수 없다.

라. 「한일어업협정」 개정(改正) 협의의 개시

드디어 일본은 1994년 2월, 「한일어업협정」의 개정을 공식적으로 한국에 요구하였다. 그러나 한국은 200해리 경제수역의 도입 실시와 「한일어업협정」의 개정이라는 당위적인 과제에 대하여 기본적인 동의(同意)를 표시하면서도, 1965년 한일어업협정의 기본적인 구조와 정신을 유지하여야 한다는 구체적으로는 상당히 유보적(留保的)인 입장을 견지하였다. 1996년 5월부터 한일(韓日)간에는 「한일어업협정」 개정을 위한 실무자 회의가 열려 협상을 계속하였다.

이 협상에 있어서 「한국정부」 측의 입장을 정리하면,
(1) 「한일어업협정」의 개편은 기존협정의 폐기(廢棄)가 아닌 개정(改正)이며 1965년 협정의 기본적인 구조와 정신은 유지되어야 한다.
(2) 양국 어민의 기존 조업실적이 최대한 존중되어야 한다. (이는 1965년 한일어업협정의 기본 구조에 따라 한국 어선들이 그 동안 자율규제의 제한 속에서 어로를 계속해온 북해도(北海道) 인근 수역이 일본의 200해리 EEZ에 속하게 됨을 유의한 조건으로서 이러한 기존 조업 어장에서의 한국 어선의 조업 보장을 요구하는 것이다.)
(3) 양국간의 EEZ경계가 획정된 이후(以後)라야 협정 적용수역을 결정할 수 있는 것이므로 EEZ경계획정 협상과 어업협정 개정의 협상은 동시(同時) 연계하여 진행되어야 한다.

는 것이었다.159)

이에 대한「일본정부」측의 입장은 ,
(1) 「한일어업협정」을 폐기하든 개정하든, 한일(韓日)간 어업협력 구조는 가능한 조속하게 개편(改編)되어야 한다. 일본의 EEZ법이 발효하는 1997년 7월 20일까지 한일(韓日)간 어업협의가 원만히 타결되지 않을 때는 일본은 일방적으로 동 협정의 종료를 통보할 것을 고려하고 있다.
(2) 좁은 반폐쇄해인 동해(東海)에서 200해리 EEZ제도를 실시하려면 한일 양국간의 EEZ경계가 획정되어야 함은 당연한 일이나, 한일(韓日)간의 경계획정이란 독도(獨島)의 영유권 문제 등으로 용이하게 타결될 수 없는 일이므로 EEZ경계획정 문제와 어업협정문제를 일단 분리(分離)해서 협의를 진행하므로서 잠정조치 수역내에서의 어업협력관계를 개정되는 어업협정의 내용으로 우선적으로 타결할 수 있으며 이러한 잠정적 조치로 어업협정문제를 조속해결할 것을 촉구한다. 이는 유엔해양법협약 제74조의 규정과도 부합하는 것이다.

라고 요약할 수 있다.160)

마. 관련된 사태의 진전

한일 간에 어업협정의 개정을 위한 협의가 진행되는 동안에도 양국의 어업관계 개선과 관련한 다음과 같은 중요한 일들이 빠른 속도로 진전되고 있었다.
① 1996년 2월, 한일(韓日) 양국은 EEZ 선포 방침을 발표하였다.
② 일본은 신영해법을 제정, 공포함으로서 유엔해양법상의 기준을 상당히 융통적으로 적용한 확장된 직선기선들을 그 전체 해안에 대하여 채택하였다.
(신 영해법의 공포; 1996년 6월 14일, 발효; 1996년 7월 20일. 그러나 직선기선에 관한 조항의 발효만은 1997년 1월 1일 까지로 유예되어 있었다.)
③ 1997년 6월부터, 일본 측은 확장된 직선기선을 적용하여 일본 서측 해안에서 조업하는 한국 어선들을 나포(拿捕) 시작하였다.
④ 1997년 8월 15일, 일본 시마네현(縣) 마츠에 지방재판소의 단독심 판결에서 나포된 한국어선 대동호의 영해침범 사건이 공소기각(公訴棄却)되었다.
⑤ 1997년 9월 3일, 일본과 중국은 일중(日中) 수교 25주년기념 정상회담에서 동중국해(東中國海)에 양국간의 잠정조치 수역을 설정키로 최종 합의하였다.

---
159) 외무부 보도자료 제97-83호,「'97년도 제1차 한일 어업실무자회의 결과」(1997년 3월 7일), 동북아 1과.; 박희권(외무부 국제법규과장), "한중(韓中), 한일(韓日) 어업협상과 전망,"「동북아의 새로운 어업질서」, 한국해로연구회 해양정책세미나, (1997년 5월 1일 타워호텔)
160) 1997년도「제1차 한일 어업실무자 회담 결과」, 외무부 아시아.태평양국(1997년 3월 6~7일)

(3) 한일 정부간 신어업협정 체결교섭의 경과와 내용

한일 정부간 신어업협정 체결교섭은 1996년 8월 13일 (동경 회의) 이후 EEZ경계획정을 위한 실무자 회담으로 개시되었다. 이 협의는 1996년 말까지 3회 회동되었으며, 여기서 일본은 EEZ경계획정 협의가 독도(獨島) 영유권 문제 등으로 장기화될 전망임을 강조하여, 어업협정의 개정을 위한 양국간의 어업협의를 별도로 개최할 것을 주장하였다. 그리하여 1997년 3월 6일 부터 EEZ경계획정 협의와는 별도로 한일(韓日)간 어업협의 실무자 회의(서울)가 개시되었다.161)

가. 한국과 일본의 어업협의 실무회의에서의 기본입장

제1차 어업협의 실무회담(1997년 3월 6~7일; 서울)에서 양측의 기본입장은 다음과 같았다.

한국의 기본 입장
  ① 한일간 어업관계의 역사적 특수성 고려
  ② 한국어민의 기존 조업실적을 고려, 일본근해 한국어장 확보
  ③ 관련 해역에서 한중일 3국의 공통적 어업질서 구축필요.
중요 요점-적용대상수역:
  양국간에 합의될 EEZ 경계로 확정되는 수역 (잠정조치일 경우는 잠정적 EEZ 경계가 될 것이나 구체적 취지는 불분명하였다.)
  - 어업협력의 내용:
  대체로 유엔해양법 협약상 EEZ제도의 내용과 동일.
  ① 해양생물자원 보존과 최적이용(제2조),
  ② 어업허가(제3조)-상호입어허용
  ③ 어획활당량 및 조업조건의 결정(제4조)-5년간의 조정기간개념 도입.
  ④ 조업허가 절차(제5조)
  ⑤ 연안국 법령준수의무.(제6조) 등.

일본의 기본 입장
  - 이 어업협정은 EEZ경계획정이 합의되지 않는 동안 잠정적 조치로서 양국간 어업협력문제를 우선적으로 타결코자 함.

---

161) 97. 1. 일본 규슈 벳뿌에서 열린 한일간 정상(김영삼-하시모도)회담과 외무장관회담에서 1996년 초부터 경색되어온 한일간의 관계를 개선한다는 원칙적 합의가 있었다.

중요 요점

① 한일대륙붕공동개발구역에서는 동 1번점에서 6번점 까지를 한일간 의 중간 선으로 간주, 각기 EEZ의 경계로 함
② 1974년 한일북부대륙붕경계선(1번 지점에서 35번 지점까지)을 한 일간의 잠정적 EEZ(어업수역)경계로 함
③ 1974년 한일북부대륙붕경계선 35번점 이북(以北)지역에 대해서는
   ☞ 양국의 연안 기선(基線)에서 일정 범위의 수역 (본토에서 80해리 정도)을 양국의「잠정 전속관할수역」으로 하고 동지역에 연안국주의를 적용함.
   ☞ 그 나머지 수역(독도 주변 수역을 포함하여)은 잠정적 공동관리수 역으로 정하되, 그 동쪽경계를 경도 134°로 하며, 북쪽경계는 남북한간의 북방한 계선인 38° 37′으로 함.

나. 한국 측 기본 입장의 수정(修正) - 잠정적 합의수역 설정안의 수용(受容)

1) 1997년 10월 동경(東京)에서 열린 제6차 한일(韓日)간 합의수역 설정안에서 한국은 동해(東海)에 잠정수역을 설정하자고 하는 일본의 강력한 제의를 결국 받아드렸다.[162]

이는 9월 3일에 타결된 일중(日中)간의 잠정수역 합의가 결정적인 역할을 하였다고 보여진다. 지난 1997년 9월 3일 중국과 일본은 문제의 조어대(釣魚臺) / 첨각열도(尖閣列島)에 대한 영유권 귀속의 문제를 보류하고 새로운 어업협력체제에 합의하였다. 이는 이른 바「잠정적 조치의 합의」인 바, 이들의 합의 내용을 보면 북위 27°에서 북위 30° 40′ 사이의 구역에서 각 연안국은 각기 그 해안에서 52해리 까지를 전속관할 수역으로 하고 그

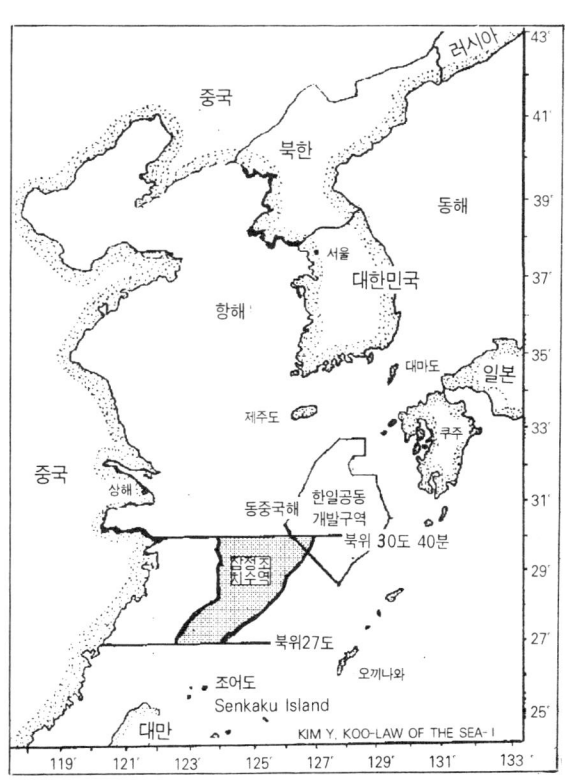

(지도 7-6) 일중어업협정도

---

162)「부산일보」, 1997년 10월 11일자.

나머지 수역을 공동관리수역으로 한다는 것이다.(지도 참조)163)

① 한국 측 기본입장은 본래, 어업협력합의의 「적용대상수역」에 관한 부분은, 『양국간에 합의로 획정될 잠정적 EEZ경계로 확정되는 수역으로 한다』는 것이었으나 이는 EEZ경계문제와 어업협력협의를 분리한 이상 (한국은 1997년 3월 이러한 분리협의에 합의함으로서 이미 중대한 양보를 하였다) 더 이상 논리적 근거가 없는 입장이었다.

② 양국간의 EEZ 경계합의가 이루어지지 않을 때는 유엔해양법협약 제74조의 취지에 좇아서 잠정적 조치를 강구해야만 하는 바, 한국의 종래 입장은, 대체로 한일(韓日)간의 어업협력대상수역의 범위를 정하는 잠정적 경계는 『울릉도와 오끼도의 중간선을 그 잠정적인 경계로 하는 것이어야 한다』고 보고있는 것으로 이해되었으나, 「잠정합의수역」의 설정에 동의함으로써 이 입장도 양보, 포기(抛棄)된 셈이다.

한국이 동해(東海) 독도(獨島) 근해에 「잠정적 합의수역」의 설정에 동의(同意)한 것은 한일(韓日) 양국의 어업협력 협의에 있어서 매우 중대한 전기(轉機)를 가져온 것이라고 평가된다. 이것은 결정적인 양보(讓步)이며, 이로써 한국은 지금까지 유지해온 독도(獨島)에 대한 실질적인 영유권(領有權) 행사의 현실적인 우위(優位)를 포기한 것이 된다.

다. 1997년 말 까지의 한일간 어업협력실무협의의 진전내용

① 1997년 3월, EEZ 경계획정문제와 어업협력문제를 분리, 토의하자는 일본 측 강요(受容)한 점과, ② 1997년 10월, 35번점 이북 수역에 잠정적 합의수역을 설정하자는 일본 측 안(案)을 수용(受容)한 점은 한일간의 어업협정개정 협의에 있어서 한국 측이 중요하고도 기본적인 문제를 양보한 것임에도 불구하고 이러한 양보로 인하여 야기될 사태 (즉 독도에 대한 한국 영유권의 현상적 우위가 훼손되는 문제)에 대한 아무런 보장 조건도 확보하지 않았으며, 한일간 쌍무적 협상에서 한국이 일방적으로 중요한 양보를 하고서도 일본으로부터 아무런 동가적(同價的) 상환(償還)(quid pro quo)조건을 확보하지 못하였다.

1997년 말까지, 한일(韓日)간 어업협력 실무협의의 주요쟁점은 1974년 북부대륙붕 경계협정상 제35번점 이북의 「잠정합의수역」범위를 확정하는 문제로 집약되었다.

㉮ 전속 관할수역의 범위 문제

일본은 당초 80해리 주장에서 35해리로 접근하였다.

한국은 당초 24해리 주장에서 34해리로 접근하였다.

㉯ 잠정합의수역의 동측 경계선 문제

---

163) 「한국일보」, 「조선일보」, 1997년 9월 4일자.

일본은 당초 134°에서 135° 주장으로 접근되었다.
한국은 136° 주장을 견지하였다.
㉰ 잠정합의수역의 법적 성격
일본은 공동관리수역으로 간주하였다.
한국은 공해(公海)적 성격을 견지할 것을 강조하였다.

제7차 실무회담(97.11.29.) 이후 일본은 한국에 대하여 어업협력협정의 조기 타결을 강력히 요구(본래 협상 타결의 시한(時限)을 97년 7월 20일로 주장했던 것이지만 다시 97년 12월말까지로 협상 시한을 통보하고 있었다.)하고 12월에 일본 외무장관 및 외무차관이 연속적으로 방한(訪韓)하여 독촉하였다.164)

결국, 1998년 1월 23일 일본은 각의(閣議)의 결의로서 한일 어업협정을 일방적으로 종결(終結) 통고하였다. 한국은 이에 대한 보복적 조치로서 일본주변수역에 대한 한국정부의 어업자율규제조치를 정지(停止)시켰으나, 한국은 1998년 7월 2일 다시 어업자율규제조치를 재개하였다.

(4) 최종 타결된 신 어업협정안의 검토

일본의 어업협정 일방파기로 경색되었던 한일간의 어업협의는 1998년 10월 한국 대통령의 방일(訪日)을 계기로 협상에 급진전을 보여, 한일(韓日) 간의 새로운 신어업협정의 내용은 1998년 9월 24일 최종 타결되고, 1998년 10월 8일 양측 수석대표에 의하여 가서명(假署名)되었다.

가. 타결된 「신 한일(韓日)어업협정」의 내용

「1」 동해(東海) 중간수역의 설정
1) 중간수역의 동쪽 한계선은 동경 135° 30′ 으로 절충되었다.
2) 양 연안국의 전속적 관할수역의 범위는 당초 일본의 주장대로 35해리로 타결되었다.
3) 중간수역의 북쪽 한계선을 수정하여 대화퇴의 왼쪽 부분 1/3 정도를 중간수역 범위로 편입시켰다.
4) 중간수역의 서쪽 한계선을 신설하되 이를 동경 131° 30′ 으로 하였다.

---

164) 이 과정에서 일본은 잠정합의수역의 동측 경계선 문제에 관해 136°를 주장하는 한국측 안을 수용(收容)하는 의사표시를 한 것으로 알려지기도 하였다.

424 제7장 배타적 경제수역

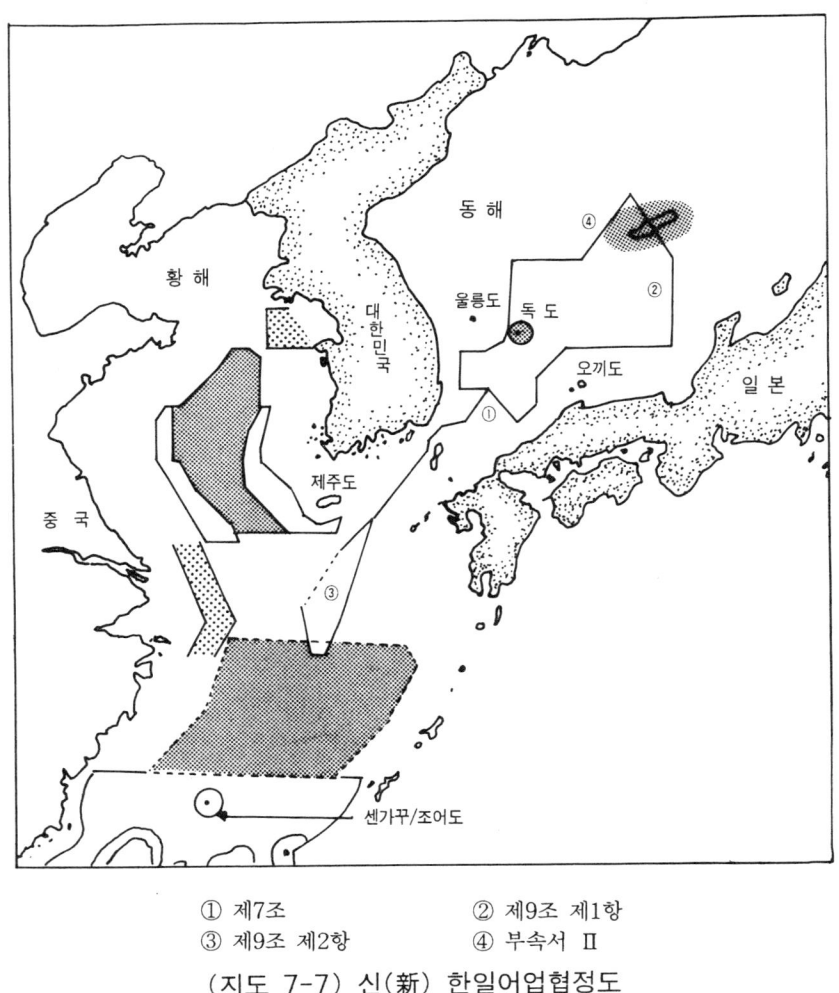

① 제7조　　　　② 제9조 제1항
③ 제9조 제2항　　④ 부속서 Ⅱ

(지도 7-7) 신(新) 한일어업협정도

「2」 동해(東海) 중간수역에서의 자원 관리

　동해 중간수역 내에서의 조업 단속은 각 연안국이 자국 국적선 만을 규제하는 이른바 기국주의(旗國主義) 원칙을 고수한다. 생물자원의 보존과 관리를 위한 조치는 한일어업공동위원회에서 협의하여 정한다.

「3」 제주도 남부 공동관리 수역
　제주도 남부 한일대륙붕공동개발 구역과 중일 잠정합의수역이 중첩되고 있는 위치에, 한일(韓日) 간의 경계획정 문제를 회피하기 위하여 다음과 같은 장방형의 잠정적 공동관리수역을 합의하였다.

이 잠정합의수역의 범위는 한국의 마라도로부터 200해리가 되는 위도선(29° 53′ N)을 남쪽한계로 하며, 다음 지점과 직선으로 구획되는 수역이다.
[동쪽한계]
    a. 32° 57′ N, 127° 41.1′ E
    b. 32° 34′ N, 127° 09′ E
    c. 31° 0′ N, 125° 51.5′ E
c점과 d점(30° 56′ N, 125° 52′ E)을 통과하는 직선이 남쪽한계 위도선(29° 53′ N)과 만나는 점까지.

[서쪽한계]
    a. 상동(上同)
    e. 31° 20.0′ N, 127° 13.0′ E)
e점과 f점(31° 0.0′ N, 127° 5.0′ E)를 통과하는 직선이 남쪽한계 위도선(29° 53′ N)과 만나는 점까지

「4」 전통적 어업실적의 보장
3년 기간동안 점진적으로 일본 근해에서의 한국 측 어로를 축소시켜서, 한일(韓日)의 어획량을 균형시킨다. 특히 쟁점이 되어 있는 명태는 이 협정의 발효 후 1년 동안만 한국 어선의 일본 EEZ내의 어로를 1만 5천톤 범위로 허용하고, 그 이후는 금지시킨다. 대게(crab)도 이 협정의 발효 후 2년 동안만 현 어획량을 기준하여 이를 매년 50%씩 감축하고 그 이후는 금지 시킨다.

나. 타결된「신 한일어업협정」내용에 대한 비판적 분석

「신 한일어업협정」의 타결을 위한 최종단계의 협의에 있어서 서쪽경계선(동경 131° 30′)의 개념이 갑자기 채택된 점과 북쪽경계선(북위 38° 37′)의 개념을 초월해서 대화퇴의 상당 부분을 중간수역에 편입시킨 점 등은 일본 측의 입장에서 보면, 상당한 양보(讓步)라고 할 수 있다. 무엇보다도 동쪽 경계로, 동경 135°를 완강히 주장하던 일본이 이를 동경 135° 30′ 으로 합의한 것은 그 쪽에서 보면 파격적인 양보로 간주될 수 있다.

그러나 이러한 것들은 성질상 매우 지엽적(枝葉的)인 사항들이다. 일본이 양보한

것은 지엽적인 것이며 이 협정의 합의로 앞으로 한국이 기속(羈束)받게 되는 내용에는 심각한 문제가 들어있기 때문에 협상 관계공무원들의 헌신적 노력에도 불구하고 이 협약의 타결(妥結)을 비판(批判)하고 우려(憂慮)를 표시하지 않을 수 없는 것이다.

「1」「중간수역」 속에 위치한 독도

가장 중요한 점은 독도(獨島)가 「중간수역」 안에 들어가 있다는 점이다.

독도 영유권 문제에 관하여 한국 정부의 기본정책에는 중요한 오류(誤謬)가 내재되어 있다. "독도(獨島)는 명백한 한국의 영토이며 일본의 어떠한 주장에도 불구하고 영유권 문제는 협상의 대상이 될 수 없다."는 것이 여러 번 천명(闡明)된 한국정부의 일관된 자세이다. 이것은 매우 당연한 태도라고 볼 수 있다.

그러나 한국 정부는 이러한 입장을 고수(固守)하는 전략적(戰略的) 방편으로서, "독도는 명백한 역사 지리적 근거에 의하여 한국의 영토임이 분명하고 현재도 한국은 평화적이고 계속적으로 영토 주권을 이 섬에 대하여 행사하고 있는 만큼 독도(獨島)에 관한 한, 영유권의 분쟁(紛爭)과 같은 것은 존재하지 않는다."라고 하는 입장을 취하고 있다. 심지어 더 나아가서는 어떤 경우라도 독도(獨島) 문제에 관한 일본과의 영유권 분쟁의 존재를 인정하는 것은 한국의 독도에 관한 법적 지위를 훼손하는 것으로까지 간주하고 있다.

논리적인 오류(誤謬)는 바로 여기에 있다.

영유권 분쟁의 존재를 인정한다고 해서 반드시 법률적으로 한국의 독도(獨島)에 관한 지위가 훼손되는 것은 아니다. 객관적으로 사실상 독도문제에 관한 일본과의 영유권 분쟁은 이미 존재하고 있다. 이것을 부정(否定)하고 있는 것은 한국 정부 뿐이다.

객관적인 제3자가 볼 때에 한국 정부의 '독도 영유권 분쟁'에 관한 다분히 주관적인 태도는 대단히 객관성을 결여한 불합리하고 불안정한 것이라고 비판될 수 있다. 만일 한국 정부의 이러한 회피적인 행위가 반복되는 경우에는 한국의 영유권 주장 자체의 객관성(客觀性)마저도 훼손되게 될 수 있다. 한국정부의 이 논리적 오류(誤謬)에서 기인한 이번 「신 한일어업협정」의 회피적인 타결이 독도(獨島)에 대한 한국 영유권 주장의 온전성과 일관성을 훼손하는 결정적인 상황으로 확정되어가고 있다.

객관적으로 독도문제에 관한 한, 한국과 일본 간에는 영유권 분쟁이 존재하고 있다. 동해(東海)의 고도(孤島)인 독도(獨島)에 대해서 영유권 분쟁을 일으키고 있는 측은 일본(日本)이며 온전한 "주권적 권원(主權的 權原: legal title of the territorial sovereignty)"을 계속적으로 위협받고 있는 측은 한국(韓國) 측이기 때문에, 이러한 부당한 일본의 주장을 배척(排斥)하고 부인(否認)하기 위하여 한국은 필요한 모든 노력을 다 할 수 있고, 또 다 해야 하는 것이 정당한 주권적 관리자로서의 당위(當爲)이다.

(i) 「중간수역」의 법적성격: 「중간수역」은 공해적(公海的) 성격의 수역인가?
「중간수역」은 공해적(公海的) 성격의 수역으로서 독도(獨島)가 이 「중간수역」 안에 위치해 있어도 한국의 영유권은 조금도 훼손(毁損)되지 않는다는 주장이 있다.
「중간수역」이란 경제수역 경계획정문제의 곤란성을 회피하고 어자원(漁資源)의 개발과 보존 및 관리를 우선적으로 추진키 위해 특별히 한일(韓日)간에 "합의되는" 수역이다. 이는 유엔해양법협약 제74조 3항이 규정하는 이른 바 「잠정적 합의수역」에 해당하는 것으로 보아야 한다.
실제로 「신 한일어업협정」 문안(文案)에는 「중간수역」이란 용어도, 「잠정적 합의수역」이란 용어도 사용되고 있지는 않다. 다만 한국 측은 이 협정을 설명하는 각종 문서에 국내적으로 「중간수역」이란 용어를 사용하고 있고, 일본은 「잠정적 합의수역」 또는 「공동관리수역」이란 용어를 사용하고 있다. 특별히 한국 정부는 이 독도(獨島) 주변의 합의수역에 「중간수역」이란 용어를 사용함으로써 제주도 남부에 합의된 「잠정적 합의수역」과 법적 성격이 다르다고 강조하고 있다. 즉 한국 정부측의 설명에 의하면 전자(前者)는 "공해적(公海的) 성격"의 수역이며 후자(後者)는 이른 바 "공동관리 수역"이라는 것이다.
「신 한일어업협정」에 의하면,
이 「중간수역165)」 안에서 각 당사국은 상대방 국민과 어선에 대해서 자국의 법령을 적용하지 못하며, 한일어업공동위원회에서 정하는 "권고"를 존중하여 자국 어선에 대하여 어업 종류별 조업 척수 등 적절한 자원보존 조치를 취해야 하고, 이러한 조치는 모두 상대방 국가에 통보되어야 한다. 어업공동위원회에서 정하는 "권고(勸告)"를 위반한 상대방 국가의 어선이 발견되면 이는 그 상대방 국가에 통보되고 상대방 국가는 그 위반 어선에 대해서 통보된 위반사실을 확인하고 필요한 조치를 취해야 하며, 그 결과를 통보해야 한다.
제주도 남부(南部)에 합의된 「잠정적 합의수역166)」에서도 각 당사국은 상대방 국민과 어선에 대해서 자국의 법령을 적용하지 못하고, 한일어업공동위원회에서 "정하는 바에 따라서", 자국 어선에 대하여 어업 종류별 조업 척수 등 적절한 자원보존 조치를 취해야 하며, 이러한 조치는 모두 상대방 국가에 통보되어야 한다. 어업공동위원회에서 "정하는 조치(措置)"를 위반한 상대방 국가의 어선이 발견되면 이는 그

---

165) 「신 한일어업협정」 부속서 I, 제2항.
166) 「신한일어업협정」 부속서 I, 제3항.

상대방 국가에 통보되고 상대방 국가는 그 위반 어선에 대해서 통보된 위반사실을 확인하고 필요한 조치를 취해야 하며, 그 결과를 통보해야 한다.

즉 어업관리에 대한 당사국의 조치의무 내용은 "권고"든 "결정"이든 어느 경우에나 동해(東海) 중앙의 「중간수역」과 제주도 남부(南部)에 합의된 「잠정적 합의수역」에 있어서 정확히 동일하다.

그러나 한국 정부 측의 해석은 어업공동위원회에서 정하는 "권고(勸告)된 조치"에 따르는 것은 "공해적(公海的) 성격"이고, 어업공동위원회에서 정하는 "정(定)한 조치 (措置)"를 따르는 것은 "공동관리 수역"이 된다고 하는 논리(論理)로 보인다. 그리고 이러한 해석 논리를 본 협정의 상대방 당사국인 일본은 동의(同意)하지 않고 있다.

이 협정의 협의과정에서, "권고(勸告)된 조치에 따른다"는 표현은 특별히 한국 측이 주장해서 구별해서 삽입된 것으로 보인다. 이번 새 한일어업협정이 독도의 영유권과는 무관하다는 정부측 견해를 변호하고 있는 우리 국내 학자의 어떤 논문의 취지를 보면, 특별히 이 표현은 한국 측이 주장해서 구별, 삽입되었기 때문에 이는 일종의 *travaux prèparatoires* 로서 1969년 Vienna조약법 협약 제32조에 의거하여 구별되게 해석되어야 한다는 취지의 주장이 있다.167) 그러나 현대적 조약법의 해석에 있어서 *travaux prèparatoires*는 명시된 기록이 있을 때만 엄격히 적용되는 것이고, 기본적으로 동 Vienna조약법 협약 제31조 제4항 (특별한 의미를 부여하기 위한 합의의 존재)의 제약(制約) 아래에서만 적용되는 것이다.168)

권고(勸告)된 것이거나 결정(決定)된 것이거나 실제로 이 협정 당사국은 양(兩) 수역에서 똑 같이 한일(韓日) 어업공동위원회의 어자원 관리조치에 따라 소위 기국주의(旗國主義) 원칙으로 각 당사국이 자국 어선만을 규제, 지도해야 하는 것은 동일(同一)하다. 전자(前者)의 경우에는 권고(勸告)된 것이기 때문에 이 "권고(勸告)"를 무시하고 일방 당사국이 타방 당사국과 전혀 다른 어자원 관리조치를 독자적으로 시행할 수 있는 것은 아니다.169)

그렇다면 결국 이 협정의 해석상으로는 양 수역의 법적 성격은 동일(同一)하다.

한국 측은 일단 이 「중간수역」 안(案)을 수용하고 이 수역의 법적 성격을 공해수역(公海水域)으로 유지한다는 방침이었으나, 위 새 한일어업협정의 타결된 내용에서 보는 바와 같이 실질적으로 공동관리수역이 된 것이다.

어업협력을 위한 「잠정적 합의수역」이란 결국은 어족자원의 보존관리를 위한 공

---

167) 김찬규, "새 한일어업협정의 개관," 「시민과 변호사」, 서울지방변호사회, 1998년 11월호. pp.45-46.
168) Rudolf Bernhardt, "Interpretation in International Law," in Max Plank Institution's Encyclopedia of Public International Law, Instalment 7, (1984), pp.322-23.
169) 「신한일어업협정」 제12조 4항에 의거하여 양 체약국은 위원회의 권고를 존중해야 하기 때문이다.

동관리, 공동개발을 기본적 내용으로 할 수 밖에 없는 것이다. 일단 잠정적 합의수역이 설정되면 "독도의 지위에 영향을 미치지 않는 white zone"과 같은 것은 논리적(論理的)으로 성립되지 않는다. 결국은 이 수역내의 자원은 공동관리, 공동개발로 낙착되게 마련이며 결국은 독도(獨島)에 대한 한국의 주권적 관할수역의 배타적(排他的) 개념은 명시적으로 부인(否認)되게 된다.

따라서 당연히 영유권 주장이 충돌하는 섬이나 지역은 이러한 잠정적 합의 수역 안에 포함되어서는 안 된다. 어느 쪽 당사국이든지 명시적으로 영유권 주장을 포기하지 않는 한, 지금처럼 영유권 분쟁이 있는 독도(獨島)를 합의된 중간수역 안에 위치하게 하는 것은 이 잠정수역에 관한 합의로서 이 분쟁도서에 관한 당사국으로서의 지위까지도 합의한 것으로 해석될 수 있으므로 한국이 독도의 영유권에 관해서 일본과 동등한 권원(權原: title) 밖에는 갖고 있지 않다고 믿는 것이 아니라면 이러한 합의를 한국이 수용해서는 않될 것이다. 한국이 지금까지 유지해온 독도에 관한 배타적 지배적 권원은 일본의 도전적인 주장에도 불구하고 상당히 완전한 것이었다. 그것은 일본의 잔존 주권(residual sovereignty)이 인정되어170), 2차대전 종결이후 미국이 신탁통치를 하다가 일본에 반환한 조어대/첨각열도에 대한 중국의 권원과는 비교할 수 없이 완전한 것이며171) 강점한 러시아인들의 생활의 근거가 되어버린 북방도서에 대한 일본의 영유권 보다도 확정적이다.

특히 한국 측으로 볼 때, 앞으로 이 합의로 인하여 분쟁도서에 대한 일종의 공동적 주권 개념(condominium)에 합의한 것이 되는 것으로 해석되지 않도록 특히 주의해서 노력해야 하게 되었으며, 최소한도 독도에 대한 주권적 영유권의 기본적 요소인 배타성을 스스로 부정(否定)한 결과를 배제하기는 어렵게 되었다.

실제로 1953년 영국과 프랑스 간의 「망끼에 에끄레오 섬 영유권 분쟁사건」에서 프랑스는 1839년 8월 2일에 체결된 양국간의 어업협정에서 문제의 섬들이 공동어로구역에 포함되었든 사실을 들어 동 일자(日字) 이후 영국이 행사한 모든 영유적 국권 행사의 법적 효력이 부인(否認)되어야 한다고 주장한 일이 있다.172) ICJ는 이 사건의 판결에서 결국 프랑스의 주장을 배척하고 동 일자(日字) 이후 영국이 행사한 모든 영유적 국권 행사의 법적 효력을 인정하여 이들 분쟁도서의 영국(U.K.) 영유(領有)를 인정하였다. 그러나 이는 영국정부가 Jersey 왕립재판소와 지방행정당국의

---

170) Ying-Jeou Ma, "The East Asia Seabed Controversy Revisited: Relevance of the Tiao-yu-tai (Senkaku) Islands Territorial dispute," 2 *CYILA* 32 (1982).
171) 졸고, "중국 주변해역에서의 영유권 분쟁의 배경 및 현황," 이춘근 편, 「동아시아의 해양분쟁과 해군력 증강 현황」, (서울: 한국 해양전략연구소. 학술총서-5, 1998. 9), p.64.
172) The Minquiers and Ecrehos case (France vs United Kingdom) Judgement of November 17th 1953. French Contention (5), (6). ICJ Reports 1953, p.47. at p.50, p.58.

조치들을 통하여 사법권(司法權), 지방행정권 및 입법권(立法權)을 행사한 사실 등이 구체적으로 입증될 수 있었기 때문이다.

최근에 특히 이 판결을 「신한일어업협정」이 어업에 국한된 협약으로서 영유권 문제와는 분리(分離)되어 있다는 우리 정부측 주장을 보완하는 국제판결로 원용(援用)하는 견해가 있다. 그러나 판결문 중에서 일부의 문구만을 인용하는 경우에 그러한 결론에 도달하는 것은 어렵지 않겠지만 그것은 정확한 판례의 해석이라고 볼 수는 없다. 판결이란 전체적인 의미로 이해되어야 하기 때문이다.[173]

일단 영유권의 기본적 요소인 배타성이 훼손된 이상 언제나 「망끼에·에끄레오섬 영유권 분쟁사건」에서와 똑같은 결론이 나온다는 보장은 없는 것이다.

특히 분쟁이 제기된 영토에 대한 영역주권의 존재는 분쟁해결을 위한 결정적인 시점에 그러한 권원이 존재하고 있음을 국가행위의 실질적인 행사(an actual display of State activity)로 증명할 수 있어야 하며 이러한 영역주권의 현시(顯示; manifestation)는 일반국제법의 당연한 일부로 확립되어 있는 영토에 관한 국가의 배타적(排他的) 권한의 원칙(the principle of the exclusive competence of the State)에 따라서 집합적 주권(collective sovereignty)이나 공동주권(共同主權; condominium)의 개념과는 양립할 수 없는 것이다.[174]

지난 1998년 10월 9일에 확정된 Eritrea와 Yemen간 홍해(紅海) 도서(島嶼)

---

173) 동 판결의 판결문에는 공동어로구역 설정에 관한 합의는 그 구역에 있는 분쟁도서에 대한 공동영유권의 합의는 아니라는 취지의 언급이 있다.

…..Even if it be held that these groups lie within this common fishery zone, the Court can not admit that such an agreed common fishery zone in these waters would involve a regime of common user of land territory of the islets and rocks, since the Articles relied on refer to fishery only and not to any kind of user of land territory…

Minquiers and Ecrehos Case (Judgement of 17 XI 53), p.58.
그러나 이는 이 판결의 주요 판결이유(ratio decidendi)가 되는 것은 아니다. 실제로 법원이 프랑스의 주장을 채택하지 않은 것은 프랑스가 자신의 주장과 양립할 수 없는 다른 주장을 제출했기 때문이었다.

The above-mentioned contention as to exclusion of acts subsequent to 1839 is, moreover, not compatible with the attitude which the French government has taken since that time.

Minquiers and Ecrehos Case (Judgement of 17 XI 53), p.59.
그러므로 앞의 이유는 방론(傍論; obiter dictum) 이상의 것은 되지 못한다.

174) Island of Palmas case (The Netherlands vs United States), RIAA (*Reports of International Arbitral Award*) 1928. Vol.Ⅱ, Max Huber, Sole Arbitrator.
Martin Dixon & Robert McCorquodale, *Cases and Materials on International Law* (London: Blackstone Press, 1995), p.280.

Hanish Island 영유권 분쟁에 대한 중재재판(中裁裁判) 판결에서도 재판부는 Hanish 섬의 Yemen측 영유를 인정하면서, "양측이 주장하는 역사적 권원의 증거들은 어느 쪽도 영유권의 존재를 확정함에 있어서 당재판부에 설득적인 것으로 다루어질 수 없었으므로 이 섬에 대한 국가적 권한의 실질적인 행사에 관한 실증에 의거하여 영유권의 존재를 판단할 수 밖에 없었다."[175]고 판시하고 있다. 실제로 Yemen의 영유를 인정하게 된 증거로는 Yemen이 Hanish섬 영해구역에서 관계회사들에게 석유탐사권을 설정해준 사실을 들고 있다. 만일 한일어업공동위원회의 결의에 따른 "권고"로 한국이 독도 주변 수역의 어자원 관리에 나선 실적이 기록되면 이는 한국 영역주권의 배타적 권한에 대한 부정적인 증거로 원용될 수 있을 것이다.

명백히 이 개념으로 인해서 협상의 타결 자체가 심각한 새로운 분쟁을 유도(誘導)하게 되어 있다. 따라서 이는 한국 측으로서는 기본적으로 수용(收容)할 수 없는 안(案)일 뿐 아니라 한일(韓日) 양국간의 관계개선을 위해서도 극력 회피해야 하는 안(案)인 것이다.

(ii) 이 협정에서 어업(漁業)문제와 영유권(領有權) 문제는 분리(分離)되었는가?

한국 정부는 "독도의 영유권 문제가 이번 협정에서는 기술적으로 회피되었으며 따라서 이 협정의 타결로 인하여 한국의 독도 영유권은 조금도 훼손되지 않는다"고 설명하고 있다. 또 "이 어업협정에는 어디에도 독도(獨島)가 언급되어 있지 않으며 이 협정의 본문에서 그 '적용대상 수역을 양 체약국(締約國)의 배타적 경제수역으로 한다'고 명시함으로써 독도(獨島) 주변 12해리의 영해(領海)는 논리적으로 이 중간수역에서 "제외"되어 있다"고 설명하고 있다.

그러나 독도(獨島) 주변 12해리는 일본의 안목(眼目)으로 보면 다케시마(竹島)의 영해(領海)인 12해리가 되는 것이다. 이 협정의 어떤 조항에 의해서도 일본이 이 섬을 자국의 영토인 다케시마(竹島)로 주장하는 것은 배제되지 않았다. 이 협정 제15조에서 규정하고 있는,

> 이 협정의 어떠한 규정도 어업에 관한 사항 이외의 국제법상 문제에 관한 각 체약국의 입장을 해(害)하는 것으로 간주되지 않는다.

---

175)   ...However, in making the decision the Tribunal relied primarily on evidence of the exercise of the functions of state authority in the island...

The Eritrea vs Yemen Arbitration Phase I: Territorial Sovereignty and Scope of Dispute, *Award.* 9th Day of October, 1998. (http://www-ibru.dur.ac.uk/links.html)
Martin Pratt, "Tribunal determines sovereignty over Red Sea Islands." *Boundary and Security Bulletin*, Vol.6, No.3. Autumn 1998.,pp.51-53.

라고 하는 조항은 이 협정에서 영유권 문제를 "분리(分離)"한 것이 아니라 오히려 양 체약국의 영유권 주장의 입장을 재확인(再確認) 하고 있는 것이며, 독도에 대한 영유권 분쟁은 이 협정을 공식적으로 합의함으로서 양국에 의하여 공인(公認)된 셈이 되는 것이다.

1974년 한일간의 대륙붕공동개발협정에서도 이와 유사한 조항이 있었다. 그러나 그 1974년 대륙붕 공동개발협정 제28조는 이번 어업협정 보다는 더 용의주도(用意周到)한 표현을 두고 있다. 즉,

> 본 협정의 어느 규정도 공동개발구역의 전부나 일부에 대한 {주권적 권리의 문제를 결정하는 것으로 볼 수 없으며}, 대륙붕 경계획정에 관한 각 당사국의 입장을 침해하는 것으로 볼 수 없다.

라고 규정한다.({, }로 강조된 부분 주의) 그러나 위에서 적시(摘示)되어 있는 것처럼 이번「신 한일어업협정」의 조항(제15조)에서는 주권적 권리 주장의 근거로서의 증명력을 배제(排除)하는 문안이 빠져 있음으로써 일본은 이 협정을 일본 영유권 주장의 한 근거로서 원용(援用)할 수 있는 여지가 남게 되었다. 주권적 권리주장의 근거로서의 증명력을 배제(排除)하는 조항의 다른 예로서는 남극조약(南極條約; The Antarctic Treaty)[176] 제4조 2항이 있다. 여기서는,

> 본 조약의 유효기간 중에 행하여진 행위나 활동은 남극에 관한 영토적 청구권을 주장(主張)하거나, 지지(支持)하거나, 또는 부인(否認)하는 근거(根據)를 구성하지 아니하며, 남극에 대한 어떠한 주권적 권리도 창설(創設)하지 아니한다. 본 조약이 시행되는 기간 중에는 남극지역에 있어서 영토적 주권의 주장을 새롭게 제기하거나 기존의 영토적 주장을 확대하기 위한 어떤 주장도 하지 못한다.[177]

라는 규정을 두고 있다. 이러한 다른 기존의 협정들과 비교할 때,「신 한일어업협정」의 조항(제15조)에는 한일(韓日) 간 상충(相衝)되는 영유권 주장을 이 어업협정과 실질적으로 분리(分離)시키기 위한 어떠한 당사국의 의사(意思)도 명기되어 있지 못하다고 판단할 수 밖에 없다. 그러므로 이 어업협정이 영유권 문제를 어업문제와 분리해서 규정하고 있다는 주장은 우선 성립되지 않는다.

설사 이러한 당사국의 의사(意思)가 명기(明記)되어 있었다고 하드라도 특히 이「

---

176) 1959년 Washington에서 체결, 1961년 6월 23일 발효. 12 UST 794, 402 U.N.T.S 71.
177) The Antarctic Treaty, Article Ⅳ, Para.2.

> No acts or activities taking place while the present Treaty is in force shall constitute a basis for asserting, supporting or denying a claim to territorial sovereignty in Antarctica or create any rights of sovereignty in Antarctica. No new claim, or enlargement of an existing claim, to territorial sovereignty in Antartica shall be asserted while the present Treaty is in force.

중간수역」과 같은 경우에는 다음 두 가지의 논리적 이유로 영유권 문제와 어업의 문제는 분리(分離)되지 않는다. 첫째로 앞서 지적한 바와 같이 어업의 문제는 환경보존 문제나 해운의 문제 등과는 분리될 수 있어도, 어업권이란 결국 주권적 영역권에서 연유되는 것이기 때문에 어업의 문제와 영유권의 문제는 본질적으로 연결되어 분리될 수 있는 것이 아니다.

두 번째로는 독도(獨島)에 대한 주권적 영유권이 한국과 일본의 어느 쪽에 정당하게 귀속(歸屬)되어 있는가? 하는 것이 여기서 문제되고 있는 「영유권의 문제」이므로 이는 이 문제를 어업의 문제와 분리(分離)하겠다고 하는 관련 당사국의 주관적 의사(意思)의 존부(存否)와는 처음부터 관계가 없는 것이다. 이 분쟁 도서(島嶼)를 포함한 합의된 수역에서 한국의 독도에 대한 배타적 영역주권을 부정(否定)하고, 다투고 있는 당사국인 일본과 한국이 어자원의 공동관리와 같은 내용을 합의하는 것은 일종의 공동적 주권 개념(condominium)을 인정하는 것으로 해석 될 수 있고, **따라서 명백히 그 주권적 배타성을 양보, 포기(抛棄)한 것으로 해석 할 수 밖에 없으며,** 객관적 제3자가 그렇게 판단한다면 한국의 영유권은 그것만으로 이미 충분히 훼손 당하는 것이다.

일본은 이제 「신 한일어업협정」의 조약법적(條約法的) 기속력(羈束力)을 빌미로 하여, 원하는 시기(時機)에, 원하는 방식(方式)으로, 한국의 주권적 권원을 부인(否認)할 수 있게 되었다. 독도(獨島)에 대한 집요한 영유권 주장을 늦추지 않는 일본으로서는 앞으로 「중간수역」에서의 자원관리 조치 과정에서 필연적으로 이러한 영유권 주장의 의지(意志)를 표출할 것으로 예상된다. 본래 영유권 분쟁을 일으키고 있는 측은 일본(日本)이며 온전한 "주권적 권원(主權的 權原: legal title of the territorial sovereignty)"을 계속적으로 위협받고 있는 측은 한국(韓國)이기 때문에, 이러한 조약법적 기속(羈束) 속에 분쟁이 계류된 자국의 영토(領土)를 포함시키는 것은 영토 보존의 의지를 포기(抛棄)하는 것과 같은 것이다.

해양법상 일반적으로 어업에 관한 잠정적 합의수역에는 용이하게 해결될 수 없는 영유권 분쟁이 있는 도서(島嶼)는 명백하게 "제외"되어야만 그 잠정합의는 "과도적 기간 동안 최종합의에 이르는 것을 위태롭게 하거나 또는 방해하지 않는", ..."실제적 잠정약정(實際的 暫定約定: provisional agreements of a practical nature)"이 될 수 있는 것이다. (유엔해양법협약 제74조 3항) 따라서 독도(獨島)는 한일(韓日) 간의 어업에 관한 잠정적 합의수역에서 명백하게 "제외"되어야 한다. 지금 「신 한일어업협정」에서와 같이 그저 다만 모호(模糊)하게 회피된 경우에는, 어떤 법적(法的)인 기교(技巧)로도 그 인접국과 합의된 잠정적 중간수역 속에 그 섬을 집어넣고 그 영유권이 훼손되지 않을 수 있게 방어(防禦)할 수는 없다.

(iii) 「중간수역」의 범위:

수역의 동쪽 경계를 135°로 하느냐 136°로 하느냐가 중요한 쟁점(爭點)으로 부각되어 있었으나 잠정적 합의수역에 어찌하여 동쪽 경계가 꼭 있어야 하는지와 같은 기본적인 문제는 한국 측으로부터 제기되지도 않았으며 제대로 논의된 적도 없이 일본의 134°안(案)으로부터 시작해서 135°로 하느냐 136°로 하느냐 등의 문제로 줄다리기를 해온 것은 협상의 기본적 순서가 전도(顚倒)된 것임을 지적하지 않을 수 없다.

한국 측은 대화퇴어장 확보를 이유로 136°안(案)이 고수되어야 한다는 견해이었으나 사실상 대화퇴어장은 이 잠정적 합의수역의 북쪽한계로 보고있는 38° 37′선 이북에 위치해 있는 만큼, 이론적으로 이 「잠정적 합의수역」의 동쪽 경계를 135°로 하든 136°로 하든 대화퇴와는 아무런 관계가 없는 것이었다. 협상의 최종적 타결 단계에서 일본은 동쪽 경계를 135° 30′선으로 절충 양보하고 합의수역의 북쪽 한계를 수정하여 대화퇴 어장의 일부를 중간수역에 편입시키는 데에 동의한 것이다. 일본으로 치면 상당한 양보를 한 것으로 되나 이는 극히 지엽적(枝葉的)인 사항에 불과하여 동해 지역에서 한국과 일본이 합의하려고 하는 「잠정합의수역」이 갖고 있는 근본적인 문제를 조금도 해결하지 못하는 것이다.

「2」「유엔해양법협약 제121조 3항」의 문제

(i) 전속관할수역의 범위 문제:

당초에 일본의 제안은 중국과의 협의 때와 마찬가지로 당사국 연안 기선으로부터 80해리 범위를 각 당사국의 전속적 관할수역으로 하자는 것이었다. 동중국해에서 일본의 전속적 관할 수역을 인정해야한다는 사실 자체에 대해서 중국은 부정적(否定的)이었으므로 일본-중국간의 협의가 용이한 것은 아니었으나 어찌됐든지 중국은 52해리의 전속관할수역 안(案)에 동의하였다. 한국은 한일(韓日) 양국이 공히 실시하고 있는 접속수역의 범위인 24해리를 이러한 전속적 관할의 범위로 할 것을 주장했었던 것으로 알려져 있다.

한국과 일본간의 협상과정에서는 일본의 35해리 안과 한국의 34해리 안이 대립되다가 결국 35해리로 타결된 것이다.

(ii) 한국의 독도(獨島)에 대한 35해리 전속관할수역 포기(抛棄)

한국 측은 독도(獨島)의 영유권이 훼손되지 않았다고 스스로 강변(强辯)하면서도, 독도(獨島)는 유엔 해양법협약 제121조 3항에 해당하는 도서(島嶼)라는 이유로 독도(獨

島) 주변에 35해리 잠정적 전속관할수역을 포기(抛棄)하고 있다. 그것은 한국 정부가,

> 독도(獨島)는 무인(無人) 불모(不毛)의 고도(孤島)로서 "인간이 거주할 수 없고 독자적인 경제활동을 유지할 수 없는 암석"이므로 그 자체의 EEZ 갖지 못한다(유엔 해양법협약 제121조 3항)

고 보고 있기 때문이다. 그러나 사실상 한국의 이러한 입장이 일본과의 합의를 용이하게 도출시키려는 편의적(便宜的) 고려에서 왔다고 하는 것은 잘 알려진 사실이다.

법적 원리의 해석을 편의적으로 취하는 한국 정부의 이러한 자기제한적(自己制限的) 태도는 우선 국가의 협상정책으로서는 어리석은 것이며, 법적 원리에도 충실치 못한 불성실(不誠實)한 것으로서 지탄(指彈)받아야 할 것이다. 한때 한국 정부 일각에서는 이 입장이야말로 법적 원리에 충실한 것으로서 일본의 주장을 압도(壓倒)할 수 있다고 믿었던 것 같으나, 실제로는 일본의 입장에 추호의 영향도 주지 못하였다. 이러한 믿음은 유엔 해양법협약 제121조 3항의 입법적인 연혁(沿革)과 관련된 국가관행에 대한 철저한 연구가 부족한 데서 연유된 착오(錯誤)일 뿐이다.

한국의 기본입장, 즉 『울릉도와 오끼도의 중간선을 그 잠정적인 경계로 하는 것이어야 한다』는 주장을 한번도 집요하게 일본에 대해서 주장해 보지도 않고 포기한 배경에는 경계문제에 있어서 외양(外洋) 고도(孤島)의 가치를 고려함에 관한 유엔 해양법협약 제121조 3항에 대한 이러한 해석 태도와도 관련이 있다. 이와는 아주 대조적으로 독도의 영유권을 주장하고 있는 일본은 제3차 해양법회의의 협의과정에서부터 일관되게 일률적 관할권설을 주장하여 왔고[178] 따라서 독도(獨島)(그들은 다께시마)로부터 200해리 EEZ를 획정하여야 한다고 주장한다.

결론적으로 말해서, 현대적인 조약의 해석 원칙을 참작하거나, 일반적인 국가관행을 검토하건대 제121조 3항을 한국 정부처럼 해석하는 것은 법적으로 정확하지도 못하고 전략적으로 현명하지도 못하다. 전략적인 고려를 한다고 제121조 3항에 관한 이러한 한국 정부식의 해석이 일본의 남녀군도(男女群島)와 조도(鳥島)로부터의 EEZ주장을 봉쇄할 수 있고, 중국의 동도(童島)나 해남초(海南礁)로부터의 대륙붕 관할수역 주장을 봉쇄하여 막대한 해저석유 광구(鑛區)에 대한 한국의 입지를 굳게 한다는 견해(見解)가 있으나,

---

[178] Japan: C2/Informal Meeting/28 (3 May 1978).
  즉 일본의 입장은, 제121조 3항은 법률적 요건이 모호하고 제121조 1항, 및 2항과의 일관성을 위하여 삭제되어야 하며 모든 섬은 일관해서 EEZ와 대륙붕과 같은 관할 수역을 갖는 것으로 본다.

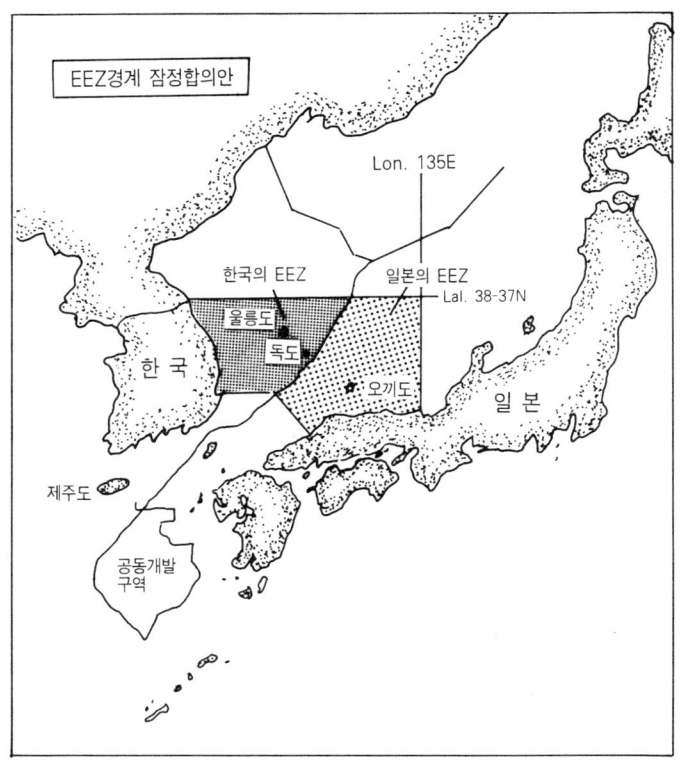

(지도 7-8) 한일간 EEZ 잠정경계선 안(案)

i) 유엔 해양법협약 제121조 3항에 대한 형평설(衡平說)[179]적인 해석이 한국(韓國)에 의해서 독도(獨島)에 대하여 주장되었다는 사실만으로, 남녀군도(男女群島)와 조도(鳥島)에 대한 일본의 일률적 관할설(一律的 管轄說)을 배제할 수는 없다. 이것은 영국의 Rockall섬에 대한 형평설(衡平說)적인 입장[180]이 미국이나 멕시코 등의 일률적 관할설(一律的 管轄說)을 배제할 수 없는 것과 같다.

ii) 중국의 동도(童島)나 해남초(海南礁)는 직선기선의 기준점으로 주장되고 있는 것이므로 처음부터 협약 제121조 3항과는 관계가 없는 것이다.

그러므로 이른바 독도(獨島)에 대한 한국정부의 이와 같은 자기제한적(自己制限

---

179) 졸고(拙稿), "동해(東海)에 있어서 한일간의 EEZ 경계획정에 관련한 해양법 협약 제121조 3항의 해석과 그 적용", 『서울국제법 연구』 제3권 1호, 1996년, p.49.
180) 1997년 7월 25일 영국은 유엔해양법협약에 가입하여 119번째 체약국이 되었으며 이를 계기로 Rockall 섬 주변의 200해리 어업수역을 포기하고 12해리 영해와 24해리 접속수역만을 유지하는 것으로 재조정할 것임을 천명하였다.
Foreign and Commonwealth Office Bulletin July 21, 1997.

的)인 해석이 결코 다른 섬에서 중국이나 일본의 주장을 봉쇄하거나 제한할 수 있는 근거가 될 수 없다는 것은 너무나 자명한 일이다. 한국정부는 1997년 11월 6일자로 독도에 177억원 상당의 국고예산을 들여서 3년여의 공사 끝에 훌륭한 부두 시설과 숙박시설을 건설 완료하였다. 이제 한국 정부 자신의 노력으로 이 섬은 이미 제121조 3항에 해당시키지 않아도 되게 된 것이라면 제121조 3항에 대한 이러한 자기 제한적 해석은 그 자체가 자가당착(自家撞着)이 되는 것이다.

해양관할수역의 경계획정에 있어서 도서(島嶼)의 역할(役割)에 관련된 각 국가 관행을 상고하건대, 일본과 분쟁상태에 있는 이 섬에 대한 한국의 영유권을 일본이 공식적으로 인정하는 것과 상환적(償還的) 대가관계(對價關係; *quid pro quo*)로 한국은 EEZ관할수역 경계획정에 있어서 이 독도(獨島)의 가치를 반분(半分) 또는 생략(zero effect)해 줄 수 있다.181) 그러므로 이러한 "협상전략적 견지에서" 한국은 한일(韓日)간 어업협력수역의 잠정경계로서, 『울릉도와 오끼도의 중간선을 그 잠정적인 경계로 하는 것이어야 한다』는 주장을 하는 것이며, 독도(獨島)가 처음부터 EEZ를 갖일 수 없는 섬이기 때문에 이러한 주장을 하는 것과는 엄격히 구별하여야 한다. (지도 참조)

거듭 지적하거니와 유엔해양법협약 제121조 3항에 대한 한국 정부의 이러한 자기 제한적(自己制限的) 해석은 법적으로 정확하지도 못하며, 정책적으로 명백히 어리석고, 국가적 의지의 일관성(一貫性)을 훼손하는 위험한 발상(發想)이다. 한국이 독도(獨島)를 사람이 살 수 있는 유인도(有人島)로 개발하는 순간, 한국이 이번 「신 한일어업협정」의 합의(合意)에서 독도(獨島) 주변에 35해리 잠정적 전속관할수역을 포기한 사실이 결국 객관적 제3자로 하여금 독도(獨島)에 대한 한국 영유 주권의 존재를 의심하지 않을 수 없게 하는 중요한 법적인 요인이 되게 될 것이다. 이 무슨 모순이란 말인가?

「3」 접속수역의 문제

독도(獨島) 주변에 대한 24해리 접속수역에 관해서 보면, 한국도 일본도 모두 그 연안에 대하여 24해리 접속수역을 공포 실시하고 있다. 일본이 이 섬 주변에서 접속수역의 권원을 행사한 일이 없으며, 그런 의사(意思)도 없다는 것은 중요한 일이 아니다. 한국이 이 섬 주변에서 접속수역제도가 규정하는 국가적 통제권을 행사함에 있어서 중간수역의 합의로 인하여 중대한 장애를 받을 수 있다는 점이 중요한 것이다.

유엔해양법협약 제33조가 규정하고 있는 바, "관세, 재정, 출입국관리, 및 위생에

---

181) 졸고(拙稿), "동해에 있어서 한일간의 EEZ경계획정에 관련한 해양법 협약 제121조 3항의 해석과 그 적용,"「서울국제법 연구」3권 1호, 1996년, pp.68~73.

관한 법령 위반의 방지와 그 밖의 영토나 영해에서 발생한 위법행위의 처벌을 위한 통제권의 행사"라는 규정은 이 새롭게 생성된 관할 수역에서의 연안국 권한을 표현하고 규정함에 있어서 매우 모호한 것으로 평가되고 있다.182) 이미 미국 연방 최고재판소의 국내 판례에서는 이 접속수역에서의 연안국의 통제권 범위 속에 어업법(漁業法)의 시행에 관한 것이 배제되지 않는다는 견해가 명백히 되어 있다.183) 그러므로 24해리 접속수역의 범위에서 타국과 어업에 관한 공동 관리를 내용으로 한 합의를 확정한 사실 그 자체만으로도 한국의 영유권은 이미 훼손되고 있는 것이다.

「4」「구 한일어업협정」과의 비교

한국 정부 측은, 또 「신 한일어업협정」에 있어서 독도 문제를 회피한 것은 1965년 「한일어업협정」에서 독도문제를 전혀 언급하지 않았던 것과 동일하며, 따라서 이 새로운 어업협정으로 새삼스럽게 한국의 독도에 관한 영유권이 훼손되는 일은 없다고 설명하고 있다. 즉 독도(獨島) 영해의 외측인 중간수역에서 일본어선이 조업할 수 있게 된 것은 1965년 어업협정 하에서도 마찬가지였다. 라고 설명하고 있는 것이다.

그러나 이러한 설명은 명백하게 모두 사실과 다르다.

1965년 한일어업협정에서도 독도 문제는 당연히 중요한 논점으로 다루어 졌다. 그러나 당시 일본의 당면과제는 한국 평화선(平和線)의 극복 내지 무효화(無效化)에 있었으며 독도(獨島) 문제에 집중되어 있지는 않았다. 1965년 당시, 한일 기본관계조약과 어업협정에 부수해서 타결된 「분쟁의 해결에 관한 교환공문」에 독도 문제가 명문으로 포함되는 것을 저지(沮止)한 것은 한국 측의 외교적인 업적(業績)으로 지금까지 평가(評價)되고 있다. 한편 지금도 일본은 일방적으로 이 「분쟁의 해결에 관한 교환공문」의 일반적인 해석상 독도에 관한 분쟁이 이 교환공문의 합의 범위에 포함되는 것으로 주장하고 있는 것이다.

기본적으로 1965년 한일어업협정의 법적구조는 「"공해자유의 원칙"에 의거한 "공해어업"의 구조」로서 1998년 「신 한일어업협정」이 「배타적경제수역(EEZ) 제도에 의거한 "연안국의 주권적 관할권"하의 어업제도」인 것과는 근본적으로 다른 것이다. 당시 불평등한 모습으로 규정된 1965년 한일어업협정의 「공동규제수역」은 한반도 주변 수역에 대해서만 획정되어 있었고 독도(獨島)는 이 공동규제수역 범위에는 포함되어 있지 않았었다.

---

182) Frank Wooldridge, "Contiguous Zone," Max Plank Institute's *Encyclopedia of Public International Law*, Vol. XI, pp.81-82.
183) United States vs. F/V Taiyo Maru No.28. 395 F. Supp 413 (1975)

VI. 한국과 배타적 경제수역   439

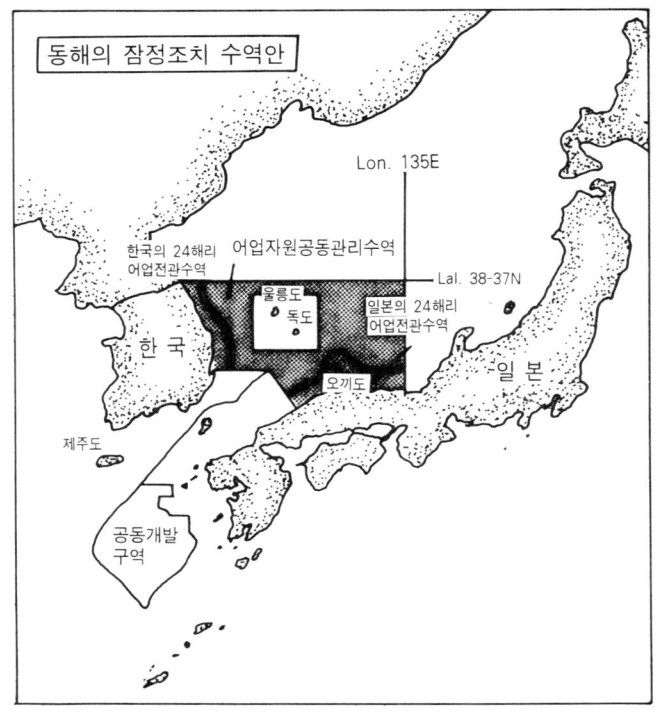

(지도 7-9) 잠정합의수역 속의 enclave안(案)

즉 「구 한일어업협정」에서도 독도 문제는 아주 어렵게 회피되었으며 공동규제수역에서는 "제외"되었든 것이다. 그러므로 1965년 한일어업협정에 근거한 독도 12해리 외측수역의 법적 성격은 명백히 공해(公海)이었는데 반해서, 1998년 「신 한일어업협정」상 독도 12해리 외측수역의 법적 성격은 기본적으로는 배타적 경제수역이며 (물론 양국은 주관적으로 모두 자국의 주권적 관할 하에 있는 접속수역, 및 EEZ로 주장하거나 또는 그렇게 인식할 것으로 예상된다.) 앞으로 한일간에 합의된 중간수역에서의 자원관리 방식에 따라 그 구체적인 법적 성격이 결정되게 될 수역이다.

그러므로 지난 97년 10월 한국이 일단 받아 들이기로 한 잠정합의수역의 개념을 꼭 동해(東海)수역에 적용해야만 한다면, 문제된 독도(獨島) 주변수역은 일정범위-예컨대 거안(距岸) 24해리의 장방형 또는 원형 수역-의 위요지(圍繞地: enclave) 로 구획하여 이 잠정합의 수역에서 제외시켰어야 한다

「5」 한국의 전통적 어업실적 보장의 문제

일본 근해에서의 한국 측 전통적 어업실적의 보장은 3년 기간동안 점진적으로 어

로를 축소시켜서, 한일(韓日)의 어획량을 균형시키는 것으로 되어 있다. 특히 쟁점이 되어 있는 명태는 이 협정의 발효 후 1년 동안만 한국 어선의 일본 EEZ내의 어로를 1만 5천톤 범위로 허용하고, 그 이후(대략 1999년말(末) 까지가 될 것이다.)는 전면 금지(禁止)시키고, 대게(crab)도 이 협정의 발효 후 2년 동안만 현 어획량을 기준하여 이를 매년 50%씩 감축하고 그 이후는 금지시킨다고 되어 있는 것이다.

독도의 영유권 문제가 내재(內在)되어 있는 예민한 수역에서 영유권 문제를 회피하고, (사실상 회피(回避)되었는가?는 앞서 논술한 바와 같이 의문시되지만) 일본과 다소 무리를 해서라도 이번 한일간의 어업협정을 서둘러 타결한 이유로는, 지난 1998년 1월 일본이 구 어업협정을 일방적으로 파기(破棄) 선언을 함으로써 1999년 1월 23일 이후에는 한일간에 이른 바「무협정 상태」가 되는 것이 예상되고 그렇게 되면 일본 근해에서 한국어선의 조업이 전면적으로 봉쇄될 터인데, 이 협정에서 3년의 유예기간을 확보하여 점진적으로 한국어민의 타격을 완화(緩和)시킬 수 있었다는 점을 이 어업협정의 큰 기능으로 들고 있다.

원칙적으로 국토 영유권의 일부를 희생하면서 까지 어떤 어장(漁場)을 확보해야 한다는 명분은 어떤 경우에도 성립될 수 없는 것이지만, 위와 같은 주장이 사실이라면, 상당수 어민의 생계(生計)가 걸린 문제인 만큼 한국어민의 타격을 완화(緩和)시킬 수 있는 다른 대안(代案)이 없는 한 이러한 주장도 큰 설득력을 갖일 수 있으며 당연히 심사 숙고 되어야 한다. 그러나 한반도 주변 해역에서의 어업현황을 면밀히 검토해 보면 이러한 주장은 사실상 근거가 없는 것이다.

즉 첫째로 전체적으로 볼 때, 새 한일어업협정은 한국 측 전통적 어업실적을 보장함에 있어서 3년의 조정기간을 둠으로써 한국어민의 타격을 완화(緩和)시켰다고 하는 것은 한반도 주변 어장(漁場)의 현실에서는 전혀 의미가 없는 주장이 된다.

한국이 일본 측 수역에서 어획하는 평균어획량은 1994년에서 1996년 3년간 평균이 22만톤이었으며, 일본이 한국 측 수역에서 어획하는 양은 동일 기간 3년 평균 9만톤이었다. 그러나 전체적인 추세로는 한국이 일본 근해에서 잡는 어획량은 감소(減少)하고 있어서 1996년 19만톤으로 나타나고 있고 반대로 일본의 한국 측 수역에서 어획량은 다소 증가(增加)하여 동년에 15만톤을 기록하고 있어서 실제로 양국의 어획량 격차는 4만톤에 불과하였다.[184] 즉 이러한 추세가 그대로 지속되면 신 한일어업협정이 없어도, 한국과 일본의 어획량 격차는 1999년에 어차피 자연적으로 해소(解消)될 전망에 있었든 것이다.

둘째로 어종별 어장의 현황을 구체적으로 분석해 보면, 실제로는 이번 어업협정이

---

184) 최성애, "한일어업협정 개정이 어업에 미치는 영향,"「월간 시민과 변호사」, 서울지방변호사회, 1998년 11월호, pp.54-55.

우리 어민의 일본 근해 실적조업을 중단시킨 면이 크고 그 타격을 완화하는 효과는 적었다는 점을 알 수 있다. 즉 일본은 한국 어민을 그들의 인근어장에서 사실상 축출하는 데 성공하였으며 오히려 그들의 한국 인근어장에서의 어로가 확보된 셈이다.

이 새 한일어업협정으로 일본 근해 실적조업이 사실상 중단되는 어업의 종류는 근해통발어업이다. 이 어업은 일본 서해안과 (한일 북부대륙붕 경계획정선이 EEZ경계가 되는) 부산 동남해 인근해역 어장의 50% 이상을 상실하게 되어 연간 장어 8천톤 즉 400억원의 피해가 예상된다고 한다. 역시 대마도 근해에서 조업되고 있던 대형기선저인망어업도 그 현재어장의 대부분이 상실된다고 한다. (년간 7천톤 감소) 이 두 가지 어업의 타격은 대체어장의 개발도 용이하지 않아서 조업 중단의 타격을 소화해 내는데 상당기간 어려움을 겪게될 전망이다.

대화퇴어장 에서 조업되던 오징어채낚기어업이 이번 어업협정의 발효로 약 50% 어획 감소(연간 2만 4천톤 감소)를 초래할 것으로 보인다고 한다. 어업협정 교섭의 막바지에 대화퇴어장의 상당부분이 합의수역 속에 포함되게 되어 말하자면 이번 어업협정 타결로 어획 감소가 그 만큼 줄어든 셈이라고 할 수 있다. 그러나 이 오징어는 광범위한 수역에서 잠재량이 풍부하여 대체어장의 개발이 용이(容易)한 어종이다. 고등어, 정어리를 주대상으로 하는 대형선망어업도 대마도 근해어장의 상실로 년간 약 9만톤의 어획이 감소될 것으로 보이나, 이것도 고도회유성어종이고 또한 경계왕래어종이라고 할 수 있으므로 어장상실의 타격을 과장할 필요는 없다.

북해도 명태잡이 트롤어업에 관하여 보면, 북해도 근해어장에서의 한국 어획량은 년간 57,000톤인데 이번 협정으로 발효 후 1년간 만 15,000톤(26%)의 어획이 허용되게 되었다. 무협정상태가 되면 이것 마져도 잡을 수가 없게 되므로 어업협정의 타결로 그 만큼 어획량을 확보한 셈이되지만, 본래 여기에 조업하는 한국 측 트롤어선은 이 어업협정과는 관계없이 1999년말까지 모두 폐기하도록 계획되어 있었다. 일본 수역의 상실로 봉쇄되는 꽁치봉수망어업의 연간 어획량도 약 3만톤으로 집계되는 것이지만,[185] 꽁치란 본래 고도회유성 어종이므로 일본 측 어장이 당장 봉쇄되어도 대체어장을 개발하는 데는 어려움이 없을 것이다.

한국의 연근해 어업계에 있어서 일본측 어장의 상실로 인한 타격은 적응(適應)하기 힘든 시련임에 틀림이 없다. 일본 측, 특히 일본 수산계가 구 한일어업협정을 시급히 폐기할 것을 강력히 주장한 주된 이유는 일본 근해에서 한국 어민의 어로를 배제하기 위한 것이었으며「신 한일어업협정」에서 이와 같이 한국어민의 전통적 어업실적보장을 위한 조정이 이루어짐으로서 일본측은 일단 그들의 목표를 달성한 것이 된다.

---

185) Ibid.

동해(東海) 지역에서 1965년도 식(式)의 공해어업(公海漁業)제도를 더 이상 지속시킬 수 없고 새로운 유엔해양법협약에 의거한 배타적 경제수역 제도를 도입해야 한다는 현대적인 과제를 고려한다면 한국 연근해 어업계가 일본의 근해어장에 의존하고 있는 지금과 같은 현상은 조만간 시정(是正)되어야 한다는 것이 누구나 인정할 수 있는 당위(當爲)라고 할 것이다. 그러므로 비록 견디기 어려운 시련일 지라도 언젠가는 이러한 혁신적인 조정(調整)이 이루어 져야 한다.

그러나 이는 어디까지나 동해 지역에 배타적 경제수역 제도를 실질적으로 도입하기 위해서 한국과 일본이 같이 부담하는 혁신이어야 한다. 그러나 이번「신 한일어업협정」은 중간수역이라는 완충적 구역을 설정함으로써 이러한 완충적 구역에서는 본래의 배타적경제수역제도의 실시가 아주 어렵게 되거나 (특히 한국은 이 구역에서 공해적(公海的) 성격의 자원관리를 완강하게 고수(固守)할 것이다) 또는 실질적으로 배제되어, 변형된 제도가 상당기간 실시될 전망이다.

1977년도에 일본은 자국 연안에는 200해리 제도를 도입하면서도 동경135°이서(以西) 지역에 공해어업(公海漁業)제도를 존치시킴으로써 이 동북아 지역에 약 20년간 200해리 배타적경제수역 제도의 도입을 지연시키게 한 바가 있는 데, 이 번에도 이 중간수역의 도입으로 이 지역에서 현대적인 어업자원관리가 다시 한번 유예(猶豫)되는 결과가 되게 되었다. 즉 다만 일본 근해에 배타적경제수역 제도를 도입하기 위해서 한국은 일방적으로 이러한 부담과 시련을 지게된 것이다.

이 협약에 규정된 존속기간에 관계없이 이 협약은 한일(韓日)간에 상당기간 존속될 가능성이 있으므로 어업정책의 장기적 전망을 고려할 때에도 중간수역을 동해지역에 도입한 것은 이 지역의 자원관리를 위해서 바람직한 방식은 아니다.

(5) 새 한일어업협정에 관한 제언

이번에 타결된 새 한일 어업협정은 재협상(再協商)되어야 한다. 1998년 11월 현재, 아직 비준(批准)의 절차가 남아 있으므로 양국 의회(議會)가 동의(同意)를 거부할 때는 재협상이 가능하다.

이 재협상에서 한일 양국의 어업협력 구조를 설정함에 있어서는,

『방안-1』

첫째로 한일(韓日)간 어업협력수역의 잠정경계를『울릉도와 오끼도의 중간선』으로 합의, 타결(妥結)하는 방안이 있다.

이 어업협정이 잠정적 협정이므로 가까운 시일 내에 북한과 러시아를 포함한 다자간 경계협정이나 어업협력조약이 이 동해(東海) 지역에서 타결되어야 한다는 양국의 의지(意志)를 표현하는 증거로서 이 잠정합의의 북쪽 경계를 북위 38°37′선으

로 하며, 잠정적 합의수역의 동쪽 경계 135°를 한국 측이 수용하고 제주도 남부 수역에 기해 합의된 잠정적 합의 수역도 수용한다면, 협상기술상, 이 방안은 일본이 충분히 받아드릴 수 있다.

이 합의는 대화퇴 수역을 협정의 대상 수역에서 제외하는 결과가 되므로 대화퇴에서의 한국측 어로는 "기존의 방식대로" 유지되는 것으로 간주되어야 한다. 그리고 이 합의는 양국이 실질적으로 EEZ 경계합의를 도출해 내는 데에 좋은 협상여건을 주게될 것이다.

『방안-2』

만일 이『방안-1』이 합의되기 어렵다면, 최소한도 독도(獨島) 주변수역의 일정범위 즉 거안(距岸) 24해리의 장방형 또는 원형 수역을 위요지(圍繞地: enclave)로 구획하여「잠정합의 수역」(또는「중간 수역」)에서 제외시켜서, 이 어업협정의 적용을 받지 않는 것으로 명시하여야 한다.

『방안-3』

이것도 되지 않고 재협상도 없이 결국 원래 타결된 대로 이 협약을 비준하는 경우에는 한국이 앞으로 독도에 대한 영유권을 주장하고 실효적인 영유권의 행사를 유지하는 데에 많은 애로가 있을 것이다. 그러므로 비준시에 잠정합의수역 내에 위치하는 독도(獨島)와 최소한도 그 주변 12해리 영해수역 내에는 이 협정규정을 적용할 수 없다는 취지의 해석선언(解釋宣言: interpretative declaration)을 해두어야 한다.

3. 한일간 EEZ경계획정 문제

한일(韓日)간 배타적 경제수역의 경계획정에는 일반적 방식인 중간선 원칙을 적용한다고 해도 양국의 영해기선 특히 일본 직선기선의 적법성이 문제되고[186], 양국간에 영유권 분쟁이 있는 독도(獨島)를 어떻게 참작하는가 하는 여부에 따라 그 결과는 달라지게 된다.

우선 해양법협약상 기준에 현저하게 일탈하고 있는 일본의 직선기선들은 한일 양국의 EEZ 경계획정에 있어서 구체적으로 그 위법성이 지적되고 적절한 통상기선이나 다른 기준들을 적용하여 양국간의 중간선을 정하는 방식을 취하여야 할 것이다.

영유권 분쟁이 있는 독도(獨島)를 어떻게 참작하는가 하는 문제를 결정함에 참고하기 위하여 영유권 분쟁 있는 도서(島嶼)의 경계획정 기준에 관련된 중요한 사례(事例)를 분류하면 다음과 같다.

---

186) 본서 제Ⅱ장 내수 6.일본의 직선기선 참조.

『제1유형』

영유권 귀속(歸屬)을 인정하는 대가(對價)로 경계획정에서 문제된 도서(島嶼)에 zero effect 또는 reduced effect 만을 인정키로 한 사례(事例).

① 1974. Indo/Sri Lanka - Kachchaitivu Isl. (zero effect)

1974년 인도와 Sri Lanka 간의 경계합의에서 영유권의 다툼이 있던 Kachchaitivu 섬의 영유권 문제를 합의(合意)로서 해결한 것이다. 즉 이 경계 합의에서 양국간에 영유권 분쟁이 있던 Kachchaitivu섬의 영유권이 Sri Lanka에 귀속됨을 양국이 확인하는 대신 경계선의 획선에서 이 섬의 가치는 무시되었다.[187]

② 1986. Indo/Burma - Narcondam Isl. (reduced effect)

1986년 12월 23일 체결되고, 1987년 9월 14일에 발효된 미얀마와 인도간의 Andaman해(海) 해양 경계협정에서 미얀마가 날콘담(Narcondam) 섬의 영유권 주장을 포기하여 인도 영토임을 인정해 준 대가로 인도는 날콘담 섬과 바렌(Barren) 섬으로부터의 관할권 범위주장에 있어서 이들 섬의 full effect를 고집하지 않기로 한 것이다.[188]

③ 1984. Chile./Argentina - Isla Navarino, Isla Picton, Isla Lennox, Isla Nueva. (reduced effect)

가장 정치적으로 타결된 전형적인 경계획정의 사례는 1984년 알젠친과 칠레간의 해양경계 합의[189]이다.

"불의 섬"(Isla Grande de Tierra del Fuego; Fire Island)의 알제틴 영토와 칠레령의 몇 개의 섬으로 구성된 좁은 수로가 Beagle Channel이다. 이 Beagle Channel 의 남쪽 연안을 구성하는 섬들 즉, Isla Navarino, Isla Picton, Isla Lennox, Isla Nueva.섬들의 영유권에 관하여 알젠틴과 칠레간에는 분쟁이 있어 왔는 바 1977년 5월 2일 중재재판에서 이들 섬에 대한 칠레의 영유권을 인정하는 중재판결이 나왔다. 이 재결에 대해서 1978년 1월 25일 알젠틴 정부는 재결 무효를 주

---

[187] Agreement between India and Sri Lanka on the Boundary in Historic Waters between the Two Countries and Related Matters. Signed 26 June 1974. Entered into force 8 July 1974.
13 ILM 1442 (1974)

[188] Agreement between the Socialist republic of the Union of Burma (Myanmar) and the Republic of India on the Delimitation of the Maritime Boundary in the Andaman Sea, in the Coco Channel and in the Bay of Bengal. Signed 23 December 1986. Entered into force 14 September 1987.
27 ILM 1144 (1988)

[189] Treaty of Peace and Friendship; Agreement between the Government of Argentina and the Government of Chile Relating to the Maritime Delimitation between Argentina and Chile.(29 November 1984), 24 ILM (1985).

장하고 이를 받아드리지 않았다. 중재재결을 부인(否認)하는 알젠틴 정부의 거부성명을 칠레정부는 강력한 비난 성명으로 맞서 양국은 무력 충돌까지 예견되는 긴장상태에 들어갔다. 양국의 심각한 분쟁 상태를 해소시키고 경계문제를 해결하기 위하여 1978년 12월 26일 교황 바오로 2세가 주도하는 바티칸 당국이 중재에 나섰다. 교황의 중재가 결실을 맺어 1984년 11월에 "평화와 우호관계를 위한 조약"을 양국은 성립시키는데 성공하였다. 이 조약에서는 양국의 우호관계를 보장, 증진하기 위한 원칙과 평화적인 분쟁해결을 위한 절차들을 규정하고 양국간의 해양경계를 정하였다.(제7조-제11조)[190]

이 「평화와 우호를 위한 조약」에서는 1977년의 재결로 인정된 문제의 섬들에 대한 칠레의 영유권을 그대로 인정하는 대신, 대서양쪽에 대한 알젠틴의 권원(權原)을 전적으로 인정키 위하여 지리적인 중간선을 전혀 무시하고, 칠레령인 Horn Island 남쪽으로 경도, 서경 67° 16′ 00″를 기준으로 길이가 119해리 되는 경계선을 정하여 그 이동(以東)을 알젠틴의 관할로 확정한 것이다.

④ 1997. (7. June) Ukraine/ Romania - Serpents/Zemiyney

1997년 6월 7일 우크라이나(Ukraine)와 루마니아(Romania)는 양국간에 오랜 동안 영유권 분쟁이 있었던 지미이니 섬(Zemiyiniy/Serpents Island)을 우크라이나에 귀속시키는 것에 합의하였다. 흑해(黑海)의 연안국인 이들 두 나라의 육지 경계선에 인접한(19해리) 이 섬의 영유를 확정하는 대신 우크라이나는 이 섬에 군대를 주둔시키지 않을 것을 루마니아에 약속하였다. 이「상호협력합의」는 향후 10년간 유효하며 만기 후 1년 이내에 어느 당사국도 폐기의 의사표시를 하지 않으면 5년간 자동 연장하기로 하였다. 이 섬의 주변에는 석유의 매장 가능성이 인정되고 있으므로 양국간의 해양경계의 획정은 아직도 난제(難題)로 남아 있다. 전술한 「협력조약」과는 별도로 2년 내에 경계획정을 위한 「특별협약」을 맺고 양국간의 대륙붕과 경제수역의 경계를 협의하기로 되어 있다. 3년 이내에 이 협의에서 원만한 타결이 이루어지지 않으면 이 경계문제는 자동적으로 국제사법재판소에 제소(提訴)되는 것으로 합의되었다.[191]

『제2유형』

영유권 분쟁(紛爭) 있는 도서(島嶼)를 경계획정의 고려에서 처음부터 제외키로 한 사례(事例)

---

190) Ibid.
191) Clive Schofield, "Serpents/Zmiyniy Island Dispute", IBRU Mailbase, (int-boundaries@mailbase.ac.uk) Wed. 11 June 1997

① 1970. Iran/Qatar - Halul Isl.

경계획정 당사국간에 영유권 분쟁이 있는 섬의 존재를 해양경계의 획정 시에 의도적으로 무시한 예로는 1970년 Iran과 Qatar간의 대륙붕경계획정에서 양국간의 영유권 분쟁이 있던 Halul Island를 그 경계선 획선에서 완전히 무시한 경우를 들 수 있다.[192]

② 1977. Cuba/Haiti - Navassa Isl. (U.S. vs Haiti)

또한 1977년 Cuba와 Haiti간의 경계획정 합의에서는, Haiti와 미국간에 영유권 분쟁이 있다는 이유로 Haiti쪽에 있는 섬 Navassa Island를 경계획정에서 완전히 도외시한 경우도 있다.[193]

독도(獨島)의 경우는 대체로 『제1유형』에 적용시킴이 타당할 것으로 보인다. 즉 한국의 영유권을 일본이 명시적으로 인정하는 것을 조건으로 EEZ 경계획정에 있어서 독도(獨島)의 가치를 제외시키는 방식(zero effect)이다.

이 방식은 본서에서 양국간의 「잠정적 경계」로도 제의한 바 있다.

4. 한국과 중국간의 어업협력 문제

(1) 한중간 어업협력 추진의 개관(概觀)

중국은 한국의 중요한 대향국(對向國)으로서 황해를 가운데 두고 마주보고 있다. 한국은 일본과는 일찍(1952년)부터 어업협력문제를 협의하고 한일 어업협정을 체결(1965년)하였으나 1980년대 말까지는 중국과 아무런 접촉이나 협의를 가진 바가 없었다. 일본과의 사이에 있는 동해의 면적이 100만 km2인데 비해 중국과의 사이에 있는 황해의 면적은 그 절반도 안되는 40만 km2라는 점을 상기해 보면 한국과 중국이 어업을 비롯한 해양이용문제에 관해서 이처럼 아무런 협의나 협정이 없이 지내올 수 있었다는 것이 이상할 정도이다. 물론 중국은 이념을 달리하는 공산국가로서 한국전쟁 때는 한국과 교전국(交戰國)의 관계에 있었고 국제적인 탈냉전(脫冷戰)의 추세와 한국의 적극적인 북방외교(北方外交)의 추진으로 실질적인 접촉이 가속화 되고 있던 1990년대 초기까지도 공식적으로는 한국을 승인(承認)하지 아니한 비수교국(非修交國)이었다는 점이 그 주된 원인이라 할 수 있다. 이념이나 국가승인 여부와

---

[192] Agreement Concerning the Boundary Line Dividing the Continental Shelf between Iran and Qatar. Signed 20 Sept. 1969. Entered into force 10 May 1970.
787 U.N.T.S 165 (1975): UN Doc. No.ST/LEG/SER.B/16 p.416.

[193] Agreement between the Republic of Haiti and the Republic of Cuba Regarding the Delimitation of maritime Boundaries between the Two States. Signed 27 October 1977. Entered into force 6 January 1978.Ⅷ New Directions 69 (1988)

관계없이 지리적 인접성은 필연적으로 상호의 접촉을 가져오게 되기 때문에 한국은 중국과 이미 해양관계에 있어서 실질적으로는 상당한 접촉을 가져오고 있다. 즉, 한중(韓中)간 어업협력을 위한 민간 차원의 접촉은 양국의 정식수교 이전부터 이루어져왔다.

1988년 12월 제1차 회담이 한국 수산업 협동조합 중앙회와 중국의 동해어업협회(東海漁業協會) 간에 열린 것을 시작으로 1989년 5월에 2차 회담, 동 12월에 3차 회담이 있었다. 여기서는 「어선 해상사고 처리에 관한 합의서」가 체결되어 1990년 7월부터 시행되었고, 민간 차원의 입어합작(入漁合作)과 양식어업(養殖漁業) 분야의 협력도 활발히 이루어지고 있었다.[194]

한국과 중국은 1992년 9월 24일 정식으로 외교관계를 맺게 되었다.

정식수교 이후 1993년 10월 한중외무장관회담에서 한중어업협정의 체결을 위한 협의를 개시할 것에 합의하고, 동 12월부터 서울과 북경에서 교차로 한중협력회의가 열렸다. 1996년 11월 제7차 회담에서 양측은 EEZ경계문제와 어업협력구조문제를 분리토의하기로 합의하였으며 1997년 4월 이후는 잠정어업협정의 타결을 위한 협의에 집중하였다. 1998년 4월(제14차 어업회담) 이후 잠정수역에 대한 구체안의 조정이 신속히 추진되어 1998년 11월 초에는 협정안이 성안되었으며, 동월 11일 한중어업협정이 타결, 가서명(假署名)되었다.[195]

그러므로 앞으로 양국은 이 한중어업협정에 의거하여 황해와 동중국해에서의 중요한 인접국으로서 상호 주권을 존중하고 우호 선린의 정신에 따라 어업 문제 뿐만이 아니라 해양이용 전반에 걸쳐 협력을 이루어 나가게 될 것이다. 따라서 본절에서는 우선 한국과 중국 간의 어업 협력에 관련된 문제들을 고찰해 보고자 한다.

가. 지리적 구조와 어업환경(漁業環境)

중국과 한반도 간에 형성되어 있는 황해(黃海)와 동중국해(東中國海)는 사실상 하나로 연결된 반폐쇄해(半閉鎖海; semi-enclosed sea) 해역이지만 관념상 황해(黃海)는 제주도 남단과 양자강 입구를 연결하는 선 (대략 북위 33° 17′ 경도선)과 제주도 남단에서 일본의 후꾸에 섬을 연결하는 가상선(假想線)으로 동중국해와 분리되어있다고 간주된다.[196] 따라서 동중국해는 이 황해와 연접하며, 유구열도(琉球列島)를 그 동쪽경계로 보고, 필리핀해(海)와 접하고 유구열도의 남단(南端) Yonagami섬과

---

194) 이병기. 최종화 (1994), op.cit.,p.84.
195) 외교통상부 보도자료(Press Release) 제98-504호, (1998년 11월 11일)
196) International Hydrographic Bureau, *Limits of Oceans and Seas*, Special Publication No.23, 3rd ed. 1953 Monte Carlo, p.31. 拙著, 「現代海洋法論」, (서울:아세아 社, 1988), p.427. (지도 7-16) 참조.

Taiwan섬의 북단(北端)을 연결한 선을 남쪽경계로 본다. 황해와 동중국해의 면적은 각기 40만 km² 및 752,000 km²이다.

황해와 동중국해 안에서의 해류(海流)의 이동을 보면 난류(暖流)인 쿠로쇼오(黑潮)가 반시계 방향으로 순환하나 해수(海水)의 교류는 전반적으로 미약하다.[197] 황해의 평균수심은 44m 이며, 동중국해는 340m로서 양호한 어장(漁場) 형성을 위한 지리적인 조건은 잘 구비되어 있다.

황해와 동중국해에서 수획되는 어종은 참조기, 부세, 갈치, 돔, 고등어, 전갱이, 새우, 게, 오징어류 등 100여종이 된다. 황해에 있어서 어족자원의 잠재량은 매 km²당 매년 10 metric ton으로 추정된다.[198] 그러므로 황해의 면적을 40만 km²로 보았을 때 총잠재어족량(總潛在魚族量)은 400만 톤이 되는 셈이다.

나. 해양환경의 보존 상태

중국 대륙과 한반도 및 유구열도로 둘러 싸여 반폐쇄해(半閉鎖海)로 되어 있는 이 해역은 연안국가들의 정치적 경제적 여건으로 그 해양환경(海洋環境) 보존상태(保存狀態)는 매우 우려스럽다고 보아야 할 것이다. 연안(沿岸)지역에서는 극심하게 오염(汚染)된 상태이나 황해와 동중국해의 중앙 부분에서는 아직도 생물자원의 관리가 가능한 정도라고 한다.[199]

1987년 발표된 자료에 의하면, 황해 서부 연안지역에서는 매년 1억 톤의 생활하수(生活下水)와 5억 3천만 톤의 산업폐수(産業廢水)가 바다로 유출되고 있고[200] 그 동부 연안지역에서는 이 보다 조금 더 많은 양이 유입되고 있다.[201] 이들 매년 유입되는 육상오염원(陸上汚染源)으로 인해서 황해와 동중국해는 수은, 카드뮴, 납, 구리 등 중금속으로 심하게 오염되어 있다.

이 해역에서는 또 각종 기름유출사고가 빈발하고 있다. 사고의 원인은 선박사고가 75%, 육상기인(陸上起因) 유류유출(油類流出)이 9%, 해상시설물 사고가 1% 그리고

---

197) Young-Ho, Seung and Yong-Chul, Park, "Yellow Sea's Physical and Environmental Quality," International Conference on the Regime of the Yellow Sea: Issues and Policy Options for Cooperation in the Changing Environment. Seoul Plaza Hotel, June 19-20. 1989., pp.8-9..
198) Seung and Park, op.cit.,p.14.
  J.H. Ryther, "Photosynthesis and Fish Production in the Sea," Science, 166(1969), pp.72-76.
199) Ibid.
200) M.J. Valencia, "Transnational Ocean Resource Management Issues and Options for Cooperation: A Summary Report," International Conference on the Yellow Sea, East-West Center, Honolulu June 23rd. 1987, p.165.
201) Seung and Park, op.cit.,p.21.

원인 미상(未詳)이 5% 등으로 되어 있다.202)

황해와 동중국해의 연안국들은 이 수역에서의 환경훼손(環境毁損)의 심각성을 인식하고는 있지만 아직 정치적 경제적 및 문화적인 이유로 연안국들 상호간에 해양환경 보존을 위한 적절한 보존 체제는 이루어지지 않고 있으며 따라서 심각한 환경의 훼손과정(毁損過程)은 진행되는 대로 방치되고 있는 형편이다.203)

다. 황해와 동중국해의 어족자원 개발현황

이 반폐쇄해의 연안국은 한국, 중국, 일본, 북한 및 대만 등으로 구성되어 있는데 한국, 중국, 일본은 아시아에서는 물론이고 세계적으로 가장 왕성하게 어업을 발전시켜 온 수산대국(水産大國)들이다. 중국은 1989년 이래 계속 세계 수산물 생산량 제1위

〈도표 7-13〉 주요국별 수산물 생산 추이

(단위:1000 톤)

국 별	1990	1991	1992	1993
세계총생산	97,432	97,402	98,785	101,418
중 국	12,095	13,135	15,007	17,568
페 루	6,875	6,949	6,871	8,451
일 본	10,354	9,301	8,502	8,128
칠 레	5,195	6,003	6,502	6,038
미 국	5,868	5,486	5,558	5,939
러시아 연방	...	7,047	5,611	4,461
인 도	3,794	4,044	4,232	4,324
태 국	2,786	2,968	3,240	3,348
한 국	2,848	2,521	2,696	2,649
노 르 웨 이	1,745	2,168	2,547	2,562
필 리 핀	2,210	2,316	2,272	2,264
북 한	(1,753)	(1,743)	(1,778)	(1,780)
아이슬랜드	1,508	1,050	1,577	1,718
덴 마 크	1,518	1,793	1,996	1,534

자료: FAO, Yearbook of Fisheries Statistics, 1993.

---

202) National Maritime Police, " A Study on Oil Spill and Sea Water Quality in the Coastal Area of Korea," *Experimental and Research Report* 1 (1985), p.429.
203) 백봉흠, 김영구, 이석용, "반폐쇄해내에서의 어업과 생물자원보존을 위한 연안국의 협력 방안-동해와 황해를 중심으로-,"「국제법학회논총」제43권 1호 (1998년 6월), pp.124-25.
Kim, Young-Koo, "The Northeast Asian Seas: The Regional Legal Instruments of Cooperation for Marine Environment and sustainable Development," *Korea Yearbook of International Law*, Korean Branch of the International Law Association. (December 1998.)

로서 1993년에는 1760만톤을 기록하고 있다. 일본은 1989년까지 세계 어류생산량 제1위였으며 1993년도에는 세계 제3위로 812만톤을 기록하고 있다. 그리고 한국은 1960년대에는 어획량 46만톤으로 세계 제 19위이던 것이 급속 신장하여 1986년에는 360만톤으로 세계 제7위를 기록하였으며 1993년 현재, 어획량 265만톤으로서 세계 제10위의 자리를 유지하고 있다.[204]

황해와 동중국해에서 한국, 중국, 일본의 어획량을 어장별 분포로 분석해 보면 다음 표와 같다.

〈도표 7-14〉 한반도 주변수역의 어장별, 국가별 어획량 분포-1993년)

(단위: 만톤)

구 분	계	황 해	동중국해	동 해
총어획량	787	156	485	146
한 국	152(20%)	13%	23%	14%
중 국	395(50%)	85%	54%	-
일 본	240(30%)	2%	23%	86%

자료: 수산청 국제협력과

이들 3국의 연근해어업 생산량 중에 황해와 동중국해에서 어획하는 비율은 대체로 한국이 80%, 중국 70%, 그리고 일본이 15%로 보고 있다.[205] 그러므로 황해와 동중국해 어장이 이들 3국의 전체 수산 생산에서 점하는 중요성은 다시 강조할 필요가 없다. 총허용어획량(Total Allowable Catch: TAC)을 동해에서 170~230 만톤, 황해와 동중국해에서 300~450 만톤으로 잡았을 때 [206], 동해에서의 실제 어획량(146만톤)은 아직 TAC를 초과하지 않으나, 황해와 동중국해의 실제 어획량(156+485=641만톤)은 TAC의 2배를 육박하고 있어서 이 지역에서의 과잉어획(過剩漁獲; overfishing)이 얼마나 심각하게 진행되고 있다는 것은 쉽게 알 수 있다.

특히 황해와 동중국해에서, 중국과 한국의 어로 활동이 1970년대 이후 계속적으로 신장되어 왔다.

먼저 중국의 경우를 보면, 중국은 1949년 중국공산당 정권이 수립될 당시 전체 어획량은 44.8만톤에 불과하였으나 이제 그 어획량은 1760만톤(세계 제 1위)으로 약

---

204) 한국 수산회, 1995년 「수산년감」 (1996년 4월), p.213.
205) 이병기. 최종화, "黃海와 東中國海 漁場의 水産資源 保存 管理에 관한 海洋法 問題," 「수산해양교육연구」, 제 6권 1호, (1994년 6월) p.78.
206) 박차수, "우리나라 근해 어업자원의 동향과 주변 수역의 자원 관리," 「수산계」, (1995년 8/9월호), p.43.

40배의 확대를 보이고 있다. 그러나 지금도 중국의 해면어로활동의 범위는 연근해 수역을 크게 벗어나지 못하고 있고 그 해면어업 생산량의 70% 이상을 이 황해와 동중국해에서만 어획하고 있는 것으로 보아야 한다.207) 또 중국의 어업생산 동향을 내용면에서 분석해 보면, 총어획량의 규모가 급속도로 확대되고 있음에도 불구하고 척당 어획량과 마력당 어획량은 오히려 감소를 보이고 있다.208) (도표 7-15 참조)

〈도표 7-15〉 中國 海面漁業 單位生產量의 動向

단위 생산종류	1982	1983	1984
1척당 어획량	3.88	3.21	2.95
1G/T당 어획량	1.88	1.75	-
1H/P당어획량	0.79	0.74	0.74

이러한 현상은 중국의 어업이 어선단의 규모는 계속적으로 확대되어 왔으나 어선의 성능이나 어로 기술의 개선은 전혀 이루어지지 않은 상태에 머무르고 있는 것을 의미한다. 특히 최근에 와서 어선의 설비를 개선함으로써 생산효율의 극대화를 도모하고 있으나 투자 재원의 부족으로 어선의 개량사업은 별다른 진전을 보이지 못하고 있으며 어족자원의 보호, 보존이나 해양환경 보존을 위한 투자나 교육은 거의 이루어지지 않고 있다고 보아야 한다.209) 중국은 2000년에 어획고 2000만톤을 목표로 하고 있으므로 특히 이 황해와 동중국해 어장에서의 중국의 과잉어획은 당분간 계속될 것으로 예상된다.

다음 한국의 경우를 보기로 한다. 황해와 동중국해 어장에서 한국은 특히 1970년대 말까지 52%에서 37%에 이르는 어획량의 급신장을 보였다. 그리고 1980년대 말까지도 중국에 버금가는 어획량 증가율을 유지하고 있다.210) (도표 7-16 참조)

---

207) 安國全, "韓-日-中共 간 漁業關係에 관한 硏究- 黃海와 東中國海의 어업자원관리를 중심으로-", 국방대학원 碩士學位論文 (1988) pp.5-7.
한국수산기술연구원, 「수산연구」, 제7호 (1993년) "중국의 수산현황"(중국 수산청장 余大奴氏 강연 요지), p.62.
208) 日本 海外漁業協力財團, 「中華人民共和國의 水產業」, (1988). pp.31-32.
209) 한국수산기술연구원, 「수산연구」, 제7호 (1993년) "중국의 수산현황"(중국 수산청장 余大奴氏 강연 요지), pp.63-65.
210) 김용문, "黃海와 東中國海 어업자원 관리 전망," 「수산계」, 제 8권 5호, (1992년 9/10월호) p.22.

〈도표 7-16〉 황해와 동중국해의 國別 漁獲量 變動 (단위: 1,000 톤, %)

년 도	계		한 국		중 국		일 본	
	어획량(천톤)	증가율(%)	어획량(천톤)	증가율(%)	어획량(천톤)	증가율(%)	어획량(천톤)	증가율(%)
68~69	2,912	-	512	-	1,400	-	1,000	-
70~74	4,118	41	780	52	1,951	39	1,387	39
75~79	4,906	19	1,071	37	2,295	18	1,540	-2
80~84	4,820	-1	1,235	15	2,082	-9	1,503	-2
85~88	5,211	8	1,377	11	2,359	13	1,475	-2

한국의 어획 능력 신장은 중국의 그것과는 구별되는 특성을 발견할 수 있다. 즉 한국은 어선단 세력의 확장은 물론, 꾸준히 연안어업의 어장을 확대해 왔으며 이와 병행하여 어로 기술을 발전시키고 어선의 설비와 어구 장비를 개선하여 한국 어선의 톤당 마력당 어획 능력은 획기적으로 개선되어 왔다.[211] (도표 7-17 참조)

그러나 이미 1980년대 이후부터 한국의 어선 톤당 어획량도 점차 감소 추세를 나타내고 있는 것은 이 지역의 환경오염과 어자원(魚資源) 고갈에 그 원인을 찾을 수밖에 없다.

〈도표 7-17〉 한국漁船 單位努力當 生産性 推移

단 위 노 력	1970	1975	1980	1985	'85/'75
어선 척당 톤수	4.9	6.0	9.0	8.6	143
어선톤당 마력수	2.6	3.1	4.1	5.1	168
어선 톤당 어획량	3.0	4.9	3.6	3.4	69

(2) 한국과 중국간의 어업 협력

가. 중국어선의 한국 수역 침범문제

1992년 이전에도, 한국과 중국은 공식적인 접촉만이 없었을 뿐이지 사실상 황해와 동중국해에서 많은 문제로 이미 접촉을 가져왔다. 1952년 1월 한국의 「인접 해양에

---

[211] 李義秀, 「韓國 水産業의 現況과 展望」, (1987), p.27.

관한 대통령의 주권선언」에서 한국의 주권적 자원 관할권 범위를 보면, 황해에서의 경계는 동경 124°이다.(지도 3-1 참조) 한국은 1953년 어업자원보호법(법률 제299호)을 제정하여 이 "평화선"내의 수역을 어업자원보호수역(漁業資源保護水域)으로 지정한 바가 있다. 그러나 중국 어선이 이 어업자원보호수역을 침범하였다는 이유만으로 한국에 의해서 나포된 예는 없다.

중국이 모택동 사후(死後)에 점진적으로 시장경제 체제를 도입함에 따라 1970년대 말 부터 수산생산(水産生産)에도 획기적인 변화가 오기 시작하였다. 즉 중국 수산청장 여대노(余大奴)의 표현에 의하면, 중국 정부는 시장경제로 이행하는 데 두개의 정책을 추진하였다. 즉 첫째 노동자는 일한 만큼의 보수를 받게 하였으며, 둘째 정부는 "국가와 개인의 모순을 처리하였는 바", 어획물을 누가 어떻게 처리하였는가를 명확히 알 수 있게 하고 가격 자유화를 실시하여 어획물을 어부가 자유로이 판매할 수 있게 하였다.212)

이러한 중국내의 변화는 중국 어선의 근해어업 조업형태를 변화시켜 1970년대 말 부터 중국어선은 자국 연안어장에서만 조업하는 것이 아니라 한국측 수역을 대거 침범하게 되었다. 1979년 3월 7일부터 3월 18일까지의 기간 중 거의 매일 중국의 대형 기선저인망 어선이 100여척 씩 한국 남해안에 접근하여 소리도와 거제도 사이의 수역에서 조업하는 사건이 발생하였다. 이들은 주간에는 한국의 영해 내측으로 침범하여 조업하는 경우가 빈번하였다. 이 사건을 시작으로 중국 어선의 한국 측 수역 침범은 현재 까지 계속되고 있다. (도표 7-18 참조)

〈도표 7-18〉 中國 漁船의 韓國 水域 侵犯 現況 (단위: 척수)

구분 (년도)	1990	1991	1992	1993	1994	1995	1996	1997	비고
영해 침범	70	250	226(15)	90(17)	337(17)	470(45)	1,063 (45)	254(39)	( )는 나포 척수
어업자원보호수역 침범	289	862	768	969	2,369	7,349	3,102	1,437	
총 계	359	1,112	994	1,059	2,706	7,819	4,165	1,691	

자료: 수산청 지도과.

한국 영해와 그 인접 수역을 침범하는 중국 어선에 대하여 한국 측의 조치는 대단히 관대한 것으로서 영해법에 의한 나포를 실시하거나 사법기관에 소추하여 상당한 벌금을 부과한 예는 거의 없고 해양경찰 및 해군 함정에 의한 감시와 축출 조치

---
212) 中國 水産廳長 講演要旨, p.64.

만을 실시하였다. 오히려 중국 연안으로부터 멀리 나와서 조업하는 낙후된 이들 어선들에게 음료수와 약품 등을 지원하는 등 우호적인 태도를 견지하였으므로 이들 중국 어선들은 황천(荒天)이 아닌 경우에도 한국 영해내로 긴급피난(緊急避難)하는 경우가 빈발하였다.(도표 7-19 참조)

〈도표 7-19〉 中國 漁船의 韓國 領海로의 緊急避難 現況

년 도	1981	1982	1983	1984	1985	1986	1987	1988
척 수	785	1562	1703	2381	2026	3258	2295	3651

자료 : 海洋警察隊

중국어선들의 한국 영해로의 긴급피난 건수는 양국의 국교가 정상화 된 이후에도 계속되어 특히 흑산도와 제주도 등 지역에서 1990년대에는 년간 1만 6천척을 기록하였으며[213] 이들의 무질서한 긴급피난은 실질적인 한국 영역침범으로서 불법어로, 해양오염 등의 피해를 초래하였다.

나. 한국 어선의 중국 측 수역에서의 어로자주규제

중국과는 아무런 어업협정이 없었음에도 불구하고 아주 최근까지 한국어선의 중국 측 수역에서의 조업은 사실상 일방적으로 자제되거나 금지되고 있었다. 1975년 일중어업협정(日-中漁業協定)의 성립을 계기로 해서 중국이 그 인접 수역에서의 타국어선의 어로(漁撈)를 강하게 규제할 때 한국 어선을 나포하는 사례가 몇건 있었으나 모두 귀환 조치되었다. 한국은 어업 문제 등에 관하여 중국과 협의의 의사를 여러 번 밝혔으나 중국 측은 한국을 대화의 상대로조차 인정하지 않았으므로 한국 정부는 일방적인 자제조치를 취하게 되었다. 즉 1975년 1월 한국 수산청은 훈령(訓令)으로 「수산업에 관한 허가사무취급규정」을 제정하고 일중어업협정선(日-中漁業協定線; 모택동 line)에서 30해리 이동(以東)에 「한국어선 출어 자주규제구역선(韓國漁船 出漁 自主規制區域線)」을 설정하였다. 이 선은 1976년 7월 「동중국해 안전조업을 위한 지도 지침」과 동 8월 「황해와 동중국해 출어선에 대한 규제사항 고시」 등에서 다시 강조되었다. 1979년 1월 일중어업협정(日-中漁業協定)이 개정되어 보호구가 신설 확장됨에 따라서 한국 외무부의 권고로 한국 수산청은 다시 한국어선 출어자주규제구역선을 종래의 위치에서 다시 20해리 동쪽으로 옮겨서 한국 어선의 어장은 그만큼 축소되게 되었다.

---

213) 외무부 보도자료, 제98-504호.(1998년 11월 11일)

물론 당시는 한국과 중국 간에는 외교관계 조차도 성립되어 있지 않은 상태이었으나 한국은 소극적으로 출어규제선만을 정해 놓을 것이 아니라 우선 민간협정 형식으로라도 중국과 어업수역에 관한 협의를 통해 황해와 동중국해 중요 어장들에서의 한국의 전통적 어로권을 확보해 둘 필요가 있었으며 이러한 노력은 한국이 황해에서 EEZ를 선포하고 그 생물 비생물 자원에 관한 주권적 권한을 행사하기 위한 필수적인 사전 작업이 되고, EEZ 경계획정 협의를 위한 중국과의 대화의 창구를 마련하는 계기도 될 것이라는 견해들이 대두되었다.214)

1980년대에 와서 한국의 어장확대에 대한 필요성이 강조되고 연근해 수산자원의 고갈로 어업경영 수지가 극도로 악화됨에 따라 1985년 10월 한국 수산청은 고시(告示), 「연근해 어선의 안전조업을 위한 규제사항」을 시달하여 종래의 조업 규제선을 10해리 서쪽으로 이동시켰다. 그리고 다시 1989년 4월에는 이를 일중어업협정(日-中漁業協定)상의 보호구와 휴어구의 외곽선과 일치토록 조정하였으며 1992년 6월에 와서는 이 자주규제선을 일중어업협정(日-中漁業協定線)과 일치시켰다. 이 조치 이후 한국어선의 중국 측 수역에서의 불법조업 현황은 다음과 같다.

〈도표 7-20〉 한국어선의 위반건수

구 분	년 도	92	93	94	95	96	97	비 고
중국 영해 및 조업자주규제선 침범		0	0	8	1	4	2	신고 건수

다. 한중(韓中)어업협정 체결의 의의와 내용 및 평가

「1」 1998년 한중(韓中)어업협정 체결의 의의

1998년 11월 11일 가서명(假署名)된 「한중(韓中)어업협정」은 EEZ경계획정 문제를 제외하고 어업협력 문제만에 관한 한중간의 관계를 정하는 잠정적인 협정이다. 비록 잠정적인 것이기는 하나, 앞서 지적한 바와 같이 한국과 중국은 지리적으로는 일본보다도 서로 더욱 근접해 있는 대향국(對向國)이면서도 그 동안 해양이용문제에 관하여 아무런 공식적 접촉이나 합의가 없이 지내온 사실을 상기할 때, 양국간에 이러한 공식적인 협정이 체결되었다는 사실 그 자체만으로도 그 의의가 중대한 것임을 부인할 수 없다.

앞에서 본 바와 같이 중국은 1986년 이후 공격적인 어업확대 정책을 계속해 왔으며 1989년 이후에는 계속해서 세계 최대어획국의 자리를 고수함으로서 어자원 관리

---

214) 拙著, 「現代海洋法論」, p.328.

라는 측면에서 볼 때, 좁은 황동중국해에서는 주변국가에 대한 일종의 가해자적(加害者的) 위치에 있다. 따라서 중국은 제3차 유엔해양법회의에서 200해리 EEZ제도의 확립을 가장 열렬히 주창하고 옹호한 국가이면서도 여러 가지 사정으로 인하여 자국의 EEZ를 선포하는 데에 가장 소극적이었음은 물론이고, 한국과 인접한 황동중국해에서 이 EEZ제도를 도입 적용하는 데에도 극히 부정적인 태도를 견지해 왔다. 이번 한중어업협정의 타결이 1993년 12월 양국간의 공식적 어업협정 교섭이 개시된 이래 5년 이상의 기간 동안 19 차례의 공식 회담을 거쳐 겨우 성사된 것은 이러한 사정을 잘 말해주는 것이다.

한중간의 어업협정은 아래에서 분석되는 바와 같이 많은 문제점이 있기는 하나, 1996년 5월 공표한 중국의 직선기선에 관련해서 논평한 것215)과 동일선상에서 우선 환영해야 하며, 중국과의 협력관계를 구축해 나갈 법적인 체계의 시작으로 삼아야 한다.

「2」 1998년 한중(韓中)어업협정의 내용

i) 배타적 경제수역(EEZ) 제도의 도입

한중(韓中) 양국이 이미 국내법으로 제정 실시하고 있는 EEZ법을 전제로 하고, 유엔해양법협약에서 규정하는 EEZ제도에 입각하여, 황해와 동중국해에 이 EEZ제도를 도입(導入)키로 합의하고, 황해와 동중국해 북부에 양측의 EEZ가 중첩되고 경계 획정의 합의가 있어야 할 지역에 「잠정조치수역」을 설정하였다. 한국은 1996년 8월 8일자로 배타적 경제수역법을 제정, 공포하고 동년 9월 10일부터 이를 시행하고 있었으나 1998년 8월 6일 까지 중국에 대해서는 이 법의 적용을 유예하고 있었다.216) 이는 한중간 어업협정 체결의 교섭이 진행 중임을 고려한 조치였다.

---

215) 중국의 직선기선은 해양법상의 기준에 현격하게 일탈되고 있으나 이는 적어도 중국이 해양법상의 규범에 따라 명시한 최초의 기선(基線)이며 종래의 "모택동 라인"과 같은 황당한 연안역 관할 주장을 철회(撤回)시키는 중요한 준법적 노력의 첫 시도인 것으로 보아서 환영하여야 한다.

> Even most of these newly publicized Chinese straight baselines have turned out to be something arbitrary and far from the legal principles and conditions, this very endeavor of clarification in the line of the law of the sea and nullifying obsolete maritime claims, like the Mao-Tse-Tung Line1) in the part of Chinese government could be evaluated as a moving to regularizing its position on the law of the sea, and should be duely praised as one big step towards the rule of ocean law.

> Prof. Kim Young-Koo, "Maritime Boundary Issues and Island disputes in Northeast Asia," *Korean Journal of International and Comparative Law*, Vol.25, (December 1997), Silver Anniversary Issue, Korea Institute of International and Comparative Law, p.51.

216) 배타적 경제수역에서의 외국인어업 등에 대한 주권적 권리의 행사에 관한 법률시행령(1997년 8월 6일, 대통령령 제15449호) 부칙, 제3조 ① 항.

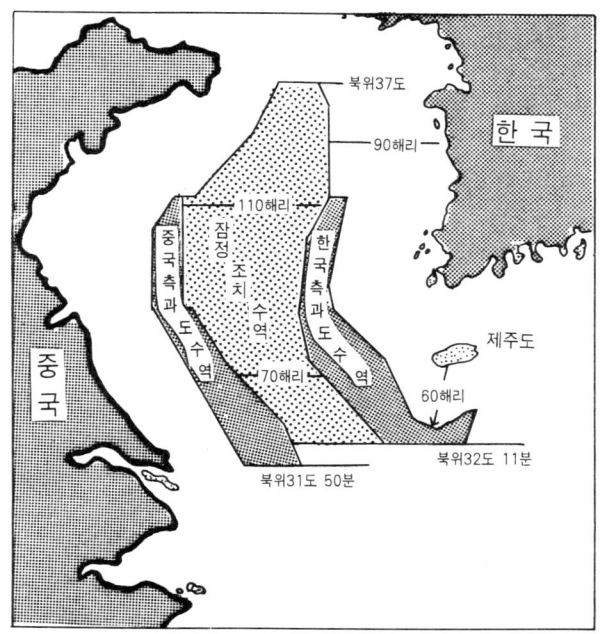

〈지도 7-10〉 한중어업협정도

따라서 이 「잠정조치수역」 이외의 수역인 양국의 EEZ에서는 유엔해양법협약에 규정된 EEZ제도에 의거한 어족자원의 보존 관리가 시행된다. 다만 이 협정에서 정의(定義)한 수역은 북위 37°를 북쪽 한계로 하고, 북위 31° 50′ (중국 측)과 북위 32° 11′ (한국 측)을 남쪽 한계로 하고 있다. 그러므로 그 북쪽 한계인 북위 37° 이북 한국의 서해 5도(島) 주변 수역에 대해서와 남쪽 한계인 양자강 입구 지역에서는 EEZ제도의 적용이 불가능하고 "현행 조업질서를 유지하는 것"으로 되어 있다.

각 연안국은 그 EEZ내에서 외국어선의 입어허가, 입어조건, 어종, 어획할당량 등을 독자적으로 결정 시행하되, 기존의 어업현실을 고려하여 상호간에 균형있는 입어허가가 실시되도록 배려한다. 위반어선(외국어선 포함)에 대해서는 연안국이 독자적으로 규제권을 행사하여 승선, 검색, 나포, 및 재판관할권을 행사한다.

ii) 「잠정조치수역」 및 「과도수역」에서의 어자원 공동관리

황해와 동중국해의 중앙에 「잠정조치수역」 및 「과도수역」을 설정한다.

「잠정조치수역」에서는 한중어업공동위원회의 결정에 따라서 어자원의 공동관리를 실시한다. 이 「잠정조치수역」에서의 관리와 규제는 기국주의 방식에 의한다. 이 잠정

조치수역의 외곽에는 「과도수역」을 설정한다. 이 과도수역에서의 어자원 관리는 발효후 4년까지 「잠정조치수역」에서와 유사한 공동관리를 실시하고, 4년 후에는 양국의 EEZ에 각기 귀속되게 한다. 이 어업협정은 발효후 5년간 유효하다.

「3」 한중(韓中)어업협정의 평가

한중(韓中)어업협정은 한중간에 맺어진 최초의 어업협정이며, 또한 황동중국해 안에서는, 영해 12해리를 제외한 모든 수역에서 지금과 같은 자유로운 어로(漁撈)를 보장하기를 주장해온 중국 측의 주장을 저지하고 형식적이나마 이 정도의 EEZ제도 도입을 가능케 한 합의라는 점에서 그 의의를 인정해야 함은 앞서 지적한 바와 같다. 그러나 이 협정의 북쪽한계는 북위 37°로 정하였기 때문에 한국의 서해 5도(島) 주변 수역에 대해서 중국어선의 무질서한 어로를 규제할 방도를 마련하지 못한 점은 앞으로의 과제로 남고 있으며, 양자강 입구 수역을 포함한 한중일(韓中日) 3국의 접경지역에서의 어업협력 방식도 조속히 마련되어야 할 것으로 지적해 두어야 한다.

소위 「과도수역」이란 광대한 잠정조치 수역을 확보하려는 중국의 입장을 실질적으로 수용(受容)한 일종의 절충적 합의방식으로 평가되나, 앞으로 중국과의 성의(誠意)있는 접촉을 통해서 황동중국해 안에 실질적인 EEZ제도를 도입하는 것이 양국 모두에게 유익한 정책방향임을 설득시켜나가는 수밖에 없을 것이다

5. 한중(韓中) 간 EEZ 경계획정의 문제

황해는 면적이 약 40만km² 밖에 안되는 반폐쇄해이므로 중국과 한국이 대향(對向)한 연안 어디에서도 상호간의 거리가 400해리를 넘는 곳은 한 군데도 없다. 따라서 200해리 배타적 경제수역을 선포하는 경우에 그 경계획정이 문제된다. 기본적으로 양국은 해양법상의 원칙과 기준에 따라서 합의(合意)로서 그 경계를 획정해야 할 것이다.(유엔해양법 협약 제74조 1항) 그리고 이러한 합의에 있어서는 한국과 중국 간에 관할수역 범위를 기산(起算)함에 기준이 되는 기선(基線)을 어디로 하는가 하는 문제가 가장 중요한 요소가 될 것이다. 1996년 5월 15일 중국이 선포한 직선기선의 법적인 문제점은 이미 본서 제2장에서 상세히 검토한 바가 있다.[217]

6. 북한과의 문제

북한은 이미 EEZ(排他的 經濟水域)를 설정, 공표한지 오래이다. 그들은 200해리 경제수역에 관한 정령(政令)을 1977년 6월 21일에 채택하였고 이는 동 8월 1일자로

---

217) 본서(本書) 제2장 내수제도(內水制度), Ⅲ 기선(基線)의 법적성질, 4. 중국의 직선기선 문제 참조.

발효되었다고 공포하였다.218) 그들의 소위 정령(政令)의 내용은 다음과 같다.219)

　　첫째, 바다의 자원을 보호 관리하고 적극 개발하기 위하여 200해리 경제수역을 설정한다.
　　둘째, 배타적 경제수역의 범위는 영해 측정기선에서 200해리로 한다.
　　세째, 200해리를 그을 수 없는 수역에서는 "바다 반분선(半分線)"까지로 한다.
　　네째, 수중(水中), 해저(海底) 및 지하(地下)를 포함한 이 수역 안의 모든 생물 및 비생물자원에 관하여 자주권을 행사하며 사전 승인없이 외국인 외국선박 및 항공기들이 북한의 경제수역 안에서 고기잡이, 시설물 설치, 탐사, 개발 등 북한의 경제활동에 방해가 되는 행위와 바닷물이나 대기의 오염 및 인명(人命)이나 자원에 해를 주는 모든 행위들을 하는 것을 금지한다.

라는 것이다.

　북한은 또 경제수역과 함께 50해리 「군사경계수역(軍事境界水域)」을 선포하여 국제법상 유례가 없는 배타성(排他性)과 폐쇄성(閉鎖性)을 과시한 것은 주지하는 바와 같다.220) 북한은 EEZ나 「군사경계수역(軍事境界水域)」을 선포함에 있어서 그 범위와 인접국(隣接國)과의 경계를 공식적으로 명시하지 아니하였으나 간접적 경로로 밝혀진221) 그들의 경제수역 범위를 종합해 보면(지도 7-13)과 같다.

　북한이 EEZ를 설정함에 있어서 사용한 기선(基線)을 보면, 우선 동해에 있어서는 동해안(東海岸)의 간성(杆城)으로부터 두만강 하구(河口)의 나주리를 연결한 소위 "만구폐쇄선(灣口閉鎖線)"을 기선(基線)으로 삼았다고 한다. 이 직선기선의 길이는 258해리나 되며 육지로부터 75해리나 떨어져 있다. 이는 직선기선 내부에 포용되는 수역이 내수로서의 특성을 유지하기 어려울 만큼 황당무계한 기선이며 해양법상 만(灣)의 정의에 관한 "24해리 원칙"에 비추어 터무니 없이 위법한 것이다.(협약 제10조 4항)

　또 그들의 EEZ범위로 특정된 ABCD구역은 인접한 소련 및 일본과의 관계에 있어서 조차도 등거리 원칙을 무시한 자의적(恣意的)인 것이다. 좁은 수역에서 중첩되고 있는 200해리 EEZ의 경계는 관련된 인접국간의 합의로 결정하여야 하는데, 북한은 그들이 EEZ범위를 설정함에 있어서 인접국과 아무런 협의나 합의도 갖지 않았음은 주의해 둘 만한 일이다. 북한이 그 EEZ의 범위를 공식적으로 발표하지 않았기

---

218) 「중앙일보」, 1977년 8월 2일자;FBIS, Asia and Pacific (Aug.1, 1977) at D 6. *The people's Korea*, Aug.10, 1977
219) 金燦奎, 「北韓의 海上軍事境界水域의 法的性格」 통일원, 통일논단 主題發表(1978년 7월 14일) pp.2-3.
220) Choon-ho Park, "The 50 mile Military Boundary Zone of North Korea", 72 *AJIL*(1978) 866-875.
221) 북한과의 어업협의를 위해 평양을 방문한 일본 민간사절단의 일원인 일본 자민당 林義郎 의원 등이 밝힌 자료 : 「조선일보」 1977년 9월 13일자 (화요일) 참조

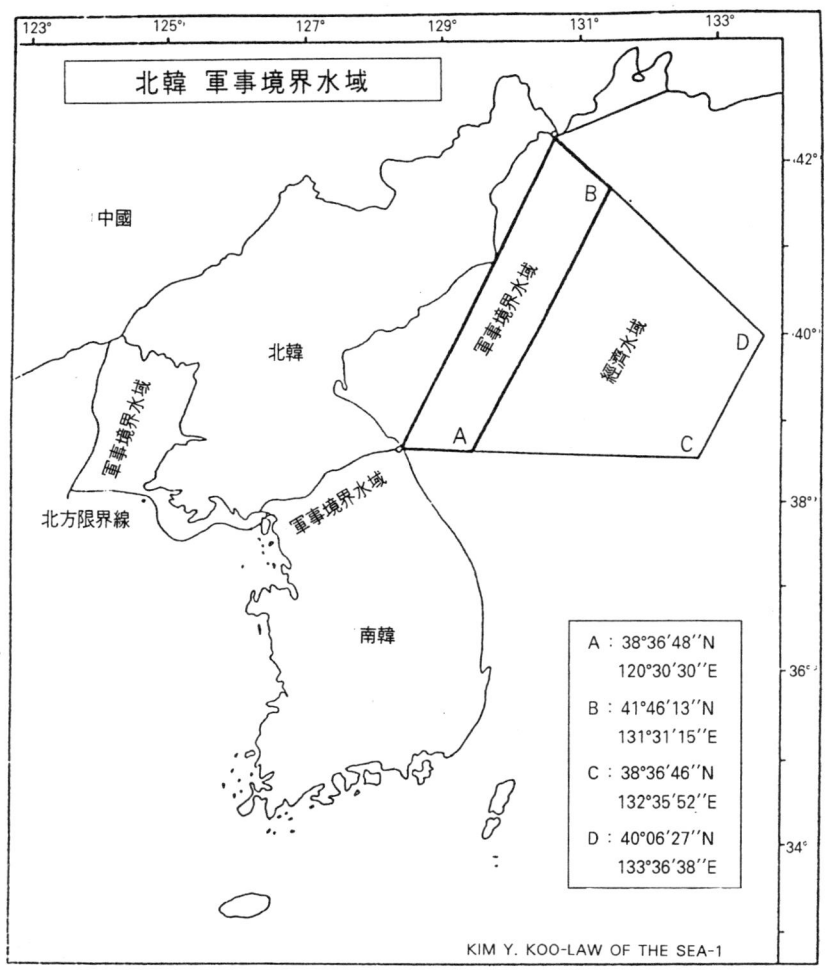

(지도 7-11) 北韓의 軍事境界水域

때문인지 북한의 자의적인 EEZ의 범위설정에 관해 소련이나 일본은 공식적으로 항의한 기록이 없다. 다만 극단적으로 배타적이고 폐쇄적인 「군사경계수역」에 대해서 일본이 항의하였고,222) 소련은 이러한 일본의 항의를 보도하였을 뿐이다.223)

북한은 서해측의 EEZ범위에 관해서는 더욱 모호한 태도를 견지하고 있어서 실제로 중국과 북한이 "바다 반분선"을 어떤 범위로 설정한 것인지 확인할 수 없다.

---

222) 「일본경제신문」 1977년 9월 4일자.(조간)
223) FBIS III, Soviet Union Aug. 5, 1977. at M3 cited in Choon-ho Park, op.cit., note 5.

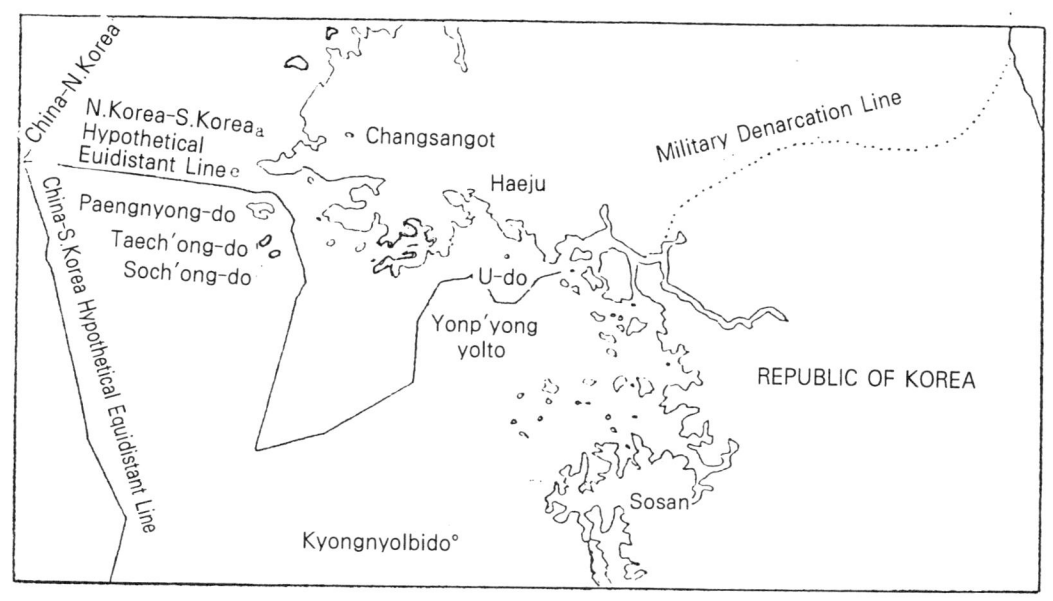

(지도 7-12) 西海地域 海洋管轄 區域圖

그러면 한국이 200해리 EEZ를 설정하는 경우 북한과의 관계를 어떻게 규명해야 할 것인가?

한국의 영토는 북한을 포함한 한반도와 그 부속도서이며(한국헌법 제3조), 한국에 대해서 북한은 "사실상의 지방적 정부"(de facto local government) 이상의 법적 지위를 인정할 수 없다. 따라서 북한과의 경계를 획정함에 있어도 국가와 국가간의 일반적 경계획정방법을 적용할 수 없다. 그러므로 영해, 경제수역, 대륙붕등 각종 관할수역에 있어 적용될 대향국(oppisite State) 및 인접국(adjacent State)간의 중간선 또는 등거리선 원칙의 적용은 논리적으로 불가능하다. 북한과의 관계는 기본적으로 휴전협정에 의거해서 정립되어 있다고 보아야 하며, 따라서 동서해에 있어서 북한과의 경계는 한국휴전 당시부터 성립된 군사분계선과 그 연장선 즉, 서해에서는 북방한계선(Northern Limits Line: NLL), 동해에서는 군사분계선 연장선(Military Demarcation Line Extention)으로 하여야 한다[224].

한국은 한반도전체에 대하여 200해리 경제수역을 선포하여야 함이 마땅하겠으나 북한의 사실상의 존재를 감안하여 한반도 전체의 200해리 경제수역중 위의 해상북

---

224) 拙稿, 「南北韓海上境界線設定方案硏究」(1993.12), pp. 40~53. 「남북간의 불가침 및 교류협력에 관한 합의서 제2장 남북불가침의 이행과 준수를 위한 부속합의서」(1992년 9월 17일), 「남북한 기본합의서」제11조.

방 한계선을 경계로 한 이북의 수역은 북한의 통제하에 있음을 휴전협정의 정신에 따라 인정해야 한다. 이러한 기본적 전제를 혼동하여 북한을 하나의 독립된 국제법상 국가로 취급하여 한국과의 경계획정에, 대향국간의 중간선원칙을 적용하려는 예가 있다. 이러한 경우는 북한과의 경계선이 위의 해상북방한계선과 다르게 된다. 위에서 인용한 미 국무성 작성의 가상적인 동북아 해상관할수역도를 보면, 서해에서는 대향국간의 중간선을 채택하며, 특히 소청도와 연평도 사이에 상당한 북한측 경제수역범위의 돌출부분을 기하학적으로 작도해 놓고 있다.(지도 7-14 참조) 이러한 북한과의 EEZ경계획정이 오류인 것을 강조해 둘 필요가 있다고 생각한다.

7. 러시아와의 관계

한국이 200해리 EEZ를 선포함에 있어 러시아와의 경계획정에 관해 어려운 과제를 갖고 있다고는 생각되지 않는다. 다만 북한이 등거리원칙을 무시하고 일방적으로 획정한 소련과의 경계는 등거리원칙을 기준으로 협의를 통한 합의에 의해 새로 조정되어야 한다는 기본적 입장을 천명하는 것으로 족하다고 생각된다. 러시아와의 관계에 있어서 문제되는 것은 한국의 EEZ내에서 러시아 군함의 활동이 많을 것으로 예상되는데 이들의 항행 및 상공비행을 EEZ내에서 어느 범위까지 허용할 것인지 유엔해양법협약 제58조 1항의 의미와 관련하여 검토해 둘 필요가 있다.

앞서 지적한 대로 군사적 동기와 무기의 연습, 발사 등의 행위까지 허용할 것인가에 관하여 일관성있는 주권적인 통제가 유지되어야만 할 것이다.

VII. 맺는 말(結語)

1998년 11월 현재, 한일(韓日)간 그리고 한중(韓中)간의 어업협정이 타결되고 그것은 기히 타결된 일중(日中)간의 어업협정과 더불어 한중일(韓中日) 3국의 어업협력체제를 구성하게 되었다. 이것으로 1970년대 이래 이 동북아(東北亞) 해역에 200해리 배타적 경제수역 제도의 도입을 유예(猶豫)시켜온 한중일(韓中日) 3국의 해양정책에 있어서 획기적인 전환이 이루어진 것으로 평가될 수도 있겠으나, 사실상 동해(東海)나 황해(黃海) 가운데 설정된 각 잠정조치 수역에서는 당분간 해양법 협약상 규정된 배타적 경제수역제도가 제대로 적용, 실시되지는 못하게 되어 있다.

더구나 잠정적으로나마 합의된 각 어업협정도 결국은 양자적(兩者的) 합의의 조합으로서 명실 상부한 3국간의 해양협력구조가 완성된 것도 아니다. 3국간의 해양관할수역 경계협정(境界協定)이 용이하게 타결되기는 어려울 것이므로 이러한 불완전한

VII. 맺는 말(結語)

잠정적인 체제는 상당기간 계속될 전망이다. 특히 한국은 중국과 일본의 가운데에 위치하여 배타적 경제수역 제도에 관련된 경계획정 문제나 자원관리에 있어서 양측으로부터 심각한 도전과 견제를 받지 않으면 안되게 되어 있다.

이 동북아 반폐쇄해 지역에는 현재 타결된 이 불완전한 협력적 구조에서 제외된 러시아와 대만 및 북한이 있다. 반폐쇄해라는 지형적 특성 때문에 이들과의 관계가 한중일(韓中日) 3국의 협력관계에 지대한 영향을 주게될 것이다. 특히 러시아와 북한은 해양정책의 협력상대로서는 일본 및 중국보다 더 예측가능성이 없는 상대라고 판단된다.

지구상에서 가장 과개발(過開發 over-exploited)되고 가장 심각한 환경적 훼손(毁損)이 진행되고 있는 이 반폐쇄해에 있어서 한국이 21세기를 시작하는 해양적 환경은 이처럼 어려운 상황이다. 여건이 어렵다는 것은 부정적(否定的)이고 비관적(悲觀的)인 상황을 결정적인 것으로 예고(豫告)하는 것은 아니다. 어려울수록 그만큼 상응하는 경각심과 노력으로 대처해야하는 것을 강조하는 것이다.

제8장　대륙붕(大陸棚)

Ⅰ. 대륙붕(大陸棚)의 개념
Ⅱ. 대륙붕(大陸棚)의 법적지위(法的地位)
Ⅲ. 대륙붕(大陸棚)의 범위(範圍)
Ⅳ. 대륙붕(大陸棚)의 경계획정(境界劃定)
Ⅴ. 판례(判例)와 국가관행(國家慣行)을 통해 본 해양경계획정(海洋境界劃定)의 법리
Ⅵ. 대륙붕(大陸棚)에 대한 연안국(沿岸國)의 권리
Ⅶ. 한반도주변대륙붕(韓半島周邊大陸棚)의 개발문제
Ⅷ. 한국 대륙붕의 경계획정(境界劃定)에 관한 법적 고찰

제8장 대륙붕(大陸棚)

I. 대륙붕(大陸棚)의 개념

1. 대륙붕(大陸棚)의 정의

일반적으로 해안에 인접한 해저의 지형학적 구조는 다음 세 가지로 구분된다. 즉, 해안의 저조선(低潮線)으로부터 완만한 경사를 이루어 평균수심이 130m에서 200m에 이르는 대륙붕(大陸棚:continental shelf-proper)과, 그 다음에는 급경사를 이루어 1,200m-1,300m 수심에 이르는 대륙사면(大陸斜面:continental-slope)이 있고 이에 연이어서는 다시 경사가 완만해져서 심해저(深海底)와 연결되는 대륙융기(大陸隆起:continental-rise)로 이루어진다.(도표 8-1 참조) 연안해저의 이 3가지 구성부분을 대륙변계(大陸邊界:continental-margine)라고 부른다.

〈도표 8-1〉 연안인접해저(沿岸隣接海底)의 지형학적(地形學的) 구조(構造)

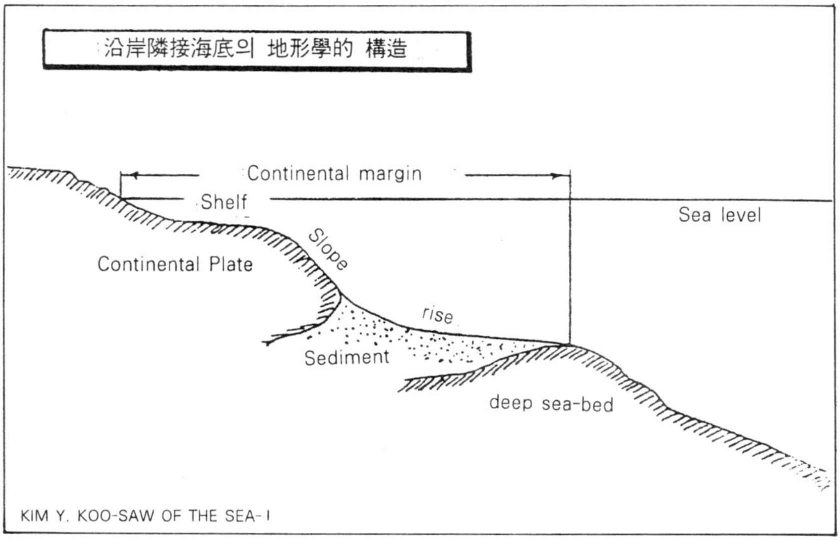

2차 대전 이후에 해양법(海洋法)상 소위 「대륙붕제도」가 탄생되어 이 대륙변계(大陸邊界)에 적용될 새로운 연안국 관할제도가 논의되어 오고 있다. 물론 이 대륙붕제

도의 "대륙붕"은 대륙변계(大陸邊界)를 포괄하는 개념이다.

2. 대륙붕(大陸棚)의 자원(資源)

모든 연안(沿岸) 해저(海底)가 모두 위의 3가지 지형학적 구조를 차례로 갖추고 있는 것은 아니다. 이것은 지역에 따라 아주 다양한 모습을 나타난다.

예컨대 한국의 동해안은 해안 저조선(低潮線)으로부터 곧바로 대륙사면(大陸斜面)이 시작되고 있으므로 소위 지형학적 대륙붕은 없는 셈이다. 그러나 서해안은 중국대륙과 연결된 황해의 해저전체가 지형학적 대륙붕으로 연결되어 있다.

대륙변계(大陸邊界)라고 호칭되는 이 연안해저(沿岸海底.특히 지형학적 대륙붕)에는 천연자원이 풍부하다. 가장 중요한 천연자원(天然資源)은 석유와 천연Gas이다. 대륙붕의 석유와 천연Gas는 해저광물자원 전체의 90%이상을 차지한다. 이들 근해(近海) 석유, 천연 Gas의 개발은 2차대전이 시작되기 직전부터 이미 상업적 규모로 진행되었다.

2차 대전 동안 및 그 종전 후에 해저자원개발에 관한 지식과 기술은 급속히 발전하였으며[1] 1981년까지 근해(近海) 원유생산은 세계원유생산의 1/4에 달하게 되었고 근해 천연Gas는 세계천연Gas 생산총량의 50%이상을 차지하게 되었다. 급속한 기술의 진보와 연안개발이 갖는 비용적 측면의 유리성이 상호작용함으로써 이러한 비율은 더욱 상승되고 있다.

대륙붕자원으로는 석유와 천연Gas이외에도 티타늄, 주석, 크롬 등을 함유한 충적광상(沖積鑛床)의 중금속원광 개발이 점차 관심을 모으고 있으며, 국가 관할권(管轄權) 이원(以遠)의 심해저 자원으로 알려진 망강단괴(Ferro-manganese nodule:Mn, Co, Ni, Cu를 다량 함유)도 실은 상업적 가채량(可採量)의 90%가 연안국의 대륙붕에 매장되어 있다는 것이 최근 밝혀졌다.[2]

대륙붕의 천연자원으로는 광물자원 이외에 생물자원으로서 정착성(定着性) 어종(魚種)이 있다. 태평양의 몇몇 연안국가에게는 이 정착성 어종의 어획이 국가경제에 중요한 기여를 하고 있다.

대륙붕의 자원이 다양하고 풍부할수록 이 해양관할지역(海洋管轄地域)에 적용될 새롭고 독특한 해양법(海洋法)상 대륙붕제도는 더욱 중요하고 어려운 과제를 우리

---

1) 졸고(拙稿)「심해저개발제도의 법적 문제에 관한 연구」(서울:한양대학교 대학원 박사학위논문, 1983), pp.17-18.
2) Vonard Welling, "A View from industry," *Consensus and Confrontation*:U.S. and LOS Convention LSI Workshop Proceedings ed. by J.M.Van Dyke(Honolulu:Univ. of Hawaii, 1984), p.235.

앞에 제시하게 될 것이다.

II. 대륙붕(大陸棚)의 법적지위(法的地位)

1. 법제도(法制度)의 생성과 발전

(1) 1930년 헤이그 국제법전편찬회의(國際法典編纂會議) 이전(以前)

대륙붕에 관한 최초의 과학적 보고는 해양탐사선 HMS Challenger호의 탐사항해 결과를 보고한 1891년의 Murry Renard Reports이다.[3]

그러나, 본래 연안에 인접한 해저의 해상(海床:sea-bed)과 그 하층토(下層土 : sub-soil)에 대한 연안국의 권리가 실제로 문제되기 시작한 것은 그 해저지역의 정착성 어종을 개발하는 일로부터 비롯되었다.

연안대륙붕(沿岸大陸棚)에 대한 연안국의 권리에 관하여 1923년 Cecil Hurst경은 당시 각국의 관행을 조사한 후 결론을 내리기를 "연안국은 그 인접한 해저를 상당한 기간동안 유효하게 또 계속적으로 점유(占有)한 경우에는 그 해저에 관한 주권적(主權的) 권리를 취득할 수 있다."고 하였다.[4]

이 유효하고 계속적인 점유는 특정 해저에서 진주, 굴, 해면(海綿) 및 책호와 같은 정착성 어종을 계속적으로 어획하기 위한 개발활동으로 잘 유지 될 수 있다. 그리고 이렇게 확보된 해저에 관한 주권적 권리는 그 상부수면에 있어서의 항해의 자유나 상층수역에 있어서의 비정착성 어종에 대한 어로의 자유와 하등 저촉(抵觸)되거나 충돌되지 아니한다고 생각되었다. 1930년 헤이그 법전편찬회의가 있기까지 이러한 법적 인식은 국가간의 관행으로 확인되어 있었다고 말할 수 있다. 예컨데 영국은 Ceylon섬 연안해저에 관해 진주조개의 개발과 관련하여 주권적 권리를 주장하였고, 프랑스는 해면어종을 위해 Tunis 근해의 영해 이원(以遠) 해저에 대해서 주권적 권리를 주장하였다. 그리고 이들의 주권적 권리주장은 사실상 인정되고 있었다.

그러나, 반대가 전혀 없었던 것은 아니다. 당시 3해리인 영해의 이원(以遠) 해저는 무주물(無主物: res nullius) 이 아닌 공유물(公有物: res communis)이기에 선점의 대상이 되지 않고, 따라서 위와 같은 실효적, 계속적 점유로도 법률상의 권원(權原) 은 성립 될 수 없다는 반론이 유력하게 대두되어 있었다.[5]

---

3) J.Murray and A.F.Renard, *Deep Sea Deposit : Reports on the Scientific Results of the Voyage of HMS Challenger*(During the years of 1874-1876) (London : Her Majesty's Stationary Office, 1891), p.185.
4) Sir Cecil Hurst, "Whose is the bed of the Sea?" BYIL 34(1923)

그러나 영해 인접 해저의 특정지역에서 배타적으로 일정한 정착성 어종을 수획할 수 있는 독점권은 그 해저 자체의 권원(權原)(title)의 인정여부와는 별개의 문제라고 일반적으로 인정되어 있었다.

(2) 1930년 헤이그 법전편찬회의(法典編纂會議) 이후

1930년 헤이그회의를 위해서 해저자원의 관할과 재산권의 문제는 회의의 의제로 제기되기는 하였으나 실제로 토의되지는 못하였다. 이러한 것을 국제법의 내용으로 성문화함은 아직 시기상조라고 생각했는지도 모른다. 그러나, 연안해저자원의 개발에 관련된 법적 권원(權原)의 문제는, 관련 연안국들에게는 관념적 존재로 방치될 수 없는 상황이었다.

1942년 영국은 Paria항의 해저지역에 관하여 베네주엘라와 협약을 체결하였다.6) 이는 영령(英領) Trinidad와 베네주엘라간에 Paria만 해저에서의 유전개발을 위해 취해진 조치였다. 이 조약으로 Paria항의 해저는 사실상 양분되었다. 만의 양분된 한 쪽 부분에 대하여 영국은 주권적 권리나 통제권을 주장하지 않을 것이며 또 베네주엘라가 합법적으로 얻은 주권적 권리나 통제권을 인정한다. 그리고 다른 쪽 부분에 상응한 것을 보장한다는 내용이 이 협약에서 규정되었다. 이 조약은 물론 양자조약인 만큼 영국과 베네주엘라만을 기속한다. 그러므로, Gulf of Paria의 각 쪽 부분에 성립되어 있는 영국이나 베네주엘라의 석유개발을 위한 권원(權原)이 제3국에 대해서도 유효한 것인가는 의심할 수 밖에 없다. 그러나, 실제적으로는 양국의 석유개발을 위해서는 충분한 보장이 되었다.7) 즉 1942년 Paria만 조약은 대륙붕의 법적 개념이 성립되기도 전에 그 경계획정(境界劃定)에 성공한 최초의 조약이 된 것이다.8)

(3) 1945년 Truman 선언

1945년 9월 28일 미국대통령 Truman은 두 개의 중요한 선언을 발표하였다. 그 중 하나는 미국연안에 인접한 대륙붕의 해저, 해상과 하층토의 천연자원이 "미국에 귀속되며, 미국의 관할과 통제에 속한다."(...appertaining to the United States,

---

5) Louis Henkin, *Law of the Sea's Mineral Resource*(Washington D.C.,1967) Prepared for the National Council on Marine Resources and Engineering Development, pp.24-27.
 Richard Young, "The Legal Status of Submarine Areas beneath the High Sea",45 *AJIL*(1951)p.230.
6) Treaty relating to the Submarine Areas of the Gulf of Paria 1942. 205 LNTS 121
 1942년 2월 26일 Caracas에서 체결, 1942년 9월 22일 발효됨.
7) D,P,O'Connell, op.cit, p.470.
8) A.V.Lowe & Churchill, op.cit., p.110.

subject to its jurisdiction and control…)는 내용의 선언이었다.9) 소위 「대륙붕선언」으로 알려진 이 선언은 대륙붕이 연안국에 속한다는 생각을 명백하게 규정한 최초의 주장이며 소위 「대륙붕제도」의 효시로 인정되고 있다.10)

Truman의 대륙붕선언의 서문에서 제시된 이 주장의 근거는 합리성(reasonableness)과 접속성(contiguity)으로 요약될 수 있다.11) 이 선언이 제시한 근거는 해저의 유효하고 계속적인 점유를 법적 권원(權原:title)의 전제로 삼던 종래의 관념에서 벗어나고 있다는 점에서 주의할 만하다.12)

Truman의 대륙붕선언에 대한 학계의 반응은 대체로 3가지로 나뉘어져 나타났다.13)

첫째의 견해는, 종래와 같이 유효적・계속적 점유가 해저에 관한 법적 권원(權原) 생성의 전제라고 하는 사상에 근거하여, 대륙붕에 대한 연안국의 권한은 선언 등을 통해 명시적으로 주장되어야 하며 그 해저에 대한 유효한 통제가 행사되고 있어야 인정될 수 있다고 하였다.14)

두 번째의 견해는, 위의 견해와 유사한 것으로, 해저에 관한 권원(權原)은 점유로부터 시작되지만 Truman선언에서 제시된 자원의 수요와 개발의 당위성 등 특수한 여건을 연안국의 대륙붕에 대한 권한행사의 유효요건이라고 간주하는 점이 첫째의 견해와 다르다.15)

세 번째의 견해에 의하면, 대륙붕은 연안국에 원초적으로 귀속된 것이다. 그러므로 연안국이 대륙붕의 권한을 특별히 주장하거나 그 해저를 점유하는 것 같은 특별한 행위가 없이도 연안국의 대륙붕에 대한 권한은 이미 원초적으로(*ipso facto ab initio*) 성립되어 있다는 것이다.16)

특히 이 제 3의 견해는 Giedel과 Lauterpacht에 의해 강력히 주장되었다. 특히 Giedel은 주장하기를,

---

9) Proclamation No.2667. 10 Fed. Reg. 12303, 40 *AJIL*(1946) Supple. 45.
10) "…the starting of the positive law on the subject of the continental shelf…" 1969.ICJ. Rep.3, North Sea Continental Shelf Cases(Fed. Rep. of Germany-Denmark and the Netherlands)pp.32-33.
11) Truman선언에서는, 연안대륙붕 해저에 매장된 석유 및 기타 주요 광물에 대한 세계적 수요의 발생과 이러한 수요에 부응하기 위한 자원개발의 필요성 및 연안국으로서 미국이 이러한 개발에 관한 관할권을 행사할 수 있다는 당위성과 합리성을 제시하고 있다. Supranote. 9.
12) D.P.O'Connell, op.cit., pp.470-471.
13) Truman선언에 관한 최초의 논평은, Borchard And Bingham, 40 AJIL(1946) at 53-173. 참조
14) Vallat, in 23 BYIL(1946), 333.
   Walldock, in *Grot. Trans*(1950), p.114.
15) Borehard and Bingham, in 40 AJIL(1946), 59-173. Young in 42 AJIL(1948), 857.
   Azcarraga Y Bustamante in 2 *Revista Espanola de Dereho International* (1949), 46.
16) Lauterpacht, in 27 *BYIL*(1950), 376.

대륙붕에 대한 연안국의 권리는 새롭게 생성되는 불완전한 권원(權原)이 아니라 배타적이며 영속적인 권원(權原)이다. 그러므로 이는 이를 주장하거나 행사하지 않는다고 해서 실효되는 그러한 권리가 아니다.

라고 하였다. 그에 의하면 결국 대륙붕은 실효적 점유가 전제될 필요 없이 연안국에 배타적 권한을 부여하는 새로운 제도로 등장된 것이다.[17]

Lauterpacht에 의하면, Truman의 대륙붕선언을 비롯한 각국의 대륙붕선언들은 이미 성립된 법적 권원(權原)을 선언하는 것이며 그 선언이나 주장자체가 그러한 권원(權原)의 근거가 되는 것은 아니라고 하고 이러한 대륙붕제도의 근거는 합리성, 공정성, 접속성과 각국의 관행 그 자체로서, 요컨대 대륙붕제도란 본질적으로 이미 존재하는 규범에 근거를 둔 것이라고 주장하였다.[18]

(4) 1958년 Geneva [대륙붕협약 (大陸棚協約)] 및 그 이후

Truman의 대륙붕선언 이후, 많은 연안국가들이 유사한 주장 및 선언을 하였다. 그러나 이 선언·주장의 성질과 내용들은 Truman선언과 정확히 같은 것은 아니었으며 성질상 각양 각색이었다. 대륙붕의 천연자원에 대한 관할 및 통제권을 주장하는 것이 있는가 하면 대륙붕자체에 대한 주권을 주장하는 것도 있다. 남미 여러 나라의 주장에서는 연안국의 권한의 범위를 대륙붕에 국한하지 않고 그 상층수역까지, —어떤 경우에는 수면 위의 공간에까지— 확장시키는 것이었다.[19]

대륙붕의 지리적 범위와 그 권한의 성질 등에 대한 초기의 주장과 국가관행이 이와 같이 일정치 않았기 때문에, 1951년 한 중재사건(仲裁事件)의 판정에서는, "대륙붕제도란 확립된 국제법 규범으로서의 결정적 지위 또는 권한의 정확한 윤곽을 갖춘 것으로 간주할 수 없다."라고 한 예도 있었다.[20] 그러나 Sheikh of Abu Dhabi 중재사건 이후에 점차로 많은 국가가 대륙붕에 대한 관할을 주장하고 선언하였다. 특히 ILC는 그 보고서를 토대로 전문 8개 조항으로 된 「대륙붕협약」 초안을 채택하였으며 이는 1958년 2월 29일 Geneva에서 열린 제1차 유엔해양법협의에 상정되었다.

이 회의에 참여한 국가 중 20여개국이 그 당시에 이미 대륙붕에 관한 연안국의 권한을 주장하고 있었다. 이 회의에서는 연안국이 그 연안대륙붕에 관해 일정한 권한을 갖는다는 생각은 일반적으로 받아들여지고 있었다. 다른 3개의 해양법협약과

---

17) D.P.O'Connell op.cit., p.422.
18) Supra Note. 16.
19) 1946 Argentina Decree, Laws and Regulations the Regime of the High Seas U.N. Doc ST/LEG./SER. B/1, at 4-5(1951)
20) 1951 Arbitration Award(by Lord Asquith) Petroleum(Trucial Coast)Ltd.vs Sheikh of Abu Dhabi case. 18 ILR Case No.37.

함께 「대륙붕협약」은 이 회의에서 채택되었는데, 동 「협약」에서는 연안국의 대륙붕에 관한 권한은 대륙붕의 천연자원을 탐사, 개발하기 위한 주권적 권한이라고 규정하였다.(동 협약 제2조)

2. 대륙붕(大陸棚)의 법적지위(法的地位)

1958년 Geneva 「대륙붕협약」은 대륙붕의 법적 개념을 처음으로 명문화하였다는 데 의의가 크다.(동 협약 제1조) 이로써 대륙붕에 대한 연안국의 권한에 관련된 국제법의 원칙은 확고히 성립되었으며, 대륙붕제도에 대하여 1951년 Abu Dhabi 중재재정과 같은 의념(擬念)이나 불확실성은 더 이상 없게 되었다.

1958년 Geneva 「대륙붕협약」이 성립된 때로부터 10년 후, 즉 1969년 「북해대륙붕사건」(The North Sea continental shelf case)에서는 연안국이 대륙붕에 대해 원초적으로(*ipso facito ab initio*) 고유의 권리를 갖는다고 ICJ가 판결하고 있다.[21] 이는 1958년 대륙붕제도가 확고한 국제법규범으로 성립되었다는 것을 확인하는 판례가 되었다.

1973년이래 제3차 유엔해양법회의가 열리면서 배타적 경제수역제도가 해양법의 새로운 내용으로 등장함에 따라 대륙붕제도는 이 새로운 제도와 내용상의 중복 및 개념적 혼동의 시련을 겪게 되었다.

연안국은 200해리 EEZ내의 해저, 해상과 그 하층토의 천연자원에 관하여 주권적 권한을 갖는다.(「해양법협약」 제56조) 따라서 연안해저에 관해서는 두 개의 해양법제도가 존재하게 된 것이다. 하나는 1958년 「대륙붕협약」과 관습국제법의 내용으로 확립된 대륙붕제도이며 다른 하나는 새로운 EEZ제도이다. 이 두 제도는 연안국의 연안해저에 관해서 지리적으로 동일한 지역에 같이 적용되는 경우가 많게 되었으나 이 두 제도의 법적 기원은 각기 다르며, 이 두 제도는 1982년 해양법협약에 있어서도 각기 독립된 제도로서 규정되었다.(유엔해양법협약 제56조 3항, 68조, 77조)

Ⅲ. 대륙붕(大陸棚)의 범위(範圍)

1. 대륙붕(大陸棚)의 외측한계(外側限界)

(1) 1958년 Geneva [대륙붕협약(大陸棚協約)]

대륙붕의 내측(육지 쪽)한계는 영해(領海)의 외측한계에서 시작된다. 이는 영해자

---

21) 「1969」 ICJ. Rep.3 at 23.

체의 폭이 3해리인가 12해리인가에 관계없이 분명하다. 왜냐하면 영해의 해저, 해상과 그 하층토는 영해에 미치는 연안국의 영토주권(領土主權)이 당연히 행사되는 범위 내에 포함되는 것으로 생각되기 때문이다.

반면에 대륙붕의 외측한계 즉 바다 쪽 한계는 이와 같이 간단히 결정되지 않는다. 1945년 Truman선언에서는 대륙붕의 외측한계에 관하여 밝힌 바가 없다. 그러나 이 선언에 부수된 미국정부의 여러 기록을 종합하면, 이 선언에서는 대륙붕의 범위를 대체로 연안 100 fathom(600ft 또는 약 200m) 수심의 해저로 상정하고 있었던 것으로 판단된다.[22] 대륙붕의 외측한계를 정의하기 위하여 최초로 공식적인 시도를 한 것은 1952년 Wiseman과 Ovey의 보고서이다. 그들에 의하면,

> 대륙붕이란, 해안 저조선(低潮線)으로부터 시작되어 "대륙붕단(大陸棚段)"(shelf edge)이라고 명명하는 것이 적절한, 대륙사면(大陸斜面)의 급경사가 시작되는 지점까지 계속되는 구역을 말한다. 전통적으로 대륙붕단은 대체로 수심 100 fathom(또는 200m)의 지점으로 생각되나, 최저 65 fathom에서 최고 200 fathom의 수심에 이들이 있는 경우도 있다.

고 하였다.[23] 1958년 Geneva「대륙붕협약」에 규정된 대륙붕의 범위는 다음과 같다.(동 제1조)

> 영해 수역의 외측으로 해안에 연접한 해저, 해상과 하층토로서 수심200m에 이르는 지역과, 이러한 수심을 초과하더라도 이 지역의 천연자원의 개발이 가능한 수심까지의 해저지역의 해상과 하층토를 포함한다.

ILC의 연구 및 협의로 초안(草案)이 결정되고 제1차 유엔해양법회의에 상정되어 신중한 토의를 거쳐 채택된 이 대륙붕 범위에 관한 정의에는 세 가지 기준이 사용되고 있다.

첫째의 기준은 200m의 수심이라는 한계이다. 200m 수심은 지형학적으로 통상적인 대륙붕이 형성되는 수심이다. 사실상 대륙사면(大陸斜面)은 대체로 150m내지 400m의 수심에서 시작되고 있다. 200m의 수심을 제시한 것은 대륙붕 개념에 일반성과 확실성을 부여하려는 의도가 포함된 것이라고 생각된다. 둘째의 기준은 소위 "개발가능성"이다. 이것은 장래에 해저개발에 관한 기술이 발전했을 경우에 200m 수심 이원(以遠)의 자원을 개발할 수 있는 연안국의 권한을 확보해 두기 위한 의도가 내포되어 있다.[24] 세째의 기준은 연접성(連接性)의 기준이다. 대륙붕인 해저, 해상과

---

[22] L.B.Sohn and K.Gustafson, *Law of the Sea in a Nutshell*(St. Paul:West Pub. Co. 1984), p.155.

[23] J.D.H.Wiseman and C.D.Ovey, Definition of features on the deep sea floor Deep Sea Research(1952) Vol.I., pp.11-16.

[24] Report of the International Law Commission, U.N.Doc A/3159, [1956] 2 ILC *Yr. B.k* 253.

하층토는 "해안에 연접한"(adjacent to the coast) 것이어야 한다.

1958년 「대륙붕협약」에서 규정한 위와 같은 대륙붕의 범위에 관한 규정은 다수의 국가가 이를 채택하였다. 그러나 이 대륙붕의 범위를 위해 허용된 세 가지 기준은 모두 법적 기준으로는 문제가 있는 것이었다.

첫째로, 200m 수심 기준인데, 이는 대륙붕이 육지영토의 자연적 연장으로서 일정 범위의 연안 해저라는 특성에 비추어 "범위"를 특정시키기에는 부적절하고도 모호한 지형학적 특성에 불과하다.

둘째로, "개발가능성" 기준인데, 이는 1953년 ILC의 초안 심의 때나, 1958년 제1차 유엔해양법회의의 심의 과정에서 이미 상당한 반대의견이 제시된 항목이다. 이 기준은 대륙붕의 범위를 불명확하게 방치하는 결과를 가져왔다. 개발이라는 개념은 광범위한 양태(樣態)의 활동을 포함한다. 극단적으로 어류를 소량 채취하는 것으로부터, 해저 석유개발을 위해 본격적인 유전개발을 시굴 및 운영하는 활동까지 모두 소위 "개발"이라는 개념에 포함될 수 있다. 또 개발이 가능하다고 할 때, 이는 연안국만의 능력을 전제로 하는지 또는 다른 국가의 능력까지 모두 동원한 경우를 포함하는 것인지도 불분명하다.

세번째로 "연접성(連接性)"의 기준인데, 이는 대륙붕의 개념을 구성함에 있어서는 대단히 중요한 요소임에는 틀림없으나, 그 "범위"를 특정시킴에 있어서는 위의 다른 두 요소의 모호성으로 인하여 그 중요성이 반감되는 결과가 되었다.

1960년대 이후 새로운 기술, 특히 해양기술의 급속한 발전은 실제로 개발가능성이라는 기준을 더욱 무의미하게 하였다. 이제 어떤 형태로든지 개발이 가능하지 않는 해저란 존재하지 않게 되었기 때문이다. 따라서 이 기준에 따른다면, 대륙붕에 대한 연안국의 권리주장은 사실상 외측한계 없이 무한히 확대될 수 있게 되었다. 그러나 1958년 「대륙붕협약」 제1조의 표현 중 "연안에 연접한"(adjacent to the coast)이라는 문구로서, 연안에서 무제한으로 확장된 대륙붕의 범위는 인정될 수 없다는 주장이 이미 있었고,[25] 프랑스는 1965년에 「대륙붕협약」에 조인(調印)하면서 별도의 선언으로서 이 문구가 대륙붕 범위의 무제한한 확장을 배제하는 것으로 해석한다는 것과, 따라서 프랑스는 200m 등수심선(等水深線) 이원(以遠)의 어떠한 대륙붕 범위도 인정치 않을 것임을 분명히 한 바가 있다.[26]

(2) 1969년 [북해 대륙붕(北海 大陸棚) 사건]의 ICJ 판결

1958년 「대륙붕협약」에서 정의된 대륙붕의 범위는 1969년 「북해대륙붕사건」(North

---

25) Weissberg in 18 *ILCQ*(1969) 81.
26) Hartingh, in 11 *Annuaire Francais*(1965), 725.

Sea Continental Shelf case)의 ICJ판결에서 "육지의 자연연장"이라는 새로운 개념을 도입함으로써 새로운 국면에 들게 되었다. 동 판결에서 ICJ는

> "육지영토의 자연적 연장"을 이루는 대륙붕 지역의 해저(海底), 해상(海床)과 그 하층토(下層土)에 관한 연안국의 권리는 육지에 대한 주권의 결과로서, 또 대륙붕의 해저를 탐사하고 그 천연자원을 개발하기 위해 행사될 주권의 행사에 있어서는 육지영토에 대한 주권의 확대로서 당연히, 당초부터(*ipso facto ad initio*) 존재한다.

라고 판시하였다.27)

　대륙붕의 범위를 "육지영토의 자연연장"까지로 보는 이 판례는 무엇보다도 종래의 지리적 단일 수심기준(200m)에서 벗어나고 있다는 점에서 발전된 것이라고 생각된다. 여기서 "자연적"(natural)이란 용어는, 연안국의 육지의 성질이 저조선(低潮線) 이내의 육지부분과 심해저(深海底) 이원(以遠)의 수면 아래 부분을 통하여 일관된 성질을 갖는다는 점을 나타내고 있는 것이다. 또 "육지영토의 연장"(prolongation of land mass)이란 용어는, 해양저(海洋底 : ocean-basin)와 구별되는 지괴(地塊 : continental masses)의 일부로서의 육지영토의 연장부분을 의미하는 것으로 생각된다.(도표 8-2참조)28) 이는 육지부분(emerged land)과 수면하(水面下)부분(submerged land)으로만 구분하던 종래의 지리학적 관점에서 벗어나, 지질학적, 지구물리학적 개념을 도입한 새로운 대륙붕범위의 개념이다.29)

　그러나, 적어도 대륙붕의 외측한계를 정하기 위한 기준으로서 "육지의 자연연장(自然延長)"의 원칙은 사실상 내용이 없는 기준에 불과하다. 왜냐하면 이 개념만으로는 대륙붕의 구체적 외측 한계는 결정될 수 없기 때문이다.

　「북해대륙붕사건」의 ICJ 판결은 "육지의 자연연장설"이라는 새로운 원리를 제시했다는 내용상의 중요성보다는 실은 그 판결이 나온 시기가 더욱 의의가 깊다고 해야 할 것이다. 왜냐하면 1969년 제3차 유엔해양법회의의 사전준비위원회(事前準備委員會)격인 심해저위원회(深海底委員會 : Sea-bed Committee)가 1958년 「대륙붕협약」의 불완전한 내용을 개선하기 위해 새로운 대륙붕 범위의 기준을 찾아 진지한 논의를 실시한 바로 그 해인 것이다. ICJ판결이 나오자마자 심해저위원회는 즉시 그 판결 내용을 검토하였으며, "육지의 자연연장원리"를 대륙붕 개념의 골격으로 자신들의 초안에 받아들였던 것이다. 이어서 많은 연안국들이 그들 연안 대륙붕에 대한 자국 관할 범위 확대를 주장하기 위해 이 "육지의 자연연장원리"를 열심히 원용하게 되었다.

---

27) (1969) ICJ.Rep.3, at 23.
28) 拙稿,「심해저 개발제도의 법적 문제에 관한 연구」(서울:한양대학원 박사학위논문), p.29.
29) D.P.O.Connell, op.cit., pp.446-47.

〈도표 8-2〉 해양저(海洋底)와 지괴(地塊)의 평형상태(平衡狀態)

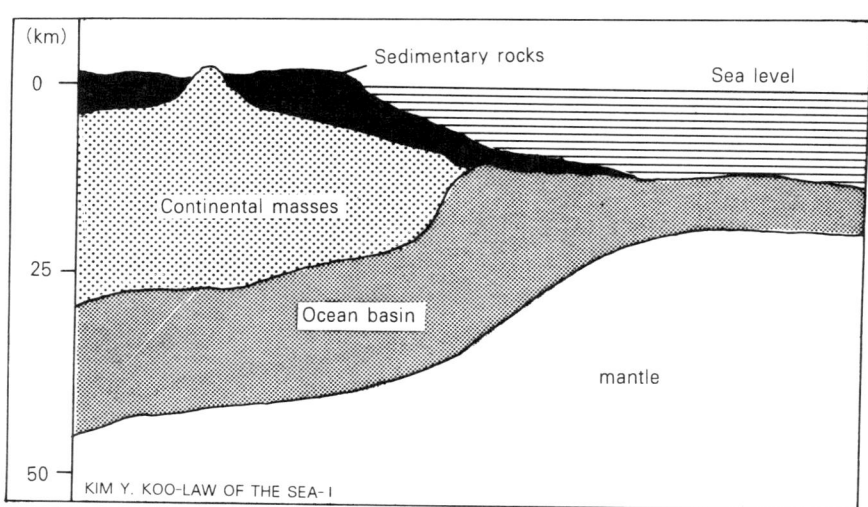

(3) 제3차 유엔해양법(海洋法) 회의에서의 협의

1973년부터 열리기 시작한 제3차 유엔해양법회의에서는 처음부터 그 제2위원회 (Committee II)의 가장 중요한 의제로 대륙붕제도가 논의되었다.30) 회의 논의 결과가 집약된 1975년 비공식단일교섭초안(非公式單一交涉草案: ISNT)에는 대륙붕의 범위가 다음과 같이 정의되고 있다.31)

> 연안국의 대륙붕은 영해 밖으로 육지영토의 자연적 연장을 통하여 대륙변계(大陸邊界)의 외연(外延)까지의 해저지역의 해상(海床)과 그 하층토로 구성된다. 그러나 외선(外線)이 영해기선(領海基線)으로부터 200해리까지 미치지 않을 때는 200해리까지의 해저지역으로 한다.

즉 여기서는 두 가지의 기준을 채택하고 있는 바, (a) 200해리 거리기준과, (b) 육지의 자연연장기준이다. 이는 1969년 「북해대륙붕사건」의 ICJ판결이래 심해저위원회에서 논의되었던 내용을 아주 잘 반영한 대륙붕의 범위규정이다. 이는 또한 광역(廣域) 대륙붕 소유국가32) 들의 주장33) 을 충실히 따르고 있는 내용이기도 하다. 그러

---

30) UNCLOS III *Official Records* Vol. II, (1974), pp.142-169.171.
31) Informal Single Negotiating Test. A/Conf. 62/WP.8/Part II., *Article 62*.
32) 넓은 대륙붕을 갖는 나라는 다음의 13개국이다.
　　Argentina, Australia, Brazil, Canada, Iceland, India, Madagascar, NewZealand, Norway, Srilanka, U.K.Venezula.
　　M.H.Nordquist, *U.N.Convention on the Law of the Sea 1982-a Commentary* Vol.I, (Dordrecht: Mauritius Nijboff Pub., 1985), p.76.

나 좁은 대륙붕을 가진 나라들 또는 지리적 여건이 불리한 국가들이 주축이 되어 연안국의 대륙붕 범위를 가능한 축소시키려는 일부의 강력한 주장이 있어, 위의 초안조항(草案條項)은 심각하게 도전 받고 있었으며, 또 객관적으로 보더라도 육지의 자연연장의 구체적 범위를 정하는 새로운 기준은 어차피 필요하다는 것이 점차 분명하게 되었다.34)

200해리의 거리기준은 새롭게 등장한 배타적 경제수역제도(排他的 經濟水域制度)와 관련해서 제시된 기준이므로 큰 무리 없이 채택되었다. 그러나 육지의 자연연장이 200해리를 넘어 계속될 때 그 외측한계를 정하는 새로운 기준은 무엇으로 해야 하는가에 관하여는 다시 여러 가지의 견해와 주장이 제출되었다.

본래 지질학적 개념으로 보더라도 지괴(地塊) 또는 대륙괴(大陸塊)의 외측한계는 대륙사면(大陸斜面)이 끝나는 지점으로 생각되어 왔다. 그러나 문제된 해저자원 즉 석유 기타 광물자원이 발견되고 개발되는 지역은 이 대륙사면(大陸斜面)을 넘어 대륙융기(大陸隆起)에 까지 미치고 있었으므로 소위 육지의 자연연장은 지질학적 대륙붕 및 대륙사면(大陸斜面)외에, 대륙융기(大陸隆起)까지를 포괄하는 대륙변계(大陸邊界)로 보아야만 하게 되었다. 이는 자연과학적 개념이 법률적 편의를 위해서 수정되는 전형적 경우로 지적되기도 하였다.35)

1976년 봄, 제3차 유엔해양법회의 제4회기에서 Ireland는 대륙융기(大陸隆起)의 퇴적암(sedimentary rocks)의 두께로 대륙변계(大陸邊界)의 외연을 결정하는 새로운 방식을 제안하였다. 이것은 소위 "Irish Formular"로 명명되어 일찍부터 다수의 지지를 받았다.36)

Irish Formular의 내용은 continental rise가 퇴적암으로 구성되어 있는 경우에 적용되는 기준으로서 퇴적암의 두께(d)가 대륙사면단(大陸斜面端: foot of continental-slope)으로부터의 직선거리의 1%를 유지하는 범위까지를 외연으로 한다는 것이다.(도표 8-3 참조)

---

33) A/Conf. 62/L.4 공동제안국은 다음 9개국: Canada, Chile, Iceland, India, Indonesia, Mauritius, Mexico, NewZealand, Norway. UNCLOS III *Official Records* Vol. III., pp. 81-83.
34) ISNT 제62조는 현 「해양법협약」 제72조 제1항으로 잔존하게 되었고, 육지연장의 구체적 범위를 정하는 새로운 기준이 제76조의 2항 이하 8항까지 그 후에 첨가된 것이다.(UN해양법협약 제76조 참조)
35) K.O.Emery, "Geological Limits of the continental Shelf," *The Frontier of the Seas* Proceedings of the 5th International Ocean Symposium(동경:일본해양법협회,1981), p.28.
36) Irish Formular는 1976년 4월 제4회기 기간 중에 회의참가대표들에게 회의자료로 배포되었고, 1978년 Core Issue 별 협의체인 NG-6의 문서 1번으로 등록되었다.
Informal Suggestions by Ireland:NG-6/1(1 May 1978).
Selected Document Released at 7th Sesseon of UNCLOS III held in Geneva from March 27 May 19. 1978(3 July 1978) IFANS, pp.212-213.

〈도표 8-3〉 대륙붕의 범위(Irish formular)

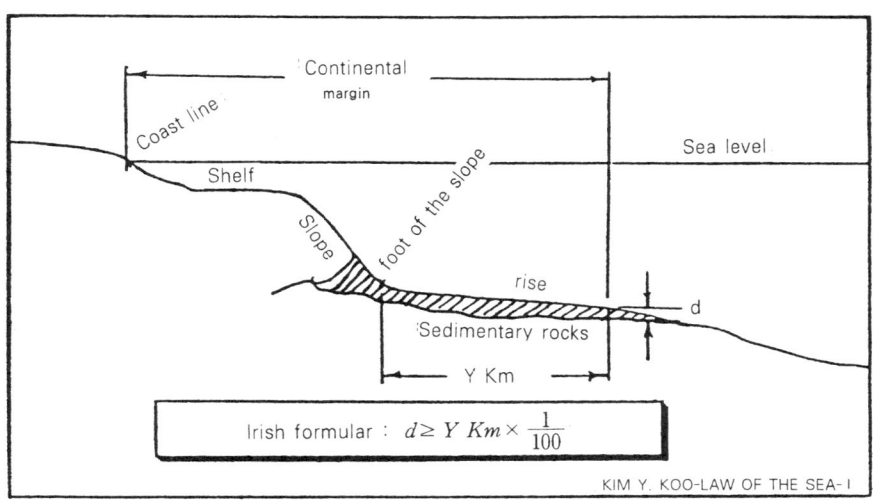

INST 제62조는, 제4회기 말에 작성된 수정단일교섭 초안(RSNT에서도 그대로 답습되었다. 이는 그간에 제시된 제안이나 주장은 여러 가지가 있었으나 어느 것도 총의(Consensus)에 이르지 못했기 때문이었다.[37]

〈도표 8-4〉 각안(各案)에 따른 대륙붕 면적

提　　案	基　　準	面積1000nm²
Irish Formular(la)	d≧Ykm×1/100d을 外緣으로 한 면적 (남극지역 제외)	2,584
Irish Formular(lb)	大陸斜面端에서 60해리 未滿地域 (남극지역 포함)	2,618
소련 提案	200해리 以遠의 500m 等水深線 지역	57.5
ICNT Article 76	200해리 以遠의 大陸邊界全體	8,204

Source; A/CONF.62/C.2/L.98.Add.2(3 May 1978)

1976년 여름 제5회기(會期)와 1977년 제 6 회기의 기간 중에도 대륙붕의 범위에 관해서는 많은 수정안(修正案)이 제시되었다. 이 제안들의 내용을 개관하면, 충적토(沖積土)에 관한 Irish Formular외에 수심 500m 지역까지를 외연으로 한다는 소련

---

37) Revised Single Negotiating Text, A/Conf.62/WP.8/Rev.1/Part II, *Article.64*.

안과 대륙사면(大陸斜面) 단에서 60해리 미만지점이나, 수심 2,500m 등수심선(等水深線) 미만지역을 외연(外延)으로 한다는 일본제안 등이 유력하게 논의되었다. 제2위원회에서는 이들 각 안(案)을 기준으로 대륙붕의 범위를 정할 때 구체적인 대륙붕 구역과 각 안(案)의 차이점을 지도와 수표(數表)로 표시한 연구서를 작성 제출해 줄 것을 유엔사무국에 요청하였다.38) 이 요구에 따라, 유엔사무국은 1978년 제7회기에 이에 관한 지도39)와 보고서40)를 작성 제출하였다. 이 지도와 보고서에 의하면, 이들 각 안(案)에 따른 대륙붕의 면적은 (도표 8-4)와 같다.41)

그 동안 많은 제안이 나왔으나 어느 것도 총의(總意:Consensus)에 이르지 못하였으므로 제6회기에 작성된 통합교섭초안(統合交涉草案: ICNT)의 대륙붕 조항은 ISNT이래의 정의(定義)를 그대로 유지하고 있었다.42) 제7회기에 들어와 제3차 유엔해양법회의는 새로운 의욕과 열의로 핵심문제를 협의키 위해서 7개 협상그룹(7NGs)를 만들었다. 대륙붕범위에 관해서는 6번째의 그룹(NG-6)에서 다루게 되었다.43)

NG-6에서의 토의는 물론 지금까지의 협의보다는 확실히 진전된 것이었다. 제7회기와 1979년 제8회기까지에 걸쳐서 NG-6에서 제기된 제안만도 20개가 넘는 것이었다. 제8회기가 종료될 즈음 제2위원회 의장인 동시에 NG-6 의장인 A. Aguillar 대사는 그간의 토의진전 내용을 종합해서, 대륙붕제도에 관한 최종종합절충안(最終綜合折衷案)을 보고하였다.44) 그리고 이 내용은 그대로 통합교섭초안 1차 수정안 (ICNT. Rev-1)에 채택되었다. 이로써 ISNT 제62조 이래 그간의 제안과 토의결과가 처음으로 초안에 반영되게 되었다.45) 따라서 1975년이래 진전을 보지 못하던 대륙붕의 외측한계의 정의는 비로소 새로운 면모를 갖추게 된 셈이다. 그리고 이 Aguillar대사의 종합 안의 골격은 결국 1982년 「해양법협약」 제76조의 내용을 결정해 놓은 결과를 가져왔다. 그러나 그 당시로는 ICNT Rev.1의 초안내용도 실은 총의에 완전히 도달한 것은 아니었다. 1979년 여름 제8회기 속개회의에서도 아랍권은

---

38) 6th Session of UNCLOS III 51 st Meeting of the Second Committee on 29 June 1977.
39) A/Conf.62/C.2/L.98/Add.1.
40) A/Conf.62/D.2/L.98(18 April 1978) Preliminary Study Illustrating Various Formulae for the Definition of the Continental Shelf.
41) A/Conf.62/C.2/L.98/Add.2.(3 May 1978) Calulation of Areas illustrated Beyond 200 miles in Document A/Conf.62/C.2/L.98/Add.1.
42) Informal Composite Negotiating Text, A/Conf.62/WP.10. *Article 76*.
43) NG-6:Definition of the Outer Limits of the Continental Shelf and Question of Payments and Contributions with respect to the Continental Shelf beyond 200 miles.(Committee II Chairman, Andres Aguilar, Venezuela)
44) A/Conf.62/L.37 (26 April 1979) Compromise Suggestion by the Chairman Negotiating Group-6 Ambassador Anderes Aguillar(Venezuela)
45) A/Conf.62/WP.8/Rev-1 Article 76.

200해리 이원(以遠)의 어떠한 대륙붕도 인정할 수 없다는 견해를 고집하고 있었다.46) 그리고 대륙붕경계위원회, 해양산맥(oceanic ridges)문제 및 SriLanka 관련문제 등 협의가 미진한 부분은 상당히 남아 있었다.47)

1980년 제9회기에 이르러 아랍권은 비로소 200해리 이원(以遠)의 대륙변계(大陸邊界)를 대륙붕 범위에 포함시키는데 원칙적으로 동의하였으며 기타 문제도 거의 총의(總意)에 도달하였다. 그러므로 A. Aguillar대사는 실질적으로 대륙붕 문제의 토의를 종결시키고 그간의 토의 내용을 종합한 의장의 종합보고서를 제출하였다.48) 이 종합보고서의 내용은 통합교섭초안 제2수정안(ICNT Rev.2) 채택되었다.49) 이 때에 「대륙붕경계위원회(大陸棚境界委員會)」 규정이 제2부속서로 「협약(協約)」에 처음으로 삽입되었다.50)

1980년 여름, 제9회기 속개회의에서 Sri-Lanka의 특수한 해저지형을 감안한 특별기준에 관한 양해성명(諒解聲明:Statement of Understanding) 초안(草案)이 제출되었으며,51) 이는 미리 합의된 대로 Final Act의 제2부속서로 첨부되었다.52)

〈도표 8-5〉 대륙붕(제76조 1항 전단)

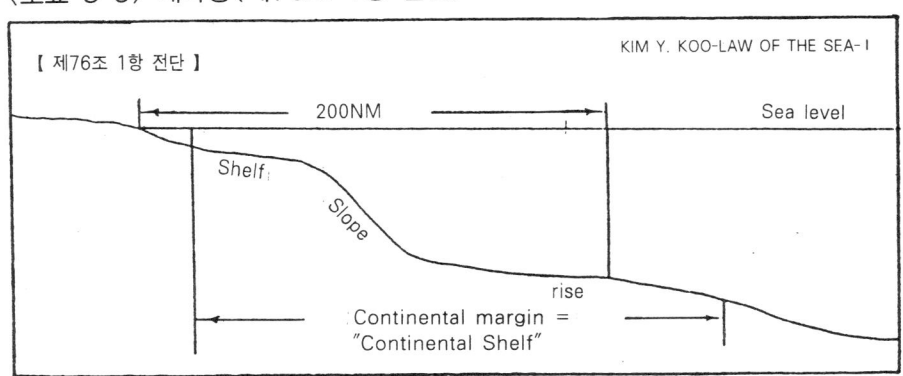

---

46) NG-6/2.
47) ICNT. Rev-1, Articles 76, foot note No.1 and 2를 참조할 것.
48) A/Conf.62/L.51(29 March 1980)
   Report to the Plenary of the Conference by Ambassador Andres Aguillar (Venezuela) Chairman of the Second Commitee.
49) A/Conf.62/WP.10/Rev.2 *Article* 76.
50) ICNT.Rev-2 Annex Ⅱ. Commission on the Limits of the Continental Shelf
51) C.2/Informal Meeting/65(29 Aug.1980)
52) Final Act of the United Nations Conference on the Law of the Sea: A/Conf.62/121(21. Oct.1982)
   Annex Ⅱ:Statement of Understanding Concerning A Specific Method to be used in Establishing the Outer Edge of the Continental Margin

2. 유엔해양법협약상(海洋法協約上)의 대륙붕(大陸棚) 범위(範圍)

위에서 보아온 것과 같은 과정을 거쳐서 대륙붕의 범위에 관한 기준은 유엔해양법협약 제76조에 세부적으로 규정되게 되었다.

(1) 대륙붕의 범위 : 일반원칙(一般原則)

가. 연안국의 대륙붕은 영해 밖으로 육지영토의 자연적 연장을 따라 연결된 대륙변계(大陸邊界)의 외연(外延)까지의 해저(海底), 해상(海床)과 그 하층토(下層土)로 이루어진다.(협약 제76조 제1항 전단)(도표 8-5 참조)

나. 연안국의 대륙붕으로 포함될 대륙변계(大陸邊界)에는 지질학적 대륙붕과 대륙사면(大陸斜面) 및 대륙융기(大陸隆起)를 포함한다.53) 그러나 해양저(海洋底)와 해양산맥(海洋山脈:oceanic-ridges)은 대륙변계(大陸邊界)에 포함되지 아니한다.(제76조 3항)54)

(2) 200해리 이내의 대륙변계(大陸邊界)인 경우

대륙변계(大陸邊界)의 외연(外延)이 200해리까지 미치지 않는 경우에는 기선으로부터 200해리까지의 해저(海底), 해상(海床)과 하층토(下層土)를 대륙붕으로 한다.(동 1항 후단)(도표 8-6 참조)

〈도표 8-6〉 대륙붕(제76조 1항 후단)

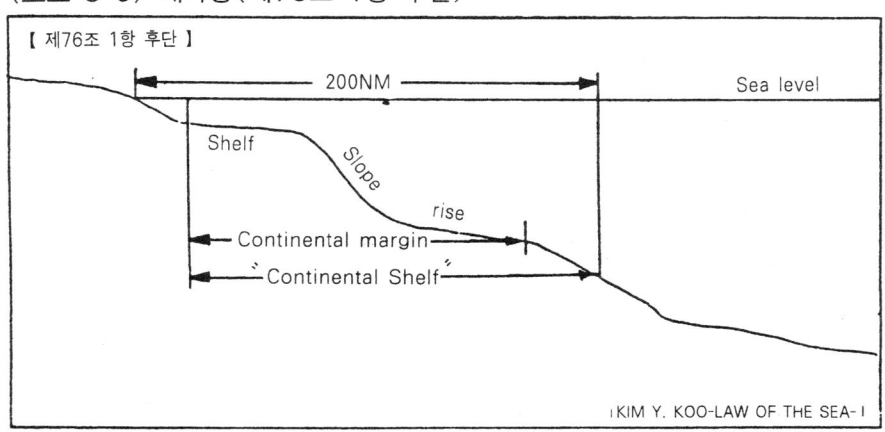

---

53) Robert D. Hodgson and Robert W. Smith, "The Informal Single Negotiating Text (Committee II):Geographical Perspective," *ODIL*, Vol.3,(1975), p.254.
54) 제76조 3항의 단서는 1980년 제9회기 Aguillar의장의 종합안 A/Conf.62/1.51에 의해 ICNT.Rev-2에 첨가된 것임. Supra note.47과 그 본문을 참조할 것. (3항 단서는 대륙변계가 200해리 이내인가 이상인가에 관계없이 적용된다.)

(3) 200해리 이상의 대륙변계(大陸邊界)

대륙변계(大陸邊界)의 외연(外延)이 200해리 이원(以遠)까지 확장되는 경우에 그 외측 한계를 확정하는 기준은 다음과 같다.

가. 대륙변계(大陸邊界)의 대륙융기(大陸隆起)가 충적암(沖積岩)으로 구성된 경우에 그 외연은 대륙사면(大陸斜面)의 경사도가 최대로 변경되는 지점을 대륙사면단(大陸斜面端)이라고 하고 충적암의 두께가 이 대륙사면단(大陸斜面端)으로부터의 직선거리의 1%와 같거나 이보다 최소한 큰 지점을 연결한 선으로 내포된 구역(도표 8-3 Irish Formular 참조)

나. 대륙변계(大陸邊界)의 대륙융기(大陸隆起)가 충적암으로 되어 있지 않을 때는 대륙사면(大陸斜面)단으로부터 60해리를 넘지 않는 고정지점을 연결한 선으로 내포된 구역55)(제76조 4항)

다. 「가」와 「나」의 경우, 대륙변계(大陸邊界) 외연(外延)의 참조점은 길이가 60해리를 넘지 않는 직선으로 연결되어야 하고 각기 경·위도로 지리적 좌표를 명기하여야 한다.56)(제76조 7항(도표 8-7 참조)

라. 「가」와 「나」의 경우, 대륙변계(大陸邊界) 외연의 참조점은 영해 기선에서 350해리를 초과하거나 2,500m등 수심선(水深線)에서 100해리를 초과해서는 안된다.(제76조 5항)(도표 8-8 참조)

〈도표 8-7〉 대륙붕(제76조 4항 (a)후단)

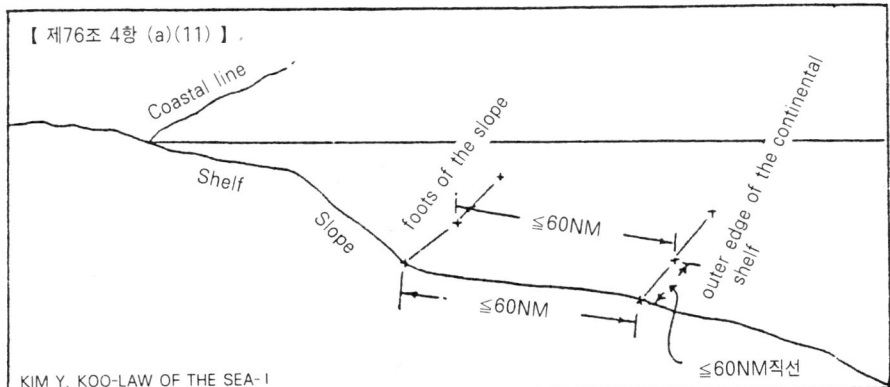

---

55) 이는 1976년 Ireland제안에서 처음 제시되었다. Supra Note.36의 NG-6/1의 paragraph 3(b)
56) NG-6/1. paragraph 4.

〈도표 8-8〉 대륙붕(제76조 5항)

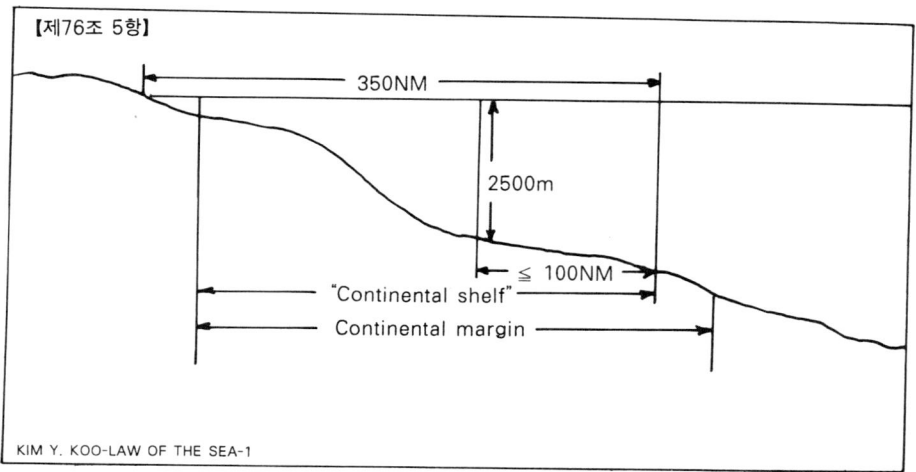

마. 어떠한 경우에도 해저산맥(海底山脈:submarine-ridges)에서 대륙붕의 외측 한계는 350해리를 초과할 수 없다. 그러나 이 거리기준의 한계는 "대륙변계(大陸邊界)의 자연적 구성요소로 되어 있는 해저고지(海底高地:submarine elevations that are natural components of the continental margin)"에는 적용하지 아니한다. 즉 다시 말해서 "plateaus, rises, banks, spurs" 등이 대륙변계(大陸邊界)를 구성한 때는 350해리를 넘어서 대륙변계(大陸邊界)의 외연(外延)을 인정한다.(제76조 6항)[57]

바. 200해리를 초과하는 대륙변계(大陸邊界)의 외연을 대륙붕의 외측 한계로 확정코자하는 연안국은, 유엔해양법협약 제2부속서 제2조에 의해 선임된 21명의 위원으로 구성된 「대륙붕경계위원회」에 대륙붕 범위의 획정에 관련된 자료를 제출하여야 하며 동 위원회에 "권고(勸告)"를 부탁하여야 한다.(제2부속서 제2조, 제4조)

동(同) 위원회는 협약 제76조와, 1980년 8월 29일 제3차 유엔해양법회의에서 채택된 양해선언(諒解宣言)[58]에 따라, 대륙붕 외측한계의 획정에 관하여 연안국에

---

57) 제76조 6항도 ICNT.Rev-2에 의해 새롭게 첨가되었다. Supra Note. 48.
58) Statement of Understanding concerning a specific method to be used in establishing the outer edge of the continental margin. C.2/Informal Meeting/65(29 Aug. 1980)
「대륙변계(大陸邊界) 외연의 획정에 적용될 특수한 방식에 관한 양해선언」
(내 용 요 약)
Sri Lanka의 경우, 제76조 4항과 같은 기준을 적용하여 대륙붕의 외측 한계를 정하면 충적암의 두께가 3.5km이상 되는 지점이 외측 한계로 결정되게 되어, 실질적인 대륙변계의 절반 이상이 대륙붕의 외측한계 밖으로 획정되어 간다. 이러한 불합리를 시정하기 위하여 200m 등수심선(等水深線)의 기선에서 20해리가 되지 않고, 대륙변계(大

권고를 행한다.(제2부속서 제3조) 이러한 권고를 기초로 연안국이 획정한 대륙붕의 범위는 최종적이며 구속력을 갖는다.(협약 제76조 8항)

3. 입법론적 비판

유엔해양법협약 제76조가 규정하는 대륙붕의 범위는, 적어도 1958년 「대륙붕협약」 제1조와 같은 논리적인 흠결(欠缺)이나, 1969년 「북해대륙붕사건」의 ICJ 판결의 기준과 같은 모호성은 없는 것 같다. 「협약」 제76조의 복잡하고도 정교한 규정은, 대륙붕의 외측 한계에 관하여 확실한 기준을 제시하고 있다. 이것은 1973년부터 1980년 여름까지의 긴 세월동안 제3차 유엔해양법회의에서 각국 대표간에 진지하고 집중적인 연구, 협의 그리고 절충의 결과로 이룩된 값진 작품이다. 그러나, 이처럼 애써 만든 협약 제76조도 많은 문제를 갖고 있다. 1980년 여름, 이 제76조의 내용이 결정되자마자, 벌써 이에 대한 비판이 나오기 시작했다. 1958년 Geneva 「대륙붕협약(大陸棚協約)」의 대륙붕 정의(定義)는 약 10년간은 유지되었다. 협약 제76조의 정의는 앞으로 얼마 동안이나 유지될 수 있겠는지? 이것은 앞의 것보다 더 힘들게 정립시킨 만큼, 보다 안정된 법적 개념으로 확립될 수 있도록 키워나가야 할 것이다.

(1) 200해리 거리기준과 Irish Formular

협약 제76조 1항의 기준에 의하면, 대륙변계(大陸邊界)가 영해기선(領海基線)에서 200해리를 넘지 않는 경우에 법률상의 "대륙붕의 범위"에는 '지형학적 의미의 심해저(deep ocean floor or plain)'까지 포함되게 된다.(도표 8-6 참조)

실제로 제76조의 대륙붕범위 규정을 대서양 연안에 적용하는 경우에, 대륙변계(大陸邊界)가 200해리에 못 미침으로써, 심해저까지 연안국에 포함되는 경우는 전체의 67%나 된다고 한다. 그리고 제76조 4항(a)(i)에서 규정하는 대륙융기(大陸隆起)의 충적암에 의한 기준(소위 Irish Formular)이 적용되는 경우는 전체의 23%라고 한다.[59]

태평양 연안은 그나마 대서양보다도 대륙융기(大陸隆起)가 더욱 분포되어 있지 않다. 그러므로, 대부분 제76조 1항 후단(後段)이 적용되게 되며, 법률상 연안대륙붕의 범위에는 대부분 심해저가 포함되게 된다.[60]

陸邊界)가 주로 대륙융기(大陸隆起)를 형성하는 충적암으로 되어 있는 것과 같은 특수한 경우에는 제76조의 규정에도 불구하고 충적암의 두께가 1km보다 적지 않는 지점을 60해리 이하의 간격으로 연결한 선으로 내포된 구역을 대륙변계(大陸邊界)의 외연으로 획정할 수 있다.
The Final Act of the 3rd UN Conference on the Law of the Sea Annex Ⅱ. Doc.A/CONF.62/121(21 Oct. 1982), p.35.
59) K.O.Emery, op.cit.,p.28.

이들 경우 상부수역(上部水域) 및 해면(海面)은 200해리 EEZ로 연안국 관할수역에 포함되어 있을 것이므로 지질학적 대륙변계(大陸邊界) 외측 해저가 유엔해양법상 대륙붕에 포함되어 있는 것으로 야기되는 실제적 혼란은 없을 것이다. 다만 인류의 공동유산으로 개발 운용될 심해저 제도와의 조화가 필요하게 될 것이다.

(2) 대륙사면단(大陸斜面端) 등 고정지점(固定地點)의 결정

제76조 4항을 적용하는 경우에 소위 대륙사면단(大陸斜面端)을 객관적으로 획정하는 일은 용이하지 않다. 더구나 충적암(沖積岩)의 두께가 최단거리의 1%인 최외곽 고정지점의 결정은 결국 연안국의 자의(恣意)가 개입되는 것을 배제할 수 없게 될 것이다(제76조 8항 후단).

(3) 용어(用語)의 정의(定義)

제76조에 가장 곤란한 점은 법률적으로 정의되지 않은 지질학적 또는 지리학적 용어를, 대륙붕 외측한계기준(外側限界基準)으로 여러 곳에서 사용하고 있는 것이다. 제76조 3항 단서로, 해양산맥(海洋山脈)은 대륙붕의 범위에서 배제되며, 해저산맥(海底山脈)과 해저고지(海底高地)는 모두 대륙붕에 속하게 된다. 해저산맥은 350해리를 넘을 수 없는데, 해저고지는 350해리를 넘어, "무제한(無制限)"으로 대륙변계(大陸邊界)의 범위가 대륙붕으로서 인정된다. 이들은 지질학적(地質學的)으로 또는 지구물리학적(地球物理學的)으로 구별 가능한 개념일 것이나, 이들이 대륙 외측한계 결정의 중요한 기준이 되고 있는 만큼 법적인 용어 정의가 있어야만 한다. 협약 본문에 이러한 용어 정의를 포함시킴으로써, 조문(條文)을 번잡하게 함을 피하기 위한 것이라면, 협약(協約)의 부속서(附屬書)에라도 각 개념의 구별과 한계를 명시(明示)함이 바람직하다.

Ⅳ. 대륙붕(大陸棚)의 경계획정(境界劃定)

1. 서(序)

1945년 Truman의 대륙붕선언이 있은 이래, 대향국(對向國) 또는 인접국(隣接國) 사이의 해양관할(海洋管轄) 구역의 경계획정(境界劃定)문제는 국제사회에 있어 중요한 법적, 정치적 문제로 등장되었다. 새로운 유엔해양법협약상 대륙붕의 범위는 최소

---

60) Maps: *Major Topographic Divisions of the Continental Shelf* Bethymetric studies by Bruce C.Heezen and Marie Tharp. U.S. Office of Geographer. Dept. of State(1977).

한도 200해리이며, 대륙변계(大陸邊界)가 연장될 경우에는 350해리까지 또는 그 이상으로 확장될 수 있으므로 대륙붕 경계획정(境界劃定)에 관련된 국가간의 분쟁은 그 발생 가능성이 높고 해결이 곤란하게 된다.

현재까지 부상된 중요한 경계분쟁사건만도 300건이 넘으며, 이들 분쟁 중 일부는 당사국간의 협상이나 국제사법기관(國際司法機關)의 재결(裁決), 판결(判決) 등으로 해결된 것도 있지만,61) 국제사회에서 연안 각국은 향후 20여년간 이들 해양경계분쟁에서 파급되는 법적, 정치적 부담을 벗어날 수 없다고 예견되고 있다. 본절(本節)에서는 국제 해양법상 대륙붕의 경계획정(境界劃定)에 관한 규범의 형성과정을 제3차 유엔해양법회의의 협의경과를 중심으로 개관해 보고자 한다.

2. 경계획정법리(境界劃定法理)의 협의과정(協議過程)

(1) 제3차 유엔해양법회의(海洋法會議) 이전(以前)

처음 ILC를 위해서 경계획정(境界劃定)문제를 검토한 전문위원회는, 1953년에 경계획정(境界劃定)을 위한 일반원칙으로 「등거리 원칙(等距離原則)」을 제안하였다. 이것은 ILC초안에 그대로 반영되었으며, 1958년 Geneva 제1차 유엔해양법회의에서 타결된 「대륙붕협약」 제6조는 대륙붕의 경계획정(境界劃定)원칙으로 등거리원칙(等距離原則)을 채택하고 있다.

그러나 등거리원칙만을 일률적으로 적용하는 경우에는 불합리한 경계획정(境界劃定)이 될 것임을 쉽게 알 수 있다. 그러므로, 「대륙붕협약」 제6조에서는 등거리원칙을 사용하되, 당사국간의 별도의 합의나 다른 "특수한 사정"에 의해서 별도의 경계선이 정당화되지 않을 때에만 이를 적용할 것으로 규정하고 있다.62)

(2) 제3차 유엔해양법회의(海洋法會議) 초기(初期)의 논의(論議)

1973년부터 시작된 제3차 유엔해양법회의에서 경계획정(境界劃定)의 문제는 중요한 의제로 논의되었다.

영해의 경계획정(境界劃定)은, 1958년 「영해협약」 제12조를 그대로 답습하여 규정하기로 일찍이 합의되었으나,(협약 제15조 참조) 배타적 경제수역과 대륙붕의 경계획정(境界劃定)은 가장 곤란한 문제로 끝까지 남게 되었다. 이 두 관할수역(管轄水

---

61) Jagota, "Maritime Boundary," 171 *Recueil Des Cours* 81 (1981); U.S. Dept. of State, Office of Geographer, *International Boundary Study Series A: Limits in the Seas*
62) ···in the absence of agreement, and unless another boundary line is justified by special circumstances, the boundary is the median line,···
   1958 Convention on the Continental Shelf, Article. 6. 499 UNTS 311.

域)의 경계획정(境界劃定) 문제는 같이 논의되었으며 채택된 조문도 정확히 동일하다.(협약 제74조, 제83조)

경계획정(境界劃定)의 문제는 3가지의 분야로 세분될 수 있다.

첫째는, 경계를 획정 함에 적용될 기본적 원리를 무엇을 할 것인가 하는 것으로서, 중간선 원칙과 형평의 원칙 중 어느 것이 우선하는가 하는 것이 문제가 되어 있었다.

둘째는, 경계분쟁 당사국간에 최종적인 경계가 획정 되기 전까지 이들 경계구역에 어떠한 잠정적 조치를 실시할 것인가 하는 문제이다.

세 번째는 해양경계분쟁을 해결하기 위한 절차적 방법을 어떻게 할 것인가의 문제가 된다.

특히 첫 번째의 경계획정(境界劃定) 기본원리에 관하여는 중간선 원칙 지지측과 형평의 원칙 지지측이 회의 벽두부터 대립하여 격론을 벌였다.

가. 1975년 ISNT

1975년 제3차 유엔해양법회의 제3회기에 작성된 최초의 협의초안인 ISNT에서는 경제수역(經濟水域)과 대륙붕의 경계획정(境界劃定)을 제61조와 제70조에서 각기 규정하고, 이 두 조문에서 동일한 표현을 쓰고 있다. 우선 경계획정(境界劃定)의 기본원리(제61조, 제70조 1항)로는 "형평의 원칙에 의하되, 적절한 경우에는 중간선 또는 등거리선을 채택할"것으로 규정하고 있다. 잠정조치(제61조, 제70조 3항)에 관해서는 "중간선 이원(以遠) 구역의 개발을 금지한다."는 소극적인 규정만 두고 있다. 해양경계분쟁해결방법(제61조, 제70조 2항)은 그 당시 아직 윤곽이 잡히지 않은 「해양법협약」상의 분쟁해결의 장에 막연히 유보하고 있었다.[63]

나. 1976년 RSNT

1976년 제4회기의 협의결과로 작성된 두 번째의 협의 초안, RSNT에서는 약간의 발전을 보이고 있다. 경계획정(境界劃定)기본원칙에 관해서, ISNT의 조문표현이 중간선 원칙을 우선시키고 있는 점에 대해 형평(衡平)의 원칙(原則)을 주장하는 측으로부터 강한 반대의 의견이 주장되었지만 RSNT 제62조 및 제71조 1항에서는 ISNT를 그대로 답습하고 있다.

잠정조치(暫定措置)규정(62조, 71조 3항)에는 약간의 진전이 있었던 바, 관계국의 "잠정적 합의를 해야할 의무"를 규정하였다.

---

[63] ISNT. *Article 61/70*. para. 1,2, and 3.

해양경계분쟁해결방법(61조, 70조 2항)에 관해서는, ISNT와 실질적으로 동일한 조문을 유지하였다.

ISNT와 유사한, 중간선(中間線) 및 등거리선(等距離線)의 정의규정이 남아 있었으나 이것은 경제수역조항(經濟水域條項)(62조)에만 규정하였다.64)

다. 1977 ICNT

1976년 여름의 제5회기와 1977년 제6회기까지의 기간중, 이 경계획정(境界劃定)에 관한 논의는 중간선 지지측과 형평원칙 지지측이 격론을 벌였으나 내용상의 진전은 없었다. 따라서 6회기에 작성된 ICNT에서 해양경계획정(海洋境界劃定) 조문은 RSNT와 동일한 것이었다.65)

라. NG-7에서의 협의

1978년 봄에 열린 제7회기에서는 그 동안의 협의 과정중 타결을 보지 못한 잔존 핵심문제를 집중적으로 다루기 위해 협상그룹(Negotiating Group:NG) 7개를 만들었다. 해양경계획정(海洋境界劃定)의 문제는 핀란드의 E.J.Manner판사가 이끄는 NG-7이 다루게 되었다. 해양경계획정(海洋境界劃定)에 관해 대립된 견해를 보이고 있던 중간선 지지측과 형평원칙 지지측은 이미 1977년 제6회기에 각 측의 주장을 내용으로 한 수정안을 제출하였으며 제7회기에 이 각 안(案)들은 NG-7의 기록문서로 등록되었다.

① 중간선원칙(中間線原則) 수정안(修正案)(NG-7/2)

중간선원칙 지지측 수정안(NG-7/2)은 Greece, Spain, 영국 등 20개국이 공동제안국이 되어 있으며, 경계획정(境界劃定)의 기본원리에 관해, 일반원칙은 중간선원칙임을 명시하고 있고(para.1) 해양경계분쟁 해결방식으로는 원칙적으로 제3자적 강제적 분쟁해결 방식을 채택하고 있었다.(para.2) 잠정조치에 관해서 이 안은, 원칙적으로 중간선(中間線) 이원(以遠)의 개발금지만을 규정하고 있었다.(para.3)66)

---

64) RSNT. *Article 62/71.* para. 1,2,3 and 4.
65) ICNT. *Article 74/83.*
66) NG-7/2(20 April, 1978)
 INFORMAL SUGGESTIONS RELATING TO PARAGRAPHS 1,2 AND 3 OF ARTICLES 74 AND 84, ICNT
 Bahamas, Barbados, Canada, Colombia, Cyprus, Democratic Yeman, Denmark, Gambia, Greece, Guyana, Italy, Japan, Kuwait, Malta, Norway, Spain, Sweden, United Arab Emirates, United Kingdom, Yugoslavia
 1. The delimitation of the Exclusive Economic Zone Continental Shelf between adjacent or opposite States shall be effected by agreement employing, as a general principle,

② 형평(衡平)의 원칙(原則) 수정안(修正案)(NG-7/10)

형평의 원칙 지지측 수정안(NG-7/10)은 Turkey, Morocco, Libya 등 30개국[67] 이 공동제안국으로 되어 있으며, 경계획정(境界劃定)의 기본원리에 관해, 경계획정 (境界劃定)은 "형평의 원칙에 의하여" 합의할 것을 명시하고 있었다.(para.1)

해양경계분쟁의 해결방식은 협약 제15장이나, 유엔헌장 제33조에 규정된 바에 따라 원칙적으로 당사국의 합의에 의해 처리할 것을 규정하고 있었다.(para.2) 잠정조치도 관계국간의 잠정적 합의에 의할 것으로 규정하고 있었다.(para.3)[68]

---

the median or equi-distance line, taking into account any special circumstance where this is justified.

2. If no agreement can be reached, within a period of… from the time when one of the interested parties asks for the opening of negotiations on the delimitation, the States concerned shall resort to the procedures provided for in part……(settlement of disputes) or any other third party procedure entailing a binding decision which is applicable to them.

3. Pending agreement or settlement in conformity with paragraphs 1 and 2, the parties in the dispute shall refrain from exercising jurisdiction beyond the median or equi-distance line unless they agree on alternative interim measures of mutual restraint.

67) NG-7/10/Add.1.(12.Spt.1978)으로 Brundi Maldives, Vietnam이 추가되어 공동제안국은 30개국이 됨.

68) NG-7/10.(1 May 1978)

INFORMAL SUGGESTION RELATING TO ARTICLE 74 AND 83, ICNT.

Algeria, Argentina 1) Bangladesh, Benin, Congo, France, Ireland, Ivory Coast, Kenya, Liberia, Linbyan Arab Jamailiriya, Madagascar, Haiti Maoritania, Morocco, Nicaragua, Nigeria, Pakistan, Papua New Guinea, Poland, Romania, Senegal, Syrean Arab Republic, Somalia Democratic Republic, Turkey And Venezuela. 1)

1. The delimitation of the exclusive economic zone 2) between adjacent or and opposite States shall be effected by agreement, in accordance with equitable principles taking into account all relevant circumstances and employing any methods, Where appropriate, to lead to an equitable solution.

2. If no agreement can be reached within a reasonable period time, the States concerned shall resort to the procedures of settlement of disputes provided for in Part ⅩⅤ of this Convention or such other procedures agreed upon in accordance with Article 33 of the Charter of the United Nations Organization.

3. Pending agreement or settlement, the States concerned shall make provisional arrangements, taking into account the provision of paragraph 1.

4. Where there is an agreement in force between the States concerned, questions relating to the delimitation of the exclusive economic zone2) shall be determined in accordance with the provisions of that agreement.

   1) Argentina and Venezuela and Viet Nam reserve their position in relation to the reference in paragraph 2 to Part ⅩⅤ of this Convention.

   2) Or continental shelf.

③ 중도안(中道案)

1978년 제7회기부터 1980년 제9회기까지 2년 동안 위의 두 견해는 아무런 타협의 기미를 보이지 않았다. 그리하여 해양경계획정(海洋境界劃定)의 문제는 제3차 유엔해양법회의의 협상과제 중 심해저 문제와 더불어 가장 어려운 문제로 부각되었다.

제7회기에 이 경계획정(境界劃定)의 문제의 정체를 타개하기 위해서, Mexico, Peru, Brazil 및 Ivory Coast 등 소위 "중도(中道)Group"이 나타나서 절충과 타협을 주도하였다. 이들에 의하면 인접 또는 대향국간의 경계획정(境界劃定)에 있어서 그 기본원칙으로서 중간선 원칙과 형평의 원칙은 서로 상충되지 않으며 형평스런 경계획정(境界劃定)을 위해 동등한 요소로 이들을 결합시킬 수 있다고 주장하였으며 그러한 내용의 절충안을 제시하였다.69) 그러나 이들 절충안은 중간선 지지측이나 형평의 원칙 지지측의 어느 쪽에 의해서도 환영받지 못하였고 1979년에 작성된 ICNT Rev. 1에도 전혀 반영되지 못하였다.

마. 의장(議長)의 절충안(折衷案)과 경계획정조문(境界劃定條文)

NG 7의 의장인 Judge Manner는 중도(中道) Group의 견해를 바탕으로 종합절충안을 수차에 걸쳐 제시하였다.70) 1980년 제9회기에 와서야 양측은 마지못해서, 계속적으로 제시된 의장의 절충안을 인정할 뜻을 표시함으로써 그 내용은 Rev.2에 겨우 반영되게 되었다.71)

---

69) Peru안(案):NG-7/6(24 April 1978), NG-7/13(2 May 1978), NG-7/14(8 May 1978)
Mexico안(案):NG-7/29.Rev. 1.(5 May 1979)
Mexico
    INFORMAL FIRST REVISED PROPOSAL ARTICLE 74 AND 83
    The delimitation of the exclusive economic zone(or of the continental shelf) between States with opposite or adjacent coasts, shall be effected by agreement between the parties concerned, taking into account, concurrently, both the median or equi-distance line and relevant circumstance with a view to their application as appropriate in each specific case, in order to insure in all cases a solution in accordance with equitable principles.

70) Informal Compromise Suggestions by the Chairman of NG-7/44(21 August 1979)
    INFORMAL PROPOSAL BY THE CHAIRMAN OF NG-7
    The delimitation of the exclusive economic zone(the continental shelf) between States with opposite or adjacent coasts, shall be effected by agreement in accordance with equitable principles, taking into account the equality of States in their geographical relation to the areas to be delimited, and employing, consistent with the above criteria and subject to the special circumstances in any particular case, the rule of equi-distance.

71) ICNT. Rev. 2 Article 74/83. para.1.
                        Article 74/83

① 경계획정(境界劃定)의 기본원칙

이 초안내용의 특징은 경계획정(境界劃定)의 기본원칙에 있어서 중간선 원칙이나 형평의 원칙 어느 쪽도 우선적인 지위를 인정치 않기 위해 "국제법(國際法)에 따라" 합의로써 결정돼야 한다고 규정하고 있는 것이다. 그러나, 해양경계획정(海洋境界劃定)의 기본적 원리를 규정함에 있어서 "국제법에 따라" 정한다고 규정하는 것은 아무런 규정도 하지 않는 것과 같으므로 좀 더 구체적인 내용을 찾던 중, 여기에 "국제사법재판소(國際司法裁判所) 규정 제38조에서 규정된 바의 국제법"이라는 수식어구를 삽입키로 하여, 1981년 「해양법협약」 공식초안에 채택되었다.[72] 그리고 이 안은 유엔해양법협약에 그대로 확정되게 되었다. 결국 해양경계획정(海洋境界劃定)의 기본원리는 "형평스러운 해결을 위하여 국제법에 의거한 합의로써" 결정되기로 낙착되었으며 중간선 원칙이나, 형평의 원칙은 조문상(條文上) 언급되지 않았다.[73]

생각컨대 유엔해양법협약제83조 1항의 "국제사법재판소규정 제38조에서 규정된 바의 국제법"이란 표현은 ICNT Rev-2의 "국제법"에 비교할때, 무의미하기는 마찬가지이다. 해양법 경계획정(境界劃定)의 기본원칙을 정하기 위한 제83조 1항은 결국 아무런 규정도 하지 않은 것과 똑같은 공허한 규정이 되었다.

해양경계획정(海洋境界劃定)문제에 적용할 기본원칙에 관한 1974년부터 1981년까지 계속되었던 진지하고도 열기에 찬 제3차 유엔해양법회의의 심의과정을 상기하면, 그 결과가 너무나 허망하다고 생각된다. 그러나 그것은 무의미하기 때문에 아무에게나 잘 받아들여지게 되었는지도 모른다.[74]

결과적으로 해양의 경계획정(境界劃定)에 관한 협약 규정의 이러한 공허성은 앞으

Delimitation of the exclusive economic zone(continental shelf) between States with opposite or adjacent coast, shall be effected by agreement in conformity with international law. Such an agreement shall be in accordance with equitable principles, employing, the median or equi-distance line, where appropriate, and taking account of all circumstance prevailing in the area concerned.

72) Draft Convention on the Law of the Sea. A/Conf.62/L.78(28 August 1981) Article 74/83. para.1.
73) Convention on the Law of the Sea.
A/Cont. 62/1227(7 Oct 1982) Article 74/83. para.1.

Article 74/83

Delimitation of the exclusive economic zone (continental shelf) between States with opposite of adjacent coasts

1. The delimitation of the exclusive economic zone(continental shelf) between States with opposite of adjacent coasts, shall be effected by agreement on the basis of international law, as referred to in Article 38 of the Statute of the international Court of Justice, in order to achieve and equitable solution.

74) 그러나 Turkey와 Venezuela는 이 조항과 관련해서 결국 「협약」에 반대하였다.

로 이 문제가 전적으로 관습국제법의 구체적 발전에 일임되게 되었다고 볼 수밖에 없고, 이 방면의 판례와 국가관행의 의미가 더욱 중요하게 되었다고 생각한다.

② 잠정조치(暫定措置)

해양경계획정선(海洋境界劃定線)이 최종적으로 확정되기 전의 잠정조치에 관하여 최초의 안은 중간선 이원(以遠) 구역의 개발금지를 규정하는 제안이었음은 위에서 설명한 바와 같거니와.(ISNT Article 61/70. para.3) 형평의 원칙 지지국 측은 잠정조치에 있어서도 관련당사국의 의사를 존중할 수 있는 잠정협정에 의해 조치되어야 한다는 입장을 견지하였다. 그들 중에는 잠정조치로서 최종경계획정(最終境界劃定)이 결정될 때까지 개발을 유예(猶豫)해야 한다는 견해도 나타났다.(Moratorium)[75] 그러나, 경계분쟁구역 일지라도 그 중간선 이내의 구역까지 개발을 무한히 유예시킨다는 것은 부당하다는 견해가 유력하였고 분쟁당사국은 협약상의 잠정협정체결의 "의무"를 져야할 것인가? 또 최종경계가 확정되기 전까지 관련당사국의 권한행사 제한의 범위와 정도는 어떠해야 될 것인가 등이 문제로 논의되었다. GN-7 의장인 Judge Manner는 해양경계획정(海洋境界劃定)이 확정되기 전까지의 잠정조치에 관해서도 수차의 종합절충안을 제시하였다.[76] 결국 양측은 의장 종합안(綜合案) NG-7/45에 동의하여 그 내용은 ICNT Rev.2에 반영되었고 이는 유엔해양법협약의 내용으로 확정되었다.[77] 이에 의하면 관련당사국은 이해와 상호협력의 정신으로 "잠정협정을 체결하기 위해 모든 노력을 할 의무"가 있다. 이것은 물론 "체결의무(締結 義務)"와는 구별되는 것이다. 그리고, 과도기간 중 관련국은 최종합의에의 도달을 방해하거나 위태롭게 하지 않도록 노력해야 한다.

---

75) NG-7/15 (9 May, 1978)특히 Papua New Guinea는 NG-7/10의 공동제안국임을 상기할 것.
INFORMAL SUGGESTION BY PAPUA NEW GUINEA
Article 74 and 83
   paragraph 3 should read:
   3. Pending agreement or settlement, the States concerned shall, either
     (a) make provisional arrangements. taking into account the provision of paragraph 1, or
     (b) establish a moratorium against economic activities within the area under dispute.
76) Informal Compromise Formulae for Article 74(3)/83(3) by Chairman of NG-7.; NG-7/38, 39,42,43. NG-7/43(17 Aug,1979)
77) NG-7/45(22Aug,1979); ICNT Rev.2 Article 74/83, para.3.; Law of the Sea Convention Article 75/83, para.3.
   3. Pending agreement as provided for in paragraph 1, the States concerned, in a spirit of understanding and co-operation, shall make every effort to enter into provisional arrangement of a practical nature and, during this transitional period, not to jeopardize of hamper the reaching of the final agreement, Such arrangements shall be without prejudice to the final delimitation.

③ 해양경계분쟁(海洋境界紛爭)의 해결방식

해양경계분쟁의 해결방식에 관한 협의의 경과를 보면, 제3자적, 강제적 분쟁해결방식을 선호하는 중간선 지지측과 당사국의 임의적 합의에 의한 해결방식을 선호하는 형평의 원칙 지지측의 대립이 제8회기(1979년)까지도 계속되고 있었다. NG-7의 협의 중에 특히 이 해양경계분쟁해결에 관해서는 미국 Harvard 법대의 L.B.Sohn 교수와 이스라엘의 Rosenne 대사가 주도적 역할을 하였다.

해양경계분쟁해결방식에 관해서 위 양측의 견해를 절충시킴에 있어 고려해야 할 논점은 다음 3가지로 정리 될 수 있다. 첫째는, 경계분쟁의 쟁점을 확정시키는 특수여건(special circumstance), 경계획정(境界劃定)에 적용할 기본원칙(principles), 그리고 기초적 사항을 합의키 위한 사전절차(preliminary determination)이며 둘째는, 경계분쟁의 본질문제의 확정절차인데 구체적 방식으로 조정(conciliation), 제3자적 강제적 결정방식(The 3rd party, compulsory method of settlement)등이 고려될 수 있다. 셋째는, 분쟁사건의 내용을 협약 발효시점을 기준으로 "과거의 분쟁" 즉 발효 이전의 사안과 "미래의 분쟁" 즉 발효 이후의 사안으로 구별하여 처리하는 문제 등이다. Sohn 교수는 이상의 3가지 고려요소를 결합하여 ICNT 제15장(분쟁의 해결), 제297조(선택적 제외조항) 제1항(a)(해양경계분쟁)에 대한 가능한 절충수정안으로 7가지의 Model을 제시하였다.[78] (Table of Models and Alternatives 참조)

해양경계분쟁해결의 절차에 관한 Sohn교수의 이 연구보고서는 학자적인 성실성이 돋보이는 제안이기는 하였지만, 종래에 대립되어 있는 양측의 견해를 근접, 절충시키는데는 아무런 효과를 내지 못하였다. 근본적으로 해양관할수역의 경계분쟁의 경우에는 제3자적 강제적 법정절차의 도입을 기피하고 있는 형평의 원칙 지지측은 Model A, B, C등을 수긍하고 조심스럽게 D1까지는 인정하나 그 외의 제안에는 반대하였으며 이와 대조적으로 해양경계분쟁에 제3자적 강제적 법정절차를 도입하고자 하는 중간선 지지파는 Model D2 D3 및 F등을 지지하였다.

---

[78] A Survey of Possible Conciliatory Approaches to the question of settlement of Sea Boundary Disputes. NG-7/20 Rev.1.(25. Aug. 1978)

Possible Compromise for ICNT. Article 297.1.(a)
(NG-7/20/ Rev.125 Aug. 1978)

1.Without prejudice to the obligations arising under section i of this Part of the present Convention a State Party when signing, ratifying of otherwise expressing its consent to be bound by the present Convention, of at any time thereafter, may declare that it does not accept any one of more of the procedures for the settlement of disputes specified in the present Convention with respect to one of nore of the Bollowing categories of disputes.

(a) Disputes concerning sea boundary delimitations between adjacent of opposite States. of those involving historic bays of titles, provided that the State making such a declaration shall, when such disputes arise, indicate, and shall for the settlement of such disputes accept a regional of other third party procedure entailing a binding decision, to which all parties to the dispute have access, and provided further that such procedure of decision shall exclude the determination of any claim to sovereignty of other rights with respect to continental of insular land territory; (Table of Models and Alternatives)

Model.	Alternative 1.	Alternative 2.	Alternative 3.	Alternative 4.
A. Exception of Past Disputes.	All disputes prior to the entry into force of the Convention	All disputes which relate to situations or facts prior to the entry into force to the Convention	Combination of Alternative 1 and 2.	
B. Exception of Listed Past Dis-putes.	Disputes which have been clearly defined and specifically listed in the declaration.			
C. Exception of Dispute involving determination of territorial sover-eighty or historic title.	without prejudice to bilateral or regional agreements.	no matter with bilateral or regional agreements.	Disputes only concerning historic bays.	
D. Four step procedure. · Negotiation · Preliminary determination · Further negotiation · Final Decision	· Negotiation · Preliminary judicial compulsory settle-ment (circumstances, Methods, Principles) · Further negotiation · Final judicial compulsory settlement by mutual consent.	· Negotiation · Conciliation (Annex IV) (circumstances, methods, principles) · Further negotiation · Final judicial compulsory settlement at request of either of the parties.	· Negotiation · Conciliation (Annex IV) (circumstances, methods, principles) · Rejection of recomendation · Final judicial compulsory settlement at request of either of the parties.	· Conciliation (circumstances, methods, principles) · Further negotiation · Submit the question to the Security Council of U.N. under article38 of the Charter.
E.Compulsory submission of past disputes to conciliation	· disputes which arose before the entry into force of the Convention			
F.Substitution of alternative binding procedure for those in part XV.	· another third party procedure entailing a binding decision to which all parties has access.			
G. Compulsory settlement upon unilateral exploitation of resources in disputed	· exploitation of resources beyond the median of equidistance line	· exploitation of resources within an area which the party concerned have previously esta-blished conflicting claims.		

제8회기에 들어와 Sohn교수는 다시 또 하나의 새로운 보고서를 제출하였다.[79] 그에 의하면 해양법경계분쟁의 해결절차로는 기본적으로 다음의 5가지 방식이 고려될 수 있다. 즉,

  O : 모든 해양경계분쟁을 강제적 해결절차에서 제외.
  C1 : 해양경계분쟁에서 고려되어야 할 특수상황, 경계획정(境界劃定)의 기본원리, 경계획정(境界劃定)의 방식 등과 같은 기초적 문제만을 조정에 회부
  C2 : 해양경계분쟁의 최종결정 전체를 조정에 회부
  B.S.1 : 해양경계분쟁에서 고려되어야 할 특수상황, 경계획정(境界劃定)의 기본원리, 경계획정(境界劃定)의 방식 등과 같은 기초적 문제만을 제3자적 강제적 법정절차에 회부
  B.S.2 : 해양경계분쟁의 최종결정 전체를 제3자적 강제적 결정절차에 회부

이상 5가지 기본적 방식을 순열조합함으로써 Sohn 교수는 45가지의 선택 안을 도출하고 있다.[80]

그러나, 이러한 Sohn교수의 제안을 일반적으로 지나치게 기교적이라는 평이어서 consensus에 이를 수 있는 하나의 안(案)으로 수렴시키는데 공헌하지는 못하였다. Sohn교수는 이어서 위의 45개안을 다시 정리해서 4개의 선택방안을 제시하였다.[81]

NG-7 의장은 Sohn교수의 제안과 협의의 경과를 참고하여 종합절충안을 만들었다.[82] 결국 1980년 9회기에 작성된 ICNT Rev 2.에 반영될 수 있었던 것은 1980년 4월에 작성한 의장의 종합초안[83]이었던 바, 이 안은 나중에 협약의 제298조 1항(a)의 내용으로 정착되었다.[84]

결국 합리적인 기간 내에 해양경계분쟁에 관해 합의가 이루어지지 않으면 관계국은 협약 제15장에 규정된 절차에 이 사건을 회부하여야 한다.(제74조/83조 제2항) 따라서 제15장 제2절(구속력 있는 결정을 위한 강제절차)과 그 적용의 예외를 협약 유엔해양법협약제298조 1항 (a)에 의해서, 해양경계분쟁의 당사국들은 경계분쟁사건

---

79) Informal Working Paper on the Maritime Boundary Disputes by Professor Louis B. Sohn NG-7/27(27 March 1979)
80) Ibid. p.5.
81) Informal Working Paper by Professor Louis B.Sohn A Selection from the Basic Choices for Treatment of Maritime Boundary Disputes. NG-7/37(12 April, 1979)
82) NG-7/39(20 April, 1979), NG-7/41(15 Aug, 1979)
83) Report to the Plenary of the Conference by Ambassador Andres Aguillar(Venezuela) Chairman of the Second Committee, Annex.A/Conf.62/L.51/Corr.1.(1 April, 1980) ICNT.Rev-2 Article 298 (optional exceptions) para.1(a)
84) Informal Draft Convention on the Sea Article 298. para.1(a) A/Conf.62/WP.10/Rev.3.(22 Sept.1980)는 ICNT.Rev 2와 동일한 표현을 유지하였고 공식초안 (Draft Convention on the Law of the Sea A/Conf.62/L.78. 28 Aug, 1981)에서 약간의 자구를 수정하여 현 「협약」의 표현을 정착시켰다.

을 "강제조정(強制調停: compulsory conciliation)"에 회부할 의무를 갖게 된다.(협약 제4부속서) 조정판정(調停判定: award)은 당사국을 구속하지는 않으며, 당사국은 판정에 내포된 권고를 기초로 추가협정을 진행해야 한다. 그러나, 그 협의에서도 경계에 관한 합의에 이르지 못할 때는 "당사국간의 상호합의"에 의해 협약 제15장 제2절의 제3자적 강제적 결정절차에 사건을 회부한다. "상호의 합의"가 없으면 경계분쟁사건은 강제적 절차에 회부될 수 없으므로, 결국 아무런 분쟁해결이 없이 방치될 수도 있다.(협약 제298조 1항(a)의 (ii) 및 (iii)참조)

V. 판례(判例)와 국가관행(國家慣行)을 통해 본 해양경계획정(海洋境界劃定)의 법리(法理)

제3차 유엔해양법회의에서의 진지하고도 기나긴 심의의 결과 얻어진, 『해양법협력(海洋法協力)』 제83조에서 규정하는 대륙붕 경계획정(境界劃定)에 관한 기준은 해양경계획정(海洋境界劃定)의 기본원리, 잠정조치, 그리고 해양경계분쟁해결방식의 세 가지 모두에 관하여 극히 공허하고 미온적인 규정으로 낙착되었음을 우리는 위에서 보아왔다. 그러므로 해양경계획정(海洋境界劃定) 문제에 있어서는 앞으로 실제적인 국가관행과 국제사법기관의 판례를 통해서 정립될 관습국제법규의 내용이 더욱 중요하게 다루어지게 되었음도 위에서 지적한 바와 같다. 해양경계획정(海洋境界劃定) 문제 특히 대륙붕 경계획정(境界劃定)에 관하여는 일찍이 1942년 영국과 베네주엘라간에 "Paria만(灣)"조약이 체결된 일이 있으나 역시 중요한 판례는 1969년 북해 대륙붕 사건에 대한 ICJ의 판결이라고 할 수 있다. 그리고 1977년 6월 30일 및 1978년 3월1일 영·불 대륙붕경계사건에 관한 특별국제중재재판(特別國際仲裁裁判)과 1981년 4월14일 『튜니지아와 리비아간의 대륙붕에 관한 사건』에 대한 ICJ의 판결 및 1981년 10월 12일 『Maine만(灣)의 해양경계획정(海洋境界劃定)』에 대한 ICJ의 판결 등이 나왔으며 이어서 1985년 6월3일 『리비아와 몰타간의 대륙붕에 관한 사건』에 대한 ICJ 판결이 나왔다.

현재까지 이들 4개의 판례는 해양경계획정(海洋境界劃定) 특히 대륙붕 경계획정(境界劃定)에 관한 국제법의 내용을 시사하는 중요한 근거가 된다. 본절(本節)에서는 이들 판례를 간략하게 개관하고 그들 속에서 추출할 수 있는 해양경계획정(海洋境界劃定)의 법적인 원리가 무엇인가를 보기로 한다.

1. 북해대륙붕사건 (北海大陸棚事件)

(1) 사건(事件)의 개요(概要)

북해(北海)는 동쪽에 영국, 서쪽에는 북으로부터 노르웨이, 스웨덴, 남으로는 덴마크, 독일, 화란, 벨기에 그리고, 프랑스로 둘러싸인 바다로서 그 해저는 노르웨이 연안의 trough를 제외하면 전역이 200m 가 되지 않는 전형적인 대륙붕을 구성하고 있다. 이 대륙붕에서 천연 Gas 등 자원이 발견되고 개발이 유망시되자 일찍부터 연안국 관할범위(管轄範圍)가 문제되기 시작하여 일련의 협정이 성립되었다.85)(지도 8-1 참조)

그러나 독일은 등거리원칙을 주장하는 덴마크와 화란사이의 경계에 관하여 완전한 합의를 보지 못하여 1967년 2월 2일 독일과 덴마크, 네델란드와 독일은 각기 북해대륙붕 경계획정(境界劃定)에 관한 분쟁을 ICJ에 제소하기로 합의하고 1967년 2월20일 동 사건을 ICJ에 제소하였다.86) 이들이 ICJ에 판결

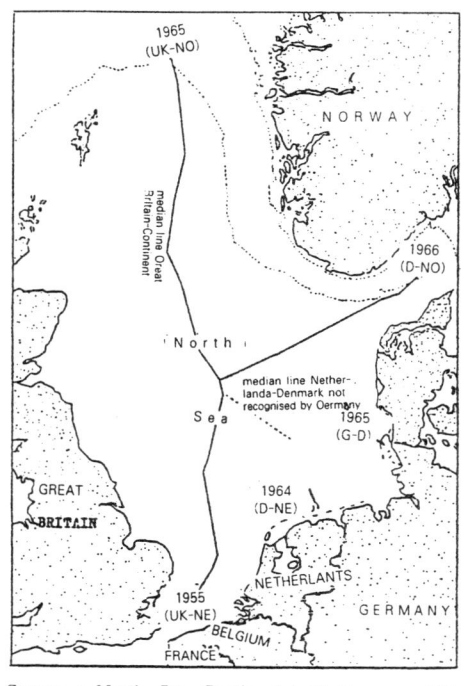

Source : North Sea Continental Shelf cases, ICJ Reports 1969, Map. 1 Memorial(2Aug, 1976) by FRG to ICJ Para. 18, 88. *Limits in the Seas* No.10,36.

(지도 8-1) 양자협정에 의한 북해 대륙붕의 경계선

을 요구한 사항은, 독일과 덴마크 및 화란간의 가히 합의된 부분적 경계선 이원(以遠)의 지역에서, 각 당사국에 귀속하는 북해에서의 대륙붕 경계획정(境界劃定)에 적용될 국제원칙과 규칙이 무엇인가를 밝혀주는 일이었다.87)

---

85) ・영국-노르웨이간(UK-NO)[대륙붕경계협정] 1965년 3월 10일 체결 ※ 등거리원칙을 적용함-노르웨이 trough는 고려치 않음. *Limits in the Seas* No.10(Rev.) 참조.
・영국-네델란드간(UK-NE)[북해대륙붕경계협정][북해대륙붕분계선상 단일지리적 구역의 개발에 관한 협정]1955년 10월 6일 체결 ※등거리원칙을 적용함 *Limits in the Seas* No.36 (Rev.)참조.
・덴마크-노르웨이간(DE-NO)「대륙붕경계협정」1966년 12월 8일 체결 ※등거리원칙
・독일-덴마크간(G-D)[대륙붕 경계획정(境界劃定)에 관한 조약] 1965년 6월 9일 체결 ※잠정적으로 연안 30해리까지만 합의함 Memorial (21 Aug.1967) by FRG. Para18
・독일-네델란드간(G-NE)[대륙붕 경계획정(境界劃定)에 관한 조약] 1964년 12월 1일 체결 ※ 잠정적으로 연안 25해리까지만 합의함 Memorial para,18.
86) 관계 3국은 위 두 분쟁을 동일사건으로 통합해 줄 것을 요구하였고 ICJ규정 제31조 5항에 따라 덴마크와 화란은 동일 당사국으로 되었다.
87) North Sea Continental Shelf, Judgement, ICJ *Reports*(1969).pp.6-9, 27. Gross 153

(2) 양측(兩側)의 주장

가. 독일 측 주장의 개요

① 등거리원칙(等距離原則)의 배제(排除)

1985년 『대륙붕협약』 제6조에 규정된 바 대륙붕 경계획정(境界劃定)기준으로서의 "등거리원칙"은 일반 관습국제법의 내용이 아니며, 동(同) 협약(協約)에 비준하지 않은 독일에 대하여 구속력(拘束力)이 없다.[88] 설사 『대륙붕협약』 제6조가 관습국제법(慣習國際法)으로 받아 들여 지더라도 북해 대륙붕의 동쪽 연안국 즉 덴마크, 독일, 네델란드의 연안 지형이 등거리원칙에 의하면 대륙붕을 불공평하게 배분하게 하는 특수한 지리적 사정을 갖고 있고 이는 제6조가 규정하는 "특별(特別)한 사정(事情)"(special circumstances)을 구성하는 것으로 볼 수 있으므로 역시 등거리원칙(等距離原則)은 배제된다고 한다.[89]

② 정당(正當)하고 형평(衡平)스러운 배분(配分)의 원칙(原則)

북해대륙붕의 경계획정(境界劃定)에 있어 적용될 수 있는 협약상의 특정기준이 없으

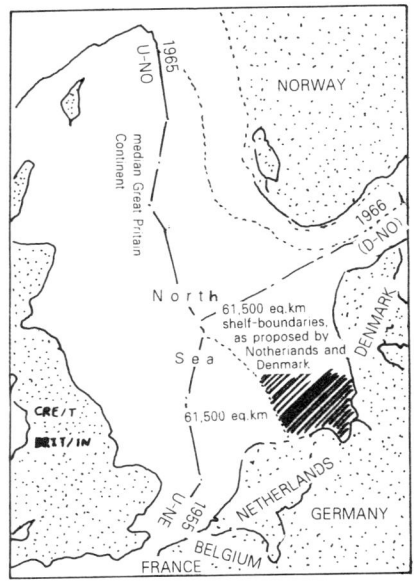

Source : North Sea Continontal Shelf cases ICJ *Reports* 1969. Map. Memorial(21 Aug. 1967) by FRG. to ICJ Pare. 89.

(지도 8-2) 등거리원칙(等距離原則)에 의한 북해대륙붕경계

므로 이는 "정당하고 형평스러운 몫"(a just and equitable share)을 보장할 수 있도록 획정되어야 한다.[90] 그런데, 등거리원칙을 적용할 때는 독일만이 부당하게 적은 몫을 차지하게 된다.(지도 7-2 사선부분)[91]

③ 선형이론(扇形理論)과 연안전면(沿岸前面)의 폭(幅)의 기준(基準)

정당하고 형평스러운 배분을 위한 구체적인 기준으로 독일이 제시한 것은 소위 선형이론(扇形理論: sector principle)과 연안전면(沿岸前面)의 폭(breath of coastal front)의 기준이다. 선형이론이란 "북해와 같은 폐쇄해(閉鎖海: enclosed sea)" 『sic』를 공평히 분배하는데 실제적으로 적합한 원리로서[92] 연안국은 북해대륙붕에

---

[88] Memorial(21 Aug,1967)by FRG.to ICJ para. 54-62.
[89] Reply(31 May, 1968.) by FRG to ICJ. para. 82.
[90] Memorial para. 29-37.
[91] Memorial para. 78.

대한 권원(權原)을 배분함에 있어서 연안전면의 폭에 비례하여 선형으로 구분된 부분을 분할 받아야 한다고 한다.(지도 8-3,4참조) 독일에 의하면 연안전면의 폭에 비례한 독일, 덴마크, 네델란드의 선형비율을 6 : 9 : 9가 돼야 한다고 한다.93)(지도 8-4참조)

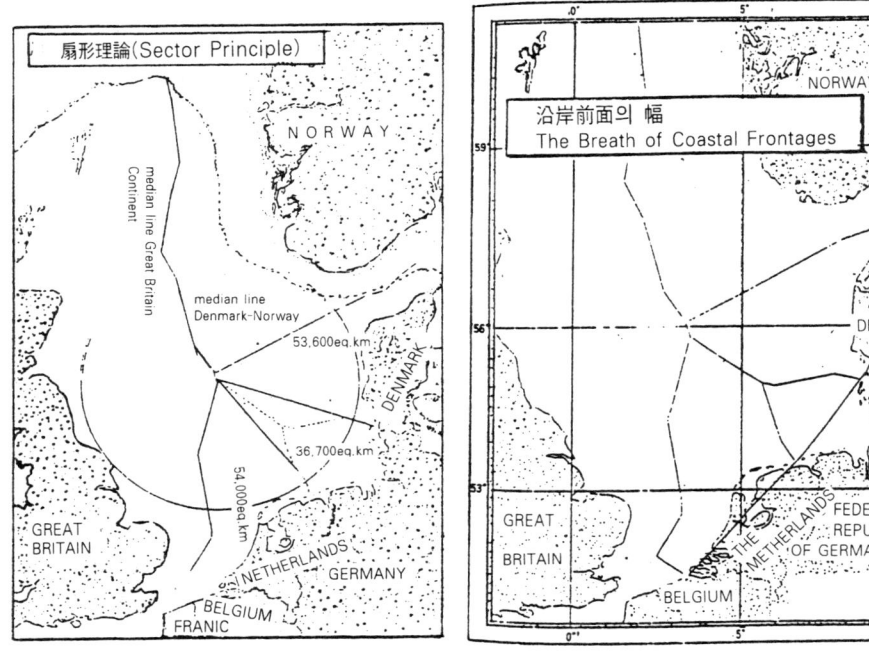

Source : North Sea Continental Shelf cases ICJ Reports(1969), Map 3. FRG. Memorial para. 86.

Source : FRG. Memorial, para. 89.

〈지도 8-3〉 선형이론(扇形理論)   〈지도 8-4〉 연안전면(沿岸前面)의 폭(幅)

나. 덴마크·네델란드 측 반대주장의 개요

① 등거리원칙의 법규범성(法規範性)

당사자의 합의나 특별한 사정이 없을 때는 등거리원칙에 의하여 해양경계를 획정하기로 한 『대륙붕협약』 제6조는 국가관행을 통하여 수락된 국제법의 일반원칙이다.94) 특히 등거리원칙은 형평스러운 경계획정(境界劃定)을 위한 단순한 방법이나 기술이라기 보다 하나의 법적 원칙이며 규범이다.95)

---

92) Memorial para. 84.
93) Memorial para. 86.
94) Common Rejoinder (30 Aug. 1968) by Denmark and Netherlands to ICJ para.54, 58. and 75.

등거리원칙과 『대륙붕협약』 6조의 규범성을 부인하며 소위 "공정하고 형평스러운 분배"를 주장하는 것은 북해대륙붕의 경계를 형평(衡平)과 선(善)에 의해서(ex aequo et bono) 결정할 것을 법원에 요구하는 것과 같다.[96]

② 특별한 사정(事情)의 부존재(不存在)

등거리원칙에 의한 경계가 독일에 다소 불만족스러운 결과를 가져오는 것은 "특별한 사정"을 구성하지 아니한다.[97]

③ 선형이론(扇形理論)과 연안전면(沿岸前面)의 폭의 기준

독일이 주장하는 선형이론은 공유대륙붕(共有大陸棚)의 분할에 관한 독일 자신의 임의적인 방법일 뿐이며[98] 연안전면의 폭을 선형구조의 비례기준으로 삼는다는 것도 이는 소위 지리학적인 특별한 사정을 구성하지 아니하므로 근거 없는 "신조어(新造語)"를 창출한 것에 불과하다.[99]

(3) 판결(判決)의 개요(槪要)

1968년 4월 26일에, 독일-덴마크, 네델란드-독일 간의 두개의 분쟁에 관한 1967년 ICJ에 대한 제소는 하나의 절차로 통합되었다. 서면(書面) 및 구두절차(口頭節次)가 진행된 뒤에 1969년 2월 20일 ICJ의 판결이 나왔다. 물론 위의 두 사건은 하나의 판결로 판시 되었으며 이는 11:6으로 채택되었다.

가. 대륙붕개념(大陸棚槪念)에 육지의 자연적 연장기준(自然的 延長基準) 도입

동(同) 판결은 대륙붕은 육지의 자연적 연장으로서 1958년 『대륙붕협약』 규정과는 관계없이 이미 일반 국제법의 내용임을 확인하였다.[100]

나. 등거리원칙(等距離原則)의 법규성(法規性) 부인

등거리원칙은 경계획정(境界劃定)에 있어서 유일하고 강제적인 방법이 아니며 일반관습국제법의 내용도 아니다.[101]

---

95) Ibid. para. 34
96) Ibid. para. 19-25.
97) Ibid. para. 34
98) Ibid. para. 29.
99) Ibid. para. 26.
100) Judgement (20 Feb. 1969) ICJ.*Rep.* para 39. Supra Note 27.
101) Judgement para. 60-82.

다. 『대륙붕협약(大陸棚協約)』 제6조의 적용배제

『대륙붕 협약』 제6조는 관습국제법의 내용을 선언한 것이 아니며 비준하지 않은 독일이 제6조에 기속될 조건이 성립되어 있지는 아니하므로 제6조는 본 건에서 적용될 수 없다.[102]

라. 경계획정(境界劃定)과 배분의 구별

공정하고 형평스러운 몫(a just and equitable share)을 연안전면의 크기에 비례하여(in proportion to the length of coastal frontage) 배분(apportion)한다는 독일의 주장은 배척되어야 한다.

대륙붕에 대한 연안국의 권원(權原)은 당연히 당초부터(ipso facto ab initio) 존재하는 것이므로 북해대륙붕을 전체로서 미확정(未確定)된 지역으로 간주하여 이를 배분한다는 것은 대륙붕의 기본 개념과 배치되며, 오히려 이는 ICJ규정 38조 2항에 의거 당사국 동의가 수반되어야 하는 형평과 선(ex equo et bono)에 의한 결정을 의미하게 된다. 본건(本件)에서 재판부의 판결이 요구된 사항은 대륙붕의 경계를 획정(delimitate)하기 위해 법규범인 형평의 원칙을 적용하는 일이다.[103]

마. 경계획정(境界劃定)에 적용될 법적원칙(法的原則)과 규칙(規則)의 제시[104]

(a) 형평의 원칙(equitable principle)에 의거 합의로써 획정할 것.
(b) 합의가 되지 않는 중복지역은 공동개발 및 활용토록 할 것.
(c) 형평에 맞는 획정을 위한 협의과정 중 고려할 사항은,
  ⅰ) 연안의 일반적 형태 및 특이한 형태의 존재.
  ⅱ) 기지의 물리적 지질학적 구조 및 자연자원의 본포.
  ⅲ) 연안국에 귀속될 대륙붕의 범위와 해안선의 일반적 방향에 따른 연안국 해안선 길이와의 합리적 비례 및 동일지역의 다른 연안국과 획정될 경계선의 현실적인 고려.[105]

(4) 판결에 의한 당사국(當事國)의 경계획정합의(境界劃定合意)

ICJ의 판결 이후 동(同) 판결에서 제시된 "적용될 국제법의 원칙과 규칙"에 따라 북해대륙붕의 실질적 경계획정(境界劃定)에 합의하기 위하여 관계 3국은 1969년 6월

---

102) Judgement para. 31-36.
103) Judgement para. 18-20.
104) Judgement para. 83-101.
105) Judgement para. 91. ICJ. *Report*, p.54. 참조.

부터 협의를 개시하였으며 1971년 1월 28일 독일과 덴마크 및 네델란드 사이에 각기 『대륙붕 경계획정(境界劃定)에 관한 조약』을 체결하였다.106) 그 결과 덴마크와 네델란드는 등거리 방식의 경계선에 비하여 각기 7,000km² 및 5,000km²의 대륙붕을 독일에 양보하게 되었고 독일은 영국과도 10km에 걸쳐 접경하게 되었다.(지도 8-5참조)

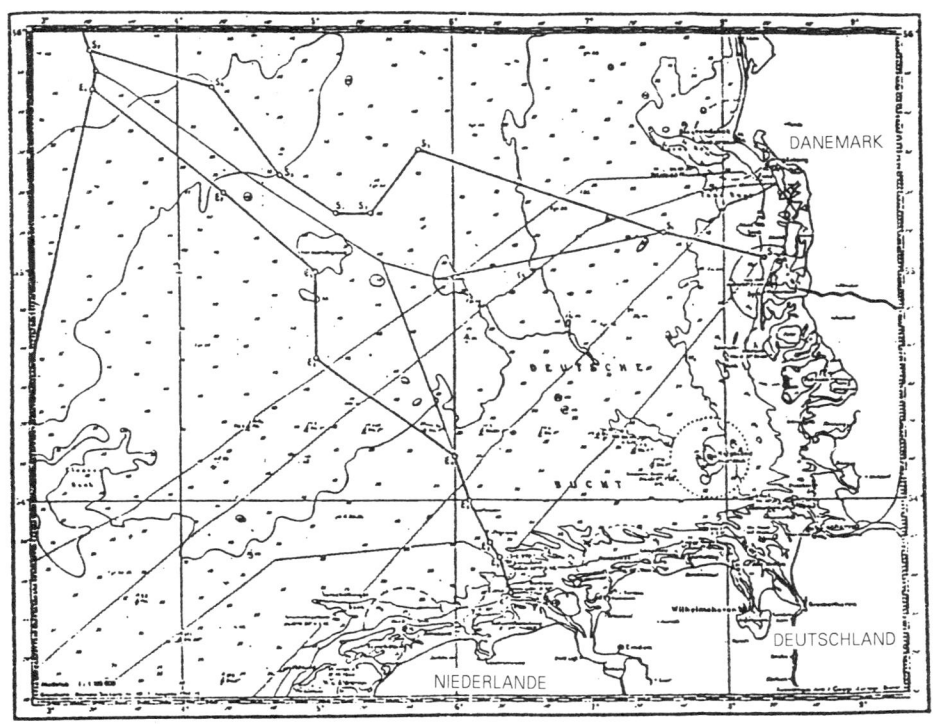

(지도 8-5) 1971년 독일·덴마크·네델란드간 대륙붕경계획정

(5) 판결(判決)의 음미(吟味)

판결에서는 표면상, 독일이 주장한 선형이론과 연안전면의 폭의 기준에 의한 배분이 결국 "형평과 선"(*ex aequo et bono*)에 의한 결정을 의미하므로 배척되어야 한

---

106) · Vertag zwischen der Bundes republik Deütschland und dem Köingreich Denemark über die Abgernzung des Festlandsockels unter der Nordsee vom 28 Jaunar 1971.
· Vertag zwischen der Bundes republik Deutschland und dem Köingreich Niederlande über die Abgernzung des Festlan Festlandsockels unter der Nordsee vom 28 Jaunar 1971.

다고 명시하고는 있지만,107) 이 판결에서 등거리 원칙의 법규성을 부인하고 이를 대신하거나 또는 이보다 더 확실하고도 편의한(with certainty of application and practically convenient) 경계획정(境界劃定) 기준을 제시하지 못함으로써 결국은 ex equo et bono에 따라 배분하는 것과 똑같은 결과를 가져왔다.108)

이 판결에서 주장하는 "형평의 원리"는 너무나 모호하고 내용이 규명될 수 없는 것이어서 경계분쟁 당사국의 자의적인 주장을 고무하고 조장할 수 있는 것이며, 더욱 심각한 것은 이 북해대륙붕 사건의 ICJ판결 이후에 나온 국제사법기관의 판결들이 결과적으로 법적인 기준이나 규범에 따른 경계획정(境界劃定)을 판정치 못하고 형평과 선에 의한 결정을 할 수밖에 없도록 하는 나쁜 선례가 된 것이다.109)

이 판결에서는 자연법적 개념을 차용하고 있는 부분이 많다. 즉, ① 육지의 "자연적 연장"(natural prolongation)(para. 19) 개념이나 ② 등거리 원칙의 기계적 적용이 부자연스럽고 불합리한(extraordinary, unnatural or unreasonable) 결과로 된다는 주장(pars. 24) 또는 ③ 한쪽 당사국의 연안은 볼록(convex)한데, 다른 당사국의 연안은 오목(concave)한 형태로 되어 있어서 이 "자연적 불평등"(natural inequality)에서 오는 "부당한 차별"(unjustifiable difference)을 감소시켜야 한다는 지적(para, 8, 9)과 같은 부분이 그것이다.(도표 8-9참조)

그러나 대륙붕에 관한 법제도의 원리나 구체적 규범을 "자연스러움" 즉 자연법적 기준으로부터 도출할 수 있다고 주장하는 것은 오류이다.

"자연스러움"이란 개념은 지나치게 모호하므로 법적인 기준이 될 수 없기 때문이다.110)

〈도표 8-9〉 해안선의 굴곡이 등거리원칙의 경계에 미치는 영향

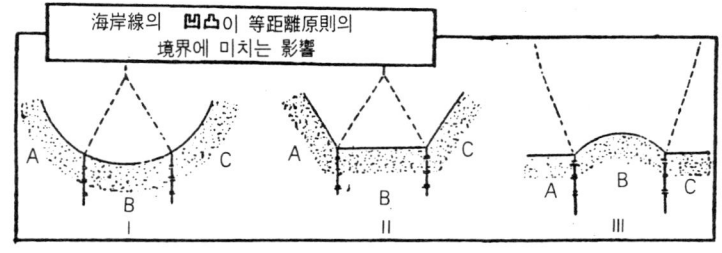

Source : North Sea Continental Shelf cases ICJ Report, (1969) Judgement Para. 8.

---

107) Supra Note 102.
108) Judge Tanaka, Dissenting Opinion. *ICJ Report*. 1968. pp. 194-197.
109) E.D.Brown,"The Delimitation of the Continental Shelf: Recent Trend," 28 *KJIL*(1983) p.146.
110) Wolfgang Friedman,"The North Sea Continental Shelf Cases -A Critique-",64 *AJIL*(1970) pp.229, 234-236.

2. 영·불(英·佛) 대륙붕경계사건(陸棚境界事件)

(1) 사건(事件)의 개요(槪要)

영국해협은 프랑스와 영국 사이에 형성되어 있다. 그 북동쪽은 폭이 약 18해리인 도버해협이고 Portmouth(영)와 Le Havre(불)이서(以西)로 오면서 갑자기 넓어진다. 이 영국해협은 대체로 수심이 50 fathom미만의 대륙붕을 형성하고 있다.

프랑스측 연안의 노르망디 반도에서 이어지는 브레똥노르망 만(灣)은 거의 직사각형의 형태를 이루고 있고 이 만(灣)의 연안에 근접하여 영국령인 Channel 도서(島嶼)가 위치해 있다. 또 영국해협의 남동쪽 끝단은 Scilly섬(영)와 Ushant섬(불)로 대서양과 면해 있는데 Scilly섬은 Ushant섬에 비해 바다쪽으로 처져 있다.

영국과 프랑스는 영국해협의 공유대륙붕경계(共有大陸棚境界)를 획정하기 위하여 1970년부터 1974년까지 협의를 계속하였다. 그들은 서경00° 30′ 이동(以東)의 부분에 관해서는 등거리원칙에 의한 경계에 합의하였으나 그 이서(以西) 부분에 관해서는 합의에 이르지 못하였다. 영불은 1975년 7월 10일 00° 30′ 이서(以西)로부터 영국해협의 남서쪽 끝단인 등수심선(等水深線) 100m의 범위에 이르는 대륙붕의 경계를 획정해 줄 것을 특별중재법원[111]에 제소하기로 합의하였다.[112] 특히 양 당사국이 이 특별중재법원에 요구한 사항은 북해대륙붕 사건에서 ICJ에 요구된 내용과는 달리, 대륙붕경계획정(大陸棚境界劃定)에 관한 법적 원칙을 제시함에 그치는 것이 아니라 중재사건구역(仲裁事件區域)의 경계선 그 자체를 결정해 줄 것과[113] 그것을 지도에 명시해 줄 것을 포함하고 있다.[114]

---

111) 특별중재법원은 다음 5명의 판사로 구성되었다.
   Eril Castren(재판장)
   Herbert Briggs
   Endre Ustor
   Humphrey Waldock(영국정부 지정판사)
   Paul Reuter(프랑스정부 지정판사)
   서기는 Lucius Caflish 이며 Geneva에 위치하였다.
   Arbitration between the United Kingdom and Northern Ireland and the French Republic on the Delimitation of the Continental Shelf. Miscellareous No.1 (1978), (London: HMSO Cmnd. 7438, March.1979) p.6 *The Arbitration Agreement* Art.1.
112) Ibid.
113) Ibid. Art.2.
114) Ibid. p.8. Art.9. para.1.

(2) 양측(兩側)의 주장

가. 프랑스의 주장

① 1958년 「대륙붕협약」 6조의 배제

프랑스는 대륙붕협약 전체나 적어도 그 제6조는 영·불간에 적용할 수 없고 북해대륙붕사건에 관한 ICJ판결에서 확인된 경계획정(境界劃定)에 관한 관습국제법(즉 육지의 자연연장원칙과 형평의 원칙)을 적용해야 한다고 주장하였다.

그들의 논거는 i) 1958년 대륙붕협약 가입 시 프랑스가 제기한 유보[115]에 대하여 영국이 반대한 사실과[116] ii) 제3차 유엔해양법회의에서의 대륙붕 및 경계획정(境界劃定)규범에 관한 논의가 진전되어 대륙붕협약 제6조가 너무 낡은 것이 되었다는 점을 제시하였다.

② Channel 제도(諸島)에 대한 주장

그러므로 영·불간의 대륙붕은 英領 Channel 제도의 존재를 무시하고 양국 본토의 기선에서의 등거리선(等距離線)으로 획정되어야 하며 英領 Channel 諸島는 영국쪽으로는 폭 6해리가 넘지 않고, 프랑스 연안 접경지역에서는 등거리로 획정된 위요지(圍繞地: enclave)를 대륙붕으로 가져야 한다고 주장하였다.

③ 대서양연안에 대한 주장

육지의 자연연장설(自然延長說)과 형평의 원칙으로 볼 때, 영국해협의 동남쪽 끝단 부분에서의 대륙붕의 경계는 Scilly섬과 Ushant섬 간의 기계적 이등분선으로 하기보다는 양국연안의 일반적 방향을 고려하여 그은 이등분선으로 하여야 한다고 주장하였다.

나. 영국의 주장

영국은 대체로 위 프랑스의 주장에 반대하는 입장을 취하여 1958년 대륙붕협약 제6조에 의거 중간선 원칙을 적용할 것을 주장하고 영국령 Channel 제도의 존재를

---

[115] 프랑스 유보(1965년 6월 14일자)
프랑스정부는 다음 경우에 등거리원칙의 적용을 부인함.
ⅰ) 1958년 4월 29일(대륙붕협약 성립일) 이후에 설정된 기선에 의해 경계획정(境界劃定) 시.
ⅱ) 등수심선(等水深線) 200m이상 지역의 경계획정(境界劃定) 시.
ⅲ) 제6조 1,2항에 규정된 "특별한 사정"이 있다고 프랑스정부가 인정하는 지역(그랜드빌만을 포함)의 경계획정(境界劃定) 시.
Multilateral Treaties in Respect of which the Secretary General Performs Dispositary Function.
List of Signatures, Ratifications, Accessions, ETC. as of 31 Dec. 1976.
UN.Doc.ST/LEG/SER.D/10(1977) p.518.

[116] Ibid. p.520.

인정하여 영국과 프랑스와의 대륙붕경계는 이 섬들과 프랑스 연안의 중간선으로 해야 한다고 하였다. 또한 대서양연안에 대해서도 Scilly섬과 Ushant섬 간의 기계적인 이등분선이 이 영국해협 남동쪽 부분에 있어서의 경계가 되어야 한다고 주장하였다.

(3) 판결의 개요

1975년 7월 영·불에 의해 제소(提訴)된 본 사건은 당사국들의 서면, 구두절차가 진행된 뒤 특별중재법원은 1977년 6월 30일 영국해협의 대륙붕경계에 관한 판결을 하였다.

그러나 영·불간의 중재제소합의(仲裁堤訴合議) 제10조에 의거, 당사국은 판결 후 3개월 이내에 판결의 의미와 적용범위에 관한 설명을 요구할 수 있다. 영국은 중재판결 내용과 지도에 명시된 경계선에 이의가 있음을 밝히고, 판결의 의미와 경계선에 관한 법원의 결정에 대한 설명을 요구하였다. 영국의 요구에 따라 특별중재법원은 1978년 3월 14일 다시 재판결(再判決)을 하여 Channel 제도지역의 경계를 수정하였으며, 대서양지역 경계에 대한 영국의 이의는 기각하였다.

가. 판결에 적용된 법원칙

① 「대륙붕협약」 제6조의 부분적 적용 배제

대륙붕협약 제6조에 관한 프랑스의 유보는 유효한 것이며 이에 대한 영국의 반대로, Vienna조약법 협약 제21조 3항에 의거, 제6조의 효력은 당사국간에 배제된다고 보았다.

그러므로 "그랜빌만(灣)"(Channel 제도(諸島))에 있어 경계의 획정은 제6조 대신 형평의 원칙에 의하게 된다. 그러나 그 이외의 지역에 관한 경계획정(境界劃定)에 있어서 「대륙붕협약」 제6조는 적용된다.117)

② 「대륙붕협약」 제6조와 관습법상 형평의 원칙과의 구별부인

북해대륙붕사건에 관한 ICJ판결에서는 관습법상 「형평의 원칙」을 대륙붕협약 제6조의 「등거리원칙」과 대별하고 대륙붕 경계획정(境界劃定)에 있어서의 기준으로서 이 형평의 원칙을 우선하여 적용함으로써 등거리원칙의 규범적 기능을 극소화시키는 결과를 가져 왔다. 그러나 본(本) 특별중재법원의 판결에서는 이러한 종래의 견해를 뒤집고, 등거리원칙 및 "특수한 사정"에 관한 원칙을 규정하고 있는 [「대륙붕협약」 제6조의 경계획정(境界劃定)원칙]과 관습법상의 경계획정(境界劃定)원칙 [형평의 원칙]은 형평의 원칙에 의한 경계획정(境界劃定)이라는 동일한 목

---

117) Decision of the Court of Arbitration dated 30 June 1977, London:HMSO.(Cmnd. 7438), para.75.

적을 갖는다.

그러므로 당원(當院)의 견해로는「대륙붕협약」제6조의 해석과 적용에 있어 관습법상의 「형평의 원칙」이야말로 적절한 원리이며 본질적인 수단이 되기까지 한다.118)

라고 판시하였다.

③ "특수한 사정"의 입증책임면제(立證責任免除)

이와 같이 등거리원칙과 형평의 원칙이 동일한 목적을 가지며 결과적으로 형평에 맞는 경계획정(境界劃定)이라는 동일한 결과를 가져온다는 입장을 취한 위 중재법원은 특수한 사정의 존재를 주장하여 등거리원칙의 적용을 배제하기 위해서는 이를 주장하는 당사국측이 입증책임의 부담을 진다는 종래의 해석을 뒤집고, 등거리원칙과 "특수한 사정"의 원칙은 결국 하나의 원칙이므로 특수한 사정의 존재로 다른 경계를 획정하여야 한다는 것은 등거리원칙을 적용하는 것과 똑같이 법원 스스로의 책무이고 따라서 그 입증책임은 법원에게 있다고 판시하고 있다.119)

④ 대향국(對向國)간의 경우와 인접국(隣接國)간의 경우의 구별부인

1958년「대륙붕협약」제6조는, 대향국간의 경계는 중간선(median line)으로(1항), 인접국간의 경계는 등거리선(等距離線: equidistant line)으로(2항) 획정하도록 규정하고 있다. 1969년 북해대륙붕사건의 판결에서 ICJ도 역시 이 두 경우를 구별하여 논하고 있다.120)

북해대륙붕사건에서 ICJ는 심지어 Denmark와 Netherland는 대향국도, 인접국도 아니므로「대륙붕협약」제6조를 적용할 수 없다고까지 하고 있다.121) 그러나, 본 특별중재법원은「대륙붕협약」제6조 1항과 2항에서 규정하고 있는 경계의 원칙은 본질적으로 "정확히" 동일한 것이라고 보았다.122) 동 판결에서는 "북해대륙붕사건 판결에서 강조된 바와 같이 대향국과 인접국의 각 경우에 대한 구별은 이 두 경우 적용될 각기의 법적 제도의 차이일 수 없으며 단지 그 지리적 조건에 대한 구별인 것으로 보아야 한다."라고 판시하고 있다.

나. 경계선의 획정

① 경계선 A-D(지도 8-6 참조)

영국해협의 동북쪽 부분(A-D)의 경계선 획정에 있어서 본 특별중재법원은

---

118) Ibid. para. 75.
119) Ibid. para. 68.
120) *ICJ Reports* 1968. para.58.
121) Ibid. para. 36.
122) Decision. para. 238.

V. 판례(判例)와 국가관행(國家慣行)을 통해 본 해양경계획정(海洋境界劃定)의 법리(法理)   509

대향한 위치(opposite situation)에 있는 양 당사국의 연안으로부터의 중간선을 그 경계로 삼았다.123)

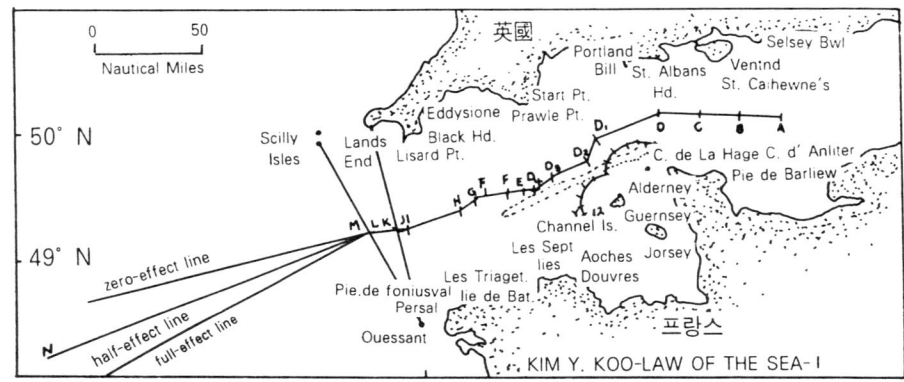

Source : E·D·Brown, "The Anglo-French Continental Shelf case", 16 *San Diego Law Reiew*(1979)466.

〈지도 8-6〉 영·불 대륙붕 특별중재판결

② Channel 지역에 관한 대륙붕경계(경계선 D-E)

　영국령 Channel 제도(諸島)가 직사각형을 이루고 있는 프랑스연안 브래똥 노르망디만에 근접하여 있다는 지리적 사정은, 섬이 없었더라면 형성될 수 있었던 지리적 균형을 깨뜨리고 있으므로 이러한 불균형에서 오는 불형평의 요소를 시정하는 것이 본 지역의 경계획정(境界劃定)에 필요하게 되었다고 보았다.124) 본 특별중재법원은 이러한 불균형을 보완하기 위한 고려사항으로서 대체로 다음의 4가지 요소를 고려하였다.125) 즉,

ⅰ) 이 섬은 독립된 주체가 아니고 영국 영토이며 대륙붕의 경계는 영국과 프랑스의 경계로 고려되어야 한다는 점.

ⅱ) 이 섬은 상당한 인구와 크기를 갖고 있고, 경제적, 정치적 중요성이 있다는 점.

ⅲ) 프랑스는 12해리 영해를 갖으며 영국의 영해는 3해리이지만 영국은 본토와 Channel 제도의 연안에 12해리 어업수역을 설정, 시행하고 있고 모든 연안국

---

123) Ibid. para. 108-110.
124) Ibid. para. 196.
125) Ibid. para. 185-188.

이 12해리 영해를 갖는 자격이 있음을 강조하고 있다는 점.
ⅳ) 영국이 이 지역에 대하여 갖는 국방과 안보에 관한 항해상의 이익 등이다.126)

결론적으로 당 법원이 채택한 경계는(지도 7-6 참조) 주된 경계선(primary boundary)을 영국 본토와 프랑스 연안으로부터의 등거리선(等距離線)으로 하고 (D-D4) 이 중간선 이남(以南)의 프랑스측 대륙붕구역 내에 있는 Channel 제도의 대륙붕 범위는 2차적 경계선(second boundary)으로서 그 섬의 북서쪽 부분은 기선에서 12해리 구역으로 하고(X-Y) 남동쪽 부분은 프랑스 연안과의 중간선으로 된 위요지(圍繞地: Enclave)로 한다는 것이었다.127)

③ 경계선 E-F, G-J

경계선 E-F와 G-J 부분의 경계획정(境界劃定)에 있어서 본(本) 특별중재법원은 대향한 지위에 있는 양당사국 연안으로부터의 중간선을 경계로 확정함에 아무런 어려움도 없었다.128)

④ 경계선 F-G

경계선 F-G부분의 경계획정(境界劃定)에 관하여 당사국 간의 문제는 Eddy-Stone Rock가 간출지인가 섬인가 하는 점에 대한 논의였다.

Eddy-Stone Rock는 영국연안(Roms Head)으로부터 8m 떨어져 있는 암초이며 그 위에 51.2m의 등대가 설치되어 있다. 이 암초는 평균고도(mean high-water tide)시에는 대체로 수면상(水面上)에 있으나 최고조(最高潮: highest-water tide)시에는 수면하(水面下)로 된다. 프랑스의 주장은 항상 수면상에 있어야만 국제법상의 섬으로 간주될 수 있다는 것이었다. 그러나 영국측 주장은 만조(滿潮)시 수면상에 있기만 하면 국제법상의 섬이라는 것이었다.(영해협약 제11조, 해양법협약 제121조)

당 법원은 이러한 간출지(刊出地)나 섬의 규정에 관한 해양법 해석상의 논의에 대한 해답을 주는 대신 1964년 영·불어업협정에서 이 암초를 기점으로 사용한 관례를 들어 이 암초를 등거리선(等距離線)의 기점으로 사용할 수 있다고 판시하였다.129)

⑤ 대서양지역의 경계선(J-L-N)

J지점 까지가, 양당사국에 의해 경계획정(境界劃定)상 대향한 경우(an opposite situation)로 보는데 에 논의가 없는 부분이었지만, 본(本) 특별중재법원의 견해로는 J-K-L 지점에 이르는 부분의 경계도 대향한 경우로 보는데 에 아무런 어려움이 없

---

126) David D.Colson, "The United Kingdom-France Continental Shelf Arbitration," 72 *AJIL* (1978), 107-108.
127) Ibid. para. 201,202.
128) Ibid. para 120
129) Ibid. para. 144.

다고 보아, 양측연안으로부터의 중간선으로 경계를 확정하였다.130) 당 법원에 의하면 Sicily섬과 Ushant섬에서의 등거리점인 L로부터 남서쪽 부분 대서양지역의 대륙붕경계는 대향한 경우이기보다 횡으로 인접(隣接)한 (face a continental shelf side by side)경우로 보았다.131) 인접한 경우 (between a adjacent States)의 경계선은 등거리선(等距離線)으로 획정되는 바. 본(本) 특별중재법원은,

 i) 특히 인접국간의 등거리선(等距離線) 경계선은 그 지리적 조건에 대한 기준책정의 사소한 차이로 크게 달라질 수 있다는 점.
 ii) 이 대서양지역에서 기준점이 되는 양국연안으로부터 경계가 획정 될 대륙붕의 범위가 광대하다는 점.132)
 iii) 등거리경계선 획정의 기초가 될 양국의 연안에 관하여 보면 영국영토의 남서단이 프랑스의 연안보다 서쪽으로(자오선 1도정도) 돌출되어 있고 더구나 Scilly섬은 Ushant섬보다 본토로부터 2배정도 떨어져 있어서133) 이러한 지리적 불균형은「대륙붕협약」제6조에서 규정한 "특수한 사정"을 구성하므로, 불균형을 시정할 수 있는 등거리선(等距離線)에 대한 수정이 필요하다는 점등을 고려하였다.134)

그리하여 당 법원은 경계선 획정에 있어서 Scilly섬의 지리적 위치에 대한 효과는 그 반분(半分)만을 참작키로 하여, Ushant섬과 영국본토 남서단에서의 등거리선(等距離線: zero effect line) 및 Scilly섬과 Ushant섬에서의 등거리선(等距離線)(full effect line)과의 중간선(half effect line)을 작도하여 이를 경계로 삼았다. 중간선과 J-K-L연장선의 교점을 M으로 하고 1,000m 등심선 끝단인 N지점까지 MN의 경계선을 반분효과가 적용되는 최종경계로 한 것이다.135)

(4) 판결의 음미(吟味)

가.「대륙붕협약」제6조와 관습법상 형평의 원칙과의 구별부인

앞서 지적한 것과 같이 영·불 대륙붕 경계에 관한 중재판결에서는「대륙붕협약」

---

130) Ibid. para 252.
131) Ibid. para.253.
132) 대서양 서남단 1000m 등수심선(等水深線) 까지의 거리는 Scilly섬으로 부터는 180해리. Ushant섬으로 160해리나 된다. Ibid. para. 233.
133) Ushant 섬은 프랑스 연안에서 10해리인데 Scilly섬은 영국 서남단에서 21해리나 떨어져 있다. Ibid. para. 235.
134) Ibid, para. 235.
135) Ibid. para.235-255

제6조의 등거리원칙은 결국 형평의 원칙과 동일한 목적을 갖는 법적 원리이며 후자는 전자의 해석을 위한 가장 적절한 원리이며 수단이라고 명시하였다.136) 이는 제6조「등거리원칙」의 법규성을 부인한 1969년 북해대륙붕사건에 대한 ICJ판결보다는 일단 경계획정(境界劃定)원칙에 관한 법규범 내용을 설명하는데 기여하였다고 생각될 수는 있으나, 제6조의 등거리원칙과 "특수한 사정"의 고려는 형평의 원칙」이라는 광의의 개념 속에 포괄되는 것보다는 자의적이고 주관적인 판단의 범위를 제한할 수 있는 분명한 법적 규범으로 존중되어야 한다고 생각할 때, 중재판결의 해석은 미흡한 점이 많다.137)

나. 특수한 사정의 입증책임 부담의 제거

등거리원칙의 적용배제를 주장하는 측의 "특수한 사정의 존재"에 관한 입증책임의 부담은 종래의 관행과 조리로 보아 당연한 것이고 더구나 1985년「대륙붕협약」의 협상과정자료(travaux preperatoires)로 보아 이를 인정해야 한다.138) 이러한 입증책임을 부인한 본(本) 판결은 실제적으로「형평의 원칙」의 이름으로 등거리원칙의 배제를 주장하는 당사국들의 무질서한 태도를 조장하는 것이 될 것이다.139)

다. 긍정적인 측면

1969년 북해대륙붕사건 판결은 "형평의 원칙의 적용시, 형평스러운 경계의 획정을 위해서 참작 될 수 있는 고려사항에 관해서는 아무런 법률적 제한이 있을 수 없다."140)고 하고 있는데 반하여, 본(本) 판결에서는 형평을 위한 고려사항은 법적 기준의 범위 내에 있어야 하며 결코 형평(一)과 선(善: ex aequo et bono)에 의한 판정을 구하는 문제와 구별되어야 함을 천명(闡明)함으로써141) 북해대륙붕사건이 ICJ판결보다 개선되었다고 판단할 수 있다.

3. Tunisia 와 Libya간의 대륙붕경계사건(大陸棚境界事件)

(1) 사건의 개요

Tunisia와 Libya는 아프리카 서북단(西北端)에서 지중해를 면(面)하여 있는 인접국

---

136) Ibid.para.75.
137) Declaration of Mr. Herbert W.Briggs, Decision. 30 June 1977, p.126.
138) E.D.Brown, *The Area Within National Jurisdiction* (London: Graham & Trotman, 1984), pp.1,7,22,23.
139) Briggs, Declaration in the Decision of 30 June 1977. p.126
140) *ICJ Reports* (1969). p.3, p.50.
141) Decision. para. 88,91 and 245.

V. 판례(判例)와 국가관행(國家慣行)을 통해 본 해양경계획정(海洋境界劃定)의 법리(法理) 513

이다. Libya의 연안은 비교적 단조로운데 비해서 Tunisia해안의 구조는 Gabe항에서 갑자기 직각으로 굽어 있다. 또 Tunisia연안에서 Kerkennah제도와 Djerba섬이 위치하여 연안지형을 다소 복잡하게 하고 있다. 이들 양국가의 연안에 인접한 지중해의 해저는 수심 100m미만의 대륙붕이다. 1964년 이래 이 대륙붕지역에서 석유개발의 중요성이 커감에 따라 양국 간의 대륙붕경계가 문제되게 되었다.(지도 8-7참조)

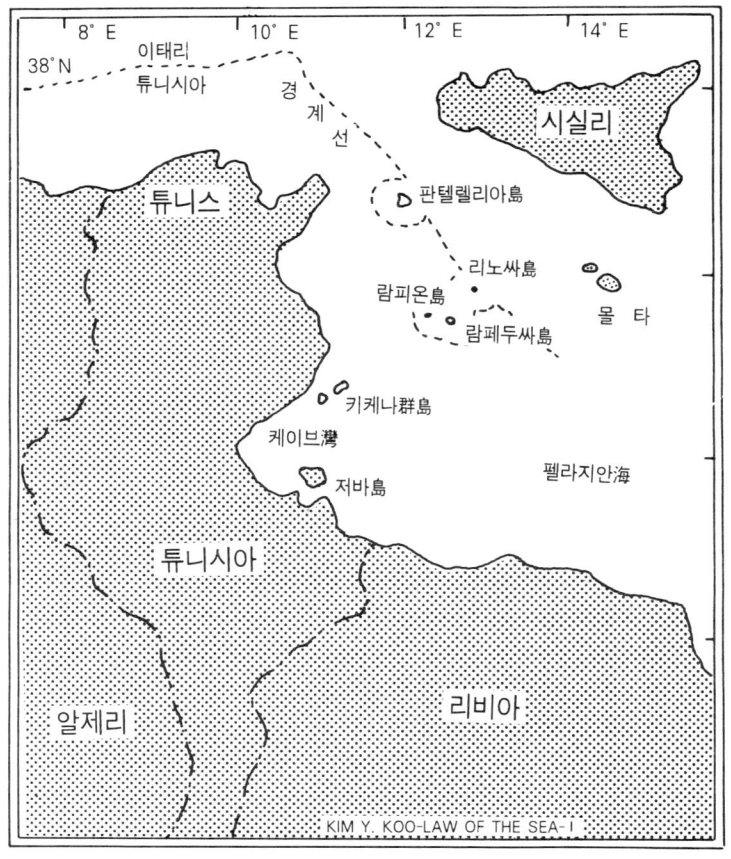

Source : Case Concerning the Continental Shelf(Tunisia/Libyan Arab Jamahiria) ICJ *Reports*(1982), p.36.
〈지도 8-7〉 Tunisia / Libya 대륙붕경계사건

양국은 1977년 6월 10일 특별협정을 맺어 경계문제를 ICJ에 제소할 것을 합의하였고 1978년 12월 1일 정식으로 등록함으로써 ICJ에 제소되었다. 이 특별제소협정

제1조에 명시된 바, ICJ에 요구된 사항은, 양국에 속하는 이 대륙붕지역의 경계획정(境界劃定)에 적용될 국제법원칙과 규범을 밝혀 줄 것과 또한 구체적으로 이 원칙과 규범을 적용키 위한 실제적인 방법을 제시해 줌으로서 양국의 전문가가 실제로 경계를 획정함에 어려움이 없도록 해 줄 것을 요구하였다.142)

이러한 요구의 범위는 법적 원칙과 규범의 내용을 선언해 줄 것을 요청한 1969년 북해사건의 경우와 대륙붕의 구체적 경계를 지도상에 명시해 줄 것을 요청한 1978년 영·불 대륙붕 특별중재사건의 경우와의 중간에 해당한다고 볼 수 있다.143)

(2) 양측의 주장

Tunisia와 Libya 양국은 모두 1958년「대륙붕협약」의 당사국이 아니다.

본건(本件)의 양 당사국들은 적용될 법률적 원칙과 규범에 관해서는 아주 유사한 내용을 주장하였다. 그들은 등거리원칙의 적용을 배제하고 육지의 자연연장의 원칙에 의한 경계획정(境界劃定)을 주장하였다. 그러나 양국은 이 원칙을 실제적으로 적용키 위한 사실관계와 구체적 법적용에 관하여 중요한 이견을 나타내었다.

가. Libya의 주장

양국 육지의 국경이 끝난 해안선의 지점에서 정북으로 향하는 직선이 대륙붕의 경계가 되어야 한다고 주장하였으나144) 뒤에 직각으로 굽어든 Tunisia연안을 고려하여 그 해안선이 방향을 변환한 지점에 상응하는 점으로부터 그 Tunisia연안의 일반적 방향을 따라 북동으로 획정된 선(지도의 E-Q-R선)을 경계로 할 것을 주장하였다.145)(지도 8-8 참조) Libya는 특히 경계분쟁의 대상인 대륙붕지역은 아프리카대륙 북단의 자연적 연장이므로, 첫째, 대륙 북쪽 연안에서 동서로 연접하여 지중해에 면하고 있다는 지리적 위치, 둘째 아프리카대륙의 지질학적 일체성과 문제된 대륙붕지역은 이러한 일체적 구조의 일부라는 점, 그리고 마지막으로 대륙붕의 경계는 육지경계의 바다쪽으로의 연장이라는 점 등을 강조하였다.146)

나. Tunisia의 주장

Tunisia는 Gabe만에서 직각으로 굽은 해안선의 형태와 Kerkennah 제도 및 Jerba

---

142) Special Agreement Between the Republic of Tunisia and the Socialist People's Libyan Arab Jamahiriya, Article.1 Continental Shelf Judgement, 1982, *ICJ Rep.* at 21.para.2.
143) Continental Shelf. Judgement, *ICJ Reports* 1982. p.38.
144) Memorial of the Socialist Peoples Libyan Arab Jamahiriya(Memorial of May 30, 1980)
145) Counter-Memorial of the Socialist Peoples Libyan Arab Jamahiriya(Feb. 2, 1981)
146) Reply of the Socialist Peoples Libyan Arab Jamahiriya(of July 15, 1981)

V. 판례(判例)와 국가관행(國家慣行)을 통해 본 해양경계획정(海洋境界劃定)의 법리(法理) 515

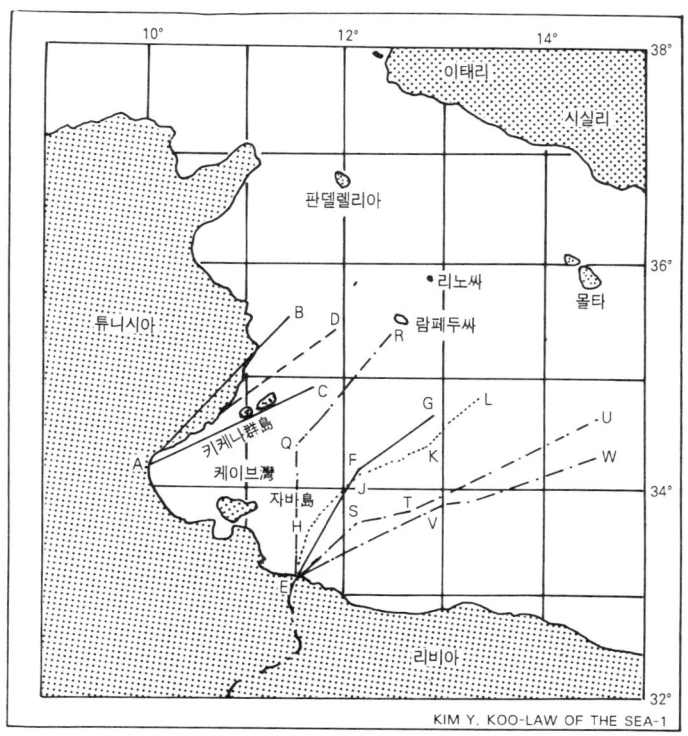

Source : (Tunisia/Liya) ICJ Reports(1982), p.81.

〈지도 8-8〉 Tunisia / Libya 대륙붕경계주장

섬의 존재를 존중하고 Tunisia 육지영토의 자연적 연장을 감안하여 진방위 45° 선 및 이보다 더욱 동쪽으로 수정된 경계선을 주장하였다.147)(지도의 E-S-T-U 또는 E-V-W선)

Tunisia는 특히, ① 문제된 대륙붕해저의 물리적 구조는 Tunisia 육지 영토로부터 동북쪽으로 연장되어 있다는 점. ② Tunisia해안 전면의 해저는 천해(淺海), 도서(島嶼) 등을 포함하여 Tunisia영토의 자연적 연장이라는 점. ③ Tunisia는 그 해안 전면해저의 50m 등수심선(等水深線) 이내 지역과 진방위(眞方位) 45° 선까지의 지역에 관하여 역사적 권원(權原)에 기한 주권적 권한을 갖고 있다는 점등을 강조하였다.148)

---

147) Memorial of Tunisia, 210-211(Memorial of May 30, 180)
148) Ibid. pp.199-208.

(3) 판결의 개요

1978년 12월, 양국에 의해 ICJ에 제소된 이 사건은 1982년 2월 24일에 판결되었다.[149] 양국에 의해 주장된 자연적 연장설(自然的 延長說)에 관한 기술적 요소들을 ICJ는 참작하지 않았다. 이러한 자연적 연장을 구성하는 기술적 요소나 물리적 형태는 형평스러운 해결을 위해 고려되어야 할 여러 요소 중의 하나이다. 그러므로, 어떤 원리(예컨대 육지의 자연적 연장 원리)의 적용이 형평에 맞는가 하는 여부는 그것을 적용하여 얻은 결과가 형평한 것인가에 달려있는 것이라고 선언하였다.[150] 그리하여 ICJ는 우선 양국의 육지국경이 끝나는 점(E)에서 진방위 26°의 선을 기술적 경계로 채택하였다.(지도 8-9 참조) 이 선은 Tunisia와 Libya연안의 일반적 방향에 수직을 이룬다고 보았기 때문이다. 그러나 Gabe만(灣)의 굴입(屈入) 중 가장 깊은 서단(西端)의 지점(A)에서 위도와 평행선이 26°도선과 만나는 점(F)를 구하고 이 점에서부터 Tunisia해안의 일반적 방향에 평행인 선을 경계로 하기로 하였다. 그런데 Tuinisia해안의 일반적 방향을 결정함에 있어서 Kerkennah 제도와 그 주변 간출지(干出地)의 존재를 완전히 참작한 선(full effect line:062° 즉 AC)과 이들의 존재를 전혀 참작치 아니한 선(zero ettect line: 042° 즉 AB)의 중간선(half effect line: 052° 즉 AP)을 채택함으로써 Anglo French Arbitration case에서의 반분효과(半分效果)를 모방하였다. 결국 AP에 평행으로 지점에서 그은 경계선 FG를 대륙붕경계로 판결하였다.

(4) 판결의 음미

Tunisia/Libya 대륙붕경계 사건의 1982년 ICJ판결은, 경계획정(境界劃定)에 있어서는 모든 적절한 여건을 참작하여 형평의 원칙에 따라서 해야 한다는 원칙적인 규범을 다시 확인하였다. 그리고 경계의 형평성은 1969년 북해대륙붕사건에서 취한 바와 유사한 비례의 원칙을 기준으로 할 수 있음을 밝히고 있다.

그러나, 모든 원리 즉 등거리원칙이나 자연연장의 원리 등을 적용하고 그 부수된 고려사항들을 참작함에 있어서는 "형평에 맞는 결과"를 가져오는 것만이 ICJ가 인정하는 형평의 원칙을 적용하는 것이 된다고 하는 판결의 취지는, 그러면 어떤 결과가 "형평스러운 결과"인가? 하는 의문을 다시 남기에 된다.

"법적 개념으로서의 형평이란, 정의개념의 직접적인 투사이다. 따라서 이는 즉시 적용될 수 있는 법적 일반원리가 된다."라고 판시하고 있지만[151] 실제로 해양경계획

---

149) Continental Shelf(Tuinisia/Libyan Arab Jamahiriya) Judgement, *ICJ Reports* 1982. reprinted in 21 *ILM* 225(1982). 이하 "Judgement"로 표기함.
150) Ibid. p.60, para.71.
151) Ibid.

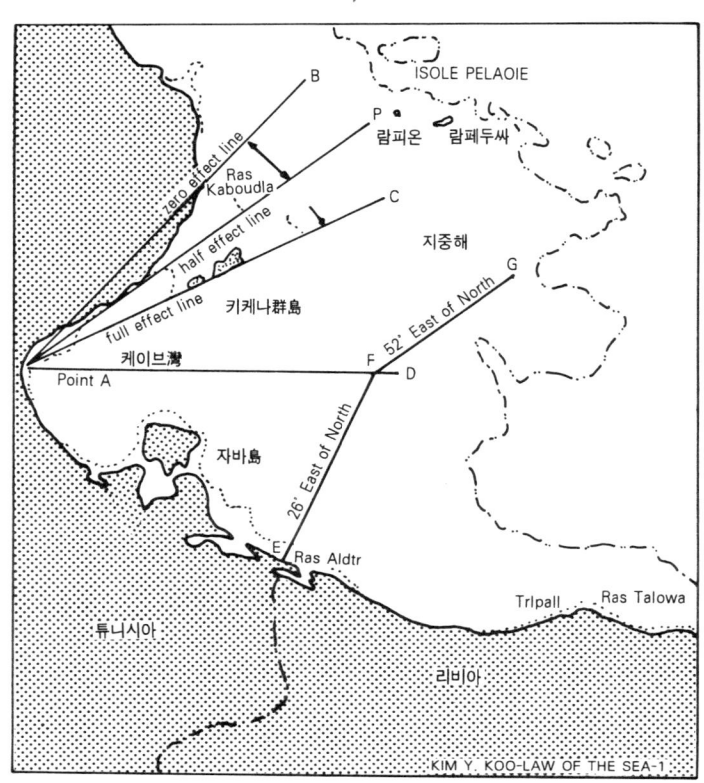

Source : (Tunisia/Libya) ICJ Reports(1982). p.89.
〈지도 8-9〉 Tunisia/Libya 대륙붕경계에 관한 ICJ 판결

정(海洋境界劃定)을 위해서 구체적인 관련요소들과 여러 법적 원리를 선택하고 해석하여 적용함에 있어서 이러한 추상적 개념이 가져올 수 있는 것은 개념과 기준의 불명확, 모호성으로 인하여 야기되는 자의적 주장의 남발과 경계획정재판(境界劃定裁判)에 있어서의 판단의 곤란밖에는 없을 것이다.152)

Tunisia/Libya사건의 ICJ판결은 결과적으로 그때까지의 제3차 유엔해양법회의에서 타결된 유엔해양법협약의 경계획정(境界劃定) 조항 제74조, 83조의 모호성을 보완해주지 못했음은 물론이며, 경계획정원칙(境界劃定原則)의 법규성을 재생시킨 Anglo-French Arbitration case판결의 노력까지도 무산시킨 결과가 되었다고 말할 수 있다.

---

152) E.D.Brown, 28 *KJIL*(1983) 148-49.

4. 미국과 캐나다 간 Maine만(灣)의 경계획정사건(境界劃定事件)

(1) 사건의 개요

미국은 1977년 3월 1일 200해리 어업수역(漁業水域)을 내용으로 한 Magnuson Act를 발효시켰고 캐나다는 같은 해 1월 1일 역시 EFZ를 이미 선포하였는바, 인접국인 이들은 200해리 수역의 경계에 관하여 4군데에서 심각한 분쟁을 갖게 되었다. 그 중에 이 Maine만(灣)에 대한 경계분쟁은 전통적인 인접대륙붕에 관한 관할문제는 물론이고 어족자원(魚族資源)의 개발구역 분할에 관계된 중요한 문제였다.

미국과 캐나다는 1979년 3월 29일 이 분쟁사건을 국제사법재판소 특별법원에 제소할 것에 합의하였다.[153] ICJ는 국제사법재판소 규정 제26조 2항과 제31조에 의거하여, 5명의 판사로 구성된 특별법원을 설치하였다.[154]

제소(提訴)에 관한 특별협정으로 ICJ에 요청된 재판사항은, Maine만에 있어서 미국과 캐나다간의 어업수역과 대륙붕에 관한 공통경계선을 단일경계선으로 획정하는 일이었다.[155] 이 단일경계선은 양 당사국이 합의한 바 있는 Funndy만(灣) 입구의 A지점과 200해리 경계에서 명시된 직각삼각형의 지역내의 어떤 점을 연결하는 선으로 할 것이 요청되었다.(지도 7-2참조)

(2) 양측의 주장

미국과 캐나다는 모두 1958년 대륙붕협약의 당사국이다.

가. 미국측의 주장

이 사건에서 미국의 입장은 대체로 형평의 원칙을 강조하는 쪽이었으며 특히 다음 사항을 강조하여 주장하였다.

---

153) ◎ Treaty between Canada and the United States to Submit to Binding Dispute Settlement the Delimitation of the Maritime Boundary in the Gulf of Maine Area.
  ◎ Special Agreement between Canada and United States to Submit to a Chamber of the International Court of Justice the Delimitation of the Maritime Boundary in the Gulf of Main Area.
  1979년 3월 29일 채택, 1980년 11월 20일 발효; TIAS. No. 10204.
154) 5명의 판사는 다음과 같다.
  Robert Ago(재판장) ················: 이태리
  Andre Gross ························: 프랑스- 본건 종결 이전에 임기종료.
  Hermann Mosler ···················: 서독.
  Stephen Schwebel ················: 미국.
  Maxwell Cohen: 캐나다 -ICJ 판사 중 캐나다 국적의 판사가 없으므로 ICJ 규정 제 31조 2, 3항에 의거 선정된 특별재판관(ad hoc Judge)
155) Special Agreement. Supra. Note 153, Art, Ⅱ(1).

① "육지의 권원(權原)이 바다를 지배한다"는 원칙

형평에 맞는 경계를 찾는데 있어서 가장 현저한 원칙은 "육지의 권원(權原)이 바다를 지배한다."(The land dominates the sea)는 것이라 하고,156) 따라서 Maine항의 연안은 대체로 미국영역으로 되어 있으므로 이 Maine과 New Hampshire연안을 "주(主)된 연안"(primary coast)로 보고 이 해안의 일반적 방향에 수직으로 된 선(眞방위 144°)을 경계로 해야 한다고 주장하였다.157)

② North East Channel의 자연적 경계

Maine만의 북동채널(North East Channel)은 Georges Bank와 Brown Bank를 구분하며 그 생태계를 자연적으로 구획하는 경계가 된다. 동일한 생태계의 구역은 단일국가의 영역으로 그 관리하에 두고자 함이 200해리 배타적 경제수역제도의 정신이므로 미국과 캐나다 간의 경계는 이 북동채널로 해야 된다고 한다.158)

③ 형평을 위한 적절한 여건의 고려

미국은 형평에 맞는 경계를 획정하기 위해 고려되어야 할 적절한 여건으로 다음을 주장하였다.

● 지리적 여건으로
ⅰ) 육지영토의 경계는 Maine항의 북쪽 끝에 있다는 점.
ⅱ) Maine만 구역의 해안의 일반적 방향은 진방위(眞方位) 054°임.
ⅲ) 해안선이 미국 측의 Maine만 구역에서 굴입(屈入)되어 있다는 점.
ⅳ) 북해 Channel이 Georges Bank와 Scotian Shelf를 구획(區劃)하고 있다는 점.159)

● 지리외적 여건으로,
ⅰ) 북동 Channel은 Maine만 지역 내에서 가장 현저한 지형학적(geomorphological)특징을 표상하고 있다.
ⅱ) 북동 Channel은 위에서 지적한 바와 같이 생태계의 자연적 경계가 되어 있다는 점.
ⅲ) 기타 미국은 Georges Bank 근해에서 많은 배타적 활동을 해왔다는 점.(전자 항공보조시설, 탐색 및 구조체제 운영, 방공구역의 실시 등)160)

④ 「대륙붕협약」제6조의 적용배제

이는 대륙붕의 경계에 적용돼야 하는 규정이므로 200해리 경제수역과 같은 다른 관할의 경계까지를 판단해야 하는 본 건에서는, ICJ 특별법원이 적용해야 할

---

156) United States Memorial at 128, 140 United States Counter-Memorial at 110, 136, 183.
157) United states Reply, at 93-94. and fg 6.
158) U.S.Mem at 35-39, 206.
159) U.S.Reply at 93-132; U.S.Mem. at 11-25. et. seq.
160) U.S. Mem at 63-87.

법은 아니라고 주장하였다.161)

나. 캐나다 주장

이 사건에서 캐나다의 입장은 「대륙붕협약」 제6조에 기한 등거리원칙의 적용을 주장하는 쪽이었으며, 특히 다음 사항을 강조하여 주장하였다.

① 권원(權原)의 근거로서의 "등거리의 원칙"

대륙붕에 대한 권원(權原)의 근거로서 결정적인 요인은 인접성(隣接性 : adjacency) 또는 근접성(近接性: proximity)이다. 문제된 대륙붕구역에 대한 연안국의 권원(權原)의 강도는 그 연안으로부터의 거리가 가장 중요한 요소이며 이러한 관계를 가장 정확하게 반영하는 것은 등거리원칙이다.162)

② 역사적, 인적(人的) 요인

Nova Scotia의 연안 주민의 대부분의 생계는 Georges Bank의 어족자원에 의존해 있고 이러한 어업은 역사적으로 깊은 뿌리를 갖고 있다.163) 이러한 역사적, 인적 요인은 경계획정(境界劃定)에 있어 결정적으로 참작되어야 하며, 특히 다른 국가(미국)로부터의 거리보다 더 근접해 있는 이 대륙붕지역을 캐나다에 귀속하게 하는 것은 당연하다고 한다.164)

③ 적절 여건의 고려

미국 측이 지적한 소위 "형평을 위한 적절한 여건"에 관하여 캐나다는 다음과 같이 반응하고 있다.

- 지리적 여건은 Maine만 그 자체만이 중요하며 거시지리학(macro-geographical)적 연안의 일반적 방향이란 무의미하다.165)
- Georges Bank지역은 독립된 생태계구역이 아니며, 오히려 북동지역과 화합성을 갖는다. 그러므로, 북동Channel이 생태계의 자연적 경계라고 하는 것은 하나의 가상적 신화에 불과하다.166)

④ 미국 측의 묵시적 승인과 그에 다른 금반언(禁反言)의 주장

캐나다는 1964년 이래, Georges Bank 북동쪽 지역에 석유 및 천연Gas의 탐사,

---

161) 구두변론기록 참조 ICJ Dec. C1/ CR 84/ 24, at 11,(May 9. 1984)
162) Canada Memorial. at 123-127. Canada Counter-Memorial. at 229-238. Canada Reply. 24-27; C1/CR84/1, at 61-70(April 2, 1984).
163) Canada Memorial. at 83-91. Canada Counter-Memorial. at 126-141. Canada Reply at 134-138.
164) Canada Memorial. at 59-82. Canada Counter-Memorial. at 118-124. Canada Reply. at 119-134.
165) Canada Reply. at 41-64. Canada Memorial. at 21-36. C1/CR 84/2. at 36-46(April 3, 1984)
166) Canada Reply. at 65-84. Canada Memorial. at 37-58. C1/CR 84/4 at 5-48

개발에 관한 조광권(租鑛權)을 허가해 왔는데, 미국은 이에 관하여 알고 있었으며 「대륙붕협약」 제6조에 의거 중간선의 정확한 위치에 관하여 미국의 관계기관은 캐나다 관계기관에 문의하여 답변을 받은 바도 있다.167)

미국은 1964년부터 1969년까지의 기간중 Canada가 장기적 개발권임을 허여(許與)한 사실을 인지하고 묵인해 온 것에 비추어, 본 소(訴)에서 미국이 이제 등거리선(等距離線)을 부인하는 것은 전통적인 국제법의 원칙인 금반언의 원칙에 저촉된다고 캐나다는 주장하고 있다.168)

(3) 판결의 개요

1979년 3월 ICJ에 제소된 이 사건은 1984년 10월 12일 판결되었다.169)

가. 특별법원의 관할(管轄)과 임무(任務)

① ICJ특별법원에 청구된 사항의 범위는 경계획정(境界劃定)에 관한 법적 원리와 방향의 제시 뿐만 아니라 구체적 경계선을 명시하는 일이며 이는 영·불 대륙붕 중재사건의 경우와 같다.

② ICJ특별법원에 청구된 것은 대륙붕과 배타적 경계수역 또는 어업수역에 관한 공동경계의 획정인데, 이러한 공동경계를 정하는 것은 현행 국제법 규범의 내용으로 보아 적법하고도 가능한 일이라고 판단하였다.170)

나. 분쟁구역(Maine만)에 대한 법원의 견해

① 분쟁구역은 장방형(長方形)의 형태를 보이고 있어 New Hampshire에서 양국 육지의 경계에 이르는 해안이 긴 변(邊)이고 Massachusetts 와 Nova Scotia가 서로 마주보는 해안이 짧은 변(邊)이 되는 것이나 전자를 "주된 해안", 후자를 "2차적 해안"으로 보는 미국의 주장은 이를 인정할 수 없다.171)

② 지질학적으로 Georges Bank가 Massachusetts 또는 Nova Scotia 어느 쪽에 화합성을 가졌다고 하는 양국의 주장이나 지형학적으로 북동 Channel이 Georges Bank와 Scotian Shelf를 구획하는 가장 현저한 경계라고 하는 미국 측의 주장

---

167) Canada Memorial. at 92-99. and fig. 31 Canada Counter-Memorial. at 143-148. and fig. 31-32. Canada Reply. at 88-98. C1/CR84/4. at 49-74(April 4, 1984)
168) Canada Memorial. at 159-180. Canada Counter-Memorial. at 152-155. Canada Reply. at 84-98. C1/CR84/4. at 49-74(April 4, 1984)
169) Delimitation of the Maritime Boundary in the Gulf of Main Area(Canada vs. U.S) 1984. *ICJ Report*. 246(Judgement of Oct. 12) reprinted in 23 *ILM* 1197(1984)
170) 1984 *ICJ Report*. 246 para.24, 27.
171) Ibid. para. 36.

등은 인정될 수 없다.172)

③ 역사적 인적 요인의 주장에 관하여

Georges Bank 근해에서의 배타적 활동을 주장하고 Truman선언 이래 100fathom 까지의 미국의 권원(權原)을 캐나다가 승인하고 있었다는 미국측 주장이나 Georges Bank 북동쪽의 대륙붕개발에 관한 장기조광권(長期租鑛權)을 허가한 캐나다의 행위를 미국이 묵시적으로 승인함으로서 등거리경계선이 묵시적, 잠정적으로 성립되었다고 주장한 캐나다의 주장들에 관하여, 법원은 이들이 경계획정(境界劃定)에 영향을 줄만한 결정적 요인으로 참작될 수 없다고 판시하였다.173)

다. 경계의 획정

① 대륙붕과 어업 및 경제수역의 공통경계선을 획정하기 위해서는 이 양쪽 관할수역의 성질 또는 어느 쪽에도 우선적인 고려를 허여(許與) 하지 않는 공평한 입장에서 관계된 기준들을 적용해야 한다고 보았다.174)

② ICJ특별법원은 본 사건의 경계를 획정함에 있어서는 우선적으로 분쟁구역의 지리적 특성에서 오는 기준을 적용하고 2차적으로 정치적 요인을 참작키로 한다고 밝히고 있다.175)

③ ICJ 특별법원은 본 사건의 경계를 3부분으로 획정하였다.

ⅰ) 첫번째 부분 ---Maine만(灣)을 이루는 장방형의 긴 변(Cape Elizabeth에서 육지경계 끝단까지의 해안)과 짧은 변(Nova Scotia연안)은 직각을 이루고 있는 바, A지점에서 이 두 변의 중간각(中間角)을 취하여 이를 경계선의 첫번째 부분으로 하였다.(A-B부분)176)

ⅱ) 두번째 부분 --- Nova Scotia연안과 Massachusetts연안은 대향(對向)하고 있으며 대체로 평행이다. 그러므로 이 양(兩) 해안의 중간선을 경계선177)으로 해야 한다. 그러나 Main만(灣)의 후면은 거의 모두 미국의 연안이므로 이 점을 참작한 수정이 필요하다. 이 수역에서 미국의 해안선의 길이는 284해리이며 캐나다는 206해리로서 비율은 1.38:1이다.178) Nova Scotia연안에 떨어져 나온 Seal섬

---

172) Ibid. para.45,46
173) Ibid. para. 128-153
174) Ibid. para. 194.
175) Ibid.para. 195.
176) Ibid. para. 209-214.
177) Ibid. para. 217.
178) 제소에 관한 미국과 캐나다 간의 특별협정 제2조 2항에 의거하여, 양국의 합의로 임명된 경계기점의 전문가는 영국해군의 Pete Beazley 중령이었다. ICJ 특별법원의 판결문에 첨가된 Beazley 중령의 보고서에는 비율계산과 참조점 작도에 관한 상세한 설명이 있다.

V. 판례(判例)와 국가관행(國家慣行)을 통해 본 해양경계획정(海洋境界劃定)의 법리(法理)   523

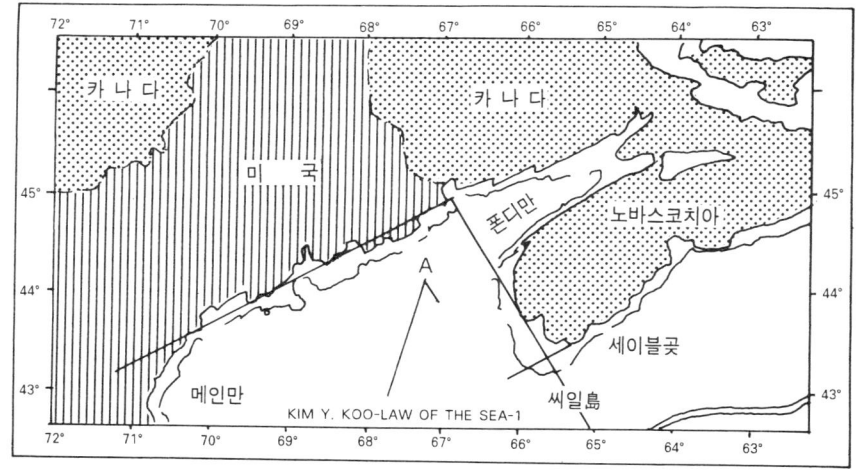

(지도 8-10) Meine만의 경계(上)

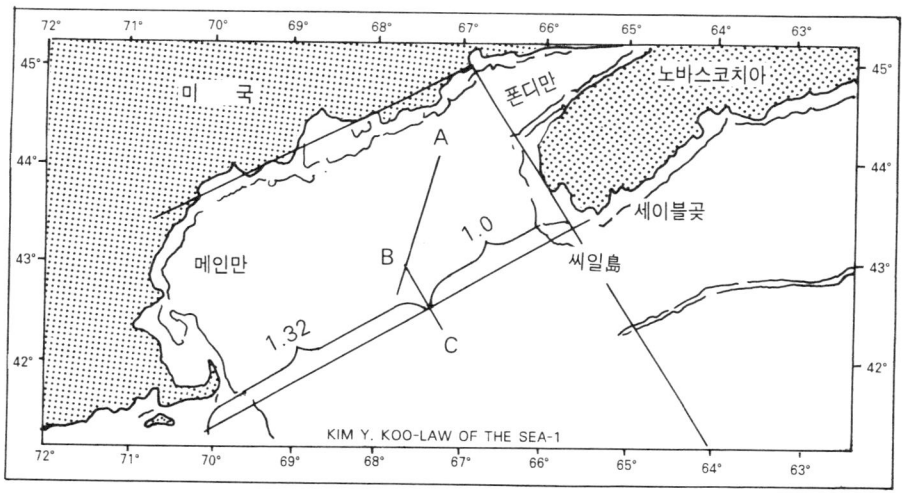

(지도 8-11) Meine만의 경계(中)

의 존재를 감안하여(반분효과 인정) 이 비율을 수정하면 1.32:1이 된다.
Nantucket에서 Sable 곶에 이르는 Maine만의 만구폐쇄선(灣口閉鎖線)을 긋고 이를, 이 비율로 구분하는 점을 구하여 이것을 C로 하고 Nova Scotia연안의 평행선을 그어 첫번 부분과 만나는 점을 B로 하면 B-C가 두번째 부분이 된다.179)(지도 8-11 참조)
  iii) 세번째 부분 --- C점에서 만구폐쇄선(灣口閉鎖線)의 수직선을 대서양쪽으

---
179) Decision, para. 214-223.

로 그으면 이것이 세번째 경계선의 부분이 된다. 청구된 내용대로 이 수직선과 직각형 속에 있는 200해리 지점과의 교점을 D라 하고 C-D를 경계로 한다.[180] (지도 8-12참조)

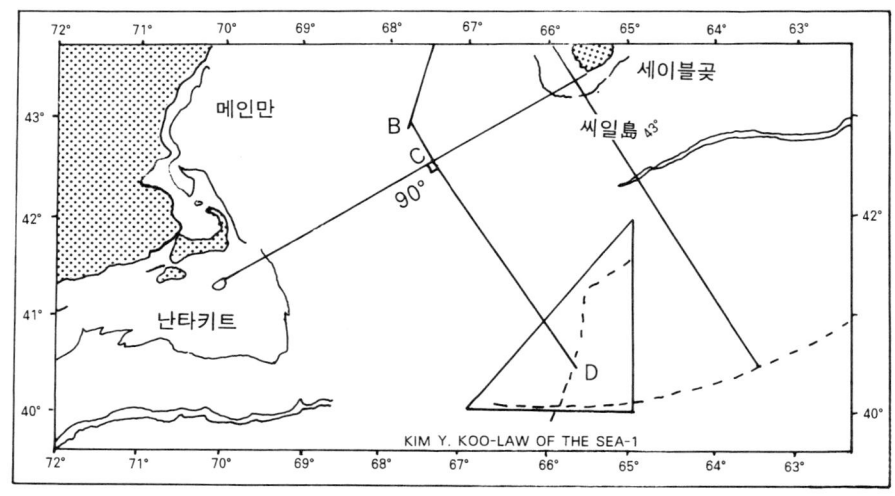

(지도 8-12) Meine만의 경계(下)

(4) 판결의 음미

Maine만(灣)에 관한 ICJ 특별법원의 판결은 대륙붕과 경제수역에 대한 공통경계를 확정하였다는 점에 첫번째 의의를 찾을 수 있다.

그러나, Andres Gross판사가 그 반대의견에서 밝히고 있는 것처럼, 1982년의 Tunisia/Libya Case의 ICJ판결 이래, 해양법상 경계획정(境界劃定)에 관한 종래의 원칙과 규범은 갑자기 변화되었으며[181] 1982년 유엔해양법협약 제74조와 제83조에서 나타나고 있는 해양경계획정(海洋境界劃定)기준의 모호성과 불명확성을 보완함에 있어서 Maine만 사건의 판결은 제3차 유엔해양법회의를 통한 경계획정(境界劃定) 규범정립의 실패를 "합의와 형평"이라는 표현으로 확인하고 있을 뿐이다.[182]

이제 "형평에 맞는" 분쟁의 해결이란 이미 법규범에 의한 판단이기보다는 결과의 편의에 따르는 결정을 의미하게 되었다. Gross판사의 표현에 의하면, 국제사법재판의 판결에서 판사에게 주어진 임무는 법의 적용과 판단이 아닌 조정과 화해로 변질되고 말았다.[183]

---

180) Ibid. para. 224-229.
181) Ibid. Gross Dissent, para. 3 et seq.
182) Ibid. para. 27.

이러한 결과위주의 사법판결은 법규범의 해석과 발전에 기여하지 못하는 것은 물론이고 분쟁당사국 어느 쪽에도 안정과 만족을 주지는 못할 것이다.[184]

5. Libya와 Malta간의 대륙붕경계사건(大陸棚境界事件)

(1) 사건의 개요

Malta는 지중해의 이태리령 Sicily섬(島) 밑에 위치한 작은 섬나라이다. 이는 Malta (246Km^2), Gozo(66km^2), Comino(2.7Km^2), Cominotto(0.1km^{2}가 안됨)의 4개 유인도와 무인암초인 Filfla로 구성되어 있다.

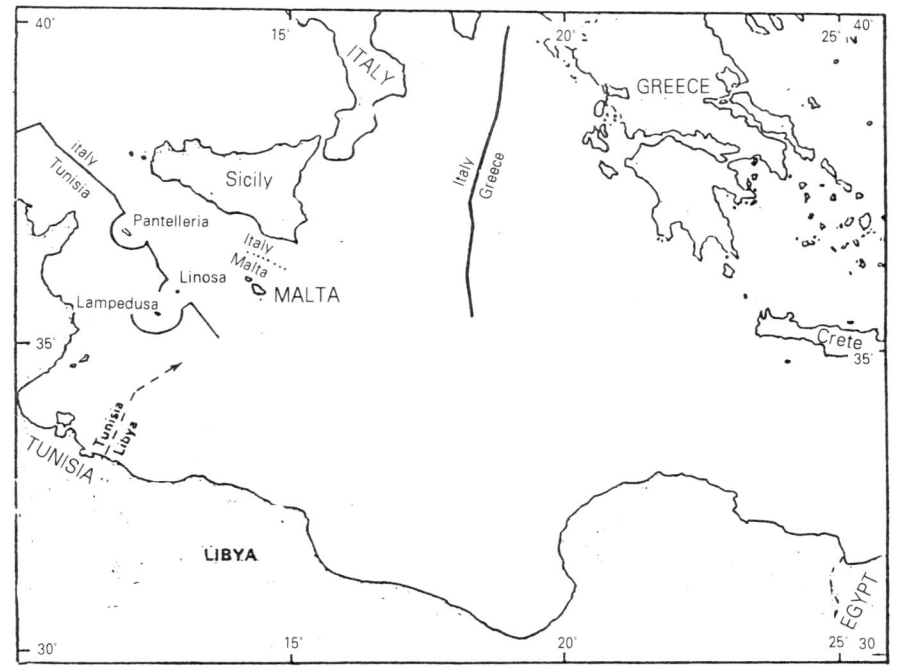

Source : Case Concerning the Continental Shelf(Libya/Malta) ICJ Reports(1985), p.12, Map No. 1

(지도 8-13) Tunisia/Libya/Italy/Greece의 대륙붕 경계

Malta와 Italy간에는 대륙붕의 잠정적 개발을 위한 경계를 1970년 협정에 의거,

---

183) Ibid. para. 38.
184) Ted L.McDorman, "Problems of Maritime Boundary Delimitation with Special Reference to Southeast Asia," *New Directions in Ocean Law Policy and Management* (Halifax: Dalhousie Univ., 1986), p. 12.

Sicily와 Malta간 해협의 중간선으로 책정한 바 있고[185] Libya와 Tunisia간에는 앞에서 고찰한 바와 같이 1982년 2월 24일 ICJ가 대륙붕경계분쟁에 관한 판결을 함으로써 경계가 확정되었다.[186] Italy와 희랍, Italy와 Tunisia간에도 각기 경계가 이미 획정되어 있다.(지도 8-13 참조)

Malta와 Libya는 대체로 대향하는 위치에 있으며 양국간의 최단거리는 183해리이다. 양국간의 대륙붕의 경계에 관해서는 일찍부터 분쟁이 있어 오다가 1976년 5월 23일·Valletta에서 특별협약을 맺어 이 문제를 ICJ에 제소하기로 합의하였다. 이들의 제소는 1982년 7월 26일 ICJ에 공식접수 되어 절차가 개시되었으며 1985년 6월 3일 ICJ는 Libya/Malta간의 대륙붕경계에 관한 판결을 하였다.

이 특별제소협정(特別提訴協定)[187] 제1조는 Tunisia/Libya간의 제소의 경우와 유사하여, ICJ에 판결을 요구한 사항은 양국간의 대륙붕 경계획정(境界劃定)에 적용될 국제법 원칙과 규범을 밝혀줄 것과 구체적으로 이 원칙과 규범을 적용키 위한 방법을 제시해 줌으로써 양국의 전문가가 실제로 경계를 획정함에 어려움이 없도록 해줄 것을 요구하는 것이었다.

(2) 양측의 주장

가. Libya의 주장

① 형평의 원칙에 의할 때, 제한된 해안선을 가진 나라와 해안선이 긴 나라를 동일시하는 것은 적절치 못하다. 따라서 본 사건과 같은 경우, 관계국의 해안선 길이의 현저한 차이는 대륙붕 경계획정(境界劃定)에 중요한 요소로 고려되어야 한다.[188]
② 대륙붕의 경계는 해저의 지질학적, 지형학적 특성을 감안한 육지의 자연연장(自然延長)의 원칙을 기초로 정하여야 한다. 그러므로, Malta섬 근처의 해구(海溝: Rift Zone)를 경계로 하여 두 나라의 대륙붕을 구분해야 한다고 주장하였다.[189]

나. Malta의 주장

① 중간선원칙(中間線原則)의 적용
　　Malta와 Libya에 속한 대륙붕의 범위를 구획함에 적용될 국제법의 원칙과 규

---

185) Continental Shelf(Libyan Arab Jamahiriya/Malta) Judgement, *ICJ Reports* 1985, p. 22. (이하 Judgement, 1985로 인용)
186) Supra. Note. 148.
187) Special Agreement Between the Socialist Peoplés Libya Arab Jamahiriya and the Republic of Malta. Art. 1. Judgement of 1985, p. 16.
188) Judgement of 1985, p. 18. Libyan Memorial para. 5, 6, 7.
189) Judgement of 1985, pp. 35-36.

범은 형평에 맞는 결과를 얻도록 국제법을 기초로 결정되어야만 한다는 것이다. 그리고 이러한 원칙과 규범에 의하건대, 양국의 대륙붕경계는 Malta의 영해기선(領海基線)과 Libya해안의 저조선(低潮線)으로부터의 중간선으로 획정되어야 한다.190) 특히 Malta는 그 영해기선으로 Filfla섬을 포함한 직선기선을 적용할 것을 주장하고 있다.191)

② 육지의 자연적(自然的) 연장기준(延長基準)의 배척

Malta는 대륙붕이 연안국 육지의 자연연장이 바다 쪽 해저로 연결됨으로써 구성된다는 원칙에는 동의하지만, 그 수역의 범위가 200해리를 넘지 않는 한, 자연연장의 개념은 물리적, 지질학적 및 지형학적 기준으로 정의되는 것이 아니라 공간적 개념으로 정의되어야 한다고 본다. 따라서 본 사건과 같은 경우에는 모든 지형학적, 지질학적 특성과는 관계없이 순전히 등거리 개념으로 그 경계를 획정해야 한다192)고 주장한다.

(3) 판결의 개요

가. 판결범위의 특정

1982년 7월 26일 본 건이 ICJ에 계속된 이후, 1983년 10월 24일 Italy는 국제사법재판소규정 제62조에 의거 본 사건에 소송참가(訴訟參加)를 신청하였는데, ICJ는 본 사건 양당사국의 견해를 듣고, Italy의 소송참가신청을 각하(却下)하였다.193)

참가신청을 각하하게 된 이유는, 주로 Libya와 Malta간의 경계획정(境界劃定)에 관한 특별제소협정(特別提訴協定)의 범위 내에서만 재판관할권(裁判管轄權)을 행사하고 있는 ICJ는 Italy 소송참가로 인하여 주당사국(主當事國)의 동의 없이 재판의 범위를 확장하게 되어 국제재판의 관할권에 관한 국제법의 기본원칙에 반하게 되기 때문이라고 하였다.194) 동 ICJ의 결정에 의하면, ICJ규정 제62조에 의거한 Italy의 소송참가를 각하 하더라도 동 규정 제59조에 의거하여 Italy의 법적 이익은 보호될 수 있다고 하며, 더구나 ICJ는 본 건(Libya와 Malta간의 경계사건)의 판결에 있어서 동(同) 지역에서의 제3국의 권익주장이 있음을 참작하고 이들의 이익에 저해됨이 없도록 할 것임을 분명히 하고 있다.195)

---

190) Judgement of 1985, p. 19.
191) Judgement of 1985, p. 48.
192) Judgement pa 1985, pp. 31-32.
193) Judgement of ICJ on the Continental Shelf(Libyan Arab Jamahiriya/Malta-Application by Italy for permission to intervene), 21 March 1984. Law of the Sea Bulletin No. 6.(Oct. 1985), p. 41.
194) Ibid. pp. 43-44. ICJ Judgement of 1984, para. 28-38.

위의 소송참가 즉, Italy는 자오선 15° 10′E 이동(以東), 위도 34° 30′N 이북(以北) 및 자오선 13° 50′E 이서(以西)와 (지도 8-14)에 표시된 A·G·X·Y·B 구역에 대한 관할을 주장한 바 있다.[196] 이에 따라 ICJ는 본 건의 판결에 있어서 그 판단의 범위를 제3국의 권리주장이 없는 부분인 자오선 13° 50′E에서 15° 10′E사이의 구역으로 한정하였다.[197](지도 8-14 참조)

나. 판결에 적용한 기본원칙

① 지질학적(地質學的), 지형학적(地形學的) 기준의 배제
ICJ는 연안 200해리 이내의 대륙붕에 있어서, 연안국의 대륙붕에 대한 권원(權原)

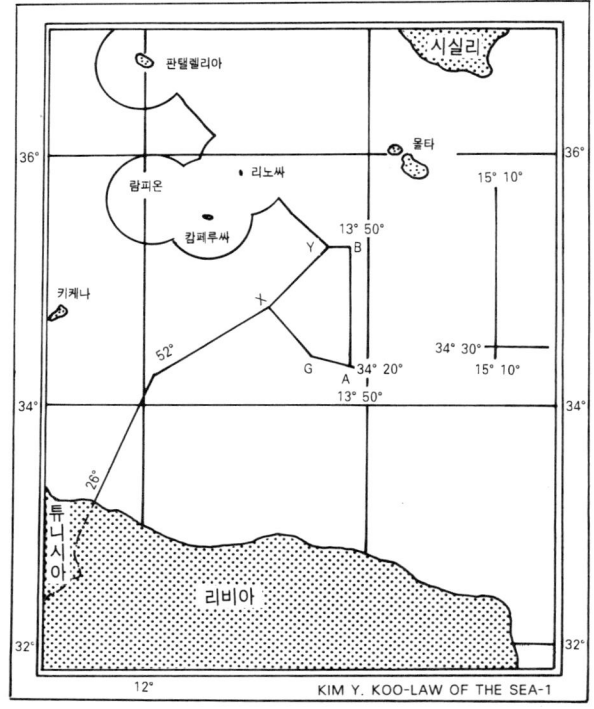

Source : Case Concerning the Continetal Shelf
(지도 8-14) Libya / Malta Case 에 관한 Italy의 주장

을 확정하거나 인접국간의 경계를 획정하는 기준으로 지질학적, 지형학적 요소에 결정적인 의의를 부여할 아무런 이유가 없다고 하고[198], ICJ가 북해대륙붕사건이나 Tunisia/Libya(1982)사건에서 지질학적, 지형학적 요소를 중시하고 육지의 자연연장원칙 등이 경계획정(境界劃定)에 있어 중요한 기능을 하는 것으로 본 것은 200해리 이내의 구역에 관한 한 이미 과거지사에 속하게 되었다고 단언하고 있다.[199](지도8-14 참조)

② 거리기준(距離基準)(distance criterion)의 중시
지질학적 지형학적 요소를 배제하고 거리기준을 중시함으로써 결과적으로 등거리원칙 내지 중간선원칙을 채택하고 있다.[200]

---

195) Ibid pp. 44-46. Judgement of 1985, para. 39-43.
196) Judgement of 1985, p. 27.
197) Judgement of 1985, p. 26.
198) Judgement of 1985, para. 39.
199) Judgement of 1985, para. 40.
200) Judgement of 1985, para. 33,34,49,50,73.

다. 경계선(境界線)의 획정(劃定)

ICJ는 Libya와 Malta간의 대륙붕 경계획정(境界劃定)을 함에 있어서 우선 Malta가 주장한 기선 중에서 Filfla섬을 연결한 직선기선(直線基線)은 이를 배척함이 본 건의 판단을 위한 "형평의 원칙"에 맞는 것이라고 판단하였다.201)

양국은 문제의 분쟁 대상인 대륙붕 구역을 중심으로 정확히 남북으로 대향(對向: opposite)한 위치에 있다. 본(本) ICJ가 판단의 범위를 특정시킨 15° 10′E에 근접한 Ras Zarruq으로부터 Tunisia와의 경계인 Ras Ajdir까지 Libya의 해안선은 대체로 동서로 뻗어있고 그 길이는 192해리이다. Malta

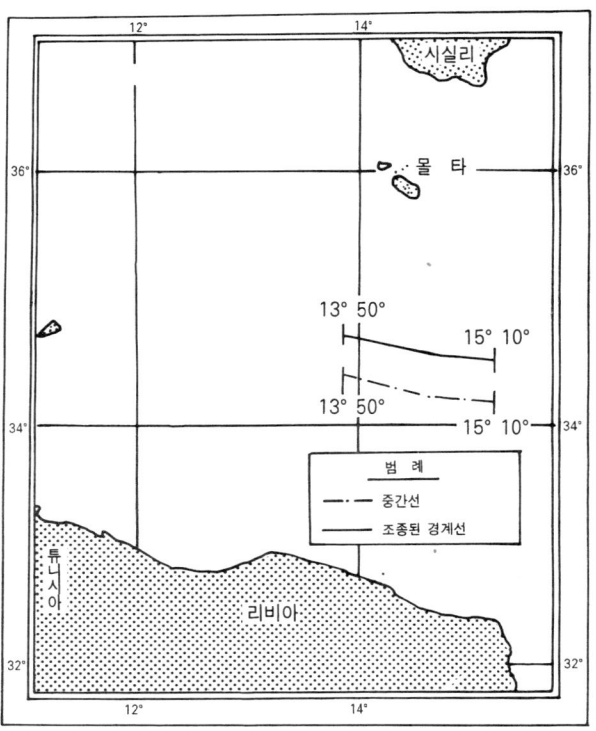

Source : ICJ *Reports*(1985) Judgment, p. 54, Map No. 3

(지도 8-15) Libya/Malta case의 ICJ 판결

는 Filfla를 제외하고 Rasii-Wardija로부터 Delimara곶까지 해안선의 길이가 24해리이다. 이러한 대향한 해안선 길이의 차이는 양국의 경계획정(境界劃定)에 있어서 참작되어야 하지만 반드시 산술적인 비례로 계산되어야 하는 것은 아니다.202)

그러나, 대륙붕의 경계선은 비례의 원칙을 고려하여 중간선보다 Malta쪽으로 수정되어야 함은 분명하다. 이러한 수정을 위해 편의상 두 개의 극단적인 경계를 정해 본다. 먼저 전혀 수정을 하지 않은 Libya와 Malta의 중간선은 자오선 15° 10′E에서 34° 12N이 된다. 다음 Malta의 경우를 전혀 무시하는 경우, 즉 Sicily와 Libya의 중간선은 같은 자오선 위의 34° 36′N가 된다. 이 두 극단적 한계의 범위는 24′임을 알 수 있다. 이 한계 범위 내에서 형평에 맞는 조정위치를 정함에 있어 고려해야 할 요소는 여러 가지이며, "그러한 여러 가지 고려사항을 비교 교량 하는 것은 어떤 분명한 수치로 표시되는 공식으로 정확히 나타낼 수는 없는 것"이지만, 본 건에서 ICJ

---

201) Judgement of 1985, para. 64.
202) Judgement of 1985, para. 68.

는 종합적으로 Malta에 1/4효과를 인정하여 중간선에서 북으로 18′ 이동된 위치(34° 30′N)를 조정된 경계선으로 결정하였다.203)(지도 8-15 참조)

(4) 판결의 음미

가. 경계선 획정방식(劃定方式)에 대한 비판(批判)

① 경계획정(境界劃定)의 범위 한정에 관한 흠결(欠缺)

대향국(對向國)간의 경계선은 대향한 연안의 서로 가장 가까운 지점간의 거리의 중간점의 궤적(軌跡)으로 이루어지는 선이다.204)(본서 제3장 IV의 1-(1))

본 건에서 ICJ는 대향한 연안의 범위를 임의로 특정 시켜서 특히 Libya연안의 범위를 자오선 15° 10′초E에 대응한 Ras Zarruq까지로 한정한 것은 그 논리적인 근거를 인정받을 수 없다. 도대체 ICJ가 그 판결의 지역적 범위를 스스로 한정한 13° 50′E에서 15° 10′E라는 한계는 "제3국의 권리주장이 없는 구역"이라고 표현하고는 있지만, 예컨대 Tunisia 등 다른 제3국의 견해나 주장이 참작된 바 없이 Italy가 소송참가를 신청하면서 자국의 법적 이익을 주장하기 위해 제시한 한계일 뿐이며, 주 당사국인 Libya와 Malta의 견해와도 아무런 상관이 없는 구역인 것이다.205)

② 중간선(中間線)의 수정방식(修正方式)에 관한 흠결(欠缺)

ⅰ) ICJ는 본 건 판결에서 24′의 차이 중 어떤 근거로 3/4이 되는 18′만을 북쪽으로 수정하였는가? 에 관한 근거나 이유를 설명하지 않고 있다. Libya와 Malta 간의 해안선 길이의 차이는 ICJ가 한정한 대응되는 연안에서 8:1이며, ICJ는 이러한 차이는 참작되어야 하나 수학적 비례로 계산될 수 없다고 표현하고 있을 뿐이다. 즉 Malta측에 25% 효과(one quarter effect)를 인정한 근거를 제시하지 못하였다.

ⅱ) 비례 수정의 북쪽 한계로 Libya 와 Sicily간의 중간점을 택한 것은 명백히 적절치 못하다. 왜냐하면 이 방식은 Libya와 Sicily간의 경계획정(境界劃定)을 하는 경우 Malta라는 섬이 "특별한 여건"(a special circumstance)을 구성하는 때에만 타당한 것이기 때문이다. 그러나 본 건은 Libya와 Malta 간의 경계를 찾고 있는 것이므로 이러한 방식은 부적절하며 오진이다206)

---

203) Judgement of 1985, para. 73.
204) Aaron L.Shalowitz, *Shore & Sea Boundaries* Vol. I (1962), p.233.
205) Dissenting Opinion of Judge Oda, Judgement of 1985, pp.139-140(para. 29)
206) Dissenting Opinion of Judge Oda, Ibid., pp. 138-139

나. 지리학적(地理學的), 지형학적(地形學的) 기준의 배제

ICJ는 그 판결에서 주장하기를 그간 국제법의 발전으로 인해 연안국은 200해리 이내에서는 그 해저(海底), 해상(海床)의 지질학적 특성 등이 어떠하든 간에 불문하고 그 대륙붕의 법적 권원(權原)을 확정시키거나 그 상호의 경계를 주장함에 있어서는 지질학적, 지구물리학적 요소를 참작할 이유가 전혀 없다고 하였다.207) 또 과거 1969년 북해대륙붕사건이나 1982년 Tunisisa/Libya사건에서 ICJ가 육지의 자연연장 기준을 대륙붕경계의 중요한 요소로 참작하였지만208) 연안에서 200해리 미만이 되는 해저구역에 관한 한, 경계획정(境界劃定)에 있어 지구물리학적, 지질학적 요소에 중요한 기능을 부여하는 것은 이미 과거에 속한 것이 되었다고 판시하고 있다.209) 이로서 본 판결은 육지의 자연연장 기준을 배척한 최초의 ICJ 판결이 되었다.

Shiguru Oda판사는 그의 반대의견에서 이 부분의 판시(判示)에 동의하고 있다.210) Oda판사는 본 판결에서는 그 추론(推論)의 논지(論旨)가 다소 미진(未盡)하였다고 지적하고 이를 부연하고 있다. 그에 의하면 1982년 유엔해양법협약 제76조상의 대륙붕의 정의는 확연히 구별되는 두개의 선택적 개념 즉 "좁은 대륙붕(inner continentalshelf)"과 "넓은 대륙붕"(outer continentalshelf)을 규정하고 있다고 주장하고 200해리 미만의 "좁은 대륙붕"에 관한 한, 국제법의 발전으로 지질학적, 지형학적 요소는 등거리선(等距離線:distance criterion)으로 완전히 대치되었다고 지적하고 있다. 특히 Oda판사의 주장에는 주의해야 할 점이 있다. 즉 200해리 미만의 그의 소위 "inner continental shelf"에 있어서는 아무리 현저한 지질학적, 지형학적, 또는 지구물리학적 특징(geological, geomorphological or geophysical features)이 있어서 육지의 자연적 연장에 단절이 있을지라도 이러한 것은 참작될 수 없고 단지 거리기준(距離基準)에 따라 연안국의 대륙붕 권원(權原)을 결정지어야 한다는 의미가 된다. 그러나 이러한 Oda판사의 견해에 비하여 본 건 ICJ의 논지(論旨)는 지질학적, 지형학적 증거들이 법적인 의미로 육지의 자연연장의 단절을 인정하기에 불충분하였다고 지적함으로써211) 다소 불분명하게 되어 있었다.

---

207) Judgement of 1985, para. 39.
208) ① *ICJ Reports* 1969. p. 51. para. 95.
　　② *ICJ Reports* 1982 p. 47. para. 44.
209) Judgement of 1985, para.40
210) Dissenting Opinion of Judge Oda, para. 61. Ibid.p. 157
211) Judgement of 1985, para. 41.

6. 5개 판결(判決)의 종합분석(綜合分析)과 경계획정기준(境界劃定基準) 판단의 방법론(方法論)

위에서 우리는 해양경계획정(海洋境界劃定) 특히 대륙붕 경계획정(境界劃定)에 관련된 5개의 ICJ판결을 개관하여 보았다. 그리고, 해양경계획정(海洋境界劃定)에 관한 앞으로의 규범적 내용을 시사하는 의미에서 역시 위의 5개 ICJ판결이 가장 중요한 선례가 될 것이다. 이제 이들 판례의 의미를 간략하게 종합해 보기로 한다.(도표 8-10)

(1) 사실편향적(事實偏向的)·결과지향적(結果指向的) 판단

(도표 8-10)의 대비표에서 볼 수 있는 바와 같이 1982년 Tunisia/Libya case판결 이래 해양경계획정(海洋境界劃定)에 대한 명시적 원리나 절차를 규명하는 일은 회피되고 있음을 알 수 있다.

〈도표 8-10〉 해양 경계획정(境界劃定)에 관한 5개 ICJ판례 대비표

ICJ 判例		North Sea Continental Shelf Cases(ICJ.1969)	UK-France Arbitration Case (Arbit.1977)
당 사 국		FRG-Denmark-Netherland	UK vs France
판결요구사항		대륙붕 한계획정의 법적원칙 제시	구체적 한계선을 지도에 명시
판결일자		1969. 2. 20.	1차 : 1977 .6. 30./ 2차 : 1978. 3. 14.
重要判決內容		◇ 대륙붕 槪念의 認定 ◇ 陸地의 자연적 延長 原理 ◇ 等距離原則의 法規性 否認 ◇ 限界劃定과 紛爭의 區別	◇ 衡平의 원칙과 等距離原則의 융합(立證責任 免除) ◇ Ex Equo Et Bono의 決定과 司法的 判決의 준별(峻別) ◇ Scily섬에 대한 判決效果
判決의 考慮要素	지리학적요소	단일 공유대륙붕 (북해)의 인접국	단일 공유지대륙붕(영국해협)의 대향국
	地質學的·地形學的 요소	Norwegian Trough 길이 : 470mm 폭 : 20 - 81NM 깊이 : 200-670m	Hurd Deep 길이 : 80NM 폭 : 1-3NM 깊이 : 102-167m

V. 판례(判例)와 국가관행(國家慣行)을 통해 본 해양경계획정(海洋境界劃定)의 법리(法理) 533

Tunisia/Libya Case (ICJ.1982)	US/Canada Case (ICJ.1984)	Libya/Malta Case (ICJ.1985)
Tunisia vs Libya	US vs Canada	Libya vs Malta
한계선 획정의 실제적 방법 제시 요구	具體的 한계선의 획정 요구	한계선 획정의 실제적 방법제시 요구
1982. 2. 24.	1984. 10. 12.	1985. 6. 3.
◇ 형평의 原則 — 衡平스러운 결과 追求 (自然延長 槪念의 輕視) ◇ 키케나도의 半分效果	◇ 합의와 衡平 - 衡平스러운 결과 추구 ◇ Seal도에 대한 半分효과	◇ 자연연장 槪念의 排斥 ◇ 거리기준 優先 適用 ◇ 衡平스러운 結果 追求 ◇ Malta도에 대한 1/4 효과 認定
공유대륙붕 (서부지중해)의 인접, 對向國	공유대륙붕(Maine灣)의 인접, 대향국	分離된대륙붕(중부지중해)의 대향국
Tripolianian Furrow (Hurd Deep 보다도 小規模)	North East Channel 길이 : 38NM 폭 : 22NM 깊이 : 100-300m	Pantelleria Trough 길이 : 40-90NM 폭 : 7-13NM 깊이 : 100m以上

Tunisia/Libya 판결중 ICJ는 그 판결에서,

> 대륙붕경계의 획정은 각 사건마다 그 독특한 사정을 고려하여 그 각기의 의미에 따라 고려되고 판결되어야 한다. 대륙붕에 관한 원리나 규칙의 적용에 있어 지나치게 이들을 관념화하려고 시도해서는 안된다.

라고 강조하고 있다.[212] 이와 같이 대륙붕 경계획정(境界劃定)에 있어 명시적 원리나 판단의 공식적 기준 및 절차를 규명하는 것을 회피하려는 경향은 판결 자체를 결과지향적(結果指向的:result oriented)인 것으로 치우치게 한다.

물론 해양경계획정(海洋境界劃定)에 있어서 모든 경우에 적용될 수 있는 완벽한 원칙을 제시한다는 것은 지극히 어려운 일이다. 특히 상호배치되는 여러 입증자료들을 공평하게 분석하여 적절한 결론을 논리적으로 유도할 수 있는 적합한 방법론이 아직 발견되지 않고 있다.

해양경계획정(海洋境界劃定)의 판결에 있어서는 관련된 모든 요소를 망라하여 판단해야 한다는 것은 위 5개의 판례들이 일관해서 강조해 오고 있는 바와 같이 당연한 명제이다. 특히 대륙붕의 경계획정(境界劃定)이란 이미 어느 국가에 귀속되어 있

---

212) Tunisia/Libya 1982 *ICJ Reports* 18, para.132.

는 구역의 경계를 발견해 나가는 것이므로213) 어느 것이 이러한 진정한 경계인가를 확인해 줄 수 있는 요인들을 분석해 나가면 된다. 그리하여 재판부가 해야 할 일은 모든 관련된 요소들을 망라하고 이들을 검토하기만 하면 된다. 이것은 이론적으로는 단순하고 직관적 과정이라고 생각될 수도 있다. 그러나, 이러한 일은 실제로 그렇게 간단하지만은 않다. 사실상 사전에 아무런 경계가 결정된 바 없는 경우에 재판부에 부여된 임무란 새로운 경계선을 창출하는 일이 된다.

특히 해양경계문제는 육지의 경계(국경)분쟁처럼 역사적 연원을 따져서 해결할 수 있는 경우란 흔치 않다. 아주 드물게 역사적 권원(權原)으로 특정 해양경계가 획정되는 수도 있지만 일반적으로 인간의 활동을 기준으로 이런 경계가 획정될 수 있는 경우란 거의 없다. 해양경계문제의 또 다른 특성은 일반적으로 육지의 경계란 절대적 국경을 의미하나 해양의 경계는 일정한 제한된 기능적 목적을 위한 경계를 의미하는 경우가 많다는 점이다. 해양경계의 위와 같은 몇 가지 현대적인 특성은 해양경계획정(海洋境界劃定)을 위한 분석방법이 이러한 특성에 맞도록 기능적일 것을 요구하고 있다.

이러한 특성과 그에 따른 기능적 요소가 이들 5개의 판례에서 나타나는 것과 같은 사실위주, 결과지향적 판단을 초래한 원인이라고 볼 수도 있다. 그러나, 그렇다고 해서 해양경계획정(海洋境界劃定)의 판결이 형평(衡平)과 선(善)(*ex equo et bono*)에 의한 결정에 필적할 정도로 개별화 되어서는 안될 것이다.214)

Tunisia/Linbya case의 판결을 비롯하여 Canada/US case의 특별법원판결 및 Libya/Malta case의 판결들은 특히 형평과 선에 의한 판결로 비유되고 있다. 이들 판결에서 적용법규의 기본적 내용에 대한 표현은 순환논법을 벗어나지 못하고 있다.215) 그들 판결에서는 결과가 **방법**이나 **원칙**보다 더욱 중요하다고 강조하고 있다. 또 판결을 위한 고려요소는 각각의 경계선에 따라 다를 수도 있고 법적 원칙은 지나치게 개념화해서는 안 된다고 명시하고 있다.216)

그러나, 실제로 이들 판결에서는 결과적으로 선택한 구체적 경계선의 결정에 대한 합리적 이유가 설명되어 있지 않다.217) 그러므로 이들 판결은 명확한 법적 원칙에

---

213) North Sea, 1969 ICJ Reports 3, para. 18-20.
    Anglo-French Arbitration,(cmnd. 7438), para. 77-78.
    Oda Dissent, 1982 ICJ Report 157, para. 152-153.
214) North Sea, 1969 ICJ Report 3, para. 88; Angro-French Arbitration(cmnd 7438), para. 245; Tunisia/Libya 1982 ICJ Report 18, para. 71. and Dissenting Opinion of Judge *ad hoc* Evensen, ICJ Report 278, para. 12-14. and Dissenting Opinion of Judge Oda ICJ Report 157, para.1.
215) Tunisia/Libya *1982 ICJ Report* 18, para. 70. 참조.
216) Ibid. para. 132.

기초하지 아니한 판결이라는 비난을 면할 수 없으며, 이들 판결에 관한 한, 법규범에 의한 결정과 형평과 선에 의한 결정과의 구별은 불가능하다고 지적될 수 있다.

(2) "형평의 원칙"(equitable principle)과 "형평과 선"(ex equo et bono)

해양경계획정(海洋境界劃定)문제에 관한 국제판례와 관행이 사실위주의 경향을 띠게 된 이유로는 원래 대륙붕의 경계는 형평의 원칙에 따라 획정되어야 한다는 기준을 설정한데서 기인한다고 볼 수 있다. 대륙붕 경계획정(境界劃定)의 기준으로 형평의 원칙을 제시한 것은 대륙붕 개념을 법적 의미로 최초로 선언한 Truman선언에서 이미 비롯되고 있다. Truman선언에서는, "대륙붕의 경계는 미국과 관련 인접국간에 형평의 원칙에 입각한 합의로서 결정되어야 한다"고 선언하고 있다. 상호협의를 통한 합의와 형평의 원칙에 따른 경계획정(境界劃定)이라는 두 개념은 해양경계획정(海洋境界劃定)에 있어서 중요한 기준이 되어 왔다. 즉 Truman선언 이후 연이어 발표된 여러 나라들의 선언에서 이는 충실히 수용되고 있었으며, 대륙붕에 관한 많은 학술적 주장의 내용에 포함되어 반영되고 있다.[218]

이 형평의 원칙은 북해 대륙붕사건이래 앞서 개관한 5개의 ICJ판결 모두에 있어서 중심적인 법적 원칙이 되고 있다. 제3차 유엔해양법회의에서 해양경계획정(海洋境界劃定)의 기준에 관한 논의의 초점도 항상 형평의 원칙의 기능에 관한 것이었다. 그러나 이 형평의 원칙이 해양경계획정(海洋境界劃定)에 있어서 갖게 될 구체적인 규범적 내용이나 기능, 요건들은 아직도 불명한 채로 남아 있다고 볼 수밖에 없다.

일반적으로 법제도 일반의 기능 속에서 형평의 원칙 또는 형평(equity)의 의미는 어떠한 것인가?

법상(法上) 형평의 의미를 정리하여 보면 다음 4가지로 나누어 설명 될 수 있다.
① 영미법상 형평법(衡平法:rules of equity)과 같은 법의 본질적 내용의 일부.
② 실정법의 기계적 적용시 구체적 사건에 있어서의 과도한 엄격성을 조절키 위한 제도적 장치.
③ 신뢰, 정직, 관용과 같은 규범의 기초적 내용으로 구체적 사건에 적용 가능한 법적 규범.
④ 실정법의 구체적 규정으로 해결키 곤란한 사건에 있어서 합리적 결정을 유도키 위해 법원이 채용할 수 있는 규범.

이상 4개의 의미 중에 어느 특정의 것으로 형평의 법적 의미를 채택하는 것은 각

---

[217] Dissenting Opinion of Judge Gross, Tunisia/Libya, 1982 *ICJ Report* 129, para. 9-11, 15-18, 19-24. Evenesn Dissent, para. 14, 18-20. Oda Dissent, para.1.
[218] 이것은 「북해대륙붕사건」에 관한 ICJ판결논지의 일부임. North Sea, 1969 *ICJ Report*, para. 47.

경우의 규범적 판단에 기초하는 것이다. 결국 이들 4개 의미의 각 경우에 공통적인 점은, 구체적인 법규로 명확히 규정되지 못하는 경우에 이러한 법규의 구체적인 기술 대신에 형평이라는 용어를 사용하게 되는 것이라고 말할 수 있다. 그러므로 형평(equity)의 법적 기능은 규범의 내용이 완성된 법규의 형태로 기술되지 못하는 법 발전의 초기단계에서 내재된 규범적 법규를 대표하는 일이다. 해양경계획정(海洋境界劃定)문제에 적용되고 있는 형평의 원칙이란 용어도 이러한 잠재적 규범의 표상으로서의 형평의 개념 바로 그것이다.

북해대륙붕사건에서 ICJ는,

> ...경계획정(境界劃定)에 관해 관계국을 기속(羈束)하는 법규범은 추상적인 정의개념으로서 적용되는 형평법적 규범이 아니라 실정법(rule of law)이며 이 실정법은 대륙붕에 관한 법적 제도의 발전과정에서 시종 되어온 일반적 개념에 의거한 형평의 원칙을 적용할 것을 요구한다.

라고 판시하고 있다.[219] 물론 ICJ의 판결요지에는 다소 과장된 표현이 혼입되어 있음을 인정할 수 있다. 그리고, 이러한 ICJ의 견해에 대해서는 중요한 반대의견들이 제시되고 있다.

특히 Tanaka판사는 그의 반대의견에서,

> 법원은 정의, 형평, 합리성 등과 같은 고도의 일반적 법개념을 채용하고 있다. 그러나, 이들은 그 일반성, 추상성으로 말미암아 본 건 사안에 구체적인 기준이 되지 못하고 있다. 고로 형평의 원칙을 채용하는 것은 논점을 교묘히 회피하는 것에 불과하다.

라고 비판하고 있다.[220] 그리고 이러한 일반 추상성을 탈피하기 위해 법원은 형평의 원칙판단에 기여할 몇 가지 구체적 요소를 제시하였던 바, 이에 대해서 Koretskey판사는 그의 반대의견에서,

> ...제시된 요소들은 본 건에 적용될 국제법의 원칙이나 규범에 속한다고 도저히 인정될 수 없다. "요소(要素)"라는 용어는 법의 지배[rule of law] 과정에서 도출되지 않는 비사법적(非司法的) 특성을 나타내고 있는 것이다. 법원이 제시한 이들 고려요소들은 다분히 성질상 경제적, 정치적인 배려이며, 이에 기한 판단은 일종의 권고(勸告)나 충고(忠告)는 될 수 있을지 모르나 국제사법법원(國際司法法院)의 적법한 기능에 속하는 사법적(司法的) 결정이라고 인정할 수 없다.

라고 비판하고 있다.[221]

1969년 ICJ판결에서 법원이 형평의 원칙을 채용하고 임의적(任意的) 요소들을 판

---

219) North Sea, *1969 ICJ Report*, para. 85.
220) North Sea, *1969 ICJ Report*, Dissenting Opinion of Judge Tanaka, at 195-196.
221) North Sea, *1969 ICJ Report*, Dissenting Opinion of Judge Koretsky at 167.

단함에 있어서 상당한 자의(恣意)를 개입시키고 있다는 것은 인정할 수 있겠지만, 그 당시는 대륙붕에 관한 국제법의 제도적 내용이 아직 유치한 상태였고, 이 사건은 그 방면의 최초의 것이었다. 법원이나 국제사회는 대륙붕에 관한 구체적 법규의 내용을 규명하기에는 아직 유치한 관행을 가질 뿐이었다. 그러므로, 본 건에서 ICJ는 정의될 수 없는 규범을 "형평의 원칙"이라고 표현하고 있었다고 볼 수 있다.

결국 북해대륙붕사건의 ICJ판결 자체에 대해서는 많은 비판이 가능하겠지만[222] 법원(法院) 자신은 형평의 원칙의 적용을 형평과 선(*ex equo et bono*)에 의한 결정과 대별하고 있었다.[223] 그리고, 이러한 태도는 그 이후 5개의 판결에서 일관되고 있다고 보여진다. 이들 판결에서 ICJ는 형평의 원칙을 잠재적 규범의 표상으로 취급하고 있다. 이와 같은 잠재적 규범의 내용은 법의 발전과정이 성숙됨에 따라 실정적 규범으로 나타나야 할 것이다. 그러나, 1969년 북해대륙붕사건이래 많은 시간이 지났고 많은 판례가 나온 지금도 형평의 원칙이라는 잠재적 규범의 내용은 그다지 잘 규명되어 있지 아니하다. 오히려 최근 Tunisia/Libya case, Canada/US case 및 Libya/Malta case 등에서 형평의 원칙은 결과위주로 해석됨으로써 법적 규범의 내용으로 정리될 수 없는 모호한 내용으로 퇴보되고 말았다. 예컨대 Tunisia/Libya case에서 ICJ는,

> ...중요한 것은 결과이다. 원리란 이 목표에 종속되는 것이다. 형평의 원칙도 그 형평스러운 결과를 도출하는 목적을 위해 얼마나 유용한가 하는 기준에서 평가되어야 한다. 당(當) 법원이 선택한 원리도 형평스러운 결론을 유도하는데 얼마만큼 적합한가에 따라 결정된 것이다. 이런 관점에서 형평의 원칙이란 추상적으로 해석될 수는 없다. 그것은 형평스러운 결론에 도달키 위해 적절한, 구체적인 원리나 규칙으로 귀착된다.

라고 판시하고 있다.[224] 1982년 유엔해양법협약 제74조/83조에서도 "형평스러운 해결"이란 용어를 사용함으로써 똑같이 결과지향적 경향을 촉구하고 있다. 이런 복합적 원인들에 의해 초래된 형평 원리의 적용에 있어서의 결과지향적인 편향은 1969년 북해대륙붕사건의 ICJ판결들에서 꾸준히 나타난 반대의견에서 우려했고, 또 통렬히 지적되었던 법의 퇴화를 가져오고 말았다.

앞으로 해양경계획정(海洋境界劃定)에 관한 국제법원의 사법적(司法的) 판단에 있어서 바람직한 방향은, 판결이 제시하는 해양경계선이 관계당사국에게 얼마만큼 받아들여지는가 하는 문제보다 그 특정 해양구역에서 관련 연안국이 행사할 해양관할권의 특성과 목적에 부합하는 경계를 획정 한다는 점에 더 중점을 두어야 한다. 국

---

222) Supra. Note. 107. and it's texts.
223) North Sea, *1969 ICJ Report*, para. 18-20.
224) Tunisia/Libya, *1982 ICJ Report*, 18, para. 70-71.

제사법판결의 수용성은 국제판결의 존립을 위해 물론 중요한 것이기는 하지만 법원의 판결이 확립된 법적 원리에 기초하지 않는다면 그 판결의 적법성 자체가 의심스럽게 된다. 이 분야의 규범은 지나친 개별화를 추구해서 분쟁을 자초하는 결과를 가져오게 해서는 안되며 보다 엄격한 규칙에 충실함으로써 분쟁을 종식시키는 역할을 다 해야 한다. 일반적으로 국제적 행위의 보도가 적고 따라서 부수된 분쟁이 야기되는 우려가 없다면 보다 융통성 있는 법규의 적용이나 개별화된 결정은 비능률적이며 비생산적이다. 특히 해양문제에 관한 것은 후자의 경우에 속한다. 아직도 수백건의 경계분쟁이 해결되지 않은 채로 있다. ICJ나 특별중재법원은 사실 중심적인 법적용을 하고 분석상 다양한 방법을 구사함으로써 분쟁을 조장하여 왔으며 기존의 분쟁을 더욱 심화시키고 있다. 이제 분쟁당사국들 마다 특정한 사실이 자기 측에 유리한 경계를 주장할 수 있는 근거가 된다고 희망할 수 있게 되었다. 지금까지 5개의 ICJ판결은 향후 경계분쟁 당사국들로 하여금 외교적 협의나 사법적 절차에 있어서 모든 가능한 주관적인 주장을 제기하도록 고무하는 결과가 되었다.

특별히 구체적 여건에 맞추어 해양경계를 조정한다는 것은 물론 중요하나, 아직 결정되지 않은 대부분의 해양경계선은 대체로 인구가 조밀하지 않고 상대적으로 개발이 저조한 지역에서 문제되고 있으므로 개별적 원리를 수용하는 주장들은 절박한 것은 아니다. 그러므로, 일관된 법적 해석의 태도와 일반화된 분석방식을 유지하는 것이 보다 더 국제법 발전에 기여하는 것이 된다. ICJ가 더 이상 계속적으로 그 중요한 영향력을 사실 중심적인 태도와 융통성 있는 법적용을 고무하는 쪽으로 행사한다면 이는 국제사회에 유해한 결과를 초래할 것이다. 국제사법판결은 국제사회의 관행과 법적 관념을 확립시키는 방향으로 법규범을 확고히 하는 데에 기여하여야 한다. 그렇게 하기 위해서는 ICJ는 그 제시된 각종의 주장을 교량분석(較糧分析)하고 여기서 도출되는 결론의 근거를 규명하기 위한 명시적인 공식을 개발해야 한다. 분석을 정형화함으로써 당사국간의 논쟁을 경계획정(境界劃定)의 문제 중 정형화된 중요 국면에 집중시킬 수 있게 되고 따라서 사법적 절차는 더욱 간결하고 원활하게 될 것이다.

(3) 경계획정판단(境界劃定判斷)의 방법론
― 해양경계획정(海洋境界劃定)분석의 5단계설 ―

해양경계획정판단(海洋境界劃定判斷)에 있어서, 관련된 주장의 분석방법을 정형화하기 위해 Jonathan Charney는 5가지 분석기준과 과정을 제시하고 있다.[225]

---

225) Jonathan I. Chareny, "Ocean Boundaries between Nations: A Theory for Progress," 78 *AJIL*(1984), 597.

이를 소개하면 다음과 같다.

1) 제1단계 : 해양관할수역의 기능확정(機能確定:identification of functions)

EEZ의 경계는 대륙붕의 경계와는 같을 수 없으므로 동일한 국가의 관할경계라도 그 해양관할수역(海洋管轄水域)의 기능에 따라 경계선은 달라질 수 있다. 그러므로, 해양경계획정시 무엇보다 먼저 경계획정(境界劃定)을 할 관할수역의 기능이 무엇인가를 확정시켜야만 할 것이다.

2) 제2단계 : 경계획정(境界劃定)을 위한 관련고려요소(關聯考慮要素)의 검토

Jonathan Charney는 다음 4가지를 고려요소로 든다.
(가) 지형학적 고려요소(geomorphological consideration)
　　그는 지형학적 고려요소로서
　　　① 근접성(近接性:proximity)
　　　② 종속성(從屬性:appurtenance)
　　　③ 지형의 자연적특성(自然的特性:natural features)
　　　④ 비례성(比例性:proportionality)
　　등을 열거하고 있다.
(나) 지질학적 고려요소(geological consideration)

대륙붕이란 육지영토의 자연적 연장이므로 연안국인접해저의 지질학적특성은 대륙붕 경계획정(境界劃定)에 있어 중요한 고려요소가 됨은 당연하며 이러한 고려요소를 참작하지 않은 것은 적법한 경계라 할 수 없을 것이다.(Libya/Malta Case에 관한 판례음미 참조)

(다) 자원이용관계(資源利用關係:resource interest)

특정 해양관할수역(海洋管轄水域)의 기능은 결국 그 관할수역 내 자원의 이용과 직접적인 관계가 있는 것이다. 따라서 다음과 같은 자원의 이용관계는 경계획정(境界劃定)의 중요 고려사항이 되어야 한다.
　　　① 광물과 어종별의 분포, 생산의 구획
　　　② 자원활용의 인위적 관행
　　　③ 환경보존운영을 위한 생태적 관련성
(라) 경계지역에 있어서 정부(政府)의 행위(行爲)

경계지역에서 분쟁이전의 정부행위는 중요한 경계획정의 고려요소이다. 관련 당사국의 일방적인 주장에 대한 묵인(aquiscence), '금반언(禁反言)의 원칙(estoppel)'이나 묵시적 합의(tacit agreement)의 의미와 관련되어 특정 국가의 경계선에 대한 입

장은 종국적인 것으로 확정될 수 있다.

3) 제3단계 : 경계선의 작도(作圖)

이상의 각 고려요소를 검토하여, 단계별로 특정될 수 있는 경계선들을 개별적으로 작도한다.

4) 제4단계 : 작도(作圖)된 각 경계선의 검토

제3단계에서 얻은 각 개별경계선들을 그 관계요소와 함께 비교 교량하는 단계이다. Jonathan Charney는 이것이 가장 중요한 단계라고 강조하고 관련된 모든 요소와 개별 경계선들의 의의와 중요성을 상호 교량하기 위해서 일정한 지표(指標)나 계층적(階層的) 대조표(對照表)를 만들 것을 제의하고 있다. 그러나, 그는 모든 경우에 활용할 수 있는 일반적인 비교 교량의 공식과 같은 것은 만들 수 없다고 스스로 인정하고 있다.[226]

5) 제5단계 : 전체적 해양경계의 획정

위에서 교량된 결과를 근거로 하나의 경계선을 획정하는 단계이다.

물론 이 5개 과정은 모든 경우에 예외 없이 수학적인 정확성을 가지고 적용하여 분석을 진행할 수 있는 것은 아닐 것이나, 이러한 분석의 단계와 기준을 정형화함으로써 모든 다양하고 특수한 요소가 언제나 적정한 정도로 분석, 참작되어 합리적 경계를 규명하는 것이 보장될 수 있을 것이므로 이러한 제안(提案)은 극히 유용한 견해라고 생각된다.

위 Jonathan Charney 교수의 제안은 1984년에 제시된 것이므로 그 동안 경계획정문제에 관한 판례의 경향도 많이 변화되었고, 좁은 대륙붕에서는 경제수역범위를 포괄하는 단일경계선이 채용되고 있는 관행이 거의 확립되 있는 추세로 보아서 다시 검토되어야할 여지가 있다. 우선 몇가지 점에 관한 분석과 재음미를 해보기로 한다.

제1단계, 해양관할수역의 기능확정(機能確定:identification of functions)에 관해서 보면,

대륙붕과 경제수역범위를 포괄하는 단일경계선을 획정하는 경우에 이 제1단계는 단순히 경계획정의 대상 해역과 해안(relevant area and coast)을 확정하는 단계로서의 의의(意義)만이 강조되게 될 것이다.

제2단계, 경계획정(境界劃定)을 위한 관련고려요소(關聯考慮要素)의 검토에 관해서 보면,

---

[226] Ibid. p.605.

(가) 지형학적 고려요소(geomorphological consideration)로서 ① 근접성(近接性: proximity), ② 종속성(從屬性: appurtenance), ③ 지형의 자연적특성(自然的特性: natural features), ④ 비례성(比例性: proportionality), 등을 검토기준으로 열거하고 있는바, 이러한 기준들은 지형학적(geomorphological)으로만 검토될 것은 아니고 오히려 지리학적(geographical) 기준, 특히 광역(廣域)지리학적(macro- geographical)기준으로 검토되어야 할 것이다. 특히 근접성(近接性: proximity), 종속성(從屬性: appurtenance), 또는 비례성(比例性: proportionality)의 검토는 경계획정이 문제된 대상 해역의 국지적(局地的) 분석만으로는 경계획정의 형평성을 보장하기 위한 정확하고 종합적인 결론을 얻기 어렵게 될 것이다.[227]

(나) 지질학적 고려요소(geological consideration)는 현재 판례의 추세로 보아 그 중요성이 많이 감소된 것으로 보지 않을 수 없다.

(다) 자원이용관계(資源利用關係:resource interest); Jonathan Charney교수가 '자원이용관계(資源利用關係:resource interest)'라고 제시한 이 세 번째의 관련요소는 그의 해양경계획정판단(海洋境界劃定判斷)에 있어서 가장 중요한 기준을 포괄적으로 제시하는 것이라고 볼 수 있다. 일견해서 그는 이 항목에서 경제적인 고려 사항만을 강조하여 ① 광물과 어종별의 분포, 생산의 구획, ② 자원활용의 인위적 관행, ③ 환경보존운영을 위한 생태적 관련성 등을 관련항목으로 적시하고 있다. 그러나 체계적으로 발전 확대시켜서, 정치적 고려사항 및 역사적 고려사항을 함께 참작하도록 함이 바람직하였을 것이다.[228] 특히 그의 해양경계획정판단(海洋境界劃定判斷)을 위한 정형적 분석기준에는 도서(島嶼)의 존재를 참작하는 항목이 언급되어 있지 않다. 바람직하기로는 이 자원이용관계(資源利用關係:resource interest)와 별항으로 ("라", 또는 "마" 항으로) 도서(島嶼)의 존재를 경계획정의 고려사항으로 설명해 주는 것이 필요하다고 생각된다.[229]

(라) 경계지역에 있어서 정부(政府)의 행위(行爲); 어떤 견해에 의하면 이를 예비적 분석의 항목으로 다루기도 한다.[230] 그러나 Jonathan Charney 처럼 본격적

---

[227] 백진현, "해양경계획정법의 발전과 동북아 해양경계," 「제2회 해양전문가 Workshop-동북아 해양문제의 재조명」, 1998년 6월 27~6월 28일. 해로연구회 및 외교통상부 주최 세미나. 미발간 자료, p.10.
[228] Bernard Oxman, "Political, Strategic and Historical Considerations," in Jonathan Charney, Lewis Alexander ed. *International Maritime Boundaries*, Vol. I ,(Martinus Nijhoff Publishers, 1994), pp.3-41. Barbara Kwaitkowska, "Economic and Environmental Considerations in Maritime Boundary Delimitations," Ibid., pp.41_75.
[229] Derek Bowett, "Islands, Rocks, Reefs, and Low-tide Elevations in Maritime Boundary Delimitations," Ibid., pp.131-153.
[230] 백진현, op.cit., pp. 9-10.

인 고려사항의 한 항목으로 분석되는 것이 더욱 정당한 것이 아닌가 생각된다.

Ⅵ. 대륙붕(大陸棚)에 대한 연안국(沿岸國)의 권리

연안국은 대륙붕에 대하여 대륙붕을 탐사하고 그 천연자원을 개발하기 위하여 주권적 권리를 행사한다.(대륙붕협약 제2조 1항, 협약 제77조 1항) 그러나, 대륙붕에 대한 연안국의 권리는 그 상부수역 또는 동(同) 수역 상공의 법적 지위에 영향을 미치지 않는다.(대륙붕협약 제3조, 협약 제78조 1항) 새로운 해양법상 대륙붕 정의에서 대륙변계(大陸邊界)의 외측이 200해리가 되지 않는 "좁은 대륙붕"의 범위도 200해리까지를 법률상 대륙붕으로 정하였으므로, 새롭게 확정된 200해리 EEZ제도와 관계상 대륙붕에 대한 연안국의 권리는 200해리 미만의 대륙붕 ―소위 inner continentalshelf―과 200해리 이원(以遠)의 대륙붕에 대하여 구별해서 설명하는 것이 필요하게 되었다.

1. 200해리 이내 대륙붕에서 연안국의 권리

대륙붕은 영해 밖으로 연장되는 연안국 육지영토의 해저(海底)로의 연장이라고 정의되고 있으나(제76조 1항, 3항) 대륙붕 자체가 연안국의 영토의 일부로 간주되는 것은 아니다. 다만 그 해저의 모든 천연자원에 대한 권리가 연안국에 속하고 있을 뿐이다. 천연자원(天然資源)이라함은 석유, 천연Gas, 망간단괴와 같은 광물자원인 비생물자원과 정착성 어종과 같은 생물자원을 망라(網羅)하는 것이다. 정착성어종(定着性魚種)이란 수확단계에서 해저의 표면이나 표면 하부에 움직이지 않거나 해저 하층토에 항상 밀착하지 않고는 움직일 수 없는 생명체를 말한다.(제77조 4항) 굴, 조개, 전복과 같은 어류는 의심할 바 없는 정착성 어종이나, 가재나 게(lobsters & crabs)에 관해서는 논란이 많다. 즉 동(東)베링해(海)에서 king crab조업에 관해 일본과 미국간에 있는 어업분쟁, 브라질 근해에서의 프랑스와 브라질간의 가재어업분쟁 등이 그것이다.231) 미국은 1979년 「어업보존관리법」에서 게(crabs)를 대륙붕어족자원(大陸棚魚族資源)으로 명기하고 있다.232) 정착성어종에 대한 연안국의 주권적 권리는 같은 200해리 이내의 EEZ에 있는 다른 생물자원에 대한 연안국의 권한보다 더욱 배타적이고 독점적이다. 왜냐하면, 다른 비정착성 어종에 EEZ연안국은 잉여허용어획량(剩餘許容漁獲糧)의 범위내에서 타국의 입어(入漁)를 허용해야 하기 때문이

---

231) 제7장 Foot Note.113. 참조
232) U.S. Fishery Conservation and Management Act of 1976 PL 94-265. Sec. 3 Definition (4) "Contiental Shelf fishery resources". 70 *AJIL* 624(1976), at 627.

다.(제58조, 62조) 그러나, 정착성 어종에 대해서 이러한 규정은 적용되지 아니한다.(제68조)

대륙붕에 관한 연안국의 탐사와 개발의 권리는 실효적 또는 관념적 점유나 명시적 선언등에 의존하지 아니하고(제77조 3항), 당연히 당초부터(ipso facto ab inito) 연안국에 귀속되어 있으므로 EEZ내의 천연자원에 대한 연안국의 권한보다 더욱 강력하고 절대적인 것이라 할 수 있다. 따라서 연안국은 국내입법을 통해 대륙붕 석유, 천연Gas 및 정착성어종의 탐사, 개발에 관한 세부적 절차와 규정을 정하여 이를 시행할 수 있다.

그러나, EEZ제도가 확립되기 이전 대륙붕의 상부수역은 명백히 공해(公海)였으며 지금도 EEZ를 선포(宣布)하지 않는 한, 공해(公海)인 법적 성격은 동일하다. EEZ를 선포했다고 해도 그것이 영해(領海)는 아니므로(제55조) 대륙붕에 대한 연안국의 권리행사는 항행(航行) 및 그 밖의 정당한 타국의 권리와 자유를 침해하거나 부당한 간섭을 초래해서는 안된다.(제78조 2항)

연안국은 천연자원의 탐사, 개발을 위해 대륙붕 상(上)에 시추(試錐)를 허가하고 규제할 배타적 권리를 갖는다.(협약 제81조) 또 대륙붕 제도에 관한 협약의 어떤 규정도 대륙붕 상부수역의 수심에 관계없이 굴착(掘鑿)에 의하여 대륙붕의 하층토를 개발하는 연안국의 권리를 제한할 수 없다.(협약 제85조) 이와 같이 대륙붕의 자원을 탐사, 개발하기 위해서는 필연적으로 그 상부수면에 시추선(試錐船:platform)등 기타 시설물을 설치하게 된다. 이러한 시설물을 상부수역 수면에 설치하는 연안국의 배타적 권리는 인정된다.(협약 제60조, 제80조) 그러므로, 그 상부수역이 연안국의 EEZ가 아닐 경우에도 협약 제80조에 의거 제60조에서 규정하는 모든 인공도서(人工島嶼), 시설 및 구조물의 건설, 운용, 사용, 허가 및 규제의 권리가 인정된다. 물론 그 시설물의 주위에 500m를 넘지 않는 안전수역(安全水域)을 설정하는 권리까지도 연안국에게 인정된다고 보아야 한다.(제60조 5항) 그러나 이러한 시설물과 안전수역은 국제항행에 필수적인 것으로 인정되어 있는 해로(海路)의 사용을 방해할 수 있는 곳에서 설치될 수 없다.(제60조 7항)

대륙붕에 대한 연안국의 주권적 권리에 대한 중대한 제한은 대륙붕에 해저전선(海底電線), 관선부설(管線敷設)의 자유를 인정하는 제도이다.(대륙붕협약 제4조, 협약 제79조) 영해 이원(以遠)의 공해해저(公海海底)에 공해자유의 중요한 내용의 하나로서 인정되던 해저전선 및 관선부설의 자유를 유지하기 위해서 1958년 Geneva 대륙붕협약에서부터 이는 명문으로 규정되어, 대륙붕에 대한 탐사, 개발을 위한 연안국의 권리는 대륙붕 상에 해저전선 또는 관선의 부설, 유지를 방해할 수 없다고 밝히고 있다. 그러나, 대륙붕의 범위 안에서 관선부설의 경로를 획정함에는 연안국의 동의를

얻어야만 한다.(제79조 3항)

2. 200해리 이원(以遠) 대륙붕에서 연안국의 권리

영해기선(領海基線)에서 200해리가 넘는 수역까지 대륙변계(大陸邊界)의 끝이 계속되는 대륙붕에서 연안국은 역시 그 해저, 해상과 하층토 천연자원을 탐사, 개발, 이용하는 권리를 갖는다.

먼저 생물자원의 경우를 보면 이러한 200해리 이원(以遠) 대륙붕의 상부수역은 연안국의 EEZ가 아니며 일반 공해에 속하게 되므로 연안국의 주권적 권한에 속하는 것은 정착성 어종에 한하게 된다.(대륙붕협약 2조 4항, 유엔해양법협약 제77조 4항) 기타 어종은 공해어업의 일반적 기준에 따라 모든 국가가 어로의 자유를 향유하기 때문이다. 여기서 어떤 어종이 정착성 어종인가의 여부가 다시 중요한 문제로 분쟁의 대상이 된다.

다음 비생물(非生物) 자원에 관해서 보면, 연안국은 200해리 이원(以遠) 대륙붕의 광물자원 등을 개발 이용함에 있어서 일정율의 수익금(또는 현물)을 국제해저기구(國際海底機構:ISA)에 납부토록 되어 있다. 즉 연안국은 200해리 이원(以遠) 대륙붕의 광물자원에 관해서도 주권적, 배타적 권리를 갖지만(77조 1항), 이를 개발하여 생산을 개시한 때부터 5년이 지난 이후 6년째부터 그 생산지역의 생산물(현물) 또는 생산액의 1%를 수익 분담금으로 국제해저기구에 납부한다. 그 비율은 매년 1%씩 증가하고 상업생산 개시 후 12년(수익납부금 후 7년) 이후는 7%로 고정된다.(제82조 2항) 그러나, 이 수익분담금 납부의무는 대륙붕의 연안국이 개발도상국이며 그 나라가 종래 그 대륙붕 광물자원의 순수입국(純輸入國)이었을 때는 면제된다.(82조 3항) 유엔해양법협약에 의하면 국제심해저기구(國際深海底機構)는 이렇게 납부된 수익분담금을 개발도상국 특히 최저개발도상국(最低開發途上國) 및 내륙국인 개발도상국(開發途上國)의 권익(權益)과 필요를 특히 고려하여 형평한 분배기준에 입각하여 유엔해양법협약 당사국에게 분배하도록 규정되어 있다.(동4항)

200해리 이원(以遠) 대륙붕에서의 비생물 자원개발에 따른 위와 같은 수익납부제도는 말하자면 기선(基線)에서 200해리가 넘는 구역에 대륙붕을 인정함으로써 "인류공동유산(人類共同遺産:the common heritage of mankind)"인 국제심해저지역(國際深海底地域:International Seabed Area)이 상대적으로 잠식, 축소되는 결과가 되므로 이에 대한 보상을 제도적으로 확보한 것이라고 볼 수 있다.

Ⅶ. 한반도주변대륙붕(韓半島周邊大陸棚)의 개발문제

1. 한반도 주변대륙붕 : 그 물리적 실체

한반도는 길이가 대체로 1,000km이고, 폭이 250km되는 길쭉한 반도로 극동의 캄챠카반도와 일본열도로 둘러싸인 반폐쇄해(半閉鎖海) 속에 "꽈리"처럼 들어 있다. 그러므로, 한반도의 주변해역은 동·서·남해를 막론하고 모두가 대단히 폐쇄적인 반폐쇄해이다. 해저형태로 볼 때, 동해를 제외하고 남서쪽 바다 즉 황해와 동지나해는 평균수역 50m내외의 대륙붕을 이루고 있다.

(1) 지리적 여건

한반도의 서남쪽은 황해와 동지나해를 사이에 두고 중국대륙에 면해 있다. 한반도의 서남해안은 심히 굴곡(屈曲)되어 있어 그 해안선은 8,600km에 달한다. 또 한국의 동해쪽 울릉도와 독도를 제외한 모든 섬들이 서남해안에 산재해 있어서 그 수는 3,579개에 달하고 그 섬들의 해안선만 960km가 된다. 황해(黃海)와 동지나해(東支那海)의 경계는 양자강 입구의 북단(北端)에서 제주도 남단(南端)을 연결하는 대략 북위 33° 17'의 위도선(緯度線)과 제주도 남단에서 일본의 후꾸에 도(島)를 연결하는 가상선(假想線)으로 한다.233)

황해의 면적은 대략 40만 평방km이다. 황해에 연접한 남쪽 바다

(지도 8-16) 한반도주변대륙붕의 지리적 여건

---

233) International Hydrographic Bureau, *Limits of Oceans and Seas*. Special Publication NO. 23, 3rd ed, Monte-Carlo.
Ying-Jeou Ma, Legal Problems of Seabed Boundary Delimitation in the East China Sea, Occational Papers Reprints Series Contemporary Asian Studies No. 3-1984(62) Shool of Law, Univ. of Maryland. p.9.

를 동지나해라고 한다. 동지나해는 유구열도(琉球列島)를 그 동쪽 경계로 하여 구성되는 반폐쇄해이다. 유구열도의 이동(以東)은 필리핀해가 연접되어 있다. 동지나해의 남단은 유구열도 남단(Yonagami섬)과 Taiwan섬의 북쪽 끝단이 경계가 된다. 동지나해의 면적은 대략 752,000평방km이다.(지도 8-16 참조)

(2) 지형학적 구조

황해대륙붕은 평균수심 50m 내외이며 중국본토 연안으로부터 완만한 경사를 이루고 한국연안과 사이의 2/3지점에서 약 48fathom(86m)의 골짜기를 이루고 있다. (지도 8-17 참조)

동지나해의 대륙붕도 평균수심 50m내외이며 오끼나와 해구(海溝)

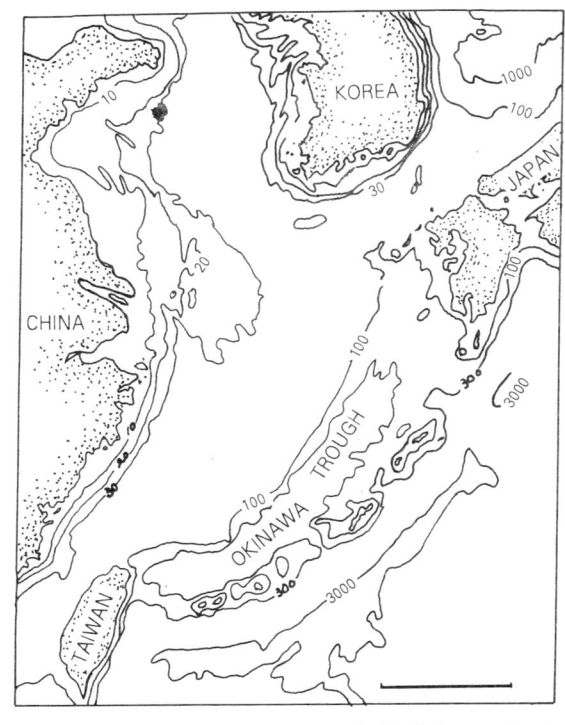

Source : Choon-ho Park, *Continental Shelf Issues in the Yellow Sea and East China Sea*, Occasional Paper No. 15(LSI, Univ. of Rhode Island)

〈지도 8-17〉 황해(黃海)·동지나해(東支那海) 등수심도(等水深圖)

의 직전에 이르기까지 수심 100m미만의 천해(淺海大陸棚)이 계속된다. 오끼나와 해구(海溝)는 일본 큐우슈우에서 대만 북단까지 환상(環狀)으로 연결되어 있고 대만 근처에서의 최고수심은 2,717m이다. 오끼나와 해구(海溝)는 그 50%가 수심 1,000m 이상이며 20%가 2,000m 이상이다. 요컨대 동지나해의 대륙붕은 오끼나와 해구(海溝)로 단절되고 유구열도와 연접된다. 유구열도 외측으로 류구해구(琉球海溝)가 있는 바 이는 수심 6,500m 이상의 깊은 해구(海溝)를 이룬다.[234]

(3) 지질학적 특성

가. 지질조사의 결과

황·동지나해(黃·東支那海) 대륙붕에 대한 지질학적 연구는 최근까지 부진한 편이

---

[234] K.O.Emery et al, "Geological Structure and Some Water Characteristics if the East China Sea and the Yellow Sea" UNECAFW/CCOP *Technical Bulletin*, Vol. 2(1969), pp. 26-27.

VII. 한반도주변대륙붕(韓半島周邊大陸棚)의 개발문제

었다. 1934년에 H. Niino교수가 대한해협 해저 제3기층에 관한 논문을 발표한 이래235) 1949년 Emery와 Gould의 연구가 있었다고는 하나236) 1960년대까지 황해와 동지나해의 해저에서 석유등 천연자원이 나올 것이라는 기대는 없었으며 따라서 이 지역의 해저에 관한 본격적인 조사나 탐사는 이루어지지 않았다. 그러다가 1961년에 K. O. Emery와 H. Niino의 공동연구결과가 나옴으로써237) 이 지역에 대한 지질학적 관심을 불러 일으켰으며 1967년 이들이 발표한 다른 논문은 이 지역의 석유매장가능성(石油埋藏可能性)을 지적하여 학문적 관심이외에 현실적 관심까지 집중시키게 되었다.

1968년 유엔극동경제위원회(極東經濟委員會:유엔 Economic Commssion for Aisa and the Far East ;ECAFE)산하에 새로 발족된 '아시아 원해지역공동광물탐사위원회(遠海地域共同鑛物探査委員會:Committee for the Cooperation of Joint Prospecting for Mineral Resources in Asian Offshore Areas;CCOP)'는 해양조사선(海洋調査船)에 의한 본격 지질조사계획을 후원하게 되었다. 이 계획은 황해와 동지나해에 대한 지구물리학적 조사를 실시하는 것으로서 이 계획에 의거하여 미해군수로국(美海軍水路局) 소속 해양조사선 USS R.F.Hunt호에 탑승한 Emery박사 등 CCOP 당사국의 지질학자들은 6주간(1968.10.12-11.29)동안 12,000 km 이상의 항정(航程)에 걸쳐 지질조사를 실시하였다. 이들의 조사결과는 1969년 발간되었는데 "Emery 보고서"라고 불리우는 이 보고서238)에는 황해와 동지나해의 지질학적 자료가 충실히 수록되어 있다.239)

특히 이 보고서에서 황해와 제주

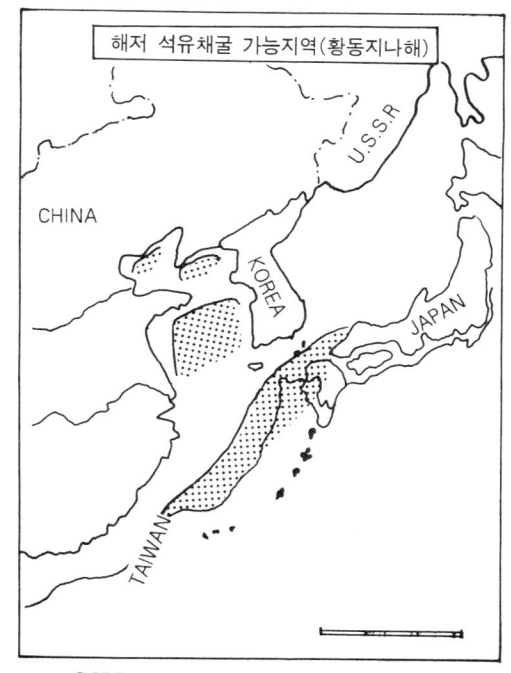

Source : C.H.Park, East Asia & Los(1983). p.3.(ECAFE Tech. Bull. Vol.1 1969)

(지도 8-18) 해저 석유채굴 가능지역(황·동지나해)

---

235) 정갑진 "대륙붕 광물자원개발과 해양법" 「동력자원」, 동력자원연구소(1987년 1월), p. 1.
236) F.P.Shepard, K.O. Emery and H.R.Gould "Distribution of Sediments on East Asiatic Continental Shelf" *Occational paper*, No. 9, Allan Hancock Foundation(1949).
237) Hiroshi Niino, K.O.Emery, "Sediments of Shallow Portions of East China and South China Sea," *American Geological Society Bulletin*(1961).
238) Supra. Note 234.

도 남쪽에서 대만 북단에 이르는 해저에 풍부한 석유의 매장이 있을 가능성이 있다는 주장이 있었으므로(지도 8-18 참조), 한국·일본·자유중국 등 에너지와 기타 부존자원(賦存資源)이 빈약한 이 지역 국가들은 갑자기 해저석유개발의 의욕에 넘치게 되어 이들 국가간에 "대륙붕석유전쟁(大陸棚石油戰爭)"이라고 할 만한240) 치열한 자원관할구역확보(資源管轄區域確保)의 경쟁이 비롯되었다.

나. 지질학적 특성

황해의 지질학적 구조는 산동반도 남쪽에서 양자강 입구까지 중

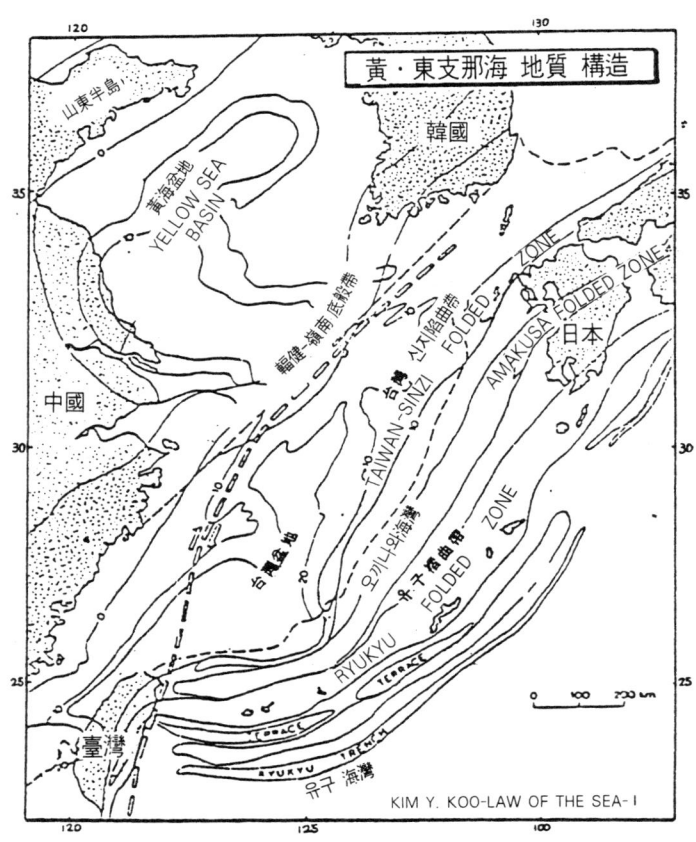

Source : K. O. Emery et al., "Geological Structure and Some Water Characteristics of the East China Sea and Yellow Sea" ECAFE/CCOP Tech. Bull., Vol. 2, (1969), pp.3-40.(Fig. 17)

〈지도 8-19〉 황·동지나해 지질구조

국본토와 한반도로 둘러싸인 황해분지(黃海盆地)를 형성하고 있다. 이 분지의 남쪽 경계는 양자강 입구의 남단에서 제주도 남쪽 끝까지 북동쪽으로 뻗은 해저구릉과 황해남단의 '복건(福健)-영남저반대(嶺南底盤帶: Fukien-Renan Massif)'가 하나의 해저지반 Dam의 역할을 하여 남쪽에서 황하, 양자강, 북쪽에서 한강·금강·대동강·영산강 등의 하천으로부터 유입되는 퇴적물을 분지 안에 집적시키고 있다. 그리하여 황해분지 내에는 신(新)제3기에 해당하는 퇴적층(堆積層)이 203만입방km나 형성되

---

239) 물론, 제한된 기간에 실시된 조사연구인 만큼 이 보고서의 어떤 자료들은 지진계나 사공등에 의해 추가조사확인 되어야 할 것도 있었다. Ibid. p. 41.
240) C. H. Park, "Oil under Troubled Waters";The Northeast Asia Sea-Bed Controversy," East Asia and The Law of the Sea(Seoul;SNU.Press, 1983), p. 1.

어 있다.241) 이 신(新)제3기 지층은 유기물 퇴적층으로 석유와 천연Gas 부존의 가능성이 높은 것으로 알려져 있다.

복건-영남저반대 이남(以南)의 동지나해 해저는 "대만분지(臺灣盆地)"가 형성되어 있다. 이는 북동쪽으로 뻗은 새로운 구릉인 '대만-신지 습곡대(褶曲帶): (Taiwan-Sinzi Folded Zone)'를 남쪽 경계로 한 분지형대(盆地形帶)이다. 대만-신지 습곡대도 해저지반 Dam의 역할을 하여 대만분지 내에 상당한 퇴적층을 형성케 하였다. 고로 대만분지 내에도 주로 신(新)제3기에 해당하는 퇴적층이 100만입방km나 형성되어 있다.242) 대만-신지습곡대와 평행한 유구습곡대(琉球褶曲帶) 사이에 오끼나와 해구(海溝)가 있다. 황해분지의 신(新)제3기층 표면에는 뻘(silt)과 모래가 덮여 있다. 특히 한국쪽에는 모래의 질이 우세하고 중공(中共)쪽 2/3는 사질(沙質)뻘과 모래가 덮여 있다.(지도 8-20 참조)

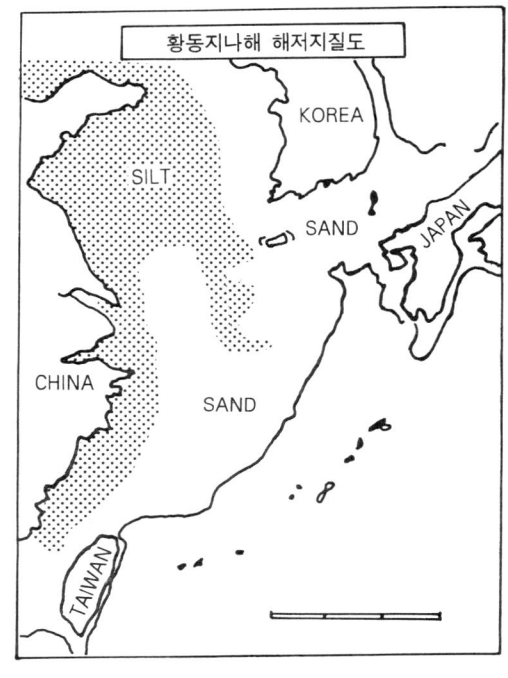

(지도 8-20) 황·동지나해 지질도

2. 한반도주변국의 대륙붕 탐사활동(探査活動)과 관할분쟁(管轄紛爭)

1969년 Emery Report에서 지적된 황해와 동지나해 신(新)제3기 퇴적층 석유부존 가능성의 확인은243) 석유가 부족한 한국·일본·대만등 주변국들에게 대륙붕에 대한 새로운 관심을 불러 일으켰다. 이들은 다투어 대륙붕에 대한 관할주장을 선포하고

---

241) K.O.Emery, et al, op cit, p. 39.
242) Ibid. p. 33.
243) 1969년 Emery Report에 의하면,
    …이 지역중 석유와 천연Gas의 부존가능지역은 대만 북동쪽의 20만평방km이다. 이 지역의 퇴적층 두께는 평균 2km를 넘으며 대만근처에서는 9km에 달하고 그 중 5km는 신제3기 퇴적층에 해당한다……대만과 일본사이의 대륙붕은 세계에서도 가장 풍부한 석유의 매장가능성을 갖고 있다. 특히 이 대륙붕은 이 지역의 군사, 정치적 요인으로 인하여 지금까지 탐사되지 않은체로 남아 있는 세계의 가장 큰 대륙붕이다.
라고 보고하고 있다. Ibid. pp. 39-41.

탐사를 서두르게 되었다. Emery Report 직후 각 국가별 활동과 관할주장의 내용을 보면 다음과 같다.

(1) 한 국

한국은 산유국(産油國)의 꿈을 행동으로 옮기는데 있어서 한반도 주변국중 어느 나라보다도 신속하였다. CCOP의 물리탐사가 끝난 직후 Emery Report가 아직 나오기도 전인 1969년 4월 한국은 미 Gulf회사와 2개 광구에 석유탐사 개발계약을 체결하였다 (K-2, K-4). 이로부터 17개월 이내에 Gulf회사에 이어, Shell(K-6), SOCAL/TEXACO(Caltex)(K-5), 및 Wendell Phillips사(K-7)들이 줄을 이어 한국정부와 석유탐사개발계약(石油探査開發契約)을 체결하였다.[244] Gulf회사와의 계약 당시에는 해저광구(海底鑛區)에 관한 한국 측의 개발법률이 아직 입법조차 되어있지 않았으므로 한국정부는 1970년 1월 해저광물개발법(海底鑛物開發法)(법률 제2184호)을 서둘러 제정, 공포하고 이어 동년 5월 동 시행령 (대통령령 제5020호)으로 한국관할대륙붕(韓國管轄大陸棚)에 7개 해저광구를 설정, 공포(公布)하였다(지도 8-21참조).

한국이 이 해저광구를 일방적으로 선포하여 그 대륙붕관할범위(大陸棚管轄範圍)를 명시한 법적 근거를 보면, 우선 제 1,2,3,4광구의 외연(外緣)은 중국 본토연안과의 중간선으로 채택된 것이며 6광구의 외연도 일본과의 중간선으로 채택된 것이다.

그러나, 제7광구의 외연은 육지영토의 자연 연장설에 근거하여 동지나해의 대륙붕이 오끼나와 해구(海溝)로 단절된 부분까지를 전체적으로 하나의 계속된 대륙붕으로 보아, 제주도 남단 마라도에서 280해리에 이르는 광구를

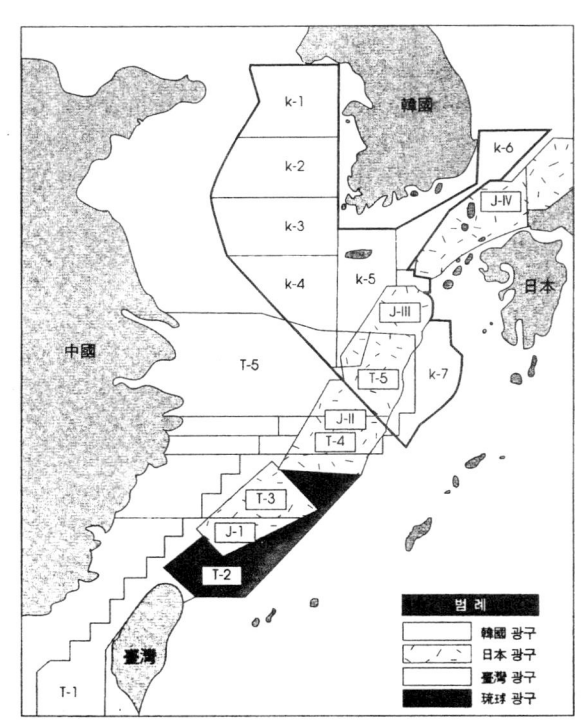

(지도 8-21) 한·일·중의 대륙붕개발광구도
(大陸棚開發鑛區圖)

---
244) 1970년대 한국대륙탐사개발현황

확장 연장한 것이다.

이러한 주장은 이 법(法:해저광물자원개발법)이 나오기 약 9개월 전에 ICJ가 북해대륙붕의 경계획정재판(境界劃定裁判)에서 등거리원칙을 법규성을 부인하고 처음으로 육지의 자연연장개념을 대륙붕의 본질적 성질로 규명한 판례를 신속히 원용한 것이다.245)

(2) 일 본

일본의 민간(民間) 석유회사들은 일찍부터 대륙붕석유탐사개발 광업권(鑛業權) 신청을 일본정부에 하고 있다. 즉 1967년 West Japan Oil은 대마도 근해해저(J-4)에 대한 광구신청(鑛區申請)을 하였으며, 후에 오끼나와 해구(海溝) 근해광구(J-3)까지 양허계약(讓許契約)을 획득하였다. 1968년에는 Nippon Oil이 West Japan Oil의 해저광구에 바로 인접한 남쪽 50,312평방km(J-3)에 대하여 광구신청을 하였다. 세번째로 1969년에는 Teikouku Oil(제국석유)이 Nippon Oil의 광구 남쪽(J-2)에 광구신청을 하였다. 또 일본정부소유 개발회사 JPDC(Japan Petroleum Development Corporation)는 당시 미군정하(美軍政下)에 있던 유구군정청(琉球軍政廳)에 J-2광구 이남의 25,000평방km를 탐사코자 개발신청을 하였다.246)(지도 8-21 참조) 이처럼 일본의 민간개발회사가 신청한 광구개발권의 국제법적 성질은 실상 명확하지 아니하다.247) 이들 일본의 광구는 일단 일본정부가 광구신청에 대하여 양허계약을 성립시켜 주기 전까지는 형식상 일본의 공식적 관할주장과는 무관한 것이라고 할 수 있겠지만 일본은 정식으로 광업권을 허여(許與)하기 전에 한국과 대만에 대하여 일본개발회사가 신청한 4개의 광구에 관한 신청자들의 주장을 옹호하였다.248) 예컨대 일본은 대만에 대하여 1970년 7월 18일자의 외교각서(外交覺書)로서 첨각열도(尖角列島) 근해의 자유중국 측 광구가 일방적인 것이며 국제법상 위법이므로 무효라고 주장하였다.249)

(3) 대 만

대만은 1969년 Emery Report에 의해 비로소 대륙붕자원개발(大陸棚資源開發)에 눈을 뜨고 열성적이 된 점에는 예외가 아니다. 다만 대만은, 1946년 정부가 설립한 중국석유공사(中國石油公社: China Petroleum Corporation:CPC)가 일찍부터 석유탐사와 지질조사활동을 수행하고 있었다는 점은 한국과 다른 점이었다. CPC의 주관

---

245) North Sea, 1969 ICJ Rep. p. 53.
246) Ying-Jeou Ma, op.cit, pp. 34-35.
247) Ibid. p. 35.
248) C. H. Park, op cit, note, 20 and its texts.
249) Ying-jeou Ma, op. cit., p. 33 Note. 59. 60 and its texts.

부서인 대만의 경제성(經濟省)은 1969년 7월 17일 자국 영해의 인접해저와 하층토의 자원에 대한 주권적인 권리를 선언하였다.[250] 대만은 이 당시 1958년 대륙붕협약을 서명한 상태였으며 이 선언의 법적 효과를 강화하기 위하여 1970년 8월 21일 동 협약에 비준하였다.[251] 이 비준시에 대만은 육지의 자연연장원칙을 경계획정(境界劃定)시에 적용할 것과 암석이나 소형도서는 대륙붕 경계획정(境界劃定)에서는 무시되어야 함을 강조하는 유보를 붙이고 있다.[252]

CPC는 대만해협과 동지나해대륙붕 194,000km2의 개발탐사를 위하여 7개의 미국회사들과 합작(joint-venture)개발계획을 맺었다.[253](도표 8-11) 그리고 이러한 개발 활동을 1970년 9월에 「원해지역 석유탐사개발법」(Statute for Exploration and Exploration of Petroleum in Offshore Area)을 제정하였다.[254]

〈도표 8-11〉 CPC의 미국계개발공사와의 합작현황

회사명	계약일	만료일	광구위치	계약현황
Amoco	1970.7.27. 1970.9.21.	1978.9.	T-1 (대만해협 북쪽)	계약종료 (1978.9)
Conoco	1971.3.27. 1971.7.23.	1978.9.	T-1 (대만해협 남쪽)	계약종료 (1978.9)
Gulf	1970.7.28. 1970.9.21.	1980.3.	T-2 (동지나해)	계약정지 (불가항력조항)
Oceanic	1970.8.13. 1970.9.21.	1979.3.	T-3 (동지나해)	계약정지 (불가항력조항)
Clinton	1970.9.22. 1970.9.26.	1978.3.	T-4 (동지나해)	계약정지 (불가항력조항)
Texfel	1972.6.17. 1972.8.29.	1980.8	T-5 (동지나해)	계약정지 (불가항력조항)

Source : Young-jeou Ma, Legal Problems of Seabed Boundary Delimitation in the East China Sea, Occational Paper. No. 3(Univ. of Maryland), 1984, p. 261

---

250) Chung-Yong Jih-pao, July 18. 1969, p. 1;*Free China Weekly*, July 20, 1969. p.4.
251) *Lifa-Yuan-Kung-Pao*[Gaxxette of the Legislative Yuan], No. 64 (Aug. 22, 1970). pp 2;14.
252) 10 *ILM*(1971) 452.
253) Ying-jeou Ma, op.cit., Table. 7.
254) *Investment Laws of the World*, Vol. 8 (1974), p.201.

(4) 중 국

중국은 1960년부터 이미 분쟁이 없는 발해만과 홍콩 근해 등 자국 관할수역 내의 해저에서 석유탐사개발활동을 활발히 전개하였으나 황해나 동지나해 및 대만해협까지는 실제로 진출하지 않았다. 1970년대 초, Emery Report이후 한국, 일본, 대만 등이 이 지역 대륙붕의 탐사를 위해 분주히 움직이자 이에 대한 항의와 더불어 관할권 유보의 성명을 하였을 뿐[255] 실제 이 지역의 개발탐사활동은 전혀 없었다.

3. 한국·일본의 대륙붕공동개발(大陸棚共同開發)

(1) 초기(初期)의 협상(協商)

대만해협과 오끼나와 해구(海溝) 근처의 개발광구들에 관한 중복된 관할주장으로 야기된 한·일·대만 3국간의 분쟁은 일본의 제의로 협상을 통한 타결을 모색하게 되었는 바, 1970년 11월 간 협력위원회가 조직된 바 있다. 이 위원회에서 논의된 합의내용의 기본개념은 영해권주장이나 대륙붕 경계획정(境界劃定) 문제는 관계국정부에 일임하고 민간기업들은 우선 민간협정으로 성립된 개발계획에 따라 탐사와 개발을 개시한다는 것이었다. 3국간 민간협력위원회는 약 한달 후인 12월 21일 일본 동경에서 다시 소집되어 해저자원개발특별위원회를 발족시켰으며 그 구체적 운영규정까지 제정하였다.[256]

본래 민간기구의 이러한 시도는 주권적 권리에 속하는 영유권주장을 "동결"할 수도 없는 것이며, 탐사개발로 석유가 발견, 생산될 경우 분배의 문제와 같은 기본적인 사항조차 해결할 수 없는 것이므로 본질적으로 어차피 명목상의 노력에 불과한 것일 수밖에 없었다. 게다가 중공의 강력한 항의로[257] 일본정부는 1971년 3월 11일 대만

---

255) Infra note 257.
256) C. H. Park, op. cit, p.15;Chung-Yang Jih-Pao, March 6, 1971, p. 1.and April 9, 1971, p. 1.
257) 중공의 항의 내용의 일부는 다음과 같은 원색적 표현을 쓰고 있다.(영→국어번역:저자)

> 일단의 일본 반동정치배들과 전범의 괴수인 기시 노부스께가 이끄는 친미적인 독점정치거물들은 지난 11월 12일 서울에서 "연락위원회"를 꾸며냈다. 이들 위원회가 첫번째로 벌린 일은 그들 위원회 산하에 "해양개발"과 "경제협력"을 위한 두개의 특별위원회를 설립키로 한 결정이다. 또 이들은 중국의 대만성 부근과 그 부속도서의 해저 및 중국과 한국에 인접한 천해에서 해저석유의 "공동개발"을 내년부터 개시하기로 선언한 것이다.
> 이로서 일본군국주의자들은 중국과 한국의 해저석유를 약탈해 가려는 일련의 새로운 음모를 채택한 것이다.
> 본래 침략적 근성이 있는 미제국주의자들도 오래전부터 광대한 중국의 천해지역의 해저자원을 노리는 마수를 뻐치고 있었다.
> 그러나 미국과 일본의 반동들은 이 침략의 발톱을 거두지 않을 때는 그 응분의 쓴

554 제8장 대륙붕(大陸棚)

해협과 첨각열도(尖角列島) 근해 대륙붕의 석유개발을 유보하기로 결정하였다. 또 미국은 이 지역의 개발사업에 참여하는 모든 미국계회사들에게 중공에 의한 나포(拿捕)나 피격(被擊) 시, 미국정부의 보호나 개입은 없을 것이라고 통보함으로써[258] 전체적으로 협상시도는 무산되었다. 1971년 4월 이후 이 지역의 석유탐사는 비미국계회사(非美國係會社)인 Royal Dutch Shell에 의한 활동 이외에는 전면중단 되었다.

(2) 한·일 대륙붕공동개발협정(大陸棚共同開發協定)

한국과 일본은 1972년 9월 제6차 한일정기각료회의(韓日定期閣僚會議)에서 대륙붕의 공동개발에 원칙적인 합의를 보아 서울과 동경에서 번갈아 실무회담을 열고 이 문제를 협의한 결과 1973년 7월 제9차 실무회담에서 공동개발협정(共同開發協定)의 초안(草案)이 성안(成案)되었다. 1974년 1월 30일 서울에서 한국과 일본간에 두개의 대륙붕협약이 체결되었다. 그 하나는 일본과의 대륙붕경계가 처음으로 확정되어진 「대한민국과 일본국 간의 양국에 인접한 대륙붕 북부구역에서의 경계획정(境界劃定)에 관한 협정」으로서 대한해협에서 양국의 대륙붕경계를 중간선원칙에 따라 획정한다는 내용이다[259]. 이 경계획정(境界劃定)

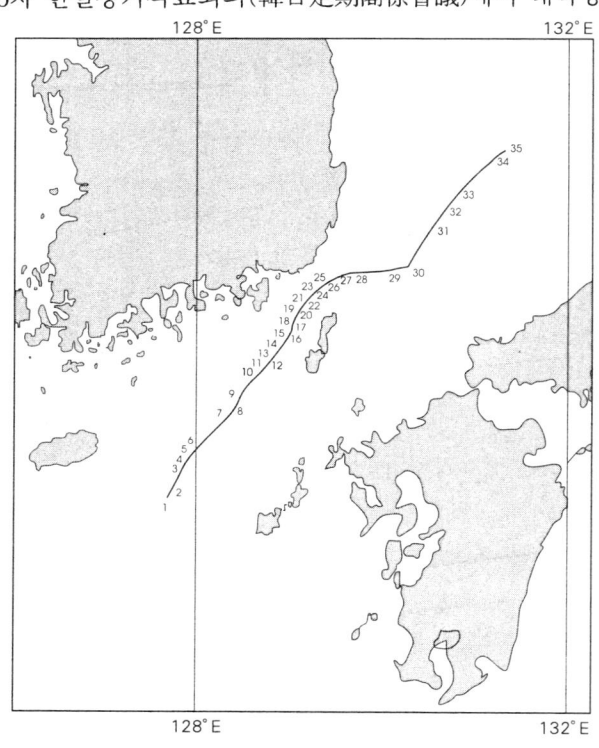

〈지도 8-22〉 한·일 대륙붕 북부지역 경계획정도(境界劃定圖)

맛을 보게 될 것이다……

* 중국어-Jen-min Jin-pao,(Dec,. 4, 1970)
* 영   어-Peking Review,(Dec. 4, 1970), No. 50, pp.15-16.

258) 미국무성의 이러한 통보는 동지역의 관련 연안국 일본, 한국, 대만에도 통보되었음이 Press Briefing에서 밝혀짐.
259) Agreement between Japan and the Republic of Korea Concerning the Boundary in the Northern Part of the Continental Shelf adjacent to the Two Countries. Feb. 5. 1974 ND, Vol.4(1975), p.113.

Ⅶ. 한반도주변대륙붕(韓半島周邊大陸棚)의 개발문제 555

에서는 대마도 근해와 대한해협 근처의 한국 해저자원개발구역 제6광구 및 일본해저광구(J-Ⅳ)에서의 경계가 일부 조정되어 획정되었다(지도8-22참조). 즉, 제6광구(K-6) 남쪽 경계에 관한 일본과의 대립은 1974년 1월, 한·일간의 대륙붕경계협정으로 조정된 것이다.

다른 하나는 「대한민국과 일본국간의 양국에 인접한 대륙붕 남부구역 공동개발에 관한 협정」260)으로서 한국과 일본의 대륙붕 주장이 중복되고 있는 곳은 한국의 제6광구(K-6)와 일본의 J-Ⅳ, 그리고 한국의 제5 및 제7광구(K-5,K-7)와 일본의 J-Ⅲ이 중복되고 있는 지역이다(지도8-21참조). 제6광구 북부지역에서 일부 경계획정(境界劃定)이 합의되는 부분을 제외한 나머지 분쟁구역은 한·일 양국이 이를 공동개발 한다는 점에 합의 한 것이 소위 통칭 한·일 대륙붕공동개발협정(韓·日 大陸棚共同開發協定))이다(지도 8-23참조)

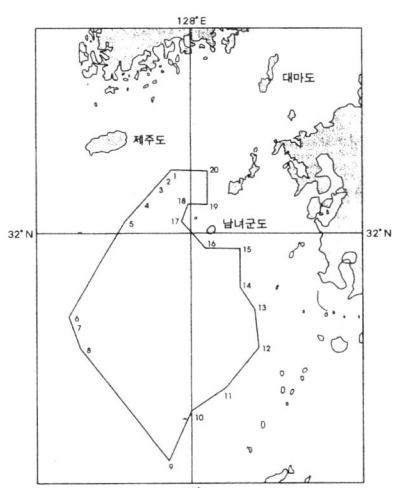 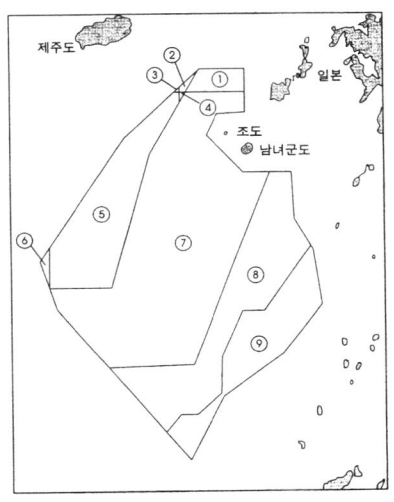

(지도 8-23) 한·일 대륙붕공동개발구역도   (지도 8-24) 한·일 대륙붕 개발구역 9개 소구역도

이 협정은 공동개발구역(JDZ)을 9개의 소구역으로 분할하여(협약 부록참조) 이 각 소구역을 공동으로 개발하기로 정한 것이다.(지도 8-24 참조) 본 협정은 공동개발구역에 대한 한국과 일본의 권리나 귀속문제를 결정하는 것이 아니며 대륙붕 경계획정(境界劃定)의 문제에 관한 양국의 입장은 그대로 유보된다(제28조).

공동개발구역(共同開發區域)에서 산출(産出)되는 자원은 양(兩) 당사국이 동등하게

---

260) Agreement between Japan and the Republic of Korea Concerning Joint Development of the Southern Part of the Continental Shelf Adjacent to the Two Countries (Feb. 5, 1974) ND Vol.4(1975), pp. 117-33.

분배하며 개발, 탐사비용은 동등한 비율로 분담한다.(제9조) 이 협정은 발효 후 50년간 유효하며 그 후 일방 당사국이 서면통고(書面通告) 후 3년 뒤에 종료된다.

〈도표 8-12〉 한·일대륙붕공동개발 양여계약자(讓與契約者)(1974)

소 구 역	한 국	일 본
I	Korea America Oil(Koam) Universal Oil 44.42% Weeks P. Korea 27.78% Hamilton Bros. 27.8%	Nishinihon - Sekyukaihatsu
II-VI		
II-VI	Texaco Korea 40% Chevron Oil Korea 40% Lucky Oil Korea 20%	Nippon Oil Exl 50% Texaco Japan 25% Chevron Oil Japan 25%
VII	Koam	NOE/Texaco/Chevron
VIII	Koam	Taikokyu Sekyu
IX	Koam	Nishinkhon - Sekyu

한국은 협정을 1974년 12월 17일에 비준(批准)하였으며 일본은 우여곡절 끝에 1977년 6월 9일에야 일본국회가 이를 승인(承認)하였다. 일본은 동(同) 협정을 실시함에 필요한 「해저광물개발(海底鑛物開發)에 관한 특별조치법(特別措置法)」을 1978년 6월 14일자로 제정하고 1978년 6월 22일 동경에서 비준서(批准書)를 교환함으로써 비로소 발효(發效)되었다. 이 협정에 의하면(제24조) 한·일 양국간의 협정시행 및 관련문제를 심의, 해결하기 위하여 한·일공동위원회를 설치, 유지토록 되어 있고 분쟁은 직접교섭에 의하되 외교적으로 해결하기 곤란한 경우에는 중재위원회(仲裁委員會)에 의뢰토록 규정되어 있다.(제26조)

이 협정에 따라 한·일 양국은 한국의 해저광물자원개발구역 중 4, 5, 6, 7광구에 해당하는 일정지역의 약 86,000평방km에 공동개발구역을 정하고 이를 9개 소구역으로 분할하였다.(지도 8-24 참조) 당시 각 소구역별 한·일 양국의 공동 양여계약자 (讓與契約者) 현황은 (도표 8-12)와 같다.[261]

4. 한·일 대륙붕 공동개발협정에 의한 탐사와 개발

동(同) 협정 제11조 (의무적 시추)와 제12조 (작업 계속의 의무) 등에 의거하여 그 동안 탐사활동은 계속되었고 많은 탐사 시추공이 굴착되었으나 아직 상업적 가치 있는 유정(油井)이 발견된 것으로 발표된 바는 없다.

이 공동개발구역에서의 탐사 개발 활동은 본래 공동개발협정에서 예상한 것과는

---
[261] 박춘호, "한국의 대륙붕경계문제", 「법학논집」 고려대 법학연구소, (1983. 12) 제21집, p.101.

VII. 한반도주변대륙붕(韓半島周邊大陸棚)의 개발문제 557

달리 운영되고 있는 것도 많다고 한다. 즉 예컨대 양 당사국은 동 지역의 모든 부분에 걸쳐 광구를 설정할 수 있는 것으로 되어 있으나 실제로 한국과 일본은 구역의 특정 부분만을 통제하게 되었다.

그리고 그 동안 많은 조광권 계약자들이 탐사활동을 중지하고 철수하였다. 본래는 이 지역에 상당한 관심이 집중되어 충분한 조광권 계약 희망 업체가 상존할 것으로 예상되었던 것이나 실제로는 그렇지 못하여 한국이나 일본 모두 일단 철수한 개발 광구에 새로운 조광 계약자를 대체한 예는 그리 많지 않다.

한·일 양국의 탐사활동을 개관하면 다음(도표 8-13 및 8-14)과 같다.

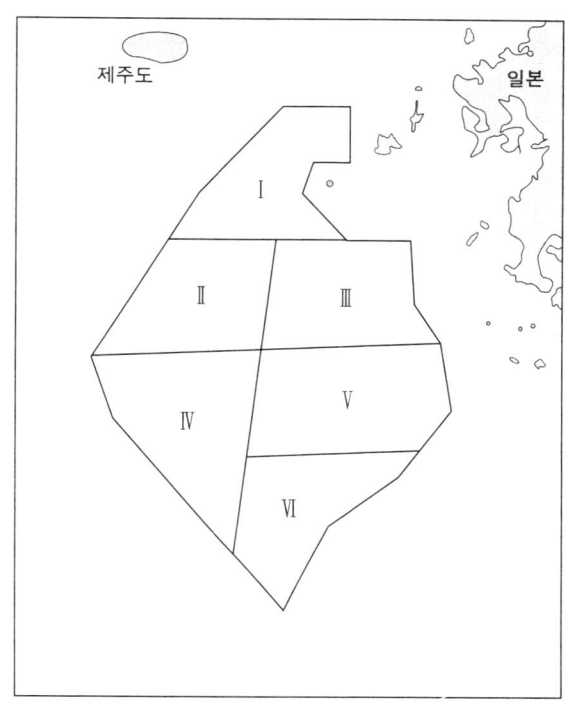

(지도 8-25) 개정된 공동구역 6개 소구역

〈도표 8-13〉 한국의 대륙붕 자원 탐사활동 종합(1987)[262]

회사명	광구번호	조광권 취득	탐사기간	시추 광구 번호	시추 공수	성과
Gulf	K-2,4	1969.8.	1969. 9 ~ 1973. 9.	K-2	2	징후없음
Shell	K-3,6	1970.1.	1970. 5 ~ 1975. 7.	K-6	3	1孔:Gas징후 2孔:석유징후
Texaco	K-1,5	1970.7.	1970. 7 ~ 1973. 2.	K-5	1	Gas징후
Koam	K-7	1971.9.	1971. 9 ~ 1973. 9.	-	-	
Texaco	JDZ-5		1979.10 ~1984. 6.	JDZ-5	2	1孔Gas징후
Koam	JDZ-7		1980. 6 ~ 1985. 7.	JDZ-7	3	2孔Gas징후
Koam	JDZ-8		1985. 5 ~ 1985. 6.	JDZ-8	1	징후 없음
ZAPEX	K-4	1981	1983. 6 ~ 1983. 8.	K-4	1	징후 없음
유개공	JDZ-5		1986. 5 ~ 1986. 6.	JDZ-5	1	징후 없음

262) 자료: 정갑진, "대륙붕 광물자원개발과 해양법", 「동력.자원」 (1987) 동력자원연구소, p.15.

〈도표 8-14〉 일본의 대륙붕 자원 탐사활동 종합[263]

광구 번호	JDZ-5	JDZ-5	JDZ-5	JDZ-7	JDZ-7	JDZ-7	JDZ-8
시추공 번호	JDZ-Ⅴ-1	JDZ-Ⅴ-2	JDZ-Ⅴ-3	JDZ-Ⅶ-1	JDZ-Ⅶ-2	JDZ-Ⅶ-3	Nikkan 8-Ⅸ
조광권자	Nippon Oil Exploration	Nippon Oil Exploration	Nippon Oil Exploration	Nippon Oil Exploration	Nippon Oil Exploration	Nippon Oil Exploration	Teikoku Oil Nihon Mining
운영권자	Nippon Oil Exploration	Nippon Oil Exploration	Nippon Oil Exploration	Hamilton Brothers	Hamilton Brothers	Hamilton Brothers	Teikoku Oil
시추 기간	1980.5.2~7.8.	1984.5.~6.	1986.5~6.	1980.7~10.	1981.10~12.	1985.5~7.	1985.5.2~6.13.
시추 심도	3,317m	3,202m	3,221m	4,446m	4,190m	4,258m	3,249m
수심	95m	82m	76m	81m	86m	156m	133m

1987년 8월에는 공동개발협정의 부록을 개정하였다.[264] 여기서는 종래 9개 소구역을 6개로 개정하고 시추의무(試錐義務)를 완화하였다.(지도8-25 참조) 그러나 실질적으로 1988년 이후 한・일공동개발구역에서의 탐사활동은 극히 저조한 상태로 있었으며 1993년 이후에는 거의 중단된 상태라고 볼 수 있다.[265]

중국은 한・일 대륙붕 공동개발에 대하여 강력한 반대의 입장을 표명하여 오다가 독자적으로 JDZ 남서 쪽에서 탐사시공(探査試孔)을 감행한 바도 있다. 한・일 공동위[266]에서는 이 문제를 논의하였으며 당시 중국과 외교관계를 갖고 있던 일본이 중국에 대하여 엄중한 항의를 하였다.

일본 정계의 일부에서는 한・일 대륙붕 공동개발구역의 남쪽에 중국과의 새로운

---

263) Source: Hazel Fox ed., *Joint Development of Offshore Oil and Gas*, (London:British Ins. of International and Comarative Law,1990), p.100.
264) Exchange of Notes Concerning the Amendment to the Appendix to the Agreement between the Republic of Korea and Japan Concerning Joint Development of the Southern Part of the Continental Shelf Adjacent to the Two Countries(August 31. 1987)
265) 중요 탐사활동 내역을 보면 다음과 같다.
　1989.8.14. 유개공이 BP와 공동으로 JDZ-Ⅱ,Ⅳ에서 조광권 취득.
　　　　　　JDZ-Ⅱ: 유개공 20%,　BP 80%
　　　　　　JDZ-Ⅳ: 유개공 30%,　BP 70%
　1989.8.23. 유개공과 BP, JDZ-Ⅱ,Ⅳ에 탐사권 설정.
　　　　　기간: 1989. 8. 23~ 1997. 8. 22.
　　　　　면적: JDZ-Ⅱ　13,258㎢
　　　　　　　　JDZ-Ⅳ　12,600㎢
　1990.3.15. JDZ-Ⅱ,Ⅳ에서 조광권 존속 기간의 변경(1999년 9월 24일 까지)
　1992.9.　JDZ-Ⅱ,Ⅳ에서의 공동 조광권자(유개공, BP, NOEC)는 공동 합의로 탈퇴
　1993.9.25. JDZ-Ⅱ,Ⅳ에서의 광구 반납.
　유개공 실무자료. (1997년 9월 현재)
266) Korea-Japan Joint Commission (Article 24, 25.)

공동개발구역을 설정하는 문제가 심각하게 논의된 바가 있다고 한다. 그러한 가능성이 전적으로 부인될 수는 없으나 해양경계문제에 관한 한국·일본과 중국의 현격한 견해 차이 때문에 이러한 공동개발합의는 한국과 일본의 관계에서보다도 그 성립은 더 어렵다고 판단되고 있다.

5. 한·일 대륙붕공동개발협정(大陸棚共同開發協定)의 종합적 평가

1978년 6월 22일 발효된 이 한·일 대륙붕공동개발 협정은 성립된 지 20년이 넘는 지금 까지도 이 공동개발구역에서는 아직 상업적 가치가 있는 석유의 생산이 이루어 질 조짐은 보이지 않고 있기는 하지만, 이 공동개발 구역의 합의는 적어도 대륙붕 경계에 관한 한일 양국간의 마찰과 긴장을 제거해 주고 있다는 실질적인 기능을 하고 있다.267)

대륙붕의 관할 범위에 대하여 인접한 국가간에 경계 분쟁이 있을 때, 관할 주장을 일정기간 동결하고 자원의 공동 개발을 합의한 예는 이 한·일 간의 협정이 있기 이전부터 있었으며 그 이후에도 다수가 성립된 바 있다.268)

---

267) Hazel Fox and et al, *Joint Development of Offshore Oil and Gas;* Research Report on A Model Agreement for Joint Development, (London: British Ins. of International and Comparative Law, 1989), p.117.
268) 관할 분쟁이 있는 대륙붕의 공동개발에 합의한 예를 시대 순으로 보면 다음과 같다.
 ⅰ) 1958,Bahrain/Saudi Arabia
  Agreement Concerning the Delimitation of the Continental Shelf in the Persian Gulf Between the Shakyhdom of Bahrain and the Kingdom of Arabia, 22 February 1958. Entered into force: 26 February 1958.
  ST/LEG/SER.B/16, p.409; Churchill,R.R. and et al., *New Directions in the Law of the Sea*, Vol.V, p.207.
 ⅱ) 1965,Kuwait/Saudi Arabia
  Kuwait and Saudi Arabia Agreement Relating to the Partition of the Neutral Zone, 7 July 1965. Entered into force: 7 July 1965
  4 *ILM* (1965) 1134.
 ⅲ) 1969,Qatar/Abu Dhabi
  Agreement for Settlement of the Offshore Boundary and Ownership of Islands Between the Emirates of Qatar and Abu Dhabi,20 March 1969. Entered into force: 20 March 1969.
  Barrows, *Middle East*, Supplement 80, p.3.
 ⅳ) 1971,Iran/Sharjah
  Memorandum of Understanding Between Iran and Sharjah, 29 November 1971.
  (1972) XV *Middle East Economic Survey*, No.28.
 ⅴ) 1974,France/Spain
  Convention Between the Government of the French Republic and the Government of the Spanish State on the Delimitation of the Two States in the Bay of Biscay, 29 January 1974. Entered into force: 5 April 1975.
  New Directions, Vol.V, p.251.

지금까지 나타난 공동개발협정들을 종합 분석한 어떤 연구 보고서는 이들 공동개발합의의 유형을 다음의 세 가지로 분류하고 있다. 그 첫째는, 의무적 공동개발형(義務的 共同開發型)(Model-I; A Compulsory Joint Venture)인데, 한·일 대륙붕 공

> vi) 1974,Sudan/Saudi Arabia
> Agreement Between Sudan and Saudi Arabia Relating to the Joint Exploration and Exploitation of the Natural Resources of the Sea-bed and Sub-soil of the Red Sea in a Defined Area of the Two Countries in the Red Sea, 16 May 1974. Entered into force: 26 August 1974.
> *New Directions*, Vol.V, p.393.
> vii) 1976,United Kingdom/Norway
> Agreement Between the Government of the United Kingdom of Great Britain and Northern Ireland and the Government of the Kingdom of Norway Relating to the Exploitation of the Frig Field Reservoir and the Transmission of Gas Therefrom to the United Kingdom, 10 May 1976. Entered into force: 22 July 1977.
> (1977) *UKTS* 113.
> viii) 1979,Thailand/Malaysia
> Memorandum of Understanding Between the Kingdom of Thailand and Malaysia on the Establishment of the Resources of the Sea-Bed in a Defined Area of the Two Countries in the Gulf of Thailand, 21 February 1979. Entered into force: 21 February 1979.
> *Energy*, Vol.6, p.1355.
> ix) 1979, United Kingdom/Norway
> Agreement Between the Government of the United Kingdom of Great Britain and Northern Ireland and the Government of the Kingdom of Norway Relating to the Exploitation of the Statfjord Field Reservoirs and the Offtake of Petroleum Therefrom, 16 October 1979. Entered into force: 30 January 1981.
> (1981) *UKTS* 44.
> x) 1979,United Kingdom/Norway
> Agreement Between the Government of the United Kingdom of Great Britain and Northern Ireland and the Government of the Kingdom of Norway Relating to the Exploitation of the Murchison Field Reservoir and the Offtake of Petroleum Therefrom, 16 October 1979. Entered into force: 30 January 1981.
> (1981) *UKTS* 39.
> xi) 1981,Iceland/Norway
> Agreement of the Continental Shelf Between Iceland and Jan Mayen, 22 October 1981, Entered into force: 2 June 1982.
> (1982) 21 *ILM* 1222.
> xii) 1989,Australia/Indonesia
> Treaty Between Australia and the Republic of Indonesia on the Zone of Cooperation in an Area Between the Indonesian Province of East Timor and Northern Australia, 11 December 1989.
> Hazel Fox ed., *Joint Development of Offshore Oil and Gas;* Vol. II., Research Report on A Model Agreement for Joint Development, (London: British Ins. of International and Comparative Law, 1990), pp.235-252.

동개발협정과 같은 유형을 지칭한다. 두 번째는 초국가적개발청형(超國家的開發廳型)(Model-II; Super-National Authority)인데, 1979년 Thailand/Malaysia의 협정과 같은 유형을 지칭한다. 마지막은 단일국가관리형(單一國家管理型)(Model-III;A Single State Managing Joint Development)이다.[269]

한·일 대륙붕 공동개발협정은, 앞서 분류된 제1유형의 대표적인 경우로서, 경계분쟁을 회피하고 자원을 개발 채취하기 위한 이런 종류의 합의 중에서는 가장 단순하고 포괄적인 규정을 가지고 있다. 이는 1974년 이후에 성립된 다른 공동개발 협정의 표본이 되었으며 현재까지 가장 중요한 제도로 주목받고 있다.[270]

이 협정의 당사국인 한국과 일본은 각기 독자적으로 조광권자(租鑛權者)를 지정할 수 있다. 그리고 이들의 국내법은 그 조광권자와 운영자의 탐사, 개발에 관련된 모든 활동에 적용된다.(제19조; Operator Formular)

이 구역에서 산출되는 천연 자원은 양(兩) 당사국의 조광권자들이 균등하게 그 권리를 갖게되어 있지만 (제9조; 자원균등배분(資源均等配分)의 원칙), 일단 배분된 각 조광권자의 몫은 그 해당 당사국이 "주권적 권리를 갖는 대륙붕에서" 산출된 자원으로 간주된다.(제16조; Nationality Principle) 그러므로 각 당사국은 각기 독립적으로 그 조광권자에게 조세(租稅) 및 과징금(過徵金)을 부과한다.(제17조)

이러한 제도들은 각 당사국이 이 공동개발구역에서의 개발사업을 독자적인 전략에 따라 추진하고 통제할 수 있게 보장한다. 그리고 이 점이 이 유형이 갖는 강점이라고 평가될 수 있다.

물론 이러한 각 당사국의 독립적인 통제권은 조광권의 설정과 과세에 있어서 다수 주체, 즉 양 당사국과 한·일 공동위원회(Korea-Japan Joint Commission)의 존재를 전제로 하여 관료주의적 마찰과 비능률(非能率)을 가져올 우려도 있다.

또 공동개발구역을 다수의 소구역으로 나누고 있는 점은, 석유의 매장 범위가 양 소구역의 경계에 걸쳐 있던가 하는 경우의 경계문제 및 수익 분배에 따를 마찰과 지연을 자초할 수도 있다.

Ⅷ. 한국 대륙붕의 경계획정(境界劃定)에 관한 법적 고찰.

1. 개 관

앞에서 보아온 것처럼 한반도 주변대륙붕에 관한 관련 국가들의 관심은 주권적

---

[269] Hazel Fox and et al, op.cit. pp.115-155.
[270] Ibid.,p.116.

권리의 확보와 자원의 개발이라는 면에서 극히 절실한 바가 있으며 이에 따른 각국의 주장은 복잡하게 연관되어 있다.

특히 한국과 중공, 중공과 대만, 그리고 대만과 일본 등은 정상적인 외교관계 마저 단절된 상태이므로 상충되는 주장이나 개발협력 등을 협의로서 해결할 수 있는 기본적인 여건마저도 되어 있지 않은 셈이다.

그러나, 대륙붕제도는 1982년 유엔해양법협약의 성립이후 국제판례(國際判例)나 국가관행의 축적을 통하여 법적 제도로 이미 정착되어 가고 있으므로 대륙붕에 관한 주권적 권리의 귀속, 즉 관할권(管轄權)의 문제는 극동지역이 아무리 정치적·군사적으로 예민하고 복잡한 지역이라고는 하나 어떤 형태로든 조만간 타결되어야 할 시기에 와 있다. 그리고 1970년대 말이래 꾸준히 비준되어온 이 지역에 대한 해저자원 개발탐사는 결과적으로 이 지역에서 아직 경제성 있는 유전 등을 발견을 못하고 있지만 그 간 축적된 기술과 정보를 토대로 머지않아 자원을 개발 생산하게 될 것으로 예상된다.

그렇게 되면 생산된 자원의 분배와 귀속문제 등이 근본적인 법적문제로 다시 등장하게 될 것은 틀림없다. 그러므로, 한반도 주변 대륙붕의 해양경계획정문제는 이들 관련국가들간에 중요한 숙제가 아닐 수 없다.

2. 한·일 대륙붕경계획정문제(大陸棚境界劃定問題)의 특성

일본과의 대륙붕 경계획정(境界劃定) 문제는 1974년 1월 30일「한·일 대륙붕 공동개발협정」과 더불어 체결된「한·일 양국에 인접한 대륙붕 북부구역에서의 경계획정(境界劃定)」으로 대마도 근해, 대한해협(大韓海峽) 한국해저자원개발구역 제6광구. 일본해저광구(J-4)에서의 경계가 일부 조정되었을 뿐 가장 치열한 경계논쟁이 있는 한국의 제7광구 인접지역에 대한 경계문제는 한·일 대륙붕공동개발협정에 의해 최소한 50년 이상 유보되었을 뿐이다.

다시 말해서「한·일 대륙붕공동개발협정」으로 한·일간의 대륙붕 관할경계분쟁이 "해결"된 것은 아니다.

이 공동개발협정은 생산된 석유자원의 공동관할(共同管轄)과 균등분배(均等分配)에 대해서까지 잘 규정하고 있으므로[271] 공동개발구역(共同開發區域)에서 실제로 대량의 석유가[272] 생산된다고 해도 이론상으로는 별 문제가 없다고 말할 수 있다. 그

---

271)「공동개발협정」제9조, 16조.
272) 동지나해 석유매장량 추정은 다양하게 발표되고 있으나 가채량은 20내지 30억 barrels로 추산함이 가장 합리적이라고 판단된다.
    1. 미국 카네기 평화기금 보고서(1977) 20억 barrels *

러나, 이 공동개발구역에 대한 대륙붕 관할 주장의 분쟁문제는 중공 및 대만과도 관련되어 있는 만큼 일단 경제성 있는 생산이 개시될 때, 보다 심각한 분쟁이 야기될 염려가 완전히 배제된 것은 아니다.273)

해양경계문제란 어느 경우에나 단순하지 않은 것이지만 특별히 한·일 대륙붕의 해양경계획정(海洋境界劃定) 문제는 몇 가지 해결하기 어려운 특성을 가지고 있다.

첫째로, 한국과 일본은 대륙붕 석유에 관해 대단히 절실한 국가적 수요를 가지고 있다. 이것은 물론 경제적 이익이 가장 중요한 요소이지만 그 밖에 정치적, 또는 군사적 의미까지 내포된 것으로 보인다. 따라서 어느 쪽도 합리적인 '응분(應分)의 가치(價値)(quid pro quo)'로 보상되지 않는 한, 한치의 양보도 할 수 없다.

둘째로, 대륙붕 경계획정(境界劃定)에 기준이 될 고려요소가 복잡하다. 지리적 위치, 지형학적(地形學的) 구조, 그리고 섬들의 존재 등 해양경제획정에 있어 판단을 곤란케 하는 전형적인 상황이 골고루 갖추어져 있다.

셋째로, 1969년 북해대륙붕 사건에 대한 ICJ의 판결에서 공유대륙붕(共有大陸棚)의 경계획정(境界劃定)에 있어서 중간선 원칙을 수정하는 중요한 기준으로 판시된 이른 바 육지의 자연연장 기준은 1982년 Tunisia/Lybia 대륙붕 경계사건에 대한 ICJ 판결이래, 계속된 국제판결들에서 현격하게 법적 기준으로서의 의의가 상실되어 왔으므로 오끼나와 해구(海溝)를 이 지역 대륙붕 경계의 중요한 지질학적 및 지형학적 요소로 간주하고 있는 한국의 주장 내용이 필연적으로 약화되거나 수정되지 않으면 안되게 되었다.

넷째로, 한국과 일본의 국가적 신뢰관계는 아직 잘 형성되어 있지 아니하다. 최근에 와서 양국의 관계는 획기적으로 개선된 것은 사실이지만, 어업협정(漁業協定) 및 독도(獨島) 문제 등으로 인해 양국간의 불신은 언제라도 확대되어 표면화될 수 있는 상태로 있다.

한국과 일본의 대륙붕주장이 중복되고 있는 곳은 한국의 제6광구(K-6)와 일본의 J-IV, 그리고 한국의 K-5, K-7광구와 일본의 J-III이다.(지도 8-21 참조) 그런데 제6광구(K-6) 남쪽 경계에 관한 일본과의 대립은 1974년 1월, 한·일 간의 대륙붕 경계협정으로 조정되었다.274)

---

   2. 일본석유개발(1976) 23억 barrels *
   3. Meyerhoff Willums(1977) 28억 barrels **
   * : 정갑진, op.cit., p, 2.
   **: Ying-jeou Ma, op.cit, p.22.
273) Ying-jeou Ma, op.cit., p.59.
274) Supra. note 259. 이 부분의 경계조정은 이 협약이 성립되기 1년전에 박춘호 박사가 지적한 그대로, 한일 양국간의 대륙붕경계문제 협상의 출발점이 되었다.
   C.H.Park, op.cit., p.23.

일본의 J-III과 한국의 K-5, K-7광구에 관련된 관할주장의 충돌은 한·일대륙붕 공동개발구역(JDZ)의 설정으로 사실상 절충되었다. 즉, 1974년 1월에 타결된 한·일 대륙붕공동개발구역(JDZ)의 북서쪽 경계는 J-III의 북쪽 경계 즉 일본이 주장하는 한·일 간의 등거리선(等距離線)과 일치하고 있다. JDZ의 동북쪽에는 일본영토인 조도(鳥島)와 남녀군도(男女群島)가 있는 바, 이 무인암도(無人岩島)의 12해리 영해 부분만큼 JDZ의 경계는 조정되어 있다. 이는 한국 제7광구(K-7)의 경계와 일치한다. JDZ의 남서쪽 경계는 중국 측과의 등거리선(等距離線)으로 획정된 제7광구(K-7)의 경계선을 따르고 있다.

JDZ는 사실상(*de facto*)의 대륙붕경계구역이며, 일본은 결국 부분적이나마 대륙붕경계에 있어 오키나와 해구(海溝)의 존재가 하나의 관련된 고려사항임을 인정한 것이라고 보는 견해도 있다.275) 그러나, JDZ는 경계분쟁의 해결이 될 수는 없다.276) 즉 엄밀하게 말한다면 공동개발구역 설정의 기준점이나 지리적 좌표 등은 앞으로의 경계획정(境界劃定)에 어떤 권원(權原)이나 의무의 기초로 원용될 수 없다고 보아야 할 것이다.

결국 가장 치열한 경계논쟁이 있어온 한국 해저자원 개발의 제 7광구 인근 지역에 대한 경계문제는 「한·일 대륙붕공동개발협정」에 의해 최소한 50년 이상 유보되었을 뿐이다. 즉 다시 말해서 「한·일 대륙붕공동개발협정」으로 한·일 간의 대륙붕 관할 경계분쟁이 해결된 것은 아니다. 이 공동개발협정은 생산된 석유자원의 공동관할(共同管轄)과 균등분배(均等分配)에 대해서까지 잘 규정하고 있으므로277), 공동개발지역에서 실제로 대량의 석유가278) 생산된다고 해도 이론상으로는 별 문제가 없다고 말할 수 있을지 모르나, 이 공동개발구역에 대한 대륙붕 관할주장의 분쟁문제는 중국 및 대만과도 관련되어 있는 만큼 일단 경제성 있는 생산이 개시될 때는 지금

---

275) Ying-jeou Ma, op.cit., p.182, p.190.
276) 한일 대륙붕 공동개발 협정 제28조 참조

　　…본 협정의 어느 규정도 공동개발 구역의 전부나 어느 부분에 대한 주권적 권리의 문제를 결정하는 것으로 볼 수 없으며 대륙붕 경계 획정에 관한 각 당사국의 입장을 침해하는 것으로 볼 수 없다.

「대한민국 조약집」(양자조약) 제 7권 (1977-1979)외무부 국제기구 조약국 집무자료 81-186, p.448.
277) [공동개발협정] 제9조, 제16조.
278) 동지나해 석유매장량 추정은 다양하게 발표되고 있으나 가채량은 20내지 30억 배럴로 추산함이 가장 합리적으로 판단된다.
　　(1) 미국 카네기 평화기금보고서(1977)　　20억 배럴*
　　(2) 일본석유개발(1976)　　　　　　　　23억 배럴*
　　(3) Meyerhoff Willums(1977)　　　　　28억 배럴**
　　　*:정갑진,op.cit.,p.2.
　　　**:Ying-jeou Ma,op.cit.,p.22.

보다 심각한 분쟁이 야기될 염려가 완전히 배제된 것은 아니다.279)

3. 한·일 대륙붕경계획정(大陸棚境界劃定)의 기준(基準)

한·일 간의 대륙붕 경계의 획정은 판례(判例)와 국가관행(國家慣行)을 통하여 확립된 해양법(海洋法) 상의 기준들에 의거하여야 한다. 그러므로, 한·일 간의 대륙붕 경계의 획정에 관련된 판례와 국가관행을 통하여 확립된 해양법 상의 기준들을 재검토(再檢討)하는 것은 중요한 일이다.

한국은 육지영토의 자연연장설(自然延長說)280)에 의거 오키나와 해구(海溝)를 황·동지나해 대륙붕의 외측한계로 보고 일본과의 대륙붕경계는 당연히 이 오키나와 해구(海溝)로 정해져야 한다는 입장을 고수한 바 있다. 따라서 한국의 해저광물자원개발법(海底鑛物資源開發法)상 제7광구의 남동쪽 경계는 오키나와 해구(海溝)의 최심선(最深線)과 일치하고 있다. 1982년 Tunisia/Lybia case 이후 변화된 판례의 경향 아래서도 이러한 주장은 유지될 수 있는가?

이하에서는 대륙붕 경계 획정에 있어서 일반적인 법적 기준과 판례의 경향을 분석하고 가장 논란이 많은 일본 J-III와 한국 제 7광구의 동쪽 경계에 관한 경계획정(境界劃定)의 기준이 될 오끼나와 해구의 법적성질과 조도(鳥島), 남녀군도(男女群島)가 한·일 대륙붕 경계 획정의 기준으로서 갖는 意義를 다시 한번 분석해 보기로 한다.281)

(1) 해양 경계문제에 관한 common law는 형성되고 있는가?

1982년 「해양법협약」의 경계획정(境界劃定)에 관한 규정(제15조, 제74조, 83조)들이 극히 모호하게 되어 있음에도 불구하고, 아니 그렇기 때문에 더욱 연안국들은 해양경계분쟁을 제3자적 사법적(司法的) 절차로 해결하는 것을 선호하고 있다. 그 결과 해양 경계분쟁에 관한 사법적(司法的) 판결이 국제법적 문제의 다른 어느 분야에 관한 판결보다도 더 많이 나오게 되었으며 이러한 경향은 앞으로도 계속될 전망이다.

국내법과 같이 법의 유권적 해석에 관한 정형화된 절차나 기관이 확정되어 있지 않은 국제법에 있어서는, ICJ의 판결이나 또는 특별 중재법원의 결정들은 국제법의 해석에 관한한 가장 권위적이고 결정적인 것으로 받아 드려져 중요시되는 경향이 있다. 특히 해양 경계문제에 있어서 이러한 국제사법기관(國際司法機關)의 판결 및 재결은 더욱 중요하게 받아드려 진다. 특히 Jonathan Charney 같은 학자는 이 경계문제에 관한 한, 일련의 계속적인 사법적 판결들에서 특별한 법적 기준을 도출해 낼

---

279) Ying-jeou Ma, op.cit., p.59.
280) North Sea case, (1969) ICJ Report, p.31, pp.51~53.
281) 이하의 분석은 졸저(拙著), 「현대해양법론」, pp.445-454.를 참조 함.

수 있다고 믿고 있다.282) 이들 판결 및 재결들은 해양 경계문제에 관련해서 국가의 의무를 규명해 가고 있다. 확실히 국제법에 있어서는 영미법 체계에 있어서와 같은 선판례(先判例) 구속(拘束)의 원칙 (doctrine of *stare decisis*)을 인정할 수는 없지만,283) 고전적 의미의 common law가 해양 경계문제에 관련해서 일련의 판례들로부터 형성되어 가고 있다고 그는 지적하고 있다.284)

(2) 국제입법과 국제법원의 사법적(司法的) 판결의 동향285)

① 1958년 대륙붕협약에서는 대륙붕의 범위를 200m 수심기준과 개발가능성 기준으로 정의하고 있었으므로 지질학적, 지형학적 기준을 특별히 논의할 여지는 없었다.
② 그러나, 1969년 북해 대륙붕사건에서 처음으로 ICJ가 "육지의 자연연장(自然延長) 개념"을 도입함으로써 대륙붕의 외적 한계결정 및 경계획정(境界劃定)에 있어서, 해저의 지질학적 특성과 지형학적 구조는 중요한 기준으로 등장하였다.286) 1969년 「북해 대륙붕 사건(北海 大陸棚 事件)」에서 국제사법재판소는 대륙붕을 연안국 육지의 자연적 연장으로 규정하고 이는 1958년 「대륙붕 협약」규정과는 관계없이 이미 일반 국제법의 내용임을 확인하였다.287) 즉 동 판결에서는,

"육지영토의 자연적 연장"을 이루는 대륙붕 지역 해저(海底)의 해상(海床)과 하층토(下層土)에 관한 연안국의 권리는, 육지에 대한 주권의 결과로서 또 대륙붕의 해저를 탐사하고 그 천연자원을 개발하기 위한 주권의 행사로서 그리고 육지영토에 대한 주권의 확대로서, 당연히, 당초부터 (ipso facto, ab initio) 존재한다.

라고 판시하였다.

이 유명한 판결은 결국 1982년 「해양법협약(海洋法協約)」에서 대륙붕의 정의(定義) 규정인 제76조의 연원이 된 것이다.

대륙붕의 범위를 "육지영토의 자연연장"까지로 보는 이 판례에서 "자연적" (natural)이란 용어는, 연안국의 육지의 성질이 저조선(低潮線) 이내의 육지부분과 심해저 이원(以遠)의 수면하 부분을 통하여 일관된 성질을 갖는다는 점을 나타내고 있는 것이다. 또 "육지영토의 연장"(prolongation of land mass) 이란 용어는, 해양저(海洋底)와 구별되는 지괴(地塊)의 일부로서의 육지영토의 연장부분을 의미

---

282) Jonathan Charney, "Progress in International Maritime Boundary Delimitation Law," 88 AJIL(1994) 227.
283) Vienna 條約法 協約 제 59조.
284) Jonathan Charney는 ICJ가 1985년 Libya/Malta case에서 당해 사건과 先判決들의 사실 관계를 비교 較量하는데에 상당한 노력을 경주한 점을 지적하고 있다. Jonathan Charney, Ibid.
285) 자세한 것은, V.판례와 국가관행을 통해 본 해양경계 획정의 법리 참고.
286) Ibid.
287) Judgement of 20 February 1969. ICJ Rep. at 23. para. 39.

하는 것이다.288) 이는 육지 부분(emerged land)과 수면하 부분(submerged land)으로만 구분하던 종래의 지리학적 관점에서 벗어나, 지질학적, 지구물리학적 개념을 도입한 새로운 대륙붕 범위의 개념이다.289)

적어도 대륙붕의 외측한계를 정하기 위한 기준으로서 "육지의 자연적 연장"의 원칙은 사실상 내용이 없는 기준에 불과하다. 왜냐하면, 이 개념만으로는 대륙붕의 구체적 외측 한계는 결정될 수 없을 것이기 때문이다.290) 그러나 1969년「북해 대륙붕 사건」에서 국제사법재판소는 해양 경계획정(境界劃定)에 적용될 법적 원칙을 제시함에 있어서, "대륙붕에 대한 기지(旣知)의 물리적, 지질학적 구조와 자연자원의 분포"를 "형평을 위한 고려사항" 중 중요한 요소로서 지적하고 있다.291) 뿐만 아니라 이 판결의 판결요지(判決要旨)는 그 이후 1985년 Libya/ Malta case가 나오기까지 그 이전의 사법적(司法的) 판결들과 각국의 국가관행에 지대한 영향을 주었다. 앞서 지적한 대로 1973년부터 시작된 제3차 유엔해양법 회의에서 대륙붕 제도를 논의함에 있어, 이 새로운 개념이 도입되어 새로운 대륙붕의 정의 규정이 마련되었으며 그것이「해양법협약」제76조가 초안되게 된 경위이다.

③ 1977년「영·불 대륙붕 경계 중재 사건」에서 프랑스는 등거리 원칙의 적용을 배제할 것을 주장하는 유력한 근거로서 이「육지의 자연연장원칙」을 원용하고 있다. 이 사건을 판결함에 있어 특별중재법원은 영국 해협의 대륙붕은 Hurd Deep와 같은 지질학적 구조가 있으나 대체로 단일의 공유 대륙붕으로 간주할 수 있다고 보고 지리적 요소의 교량에 치중하였다. 그러므로, 결국 이 사건에서 동 특별중재법원은「육지의 자연 연장 원칙」을 대륙붕의 경계획정(境界劃定) 원칙으로 존중하고 있는 셈이다.

④ 1982년 유엔해양법협약은 그 제76조 1항에서 대륙붕의 기본적 정의에 "육지영토의 자연적 연장"개념을 도입, 규정함으로써 북해 대륙붕사건 판결 이후에 관행과 이론을 정착시켰다.

⑤ 그러나 1982년, 해양법 협약이 체결된 해에, 대륙붕의 지질학적 및 지형학적 특성을 중요한 경계 기준으로 보는 이 태도는 ICJ 자신에 의하여 수정되었다. 즉 1982년 Tunisia/Libya case에 관한 판결에서 ICJ는,

> 육지영토의 자연연장을 구성하는 기술적 요소나 물리적 형태는 형평스러운 해결을 위해 고려되어야 할 여러 요소 중 하나에 불과하다. 그러므로, 어떤 원리-

---

288) 졸저(拙稿),「심해저 개발제도의 법적 문제에 관한 연구」, (서울:한양대학원 박사학위논문), p.29.
289) D.P. O'Connell, *The International Law of the Sea*. (Oxford: Clarendon Press, 1984), pp.446-47.
290) 拙著, op.cit., p.349.
291) Judgement of 20 Feburary 1969, *ICJ Report*. at 54, Para. 91.

예컨대 육지(陸地)의 자연연장(自然延長) 원리 -의 적용이 형평에 맞는가 하는 여부는 그것을 적용하여 얻은 결과가 형평한 것인가에 달려 있다.

라고 선언하고 있다.292)

⑥ 1984년 미국과 캐나다간의 Maine만 경계사건에서 지질학적으로 Georges Bank가 Massachusetts 또는 Novascotia 어느 쪽에 화합성을 가졌다고 하는 양국의 주장이나, 지형학적으로 북동 Channel이 Georges Bank와 Scotian Shelf를 구획하는 가장 현저한 경계라고 하는 미국 측의 주장 등은 특별법원에 의하여 인정되지 않았다.293) 그러나 엄밀히 고찰하면, 그것은 이 특별법원이 본 건의 경계를 획정함에 있어서는 우선적으로 분쟁구역의 지리적 특성에서 오는 기준을 적용하고 2차적으로 정치적 요인을 참작키로 하였기 때문이며294) 해양 경계획정(境界劃定)의 기준으로서「육지의 자연연장원칙(自然延長原則)」을 완전히 배제한 것은 아니었다.295)

⑦ 1985년 2월에 판결된 Guinea/Guinea-Bissau case 에서 양 분쟁당사국은 앞서 Gulf of Maine case에서 와는 달리, 어느 쪽도 지질학적, 지형학적 요소를 자기들 주장을 보완하기 위한 근거로 제기하지 않았다. 따라서 당연히 이 사건의 판결에서 중재법원은 분쟁해역의 해저(海底)에 대한 지질학적, 지형학적 요소의 분석이나 법적 의미를 원용할 필요가 없었다.296)

⑧ 1985년 Libya/Malta case에 관한 ICJ 판결은 육지영토의 자연연장 개념을 명시적으로 배척한 첫 번째의 판례이다. ICJ는 그 판결에서 주장하기를 그간 국제법의 발전으로 인해 연안국은 200해리 이내에서는 그 해저, 해상의 지질학적 특성 등이 어떠하든 간에 불문하고 그 대륙붕의 법적 권원(權原)을 확정시키거나 그 상호의 경계를 주장함에 있어서는 지질학적, 지구물리학적 요소를 참작할 이유가 전혀 없다고 하였다.297) 또 과거 1969년 북해대륙붕사건이나 1982년 Tunisisa/Libya 사건에서 ICJ가 육지의 자연연장 기준을 대륙붕경계의 중요한 요소로 참작한 바가 있지만298) 연안에서 200해리 미만이 되는 해저구역에 관한 한, 경계획정(境界

---

292) Continental Shelf (Tunisia/Libyan Arab Jamahiria) Judgement, *ICJ Reports*(1982) reprinted in 21 *ILM* 225(1982) p.60. para 71.
293) Delimitation of the Maritime Boundary in the Gulf of Maine Area (Canada vs U.S.). Judgement of Oct. 12 . 1984, ICJ Rep., paras. 45, 46.
294) Ibid. para. 195.
295) Keit Highet, "Use of Geophysical Factors in the Delimitation of Maritime Boundary," in *International Maritime Boundaries*, p.175.
296) Award of 14 February 1985. Court of Arbitration for Delimitation of the Maritime Boundary between Guinea and Guinea-Bissau. 25 *ILM* 252-307 (March 1986).
297) Case Concerning The Continental Shelf (Libyan Arab Jamahiria/ Malta) Judgement of 3 June 1985, ICJ Reports (1985), p.13. para. 39.
298) ① *ICJ Reports* 1969. p. 51. para. 95.

劃定)에 있어 지구물리학적, 지질학적 요소에 중요한 기능을 부여하는 것은 이미 과거에 속한 것이 되었다고 판시하고 있다.299)

Shigeru Oda판사는 그의 반대의견에서 이 부분의 판시에 동의하고 있다.300) Oda판사는 본 판결에서는 그 추론의 논지가 다소 미진하였다고 지적하고 이를 부연하고 있다. 그에 의하면 1982년 유엔해양법협약 제76조상의 대륙붕의 정의는 확연히 구별되는 두개의 선택적 개념 즉 "좁은 대륙붕(inner continental shelf)"과 "넓은 대륙붕"(outer continental shelf)으로 규정하고 있다고 주장하고 200해리 미만의 "좁은 대륙붕"에 관한 한, 국제법의 발전으로 지질학적, 지형학적 요소는 등거리선(等距離線)(distance criterion)으로 완전히 대치되었다고 지적하고 있다. 특히 Oda판사의 주장에는 주의해야 할 점이 있다. 즉 200해리 미만의 그의 소위 "inner continental shelf"에 있어서는 아무리 현저한 지질학적, 지형학적, 또는 지구물리학적 특징(geological, geomorphological or geophysical features)이 있어서 육지의 자연적 연장에 단절이 있을지라도 이러한 것은 참작될 수 없고 단지 거리기준(distance criterion)에 따라 연안국의 대륙붕 권원(權原)을 결정지어야 한다는 것이다.

그러나 이러한 Oda판사의 견해에 비하여 본 건 ICJ의 논지는 지질학적, 지형학적 증거들이 법적인 의미로 육지의 자연연장의 단절을 인정하기에 불충분하였다고 지적함으로써301) 그 논리적 일관성이 다소 불분명하게 되어 있었다.

⑨ 1992년 캐나다와 프랑스 간 St. Pierre 와 Miquelon 섬에 관한 경계획정(境界劃定) 사건에서 캐나다는 프랑스 영(領)의 이 작은 섬들이 Newfoundland 섬 남쪽에 형성된 캐나다의 대륙붕과는 지질학적으로 이질적인 구조를 가졌다고 주장함으로서 St. Pierre 및 Miquelon섬의 관할 수역을 그 섬들 둘레의 12해리 범위로된 위요지(圍繞地:enclave)로 국한하려 하였다 그러나 중재법원은 이 대륙붕이 동질적인 연속체로 된 하나의 대륙붕임을 이유로 이 주장을 받아드리지 않았다.302) 학자들은 이 판결이 국제사법재판소가 해양 경계획정(境界劃定)에 있어서의 기준으로 지질학적, 지형학적인 요소의 법적인 의의를 부정(否定)한 결정적인 판례가 된다고 지적하고 있다.303)

---

② *ICJ Reports* 1982 p. 47. para. 44.
299) Judgement of 1985, para.40
300) Dissenting Opinion of Judge Oda, para. 61. Ibid. p.157.
301) Judgement of 1985, para. 41.
302) Decision of the Court of Arbitration (June 10, 1992) for the Delimitation of Maritime Area between Canada and France (St. Pierre and Miguelon), para.52. 31 *ILM* 1166.
303) Keit Highet 교수는 이 판례가 Libya/Malta Case 판결에서 나타난 지질학적 요소의 규범적 의의를 否定하는 취지를 보강함으로써, 향후 이들 지질학적 및 지형학적 요소를 원용하려는

⑩ 1993년 6월 14일에 국제사법재판소가 판결한 「Greenland / Jan Mayen 간 해양 경계 획정 사건」304)에서 동 재판부는, 1977년 「영·불 대륙붕 경계 중재 사건」의 국제사법재판소 판결305)을 전면적으로 인용함으로써,306) 1958년 「대륙붕 협약」제6조에서 규정한 [등거리 원칙을 기준으로 하고 "특별한 사정"을 참작하는 해양경계 획정 방식]은 형평스런 해양 경계를 정하기 위한 일반 관습 국제법의 내용이라고 재확인하였다. 즉 다시 말해서 지질학적, 및 지형학적 요소들에 우선하여 등거리 원칙을 경계획정(境界劃定)의 기본적인 방식으로 채택하고 있는 것이다.

위에서 고찰한 바는 주로 사법적 판결의 추이를 통해서 본 지질학적 및 지형학적 요소들의 해양경계 획정 기준으로서의 규범적 의미를 검토한 것이다.

(3) 해양경계(海洋境界)에 관한 당사국 간의 합의의 분석

Keit Highet 교수는 사법적(司法的) 판결(判決)과 경계문제 당사국간에 합의로 성립된 경계협정(境界協定)들을 모두 망라해서 이 지질학적 및 지형학적 기준의 법적 의의를 검토하였다.307) 그의 연구에 의하면, 1994년까지 타결(妥結)되거나 판결된 해양 경계협정의 사례들 중에서 지질학적 및 지형학적 요소가 내포되어 있는 사례는 54건이다.308) 이 중에서 11건은 이들 요소가 참작되었으며 37건에서는 무시되었다. 그리고, 6건에서는 그 판결이나 합의의 취지가 모호하여 참작되었는지 또는 무시되었는지 판단하기 곤란하였다고 한다. 이들 요소가 참작된 11건 중에서도 전면적으로 이 지질학적, 지형학적 요소를 참작한 것은 2건이며 나머지 9건에서는 이들 요소를 부분적으로 참작하고 있었다.

"극적으로" 이 지질학적 요소를 경계획정(境界劃定)의 결정적 요소로서 원용하고 있

일체의 의도에 決定打(coup de grace)를 준 것이라고 표현하고 있다.
Keit Highet "International Decisions: Delimitation of the Maritime Areas Between Canada and France (St. Pierre and Miquelon)," 87 AJIL (1993) 464.
304) Maritime Delimitation in Area between Greenland and Jan Mayen (Denmark vs Norway). 1993 ICJ Rep. 38.
305) Decision of 30 June 1977, paras. 98-101.
306) Jan Mayen, 1993 ICJ Rep. at 58-59. paras. 45-48, 65-68.
307) Keit Highet, "The Use of Geophysical Factors in the Delimitation of Maritime Boundaries," in *International Maritime Boundaries*, pp.163-202.
308) ASIL의 주관으로 수행된 해양경계 관련 국가 관행의 종합적인 연구서인 International Maritime Boundaries에서 검토 분석된 해양경계 사례는 총 132건이다. 이 중, 영해(領海) 및 접속수역(接續水域)의 경계에 관한 사례가 9건이었으며 순수하게 어업수역(漁業水域)에 관한 사례가 3건이었다. 그러므로 배타적 경제수역(排他的 經濟水域) 및 대륙붕(大陸棚)의 관할수역 경계에 관한 사례는 120건이 된다. 이 중에서 본질적으로 지질학적, 지형학적 요소가 전혀 개입될 여지가 없는 것이 66건이었다. 따라서 Keit Highet 교수가 집중 분석한 나머지 54건은 이 지질학적 요소를 고려할 수 있는 경계획정(境界劃定) 사건이었다.

는 2건의 사례는 1972년의 오스트레일리아와 인도네시아 간 Timor 및 Arafura해(海) 경계획정(境界劃定) 합의와 역시 1989년의 오스트레일리아와 인도네시아간 Timor Gap 경계획정(境界劃定) 합의이다. (지도8-26: 오스트레일리아와 인도네시아 간의 공동개발구역. 참조)

오스트레일리아와 인도네시아간의 대륙붕 경계획정(境界劃定)에서는 Timor 해구(海溝)(수심2,000m)를 경계의 기준으로서 전적으로 참작하고 있다.[309] Timor 해구(海溝)는 오스트레일리아와 인도네시아령 Timor도(島) 사이에 있는 반폐쇄해(半閉鎖海)인 Timor해의 대륙붕 끝단에, Timor도(島) 쪽에 치우쳐 위치하는데 그 길이는 625해리, 폭은 70-100해리이고, 수심은 500-3,200m이다. Timor 해구(海溝)의 2/3가 수심 1,000m이상이며, 1/4는 2,000m가 넘는다. 오스트레일리아와 인도네시아는 Timor해 공동대륙붕에 대한 해양경계획정(海洋境界劃定)을 협의하여 1971년과 1972년에 각기 경계협정을 체결하였다.[310] 당시 동부 Timor는 아직 Portugal 영토이었으므로 이에 대한 경계는 위 협정에서 누락되었었다. 1978년 동부 Timor가 결국 인도네시아에 귀속되게 되자 오스트레일리아와 인도네시아간에는 대륙붕경계협의가 재개되었다.[311] 1972년 대륙붕 경계협정에서 누락된 부분(A16에서 A-17 까지)에 대하여는 결국 1989년 12월 11일, 양국간에 공동개발구역이 합의되었다.[312]

1972년에 확정된 양국간 대륙붕의 경계(특히 서쪽부분)는 Timor 해구(海溝)의 존재를 전적으로 참작하여 획정되고 있다.[313] 이 합의는 1969 「북해 대륙붕 사건」의 판결이 나온 직후에 성립된 것이기 때문에 이 국제사법재판소 판결의 영향을 지대하게 받고 있다. 등거리 원칙을 주장한 인도네시아에 대하여 Timor 해구(海溝)를 대륙붕의 경계로 해야 한다는 오스트레일리아의 주장이 대립된 결과 이 합의에서 오스트레일리아는 이 분쟁 구역의 80%를 얻게 된 것이다.[314] 그러나, 1989년 합의에서

---

309) The Australia-Indonesia Equitable Shelf Boundary(The "Western Segment") as delimited in the Agreement of October 9, 1972. 12 *ILM* (1973) at 357.
310) Agreement Establishing Certain Seabed Boundaries Australia-Indonesia, (May 18, 1971) Agreement Establishing Certain Seabed Boundaries in the Area of the Timor and Arafura Seas. Supplementary to the Agreement of 18 May 1971, (Oct. 9, 1972) UN Leg/ser. 6/18, pp. 443-441.
311) "Territorial Sea and Continental Shelf Boundaries; Australia and Papua New Guinea-Indonesia," *Limits in the Seas*, No. 87, (August 20, 1979.)
R.D. Lumb, "The Delimitation of Maritime Boundaries in the Timor sea," *Australian Yearbook of International Law*, Vol.7 (1981), p.72.
312) 1989 Treaty Between Australia and the Republic of Indonesia on the Zone of Cooperation in an Area between the Indonesian Province of East Timor and Northern Australia.
313) Ying-jeou Ma, *Legal Problems of Seabed Boundary Delimitation in East China Sea*, Occational Papers. No. 3-1984, p.181.
314) *International Maritime Boundaries*, p.1211.

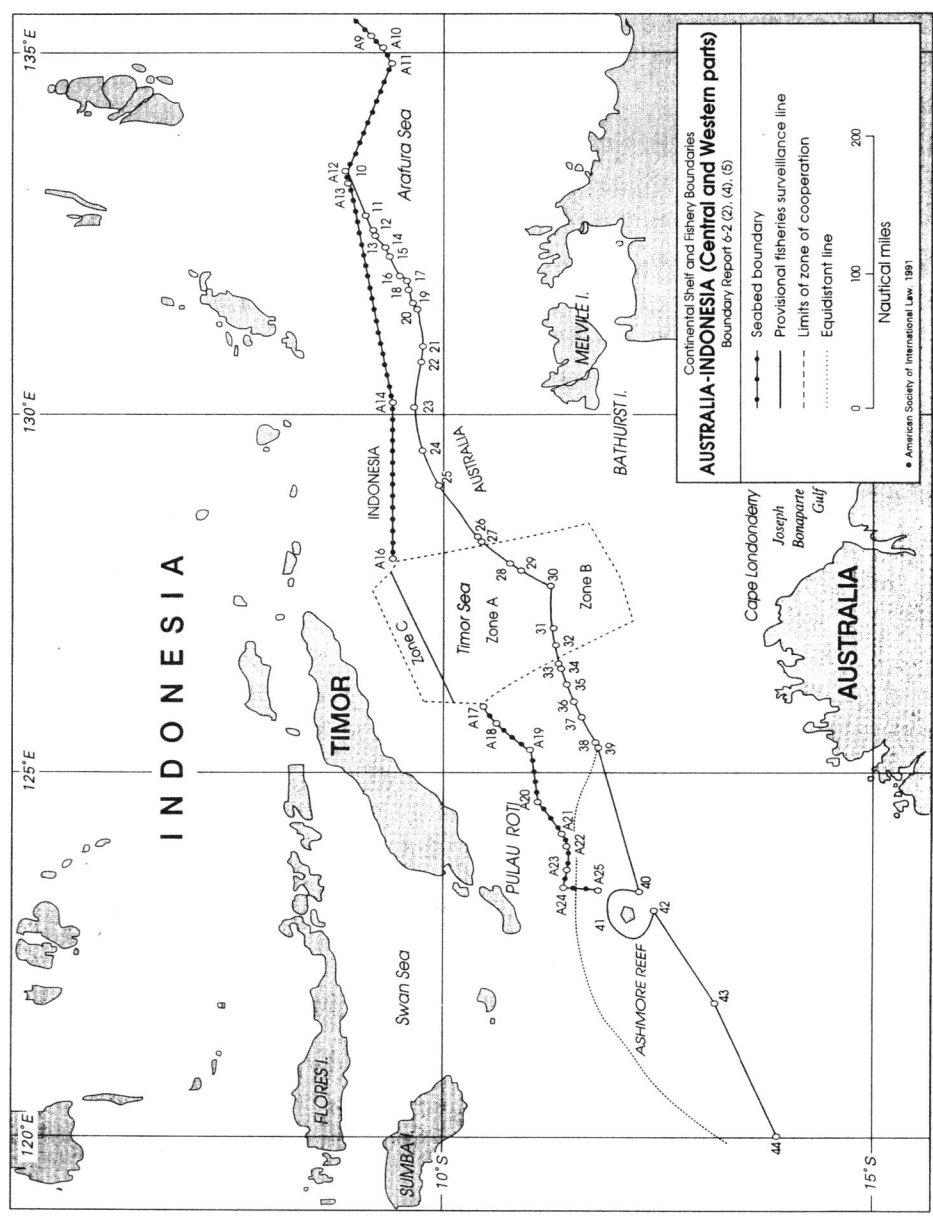

(지도 8-26) 오스트레일리아와 인도네시아 간의 공동개발구역

는 이미 1985년 Libya/Malta case의 판결에서 지질학적 요소의 규범적 의의가 부

정(否定)되고 있었으므로 Timor 해구(海溝)를 관할 수역 경계로 해야 한다는 오스트레일리아의 주장은 1972년처럼 쉽게 관철되지 않았다. 결국, 경계획정(境界劃定)은 향후 40년까지 유예키로 하고315), 1972년 합의에서 누락된 A-16 지점에서 A-17 지점까지의 구간(이 구간을 통칭, "Timor Gap"이라 하며 130해리에 달한다)에 공동개발구역을 설정키로 합의하였다. 이 공동개발구역은 비교적 복잡한 합의내용을 담고 있다.316) 공동개발구역의 북단은 오스트레일리아의 주장선인 Timor 해구(海溝)의 축선과 일치하게 책정되었으며 그 남단은 인도네시아의 영해기선에서 200해리 되는 선이 채택되었다. 서양식 관처럼 생긴 이 공동개발구역은 A, B, C 세 개의 구역으로 나뉜다. C-구역은 인도네시아 측에, B-구역은 오스트레일리아 측에 위치하며 A-구역이 그 중간에 위치한다. C-구역의 내측 경계는 1500m 등심선(line of 1500m isobath)이 채택되고 있고 B-구역의 내측 경계는 양 당사국 연안으로부터의 중간선(median line)이 채택되고 있다.(지도 8-26. 오스트레일리아와 인도네시아 간의 공동개발구역. 참조) B, C 구역에서의 개발 활동은 각기 근접한 당사국의 국내법에 의거하여 수행되며 개발되는 자원도 각 근접 연안국에 귀속한다. 그러나 이들은 상대방 국가에 개발 수익의 10%에 해당하는 수익납부금을 지급하여야 한다. 가운데 있는 A구역은 A, B, C 구역 중에서 면적이 가장 클 뿐만 아니라 석유 부존 가능성도 가장 많은 지역으로 알려져 있다. 여기서의 개발 수익은 양 당사국이 균분(均分) 한다는 원칙에 합의하고 있으며, A-구역의 석유개발 사업을 위해서 양 당사국 대표로 구성된 「공동개발위원회」가 결성된다. 그러나 이 1989년의 합의에서는 개발자원의 귀속과 등분에 관한 재정 기술적인 세부사항을 규정하고 있지 않으며, 출입국관리, 관세, 검역, 고용 및 형사재판관할 등 복잡하고 실질적인 문제들을 앞으로의 협의에 맡기고 있다.317) 지질학적, 지형학적 요소를 해양 경계획정(境界劃定)의 기준으로 "부분적으로" 적용하고 있는 9건의 경계합의에 관하여 보면, 그 중 2건을318) 제외하고 나머지 7건은 1985년 Libya/Malta Case 판결이 나오기 이전에 성립된 것들이다.319) 그러므로 이들 2건의 최근 사례를 검토해 보기로 한다.

---

315) 합의에 따라 20년간 연장할 수 있다.
316) Hazel Fox and et al, *Joint Development of Offshore Oil and Gas.*, A Model Agreement for the States for Joint Development with Explanatory Commentary, British Institute of International and Comparative Law. (1989), pp.65-66.
Hazel Fox ed., "The Australia/Indonesia Zone of Co-operation Treaty 1989. *Joint Development of Offshore Oil and Gas.* vol.Ⅱ, pp.128-140.
317) Ibid.
318) ① Burma/India (1986)
② Denmark/German Democratic Republic (1988)
319) ① Netherlands (Netherlands Antilles)/Venezuela (1978)
② Cameroon/Nigeria (1975)

가. Burma/India (1986)

　1986년 12월 23일 체결되고, 1987년 9월 14일에 발효된 미얀마와 인도간의 Andaman 해(海) 해양 경계협정320)에서는 미얀마의 일라와지 강(江) 하구(河口)에 발달된 삼각주의 지질학적, 및 지형학적 가치를 인정하여 인도령인 날코담 섬과 바렌 섬으로부터 미얀마 해안에 이르는 해역에서의 경계선은 중간선으로 부터 인도 쪽으로 조정되고 미얀마는 Andaman 해(海)에서 약 622.5 평방 해리의 수역을 더 얻게 된 것이다(지도 7-27참조).

　이 사례의 특성은, 여기서 원용(援用)된 지질학적 및 지형학적 요소는 「육지의 자연 연장 원칙」에 입각한 다른 일반적 경우와는 다르게, 하천의 퇴적토(堆積土)에 대한 연안국의 권원(權原)이 고려되고 있다는 점이다.

　황해와 동(東) 중국해에 있어서 한·중간 해양 경계를 획정하기 위한 기준을 논의하게 될 때 중국은 황하와 양자강의 퇴적토를 이유로 이 수역에서의 등거리 원칙의 적용을 반대할 것이며, 선(先) 사례로서 이 Burma/India 경계협정을 원용할 가능성이 크다. 이 점에 관한 J.R. Victor Prescott의 견해를 보면,

> 　육지 영토로부터 기원된 퇴적토로 구축되어 있는 대륙붕의 변계(邊界)에 관해서 연안국이 어떤 권원(權原)을 갖는다고 하는 주장은 일반화해서 적용할 수는 없다. 실제로 육지의 연안을 따라 연안 수역에서의 퇴적토의 움직임은 복잡하고 광범위하다. 어떤 특정 퇴적토가 어디에서 연원(淵源)된 것인지를 밝히는 것이 어려운 경우가 오히려 많다. 이러한 퇴적토 개념을 원용하려는 아주 잘 알려진 경우가 황해에서의 중국의 대륙붕 관할 주장일 것이다. 중국은 황해 해저에서 미사(微砂)(또는 황사(黃砂))층 이 미치는 끝까지 관할권을 주장한다. 이러한 미사(또는 황사)가 중국의 강인 황하에서 연원된 것임은 잘 알려져 있다. 이러한 중국의 주장은 지질학적 및 지형학적 근거로서는 잘 성립된다고 보여 진다. 그러나, 이 주장은 결국 「육지의 자연 연장 원칙」의 변형에 불과하다. 그런데, 이 「육지의 자연 연장 원칙」은 거안(距岸) 400해리 미만의 수역에서는 이미 적용될 수 없다. 이는 Libya/Tunisia Case 및 Libya/Malta Case 에 관한 국제사법재판소 판결들로 이미 확인되었다.

라고 결론짓고 있다.321)

---

　　③ Australia/Papua New Guinea (1978)
　　④ India/Indonesia/Thailand (1978)
　　⑤ Indonesia/Thailand (Andaman Sea) (1975)
　　⑥ Bahrain/Saudi Arabia (1958)
　　⑦ France/Spain (1974)
320) Agreement between the Socialist Republic of the Union of Burma(Myanmar) and the Republic of India on the Delimitation of the Maritime Boundary in the Andaman Sea, in the Coco Channel and in the Bay of Bengal. 27 *ILM* 1144 (1988)
321) *International Maritime Boundaries*, pp.1333-34.

Ⅷ. 한국 대륙붕의 경계획정(境界劃定)에 관한 법적 고찰. 575

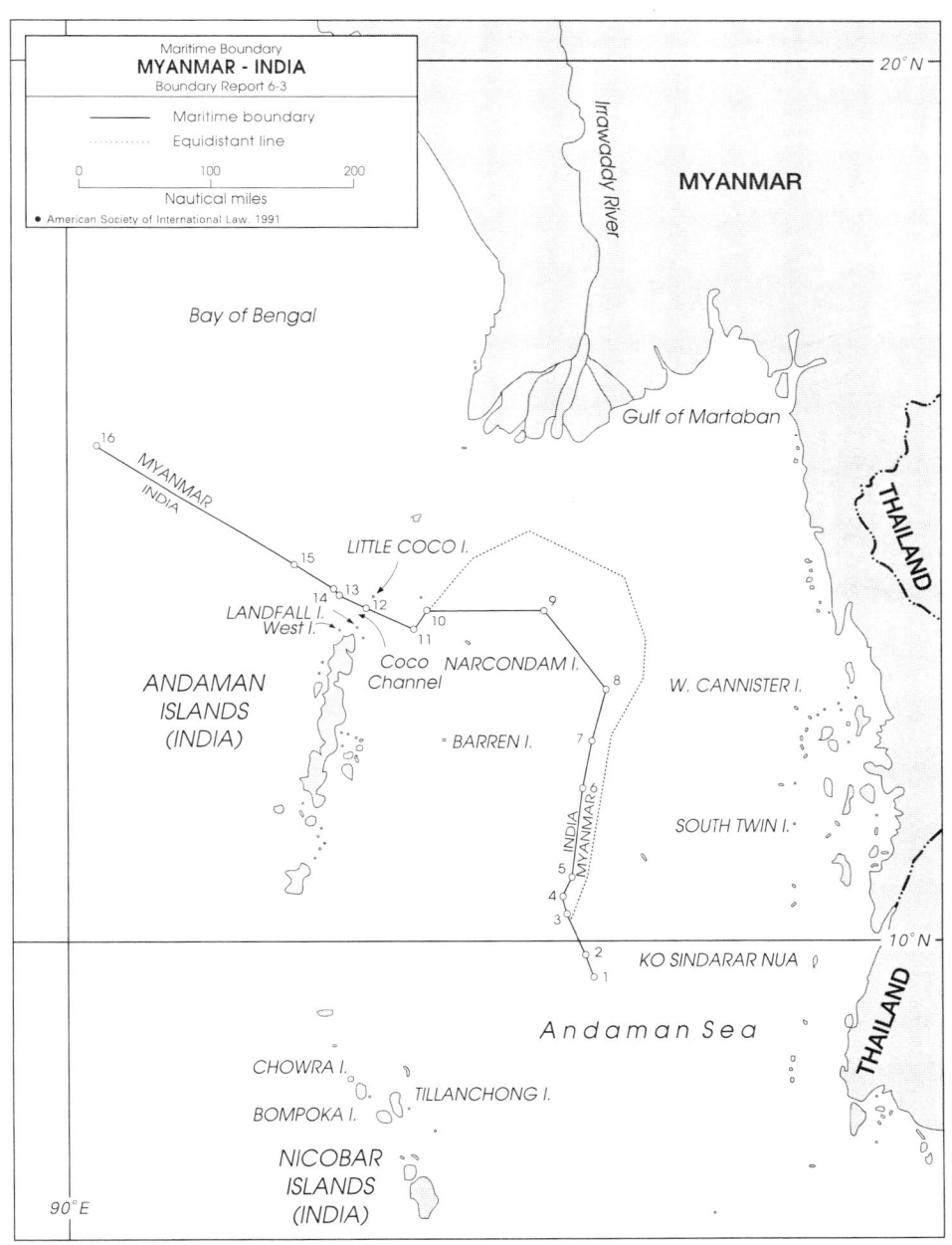

〈지도 8-27〉 인도와 미얀마간의 Andaman 해(海) 경계협정

이러한 Prescott교수의 명쾌한 결론은 앞으로 한국이 특히 유념해 두어야 할 견해

라고 생각된다.

이 사례 이외에 지금까지 어떤 사법적 판결이나 경계합의도 강의 퇴적물을 "육지의 자연 연장"을 확인하는 요소로 인정한 예는 없다. 그런 점에서 이 사례는 특이하다. 특히 이 점에 관해서 Keit Highet 교수는,

> 본래 「육지의 자연 연장 원칙」이란 너무 모호하고 부정확한 개념이었으며, 이러한 모호성으로 인하여 본래 이 개념에 속하지 않던 내용(즉 "강의 퇴적물은 육지의 자연연장을 구성한다.")으로 이 개념의 내용이 추가로 새롭게 정의되었다.

라고 냉소적(冷笑的)으로 평하고 있다.[322]

그러나, 이 사례를 자세히 관찰하면, 이 사례에 있어서 인도령인 날코담 섬과 바렌 섬으로부터 미얀마 해안에 이르는 해역에서의 경계선이 중간선으로부터 인도 쪽으로 조정된 이유가 순전히 미얀마의 일라와지강 하구에 발달된 삼각주의 지질학적, 및 지형학적 가치를 인정한 때문만은 아니다. 오히려 미얀마가 날코담 섬의 영유권 주장을 포기하여 인도 영토임을 인정해 준 대가로 인도는 날코담 섬과 바렌 섬으로부터의 관할권 범위주장에 있어서 이들 섬의 full effect를 고집하지 않은 때문이다. 따라서 이 사례는 정치적인 고려가 지질학적 요소에 대한 고려 보다 현저하므로 "강의 퇴적물은 「육지의 자연 연장 원칙」의 증거로 원용될 수 있다."는 원칙을 선(先) 사례로 확정 시켰다고 보는 견해-Keit Highet 교수의 견해는 냉소적이지만 그런 결론을 수용하고 있다.-는 지나친 단순화 논리에 불과하다.

나. Denmark/German Democratic Republic (1988)

1988년 9월 14일에 체결되고 1989년 6월 14일에 발효된 덴마크와 동독간의 대륙붕 및 어업수역 경계에 관한 협정[323]에서 독일[324]과 덴마크는 독일 연안과 덴마크 영토인 로란 도(島), 활스타 도(島) 및 볼른홈 도(島) 사이에 놓인 좁은 수역의 경계를 획정함에 있어서, 대체로 등거리 선에 의거한 경계획정(境界劃定)에 합의하였으나 부분적으로 수심 20내지 30m 미만인 현저한 사주(沙洲), Adler Grund 및 Ronne Bank의 존재를 감안하여 독일쪽 수역의 확대를 인정하였다. (지도8-28. 덴마크-독일간의 대륙붕 및 어업수역 경계협정. 참조) 이 사례야말로 지질학적 요소가

---

322) Keit Highet, "The Use of Geophysical Factors in the Delimitation of Maritime Boundaries," in *International Maritime Boundaries*, p.190.
323) Treaty between the Kingdom of Denmark and the German Democratic Republic on the Delimitation of the Continental Shelf and the Fishery Zone. Beslutningsforslag nr. B 52, Folketinget 1988-1989 (Denmark)
324) 이 경계협정의 당사국인 東獨은 1990년 10월 3일 동서독이 통일되므로서 주권국가로 존재하지 않게 되었으며 그날 이후 이 협정의 당사국은 Denmark와 통일 독일(독일 연방공화국)이다.

Ⅷ. 한국 대륙붕의 경계획정(境界劃定)에 관한 법적 고찰. 577

「육지의 자연 연장 원칙」과는 관계없이 원용되고 있는 특이한 사례라고 Keit Highet 교수는 지적하고 있다.325)

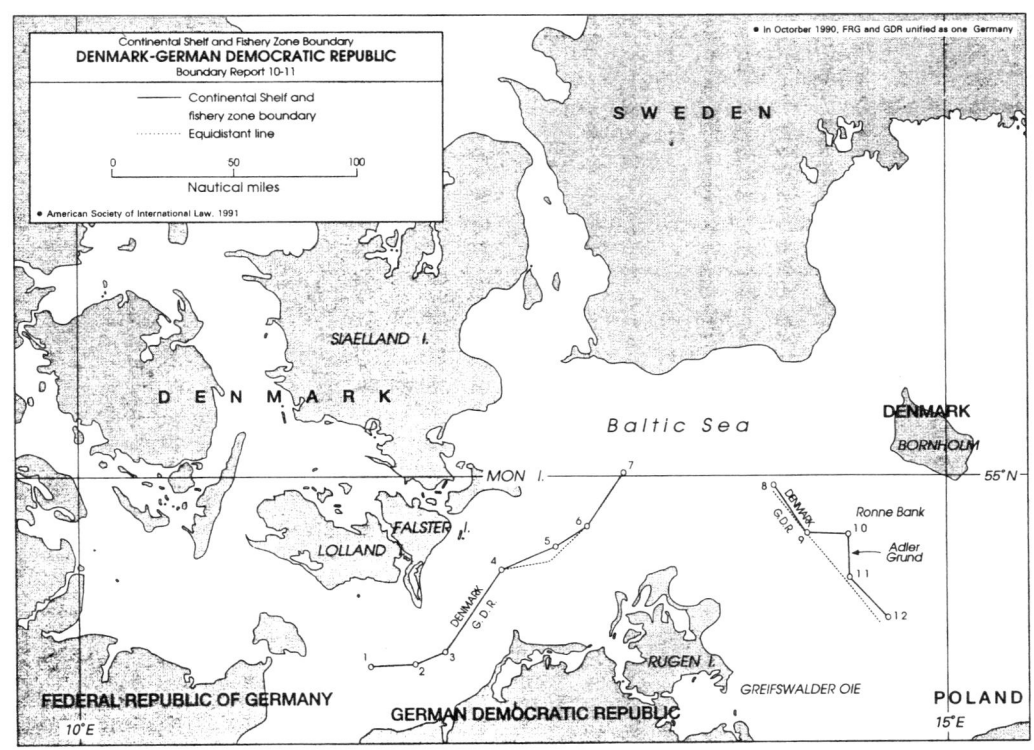

〈지도 8-28〉 덴마크-독일간의 대륙붕 및 어업수역 경계협정326)

이 사례를 관찰해 보면, 볼른홈 섬이 본토인 덴마크로부터 완전히 고립되어 반대쪽 방향에 놓여있기 때문에 해양 관할범위를 획정함에 있어서 이 섬에 full effect를 인정하기 곤란한 사정에 있었다. 협의 과정에서는 이 섬에 대하여 독일령 류겐 섬과 동일한 full effect를 주는 것으로 하였으나, Adler Grund 의 경제적 가치를 감안할 때 볼른홈 섬의 이러한 정치적 요소가 함께 고려되고 있었다고 보아야 한다.327) 따라서 이 사례도 지질학적 요소만을 경계획정(境界劃定) 기준으로 참작한 순수한 경우가 아니라 지질학적, 지형학적 요소가 정치적, 경제적 고려 요소와 복합적으로 참작된 사례라고 보아야 하며 본질적으로 Burma/India Case와 동일한 성격의 것으로

---

325) Keit Highet, op.cit., p.190.
326) *International Maritime Boundaries*, p.2093.
327) *International Maritime Boundaries*, p.2088.

분류해야 할 것이다

(4) 해양경계획정(海洋境界劃定) 합의의 규범적 의미

이론상으로는 사법적(司法的) 판결로 해결된 경계분쟁 보다는 당사국간의 경계합의로 타결된 해양경계선이 훨씬 많기 때문에 해양 경계에 관한 국가관행은 주로 이러한 합의된 경계협정들로 구성된다고 보아야 한다. 그렇지만, 당사국간의 경계합의로 구성된 국가관행들은 해양 경계분쟁 사건을 다루는 국제사법기관의 법관들에게 사법적(司法的) 선판결(先判決)들 보다 영향력이 없으며 또 성의 있게 존중되지 않고 있다. 그 이유는 사법적 선판결들은 사법기관(司法機關)에 의하여 법을 적용해서 얻어낸 결과인데 비하여 당사국간의 합의에 의한 경계협정은 보다 자의적으로 결정된 것이기 때문이다.

그러나, 결국 합의에 의한 해양경계선들도 국제법의 규범적 원칙들에서 아주 벗어날 수는 없다. 왜냐하면 학설이나 판례에 의한 해양경계획정(海洋境界劃定)에 관한 일반적인 국제법 이론의 발전은 즉시 경계 협의를 하는 당사국들의 주장과 태도에 결정적 영향을 주고 있고, 합의되는 경계협정도 이에 따르는 것이 보통이기 때문이다. 또 더구나 경계협의를 위한 국가대표들은 예외 없이 국제법상 다른 어느 분야의 분쟁보다도 이 경계분쟁이 결국은 제3자적 사법적 절차(司法的 節次)에 회부될 가능성이 많다는 것을 잘 알고 있다. 따라서 이들 대표들은 제 3자적 사법적 절차에서 용인될 수 없을 듯한 주장이나 자료는 협의의 초기 단계부터 스스로 자제하거나 배제하게 된다. 그리하여 결국 합의에 의한 경계선도 국제법상의 원칙과 이론의 발전을 반영한 것으로 결정되게 될 것이다. 이런 관점에서 해양 경계문제에 관한 관습국제법을 구성할 국가관행의 내용을 규명해 보기 위해서 각 국 간의 경계협정(境界協定)을 분석 정리하는 것은 의의 깊은 일이다.

미국국제법협회(美國國際法協會:American Society of International Law)는 해양경계문제에 관한 관습국제법을 구성할 국가관행의 내용을 규명해 보기 위하여 해양경계문제에 관한 모든 사법적 판결과 경계합의들을 망라해서 정리, 분석하는 사업을 시도하였다. 이 거대한 작업의 결과를 Jonathan Charney와 Lewis Alexander 교수가 공동편찬하여, 『*International Maritime Boundaries*』라는 제목의 방대한 책(총 2138 pages, 2volumes.)으로 1993년에 출간하였다.

이 책의 본래적 의도는, 첫째로 점진적으로 결정적인 경계획정(境界劃定) 규범을 생성시킬 수 있는 국가관행을 구성하는 일반적인 행위의 pattern을 찾아 규명하는 것과, 둘째로 도대체 그러한 결정적인 경계획정(境界劃定) 규범이 현재의 국가관행에서 도출되기를 기대하는 것 자체가 가능한 것인가의 여부를 확인하는 것이었다.

이 책에서는 모두 132개의 사례를 정리 분석하였는데, 특히 경계합의에 의한 경계획정(境界劃定)의 분석에 그 학문적 관심과 노력이 집중되고 있다. 물론 이 책에서도 해양 경계획정(境界劃定)에 관한 사법적 판결 및 중재결정들을 다루고 있다. 그러나, 편집자는 이들 판결의 법리적 근거와 별도로 이들 판결의 입법적 의미를 중점적으로 다루고 있다. 이들 판결들이 잘 알려져 있는 판결들이라는 점과, 또 그 판결이 방대한 내용으로 되어 있음을 감안할 때 이러한 편집태도는 이해가 가며, 더구나 이 책의 목적이 해양경계획정(海洋境界劃定)에 관한 국가관행을 규명해 나아가는 것에 있음을 상기할 때 이는 타당한 방법이기도 하다.328)

오늘날 해양경계획정(海洋境界劃定)에 관한 국가관행은 130여 개의 경계획정(境界劃定) 합의(경계협정)와 20개 남짓한 사법(司法) 및 중재판결(仲裁判決)들로 구성되어 있다. 즉 현재로는 해양경계에 관한 국가관행은 주로 이들 경계획정(境界劃定) 합의로 이루어져 있다고 말할 수 있는 것이 사실이다.

이 책에서 특별히 해양경계 합의들(협정)을 중점적으로 고찰한 이유는 무엇인가?

배타적 경제수역과 대륙붕의 경계획정(境界劃定)에 관한 가장 기본적인 성문 법규 조항인 1982년 「해양법협약」제 74조 및 83조를 자세히 관찰하면 왜 경계협정들의 연구가 중요한 의의를 갖게 되는지를 설명할 수 있게 될 것이다. 즉 이들 「해양법협약」의 규정들은 이른 바 관습국제법(慣習國際法)을 성문화한 것이라고 일반적으로 알려져 있는 조항이기는 하나329) 이들 조항은 법규범으로서는 근본적인 결함을 가지고 있는 것이다.

첫째, 이들 조항(74조와 83조는 정확히 동일한 조문으로 되어있다.)에 의하면, 경계획정(境界劃定)은 "합의에 의해 이루어진다."고 규정함으로서 당사국간의 경계합의를 해양경계획정에 있어서 가장 우선적인 규범적 기준으로 제시하고 있다.

둘째로, 이들 조항에서는 이러한 합의는 "형평스러운 해결에 이르기 위하여", "국제사법재판소 규정 제 38조에 언급된 바 국제법에 기초해서" 성립되어야 한다고 규정하고 있다. 이 조항 대로라면 1982년 「해양법협약」은 해양경계획정(海洋境界劃定)에 적용될 수 있는 모종의 일반적인 국제법 원칙이 존재하고 있는 것을 전제하고 있는 것처럼 보인다.

따라서 적어도 논리적으로만 보면, 경계분쟁 당사국들은 이러한 국제법의 일반 원칙과 강행규범에 반하지 않는 한 그들 쌍방이 원하는 어떤 경계 합의도 성립시킬 수 있으며, 다만 그 경계선이 형평스러운 해결이 될 수 있도록 부가적인 노력을 할

---

328) Tullio Treves, "International Maritime Boundaries-The Book Review." 88 *AJIL* (1994) 179.180.
329) Judgement of June 14 1993, on Maritime Delimitation in the Area between Greenland and Jan Mayen (Denmark vs Norway), 1993 ICJ Rep.38, 59.

것이 기대되고 있을 뿐이다. Tullio Treves 교수는 경우에 따라서는 어떤 독자적인 관점에서 볼 때 형평스럽지 못한 경계합의도 이루어 질 수 있다고 보아야 한다고 극언하고 있다.330)

　1982년 「해양법협약」에서는 경계의 합의가 이루어지지 않는 경우에 어떤 국제법 원칙이 적용되야 할 것인지 또는 형평스러운 결과의 추구를 위하여 어떤 규범을 적용할 것인지에 대하여 아무런 언급이 없다. 1984년 10월 10일자의 「Maine만(灣) 해양경계획정(海洋境界劃定) 사건」판결에서 국제사법재판소는 「해양법협약」 제74조 및 83조의 欠缺을 보완하여, 경계분쟁 당사국간의 경계합의가 없을 때에 적용해야 할 규범은 존재하며 그 것은 "형평스러운 결과를 추구하는 것"이라고 지적하고 있다.331)

　그러나, 실제로 사법적(司法的) 판결이나 중재재판 들에서 판결하는 법관들이 이들 경계합의로 구성된 국가관행을 성의 있게 주시해 온 것 같지는 않다.332) 실제로 수많은 해양경계획정(海洋境界劃定) 사건에 관한 사법적 절차의 과정에서 당사국들은 언제나 그들의 재판상 논점을 주장하기 위해서 그 준비서면(準備書面)이나 구두변론(口頭辯論)을 통해 기존의 경계합의들의 내용을 광범위하고 정확하게 인용해 왔다. 그러나, 이러한 재판상의 주장들이 각기 당해 사건의 사법적 결정에는 거의 영향을 주지 못해왔다고 보아야 한다. 333)

　결국 이 책에서 경계합의와 경계판결들을 광범위하게 검토한 결론은 이 들로 부터 어떤 일관된 국가관행이나 그에 따른 법적 확신의 성립을 아직 발견해 낼 수 없었다는 것이다. 다만 그 본질적인 특성상 국제사법기관의 판결 및 중재 재결들은 경계합의 보다 국가관행의 형성에 주도적인 역할을 할 수 있다는 가능성을 확인했을 뿐이다.

　현재와 같은 국가관행(國家觀行)이 경계획정(境界劃定) 규범의 형성을 위한 올바른 기초를 제공하였는가에 대해 긍정적인 결론은 얻지 못하였다고 하드라도 어찌됐든 각 국가가 그 해양경계분쟁을 해결하기 위해 사용해 온 방법과 기술들에 대한

---

330) Tullio Treves, op.cit.
331) 국제사법재판소 특별중재 법원은,
　　　합의에 의하여 경계획정(境界劃定)을 할 경우나 또는 합의에 도달치못하여 자격있는 제 3자적 기관에 의하여 경계가 결정되는 경우 모두, "경계획정(境界劃定)은 형평스러운 기준을 적용하여 성립되어야 하며, 또 그 지역의 지리적 형상과 기타 상당한 사정들을 참작할 수 있는 실제적인 방법을 사용하므로서 형평스러운 결과를 확보할 수 있도록 성립되어야 한다."
　　　라고 判示하였다.
　　　1984 ICJ Rep. at 246, 300, para.112.
332) Jonathan Charney, Lewis Alexander, ed. *International Maritime Boundaries*, Vol. I, (Martinus Nijoff Publishers, 1993) p.xxix.
333) Tullio Treves, op.cit., p.180.

지식을 정리해 놓았다는 것이 현재 남아 있는 분쟁들을 해결해 나아가는 데에 도움이 될 수는 있다.334) 고 보면 이것은 이 책의 중요한 업적이 될 수 있다.

기본적으로 이 책의 업적은 다음 두 가지로 요약될 수 있다. 첫째, 특정 해양 경계선을 확정시킴에 있어서 기속적(羈束的)으로 적용될 수 있는 국제법상의 규범적 원칙은 아직 성립되어 있지 않다는 사실을 확인한 것. 둘째, 그렇지만 해양경계획정(海洋境界劃定)에 관한 현저하고 탁월한 일반적 관행과 어떤 경향은 존재한다는 것을 확인한 것이다.335)

해양경계획정(海洋境界劃定)에 관련된 국가의 관행들은 본질적으로 다양하다. 경계분쟁의 최종적인 해결에 영향을 줄 수 있는 각각의 지리적 여건이나 기타 상당한 사정들은 저마다 다양하기 때문에, 정확하게 그 각 경우에 맞는 해양경계의 위치를 확정지어 줄 수 있을 만큼 결정적인 경계획정(境界劃定)의 규범은 가까운 장래에는 형성되지 않을 것이다.

적어도 수백 개의 해양 경계선이 앞으로 획정 되어야 할 것으로 추산되고 있다. 이 중에서 약 130개의 해양 경계가 양자 합의로 타결된 것은 그래도 고무적인 일이다. 나머지의 해양 경계들은 향후 수십 년에 걸쳐서 확정될 것이다. 앞으로 점점 더 많은 경계획정이 이루어짐에 따라서 경계획정(境界劃定)에 관한 국가관행의 형태(pattern)와 윤곽은 나타나게 될 것이다. 그러나, 지금은 아직 어떤 해양 경계선의 위치를 확정시켜 줄 수 있을 만큼 확정적인 규범을 형성시킬 일반적 관행은 성립되어 있지 않으며, 더구나 어떤 관행을 규범으로 지지시켜 줄 법적확신(法的確信: *opino juris*) 같은 것은 존재하지도 않는다.

그렇지만, 해양경계획정에 관한 현저하고 탁월한 일반적 관행과 어떤 경향은 존재한다. 놀랍게도 이러한 일반적인 관행에 비추어 볼 때, 등거리선(等距離線)(equidistant line)이 대향국 간 이건 인접국 간 이건 불문하고 그 경계획정(境界劃定) 합의에 중요한 역할을 해 왔다고 하는 사실이다. 이 책에서 검토해 온 수많은 경계합의들 중에서 아주 현저한 추세로 나타난 것은 등거리선(等距離線)이 해양 경계선을 결정하고 결정된 경계선의 위치를 선택함에 있어서 중요한 역할을 해 왔다는 것이다. 일부의 학설에서 주장하는 것처럼 등거리선(等距離線) 원칙이 해양경계획정(海洋境界劃定)에 있어서 중요성이 쇠퇴하였다고 하는 것은 부정확한 결론인 것이 판명되었다. 앞으로 국가관행이 충분히 형성되어 그 것이 해양 경계획정(境界劃定)에 관한 실정적 규범의 성립에 기여하게 된다면 등거리선(等距離線)에 관한 관행이야말로 중요한 역할을 하게 될 것이다. 336)

---

334) Jonathan Charney, op.cit., p.xxx.
335) Ibid.

그러나, 물론 등거리 원칙은 해양경계 분쟁 당사국들의 연안 지형에 대한 지리학적 교량(較量)에 근거하여야만 하며 또 해양 경계선의 확정이 지리적 요소만으로 언제나 결정될 수 있는 것은 아니기 때문에 이런 지리적 교량으로 모든 경우의 해양경계선 확정의 근거를 설명해 줄 수 없는 것이다. Prosper. Weil 교수는 아주 유사한 지리적 특성을 갖는 해양경계획정의 경우에도 전혀 다른 경계선이 타결되어 왔다는 것을 지적하고 있다.[337] 이러한 경우는 해양경계획정(海洋境界劃定)이 지리학적 요소 이외의 요소에 의하여 결정되고 있다는 것을 입증하는 것이다.

지금까지의 국가관행과 사법적 판결들을 검토하여 보면 지질학적, 해저지형학적, 환경적 및 전략적 요소들은 해양경계획정(海洋境界劃定)에 있어서 결정적인 요인으로 작용되지 못하였으며, 지리학적 요소 이외에 결정적인 영향을 발휘한 요인은 정치적, 역사적, 경제적 고려 요소이었던 것으로 판명되고 있다.[338] 이러한 요인들은 지리학적 요소들과 결합하여 상당히 확실한 규범적인 기준이 되고 있다.

잘 알다시피 기속력(羈束力) 있는 관습국제법(慣習國際法)은 현저한 국가 관행과 그에 대한 법적확신(法的確信: opinio juris)이 있을 때만 성립되는 것이다. 그리고 국가관행은 국가의 일방적 조치들은 물론, 국가들 간의 쌍방적 또는 다자적인 합의에 의한 조치들로 나타날 수 있다. 그리고 법적 확신은 이들 쌍방적 및 다자적 합의에서 도출되거나 중요한 국제기구의 결의 및 국가들의 공식적 선언의 형식으로 확인된다.[339]

현재 130개 이상의 해양경계협정이 성립되어 있으며, 그 밖에 3개의 다자조약, 20여개의 국제사법기관 및 중재법원의 판결이 나와있고, 해양경계문제에 관한 저명한 학자들의 수많은 논문들이 발표되어 있다. 이론적으로 이 정도면 해양 경계에 관한 결정적인 관습규범이 성립될 법도 하다. 그러나 실제로는 해양 경계문제에 적용될 수 있는 결정적인 관습규범은 아직 나와 있지 않다. 거의 300여개에 달하는 해양경계분쟁(海洋境界紛爭)이 앞으로 타결되어야 한다는 사실은 해양 경계문제에 관한 확정적 기준과 규범이 절실히 필요하다는 이유가 되기도 하지만, 반면에 해양 경계문제에 관한 국가관행이 앞으로 더욱 다양하게 분산될 수도 있다는 것을 의미하기도 한다.[340] 현재로서는 타결된 각 해양경계들은 확정된 경계선이나 그 경계획정(境界

---

336) Jonathan Charney, op.cit, p.xlii.
337) Prosper Weil,, "Geographocal Considerations in Maritime Delimitation," in *International Maritime Boundaries*, pp.115-120.
338) Jonathan Charney, xliii.
339) 졸고(拙稿), "현대 관습국제법 형성을 위한 관행(慣行)과 법적확신(法的確信)에 관한 소고(小考)," 「국제법 학회논총」, 제38권, 2호 (1993년 12월), pp.2-4.; 졸고(拙稿), "다자협약이 갖는 현대 관습국제법 형성에 있어서 선언적 실증적 기능에 관한 고찰," 「사회과학연구논총」, 창간호. (1994년), pp.4-6.
340) Jonathan Charney는 해양 경계문제에 관련된 각 당사국의 협의자들이 현저하게 형성되어 가

劃定)의 상황에 있어서 너무나 각기 다양하여 이들로부터는 정확하고 일관된 규범이 도출될 수 없는 형편이다.

그러나, 고무적인 점은 지금 까지 성립되어 있는 국가 간의 해양 경계합의들을 예의 검토해 봄으로서, 해양 경계를 협의함에 있어서 각 당사국들이 선택할 수 있는 논리적인 주장의 유형을 정리할 수 있었다는 점이다.341) 그리고 그들 국가들은 이러한 유형에서 벗어난 다른 해양경계를 주장하는 것이 실제로 그리고 정치적으로도 유익할 것이 없다는 것을 점차로 인식해 가고 있다는 점이다. 만일 각 국가들이 앞으로 이러한 유형을 따라 그들의 해양 경계문제를 해결해 나아간다면 당장에 해양 경계문제에 적용될 수 있는 실정적인 관습국제법을 도출해 낼 수는 없을지 모르지만 해양 경계분쟁의 해결을 위한 보다 바람직한 방도들이 제공될 수 있고 이에 따라 끝없는 해양 경계분쟁의 악화 현상은 불식될 수 있을 것이다.

4. 오끼나와 해구(海溝)의 구조(構造)와 법적성질(法的性質)

한국과 일본간의 오키나와 해구(海溝)는 한·일 대륙붕 공동개발구역(JDZ) 설정 시에 한국측 주장의 중요한 근거가 되었으며 결국 JDZ 남동쪽 경계는 오키나와 해구(海溝)의 최심선(最深線)과 일치하고 있는 것은 위에서 지적한 바와 같다. 한·일 대륙붕 공동개발협정 제28조가 명백하게 규정하는 것과 같이 JDZ는 한·일 양국의 대륙붕관할 주장에 관한 종래의 입장을 변경시키는 것으로 해석될 수 없을 것이며, 따라서 그 주권적 권리의 문제를 해결하는 것으로 볼 수도 없다. 그럼에도 불구하고 JDZ는 사실상(*de facto*)의 대륙붕경계구역이며 일본은 결국 부분적이나마 대륙붕경계에 있어 오키나와 해구(海溝)의 존재가 하나의 관련된 고려사항임을 인정한 것이라고 보는 견해도 있다342)고 하는 것은 앞서 지적한 바와 같다.

(1) 지형학적(地形學的) 구조

오키나와 해구(海溝)의 지형학적 구조를 보면 대체로 티모르 해구(海溝)와 유사하다. 즉 길이는 620 해리, 폭은 65~100 해리, 수심은 500~2,717 미터이며, 전체의

는 경계획정(境界劃定)의 국가관행을 잘 알지 못하는 것도 앞으로의 국가관행이 일관되게 형성되지 못하는 하나의 이유가 될 수 있다고 지적하고 있다. 따라서 그는 International Maritime Boundaries와 같은 종합적인 연구가 완성되고 , 또 이러한 연구를 통한 국가관행의 정리 결과가 각 국가들에게 알려지는 것은 해양 경계분쟁의 해결을 위하여 유익한 일이라고 보고 있다.
Jonathan Charney, op.cit.,p.xliii.
341) Ibid. xliv.
342) Ying-jeou Ma, *op.cit.*, p.182, p.190.

1/2이 수심 1,000미터 이상이고 1/5이 수심 2,000 미터 이상이다. 대체로 평균수심이 50미터인 주변 대륙붕보다 15~30배 이상의 수심을 나타내는 해저계곡(submarine valleys)이다. 그러나 오키나와 해구(海溝)에 근접하여 태평양과의 사이에 유구열도(琉球列島)가 존재한다. 유구열도 외측에 유구해구(琉球海溝)가 있으며 이는 수심 6,300미터 이상의 깊은 해구(海溝)이며, 태평양(필리핀해)과 직접 연결된다.

 지형학적으로 대륙붕이란 완전한 해저평면(海底平面:an absolutely flat relief)을 의미하는 것은 아니므로 일정한 해저계곡을 포함하는 것은 당연히 전제된다. 그러나 보다 깊고 큰 규모의 해구(海溝)나 침강구조가 있을 때 이를 대륙붕에 포함시켜야 하는가 하는 것은 문제가 될 수 있다. 일반적인 대륙붕계곡(Continental shelf channels)과 구별되는 해저계곡에는 3가지 형태가 있다.343)

 그 첫째 형태는 빙하지역이었던 고위도 지역에서 흔히 볼 수 있는 해저계곡인데 해안의 일반적 방향과 일치하거나(Norwegian Trough) 연안의 계곡에 연결되어 있으며(British Columbia Trough), 이 계곡은 다시 대륙붕 수준의 수심을 갖는 해저단층(submarine sill)과 연결된다. 이는 대체로 규모가 큰 계곡인 경우에도 대륙붕과 일체를 이루는 부분으로 보아야 한다. 북해에서 영국과 노르웨이가 대륙붕 경계를 중간선으로 정할 때 Norwegian Trough의 존재를 무시한 것은 이 때문이다.

 둘째의 형태는 그 계곡의 저변이 넓고 평평한 것으로 대체로 100km 이상의 폭을 갖는다(New Founland, St. Lawrence Cabot Strait Trough).

 세 번째 형태는 두 번째 형태보다는 좁으나 더욱 깊고 여러 갈래로 나뉘어진다. 이러한 해구의 수심은 100m이상이 되는 경우도 있다.

 이상 두 가지 형태의 해저계곡은 대륙붕의 일부로 간주하기 어려운 경우가 많다. 오키나와 해구(Okinawa trough)는 대체로 적어도 첫 번째 유형의 계곡이 아닌 것은 확실하다.

(2) 지질학적(地質學的) 특성

 오키나와 해구(海溝)의 지질학적 특성은 단순하지 않다. 대체로 어떤 지질학자도 오키나와해구(海溝)의 지반구조를 명확히 규명하고 있지는 아니하나 대체로 해양지반(oceanic crust)쪽으로 보고 있다.344) 지질학적으로 대륙붕의 외측한계를 정하는 일반적 기준으로 제시된 것 중에 유력한 안(案)은 첫째 대륙사면(大陸斜面)과 대륙

---

343) Scientific Considerations Relating to the Continental Shelf Memorandum by the Secretariat of UNESCO. UN Doc.A/Conf. 13/2 & Add.1 (Sep. 20.1957.)
344) K.O.Emery et al, *Emery Reports* pp.13-18; Wageman,Hilde,& K.O.Emery, "Structural Frame Work of East China Sea and Yellow Sea," *AAPG Bulletin*, vol.54 (1970).

융기(大陸隆起)의 경계점으로 정하는 것과, 둘째로 대륙암반(continental rock)과 해양암반(oceanic rock)의 접합점을 기준으로 경계를 정하는 경우 등이 있는데345) 대륙융기(大陸隆起) 까지를 대륙변계(大陸邊界)에 포함시켜 대륙붕으로 보는 유엔해양법협약 제76조의 경우는 전자(前者)의 기준과는 맞지 않고 지질학적으로 후자(後者)의 기준이 합리적이라고 생각되나, 오키나와 해구(海溝)의 지반구조가 복합적이어서 순수한 oceanic crust 로 구성되었다고는 보여지지 않으므로 이 기준에서 말하는 continental crust와 oceanic crust의 접합점이 된다고 확실히 말하기는 어렵다. 그러나, 해양저(oceanic basin)와 연계된 화산도인 유구열도와 접합되어 있는 혼성지반(混成地盤:mixed crust)을 갖고 있는 것으로 보아, 적어도 육지와 연계된 대륙붕의 일부로 볼 수는 없다.

(3) 법적 성질

지형학적 및 지질학적 기준에 관한 판례와 국가관행의 추세가 변경된 이후, 오끼나와 해구의 해양경계획정 기준으로서의 법적 성질에 관해서 우리 국내 학자들은 다양한 견해를 나타내고 있다.

가. 백진현 교수의 견해(부정적 견해)

종래 한국의 주장, 다시 말해서 이 해구(海溝; trough)가 동중국해의 공유대륙붕을 일본으로부터 단절시키고 있으며 따라서 한국과 일본 간의 대륙붕 경계는 이 해구를 기준으로 하여야 한다는 주장은 더 이상 유지될 수 없다고 보는 견해가 있다. 이러한 견해를 가장 분명하게 발표하고 있는 학자는 백진현 교수이다.346)

그에 의하면, 해양경계획정에 관한 현재의 국제법상 기준에 의한다면, 오끼나와 해구는 그 성질 여하에 불구하고 동중국해의 대륙붕을 단절하지 못한다고 본다. 대륙붕에 관한 새로운 개념이 도입됨으로써 일본 대륙붕은 오끼나와 해구의 존재와는 상관없이 이 해구를 넘어 기선으로부터 200해리까지 인정될 수 있으며 동중국해에서 자연연장원칙에 근거해서 오끼니와 해구를 한·일 및 일·중간의 대륙붕 자연경계로 보는 주장은 더 이상 타당하지 못하다고 한다.347)

자연연장원칙이 소멸되고 난 현재의 동중국해 대륙붕 경계획정이 논의될 경우에 가장 중요한 고려요인은 전체적 지리적 구도(over all geographical setting)이라고

---

345) Alexander,"Alternative Regimes for the Continental Shelf," Legal Foundations of the Ocean Regime,vol.2,(Pacem in Maribus,1971), p.31.
346) 백진현, "해양경계획정 원칙의 변천과 한반도 주변 해역의 경계문제", 「해양정책연구」, 제6권 1호, 한국해양연구소 (1991), pp.23-44.
347) Ibid. p.39.

하면서 중국 본토의 긴 해안선과 유구열도의 섬으로 구성된 일본의 지리적 형태로 보아서 중국과 일본 간의 대륙붕 경계획정에서는 등거리원칙의 엄격한 적용은 어려울 것이라고 보았다. 그러나 그는 한국과 일본간의 경계가 어떻게 획정되어야 할 것이라는 견해를 구체적으로 제시하지 않고 있다. 전체적인 논조로 보아서 백교수는 한국과 일본 간에는 엄격한 등거리원칙의 적용으로 획선될 것을 주장하고 있는 것으로 보인다.

나. 이석용 교수의 견해(긍정적 견해)

이석용 교수도 1985년 Lybia/Malta 간의 대륙붕 판결을 인용하면서 대륙붕 범위의 설정에 있어서 해저 지형이나 지질의 중요성은 감소하였고 그에 따라 육지영토의 자연연장론도 약화되었다고 보고 있다.[348] 그는 이러한 현상이 경계획정에 있어서 [등거리 방법의 강화를 초래할 것]으로 예견하였으며, 따라서 황해에 있어서는 중국에 대하여 중간선을 주장하고 동중국해에서는 일본에 대하여 육지의 자연연장을 주장해온 우리나라는 중국에 대하여는 유리한 입장이 되나 일본에 대하여는 상대적으로 불리한 입장에 놓이게 된다고 평가하고 있다.[349] 특히 한일 공동개발구역에 관해서는 공동개발광구의 대부분이 한·일간의 중간선으로부터 일본 측에 위치해 있음을 강조하고 일본이 대륙붕 경계선과는 별도로 배타적 경제수역 경계선을 설정할 것을 제의해올 가능성이 있다고 한다.[350] 또 일본이 대륙붕과 배타적 경제수역의 공동적 경계를 단일경계선으로 중간선을 따라 획선할 것을 주장할 가능성도 있다고 지적하고 있다.[351]

이석용교수는, 해양법 협약 제74조 및 83조가 경계획정의 기준에서 [형평에 맞는 해결]을 강조하고 있음을 상기시키면서, 경제수역에서 형평에 맞는 해결이 항상 대륙붕 경계획정을 위해서도 형평에 맞는 해결이 될 수 있겠는가 하는 점에 의문을 표시하여 획일적인 공동 경계선의 획선에 이의를 제기하고 있다. 또한 그는 오끼나와 해구를 대륙붕의 단절로 보든, 단순한 침강으로 보든 이는 결코 경시할 수 없는 요소가 된다고 보고 있다.

종합적으로 그는 동중국해에서 한·일간의 대륙붕경계 획정을 함에 있어서는 대륙붕과 경제수역의 단일경계선 획정은 적당치 못하며 원칙적으로 중간선원칙에 의하여 경계를 획정하되 오끼나와 해구와 같은 현저한 해저 지형학적 요소도 형평의 원

---

348) 이석용, "우리나라의 해양경계획정에 관한 고찰-황동지나해를 중심으로-", 해양정책연구, 제4권 1호, 한국해양연구소 (1989), p.11.
349) Ibid.,p.15.
350) Loc. cit.
351) Ibid., p.20.

칙상 고려되어야 한다는 견해인 것으로 요약된다.352)

다. 종합적 고찰

　실제로 지형학적 구조나 지질학적 특성이 대륙붕의 경계를 획정함에 있어서 결정적인 요소로 취급된 사례는 지금까지 극히 드물다. 대륙붕의 경계분쟁은 폐쇄해나 반폐쇄해 속의 공유대륙붕이 인접국간에 어떻게 귀속되는가 하는 문제로 대두되는 것이 보통이며 그러한 경우에 그 대륙붕은 페르시아만이나 발트해 및 북해 처럼 지질학, 지형학적으로 단순한 단일의 구조를 갖는 것이 보통이기 때문이다. 1977년 Anglo-French Continental Shelf Arbitration case에서 영국해협의 대륙붕에는 Hurd Deep와 같은 해저계곡이 존재하였다. 그러나 이는 수심이 100m내외로서 영국해협 대륙붕의 단일한 구조를 구획하는 특징적 요소로 간주될 만한 것은 되지 못하였다.353)

　설사 상당한 수심을 갖는 특징적 해저지형이 있더라도 대륙붕경계에 관한 기준으로 무의미한 경우가 있다. 아드리아만의 해저에는 수심 1,000m이상의 상당히 큰 海溝들이 있지만 이들은 이태리와 유고슬라비아 해안에 골고루 분포되어 있어 경계획정에 관한 한, 특별한 기준이 되지 못한다.354) 이태리-튀니지아, 인도-인도네시아, 인도-스리랑카, 캐나다-그린랜드 등의 해저경계는 모두 이와 유사한 경우가 된다.355)

　오키나와 해구(海溝)가 한·일 간의 대륙붕경계획정을 위한 지질학적, 지형학적 기준이 될 수 있는가에 관해서는 일반적인 국제법상의 원칙도 명확치 않고 오키나와 海溝의 지질학적, 지형학적 특성도 그나마 법학적인 기준에 전형적으로 부합하는 것은 아니라는 것을 우리는 위에서 보아왔다.

　한국내에서 백교수나 이교수 이외에도 이 문제에 관해서 언급한 논문이 산견되고 있으나 그 견해는 통일되어 있지 않다.

　분석과정에서 지적해 온 바와 같이 경계획정에 관한 국제법상의 일반적 규범과 원칙은 앞으로의 국제법원판례와 법학자들의 노력에 의해 보다 명백하고 일관성 있

---

352) Loc. cit.
353) 졸저(拙著), 「현대해양법론」(서울:아시아사,1988), pp. 414-415 (도표 7-10) 참조.
354) "Continental Shelf Boundary: Italy-Yugoslavia" Limits in the Seas, No.9, (Feb.20,1970.)
355) (1) 이태리-튀니지아: "Continental Shelf Boundary,Italy-Tunisia,"
　　　　Limits in the Seas, No. 89, Jan.7,1980.
　　(2) 인도-인도네시아: "Continental Shelf Boundary,Italy-Indonesia
　　　　Limits in the Seas, No. 62, Aug.25,1975.
　　(3) 인도-스리랑카:"Historical Warer Boundary India-Sri Lanka,"
　　　　Limits in the Seas, No. 66, Dec.12,1975.
　　(4) 캐나다-그린랜드:"Continental Shelf Boundary,Canada-Greenland,"
　　　　Limits in the Seas, No. 72, Aug.4,1976.

는 내용으로 발전되어야 하고, 그러한 의미에서 볼 때 오키나와 해구(海溝)와 같은 현저한 해저 지형학적 구조는 한·일 간의 대륙붕 경계획정에 있어 하나의 중요한 관련 요소로 참작되어야 함은 분명하다.

5. 조도(鳥島)와 남녀군도(男女群島)의 법적 성질

오키나와 해구(海溝)를 황·동중국해 대륙붕의 외측한계로 간주하고 이를 한·일간의 대륙붕경계로 삼아야 한다는 한국 측 주장에 법 이론상 난점을 주는 것은 오키나와 해구(海溝)의 내측으로 위치한 일본국령 무인암도(無人岩島)인 조도(鳥島)와 남녀군도(男女群島)의 존재이다. 남녀군도(男女群島)는 일본 Fukae Shima에서 서남쪽 33.5해리의 거리에 있고 제주도에서 동남쪽 89해리 되는 지점에 있다. 남녀군도(男女群島)는 남도(2.1㎢)와 여도(1.5㎢) 등 여러 개의 적은 섬과 암초로 구성되며 전체면적은 4평방 마일도 채 안된다(약 3.6㎢). 조도(鳥島)는 남녀군도(男女群島)의 북서쪽 18해리 지점에 있고 두 개의 적은 섬으로 구성된다. 여도에는 등대와 무선통신탑이 있으며, 이들 섬들은 완전 무인도이다.(지도8-29참조)356)

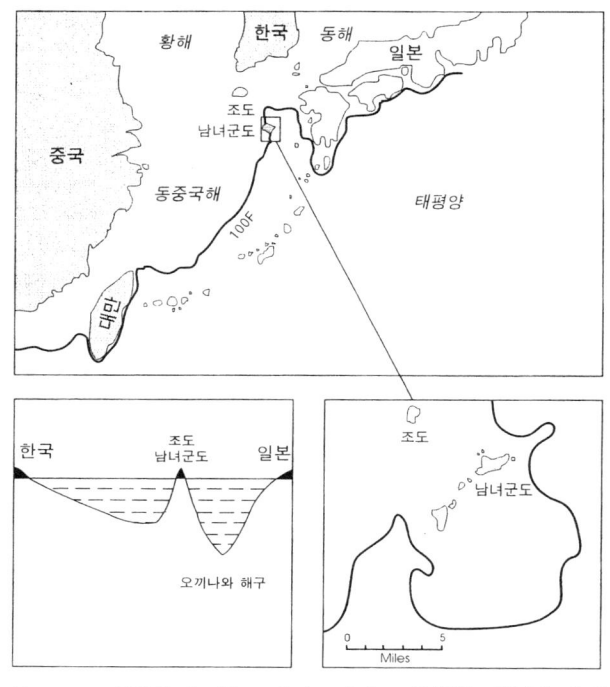

Source : C.H.Park, East Asia: A Los,(1983).p.25.Map1-3
(지도 8-29) 남녀군도와 조도

(1) 대륙붕 해양경계획정(海洋境界劃定)과 도서(島嶼)

해양경계획정(海洋境界劃定)상 섬의 가치를 인정한 예는 극히 드물다. 1969년 인도네시아와 말레이시아 간의 대륙붕경계협정시 Natuna도(島) (815 평방마일)와 Anambas도(島) (260 평방마일)의 두 섬은 경계획정(境界劃定)의 기점으로 완전히

---

356) Choon-ho Park, East Asia and the Law if rheSea,(1983), p.25. Map 1-3

참작되었으나, 이는 두섬이 인도네시아의 군도 직선기선의 기점으로 간주되었기 때문이다.357)

또 1978년 미국과 베네수엘라간 해양경계협정으로 경계를 정함에 있어서 Aves도(島)(0.02 평방마일)도 완전히 참작되었다. 미국이 이 적은 암도의 가치를 인정한 것은 순전히 정치적인 이유 때문이다.358)

1971년 이태리와 튜니지아는 양국의 중간선 근처에 위치한 Pentelleria도(島) (32 평방마일), Lampedusa도(島) (3 평방마일) 및 Linosa도(島) (2 평방마일)의 3섬과 무인암초인 Lampione도(島)을 그들의 대륙붕 경계획정(境界劃定)협약359)에서 특이하게 취급하였다. 이들은 우선 이 4개의 섬들을 무시하고 양국간의 경계선을 긋고 나서 이들 각 섬 주변에 13해리의 해대(海帶:Lampione. 초도의 주위에는 12해리의 海帶)를 이태리의 관할로 인정하였다. 1971년 당시 이태리는 영해의 범위를 6해리로 정하고 있었으므로 이들은 섬의 존재를 대륙붕경계에 있어서 부분적으로 인정한 셈이 된다. 그러나 당시 Pentelleria도(島)의 인구가 9,000을 넘고 있으며, Limpedusa는 4,387명인 것을 감안할 때360)섬의 효과를 거의 무시한 예로 보아도 무방하다.

그 밖에 1958년 Bahrain과 Saudi Arbia간의 대륙붕 경계획정(境界劃定)361) 1968년 Iran과 Saudi Arbia간의 경계협정,362) 1974년 이란과 아랍토후국(UAE)간의 대륙붕경계협정363) 등에서 도서들의 가치와 효과는 거의 무시되었다.

이상 대륙붕 경계획정(境界劃定)에 관한 양자협정과 국가관행을 종합컨대 경계획정(境界劃定)에 있어서 도서는 그 크기와 위치에 따라 참작되어 왔으나 확립된 기준

---

357) Agreement on the Delimitation of the Continental Shelves, Malaysia-Indonesia. (Oct. 12,1969) UN Leg./Ser. B/16, p.417; *Limits in the Seas*, No.1(1970).
358) Mark B. Feldman & David Colson, "Maritime Boundaries of the United States," 75 *AJIL*(1981) 747.
359) Agreement between the Government of the Italian Republic and Government of Tunisian Republic relating to Delimination of the Continental Shelf Boundary between the two Countries.
1971년 8월 20일 체결,1978년 12월 6일 발효
"Continental Shelf Boundary;Italy-Tunisia," *Limits in the Seas*, No.89 (Jan. 7,1980).
360) Ying-Jeou Ma, op.cit., p.98, Note 118.
361) Continental Shelf Boundary Agreement between Bahrain and Saudi Arbia
1958년 2월 22일 체결,1958년 2월 28일 발효
ST/LEG. SER./B16. pp 409~411; Limits in the Seas No.12,(1970)
362) Continental Shelf Boundary Agreement between Iran and Saudi Arbia
1968년 10월 24일 체결, 1969년 1월 19일 발효
Limits in the Seas No.24.(1970)
363) Agreement Concerning the Boundary Line deviding parts of the Continental Shelf between Iran and the United Arab Emirates
Limits in the Seas, No.63 (1975).

및 규칙은 없다고 보아야 할 것 같다. 1958년 제네바 해양법회의 협의에서 이태리와 이란 대표가 공유대륙붕내의 도서는 경계획정(境界劃定)시 무시되어야 한다는 의견을 제시한 일이 있다고 한다. 또 영국대표의 제안에 의하면, 대륙붕의 경계획정(境界劃定)에 있어 도서는 각기의 경우에 도서의 특성에 따라 참작되어야 하며, 공유대륙붕의 경계획정(境界劃定)에 있어서 아주 작은 섬이나 사주(沙洲) 등이 영해의 폭 범위 밖에 있을 때는 경계획정(境界劃定)의 기점에서 제외되어야 한다는 것이다.364)

그러나, 이상의 견해들을 일반적으로 받아드려지는 법적인 확신(opinio juris)이 총의(consensus)로서 성립되었다고는 생각하지 않는다.

(2) 조도(鳥島)와 남녀군도(男女群島)의 법적성질.

조도(鳥島)와 남녀군도(男女群島)는 200미터 등수심선(等水深線)의 내측에 위치하므로 말하자면 오키나와 海溝로 단절된 대륙변계(大陸邊界)의 한국측 육지와 자연연장인 공유대륙붕지역에 있는 셈이다(지도 8-29참조).

조도(鳥島)와 남녀군도(男女群島)는 암도(岩島)로서 어선의 일시적 대피장소 조차도 부적합한 불모의 섬이므로 그 자체가 대륙붕이나 경제수역을 가질 수 없다고 보아야 하며 (협약 121조 3항), 따라서 대륙붕은 오키나와 해구(海溝)로 일본과 단절되고 조도(鳥島)와 남녀군도(男女群島)가 이 해구(海溝)의 한국측 위치에 있다고 하는 사실은 대륙붕 경계획정(境界劃定)을 위한 아무런 기준이 될 수 없다고 보아야 한다.

또 만일 이 섬들이 협약 제 121조 3항에 의거한 대륙붕을 가질 수 있는 도서(島嶼)라면 이 섬의 크기와 위치 등을 참작한 형평의 위치에 맞는 범위의 일본측의 범위를 고려할 수도 있을 것이지만, 일본측 연안에서 영해의 폭 이원(以遠) 10여해리 이상 동떨어진 이 섬의 위치로 볼 때 역시 대륙붕 범위의 기준점으로서는 무시해야만 할 것이다.

일설에서는 1974년 1월 30일 [한·일 양국에 인접한 대륙붕 북부지역에서의 경계획정협정]체결시에 "조도(鳥島)가 등거리획정의 기준점이 되었으므로" 1974년 이후, 한국측은 이 섬을 일본측이 주장하는 대로 일본측 대륙붕의 기점으로 사용함을 용인하고 있는 것으로 보는 견해도 있다.365) 그러나 동 [협정]제1조에 명시된 참조점 [제1점]은 제주도 남단과 Fukue島 북단에서의 등거리점(50해리)이며 이 지점에서 조도(鳥島)는 43해리이므로 조도(鳥島)가 한·일간 대륙붕 경계획정(境界劃定)시 등거리

---

364) Statement by Capt. Kennedy, Member of UK Delegation for UNCLOS-I
   Official Records vol.6. A/Conf.13/42(1958).
365) Ying-Jeou Ma, op. cit., p.141.

획선의 기준점이 되었다는 것은 착오라고 보아야 한다366)

6. 대륙붕·배타적경제수역(大陸棚·排他的經濟水域)의 공동단일경계선획정 (共同單一境界線劃定)의 문제

한·일 간 대륙붕 경계 획정에 있어서 또 하나 반드시 검토되어야 할 것은 대륙붕과 배타적 경제수역의 공동 단일 경계선을 획정하는 문제이다.

최근 일련의 판례(判例)367)와 학설(學說)368)은 동일 지역의 배타적 경제수역과 대륙붕의 경계 획정에 있어서는 이들을 공동의 단일한 경계선으로 정함이 타당하고 효율적이라고 주장하고 있다. 또 최근에는 이러한 공동 단일 경계선을 선호하는 것이 현저한 추세이기도 하다.

그러나 생각하건대, 비록 동일 지역의 EEZ나 대륙붕인 경우에도 대륙붕 경계획정 (境界劃定)에 기준이 되는 지질학적 및 지형학적 특성이 현저하고 또 육지의 자연 연장 개념을 적용할 수 있는 명백한 특성이 갖추어져 있다면, EEZ와 대륙붕의 공동 단일 경계를 택하기 위하여 이들 경계획정(境界劃定) 기준들을 무시할 수는 없을 것이다. 왜냐하면 대륙붕과 배타적 경제수역은 해양법 상 분명히 별개의 관할제도이기 때문이다.369)

따라서 제주도 남쪽의 한·일 대륙붕 공동개발구역에 있어서 한국과 일본간의 대륙붕 경계는 EEZ 경계와는 별도로 한국이 주장해 온 오끼나와 해구(海溝)를 기준으로 획정되어야 한다.

7. 중국(中國)과의 경계획정문제(境界劃定問題)

한국은 기본적으로 중국과의 경계에 관해 등거리원칙을 주장하여, 대륙붕개발광구의 서쪽 경계선(K-1, K-2, K-3, K-4, K-7)을 획정하고 있다.(지도 8-21 참조) 한국측의 이러한 "등거리선(等距離線)"에 대한 중국측의 구체적 입장은 표명된 바 없지만 대체로 이를 인정하지 않는 태도를 취하는 것으로 이해된다. 중국과 대만은 황·동지나해 대륙붕의 한국과의 경계에 관하여는 이념적 차이에도 불구하고, 한국

---

366) [제1점]은 북위 32도 57분, 동경127도 41분 01초이다.
367) ⅰ) Tunisia/Libya case(1982) ICJ Rep.18,;21 ILM 225.
　　ⅱ) Gulf of Maine case(1984) ICJ Rep.246; 23 ILM 1197
　　ⅲ) Libya/Malta case(1985) ICJ Rep.68.
368) L.F.E.Goldie,"The Relationship between the EEZ and the Continental Shelf," *Report of the Committee*, International Committee on EEZ. ILA Seoul Conference(1986),p.12
369) 1982, 「유엔 해양법 협약」 제 56조 3항, 68조, 77조 4항, 78조 1항.

의 등거리선(等距離線)에 대해 부정적이란 의미에서 결국 동일한 입장에 있다.

그러나, 대만은 한국과 우방인데 반해서 중국은 한국전쟁시 한국의 교전상대국이었으며 현재도 이념적인 차이가 있고 그 정치적 관계의 차이 때문에 대륙붕관할 주장에 대한 구체적 태도도 다소 구별된다.

(1) 한국과 대만(자유중국)

앞서 보아온 것처럼 한국은 1969년 4월에 이미 제4광구(K-4)에서 미 Gulf사와 개발계약을 체결하였고 1970년 7개 개발광구를 설정 공포하였던 바 1970년 10월에 설정된 대만의 개발광구 T-5는 한국의 K-4, K-5, K-7과 중복되게 되었다.(지도 8-21 참조) 한국은 대만의 이러한 대륙붕광구설정(大陸棚鑛區設定)에 대하여 공식적으로 항의하지 아니하였다. 그러나 1974년 한·일 대륙붕 공동개발협정이 체결되자, 대만은 이에 대한 항의로,

> …최근 일부국가가 동지나해(東支那海) 해저자원개발에 관한 합의를 성립하고 발표한 성명서와 중공정권의 불법적인 주장들과 관련하여 중화민국정부는 그 연안의 대륙붕에 관한 탐사와 그 자원개발권을 포함한 모든 권리를 유보하는 바이다. 문제된 대륙붕은 중화민국(中華民國)에 인접한 그 육지영토의 자연적 연장이다. 이 지역에 관한 탐사와 개발활동은 수년 전부터 이미 개시되었던 바, 앞으로도 중화민국만에 의해 배타적으로 수행될 것이다.

라는 성명을 발표한 바 있다.370) "일부국가"라 함은 물론 한국과 일본을 지칭하는 것이나 전체적으로 항의의 어조는 부드러운 편이다. 실제로 대만정부의 제5광구(T-5)중 한국광구(K-4, 5, 7)와 중복된 부분에 대하여는 개발 양여계약(讓與契約)이 설정되어 있지 아니하다. 따라서 사실상 대만의 개발광구와 JDZ는 전혀 중복되지 않고 있다. 그러므로, 한국과 대만정부 간에 대륙붕개발 양여계약상 광구의 중복을 회피하기로 한 점계(點契)가 성립된 것으로 판단하는 견해도 있다.371)

결론적으로 적어도 대만과의 관계에서 한국이 주장해 온 중국과의 등거리선(等距離線) 즉 K-4, K-7의 서쪽 경계선은 사실상 분쟁이 없이 인정되고 있는 것으로 보아도 무방하다.(지도 8-30 참조)

(2) 한국과 중국

1970년 12월 한·일 간의 대륙붕공동개발협의를 무산시킨 중공 측의 항의는372) 결국 중공과의 연접한 한국광구 K-1, K-2, K-3, K-4에서 외국개발회사들의 개발

---

370) Free China Weekly, February 17, 1974, p.1.
371) Ying-jeou, Ma, op.cit. p.60. note.12.

활동까지 모두 중단시키는 결과를 가져왔던 것은 이미 위에서 살펴본 바와 같다.

1974년 한·일 대륙붕 공동개발협정이 타결된 이래, 중공은 계속적으로 강력한 항의를 제기하고 있던 바, 그 요지(要旨)를 보면,

> ...대륙붕은 육지영토의 자연연장이라는 원칙에 의해서 중화인민공화국(中華人民共和國:PRC)은 동지나해 대륙붕에 대한 침해될 수 없는 주권을 갖는다. 이 대륙붕 중 타국에 관련된 부분의 분할에 관해서는 중국과의 관련 국가가 서로 협의를 통하여 결정하여야 한다.
> 중국과의 협의도 없이 소위 한·일대륙붕공동개발구역이라는 것을 동지나해 대륙붕에 획정한 한·일 대륙붕 공동개발협정은 중국의 주권에 대한 침해이며 중국은 이를 결코 승인하지 않을 것이다.[373]

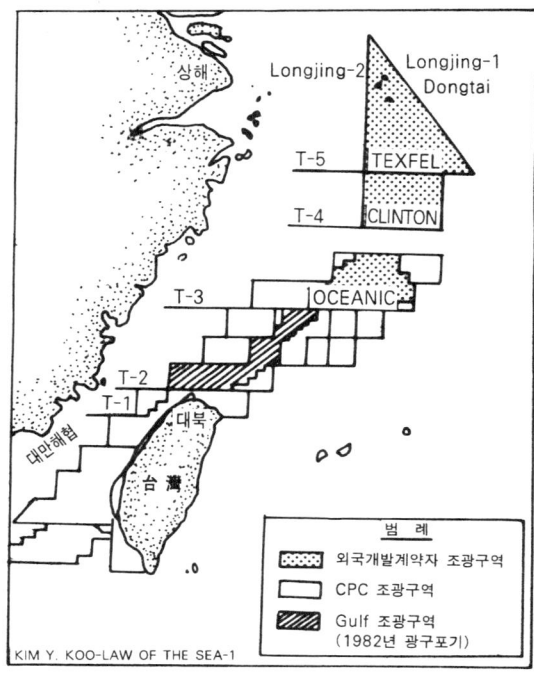

Source : G. L. Fletcher, "Oil and Gas Development in Far East in 1982 : Taiwan," *AAPG Bulletin* Vol. 67(1983), p.1927(Fig.27)

(지도 8-30) 대만의 해저석유개발

라는 것이다. 한국 측으로 보면 최근까지 중국과 인접된 4개의 한국광구 K-1, K-2, K-3, K-4에 조광권을 유지하고 개발활동을 계속하는 회사는 하나도 없다. 다만 1983년도에 K-4의 서남단 경계부근에서 1981년 2월에 Longing-1을, 1982년 4월에는 Longing-2와 Dongtai-1을 시공한 바 있다.(지도 8-26 참조)

중공이 그 원해 해저개발활동을 K-4서측 경계의 서쪽에서 수행한 것이 한국 측 등거리선(等距離線)을 사실상 인정하는 것으로 해석되지는 아니한다. 중국은 특히 JDZ의 서측 경계에 관하여 다음과 같이 항의하고 있다. 즉,

> ...국제법상 "중간선(中間線)"이란 인접연안국간의 수역을 구획함에 있어, 공인된 원칙이 아니라 함은 주지하는 바와 같다. 오히려 국제법은 이러한 수역의 경계획정(境界劃定)에 있어 공식적 합의에 이르기 전에 채택될 잠정적인 경계획정(境界劃定)

---

372) Supra Note 257.
373) Peking Review, February 8, 1974, p.3 Peking Review, June 30, 198, p.25
   Peking Review, May 19, 1980, p.6.

까지를 포함해서 관계국간의 협의를 통해 결정할 것을 요구하고 있는 것이다. 더구나 일본측에서 주장하는 "중간선"이란 일방적으로 획정되어 아무런 법적 근거가 없다. 일본정부가 주장하는 어떤 근거도 중국의 주권을 침해한 위법을 치유할 수 없는 것이다.

라고 통렬히 비난하고 있다.[374] 이는 표면상 일본만을 상대로 하고 있으나 JDZ의 성질상 이는 당연히 한국에 대한 항의로도 해석될 수 있다. 결국 중국과의 경계에 관해서는 한국 측이 주장하는 등거리선(等距離線) 원칙에 의거한 K-1, K-2, K-3, K-4, K-7의 서측 경계선을 중공측이 "협의"를 통해 받아들이는 문제만이 남아 있다.(본서 제7장 배타적 경제수역, 중국과의 경계문제를 참조)

---

374) Peking Review, June 17, 1977, p.17.

제9장 공해제도(公海制度)

Ⅰ. 공해(公海)의 개념
Ⅱ. 항해의 자유
Ⅲ. 공해어업과 생물자원의 보존
Ⅳ. 공해상 기국이외의 관할권
Ⅴ. 해저전선(海底電線)·관선부설(管線敷設)의 자유와 보호

제9장 공해제도(公海制度)

Ⅰ. 공해(公海)의 개념

1. 공해의 범위

1950년대만 하더라도 배타적경제수역이나 군도수역(群島水域)과 같은 개념은 국제법상 인정되지 않았으므로 영해와 내수를 제외한 모든 부분을 공해로 정의하는데 아무런 어려움은 없었다.(1958년 「공해에 관한 협약」 제1조) 그러나, 1970년대 이후 제3차 유엔해양법회의에서 공해를 어떻게 정의하는가 하는 문제는 특히 배타적경제수역의 법적 성격과 관련하여 논쟁의 초점이 되었다. 유엔해양법협약 제86조는 공해제도(公海制度)에 관한 그 제7장이 "배타적경제수역, 영해, 내수 또는 군도수역을 제외한 해양의 모든 부분에 적용된다."고 함으로써, 공해(High Seas)를 간접적으로 정의(定義)하고 있다.[1] 그러나, 이러한 규정이 배타적경제수역에 대한 연안국의 권한의 배타적 성격을 강화시키는 결과를 방지하기 위하여 이는 "제58조에 따라서 배타적경제수역 내에서 모든 국가가 누리는 자유의 축소를 가져오는 것으로 해석되어서는 안 된다."고 주의를 환기시키고 있다.(제86조 후단) 그러나, 여기서도 소극적인 방법으로 공해의 범위를 규정하고 있기는 1958년도 「공해협약」과 마찬가지이다. 결국 공해란 국가의 관할권에 속하지 아니한 해양의 부분이며 이는 해저(海底), 해상(海床) 및 그 하층토(下層土)를 제외한 해면과 상부수역(superjacent water)만을 포함하는 것이다.(유엔해양법협약 제1조 제1항 a호)

2. 공해의 법적성격

(1) 해양은 공유물(公有物: res communis)인가?

공해가 어떤 법적 성격을 갖는가에 관해서는 일찍부터 많은 논의가 있어 왔다. Rome법시대 이래 논의된 것은 "해양의 법적 성격"에 관한 것이었다. 그 당시 해양은 공유물(res communis)로 간주되었다.[2] 2세기경에는 지중해에서의 자유항행과

---

[1] 제3차 유엔해양법회의에서 공해(公海)에 관한 소극적 정의는 1977년 ICNT 이후부터 나타났다. ICNT Art. 73, RSNT Art.75, ICNT Art.89. 각 조문 참조.
[2] 박종성, 「해양국제법」(서울:법문사, 1963) p.17.
  공유물은 민법상 공유물과 구별된다. Infra note.12.

어로(漁撈)의 관습은 해면(海面)의 자유사용에 관한 공동적 권한을 인정하게 되었고, 이는 공유물(公有物:res communis) 개념의 역사적인 기원이 되었다. 본래 res communis라는 용어는 6세기에 편찬한 Justinianus의 학설휘찬(學說彙纂: *Digesta* 또는 *Pandectae*)에서 처음 사용된 것이라고 한다.[3] 그러므로, 이 용어는 Rome법(法)에서 유래하는 것으로, 빛이나 공기와 같이 누구라도 그것을 사용하고 누릴 수 있으나, 그 전부를 배타적으로 지배할 수 없는 것을 말한다.[4] 공유물과 구별되는 것은 법상(法上) 무주물(無主物: res nullius)이다. 무주물이라 함은 주인이 없는 물건을 말한다. 무주물은 주인이 없는 이유가 전소유자(前所有者)가 버렸기 때문인지, 아니면 지금까지 아무에게도 점유된 적이 없었기 때문인지, 또는 사소유권(私訴有權)이 미칠 수 없었기 때문인지 등을 불문한다.[5] 그리고, 무주물의 일종이나 특히 국제법상 무주지(無主地: terra nullius)라 함은, 반드시 무인(無人)의 땅일 필요는 없으며 그 점유의 권한을 인정받을 수 있을 만한 정치적 조직을 가진 인민(人民)이나 정부에 의해서 점유(占有)되어 있지 아니한 땅을 말한다.[6]

중세기에 들어와서 어로기술(漁撈技術)의 발달과 서구사회의 경제적 여건의 변화는 해양어족자원에 대한 수요를 증가시키고 이 어족자원을 확보하려는 국가간의 경쟁을 불러 일으켰다. 따라서 각 국가는 해양에 대한 관할권을 다투어 주장하게 되었다.

종래에 공유물이라고 간주되던 모든 것이 왕의 직접통제하에 들어가 공공물(公共物: res publicae)로 되었다. 공공물이란, 개발된 만(灣)이나 가항하천(可航河川), 공로(公路) 등과 같이 공공에 속하는 것을 일반적으로 지칭하였다.[7]

15·16세기에 들어와 한 때 무주물의 원리가 해양에도 적용되기 시작하였다. 베니스는 아드리아해를, 영국은 영·불 해협 및 북대서양의 광대한 해역을, 스웨덴은 발틱해에 대한 영유(領有)를 주장하였다. 1493년에 스페인은 멕시코 만(灣)과 태평양 전체를, 포르투갈은 대서양의 대부분과 인도양을 자국(自國)의 영역으로 주장한 것이다.[8] Hugo Grotius가 *Mare Liberum*을 저술하여 해면에 대한 일종의 공유물이

---

[3] P.Fenn, *The Origins of the Right of Fishery in Territorial Waters.*(1926) as cited in Dennis W.Arrow, "The Customary Norm Process and the Deep Seabed" 9. *ODIL*(1981) 11
[4] H.C.Black, *Black's Law Dictionary* 5th ed.(St. Paul:West Publishing Co., 1979), p.1173.
[5] Ibid., p.1174.
[6] Chares G.Fenwick, *International Law*. Rev. 3rd ed.(New York : Appleton Century Crafts, Inc., 1952), p.345.
[7] Black, op.cit., Clarkson, "International Law, U.S Sea-bed Policy and Ocean Resource Development." 17 *Journal of Law and Economy*. p.119-120.
[8] T.W.Fulton, *The Sovereignty of the Sea*,(London : William Blackwood & Sons, 1911), pp.566-567.

론을 다시 적용할 것을 주장한 것은 이러한 무주물선점이론(無主物先占理論)을 배제하고 해양을 모든 사람의 이용에 자유롭게 공개하여야 한다는 시대적 요청에 부응한 것이다.9) Hugo Grotius의 자유해론(自由海論: *Mare Liberum*)에 대해서는 많은 반대이론도 제기되었으나 19세기의 초반에 이르러서는 해양이 모든 사람의 자유사용에 공개된다는 이 원칙은 확립된 것으로 받아들여졌다.10)

해양 특히 공해를 공유물로 보는 입장은 이리하여 1958년 Geneva해양법회의의 「공해협약」에도 나타나게 되었다.11) 물론 새로운 해양법협약에서도 그대로 나타나고 있다.(제89조) 여기서 공유물 즉 *res communis*는 *res omnium communis*로 쓰기도 한다. 이는 국내법에서 말하는 행정법상의 공물(公物)이나 민법상의 공유물(共有物)(민법262조)과 구별되는 개념이다. 법적인 성질은 국내 사법(私法)상 「총유물(總有物)」과 가장 가깝다고 할 수 있겠으나 이것과도 구별되어야 한다고 본다.12)

(2) 법적성격의 변모

공해자유의 원칙은 Grotius의 자유해론(自由海論:*Mare Liberum*)에서 그 법적인 내용이 정립되고, 전통 국제법의 원칙이 되어왔던 것은 주지하는 바와 같다. 그러나 그 내용은 국제사회의 여건의 변화에 따라 많은 변화를 겪어 왔다.

우선 Grotius에 있어서의 공해자유의 원칙의 내용을 정리하여 보면 (1) 항해(航海)의 자유13) (2) 통상(通商)의 자유14) (3) 어업(漁業)의 자유15)를 들 수 있다. 이 같은 전통국제법상의 공해자유의 원칙은 다음과 같은 사항을 그 전제로 하고 있다.

---

9) Hugo Grotius, *Mare Liberum* alph Van Dean McGoffin, trans from Latin to English, *Freedom of the Seas*(New York : Oxford Univ. Press, 1916), pp.53-57(이하에서는 H.Grotius로 인용함)
10) J.L.Brierly, *The Law of Nations* 4th. ed.(Oxford:Clarendon Press, 1949), p.224.
11) Convention on the High Seas, Art.2.
The High Seas being open to all nations, no State may validly purport to subject any part of them to its sovereignty.
450 U.N.T.S. 82
12) 공유물(*res communis*)을 민법의 소위 공유물(articles owned jointly)-민법 제262조 1항-과 동일시하여 지분(持分)에 의한 분할을 해야한다고 설명하는 예가 있으나(박춘호·유병화,「해양법」, p.106.) 공유물은 빛이나 공기와 같이 원래 특정 주체의 배타적 권원을 인정치 않는 것이다.
H.C.Black, *Black's Law Dictionary* 5th ed.(St.Paul:West Pub.Co., 1979), p.1173.
13) *Libertas Navigandi* Grotius, op.cit., p.7ff
14) *Libertas Commercandi* Ibid. pp.61ff
15) *Libertas Piscandi* Ibid. pp.32ff

가. 공해자유에 관한 Grotius의 고전적 전제(前提)

(a) 해양점유(海洋占有)의 불가능성

해양은 누구도 실효적으로 점유할 수 없다. 그러므로, 해양은 만인에게 귀속되며 특정국가나 개인이 전유(專有)할 수 없다는 것이다.16) 이것은 항해의 자유, 어로(漁撈)의 자유등 해양이용의 자유의 논리적 전제가 된다.

(b) 해양자원의 무고갈성(無枯渴性)

해양은 너무나 광활하고 그의 자원은 무한하므로 인간의 사용으로 고갈될 우려가 없다고 생각되었다.17) 이것은 어로의 자유에 논리적 전제가 되었다.

(c) 해양의 무한한 자체정화능력(自體淨化能力)

해양은 거대하므로 인간의 해양활동은 어떠한 경우에도 해양 그 자체를 심하게 손상시키거나 변화시킬 수 없다는 것인데18) 이것은, 직접으로는 해양에 있어서 폐기물 투기의 자유를 의미하고 광의로 과학조사나 시설물 설치의 자유 등의 논리적 전제가 된다.

나. 공해자유에 관한 고전적 전제의 변용

그런데 공해의 자유의 현대적인 내용은 보다 다양하게 변화되었고 그 자유의 전제되는 조건들도 근본적으로 변화되었다.

먼저 다양화된 공해자유의 내용을 보면,

1958년 Geneva「공해협약」제2조는 (1) 항해의 자유 (2) 어업의 자유 (3) 해저전선(海底電線) 및 관선부설(官線敷設)의 자유 (4) 인공도서(人工島嶼) 기타 시설물 설치의 자유 (5) 어업의 자유 (6) 과학적 조사활동의 자유를 들고 있다.

확실히 공해자유의 내용이 다양해진 것을 알 수 있다. 그러면 이들 공해자유의 원칙의 전제로 되었던 조건들은 어떻게 변화하였는가?

(a) 해양의 점유(占有) 불가능성에 대하여

1958년 Geneva「공해협약」에서는 제2조 서두에서 "…어떠한 국가도 공해의 일부분을 자국의 주권에 종속시킬 것을 유효하게 주장할 수 없다…"고 규정하고 있고, 1982년 유엔해양법협약 제89조도 똑같은 것을 규정하고 있으므로 해양의 전유(專有) 불가능성의 전제는 아직도 형식상으로 유지되고 있다고 말할 수 있다. 그러나, 실질적으로는 제3차 유엔해양법회의의 협상초기부터 주장되어 왔고 1970년대 이후 관습국제법으로 대두된 200해리 경제수역제도는 1945년 미국 트루만 대통령의 선언이래

---

16) Ibid, p.37.
17) Ibid, p.28.
18) Pardo, op.cit., p.8.

"해양분할(海洋分割)의 시대"를 실제로 경험하게 하고 있다.

(b) 해양자원의 무고갈성에 대하여

17세기 Grotius가 주장한 "제한할 수 없는 어업의 자유"는 해양생물자원이 마치 공기나 빛과 같이 아무리 사용해도 고갈되지 않는 다는 점을 전제로 하고 있다고 함은 위에서 말한 바와 같다. 그러므로, "해양의 자원은 자유로이 채취, 전유될 수 있다."고 한 전통국제법상의 공해자유의 원칙은 이러한 전제 위에서만 "확실하고도 분명한 권리"의 전형으로 유지될 수 있을 것이다. 그러나, 17세기의 이러한 가상적인 전제는 포기된 지가 이미 오래이다.

1958년 Geneva「어업 및 공해생물자원 보존협약」은 "해양생물자원개발에 대한 현대적 기술발달이, 팽창하는 세계인구의 식량수요를 충족시키기 위해 인간의 능력을 증대시키고 이로써 해양생물자원의 과잉개발로 자원고갈(資源枯渴)의 위험에 직면해 있음을 고려하여…" 제정된 것이다.[19] 따라서 공해에서의 어업의 자유는「어업 및 생물자원 보존협약」에서 규정하는 공해 생물자원 보존을 위한 각종 규정을 준수할 것을 조건으로 하여서만 인정된다.(동 협약 제1조 1항 후단) 그리고, 모든 국가는 공해생물자원의 보존조치를 위해 타국과 협조할 의무를 진다.(동 제1조 2항)

공해생물자원의 보존을 위한 국제적 노력은 어족자원(魚族資源)의 보존과 합리적 관리를 위한 많은 국제적 기구와 협력체제를 성립시켜 왔다. 그리하여 이제 공해에서의 어로는 이러한 국제적 기구 또는 협력체제가 수립한 일정한 절차와 규범에 따라서만 수행되는 것이다. 해양생물자원 이외의 무생물자원에 관하여는 석유자원이나 해저 망간 단괴(團塊)가 발견되고 그 개발의 기술이 발전된 지 일천(日淺)하므로 이에 관한 국제법적 보존규범들은 이제 생성 중에 있다.

심해저의 자원을「인류공동유산」으로 선언하고 그 개발과 합리적 보존이용을 위한 새로운 국제법체제를 마련하고자한 유엔해양법협약에 의한 심해저개발제도(深海底開發制度)야말로 지금까지의 목가적(牧歌的)인 전통 국제법상 대전제들이 무너진 새로운 세계적 환경에 대처하여, 인류가 생존을 유지해 나가기 위한 노력의 일환이라고 보아야 한다.

(c) 해양의 무한한 자체정화능력에 대하여,

1960년대에 들어와 인지(人智)의 발달 특히 화학물질의 광범위한 사용이 지구전체를 급속적으로 오염시키고 있다는 점에 인류는 눈뜨기 시작하였다. 그리하여, 원자병기(原子兵器)의 시험 및 사용과 일반 화학물질의 폐기에서 지구환경을 보존하려는 진지한 노력이 개시되었다. 지구환경 중 거대한 한 개의 생태계를 구성하는 해양의

---

19) 1958 Convention on Fishing and Conservation of Living Resources of the High Seas, *the Preamble*. 559 U.N.T.S. 285.

환경보존문제는 이러한 일반적 추세와 함께 거론되었으며, 특히 1967년 3월 18일 영국 남서해안 근처 Seven Stones Reef에서 리베리아 선적의 Torrey Canyon호가 11만 7천 톤의 원유를 운반하던 중 좌초하여 대량의 기름 유출사고를 낸 것을 계기로 선박의 기름 유출로 인한 해양환경보존의 문제가 크게 대두되었다.

1954년 유류오염방지협약(油類汚染防止協約)을 시작으로 해양환경보전을 위한 각종 노력이 계속되었으며 제3차 유엔해양법회의에서도 제3위원회(Committee III)에서는 이 문제를 집중적으로 토의하여 새로운 유엔해양법협약 제12장은 "해양환경의 보존과 보호"에 할애되고 있다.

이와 같이 해양은 이미 무한한 자체정화능력을 갖고 있다고 전제되지 아니하며 해양환경을 급속한 오염과 훼손으로부터 보호하기 위해서는 지역적 및 국제적인 협조와 규제가 필요하다는 것이 명백히 된 것이다.

3. 공해의 자유

공해는 모든 국가에게 개방되어 있다.(제87조 1항)

공해의 자유를 누리는 데 있어서 연안국이냐, 내륙국이냐에 따른 구별은 있을 수 없다. 공해의 자유는 유엔해양법협약과 국제법의 일반원칙이 정한 일정한 조건에 따라 행사된다.(제87조 1항 제2문장) 이 조항은 본래 공해협약 제2조의 제2문장을 그대로 답습한 규정인바, 이는 1958년 Geneva 제1차 유엔해양법회의 제2위원회에서 ILC 초안(草案) 제27조에 대한 수정안으로 제출된 Mexico의 제안이 채택된 것에서 비롯되었다.[20]

이러한 명문 규정을 두지 않았던 ILC초안 제27조에 대한 Commentary에서도 공해자유는 일정한 규칙에 의하여 규제되어야 하는 데, 이는 공해자유를 제한하기 위함이 아니라 전체 국제사회의 이익을 위하여 그 행사를 보장하기 위함이라고 하고, 이러한 규칙의 내용으로서는,

(1) 공해에 있어서 자국적(自國籍) 선박에 대한 기국(旗國)의 주권적 권리행사
(2) 일정한 경찰권의 행사.
(3) 공해의 생물자원보존에 관한 국가의 권리.
(4) 국제법상 확립된 일정한 연안국의 주권적 관할권제도 [영해, 접속수역 또는 보존수역에 관한 제도]
(5) 대륙붕에 대한 연안국의 권리.

등을 열거하고 있다.[21] 공해의 자유에 관한 권리의 행사는 유엔해양법협약의 규정에

---

20) A/Conf.13/C.2/L.3 Art.27.
 UNCLOS I *Official Records*, Vol.4, p.116

따라서도 그 조건이 결정되고 있는 바, 예컨대 해저전선 및 관선부설의 자유와 인공도서 및 시설물 설치 등의 자유는 「협약」 제6장 「대륙붕제도의 규정」에 의거하고, 공해상 어로(漁撈)의 자유는 「협약」 제7장 2절 「공해어업규정」에 의거하며, 해양의 과학적 조사는 「협약」 제6장 및 제13장 「해양의 과학적 조사」에 의거하는 것과 같다.

공해의 자유는 (1) 항해의 자유, (2) 상공비행의 자유, (3) 해저전선 및 관선부설의 자유, (4) 인공도서 및 시설의 자유, (5) 어로의 자유, (6) 과학조사의 자유 등 6가지가 열거되어 있다.(제87조 1항 후단)

여기서 "특히(inter alia)"라는 어구가 1958년 공해협약 제2조에서와 같이 잔존해 있으므로 이들 6가지의 자유는 한정적인 열거(列擧)라기 보다는 예시적인 것으로 해석되어야 할 것이다.

「공해협약」에서는 항해의 자유, 어로의 자유, 관선부설의 자유 및 상공비행의 자유 등 4개의 자유만을 열거하였으므로 과학조사의 자유, 심해저개발의 자유 등은 이러한 예시적 예거의 함축된 의미로 이해되고 있었다.[22] 그러나, 유엔해양법협약에서는 해양의 과학적 조사와 공해상 시설물 설치의 자유 등이 명시적으로 열거되고 있는 만큼, 예시적 열거라는 의미는 그 만큼 약화되었다고 생각된다.

공해의 자유를 행사함에 있어서 모든 국가는 타국의 이익에 대하여 '적정(適正)한 배려(配慮):(due regard)'를 베풀어야 하며(제87조2항 전단), 또 아울러 타국이 심해저 활동에 관한 본 협약「제11장 심해저제도」에서 규정한 권리를 행사함에 대한 적정한 배려를 하여 자국의 공해자유에 대한 권리를 행사 해야한다.(제87조 2항 후단).

제87조 2항 전단은 1958년 공해협약 제7조에서 유래하고 있다. 이는 1956년 ILC초안 27조에 대한 수정안(修正案)으로 제출된 영국의 제안이 채택된 것이다.[23] 1956년 ILC초안 제27조에 대한 ILC의 Commentary에서는 "모든 국가는 타국국민이 공해사용의 자유를 향유함에 저해될 행위를 삼가해야 한다"고 표현하고 있는바[24] 영국안(英國案)은 이 취지를 내용으로 한 새로운 수정안을 제출하여 1958년 공해협약 제2조의 내용으로 확정된 것이다.

제87조 2항 후단은 공해협약에는 없던 조항으로 제3차 유엔해양법회의에서 1976년 ISNT 제75조 축조심의(逐條審議) 때에 오스트레일리아가 제출한 수정안이 채택된 것이다.

"타국의 이익(the interests of other states)"에 대하여 "적정한 배려(due regar

---

21) ILC Draft Art. 27 Commentary, para.(5), (1956) *ILC Yr. Bk*. Vol. Ⅱ, p.278
22) Ibid. para.(2)
23) A/CONF.B/C.2L.68,Art.27.
　　UNCLOS I *Official Records*, Vol.4, p.134.
24) Supra Note.21. para.(1)

d)"를 하여야 함은 모든 권리행사에 있어서 당연히 제출되는 법의 일반원칙이나 이를 명문으로 규정함으로써 공해사용의 자유에 있어서 기속력(羈束力)있는 법적의무로 구체화되었다고 볼 수 있다.

1958년 공해협약의 표현과 1982년 유엔해양법 협약의 표현에는 미묘한 차이가 있다. 즉 전자에서는 'reasonable regard' 라고 하고 있는데 반해서 후자에서는 'due regard'라고 표현하고 있다. 이러한 어구의 변화는 심해저위원회에 제출된 남미 제국의 수정안에서 이미 발견되고 있다.25) 이는 합리성의 요건이 "적법성(適法性)"의 요건으로 강화된 것이라고 해석되어야 한다. 즉 전자의 요건에 의하면 공해 사용의 자유권을 행사함에 있어서 타 사용자의 사용을 합리적으로 고려하고, 합리적 방법으로 행사하였다면, 결과적으로 다른 사용자의 적법한 사용을 침해하였다고 하더라도 합리적 고려에 의한 사용으로서 허용되는 것으로 보는데 반해서, 후자의 요건에 의하면 단순히 합리적인 고려만으로는 불충분하고 결과적으로 타 사용자의 공해사용을 부당히 침해하는 경우에는 이러한 공해사용은 허용될 수 없다고 보게 되는 것이다.

1958년 공해협약은 전통국제법의 자유방임주의적체제(自由放任主義的體制: *laissez faire*)의 영향을 받아 특히 공해의 환경보호와 생물자원의 보존에 있어서 미온적이고 부적절한 법적 체제를 유지하여 왔던 바, 공해협약 제2조도 그러한 예의 전형적인 경우에 속한다. 유엔해양법협약은 공해협약의 이러한 미비점을 보완하여 국제사회 전체의 이익을 보호하고 진보적 법체계를 수립함을 목표로 하고 있는 만큼 'due regard' 는 위와 같이 해석하여야 할 것이다.

4. 공해의 평화적 이용

유엔해양법협약은 제88조에서 "공해는 평화적 목적을 위하여 유보된다."라고 규정하고 있다. 유엔헌장 제2조 4항 및 제103조에 의하며 국제법상 모든 국가는 이미 평화유지의무가 있으므로 이 제88조가 없더라도 공해를 평화적으로 사용할 의무는 이미 성립되어 있다고 본다. 1958년 공해협약에는 이 제88조에 필적할만한 조항이 없다. 그러나, 제1차 유엔해양법회의에서도 특히 공해에서의 핵실험(核實驗)에 관련하여 격렬한 논의가 있었다.26) 그리고 「핵실험금지협약(核實驗禁止協約)」은 1963년 8월에

---

25) A/AC.138/SC. Ⅱ /L.27. Art.19.(1973), S.B.C.Reports Vol.Ⅱ, p.34.
   Proposal by Equador, Panama, Peru

   These freedoms shall be exercised by any State, with due consideration for the interests of the States in exercise of this same freedom
26) ILC Draft Art.27 Commentary para.3. 2 ILC Yr.Bk(1956) 278;A/CONF.13/C.2/L.30 Art. 27;4 UNCLOS Ⅰ *Official Records* 124

체결되었다.27) 1974년 오스트레일리아와 뉴질랜드는 공해상에서 핵실험을 금지하는 이 협약의 원칙은 일반 관습국제법이 되었다고 주장하고, 수중(水中) 핵실험을 시도하려고 하는 프랑스의 계획에 반대, 이를 ICJ에 제소하였다.28) ICJ는 프랑스가 자진해서 수중핵실험을 중지하였기 때문에 이 분쟁에 대한 판결을 하지는 아니 하였다.

생각하건대 공해사용의 자유는 타국의 이익에 대한 "정당한 고려"를 하여야 하므로 핵실험 등을 공해에서 할 수 없다는 것은 국가의 국제법적 의무가 되어 있다고 보아야 한다.29) 그러나, 공해상에서 특정구역에 해군연습구역(海軍演習區域)을 설정하여 특정기간 군사연습을 실시하는 것은 제87조 2항 및 88조에 위반되는 것은 아니라고 생각된다. 다만 문제가 되는 것은 공해상에 군사적 무기나 시설을 설치하는 것인 바, 공해 해저(海底)·해상(海床)과 그 하층토(下層土)에 핵무기등 대량 파괴무기를 배치하는 것을 금지하는 조약이 1971년 2월에 체결되었다.30)

II. 항해의 자유

1. 항해의 권리

공해사용의 자유 중에 가장 오래되고 중요한 것은 항해의 자유이다. 인류가 최초로 해양을 이용한 방식은 그 위를 항해하는 것이었으며 지금도 해양활동 중 가장 대표적인 것은 항해라고 할 수 있다. 항공기가 대형화하고 항공산업이 발달하고 있기는 하나 지금도 전 세계 무역량의 95%를 해운(海運)이 맡고 있는 것이다.

---

27) 1963 Treaty Banning Nuclear Weapon Test in the Atmosphere, in Outer Space, and Under-Water 480 U.N.T.S. 43;14 UST 1313;TIAS 5433.
   미국, 영국, 러시아등 다수국가가 이 협약에 비준하였으나 프랑스와 중국은 이에 가입하지 않았다.
28) Nuclear Test case, (Australia and New Zealand vs. France) *ICJ Report*, 457(1974)
29) ① Margolis, "The Hydrogen Bomb Test and the International Law" 64 *Yale L.J.* 629 (1955)
   ② McDougal, "The Hydrogen Bomb Test and the International Law of the Sea," 49 *AJIL*(1955)356.
   ③ McDougal and Schei,"The Hydrogen Bomb Test in Perspective; Lawful Measures for Security," 64 *Yale L.J.*(1955)648.
   ④ Schwarzenberger, "The Legality of Nuclerar Weapons," 2 *Current Legal Problems* (1958) 258.
30) Treaty on the Prohibition of the Emplacement of Nuclear Weapons and Other Weapons of Mass Destruction on the Ocean Floor and in the Subsoil thereof.
   1971년 2월 11일 런던에서 체결. 10 *ILM* 146(1971); TIAS 7337.

따라서 해양법 규범의 가장 중요한 부분들은 해운에 관련되어 발전되어 왔다고 해도 지나치지 않는다. 협약 제87조 1항 a는 항해의 자유를 규정하고 있다. 물론 이 항해의 자유도 "본(本) 협약과 다른 국제법 규칙에 정하여진 조건에 따라" 행사된다. 그러므로, 공해상 선박의 항해의 자유는 군함의 임검권(臨檢權)(협약 제110조) 또는 연안국의 추적권(追跡權)(협약 제111조)등에 의한 제약을 당연히 감수하여야한다.

항해의 자유를 권리로 파악할 때 이 권리의 주체는 물론 선박이 아니라 선박의 기국(旗國)임을 주의하여야 한다. 즉 모든 국가는 자국기(自國旗)를 게양한 선박을 공해상에 항해시킬 권리를 갖는다.(협약 제90조) 협약 제90조가 따로 "항해의 권리"라는 표제로 규정되고 있는 것도 이런 연유에서이다. 특히 해안선(海岸線)이나 항구가 없는 내륙국도 공해상에서 자국의 국기를 게양한 선박을 항해시킬 권리가 있다. 지금은 자명한 것처럼 보이는 이 권리도 1차대전 이전에는 대체로 부정되는 것이었다.[31] 내륙국의 항해권이 명시적으로 인정된 것은 1919년 9월의 「베르사이유 조약」 제273조에 의해서 비롯되었다.[32]

2. 선박과 기국(旗國)

(1) 선박의 국적(國籍)

선박은 항해의 수단이며 또한 주체이기도 하다. 선박이라 함은 수상의 운송 수단으로 사용되고 있거나 사용할 수 있는 모든 수면 위의 물체를 말한다.[33] 수상의 운송수단으로 되기 위해서는 항해가 가능해야 하므로 단순한 부교(浮橋: pontoon bridge) 또는 인공도(人工島) 등과 구별되나 수면 상에 있는 수상비행기(水上飛行機)와 기타 무배수량선(無排水量船: non-displacement craft)등을 포함한다.

선박은 1개국만의 국기를 게양하고 항해하여야 하며 국제조약 또는 본(本) 협약에 명시적으로 규정된 예외적 경우를 제외하고 공해상에서 기국의 배타적 관할에 속한다. 선박은 특별한 경우-소유권의 양도 또는 등록 변경의 경우 등-를 제외하고는 항

---

31) Oppenheim, *International Law* 8th ed. by Lauterpacht(1955), p.592; Higgins and Colombos *International Law of the Sea* 2nd ed.(1951) pp.199-200.
32) 13 *AJIL* Supp.151-385(1919);112 BFSP(1922) 1-211,132.
　The Treaty of Versailles, Art. 273.

　　…The High Contracting Parties agree to recognize the flag flown by the vessels of an Allied or Associated Power having no sea-coast which are registered at some one specified place, situated in its territory; such place shall serve as the port of registry of such vessels.
33) International Regulations for Preventing Collision at Sea 1972.
　Rule 3.; *General Definitions* para.(a)

해 중 또는 기항(寄港)중에 그 국기를 변경할 수 없다.(협약 제92조 1항) 편의에 따라 2개국 이상의 국기를 선택적으로 게양하고 항해하는 선박은 그 어느 국적도 주장할 수 없고 무국적선(無國籍船)과 동일시된다.(협약 92조 2항)

가. "진정한 관련"의 요건

선박은 그 국기를 게양할 수 있는 국가의 국적을 갖는다. 모든 국가는 선박에 대한 자국 국적의 허용, 자국영토내의 선박등록 및 자국기(自國旗)를 게양할 권리에 대한 조건을 정하여야 한다. 국가와 선박간에는 진정한 관련이 있어야 한다. 국가는 자국의 국기를 게양토록 허용한 선박에 대하여 증명서를 발급하여야 한다.(협약 제91조)

항해에 관한 국제법상의 권리 의무의 주체는 선박이 아니며 선박의 선적국(船籍國) 즉 기국(旗國)이다. 그러므로, 선박에 대한 명확한 국적의 부여는 공해상의 법질서를 유지함에 있어서 기초적인 전제가 되고 있다. 그런데 국가는 어떤 선박에 자국 국적을 부여함에 있어 절대적 자유재량을 가지는가? 한때는 이러한 재량권이 인정되어 1905년 Muscat Dhow case[34]에서 상설국제사법재판소(常說國際司法裁判所: PCIJ)는 판시하기를,

> 일반적으로 어떤 함선(艦船)에 자국의 국기를 게양하도록 허용하고, 국적 부여에 관한 규정을 제정하는 것은 그 주권의 전권(專權)에 속한다.

고 명시하였다. 그러나 1955년 ICJ의 Nottebohm case[35] 판결에 강하게 영향을 받은 ILC는 해양법 초안(草案) 제29조 1항에 "진정한 관련"을 요건으로 하는 조항을 삽입하였다.[36] 그러므로, 선박에 대한 국적부여에 관한 국가의 재량권은 일단 제한되는

---

34) 프랑스가 Morocco Sultan 의 배에 프랑스 국적을 허용한 사건.
   Muscat Dhows case(1905) XI *RIAA* 83
35) 과테말라에 거주하는 독일인 Nottebohm은 Liechtenschtein에 귀화한 일이 있는데 1949년 과테말라는 그를 독일인으로 간주하여 체포하고 재산을 몰수하였다. Liechtenschtein은 국적국임을 근거로 외교적 보호권을 발동하여 Nottebohm의 재산 반환과 보상을 요구하였다. ICJ는 판결에서 재외 국민에 대한 국가의 외교적 보호권 행사의 요건이 되는 국적의 존재는 그 개인과 국가사이에 사실상의 실효적관계 즉 "진정한 관련"(a genuine link)이 기초로 되어야 한다고 판시하고 Nottebohm과 Liechtenschtein사이에는 이러한 사실상의 결합관계(factual link)가 결여되어 있으므로 귀화국의 외교적 보호권을 인정할 수 없다고 하였다.
   Nottebohm case(1955) *ICJ Rep.* 4.
36) International Law Commission Draft *Art.*29(1)

   ⋯ Nevertheless, for the purposes of recognition of the national character of the ship by other States, there must exist a genuine link between the State and the ship⋯

   ILC Yr.Bk.(1956), Vol.Ⅱ, p.259.

것으로 보게 되었다. 그러나, "진정한 관련"을 인정하기 위한 실제적 조건은 어떠한 것인가에 대하여 구체적이고도 객관적일 기준은 제시되어 있지 않다. ILC의 commentary에 의하면 1896년 국제법 협회(IIL)가 채택한 구체적 기준이 있으나 국가관행들이 일관되지 않아 이러한 기준을 그들 초안에 채택하지 않는다고 밝히고 있다.[37] 이 ILC초안 제29조는 1958년 공해협약 제5조와 제6조로 확정된 것이다. 그리고 이는 유엔해양법협약 제91조와 제92조에 답습되고 있다. 즉 "진정한 관련"의 요건은 추상적으로 규정되어 있다. 이러한 진정한 관련이 없는 경우의 법적 효력에 대해서도 1958년 공해협약이나 유엔해양법협약은 구체적으로 규정하는 바가 없다. 다만 제92조 2항의 유추 해석에 의하면 무국적선으로 간주될 수 있다고 생각될 뿐이다.

나. 편의국적선(便宜國籍船)의 관행

1958년 공해협약은 그 전문에서 공해에 관한 관습국제법을 성문화함을 목적으로 한다고 밝히고 있지만, 그 제5조가 규정한 "진정한 관련"의 요건은 실제적 국가 관행과 처음부터 맞지 않았다. 일부 선진국 중에서는 선박 소유자 또는 선원의 일정한 비율이 기국의 국적을 보유하여야 한다고 규정하여 진정한 관련의 요구에 따르고 있으나 그 밖의 국가들은 이러한 요건을 도외시(度外視)하고 있다. 이들 편의기국(便宜旗國: flag of convenience) 또는 개방등록국가(開放登錄國家: open registry States)들은 자국과 실질적인 관련이 없는 외국선주들에게 자국국기하(自國國旗下)에 선박을 등록하도록 허용하고 있다. 주로 미국·일본·희랍출신인 세계의 중요 선주(船主)들 측에서는 이들 편의기국들에 등록하는 편이 저렴한 등록비 및 세금·낮은 임금·그리고 경우에 따라서는 국제적 안전기준의 준수가 요구되지 않는 까닭에 가능한 제반(諸般) 선박운영비용의 절감으로 상당한 이익을 취할 수 있게 되므로 편의국적선은 계속 증가되고 있다. 그리하여 세계최대의 국적선 보유국인 리베리아를 비롯해서 파나마, 싱가포르 등 편의기국들이 존재하게 된다.

편의기국들은 실제로 기국으로서 자국 등록선박에 대하여 선박안전과 해양오염방지(海洋汚染防止)등을 위한 통제나 선박승무원의 자격요건에 대한 통제 등을 효율적으로 실시할 수 없거나, 그러한 통제업무를 등한히 하고 있다. 최근에 중요한 편의기국중의 하나인 리베리아가 선적국(船籍國)으로서의 관할권 시행을 종래 보다 강력히 시행한다는 정책으로 전환하였으나, 그 밖의 편의기국들의 이완된 관할 통제는 여전히 일반적 경향으로 되어 있다.

이상과 같이 공해협약 제5조에서 규정한 "진정한 관련"의 요건과 실제적 관행의 불일치는 "진정한 관련"의 요건을 일반관습국제법의 내용에서 제외시키고 단순히 조

---

[37] Ibid., para.(3)

약 당사국만을 기속하는 의무로 해석하게 한다.

IMCO 조약 제28조(a)호에 의하면 세계최다 국적선보유국(國籍船保有國)중 8개국을 해사안전위원회(海事安全委員會: Maritime Safety Committee)의 임원국으로 선출토록 되어 있다.

1960년 IMCO는 공해협약 제5조 상의 "진정한 관련"의 요건과 관련하여 편의기국의 국적선보유량도 8개국 임원 선임에 인정해야 할 것인지 ICJ에 문의한 바,[38] ICJ는 판시하기를 "진정한 관련의 개념은 최대국적선 보유국 중 8개국 선임에는 적용되지 않는 요건이며 편의기국인가의 여부와는 관계없이 최대등록톤수 보유국이란 글자 그대로 해석해야 한다."고 밝혔다. 이로서 ICJ도 "진정한 관련"의 요건이 일반 관습국제법의 내용이 아님을 확인한 것이라고 볼 수 있다. 결국 협약 제91조 1항에서 규정된 "진정한 관련"의 요건은 선언적(選言的) 규정에 불과한 것으로 보아야 한다. 최근에 UNCTAD(유엔통상개발회의)의 해운위원회(海運委員會: Committee on Shipping)에서 편의국적 관행의 개선에 관한 각종 보고서를 발표하고[39] UNCTAD는 점진적으로 편의국적 또는 개방등록체제를 정상적인 등록체제로 개선함으로써 기국의 통제를 강화하여 기국이 해운 운영에 책임을 질 수 있게 하는 방안을 추진하고 있다.

다. 국가 이외의 주체의 선적부여권(船籍附與權)

선박은 국가 이외의 주체, 즉 예컨대 '국제기구의 깃발아래 항해할 수 있는가'가 문제될 수 있다. 1958년 Geneva 제1차 유엔해양법회의에서 멕시코·노르웨이·유고 등은,

> 전조(前條)의 규정은 정부간 국제기구의 공무(公務)로 고용된 선박이 그 기구의 깃발을 게양하는 것을 금지하지 아니한다.

라는 초안을 제출하였다.[40] 이 제안은 동(同) 회의에서 채택되어[41] 1958년 공해협약 제7조로 확정되었다. 본래 ILC는 공해 상 선박의 기국에 관한 국제법제도는 국가의 국기를 게양하는 내용이므로 유엔이나 기타 국제기구의 기(旗)를 게양하는 것과 같이

---

38) Constitution of the Maritime Safety Committee of IMCO case *ICJ Rep.* 150,(1960)
39) (1) Economic Consequences of the Existance or Lack of a Genuine Link between Vessel and Flag of Registry, UNCTAD Doc. TD/B/C.4/168(1977)
   (2) Open registry fleets, TD/B/C.4/220(1981)
   (3) Conditions of registration of ships, TD/B/AC/34/2/(1982)
40) A/CONF.13/L.17/L.51, Art. 31A
   UNCLOS I, *Official Records*, Vol.Ⅳ, p.129
41) 제2위원회에서 찬29, 반12, 기권14로 통과. 전체회의에서 찬50, 반9, 기권11로 채택

해석할 수 없다하여 그들의 해양법 초안에 이에 관한 조항은 삽입치 않았으나 이 문제에 관한 special rapportour의 보고서(A/CN.4/103)내용을 그 commentary에 요약해 놓고 있다.[42] 실제로 1956년과 1957년 이집트에서 유엔상비군이 그 휘하선박에 유엔기를 게양하게 한 예를 비롯해서 유엔기구의 기를 게양하게 한 예는 적지 않다.[43] 그런데 공해협약 제7조의 내용 중 "정부간 국제기구(intergovernmental organization)"란 어떤 범위의 국제법상 주체를 의미하는가가 불명확하다. 유엔해양법협약 제93조는 이점에 관하여 "정부간 기구" 대신에 "유엔전문기구 또는 국제원자력기구(國際原子力機構: IAEA)"로 특정시켜 구체적으로 규정하고 있다. 이는 일단 개선된 점이라고 생각되나,[44] 어찌하여 EEC와 같이 보다 더 발달된 국제기구를 제외시키고 있는지는 의문이다. 유엔해양법협약에 별도 주체로 가입할 수 있고 독자적인 법체계로 그 관할하의 선박을 독자적으로 공해상에 항해시킴에 있어 아무런 법적 문제도 없는 국제기구를 제93조가 망라하지 못하는 것은 입법적 흠결(欠缺)이라고 지적할 수 있다.

(2) 기국의 의무

모든 국가는 자국의 국기를 게양한 선박에 대하여 행정적·기술적·사회적 사항에 관하여 관할과 통제를 효과적으로 행사하여야 한다.(제94조 1항) 공해상에서 선박에 대해서 배타적 관할권을 갖는 유일한 주체는 기국뿐이므로 이러한 기국의 의무는 당연한 것이다. 제94조 1항은, 기국의 의무에 관한 원칙을 밝힌 일반규정이다. 보다 구체적 의무는 제94조 2항 이하에서 규정하고 있는바, 이들은 항해의 안전에 관련된 것이므로 다음 절에서 평론하기로 한다. 본래 이 제94조 1항은 1958년 공해의 협약에서는 "진정한 관련"의 구체적 기준으로 그 제5조 1항 후단에서 규정하고 있었다. 유엔해양법협약은 이를 별개 조항에서 규정함으로써 기국의 자국선 통제의무는 "진정한 관련"의 필요적 요소로 간주되지 않을 수 있게 되었으며 기국의 자국선 통제의무 해태(懈怠)를 가지고 선박의 기국 자체를 부인할 수 있는 근거로 해석할 수 있었던 공해협약과 구별할 수 있게 되었다.

3. 항해의 안전

선박에 의한 인원과 재화(財貨)의 수송이 안전하게 수행되고 침몰, 좌초, 충돌 등

---

42) ILC Draft Art.29 Commentary, *ILC Yr.Bk.*(1956) Vol.II, p.279
43) UNCLOS I. *Official Records*, Vol. IV, p.138.
44) 제3차 유엔해양법회의에서 이 부분의 수정안으로 제출된 것은, Blue Paper No.9/Rev.1,Prov. 141A 이다.

선박의 해상사고(海上事故)가 최소한으로 방지되어야 한다는 것은 선주(船主)·선원(船員)은 물론이고 해운업계 및 국제사회 전체의 이익을 위하여 절대적인 명제가 된다. 공해협약 제10조는 선박의 항해에 관한 안전확보조치(安全確保措置)를 기국의 의무로 하여 구체적으로 규정하고 있다. 유엔해양법협약도 제94조 2항 이하에서 역시 이를 기국의 의무의 구체적 내용으로써 더 상세히 규정하고 있다. 특히 안전확보의 기준에 관하여 공해협약이나 유엔해양법협약은 모두 국제표준주의(國際標準主義)를 따르고 있다.(공해협약 제10조 2항, 유엔해양법협약 제94조 5항) 법이론상으로만 본다면 모든 선박의 기국은 자국적 선박이나 자국영역내의 선박에 대한 통제에 있어서 임의적인 국내기준을 적용하는 것이 위법한 것은 아니다. 그러나, 세계적으로 각국마다 상이한 기준을 적용하게 된다면 혼란과 비능률을 가져올 것이다. 따라서 일반적으로 확립된 국제적 기준이 적용되고 있다. 이러한 국제적 기준은 국제해사기구(國際海事機構:IMO)가 주관하여 성립시킨 일련의 국제협약들에서 규정되고 있다. 이 국제해사기구(IMO)는 종래 정부간 해사자문기구(海事諮問機構: IMCO)가 발전하여 개편된 해사관계국제기구(海事關係國際機構)이다. IMCO는 1948년 Geneva 유엔해사회의(海事會議)에서 그 창립을 결의하여 구성되었다.[45] IMCO 창설협약은 1958년 3월 17일 발효되었던 바, 이 기구는 해운 등 해사문제에 관하여 국가간의 협력을 증진시키고 정보를 교환하며 안전과 효율을 도모하는 유엔전문기구이다.

   그 구성을 보면 결의기관인 총회(總會:Assembly), 집행기관인 이사회(理事會:Council), 해양안전위원회(海洋安全委員會:Maritime Safety Committee) ,사무국(事務局:Secretariat)으로 되어 있다. IMCO는 발족이래 항해안전과 해운의 발전 등을 위하여 괄목할만한 사업을 주도해 왔다. 한국도 1962년 4월 10일 이 기구에 가입하였다. 그러나, 해사관계 문제에 있어서 각종 법률문제가 더욱 전문화되고 특히 해양환경 보호문제가 중요한 과제로 대두됨에 따라 IMCO의 기구 구성과 기능을 전면 개편할 필요를 절감하여 1975년 11월 14일 IMCO협약은 전면 개정되었다. 개정과 함께 기구의 명칭도 국제해사기구(IMO)로 개칭하게 되었다. 개정된 협약은 1982년 5월 22일 발효되었으며 IMO의 구성은 종래의 기관 외에 법률위원회(Legal Committee)와 해양환경보존위원회(海洋環境保存委員會: Maritime Environment Preservation Committee)가 추가로 신설되었다. IMO협약들에서 규정하고 있는 항해안전의 규범들을 이하에서 분설하고자 한다.

---

[45] Convention on the International Maritime Consultative Organization 1948년 3월 6일 Geneva에서 체결됨. 289 U.N.T.S 48 ; T.I.A.S 4044.

(1) 선박의 내항성(耐航性) 보존

가. 해상인명안전협약(海上人命安全協約: SOLAS)

항해의 안전에서 첫번째 고려되어야 할 것은 선박의 내항성 확보이다.

선박의 내항성에 관한 안전기준을 정한 중요한 국제협약은 「해상인명안전협약(International Convention for the Safety of life at Sea : SOLAS)」이다. SOLAS협약에는 선박구조·화재안전조치·구명장비·위험통보·항해비품의 비치·항로규정 등 일반항해안전조치와 위험물 수송, 원자력선박규정 등이 포함되어 있다.[46] SOLAS협정의 안전기준은 동(同)협약 가맹국에 의하여 자국적 선박에 적용된다. 또 자국 영해 내의 선박에 대하여 일정한 부분을 적용할 수 있다. 국가는 자국항구 안에 있는 다른 가맹국 선박이 SOLAS협약이 요구하는 유효한 증명서를 소지하고 있는가를 조사할 권한이 있다. 또 선박의 안전요건이 증명서의 기재사항과 일치되지 않는다고 믿을 만한 명백한 증거가 있거나 증명서의 유효기간이 초과되었거나 선박 및 부품이 조사(survey)후 정비되어야 할 상태인 경우는 그 선박자체나 승무원에게 위험을 주지 않고 항해할 수 있는 때까지 또는 당해 선박이 수리를 위하여 적당한 장소로 출항할 수 있을 때까지 그 선박의 항해를 금지시키는 조치를 취하여야 한다.[47]

1974년의 SOLAS협약은 1978년 IMCO회의에서 불활성(不活性)gas, radar, 비상조타장치(非常操舵裝置) 등에 관한 특별규정을 첨가한 추가의정서(追加議定書: Protocol)가 채택되었고 1981년 11월에는 SOLAS협약 전반에 관한 제1차 개정이 실시되었다. 이 1981년 개정협약은 1984년 9월 1일에 발효되었다. 또 1983년 5월에 제2차 개정이 실시되었으며 이는 1986년 7월 1일에 발효되었다. 이들 각 수정 협약은 각 발효일자에 한국에 있어서도 유효하게 발효되었다.

나. 만재홀수선(滿載喫水線) 협약(Load Line Convention)

역시 IMCO협약으로 항해안전에 관한 중요한 역할을 하는 것은 「만재홀수선 협약」이다.[48] 이 협약에서는 선박이 적재할 수 있는 만재홀수를 규정함으로써 선박사고의 원인이 되는 과중한 적재를 규제하고 있다. 적합하고 유효한 증명서가 없는 선박은 기항지국이 억류시킬 수 있도록 규정하는 등 이 협약은 SOLAS협약과 시행체제

---

46) 1974 International Convention for the Safety of Life at Sea.(SOLAS) 1974년 11월 1일 London에서 체결. TIAS 5780.
47) 1983 International Convention for the Safety of Life at Sea.(SOLAS) Chapter 1, Rule 19. IMCO협약 연구회, 「1983년 해상인명안전협약」(부산 : 석정, 1985), pp.24- 25.
48) 1966 International Convention on Load Lines
1966년 4월 5일 London에서 체결됨. 640 U.N.T.S. 133.
日本運輸省船舶局,「1966年 國際滿載喫水船條約」(東京:海文堂, 1967)

다. 기타 중요 협약과 결의

IMO주관으로 선박의 내항성·감항성 확보를 위한 권장실무규약(勸獎實務規約: recommended code of practice)들이 IMO결의(resolution)로 채택되었던 바, 1971년 「위험화학물질운반선박(危險化學物質運搬船舶)의 구조와 장비에 관한 규정」[49] 1975년 「LFG운송선의 구조와 장비에 관한 규정」[50]등이 그것이고 1977년 「어선안전협약(漁船安全協約)」[51]은 어선의 구조와 부품을 규정하는 내용을 갖고 있다. IMO의 결의들은 법적 구속력이 있는 것은 아니지만[52] 널리 준수되고 있으며 이들은 가맹국의 국내입법으로 편입된 경우도 많다.

(2) 선박충돌의 방지

가. 선박충돌의 방지와 국제해상충돌예방규칙(國際海上衝突豫防規則)

선박의 해상충돌예방을 위한 일련의 규정이 발전되어 왔다. 선박들간의 충돌로 인한 해상사고를 방지하기 위해 최초로 체계 있는 규칙을 만든 것은 1863년 영국의 충돌예방규칙이다. 이 영국의 규칙을 다수의 해운국들이 따르다가, 1889년 처음으로 국제적으로 통일된 충돌예방규칙을 워싱톤 회의를 통해 제정하였다.

1912년 4월 15일 영국 호화여객선 Titanic호가 북대서양에서 빙산에 충돌하여 침몰한 사건에 자극을 받아 그 이듬해 London에서 새로운 국제해상충돌예방규칙을 제정하였다. 그러나 1차대전의 발발로 이 규칙은 실시되지 못하였다. 종전과 동시에 1929년 새로운 규칙을 제정하였으나 2차대전으로 이 역시 실시되지 못하였다. 2차대전이 끝난 후 1948년 London에서 국제인명안전회의(國際人命安全會議)가 열려 비로소 새로운 개정협약에 의한 충돌예방규칙이 실시되게 되었다. 그러나, Radar 및 어선(漁船)·어구(漁具)등의 발전이 급속히 이루어져 1960년에는 다시 새로운 국제해상충돌예방규칙을 개정하게 되었다. 이는 전문 6장 31개조와 부속서로 구성되고 Radar 정보사용규정(情報使用規定) 및 어선 예인선(曳引船)들의 등화와 형상물의 규정이 개선되었다.

---

[49] Codes for the Construction and Equipment of Ships Carrying Dangerous Chemicals in Bulk(1971) IMO Assembly Resolution A.212(Ⅶ)
[50] Codes for the Construction and Equipment of Ships Carrying Liquified Gases in Bulk (1975) IMO Assembly Resolution A.328(Ⅳ)
[51] International Convention for the Safety of Fishing Vessels(1977) 1977년 10월 1일 London에서 체결 Cmnd. 7252.
[52] 일부의 내용은 SOLAS에 편입되어 법적 구속력을 획득함.

1967년 중동전쟁으로 수에즈운하가 폐쇄됨에 따라 대형 tanker가 출현하고 선박의 대형화뿐만 아니라 고속화로 해상의 교통은 폭주현상을 나타내어 국제해상충돌예방의 필요는 더욱 증대하였다. 특히 tanker·공기부양선(空氣浮揚船)·container 등 특수선박의 계속적인 출현으로 해상교통의 실태는 현저하게 변화되었다. 이러한 변화에 대응하기 위하여 1972년 국제해상충돌예방규칙은 전면 개편 체계화하여 개정되었다.[53] 전문 5장 38개조 4개 부속서로 된 이 규칙은 1977년 7월 15일에 가서야 발효되었다. 이 규칙의 특징을 보면 Radar 활용을 의무화한 것, 안전속력을 명시한 점, 유지선(維持船)의 조기피항동작을 규정한 점, 통항분리제를 규정하고 선박설비의 기술적 명세를 부속서에 분리하여 명시하고 있는 점등이다.

1972년 해상충돌예방규칙은 제정된 지 5년여가 지난 후에야 발효되었는데 그 사이에도 해상교통의 실태는 급속히 변모·발전하여 갔다. 특히 해양스포츠의 발달로 요트·쾌속정 등 소형 선박이 급속히 증가하였고 예인방법·예인선 등의 발전이 현저하였다. 따라서 특히 소형선박 통항(通航)에 따른 해상충돌예방규칙의 현실화가 시급히 요청되어 1981년 IMO총회에서 1972년 규칙의 개정안이 채택되었다. 이 개정안은 1983년 6월 1일에 발효되었다. 개정된 중요한 내용은 소형선박규정을 개선한 점, 예인업무 종사선의 규정을 완화한 점, 소해작업선(消海作業船)의 위험수역 범위를 개정한 점들이다.

나. 선박충돌시의 처리

선박충돌이 불가항력이나 원인불명으로 발생된 경우는 피해선(被害船)이 손해를 부담하나 선박충돌의 일방에 과실이 있을 경우에는 그 가해선(加害船)이 손해배상책임을 진다. 쌍방과실의 경우에는 과실정도를 따라 책임을 분담한다.[54] 이 때 과실의 유무와 정도를 판단하는 기준은 국제해상충돌예방규칙의 규정에 따른다.

선박충돌의 민·형사책임(民·刑事責任)의 재판관할권(裁判管轄權)에 관해서는 각 국가의 구체적 관행이 일관되어 있지 않다. 1952년 Brussels회의에서는 민·형사 재판관할권에 관한 협약을 체결하였다.

(a) 민사재판관할권(民事裁判管轄權)

1952년 「민사재판관할권에 관한 협약」에 의하면,[55] 피해자는 가해선의 기국

---

[53] Convention on the International Regulation for Preventing Collisions at Sea, 1972. 1972년 10월 20일 London에서 체결. TIAS 8587

[54] Convention for the Unification of Certain Rules of Law with Collisions between Vessels. Art.2,3.
1910년 9월 23일 Brussels에서 체결.
1913년 3월 1일 발표. 한국은 이에 가입하지 않았다.

또는 가해선(加害船)을 억류한 국가에 소송을 제기할 수 있다.(동 제1조) 그러나, 당사자간 합의가 있으면 어느 국가의 법원에도 제소할 수 있고 국제중재재판(國際仲裁裁判)에 부탁할 수도 있다.(동 제2조)

(b) 형사재판관할권(刑事裁判管轄權)

1927년 상설국제사법재판소(常設國際司法裁判所:PCIJ)의 Lotus case판결에서는 가해국 관할권과 피해자 관할권의 경합을 인정하였다.[56] 그러나, 피해국 재판관할권의 인정은 선박의 운항을 정지시키는 결과를 초래하여 국제해운을 저해한다. Lotus case의 상설국제사법재판소(PCIJ) 판결에 대해서는 비판적인 견해들이 많았고 1952년 Brussels 국제회의에서는 일관된 비판적 견해가 반영되어 「선박충돌시 형사재판관할권에 관한 협약」[57]은 가해선 기국에만 형사재판관할권을 인정하였다. 1958년 공해협약에서는 1952년 Brussels협약을 전면 반영한 1956년 ILC초안 35조[58]와 프랑스 수정안[59]을 기초로 제11조가 확정되었다. 1982년 유엔해양법협약 제97조는 공해협약 제11조와 동일한 규정이다.[60] 즉, 공해상에서 선박충돌이나 기타 다른 항해사고가 발생하였을 경우

---

55) International Convention on Certain Rules Concerning Civil Jurisdiction in Matters of Collision. 1952년 5월 10일 Brussel에서 체결, 1955년 9월 14일 발표 439 U.N.T.S. 217.
56) 1926년 8월 2일 정오 쯤, 터어키의 Sigri 곶에서 북동쪽으로 6마일되는 에게해 공해상에서 Constantionople로 향하던 프랑스의 우편선 Lotus호와 터어키의 석탄운반선 Boz-Kourt호가 충돌하였다. 이 충돌로 Boz-Kourt호는 침몰하고 선원 8명이 사망하였으며 10여명의 선원은 Lotus호에 의해 구조되었다. 8월 3일 Lotus호는 Constantinople에 입항하였다. 터어키 당국은 충돌당시 조함을 맡았던 Lotus호의 1항사 Demon(프랑스 국적)과 Bos-Kourt호 선장 Hassan Bey를 과실치사로 기소하였다. Demon은 터어키의 재판관할권이 없음을 주장하여 항변하였으나 터어키법원은 그에게 80일의 금고형과 22파운드의 벌금형을 병과하여 선고하였다. 동 10월 26일 프랑스와 터어키는 터어키법원의 재판관할권 유무에 관하여 상설국제사법재판소(PCIJ)에 문의키로 합의하므로써 이 건은 상설국제사법재판소(PCIJ)에 제소되었다. 프랑스는 기국의 배타적 관할을 근거로 Demon에 대한 재판관할권이 프랑스에만 있다고 주장하였고 터어키는 가해선 기국관할권과 피해선 기국관할권은 경합한다고 주장하였다. 상설국제사법재판소(PCIJ)판사들의 견해도 양분되어 대립되었는데 재판장의 결정 투표로서 터어키의 주장이 인정되었다.(1927. 9. 7)
The Lotus case, PCIJ, 1927. Series A, No.10.
Briggs, *The Law of Nations*,(New York:Appleton-Century, Inc., 1952), pp.3-14.
57) International Convention for the Unification of Certain Rules Relating to Penal Jurisdiction in Matters of Collision or Other Incidents of Navigation. 439U. U.N.T.S. 233. 1952년 5월 10일 Brussels에서 채택.
58) ILC Draft. Art.35 *ILC Yr.Bk.*(1956) Vol.Ⅱ, p.260.
59) A/CONF.13/C.2/L.6, Art. 35(2)
UNCLOS I, *Official Records*, Vol.Ⅳ, p.117.
60) 다만 제97조 1항의 표현이 약간 수정되었다.
In the event of a collision or [of] any other incident of navigation...에서 of가 생략되었다.

선장(船長)이나 해원(海員)의 형사책임 및 징계를 위한 소추절차는 그들 국적국이나 가해선박의 기국61)에 의해서만 제기될 수 있다.

(3) 통항분리제의 실시

항행선박간의 선박위험을 감소시키는 중요한 수단은 혼잡한 수역에서 상행과 하행을 분리하여 일방통행로를 지정하는 통항분리제(traffic separation scheme)이다. 19세기에 동남지나해등 일정항로에서 선주들이 자발적으로 합의한 특정항로가 통항분리제의 효시(嚆矢)이다.62) IMO는 1967년경부터 통항분리제를 설정 권고해 왔는데 지금까지 90여개의 통항분리제가 실시되고 있다. 당초 IMO의 통항분리제는 자발적으로 준수토록 권고된 것이었지만 1972년 국제해상충돌예방규칙(國際海上衝突豫防規則)이 발효된 1977년 7월 15일 이후부터는 이 협약 당사국의 조약상 의무로 되었다.(Rule 10)

이 통항분리제는 선박이 급속히 증가하여 해상교통량이 늘어나는 현대 해상교통의 상황에서 선박충돌을 감소시키는 결정적 역할을 해왔다. 예컨대 유럽의 서북부지역에 있어서 1956년부터 1961년까지 5년간 선박충돌은 156건인데 통항분리제가 다수 실시된 1976년부터 1981년까지 5년간 선박충돌은 45건에 불과하다.63) 공해상 통항분리제를 설정할 권한이 있는 국제기구로 인정받는 유일한 존재는 IMO이다.(SOLAS협약 제5장 8조(b)) 그러나, 영해통항과 영해인 국제해협의 통항을 위한 통항분리제의 설정은 연안국의 권한으로 되어 있다.(유엔해양법협약 제22조, 41조) 그러나, 이때 연안국은 IMO의 권고·특별선박·해협의 특징·교통량의 밀도등을 고려하여야 한다.

앞으로 해상교통의 통제체제는 항공통제만큼 정교하지는 못할지라도 통항분리제 이상의 진보적이고 포괄적인 체제로 발달될 것임에 틀림이 없다. IMO는 해상교통 통제체제에 관하여 이미 이러한 발전된 내용을 시도하고 있다. 예컨대 Baltic해협과 Malacca해협에서는 속도제한, 함위치(艦位置) 보고, 도선사(導船士) 사용 등의 조치를 권고하고 있다.64)

---

61) 가해국 선장이나 해원의 국적국과 그 가해선 기국이 다를 수가 있으므로 양자에게 재판관할권을 인정함.
    Colombos, *International Law of the Sea* 3rd.ed., 1954, p.187.
62) Churchill and Lowe, op.cit., p.187.
63) IMCO *News* 1981, No.4, p.3.
64) Baltic해협 : IMO Assembly Resolutions A.339(IX) 1975, A.427(XI) 1979, and A.480(VII) 1981.
    Malacca해협 : IMO Assembly Resolutions A.375(X) 1977;A.476(XII) 1981.

(4) 선원의 자격확보

항해사고의 중요원인 중의 하나는 부적합하게 교육되었거나 자질을 갖추지 못한 무자격 선원의 무능력이다. 그러므로, 선박에 근무하는 선원 자격요건을 엄격히 하면 사고는 방지될 수 있다. 모든 기국은 자국선박의 항해안전을 확보하기 위하여 선원의 배치, 승무원의 근로조건 및 훈련에 관한 필요한 조치를 취하여야 한다.(제94조 3항 (b)) 이러한 조치는 관련 국제협약의 규칙들을 참작하여 실시되어야 한다.

관련된 국제규칙들을 보면, 우선 1983년 SOLAS 개정협약(改定協約)은 모든 선박의 인원은 "충분히 그리고 효율적으로" 배치되어야 한다고 강조하고 있다.(5장 제13규칙)[65] 1976년 「상선최저기준협약(商船最低基準協約)(ILO 제147번 협약)에서는, 모든 기국은 자국적(自國籍) 선박에 고용된 선원들이 임무에 적합한 자질을 갖추고 훈련이 될 수 있도록 하여야 한다고 요구하고 있다.(동 제2조 (e))[66] 1978년 IMO의 주관으로 성립된 「선원의 훈련, 자격부여 및 당직근무에 관한 국제협약」(STCW협약)은 선장 및 기타 사관(士官)의 자격부여에 강제적 최저기준을 규정하고 있으며 항해 및 기관당직근무(機關當直勤務)에 관한 기본원칙을 정하고 있다.[67]

선원의 작업조건(作業條件)에 관하여는, ILO가 다수의 「국제선원규약(國際船員規約: International Sea-Farer's Code)」을 제정해 놓고 있다. 이들 중 중요한 것을 개관해 보면,

① 「함상(艦上)의 작업시간·임금·인원배치에 관한 협약」(ILO 제109번 협약 -1958년)
② 「함상(艦上)의 선원배치에 관한 협약」(ILO 제92번 협약-1949)
③ 「해원(海員)의 고용계속에 관한 협약」(ILO 제145번 협약-1976년)
④ 「해원(海員)의 사회적 조건과 안전에 관한 권고」(ILO 제108번 권고-1958년)

등이다.[68]

이들 협약, 규약, 권고들은 선박의 기국이 관련 협약상 당사국의 의무로서 또는 자발적으로 자국선에 대하여 시행하여야 한다.

---

65) 1983. SOLAS, Chapter 5, Regulation 13.
66) Convention Concerning Minimum Standards in Merchant Ships, Art. 2(e) ILO Convention No.147.(Oct. 29, 1976)
   ILO *International Labour Conventions and Recommendations*(1919-1981), p. 923; Churchill and Nordquist, *ND*,(1977) Vol.6, p.449.
67) 1978 International Convention on Standards of Training Certification and Watch keeping for Sea-Farers(the STCW Convention) Cmnd, 7543. 1978년 12월 1일 체결.
68) Churchill and Lowe, op.cit., pp.187-189.

그런데, 유엔해양법협약제94조 5항은 동 조항의 항해안전조치를 취함에 있어서 "각국은 일반적으로 수락된 국제규칙, 절차, 관행을 따라야 하고 그 준수를 확보하기에 필요한 조치를 취해야 한다."고 규정함으로써[69] 이들 각 국제협약, 규약, 권고들의 당사국이 아닌 기국이라도 유엔해양법협약에 가입함으로써 이들 항해안전조항에 법률적으로 구속되도록 하는 효과를 발생시키고 있다.

(5) 항해보조시설의 설비유지

등대, 등부표, 등대선, radar beacon 등과 같은 각종의 항해보조시설은 항해안전에 있어서는 필수적인 것들이다. 1983년 개정 SOLAS 협약은, "모든 당사국들은 교통량에 비하여 충분하고 위험의 정도에 상응할만한 항해보조시설-무선 beacon 및 기타 전자보조장치를 포함-을 설비 유지하고 이러한 항해보조시설에 관한 정보를 필요한 항해자들이 이용할 수 있도록 조치하여야 한다."라고 규정하고 있다.(제5장 제14규칙)[70]

본래 연안국은 자국 영해내에서 연안국이 알고 있는 항해위험요소를 적절히 공시(公示)할 의무가 있다.(유엔해양법협약 제24조 2항) 이러한 의무는 유엔해양법협약상의 의무이기 이전에, 일반관습국제법상의 의무이었다. 연안국은 항해보조시설을 함에 있어서 그 해역(海域)을 항해하는 선박에게 어떤 종류의 비용도 부과할 수 없다.(협약 제26조 1항) 이것은 일반관습국제법상의 원칙이다. 그러나, 특별한 경우에 일정 해역내의 항해보조시설 설비·유지비용을 분담하기로 합의한 예가 없지 아니하다.[71] 국제해협에 있어서 연안국과 통항선박의 기국은 항해보조시설의 설비 유지에 관하여 합의에 의해 협력할 의무가 있다.(협약 제43조)

(6) 항해안전을 위한 새로운 조치

위와 같은 항해안전제도나 조치들 외에 최근에 와서 IMO는 그의 주도하에 여러 새로운 제도와 조치들을 발전시키고 있다.

---

[69] *Art.* 94 para. 5.
  5.In taking the measures called for in paragraphs 3 and 4, each State is required to conform to generally accepted international regulations…
[70] 1983 SOLAS, Chapter 5, Regulation 14.
[71] 1962 International Agreement Regarding the Maintenance of Certain Lights in the Red Sea. T.I.A.S 6150, 17 UST 2145. 1962년 2월 20일 London에서 체결. 1966년 10월 28일 발효. 이 협약의 당사국은, China, Denmark, Egypt, Germany F.R.,Italy, Liberia, Netherland, Norway, Pakistan, Sweden, USSR, UK, USA의 13개국이다.

가. 국제해양인공위성기구(國際海洋人工衛星機構 : INMARSAT)

　IMO의 전신인 IMCO는 국제해양인공위성기구(INMARSAT)의 설정을 위한 국제회의를 1975년 4월 London에서 개최하고 이 회의의 결과 1976년 9월에 「국제해양인공위성기구협약」과 그 「운영협정」을 채택하였다.[72] INMARSAT는 국제해양통신운영체제 (國際海洋通信運營體制)를 운영하고 있는데 이는 1982년 2월부터 실제로 가동되었다. INMARSAT로 인하여 해양통신은 속도·신뢰성·질에 있어서 획기적 발전을 이룩하였으며 공해상 항해의 안전과 효율성을 증대시켰다.

나. 범세계 항해경고 제공체제(凡世界 航海警告 提供體系) 수립계획

　1977년 7월 INCO총회에서는 「범세계 항해경고 제공체계 수립계획」을 채택하였다.[73] 이 계획에 의하면 각 지역통신기지를 통해 안전항해를 위해 필요한 정보 및 기상경고를 방송함으로써 공해상 선박의 항해안전을 위한 적절한 사전 경고를 제공케 한다.

다. 탐색과 구조에 관한 국제협약

　1979년 4월 IMCO가 주관한 국제회의에서 「해양에서의 탐색과 구조에 관한 국제협약」[74]이 채택되었다. 이 협약은 1985년 6월에 발효되었다. 이 협약의 목적은 공해상의 조난자에 대한 탐색과 구조작업을 위한 범세계적 항해협력체제를 수립하여 탐색·구조업무를 원활히 수행코자 함에 있다.

(7) 항해안전조치의 시행

　이상과 같은 IMO협약들이 항해안전에 훌륭한 기여를 하고 있는 것은 확실하나 IMO협약들의 기본적 결점은 대부분의 규정이 권고적(勸告的)이라는 점이다. 그러므로, 협약상 안전기준이 완벽하다고 해도 당사국이 그 국적선에 대하여 이러한 기준을 시행할 수 없거나 하지 아니하면 효과가 없는 것이다. 그러나 앞서 지적한 바와 같이 1982년 유엔해양법협약 제94조 5항은 이들 국제기준을 협약 당사국의 법적 의무로 강화시켰다. 협약은 이에 머무르지 않고 동조 제6항에서,

---

[72] Convention on the International Maritime Satellite Organization(INMARST) TIAS 9605. 1976년 9월 3일 London에서 체결 1979년 7월 16일 발효. Operating Agreement on the International Maritime Satellite Organization(INMARSAT) TIAS 9605
[73] Plan for the Establishment of a World wide Navigational Warning Service IMO Assembly Resolution A.419(Ⅵ) 1979
[74] International Convention on Maritime Search and Rescue(일명 SAR Convention) Cmnd. 7944. 1979년 4월 28일 Hamburg에서 체결. 1985년 6월 22일 발효.

선박에 관한 기국(旗國)의 통제가 실시되고 있지 않다고 믿을만한 명백한 증거를 갖는 국가는 그 기국에게 이 사실을 보고할 수 있다. 이러한 보고를 받은 기국은 즉시 그 사실을 조사해야 하고 적절한 경우에 상황을 시정하기 위하여 필요한 조치를 취하여야 한다.

고 규정하고 있다.

4. 원조제공의무

항해의 안전에 관련된 가장 중요한 요체는 항해자가 "선원의 상무(常務):(the ordinary practice of seaman)"로 요구되는 선박운영상의 일반적 주의의무를 다하는 일이다. 그러나, 항해자가 당면하여 극복해야하는 해양이라는 대자연의 조건은 인간의 노력을 불가항력(不可抗力)으로 만드는 경우가 적지 않다. 그러므로, 모든 항해자는 해양에서 위험을 직면한 모든 다른 항해자를 적극적으로 구조하여야 할 의무가 있다. 이것은 항해자간에 형성된 확고한 관습이며 넓은 의미의 "선원의 상무"에 속한다.

항해자의 원조제공의무는 공해상 항해의 자유에 관한 해양법상의 권리에 대응한 의무라고 볼 수 있다. 이러한 의무는 1910년 Brussels에서 성립된 「해난구조협약(海難救助協約)」에서 성문화되었다.[75]

동 협약 제11조에서는

모든 선박은 자함(自艦)과 그 승무원 및 승객에게 심각한 위험을 초래하지 않는 한 해양에서 위험에 처하였거나 실종의 위험이 있는 모든 사람에게, 비록 그가 적(敵)일지라도 원조를 제공하여야 한다.

라고 규정하고 있다.

이 1910년 Brussels협약의 조항은 1956년 ILC의 해양법초안(海洋法草案) 제36조에 그대로 답습되었다.[76] 그리고, 이는 1958년 공해협약 제12조 1항(a)로 채택되었다. 물론 이는 1982년 유엔해양법협약 제98조 1항(a)로 유지 확정되었다. 또 1948년 SOLAS협약 제5장 Rule 10에서는 앞서 말한 "선원의 상무"를 보다 구체적으로 규정하여,

---

75) Convention for Unification of Certain Rules of Law respecting Assistance and Salvage at Sea.
  1 *BEVANS* 780, Singh, *International Maritime Law Conventions*(1983), Vol.4, p.3084. 1910년 9월 23일 Brussels에서 체결 1913년 5월 1일 발효됨.
76) ILC초안 36조에서는 "비록 그가 적일지라도"라는 어구는 삭제되었다. ILC해양법초안은 평시 국제법이 초안으로 작성된 것이기 때문이다.
  ILC Draft Art.36. *ILC Yr.Bk.*(1956) Vol.II, p.260.

> 해상(海上)에서 선박의 선장은 선박·항공기 또는 그 생존정(生存艇: survival craft thereof)이 조난하고 있다는 신호를 어떤 발신원으로부터 받았을 때는 전속력으로 조난자의 구조에 임하여야 한다. 또 가능하면 그 뜻을 조난자에게 통보하여야 한다. 구조에 임하는 것이 불가능할 때는 선장은 그 구조에 임하지 않는 이유를 항해일지(航海日誌)에 기재하여야 한다.

라고 규정하고 있다.[77]

이 조항은 1956년 ILC초안 제36조 1항 (b)에서 답습되었다. 그러나, ILC초안을 심의한 1958년 제1차 유엔해양법회의에서 "전속력으로"를 유고슬라비아 대표의 제안에 따라 "가능한 최고속력으로"라고 수정하였다.[78] 이것이 공해협약 제12조 1항 (b)로 확정되었고 유엔해양법협약 제98조 1항 (b)로 유지 확정되었다.

1958년 제1차 유엔해양법회의의 제2위원회에서 Denmark대표는 원조제공의무에 관련하여 다음과 같은 추가 수정안을 제출하였다.

> 모든 연안국은 해상에서의 항해와 상공비행의 안전을 위하여 적절하고 효과적인 탐색 및 구조역무(救助役務)의 설치와 유지를 촉진하여야 하며, 또 필요한 경우에는 상호지역협정을 체결함으로써 이 목적을 위하여 인접국과 협력하여야 한다.[79]

이 Denmark 수정안은 공해협약 제12조 2항으로 채택되었으며 유엔해양법협약 제98조 2항에 유지 확정되었다.[80] 앞서 설명한 「해양에서의 탐색과 구조에 관한 국제협약」(SAR Convention)[81]은 유엔해양법협약 제98조 2항에서 규정하는 "상호지역협력기구(相互地域協力機構)"의 발전적 형태라고 볼 수 있다.

III. 공해어업과 생물자원의 보존

1. 공해어업의 권리

본장의 서두에 공해자유의 원칙의 현재적 의의를 분석하면서 보아온 것처럼 공해

---

77) 1948 SOLAS, Chapter 5, Regulation 10.
78) 본래 "with full speed"란 함정운영속력 중에 제3단계 기관속력인 full speed로 해석될 소지가 있으므로 "with all possible speed"로 수정함으로써 기상조건, 파도, 함 능력 등을 고려한 최고속력을 의미하도록 수정한 것이다.
A/CONF.13/C.2/L.18,Art.36 para.1(b)
UNCLOS I, *Official Records* Vol. IV, p.120.
79) A/CONF.13/C.2/L.36, Art.36 para.2.
UNCLOS I, *Official Records* Vol. IV, p.125.
80) 다만 "탐색과 구조역무의 설치와 유지"를 "…설치, 운영(operation) 및 유지"로 수정하였다.
81) Supra Note. 71.

의 자유에 대한 Grotious적 전제 중에 해양자원의 무고갈성은 이제 이미 성립되지 아니한다.

그러므로, 1958년 「어업 및 공해생물자원 보존협약」에서는 공해에서의 어업의 자유는 공해생물자원 보존에 관한 규정을 준수할 것을 조건으로 하여서만 인정된다고 규정하고 있다.(제1조 1항 후단)

1982년 유엔해양법협약 제116조에서도 모든 국가는 각국(各國)의 조약상 의무와 협약 본절의 규정(유엔해양법협약 제116조부터 제120조까지)과 배타적경제수역에 관한 규정 중, 특수어종과 경제수역 이원(以遠)에 분포한 어종에 관한 조항들(유엔해양법협약 제63조 2항, 제64조부터 제67조까지)을 준수할 것을 조건으로 하여 그 국민이 공해에서 어업을 종사하게 할 권리를 갖는다고 규정하고 있다.

2. 공해생물자원보존의 의무

공해 어업에 관한 국가의 권리는 결국 공해생물자원을 보존할 의무와 더불어 성립된다고 본다.

(1) 자국민(自國民)에 대한 보존조치실시의무

국가는 우선 자국민에 대한 공해생물자원을 보존하기 위해 필요한 조치를 시행할 의무가 있다.(제117조)

공해란 국가관할지역 밖이므로 어선의 기국만이 자국적 어선들이 공해생물자원의 남획을 방지하고, 국제적인 생물보존조치를 준수하도록 필요한 통제를 가할 수 있는 것이다.

(2) 타국(他國)과의 협력의무

국가는 공해수역에서 생물자원의 보존과 관리를 함에 있어서 서로 협력하여야 한다. 일정 공해수역에서 동일한 어종을 수확하는 관련 국가들은 그 생물자원의 보존조치를 실시하기 위해 우선 협의할 의무가 있으며 이러한 협의를 통해 자원보존·관리를 위한 지역어업조직을 설립하도록 협조할 의무가 있다.(제118조)

3. 공해생물자원의 보존과 관리

(1) 지리적생물자원 보존기구

만일 특정 어장(漁場)에서 한 국가가 그 국적 어선에 대하여 어족보호를 위한 조치를 실시하였을 때, 그 어장에서 작업하고 있는 다른 기국들이 똑같은 조치를 취하지 않는다면 이러한 조치로는 현실적으로 효과를 거두지 못할 것이다. 다른 기국들도 똑같은 조치를 실시토록 하는 유일한 방법은 그 어장에서 작업하는 모든 기국이 일정한 지역어업기구를 설립하여 공동조치를 취하는 길밖에 없다.

1945년 이후 이러한 지역어업위원회들이 계속 각 어장을 중심으로 약 20여 개나 설립되었다. 그 당시는 아직 200해리 EEZ의 법적 개념이 형성되지 않았으므로 세계의 거의 모든 중요 어장에 이와 같은 지역적 협력을 통한 자원보존기구가 성립될 수 있었다. 이들의 통제권은 공해뿐 아니라 영해와 어업보존수역에까지 적용되었으며, 아직 성장하지 아니한 작은 고기를 남획(濫獲)하지 않기 위해 그물코 즉 망목(網目)의 크기를 제한하고, 산란어류(産卵魚類)를 보호하기 위해 조업시기를 결정하는 것들이었다. 초기에 이들 어업위원회의 조치는 권고적인 것이었으며, 공해상 기국 이외의 관할권이 인정되지 않는 국제법의 기본적 구조로 보아, 그 실효성은 의심스러운 것이었다.

하나의 전형적인 예로 「북동 대서양 어업협약」에 의한 북동 대서양 어업위원회(NEAFC)의 경우를 보기로 한다.[82] 이는 1963년 6월부터 200해리 경제수역제도의 영향으로 거의 모든 국가가 탈퇴하게 된 1970년대 말까지 활동하였다. NEAFC는 어족보존, 관리조치를 강화하기 위하여 1969년에는 "합동시행계획(合同施行計劃: a Scheme of Joint Enforcement)"을 실시하였다.[83] 이 계획에 의하면 자격을 갖춘 조사관이 남획의 혐의가 있는 어선에 승선하여 그물과 어획을 조사할 수 있다. 위원회에 보존조치 위반 사실이 발견되면, 그 기국에 통보한다. 왜냐하면, 기국만이 위반을 처벌할 수 있기 때문이다. 합동시행계획은 위원회의 권고조치(勸告措置)를 시행하는 효과를 증진시키기는 했으나 초기의 위원회의 기능이란 미미한 것이었다. 1974년 위원회의 실질적 권한이 증대하였다. 위원회는 북동대서양(北東大西洋)의 각 어장마다에 총허용어획량(總許容漁獲量: TAC)을 인정하였고 이 TAC 범위 내에서 관계국허용어획량(關係國許容漁獲量)을 배정하였다. 그러나, 실제로 위원회는 가맹국(加盟國)들의 배정량(配定量) 요구에 응하기 위하여 NEAFC의 생물자원보존관리에 관한 전문연구를 실시하는 국제해양심사위원회(國際海洋審査委員會: ICES)가 제시한 총허용어획량(TAC)보다 훨씬 높은 량을 책정하였다. 예컨대 1975년 ICES는 북극해(北極海) 대구의 TAC를 625,000 내지 650,000 톤으로 제시하였으나 NEAFC가 채택한 TAC는 810,000톤이었다. 또 각 가맹국들은 자국할당량을 초과하여 어획하

---

82) North-East Atlantic Fisheries Convention(with Annex) 1959년 1월 24일 London에서 체결 1963년 6월 27일 발효 486 U.N.T.S. 157
83) Churchill and Nordquist, ND. Vol.I, p.484.

는 자국 어선의 작업을 묵인하였다. 그리하여 1975년 북극해 대구의 어획량은 830,000톤이었다.

(2) 200해리 EEZ와 공해생물자원의 보존

1970년대 초부터 제3차 유엔해양법회의가 열리고 200해리 배타적경제수역 제도가 주장되었으며 1970년대 중반이후 다수 국가가 이를 채택하기에 이르렀다.(본서 제7장 I의 참조) 세계 전(全) 200해리 EEZ는 지구상의 상업성 있는 어장의 90% 이상을 그 안에 포함하고 있다. 따라서 이제 이들 주요 어장의 생물보존관리는 연안국이 주도하는 새로운 EEZ제도로 시행되게 되었다. 그러나, 해양의 어류는 이동하면서 서식하므로 어장이 둘 이상의 국가의 EEZ에 걸쳐 이동하거나 EEZ와 공해상으로 걸쳐 이동하는 경우에 관련 국가들 상호간의 협조가 필요하게 된다. 협약 제63조는 이러한 경우에 지역적 협력기구를 통하여 어족보존·관리에 필요한 조치에 합의하도록 노력하여야 한다고 규정하고 있다. 협약 제116조는 EEZ와 공해상에 걸쳐 이동하는 어종(魚種)의 어족보존(魚族保存)·관리(管理)를 위해서 필요한 조치에 합의할 의무를 공해 어업권 행사의 전제조건으로 명시하고 있다. 여기서「어족보존 조치에 관한 합의」란, 공해어업에 관한 지리적 협력조약을 말한다. 이러한 지역적 협력 조약기구는 기존의 어업협력협약의 개정 및 기구의 추가의정서(追加議定書) 등으로 그 내용을 개선함으로서84) 또는 새로운 지역기구를 창설함으로써85) 만들어졌다. 협약 제

---

84) ① Protocol Amending the Agreement on the Protection of the Salmon Population on the Baltic Sea. 1972년 1월 21일 Stockholm에서 체결, 1976년 11월 24일 발효.UN.Doc. ST/ELG/SER.B/18,p.561.
② Protocol Amending the International Convention for the High Seas Fisheries of the North Pacific Ocean. 1978년 4월 15일 Tokyo에서 체결. 1979년 2월 15일 발효 UN.Reg. No. A2770: T.I.A.S 9242
③ Protocol Amending the Interim Convention on Conservation of North Pacific Fur Seals 1980년 10월 14일 Washington에서 체결. Burhunne, *International Environmental Law*, 980: 76/1
④ Amendment to the Agreement for the Establishment of a General Fisheries Council for Mediterranean Sea 1963년 5월 22일 로마에서 체결. 1963년 12월 3일 발효
⑤ Protocol Amending the Agreement Establishing the Southeast Asian Fisheries Development Centre 1968년 1월 13일 Bangkok에서 체결. 1968년 1월 13일 발효. 651 U.N.T.S 36.
85) ① Convention on Future Multilateral Co-operation in the North-West Atlantic Fisheries 1978년 10월 24일 오타와에서 체결, 1978년 1월 1일 발효. UNEP/GC/INFORMATION/11,p.167
② Convention on Future Multilateral Co-operation in the North East Atlantic Fisheries 1980년 11월 18일 런던에서 체결, 1982년 5월 17일 발효 Cmnd. 8474
③ Convention for the Conservation of Salmon in the North Atlantic Ocean 1982년 3월

116조는 또한 고도회유성(高度回遊性) 어종·소하성(溯河性)어종·강하성(降河性)어종 및 해상포유동물 등 특수어족의 관리에 관한 EEZ 연안국과의 협조와 EEZ 이원(以遠) 공해어업규제에 관한 관련 규정의 준수를 공해어업권 행사의 전제조건으로 명시하고 있다. (본서 제7장 IV의 2.(4)참조)

(3) 200해리 이원(以遠)의 공해생물자원 보존과 관리

세계 어장의 대부분이 연안 200해리 이내에서 발견되고 있지만 200해리 EEZ이원의 공해어업도 이루어지고 있으며 협약117조에서 119조까지는 공해어업의 생물자원 보존의무에 관하여 규정하고 있다. 주요한 내용은 협약 제119조에 규정되어 있다.

일정 공해어장의 총허용어획량(TAC)를 결정함에 있어서 관계 각국은 이용 가능한 최신 자료를 기초로 하여 최대지속생산량(MSY)를 보장할 수 있도록 어족형태, 어족간의 의존도를 고려하는 것은 물론, 환경적·경제적 요인까지도 이를 참작하여야 한다. 특히 개도국의 특수한 수요를 고려하여야 함을 강조하고 있다.(제119조 1항(a))

최대지속생산량(MSY)이란 본래 특정 어종에 기준한 생물학적 개념이므로(제7장 IV, 2의(1)참조) TAC를 결정함에 있어서 관련 어종 및 종속 어종 등에 대한 영향을 고려하여야 한다.(제119조 1항(b))

TAC를 결정하는 가장 중요한 기초는 공해생물자원에 관한 과학적 조사의 자료이다. 따라서 이러한 자료는 권한 있는 국제기구 및 지역조직을 통해서 정기적으로 공개되고 교환되어야 한다.(제119조 2항)

4. 1992 공해어업회의와 「공해생물자원보존이행협약」의 채택

200해리 배타적경제수역은 1982년 「해양법협약」이 새로이 규정한 중요한 해양 관할 제도로서 1970년대 이후부터 해양 질서의 새로운 국면을 열게 한 획기적인 개념이다. 이 새로운 제도는 200해리의 광대한 관할수역 범위에 걸쳐 연안국에게 광범위한 배타적 권한을 부여하게 됨으로써 인접국간의 해양 경계획정 문제를 둘러싼 해양관할권의 분쟁을 제기하였으며, 또 해양환경규제 등의 중요한 문제들을 새롭게 제기한 점을 접어두고 라도, 해양 자원의 개발 문제 특히 석유의 개발과 어류 등 생물자원의 개발은 이 제도로 인하여 더욱 촉진된 면도 있으나 반면에 과잉 개발을 촉발시켜 인류는 또 다른 새로운 문제들에 직면하게 되었다.

특히 생물자원의 보존과 관리의 측면에서 해양 생물을 200해리라고 하는 인위적

2일 Rey Kiavik에서 체결. UNEP/GP/INFORMATION/11,p. 195.

인 경계로 통제하려는 법적인 착상은 특히 '고도회유성 어족과 경계왕래어족 (highly migratory species and the straddling stocks)'들에 관해 복잡하고 심각한 문제를 야기하게 되었다. 물론 이들에 관해 「해양법협약」은 제63조에서 제67조에 걸쳐 특수어종 관리라는 차원에서 따로 규정하고 또 공해 생물자원의 보존을 위해 제116 이하 제120조까지의 규정을 두고 있다. 그러나 이들 규정은 선언적 원칙규정으로서의 성격을 벗어나지 못하여 해양 생물 자원의 개발과 보존을 둘러싼 원양어업국과 연안국의 이해를 조정하고 해결할 수 있는 명확한 법규범적 기준은 되지 못하였다.

이러한 문제들은 관련 이해관계국들 간에 일찍부터 협의와 개선의 과제로 등장하였고 특히 1992년 5월 멕시코의 Cancun에서 열린 「공해환경과 어족자원보존을 위한 국제회의」에서 책임 있는 어업에 관한 새로운 행동규범을 마련할 것을 촉구하는 선언을 채택하기에 이른다. 이 선언의 정신은 1992년 6월 Rio De Janeiro에서 열린 유엔 국제환경개발회의 (Rio Summit; United Nations Conference on the Environment and Development: UNCED)에서 다시 확인되고 그 Agenda 21 제17장 (C)절에서 공해 어업에 관한 국제회의를 조속히 개최하여 이 문제를 타결토록 촉구되었다. Rio Summit 의 결의와 이에 부수된 유엔 총회의 결의들[86]에 근거하여 이른 바 공해어업회의가 개최되었으며[87] 이 회의에서 「공해 생물자원 보존에 관한 이행협약」[88]을 채택하기에 이르렀다.

이 협약의 골자는

① 공해생물자원에 관해서도 최선의 과학적 근거에 기초하여 MSY를 유지토록 보장한다는 것

---

[86] UN GA Resolution 47/192.; 48/194 (21 December 1993)
UN GA Resolution 49/121 (19 December 1994)
[87] 공해 어업회의 진행 경과는 다음과 같다.
제1회기 1993년 4월 19일 부터 23일
제2회기 1993년 7월 12일 부터 30일
제3회기 1994년 3월 14일 부터 31일
제4회기 1994년 8월 15일 부터 26일
제5회기 1995년 3월 27일 부터 4월 12일
제6회기 1995년 7월 24일 부터 8월 4일까지
[88] 이 이행협약의 정식 명칭은
"경계왕래 어족 및 고도회유성 어종에 대한 1982년 12월 10일 「유엔해양법협약」 관련 조항의 이행협약"
Agreement for the Implementation of the Provisions of the United Nations Convention on the Law of the Sea of 10 December 1982 Relating to the Conservation and Management of Straddling Fish Stocks and Highly Migratory Fish Stocks
이다.

② 해양환경과 생물자원의 보존을 위해 예방적 조치를 강구한다는 것
③ 공해상과 EEZ안에서의 보존 조치를 일관성 있게 유지한다는 것
④ 기속력 있는 국제적 협력수단으로 지역협력기구를 마련한다는 것
⑤ 회원국의 위반어선을 이러한 보존기구가 규제함은 물론이고 비회원국도 이러한 보존조치에 따른 의무에 면제될 수 없음을 규정한 것이다.

이 「공해 생물자원보존을 위한 이행협약」은 1995년 8월 4일자로 채택되었으며 30개국의 비준서 기탁으로 발효된다. 1998년 11월 21일 현재, 이 협약에 서명한 나라는 59개국이며, 비준한 나라는 18개국이다. 한국과 중요인접국의 서명현황은 다음과 같다.[89]

나 라 명	서 명	비 준
한 국	1996년 11월 26일	
일 본	1996년 11월 19일	
중 국	1996년 11월 6일	
미 국	1995년 12월 4일	1996년 8월 21일
러 시 아	1995년 12월 4일	1997년 8월 4일

Ⅳ. 공해상 기국이외의 관할권

공해상에서 기국이외의 관할권은 인정되지 않는 것이 국제법상의 원칙이나 이러한 기국관할(旗國管轄)의 원칙에는 예외가 있다. 국제사회 전체의 이익을 위하여 또는 특정한 경우 연안국 관할권시행(管轄權施行)의 실효성을 확보해 주기 위하여 기국의 관할권과 제3국의 관할을 병존시키는 특수한 공해제도가 몇 가지 발전되어 오고 있다.

1. 해적행위(海賊行爲)의 진압

공해상에서 해적행위를 진압하는 것은 모든 국가의 오래된 권리이며(협약 제105

---

[89] Status of the Agreement for the U.N. Convention on the Law of the Sea of 10 December 1982 Relating to the Conservation and Management of Straddling Fish Stocks and Highly Migratory Fish Stocks. http://www.un.org/Depts/los/los 164st. htm 참조.

조) 또는 의무(협약제100조)이다.
  해적행위의 진압에 관한 공해상의 관습은 18·19세기 유럽 제국들의 식민지 경영의 생명선이었던 상선대(商船隊)를 보호하기 위한 절실한 이해(利害)를 반영하는 것이었다.

(1) 해적행위의 개념

  해적행위라 함은 사유(私有)의 선박, 또는 항공기의 승무원이나 승객이 사적(私的)인 목적을 위하여 공해상에서나 기타 국가 관할권(管轄圈) 이외의 지역에서 타 선박, 항공기 또는 그 선박내의 인원이나 재산에 대하여 행하는 불법적인 폭력행위, 압류 및 약탈행위를 말한다.(협약 제101조, 공해협약 제15조)

가. 약탈(掠奪)의 의도

  해적행위의 성립을 위하여 재물을 불법적으로 취득하려는 의도(*animus furandi*)는 필요적 요건이 아니다.[90] 해적행위는 단순한 증오나 복수심에 의해서도 범행될 수 있기 때문이다.

나. 사유(私有)의 선박

  해적행위는 반드시 사유의 선박, 항공기에 의해서만 이루어질 수 있다. 군함, 정부선박 또는 정부항공기의 승무원이 반란을 일으켜 이를 지배하고, 해적행위를 범하는 때에도 그 선박은 사유의 선박으로 간주된다.(협약 제102조, 공해협약 제16조)

다. 해적선(海賊船)의 정의

  선박 또는 항공기를 지배적으로 관리하고 있는 자가 해적행위를 위하여 이를 사용할 것을 기도하거나 실제로 이를 사용해온 경우에 그 선박·항공기는 해적선·해적항공기로 간주된다.(협약 제103조, 공해협약 제17조)
  실제로 해적행위에 속하는 폭력이나 폭력행위를 범한 경우는 그 선박·항공기가 그 행위를 범한 자의 지배하에 있는 한 해적선·해적항공기로 간주될 수 있다. 그러나, 아직 이런 행위에 이르지 않고 해적행위에 사용될 것으로 단순히 의도되고 있는 경우("if it is intended")까지 이를 해적선으로 취급할 것인가에 대해서는 많은 논의가 있었던 바,[91] 해적선·해적항공기의 개념에 이러한 의도가 포함되어야 한다는 것

---

90) ILC Draft Art.39(1)
    ILC Commentary for Art.39(1) para.(1)(i)
    ILC Yr.Bk(1956) Vol.Ⅱ, p.260.

이 지배적 견해였다.[92] 그러나, 가장 중요한 요건은 해적행위의 목적과 의도를 갖는 자의 지배하에 있어야 한다는 점일 것이다.[93]

라. 해적선과 피해선박

해적행위는 반드시 해적선 이외의 다른 선박이나 항공기에 대하여 행하여져야 한다. 즉 다시 말해서 선박이나 승무원이 선박의 지배권을 획득하기 위하여 시도하는 행위는 hi-jacking이나 선상반란이 될 수는 있으나 그것 자체로 해적행위를 구성하는 것은 아니다.[94]

해적선, 해적항공기는 그 본래의 국적을 보유하는 것으로 간주하며 그 국적의 보유, 상실은 그 국적국(國籍國)의 법률에 의거하여 결정된다.(협약 제104조, 공해협약 제18조)

마. 공해 또는 국가관할 이원의 지역

해적행위는 공해상이나 기타 국가관할 이원의 지역에서만 이루어질 수 있다. ILC Draft상, 공해 이외의 국가관할 이원 지역은 무주지(無主地:*terra nullius*)인 섬이나 기타 미점유(未占有) 지역의 해안에서의 해적행위 등을 의미하였다.[95]

특정국가의 관할권 내에서의 폭력·압류·강탈행위는 구태여 해적행위로 규정될 필요는 없으며, 이는 그 관할국가가 이를 규제·진압할 권한과 책임이 있는 것으로 보기 때문이다.

(2) 해적선·해적항공기의 나포와 처벌

가. 국가의 권한

해적선·해적항공기와 그러한 합리적 혐의가 있는 선박과 항공기(협약 제110조 1항(a)) 및 해적행위로 탈취되어 해적의 지배하에 있는 선박, 항공기는 국가가 이를 모두 나포(拿捕)할 수 있다.(협약 제105조, 공해협약 제19조)

---

91) Amendment to ILC Draft Art.41, A/CONF.13/C.2/L.81.; A/CONF.13/C.2/L.83. UNCLOS I. *Official Records* Vol.4, pp.136-137.
92) 2nd Com.에서 찬45, 반5로 채택.
Plenary에서 찬59, 기권2로 확정.
93) ILC Draft Art.41 Commentary, *ILC Yr.Bk*(1956) Vol.II, p.282.
94) ILC Draft Art.39(1) Commentary *ILC Yr.Bk*, Vol.II, p.260. para(6); Oppenheim, op.cit., p.614. para.275
95) Ibid., para.(4)

나. 불법나포에 대한 보상

해적행위 혐의가 있는 해적선, 해적항공기의 나포가 적절한 근거 없는 것으로 판명된 경우에는 나포를 행한 국가는 피나포(被拿捕) 선박, 항공기의 국적국에 대하여 그 손해를 배상하여야 한다.(협약 제106조, 공해협약 제20조)

다. 나포권자(拿捕權者)

해적행위자의 나포는 군함, 군용항공기만이 할 수 있다. 또 특별히 해적선 나포의 임무를 부여받고, 이러한 권한이 명백히 표시된 정부선박은 이러한 나포에 임할 수가 있다.(협약 제107조, 공해협약 제21조)

본래 1956년 ILC 초안 제45조에서는 군함과 군용항공기만이 나포권자로 규정되어 있다.[96] 정부선박까지 해적선의 나포권자로 포함시키는 경우에는 권한남용의 우려가 있다고 본 때문이다.[97] 그러나, 1958년 제네바 제1차 유엔해양법회의에서는 나포권자의 범위를 확대시키자는 유력한 제안들이 있었다.[98]

특히 태국의 제안(A/CONF.13/C.2/L.10)[99]은 광범위한 지지를 얻었으며 공해협약 21조는 따라서 정부선박을 나포권자에 포함시키고 있다.[100] 그러나, 제3차 유엔해양법회의에서 정부선박에 의한 권한남용에 대한 우려는 남아 있어서 ICNT에 "나포권한(拿捕權限)이 사전에 주어진 정부선박임을 명백히 나타내는 표시"를 할 요건이 추가되었다.[101] 그리고, 이러한 내용은 1982년 유엔해양법 협약에 유지·확정된 것이다.

라. 해적선·해적혐의의 처벌

해적행위는 어떤 국가든지 해적선·해적항공기를 나포한 국가의 법원에 기소되어 재판을 받는다. 그 국가는 국내법률(형법)에 의거하여 해적행위에 부과될 형벌을 결정할 수 있고, 재판절차에 따라 나포된 나포행위자를 처벌할 수 있다.(제105조) 아울러, 그 국가는 나포된 해적선과 압수된 재산에 대하여서도 적절한 조치를 결정할 수 있다. 그러나, 선의의 제3자 권리를 보호하기 위한 합리적 배려가 수반되어야만 한다.

---

96) ILC Draft Art.45, *ILC Yr.Bk.*(1956) Vol.Ⅱ,p.261.
97) ILC Draft Art.45, Commentary, Ibid., p.283.
98) 예컨데 Germany F.R's proposal. 참조, Doc.A/CONF.13/5.Add.1. UNCLOS I, *Official Records*, Vol.I, p.85.
99) UNCLOS I, *Official Records*, Vol.Ⅳ, p.117.
100) 태국대표는 특히 극동지역의 해역에서 해적행위방지를 위해서 군함 뿐 아니라 경찰 선박 및 세관선에 의함 해적선 나포가 필요함을 역설하였고, 전체회의에서 찬65,반9,기권2로 채택·확정되었다. Ibid.
101) ICNT. Art.107.

2. 노예와 마약등 밀매의 규제

(1) 노예매매의 금지

일반관습국제법상 해적행위는 인류전체에 대한 공통적 범죄행위(*a crime of jure gentium*)로 간주되며 일찍부터 그 진압과 규제가 모든 국가의 공통된 권리·의무로 인정되어 왔으나. 노예매매의 금지는 해적행위의 진압과는 달리 보다 소극적인 차원에서 다루어지고 있다.

1956년 ILC의 초안 제37조는, "모든 국가는 자국 국적선이 노예수송에 종사함을 방지하고 처벌하며, 자국의 국기가 노예수송 목적으로 오용되지 않게 하기 위하여 효과적인 조치를 취해야 한다."는 요지의 규정을 두고 있다.102) 이는 1958년 공해협약 제13조에 의해 확립되었다. 그러므로, 노예수송의 혐의가 확실할 때 단지 그 기국에 의해 나포되고 조사될 뿐이다. 그리고, 기국 이외의 국가가 이러한 혐의를 인지하였을 때는 그 기국에게 이러한 정보를 통보해 줄 수 있을 뿐이다. 그러므로, 노예수송과 매매에 관한 규제는 기국주의를 완전히 벗어나지 못한 것이라고 할 수 있다.103)

노예무역방지에 관한 초기의 협약들은 노예수송의 금지를 위한 국제적 상호협력의 의무를 규정하고 공해상에서 선박에 대한 상호임검권(相互臨檢權)을 규정하고 있다.104)노예의 매매가 일반적 정의개념과 인도적 기준에 배치된다고 하는 국제법상의 원칙은 19세기 초반부터 국제협약과 의정서로 천명(闡明)되어 왔다.105) 그러나, 오히려 이들 협약에서는 노예매매금지를 위한 상호임검·검색권에 관한 분명한 당사국의 권리 등이 규정되어 있지 아니하였다.

따라서 ILC 초안 제37조와 1958년 공해협약 제13조의 내용은 노예매매의 근절을 위하여 한층 발전된 규정이었다고 평가될 수 있다.

ILC초안 제37조 후단에서는, 또 노예가 도망하여 타 선박에 피난하였을 때에, 그

---

102) ILC Draft Art.37, *ILC Yr.Bk.*(1956) Vol.II, P.260.
103) Oppenheim, *International Law* Vol.I, p.733.
104) 1890 The General Act of the Anti-Slavery of Brussels.
    Marten, N.R.G., 2nd Ser., 22. p.260.
105) (1) Slavery Convention 1926년 9월 25일 Geneva에서 체결. 1927년 3월 9일 발효 60 L.N.T.S 254.
    (2) Protocol amending the Slavery Convention 1953년 12월7일 New York에서 체결, 1955년 12월7일 발효 182 U.N.T.S 51.
    이 의정서는 1953년 10월 23일 유엔총회의 Res. 764(VIII)로 인준되었다.
    (3) Supplement Convention on the Abolition of Slavery, the Slave Trade, and Institutions and Practices Similar to Slavery 1956년 9월 7일 제네바에서 체결, 1957년 4월 30일 발효 266 U.N.T.S 3.

노예는 그 사실에 의해 자유가 된다고 규정하고 있다.[106] 이 ILC초안 제37조의 내용은 공해협약 제13조를 거쳐 1982년 유엔해양법협약 제99조에 유지·확정되고 있다.

(2) 마약과 향정신성물질의 불법 거래

1971년 Malta대표가 심해저위원회에 제출한 해양법협약 초안 제16조에 의하면,

> 모든 국가는 자국선박에 의한 마약의 불법수송을 처벌하고 방지하기 위해 효과적인 조치를 강구할 의무가 있다.

고 규정하고 있다.[107]

이것은 인류의 정신과 건강을 저해하는 마약밀매를 근절시키려는 그 때까지의 각종 국제적 노력과 국제협약의 정신을 해양법에 반영시키려는 최초의 시도라고 말할 수 있다.[108] 이러한 정신은 제3차 유엔해양법회의의 각종 초안에 반영되고, 1982년 유엔해양법협약 제108조에서 수정·발전되어 확정되게 된 것이다.[109]

당초에는 아편 등 마약에 국한한 규제대상의 범위가 차츰 대마초·환각제 등 광범위한 향정신성 의약품으로 발전되었으며 더 나아가 향정신성 "물질"로 확대된 것이다.

모든 국가는 공해 상 선박에 의한 이들 규제물질의 불법거래 진압에 협조할 의무가 있다. 그러나, 이러한 협력의무는 해적행위진압이나 노예수송금지에 있어서와 같은 일반적인 임검수색권(臨檢搜索權)(제110조)으로 보강된 것은 아니다. 자국선(自國船)이 규제물질의 불법거래에 종사하고 있다는 정보를 가진 국가는 그 나포나 규제를 위해 타국의 협조를 요청할 수 있을 뿐이다.(협약 제108조) 그러나, 생각하건대 마약 등 향정신성 물질의 규제가 인류의 정신과 건강의 보존을 위해 중요한 문제로 대두되고 있는 현재의 국제적인 추세로 보아 이를 당연히 일반적 임검수색권(제110조)의 대상에 포함시켰어야 한다고 생각한다.(후술함)

---

106) 1890 General Acts of Brussels에 의하면 군함과 상선에 피난한 노예만이 자유를 얻는 것으로 규정되어 있었다. Martens, N.R.G., 2nd Ser., 22.p.260
107) Draft Ocean Apace Treaty -a working paper by Malta- A/AC. 138/53, Art.16, 1971; SBC Report 123.
108) 마약밀매 규제를 위한 국제협약을 보면 다음과 같다.
   ① International Opium Convention(1925), 81 L.N.T.S 317.
   ② Protocol Amending the International Opium Convention(1946),12 U.N.T.S 179.
   ③ Convention for the Suppresseion of the Illicit Traffic in Dangerous Drugs.(1926), 198 L.N.T.S 299.
   ④ Single Convention on Narcotic Drugs(1961), 520 U.N.T.S 204.
109) A/CONF.62/C.2/L.54.Art. 21(bis) UNCLOS Ⅲ, Official Records Vol. 3, p.230;Main Trends, list Item 8, Prov. 174, para, 1., p.95;ISNT, Art.94;RSNT, Art.96;ICNT, Art, 108.

주체의 확대(제111조 5항)와 일관성을 유지하고 있다.

(2) 임검권 대상선박의 혐의

가. 국기의 오용(誤用)

공해상 선박이 게양하는 국기는 그 함선의 국적을 표시하는 일차적인 표상이 된다. 국기는 그 게양 방법과 상태에 따라서는 경례(敬禮)의 표시, 조문(弔問)의 표시 및 조난(遭難)의 표시도 될 수 있다. 그러나, 가장 중요한 것은 국적의 표시이다. 선박은 그 국적국의 선적에 등록하여 적법하게 교부 받은 선적증명서(船籍證明書)로서 그 국적을 완전히 증명할 수 있어야 한다. 선박이 이러한 국기표시의 의무를 위반한 경우에는 국기의 오용으로 인한 임검권의 발동이 생긴다.

국기의 오용에는 두 가지 경우가 있다.

첫째는, 그 본래의 선적국과 다른 국기를 게양하는 경우이다. 이런 선박은 불법적인 행위에 종사하고 있다고 볼 수 있으므로 이런 혐의가 있는 선박을 조우한 군함은 즉시 자신의 적절한 판단에 따라 그 국기를 심사하여야 한다.[116] 국제법상 전시(戰時)에 기계(奇計:a ruse, *de qure*)로서 또는 포획(捕獲)을 면하기 위해 거짓된 국기를 게양하는 경우를 제외하고[117] 공해상 선박의 국기 오용은 우선 그 국적국의 국내법으로 처벌된다.[118] 오용 당한 국기의 국가도 오용한 선박을 몰수하거나 처벌할 수 있다.[119]

두번째는 국기의 제시를 거부하는 경우이다. 공해상에서 조우한 선박이 국기를 제시하지 않을 때는 그 혐의는 분명한 것이므로 군함의 임검권은 즉시 행사될 수 있다.

이상 두 가지 경우에 모두 실질적으로 그 선박은 군함과 동일한 국적을 가졌다고 믿어지는 혐의가 있어야 한다.

나. 해적행위에의 종사

이것은 군함의 임검권의 가장 전형적 요건이 되는 혐의이다.(제110조 1항(a))

다. 노예매매거래의 종사

해적행위혐의에 대한 군함의 임검권은 전통적으로 인정된 일반관습국제법의 내용

---

116) ILC Draft Art. 46(I)(c) Commentary *ILC Yr.Bk*(1956), Vol.II, p.283.
117) 졸저(拙著), 「해전법규교범」(서울: 해군본부, 1982), p.1-6-19.
    Higgins and Colombos, *International Law of the Sea* 2nd ed.(London;Longmans, Gr. Co., 1951), p.198. para.250.
118) 한국선박법(법률 544호, 1960년) 제25조;1894. British Merchant Shipping Act. Sec. 69.
119) Higgins and Colombos, op.cit., p.605.

이었으나, 노예매매에 관하여 군함의 일반적 임검권을 규정한 것은 1956년 ILC의 해양법 초안 제64조가 처음이다.[120] 여기서는 일정한 해양구역에 국한하여 노예매매 규제를 위한 군함의 임검권을 인정하고 있다.

이러한 "해양구역(海洋區域)"의 제한은 1958년 제1차 해양법회의의 최종 심의에서 제거되었다. 임검권의 구역제한이 제거됨으로써 비로소 노예매매의 금지는 해적행위 진압과 같은 차원의 일반적 임검권의 대상이 되었다. 따라서 1958년 공해협약 제22조에 의하여 노예매매 금지를 위한 일반적 임검권이 비로소 인정된 것이라고 할 수 있다.(제110조 1항 (b))

라. 무허가방송(無許可放送)

무허가 방송규제를 위한 임검권의 규정(제110조 1항 (c))은 1975년 ISNT 제96조 1항에서 처음 규정되었다. 마약 및 향정신성물질 밀매규제에 관한 혐의에 일반 임검권을 인정하지 아니하는 것에 비추어 이는 획기적으로 진보적인 제도라고 볼 수 있다. 그러나, 사실상 TV·Radio 등 전자통신매체가 현대생활에 주는 영향력이 급속도로 증대된 만큼 해적방송에서 오는 국제법 질서의 파괴와 정신적·문화적 피해가 확대되어 가고 있으므로 제3차 유엔해양법회의에서 이 조항의 신설은 큰 논란 없이 총의(總意: consensus)를 형성하였다.

마. 무국적(無國籍)

무국적 선박의 규제를 위한 임검권(제110조 1항(d))도 역시 1975년 ISNT 제96조 1항에서 처음 등장하였다. 그러나, 이때 이미 이러한 권한은 일반관습국제법의 내용으로 확정되고 있었다고 보아야 한다.

무국적의 혐의와 국기오용의 혐의는 밀접하게 관련되어 있다. 국기오용의 경우는 임검군함(臨檢軍艦)의 국적과 실질적으로 동일한 국적을 갖는 선박이 피임검(被臨檢) 대상이 되는 경우인데, 임검군함과 실질적으로 다른 국적을 갖는 선박이 국기를 오용하거나 국기의 제시를 거부할 경우, 이런 선박은 결국 무국적의 혐의를 갖는다고 보아야 한다. 왜냐하면, 편의에 따라 2개 이상의 국기를 선택적으로 게양하는 선박은 결국 무국적선으로 간주될 것이기 때문이다.(제90조)

공해의 자유를 보장하고 모든 선박이 공해에서 항해할 권리를 인정하는 것은 그 선박이 어느 국가의 국적을 갖고 그 국가의 국기를 게양할 것을 전제로 하는 것이 전통국제법 이래 국제법의 일관된 내용이다. 왜냐하면, 항해의 권리의 주체는 국제법

---

[120] ILC Draft Art.46(1), *ILC Yr.Bk*(1956), Vol.II, p.26.

상 선박자체라기보다 선박의 기국이라고 보아야 하기 때문이다.(제90조) 따라서 무국적선은 공해상에서 항해의 권리가 인정될 수 없다.

바. 해상에서의 대 간첩작전시의 임검검색

무국적 및 기국오용의 혐의에 대한 군함의 임검권과 관련하여 특별히 언급해 둘 것이 있다. 한국의 주변해역에서는 북한이 남파한 간첩선이 일본·러시아·한국 등 각종 국기를 비치하고 필요에 따라 각종 국적을 가장하여 남한의 해역에 계속 침투되고 있다. 물론 간첩행위란 '국제법상 범죄(a crime jure gentium)'도 아니며, 간첩은 대한민국의 적일지는 몰라도 적어도 국제법상 '인류일반의 적(hostis humanis generis)'도 아니다. 이런 관점에서 이러한 간첩혐의선박을 한국의 군함이 임검할 수 있겠는가 하는 것이 국제법상 문제될 수 있다.

그러나, 북한의 간첩선이 공해상에서 다수의 국기를 선택적으로 게양하거나 국기제시의 요구에 불응하는 수단을 한국의 해역침투시 은폐의 수단으로 사용하는 한, 이는 공해제도에서 인정하는 군함의 국기심사권(國旗審査權) 발동의 충분한 혐의가 된다고 봄으로, 이 확립된 국제법상의 권리에 의거 한국의 군함은 이들 의아선박(疑訝船舶) 및 간첩혐의선박을 임검할 수 있다고 본다. 한국과 북한의 대치상황이 무력대치로 전환될 때, 북한선박이 해전법규상 허용되는 기계(寄計:a ruse, de qure)로서 타국의 국기를 게양하여 한국 측을 기만하는 것이 허용된다고 볼 수 있는 경우도 생길 수 있다. 그러나, 이러한 경우에 한국 측은 자위권(自衛權)에 기한 특정방위수역(特定防衛水域)을 설정하고 이러한 적대적(敵對的) 선박을 방어·격퇴할 수 있을 것이다. 그러한 급박한 상황이 아닌 한, 한국주변의 공해에서 한국군함이 해양법상 군함에 명확히 부여된 국기심사권 및 임검권을 요건에 따라 행사하는 것은 국기오용이나 무국적의 선박이 북한으로부터의 의아선박(疑訝船舶)이냐의 여부와 상관없이 적법한 것이다.

(3) 임검권의 행사

가. 국기심사권의 행사 : 접근권(接近權: right of approach)

국기오용의 혐의가 있는 선박을 조우(遭遇)한 군함이 국기심사권의 행사를 하기 위해서는 혐의선박에 접근하여 국기를 게양할 것을 요구해야 한다. 이러한 단계의 군함의 권한을 접근권(right of approach)이라고 한다.

실제로 군함은 이러한 경우에 국제신호서(國際信號書)에 의한 기호와 자신의 국기를 올리고, 공포(空砲) 1발을 발사한다. 이것은 상대방 혐의선박에게 국기를 제시하라는 표시이다. 이러한 접근권 행사에 대하여 국기의 제시가 없거나 국기를 게양하

더라도 국기오용등 혐의가 제거되지 않으면 다음 임검권의 행사 요건이 된다.121)

나. 임검권(right of visit)의 행사

군함이 혐의선박에게 임검할 뜻을 알리기 위해서는 공포 2발의 발사로 이를 표시할 수 있다. 공포 2발의 발사가 있었음에도 불구하고 항진(航進)을 계속하는 선박에게는 그 선수방향(船首方向)에 포 1발을 발사하여 이를 정지시킬 수 있다. 선수방향에 사격이 있었음도 정지하지 않거나 도주를 시도하는 경우, 군함은 적절한 실력을 행사하여 그 선박을 정지시킬 수 있다.

그러나, 필요한 최소한도의 강제수단이 되도록 신중히 조처해야 한다.

일단 정지된 혐의선박을 임검함에는 혐의선박의 선장이 선박등록서류(船舶登錄書類)를 지참하고 군함에 보고토록 하거나 군함으로부터 장교 1명을 혐의선박에 파견하여 그 선박등록서류를 검사하게 할 수 있다.(협약 제110조 2항, 공해협약 제22조 2항)

검사결과 국기오용의 혐의가 없음이 판명되면 군함은 임검실시의 증명을 교부(交付)하거나 그 선박의 선박일지에 이를 기록하게 하고 본래의 항해에 복귀케 한다.

임검실시를 위한 항해지체(航海遲滯)가 그 선박에게 손해를 야기 시켰음이 증명될 경우 군함의 기국은 그 피임검선박이나 그 선적국에 정당한 보상을 해주어야 한다.(협약 제110조 3항, 공해협약 제22조 3항) 그러나, 이러한 임검의 결과 국기오용, 해적행위등, 앞 절에서 설명한 임검권의 요건이 되는 혐의중의 일부가 완전히 가시지 않거나 더욱 가중되는 경우에 군함은 다음 단계의 검색권을 행사하여야 한다.122)

다. 검색권(檢索權: right of search)의 행사

임검의 결과로 만족할만한 혐의의 제거가 이루어지지 않을 때 군함은 장교와 적절한 수의 임검요원으로 구성된 검색반(檢索班)을 혐의선박에 승선하게 하고 그 선박을 검색하게 할 수 있다.(협약 제110조 2항) 이때 혐의선박의 선장이나 승무원은 적극적으로 검색에 협조할 의무는 없으나 선박내의 각 격실(隔室)을 개방하여야 한다. 선박의 검색은 질서정연하고 효율적으로 실시되어야 하며 그 선박의 기물(器物)이나 탑재(搭載)된 화물에 손해를 주지 않게 하여야 한다. 검색이 완료된 후에는 모든 기재와 화물을 제자리에 복귀해 놓아야 한다.

검색의 결과, 혐의 없음이 판명된 때는 검색실시의 증명을 교부하거나 그 선박의 항해일지(航海日誌)에 이를 기록케 하고 본래의 항해에 복귀케 한다. 항해지체(航海

---

121) Openheim, op.cit., pp.605-606. para.267.
122) Ibid., para.268.

遲滯)와 기타 검색실시과정 등에서 손해가 발생한 것이 증명될 수 있을 때는 군함의 기국은 그 선박이나 혐의선박의 기국의 요청에 따라 이 손해를 적정히 보상하여야 한다.123)(협약 제110조 3항, 공해협약 제22조 3항)

라. 혐의선박의 나포권(拿捕權: the of right of arrest)

공해상에 있어서 군함은 해적행위·노예매매·무허가방송 및 국기오용의 혐의가 있는 선박을 임검, 검색하고 그 혐의가 확정되었을 때는 그 선박을 나포할 수 있다. 선박의 나포는 군함의 선장이 자기 부하의 장교중 일명과 일단(一團)의 대원을 지명하여 혐의 선박의 지휘권을 그 선장으로부터 인수하게 함으로써 시행된다. 나포선박의 지휘권을 인수받은 군함의 장교는 나포선박 그 자체와 그 인원 및 재화의 안전에 책임을 지며 나포선박을 판결에 회부(回附)할 수 있는 항구까지 안전하게 항진(航進)케 하여야 한다.124)

5. 긴급추적권(緊急追跡權: right of hot pursuit)

(1) 긴급추적권의 개념

연안국(沿岸國)의 영해 또는 접속수역이나 경제수역 등 관할수역에서 타국 선박이 연안국의 국내법을 위반한 경우에 연안국의 군함은 이 위반선박을 공해까지 계속 추적하여 나포할 수 있다. 이 연안국의 권리를 긴급추적권(right of hot pursuit) 이라고 한다. 긴급추적권은 연안국의 관할구역(管轄區域)에 대한 주권적 권한의 행사를 실질적으로 보장하기 위하여 일찍이 관습국제법 내용의 일부로서 인정되어 온 것이다.125)

이것은 공해 상 선박의 기국이외의 관할에서 절대적으로 면제된다고 하는 원칙(기국주의)에 대한 가장 분명하고 전형적인 예외로 인정되어 왔다.(협약 제111조)126)

---

123) Ibid., para.269
124) Ibid., para.270
125) ① (1805) The Anna case, 165 ER 809.
   ② (1810) Hudson vs Guesitier case, 6 Cranch 281.
   ③ (1826) The Marianna Flora case, Wheaton, *Element of International Law*, 8th American ed, by Dana(1966) Vol. Ⅱ, p.1,42. Story 판사의 판결 참조
   ④ (1888) The Araunah case, State Papers, Vol,82, pp.1056-1058.
   ⑤ (1935) I'm alone case, US. Dept. of State Arbitration Series No.2 ; US & Canada Joint Report of Commissioner(June 30. 1933 & Jan.5.1935); Brigs, *The Law of Nations*(New York; Appleton. Inc., 1952) pp.358,358-388.
126) ILC Draft Art,8. *Annuaire*(1894), Vol.13,p.162.; ILC Draft Art.13. *Annuaire* (1984), Vol.34,pp.401-408. Regulations adopted by 2nd Comt. of Hague Codification Conference

(2) 긴급추적권의 요건

가. 연안국 법령위반의 혐의

연안국의 추적권은 그 외국 선박이 연안국의 법령을 위반한 것으로 믿을 만한 충분한 이유가 있을 때 행사할 수 있다.

"충분한 이유(good reason)"를 제한적으로 해석해야 할 근거가 없기에 법령위반의 현행범이나 법령위반으로 인한 결과의 진행 등을 반드시 요구하는 것으로 볼 필요 없이 단순한 법령위반의 혐의만으로 "충분한 이유"는 성립된다고 본다. 그러나, 추적·나포후 조사결과 혐의가 없음이 판명되면 피추적선(被追跡船)은 그 손해를 보상받을 수 있다.(제111조 8항)

법령위반의 정도에 관하여도 협약 규정상으로는 아무런 제한이 없으나 공해상으로의 추적과 나포는 심각한 행위인 만큼, 여기서의 법령위반은 밀수, 출입국 및 이민법의 위반과 같이 연안국의 주권적 권한행사에 직접 영향을 미치는 행위를 대상으로 하며 사소한 항해규칙의 위반이나 선박서류 및 절차적 흠결과 같은 법령위반은 추적의 대상이 되지 않는다고 해석된다.[127]

1958년 제1차 유엔해양법회의에서 Denmark는 법령위반(法令違反)의 요건에 관하여 특이한 수정안(修正案)을 제기한 바 있다. 즉 추적 당시로부터 2년 이내의 법령위반은 그 선장과 선주가 동일한 한, 추적의 대상이 된다는 것이다.[128] 이 제안은 표결 직전 자진 철회(撤回)되어 채택되지 아니 하였다.

나. 피추적선(被追跡船) 및 그 자선(子船)의 위치

이러한 추적은 그 외국선박이나 그 선박의 자선 중의 하나가 추적국의 내수·군도수역·영해 또는 접속수역 안에 있을 때 개시되어야 한다.(제111조 1항 및 4항)

피추적선이 추적개시 당시 추적국의 내수나 영해 내에 있어야 한다는 이 요건은 추적권 제도가 관할권행사의 보장이라는 제도적 취지를 갖고 있다는 점을 상기하면 극히 당연한 것이라고 이해될 수 있다.

ILC 초안 제47조에는 피추적선의 위치에 관한 요건 중, 접속수역은 포함되지 않았다. 그러므로, 접속수역에서 추적권은 개시될 수 있는가에 관한 격렬한 논쟁이 있

---

in 1930. Art.11.; ILC Draft Art,47. *ILC yr.Bk*(1956) Vol.Ⅱ, p.261.; A/CONF.13/C.2/L.20/Rev.1.& L.61/Rev.1,UNCLOS I, *Official Records*(1958), Vol.4,p.121,; 공해협약 제23조; Main Trend, list item 8, Provision 175.; Blue Paper No.9, Provision 175.; ISNT.Art.97. RSNT.Art.99.;ICNT.Art.111.

127) D.W.Greig. *International Law* 2nd ed. (1976), p.312.
128) A/CONF.13/C.2/L.99,Art.47(1) UNCLOS I, *Official Records* Vol.4,p.143.

었다.129) 유고슬라비아와 폴란드는 공동제안(A/Conf. B/C.2 /L.20/Rev.1 L.61/Rev.1)에서 접속수역을 명시적으로 추가함으로써 이 문제를 해결시켰다.130)

　피추적선이 자선(子船)을 가지고 범법행위(犯法行爲)를 할 때, 모선(母船)이 관할구역밖에 있을지라도 범법행위를 하는 자선이 그 관할수역 내에 있기만 하면 이들을 일체로 보고(principle of constructive presence) 관할수역 내에 있는 것으로 간주(看做)해야 한다는 뜻으로 독일의 제안(A/CONF.13/C.2/L.115)과 멕시코의 제안(A/CONF.13 /2.2/L.4)등이 제기되어 공해협약 제23조 1항과 3항에 각기 채택되었다.

　제3차 유엔해양법회의가 시작되자 연안국의 관할수역 개념에는 경제수역, 대륙붕이 추가되어 이들 수역에서도 추적권이 개시되어야 한다는 의견이 제시되었다.131) 그리고 1980년 ICNT-Rev.2 에서 비로소 군도수역도 추적권개시수역(追跡權開始水域)으로 삽입하게 되었다.132)

　피추적선과 그 자선이 연안국 관할수역 이내에 위치하고 있음을 확인하는 수단에 관하여 1956년 ILC초안 제47조 (3)에서는 "방위각(方位角)·육분의(六分儀)·기타수단"에 의할 것을 규정하고 있었다. 그러나 선박의 위치확정(fixing)수단은 이와 같이 고전적인 것에서 훨씬 발전하여 Radar, Loran등 각종 현대적 전자항법장비가 발전되어 있다. 인도 대표는 이 부분을 "이용 가능한 실제적 수단"으로 위치를 확인할 수 있다고 수정하여(A/CONF.13/C.2/L.95) 모든 현대적 항법장비(航法裝備)를 설치 확인에 사용할 수 있음을 명시하였다.

다. 정선명령(停船命令)

　추적은 시각적 또는 청각적 정선신호(停船信號)가 외국선박에게 보이거나 들을 수 있는 거리에서 발신된 후에만 개시될 수 있다.(제111조 4항, 공해협약 제23조 3항)

　법령위반의 혐의가 있는 선박이 이러한 정선신호에 정선하여 조사에 응한다면 추적은 불필요하게 될 것이며 이러한 정선명령을 무시하고 도주할 때 비로소 추적권의 행사는 필요할 것이다.

　공해상에서 기국이외의 군함(軍艦)이나 공선(公船)의 규제를 받는 것은 중대한 예외적 상황이 되므로 추적권의 남용을 방지하기 위하여 이러한 정선명령은 무선통신

---

129) ILC초안47조 1항에 관한ILC Commentary에 의하면 접속수역에서는 추적이 개시될 수 없다는 것으로 결론 짓고 있다.ILC Draft Art.47(1) Commentary, *ILC Yr.Bk*(1956), Vol.Ⅱ,p.284.
130) 이 수정안은, UNCLOS I, 2nd Committee에서 찬33, 반9, 기권16으로 채택, plenary에서 찬50, 반3, 기권9로 확정됨. 1974 US. vs Taiyo Maru case, No.28, 385 F.Supp. 413 (S. D.Me, 1975)참조.
131) A/CONF.62/C.2/L.66. UNCLOS Ⅲ. *Official Records*(1974), Vol.3.p.235.
132) ICNT Rev.2, art.110.

에 의한 수단으로는 불가한 것으로 규정하고, 반드시 상당한 근거리에서 시각신호-발광(發光)·수기(手旗)·기류(旗旒)등의 방법-나, 청각신호-기적·확성기 등의 방법-에 의한 정선신호만을 추적 개시의 유효한 요건으로 규정하고 있다.133)

라. 추적의 계속

추적은 중단되지 않을 때만 영해 등 관할수역 이원(以遠)의 공해상으로 계속될 수 있다.(유엔해양법협약 제111조 1항, 공해협약 제23조 1항)

'I am alone case'에서 캐나다는 추적을 개시한 미 경비정 Walcott호(號)로부터 Dexter호가 인계를 받아 추적, 격침시킨 것은 추적계속의 원칙에 반한다고 항변하였으나 미국 측은 Walcott호가 시종 현장에 있었고 Dexter호가 이와 협동하여 추적하였다고 답변하였다.134)

추적선 또는 항공기의 형태가 기술적으로 발전되어 가고 있는 만큼, 당초의 추적선이나 추적항공기로부터 다른 군용항공기나 군함 등이 이를 인계 받는 것으로 추적권의 긴급성(hotness)이나 계속성(continuousness)은 상실되지 않는다고 해석된다.135) 항공기에 의한 추적은 그 나포나 조사를 위해서는 군함 및 정부선박등에 의해 인계되는 것이 일반적인 상황이 될 것이다. 그러나 이러한 경우에도 권리남용을 방지하기 위하여 주의규정이 있다.(제111조 6항의 (b), 공해협약 제23조 5항의 (b))

마. 긴급추적권의 주체

추적권은 군함, 군용항공기에 의해서만 행사될 수 있다. 그리고 긴급추적의 권한이 특별히 부여된 정부선박이나 정부항공기에 의해서도 행사될 수 있다.(유엔해양법협약 제111조 5항, 공해협약 제23조 4항) 이러한 정부선박, 정부항공기는 그러한 권한이 명백히 표시된 외부표식을 갖추어야 한다.136)

(3) 긴급추적권의 종료

추적은 피추적선이 그 자국 또는 제3국의 영해로 들어감으로써 종료된다.(제111조 3항, 공해협약 제23조 2항) 그 긴급추적이 영해에서 시작되었을 때는 물론이고 접속수역, 배타적경제수역 및 대륙붕의 안전구역에서 시작되었을 때에도 피추적선의 기

---

133) ILC Draft Art.47(1) Commentary, *ILC Yr.Bk.*(1956), Vol.Ⅱ, P.284.
134) Briggs, op.cit., p.386.
135) Burdic H.Brittin, *International Law for Sea-Going Officers*, 3rd. ed.(Annapolis : Naval Inc. Press. 1977), p.102.
136) Blue Paper No.9, Provision 175.

국 또는 제3국의 접속수역 및 배타적경제수역에 들어가도 추적은 종료되지 아니한다고 해석되어야 한다.

그리고 일단 한 나라의 관할 내에서 나포되고 권한 있는 당국의 조사를 받기 위해 그 항구에 호송되는 선박이 사정에 의하여 호송(護送) 중, 공해의 일부나 배타적경제수역137)을 통과하였다는 이유만으로 석방을 요구할 수 없다.(제111조 7항, 공해협약 제23조 6항)

V. 해저전선(海底電線)·관선부설(管線敷設)의 자유와 보호

모든 국가는 공해의 해저(海底)에 해저전선과 관선을 부설할 권리가 있다.(협약 제112조 1항, 공해협약 제26조 1항)

일찍이 공해의 해저에 전신(電信)·전화선(電話線)을 부설(敷設)하고 이를 보호하기 위한 협약이 1884년 파리에서 체결된 바 있다.138) 1913년에는 영국정부의 주도로 해저의 전신·전화선 보호를 위한 국제회의가 런던에서 개최되고 여기에서 몇 개의 결의안이 채택되었다. 1956년 해양법 초안을 작성함에 있어 ILC는 해저전선부설의 자유는 일반 관습국제법의 내용이 되어 있다고 판단하였으며139) 위의 「해저전선보호협약」 제1조를 기초로 ILC초안 제61조 1항을 기초하였다. 그들은 "전신·전화선"만에 국한하기 않고 "고압전선(高壓電線)과 기타 관선"을 추가하였다. 그러나 1958년 제1차 유엔해양법회의에서는 미국의 제안140)으로 이를 "해저전선과 관선(submarine cable and pipeline)"이라는 용어로 정리하게 되었다.

해저전선 및 관선을 부설함에 있어서는 이미 설치된 전선과 관선을 정당히 존중하여야 한다. 특히 기존의 전선, 관선을 수리할 수 없도록 새로운 전선, 관선을 설치하여서는 안 된다.141)(협약 제79조 5항, 제112조 2항, 공해협약 제26조 2항)

모든 국가는 자국국기를 게양한 선박 또는 자국관할에 속하는 자가142) 고의나 과실에 의해 전신·전화통신을 중단시키거나 방해하고 관선 및 고압전선(高壓電線)을

---

137) ISNT. Art.97. para.7.
138) Convention on the Protection Submarine Cables 1884년 3월 14일 파리에서 체결, 1885년 4월 16일 발효. Singh, *International Marine Law Conventions*(1983). Vol.4, p.3155.; 1.BEVANS 89.
139) ILC Draft Art.61(1) Commentary *ILC Yr.Bk.*(1956) Vol.Ⅱ, pp.293-294
140) A/CONF.13/C.2/L.101.
141) The Denmark proposal A/CONF.13/C.2/L.101.Art.61(3).UNCLOS Ⅰ. *Official Records* Vol.4, p.103.
142) Netherland Proposal A/CONF.13/C.2/L.97/Rev.1. Art.62.

파괴·파손하는 경우에는 형벌로써 처벌된다는 것을 규정하는 국내법령을 제정하여야 한다. 여기서 과실(過失)이란 항해자에게 일반적으로 기대되는 주의의무를 해태(懈怠)하여 해저의 전선, 관선을 파괴하는 것을 말한다. 그리고 위 규정은 "계산된 행위나 파손의 결과를 초래할 가능성이 있는 행위"들에도 적용된다. (유엔해양법협약 제113조 후단) 이러한 표현은 확정적 고의와 단순과실(單純過失) 사이에 존재할 수 있는 여러 가지 형태의 행위, 즉 미필적고의(未必的故意)나 인식 있는 과실까지도 포괄시키려는 의도라고 생각된다. 그러나, 파괴나 파손을 막기 위해 필요한 조치를 다한 후에 자기의 생명이나 선박 자체를 구하기 위한 적법한 목적만을 위해 행동함으로써 야기된 파괴·파손은 그 책임이 조각(阻却)된다.[143] (협약 제113조. 공해협약 제27조)

기존의 전선·관선의 소유자가 자기의 전선·관선을 수리·부설하다가 다른 전선·관선을 파괴하거나 파손한 경우는 그 수리비용을 부담해야 한다.[144] (협약 제114조, 공해협약 제28조)

모든 국가는 선박소유자가 해저전선의 파손을 피하기 위하여 자기 선박의 닻, 어망(漁網), 기타 어구(漁具)를 희생시켰음을 입증하였을 때는 그 전선·관선의 소유자로부터 이 손실을 정당히 보상받는 것을 보장하는 국내법령을 제정하여야 한다.[145] (협약 제115조, 공해협약 제29조)

---

143) 1884 Convention on the Protection of Submarine Cables Art.Ⅱ. 1 *BEVANS* 89.ILC Draft Art.62 & Commentary *ILC Yr. Bk*(1956) Vol.Ⅱ.P.263.;A/AC.138/53.Art.28, SBC Report(1971), p.127/; Main Trends. List Item 8, Prov.151.; Blue Paper No.9/Rev.1, Prov.151 ISNT. Art. 100.; RSNT. Art. 101.; ICNT Art.113.
144) 1884 Sub.Cable Convention Art.Ⅳ;ILC Draft Art.63 & Commentary *ILC Yr.Bk* (1956), Vol.Ⅱ., p.264.
145) ① 1884 Sub. Cable Convention Art.Ⅶ.
　② ILC Draft Art. 65 *ILC Yr. Bk*(1956), Vol.Ⅱ, p.264.
　③ Resolution for the principle of indemnification. *Parliamentary Papers*, 1913 London Conference Cmnd.7079. Resolution Ⅲ.

제10장 해양환경의 보호와 보존

Ⅰ. 머릿 글
Ⅱ. 초기 발전단계
Ⅲ. 환경파괴에 대한 현실적 대응단계
Ⅳ. 새로운 국제해양환경법의 생성단계
Ⅴ. 새로운 해양법 협약상 해양환경의 보호와 보존
Ⅵ. 국제해양환경법 개념확대 단계

제10장 해양환경의 보호와 보존

I. 머릿글

1. 해양환경의 보호, 보존이라는 문제

우리가 살고 있는 지구 표면적의 70%는 해양이다.[1] 예로부터 인간은 육지에서 주로 생활해 왔으나, 여러모로 해양을 이용하고 이에 의존해 온 것도 사실이다. 특히 과학과 기술이 점차 발전함에 따라서 해양은 종래와 같이 항해나 어업의 장(場)으로서의 가치 이외에도 석유, 천연Gas 등을 개발할 수 있는 자원과 에너지의 원천(源泉)으로 재인식되고 있다.

그러나 무엇보다도 예로부터 해양은 무한한 자체 정화능력을 가짐으로서 인간활동 폐기물의 정화조(淨化槽) 역할을 해왔다. 지금도 해양은 모든 오염 폐기물의 종착지이다. 대기오염물은 육상에 낙진(落塵)되고 지상에서 발생된 오염물과 함께 직접·간접으로 바다로 유입된다. 일단 바다로 유입된 오염물은 바람, 조류 및 기타 물리적 화학적 작용으로 전 해양에 확산되게 된다. 거대한 바다는 이러한 확산작용으로 오염 폐기물을 수용하고 정화(淨化)시켜 자애로운 어머니의 손길과도 같이 언제나 새롭고 쾌적한 자연환경을 유지시켜 준다고 믿어져 왔다.

그러나 이러한 종래의 신화(神話)는 깨어지고 오늘날 해양환경은 각종의 오염으로 인하여 「위태로운 휴식처」(precarious habitat)[2]로 변모해 가고 있다. 이제 해양은 그 자체 정화능력의 한계점에 도달하였으며 급속도로 해양에 유입되는 오염물은 정화되지 않은 채 확산되고 있어 해양환경보호의 문제는 이제 전 지구적 문제로 부각되었다.

1972년 6월 Stockholm에서 열린 「유엔 인간환경회의」(United Nations Convention on the Human Environment)에서 해양환경보호 문제가 가장 중요한 의제로 토의되었고, 같은 해 12월 제27회 유엔총회의 결의로 설치된 「유엔환경계획기구」(United Nations Environment Promgramme : UNEP)에서 해양환경보존의 문제는 가장 중요한 목표로 채택되었다. 제3차 유엔해양법회의에서도 해양환경의 보호와 보존의 문제는 중요한 의제로서 제3위원회(Commt. III)의 전담 심의문제가 되었다.

---

[1] 지구 표면적 : 510,639,600km^2 ; 바다의 면적:361,057,000km^2(70.706%) ; 육지의 면적:149,443,003km^2 (29.27%) ; 이찬·황재기,「최신세계지도집」(서울:교학사,1982),부록. p.16.
[2] Melvin A.Benarde, *Our Precarious Habitat* (New York : Viking Press,1970), p.21.

2. 해양환경 보호, 보존을 위한 새로운 국제법 규범체계

인간환경을 그 훼손과 파괴로부터 보호·보존하기 위한 국제법적인 규범들로 구성된 새로운 법체계를 「국제환경법」이라고 한다면, 이는 이제 국제법 분야에서 가장 중요한 규범의 체계이며 최근 수십년간 가장 빠르게 변화하고 발전된 분야라고 할 수 있다. 각국의 국내법에서도 「환경법」(environmental law)분야의 연구는 활발히 논의·발전되어 다양한 입법이 진행되고 있다.

그러나 인간환경이란 본래 인위적인 국경으로 구획되어질 수 있는 것은 아니므로 오염의 통제와 방지 등을 통한 환경보호, 보존은 국제적 노력, 전지구적 협력(global cooperation)으로만 실효적으로 이루어질 수 있는 것이다. 따라서 해양환경의 보호 보존을 위한 새로운 국제법 규범체계가 필요하게 되었다.

일찍부터 「국제하천법」(international fluvial law)과 「해양법」(the law of the sea) 내용의 일부로서 오염규제와 환경보호에 관한 규범내용들은 꾸준히 발전되어오고 있었다고 말할 수 있지만, 이들은 어디까지나 영토주권의 원칙 및 공해자유, 기국주의의 원리 등 전통국제법의 테두리를 벗어나지 못하는 것이었으며, 해양오염에 대한 조치도 국부적(局部的), 사후적(事後的) 규제를 원칙으로 한 대증요법적 접근 방법에 의한 소극적인 것에 지나지 않았다.

인간의 해양 활동의 확대에 따라 점차 해양환경 보호, 보존의 문제는 인류전체의 긴급하고 중요한 과제로 대두되었고 각 국가는 그 관할영역 이원(以遠)에서 환경훼손에 대한 법적 책임을 지는 새로운 규범체계가 필요하다는 것이 널리 인식되게 되었다.[3] 이러한 새로운 법체계의 성립을 위한 노력의 결실은 제3차 유엔해양법회의 결과 채택된 유엔해양법 협약 제12장의 내용에서 비로소 어느 정도 이루어 졌다. 본장에서는 해양환경 보호규범의 형성 발전단계를 분류하여, 현대 해양환경법 규범 체계의 내용을 유엔 해양법 협약 제12장의 내용을 중심으로 분석 고찰하고 1992년 「유엔 인간환경 개발회의」(United Nations Conference on Environment and Development : UNCED, Rio Summit)와 그 이후의 발전 내용들을 정리해 보고자 한다.

3. 해양오염 규제에 관한 국제법 규범의 발전단계

해양환경 훼손의 원인이 되는 오염을 규제하는 국제법상의 규범은 최근에 와서야 비로소 본격적으로 논의되고 발전된 것이지만, 그 잠정적이고 기초적인 형태는 국제법의 전통적 체계 속에서 오래전부터 서서히 형성되어 왔고 각종 관습법과 조약법을

---

[3] 〔Stockholm 인간 환경선언〕 전문참조. UN Doc A/ConF. 48/14 (16 June, 1972) ; 11 *ILM* 1416(1972).

통하여 면면히 발전되어 현재에 이르고 있다. 그 발전단계를 개략적으로 다음과 같이 구분할 수 있다.

(제 1 단계) 초기발전단계 ; 19세기로부터 2차대전 종결시 까지 전통국제법 체계 속의 환경관련 규범들

(제 2 단계) 현실적, 단편적 대응단계 ; 1945년 이후 1973년 제3차 유엔해양법회의가 시작되는 시기까지의 기간이며 이때는 해양환경의 보호를 위한 초보적인 규범들이 환경의 파괴에 대한 현실적인 대응을 위하여 단편적으로 강구되었다.

(제 3 단계) 국제해양환경법 생성단계 ; 1973년 이후, 1982년 12월 유엔 해양법협약 성립시 까지를 새로운 국제해양환경법(the international environmental law of the sea)의 생성단계로 분류할 수 있다.

(제 4 단계) 국제해양환경법 체계확립단계 ; 1982년 유엔 해양법협약 성립시부터 1992년 Rio Summit 까지의 기간이며 이 기간 동안 1982년 해양법협약에서 규정된 환경규범들은 관행과 학설의 발전을 통해 규범으로서의 체계와 실정적인 기속력을 확립해 왔다.

(제 5 단계) 국제해양환경법 개념확대단계 ; 1992년 Rio Summit 이후 지금까지의 기간이며, 지구 환경의 온전한 보존을 위해서는 단순히 인간의 오염행위를 규제하는 것으로 불충분 하며 지구 생태계 전체의 관련 요소들에 대한 보다 종합적인 접근 방식이 필요하다는 인식아래 이른바 지속가능개발(持續可能開發 : sustainable development)이라는 새로운 개념을 발전 시켜 광범위한 환경적 행동계획(environmental action plan)들이 전지구적, 지방적, 또는 국가별로 수립되고 시행되기에 이르렀다.

II. 초기 발전단계

- 19C 초에서 1945년까지 -

초기 발전단계에 대하여는 동·식물의 보호를 국제입법화 하던 19세기 말부터 전통국제법이 유지된 2차대전 종전 시기까지의 기간 중 관습국제법과 조약법상의 환경오염규제의 발전내용을 분석키로 한다.

1. 전통 관습국제법

오염의 규제에 관련된 초기 관습국제법의 내용은 영토주권, 국가책임의 원칙 및 공해자유의 원칙 등과 관련되어 발전되어 왔다.[4]

이제 초기의 판례와 국가관행을 통하여 형성된 관습국제법의 내용을 개관하여 본다.

(1) Trail Smelter 원칙

국가간의 영해가 상호 인접해 있어서 일국의 영해오염이 타국에 손해를 줄 경우에 국가는 자국의 영해를 타국에 손해를 주는 방식으로 이용할 수 없다. 또한 국가는 그 관할하에 있는 사인의 활동이 타국에 해를 주게 되는 경우에는 그 같은 활동을 허용할 권리를 가지지 않는다.

이는 1938년과 1941년 양차에 걸쳐 판결된 미국-캐나다간 특별중재재판소의「트레일 용광소 사건」(Trail Smelter case)판결에서 나타난 일반원칙이다. 즉 동 판결문에서는,

 ·····그러므로 당 중재 법원은 전체적으로 종합 검토 후 다음의 결론이 적절한 근거로 구성되었음을 판결하는 바이다. 즉, 미국의 국내법과 국제법의 원칙에 의하여 보건대, 사태가 중대한 결과를 초래하고 침해가 명백하고도 수긍할만한 증거로 확증될 수 있는 경우에 어떤 국가도 다른 나라의 영토나 국민의 재산이나 신체에 대하여 煤煙으로 피해를 주는 방식으로 그 영토를 이용할 수도 없거니와 이용을 허용할 권리도 없다.

라고 밝히고 있다.[5]

캐나다 Trail에 있는 용광소에서는 다량의 유독Gas를 미국의 워싱톤 주(州)로 유입하게 방치하여, 미국의 농작물과 사람에게 많은 피해를 주었다. 이에 관하여 1935년 4월 15일 미국과 캐나다는 본건을 국제중재법원에 회부키로 합의하였다. 1938년 4월 16일 1차 중재재판(仲裁裁判)에서 당 법원은 캐나다에 $78,000의 배상 책임이 있음을 판결하였고, 1941년 2차 판결에서는 이와 같이 영토의 이용에 있어 타국에 피해를 주지 않을 국가의 의무를 명시함으로써 국가책임원칙의 조건과 범위의 확대에 관한 중요한 선판례를 제시하였다.[6]

이 사건은 대기오염에 관한 것이지만, 그 원리는 영해의 오염에 대해서도 적용될 수 있는 것이다. 즉 국가는 영해를 오염시킴으로써 타국에 손해를 주는 결과를 가져

---

4) Ian Brownlie, "A Survey of International Customary Rules of Environmental Protection." *International Environmental Law*, Ludwick A.Teclaff and Albert E. Uton ed. (New York : Praeger Publishers, 1974), p.1.
5) 김정건 외 5인,「판례 중심 국제법」(서울:경남대 극동문제연구소,1984), p.349.
6) *Trail Smelter case,* (U.S.vs Canada) Arbitral Tribunal, 1941 *UNRIAA* Vol.Ⅲ, p.1905-07 (1949).

오도록 하지 않을 국제법상의 의무를 지며, 이러한 의무에 위반해서 타국에 손해를 주면 국가책임이 발생하여 그 손해를 배상하여야 한다. 이것은 "타인의 권리를 해치지 아니하는 정도로 자기의 권리를 향유하라"(Sic utero tuo ut alienum non laedas)라는 법언에 유래한 원칙이다.7)

따라서 만일 국가가 폐기물이나 유류를 영해(領海)에 유출시켜 이것이 타국의 영해에 피해를 유발시켰을 경우 Trail Smelter원칙에 의거 그 손해를 배상해야한다고 인식되어 있는 것이다.

(2) 영역 주권 제한의 원리

Corfu Channel case(1949)에서 ICJ는 알바니아의 영해 내에 부설되어 있는 기뢰(機雷)의 존재를 그 영역을 항행하는 모든 선박에게 통보하여 경고할 의무가 알바니아에게 있다고 판시하였다. 그 근거에 관하여 ICJ는,

> 이러한 의무는 전시에만 적용되는 헤이그 전쟁법규 제8조「자동촉발수뢰의 부설에 관한 조약」에 근거하는 것은 아니다. 이는 전시보다는 평시에 더욱 적절히 적용될 인도에 대한 기초적인 고려를 중시하고, 해양교통의 자유와 모든 국가가 그 영토를 타국의 권리를 저해하는 행위를 위하여 활용함을 허용치 않을 의무 등과 같이 일반적으로 용인된 원칙에 의거하는 것이다.8)

라고 지적하고 있다.

이 사건은 해양환경 오염과는 관계없는 사건이지만, 본 판례에서 지적한 위험통보의 의무, 인도(人道)에 대한 기본적 고려와 타국의 권리를 저해하는 자국영역 사용금지의 의무 등은 소위 종래의 「영역주권 절대의 원리」를 수정하는 「영역주권 제한의 원리」로서 중대한 의의를 갖는 것이다.

영역주권제한의 원리에 관한 또 하나의 중요한 판례로는 「라누 호수사건」(Lake Lanoux case)9)이 있다.

Spain과 프랑스 접경지역에 위치한 Lanoux호수의 물을 수력발전에 이용코자한 프랑스는 1957년 호수로부터의 유로(流路)를 변경하여 수력발전을 하고 이를 다시

---

7) Enjoy your own rights so as not to injure those of another.
   Blackstone's Commentaries, Vol.1, p.306.
8) The Corfu Channel case (U.K. vs Albania), ICJ Reports (1949) Judgment of April 9, 1949, pp.21-23.
   Il Young Chung, *Legal Problems Involved in the Corfu Channel Incident*, (Geneva, Droz, 1959), p.158.
9) Lake Lanoux Arbitral Decision (Spain vs France) *U.N.RIAA* (1958), Vol.12, p.281; Alexander C. Kiss, *Survey of Current Developments in International Environmental Law*. IUCN, Environmental Policy and Law Paper, No. 10, (1976), p.47.

Spain의 Carol강을 거쳐 Seqre강에 합류케 하여 강물의 량(量)에 변동 없이 이를 활용코자 하였다.

프랑스와 스페인은 1866년 Bayonne조약에서 양국을 흐르는 국제하천의 유로를 변경할 때는 상호협의할 것에 합의한 바가 있다. Spain은 프랑스가 Bayonne조약과 그 추가 의정서에 위반하였다고 주장하였다.

1958년 중재재판소는 국제법 원칙상 상류(上流)국은 하류(下流)국의 이익을 선의의 원칙에 따라 고려해야 하나, 프랑스의 수력발전은 Carol강의 수위나 수질을 변경하는 것은 아니므로 프랑스의 사용은 정당한 것이며 Spain에 사전동의를 구할 필요가 없다고 판시하였다.[10] 그러나 이것은 상류국과 하류국간의 이해는 반드시 상호협의를 가지고 합의로서 결정토록 해야 한다는 점을 지적한 셈이다.

즉 연안국의 일방적인 하천이용으로 인한 전류(轉流)나 오염(汚染)이 타 연안국의 하천이용에 중대한 손해를 준다면 그 이용은 인정되지 않는다는 내용이 확인되었다. 이와같은 영역활용에 대한 국가의 국제법상 의무는 「영토주권제한의 이론」으로서 중요한 의의를 가지게 되었다.[11]

(3) 공해(公海) 사용의 자유와 합리성(合理性)의 원칙

Trail Smelter원칙이나, 영역주권 제한의 원리 등은 어디까지나 영토 및 영해에 관련된 원칙이며, Grotius이래 확립된 공해자유(公海自由)의 원칙이 지배되는 공해(公海)에 있어서 환경보호나 보존에는 크게 기여하지 못하였다.

전장(前章)(제8장 공해제도)에서 상론(詳論)한 바와 같이 Grotius의 「공해자유론(公海自由論)」(Mare Liberum)의 당연한 전제로서 해양은 무한한 자체정화능력(自體淨化能力)이 있는 것으로 기대되었으며, 이것과 기국주의 및 주권절대의 원칙 등이 결합되어 성립된 공해에서의 자유방임체제(laissez faire)는 공해에서의 "오염행위의 자유"를 보장하고 있는 것으로 표현될 수 있을 정도였다.

1958년 Geneva 제1차 해양법 회의에서도 이러한 사정은 그다지 개선된 것은 아니었으나, 종래의 자유방임체제에 대한 반성의 논의가 있었던 것은 사실이며, 「어업 및 공해 생물자원의 보존에 관한 협약[12]을 성립 발효시킨 것은 이러한 추세의 표현이라고 할 수 있다.

「공해협약」 제2조에서도 "공해의 자유를 행사함에 있어서, 모든 국가는 타국의 이익에 대하여 합리적인 고려를 하여야 한다"고 규정하고 있다.

---

10) 53 *AJIL* 156 (1959).
11) J. L. Brierly, *The Law of Nations 6th ed.* (Oxford; Clarendon Press,1963), p.232.
12) Convention on Fishing and Conservation of Living Resources of High Seas; 559 UNTS 285.

이것은 Grotius적인 공해 자유의 원칙에 대한 「합리성의 제약」이라고 할 수 있다. 그러나 생각컨대 타국의 이익에 대하여 합리적인 고려(reasonable regards)를 하여, 공해사용의 자유를 행사함으로써 결과적으로 타국의 공해 사용을 저해(沮害)하게 되는 것은 어쩔 수 없는 일이라고 한다면 이러한 「합리성의 제약」은 결국 유명무실한 제약이 되고 만다.(제8장 II 공해의 자유 참조)

2. 조약법

인간을 자연의 신탁적 관리인으로 파악하고 자연적 동식물과 자연환경자체를 보호하고 보존하기 위한 윤리적 책임, 이타적(利他的)인 의무가 인간에게 주어져 있다고 하는 개념이 19세기 초반부터 형성되어 왔다. 이러한 관념에서는 고의적인 자연상태의 파괴를 죄악시하였는데[13] 이는 환경보호제도의 발전에 중요한 추진력이 되었다. 특별히, 자연적 동식물의 보호는 상업적 가치가 있는 특정한 동식물의 멸종을 예방하고 이를 보존한다는 실제적 목적이 가미되어 국가간의 협약과 기구를 탄생시켰다.[14] 해양어족자원을 보호·보존하고 관리하기 위한 협약과 기구들도 일찍부터 발전하였다. 그 최초의 기구는 1920년의 「해양탐사 국제위원회」(The International Council for the Exploration of the Sea- ICES)이다.[15]

또한 해양환경의 보호에 관한 해양법 규범의 생성에 기여한 것은 국제하천법(International Fluvial Law)이었다. 국제하천의 이용에 관한 국제간의 이해관계 조정을 위하여 일찍이 19세기말부터 국제하천법은 생성 발전되어 오고 있었던 바, 일반적으로 연안국은 하천 이용에 있어서 다른 연안국의 이용에 손해를 가하는 방식으로 이를 이용해서는 안 된다는 의무를 전제로 하였다.[16] 이러한 제약 속에는 당연히 하천의 오염방지 의무도 포함되게 되었다.

조약성립의 예로는 1909년의 「미국·캐나다간 국경하천조약」이 있다. 이는 체약국에게 연안 주민의 건강이나 재산을 해치는 하천오염행위를 금지하고 있다. 1966년 「헬싱

---

13) Douglas M. Johnston, *The Environment Law of the Sea: Early Adjustments (1945-1973)*. (Halifax: Dalhousie Univ. Press, 1979), p.6.

14) ① Declaration for the Protection of Birds Useful to Agriculture, 1875. Berned Ruster and Bruno Simma ed. *International Protection of the Environment : Treaties and Related Documents,* Vol.4, (New York; Oceana Dobbs Ferry, 1979), p.1561. (이하 Ruster-Simma로 표기).

② Convention to Protect Birds Useful to Agriculture, 1902. Ruster Simma, p.1615.

③ London Convention for the Preservation of Fauna and Flora in their Natural State, 1933. 172 L.N.T.S. 242; Ruster-Simma, p.1693.

15) Douglas M.Johnston, op.cit., p.7. note 49.

16) Briely, *The Law of Nations*, 6th ed. (Oxford: Clarendon Press, 1963), p.232.

키」에서 열린 국제법협회(ILA)제52차 회의에서 소위「헬싱키 규칙」을 채택하였던 바, 여기서는 수자원(水資源)에 대한 "형평스런 활용의 원칙"(principles of equitable utilization)을 명시적으로 규정하고 있다.[17] 오염 방지를 위한 국제기구의 설치에 있어서도 하천법은 좋은 전례를 보이고 있다. 앞서 지적한 1909년「미국·카나다 간 합동관리위원회」를 설치할 것을 규정하고 이 위원회가 오염물 및 오염원 별로 하천 오염규제를 실시할 것으로 정하고 있다.[18]

Ⅲ. 환경파괴에 대한 현실적 대응단계
- 1945년부터 1973년까지 -

1. 사회현상의 변화와 그 대응(對應)

법률제도의 발전은 사회현상 중 인간생활에 중요한 영향을 주며 즉각적 법적 조치가 필요한 사건들에 의하여 촉진되게 마련이다. 해양환경의 보호와 보존을 위한 법적규제의 체제는 앞에서 보아온 것처럼 관습국제법 원칙과 각종 조약에 의하여 점차로 발전되어 오고 있었지만 특별히 1945년 이후부터는 인간 생존환경 자체에 대한 직접적이고 대규모적인 파괴를 초래할 위협적인 사건과 사태의 발전으로 인하여 그 법적 체제의 발전이 가속화 되게 되었다.

(1) 과학기술의 발전과 핵무기의 출현

2차대전 후 원자핵무기의 출현은 핵실험의 적법성 여부 및 핵무기 제한문제 등을 제기하였으며 논의과정에서 다루어진 방사능 물질에 의한 오염방지 규제의 필요는 국제환경법(International Environmental Law)의 출현을 촉구하였다.[19]

1945년 이후에 체결된 무기제한에 관한 협정들은 환경보호를 위한 법적 공헌으로 간주할 수 있다. 환경적으로 위험한 무기사용의 통제를 위한 이들 협정들은 주로 핵무기에 관한 것들이다. 핵무기협정 중 가장 유명하고 중요한 것은 수년간 어려운 협상끝에 성립된 1968년「핵무기 확산금지조약」(Treaty on the Non-Proliferation on Nuclear Weapons- NPT)[20]이다. 이 조약은 1970년 3월에 발효되었다. 이 협약에 의하면, 모든

---

17) Helsinki Rules on the Waters of International Rivers, (London: ILA, 1967) ; B. H. Weston,; R. A Falk, ; A.D'Amato, *Basic Documents in International Law and World Order* (St. Paul: West Publishing Co., 1980), p.331.
18) Lester, "River Pollution in International Law", 32 AJIL 842.
19) Emanuel Margolis, "The Hydrogen Bomb Experiments and International Law," 64 *Yale L.J.* (1955) 629.

체약국들은 핵무기를 만들지도 않고, 핵보유국으로부터 핵무기나 핵무기제조를 위한 물질을 받지도 않을 것을 약속하고 있다. 또한 그들은 평화적 목적의 핵이용이 핵폭탄 제조로 전환됨을 방지하기 위하여 그들의 평화적 핵이용 활동을 점검할 수 있도록 할 것을 보장한다. 이와 같은 점검은 「국제원자력기구」(International Atomic Energy Agency-IAEA)에 의해서 실시된다.

국제원자력기구는 1956년에 비엔나에 설립되었다. 비핵무기보유국인 핵무기 확산 금지조약의 각 가맹국과 국제원자력기구는 쌍무적으로 국제적 보장조약을 체결하도록 되어 있는 바, 1975년까지 「핵무기확산금지조약」의 95개 가맹국 중 35개국이 이러한 보장조약을 체결하였다.

「핵무기확산금지조약」의 규정들은 본래 무기제한을 위한 목적을 갖는 것이지만 이는 환경보호를 위한 중요한 내용을 아울러 가지고 있다. 그러므로 아직 많은 잠재적 핵보유국과 특히 중공이나 프랑스 같은 핵보유국들이 이 「핵무기확산금지조약」에 가입하지 아니한 것은 정치적인 숙제인 동시에 국제환경법적 견지에서도 바람직하지 아니한 것이다.[21] 더우기 위에서 언급한 바와 같이 참가국의 다수가 「핵무기확산금지조약」에서 기대하고 있던 국제원자력기구와의 보장협정을 체결하지 않고 있다. 어찌되었든 국제원자력기구의 보장제도란 당초 의도했던 것에 미치지 못하고 만 셈이다.[22]

(2) 해양과학기술의 발달과 Tanker의 출현

해양기술이 발달해 온 과정은 특이한 바가 있다.[23] 그것은 2차대전 종결 이후에 급진적으로 혁신되었다고 말할 수 있다. 돌이켜보면, 일찍이 어로(漁撈)와 항해(航海) 등으로 인간이 해양을 활용하던 고대(古代)로부터 해양기술은 꾸준히 발전하여 왔다고 볼 수 있지만, 인간이 과학에 눈떠 혁신적인 산업기술이 개발되던 17, 18세기에 있어서도 해양은 아직도 인간에게 있어서는 낭만적인 존재이었으며, 거의 19세기에 이르기까지 항해술(航海術)은 본질적으로 페니키아 시대의 그것에서 그다지 벗어나지 못하는 초보적인 것에 머물러 있었다.[24] 그러나 20세기에 이르러 과학은 급진적으로 발전하여 해양은 최고도의 과학기술을 동원하여 개발하고 활용해 가는 사업의 터전이 되었다.[25] 새로운 어로기술과 그 과학적 규모는 갑자기 해양생물자원의

---

20) 729 U.N.T.S. 162; 7 *ILM* 811 (1968)
21) Douglas M. Johnstion, op.cit., p.14, note.94.
22) Ibid., note. 95-96.
23) Elisabeth Mann Borgese, *The Drama of the Ocean,* (New York: Harry N. Abrams. Inc. Publishers, 1975), pp.83-188.
24) Courtland Candy, *A History of Ships and Seafaring,* (New York: Hawthorn Books, 1963), p.12.
25) Brenda Horsfield and Peter Bennet Stone, *The Great Ocean Business,* (London &

고갈을 우려할 정도로 진전되었다.26) 또 항해술과 하역(荷役)기술에 있어서도 혁신적인 개혁이 급속도로 이루어진 것이다.27) 조선(造船)기술에 있어서 지난 30여년 간의 극적인 개혁은 고대(古代)로부터 2차대전 종결 시까지 수천년 간의 발달과 비교해서 실로 괄목할 만한 것이었다.28)

1960년대에 와서 해운(海運)산업에 신형 Tanker가 급속히 증가하였고, 인구가 과밀한 연안수역에서 이 Tanker들이 기름을 누출함으로써 생길 재해(災害)의 위험이 증대되어 가고 있다는 것이 인식되기 시작하였다.29) 1962년부터 1978년까지의 기간중 「정부간 해사자문기구」(Inter-Governmental Maritime Consultative Organization-IMCO)가 집계한 Tanker의 사고는 55건에 달하고 이들은 최소한 5천 ton으로부터 1967년 토리·케니언호 사건의 경우에는 10만 ton에 이르는 기름 유출을 가져온 것이다. 그러나 기름 유출사고에 대한 여론의 반향이나 영향은 그 유출 기름량에 반드시 비례하는 것은 아니다. 1970년 「애로우」(Arrow)호는 3만2천 ton을 유출시켰을 뿐이나 이들 사고는 캐나다와 미국내에서 환경보호를 위한 경각심을 크게 불러 일으킨 바 있다. 1978년 아모코, 카디즈호 좌초사건은 유출 기름량도 23만 ton으로 기록적이거니와 그 영향도 심대하였다.

인간의 해양 활동의 극대화에 따른 해양오염의 규제를 다수국간의 조약에 의해 포괄적으로 다루어 보려는 의도로서 그 동안 여러 국제조약이 성립되었다. 이들을 분류해 보면,

① 선박 운항에 따른 오염을 방지하고 규제하기 위한 조약30)

Aukland: Hodder and Stoughron, 1972), p.21.
26) Douglas M. Johnston, op.cit., p.48. note. 291.
27) Ibid., note. 293.
28) Ibid., note. 294.
29) P. Michael M'Gonigle, Mark W. Zacher, *Pollution, Politics and International Law: Tanker at Sea*, (Berkely: University of California Press, 1979), pp.14-38.
30) A. 「해양유탁방지 협약」.
   ① 1954, Internation Convention for the Prevention of Pollution at the Sea by Oil. (이하 OILPOL 1954로 표기).
   1954년 5월 12일 London에서 체결. 1958년 7월 26 일 발효.
   자료:327 UNTS 3. ; UN Doc.E/2609 ; ST/LEG/SER.B/15,pp.787-99 ; *ND*, Vol.II, p.557.
   ② 1962 Amendments to OILPOL 1954.
   1962년 4월 11일 London에서 체결 1967년 5월 18일(제1조에서 18조까지)발효. 1967년 6월 28일(제19조)발효.
   자료 : 600 UNTS 332. ; *ND*, Vol.II, p.567.
   ③ 1969 Amendments to OILPOL 1954
   1969년 10월 21일 London에서 체결 1978년 1월 20일 발효.

② 해양투기에 따른 오염을 방지하기 위한 국제조약[31]
③ 선박의 대형 해난사고에 따른 기름유출로 인한 오염을 방지하기 위한 조약[32]
④ 오염피해에 대한 각국 국내법상의 보상책임을 통일하기 위한 조약[33]

    자료 : IMO Resolution A.175(VI) ; *New Dir. in LOS*, Vol. II, p.580.

  ④ 1971 Amendment to OILPOL 1954 (Concerning Great Barrier Reef)
    1971년 10월 12일 London에서 체결,
    자료:IMO Resolution. A.232(VII) ; Singh, *International Maritime Law Conventions* (1983), Vol.3, p.2259.

  ⑤ 1971 Amendments to OILPOL 1954(Concerning Tanks Arrangements and Limitation of Tank Size)
    1971년 10월 15일 London 에서 체결.
    자료 : IMO Resolution, A.246(VII) ; Singh, op.cit., p.2262. ; *New Dir. in LOS,* Vol. II, p.589.

B. 「선박에 의한 오염 방지 협약」
  ① 1973 International Convention for the Prevention of Pollution from Ships. (이하 「선박오염방지 협약」 또는 MARPOL 1973으로 표기) 1973년 11월 2일 London에서 체결 1983년 10월 2일 발효.
  ② Protocol of 1978 relating to MARPOL 1973.
    1978년 2월 17일 London에서 체결 1983년 10월 2일 발효.
    자료:*IMO Stat of Mult Conv.* (1984), p.47 ; UN Registration N0.22484.

31) 「해양투기 방지협약」
1972 Convention on the Prevention of Marine Pollution by Dumping of Wastes and Other Matter(이하 「해양투기방지협약」 또는 Dumping Convention 1972로 표기)
1972년 12월 29일 London에서 체결 1975년 8월 30일 발효.
자료: 1046 UNTS 120 ; UN.Doc. A/AC. 138/SC.III/L.29 ; 11 ILM 1291-1314.(1972).

32) 「공법협약」
1969, International Convention relating to Intervention on the High Seas in cases of Oil Pollution Casualties (Intervention 1969로 표기)
1969년 11월 2일 Brussels에서 체결 1975년 5월 6일 발효.
9 ILM 25 (1970) ; Singh, *International Maritime Law Convention*(1983), Vol. 3, p.2454.

33) 「사법협약」
  ① 1969, International Convention on Civil Liability for Oil Pollution Damage (이하 Civil Liability Convention 으로 약기함). 1969년 11월 29일 Brussels에서 체결. 1975년 6월 19일 발효
    자료 : U.N.Reg. No. A-17097;ST/LEG.SER.B/16, pp.447-54.
  ② 1976 Protocol to Civil Liability Convention
    1976년 11월 19일 London에서 체결 1981년 4월 8일 발효.
    자료: U.N.Reg. No. A-14097; Singh, *International Maritime Law Conventions* (1983), Vol. 3, p.2489.
  ③ Protocol to amend 1969 Civil Liability Convention
    1984년 5월 25일 체결
    자료: *IMO Stat. of Mult. Conv.* (1984), p.169.

등으로 분류 될 수 있다.
　그러나 이들 국제조약들은 국가책임의 일반원칙과 기국주의(旗國主義) 및 전통 국제법상 공해(公海)에서의 자유방임 체제(Laissez faire)등을 과감히 벗어나지 못하는 것이어서 결과적으로 극히 단편적인 효과밖에는 기대할 수 없는 것이었다.

(3) 환경위해물질의 규제

　1945년 2차대전 종결 이후로부터「Stockholm 유엔 인간환경회의」가 열린 1972년까지 사이의 기간중 국제사회의 각 주체들은 산업폐기물로 인한 환경오염 문제를 국제적 협조로 대처해야 한다는 필요성을 점차로 인식하게 되었다. 그러나 1962년 라첼·카아슨의 경고(警告)가 널리 알려지기 이전에는 국내적인 오염처리에 있어서도 화학물질 및 산업폐기물의 위험에 특별히 중점적인 관심이 집중된 일은 없었던 셈이다. 라첼·카아슨의「침묵의 봄」이 출간된 것은 1962년이다. 과학적인 증거들을 모아서 분석, 도출한 결론에서 이 책은 화학제품의 남용과 오용이 결과적으로 인간환경을 얼마나 급속하게 훼손시키고 있다는 것을 독자에게 알려 주었다.34) 이 책을 비롯한 여러 선각적 저서들로 인해서 사람들은 환경적 위해물질의 가공할 위험을 비로소 인식하게 되었으며35) 화학제품 남용을 금지, 억제하려는 진지한 노력이 뒤따르게 되었다.
　살충제 및 농약과 같은 화학제품과 산업폐기물의 잠재적 위험이 일반의 관심을 집중시키자, 1962년 말까지 미국에서만 이들 화학제품의 사용을 규제하기 위한 법안이 40개 이상이나 통과되었다. 그리하여 1960년에는 "환경", "생태적"과 같은 용어가 정치적 또는 공공 정책수립의 용어로 사용되게 되었다. 이러한 노력은 국가간의 협약으로도 시도(試圖)되었는데, 1950년 벨기에, 프랑스, 룩셈브르크 3국간에 체결된「오염 수로(水路)문제를 위한 3국위원회 설립에 관한 의정서」(Protocol to Establish a Tripartite Committee on Polluted Waters)36)는 전후에 있어서 수질오염규제를 위한 국제협력의 좋은 선도적 Model이 된 바 있다.
　1960년대에 와서, 비로소 배설물 및 산업폐기물로 인한 오염의 규제를 위한 국제적 협력이 시도되었던 바, 1960년에 체결된 「콘스탄스호(湖) 오염방지협정」(Agreement on the Protection of Lake Constance against Pollution),37) 1961년의 「자르강(江) 오염방지를 위한 국제위원회 설립을 위한 의정서」(Protocol Concerning the

---

34) Rachel Carson, *Silent Spring*, (Boston : Houghton Miffin Co., 1962), p.50.
35) Alvin Toffler, Future Shock, (New York: Benten Books, 1970), ; D. Johnston. op.cit., p.12.
36) Rüster-Simma, Vol.XI, p.5553.
37) Rüster-Simma, Vol. X, p.4802. ; Alphonse Droz, "The Protection of Lake Constance from Pollution," *OECD, Environmental Protection in Frontier Regions* (이하에서는 *Trans Frontier Pollution Studies*로 표기함) (1979), pp.345-92.

Constitution of an International Commission for the Protection of the Saar against Pollution),38) 1961년의 「모젤르강(江) 오염방지를 위한 국제위원회 설립을 위한 의정서」 (Protocol Concerning of the Constitution of an International Commission for the Protection of the Mosel against Pollution),39) 1962년의 「레만호(湖) 수질오염방지협약」(Convention Concerning the Protection of the Waters of Lake Leman against Pollution),40) 그리고 1963년의 「라인강 오염을 위한 국제위원회에 관한 협정」 (Agreement Concerning the International Commission for the Protection of the Rhine against Pollution)41)등이 그 예이다.

동구권 국가들도 화학적 위험물질에 의한 환경오염의 위협을 인식하고, 환경보호를 위한 협약들을 체결하였던 바, 1964년에 소련과 폴란드는 「국경하천의 수자원(水資源) 사용에 관한 협정」(Agreement Concerning Use of Water Resources in Frontier Waters)42)을 성립시켰고, 또 오스트리아와 체코슬로바키아는 「국경하천 수자원 관리규제에 관한 협약」(Treaty Concerning the Regulation of Water Management Questions Relating to Frontier Waters)43)을 체결하였다. 「유럽경제위원회」(Economic Commission for Europe-ECE), 「구주공동체」(European Economic Community-EEC) 등도 폐기물 처리에 관한 환경조정정책을 발전시켜 나갔다.44)

환경 규제에 관한 노력은 상술한 바와 같이 유럽에서만 진행된 것은 아니다. 1972년 미국과 캐나다도 「5대호 수질보전에 관한 협정」(Agreement on Great Lakes Water Quality)을 체결하였다.

2. Stockholm 인간환경회의

유엔 인간환경회의를 소집키로 한 1968년 유엔총회의 결의45)는 해양환경의 보호, 보존을 위해서는 하나의 새로운 시대를 여는 획기적 의의를 가진다.

1960년대에 들어와서 점차로 환경문제는 전 지구적 생태계를 보호하고 인간의 생

---

38) Rüster-Simma, Vol. XI, p.5316; Uta, Hiilshoff, "Protection of the Environment in the Saar-Lorraine Region", Trans Frontier Pollution Studies, pp.266-81.
39) Rüster-Simma, Vol.XI, p.5618.
40) Ibid., Vol.X, p.4872.
41) Ibid., Vol.X, p.4820. ; 16 *ILM* 265 (1977).
42) 552 U.N.T.S.188 ; Rüster-Simma, Vol. IX, p.4641.
43) 727 U.N.T.S. 352.
44) 예컨대, 1968년의 European Water Charter, 그리고 European Agreement on the Restriction of the Use of Certain Degergents in Washing and Cleaning Products 등, Rüster-Simma, vol.XI, p.5657.
45) U.N.G.A. Res/2398 (XXⅡ) 3rd Dec., 1968.

존을 보장하는 중요한 문제로 인식되게 되었다.46) 그리하여 환경문제를 전 지구적 차원에서 대처하고 국가간의 협력을 보장하기 위한 여러 가지 방안이 제시되었다. 일부 선진공업국가들 쪽의 견해로는 유엔 산하기관 이외의 새로운 국제기구를 만들자는 견해도 있었고47) 유엔기구내에 세계적 환경기구를 만들자는 견해도 있었다.48) 어느쪽의 견해이건 간에, 세계적 환경문제를 체계적으로 분석·대처할 수 있는 종합적 체제의 필요성을 인정하고 있는 것은 같다.

즉 환경평가, 위험요소의 판단, 종합적 대안의 준비, 기획 및 추진을 위한 입법적·행정적 조치 기능이 있는 세계적 기구의 필요가 인정된 것이다. 이러한 기구는 합리적 범위 내에서 강제적인 실행권까지 부여되어야 하는 것으로 인식되었다. 유엔이 인간환경회의를 소집케 된 것은 이러한 종합적 환경보호 체제를 구현하기 위한 것이었다.

유엔인간환경회의는 1972년 6월에 Stockholm에서 개최되었다. 이 회의에는 133개국 대표와 IAEA, GATT등 많은 유엔전문기구 대표들이 참석하였다. 이는 그 때까지 최대 규모의 유엔회의였으며 4년전부터 시작된 이 회의의 준비작업도 기록적인 규모의 것이었다. 이 회의에서는 인간환경의 보존과 개선을 위한 26개 원칙을 제시한 「인간환경선언」을 채택하였다.49) 또한 국제적 차원에서 환경보호활동에 관한 100개이상의 권고가 포함된 「행동계획」도 채택하였다.50) 1972년 12월 유엔총회는 인간환경문제에 관한 여러 개의 결의안을 채택하고 또 UNEP를 설립하였다.

1972년 이후 많은 세월이 흘렀다. Stockholm회의가 갖는 제도적, 법적인 의의와 공헌은 앞으로 UNEP가 그 행동계획을 수행해 나가는 노력 여하에 따라서 평가될 것이다. 그러나 이 유엔 인간환경회의에서 채택된 「인간환경선언」의 법적의미를 분석 함으로써 국제환경법(The International Environmental Law)분야의 새로운 발전을 가능케 한 계기들을 우선 찾아 볼 수 있을 것이다.

「인간환경선언은」51) 전문(前文) 7개항과 기본원칙 26개조로 되어 있다. 전문(前

---

46) Oscar Schachter and Daniel Serwer, "Marine Pollution Problems and Remedies," 65 *AJIL* 84-85(1971).
47) George Kennan, "To Prevent a World Wasteland : A Proposal," *Foreign Affairs,* Vol. 48. (1970), p.401.
48) U.Thant, *Human Environment and World Order,* Address to the University of Texas, (14 May, 1970).
49) Louis B.Sohn, "The Stockholm Declaration on the Human Environment," 14 *Harvard International Law Journal* (1973) 423.
50) Report of the UN Conference on the Human Environment, UN Doc.A/Conf. 48/14.
51) Stockholm Declaration of the United Nations Conference on the Human Environment 1972년 6월 16일 Stockholm에서 채택, Reprinted in 11 *ILM* 1416(1972).

文)의 내용은 세계 인류에게 호소하는 일반적이고 권고적인 조항의 나열로 구성되어 있다. 전문의 내용중 법적인 의미만을 추출한다면, "인간환경의 보호와 개선은 모든 국가의 의무이다"라는 것으로 요약될 수 있을 것이다.[52] Stockholm 선언문에 제시된 26개의 환경보호 기본원칙은 국제환경법의 발전을 위한 기초적인 원칙이다.[53] 이 중에서 가장 중요한 것은 제21조와 22조이다.

제21조는,

> …모든 국가는 국제연합 헌장과 국제법의 원칙에 따라서 일정한 환경정책을 수립하고, 자국의 천연자원을 개발할 권리를 가지며, 그 관할 내에 있거나 통제하에 있는 개발활동이 타국이나 국가관할이원 지역의 환경에 손상을 주지 않도록 할 책임이 있다.

라고 규정하고 있다. 이는 종래의 Trail Smelter원칙 및 Corfu Channel Case판결의 원리를 명확하게 정리·확인한 원칙이라고 말할 수 있다.

그리고 제22조는,

> 모든 국가는 그 관할권내의 활동이나, 관할권 이원 지역에 있어서 그들 국가의 통제하에 있는 활동으로 인하여 야기된 오염의 희생이나, 기타 환경적 피해에 대해서 이를 보상하고 국가책임을 부담함에 관련된 국제법의 발전을 위하여 상호협력을 하여야 한다.

라고 규정하고 있다. 이는 종래 국제법상 책임의 원리, 특히 오염피해 보상의무에 관련된 흠결(欠缺)을 보완해야 할 필요성과 이에 관련된 국가의 협조의무를 강조한 것이라고 볼 수 있다.

3. 해양환경보호를 위한 국제협력기구

(1) 유엔산하기구

인간환경의 보호 특히 해양환경의 보호문제는 전지구적 협력과 규제가 필요하다는 사실이 점차로 인식되자 특히 유엔 산하기관은 환경보존문제에 관하여 각종의 국제법상의 규제와 기준을 설정하고 각국은 그 이행에 필요한 입법적, 행정적 조치를 취할 것을 권고하고 있다. 그러나 여기서 주의해야 할 것은, 이들 국제기구가 채택하는 규칙이나 기준은 일반적으로 가맹국이나 참가국에 대하여 일정한 행동을 취할 것을 지시하는 성격을 가지고 있는 것이지만 법적 구속력을 가지는 것은 아니다. 따

---

52) L. B. Sohn, op.cit., pp.439-440.
53) Stockholm 회의에서 Canada대표인 J.Alan Beesley 대사는,
  "이 선언문은 국제환경법 발전을 위한 제1보"라고 갈파하였다.
  UN Doc.A/CONF.48/14, p.115.

라서 이에 반드시 따라야 하는 의무는 없으며 각국의 자유재량에 맡겨져 있다. 그러나 각국은 이를 전혀 무시할 수는 없다고 하지 않으면 안된다. 만일 어떤 국가가 그러한 권고를 수락하기를 계속 거절할 경우, 그 국가는 국제적 신용을 잃게 되는 것이며, 각국은 오히려 자국의 정책을 그러한 권고에 합치시킴으로써 자국의 정책을 정당화 하려고 하는 것이 보통이다. 그런 뜻에서 국제기구의 지시는 단순한 권고 이상의 입법적 성질을 가지고 있다고 볼 수 있다.

가. 국제해사기구(IMO)의 해양환경보호위(MEPC)

정부간 해사 자문기구 (Inter-Governmental Maritime Consultative Organization - IMCO)는 1948년 3월 제네바에서 개최된 국제연합해양회의(U.N. Maritime Conference)에서 그 설립이 결정되었고 1959년 1월에 발족하였다. 그 본래의 설립목적은 해운에 관한 국가간의 협력을 증진하고 정보를 교환하며 해양운송의 안전과 효율을 보장함에 있다.[54] IMCO는 1975년의 IMCO 개정조약이 발효되어 국제해사기구(IMO)가 되었다.[55]

IMCO의 구조는 총회(Assembly), 이사회(Council), 해양안전위원회(Maritime Safety Committee-MSC) 및 사무국(Secritariat)으로 구성된다. 1967년 토리·케니언호의 사고를 계기로 IMCO는 사실상 그 본질적인 자기개혁을 단행하였다.[56] 1967년 5월 IMCO이사회 결의로 설립된 특별법률위원회(Ad hoc Legal Committee)는 즉시 영구적 기구로 승격되었으며, 유엔기구 안에서 해양오염문제를 다루는 중요한 법률기관이 되었다. 공해상에서의 개입권에 관여하는 것과 같은 공법분야에서 특별법률위원회의 권한은 즉시 인정되었으며 국가책임 및 보상 등과 같은 사법(私法)분야에 대한 특별법률위원회의 관여도 격렬한 논의가 있은 후에 전통적인 통상이익집단으로 부터의 저항을 이겨냈다.[57] 「유탁오염분과위」(Sub-Committee on Oil Pollution)는 1969년 그 확대되는 소관 분야에 부응하여 「해양오염분과위」(Sud-Committee on Marine Pollution-SCMP)로 개칭되고 1973년에는 IMCO기능 중 오염통제의 중요성이 점차로 커짐에 따라 「해양환경보호위원회」(Marine Environment Protection Committee- MEPC)로

---

54) The Activities of the Inter-Governmental Consultative Organization in Development and International Economic Cooperation-Environment, Marine Pollution, UN Doc.A/36/237 (June, 1981).
55) Wilhelm H. Lampe, "The New International Maritime Organization and Its Place in Development in International Maritime Law", 14, *Journal of Maritime Law and Commerce*, No. 3 (July, 1983).
56) Robert L. McLaren, "Pollution Probe in the Global Village", 30 *Int'L.J.* 127-130 (1975).
57) R .Michael M'Gonigle, Mark W. Zacher, *Pollution, and International Law : Tankers at Sea* (Berkely : Univ. of Calif. Press, 1979) ,pp.154-155.

발전적으로 대체되었다. SCMP는 해양안전위(MSC)의 소속 분과위에 불과하였으나, MEPC는 IMCO총회의 직속 부설기관으로 승격되었으며 MSC와 동급의 위원회로 발족되었다. 이로부터 IMCO는 본래의 기능인 해양안전의 증진과 함께 해양오염의 방지 및 통제라는 새로운 기능을 갖게 되었다.[58] 이렇게 IMCO의 기능이 발전됨으로써 항공에 관한 ICAO의 기능과 대비될 수 있게 되었다. 그리고 ICAO와 같이 비록 제한된 것이기는 하나 규제기능까지 갖게 되었다.[59] IMCO의 개편으로 일정한 규제기능까지 갖게 되자 이 기구가 일반적 환경보호기관으로서 적절하게 운용될 수 있는가가 문제되었다. IMCO가 실질적으로 다룰 수 있는 분야는 해양환경오염 중의 한 부분에 불과한 선박기인 오염뿐이므로 좀 더 광범한 기능을 갖는 본격적인 환경보존기구의 필요를 인식하게 되었다. 이상과 같은 필요성의 인식이 보편화되자, 1973년 Stockholm회의에서의 권고에 의거, 본격적인 환경보호기구로서 UNEP를 설립하게 되었다.

나. 국제연합 교육과학문화기구(UNESCO)의 정부간 해양과학위원회(ICO)

「국제연합 교육과학문화기구」(United Nations Educational Scientific Cultural Organization-UNESCO) 활동 중, 해양 분야는 「정부간 해양과학 위원회」(Inter-Governmental Oceanographic Commission- IOC)에 의하여 수행된다. 「정부간 해양과학위원회」는 1960년에 국제연합 교육과학문화기구 산하에 설립되었는데, 이는 해양의 본질과 자원에 관한 과학조사 및 관찰, 해양에 관한 자료와 정보의 교환, 해양연구와 교육 등을 그 활동영역으로 삼고 있다. IOC가 관여하고 있는 중요한 연구계획과 사업은 다음과 같다.

① 해양연구 장기확장계획 (Long Term Expanded Programme of Ocean Research- LEPOR)
② 해양환경오염에 관한 범지구적 조사계획 (Global Investigation of Pollution in Marine Environment- GIPME)
③ 범세계적 통합해양기지체제 (Integrated Global Ocean Station System- IGOSS)
④ 해양학에 관한 과학적 연구를 위한 사무국간 위원회 (Inter-Secretariat Committee on Scienfic Programme Relation to Oceanography- ICSPRO)[60]

---

58) Ibid, p.42.
59) Eldon V. C. Greenberg, "IMCO :An Environmentalist's Prospective" *Resource Journal of International Law*, Vol.8, (1976). p.131.
60) M'Gonigle Zacher, op.cit., p.73.

다. 해양오염 전문가회의(GESAMP)

환경보존·보호를 위한 유엔체제상의 각종 기관과 전문기구들의 활동은 긴밀하게 상호 협조를 유지하고 있다. 이들은 동일한 가맹국 정부로부터 재정지원을 받고 있고, 또 해양오염의 예방과 규제를 성공적으로 하려면 각 기관 상호간에 그리고 각 전문분야 상호간에 협력과 협동이 절대로 필요하기 때문이다.[61]

유엔체제하에는 이미 이러한 상호협력을 위한 일반적 기구로서 「경제사회이사회」(Economic and Social Council-ECOSOC) 및 「계획조정위원회」(Committee on Programme and Coordination-CPC) 등이 존재하지만, 해양환경보존분야의 각 관련 기관 협조를 위해 설립된 「해양오염 전문가회의」(The Joint Group of Experts on Scientific Aspects of Marine Pollution-GESAMP)는 가장 전형적이며 또 가장 중요한 협력기구이다.[62] GESAMP는 UN, FAO, UNESCO, IOC, IMO 그리고 WMO의 후원을 받아 1969년에 설립되었다. GESAMP는 각 사업분야별 작업 그룹에 의해서 활동한다. 그들의 현행 사업내용은 예컨대,

(i) 함정적재 유해물질의 환경적 위해도의 평가
(ii) 해양에서 폐기물 처리장소 선택시 적용될 과학적 기준의 재검토
(iii) 해양환경 감시체제에 관한 연구 등과 같은 것이다.

GESAMP이외에 전술한 ICO의 ICSPRO나 GIPME 등도 중요한 사업협력 기관으로 꼽을 수 있다.

라. 국제연합 인간환경계획기구 (UNEP)

국제연합 인간환경계획기구(United Nations Environment Programme-UNEP)는 유엔인간환경회의의 권고에 의거[63] 유엔총회에 의하여 설립되었다.[64]

환경보호를 위한 유엔 Stockholm회의에서 특히 해양환경문제가 중심을 차지하게 된 이유는 첫째, 해양오염문제는 환경위해요소 중에서 국제적인 성격을 띠는 것으로 널리 인식되고 있다는 점이며, 둘째 해양오염에 관계된 사고는 대부분이 큰 사고로서 타인의 이목을 집중하여 해양이 다른 환경구역보다 가장 심각한 환경적 위험에 처해 있다는 인식을 주고 있었기 때문이다.[65] 예기한 대로 유엔 인간환경회의의 결

---

61) Nancy D. and Christopher, Joyner, "Prescriptive Administrative Proposal: An International Machinery for Control of the High Seas", 8 *International Lawyer,* (1974), 57-73.
62) M'Gonigle and Zacher, op.cit., pp.75-76.
63) U.N.G.A. Res. 2997 (XXVII), (15 Dec. 1972).
64) L. G. Engfeldt, "The United Nation and the Human Environment; Some Experiments", 27 *International Organization* (1973) 408 : Michael M'Gonigle and Mark Zacher, op.cit., pp.69-70.

론은 해양오염의 방지와 규제를 위하여 조치될 국제적인 대안(對案)은 유엔 체제안에서 강구되어야 한다는 것이었다. 비록 환경보존에 관한 유엔의 활동이 심히 분산되고 상호협조가 결여되어 있기는 하지만, 지금까지 각종의 유엔 산하기관에 의한 환경보존계획들을 모두 없애고 새로운 단일 기구를 만들자는 안은 채택되지 아니 하였다. 오히려 지금까지 각종의 유엔 체제하의 기관의 활동을 살려 **효과적으로 상호협력**할 수 있는 체제를 모색함으로써 불필요한 중복과 충돌을 없애고 보다 조화 있는 활동을 보장하는 체제를 모색하기로 하였다. 이러한 목적을 위해서 환경회의에서는 유엔체제 내에 보다 고차원적인 정책기획의 기능을 가진 기관을 창설할 것을 건의하였다. 이 기관은 환경보호를 위한 고려사항인 전체적 기구의 개별 목표에 비추어서 평가될 수 있도록 보장하는 기능을 갖도록 하였다. 이러한 건의에 의하여 설립된 것이 바로 UNEP이다.[66]

UNEP는 총재(Executive Director), 운영이사회(Governing Council), 사무국(Secretariat), 환경기금(Environment Fund), 그리고 환경조정국(Environment Co-Ordination Board)등으로 구성된다. UNEP 운영이사회의 기능은 다음과 같다.

① 환경분야에 있어서 국제간의 협력을 증진시키며 이에 관한 정책을 권고한다.
② 유엔 체제내의 환경보호계획의 협조와 실시를 위해 일반적 정책지침을 제공한다.
③ 유엔 산하 각 환경보호계획 실시에 대한 정기보고를 받고 이를 평가 검토한다.
④ 전세계의 환경적 상황을 항상 파악함으로써 국제적으로 중대한 의의를 가질 환경문제를 각 정부가 적절히 대처해 나갈 수 있도록 보장한다.
⑤ 환경문제에 관한 지식과 정보를 획득, 평가 교환함에 있어 과학적 **연구기관**들이 국제적으로 기여할 수 있도록 하며, 유엔 체제내에 **환경보존계획**들의 설정과 그 실행을 위한 기술적 문제를 원조한다.
⑥ 개도국들에 대한 환경정책과 조치들의 국내적, 국제적 영향을 계속적으로 분석하고, 이러한 환경보존계획을 실시함으로써 개도국이 부담하게 될 추가적 부담을 파악하며 이러한 환경개선계획이 그들 개도국의 개발계획과 양립할 수 있도록 보장한다.
⑦ 환경보호기금의 년간 활용계획을 승인하고 검토한다.

1974년에서 1976년에 걸친 기간중 이사회는 환경보호에 필요한 기구의 설립, 활용분야에 있어서 우선순위의 결정, 특히 요구되는 프로젝트의 승인 혹은 집행문제 등에 관하

---

65) Thomas A.Mensah, "Environmental Protection International Approaches", *Marine Policy*, Vol.8, No. 2 (April, 1984), p.96.
66) Maurice Strong, "The Concept of UNEP as Leader and Catlyst", 12 *UN Chronicle* (May, 1975), p.34.

여 논의되었다. 이 기간중 이사회는 「지구감시체제」(Earth Watch System)의 두개의 중요한 구성분자인 「세계환경감시체제」(Global Environment Monitoring System-GEMS)와 「국제문의처」(International Referral Service-IRS)를 설치하였다. 또 동 이사회는 해양환경의 관리와 환경평가(assessment)나 환경감시(monitoring), 국제법의 점진적인 발달 및 법전화(法典化) 문제 등을 다루고 있다.

(2) 지역적 협력기구

해양환경의 보호에 관한 문제는 전 지구적 문제이기는 하나, 한편 동시에 매우 지역적 특성을 가지는 문제이기도 하다.

여기서 지역적 특성이라 함은, 우선 해양환경 그 자체가 생태학적으로 지역적 특성을 갖는 일면이 있는 것을 의미한다. 폐쇄해 반폐쇄해 등은 어쩔 수 없이 그 지역 고유의 환경보호문제를 야기하게 되기 때문이다. 또 인위적으로 특정지역에서 영위되는 인간활동의 Pattern도 환경보호의 측면에서 특수한 조건으로 형성되고 있다는 점도 간과할 수 없다. 이와 같이 자연적 측면과 인위적 측면이 결합하여 특정지역의 환경보호문제를 구성하게 되고 이에 대처하기 위한 협력도 지역적 단위로 생성 발전되는 경우가 많게 된다.

이러한 지역협력기구 들을 개관해 보기로 한다.

가. 북해지역 협력기구 - Bonn 협약 -

북해는 반폐쇄해이며 연안국이 대체로 선진공업국이므로 해양오염의 문제는 일찍부터 관련 연안국의 협조와 공동노력을 요구하게 되어 지역적 협력 체제가 발전되어 왔다. 북해지역 협력체제는 3개의 다자조약으로 형성된다.

☞ 1969년 「북해의 유탁처리협력에 관한 협정」
일명 「Bonn」협약은 그 근간(根幹)을 이루고 있는 협약인바, 이 협약의 당사국은 영국, 프랑스, 노르웨이, 독일, 덴마크, 화란, 벨기에, 아일랜드의 9개국이다.[67] 이 협약의 주요내용을 보면,
① 「해난사고 정보제공 의무」
북해해역에서 어느 한 체약국이 그 연안 또는 관련 이익에 대하여 중대한 위협이 될 만한 기름유출 사고(事故)나 피해의 발생을 알았을 때에는 언제

---

67) Agreement for Cooperation in Dealing With Pollution of the North Sea by Oil(With Annex) 1969년 6월 9일 Boon에서 체결. 1969년 8월 9일 발효.
자료: 704 U.N.T.S. 3 ; ST/LEG.SER.B/16, pp.435-438.

든지 지체없이 다른 체약국에 이를 통보하여야 한다.(제5조 1항)
② 「환경평가의무」
체약국은 해상에 표류하는 유류로 인한 피해의 성질과 범위 혹은 그 유류(油類)의 형(型)이나 유량(油量)의 정도 등에 관한 필요한 평가를 하여야 한다.(제6조 2항)
③ 「상호원조의무」
모든 체약국은 그 연안 또는 관련 이익을 위협하는 유류오염에 대처함에 있어서 상호원조 하여야 한다.(제7조)라고 규정하고 있다.

☞ 1971년 「해수유탁처리의 협력에 관한 협정」
일명 「Copenhagen」협정[68]도 북해지역 협력체제를 위한 중요한 협약이다. 특히 이 협약의 중요내용을 보면,
① 체약국은 중대한 유탁(油濁)에 대처하기 위한 시설을 갖춘다.(제4조(a))
② 유류 처리제의 재고(在庫)를 유지한다.(제4조(b))
③ 체약국은 타 체약국에 등록된 선박이 자국의 영해나 접속수역 안에서 유탁(油濁)에 관한 규칙에 위반하고 있음을 인지(認知)할 경우에는 이를 그 기국(旗國)인 체약국에 통보한다.(제6조)
④ 체약국은 그러한 위반의 조사에 관하여 상호협조한다.
라고 규정하고 있다.

북해의 해양환경보호를 위한 연안국의 협조를 위해서 1983년에 또 하나의 협약이 서독의 Bonn에서 체결되었다.[69] 이는 오염물질의 범위를 확대하여 북해 연안국 상호간의 보다 완벽한 협조를 기하기 위한 협약이다.

나. Balt해 지역협력기구 - Helsinki 협약 -

Balt해는 덴마크 해협을 좁은 입구로 한 반폐쇄해이다. 연안국은 모두가 선진공업국이며 Balt해 연안은 특히 도시화, 산업화, 공업화가 급속도로 진행되어서, 연안으로부

---

[68] Agreement between Denmark, Finland, Norway and Sweden concerning Cooperation in Measures to Deal With Pollution of the Sea by Oil
1971년 9월 16일 Copenhagen 에서 체결 1971년 10월 16일 발효.
자료: 822 U.N.T.S.1(영어, 불어, 덴마크어, 핀랜드어, 노르웨이어, 스웨덴어) ; ST.LEG.SER.,B/16, pp.454-456.

[69] Agreement for Cooperation in Dealing with Pollution of the North Sea by Oil and other Harmful Substances 1983년 9월 13일 서독의 Bonn에서 체결
자료 : Cmnd. 9104 ; Singh, *International Maritime Law Conventions* (1983), Vol.3, p.2545.

터의 산업폐기물, 생활폐수 등이 급속도로 유입되고 선박의 항행 빈도(頻度)도 급증하여 많은 학자들이 Balt해가 이대로 방치된다면 죽음의 바다가 되는 것은 시간문제라고 지적하였다. 이러한 지적에 자극되어 Balt해의 환경보호운동이 전개되었는데 Balt 연안 제국들은 1969년부터 1970년까지를 「국제 Balt해의 해」(International Baltic Sea Year)로 지정하고 해양오염조사 등 환경종합조사 연구를 실시하였다. 이들의 조사결과 Balt해의 오염상태는 매우 심각한 것으로 드러났다.

연안국의 과학자들은 1970년 5월 「Balt해 해양학자 회의」(The Conference of Baltic Oceanographers)를 Helsinki에서 개최하였으며 또 연안국 대표들은 Wisvy에서 1969년 두차례의 국제회의를 열고 「Balt해의 유탁방지에 관한 협력 협약」의 초안을 작성하였다. 이 초안을 기초로 한 「Balt해 해양환경 보호조약」(일명 Helsinki협약)은 1974년 3월에 Helsinki에서 체결되었다.[70]

Helsinki협약 이전에 덴마크, 핀랜드, 노르웨이, 스웨덴 4국간에 「환경보호협약」이 이미 성립 발효되고 있었으나[71] Helsinki협약은 특히 하나의 지역적 해양환경문제를 종합적으로 규제하는 최초의 지역협약이라는 점과 Balt해 연안 7개국이 그 정치적 이념(理念)이나 경제적 이해(利害)를 초월하여 오직 환경보호라는 목표를 위해 합의를 성립시켰다는 데에 큰 의의가 있다.[72]

Helsinki협약은 본문 29개조와 6개의 부속서로 구성되어 있다. 본문에서는 원칙만을 정하고 세부사항은 부속서에서 상세하게 규정된다. 즉, 본문과 부속서는 전체로서 하나의 협약을 구성하고 있다.

전문(前文)에서 Balt해의 해양환경보호와 개선은 개별국가의 노력만으로 이루어지는 것은 아니고 긴밀한 지역협력과 적절한 국제적 조치로서만 효과적으로 이루어질 수 있는 것임을 천명(闡明)하고 있다.

본문 제3조에서도 이러한 전문의 취지를 강조하여, 모든 체약국은 개별 또는 공동으로 Balt해의 해양환경보존 개선을 위한 행정상, 입법상의 조치를 강구하여야만 한다고 규정하고 있다.(제3조) 본 협약의 적용범위는 「Balt해 지역」인데 이는 Bothnia만, Finland만을 포함하여 Skagerrak해의 Skaw를 지나는 북위 57°44′08″의 위선(緯線)

---

[70] Convention on the Protection of the Marine Environment of the Baltic Sea Area. 1974년 3월 22일 Helsinki에서 체결. 1980년 5월 3일 발효.
자료: U.N.Doc.A/CONF.62/ C.3/ S.1 ; ST/LEG SER.B/18 ,pp.518-547. ; 13 ILM 544-590 (1974). ; *ND,* Vol. IV, pp.455-498.
[71] Convention on the Protection of the Environment between Denmark, Finland, Norway and Sweden (With Protocol)
1974년 2월 19일 Stockholm에서 체결 1976년 10월 5일 발효.
자료: ST/LEG.SER.B/18, pp.397-401 ; 13 *ILM* 591-597 (May 1974), No.3.
[72] 7개 체약국중 2개국은 NATO, 3개국은 Warsaw Pact, 그리고 나머지 2개국은 중립국에 속한다.

을 경계로 한 Balt해 입구까지의 모든 Balt해 지역을 말한다.(제1조) 이는 MARPOL 1973에서 규정한 특별해역으로서의 Balt해 범위와 일치한다.[73]

그러나 실제로 본 협약이 적용되는 것은 Balt해의 공해(公海) 부분이며 영해(領海)에서의 조치는 연안국에 일임되어 있고(제4조 2항) 내수(內水)에는 협약 적용이 제외된다.(제4조 3항) 그러나 영해와 내수에서는 연안국의 주권적 권리를 해치지 않는 범위내에서 그 연안국은 본 협약의 목적을 달성하도록 확인하여야 한다.

Helsinki협약에서는 각 오염원 별로 환경보호를 위한 규제를 규정하고 있는바,

육상기인오염에 관한 규정은 유해 유탁물질을 지정하고(부속서 I), 육상기인 유해물질의 연안유입을 방지하기 위한 기술적 조치와 국내입법의 의무를 규정하고 있다.(제6조) 육상기인오염 규제에 관한 Helsinki협약의 내용은「구주육상기인오염 방지협약[74] (일명 파리협약)의 체제와 유사하다.

선박기인오염에 관하여는 MARPOL 1973의 구조를 거의 답습하여(제7조) 제4부속서에 방대한 규정을 하고 있다.

이 협약은 해양투기 기인오염(제9조)과 해저개발 기인오염(제10조)에 관해서도 규정하고 있지만, 이들은 육상기인오염에 관한 규정과 같이 본질적으로 권고적·선언적 규정들로서 실질적으로 체약 당사국의 국내입법에 의존하고 있는 것이므로 결국 선박기인오염에 관한 규정들이 본 협약의 근간을 이루고 있는 셈이다.

이 협약에서는 체약 당사국들의 Balt해 환경보호에 관한 상호협력 의무를 규정하고 있다. 또 구체적으로 상호협력을 위한 일정행위 즉 환경평가, 감시활동, 오염물 유출사고의 신속한 처리·보고의무를 규정하고 있다.(부속서 VI) 구(舊) 쏘련에 속해 있던 Balt 3국 즉, Estonia, Latvia, Lithuania가 1992년에, 1994년 10월에는 구주연합(European Union)이 이 협약에 가입하였다.

Helsinki협약은 1992년에 전면적으로 개정되었다.[75] 1992년 협약은 1974년 협약과 기본적 구조는 같으나 많은 새로운 환경법적 요소를 가미(加味)하였다.[76] 새로운 협약에서는 내수(內水)가 규제수역의 범위에 포함되었다. 오염원(汚染源)이 세분화되었으며 신고절차가 개선되었다. 원해 석유시추선 및 천연 Gas 개발활동과 관련한 환경적

---

[73] MARPOL 1973. Annex I, Regulation 10.(1) a.참조.
[74] Convention for the Prevention of Marine Pollution from Land-based Sources
1974년 6월 4일 파리에서 체결. 1978년 5월 6일 발효.
자료: ST/LEG.SER,B/18, pp.547-558 ; *ND,* Vol.VI, p.499.
[75] For the text of the 1992 Helsinki Convention, including its 7 Annexes, see BSEP (Baltic Sea Environment Proceedings) No. 56. (n.5), 1994.
[76] 1992년 Helsinki협약에 대한 법적 분석은, P. Ehlers, "The Helsinki Convention 1992: Improving the Baltic Sea Environment," in 8 *IJMCL* (The International Journal of Marine and Coastal Law) 191-213 (1993) 참조.

규제의 기준이 훨씬 더 강화되었으며 사용이 완료된 시추선의 의무적인 완전제거가 명시적으로 요구되고 있다. "오염자 부담의 원칙"(The polluter-pays system)이 명시적으로 채택되었으며, 많은 환경 예방적 조치들이 전 협약수역에서 적용되게 되었다.[77]

다. UNEP의 지역환경보호계획

북해와 Balt해에서의 환경보호를 위한 지역협력은 연안국의 자발적 노력에 의해 개시되고 또 독자적으로 발전되어 오고 있다는 데 그 특성이 있다. 이들의 공동협력을 모방하여 전세계 여러 지역에서 환경보호를 위한 협력체제가 UNEP의 강력한 후원하에 추진, 설립되었다. 1974년 UNEP가 지역협력계획을 추진한 이래, 현재까지 10개 지역협력계획이 다음과 같이 성립되어 운영되고 있다.

① 지중해 지역계획 (Barcelona 조약)[78]

참여국가는 Albania, Algeria, Cyprus, Egypt, France, Greece, Israel, Italy, Lebanon, Libya, Malta, Monaco, Morocco, Spain, Syria, Tunisia, Turkey, Yugoslavia 등 18개국이다.

② 쿠웨이트 지역계획 (Kuwait 조약)[79]

참여국가는 Bahrain, Iran, Iraq, Kuwait, Oman, Qatar, Saudi Arabia,

---

[77] Uwe K. Jenisch, "The Baltic Sea: The Legal Regime and Instruments for Co-operation," 11 IJMCL 62-63 (1996)

[78] 1개의 기본협약

Convention for the Protection of the Mediterranean Sea Against Pollution
1976년 2월 16일 Barcelona에서 체결. 1978년 2월 12일 발효.
15 *ILM* 290 (1976) ; ST/LEG.SER,B/19, pp.459-468. 3개의 Protocol

* Protocol concerning Co-operation in Combating Pollution of the Mediterranean Sea by Oil and other Harmful Substances in Cases of Emergency UN. Doc.UNEP/GC/61/Add.3 ; ST/LEG.SER./8/19. pp.468-73.
* Protocol for the Prevention of Pollution of the Mediterranean Sea by Dumping from Ships and Aircraft. UNEP.GC/61/Add.3 ; ST/LEG.SER/B.19, pp.473-79.
* Protocol for the Protection of the Mediterranean Sea against Pollution from Land-based Sources. 1980년 5월17일 아테네에서 체결. 1983년 6월 17일 발효. 19 *ILM* 869.

[79] 기본조약

Kuwait Regional Convention for Cooperation on the Protection of the Marine Environment from Pollution
1978년 4월 24일 Kuwait에서 체결 1979년 7월 1일 발효.
U.N.Registration No .A-17898 : UNEP Publication, 1978.

Protocol.
Protocol concerning Regional Co-operation in Combating Pollution by Oil and Other Harmful Substances in Cases of Emergency, Ibid.

United Arab Emirates등 8개국이다.

③ 카리브해 지역계획(Cartagena 조약)80)

참여국가는 Antigua and Barbuda, Bahamas, Barbados, Belize, Colombia, Costa Rica, Cuba, Dominica, Dominican Republic, EEC, France, Grenada, Guatemala, Guyana, Haiti, Honduras, Jamaica, Mexico, Netherlands, Nicaragua, Panama, St. Kitts and Nevis, St. Rucia, St. vincent and Grenadines, Sutinamo, Trininad and Tobago, United States of America, Venezuein 등 29개국이다.

④ 서부 및 중앙아프리카 지역계획(Abidjan 조약)81)

참여국가는 Angoia, Benin, Cameroon, Cape-Verde, Congo, Cote d'Ivoire, Equatorial, Guinea, Gabon, Gambia, Ghana, Guinea-Bissau, Liberia, Mauritania, Namibia, Negeria, Sao Tome and Principe, Senegal, Sierra Leone, Togo, Zaire 등 21개국이다.

⑤ 동부 아프리카 지역계획

참여국가는 Comoros, EEC, France, Kenya, Madagascar, Mauritius, Mozambique, Seychelles, Somalia, United Republic of Tanzania, France (La Reunion) 등 11개국이다.

⑥ 동아시아해 지역계획

참여국가는 Indonesia, Malaysia, Philippines, Singapore, Thailand 등 5개국이다.

⑦ 홍해와 Aden만 지역계획(Jiddah 조약)82)

---

80) 기본조약

Convention for the Protection and Development of the Marine Environment of the Wider Caribbean Region.
1983년 3월 24일 Cartagena에서 체결. 1986년 10월 11일 발효.
UNEP/GC/Information /11, pp.202.

Protocol.
Protocol concerning Cooperation in Combating Oil Spills in the Wider Caribbean Region.
Ibid., p.204.

81) Convention for Co-operation in the Protection and Development of the Marine and Coastal Environment of the West and Central African Region
1981년 3월 23일 Abidjan에서 체결. 1984년 8월 5일 발효.
UNEP/GC/Information/11, p.181 ; 20 ILM 729(1981)

82) 기본조약

Regional Convention for the Conservation of the Sea and Gulf of Aden Environment.
1982년 2월 14일 Jiddah에서 체결.

참여국가는 Egypt, Jordan, Paiestine, Saudi Arabia, Somalia, Sudan, Yemen 등 7개국이다.

⑧ 남태평양 지역계획(Abia 조약)[83]

참여국가는 Austrailia, Cook island, Federated States of Micronesia, Fiji, KirISBAti, Marshall islands, Nauru, New Zealand, Niue, Palau, Papua New Guinea, Solomon islands, Tonga, Tuvalu, United Kingdom, United States of America, Vanuatu, Western Samoa and South Pacific territories of France 등 18개국이다.

⑨ 남동 태평양지역계획(Lima 협약)[84]

참여국가는 Chille, Colombia, Ecuador, Panama, Peru 등 5개국이다.

⑩ 흑해지역계획

참여국가는 Bulgaria, Georgia, Rumania, Russian Federation, Turkey, Ukraine 등 6개국이다.

이상의 10개의 지역계획이외에도 3개의 지역계획이 협의·성안 중에 있으며, 그 지역 및 참여국가는 아래와 같다.

① 남아시아해 지역계획

참여국가는 Bangladesh, India, Maldives, Pakistan, Srilanca(Indian Ocean

---

UNEP.GC/Information/11,p.190.

Protocol
Protocol concerning Regional Co-operation in Combating Pollution by Oil and other Harmful Substaces in Case of Emergency.
Ibid., p.193.

83) Convention on Conservation of Nature in the South Pacific
1976년 6월 12일 Abia 에서 체결.
UNEP/GC/Information/11, p.149.

84) Convention for the Protection of the Marine Environment and Coastal Area of the South East Pacific
1981년 11월 12일 Lima에서 체결.
UNEP.GC/Information/11, p.185.

협정과 Protocol
* Agreement on Regional Co-operation in Combating Pollution of the South-East Pacific by oil and other Harmful Substances in Cases of Emergency
Ibid. p.187.
* Protocol for the Protection of the South-East Pacific Against Pollution from Land-based Sources
1983년 7월 22일 Quito에서 체결. Ibid., p.190.

Besin-wide IOBE)등 5개국이다.

② 북서 태평양지역계획

참여국가는 China, Japan, the Democratic People's Republic of Korea, Russian Federation 등 5개국이다.

③ 남서 태평양지역계획

참여국가는 Argentina, Brazil, Uruguay 등 3개국이다.

Ⅳ. 새로운 국제해양환경법의 생성단계

- 1973년 부터 유엔해양법협약성립까지 -

1. 개관

1972년도 Stockholm 인간환경회의에서 천명된 진보적 법적 원리들이 여하히 신속히 그리고 적절하게 법적으로 정착되어 왔는가에 대한 평가는 국제법적 견지에서 법의 진보적 발전을 어떻게 파악하는가에 따라 달라질 것이다. 그러나 어찌 되었던 국제법이란 언제나 확실하고 아주 공식적인 그리고 계약적인 형태의 국가 간의 합의에 의해서만 성립될 수 있다는 전통적인 사고방식을 고칠 때가 되었다. 비단 환경보호에 관한 분야뿐이 아니라 국제법의 전반적인 분야에서 현대 국제법의 원리는 제도적 발전을 위한 새로운 질서의 장을 열었다. 진보적인 규범의 형성을 위한 1972년도 Stockholm회의나, 새로운 법질서의 창조를 위한 제3차 유엔해양법회의를 통하여, "권고", "결의안", "선언", "지침", "표준" 등 반기속적 (半羈束的) 규범의 형태를 갖춘 이들 "생성중 (生成中)의 규범"들은 더욱 발전되어 왔다. Louis B. Sohn 교수의 말과 같이 이들 회의에 참가한 새로운 부류의 법률가 겸 외교관들은 법적 발전의 과정에 있어서 "고전적(古典的)"인 시대에 있다기보다는, "낭만적(浪漫的)"시대에 속한 사람들이며 이들은 이러한 회의를 소집한 본래의 전통적 법률가들이 전제(前提)하고 있던 법률적인 제한을 능가하여 진보적 입법작업에 매진한 것이다.[85]

그러므로 Stockholm선언의 26개 원리들은 국제적 협력을 위한 새로운 분위기를 창출하고 제3차 유엔해양법회의에서 보다 진보적 입법을 시도할 수 있는 길을 열어 놓았다고 평가될 수 있다.[86]

1973년 해양에 대한 각국과 그 여러 국민의 커다란 의식의 변혁을 배경으로 하여

---

85) Louis B. Sohn. op.cit., pp. 514-515.
86) Ibid.

제3차 유엔해양법회의는 개최되었다. 이 회의에서 논의된 해양환경보호, 보존에 관한 새로운 법규범은 종래의 국제법의 틀(Frame)을 탈피한 새로운 개념으로 등장하였다. 이는 과학적 발전의 결실을 참작한 포괄적인 방법론을 요구하였으며, 해운(海運) 이익을 위주로 한 전통 해양법적 체계를 탈피하여 해양환경의 보존을 우선적 목표로 하는 국제 해양환경법(International Environmental Law of the Sea)의 체계화를 이룩하였다.

2. 제3차 유엔해양법 회의에서의 논의

「제3차 유엔해양법회의」가 열린 직접적인 계기가 된 것은 심해저 자원개발의 문제였다. 1967년의 유엔총회에서 행한「말타」(Malta)의「파르도」(Arvid Pardo)대사의 연설이 계기가 되어, 같은 해에 심해 해저자원개발에 따르는 문제의 검토를 목적으로「해저평화이용 감시위원회」가 발족하고, 다음해 1968년에는 임시위원회를 발전적으로 해산하고「해저평화이용위원회」[87]로서 상설화 되어 제3차 유엔해양법회의 개최에의 준비작업이 진행되었다. 즉「파르도」대사의 심해저자원 평화이용에 관한 제의[88]를 계기로 설립된「심해저위원회」(Sea-bed Committee)[89]에서는 실질적으로 제3차 유엔해양법회의(Third United Nation Conference on the Law of the Sea-UNCLOS Ⅲ)에서 법적 제도로 확정될 해양환경의 보존과 보호에 관한 문제를 다루었다. 따라서 해양환경보존에 관한 제3차 유엔 해양법회의의 논의는 1967년 이래의 심해저위원회(Sea-bed Committee)에서 논의된 내용부터 돌아볼 필요가 있다.

(1) 심해저위원회에서의 논의

심해저위원회(Sea-bed Committee)에서 해양오염문제의 논의는 다른 여러 문제처럼 정치적 이념보다는 각 국가의 특수한 입장에 따라 각기 의견이 대립되었다. 그런데 종래의 국제법적 관념에 따라 공해자유의 원칙을 절대적으로 고수하기보다는 오염의 통제 및 규제를 위하여 공해(公海)상에서 어떠한 관할권 행사가 필요하다고 하는 것은 모두가 인정하였지만, 그것이 어떠한 내용의 관할권이어야 하는가하는 점에 관해서는 대체로 해양강대국과 개발도상 연안국의 견해가 대립되었다.

---

[87] UN총회결의 2467(XXIII)에 의하여 설립된 이 위원회의 정식 명칭은「국가관할권 밖에 있는 심해저 및 해상의 평화적 이용에 관한 위원회」(Committee on the Peacefull Uses of the Sea-bed and the Ocean Floor Beyond the Limits of National Jurisdiction)이다. 이하 Sea-bed Committee로 약칭함.
[88] U.N.Doc. A/6695 Note Verbatim dated 17 August, 1967 from the Permanent Misson of Malta to the United Nations, Addressed to Secretary-General.
[89] U.N.G.A.Res, 2467 A(XXIII), 21Dec., 1968.

해양 강대국들은 일반적으로 관할권을 (그것이 어업관할권이든, 선박기인오염 규제 관할권이든 또는 과학조사활동의 통제를 위한 것이든 불문하고) 일정한 구역으로 확보하는 입장(zonal approach)에 반대하였다. 반면에 대부분의 개발도상국들은 그 연안에 가급적으로 광대한 국가관할권 구역을 확보하여야만 그들의 국가적 이익이 보다 더 잘 보호될 것으로 생각하였다.

특별히 해양오염규제를 위한 국가 관할구역 인정의 문제는 새로이 대두된 200해리 배타적 경제수역 개념과 결합되어 연안국들이 저마다 거안(距岸) 200해리 이내에서 일방적 규제기준을 설정할 수 있다면 국제해양교통을 심각하게 저해할 수 있을 것이므로 그 논의는 자못 심각한 바가 있었다.

관할권의 성질과 오염방지를 위한 기준설정의 주장에 관해서도 많은 대립이 있었다. 강경한 제안은 관할권의 성질에 있어서 관할수역 접근방식(zonal approach)의 입장을 취하고, 방지 기준설정을 국제적 기준에 전적으로 국한하는 것을 반대하는 국가들로부터 제출되고 있다. 케냐, 탄자니아 및 중국 등이 그 대표적인 제안국들이다.[90] 이들은 경제수역내의 자원에 관한 연안국의 배타적 관할권과 오염규제관할권을 밀접하게 결부시켜서[91] 연안국은 200해리 경제수역 내에서 오염방지에 관한 전속적(專屬的) 권한을 갖는다고 주장한다.

다음 가장 주목할 만한 제안(提案)은 캐나다[92] 및 호주[93]의 것이다. 이들은 기본적으로 관할수역 접근방식(zonal approach)에 입각한 제안들에 찬성하나, 방지기준의 설정에 관하여는 원칙적으로 국제적(國際的) 기준을 적용해야 하는 것에 동조하고 있다.

캐나다 안(案)에 의하면, 연안국은 그 「환경보호수역」을 포함한 자국 관할권내에서 해양오염방지를 위한 권한을 행사하며 규제의 기준은 원칙적으로 "국제적으로 합의된" 기준에 의할 것이나 이 기준이 연안국의 특수한 상황에 적합치 않거나, 또는 기준이 존재하지 않는 경우에 연안국이 독자적으로 필요한 조치를 취할 권한을 가져야 함을 강력하게 주장하고 있다.

호주의 제안도 위의 안(案)과 거의 같은 취지로서 연안국은 그 관할수역 내에서 오염방지를 위하여 "모든 합리적 조치를 취할 권리"를 가져야 한다고 하고 방지기준

---

90) A/AC. 138/SC. III/L.41 (21 July, 1973), Draft Articles on Prevention and Control of Pollution in the Marine Environment.
91) A/AC. 138/SC. III/ L.10 (7 August, 1972), Draft Articles on Exclusive Economic Zone Concept.
92) A/AC. 138/SC. III/L.28 (9 March, 1973), Draft Articles for a Comprehensive Marine Pollution Convention.
93) A/AC. 138/SC. III/ L.27 (6 March, 1973), Working Paper on Preservation of Marine Environment.

은 제1차적으로 국제적으로 합의된 기준 및 절차가 참조되어야 한다고 한다.

관할수역 접근방식(zonal approach)의 범주에 속하지만 연안국의 임의적인 규제기준 설정에 반대하고 연안국의 관할수역 내에서의 조치권한도 국제적 기준에 위반한 오염행위에 대한 사후적 조치에 국한하도록 신중한 입장을 취한 제안이 일본[94]과 프랑스[95]에 의하여 다시 제출되었다.

일본 안(案)에 의하면, 연안국은 거안 X해리(실제는 50해리정도를 상정함) 수역내에서 OILPOL 1954, MARPOL 1973 및 1972년 해양투기방지조약에 위반한 오염행위에 대하여 연안국이 "필요한 조치"를 취할 수 있다고 한다. 여기서 "필요한 조치"란 오염행위의 조사(調査)와 기국(旗國)에의 통보(通報) 등을 의미한다. 단지, 기국이 MARPOL의 가입국이 아니거나 통고를 받은 후 1개월 내에 위반선박에 대한 사법적(司法的) 절차를 취하지 않을 경우에만 연안국 자신이 소추(訴追)할 수 있는 것으로 본다.

연안국 오염규제권을 가장 극렬히 반대한 것은 소련이다.[96] 미국은 기본적으로 관할수역 접근방식(zonal approach)에 반대하여 연안국의 규제를 인정하지 아니하는 입장이었으나 미국을 포함한 영국, 덴마크, 노르웨이 등 소위 서방측 해양국가의 주장의 주안(主眼)점은 오염규제에 관한 국제적 기준의 적용이라는 면에 치중되어 있었다.

미국은 1973년 봄 회기에 제출한 제안(提案)[97]에서는 연안국의 오염규제관할권과 국내적 기준설정에 극력 반대하고 있었으나, 그 여름 회기에 제출된 제안[98]에서는 예외적으로 영해 이원(以遠) 외에서의 연안국의 관할권을 인정하는 세 가지의 경우를 명시하고 있다. 즉,

(ⅰ) 기국의 오염규제조치가 미흡하고 이에 관한 분쟁해결기구의 재결(裁決)이 있을 때,

(ⅱ) 국제기준에 위반된 오염사건으로부터 연안국의 해안이 오염될 급박한 위험에 직면하여 이를 제거할 필요가 있거나, 기타 중요한 관련이익에 대한 급박한 위해(危害)를 방지·완화·배제하기 위해서 필요하다고 생각되는 합리적 긴급

---

94) A/AC.138/SC.Ⅲ/ L.49 (13 Aug., 1973), Proposal on Enforcement Measures by Coastal States for the Purpose of Preventing Marine Pollution.
95) A/AC.138/SC.Ⅲ/ L.46 (20 July, 1973),
96) Myron H.Nordquist, Choon-ho Park ed. *Reports of the United States Delegation to 3rd United Nations Conference on the Law of the Sea*, L.S.I. Occasional Paper No.33 1983), p.50.
97) A/AC.138/SC.Ⅲ/ L.36 (2 April, 1973), Competence to Establish Standards for the Control of Vessel Source Pollution.
98) A/AC.138/SC.Ⅲ/ L.40 (13 July, 1973), U.S.Draft Articles on the Protection of the Marine Environment and the Prevention of Marine Pollution

시행조치가 필요할 때,
 (iii) 「1969년 공법협약」에서 규정한 개입(介入)의 필요가 있을 때,
등 이다.

연안국의 오염규제 관할권에 반대한 해양선진국들이 기국주의(旗國主義)에만 맹목적으로 집착한 것은 아니다. 심해저 위원회의 심의단계에서부터 이미 「기항지국주의」라고 명명될 수 있는 새로운 견해가 미국과 화란 등 해양국가들의 제안[99]에 나타나고 있다. 기항지국 (寄港地國)이 자국의 영해(領海) 내에서의 위반행위를 규제하는 것은 연안국의 당연한 권한으로서 종래 기국주의에 대한 예외적인 내용이 될 수 없을 것이나, 자국 관할수역 외에서 범한 오염행위까지 기항지국이 규제할 수 있다고 할 때 이것은 기국주의의 중요한 예외가 된다.

연안국의 오염규제권을 강력히 주장하여 해양국가들의 견해와 여러 면에서 대립적 양상을 보인 캐나다도 기항지국이 자국 관할권수역 이외에서 범한 위반행위를 규제할 수 있다고 하는 제안을 하고 있다.[100] 그러므로 「기항지국주의」의 제안내용에 관한 한, 양측의 견해가 거의 유사하다고 볼 수 있다.

기항지국 규제권의 내용을 보면, 기항지국(寄港地國)은 타국의 선박이 자국의 항구 또는 연안 정박시설 내에 들어왔을 때, 그 선박의 위반행위에 대한 조사(調査)와 소추(訴追)를 할 수 있다. 그러나 그 위반행위가 타국의 관할수역에서 이루어진 것일 때는 그 국가의 명시적 요청(要請)이 있어야 하며, 그 사법적(司法的) 절차의 결과를 위반선박의 기국(旗國)과 소추(訴追) 요청국에 통보하여야 한다고 하고 있다.

(2) 제3차 유엔해양법회의의 경과

제3차 유엔 해양법회의는 1973년 12월 뉴욕에서 1차회기를 개최하여, 회의(會議)의 기구(機構)를 구성하고 의사절차들을 결정하였다. 실질적인 논의는 1974년 「카리카스」(Caracas)에서 열린 2차 회기부터 시작되었다.

해양환경의 보호와 보존에 관한 의제(議題)는 해양의 과학조사 및 기술이전문제와 함께 제3위원회(Committee Ⅲ)에서 다루어졌다. 제3위원회는 이들 의제를 위해 두 개의 작업 그룹을 구성하였다. 해양오염의 문제는 심해저위원회 때부터 이 문제의 심의를 주도해 온 「호세 발라르타」(Jose Vallarta)대사(大使)의 작업 그룹에서 다루어졌다.

카라카스 회기의 초기에 발라르타 그룹의 주 의제(議題)는 육상기인오염, 대륙붕

---

[99] Ibid., A/AC.138/SC.Ⅲ/ L.48 (10 Aug., 1973), Draft Articles on the Enforcement of International Provision for the Prevention of Marine from Vessels (Netherland).
[100] A/AC.138/SC.Ⅲ/ L.37 (17 July, 1973), Prevention of Pollution from Ship.

오염의 규제와 감시(monitoring)체제에 관한 것이었다. 오염규제의 관할문제는 관할권 일반의 의제와 함께 「에벤센 그룹」(Evensen Group)에서 다루어졌다.

제2회기에서도 각종의 제안이 제출되었다.

케냐 안(案)은 수역어프로치(zonal approach)를 채용하면서도 특히 선박기인오염과 대기기인오염에 대해서는 연안국에 의해 취해지는 조치가 지역기준이나 국제기준에 합치되어 있지 않으면 안된다고 하였는데, 이는 국제기준주의에의 양보의 추세를 나타낸 것이었다.

마찬가지로 10개국안[101]도 수역어프로치(zonal approach)를 채용하면서도 특히 선박기인오염에 대해서는 연안국이 규정하는 법령이 국제기준에 합치하지 않으면 안된다고 하였다.

이에 대하여 서독안[102]은 수역어프로치에 반대하는 입장에 있으며, 국제기준주의의 채용을 전제(前提)로 하여, 기본적으로는 기국주의의 입장에 서면서도 연안국의 영해에 근접한 공해상에서 선박이 중대한 오염을 초래하고 있다고 믿을 만한 상당한 근거가 있을 경우에 연안국 측의 정선(停船)과 임검(臨檢)의 권한을 인정하되, 처벌은 기국(旗國)이 행사한다고 하는 것이었다.

그리스 안(案)[103]은 국제기준주의를 채용하여 원칙적으로 기국주의의 입장을 취하면서도 연안국과 기항지국의 임검의 권리를 인정하고, 또 연안국의 경제수역 내에서의 배출위반에 대해서는 제1차적인 처벌권은 기국에 있지만, 기국이 6개월 이내에 처벌하지 않을 경우에는 연안국이나 기항지국이 처벌할 수 있다고 하는 것이었다.

1975년 제네바에서 개회한 제3회기에서 9개국안[104]을 놓고 논의가 전개되었다. 이 제안은 국제기준주의에 의거하고 있으며 원칙적으로 기국주의의 입장에 서 있으면서도 기항지국주의를 결합시킨 것이었다. 즉 기항지국은 국제적인 배출기준에 위반하고 있다고 판단하던가 또는 타국가나 국제기관으로부터 그러한 뜻의 통고(通告)를 받았을 경우에 임검(臨檢)할 수 있다. 이 위반의 결과, 기항지국의 해안선 또는 관계이익에 피해가 발생하고 있거나 또는 발생할 염려가 있다고 판단될 경우나 또는 타국으로부터 그러한 뜻의 통고를 받았을 경우에는 기항지국은 선박의 나포(拿捕)를 포함한 사법적

---

[101] U.N.Doc.A/CONF.62/ C.3/ L.6.
　　제안국은 Canada, Fiji, Ghana, Guyana, Iceland, India, Iran, Nezealand, Philippine, Spain 등이다.
[102] U.N.Doc.A/CONF.62/ C.3/ L.7.
[103] U.N.Doc.A/CONF.62/ C.3/ L.4.
[104] U.N.Doc.A/CONF.62/ C.3/ L.24.
　　제안국은 Belgium, Bulgaria, Denmark, German D.R., German F.R., Greece, Netherland, Poland, U.K. 등이다.

(司法的) 절차를 취할 수가 있다. 그러나 그러한 조치를 취함에 있어서 기항지국은 그러한 뜻을 기국에 통보하지 않으면 안된다. 만일 기국이 6개월 이내에 사법적 절차를 개시할 경우 기항지국은 그러한 절차를 중단(中斷)하지 않으면 안된다. 그리고 이 제안에 의하면 연안국에게는 국제적인 배출기준에 위반하고 있다고 판단되는 선박에 대하여 정보의 제공을 요구할 수 있는 권리가 부여되어 있음에 불과하다. 이 밖에도 제3회기에서는 소련 안(案)[105]과 그리스 안(案)[106]이 제출되었다. 소련 안은 국제기준주의의 입장에 서 있다. 그리스 안은 해양투기 오염에 관한 것이었다. 이 회기에서도 심의는 난항이었지만 회기 말에는 제1위원회, 제2위원회, 제3위원회 각 위원장의 사안(私案)이라는 형식으로 「비공식 단일교섭초안」(Informal Single Negotiation Text- ISNT)[107]이 작성되어 배포되었다. 단일 초안에서는 해양환경의 보호문제는 제3부에서 다루어지고 있다.

1976년 뉴욕에서 개회된 제4회기에서는 이 단일초안에 의거하여 축조심의(逐條審議)가 진행되었다. ISNT는 특별히 해양환경보존에 관한 한, 중요한 협의의 기초를 제공하였다. 체약국의 일반적 해양오염방지의무와 해양환경보호와 보존을 위한 국제적, 지방적 협조, 기술적 지원과 감시 및 환경평가제도에 관한 일반적 규정들이 내포된 ISNT 제1조부터 제15조까지는 consensus로서 합의된 것으로 간주되었다.[108]

1976년 제4회기 말기에 제3차 유엔해양법회의 의장의 요청으로 각 위원회 의장이 제출한 비공식협상의 결과는 「수정단일교섭초안」(Revised Single Negotiating Text- RSNT)[109]으로 작성되었다. 해양환경의 보호문제는 RSNT의 제3부, 제1장에서 규정되어 있었으며, 전체 47개 조문으로 기초(起草)되어 있었다.

RSNT에서는 처음으로 오염규제권의 남용방지조치(safe guards)를 독립된 절(section Ⅷ)로 다루었고 빙결해역(氷結海域)에 관한 특별규정을 두었다. 수정 단일초안에서는 단일초안에 비하여 특히 선박기인오염에 대한 연안국과 기항지국의 권한의 강화가 도모되고 있다.

1977년 봄 제6회기에 RSNT를 기초로 여태까지 협의한 결과를 정리하여 「비공식통합교섭초안」(Informal Composite Negotiating Text- ICNT)[110]을 작성하였다. ICNT는 지금까지 각 위원회별로 작성되었던 교섭초안의 형식을 버리고 하나의 통합된 협약 초안의 형식을 갖추었다는 점에 그 의의가 있다고 본다. ICNT는 전문(前

---

105) U.N.Doc.A/CONF.62/ C.3/ L.25.
106) U.N.Doc.A/CONF.62/ C.3/ L.27.
107) U.N.Doc.A/CONF.62/ WP.8.
108) Nordquist, op.cit., p.131.
109) U.N.Doc.A/CONF.62/ WP.8/ Rev.1.
110) U.N.Doc.A/CONF.62/ WP.10.

文)과 303개의 본문, 그리고 7개의 부속서를 갖는다. 해양환경보호문제는 본문 제12장에서 다루었으며, 제193조부터 제238조까지 45개 조문이 할애되어 있다.

해양환경보호에 관한 한, ICNT로서 제3차 유엔해양법회의의 협상은 거의 완결단계에 이르렀다고 간주되었다. 1978년 봄에 열린 제7회기 회의에서 잔여 핵심문제를 7개의 「협상 그룹」(Negotiating Group-NG)에서 나누어 집중토의를 시도하고 있었던 바, 해양환경보호문제는 NG의 협의제목으로 취급되지 아니한 것은 이를 잘 나타내고 있다.

그러나 제7회기가 열리기 직전인 1978년 3월 19일 프랑스의 「브리따니」(Brittany)해안 근해에서 발생한 22만톤급 Amoco Cadiz호의 좌초에 의한 대량유류오염사고로 인하여, ICNT에 내포된 해양환경 보호, 보존을 위한 전체 초안을 좀 더 신중히 검토해야 한다는 인식이 강조됨으로써 새로운 열의로서 이 문제를 토의하게 되었다.

제3차 유엔해양법회의 제3위 위원장인 「얀코브」(A.YanKov) 대사(大使)는 제7회기까지의 협상결과를 정리하면서 협상대상 의제를 그 합의에 이른 정도에 따라서 4개의 범주로 분류하였다.[111]

즉, 범주 I은 이미 합의에 도달한 조항, 범주 II는 합의에 도달하지는 못했지만 합의의 전망을 보여줄 정도로 실질적인 지지를 받는 타협안, 범주 III은 이미 제출된 비공식 제안 중 시간부족으로 인한 토의 미진 또는 의견 대립으로 타협안이 작성되지 못한 제안을 말하며, 따라서 더욱 토의되어야 할 것들이고, 범주 IV는 ICNT에 포함된 조항중 내용상의 수정안이 제출된 적이 없는 것들로 분류되었다.

제8회기 전반회기의 협의결과를 종합하여, 1978년 4월말 「비공식통합교보초안 1차 수정안」(Informal Composite Negotiating Text Revision I-ICNT, Rev.I)이 작성되었으며, 해양환경보호·보존에 관한 제12장은 결국 위에 말한 범주 I 및 II를 기준으로 기초되었고, 범주 III에 관련된 의안들을 결국 합의에 도달하지 못한 관계로 ICNT, Rev. I에는 채택되지 않았다. 다만, 해양환경오염에 관한 국가책임을 규정하고 있는 ICNT 제236조에 대한 포르투칼 및 아랍제국의 공동제안[112]이 집중적으로 토의된 결과, 절충안이 성립되어 ICNT, Rev. I에 반영되었다.

---

111) A/CONF.62/ SR.99 (18 May, 1978),
7th Session Provisional Summary, Reports of the Main Committee on Their Work during the Seventh Session, pp.3-4.

112) MP/18 (2 May, 1978) ; MP/18/Rev. I (5 April, 1979),
3rd Committee , Protection and Preservation of the Marine Pollution
Informal Suggestion by Bahrain, Democratic Yemen, Egypt, Irag, Kuwait, Lebanon, Libyan Arab Jamahria, Mauritania, Morocco, Oman, Portugal, Qatar, Saudi Arabia, Somalia, Sudan, Syrian Arab Republic, Tunisia, United Arab Emirates, Yemen.

얀코브 위원장은 그의 보고서에서 해양환경 보호·보존문제의 협의는 협약초안으로 완성될 수 있는 합의(consensus)에 도달한 것으로 본다고 선언하였다.113) 이러한 그의 결론에 대하여 어느 국가도 이의(異議)를 제기하지 않았다.114) 이후 제3차 유엔해양법회의는 1982년 겨울 최종 회기까지 6차의 회기를 더 가졌으나 해양환경의 보호·보존에 관한 협약내용은 ICNT, Rev. I에서 확정된 내용과 변동이 없었으며, 이것이 유엔해양법협약115)의 내용이 되었다.

유엔해양법협약은 총320개 조문과 9개 부속서 및 4개의 결의안으로 구성된다. 해양환경의 보호·보존에 관한 내용은 본문 제12장에 규정되어 있으며, 제192조부터 237조까지 45개 조문이 할애되어 있다.

V. 새로운 해양법 협약상 해양환경의 보호와 보존
- 국제해양환경법 체계확립단계(1982년 유엔해양법 성립이후 1992년 Rio Summit 까지) -

1. 유엔 해양법 협약의 환경법적 의의

지구환경의 점진적 악화에 대한 인류의 경각심을 깨우쳐 준 1972년 「스톡홀름 인간환경회의」 직후에 열린 제3차 유엔 해양법회의에서는 지구의 가장 통일된 생태계이며 인간환경의 주요한 터전인 해양(海洋)의 환경보호를 위하여 국제적 협력을 통한 법적제도의 정착을 시도(試圖)하였다. 그러나 이러한 해양환경법 제도의 정착은 새롭게 등장한 국가의 해양관할수역 즉, 영해, 배타적 경제수역 또는 대륙붕 등 관할권의 성질과 내용에 관한 전체적인 합의가 전제되어야 하는 것이었다.

이들 새로운 해양관할권은 해양의 개발이라는 각 국가 및 이익 집단의 경제적 이해(利害)가 직결되는 것이므로, 그것 자체만의 내용을 정착시키는데도 많은 복잡한 협상과 절충의 과정이 요구되었다. 그러나 협의의 경과를 앞에서 개관한 것처럼, 해양환경법의 협의는 멕시코의 발라르타 대사(大使)와 제3위원장 얀코브 등 유능한 인사의 노력으로, 다른 어느 분야보다도 제일 먼저 협상을 끝내고 합의에 도달하여 협약내용을 확정시킨 것이다.

유엔해양법협약 제12장의 내용은 해양환경의 보호와 보존을 위한 하나의 포괄적인 새로운 법제도를 제시하고 있으나 전체적으로 구속적이기보다는 권고적인 면이

---
113) A/CONF.62/ L.34 (26 April,, 1979),
8th Session. Geneva, *Report by the Chairman of the Third Committee*, Ambassador A. Yankov, p.3.
114) M. Nordquist, op.cit., p. 288.
115) United Nations Convention on the Law of the Sea, A/CONF.62/ 122. (1982)

강하고 (협약 제194-196조) 개괄적이다. 많은 부분이 다른 국제적 규칙이나 국내적 입법조치에 실질적 내용을 유보하고 있다.(제207-121조) 또 중요하고 어려운 문제들에 대한 규정을 누락시키고 있는 것도 사실이다.116) 이러한 결점과 미비점에도 불구하고, 유엔해양법협약 제12장은 해양환경의 보호와 보존을 위한 법제도 정립에 있어서 획기적인 진전을 이룩했다고 평가된다.117)

유엔해양법협약의 내용은 또한 매우 진보적인 규정도 포함하고 있다.(제192, 206, 207조)

확실히 제3차 유엔해양법회의는 스톡홀름 회의나 종래의 IMCO회의에서와는 구별되는 법적의무를 명백히 규정한 것이다. 이것은 종래의 권고적인 또는 선언적인 결의들과 구별되어야 한다.118)

2. 해양환경보호에 관한 기본적 법 개념

해양환경의 보호 보존을 위한 법규범의 규율대상은 더 말할 필요도 없이 해양환경을 훼손하는 인간의 오염행위이다. 따라서 해양환경의 보호규제를 위해서는 오염행위와 환경훼손 간의 인과관계(因果關係)의 범위를 확정시키는 일이 필요하다.

그러나 오염행위 및 해양환경의 훼손이란 기본적으로 생물학적, 생태학적 개념이며 오염효과의 진행경로와 상당인과관계(相當因果關係)가 있는 범위내의 모든 해양환경보호 조치 등까지 생각한다면 다수의 전문적인 주변과학적 연구(inter-disciplinary study)와 지식(multi-disciplinary knowledge)이 동원 되게 된다. 그리고 이러한 연구와 지식을 바탕으로 한 법적 개념의 정립이 또한 필요하게 된다. 이를 위하여 중요한 기본적 개념을 법적으로 정의해 둘 필요가 있다.

(1) 해양환경의 오염

유엔해양법협약 제1조 1항 4호에서는 "해양환경의 오염"을

---

116) 파르도 대사(大使)에 의하면 핵에너지의 평화적 사용이 갈수록 증대되는 지금 그리고 해저가 그 핵폐기물의 영구적인 투기장소로 사용되어 가고 있는 추세를 감안할 때 방사능폐기물에 대한 해양환경오염의 규제가 누락되고 있는 것은 『협약』의 결점이라고 지적하고 있다. 그는 이 밖에도 극지방의 오염규제와 해양의 군사적 이용으로 인한 오염문제들을 규정했어야 한다고 지적하고 있다.
Arvid Pardo, "Before and After", Remarks delivered at a Dinner in the Symposium on the Law of the Sea Oct. 29, 1982. cited from Richard Maxwell, Horace Robertson(ed), *Law and Contemporary Problems: Law of the Sea, Where Now?* (Durham: Duke Univ.Press, 1983), Vol 46. No.2 p.100.
117) Ibid., p.176, Comments by Mr. Sam Lavering.
118) Statements by Sam Lavering; Maxwell, Robertson, op.cit., p.176.

생물자원 및 해양생태에 대해서 유해하며, 인간의 건강에 대하여 위험하고, 어업을 비롯한 해양의 적법한 사용을 포함한 해양활동을 방해하며 해양이용을 위한 수질의 악화, 쾌적도의 손상 등 유해한 결과를 초래하거나 또는 그런 가능성이 있는 물질 또는 에너지를 인간이 직접 또는 간접으로 하구를 포함한 해양환경내에 투입하는 것을 의미한다.

라고 정의하고 있다.

이 정의에서 주목되는 한 가지 점은 해양오염을 인간의 활동에 기인하는 것에 한정하고 있으며 자연발생적인 오염은 제외하고 있다는 점이다.

즉, 이 정의 아래서는 해저(海底)로부터 석유가 천연적으로 스며 나온다던가, 유해가스가 발산한다던가 하는 천연(天然)의 오염은 제외되고 있으며, 인간에 의하여 야기되는 해양오염에만 한정되어 있는 것이다. 그러나 이것은 천연오염이 중요하지 않다는 뜻으로 해석해서는 안될 것이다. 오히려 현 단계로서는 인간활동에 기인하는 해양 오염 이 최대의 관심이기 때문에 해양오염의 방지와 규제의 문제는 인간의 활동에서 기인하는 오염에 초점이 맞추어져 있다고 보아야 할 것이다.

또 유엔해양법협약에서는「해양환경」(marine environment)에 대한 정의도 되어 있지 않다. 이를테면 해양 상공(上空)의 어느 범위까지가 해양환경에 포함되겠는가? 또 육지와 해양의 접점에 해당하는 하구(河口: estuaries)가 이에 포함되는지 어떤지 하는 등의 미묘한 문제가 있음을 지적할 수 있다. 이 점에 대하여「해양환경이란 고조선(高潮線)까지의 해면(海面)과 그 상공과 해중(海中) 및 해저(海底)로 구성되어 거기서의, 또는 그것에 의거하는 생물체계를 포괄하는 것이다」라는 정의와119) 그리고「해양환경이란 고조선(高潮線) 까지의 해면과 그 상공과 해중 및 해저로 구성되는 구역을 말하며, 거기서의 생물자원 및 광물자원이 포함되고 있다」는 정의 등이 제시된 바 있다.120)

이들 정의(定義)에서 알 수 있는 바와 같이, 해양환경 가운데는 해양의 일정한도의 상공(上空)이 포함된다고 할 수 있겠지만 구체적인 고도(高度)에 대해서는 정해진 바가 없다. 하구(河口)에 대해서 이상의 정의에서는 반드시 밝히고 있지 않지만은 유엔해양법협약에서는「해양오염」의 정의 속에 이것이 포함되고 있음을 명시하고 있다.(협약 제1조 1항④호) 즉, 유엔 해양법협약에서는「해양환경」가운데에 하구(河口)가 포함됨을 분명히 하고 있는 것이다. 해양환경은 복잡한 성격을 가지고 있으며, 그 종합적 연구도 아직 충분하다고는 할 수 없기 때문에 우선 해양환경 오염의 범위를 정의하는 것부터 매우 어려운 일이다.121)

---

119) Maltese Amendment Art. 1 para.1   U.N.Doc.A/AC.138/ SC.Ⅲ/ L.33.
120) Kenyan Proppsal   U.N.Doc.A/AC.138/ SC.Ⅲ/ L.41.
121) 인간환경선언 제7원칙과 해양투기 조약 제1조 참조.

(2) 오염원(汚染源)의 구분

해양환경의 보호·보존을 위한 규제는 그 오염원(汚染源)의 형태에 따라 구별되고 있다. 특히 유엔해양법협약은 종래 관습적으로 막연히 구별되어 오던 오염원의 개념을 5가지 형태로 명확히 구분하고 있다.

그것은 ① 육상기인오염(제207조), ② 선박기인오염(제211조), ③ 해중투기오염(제210조), ④ 해저탐사, 개발활동기인오염(제208, 209조), ⑤ 대기기인오염(제212조)의 5가지이다.

유엔해양법협약상 이들 각 오염원에 대한 규제에 있어서는, 규제조치를 위한 기준설정, 규칙, 절차의 제정과 규제조치의 시행권자 등에 있어서 각 오염원별 구별을 하고 있다.

가. 육상기인오염(land-based pollution)

육상에서 기인된 오염은 해양환경 훼손의 가장 중요한 원인이 되고 있다. 가정폐수, 농업폐수, 공장폐수는 하천을 타고 해양으로 흘러 들어간다. 그러므로 하천은 육상의 오염물질이 해양으로 들어가는 중요한 경로가 된다. 연안도시로부터의 배수(排水), 기타 폐기물(廢棄物) 등도 하수(下水)를 통하여 해양으로 직접 들어간다. 급속한 공업화와 인구증가, 그리고 도시화 현상에 따라 매일 도시에서 나오는 생활폐수와 공장폐수 등이 점점 더 많이 해양으로 흘러 들어가고 있는 것이다.

도시하수에는 많은 유기물(有機物)이 함유되어 있어서 해수에 유입되면 그 산화(酸化) 과정에 많은 산소(酸素)를 요하고, 따라서 수중산소량을 감소시키고 해수(海水)의 생물계를 침해한다. 도시 하수 중에는 비료성분으로 인산염(燐酸鹽)이 다량 포함되어 있어 이것이 연안으로 유입하여 이른바 부영양화(富營養化)[122]현상이 일어나서 연안해수의 적조(赤潮)나 독수대(毒水帶)를 형성하게 함으로써 어업이나 양식업에 큰 손상을 주게 되고, 심한 경우에는 어족을 전멸시키기도 한다.

또한 공업의 비약적인 발달로 인하여 공장의 폐수에는 중금속(重金屬)류나 탄화수소(炭化水素)류 등 유해물질이 함유되어 있어 해중의 수산물이나 해초류의 폐사(斃死)를 가져오고, 이들 물질이 해산물(海産物)에 농축(濃縮)되어 있다가 이러한 해산물을 사람이 먹어 건강을 해치는 질병을 유발(誘發)한다. 예컨대, 일본의 구마모도(雄本) 및 니이까다(新潟)에서 발생한 「미나마따」병(水俣病)은 어패류(魚貝類)의 섭

---

122) 유기물질을 함유한 육상의 오수가 해중에 유입됨으로써 이를 먹이로 하는 식물성 「플랭크톤」과 후자를 먹이로 하는 동물성 「플랭크톤」이 천문학적 수자로 급증함으로써, 이른바 해양의 부영양화(富營養化) 현상이 생긴다. 이는 당해 해저 표층(表層)의 산소(酸素) 고갈(枯渴) 상태를 야기시켜「플랭크톤」의 몰사(沒死) 현상을 일으킨다.

취에 의거한 수은(水銀) 중독임이 판명되었다.[123] 육상기인오염 중 농경(農耕) 폐수(廢水)도 무시할 수 없다. 최근에 농약의 사용량과 종류가 증가하면서 부터 각종 유독농약이 폐수(廢水)를 통해서 해수(海水)에 유입된다. 그 중 가장 피해가 큰 것은 잔류성(殘留性) 농약(農藥)들로서 장기간 수중(水中)에 분해되지 않고 있다가 생물체(生物體)내에 흡수됨으로써 피해를 가져온다.

그런데 육지는 주권절대(主權絶對)의 원칙이 가장 강하게 유지되는 영역(領域)이므로 국제적 규제가 어렵게 된다. 따라서 육상기인오염의 규제는 해양환경 보호, 보존을 위한 법적규제의 가장 중요한 선결문제가 된다.

유엔해양법협약에서는 육상기인오염의 방지와 감소 및 억제를 위한 기준은 각국의 국내법령에 따르되 국제적인 규제와 기준을 고려에 넣지 않으면 안 된다고 하고 있다.(제207조 1항)[124] 그리고 "각국은 적당한 지역적 수준에서 각국의 정책을 조화시키도록 힘써야 한다"고 하고 있다.(동 제3항) 국제적 규칙과 지역적인 규칙 규정에 있어서는 "지역적인 특징과 개발도상국의 경제능력 및 이들 국가의 경제발전의 필요"를 고려에 넣도록 하고 있다.(동 제4항) 이 국내법령을 실시할 권리를 가지는 것은 각 연안국이다. 그리고 이 점에서 각국은 국제적인 규칙 및 기준을 시행하기 위하여 필요한 입법적 행정적 기타의 조치를 취하지 않으면 안된다.(제213조)

나. 선박기인오염(ship generated pollution)

선박으로부터의 오염은 세 가지 유형으로 분류될 수 있다. 즉,
① 선박 운항(運航)상의 유류(油類) 배출(排出),
② 충돌, 기타의 해난사고,
③ 하역(荷役) 때와 연료유 보급(補給) 때의 누설(漏泄) 등이다.

☞ 해상의 선박운항시 유류오염은 해양환경을 손상시키는 큰 원인이 되고 있다. 선박의 운항에 기인하는 유성(油性) 폐기물의 배출은 유성「빌지」(bilge)폐기물의 배출과 탱커의 「발라스트」(ballast) 조작 및 탱커 세척에 기인한다. 이 같은 배출은 선박에 의한 유류오염의 약 4분의 3(75%)을 차지하고 있다고 추정된다.

☞ 충돌 기타의 해난사고에 의한 유류의 유출은 선박기인 유탁 총량의 약 10%라

---

[123] 특히 수은 등의 중금속류는 해양생물의 체내에 흡수되었다가 그 피해는 상당한 시간이 경과된 후에 나타난다고 한다. 예컨대, 유명한 일본의 「미나마따」만의 수은중독 사건도 수은(水銀)을 함유한 폐수가 처음으로 배출되기 시작한 지 약 15년후에 발생하였던 것이다.
허정택, "해양오염현상과 연안자원보존," 「환경과 공해」, Vol. 2, No.7 (1979), p.482.
[124] UN.Doc.A/CONF.62/ C.3/ L.24.

보고 있다.

　최근 각국의 경제성장을 위한 경쟁은 절정에 이르렀으며 해양을 이용하는 선박과 물동량(物動量)이 급속히 증가하고 있다. 해양을 항해하는 선박은 3억 톤을 돌파하고 있으며, 그 중 세계 선박의 반수가 대형 유조선이다. 유조선의 대형화는 해난사고시 가공할 피해를 가져다준다. 1967년 12만톤의 원유를 실은「토리·캐니언」(Torrey Canyon)호의 영국해협에서의 좌초사고는 장기에 걸쳐 이 지역의 수산업과 관광사업에 큰 타격을 주었던 것이다. 이 유탁 제거를 위해 영국과 프랑스 양국 정부는 630억원을 지출하고 기타 민간에서도 막대한 경비를 부담하게 했던 것이다.

　Richard A. Falk의 말과 같이 1967년의 토리·캐니언호 사건은 생태학적 의미에 있어서 최초의 대규모 재해(災害)로서 히로시마의 원폭(原爆) 피해에 비교할 수 있을 정도이며 석유의 대규모적인 해상운송과 환경의 질적인 보호 사이의 상호작용에서 일어나는 새로운 위험에 대하여 사람들의 눈을 뜨게 한 계기가 되었다.[125] 실로 유류(油類)에 의한 오염은 해양의 생물자원을 전멸시키고 사람의 재산적, 경제적 이익에 타격을 주며 나아가 자연경관 내지 환경의 파괴를 초래한다.[126] 그 후에 발생한 주요한 유조선(油槽船 : Tanker) 사고만을 봐도 1975년에 말라카 해협에서 발생한 상화환(祥和丸)사건, 1978년에 프랑스의「브리따니」(Britany)근해에서 발생한「애모코·카디즈」(Amoco Cadiz)호 사건 등을 들 수 있다.

　☞하역(荷役)시 및 연료유 보급(補給) 시의 유류(油類) 오염은, 적하(積荷)를 올리고 내리는 작업과 벙커(bunker) 조작 때의 누설(漏泄)로 인한 것이며 주로 내수(內水)에서 발생한다.

　유엔해양법협약은 선박기인오염의 오염규제를 위한 기준설정의 문제 등에 관해서 제211조에서, 그 시행에 관해서는 제217조 내지 제221조에서 규정하고 있다.

다. 해중투기오염(dumping at sea)

　해중투기오염 중 중요한 것은 산업폐기물, 분뇨(糞尿) 등의 해양에서의 투기(投棄)와 처분(處分)이다. 그러나 앞으로는 방사능폐기물의 해양투기, 해저광물자원 채굴과정에서 불필요하게 된 시설 기타 장치의 해양에서의 처분 등의 문제가 큰 관심사가 될 것으로 생각된다. 즉 핵폭탄 실험과 핵추진 선박의 증가와 함께 핵발전소 등에서

---

125) Richard A. Falk, "The Global Environment and International Law : Challenge and Response", *Kansas Law Review*, Vol. 23, No.3, p.404.
126) 유류오염의 영향에 관하여는, 龜井利明,「海上公害論」, (大阪: 關西大學 經濟政治研究所, 1974), p.63. 이하 참조.

나오는 폐기물의 해양투기는 선진국에 의해서 행하여져 왔으며 해양환경을 위협하는 중요한 요인이 되고 있다.

해양환경에 대한 위협은 평화목적의 활동에서만 생기는 것은 아니며, 군사목적의 활동에 의해서도 생긴다. 따라서 환경 문제 가운데는 원수폭(原水暴), 생물화학병기 등 대량파괴병기의 제조 및 사용의 금지문제도 당연히 포함시켜야 한다고 하는 주장은 지당하다.

유엔해양법협약 제1조 1항 (5)호에 의하면 투기(投棄 : dumping)이란 다음 사항을 의미한다.

(1) 선박이나 항공기나 플랫폼, 기타 인공해양구조물에서 폐기물, 기타 물질의 고의적 처분,
(2) 선박이나 항공기나 플랫폼, 기타 인공해양구조물 그 자체를 고의적으로 처분하는 행위를 의미한다고 정의하고 있다.

이 정의는 1972년「해양투기방지 협약」제3조의 정의를 거의 그대로 답습한 것이다.

"폐기물 투기"를 하나의 독립된 해양환경의 오염원(汚染源)으로 파악하는 것은 1972년「해양투기방지협약」에서 비롯된 것이다. 그러나 투기되는 모든 폐기물이란 결국 다른 오염원 즉 선박, 항공기, 해양구조물 등으로부터 기인되는 것이므로 개념상 범위의 제한과 구별이 필요하다.[127] 유엔해양법협약 제1조 1항 (5)호의 (b)에서는 이를 구별하여, 선박, 항공기 기타 해양구조물과 그 장비의 정상적인 운용에 부수적인 것이거나, 파생되는 폐기물의 투기는 독립된 오염원으로서의 "투기"(投棄 :dumping)에 포함시키지 않는다고 명시하고 있다.

유엔해양법협약에 의하면 해양투기오염의 방지, 감소 및 억제를 위한 기준은 국내법령에 따른다.(제210조 1항) 단, 이 국내 법령은 최소한도 국제적인 규칙이나 기준과 "같은 정도의 실효성"을 가지는 것이 아니면 안된다.(동 제6항) 영해나 경제수역이나 대륙붕에서의 투기는 연안국의 명시적 사전승인(expressed prior approval)을 얻지 않으면 안 된다. 그러나 이 경우 연안국은 지리적 이유로 그러한 투기로 말미암아 악영향을 받을 염려가 있는 타국의 입장에 "타당한 고려"(due consideration)를 하지 않으면 안 된다.(동 제15항) 이 국내법령을 실행할 권리를 가지는 것은 영해나 경제수역이나 대륙붕에서는 연안국, 공해수역에서는 기국, 그리고 입항선박에 대해서는 기항지국이다.(협약 제216조)

---

[127] Jose L. Vallarta, "Protection and Preservation of the Marine Environment and Marine Scientific Research at the 3rd United Nations Conference on the Law of the Sea", 46 *Law & Contemporary Problems* (Spring, 1983), No.2, p.150.

1972년 「해양투기방지협약」에서는 투기행위를 규제하기 위한 체약국의 해양관할권의 범위에 관해서는 규정하고 있지 아니한다. 오히려 그 제13조에서는, "본 협약은 유엔 총회결의 2750C (XXV)에 의거 소집된 유엔 해양법회의에서 앞으로 성립될 해양법 규범의 성문규정과 그 발전된 내용에 저촉되지 아니하며,…연안국과 기국 관할권의 성질 및 범위에 관한 각 체약국의 권리주장과 법적 견해를 방해하지 아니한다"라고 규정함으로써 투기방지를 위한 연안국의 협약상 권리 및 책임의 성질과 범위를 제3차 유엔해양법회의에서 최종적으로 협의할 것에 합의한 것을 명시하고 있다. 그러므로 유엔해양법협약 제210조와 제216조는 1972년 「투기협약」이 규정하지 아니한 투기규제에 관한 기준과 시행에 있어서의 관할권을 명확히 한 데에 그 의의가 있다고 본다.

또 한편, 연안국이 영해(領海)는 물론이고 배타적 경제수역이나 대륙붕에서 폐기물 투기를 규제하는 관할권을 행사하는 것을 일반관습국제법의 내용으로 보는 견해도 있을 것이다. 그러나 제210조와 제216조의 내용전부가 관습국제법으로 성립되었다고 볼 수는 없다. 다시 말해서, 유엔해양법 협약에서 규정하고 있는 바, 폐기물의 투기를 통제함에 있어서 연안국이 경제수역이나 대륙붕에서 갖는 관할권, 체약국의 입법의무와 규제권한 등은 유엔해양법협약에 의한 "조약상 권리 의무"로 특정 되었다고 보아야 한다.

라. 해저탐사 및 개발활동 기인오염 (pollution from seabed activities)

1) 대륙붕개발활동 기인오염

연안 대륙붕에서 해저광물의 개발 특히 석유나 천연가스의 채굴에 따라 생기는 오염은 현재로 보아서는 해양오염 전체 중에 그다지 큰 비율은 차지하고 있지 않다. 그러나 앞으로 해저개발이 강화됨에 따라 이러한 형태의 해양오염이 증대될 것으로 생각된다.

해저석유개발은 시추로부터 생산단계에 이르기까지 환경적 위험을 수반한다. 통상적 운용에서 발생되는 오염(operational spill) 및 폭발이나 분출에 의한 피해는 사업주체가 책임지는 것이 업계의 상례(常例)이다. 특히 지하 석유층에는 원유(原油)와 함께 천연가스가 잔존해 있으므로 시추 과정에서 굴착할 때 폭발, 분출할 위험은 상존(常存)한다고 보아야 하며, 일단 사고가 나면 그로 인한 환경적 피해는 막대하다.

해저개발로 인한 오염의 예(例)로서, 1969년 미국 Santa Barbara의 석유 분출사고는 우리에게 큰 경고를 주는 것이었다. 이 사고는 캘리포니아 연안 앞바다 Santa Barbara 유정(油井)에서 석유가 누출(漏出)되어 해양환경에 큰 피해를 주었던 것이다. 이 사고가 발생된 1969년 1월 28일부터 폭발이 일어난 유니온 석유회사의

Platform Alpha (A)의 분출구를 봉쇄한 2월7일까지, 약 80,000바렐의 원유(原油)가 바다로 배출되었다.128) 이렇게 배출된 석유(oil slick)는 아름답기로 유명한 Santa Barbara 해안을 오염시켜 미적(美的), 생태학적(生態學的)으로 처절한 파괴를 초래하였다. 이로 인한 피해의 배상청구액은 5억불에 달하였다.129) 똑같은 사고가 북해에서, 또 1979년에 멕시코 만에서 발생하였다. 전자는 1977년 4월 영국과 노르웨이 사이에 위치한 북해의 「에코피스크」(Ekofisk)석유 Platform Bravo (B)의 대폭발(大爆發)이다. 이 사고로 8일 동안 약 15만(萬) 바렐의 원유가 바다로 유출되었다.130) 후자는 1979년 6월 3일 발생된, 멕시코 연안에서 50해리 북쪽에 위치한 「익스토크」(Ixtoc)1 유전(油田)의 폭발(爆發)이다.131) 이 사고로 유출된 원유는 1천4백만 바렐에 달한다.132)

유엔해양법협약에 의하면 대륙붕개발에 기인한 오염의 방지, 감소 및 억제를 위한 기준은 국내법령에 따른다고 하고 있다.(협약 제208조 1항) 그러나 이 국내법령은 "국제적인 기준과 같은 정도의 실효성"을 가지는 것이 아니면 안된다.(제208조 3항)

그리고 각국은 적당한 지역적 수준에서 각자의 국내정책을 조화시키도록 노력하여야 한다 (동 제4항). 또, 각국은 국제적인 규칙이나 기준을 이행하기 위하여 필요한 입법적, 행정적, 기타 조치를 취하지 않으면 안 된다고 하고 있다.(동 협약 제214조)

2) 심해저개발활동 기인오염

심해저 망간 단괴의 개발은 가까운 장래 (2020년경)에 대규모로 개시될 것이다. 지금으로 보아서는 이 같은 개발활동이 해양환경에 대하여 막대한 영향을 미치게 될 것은 당연히 예측되는 바이다.133)

유엔해양법협약에서는 심해저개발에 기인하는 오염의 방지와 감소 및 억제를 위한 기준은 국제기준에 따른다고 하고 있다.(협약 제209조 1항) 각국은 또 이에 관한 국내법령을 제정하지 않으면 안 된다. 그러나 이 국내법령은 국제적인 기준과 "같은 정도의 실효성"을 가지는 것이 아니면 안된다.(동 제2항) 국제기준을 실행하는 것은

---

128) 이상돈 "해저석유개발과정에서 발생하는 해양오염의 법적 문제",「환경법 연구」제5권, (한국환경법학회, 1983), p.96.
129) D. J. Walmsley, "Oil Pollution Arising out of Exploitation of the Cotinental Shelf :The Santa Barbara Disaster," *Sandlego Law Review*, Vol.9. No.3, 1972. pp.514-521.
130) 이상돈 전게서, p.101.
131) *The Washington post*, (10 June, 1979), A20-1. ; *The New York Times,* (17 Oct., 1979), p.4-3.
132) *The New York Times*(28 Feb., 1980), VI. 18-1.
133) 岩門撤, 中內淸門, "深海海底マンカン團塊の開發と海洋汚染 規則", 加藤一郎 遍,「公害法の 國際的 展開」, (東京: 岩波書店, 1982), pp.165-185 참조.

국제심해저기구(ISBA)이다. 유엔해양법협약은 심해저와 그 자원을 「인류공동의 유산」으로 보고(제136조), 따라서 심해저의 모든 활동은 인류를 "대표하여 활동하는"(제137조 제2항) 국제심해저기구(ISBA)가 주관하게 된다. 그러므로 심해저지역(The Area)에 있어서 개발활동으로부터의 해양환경의 보호·보존도 국제심해저기구의 기관(機關)(총회, 이사회 및 개발청 등)에 의해서 주도되어야함은 당연하다. 제11장과 관련 부속서에서는 해양환경 보호·보존에 관한 규정을 두고 있다.

먼저, 심해저에 관한 원칙규정 중 제145조는, "심해저 활동으로 인하여 발생할 수 있는 유해한 영향으로부터 해양환경을 효과적으로 확실히 보호하기 위해서 필요한 조치가 취해져야 하며, 국제심해저기구는 이를 위해서 특히(inter alia) 다음 사항에 관한 규칙, 규정, 절차를 제정한다." 라고 규정하고 있다. 즉,

(ⅰ) 시추(試錐), 준설(浚渫), 굴착(掘鑿), 폐기물의 투기(投棄)와 시설, 도관(導管) 및 상기 활동에 관련된 기타 장치의 건설, 운용 또는 유지와 같은 활동 등에 기인한 유해한 영향으로부터 해양환경을 보호할 필요성에 특히 유의하여 해안선을 포함한 해양환경의 오염과 기타 위험 및 해양환경의 생태적 균형에 대한 훼손을 방지, 경감 및 억제하는 일.

(ⅱ) 심해저의 천연자원을 보호·보존하고 해양환경의 동식물군에 대한 침해를 방지하는 일.

등이다.

"특히"(inter alia)라는 어구는 위의 사항을 예시적인 열거로 볼 수 있게 한다. 이러한 원칙에 따른 국제심해저기구의 규칙과 규정 및 기준은 국제심해저기구의 각 기관(機關)에 의하여 시행될 것이다. 특히, 업무집행기관인 이사회(理事會)의 기능이 해양환경의 보호, 보존에 있어서 중요하다. 이사회(理事會)는 이 경우에 "심해저 활동으로 부터 발생하는 해양환경에 대한 중대한 침해를 방지하기 위하여 운영의 정지명령(停止命令) 또는 조정명령(調停命令)을 포함한 비상명령(非常命令)…"을 발할 수 있다.(협약 제162조 2항 (ⅴ) 호)

마. 대기기인오염(pollution from or through the atmosphere)

오늘날 상당한 량의 오염물질이 대기(大氣)를 통하여 육지에서 해양으로 반입(搬入; brought in)되고 있다는 것은 이미 주지된 바이다. 예컨대, 자동차의 배기(排氣)가스 속에 포함되어 있는 연(鉛)의 해양으로의 유입은 대기에 의한 운반(運搬)과 강우(降雨)에 의한 세정(洗淨)의 결과이다.

유엔해양법협약에서, 대기기인오염의 방지와 감소 및 억제를 위한 기준은 국내법령에 따른다고 하고 있다. 이 국내법령에는 국제적인 규칙이나 기준 및 항공의 안

전134)을 고려에 넣지 않으면 안 된다.(협약 제212조 1항)

그리고 또 이점에 관하여 각국은 세계적 및 지역적인 규칙과 기준을 규정하도록 노력하지 않으면 안된다.(동조 제3항) 이러한 국내법령을 실시할 권리를 가지는 것은 연안국 또는 기국(旗國)이다.(협약 제222조)

3. 유엔 해양법협약상 해양환경법의 기본구조

유엔 해양법협약상 그 제12장을 중심으로 한 해양환경보호·보전을 위한 규범체계의 기본구조를 개관해 보면,

첫째, 해양오염규제를 종래 관련국가의 일반적 "권한"으로 파악하던 것을 이 협약에서는 체약국들의 일반적 "협약상 의무(義務)"로 전환시키고 있다.(제192조) 이 의무의 내용도 구체적으로 명시되고 있는 바, 오염규제조치에 관한 일반적 의무(제192조에서 196조 까지), 환경입법의 의무(제207조에서 212조 까지), 환경보호를 위한 협력의 의무(제197조에서 201조 까지), 및 구체적 환경적 규제조치의 의무(제213조에서 236조 까지) 등이다.

둘째, 오염규제 시행권한의 재분배(再分配)를 시도하였다. 즉 종래의 기국주의(旗國主義)에서 탈피하여 연안국과 기항지국(寄港地國)의 권한을 실질적으로 강화하였다. 그러나 이러한 권한의 재분배는 어디까지나 규제의 범위와 기준을 국제표준주의(國際標準主義)에 입각한다는 전제에서 이루어지고 있다.

셋째, 오염의 배상책임(賠償責任), 보상(補償) 및 개입(介入) 등에 있어서 특정 국가의 구체적 침해를 전제로 하지않는 일반 해양환경침해의 책임개념을 처음으로 도입하고 있다.(제235조)

A. 해양오염규제의 법적 의무화

(1) 해양오염규제에 관한 일반적 의무

해양환경을 보존하고, 오염으로부터 보호할 국가들의 일반적 의무가 제12장 서두(序頭), 제1절 (제192조에서 196조 까지)에서 규정되고 있다. 이러한 일반 규정의 의의(意義)는 환경 문제에 관한 국가의 포괄적인 의무를 법적으로 규정한 점에 있다. 특히 제192조는 1972년 Stockholm 인간환경회의에서 채택된 「인간환경선언」 속의 환경원칙(특히 그 제7원칙135))과 1971년에 Ottawa에서 채택된 「해양오염에 관한 정

---

134) 「항공의 안전」(safety of air navigation)이라는 용어는 제7회기의 전반기에 제출된 미국안 (MP/9)에 의거 삽입되었다.
135) Stockholm 인간환경 선언 제7원칙

부간 작업그룹의 원칙」136)들과 같은 선언적(宣言的)인 문서들에서 정립되어 있던 일반적인 환경원리와 개념을 처음으로 법적으로 정착시켰다.

국가의 환경적 의무를 법적으로 규정한 이들 일반조항은 이 해양법 협약의 당사국들이 해양 오염의 방지 및 경감을 위해 이미 다자적 및 양자적으로 성립된 각종의 구체적인 협약, 규정 및 기준과 기타 국내적인 조치들을 기속적(羈束的)으로 시행하고 준수할 의무를 성립시킴으로써, 이 해양법 협약과 같은 포괄적 협약과 각종의 국제적 규정 및 기준과의 전체적, 체계적인 연계를 가능케 하는 것이다.137) 또한, 이들 일반 조항은 IMCO (후에는 IMO)와 같은 유엔 전문기구들이 환경적 문제에 관한 새로운 사명과 기능을 갖게 하는 법적인 근거를 마련해 주는 의미가 있다.138)

(2) 환경입법(立法)의 의무

〔2-1〕 오염원(汚染源)별 환경입법 의무의 내용

오염규제에 관한 입법의무(제207조-212조)는 유엔해양법협약이 다루고 있는 각 오염원(汚染源) 별로 규정되고 있다.

가. 선박기인오염에 대한 입법의무 (제211조)

선박기인오염에 대해서는 기국(旗國)만이 입법 의무(義務)를 지고(제211조 2항), 연안국(沿岸國)은 입법의 권한(權限)은 있으나 반드시 그러한 입법을 해야하는 것으로 기속되지는 않는다. 연안국은 협약에서 정의(定義)하고 있는 범위 내에서 그리고 연안국의 관할권 내에서 규제할 수 있다. 그러나 협약이 정한 연안국의 입법권의 범위는 국제표준주의(國際標準主義)에 입각하여 권한 있는 국제기구나 일반 외교회의를 통하여 확립된 국제적 표준, 규정 및 절차와 일치해야 하는 것으로서 이러한 국제적 기준에 대하여 효력을 부여하는 법령만을 제정하고 시행할 수 있다.(제211조

각국은 인간의 건강에 위해(危害)를 가할 물질, 해양 생물자원에 해(害)가 되는 것, 해양환경의 쾌적성을 파괴하는 것 및 기타 인간의 적법한 해양이용 활동에 저해가될 물질들로 해양이 오염되는 것을 방지하기 위하여 모든 가능한 조치를 강구하여야 한다
Stockholm Conference Report, A/Cong.48/14/Rev.1 and Corr.1 p.3.
136) IWGMP Principle; Principle 1.
모든 국가는 해양환경을 보호하고 보존할 의무를 기진다. 특히 국제적으로 공유되어야 할 자원이 있는 지역을 훼손할 오염을 예방할 의무가 있다.
International Working Group on Marine Pollution (IWGMP) 2nd Session (Ottawa, 1971) A/Conf.48/IWGMP.11/5
137) Working Paper summited by Canda. A/AC.138/SC.Ⅲ/L.26, Part Ⅲ, p.223.
138) Ibid. ; Myron Nordquist, and et al, *United Nations Convention on the Law of the Sea 1982, A Commentary* Vol. Ⅳ (Martinus Nijhoff, 1991), p.38.

4, 5항)

　모든 경우에 규제 입법의 의무는 문제된 오염원으로부터의 오염을 방지, 감소, 통제하는 법과 규칙을 제정하는 것이나 각 입법형태마다 차이가 있다. 협약은 이들 각 형태의 법과 규칙에 있어서 내용과 범위를 구체적으로 규정하고 있지 않다. 그러나 규제입법의 가장 강력한 형태에서는 협약이 제시한 규제범위가 입법의 최저 기준이 된다. 그러므로 선박기인오염의 기국(旗國) 측 규제는 "최소한도" 일반적 외교회의나 자격 있는 국제기구를 통해 수립된 일반적으로 수락되어 있는 "국제적 규칙이나 표준과 동일한 효과 (…shall at least have the same effect as…)"를 가져야 한다.(제211조 2항) 그러므로 물론 기국의 그 국적선박에 대한 오염규제법은 국제규칙과 표준보다 더 엄격하게 제정되고 시행될 수 있다.

　나. 대륙붕(大陸棚) 개발기인 오염에 대한 입법의무 (제208조)

　국가관할권하의 해저(海底) (즉 대륙붕)에서의 개발활동에 기인하는 오염에 대한 규제 입법은 그 국가관할권의 주체 즉 연안국(沿岸國)이 입법 의무를 진다.(제208조 1항) 연안국은 그 배타적인 관할권으로 설치 사용되는 배타적 경제수역 및 대륙붕의 인공도서, 시설물 및 구조물로부터 발생되는 오염과 그 관할권에서 수행되는 해저 활동과 관련하여 발생하는 오염을 예방, 감소, 규제하기 위한 필요한 법령을 제정하여야 한다. 그리고 이러한 법령과 규제 조치는 "최소한도", "국제적 규칙이나 표준 및 권고되는 관행과 절차보다 덜 효과적이어서는 안된다. (…shall be no less effect than…)"(제208조 3항)

　다. 심해저(深海底)개발기인 오염에 대한 입법 의무 (제209조)

　심해저(深海底)활동으로 부터의 오염을 규제하기 위한 입법의무의 주체는 "국가들"로 되어 있으나 결국은 "협약의 당사국(當事國)"이 될 것이다.(제209조 2항)

　이러한 당사국들의 국내적인 입법조치 이전에 이미 국제심해저기구(International Seabed Authority : ISBA)는 심해저 활동으로부터 발생하는 해양환경의 훼손과 그 동식물군의 파괴를 방지, 경감, 규제하기 위하여 적절한 규칙, 규정, 절차를 채택해야 하는 입법의 의무를 지고 있다.(제145조) 국제심해저기구(ISBA)가 협약 제11장에 의거하여 채택해 놓은 이러한 해양환경보존을 위한 규칙, 규정, 절차들은 매 5년 마다 일반적이고 체계적인 재검토를 받게된다.(제154조) 그리고 이에 더하여, "필요에 따라 수시로", 재검토 되도록 요구되고 있다.(제209조 1항)

　협약 당사국들의 심해저(深海底)개발기인 오염에 대한 국내적인 입법조치는 "최소한도", 위의 국제심해저기구가 마련한 해양환경보존을 위한 규칙, 규정, 절차들 보다 "덜 효과적이어서는 안된다.(...shall be no less effect than...)"(209조 2항)

라. 해상 투기오염에 대한 입법 의무 (제210조)

해상 투기방지 입법의무의 주체는, "국가들"이다.(제210조 1항)

그리고 이러한 입법의 의무는 우선 "국가"가 자격있는 국제기구 또는 외교회의 등을 통하여 전지구적, 지역적인 규칙, 기준, 권고 및 절차를 "확립하기 위하여 노력할" 국제입법의 의무를 의미한다.(210조 4항)

그러나 국내입법인 경우에, 입법의 주체는 선박과 항공기의 투기에 있어서는 그 기국(旗國)이 될 것이며, 영해, 배타적 경제수역 및 대륙붕에서의 투기에 대해서는 연안국(沿岸國)이 될 것이다. 투기오염의 방지, 경감 및 규제를 위한 입법이란 투기 행위 자체를 규제하는 것(210조 1항, 3항 및 5항) 뿐만이 아니라 해상투기로 기인되는 오염을 방지, 경감, 규제하기 위하여 구체적인 국내 법령을 제정하는 것이며 "필요한 다른 조치"까지 포함하는 것이다.(210조 1항 및 2항) 이러한 국내입법은 전지구적, 지역적인 규칙, 기준, 권고 및 절차보다 "최소한도", "덜 효과적이어서는 않된다"(...shall be no less effect than...).(제210조 6항)

마. 육상기인 오염에 대한 입법 의무 (제207조)

육상기인 오염에 대한 입법 의무의 주체는 "국가들"이다.(제207조 1항)

여기에서도 모든 국가는 우선 자격 있는 국제기구 또는 외교회의를 통하여 전지구적, 지역적인 규칙, 기준, 권고 및 절차를 "확립하기 위하여 노력할" 국제입법의 의무를 진다. 육상기인 오염으로부터 해양환경을 보호 보존하기 위한 전지구적, 지역적인 규칙, 기준, 권고 및 절차를 확립함에 있어서는 각국의 특수한 지리적 특성, 개발도상국의 입장 등을 참작하여야 한다.(제207조 4항)

육상기인 오염으로부터 해양환경을 보호, 보존하기 위한 각국의 국내입법은 강(江), 하구(河口), 도관(導管) 및 기타 배출시설(排出施設)로부터 해양환경을 오염, 훼손하는 것을 방지, 경감, 규제하는 구체적인 법령을 제정하는 것이다. 각국은 이러한 국내법령을 제정하여야 하며(제207조 1항) 아울러 "필요한 다른 조치"까지 하여야 한다.(제207조 2항) 이러한 국내입법은 국제적인 규칙, 기준, 권고 및 절차를 "참작하여야 한다." 즉 육상기인 오염의 규제에 있어서 각국은 독자적으로 입법을 할 수 있고, 원칙적으로 여기에는 다른 오염원의 경우와는 구별되게 국내표준주의(國內標準主義)가 적용된다고 보아야 한다. 육상기인오염의 규제에 있어서 이 처럼 국제적 통제를 적용하지 않는 것을 "이중적(二重的) 규제표준"이라고 한다.

이러한 육상기인 오염에 대한 국제입법 및 국내입법에서는 유독(有毒), 유해(有害)한 물질 및 지속적 유해물질의 배출을 "최소화(最小化) 하는 규정"을 포함시켜야 한다.(제207조 5항)

바. 대기(大氣)로부터 또는 대기를 통한 오염에 대한 입법의무 (제212조)

대기(大氣)로부터 또는 대기를 통한 오염에 대한 입법의무의 주체도 "국가들"이다.(제212조 1항)

여기에서도 모든 국가는 우선 자격 있는 국제기구 또는 외교회의를 통하여 전지구적, 지역적인 규칙, 기준, 권고 및 절차를 "확립하기 위하여 노력할" 국제입법의 의무를 진다.(제212조 3항)

대기(大氣)로부터 또는 대기를 통한 오염으로부터 해양환경을 보호, 보존하기 위한 각국의 국내입법은 자국의 주권적 관할하에 있는 대기권(大氣圈 : the air space) 즉 영공(領空)과 국적 선박 및 국적 항공기에 적용될 구체적인 환경법령을 제정하는 것이다. 각국은 이러한 국내법령을 제정하여야 하며(제212조 1항) 아울러 "필요한 다른 조치"까지 하여야 한다.(제212조 2항) 이러한 국내입법은 국제적인 규칙, 기준, 권고 및 절차와 항공의 안전을 "참작하여야 한다." (제212조 1항) 즉 대기(大氣)로부터 또는 대기를 통한 오염의 규제에 있어서 각국은 독자적으로 입법을 할 수 있고, 원칙적으로 여기에는 육상기인 오염의 규제에 있어서와 같이 국내표준주의(國內標準主義)가 적용된다고 보아야 한다.

〔2-2〕 환경 입법의 범위와 한계

각 오염원별 입법에 있어서 입법 주체들에게 재량의 여지는 남아 있다. 즉 각국은 환경규제 입법의무가 있는 분야에 대하여 국제적 표준보다 높은 표준을 언제라도 채택할 수가 있다. 국제적, 세계적 규칙은 입법사항의 출발점만을 제시하고 있을 뿐이다. 기본적 추론으로서 「협약」은 이러한 국제적 규칙을 제정, 체결할 각 국가의 의무를 전제로 하고 있다.(제208조 5항, 제211조 1항) 실은 이러한 국제적 규칙들은 1972년 London 투기방지협약(Dumping Convention)이나 1954년 및 1973년 선박유류오염방지협약(OILPOL & MARPOL) 등의 형태로 이미 존재하고 있다고 볼 수도 있다.

이들과 대조적으로 대기오염이나 육상기인오염에 관한 한, 협약의 규제기준의 의의는 극히 미약하다. 이 분야에 있어서 입법의 의무는 국제적 규칙과 표준을 "참작해야 할" 의무에 국한되며 국제적 규칙들을 반드시 채택할 필요는 없다. 그것은 마치 「공해협약」 제24조의 규정과 같은 효과를 가지며 각국마다의 독자적 입법을 할 수 있다. 그들은 국제적으로 승인된 기준에 의해서 전혀 통제되지 않은 국내적 표준을 채택할 권한을 갖게 된다. 다만 제207조 5항은 육상기인오염 규제의 규정들에 있어서 "유독하고 유해한 지속적 독성물질의 배출을 최소화할 수 있는 규정을 포함시킬" 의무를 규정하고 있을 뿐이다. 육상기인오염이나 대기기인오염의 경우는 선박기인오염이나 심해저활동 기인오염의 경우처럼, 국제적 규칙 등을 수립할 의무가 각 국가에 당연히 전제되지는 아니한다. 그들은 그러한 국제규칙 및 절차 등을 규정토록 "노력"해야 할 뿐이다.(제207조 4항, 제212조 3항) 즉 제207조와 제212조는 권고적 규정에 불과하다. 그러므로 육상기인오염과 대기기인오염을 규제할 입법조치는 개별국가의 신의에 맡겨지게 되었다.

유엔해양법협약은 모든 오염원에 대하여 단일한 일률적인 접근방식을 유지하지 않고 있다. 육상기인오염과 대기기인오염은 국제적 통제에 거의 관련되어 있지 않으며 이에 관한 국내적 규제의 규정들은 어떤 특정의 Pattern이나 최저 표준에 묶여있지 않다. 이러한 접근방식의 차이는 개발도상국들이 그들의 특수한 필요를 인정해 줄 것을 요구한데서 부분적으로 비롯되었는 바 이것은 이른바 "이중적인 규제표준"의 문제로서 오염규제에 관한 초기의 국제회의 중 상당한 논의를 야기 시킨 문제이다139). 그러나 많은 선진국들도 경제적인 이유에서 이 육상기인오염과 대기기인오염에 대한 일률적인 국제적 표준을 적용하는 것을 특별히 꺼려하였다. 그러므로 이 육상기인오염과 대기기인오염에 대해서 지역적인 규제를 취하는 쪽이 많은 국가들에게는 보다 쉽게 받아들여 질 수 있는 절충방식이 되었다. 이러한 경향은 각국의 관행에서 현저하게 나타났을 뿐만 아니라140) 유엔해양법협약의 내용에도 강한 영향을 주었다.141) 그리하여 육상기인오염과 대기기인오염에 있어서는 규제기준의 융통성이 전제되어야만 일반적 규제가 수용될 수 있다고 인식되었다.

한편 다른 오염원, 예컨데 해저개발기인오염, 해상투기오염, 선박기인오염의 기국(旗國) 규제와 같은 경우에는 이러한 국가별 표준이나 이중기준은 용납되지 아니한다.(제208조 3항, 제210조 4항, 6항)

---

139) M. Nordguist & C. H. Park(eds), *Report of U.S. Delegation to UNCLOS Ⅲ*, LSI Occational Paper No.33, (Honolulu: Univ. of Hawaii, 1983), pp.47-51. 74-89.
140) 地域協力을 위한 國際協約 (예컨대 1969년 Bonn協約, 1971년 Copenhagen協約 등) 참조.
141) 第 194條 1項.(汚染防止措置…일반)
 Using…the best practicable means at their disposal and in accordance with their capabilities…
 第 207條 4項.(陸上起因汚染 規制)
 …taking into account characteristic regional features, the economic capacity of developing states and their needs for economic development…

「협약」전반에 걸쳐서 "국제적 규칙과 표준", "국제적으로 합의된 규칙", "일반적으로 승인된 규칙", "세계적 규칙" 등 용어가 사용되고 있는 바 용어상의 일관성이나 의미의 명확성이 결여되어 있다. 이들 용어는, 무해통항에 관한 제21조 2, 4항, 해협통항에 관한 제39조 2항 b호 및 제42조 1항 b호, 공해제도의 제94조 5항과 제12장에 와서 선박기인오염의 제211 5항, 기국의 시행권에 관한 제217조, 그리고 외국선박조사에 관한 제226조 등에서 사용되고 있다. 그런데 선박기인오염규제에 관한 "국제규칙"은 1954년 London협약(OILPOL)과 그 수정협약 및 1973년 해양오염협약(MARPOL)속에서 이미 마련되어 있다고 볼 수 있다. 제3차 유엔해양법회의의 대표들의 일부는 OILPOL이나 MARPOL의 표준을 여기서 말하는 국제규칙이라고 이해하고 있었을 것이다.

"일반적으로 승인된"이란 정확히 무슨 뜻인가? 우선, 광범위하게 조인되고 각국의 국내법에 수용된 일반국제법을 의미한다고 해석할 수 있다. 또 다른 해석으로는, 관습국제법으로 성립된 것만이 국제적 규칙이나 표준이 될 수 있다고[142] 볼 수도 있다. 그러나 이런 해석의 입장에서는 1954년 OILPOL이나 1973년 MARPOL 및 1972년 해중투기방지협약 등은 "국제규칙"에 포함시킬 수 없을 것이다.[143] 이런 해석을 고집한다면 선박기인오염에 관한 한, 해양국가들에게만 부당하게 유리한 협약의 해석이 가능하고 대형 Tanker들이 운행되는 현대적 해운상황에서의 오염규제와는 맞지 않는 낡은 협약기준만을 적용해야 하는 불합리한 상황을 더욱 심화시키기만 할 것이다. 일반적으로 광범위한 비준이나 관습국제법으로의 수용을 오염규제 입법상 "국제규칙"의 전제로 삼는다면 국제규칙이나 표준이 모두 오염원의 규제에서 광범위하게 채택되기는 어려울 것이다.

대부분의 경우에 이러한 협약상 입법기준의 의도는 각국의 규제입법에 효과적인 내용을 제공하려는 것이며, 연안국의 경우에는 그 규제권한을 제한하려는 의도가 내재되어 있는 것이다. 협약의 내용은 이러한 의도와 목적을 참작해서 해석되어야만 한다. 그러므로 이러한 목적에 부합하도록 위의 해석을 수정한다면, 각종 국제협약들

---

142) i) 慣習國際法으로 成立된 것만이 "國際規則"으로 될 수 있다는 견해;
　　　Van Reenen, "Reference in the New Convention on the Law of the Sea" 12 *NYIL* 3(1981).
　　ii) 慣習國際法으로 成立될 필요가 없다는 견해;
　　　Bernhardt, "A Schematic Analysis of Vessel-Source Pollution : Prescriptive and Enforcement Regimes in the Law of the Sea Conference", 20 *VJIL* 265 (1980).
143) 1954년 협약은 1958年 발효되었고 비준국은 67개국. 1973년 협약은 1975년 발효되었고 52개국이 비준함. 1973년 MARPOL은 1983年에 발효되었고 단지 12개국이 가입하고 있을 뿐이다. 1972년 해중 투기협약(London Dumping Convention)은 1975년 8월 30일에 발효되었고 47개국이 비준하였다.

속의 국제규칙을 해석할 수 있을 것이다. 예컨데 1973년 MARPOL협약의 경우를 보면, 이는 국제사회의 가장 최근의 환경보호규제, 규칙과 표준을 제시함을 목적으로 하는 협약이며 이 협약이 발효될 수 있을 만한 비준만이 있으며 이는 국제사회의 규칙으로 참작되어야 한다.

이러한 접근방식의 장점은—다른 면에서 하나의 문제점으로 지적되기도 할 것이지만—효과적으로 유엔해양법협약의 당사국들에게 그들이 가입하지 않았거나 가입할 필요가 없는 다른 국제협약상의 규칙과 표준을 채택할 의무를 부과한다는 것이다. 그리고 이것은 국가의 주권에 대한 부당한 침해로 간주될 수도 있다. 왜냐하면 MARPOL 등 협약을 비준하여 발효케 한 소수의 국가가 유엔해양법협약에 가입한 다수의 국가에게 그들의 의사를 강요할 수 있게 되는 것이기 때문이다.144) 반대로 보다 다수의 국가가 소수 국가에게 비준이나 가입을 강요하는 경우에도 주권 침해의 문제가 일어나기는 마찬가지이다.

어느 쪽 해석방법을 택하든, 크든 적든 그 결과는 국가가 다자협약을 비준하거나 이를 적용하는 것을 거부할 수 있는 전통적인 자유권을 제한하는 문제에 귀착하게 된다. 유엔해양법협약의 당해 조항들의 목적이 국제규칙을 가능한 광범위하게 적용시키려는 것인 한, 이러한 결론을 피할 수 없게 된다.

규칙과 표준의 차이에 관해서도 약간의 의문이 있다. 규칙이란 구속력 있는 잠재적인 의무를 수반하는 구체적 규범을 의미하는 것으로 사용되고 있음은 확실하나, 표준이란 IMO결의나 기타 비구속적인 규정들을 의미한다고 단정할 수 있겠는지? 이 문제는 다른 경우라면 구속되지 않을 규범에 의해서 국가에게 어떤 의무를 부과시키는 것이 가능한가? 하는 어려운 문제를 제기한다.

생각컨대 국제사회에 있어서 다수의 국가가 집단적 합의에 의해서 간접적 수단을 통해 아직 개별적 법적 의무로 확정되지 아니한 규칙이나 표준을 집단적으로 기속되는 권고나 기준으로 제시할 수 있어야만 한다고 본다면 여기서의 "규칙"은 물론이고 "표준"도 이와 같은 구속력 있는 집단적 규범으로 의도된 용어로 간주되어야 한다145). 그러므로 규칙과 표준이라는 용어상의 차이는 본질적으로 구별될 내용을 갖지 않는 것으로 보아야 한다.

국제규칙이나 표준들이 얼마만큼 관습국제법으로 받아들여지고 있는 지는 의문이다. 오염에 관한 관습국제법상의 의무라는 것이 있어 왔지만, 그것은 타국에게 피해나 손해를 주었을 때 그것을 배상해 주어야할 의무로서 존재해 왔다146). 그것은 해

---

144) G. Timagenis, *International Control of Marine Pollution*, Vol. II, (New York: Oceana Pub., 1980), pp.606.
145) 스웨덴 代表의 發言 (1974.7.17)참조. UNCLOS III *Official Records* Vol.II, pp.323.

양환경을 보호하거나 입법적 규제로 오염을 방지하는 것은 아니었다.

이런 면에서 유엔해양법협약이 이룩한 가장 중요한 성취는 환경오염규제의 새로운 법적 제도를 창출해 내었다고 하는 점이다. 이 법제도의 주된 초점은 어떤 피해에 대한 배상책임이 아니라 해양오염을 방지규제하기 위한 포괄적 규정을 하는 것이다.

그러나 중대한 결점은 아직도 남아 있다. 국가가 오염을 규제할 입법의 의무가 있다고 하면, "어떤" 규정을 입법해야 할 것인가 하는 문제가 나오는 데, 이 점에 대해서 유엔해양법협약은 만족할 만한 해답을 주고 있지 않다. 협약의 입법적 기준은 원리상으로는 의미가 있지만, 실제로 규칙과 표준을 적용함에 있어서의 명확성과 구체성을 부여하는 데 실패하였으며 육상기인오염과 대기기인오염에 관해서는 특히 국제법칙의 기능을 약화시키고 있다. 요컨대 용어상 잠재된 불명확성은 유엔해양법협약의 실효성을 저해하게 될지도 모른다.147) 오염규제에 관한 규정들은 일견해서 의무적인 것 같이 보이지만 아직 상당한 재량의 여지가 남아있으며 국가관행은 오염규제의 범위와 내용들을 정해 나가는 창조적인 기능을 계속해야만 될 것이다.

(3) 환경보호를 위한 협력의 의무

해양이란 하나의 통일적 생태계이므로 어느 특정 국가 단독의 환경보존의 노력으로 보호, 보존될 수 있는 것이 아니다. 즉 환경의 보호, 보존을 위한 효율적 규제는 관련된 지역별 또는 어느 경우에는 전 지구적인 협력이 있음으로서 비로소 가능하게 된다.

그러므로 유엔해양법 협약은 환경 보존을 국가들의 일반적 법적 의무로서 규정한 데 이어 환경 보존에 있어서 국가들의 협력의무를 규정하고 있다. 즉, 모든 국가들은 전지구적 차원에서, 또 적절한 경우에는 지역적 차원에서 자격 있는 국제기구를 통하든지 또는 직접 관련국가들 끼리 해양환경을 보호, 보존하기 위한 규칙, 기준, 권고되는 절차 등을 확립시키는 일에 협력하여야 한다. 이때에 각 국가는 각기의 지역적 특성을 고려하여야 한다.(제197조)

해양환경이 오염에 의하여 손해를 입게되는 급박한 위험에 직면하거나 이미 손해가 발생하고 있는 것을 인지한 국가는 이러한 오염의 손해에 영향을 받게될 인접 국가들과 관련 국제기구에 신속히 이를 통지(通知)하여야 한다.(제198조) 이러한 급박한 오염으로 인한 환경적 위해에 대처하기 위하여 관련국가들은 미리 비상 행동계

---

146) 1) Trail Smelter case, Arb. *RIAA*. Vol.3.(1941). p.1905.

    2) Corfu Channel Case, 1949 ICJ Rep.4.

    3) Lake Lanoux Arb. *RIAA* Vol.12.(1957), p.281.

147) Bernhardt, supra note. 142.

획을 수립하고 대비책을 발전시켜야 한다.(제199조)

국가들은 이러한 비상계획 뿐만이 아니라 해양환경 오염 방지를 위한 과학적 조사계획과 기준을 마련하고 정보와 자료의 교환을 원활히 하여 오염의 예방과 구제에 있어서 완전한 협력적 체제를 만들도록 노력하여야 한다. (제200조, 201조)

(4) 환경적 규제조치의 의무

환경적 규제조치의 의무(義務)에 관하여는 오염규제에 관한 시행권(施行權)을 설명하는 C절(節)에서 같이 고찰키로 한다.

B. 연안국과 기국(旗國)의 규제권한 재분배

(1) 개관

제3차 유엔해양법회의에서는 해양오염규제에 관한 국제법상의 결점을 개선(改善)키 위한 많은 국가들의 노력이 있었다. 그 가장 중요한 요점은 환경 규제제도에 있어서 "기국주의(旗國主義)의 탈피"라고 말할 수 있다. 공해(公海)상에서는 기국(旗國) 이외의 관할에서 완전히 자유로울 수 있는 전통적 국제법의 구조하에서 해양 환경적 훼손을 방지, 경감(輕減)키 위한 포괄적인 규제를 실시하는 것이 어렵다는 점에 대해서는 모두가 인식을 같이한 것이다. 환경 규제제도에 있어서 "기국주의(旗國主義)의 탈피"를 위한 방법은 연안국의 규제 권한을 관할 수역 밖으로까지 강화·확대하는 방안(方案)과, 기항지국(寄港地國) 규제와 같은 새로운 방식을 도입하는 것이 있다. 물론 개발도상 연안국들은 연안국의 환경 규제 권한을 강화 확대하는 방법을 선호하였으며, 선진 해양국가들은 이러한 방식에 강력히 반대하는 입장을 견지하였다.

캐나다와 호주는 제3차 유엔해양법회의에서 이러한 두 개의 대립된 입장의 중도적 절충(折衷)의 의견을 대표하고 있었다. 그러나 그들은 연안국의 입법적 권한을 확대시키는 데에 상당한 열의를 보였다. 그들은 연안국의 오염규제 권한을 영해(領海)와 영해 이원(以遠)의 확장된 구역에서 강화시키도록 강조하였으며[148] 특히 캐나다는 영해 이원에 오염규제구역을 설정할 수 있도록 할 것을 주장하였다.[149] 그러나 이러한 주장들은 연안국의 입법적 권한의 확대가 항해의 자유권을 침해하고, 항행선박에 일관되지 않는 규제가 적용되게 될 것을 우려하는 주요 해양국가들의 강력한 반대에 직면하게 되었다.

제3차 유엔해양법회의에서 이루어진 일반적 합의(consensus)에 의하면 영해(領

---

[148] UNCLOS Ⅲ *Offical Records* Vol.2, pp.317-320,; *US Delegation Reports*, pp.47-51.
[149] Arctic Waters Pollution Act. 1970. *ND*, p.199.

海) 내에 있어서는 연안국들에게 전속적인 오염규제권을 부여하여야 한다는 것이며, 또 EEZ내에서의 해양환경보호를 위해서도 관할권이 인정되어야 한다는 것이다. 연안국의 주권적 관할범위에 속한 EEZ와 대륙붕 내에서의 해저개발활동이나 시설물로부터의 오염을 규제할 연안국의 의무도 확인되었다. 그러나 연안국의 오염규제권을 함정(艦艇)에 확대, 적용하는 데는 많은 논의가 있었다. 결국 기국(旗國)의 권한을 축소시켜서 연안국의 권한을 강화시키는 문제는 일률적(一律的)으로 결론을 내지 못하였다.

EEZ가 새로이 등장함에 따라 기국과 연안국의 권한의 주장이 절충되었다. 즉, 우선 EEZ내의 선박을 포함한 모든 오염원에 대한 규제관할권은 연안국(沿岸國)에 부여되었다. 그러나 선박에 대한 규제는 국제적 규칙의 시행에 국한하는 것으로 제한되었다.(제211조 5항, 제220조 3, 5, 6항)

공해상에 있어서 선박오염의 규제는 기국의 전속적(專屬的)인 책임으로 남아 있지만 EEZ에 있어서는 연안국에 대한 권한의 확대 조정이 있었다. 그러나 이러한 변화는 일부 국가가 희망한 것보다는 덜 혁신적인 것이다.

제3차 유엔해양법회의에서 격렬하게 논의된 것은, 보다 광대한 구역에 연안국의 관할을 주느냐의 여부에 관한 것이라기 보다는 입법(立法)의 주체가 누구냐 하는 것과 규제법규의 내용이 무엇이냐 하는 문제들이었다. 이 문제들에 대해서는 해양국가들이 특별히 관심을 가졌던 바, 이들은 국제적 규칙과 표준을 택할 것을 주장하였으며, 연안국의 규제 대상에서 선박의 구조, 설계, 장비, 인원 등을 제외할 것을 주장하였다.

이하에서 영해(領海)와 배타적 경제수역에서 연안국과 기국 사이의 오염규제권 권한 분배의 내용을 구체적으로 보기로 한다.

(2) 영해(領海) 내에서의 규제권한 분배

1958년 「영해협약」에 있어서는 연안국의 규제권한은 무제한(無制限)한 것은 아니지만 상당히 광범위한 지역에 대하여 한계가 불분명한 강력한 권한을 국내적 규칙으로 채택하여 행사할 수 있었다. 즉, 「영해협약」 제17조에서는 연안국의 법령이 이 「협약」이나 다른 국제법상의 규칙에 위반되지 않고 무해통항을 침해하지 않는 한, 무해통항을 하는 외국선박은 그 연안국의 법령을 준수할 것을 요구하고 있다. 그러므로 연안국은 외국선박에 대하여 독자적인 오염물 배출규제의 표준을 적용할 수 있었고 그것은 국제적 표준에 일치할 것이 요구되지도 않았었다.[150]

---

150) 1873년 MARPOL협약 가입국들은 그 제4조 2항에 따라 각국의 관할구역내에서 선박들이 MARPOL협약의 표준을 위반하지 않도록 할 의무가 있다. 그러나 MARPOL의 표준보

그러나 1982년 유엔해양법협약에서는 어느 의미로 보든지 영해 내에서의 오염규제에 관한 규정들은, 연안국 규제관할권의 확대(擴大)라기 보다는 그 권한의 한계를 명확히 정의(定義)한 것에 불과하였다. 즉, 연안국의 입법사항은 명백히 제한되고 있다. 제21조(무해통항에 관한 연안국의 입법권)에서는 물론이고 제211조(선박기인오염의 규제)에서도 항해의 안전, 연안국 환경의 보호, 오염의 방지, 감소, 통제 등을 입법사항으로 명시하고 있다.

그리고 영해 내에서 연안국 규제관할권에는 두가지의 제한사항(制限事項)이 부가(附加)되어 있었다.

즉 첫째는 무해통항권을 부정하거나 훼손하거나 방해하는 규제를 할 수 없다는 것(제24조, 제211조 4항)이다. 무해통항권을 규정한 제19조에서는 이를 보다 구체적으로 규정하고 있다. 오염을 야기시킨 함정은 그 오염행위가 "고의적이며", "심각한 것"일 때만(wilful and serious pollution) 무해통항이 정지된다. 그러나 대부분 항해 운용상의 기름유출은 이 조항에 적용되지 않게 된다. 왜냐하면 비록 오염이 "심각한"것 이라 해도 그것이 "고의적"인 경우는 드물 것이기 때문이다. 따라서 이 조항(제19조 2항 h호)은 결과적으로 오염규제에 관한 연안국의 독자적 입법권에도 불구하고 기국(旗國)들이 자국적(自國籍) 선박의 무해통항에 대한 연안국의 간섭을 배제(排除)할 수 있는 편리하고도 강력한 수단을 보장해 주고 있다.

둘째로, 해양국가들이 영해 내에서의 연안국의 오염규제권을 배제하는 데에 성공한 또 다른 하나의 문제는 영해내의 외국선박의 설계, 구조, 인원 및 장비에 대한 규제는 "일반적으로 승인된 국제규칙과 표준"에 따르도록 한 점이다.(제21조 2항) 이 조항과 제23조(핵추진선박들의 특별취급)는 영해 내에서 연안국에게 국제적 표준이 강요되는 특별한 경우가 된다.

해로지정 및 통항분리대 설정시에 연안국은 자격 있는 국제기구의 권고를 참작하여야 하는 것으로 규정되고 있다.(제22조) 그러나 이 경우는 연안국의 오염규제권을 제한하는 것이라기 보다, 연안국은 상당한 재량권을 견지하고 있는 것으로 보아야 한다. 해로지정, 통항분리대 설치에 관련된 지금 까지의 국가의 관행도 연안국의 재량적 권한을 인정하는 추세로 되어 있다.151).

「협약」상 영해에 관한 오염규제의 규정은 결국 기국과 연안국 권한 간의 균형잡힌 절충이라고 말할 수 있다. 연안국에게는 항해와 오염규제의 전속적(專屬的) 권한

다 더 엄격한 기준을 채택하는 것은 허용된다.
151) Fitch, "Unilateral Action versus Universal Evolution of Safety and Environmental Protection Standards in Maritime Shipping of Harzadous Cargoes", 20 *HILJ* 127 (1979) ; E. Gold and Johnston, "Ship Generated Pollution", *Law of the Sea: LSI Proceedings* (1979), pp.164-178.

이 부여되고 있는 반면에 기국(旗國)에게는 무해통항권이 보장되고, 선박의 구조, 설계, 장비, 인원의 규제는 국제표준에 의할 수 있게 되어 있는 것이다. 이로서 「협약」은 종전에 애매하게 되어있던 부분을 확실히 하고 종래 해양국가들이 기국으로 누리던 권한을 오히려 확고하게 해놓았다.

(3) 배타적 경제수역내에서의 규제권한 분배

배타적 경제수역내에서 선박기인오염에 대한 연안국의 규제입법권은 명확하게 통제되고 국제표준주의(國際標準主義)의 적용으로 제한되고 있다.

즉 연안국(沿岸國)은 EEZ내에서 해양환경보전을 위한 관할권을 갖지만, 항해의 권리를 비롯한 타국의 권리·의무에 대하여 응분의 고려를 해야 한다.(제58조) 제211조 5항은 EEZ내에서 연안국의 오염규제가 "권한있는 국제기구 또는 일반 외교회의를 통하여 제정된 일반적으로 승인된 국제규칙과 표준"에 따라야 할 것을 명시하고 있다. 따라서 이러한 제한으로 연안국의 입법상 재량권은 축소된 것이다. 연안국은 국제규칙 및 표준보다 더 엄격한 제한을 가할 수 없으며 이 보다 더 완화된 규제를 할 수도 없다. 왜냐 하면 그러한 것들은 국제적 규칙 및 표준과 "일치"하지 않기 때문이다[152]. 역설적인 결론이 되어버리는 것이지만 EEZ내에서의 선박오염규제는 연안국의 의무로는 되어 있지 않으므로(제211조 5항) 연안국은 EEZ내에서 아무런 규제도 하지 않을 수가 있다.

무엇이 "일반적으로 승인된 국제규칙 및 표준"인가를 규명하는 일이 여기서도 문제될 것이다. 제3차 유엔해양법회의의 협의중 모든 대표들 간에는 이 국제규칙 및 표준으로 대표적인 것이 1973년 MARPOL Convention의 규정이라는 점에 "묵시적 양해"가 있었다고 보인다[153].

연안국이 EEZ내에서 특별히 강화된 오염 규제가 허용되는 경우는 특정해역(特定海域)에서의 규제와 빙결해역(氷結海域)에서 규제조치이다. 선박오염규제를 위한 특정해역(特定海域)은 IMO 즉 "자격 있는 국제기구"에 의하여 지정될 수 있다. 일단 특정해역[154]으로 지정되면 이 수역 내에서는 연안국의 강화된 규제가 허용된다.[155]. (제211조 6항) 단 이러한 규제는 오염의 배출 또는 항해에 관련된 사항에만 국한되며 국제규칙이나 표준에서 정하지 아니한 선박의 구조, 설계, 장비 및 인원에 관하여는 규제할 수 없다.

---

152) 1973 MARPOL Convention Article 4(2), Article 9(2,3).
153) *US. Delegation Reports,* pp.131-133.
154) 1973 MARPOL Convention, Annex I, regulation 10.
155) 1973 MARPOL Convention, Annex I, regulation 1. para(10).

EEZ내의 빙결수역에서만은 연안국의 독자적인 규제가 허용된다.(제234조) 이 예외는 북극해 지역에 있어서 캐나다의 오염규제 요구가 관철됨으로써 허용된 것이다156).

EEZ내에서 위의 두가지 예외적 경우를 제외하고 연안국의 규제권은 제한되며 유엔해양법협약 전체로 볼 때 국제적 규칙과 표준이 우선적으로 적용되고 있다. 즉 본래 몇몇 연안국들이 추구했던 것과 같은 EEZ내에서의 연안국의 관할권 확장은 이루어지지 않았다. 특정해역(特定海域)과 빙결해역(氷結海域)에서 있어서의 연안국의 권한을 제외하고 유엔해양법협약은 EEZ에서 국제규칙의 일률적 적용을 보장함으로서, 또 IMO를 통한 국제표준 설정에 절대적 영향력을 줄 수 있는 능력을 갖고 있는 해양국가들에게 유리한 법적 제도를 보장한 셈이 되었다.

오직 영해(領海)내에 있어서만 연안국은 그 전속적 규제권을 향유할 수 있는 반면, EEZ에서는 연안국은 재량권이 없는 것이다. 연안국의 EEZ내에서의 규제권은 IMO 구성국의 주된 통제에 종속되어 있다. 그러므로 EEZ內에서 선박오염의 규제는 기국(旗國)의 권한을 축소하여 연안국의 권한을 강화한 것으로 보기 보다는 오히려 기국(旗國)의 주된 권리를 강화한 것이라고 간주된다. 이런 의미에서 EEZ內의 연안국의 입법적 규제권이란 2차적인 것이며 종속적인 것에 불과하다.

C. 오염규제에 관한 시행권

(1) 개관

해양환경의 보호·보존을 위한 해양오염의 규제에 있어서 오염규제의 구체적인 시행과 국제적 협력은 가장 취약한 국면이었다. 그러므로 1982년 유엔해양법이 해양환경의 보호·보존을 위한 오염의 규제 등을 국제법 주체들의 법적인 의무로 확정시키고 환경적 규제조치의 의무를 체계적으로 규정한 것은 획기적인 발전이라고 평가되어야 한다.

해양법협약이 규정하고 있는 오염규제 조치의 시행(施行) 주체(主體)를 보면,
육상기인오염, 대기기인오염 및 대륙붕 해저개발오염의 문제에 관해서는 연안국(沿岸國)이 전속적(專屬的) 권한의 주체가 되어 있다.

선박기인오염이나 해상투기오염에 대하여는 그 시행권한이 주로 기국(旗國)에 속해 있다. 그러나 영해 내에서 저질러진 오염에 대한 기소 및 체포는 연안국(沿岸國)의 권한에 속한다.

---

156) R.M Gonigle & M. Zacher, *Pollution, Politics and International Law*, (Berkely : Univ. of Cali. Press, 1979), pp.246-247.

새로운 오염규제의 방식으로 대두된 이른 바 기항지국(寄港地國) 규제에 있어서의 시행주체는 결국 기항지국(寄港地國)이 될 것이다.

국제법상 모든 국가는 그 입법적 재량에 속하는 분야에 대한 시행의 의무는 갖지 않는다. 이하에서는 해양환경의 보호·보존을 위한 오염규제의 시행(施行) 주체별로 환경오염 규제 시행권의 내용을 정리해 보기로 한다.

(2) 연안국의 오염규제 시행권

1982년 유엔해양법 협약 이전(以前) 까지, 해양환경의 오염에 대한 연안국의 규제 시행권은 무해통항권(無害通航權)의 대가(對價)로 인정된 것이었으며 「영해협약」이나 일부 국가의 관행에 의하면 행위의 결과가 연안국에 구체적으로 미칠 경우에만 국제예양(國際禮讓)상 연안국이 시행할 수 있는 것으로 보았었다.

☞ 항만(港灣) 등 내수(內水)와 영해(領海)에서의 오염 규제
   1982년 유엔해양법 협약에 의하면, 적어도 항만(港灣) 등 내수(內水)와 영해(領海) 내에서는 오염규제에 대한 일반적 시행권이 연안국에 있는 것으로 인정되고 있다. (제220조 1항) 1973년 MARPOL이나 1972년 London 투기방지협약도 영해내의 모든 선박에 대하여 연안국의 규제법령을 적용하고 시행할 것을 요구한다[157].
   오염위반 혐의(嫌疑) 선박이 있을 때, 연안국은 그 혐의 선박에 대하여,
   ① 물리적 검사(物理的 檢査)를 행할 수 있고,
   ② 선박의 억류(抑留)를 포함한 소송(訴訟) 제기(提起) 절차를 시행할 수 있다. (제220조 2항)
      ● 그러나 외국 선박의 무해통항(無害通航)을 보장하기 위한 원칙과 규정 (협약 제2장 3절)을 존중해야 하며,
      ● 오염규제 시행권의 남용(濫用)을 방지하고, 소송 절차의 적법성, 효율성 등을 보장하기 위한 안전조치(安全措置 : 제7절, 제223조부터 233조 까지)를 준수하여야 한다.

☞ 배타적 경제수역에서의 오염 규제
   ① 혐의 확정 관련 정보의 요구 (제220조 3, 4항)
      배타적 경제수역에서 오염위반 혐의(嫌疑) 선박이 있을 때, 연안국은 그 혐

---

[157] MARPOL 제4조 2항; Dumping Convention 제7조 1, 2항.

의 선박에 대하여,

㉠ 선박식별자료, ㉡ 등록항, ㉢ 기항지(寄港地) 및 ㉣ 혐의를 확정하는 데 필요한 관련자료 등, 혐의 확정 관련 정보를 요구할 수 있다. (제220조 3항) 이때 기국(旗國)은 이러한 정보제공 요청에 협조할 의무가 있다.(제220조 4항)

② 물리적 검사의 실시 (제220조 5항)

위의 혐의 선박이,

㉠ 중대한 오염을 야기할 실질적 배출(排出)이 있을 경우,
또는 위의 혐의확정 관련정보의 요구에 대하여,

㉡ 정보의 제공을 거부(拒否)하거나,

㉢ 제공된 정보가 사실과 현저하게 모순(矛盾)될 경우,

㉣ 기타 정당화 될 수 있는 상황에서,
물리적 검사(物理的 檢査)를 실시할 수 있다.

③ 억류(抑留)와 소송의 제기 (제220조 6항)

위의 혐의 선박이,

㉠ 연안국의 자원에 중대한 손해(損害)를 야기하였을 때,
선박의 억류(抑留)를 포함한 소송(訴訟) 제기(提起) 절차를 시행할 수 있다.

- 그러나 오염규제 시행권의 남용(濫用)을 방지하고, 소송 절차의 적법성, 효율성 등을 보장하기 위한 안전조치(安全措置 : 제7절, 제223조부터 233조 까지)를 준수하여야 한다.

④ 선박 운항(運航)의 보장 (제220조 7항)

위의 혐의 선박이,

연안국을 구속하거나 기타 합의된 절차로 인정되는 보석금(保釋金)이나 기타 재정적 담보를 제공하였을 때는 억류(抑留)를 풀어 그 선박의 운항(運航)을 보장하여야 한다.

(3) 기항지국(寄港地國)의 오염규제 시행권

1982년 유엔 해양법 협약 이전(以前)에도 이미 관습법상으로 제한된 기항지국(寄港地國)의 시행권이 인정되어 왔었다. 연안국은 그 영해나 내수에서 저질러진 오염을 자국법원에 기소(起訴)할 수 있다. 1973년 MARPOL협약은 이에 추가하여 기항지국은 그 관할내의 외국선박을 검색하고 그 결과를 기국(旗國)에게 통보하는 권리를 인정하였다.158) 그 밖의 시행권은 전적으로 기국의 전권(專權)에 속한다. 1973년

---
158) MARPOL 제6조 2항.

MARPOL협약의 시행의무를 제외하고 기국은 시행에 전적인 재량권을 갖고 있다. 지금까지 보고되고 기소된 오염위반에 관한 조사에 의하면 모든 기국들은 자국적(自國籍) 선박의 오염행위를 규제함에 있어서 오염규제 시행(施行)에 극히 미온적인 것으로 나타나고 있다. 주로 그 이유는 오염행위의 입증이 곤란하다는 데에 있다. 이런 일반적 기록을 고려할 때, 보다 효율적이고 인상적인 오염규제 시행제도가 제3차 유엔해양법회의 주요 과제가 되었던 것은 놀라운 일이 아니다.

「협약」은 모든 국가에게 시행에 관한 규정을 입법할 의무를 부과하고 있다. 그 중에서도 선박기인오염에 관한 시행규정들은 가장 흥미있는 부분이다. 이들은 기존의 법체계를 혁신적으로 개혁하는 것이라기 보다 기존체제의 확대(擴大), 개선(改善)으로 보아야 한다. 이들의 경향은 "기국주의로 부터의 탈피"를 의미한다.

이러한 개혁의 틀에는 두가지 요소가 포함되어 있다.

첫째, 기국은 그 국적선들이 오염규정을 준수하도록 할 의무가 있는 것으로 규정되는 것은 종전과 같다.(제217조 1항) 그러나 기국의 의무는 종래보다 강화되었다. 이 기국의 의무에는 표준미달선박의 출항금지조치의무(제217조 2항), 선박의 감항능력에 관한 적절한 국제적 자격증을 획득토록 확인할 의무(제217조 3항), 기타 다른 요건에 관한 정기적 검사확인의무, 오염규제법 위반의 수사와 기소의무(제217조 4, 5, 6, 7항) 및 적절한 처벌을 과할 의무(제 217조 8항)를 포함한다.

둘째, 기국의 규제의무를 강화하는 것만으로는 현재 오염규제체제의 개선이 충분한 것이 되지 못한다는 것이 일반적인 인식이었다. 그리하여 연안국의 시행권한을 신장시켜서 EEZ 전체에 미치게 하는 것이 좋으냐, 아니면 기국의 권한의 대안으로서 기항지국의 관할권을 확대시키는 방안을 채택할 것인가 하는 것이 많이 논의되었다.

연안국 권한을 확대시키는 방안의 장점은 오염규제의 미온적 실시로 고통받아온 국가들이 자신의 필요를 위하여 규제를 실시할 수 있게 된다는 점이다. 그러나 이러한 급진적 권한의 재분배는 특히 배타적 경제수역 내에서 "방해받지 않는" 항행의 자유를 보장하는 데 중대한 지장을 가져 올 것이다.

그리하여 기항지국 관할이라는 새로운 방식이 매력적인 대안(對案)으로 제기되었다. 이 방식이라면 항해의 자유를 위협하지도 않으려니와 규제법 위반의 수사와 증거확보에도 손쉬운 방도를 제공하기 때문이다. 많은 논의 끝에 회의에서는 두가지 방도의 절충적인 방안을 채택케 되었다. 즉 연안국의 권한을 확대하되 일정한 제한

Europe에 있어서 기항지국의 수사, 기소권을 명문으로 규정한 예로는, MOU. on Port State Control in Implementing Agreements on Maritime Safety and Protection of Marine Environment, Paris 1982,를 참조할 것.
21 *ILM* 1 (1982)

된 국면에만 한정되게 하고 상당히 중요한 기능을 기항지국에 부여하였다.

연안국이 가졌던 영해 내에서의 오염규제법 위반선박에 대한 수사, 체포, 기소의 권한은 그대로 유지되었다.(제220조 2항) 그러나 연안국의 권한은 EEZ에서는 제한된다. EEZ내에서 연안국의 권한은 그 제기되는 위해(危害)의 정도에 따라 조정되었다. 체포와 기소는 오염으로 인한 위해가 연안국에게 "중대한 손해"를 주는 경우에만 가능하다.(제220조 6항) 연안국은 "심각한 오염"을 가져오거나 그럴 위험이 있는 "중대한 오염배출"이 있는 경우에만 선박을 검사할 수 있다.(제220조 5항) 이런 요건이 해당되지 않을 때 연안국은 그 선박의 성명과 다음 기항지를 문의할 수 있을 뿐이다.

다소 애매한 비례조정은 연안국측에 자의적(恣意的)인 해석 운용의 여지를 주고 있으나 결국 EEZ내에서 오염규제에 관한 국제표준(國際標準)을 전속적(專屬的)으로 시행할 권한을 연안국에 주지 않았다는 것은 분명하다. 연안국이 직접 오염으로 인한 심각한 위해(危害)를 받는 경우가 아닌 한, 연안국은 기국 또는 기항지국의 시행권의 행사를 촉구하기 위해 필요한 정보를 요구하는 것만이 가능하다.(동 3항) 따라서 EEZ내의 연안국의 기능은 보호적인 것에 불과하다.

기항지국은 일반적 권한에 따라 그 영해나 경제수역내에서 오염규제위반에 대하여 수사와 기소를 할 수 있다.(제218조 2항) 특별히 발전된 것은 기항지국은 타국의 관할구역이나 공해상에서의 오염행위까지도 규제할 수 있다는 점이다.(제218조 1항) 공해상의 오염행위 등에는 기항지국이 전권으로 기소할 수 있으나 타국의 영해 및 경제수역내에서의 오염행위에 대해서는 그 연안국이나 기국의 요구가 있어야만 이를 규제할 수 있다.(제218조 2항) 그러므로 이런 경우 기항지국의 기능이란 연안국의 규제능력이 부실할 때 이를 보완해주고 기국의 관할권이 미치기 어려운 곳에 항해하는 선박에 대한 즉각적인 규제를 가능케 해주는 중계자 역할을 하는 것이다.

기항지국 관할에 관한 이러한 새로운 규정이 기국주의(旗國主義) 원리를 얼마나 수정할 수 있겠는지를 본다면 이는 극히 부분적인 수정에 불과한 것으로 생각된다. 기국은 공해상에서의 규제에 유일한 전권자는 이미 아니다. 기국의 시행권한은 기항지국이나 연안국의 권한과 공존(共存)한다. 이러한 체제의 변화는 원리상으로만이 아니라 실제적으로도 효과적 기능을 발휘할 것이다. 연안국이나 기항지국의 새로운 권한은 기국의 우선적 권한을 전제(前提)하고 있다. 기국은 연안국에게 중대한 손해를 준 경우를 제외하고, 연안국에 계속(繫屬)된 기소사건의 절차를 기국법원에 이송(移送)토록 요구할 수 있다.(제228조 1항) 그러나 일단 이송된 절차는 기국법원에서 충실히 진행되어야 하고 적용가능한 국제규제나 표준을 효과적으로 집행할 의무를 반복해서 무시, 해태한 경우에는 기국의 우선권은 상실된다.

이러한 기국의 우선권은 연안국의 영해내의 위반에 대한 연안국 자신의 집행절차와 기항지국의 영해, EEZ내의 위반에 대한 기항지국 자신의 집행절차에는 적용되지 아니한다. 그러나 연안국 EEZ내의 위반에 대한 연안국의 집행절차에는 적용된다.

결국 대부분의 경우에 연안국이나 기항지국에게 집행절차를 허용할 것인가의 여부는 기국의 의사에 달려있게 된다. 그러므로 모처럼의 연안국 및 기항지국의 시행권도 기국에 의해서 봉쇄 가능하다고 비판하는 견해도 있다.159) 따라서 이 새로운 유엔해양법협약의 변화도 신중하게 평가되어야 한다.

D. 해양환경침해의 책임과 구제

전통관습국제법에서는 손해와 피해에 대한 보상책임이 해양오염행위에 있어서도 유일한 구제방식이었다.

유엔해양법협약은 해양환경의 훼손에 대한 규제 및 통제의 일반적 의무를 강조하는 포괄적 법체제로 개선되었다고는 하지만, 국가책임의 구조는 오염행위로 야기된 어떤 특정 국가의 손해나 피해에 대한 배상의무로 규정되고 있기는 마찬가지이다.(제235조)

유엔해양법협약은 이 방면에서 약간의 중요한 개선(改善)을 시도하여, 임박(臨迫)한 오염 또는 위협(威脅)된 오염에 대한 연안국의 자구책(自救策) 강구(講究)의 권리를 인정하고 있기는 하다.(제221조 1항)

(1) 구체적 개별적 환경침해에 대한 국가책임.

오염침해에 대한 국가의 구제책임은 Trail Smelter중재사건, 라누호사건 등에서 확인되고 있다. 이들 판결에 의하면 국가는 그 영토를 타국에게 손해나 피해를 주도록 사용하지 않을 의무가 있다고 밝히고 있다. 그리고 이들 판결로부터 이 원리는 보다 확대(擴大)되어 국가책임은 그 국가 관할 하의 해양활동에서 야기된 해양오염으로 비롯된 손해에도 적용될 수 있다고 생각되게 되었다.160) 종래의 「영역주권 절대의 원칙」에서 볼 때 이는 환경적 침해에 대한 국가의 책임을 인정하게된 중요한 진전임은 이미 앞에서 지적한 바와 같다. 그러나 이들은 어디까지나 종래 국제법상 국가책임의 성립에 적용되는 개별책임 원칙에 입각한 것으로서 발생된 구체적인 손해와 국가행위와의 인과관계를 특정시킬 수 있는 것을 전제로 한, 이른 바 개별적 환경 침해에 대한 국가책임을 인정한 것에 불과하다.

그러나 어떤 국가의 행위로 야기된 손해를 배상할 의무의 범위나 내용을 특정시키는 것은 언제나 쉬운 일이 아니다.161) 뿐만 아니라 관습법상 어떤 범위까지의 책

---

159) R. M Gonigle & M. Zacher, op.cit., p. 249.
160) J. Schneider, *World Public Order of the Environment,* Chapter 6. (1979).

임에 고의나 과실을 요구하는 것인지 불분명하며 국가가 그 국민의 행위에 책임을 지기 위한 요건에 대해서도 견해는 여러가지이다.[162] 환경적 손해에 대한 강제적 구제를 어느 경우에 어느 만큼 적용할 수 있는가도 논의가 많다.

이런 모든 문제들은 국가책임론 일반의 불명확성에서 유래된 것이다. 그러므로 환경적 피해 구제(救濟)를 위해서는 국가책임론 전반에 대한 검토가 필요하다. ILC는 이러한 검토를 주관하고 있다.[163] 유엔해양법협약은 체약국들이 이 방면의 국제법의 발전에 협력할 것을 강조하고 있다.(제235조 3항)

(2) 일반적 환경침해에 대한 국가책임

가. 해양환경에 관한 국가의 일반적 의무 선언

유엔해양법협약은 해양환경 자체를 보호, 보존하기 위한 보다 광범위한 일반적 의무를 규정하고 있다.(제192조) 이 기본적이고 일반적인 법적의무를 전제로,

모든 국가들은 해양환경오염을 방지, 감소, 통제하기 위한 필요한 모든 조치를 강구할 의무를 지고 있고(제194조 1항), 그들 국가들이 주권적 관할권을 갖는 구역 밖으로 오염이 파급되는 것을 방지할 의무가 있다.(제194조 2항)

또 모든 국가들은 오염으로 인한 피해가 한 지역으로부터 타지역으로까지 확산되는 것을 방지할 의무가 있고, 한 종류의 오염이 다른 종류의 오염으로 전환(轉換)되는 것을 방지해야 하며(제195조) 기술의 사용이나 외래(外來)의 종(種) 및 새로운 종(種)의 도입(導入)으로 인한 오염을 방지해야 한다.(제196조)

환경에 관한 국가의 일반적 법적의무를 규정함에 있어서, 오염으로 인한 손해를 타국 또는 타국의 환경에 끼치지 않을 관습법상의 의무와 실제적이고 긴박한 환경피해를 통보해 줄 기본적 의무(제198조)등을 명시하고 있다.

나. 일반적 환경 침해에 대한 국가 책임

유엔해양법 협약에 의하면, 모든 국가는 해양환경의 보호·보존에 관한 이러한 의무들을 이행할 책임을 지며, 따라서 국제법에 따라 배상책임을 부담한다.(제235조 1항) 국가들은, 그 관할하에 있는 자연인이나 법인의 환경보존 의무 해태로 인한 환경적 손해를 신속하고도 적절하게 보상 구제하도록 보장해야 한다.(제235조 2항)

---

161) Handl, "The Environment, International Rights and Responsibilities", 74 *ASIL Proc.* 223 (1980).
162) J. Schneider, op.cit., p.163 ; The Comments of the French & Jamaican delegates on July 17, Aug 5, 1974. 2 UNCLOS III *Offical records*. pp.330-334.
163) *ILC Yr.Bk.* Vol.2. (1978), p.149. ;UNDoc.A/ CN.4/ SER.A/ 1979/ Add.1 (pt.2). (1980).

제235조가 예상하고 있는 바, 특정국가의 이익이나 환경에의 구체적인 침해와 연관되지 않는 일반 해양환경파괴에 대한 이상과 같은 국가책임은, 이들 규정(제192조-196조)에의 위반으로 인한 협약상의 책임을 구성한다고 보아야 한다. 이러한 개념은 Trail Smelter나 Lanoux호수사건 판결이 내포한 원리로부터의 탈피를 의미한다.

그러나 유엔해양법협약은 어떤 특정국가의 피해가 없는 경우에 관습법 형태로 표현되는 배상의무의 일반책임의 개념이 구체적으로 어떤 것이어야 하는 지에 관해서는 규정하고 있지 않다. 「일반적 환경피해」는 어떻게 평가되어야 하며, 누가 그 배상을 청구할 것인가가 문제이다. 유엔해양법협약은 이러한 문제에 대해서 아무런 기준도 제시하지 않고 있다. 앞으로의 국가관행을 통해서만 이들 포괄적 원리는 실효성 있는 법적 원리로 구체화될 수 있을 것이다.

(3) 환경피해의 책임보장을 위한 국제적 협조 체제

오염피해를 야기함에 대한 국내법상 책임의 원리도 발전되어야만 한다. 1969년 민사책임협약164)에서는 입증(立證) 부담의 경감과 절차의 실효성을 위하여 배상절차는 피해자의 국내법원에 제기(提起)토록 정하고 있다.(민사책임협약 제9조) 환경파괴에 관련된 손해구제의 국내법원에의 제소(提訴)는 적용법조의 채택, 외국인 또는 외국에서의 사건 등에 대한 재판관할권의 문제와 같은 많은 문제를 제기한다. 그리고 이러한 문제들은 국가간의 협약과 협조로 통일된 절차를 수립시킬 수 있을 것이다.

이러한 국제적 협조를 위한 협약으로서는 전술한 민사책임협약165)과 그 의정서166), 그리고 국제보상기금협약167) 및 그 의정서168)가 있으며 특히 원자력선박의 운행에 의한 핵오염 피해 보상을 위해서 「핵선박운영자의 책임에 관한 협약」169)과 「핵물질운반자의 민사책임에 관한 협약」170) 등이 있다. 또 해저개발활동에 기인한

---

164) 民事責任 協約, 1969 International Convention on Civil Liability for Oil Pollution Damage U.N. Reg. No. A · 14097; ST/LEG.SER.B/16, pp.447-54.
165) 1969년 11월 29일 Brussels에서 체결, 1975년 6월 19일 발효, 64 *AJIL* 481 (1970).
166) 1976 The Protocol to Civil Liability Convention. 16 *ILM* 617(1977)
    1976년 11월 19일 London에서 체결, 1981년 4월 8일 발효.
167) 國際補償基金協約. International Convention on the Establishment of an International Fund for Compensation for Oil Pollution Damage. 11 ILM 284(1972).
    1971년 12월 18일 Brussels에서 체결. 1978년 10월 16일 발효.
168) The Protocol to Fund Congvention , 16 *ILM* 617(1977)
    1976년 11월 19일 London에서 체결.
169) The Convention on the Liability of Operators of Nuclear Ships 57 *AJIL*. 268(1963).
    1962年 Brussels에서 체결.
170) The Convention relating to Civil Liability in the Feild of Maritime Carriage of Nuclear

오염피해의 보상 보장 협조를 위해서는 「해저광물자원의 탐사 개발에 기인한 기름오염피해를 위한 민사책임 국제협약」171)이 있다. 이들 국제협약들은 재판관할권의 문제를 확정시켰고 구체적인 책임조건의 규정을 명시하고 있다.

유엔해양법협약 제12장의 규정들은 이러한 국제협약들에 의한 특별의무와 절차를 저해(沮害)하지 않음은 물론이고 이들 특별협약들은 유엔해양법협약 제12장 제1절에서 규정되고 있는 해양환경 보호·보존을 위한 법적의무의 일반규정(一般規定)들과 합치되는 방향으로 이행되어야 한다.(제237조)

그러나 유엔해양법협약이 지향하는 입법적 목표는 모든 종류의 오염원에 일반적인 책임규정을 적용코자 하는 것이다. 이는 아직 국제적으로 구체적인 합의가 이루어지지 않은 분야에 대한 규정이 되므로 문제가 될 것이다. 제235조에서는 모든 국가들에게 주권적 관할내의 사람에 대하여 그 국내법상으로 오염피해 구제를 보장할 것을 요구하고 있지만 책임배상의 구체적인 원리 등에 관해서는 規定하는 바가 없다.

가. 민사책임협약

과실책임주의를 원칙으로 하는 일반적인 책임원리와 1957년 「선주책임제한협약」에 의한 소위 유한 책임의 한도에서 오염피해를 보상하게되는 기존의 법체제에 의하면 해상유류로 인한 환경피해보상이 극히 미흡하게 된다. 이러한 결과를 개선시키기 위하여 이 협약은 마련되었다. 이 협약의 명칭은 「해상유류오염시 민사책임에 관한 국제협약」 (International Convention on Civil Liability for Oil Pollution Damage ; Civil Liability Convention으로 약칭됨)이다.. 이 협약은 「공법협약」과 함께 1969년 11월 Brussels에서 성립되었다. 이 협약은 유조선 (Tanker) 선복량 100만톤 이상인 선박보유국 5개국을 포함한 8개국의 비준서가 기탁된 날로부터 90일 이후에 발효하게 되어 있었다.(제15조) 이 조항에 의거하여 이 협약은 1975년 6월 19일자로 발효하였다.

한국은 1978년 12월 18일 비준서를 기탁하였으며 이 협약이 한국에 대하여 발효된 날은 1979년 3월 18일자이다.

이 협약은 총 21개조문과 부속서로 구성된다.

이 협약의 내용을 개관하면 다음과 같다.

Materials,
11 *ILM* 277 (1972), 1971年 12月 7日 Brussels에서 締結.
171) The International Convention on Civil Liability for Oil Pollution Damage Resulting from the Exploration for and Exploitation of Seabed Mineral Resources. *ND* Vol. 6. p.535.
1977年 London에서 締結.

① 배상책임의 주체(主體) (3조 1항)
　　등록된 선박의 소유자로 명시하였다. 운항자나 하주를 책임주체에서 명시적으로 제외하므로 배상청구단계의 분쟁을 없앤 것이다. 그러나 선박임차인 또는 충돌한 상대선에 과실이 있을때는 선주는 이들에게 구상권을 행사할 수 있다.

② 적용대상 (適用對象)
　　선박(船泊) : 기름을 화물로 운송하는 항행선 즉, 유조선(油槽船 : tanker)
　　기름 : 원유, 중유, 중디이젤유 윤활유, 고래기름

③ 손해(損害 : pollution damage) (제1조 6항, 3조)
　　☞ 해난사고로 지속성 기름이 선박에서 유출 또는 배출되어 선박의 외부 즉, 해상, 및 육상을 오염시켜서 생긴 손해
　　☞ 이 오염 손해를 방지, 경감시키기 위하여 생긴 손해(방지 조치를 위한 비용, 개인의 피해, 정부 및 기타 조직 등의 청소 비용)

④ 책임의 성질(제 3조 2항)
　　선주(船主)의 배상책임은 고의, 과실을 묻지 않는 엄격책임(嚴格責任 : strict liability)이다. 이 엄격책임(무과실 책임)의 범위는, 불가항력(force majeure)이나 타인의 고의적 행위 및 등대등 항로표지관리청의 하자로 인한 손해만을 제외한 모든 책임을 말한다.

⑤ 책임제한 (제5조)
　　제한금액-사고선박 기준톤당 2000금프랑 그러나 배상총액은 2억 1000만 금프랑을 초과할 수 없다.

⑥ 강제보험 (제7조)
　　2000톤 이상의 기름을 운송하는 선주는 책임제한 금액에 해당하는 자기 책임을 담보하기 위하여 보험이나 은행 보증을 유지하여야 한다.

나. 국제보상기금협약

　1969년 「민사책임협약」은 1957년 「선주책임제한협약」[172] 보다는 손해배상의 보장에 기여하였으나 역시 절대책임은 아니므로 면책될 수 있고 또 책임제한이 있으므로 피해자(被害者)의 입장에서는 보상(補償)에 미흡한 점이 남아 있게 된다. 그리고 반면에 책임주체인 선주(船主)의 입장에서는 종래의 책임배상 체제보다 가혹한 엄격책임(嚴格責任)으로 종래보다 2배의 배상책임을 지게되어 가혹한 면이 있게 된다. 따라서 석유수송의 이익을 수혜(受惠)하고 있는 석유업계가 보상기금을 마련하여 이러

---

[172] 1957년 선주책임제한 협약은 과실책임주의에 입각하여, 선주의 책임은 매기준 톤당 물적 손해는 1000포앙까레 프랑, 인적 손해는 3100포앙 까레 프랑을 한계로 하고 있다.

한 불합리를 개선시키게 하자는 것이 이 협약 입법의 동기가 되었다. 이 협약의 명칭은 「기름오염손해의 보상을 위한 국제기금의 설치에 관한 국제협약」(International Convention on the Establishment of an International Fund for Compensation for Oil Pollution Damage-Fund Convention)이다.

이 협약은 1971년 12월 18일 Brussel에서 체결되었다. 이 협약은 민사책임 협약이 발효한 이후에, 8개국 이상의 가입국이 있고 이들이 수령하는 기름이 7억 5천만 톤에 달하는 날로부터 90일 이후에 발효하게 되어 있었는 바, 이 조항에 의거하여 1978년 10월 16일 발효하였다.

① 국제보상기금기구 (제16조)-총회, 집행위원회 및 사무국이 있다.
② 기금갹출 의무자 (제10조)-전년도에 해상운송된 원유 및 중유를 15만ton 이상 인수한 체약국의 석유업자.
③ 당초 갹출금 (제11조 : initial contribution)-갹출 대상유의 ton수에 총회가 결정한 비율을 곱하여 나온 금액(이 비율은 세계의 총갹출대상유의 90%에 대하여 갹출되며, 총액이 75000만 금프랑이 되도록 획정한다.)
④ 연차 갹출금 (제12조 : annual contribution)-총회는 경상비, 국제보상기금이 지불해야할 보상충당액등 을 고려하여 당해 년도 갹출대상유의 ton수에 대한 비율을 결정한다.
⑤ 피해자에 대한 기금의 보상범위 (제4조)

| 피해액-민사책임협약상(CLC)의 배상=국제보상기금 보상 |

다만 이는 불가항력 및 타인의 고의(故意) 등의 이유로 엄격책임(嚴格責任)만을 지는 선주가 민사책임협약(CLC) 상의 배상책임이 면책되거나, 선주의 강제보증금의 부족 등으로 그 의무를 수행할 수 없을 때에 한한다.
☞ 보상한도 : 4억 5,000만 금프랑.
⑥ 국제보상기금의 적용 배제
기름 오염손해가 전쟁, 폭동의 결과로 발생되었거나 군함이나 공선으로 부터의 기름 유출인 경우 및 그 손해가 사고선박에 기인함을 입증할 수 없을 때는 기금에 의한 보상은 배제된다.
⑦ 선주에 대한 기금의 보상(제5조)
☞ 보상의 조건 : 선주가 모든 안전관계협약을 지켰을 것,
오염손해에 선주의 고의가 없을 것.
☞ 보상의 범위 : 선주책임제한액 초과의 CLC 의무액 중 부족분

매톤당- 1500 프랑(100 SDR)		매톤당-2000 프랑(133 SDR)
총액- 1억 2500만 프랑	≤Fund 보상금≤	총액-2억 1000만 프랑
(8,333,000 SDR)		(14,000,000 SDR)

다. 책임보장을 위한 기타 담보협약

민사책임협약과 국제보상기금에 의한 배상책임을 보완하는 자발적 담보 조치들이 마련되어 있다.

① 선주책임보험제도(Protection & Indemnity ; P & I)
  P & I Club약관 제 34조에 의거, 오염손해시에 제3자의 피해 및 기타 비용을 최고한도액 1,500만까지 보상.

② 기름 오염책임에 관한 Tanker선주의 자발적 협정(Tanker Owners Voluntary Agreement on Liability for Oil Pollution ; TOVALOP)
  세계 7대 선유회사 Tanker선주가 자발적으로 결성한 오염손해 및 비용보상기구(1969년 10월 발효)
  ⅰ) 관리기관-International Tanker Owners Pollution Federation Ltd.
  ⅱ) 보험기관-International Tanker Indemnity Association(ITIA)
  ⅲ) 보상범위- 정부의 방제조치 및 선주의 법적 책임외의 자발적 조치 비용을 보상

③ 기름오염에 관한 Tanker책임의 잠정적 지원 보상계약(Contract Regarding an Interim Supplement to Tanker Liability for Oil Pollution ; CRISTAL)

국제보상기금협약이 발효할 때까지 석유업계가 선주의 책임제한을 초과하는 피해자의 손해에 대한 제2차적 보상을 담보하기 위한 협정이다.

- 보상범위-TOVALOP나 P & I보험에서 보상받지 못하는 기름제거비용과 확대저지 비용 및 제3자에 대한 손해 배상액.

$$3000만-(TOVALOP+P\&I)=CRISTAL보상액$$

VI. 국제해양환경법 개념확대 단계
- 1992년 Rio Summit 이후 -

1. 1992년 유엔환경개발회의 (Rio Summit)

1982년 유엔 해양법협약 제12장의 환경법 체계는 해양 환경의 보호와 보존을 위하여 인간의 오염행위를 규제하는 것이었다. 그러나 얼마 안되어서 환경의 보호와 보존을 위하여는 보다 더 종합적인 접근이 필요하다는 점이 인식되었다.

유엔해양법 협약이 성립된 지 10년 후, 1992년 6월 3일부터 14일간 Brazil의 Rio De Janeiro에서 「유엔환경개발회의」가 개최되었다.

이 회의에서는,

> "Stockholm 선언을 재확인하고 이를 더욱 확고히 할 것을 추구하고, 모든 국가와 사회의 중요 분야 및 모든 사람들 간의 새로운 차원의 협력을 창조함으로써 새롭고 공평한 범세계적 동반자 관계를 수립할 것을 목적으로, 모두의 이익을 존중하고 또한 지구의 환경과 개발체제의 통합성을 보호하기 위한 국제적 협정들을 체결하기 위하여 노력하며 우리들의 삶의 터전인 지구환경의 통합적이고 상호의존적인 성격을 인식하여,… " "인간을 중심으로 지속가능한 개발이 논의되어야 하며 인간은 자연과 조화를 이루어 건강하고 생산적인 삶을 향유하여야 한다."

라고 선언하였다.[173] 이 「인간환경과 개발에 관한 Rio선언」의 중심적 개념은 "지속가능(持續可能) 개발(開發) (sustainable development)"이다. 「지속가능개발」이란, 지속적인 경제적 개발, 사회적 형평성의 개선 및 환경적 지속성들의 균형적 성취를 점진적으로 이룩하는 것을 의미한다. 즉 환경 보호와 보존을 위한 법적인 규율의 대상은 이미 단순한 오염행위의 규제에서 그치는 것이 아니라 인간의 개발활동을 환경적 지속성 유지에 맞추어 나가는 종합적인 개념으로 변모, 발전한 것이다.

이 1992년 유엔 환경개발회의(이하에서 "Rio회의"로 함)에서 논의되고 채택된 중요한 내용을 개관해 본다.

(1) Rio 선언

앞서 언급한 「인간환경과 개발에 관한 Rio선언」(Rio Declaration on Environment and Development)은 1972년 Stockholm 유엔 환경회의에서 채택 선언되었던 「인간환경선언」(The Stockholm Declaration on the Human Environment)에 필적(匹敵)

---

173) The Rio Declaration on Environment and Development,
    Preamble, and Principle 1.

하는 문서로서 구체적인 법적 기속력은 없으나, 지구환경의 보호와 개선을 위한 헌장 (憲章 : Magna Carter)이라고 할 수 있다. 이는 전문(前文) 5개항과 환경과 개발에 관한 27개 원칙으로 구성되어 있다. 여기에서는, 범세계적인 환경규제의 강화, 강력한 예방조치의 시행 및 오염자 부담의 원칙 등 선진국들이 주장해온 기준과, 지구파괴에 대한 선진국들의 책임, 개도국들의 개발권의 보장, 개도국에 대한 재정적 기술적 지원을 강조하는 개도국들의 요구가 절충되어 있다. 이러한 대립된 두 입장의 절충은 지구환경의 보존과 개발에 있어서 새로운 차원의 협력을 창출하고 새롭고 공평한 동반자 관계의 수립을 목표로 한 것이며, 이는 지구환경의 통합적, 상호의존적 성격에 대한 재인식을 기초로 한 것이었다.

(2) Agenda 21

이는 Rio선언과 똑 같이 구체적인 법적 기속력이 없는 선언적 문서이나 Rio선언의 원칙에 의거하여 앞으로(21세기를 향해서) 실천해 가야할 지구환경 보전을 위한 실천지침, 구체적 행동강령이다. 전문(前文 : Preamble), 그리고 4개 부(部 : Section), 총 40개 장(章 : Chapter)으로 구성되어 있다. 특히 이 Agenda 21 제2부 자원 보존 및 관리의 제17장 해양 및 해양생물자원의 보호와, 제4부 이행 수단의 제39장 국제법적 장치 및 체제에서는 해양에서의 개발과 해양환경 보호 및 보존에 관한 기본적 목표와 지침이 제시되어 있다.

(3) 기후변화협약

기후변화에 관한 유엔기본협약 (The United Nations Framework Convention for Climate Change : UNFCCC)은 석유, 석탄 등 화학 연료의 연소시에 발생되는 이산화탄소(CO_2)나 기타 메탄 아산화질소 및 CFC 등 이른 바 온실Gas의 배출로 인한 지구의 온난화를 방지하기 위한 국제환경 협약이다.

전문(前文)과 본문 26개조 그리고 2개의 부속서로 구성된 이 협약은 온실Gas 의 배출을 감시하고 통제할 구체적 계획과 절차들을 규정하고 있다. 이 협약에서는 「기후변화」를 "인류의 공동 관심사"로 인식하고 각국의 발전 수준에 따라 "보편적이지만 차등적 책임"을 부담한다는 원칙이 명시되었으며 이에 따르는 협약 당사국들의 공통적 일반의무조항과 선진국들의 특별의무조항이 규정되어 있다.

일반의무조항에서 당사국은 온실Gas의 배출량과 기후변화 방지를 위한 전략과 계획에 관한 보고서를 당사국회의 (Conference of Parties : COP)에 제출하여 정기적인 검토를 받아야 한다. 특별 의무조항으로서 부속서 I의 국가 (OECD 24개국과 동구권 11개국)들은 온실Gas의 배출량을 2000년까지 90년 수준으로 감축해야 하며 부속서 Ⅱ의 선진국 (OECD 24개국)들은 개도국들에 대한 기술이전과 자금지원을 실행해야 한다.

1992년 Rio회의 이전부터 지구 온난화가 지구환경 및 인류생활에 끼치게 될 위험에 관한 과학적 연구 결과를 토대로 하여 유엔은 기후변화에 관한 국제협약을 체결하기 위하여 노력해 온 바가 있다. 이러한 노력은 1992년 Rio회의를 계기로 결실되어 동 6월 4일 협약채택이 이루어졌으며 회의기간 중에 160개국의 서명이 이루어졌다. 이 협약은 50번째의 비준서가 기탁된 날로부터 90일 후에 발효하게 되어 있는 바(제23조 1항) Portugal이 1993년 12월 21일 50번째의 비준서를 기탁함으로써 1994년 3월 21에 발효하게 되었다. 우리나라는 1993년 12월 17일 47번째로 비준서를 기탁한 바 있다.

(4) 생물다양성협약

생물 다양성이란 생물의 종(種 :species)에 관한 다양성(多樣性)이다. 인간의 개발활동으로 생물의 자연적 서식처가 파괴되고, 여러 종류의 오염 때문에 점진적으로 멸종의 위기에 있는 종의 숫자가 증가됨으로써 종의 다양성은 계속 감소되어 왔으며 이에 따라 인간의 생존 자체가 위태롭게 되고 있다. 지구상 생물의 종(種 : species)의 숫자는 1400만 종으로 알려져 있으나 매 10년마다 그 1~11%의 종(種 : species)이 멸종의 위협을 받고 있는 것으로 집계되고 있다. 해양(海洋)의 자원(資源)은 특별히 그 연안 생태계에 주로 의존하고 있는 데 이러한 세계 연안 생태계의 1/3이 종(種)의 감소 추세에 있으며 그 17%는 멸종의 위협을 상당히 받고 있다.[174] 그런데 FAO가 집계한 바에 의하면 개도국의 저소득층 국민은 그들의 생존을 위한 자원수요의 90%를 이들 야생 생물자원에 의존하고 있다. 그러므로 이 생물 다양성(生物 多樣性 : Biodiversity)의 사회적 경제적 의의는 대단히 중요한 것이라고 하지 않을 수 없다.

생물다양성 협약(Convention on Biological Diversity : CBD)은 멸종되어가는 생물의 종(種 species)을 보호하여 생물 다양성을 보존함으로써 자원의 지속적 이용을 확보하려는 데 목적이 있다. 이 협약에서는 생물다양성 보존을 위한 환경의 안전관리, 남북 국가간의 기술이전, 생명공학에 관한 이익의 배분, 재정적 지원, 기관(機關)과 보조기구(補助 機構)의 설치 등을 규정해 놓고 있다.

생물다양성 보존에 관한 협약을 만들기 위한 최초의 시도는 1988년 11월 UNEP

---

[174] Report of the Secretary-General, *Overall Progress Achieved since the United Nations Conference on Environment and Development,* Commision on Sustainable Development 5th Session (7-25 April 1997), p.17.

가 주관하여 Ad Hoc Working Group of Experts on Biological Diversity를 구성한 것이며, 1989년 5월에는 Ad Hoc Working Group of Technical and Legal Experts 가 설립되었다. 이들 전문가 기구의 노력은 결실되어 1992년 5월 22일 Kenya의 수도 Nairobi에서 「생물다양성 협약 채택을 위한 회의」가 열렸고 이 회의에서 협약은 채택되었다. 이 협약은 1992년 Rio회의를 계기로 동 6월 5일 서명(署名)이 개방되었다. 30번째의 비준서가 기탁된 날로부터 90일 후에 발효하게된(제36조) 이 협약은 1993년 12월 29일에 발효하였다. 우리나라는 1994년 10월 3일에 92번째로 비준서를 기탁한 바 있다.

(5) 산림보존원칙선언

위의 두 개 협약과 함께 Rio회의의 결과 채택된 중요한 문서로서는 「산림보존 원칙 선언」[175])이 있다. 이 원칙도 물론 선언적인 성격의 것이지만, 지구환경과 개발의 관리에 있어서 중요한 의의를 갖는 산림(山林)의 보존을 위한 중요한 규범적 기초가 될 것이다.

이는 8개항의 전문(前文)과 15개항의 원칙으로 구성된다.

먼저 그 전문에서는 모든 산림이 경제 개발과 생명체의 생존을 위해 필수불가결한 것임을 선언하였다. 산림보존 원칙의 내용을 보면,

> 각 국가는 산림의 개발을 지속 가능한 개발 원칙에 따라 수행해야 하며 산림을 관리하고 보존할 제도와 프로그램을 수립하고 이를 실행키 위한 국가 정책과 전략을 마련하여야 한다. 산림의 지속 가능한 개발을 위해서는 국가의 경제적인 여건이 필요하며 이를 위해서 산림을 보유하고 있는 개도국을 위해서 재정적 지원이 제공되어야 한다. 세계적으로 산림의 녹화를 위한 노력이 경주되어야 하며 모든 국가 특히 개도국은 조림(造林)과 산림자원의 보존을 위하여 적극적인 조치를 취해야 한다. 산림 상품의 개방적이고 자유로운 국제교역이 촉진되어야 하며 산림의 훼손을 초래하는 각종 정책과 관행은 불식되어야 한다. 그리고 산림에 해로운 산성(酸性) 침전물 등 대기오염 물질은 감축 제거되어야 한다.

라고 명시하고 있다.

종합컨대, 상해
1992년 Rio회의는 환경 보호와 개발의 우선 순위 등에 대한 선진국과 개도국간의

---

175) Non-legally binding authoritative statement of principle for a global consensus on the management, conservation and sustainable development of all types of forests. 「모든 산림의 관리 보존, 및 지속적인 개발에 관한 세계적 컨센서스를 위한 원칙의 법적 구속력이 없는 성명」

첨예한 의견의 대립으로 기대했든 만큼의 성과를 온전히 이룩한 것은 아니었으나 국제환경법의 발달에 크게 기여하였다. 이 회의를 계기로 지구환경의 문제가 인류의 최대 현안 문제라고 하는 것이 부각되었고 Rio 회의에서 성립된 협약과 원칙들을 실효적으로 이행하고, 산림의 보존, 해양오염의 방지 경감, 해양생물자원의 보존 관리, 및 사막화(砂漠化)의 방지 등 각종 분야에 대한 법규범화 작업이 가속화 되었다.

무엇 보다 중요한 점은 Rio회의 이후에 환경문제와 개발에 관해서 근본적으로 새로운 인식과 새로운 경험이 촉발되었다는 것을 지적할 수 있다.[176], 처음으로 그리고 대규모적으로 지금 까지 분리되어 취급되던 정책분야들 즉 예컨대, 환경, 개발, 빈곤 퇴치, 기후의 변화, 해양, 삼림, 육상자원, 수자원 및 폐기물관리 등이 상호연관적으로 다루어지게 되었고 한 분야의 정책실현의 결과가 다른 분야에 어떤 결과를 미치는가가 검토되게 되었다.

2. Rio Summit 이후의 진전과 발전

1997년 6월 23일부터 27일 까지 New York에서는 Rio Summit 이후의 진전과 발전을 검토하고 평가하기 위한 유엔 총회 특별 회기(Earth Summit +5)가 열린바 있다.

모든 면에서, 1992년 6월에 열렸던 유엔환경개발회의(UNCED)는 환경 문제에 관한 국제적 협의의 역사상 하나의 분수령을 이룬 것으로서 전세계 인류를 위한 "지속가능한 개발"(Sustainable Development)을 이룩하는데 필요한 전 지구적인 협력체를 탄생시키기 위한 기초를 만들었다. Rio정상회담에서 성립된 중요한 합의들 : Rio원칙선언 (The Rio Declaration of Principle), 기후변화에 관한 기본합의(The Framework Convention on Climate Change), 생물다양화협약 (The Convention on Biological Diversity), 의제21(Agenda 21) 및 삼림보호에 관한 원칙성명(The Statement on Forest Principles)은 보다 지속가능하고 평등한 지구사회를 이룩해가기 위해서 무엇을 해야 하며 어떻게 그 목표에 도달할 수 있겠는지를 가늠하게 하는 대략적인 지침을 제공하였다. 그리고 이들은 위의 두 개의 협약에서 규정하고 있는 "Hard Law", 즉 모든 국가들이 법적으로 준수해야 하는 의무들과, "Soft Law" 즉 환경과 개발문제에 관한 광범위한 영역에 있어서 국가 및 기타 행위 주체들의 행동방식에 지침이 될 원칙, 지표 및 제안들을 결합시켜 주었다.

Rio협약들에서 요구하고 있는 2,500개 이상의 조치들을 전부 다 이룬다는 것은

---

176) Biliana Cicin-Sain and Robert W. Knecht, 1993, "Implementation of the Earth Summit for Ocean and Costal Governance", *Ocean Development and International Law,* Vol.24, pp.121-153.

연안과 원해라고 하는 특정된 정책분야에 국한해서 본다고 하더라도 이는 벅찬 과제임에 틀림없다. 이를 위해서는 해양환경에 관련된 중요한 국제법 주체들의 행적을 추적해야 할 뿐만 아니라 각 국가 및 지방적 관행들의 변화의 추이를 관찰하고 궁극적으로는 각 개체별 또는 지역적 수준의 변화까지도 세밀히 연구해야만 한다.

1992년 Rio Summit 이후 지금까지의 발전을 요약한다면,
① 경계왕래 및 고도회유성 어종의 보존 관리를 위한 유엔 해양법 협약 관련 조항을 위한 이행협약 (이하,「공해어업 이행협약」으로 약칭)의 채택 (1995년 8월 4일)
② 소도서국가 (Small Islands States)의 지속가능 개발을 위한 일련의 조치들의 채택.
③ 통합 연안역 관리 개념의 확립
④ 육상기인 오염 통제의 강화
⑤ 지속가능개발 위원회(CSD) 및 지구환경청(GEF)의 발족과 역할의 증대
⑥ 기후변화협약과 생물다양성 협약의 이행을 위한 관련 제도의 확정
등을 들 수 있을 것이다.

(1)「공해어업 이행협약」의 채택

경계왕래어종(해양법 협약에서 정의된 바로는 둘 이상 연안국가의 배타적 경제수역에 걸쳐서 서식하거나 어느 연안국의 배타적 경제수역과 공해에 걸쳐서 서식하는 어종) 및 고도회유성어족에 관련된 문제는 지난 10여년 동안에 극적으로 분쟁이 증가되었던 바, 특히 Canada의 원해인 Grand Bank지역과 미국과 러시아 연안의 Bering해 지역에서 분쟁이 극대화되었다. 이 문제는 UNCED를 위한 예비회담에서 이미 논의된 바 있다. 거기서는 이 문제가 제17장 관련 문제의 협의 중에서도 가장 어려운 것으로 판명되었다. 많은 논의가 있은 후에 UNCED회의에서는 유엔의 이름으로 따로 경계왕래어종 및 고도회유성어족에 관한 해양법협약의 규정의 실행을 촉진시키기는 정부간 회의를 열기로 합의하고, 이 회의에서 국가간에 있어서 어업협력을 증진시키는 방안을 연구하여 적절한 권고안을 만들기로 하였다. 유엔총회는 그 결의 제47/192로 이 회의를 공식화하였고, 경계왕래어종 및 고도회유성어족의 문제에 관한 유엔회의는 1993년 4월부터 진행되어 1995년 8월 「이행협약」안과 최종의정서를 채택하였다. 이 협정은 30개국의 비준으로 발효하게 되어 있는데 1998년 4월 17일 현재 59개국이 서명하였으며 18개국이 비준하였다.

이 협약이 다루고 있는 문제는 : 경계왕래 어종 및 고도회유성 어종의 보전과 관리 : 이들 어종의 보호를 위한 국제적 협력제도 : 규범의 준수 및 실행 : 기항지국규제 :

개발도상국가의 소요 : 분쟁의 평화적 해결 : 보전조치 비참여국의 문제 : 협약 비참가국에 관한 문제 : 권리남용 : 실행 및 재검토회의의 보고 등이다. 이 협약은 또한 두 개의 중요한 부속서를 갖는데 이는 일반원칙과 자료수집에 관한 것이다. 이와 관련된 협상으로서는 FAO에서 준비하고 있는 「책임 있는 어로를 위한 행동규범」(Code of Conduct for Responsible Fishing)에 관한 협약이 있다[177]. 이 회의의 협상의 과정은 험난했지만 결국 하나의 기속력 있는 국제적 협약이 타결되고 경계왕래 및 고도회유성 어종의 보전과 관리를 위한 안정된 법제도가 탄생하게 되었다.

(2) 소도서국가 (Small Islands States)의 지속가능 개발을 위한 일련의 조치들

의제21, 제17장에 관련된 UNCED의 권고 중에서 중요한 것 중의 하나는 개발도상국인 소군도국에 대한 특별한 지원의 필요성을 다룬 것인데, 이 권고에서는 이 문제에 관한 전 세계적 국제회의가 열려야 한다는 필요성이 지적되고 있다. 이 회의의 목적은 개발도상 소도서국의 지속가능개발과 그들의 해양자원 및 연안자원의 활용 등을 위한 장기계획과 일정을 채택하는 것이다. 또한 여기서는 이 소도서국들의 환경적 변화에 대처하고, 환경적 위험요소를 감소시키고 그 충격을 완화하기 위한 수단을 모색하는 것이 목적으로 되어 있다.

1992년 12월, 유엔총회의 결의에 의거, 「소도서국가의 지속가능개발을 위한 국제연합 세계대회」(SIDS Conference)가 1994년 4월 25일부터 5월 6일까지 사이에 Barbados에서 열렸다. 이 회의에서는 전 세계 40여개의 개발도상 소도서국가의 환경과 개발문제를 다루는 발전계획을 채택하였다. 이 행동계획에서 규정한 환경과 개발에 관한 문제들의 내용은 : 기후변화와 해수면 상승 및 자연적, 환경적 재해 : 폐기물 관리 : 연안 및 원해 해양자원 : 관광자원 : 생물다양성자원 : 국내적 제도와 기술협조 : 교통과 통신 : 과학적 기술적 협조 : 인력자원개발 등의 실행, 감시 및 재검토 활동에 관한 것이다. 이 회의의 결과로 다음 사항들은 특히 지적해 둘 만 하다.

(1) 이 회의는 지금까지 흔히 잘 알려져 있지 않던 소도서국에 대한 특별한 환경적 문제와 여건 및 그 대처의 필요성에 대해서 전세계적 관심을 제고시켰다.
(2) 이 회의는 기존의 유엔기관들이 갖고 있는 잠재적 기능을 소도서국의 문제를 다루도록 재조정하였다. Barbados에 있던 유엔기관과 새롭게 Barbados에서 개최되었던 소도서국 회의는 사실상 소도서국의 문제를 지원함에 있어서 그 기능의 효율성을 경쟁하는 관계에까지 갔다.
(3) 이 회의는 두 개의 사업을 권고하고 개시하였다. 즉,

---

[177] Garcia, S.M., "The Precautionary Principle: Its Implecations in Capture Fisheries Management", Ocean and Coastal Management, Vol.22, pp.99-126.

SID/NET : 세계적인 computer network에 접속할 수 있게 함으로써 소도서국들의 고립을 제거하는 사업. 이 SIDS로 구성된 network 또는 SIDS와 접속될 수 있는 network를 통해서 이들 소도서국가들을 상호간의 경험을 서로 나누고 의견교환을 할 수 있게 된다.

SID/TAP : 이는 소도서국가들을 위한 기술원조계획이다. 이 계획은 소도서국가들 상호간에 지역내외적인 협력과 UNDP와의 협력관계를 가질 수 있게 한다.

(4) 가장 중요한 진전은, 「유엔정책협력 및 지속가능개발부」 안에 SIDS사업 실행 감독부서가 생겼다는 것이다.

(5) 정치적 의미에서 이 회의는 「소도서국 연맹」(Alliance of Small Island States : AOSIS)에게 있어서는 중요한 업적이다. AOSIS는 본래 1992년 UNCED예비회담에서 해수면 상승문제를 다루기 위해 처음으로 조직된 것이다. 이 AOSIS는 앞으로 계속해서 국제적인 협상에 있어서 중요한 의사결정집단이 될 것이다.

(3) 통합 연안역 관리 개념의 확립

세계인구의 2/3 가 연안지역에서 거주하고 있다. 지난 수십년의 기간동안 , (a) 가속화 되어온 경제적 발전, (b) 획기적으로 증가된 자원의 소모, (c) 자원 배분과 관련된 마찰과 분쟁, (d) 폐기물의 투기장소로 해양을 사용하는 관행 등으로 인하여 연안지역의 해양환경이 급속도적으로 훼손되게 되었으며 그 생태적 보존성과 자원의 지속가능성이 위협받기에 이르렀다.

그러나 지난 20년 동안 실시하여온 「통합 연안역 관리」(integrated coastal area management ; ICAM) 의 경험과 또 지난 수년간의 해양관리체계의 발달은 이러한 환경적 문제에 관한 상당한 지식과 경험 및 전문가 계층을 형성시켰다.

분수계 유역, 강하구, 연안지역 등에 대하여는 그 환경 보존과 지속가능한 개발을 위하여 광범위하고 생태학적인 접근이 필요 불가결하다는 것이 인식되기에 이르렀다. 이러한 접근방식은 : (1) 그 개발과 시행에 관한 전략을 위하여 역동적인 의사결정 절차에 기초하여야 한다. (2) 정책의 체계화, 기구의 정비, 기획능력, 탄탄한 과학적 및 기술적 기초 및 개선된 국제적인 협력 체계가 필요하다. (3) 그리고 해양과 연안지역의 활용이라는 문제를 보다 넓은 국가정책 개발의 대상으로 삼아야 하며, (4) 각 국가정책 결정사항은 그 이행을 위하여 즉시 각 지방의 인력과 재원을 동원한 구체적인 현장 활동으로 나타날 수 있어야 한다.

ICAM(「통합 연안역 관리」) 이라는 개념이 점차 국제적으로 수용되고는 있지만, 개발도상국이나 선진국들에서 아직 정책 결정자들의 본격적인 관심을 집중시키지는 못하고 있다. ICAM은 연안역 문제에 관한 만병통치약은 아니나, 어느 경우에나 타당한 다음과 같은 요소가 있다.
  a. ICAM (「통합 연안역 관리」)를 점진적으로 진행시킬 필요성
  b. 각개 자연 자원의 중요성
  c. 기구정비의 결정적 역할
  d. 이행에 있어서 각 지역의 특성과 잠재력의 고려
  e. 수단과 기술을 활용함에 있어서의 융통성 등이다.

UNCED회의 이후에도 통합적인 연안역 관리의 개념을 확립시키고, 각 국가가 관행으로 이를 실현할 수 있도록 돕기 위한 많은 노력이 있어 왔다. 세계은행(식량농업기구 ; FAO와 함께)과 UNEP는 통합 연안역 관리에 관한 일련의 지침을 개발하였으며[178], 「기후변화에 관한 정부간 소위원회(Intergovernmental 13 Panel on Climate Change : IPCC)는 해수면 상승과 같은 장기적인 재해에 대해서 공통적인 방법을 적용하였다[179]. 또한 UNESCO의 정부간 해양학 연구위원회(Intergovernmental Oceanographic Commission : IOC)는 통합 연안역 관리개념을 적용을 고무시키기 위해 각 국가별 연구모임을 지원하고[180], 이에 관한 학문적 연구들이 나오기 시작했다[181]. 그리고 많은 국가들이 연안역 관리를 위하여 새로운 체제를 만들거나 기존의 체계를 강화해 나가고 있다.

통합연안역 관리에 관한 각국의 경험을 교환하기 위해서 1994년 이전에 세계적인 회의를 개최함이 바람직하다는 것이 의제21, 제17장 17.10절에 지적되어 있다. 和蘭정부는 미국 등 여러나라의 도움을 얻어서 1993년 11월에 「세계연안역회의」를 조직하고 개최하였다. 이 회의에는 90개국의 정부대표가 참석하였다. 이 회의에서는 통합연안역 관리에 관한 시범적 모형을 제시하는 회의 문서(Noordwijk Statement라고 칭함)가 발표되었는데 이는 여러모로 세계은행의 지침에서 제시된 모형과 유사하였다[182]. 이 회의는 통합연안역 관리에 관한 접근방식들의 실현가능성과 중요성을 강조하는데는 성공적이었으나 회의조직의 투명성이 결여되었으며, 비정부간 기구(Non-Governmental Organization : NGO)대표들의 참여가 저조하였다(몇몇 참여한

---

178) The World Bank, "Guidelines for Integrated Coastal Zone Management", October 1993.
179) 예컨대, Vellinga, P., "Climate Change, Sea Level Rise and Integrate Coastal Zone Management : An IPCC Approach" , *Ocean and Coastal Management*, Special Issue on Integrated Coastal Management, 1993, Vol.21(1-3), pp.245-68.을 참조.
180) 예컨대, 최근(1994년 10월)dp Pakistan의 Karachi에서는 통합연안역 관리에 관한 IOC후원의 연구모임이 열렸다.
181) 예컨대, Biliana Cicin-Sain, ed., Special Issue on Integrated Coastal Management, *Ocean and Coastal Management*, 1993, Vol. 21(1-3) 참조.
182) Conference Statement, World Coast Conference, November 1993.

NGO 대표들은 관련정부가 지명한 어용대표에 불과하였다). 또한 지나치게 해수면 상승문제만을 강조해서 다루었으며 이 방면에 있어서의 和蘭정부의 전문성을 내세웠다. 그리하여 어떤 NGO대표는 제17장에서 규정하고 있는 공식적인 유엔회의를 별도로 개최하자고 요구하기도 하였으며 「세계 야생동식물 보존기금」(World Wildlife Fund)은 Rio회의 이후에 진척된 성과를 종합하는 1994년 모임에서 단순히 해수면 상승효과만을 다루는 것이 아닌 모든 통합연안역 관리에 관한 문제를 포괄적으로 다루는 세계적 회의를 따로 개최하여야 한다고 주장하였다[183].

(4) 육상기인 오염통제의 강화

해양오염의 80%는 육상기인 오염원으로부터 비롯되는 것이다. 전 지구적인 해양환경의 직접적인 위해(危害)는 연안의 개발, 이에 부수된 연안 주거환경의 파괴, 부영양화, 어류(魚類)와 해안의 미생물 오염, plastic 폐기물에 의한 바다의 오염, 해안에 Tar 및 염화탄화수소(chlorinated hydrocarbon)의 점진적인 축적에서 온다. 많은 육상기인 오염원들, 그 중에서도 특히 지속적 유기오염물(persistent organic pollutants : POPs)은 인간식품 계열(food-chain)에 지속적으로 축적되는 독성(毒性)을 부여하고 미생물 오염을 야기시키므로 해양 오염에 있어서 가장 심각한 위협이 되고 있다.

Rio회의에서 채택된 Agenda-21, 제17장에서는 UNEP(유엔환경계획기구)의 집행위원회(Governing Council)로 하여금 이 문제에 관한 정부간 회의를 소집하도록 권고하고 있다. 1993년 5월, UNEP의 집행위원회는 1995년 10월 23일부터 동 11월 3일까지에 걸쳐 Washington D.C.에서 이 회의를 개최키로 결정하였다. UNEP는 이 회의를 위한 준비활동을 진행한 후에 1995년 3월 6일부터 10일까지 사이에 Iceland의 Reykjavik에서 정부간 전문가회의를 소집하였다. 여기서는 「육상기인활동으로부터 해양환경을 보호하기 위한 전 지구적 조치계획」(Global Programme of Action for the Protection of the Marine Environment from Land-based Activities)의 초안을 검토·수정하였다.[184] 이 초안은 Washington D.C.회의에서 공식적으로 채택되었다. 이 회의에서는 특정의 경제적, 지리적 여건에 맞추어 고안되는 육상기인 오염원의 처리방식을 검토하고, 국제적 협력의 가능성, 개발지원에 관한 기준, 하수

---

183) World Wildlife Fund(WWF) paper on Coastal Zone, part of package on WWF Progress since Rio. 1994.
184) UNEP. Meeting of Government designated Experts to review and revise a Global Programme of Action for the Protection of Marine Environment from Land-Based Activities, Report of the meeting held in Reykjavik, March 6-10, 1995, UNEP/ICL/IG/1/L.6, April 3. 1995.

처리 관련 연구를 포함한 기술원조계획들을 확정한 것이다.185)

(5) 지속가능개발위원회(CSD) 및 지구환경청(GEF)의 발족과 역할의 증대

가. 지속가능개발위원회(CSD)

Agenda-21은 UNCED에서 탄생된 40개 장에 이르는 행동계획(Action Plan)으로서 오늘날 인류가 직면하고 있는 환경, 개발 및 사회적 제문제들에 대한 전반적인 범주에 걸친 분석과 권고들로서 이루어지고 있다186). Agenda-21과 두 개의 관련 협약들을 실행함에 있어서 물론 각국 정부가 주된 역할을 맡게 되겠지만 이번 Rio정상회담에서는 UNCED의 목적을 실현함에 있어서 이를 추진하고 또 감독해 나갈 UN기관을 창설하는 것이 꼭 필요하다고 생각되었다. 그 목적실현의 전반적인 감독을 위하여 "지구위원회(Earth Council)"와 같은 강력하고 고위급인 독립기관을 새롭게 창설해야 된다고 많은 대표들이 주장하였다. 그러나 이 생각에 대해서는 몇몇 개발선진국들이 예상되는 비용을 의식하고 또, "있는 기관을 활용해서 잘해 보자"는 생각으로 반대하기도 하였다. 이러한 두 개의 상반된 입장을 절충한 결과, 경제사회이사회에 소속된 기능위원회의 하나로서 고위급수준의 「지속가능한 개발위원회(Commission on Sustainable Development : CSD)」를 창설하기로 하였다. 즉 1992년 12월, 유엔총회는 지속가능한 개발위원회의 창설을 공식화한 총회결의 47/191을 통과시켰다. 그리고 1993년 2월 경제사회이사회(ECOSOC)는 공식적으로 CSD를 출범시켰다. CSD의 책임은 이 Rio회의 결과가 효과적으로 추진되도록, Agenda-21의 목표가 실현됨에 있어서 요구되는 재정적 기금과 기술의 획득 등을 포함한 전반적인 노력의 국제적, 각 국가적 및 각 지방적인 수준의 실시를 감독하는 것이다. CSD는 유엔총회를 구성하는 187개국가 중에서 각 지역별로 선임된 53개 이사국으로 구성된다. CSD는 경제사회이사회에 보고할 의무가 있다. 적은 규모의 사무국이 유엔 사무총장실의 「지속개발 및 정책협의국」에 위치하며 CSD의 업무를 지원한다.

CSD의 제1차 실무회의가 1993년 6월 14일부터 25일까지 사이에 뉴욕에서 소집되었으며 제2차 회의는 1994년 5월 16일부터 27일까지, 제3차 회의는 1995년 4월 11일부터 28일까지 열렸다. 이들 회의에서 CSD는 몇 개 분야에 횡적으로 연결된 중점사업(CSD의 다년도 계획표 참조)을 중심으로 수년간에 걸친 주제별 사업계획을 합의하고 업무의 추진을 개시하였다.

---

185) Arthur L. Dahl, "Land-Based Pollution and Integrated Coastal Management", *Marine Policy*, November 1993, pp.561-64.
186) United Nations Conference on Environmental and Development, Earth Summit Agenda 21, Rio de Janeiro, Brazil, June 3-14.

CSD의 다년도 계획

년 도	분야별 문제	범 분야별 문제
1993		다년도 사업계획 국가별 보고 유엔체제 내에서의 실행 기술이전 재정부담약정
1994	건강(6장) 정착지(7) 식수자원(18) 유독화학물질(19) 유해폐기물(20) 고체폐기물 및 하수(21) 방사능폐기물(22)	지속가능개발(2장) 소비성향(4) 재정적 자원과 그 체계(33) 기술협조/기술이전(34) 역량조성(37) 연구기관(38) 법적 장치(39) 주요 이익집단의 역할(23-32)
1995	육지지역관리(10) 삼림(11) 사막화 및 한발(12) 山(13) 지속가능 농업(14) 생물학적 다양성(15) 삼림보전원칙	빈곤(3) 인구통제(5) 정책결정과정에 있어서 환경과 개발(8) 생물공학(16) 주요 이익집단(22-32) 정보(40) 재정적 지원(33) 기술(34) 과학(35) 교육(36)
1996	대기(9) 원해와 연안역(17)	범분야별 문제의 계속적 추진
1997	의제21의 실행상황의 전반적 검토- 유엔 총회결의 47/190에서 정의된 UNCED목표의 실행상태를 검토하기 위한 유엔총회 특별회기의 소집준비	

◎ ( )는 의제21의 장 표시임.

또 이 회의에서 다루어진 것으로는 다음과 같은 것들이 있다.
(1) Agenda-21에서 권고된 내용을 실현하는 국가적 조치의 보고기준,
(2) 유엔의 각기관의 활동 속에 UNCED의 권고사항을 결합시킨 사업의 진도,
(3) 재정적 부담의 약정, 기술의 이전 및 역량조성(capacity building)등과 같은 중심적인 문제들을 성취해 나감에 관한 진도

등이다.

나. 지구환경청(GEF)

UNCED회의 기간동안 세계은행은 개발도상국 및 NGO대표들로부터 상당한 비판의 대상이 되었는데, 즉 개발사업의 추진에 있어서 지금까지 환경적 요소를 적절히 고려하지 못했다는 것과, 사업진행에 있어서의 투명성의 결여, 개발도상국가들의 시각과 고려에는 덜 민감했다고 하는 사실들이다. 이러한 비판에 대응하기 위해서 세계은행은 Rio회의 이후에 몇 가지의 전략적인 정책을 채택하였는 바, 그 중에 중요한 것으로는 환경평가활동의 개선, "개발에 있어서의 여성의 역할"과 같은 사회문화적 문제에 대해서 관심을 집중시키는 일 등이 그것이다[187]. 그리고 1993년에는 오랫동안 NGO가 추구해오던 두 개의 절차적 개혁이 이루어졌다. 첫째는 연구사업비용, 재정적 후원구조, 환경평가 등을 포함하는 환경적 정보를 보다 많이 접속하기 위한 정보정책, 둘째는 세계은행이 운영절차를 위반하였다고 주장하는 제소를 다룰 독립된 감사위원회의 설립과 같은 것이다[188].

UNCED회의가 있기 이전인 1991년 7월부터 1994년 6월까지 3년기간 동안, 「지구환경청」(Global Environment Facility : GEF)이라는 실험적 차원의 기금조성 활동계획이 UNDP, UNEP 및 World Bank의 주도로 진행된 바가 있다. 광범위하고 신랄한 논의가 있은 다음, 이 GEF는 계속해서 의제21을 위한 주된 재정담당 기구로 Rio회의에서 인준되었으며, 따라서 기후변화와 생물다양성 협약을 위한 잠정적인 기금조성기구가 되었다. 이 논의에서 개발도상국들은 (환경 및 개발문제를 위한) 새로운 재정자원의 확보를 위하여 (GEF와 별도로) 새로운 재정기구를 만들 것을 주장하였다. 반면에 개발선진국들은 GEF를 통한 집중적인 재정원조형식을 선호하였다. 그리하여 UNCED에서는 결국 GEF를 잠정적인 재정담당기구로 인준하되 그 조직을 재편하고, 사업목표를 수정하기로 절충하였다.

초기의 GEF에 대한 비판 중에 중요한 점은 ; 운영내용의 투명성 결여, GEF의 전체적인 인상이 결국 "선진국적 성향"(Northern Trends)을 띄고 있어서 지역적인 우선 과제들에 충분히 잘 호응하지 못할 것이라는 우려 ; GEF의 3개 주도적 기관 중에서 World Bank만이 다른 두 주역인 UNEP나 UNDP 보다 너무 우월적인 지위를 견지한다는 우려[189] 등이 그것이다. 1994년 3월에 Geneva에서 GEF의 구조적 개혁이 선언되었다. 즉 기획조정위(the governing council)의 구성은 공업선진국 대표 14개국, 개발도상국 대표 16개국, 중도산업국(동부 및 중부유럽과 舊소련)대표 2개국으로 개편되었다. 표결절차도 "2중 표결제"(double voting system)로 개정되었는데,

---

187) El-Ashry, Mohamet T., 1993. "The World Bank's Post-Rio Strategy", EPA Journal.
188) NGO Network, The World Resources Institute, Fall/Winter 1993, p.4.
189) E&D File, Vol.Ⅲ. No.2. published by UN Non-Governmental Liaison Service.

전체 재정지원금의 60%이상을 구성하는 재정부담국의 지지와, 전체 재적 회원국의 60%이상의 지지를 얻어야 의안은 가결되는 것으로 되었다. 새로운 자금모금이 인준되었다. 20억불의 추가기금의 기탁약속이 새롭게 이루어졌는데, 그 중 반이상을 미국, 일본, 프랑스, 독일이 부담키로 되었다. 이 구조개혁은 "재구성, 재충전된 지구환경청 (restructured and replenished GEF)"이라고 알려졌다[190].

이러한 중요한 개선이 있었지만 GEF의 부가적인 개혁이 계속 요청되었다. 즉, 3개 후원기관 즉 UNEP, UNDP 및 World Bank들로부터 완전히 독립된 사무국의 신설, NGO에 표결권이 없는 참여권이라도 허용하는 것 등을 포함하는 GEF회의의 투명성 보장 조치, 그리고 유엔의 직접적인 후원하에 있는 또 다른 재정담당기구를 신설하는 것 등이 그것이다[191]. 1994년 11월, GEF집행이사회는 NGO가 그 이사회 회의에 참석할 수 있는 기초적인 절차를 마련하였다. 즉 5명의 NGO대표가 이사회 회의에 참관토록 초청되게 되었다. 이 NGO대표의 선발은 지역적 대표성을 기준으로 선정되며 개발도상국 NGO의 선발과 참여의 비용은 GEF가 부담키로 되었다[192].

GEF의 구조가 재구성되어 왔지만, GEF가 UNCED회의의 목표사업을 위한 재정담당기관으로서 갖는 역할에 대해서는 아직도 논의될 점이 남아 있다. 예컨대 개도국을 대표하는 77그룹은 생물다양성 협약의 제1차 당사국 회의에서, 이 당사국 회의가 생물다양성협약의 당사국이 아닌 나라들이 GEF의 집행이사국으로 앉아 있는데, GEF의 사업승인 결정에 어느 만큼 영향력을 갖을 수 있는가에 우려를 나타내었다[193].

(6) 기후변화협약과 생물다양성 협약의 이행을 위한 관련 제도의 확정

가. 기후변화에 관한 유엔기본협약

기후변화에 관한 유엔 기본 협약 (The United Nations Framework Convention for Climate Change : UNFCCC)의 제1차 당사국회의(Conference of Parties : COP ;협약비준국 총회의)가 1995년 3월 28일부터 4월 7일까지에 걸쳐서 Berlin에서 개최되었다. 이 제1차 당사국회의의 개최를 준비하기 위하여, 기후협약 정부간 준비위원회 (Intergovernmental Negotiating Committee for a Framework Convention on Climate Change)는 협약성립 이후 협상을 위한 일련의 회기를 4차례나 가진 바 있다. 여기에서 이들은 협약사무국의 위치선정, 협약기구의 절차규정의 제정, IPCC (Intergovernmental Panel on Climate Change : 기후변화협약 정부간 평의회)와 같은

---

190) NGO Networker, Spring/Summer 1994, p.1.
191) World Wildlife Fund, "Action After UNCED, A Cross Sectoral View", 1994, p.6.
192) NGO Networker, 1993. op.cit.
193) Earth Negotiations Bulletin, December 16, 1994, op.cit.

지원 및 부속기관의 역할정립, 온실효과적 유해가스감축에 관한 국가별보고서, 합의서 등의 적절성판단 및 재정문제들을 협의하여 합의안을 도출하려고 시도하였다.

기후변화협약의 제1차 당사국회의에서 기후변화협약을 실행함에 있어서 몇가지 중요 조직상의 문제들에 관해 총의(consensus)가 형성되었다. 본부 사무국을 Bonn에 위치하기로 합의하였으며, 보조기관의 설치문제도 합의를 보았다. 즉 보조기관은 「실행문제 보조기관(Subsidiary Body for Implementation : SBI)과 「과학 및 기술문제 자문보조기관」(Subsidiary Body for Scientific and Technological Advice : SBSTA)이 있다. 이 SBSTA와 「기후변화에 관한 정부간 소위원회」(Intergovernmental Panel on Climate Change : IPCC)와의 관계는 1996년 당사국 회의에서 다시 정의되었다194). 이 협약을 실행하기 위한 자금의 문제는 잠정적으로 그 동안 과도적 재정문제 담당기관으로 기능해왔던 지구환경청(Global Environment Favility : GEF)이 이 역할을 계속하기로 합의한 것이다. 그러나 이는 잠정적인 조치이며 4년 내에 재검토하기로 되었다195).

그러나 이 Berlin회의에서는 이 협약의 정책결정 기구인 이 당사국 회의의 실질적 기능에 관련된 중요한 문제들에 합의를 보지 못하였다. 즉 의사결정방식에 있어서 3/4다수결로 할 것인가, 아니면 2/3다수결로 할 것인가 등과 같은 의사규칙, Bureau에 대한 의석배분(특별 이해집단 예컨대 OPEC회원국들에게 어느 범위까지 의석을 배정할 것인가)등과 같은 문제가 그것이다.

CSD의 경우처럼, 지금까지 제출된 당사국의 보고서(15개국)에는 이 기후변화협약의 내용에 대한 불만이 표출되고 있다. 그러나 이들 보고서들은 적절한 인증자료가 부족하고 정책평가도 적당치 못한 것으로 지적되었다. 기후변화협약에서 규정하고 있는 온실효과적 방출규제의 기준이 적절치 못하다는 것도 가장 많이 논의되고 있는 또 하나의 문제로 되어 있다. 1994년 9월, 소도서국연맹(AOSIS)은 기후변화협약(잠정)사무국에 의정서 초안을 제출하고, Rio회의에서 타결된 기준을 더욱 강화하기 위하여 기후변화 협약 제1부속서에 명시되어 있는 개발선진국의 온실효과적 유해가스방출의 기준을 강화할 것을 요구하였다. 이 Berlin에서의 협약 당사국회의는 어려운 협상 끝에 결국 온실효과적 방출을 규제하는 협약 제4조, 2항 (a) 및 (b)의 기준을 강화하기 위하여 의정서나 기타의 법적인 약정을 협의하여 타결하기 위한 잠정협의체를 구성하기로 합의한 바 있다.196)

---

194) Earth Negotiation Bulletin, Vol.12, No.21, 1995.
195) Earth Negotiations Bulletin Vol.12, No.11, Feb.18, 1995.
196) Ibid.

나. 생물다양성협약

생물다양성협약의 제1차 당사국회의는 1994년 11월 28일부터 12월 9일까지 걸쳐서 Bahamas의 Nassau에서 개최되었다[197]. 이 협약의 비준국들은 환경보존을 위한 생태학적 접근방식을 강조하고, 생물다양성의 보존과 그 지속가능한 활용을 확보키 위한 국가적인 계획, 전략 및 추진사업 등을 개발하는 실질적인 조치를 강구할 것을 약속하였다. 그들은 생물다양성의 구성요소를 조사하고 그 다양성을 저해하는 과정들을 면밀히 추적하며, 생물다양성의 보존을 위한 내적멸종의 위협을 받는 종(種)의 회복과 생태적 자원관리를 위한 지역적 토착적인 체계를 유지·보전하는 일을 성취시키고, 생물다양성의 복지를 지역적 공동체와 균등하게 공유하도록 하는 일에 전념할 것을 약속하였다.

생물다양성협약의 제1차 당사국회의에서는 중요한 조직상의 문제 몇가지가 타결되었다. 즉 본부사무국은 UNEP 산하에 두기로 하고 그 위치는 아직 정하지 못하였다. 지구환경청(GEF)이 이 협약을 위한 잠정적인 재정담당기관으로 선정되었다. 특히 개발도상국들을 위한 기술적 및 과학적 협조를 보장하고 증진시키기 위한 clearing-house mechanism의 필요성에 대해서 일반적인 합의가 형성되었다. 「과학적 기술 및 공학자문 보조기관」(Subsidiary Body on Scientific Technical and Technological Advice : SBSTTA)이 설립되어 생물다양성의 보전, 특히 원해 및 연안역 생물다양성 보전의 방법과 가치기준을 결정하는 기능을 맡게 되었다. 유엔 식품농업기구(FAO)가 식물유전자원의 연구를 주도하기로 결정되었다.

몇가지 중요한 의제들에 대해서는 제1차 당사국회의에서는 별로 협상의 진전이 이룩되지 못하였으므로 1995년 11월 6일부터 17일까지 Indonesia의 Jakarta에서 열린 제2차 당사국 회의에서 본질적인 협의가 다시 진행되었다. 즉, 생명공학의 결실로 얻어지는 모든 살아있는 합성유기물질의 사용 및 취급에 있어서, 특히 각 지방별 토착적인 특성을 보전하고 삼림의 보호에 유의하여, 있을지도 모르는 유해한 부수적 결과들을 회피하기 위한 「생명공학안전의정서」(biosafety protocol)를 채택하는 일 ; 삼림·농업생산품 및 어업의 관리 등 광범위한 분야에 있어서 생물다양성을 보전하기 위해 생태학적 접근방법을 개발하는 일 ; 유전공학적 자원과 그 기술이전의 평가 ; 중기사업계획 및 clearing-house mechanism을 위한 재원의 조달문제 ; 그리고 지적 재산권 보호의 문제 등이었다[198].

---

197) Earth Negotiations Bulletin, Vol.9, No.28. December 16. 1994. p.1.
198) Earth Negotiations Bulletin, December 16, 1994, op.cit.

제11장 심해저자원(深海底資源)의 개발(開發)

Ⅰ. 국가관할권(國家管轄權) 이원(以遠)의 심해저(深海底)
Ⅱ. 인류공동유산의 개념과 심해저자원의 법적지위
Ⅲ. 유엔에 있어서의 심해저 제도(深海底 制度)에 관한 논의
Ⅳ. 유엔 해양법협약상 심해저개발제도(深海底開發制度)
Ⅴ. 사전투자(事前投資)의 보호(保護)
Ⅵ. 준비위원회(準備委員會)
Ⅶ. 한국(韓國)과 심해저자원개발(深海底資源開發)

제11장 심해저자원(深海底資源)의 개발(開發)

I. 국가관할권(國家管轄權) 이원(以遠)의 심해저(深海底)

1. 심해저문제(深海底問題)의 대두(擡頭)

인류는 오래 전부터 바다를 알고 이를 이용해 왔지만, 그것은 바다의 극히 일부분인 그 표면을 이용하는 것을 벗어나지 못하였고, 우주선이 월(月)세계를 여행하여 지구로부터 24만 마일밖에 있는 달의 표면을 탐사하고 그 달의 상세한 표면지도를 만들 수 있었던 1960년대까지도 인류는 지구표면의 71%를 점하는 해양의 해저에 대해서는 거의 아는 바가 없었다. 미국하원에 제출된 보고에 의하면 겨우 2.5%만이 탐사되었을 뿐이라고 하였다.[1]

1958년 제1차 유엔해양법회의의 준비를 위한 유엔사무국의 연구보고서에 의하면 대륙붕에 대한 해저석유탐사는 심해저(深海底) 탐사기술(探査技術)의 신속한 개발을 전제로 하여 약 20년 내에 최대한도로 수심 200m 까지 가능할 것이라고 하였으며[2] 심해저자원(深海底資源)의 개발가능성에 대해서는 분명히 부정적인 결론을 내리고 있었다.[3] 그러나 이들 보고서가 예상한 것 이상으로 심해저 탐사(深海底 探査)에 관한 기술은 신속히 발전되었으며 그로부터 10년도 안된 1966년에 벌써 미국의 Humble Oil and Refining Company는 원격조종되는 시추장비로써 미국 Santa Barbara 근처 California 해안의 수심 192m 해저에 석유 인양기(石油 引揚機)를 설비하였다.[4]

1960년대 이래 해저탐사에 관한 일반적인 관심과 열의를 본격적으로 자극한 것은 해저 망간단괴에 관한 지식의 보급과 그 개발가능성에 대한 희망적인 보고서에서 비롯되었다. Ocean Resource Inc.의 John L. Mero는 1965년 해저망간단괴의 채광에 관련된 경제적·기술적 문제에 관한 상세한 연구를 발표하였다.[5] 그의 저서에서 그는 아주 단순한 drag dredge technique를 사용하여 망간단괴를 상업적으로 채취 개발

---

1) U.S.Congress, House of Representatives, Committee on Science & Astronautics, Ocean Science and National Security, *Report* No. 2028(Washington: U.S.Govt. Print. Off., 1966) p.44
2) U.N.G.A./CONF/13/25/ Recent Development in the Technology of Exploiting the Mineral Resources of the Continental Shelf (New York; 1958) p.18.
3) Ibid., p.24.
4) "Is there a Gold Mine out in the Ocean?" *Business Week*, 9 April 1966, p.90
5) John L. Mero, *The Mineral Resources of the Sea*(New York: Elsevier. 1965)

할 수 있다고 하고 수심 5,000ft(약 1,525m)까지의 심해저(深海底)에 있어서 이러한 채광은 기업이윤을 보장받을 수 있다고 결론 지은 것이다.6)

사실 해저 망간단괴는 이미 1872년에 하와이 Honolulu와 Tahiti 중간 해역의 심해저(深海底)에서 영국의 해양탐사선인 H.M.S.Challenger호에 의해서 발견되었다.7) 그러나 인간이 수천 미터 이하의 심해저(深海底)에 숨어 있는 이 자원의 보고(寶庫)에 실제적인 관심을 갖기 시작한 것은 이들을 자원으로 이용할 수 있는 지식과 기술이 발표된 1960년대 이후이다.

(1) 심해저자원(深海底資源)에 관한 국제적 관심의 태동

국가관할권 이원(以遠)의 공해해저에 관한 국제법상의 관심은 해저 망간단괴의 탐사 개발문제가 본격적으로 논의되기 이전에 이미 시작되고 있다.

1951년에 Spiropolous는 해양자원을 관리할 국제위원회(國際委員會:An International Board)의 설립을 제의했다.8) 또한 1955년에 George Scelle는 공해(公海)의 자원에 대하여 그 개발과 사용을 통제할 수 있는 국제적 관리청(管理廳:An International Administrative Authority)을 유엔기구 산하에 둘 것을 제의하였다.9) 1958년 제1차 유엔해양법회의가 Geneva에서 열리고 있을 때 서독(현 독일)은 전체 해양의 해저를 국제적 관리하에 둘 것을 제의하기도 하였다.10)

1960년 UNESCO는 정부간 해양과학위원회(海洋科學委員會:IOC-Intergovernmental Oceanographic Commission)를 설립하고 "인류전체의 이익을 위하여 해양을 활용함에 필요한 과학지식의 획득과 전파를 촉진하고 과학적 관심을 참작한 해양법(海洋法)의 발전에 기여할 연구"를 촉구하였다.11)

1966년 3월 7일 국제연합 경제사회이사회는 유엔 Development Decade의 후반기 사업을 위하여 중요한 결의안을 채택하였는데, 이 결의안에서는 다음과 같은 것을 강조하고 있다.

> 1) 국제연합(國際聯合) 사무총장(事務總長)은 대륙붕(大陸棚) 이원(以遠)의 해저자원(광물 및 어족자원을 포함한 식량자원)에 관한 현재의 지식과 이들 자원을 개발할 수 있는 기술의 현황을 조사할 것.

---

6) Ibid., pp.242-272.
7) Eric Linklater. *The Voyage of the Challenger*(London; Doubleday & Company, Inc., 1972)참조; Elisabeth Mann Borgese, *The Drama of the Oceans* (New York: Harry N.Abrams, Inc., 1975) p.147.
8) *ILC Yr. Br.* 1(1951).p.304.
9) *ILC Yr. Br.* 1(1955).p.16.
10) U.N.Doc.A/CONF.13/42(1958) pp.7-8 그리고 A/AC, 135/19 Add 2(1958)
11) U.N.Doc.A/C.1/PV.1528, p.53. 그리고 A/C,1/1952.

2) 본(本) 조사의 일환으로서, 경제적 개발이 가능한 자원의 범위를 확정할 것. 특히 개발도상국가의 이익을 위하여 활용될 수 있는 자원개발의 범위를 밝힐 것…12)

이라는 내용이다. 같은 해에 유엔총회는 결의안(決議案) 2172를 채택하였다.

이 결의안에 의하면 유엔의 산하기관과 관계회원국들은 협동하여 해양에 관한 과학과 기술에 관한 포괄적 현황조사를 실시할 것을 요구하였다. 특히 이 과학과 지식은 해양광물자원에 관한 것을 포함할 것이며, 이들 해양자원의 개발에 관해 유엔에 대하여 새로운 제안을 마련할 것을 촉구하였다.13)

(2) 「인류공동유산(人類共同遺産)」 개념의 형성

1970년 12월 17일 유엔총회 결의 2749호(XXV)로 채택된 「심해저(深海底)에 관한 원칙선언(原則宣言)」에는 다음과 같은 내용이 규정되어 있다.

> 국가관할권(國家管轄權) 이원(以遠)의 심해저(深海底), 해상(海床) 및 그 하층토(下層土)와 그에 부존(賦存)된 자원은 「인류공동유산」이다. 이 국제 심해저(國際深海底)지역을 국가나 개인(자연인이든 법인이든)이 어떤 방법으로든지 영유할 수 있는 대상이 되지 아니하며 심해저(深海底)의 어느 부분에 대해서도 주관적 권리를 주장하거나 행사할 수 없다.
>
> 이 심해저(深海底)의 자원을 개발하고 그로부터의 이익을 전체 인류를 위해서 관리, 분배하기 위한 새로운 국제법제도가 마련되어야 한다.14)

심해저(深海底)와 그 자원을 인류의 공동유산으로 규정하는 이 원칙선언의 내용은 심해저위원회(深海底委員會)와 UNCLOS III를 통하여 새로운 국제법의 기본원리로 받아 들여졌다. 이 「심해저(深海底)에 관한 원칙선언」을 채택하게 된 유엔에서의 심의는, 1967년 8월 17일 Malta국 대표 Pardo대사의 「심해저(深海底) 평화이용에 관한 제의」에서 비롯되었다.15) 그런데 Malta의 제의는 결코 갑작스러운 발상이 아니라, 국제사회의 새로운 법규범을 요구하는 일반적 추세를 반영한 대표적 행위에 불과하다고 보아야 한다. 「인류의 공동유산」이란 용어 자체도 실은 Pardo대사가 최초로 사용한 것은 아니다. 1958년 제1차 유엔해양법회의에서 Tunisia대표는 환경의 보존을 주장하는 발언에서 이 용어를 이미 사용하고 있다.16) 또한 Pardo대사의 발언이 있기 1년 전에 이미 당시의 미국 대통령 Johnson은, 심해저 자원(深海底 資源)은 인류의 공

---

12) ECOSOC Res.1112(XL)(7.March 1966)
13) U.N.G.A. Res, 2172(XXI)(6.December 1966)
14) U.N.G.A. Res 2749(XXV)(17.December 1970)
15) U.N.Doc.A/6695. "Malta의 제안"
16) Statement by Tunisia., 2nd Committee, 10th Meeting, Doc.A/CONF.13, p.21. Para.24. as cited in N.S.Rembe, *Africa and the International Law of the Sea*(Alphen aan den Rijn;Sijthoff and Noordhoff, 1980), p.50.참조

동유산이 되어야 한다는 발언을 한 바 있다.17) 「인류공동유산」의 개념이 생성되고 발전된 과정을 추적하여 보면 다음과 같다.

가) 민간기구를 통한 국제적 협력과 평화유지의 문제를 연구하고 토의하기 위하여 1964년 미국 대통령이 그 소집을 권유한 소위 「백악관 회의」라는 것이 있었는데, 이들의 연구와 회의의 제목 중에서 "자연자원(自然資源)의 보존(保存)과 개발(開發)"이 포함되어 있었다. 이 백악관 회의의 자연자원 보존 및 개발분과위원회가 1965년 11월 29일부터 12월 1일까지 Washington D.C.에서 개최되었다.

이 분과위는 18명의 위원으로 구성되었던 바 그 중에 Christy Jr.란 사람은 민간연구소인 Resources for the Future Inc.의 연구원으로서 이 분과위에서 큰 영향력을 발휘하였으며 그의 영향력에 의하여 본(本) 위원회(委員會)는 해양광물자원(海洋鑛物資源)의 관리를 위한 특별기구(特別機構)를 유엔에 설치할 것을 그 회의의 보고서에서 제의하였다. 그들은 국제법(國際法)상 대륙붕(大陸棚)의 외측한계(外側限界)의 기준이 불분명한 것을 지적하고 이 대륙붕 이원(以遠)의 해저자원 개발에 대한 국제적 통제가 필요하다고 주장한 것이다.18)

이 보고서(報告書)가 소위 해저자원의 관리에 관한 공식적 견해로서는 최초의 발표라고 생각된다.19)

나) 국제연맹(國際聯盟)에 대치될 수 있는 새로운 국제기구에 관한 연구를 위해 1938년에 설립된 "평화기구연구위(平和機構研究委: The Commission to Study the Organization of Peace)"라는 것이 미국의 국제연합협회(國際聯合協會: The U.N. Association of the U.S)의 보조연구기관으로 존속하고 있었는데 위에서 말한 Christy가 1965년부터 동(同) 위원회에 초청되었다. 여기서 Christy는 후에 미국내무성광업국(美

---

17) ...Under no circumstances must we ever allow the prospects of rich harvest and mineral wealth to create a new form of colonial competition among the maritime nations. We must be careful to avoid a race to grab and hold the land under the high sea. We must ensure that the deep seas and the ocean bottom are, and remain, the legacy of all human beings...

Address of President Johnson upon commissioning of the U.S.NOAA vessel Oceanographer July 16, 1969, Public Papers of the President, Lynden B. Johnson, 1966, Book Ⅱ, p.722.

18) 『Report of the Committee on Natural Resources Conservation and Development of the National Citizens' Commission』, Prepared for the White House Conference on International Cooperation, pp.6-9; Committee on Natural Resources Conservation and Development, "Conserving the World's Resources", Blue Print for Peace(New York; McGraw-Hill, 1966), pp.142-144.

19) Shigeru Oda, The Law of the Sea in our Time-New Development 1966-1975(Lyden; Sijthoff. 1977) p.4.

國內務省鑛業國: Bureau of Mines, US Dept. of the Interior)의 수석 경제분석가가 된 David B. Brooks와 함께 제17차 회의보고서를 제출하였으며 여기에는 심해저자원(深海底資源)의 개발에 관한 이들의 제안이 내포되어 있다.

즉, 이들에 의하면 심해저(深海底)의 광물자원(鑛物資源)에 관한 법적권한은 유엔에 부여되어야 하고 "국제연합 해양자원청(國際聯合 海洋資源廳: U.N. Marine Resources Agency)"이라고 가칭될 수 있는 특별기구가 설립되어야 한다고 주장한 것이다.20)

다) 미국의 해양법연구소(海洋法研究所: The Law of the Sea Institute-LSI)는 해양의 이용에 관한 지식과 정보를 교환한다는 목적으로 1965년 Rhode Island대학에 부설되었다. 동(同) 연구소(LSI)의 소장은 동 대학의 지리학 교수였던 Lewis M. Alexander이었으며 집행위원(執行委員)중에는 William T. Burke교수가 있었는데 Burke교수는 나중에 Christy의 해양자원의 유엔관리에 관한 견해를 반대하고 나선 중요한 인사가 되었다.

LSI의 1차 연례회의가 1966년 6월 27일부터 동 7월 1일 사이에 개최되었다.

Christy는 이 회의에서 앞서 말한 "평화기구연구위(平和機構研究委)"의 부소장인 Clark M. Eichelberger와 공동으로 심해저자원(深海底資源)의 국제적 관리를 주장하는 견해를 발표하였다.21) 동 연례회의에서는 Burke교수를 비롯하여 Northcutt Ely, L.F.E. Goldie등이 위의 견해에 이견을 나타내었다.

미국의 해양연구소인 Woods Hole Oceanographic Institution의 과학자인 Kenneth O. Emery와 같은 사람은 수심 1,000m 이하인 심해저(深海底)는 유엔이나 다른 국제기구의 관할하(管轄下)에 둘 것을 제의하기도 하였다.22) 여하튼 LSI의 1차 연례회의는 심해저자원(深海底資源)의 국제관리에 관한 견해가 본격적으로 발표되고 그것이 공식적으로 논의된 최초의 기회였다는 데에 의의가 있다고 하겠다.

라) 미국 변호사협회 자원관계법 분과위의 주최로 해양자원법(海洋資源法)에 관한 학술회의가 California의 Long Beach에서 1967년 6월 7일부터 10일까지 개최되었다. 여기에서 Christy와 Eichelberger는 각기 심해저 해양자원(深海底 海洋資源)의 국제관리를 주장하는 논문을 발표하였다.23) 전술한 ECOSOC 결의 1122호(XL)24)에

---

20) *New Dimensions for the U.N*-17th Report of the Commission to Study the Organization of Peace,(1966) pp.39-41.
21) Eichelberger and Christy, "Comments on International Control the Sea's Resources," *The Law of the Sea* Proceedings, Law of the Sea Institute Annual Conference, ed. by L.M.Alexander(1967) pp.299-309.
22) Ibid., p.157.
23) Christy, "Alternative Regimes for the Mineral Resources Underlying the High Seas," *Natural Resources Lawyer* Proceedings American Bar Association National Institute in

의거한 유엔사무국의 보고서는 Christy의 이 논문에서 많은 영향을 받았다.[25] 그러나 이 학술회의에서 Burke교수와 Ely는 이들의 견해에 대하여 분명한 반론을 전개하였다.[26]

이로써 심해저 자원개발에 있어서 자유개발론자(自由開發論者)와 국제적 관리론자(國際的 管理論者)간의 견해의 대립이 비로소 분명히 드러나게 되었다.

마) 미국 변호사협회의 자원법에 관한 학술회의가 있은 지 수주일 후 1967년 7월 26일부터 29일까지 LSI의 2차 연례회의가 개최되었다.

여기서 특히 기억해야 할만한 것은 전술한 바 있는 John L. Mero의 저서이다.[27] 그는 과학자이며 또한 현실적인 기업가답게 여기서 특이한 견해를 제시하였다. 즉 그에 의하면 심해저 자원(深海底 資源)은 자유롭게 개발될 수 있어야만 한다. 그러나, 기업의 활동과 이익을 보장하기 위해서는 그들에게 전속적이고 배타적인 개발권이 보장되어야만 한다. 심해저(深海底)의 해상(海床)은 5,000평방 마일의 광구로 구획하고 이들에 대한 개발신청을 하는 개발기업은 그 국제기구에 광구사용료를 지급하도록 한다는 것이다.[28] 이것은 법적으로 규명되지 아니한 부분이 많으나 외형적으로는 위에서 지적한 자원개발체제에 관한 이상주의적 견해와 현실적 견해가 서로 절충될 수 있는 가능성을 시사하는 것처럼 인식되었다.

이렇게 해서 심해저(深海底) 문제는 현실적인 과제로서 우리 앞에 대두된 것이다.

위에 말한 LSI의 2차 연례회의가 있은 지 불과 한 달도 못된 1967년 8월 17일 Malta의 유엔대표였던 Pardo는 유엔총회에서 저 유명한 「인류공동유산(人類共同遺産)」의 제의를 하였던 것이다.[29] 이를 계기로 하여 역사상 가장 복잡하고 어려운 「해양법(海洋法)의 협상(協商)」은 시작된 것이다. 심해저위원회(深海底委員會)와 제3차 유엔해양법회의에 이어지는 사상 유례없는 최대 규모, 최장기에 걸쳤던 국제입법회의

Marine Resources; Eichelberger, "A Case for the Administration of Marine Resources Underlying the High Seas by the United Nations," Ibid., pp.85-94.
24) Supra Note.12.
25) E/4449/add.1. Resources of the Sea, Part 1. *Mineral Resources of the Sea Beyond The Continental Shelf*(19. February 1968), pp.87-94.
26) William T.Burke, "A Negative View of a Proposal for United Nations Ownership of Ocean Mineral Resources." *Natural Resources Lawyer*, Vol.1(1968) No.2. PP.42-62
 : Northcutt Ely, "A Case of the Administration of Mineral Resources Underlying the High Seas by National Interests," Ibid., pp.78-84
27) Supra Note.5.
28) John L.Mero, "Alternatives for Mineral Exploitation," - *The Future of the Sea's Resources*, Proceedings of the Second Annual Conference on the Law of the Sea Institute, pp.24-97.
29) U.N. Doc. A/6695.

(國際立法會議)는 결국 1982년 12월 10일 「해양법협약(海洋法協約)」을 일단 성립시켰다. 미국이 협약채택에 반대하기는 하였으나 유엔 해양법협약은 대다수 국가의 찬성으로 「심해저(深海底)의 자원(資源)이 인류(人類)의 공동유산(共同遺産)을 구성한다」는 일반원칙을 공정하고 실제적인 법제도로 구현하는데 일단 성공한 것이다.[30]

2. 심해저(深海底)의 개념(槪念)과 범위(範圍)

(1) 자연과학적(自然科學的) 개념(槪念)

심해저(深海底) 개발제도(開發制度) 일반에 관한 고찰에 앞서 선행되어야 할 것은 법적제도(法的制度)로써의 「심해저(深海底)」일 것이다. 해저광물자원에 관련된 심해저(深海底)의 개념에 관하여 지질학적(geological) 및 지문학적(physiographical) 설명을 개관하여 보기로 한다. 본래 지표(地表)는 두 개의 지문학적 구역으로 구분될 수 있는데 그것은 '대양저(大洋底: Ocean Basins)와 대륙(大陸: the Continents)' 이다.

지괴(地塊:Continental Masses)는 그 수면 상 평균 고도를 840m로 보고 있으며(세계의 가장 높은 봉우리는 8,848m로서 에베레스트의 M.t Chomolungma이다), 대양저는 표준해면하(標準海面下) 평균 수심을 약 3,750m로 보고 있다.(세계에서 가장 깊은 수심은 11,034m이다)[31] 지괴(The Continental masses)와 대양저(Ocean basins)는 지구의 맨틀(mantle)위에 부동적(浮動的) 평형상태(平衡狀態)를 이루고 있는데 무거운 부분은 대양저를 이루고, 보다 가벼운 부분이 지괴를 이루고 있다.[32](제8장:대륙붕, 도표 8-2 참조)

---

30) The Final Statements by Conference President Tommy T.B.Koh (6. December. 1982). Kingston Jamaica.
   Tommey Koh의장은 새 유엔 해양법협약이 성취한 중요한 결과로서 8가지를 들고 있으며, 그 중에 심해저 제도에 관해서, "The Convention has succeeded in translating the principle that the resources of the deep sea-bed constitute the common heritage of mankind into fair and workable institutions and arrangements." 라고 말하고 있다.
   Recent Events in the Law of the Sea (March, 1983) issued by Citizens for Ocean Law (Washington D.C)
31) V. E. McKelvey and Frank F. H. Wang, *World Subsea Mineral Resources* Dept. of Interior, U.S.Geological Survey(1969). p.5; *Defense and Foreign Affairs Handbook*, p.730.
32) Takeuchi, Hitosh, Uyede, Kanamor., *Debate About the Earth Approach to Geophysics through Analysis of Continental Drift*(San Francisco: Freeman, Cooper and Co.1967)., p.253;Richard A.Davis Jr. *Principle of Oceanography*(Addision-Westey, 1977) p.21.

〈도표 11-1〉 대양저(大洋底)의 지형학적 구조

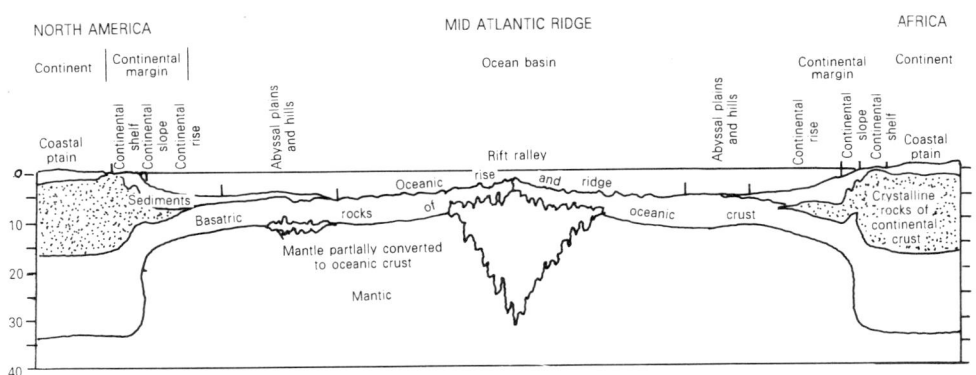

※ 미국의 뉴잉글랜드에서 서부 스페인에 이르는 중부 대서양을 지구 단면도로 나타 낸 것임
SOURCE: B.C.Heezen, "The Deep Sea Floor," *Continental Drift,* S.K. Runcorn ed., International Geophysical Series, Vol.3,(New York: Academic, 1962)

대륙과 구분되는 대양저는 대체로 다음과 같은 요소로 구성된다.(도표11-1 참조)
　(a) 해양산맥(海洋山脈: Oceanic ridges and rises)
　(b) 심해평원 및 심해구(深海丘) (Abyssal plains and hills)
　(c) 해저화산(海底火山) 및 화산맥(火山脈) (Individual volcanoes and composite volcanic ridges)
　(d) 해구(海溝: Trenches)등이며, 그리고
　(e) 대륙과 대양저의 환경부분에서 소위 대륙붕(大陸棚: Continental shelf), 대륙사면(大陸斜面: Continental slope), 대륙해팽(大陸海膨: Continental rise) 등이 있게 된다.
　대륙붕, 대륙사면, 대륙해팽은 광대한 대양저에 비하면 극히 적은 면적(약10%)에 불과하나 해양자원의 대부분이 여기에 부존(賦存)되어 있다고 한다.
　우리가 심해저(深海底: Deep Seabed Floor 또는 Sea-bed)라고 할 때에는 일반적으로 위 (e)의 대륙붕, 대륙사면, 대륙해팽 등을 제외한 기타의 대양저를 의미한다.(도표11-2참조)

〈도표 11-2〉 해저의 지형학적 구성비33)

지형학적 구분	면적(백만평방km)	평 균 각 도	구 성 비(%)
대륙붕 / 대륙사면	55.4	0.1° / 4.3°	15.3
대륙해팽	19.2	0.2°	5.3
심해평원 / 심해구	151.5	3.0°	41.8
해양산맥	118.6	0.2°	32.7
해 구	6.1	3.0°	1.7
해저화산맥, 기타	11.2		3.2
계	962.0		100

(2) 심해저(深海底)의 범위(範圍)

가. 유엔해양법 협약상 심해저 지역(深海底地域: The Area)

유엔해양법상 심해저 자원개발제도의 공간적 범위는 자연과학적인 심해저(深海底)의 개념을 기초로 법적으로 특정되어야 한다.

유엔해양법 협약 제1조에 의하면 심해저 지역(深海底 地域)이란 국가 관할권 이원(以遠)의 해저(海底), 해상(海床)과 그 하층토(下層土)를 말한다고 정의되고 있다. 즉 내수(內水), 영해(領海), 접속수역(接續水域) 그리고 배타적경제수역(排他的經濟水域) 및 대륙붕을 제외한 공해수역(公海水域)의 해저(海底), 해상(海床)과 그 하층토(下層土)가 심해저 지역이 되는 것이다.

특히 하층토(下層土:Sub-soil)는 그 깊이가 문제될 수도 있다. ICNT 제133조는 지하 3m를 기준으로 하고 있고 미국의 「심해저 고형광물 자원개발법(深海底 固型鑛物 資源開發法)」에서는 지하 10m를 한도로 하고 있지만34) 심해저(深海底) 하층토의 깊이를 제한하거나 특정하는 것은 실제로 무의미하다. 따라서 유엔 해양법협약에서는 이러한 깊이의 제한을 두지 않았다.

나. 심해저 지역(深海底地域: The Area)의 범위

1) 대륙붕과의 경계

이와 같이 심해저(深海底) 지역의 범위가 연안국의 국가관할권 범위가 결정된 후에

---

33) Ibid.,; H.W.Menard and S.M.Smith, "Hypsometry of ocean provinces," *Journal of Geophysics Research*, Vol.71.(1966), pp.4305-4325,; Keith S.Stove, *Ocean Science*, (New York; John Wrilry & Sons, 1979), p.79

34) P.L.96-283. The Deep Seabed Hard Mineral Resources Act. Sec.4.(4) 30 USC. 1403.

종속적, 반사적(反射的)으로 확정되게 되는 현재의 해양법 체제는 몇 가지의 문제를 안고 있다. 연안국(沿岸國)의 국가관할권(國家管轄權)의 범위중 심해저(深海底) 지역을 반사적으로 확정시키는 것은 대륙붕의 외측한계가 될 것이다. 대륙붕의 외측한계는 협약 제76조에 규정되어 있다.

1958년 Geneva 대륙붕협정과는 달리 유엔 해양법협약 제76조는 매우 주도 면밀하게 대륙붕경계획정(大陸棚境界劃定)의 기준을 규정하려고 시도하고 있다. 이 기준들은 1958년 대륙붕협정상의 기준과 비교하여 보면 일견, 매우 복잡하지만 명확하고 구체적이며, 따라서 아주 개선된 것처럼 보인다.

그러나 조금 자세히 살펴보면 그 복잡성은 결국 그 명확성을 저해하고 있다는 것을 알 수 있다. 그리고, 그 지형학적·지질학적인 개념들이 법적 기준으로 제시됨으로 인해서 야기되는 불분명하고 모호한 개념들의 복병(伏兵)을 발견하게 된다.

예컨대, 도대체 「대륙사면(大陸斜面)이 끝나는 지점(地點)」을 객관적으로 의념(疑念) 없이 확정할 수 있는 경우란 얼마나 될 것인가? 또 특정지점의 퇴적암의 두께를 객관적으로 결정할 수 있는 방법은 마련되어 있는가?

유엔해양법협약 제76조 6항에 의하면 350마일이라는 거리기준으로서의 최대한계는 대륙사면의 자연적 구성요소인 해저고지(Submarine elevation that are natural components of the continental margin)에는 적용되지 아니한다고 한다. 그리고, 이 조항은 심해고지(深海高地: Submarine elevations)의 예시로서 해양고원(海洋高原:plateaux), 융기(隆起: rises), 캡(caps), 해퇴(海堆: bank), 해저돌출부(海底突出部:spurs)등을 열거하고 있다.

만일 연안국이 그 인접해양의 특정해저에 대하여 그것이 제76조 3항 후단의 해양산맥이 아니고 제76조 6항의 해저고지라고 주장하여 350해리를 넘는 범위에 걸친 대륙붕 관할을 주장한다면 이 Oceanic ridges와 Submarine elevation을 구별할 명확한 개념이 확정되어 있는가? 지리학적 명칭 및 지질학적 용어를 법조문 안에 정의(定義) 없이 사용하는 데서 오는 모호성 및 불명확성은 본 조항의 실질적 적용을 심히 어렵게 할 것으로 보인다. 문제는 이러한 대륙붕 외측한계 결정을 위한 기준의 불명확성이 결과적으로 심해저 지역의 범위를 모호하게 할 것이라는 점에 있다.

2) 심해저 지역 내에서 국제해저기구와 협약 비가맹국(非加盟國)과의 관계

국제해저기구(國際海底機構)는 그 심해저 지역에서의 활동에 관한 한(限), 일종의 배타적지배권(排他的支配權)을 행사하는 국제기구(國際機構)이다.[35]

---

35) 협약의 다음 조항을 참조바람
　　제1조 1항, 136조, 137조(특히 제2항), 152조, 157조, 160조 제Ⅲ부속서의 제6조 등

특히 국제해저기구(國際海底機構)가 본 협약에 따라 해저개발광구(海底開發鑛區) 신청자에게 일정한 광구에 대한 사업계획을 승인함으로써 개발사업자는 당해 광구에서 배타적인 해저자원개발권(海底資源開發權)을 보장받게 되는데, 만일 이때 그 작업구역이 연안국의 관할구역과 경합된다면 심히 어려운 분쟁이 야기될 것은 분명한 일이다. 만일 그 연안국이 협약 가맹국이라면 협약 187조에 의거한 분쟁해결절차에 들어갈 수 있으리라고 본다.36)

유엔 해양법협약은 본래 해양활동에 관한 포괄적인 입법으로서 가능한 한, 세계의 모든 국가가 이에 가입할 것을 목표로 하였기 때문에37) 비가맹국(非加盟國)과 국제해저기구(國際海底機構)와의 관계를 규정하는데 미흡하였던 것 같다.

그러나, 대륙붕과 심해저(深海底) 지역에 걸쳐서 매장된 자원의 개발에 관하여 "그 대륙붕을 관할하는 연안국의 적법한 권한과 이익을 적절히 존중하여야 한다"고 규정한 제141조 1항과, 일반적으로 "협약에 의거하여 심해저 지역내의 활동에 관한 권한 및 기능의 행사를 위하여 내재하고 필요한 부수적 권한"을 당연히 국제해저기구(國際海底機構)가 갖는다고 규정한 제157조 2항 등의 규정을 유추 적용함으로써, 국제해저기구(國際海底機構)는 비가맹국과의 경계분쟁협의를 수행하고 적절한 경계협약을 타결할 수 있다고 해석해야 할 것이다.

3) 협약가맹국(協約加盟國)과의 관계

비록 아무리 모호하고 불완전하며 적용상의 난점이 있다고는 하나, 협약 제76조는 대륙붕의 외측한계에 관한 하나의 기준을 제시하고 있다. 따라서 그 연안국이 협약의 가맹국인 경우에 우선 이 제76조의 기준에 따라 대륙붕의 한계를 정하면 결국 반사적으로 국제 심해저 지역(國際深海底地域)의 범위는 결정될 수 있다고 말할 수 있다.

또한 대륙붕경계획정문제(大陸棚境界劃定問題)를 위해서는 협약의 제II부속서에서 대륙붕경계위원회(大陸棚境界委員會: Commission on the Limits of the Continental

---

36) *Article 187* 〔Jurisdiction of the Sea-bed Dispute Chamber〕
 The Sea-bed Dispute Chamber shall have jurisdiction under this Part and the Annexes relating thereto in disputes with respect to activities in the Area falling within the following categories…
37) Declaration incorporating the "Gentleman's Agreement" made by the President and endorsed by the Conference at its 19th meeting on 27 June 1974.
 Bearing in mind that problems of ocean space are closely inter-related and need to be considered as a Whole and the desirability of adopting a Convention on the Law of the Sea which will secure the widest possible acceptance, the Conference should make every effort to reach arrangement on substantive matters by way of consensus and there should be no voting on such matters until all efforts at consensus have been exhausted.

Shelf)를 설치하는 것으로 규정하고 있다. 또 최악의 경우에는 협약이 규정한 분쟁해결절차를 따를 수도 있으리라고 본다.(협약 제15장, 제Ⅴ부속서, 제Ⅵ부속서, 제Ⅶ부속서) 그러나, 이들 구체적 규정의 내용들은 많은 문제점을 내포하고 있다. 대륙붕경계위원회는 200해리 이원(以遠) 대륙붕경계문제에 관하여 관계 연안국이 제출한 자료를 조사하여 이를 근거로 「권고(勸告)」를 할 수 있을 뿐이다. (제Ⅱ부속서, 제3조 1항(a)) 연안국이 위원회의 「권고」에 따를 수 없을 때는 연안국은 일정한 기간 내에 새로운 개정안을 제출하도록 규정되어 있다.(동 제8조) 그러나, 연안국은 대부분의 경우에 위원회의 「권고」를 형식적으로만 참작하는 경우가 많을 것이며 다시 제출되는 연안국의 안(案)이 반드시 합리적인 것으로 개선된다는 보장은 없다. 더구나 이렇게 위원회의 「권고」를 근거로 연안국에 의해서 설정된 대륙붕의 외측한계는 최종적이며 구속력을 갖는다. - shall be final and binding - (협약 제76조 8항)

요컨대, 현 유엔 해양법협약의 체제에 의거하는 한, 대륙붕의 외측한계를 설정함에 있어서 연안국의 재량을 봉쇄할 방도는 마련되어 있지 않다. 그러므로 심해저 지역의 범위는 불명확한 기준에 의하여 결정될 여지를 남기고 있다고 지적되어야만 한다.

3. 심해저(深海底)의 자원(資源)

(1) 일반적 고찰(考察)

지구의 표면적은 5억 1천 63만 9천 6백 평방km이며 이 중에서 바다의 면적은 3억 6천 105만 7천 평방km로서 전체지구면적의 약 70.7%를 점하고 있다고 한다.[38] 해양(海洋)은 해수(海水)로서 구성되어 있다. 해수의 주성분은 물이다. 그러나 해수에는 물 이외에 여러 종류의 광물이 용해되어 있고 그 속에서 각종의 어족을 비롯한 해양 동식물이 서식하고 있다.

우선 광물에 관하여만 보면 1입방 마일 해수 중에 포함되어 있는 내용물의 평균 계산치는 소금(NaCl)이 1억 2천 5백만 톤, 마그네슘(Mg)이 650만 톤, 그리고 우라늄이 1,400만 톤이다. 전 해양의 용적은 약 3억 2천 4백만 입방 마일로 추산되고 있다.[39]

해수 중에 용해되어 있는 광물 이외에 해저에 매장되어 있는 광물로서 중요한 것은, 우선 천연Gas와 석유자원을 들 수 있다. 그리고 후에 상론할 망간 단괴(團塊)가 해저에 깔려 있다. 또 80년대에 들어와 집중적인 탐사와 연구가 진행된 망간 Crust(cobalt

---

[38] "Basic Reference Data" *Officer's Handbook* (Moscow: Soviet Armed Forces, 1971) trans. Canadian Gov'Unit. Published by U.S.A.F. cited *Defense and Foreign affairs Handbook* p.730.
[39] R.P.Anand, *Legal Regime of the Seabed and the Developing Countries* (Indian; Ramson Press, 1975), p.14.

rich manganese crust)와 다금속유화광상(多金屬硫化鑛床: polymetallic sulfide deposits)들이 있다. 말하자면 이러한 것들은 소위 해양광물자원인 것이다.

유엔 해양법협약에 의하면,「심해저 자원(深海底資源)」이란 다금속단괴(多金屬團塊: 망간단괴)를 포함하여, 심해저 지역(深海底 地域)과 그 해상(海床)의 지하에 있는 그 대로의 모든 고체·액체 및 기체상태의 광물자원을 말한다.(제133조) 그러나, 전술한 것과 같은 막대한 양의 광물이 지금 당장 해양으로부터 모두 채취되어 활용될 수 있는 것은 아니다. 특히 상업적 개발이 협약채택 당시보다 상당히 늦어질 것이라는 관측이 점차 강하게 대두되고 있으며40), 그 나머지는 아마 영원히 인간의 손이 미치지 못하고 말게 될 것이다.

(2) 망간단괴(Manganese Nodules)

심해저 지역의 자원개발에 관한 한, 문제의 광물자원은 단연 망간단괴라고 할 수 있다. 사실상 망간단괴의 탐사·개발에 관한 제도가 심해저 지역을 인류공동유산으로 규정하고 이를 위한 새로운 국제관리기구와 그 관계법 규범을 새로이 만들기 위한 제3차 해양법회의의 초점이 되어온 것이다. 망간단괴는 수심 3,500m 내지 4,500m의 심해저(深海底)에 깔려 있는 감자모양을 한 지름 1-10cm 정도의 흑색덩어리(단괴; 團塊)이다.

물론 모양과 색깔 및 크기에 많은 다양성이 있다. 전체 심해저(深海底) 면적의 약 15%(약 5천 4백만 평방km)에 걸쳐서 이 망간단괴가 분포되어 있다고 한다.41) 전술한 Mero에 의하면 세계 망간단괴의 총 추정 매장량은 1조 7천억 톤에 달한다고 한다.42) 이 덩어리에는 망간, 니켈, 코발트, 구리가 함유되어 있다.

---

40) 1994년 1월에 개최된 준비위원회의 기술전문가그룹(The Group of Technical Experts)회의는 심해저 상업개발 전망과 관련하여 다음 요지의 결론을 내리고 이를 준비위원회 운영위원회에 보고하였다.
① 여러 가지 예측 불가능한 변수로 인하여 상업개발의 가능시기는 불분명하지만, a)광대한 자원 부존량, b)심해저 광석이 여러 가지 금속을 함유하고 있으며, c)개발기술상 극복 불가능한 것이 없을 것이라는 측면에서 상업개발이 언젠가는 이루어 질 것으로 예상되며;
② 다만, 금세기 이내에는 상업적 심해저개발이 이루어지지 않을 것이 확실하며;
③ 또한 2010년 이전에 이루어질 가능성도 희박함("It is unlikely that commercial seabed mining will take place").
④ 아울러 상당한 기간에 걸쳐 대규모 타당성조사가 이루어질 경우, 보다 정확한 개발가능 시기를 예상할 수 있을 것임.
준비위원회 제12차 회기(1994.2.7 - 2.11, 자메이카, 킹스턴 개최), 기술전문가 그룹의 준비위원회 운영위원회 앞 보고(Report of the Group of the Technical Experts to the General Committee of the PrepCom.), off. doc. para. 57, LOS/PCN/BUR/R.32, 1994.2.1
41) U.N.Dept.of International Economic and Social Affairs, Seabed Mineral Resource Development: Recent Activities of the International Consortia (New York;United Nations, 1980) U.N.Doc ST/ESA/107. p.1.

각 광물의 함유량의 비율은 일정치 않으나 대체로 망간(Mn)이 25-30%, 철 6%, 니켈 1.4%, 구리 1.2%, 코발트 0.25%씩 되는 것으로 알려져 있다.[43]

앞서 지적한 것처럼 1조 7천억 톤 모두가 개발 가능한 것은 물론 아니다. 유엔자료집[44]에 의하면, 1차적으로 개발대상이 될 수 있는 망간단괴의 매장량은 230억톤으로 추정된다. 그러므로 망간단괴의 개발로 채취될 수 있는 주요 광물의 양은 니켈 2억 9천만 톤, 구리가 2억 4천만 톤, 코발트가 6천만 톤, 망간이 60억 톤이 된다고 한다.[45]

망간단괴의 매장밀도가 높아서(11.9k/m2) 상업적 개발의 전망이 높은 지역으로는 Baja California와 Hawaii사이에 위치한 Clarion-Clipperton지역이 있다. 이 유망광구(有望鑛區)의 전체면적은 약 400만 평방km가 된다.

(3) 망간 Crust

망간 Crust(cobalt rich manganese crust)는 해저수심 800-2,400m가 되는 해저산(sea-mounts)의 경사면 화산암질 암반에 분포되어 있다. Crust의 평균두께는 3-5cm이다. 망간 Crust속에는 망간(Mn)이 24.7%, 니켈 0.5%, 구리 0.06%, 코발트 0.9%씩이 함유되어 있고 백금도 매 톤당 1g정도 함유되어 있다고 한다.

1984년 독일 해양조사팀은 Johnstone섬 근해 1,000~1,800m 수심에서 3천 톤 이상의 망간 Crust가 평균 3cm 두께로 매장되어 있는 것을 발견하였다. 한편 미국의 지질조사소(地質調査所)는 태평양의 해저산(海底山)들에 망간 Crust가 망간 단괴와 함께 부존 되어 있는 것을 발견하였다. 그들은 태평양 도서국가(島嶼國家)들의 EEZ 내에 이 망간 Crust가 풍부하게 분포되어 있는 것을 밝혀냈다.(지도 11-1 참조)

---

42) John L.Mero, "Ocean mining; a Potential Major New Industry," *Proceedings* 1st World Dradging Conference (New York;1967) p.625.
43) *Preliminary Report of the Secretary General,* UN Doc.A/CONF.62/L.84(2 March 1982) 참조.
44) Supra Note. 42.
45) Alan A. Archer, "Resources and Potential Reserves of Nickel and Copper in Manganese Nodules," *Manganese Nodules, Dimensions and Perspectives* (Proceeding of a United Nations Expert Group Meeting on Sea-bed Mineral Resource Assessment); *Natural Resources Library*, Vol.II.(Dordrecht; D.Reidel Publishng Company, 1979) p.79. cited in ST/ETA/107.

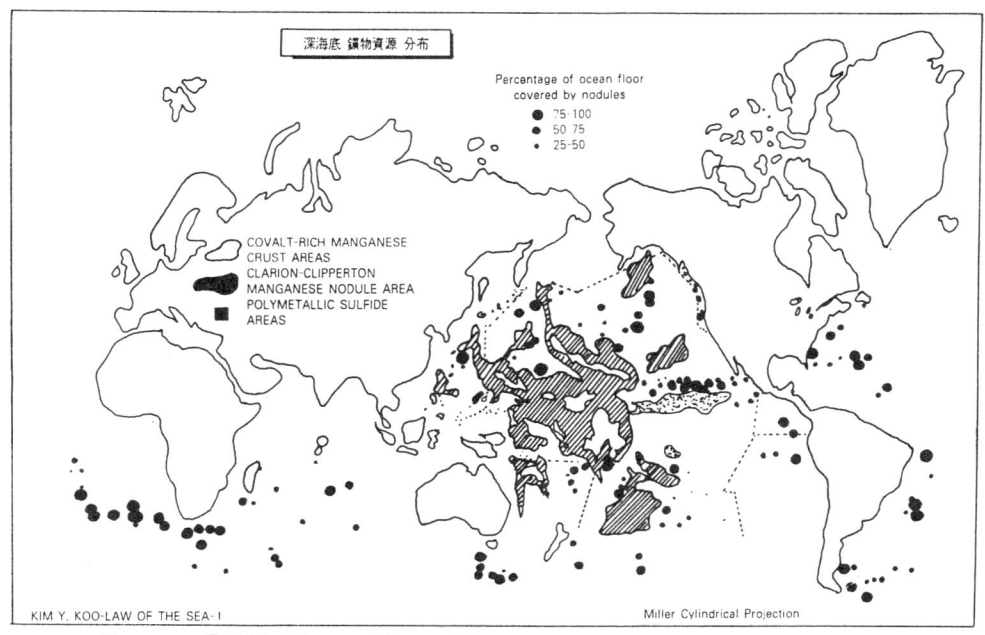

Source : ① U.S. Dept. of State. Map No.503789
② 정갑진, "심해저 광물자원개발과 해양법",「동력자원」, 1986. p.4

〔지도 11-1〕 심해저 자원의 분포

(4) 다금속유화광상(多金屬琉化鑛床)

다금속유화광상(多金屬琉化鑛床: polymetallic sulfide deposits)은 해저열수광화작용(海底熱水鑛化作用: sub-marine hydrothermalism)에 기인된 것으로 해저 지반이 확장되고 있는 곳에서 발견되고 있다. 유화광상(硫化鑛床)은 일반적으로 석순(石筍)과 형태가 비슷한 굴뚝(chimney)형이다. 현재까지 발견된 최대규모의 광상(鑛床)은 Galapagos광상인데, 이 광상은 대양저에서 35m정도 솟은 유화물(硫化物)의 굴뚝형 광체(鑛體)들이 단층을 따라 1,000m가량 연장되어 있고 광체(鑛體)의 폭은 20-200m로 다양하며 매장량은 약 3,000만 톤으로 추산된다. 유화광상의 금속함량은 다양하나 두 가지 유형으로 분류할 수 있다.(도표 11-3 참조) 제1형 광상은 Galapagos지역에서 발견된 광상처럼 동(銅)의 품위는 높지만 다른 금속의 품위는 비교적 낮다. 제2형의 광상의 경우는 아연(亞鉛)의 품위는 높지만 동(銅)의 품위는 낮은 것으로, Juan de Fuca Ridge와 Guaymas Basin에서 발견된 광상이 이에 속한다.

〈도표 11-3〉 심해저광상(深海底鑛床)의 금속함량(金屬含量)

Metal Grades	Crusts	Sulfides(Type-1)	Sulfides(Type-2)
Cadmium(gm/mt)	-	31.00	n.a
Cobalt(%)	0.09	-	-
Copper(%)	0.06	4.98	1.0
Lead(%)	-	0.07	0.1
Manganese(%)	24.70	-	-
Nickel(%)	0.50	-	-
Platinum(gm/mt)	0.40	-	-
Silver(gm/mt)	-	10.00	300.00
Zinc(%)	-	0.14	300.00

Ⅱ. 인류공동유산의 개념과 심해저자원의 법적지위

1. 심해저(深海底)의 법적지위(法的地位)

(1) 공해(公海)의 법적성질(法的性質)

근래에 와서 심해저(深海底)는 무주물(無主物)인가에 관하여 많은 논의가 있어 왔으나 최근까지 확립된 견해는 없었다. 심해저(深海底)는 본래 인간활동의 영역으로부터 너무나 떨어져 있는 부분이므로 그 법적 성격이 규명되지 않은 것은 오히려 자연스러운 일이라고 할 수 있다.

심해저(深海底)는 소위 국가관할권 이원(以遠)의 해저·해상과 그 하층토이므로(제1조) 이는 내수, 영해, 접속수역, 그리고 배타적 경제수역 및 대륙붕을 제외한 공해수역의 해저, 해상과 그 하층토를 말한다. 따라서 우선 공해(公海)의 법적 성격이 규명되어야 한다. 공해는 제9장 서두에서 상론(上論)한 것처럼 공유물(公有物; res communis)이며 따라서 어떤 국가도 공해의 어느 부분을 유효하게 그의 주권에 종속시킬 수 없는 것이다.(제89조)

(2) 심해저(深海底)의 법적지위(法的地位)

공해(公海)가 공유물(公有物; res communis)이라고 함은 앞에서 보아온 바와 같으나, 공해(公海)의 아래에 있는 심해저(深海底)의 법적 지위는 어떠한 것인가에 대해서도 많은 논의가 있어 왔다. 먼저 공해의 상층수역(上層水域; superjacent water column)과 그 해저(海底: seabed or subjacent water)는 별개의 영역권을 구성할 수 있는가 하는 것부터 보기로 하자.

1958년 Geneva 「대륙붕협약」 제3조는 "대륙붕에 대한 연안국의 권리는 그 상부 수역의 공해(公海)로서의 법적 지위와 상부공역의 법적 지위에 대하여 영향을 미치지 아니한다."라고 규정하고 있다.

또 유엔해양법 협약 중에도 대륙붕에 관하여 같은 취지의 조항을 두고 있다.(제78조)46) 그러므로 상층 수역과 그 해저가 각기 별개의 법적 지위를 가질 수 있다는 견해를 인정할 수 있는 여지가 마련되게 되었다.47) 따라서 심해저가 공해(公海)와는 달리 무주지(無主地: terra nullius)로서의 지위를 갖는다는 주장에 대하여, 공해(公海)가 공유물(公有物)이라는 이유만으로써 이를 부인할 이유가 될 수 없게 된다. 실제로 많은 학자들이 심해저(深海底)를 무주물(無主物)로 주장하였다. L.F.E.Goldie는,

> 해저지역(海底地域)은 성질상 공해(公海)의 수면과 동일한 법제도를 적용할 필요가 없다. 공해수면은 세계통상(世界通商)의 동맥이며 따라서 모든 사람의 공동사용을 위해 개방되어야하지만 해저지역의 유용성은 전적으로 다른 특성을 가진 것이며, 따라서 공해(公海)가 공유물(res communis)이라 할지라도 해저자원의 질서 있는 개발을 위해 해저지역에 대한 배타적 권한을 인정함이 요구된다.....

라고 한다.48) 그보다 먼저 Hurst 경은

> 영해범위 밖의 공해(公海) 아래에 있는 해저와 해상은 무주지이므로 영해의 해저가 끝나는 지점으로부터 점령함으로써 이를 획득할 수 있다.

라고 하였다.49) 만일 Hurst경의 견해처럼 심해저(深海底)를 무주지(terra nullius)로 본다면 국가가 유효하게 이를 점유하고 그에 관한 주권적 권리를 취득할 수 있어야만 한다.

국가가 무주지(terra nullius)에 대한 주권을 확보하는 전통적인 방법은 선점(先占)이다. 이 선점을 위한 요건으로는 첫째가 의사적(意思的) 요건으로 "다른 국가에 의하여

---

46) Article 78(Legal status of the superjacent waters and air spaces and the right and freedoms of other state)
   1. The rights of the Coastal State over the continental shelf do not affect the legal status of the superjacent waters or of the air space above those waters.
47) H.B.Roberton, "A Legal Regime for the Resources of the Seabed and Subsoil of the Deep-sea," U.S. Naval War College Review. vol. 21, No.2,(Oct, 1968), p.75.
48) L.F.E.Goldie, "The Occupation of the Sedentary of the Australian Coasts," 1 Sydny. L.Rev., 84,85(1953)
49) Sir Cecil Hurst, "Whose is the Bed of the Sea.2" 4. BYIL. 34,42(1923)

점유되지 아니한" 영토를 점유한다는 의식(意識)이다.50) 둘째가 그 영토에 대한 실효적 지배이다. 이때 「실효적 지배(實效的 支配)」라고 함은 또 다음 요건이 필요하다.

(a) 평화적 지배이어야 한다. 즉, 그 선점은 다른 주권에 의하여 경합되거나 분쟁이 있어서는 안 된다.

(b) 현실적 지배이어야 한다. 현실적 지배란 단순한 명목상의 주권을 의제(擬制)하는 것만으로는 불충분하고 국내법상 관할권의 현실적 행사나 국제법상 협약 등에 그 영토적(領土的) 관할권(管轄權)을 인정하거나 행사하는 것이 필요하다.

(c) 주권적(主權的) 권원(權原:title)을 인정하기에 충분한 행위가 있어야 한다. 행정구역에의 귀속(歸屬)이나 총독 등의 파견을 의미하는 것이 통상이지만 사람이 없는 곳에는 후자와 같은 조치는 불필요할 것이다.51)

이상은 대체로 육상의 무주지를 상대로 전개한 일반론인데 수백 미터 깊이의 심해저(深海底)에 대해서도 같은 이론이 적용되겠는가? Waldock 이나52) 또는 Lauterpacht53)는 이 요건이 "상대적"으로 완화되어야 한다고 주장한다.

영국은 일찍이 19세기에 Ceylon과 Bahrein 연안의 공해 해저에 진주조개 양식장을 개설하고, "아주 오랜 세월동안 계속적으로 아무런 방해나 분쟁이 없이" 이를 소유한 것을 이유로 그 해저(海底)의 소유권(所有權)을 주장하였다.54)

또 오스트레일리아는 해삼과 진주조개 등의 정착성 어종의 어업이 3해리 영해해저의 이원(以遠)에 일정한 범위의 해저에서도 가능하며 이는 공해제도의 예외로서 일종의 점유로 인한 무주지의 주권적 권원(權原)을 취득하는 것으로 간주하였다.55)

Bay of Tunis의 해면어업을 위한 지중해 해저에 대한 권리주장에 대하여 Traver Twiss는 그 권리가 취득시효의 원리로 성립될 수 있다는 의견을 영국정부에 제시하였다.56)

생각하건대, 영국정부의 "오랜 세월동안 계속적인 방해받지 않는 소유"나 오스트레

---

50) *Oppenhime's International Law* 8th ed.by H.Lauterpacht, (London: Longmans Green, 1955), Vol. I, pp.55-56.
51) C.H.M.Waldock, "Disputed Sovereignty in the Falkland Islands Dependencies," the *BYIL*(1948) p.311.
52) Waldock, "The Legal Basis of Claims to the Continental Shelf," The Grotius Society Transactions for the year of 1950 as cited in M.Whiteman, *Digest of International Law* (Washington: U.S.Gov,Pri. off., Vol. II.) pp.1039-1040.
53) H.Lauterpacht, "Soverignty over Submarine Area," *BYIL* 1950, p.418
54) Hackworth, *Digest of International Law* Vol. II.(Washington: U.S.Gov. Pri. Off., 1941), pp.674-8.
55) D.P.O'Connell. *International Law* 2nd ed.(London:Steven & Sons, 1970), p.516.
56) Loc.cit.

일리아의 "예외적인 점유" 및 Bay of Tunis의 "시효취득(時效取得)" 등은 선점을 위한 "실효적 지배(實效的 支配)"의 요건을 완화하여 해석하고 있는 예로 볼 수 있다. 심해저(深海底)와 같은 인간의 활동이 용이하게 미치기 어려운 해역에 대하여 실효적 지배의 요건을 완화한다는 것은 Eastern Greenland Case등을 상기할 때 수긍할 수 있는 이론이라고 할 수 있을 것이다.[57]

그러나 완화한다고 해도 얼마정도 완화할 것인가가 문제로서 역시 남게된다. 그리고 심해저(深海底)에 대한 실효적 지배를 입증한 선례들은 연안에 인접한 해저 즉 현대적 의미의 대륙붕에 대한 것이었다.[58] 그러므로 공해(公海) 가운데의 심해저(深海底)에 대한 실효적 지배는 이러한 점유의 이론으로는 성립시키기 곤란할 것이다.

심해저(深海底)의 활용이나 개발은 시추선(試錐船)으로부터의 시추 또는 굴착행위(掘鑿行爲)나 해상에 설치된 일정한 시설의 동작으로 이루어지게 된다. 연안해저에서의 정착성 어종의 어로(漁撈)나 해저터널 굴착과는 달리 이러한 공해(公海)해저의 심해저 개발행위는 성질상 일시적인 것이며 따라서 사실상 아주 극단적인 경우를 제외한다면 심해저(深海底)의 실효적 지배에 의한 선점은 인정할 수 없으며, 심해저(深海底)는 일반의 자유활동에 공개되어 있다고 보아야 한다.[59] 또 이러한 심해저(深海底)를 무주지로 전제하고 있는 선례들은 특정해역의 영유권을 주장함에 있어서 오랜 세월 동안의 "역사적 이용의 사실"을 그 주장의 근거로 제시하고 있다.

Gulf of Manar의 해저에 있는 Sri Lanka 진주조개 양식장에 대한 영유권의 주장은 포르투갈, 네덜란드 등의 초기 개척자들로부터 연유된 역사적 권원을 인계 받는 것으로 주장되었으며 1758년 저서에서 Vattel은 그 권원을 인정하고 있다.[60] Bahrein 등 페르시아만 연안의 진주 양식장 영유권은 2,000년 이상 소급되는 역사적 권원으로 주장되었다.[61] 베네주엘라, 파나마, 멕시코, 필리핀 등은 그 연안 해저의 굴 양식장 영유권은 수세기에 이르는 것으로 주장하였다.[62] 앞서 인용한 튀니지의 해면어업(海綿漁業)에 관한 해저영유권(海底領有權) 주장[63]도 그 근거를 역사적 활용에

---

57) W.W.Bishop. Jr., *Interational Law Cases and Materials* (Boston: :Little Brown & Co, 1953, pp.89-90.
58) D.P.O'Connell, op.cit., p.517.
59) Loc. cit.
60) E. Vattel, *Le Droit des Gens, Principles de la Loi Naturelle, Appliques a la Conduite et aux Affaires des Souverains* p.84.(1758) as cited in D.W.Arrow, "The Customary Norm Process and the Deep Seabed," 9 *ODIL* 14(1981)
61) M.S.McDougal & W.T.Burke. *Public Order of the Oceans,* (Newhaven: Yale Univ. Press, 1975), p.648.
62) Ibids.; Tressle and G.Lemon, *Marine Products of Commerce.* 2nd ed. (1951). pp.109-110.
63) Supra Note 59, and its text.

두고 있다.

실효적 지배의 요건 이외에 특별히 역사적 권원을 주장하는 것은 일반적인 법원칙 즉 심해저의 공유물(公有物)로서의 성격에 대한 예외적인 관행의 성립을 인정하기 위한 것으로 해석되어야만 한다.64)

「영국-노르웨이간의 어업분쟁사건」(Anglo-Norwegian Fisheries case)에서 ICJ는 역사적 권원에 의한 이러한 예외를 이미 인정하고 있다.65) 1958년 Geneva 에서 성립된 「어업(漁業) 및 공해(公海)의 생물자원 보존에 관한 협약」 제13조 1항도,

> 한 국가의 영해(領海)에 인접하는 공해수역(公海水域)의 해상(海床)에 매설된 설비에 의해 운영되는 어업에 관한 규제는 그와 같은 어업을 그 국가의 국민이 장기간에 걸쳐 유지하고 또 실행하고 있는 경우에 그 국가가 시행할 수 있다. 다만 그와 같은 어업을 전기한 국민의 장기간의 관행(慣行)에 의해 배타적으로 수행해온 수역을 제외하고는 타 국가의 국민도 전기한 국민과 동등한 입장에서 그와 같은 활동에 참가하는 것이 허용된다…

라고 규정하고 있다.66) 이에 관하여 Louis Henkin 은 다음과 같이 적절히 지적하고 있다.

> …여러 경우에 해저에 대한 국가의 주권적 권원은 부인되어 왔다…대륙붕에 관한 현대 국제법은 해저가 공유물인 지위를 갖는다는 것을 전제하고 있다. 본래 해저는 특정국가의 주권이 속하는 것이 아닌 때문에. 이 일반적 원칙의 예외로서 연안국의 대륙붕개발을 허용키 위해 새로운 규범 즉「대륙붕제도(大陸棚制度)」가 필요하게 되는 것이다. 대륙붕제도야말로 해저가 공유물(res communis)인 일반적 성질을 갖는 것임을 재확인하는 것이다.67)

심해저(深海底)에 대한 적법한 주권적 권리의 근거를 위해 가공의 선점 이론을 다시 도입하는 것은 각종의 논의를 만발하게 하는 것으로 현대 국제법에 있어서는 극지방(極地方)에 대한 것을 제외하고는 대체로 배척되고 있는 바이다. 특히 해저지역에 관하여 선점 이론을 도입하는 것은 문제가 있다. 일반론으로서 영유권을 위하여 실효적 지배가 요건이라 하고, 한편 심해저(深海底)에 대해서는 완화된 점유로서도 족하다고 함은 이론적으로도 정도(正道)를 벗어난 것이다. 이러한 가상을 꼭 해야한다는 자체가 문제를 잘못 이해한 증거이며 해저에 관해서는 육지에 대하여 적용되는 이론과 다른 논리가 필요하다는 것을 나타낸다.68)

---

64) D.W.Arrow, op.cit., p.14 .
65) Anglo-Norwegian Fisheries case, ICJ Rep.,(1951), p.116.
66) Convention on Fishing and Conservation of the Living Resources of the High Seas, Article. 13. 559 U.N.T.S.285. 拙著, 「해양법조약 법령집」(부산:효성출판사, 1998), p.22.
67) Louis Henkin, *Law of the Sea's Mineral Resource* (Washington D.C.1967) Prepared for the National Council on Marine Resources and Engineering Development, pp.24-27

결론적으로 심해저(深海底)는 원칙적으로 공해수면(公海水面)의 법적 성질과 똑같이 공유물(res communis)이라고 보아야 한다. 그리고 누구도 그 전부 또는 일부를 배타적으로 전유(專有)할 수 없다고 보아야 한다.

2. 심해저자원(深海底資源)과 인류공동유산(人類共同遺産)의 개념

(1) 심해저자원(深海底資源)의 법적지위(法的地位)

우리는 앞에서 해양과 그 해저(海底) 및 해상(海床)의 법적 지위가 모두 공유물(res communis)임을 보아 왔다. 그러면 심해저자원(深海底資源)의 법적지위는 어떠한 것인가?

먼저 Robertson에 의하면,

> 바다가 공유물(res communis)이라는 성격규명이나, 해양자유(海洋自由)의 원칙(原則)의 적용은 그것이 해양의 자원을 어떤 국가나 개인이 이를 전유할 수 없다는 것을 의미하지는 않는다. 공해(公海)에서 자유로운 어로(漁撈)를 할 수 있다고 하는 권리는, 바다의 자원이 전유(專有) 될 수 있다고 하는 가장 명백하고도 확실한 증거이다.[69]

라고 말하고 있다.

생각하건대, 공유물의 법적 성질은, 첫째, 모든 사람이 이것을 사용할 수 있고 또 이것을 누릴 수 있으므로 모든 사람에게 속해 있다는 것이며 둘째, 누구도 이를 배타적으로 전유(專有)할 수 없다는 것이다. 그 전형적인 예는 빛이나 공기 또는 유수(流水)와 같은 것이다.[70]

그러므로, 공유물에 있어서는 그 양이 무한하고 충분해서 소유권의 개념을 특별히 적용할 필요가 없어야만 한다. 본래 소유권(所有權)이란 배타적지배권(排他的支配權)으로 한 사람의 사용, 수익으로 인하여 다른 사람의 사용, 수익의 양립(兩立)이 불가능하게 되는 재화(財貨)에 대하여 정당한 권리자의 사용수익권을 보호하기 위하여 인정되는 것이다.

그런데, 공기나 빛이 어떤 사람이 사용, 수익한다고 해서 다른 사람이 그것을 누릴 수 없게 되지는 않으므로 이것은 공유물이 되는 것이다. 공유물은 어떤 특정인이 혼

---

[68] Richard Young, "The Legal Status of Submarine Areas Beneath the High Seas." 45 *AJIL* 230.(1951)
[69] H.B.Robertson, op.cit.,p.79(Supra Note 47)
[70] *Black's Law Dictionary* 6th ed, p.1173.
   Res communis: In the civil law, things common to all, that is, those things which are used and by everyone even in single parts, but can never by exclusively as a whole, e.g.,light and air.

자서 배타적으로 이를 전유(專有)할 수 없다는 것도 이러한 의미이다.

공해(公海)와 그 해저(海底)가 공유물이라 할 때 위의 법적 성격은 정확히 적용된다. 즉, 공해(수면 상부수역부) 및 해저(하부수역, 해저표면, 하층토)는 모든 사람이 자유로운 활용을 위해 공개되어 있으며 어떤 국가나 개인도 그 일부를 자기에게 귀속시킬 것을 유효하게 주장할 수 없다.(공해협약(公海協約) 제2조, 협약 제89조)[71]

그런데, 공해(公海)나 해저(海底)에 부존(賦存)된 해양자원의 법적 성질은 어떠한 것인가? Grotius의 자유해론(自由海論: *Mare Liberum*)에서 주장된 공해자유의 원칙의 내용 중에는 어로(漁撈)의 자유가 중요한 내용으로서 포함되어 있다.[72] Grotius 이후의 전통적인 공해자유(公海自由)의 원칙에 내포된 어로자유(漁撈自由)의 원리(原理)는 기본적으로 해양생물자원(海洋生物資源)의 무고갈성(無枯渴性)을 전제로 하고 있다.[73] 그러나 Grotius는 생물자원을 누구나 자유로 채취하여 전유(專有)할 수 있는 동등한 권리를 갖는다는 점을 강조하였으므로 논리적으로 추론컨대 그 자원 자체는 무주물(res nullius)로 간주하고 있었다고 판단된다.[74] 소유권이 주장된 바 없는 자원을 선점(先占)의 대상인 무주물(無主物:res nullius)로 보는 관행은 육상에서나 바다에 있어서나 일관된 것이었다고 말할 수 있다.

육상에 있어서의 관행을 보면, 야생동물이나 야생조류, 채취되지 않은 분화석(糞化石), 석탄자원 및 무주지 등은 무주물로 간주되었다.

바다에 있어서의 관행을 보면, 헤엄치는 고기, 부유(浮游)하는 용연향, 진주, 해면, 조난선으로부터의 부유물(浮游物) 등은 모두 무주물로 간주되었다.[75] 그러므로 전통 국제법에 있어서의 해양의 자원은 그 해양이나 해저자체가 공유물(*res communis*)의 성질을 갖는 것과는 별도로 무주물(無主物)의 성질을 갖는 것이라고 보아야 한다. 따

---

71) Supra Note.67.
72) Hugo Grotius, *Mare Liberum,* Ralph van Dean McGoffin, trans. from Latin to English, *Freedom of the Seas* (New York: Oxford Univ. Press, 1916), p.32ff(이하에서는 H.Grotius 로 인용함)
73) Arvid Pardo, "The Future of the Sea," *The Future of The Law of the Sea* ed. by L.J.Bounchej and L.Kaijen (Den Alldes:1972) Proceeding of the Symposium on the Law of the Sea. Royal Netherland Naval College and International Law Institute of Utrecht State University(26-27.June 1972.) p.8.
74) D.W.Arrow가 인용하고 있는 Grotius의 비유를 보면,
　일　꾼 : "바다는 모든 사람의 것이다."
　어　부 : "맞다."
　일　꾼 : "그러므로 바다에서 잡은 것도 공유물이다."
　어　부 : "천만에, 그물과 작살로 내가 잡은 것은 내것이다."
　as cited in Denis W.Arrow, "The Customary Norm Process and the Deep Seabed,"9. *ODIL* 17.
75) Loc.cit.

라서 심해저자원(深海底資源)도 별단의 사정이 없는 한, 종래의 전통 국제법상의 개념으로는 원칙적으로 무주물로 간주할 수 밖에 없다.

(2) 「인류공동유산(人類共同遺産)」의 개념(槪念)

공해(公海)와 심해저(深海底)의 법적 성격은 소위 공유물(res communis)이므로 만인의 자유사용에 공개되며 특정국가나 개인이 이를 전유(專有)할 수 없다. 그리고 그 속에 부존된 어종이나 광물은 소위 무주물(res nullius)이므로 Grotius적 전통개념에 의하는 한, 누구든지 선점에 의하여 전유(專有)할 수 있었다. 그러나 현대에 있어서는 이미 이들 자원은 고갈의 가능성이 널리 인정되고 인류의 생존을 위하여 합리적으로 관리 보존되어야 한다는 필요에 직면하여 종래의 해양 자유사용의 원칙 중 자원에 관한 부문이 본질적으로 변모하였음을 위에서 보아 왔다.(제9장 공해제도 1절) 즉, 현대적인 공해자유의 원칙, 특히 어업의 자유와 같이 해양자원에 관한 권리에 있어서는 그 무진장(無盡藏)의 전제(前提)가 사상(捨象)되었다. 따라서 공해사용의 내용에는 그러한 자원이 모든 인류에 사용이 공개되어 있다는 것, 그리고 어느 특정국가나 개인이 이에 관한 권리를 전유(專有)할 수 없다는 내용만이 남아 있게 된 것이다. 이렇게 변모된 권리의 내용은 「인류공동유산(人類共同遺産)」이라는 새로운 개념을 탄생시켰다.

인류공동유산의 개념은 Malta의 제안에 의해 유엔에서 심의된 이래 각종의 유엔총회 결의로 확인되었고 새로운 국제법의 진보적 성문화 과정에서 기본원리로 되어 왔다.

앞에서 고찰한 것처럼 1970년의 「심해저에 관한 원칙선언」은 유엔총회에서 전원 일치된 동의로 채택된 바 있다. 이 선언의 채택은 의의 깊은 법적인 진전으로서 심해저(深海底)에 관한 법적 진공상태로부터 심해저 지역(深海底 地域)을 규율할 완전한 국제법제도가 확립될 때까지 제도적인 공백을 가교(架橋)시켜 주는 역할을 한다.

유엔총회가 "인류의 공동유산"이라는 표현을 채택한 뜻은 국가관할권 이원(以遠)의 해저 및 해상(海床)의 자원은 모든 인류에 속한 것이므로 이는 인류전체의 이익을 위해서만 사용되어야 한다는 의미이다. 그러나, "인류의 공동유산"이라는 이 개념의 법적인 의의나, 이 원리가 갖는 법적 기속력(法的 羈束力)의 내용은 논란의 대상이 되어 왔다. "인류(人類)"라는 용어가 국제법적 문서에 사용된 것은 유엔헌장의 "인류에게 말할 수 없는 비애(悲哀)를 가져온 참화(慘禍)"(...the scourage of war, which twice in our life time has brought untold sorrow to mankind)라는 표현에서 비롯되었다. 이 밖에 전 인류의 이익"(interest of all mankind)"을 표명한 1959년 남극조약(南極條約), "핵전쟁이 모든 인류에 대해 초래한 참화(the devastation that would be visited upon all mankind by a nuclear war)"를 강조한 1968년 핵확산금지조약(核擴散禁止條約), 외기권(外氣圈:outer space)을 "인류의 영역(province of mankind)"으로 규정하고 우주인을 "인류의 사절(使節):(envoys of mankind)"로 간주한 1967년 「달과 기타 천체를 포함한 외기권의 탐사 및 이용에 관한 국가활동을 규제하는 원칙에 관한 조약」 등이 있다.76)

그러므로, "인류의 공동유산"을 제창한 "Malta"의 제안은 갑작스러운 별개의 창안이라기보다 국제법(國際法)의 발전과정(發展過程)의 일부로서 인류의 번영과 국제사회 정의에 보다 접근하려는 일련의 노력의 하나로 파악되어야 한다.

위에서 고찰한 바와 같이 바다(공해)의 법적 지위를 공유물(res communis)로 보는 데에는 공유(公有)의 주체인 "인류"가 전제되고 있으며 그 주체의 공동사용권(共同使用權)이 당연한 내용으로 되어 있는 것이다. 그러나, "공동유산(共同遺産)"의 개념에는 단순한 공유물(公有物) 이상의 지위를 의미하는 내용이 포함되고 있다.

첫째로 인류의 공동유산 개념에는 당연히 「공동사용(共同使用)」의 내용이 포함된다. 위에서 고찰한 것과 같이 Rome법이나 Grotius 류(類)의 공유물 개념에도 「공동사용」의 권리가 내포되어 있었다. 그러나 여기에는 그 대상인 자원의 무고갈성(inexhaustibility)이 전제된다. 그러나 이 전제가 포함된 현대 국제사회의 여건에서 필요한 변용을 위하여 나타난 것이 "인류공동유산(人類共同遺産)"의 개념인 것이다. 그러므로, 여기에서 「공동사용권(共同使用權)」은 "제한된 권리"이다. 즉, 전체 인류의 이익을 위한 새로운 국제법상 관리제도에 따라 누구나 그 전부 또는 일부분을 전유할 수 없으며, 전체 인류의 균형된 경제발전을 위하여 특별히 개발도상국의 건전한 발전을 고무하기 위한 특별한 배려가 결합된 국제법적 관리질서에 따르는 공동사용의 권리로 파악되어야 한다.

둘째로, 인류의 공동유산개념에는 자원 및 재산의 「신탁(信託: trust)」의 내용이 포함된다.77) 여기서의 신탁의 내용은 Rome법 상의 「신탁(fiducia)」 또는 Equity법 상의 신탁(trust)의 법리가 내재된 것으로 파악할 수 있다.

Rome법 상의 신탁은 채권을 담보하기 위하여 채권자와 체결하는 신탁(fiducia cum creditore contracta)으로 발전하여 법제도로서의 질(質: pignus)이나 저당(抵當: hypotheca)에 앞서 나타난 형태이지만78) 그 저변(低邊)에는 상대방에 대한 신뢰

---

76) ① Charter of the United Nations, *the Preamble,* 3 *Bevans* 1153
② The Antarctic Treaty, *the Preamble,* 402 U.N.T.S.71.
③ Treaty on the Non-Proliferation of Nuclear Weapons, *the Preamble* 72 9 U.N.T.S.161.
④ Treaty on principle governing the activities of States in the exploration and use of outer space, including the moon and other celestial bodies, *Article 1* and *Article 5,* 610 U.N.T.S.205.
77) N.S.Rembe, op.cit., p.52. Supra Note.16.
78) 현승종, 「로마법 원론」, (서울:일조각, 1966). pp.229-230.

를 근거로 해서 일정한 경제적 목적 이상의 **법률적 지위**를 부여한다는 정신이 내재하여 있다. 신탁자(信託者)를 "위해서" 수탁자(受託者)가 재산을 소유하는 Equity법 상의 신탁(trust)도 위탁자와 수탁자 간의 신뢰관계에 기초를 두고 있는 것이다.

「인류(人類)의 공동유산(共同遺産)에 관한 원칙선언(原則宣言)」 제4조에는 해저자원의 탐사와 개발은 앞으로 수립될 새로운 국제제도에 의해서만 수행되어야 한다고 명시하고 있다. 그리고 제9조는 이러한 제도를 실현키 위해서 "적절한 국제기구"가 설립되어야 한다고 규정하고 있다. 여기에서 해저자원은 공유물도 아니고, 더구나 무주물일 수도 없는 "인류의 공동유산"으로 파악하는 한, 그 자원의 귀속주체인 "전체 인류"는 확실한 신뢰관계를 전제로 한 수탁자로 "적절(適切)한 국제기구(國際機構)"를 설립한 것이라고 보아야 할 것이다. 즉 이 신탁관계에 있어서 위탁자(委託者)는 "인류"이며 수탁자는 국제해저기구(國際海底機構: ISBA)이다. 신탁행위는 1970년 제25차 유엔총회에서 반대표가 없이 채택된 "심해저에 관한 원칙선언"으로 성립되었다고 보아야 할 것이다. 이 점에 대해서는 108개국의 찬표(贊票) 이외에 14개국의 기권이 있었다는 것과, 찬표를 던진 국가들 중에서도 이 선언은 앞으로 인류가 지향해야 할 목표를 "선언적(選言的)"으로 명시한 것일 뿐 하등의 법적 의미를 부여할 수 없다는 입장의 천명이 있었던 점들에 비추어[79] 신탁행위의 성립여부는 논의의 여지가 있을 수 있다. 생각하건대 신탁행위의 성립은 심해저원칙선언(深海底原則宣言)을 필두로 하여 각종의 유엔총회 결의, UNCTAD 결의, 그리고 제3차 유엔해양법회의를 통한 각국의 협상노력 및 1982년 12월 10일 유엔 해양법협약을 채택하고, 가입한 117개 국가의 다수의지 등을 종합하면, 긍정적으로 판단할 수 있다.

그런데 "유산(遺産)"이라는 용어는 위탁자의 유언(遺言)에 의해서 성립되는 유언신탁(遺言信託)의 경우를 연상하게 하나, 여기에서 "인류전체"는 현존하는 현실적 집합체만 의미하지 않고 장래의 세대를 포함한 영속적 권리주체임을 나타내기 위한 용어의 선택으로 이해하여야 할 것이다.

1970년 「심해저원칙선언」의 법적 효력에 관해서는 그 동안 많은 논란이 있어 왔다. 우선 인류공동의 유산이란 개념에 어떤 법적인 의미를 부여하기에는 그 자체가 너무나 모호하다는 점이 지적되고 있다.[80] 그리하여 이 원리의 법적인 의미에 관해 여러

---

79) ① The Statement by Sir Laurence McIntyre of Australia. 25.U.N.G.A. *Official Records*.1(117th mtg.) at 7.para.49, UN.Doc.A/C.1/PV.1777(1970)
② The statement made by USSR delegation.25.U.N.G.A. Official Records C.a (1978th mtg.) at.6.U.Doc.A/C.1/P.V.1778(1970)
③ The Reservation of U.K.25. U.N.G.A. *Official Records* C 1.(1977th mg) at 1, para,U.N.Doc.A/C.1/P.V 1799(1970)
80) 1. Gorove, "The Concept of Common Heritage of Mankind: A Political, Moral or Legal

가지 주장들이 대두되었는데 Arrow는 이를 다음의 4가지 유형으로 대별하고 있다.[81]

첫째의 유형은 공동유산을 "공동재산(共同財産)"으로 보는 견해이다. 이는 주로 개발도상국(開發途上國) 측의 학자들이 취하는 바 되고 있다.[82]

Sri Lanka의 Pinto대사는 가장 분명하게 이 입장을 대변하고 있다.

> 「공동유산(共同遺産)」이란 심해저(深海底)의 광물을 아무나 자유로 채굴할 수 없다는 것을 의미한다. 인류의 공동유산이란 인류의 공동재산이다. "공동유산"의 공동성(共同性)이란 소유와 이용의 공동성을 말한다. 심해저(深海底)의 광물은 우리 나라의 소유이며 또 기타 전세계의 다른 모든 나라의 소유이다. 그 광물은 그 부존(賦存)된 상태에서 우리 나라, 그리고 여러분의 나라, 나아가서는 그 밖의 모든 국가들 즉, 인류전체에 귀속되며 그 몫은 분할되어 있지도 않고 분할될 수도 없는 것이다. 심해저(深海底)의 망간단괴에 당신이 손을 댄다면 그것은 나의 재산에 손을 대는 것과 같다. 그것을 가져간다면 당신은 나의 재산을 가져가 버리는 것이 된다.[83]

두번째의 유형은 인류의 공동유산을 "공동재산(共同財産)"이라기 보다는 공유상태와 신탁적인 관리로 파악하는 견해이다.

Peru의 Alvaro de Soto대사는 다음과 같이 주장하였다.

> 인류공동유산원리의 내용으로는 첫째 평화적인 목적에 의한 자원의 활용이라는 것이 강조되어야 한다. 이것은 심해저 지역(深海底 地域)의 불가전용성(不可專用性)보다 앞서는 전제이다. 둘째로 주권적 권리주장의 금지이다. 이는 심해저(深海底)의 자원을 국제심해저기구(國際深海底機構)를 신탁재산관리인으로 한 신탁된 재산으로 보는 것을 의미한다. 세번째로 동일지분(同一持分)과 공동참여(共同參與)이다.[84]

세번째의 유형은 "인류의 공동유산"개념의 논의에 있어서 최소 공통분모와 같은 것으로서 (1) 심해저(深海底) 및 자원의 불가전유성(不可專有性) (2) 국제해저지역 활

Innovation," *San Diego Law Review,* Vol.9, No.3(1972), p.402.
2. Comments by John Mero, *The Law of the Sea:Caracas and Beyond*(Proceedings of the LSI 9th Annual Conference Jan. 6-9 1975), p.347.
3. Gary Knight, "The Draft United Nations Conventions on the International Seabed Area:Background Description and Some Preliminary Thoughts." 8 *San Diego Law Review,* 459.492 (1971)

81) D.W.Arrow, op.cit., pp.28-29.
82) 특이한 것은 일본의 학자 중에 "Common Heritage"를 「공동재산」으로 번역하여 사용하는 예도 있다.
鷲見一夫 外,「深海底資源と國際法」(東京 明星大學出判部:1973) p.116. et.seq.
83) Ambassador Christopher W. Pinto, Statement reprinted in, "Alternatives in Deep-sea Mining," Proceedings of the Law of the Sea Institute Workshop. (Dec.11-14,1978) S.Allen and J.Craven. eds.(1979), pp.13-15.
84) Statement by Alvaro de Soto, *The Law of the Sea:Caracas and Beyond.* Proceedings of LSI 9th Annual Conference(Jan. 6-9, 1975) pp.154-155.

동을 통제하는 국제기구의 설립 (3) 개발도상국의 지원 등을 지적하고, 이를 인류의 공동유산 개념의 최소한의 내용으로 보고 있다.85)

네번째의 유형은 "인류의 공동유산"개념은 하등의 법적인 의미가 부여될 수 없는 것이라는 주장인데 미국을 비롯한 선진공업국들이 취하는 입장이다.

생각하건데, 유엔총회의 결의로 채택된 「심해저의 원칙선언」이나 「개발유예(開發猶豫)의 결의(決意)」, 또 UNCTAD의 「국가의 경제적 권리의무에 관한 헌장」 제29조 등에 나타나있는 인류의 공동유산개념에, 명시적 다자협약(多者協約) 규정과 같은 법적 기속력을 인정하기는 어려울 것이다. 그러나, 이들 유엔총회의 결의나 UNCTAD의 결의들에서 나타난 새로운 분야에 「국제적 정의(國際的 正義)」 개념의 유지를 위하여 국제사회의 요원인 다수의 국가가 "총의"(Consensus)로서 승인한 "법적인 원리"를 구성한다고 보아야 한다.

Castaneda는 다음과 같이 주장하고 있다.

> 심해저(深海底)의 원칙선언은 해저와 해양의 자원을 전유(專有)하려는 국가의 일반적 행위를 불법으로 단정할 수 있는 법적인 근거를 구성한다.86)

그는 이러한 유엔총회의 결의에는 법적 구속력(法的 拘束力)에는 이르지 않지만 일종의 '생성(生成)중인 법적효력(法的效力): (a nascent legal force)'을 인정해야 한다고 한다.87)

새로운 유엔 해양법협약 제136조는 "국제해저지역과 그 부존자원은 인류의 공동유산이다"라고 규정하고 제137조에서 심해저(深海底)와 그 자원의 불가전유성(不可專有性), 불가양도(不可讓渡), 국제관리(國際管理) 등을 규정한다. 그리하여 제11장 이하의 규정에서 그리고 부속서 III, IV등에서 구체적으로 심해저(深海底)의 개발에 관한 국제제도를 규정하고 있다. 이로써 「심해저 원칙선언(深海底 原則宣言)」이 가지고 있던 모호성은 극복되었다.

이 유엔 해양법협약의 체결을 위한 마지막 회기의 첫날 제3차 유엔 해양법회의 의장인 Tommy T. B. Koh는 그의 개막연설에서 유엔 해양법협약이 성공적인 성문국제법규(成文國際法規)가 될 것이라는 8가지 이유를 열거하는 중에, "이 협약은 심해저의 자원이 인류의 공동유산이라고 하는 원리를 공정하고 실질적인 국제법 제도로 표현하는데 성공하였다"라고 단언하고 있다.88)

---

85) Gary Knight, "Law of the Sea Negotiations 1971-1972 from Internationalism to Nationalism," 9 *San Diego Law Review*, (1972), pp.383-384.
86) Statement by Castaneda, U.N.Doc.A/AC.138/SR 58, p.197.
87) Jorge Castaneda, *Legal Effect of U.N. Resolution,* (New York: Columbia Univ. Press, 1979), p.1.
88) Statement by President of Law of Sea Conference at Opening Meeting of Montego Bay

Ⅲ. 유엔에 있어서의 심해저 제도(深海底 制度)에 관한 논의

1. 심해저위원회(深海底委員會: Sea-bed committee)

(1) Malta 국(國)의 제안

ECOSOC 제40차 회의의 논의 결과 채택된 결의안 1112 (XL)과 유엔 총회결의안 (總會決議案) 2172(XXL)(1965년 12월6일)에서 유엔사무총장에 대하여 특히 해양광물자원을 포함한 해양자원개발에 관한 연구와 이의 개발과 관리에 관한 새로운 제안을 마련할 것을 촉구한 결과[89] 이에 대하여 F. Christy와 같은 견해[90]의 영향을 다분히 받은 유엔사무총장의 보고서가 1968년 2월 19일자로 보고된 것은[91] 전술한 바와 같거니와 이러한 일련의 유엔 내외에서의 움직임을 대변한 것은 1967년 8월 17일 Malta국의 대표였던 Arvid Pardo 대사의 "심해저평화이용(深海底平和利用)에 관한 제의"였다.[92] 그는 그의 Memorandum 제3항에서 심해저의 해저(海底)와 해상(海床)을 「인류공동의 유산」으로 간주해야 할 시기가 성숙되었으며 이 원리를 구현할 협약체제를 즉시 갖추어야 한다고 주장하였다. 이 제안은 유엔총회 결의로서 심해저위원회(深海底委員會)를 설치하는 등 이를 구체화 시켜야 한다고 주장하였다.[93]

(2) 심해저특별위원회(深海底特別委員會: Ad Hoc Seabed Committee)

유엔총회 22차 회기중의 Malta국 제안에 관한 논의에 있어서 유엔사무국의 견해를 보면 이미 1960년대의 UNESCO에 설치된 IOC(Intergovernmental Oceanographic Commission)에서 "해양법의 발전에 기여할 연구"를 수행하고 있으며[94] 더욱이 ECOSOC결의 11152(XL)에 의한 사무국의 연구[95]가 진행중인 것을 이유로 별도의 위원회를 만든다는 데에 부정적인 견해를 보였다. 소련(현 러시아)과 이태리, 캐나다 등도 별도의 국제기구를 만든다는 데에 회의적인 반응을 보였다. 이 안(案)은 그러나, "빈국(貧國)"·"저개발국(低開發國)"의 경제적 발전을 위해서만 해양자원을 활용한

Session *U.N.Press Release*, SEA/MB/1/Rev.1.6 Dec.1982., p.2.
89) Supra Note 12.13.
90) Supra Note 18과 그 본문참조.
91) E/4449/Add.1 and 2 *Resources of the Sea*, (Mineral Resources of the Sea Beyond Continental Shelf)-Report of the Secretary General(19 Feb, 1968).
92) U.N.Doc.A/6695
93) G.A. *Official Record*, 22nd Sess. 1st Comm. 1515 & 1516th meeting.
94) Supra Note 11과 그 본문 참조.
95) Supra Note 25.

다는 내용 때문에 아시아·아프리카 제국의 전폭적인 지지를 받았다. 또 심해저에 관한 주권적 권리와 주장을 동결시킨다는 생각에 대해서 미국, 일본, 스웨덴 등이 찬성을 하여 대체로 이 안(案)은 좋은 반응을 보인 셈이다.

제22차 총회 제1위원회는 1967년 12월 12일 심해저문제 특별위원회(35개국으로 구성)를 유엔에 설치하는 결의를 채택하였다.[96] 이어서 유엔총회는 1967년 12월 18일 제1위원회의 의안에 따라 해저의 평화이용 문제를 다루기 위해 심해저특별위원회(深海底特別委員會: Ad Hoc Seabed Committee)를 설치할 것을 골자로 한 결의 2340을 채택하였다.[97]

(3) 심해저위원회(深海底委員會: Standing Seabed Committee)

심해저 특별위원회는 1968년 3월부터 동년 8월말까지 3차례의 회의를 가진 후 "심해저 특별위원회 보고서"(Report of the Ad Hoc Commitee)를 제1위원회에 제출하였으며,[98] 유엔총회는 1968년 12월 21일 제1위원회의 제안에 따라 "심해저의 평화이용을 위한 위원회"(a Committee on the Peaceful Uses of the Seabed and the Ocean Floor beyond Limits of National Jurisdiction)를 설립하는 것을 내용으로 하는 유엔총회결의 2467A (XXIII)를 채택하였다.[99]

심해저위원회(深海底委員會)는 당초에 42개국[100]으로 구성되었다. 42개국 심해저위원회 구성국가는 2년간 그대로 유지하고 그 후 2년씩을 주기로 하여 위원국의 1/3씩을 순환·교체하도록 결정되어 있다. 그러나, 1970년에는 44개국[101]으로 확장되었고

---

96) A/6964. *Report of the 1st Com.*(on agenda item 92) Dec.1967.
97) G.A/Res.2340(XXII)18 Dec.1967.
98) A/7230 Report of the Ad Hoc Committee to Study the Peaceful Uses of the Sea-bed and the Ocean Floor beyond the Limits of National Jurisdiction.
99) G.A/Res. 2467 A(XXIII) 21 Dec. 1968.
100) 심해저위원회(深海底委員會)의 구성국가는 다음과 같다. (42개국)
  ○ *Asia*(7) Ceylon, India, Japan, Kuwait, Malaysia, Pakistan, Thailand
  ○ *Africa*(11)
    Cameroon, Kenya, Liberia, Libya, Madagascar. Mauritania, Sierra Leone, Sudan, Tanzania, United Arab Republic.
  ○ *Latin America*(7)
    Argentina, Brazil, Chile, El Salvador, Mexico, Peru, Trinidad and Tobago
  ○ *Western Europe and Others*(11)
    Australia, Austria, Belgium, Canada, France, Iceland, Italy, Malta, Norway, the Unite Kingdom, The United States.
  ○ *Eastern Europe* (6)
    Bulgaria, Czechoslovakia, Poland, Rumania, the Union of Soviet Socialist Republics. Yugoslavia.

86개국 그리고 결국 91개국으로 늘어났다.[102] 심해저위원회는 1969년에 3차례, 1970년에 2차례의 회기를 가졌으며 확장된 후는 실질적으로 제3차 유엔해양법회의의 준비기관으로서 기능을 하였다.

2. 심해저에 관한 원칙선언(原則宣言)과 개발유예선언(開發猶豫宣言)

(1) 심해저자원(深海底資源)의 개발유예선언(開發猶豫宣言) 등

총회의결(總會議決) 2467 A(XXIII) 제4항 (c)호에 의거하여 심해저위원회는 유엔총회에 회기마다 보고서를 제출하였다. 1969년 「심해저위원회의 활동에 관한 보고서」[103]는 24차 유엔총회의 제1위원회에서 논의되었다. 1969년 12월 15일 제1위원회의 논의를 바탕으로 24차 총회에서는 4개의 의결안(議決案)이 채택되었다.

이는 해양법회의의 소집을 의결한 2574 A, 심해저위원회(深海底委員會)의 활동을 가속화하기로 한 2578 B, 새로운 심해저국제기구(深海底國際機構)를 구성키로 한 2574 C와 심해저의 개발유예를 선언한 2574 D이다.

그중 가장 중요한 것은 총회 결의안 2574 D, 「심해저 개발의 유예선언」이다. 이 결의안 내용의 요점은,

> 지리적 위치를 막론하고 개발도상국가의 특별한 이익과 필요를 특별히 고려하여 국가관할권 이원(以遠)의 해저(海底), 해상(海床)과 그 하층토(下層土)의 자원을 개발함에 관한 새로운 국제법제도가 수립될 때까지,
> (a) 모든 국가나 개인은 자연인이건 법인이건 불문하고 국가관할권 이원(以遠)의 해저, 해상과 그 하층토의 자원을 개발하는 모든 활동을 금지할 것.
> (b) 해저지역이나 그 자원의 어떤 부분에 대한 권리의 주장도 이를 인정 않는다.[104]

는 것이었다. 이 결의안은 라틴 아메리카 제국이 주축을 이룬 11개국의 제안으로 논의된 것인데[105] 이 안에 대하여 미국, 영국, 캐나다, 벨기에, 노르웨이, Malta는 반대하였다. 특히 미국의 반대 이유를 보면, 아무리 본 제안의 의도가 훌륭한 것일지라도 그 현실적인 결과는 오히려 일부국가로 하여금 부당하게 확장된 주권적 권리를 주장하게 조장하는 결과가 될 뿐이다. 우리의 목표는 심해저개발기술(深海低開發技術)의 발전을 저해하려는 것이어서는 안되며, 오히려 이러한 행동들이 현재 검토하고 있는

---

101) GA/Res.2750 C(XXV) 17 Dec. 1970. Para. 5.
102) GA/Res.2881(XXVI)21 Dec.1971. Para.3.
103) A/7622: Report of the Committee on the Peaceful Uses of the Sea-bed and Floor Beyond the Limits of National Jurisdiction. *U.N.G.A Official Records*. 24th Sess.Supp. No.22
104) G.A./Res.2574-D(XXIV) Dec.15, 1969.
105) A/C.1/L.480/Rev. 1& Add.1-2

해양법상의 문제를 저해하지 않도록 보장하는 것이어야 한다는 것이었다.106)

일본도 해저지역의 범위에 관한 명백하고도 명확한 정의가 확정되지 않은 상태에서 개발유예선언을 하는 것은 오히려 보다 광대한 해양에 대하여 일부 국가가 자의적으로 주권적(主權的) 권리주장(權利主張)을 하는 것을 적법화(適法化)하여 주는 결과가 될 수도 있다고 하는 우려를 표명하였다.107) 개발유예선언의 제안은 제1위원회에서 찬성 52, 반대 27, 기권 35표로 가결되었다. 찬성 52표 중 49표는 아시아, 아프리카 및 라틴 아메리카 제국이었다. 반대 27표 중 15표는 기타 지역의 국가들이었으며 7표는 동구권에서 나왔다. 일본도 물론 반대표를 던지고 있다.

유엔총회 본회의에서 표결결과는 찬성 62표, 반대 28표, 기권 28표이었다. 여기서 아시아, 아프리카, 라틴 아메리카 등 개발도상국가 그룹 이외의 국가로서 찬성표를 던진 것은 스웨덴, 핀란드, 유고슬라비아의 3국뿐이다. 반대표 28표 중 24표는 서구제국과 동구권 국가에서 나왔고 나머지 4개의 표는 일본, 몽고, 가나, 그리고 남아프리카 4개국이었다.108)

(2) 심해저(深海底)에 관한 원칙선언(原則宣言)

1970년도 심해저위원회(深海底委員會)의 활동보고서109)는 제25차 유엔총회 제1위원회에서 논의되었다. 그러나 2년간의 노력 끝에도 심해저(深海底) 일반에 관한 원칙선언을 심해저위원회(深海底委員會)는 준비하지 못하였다. 그리하여 심해저위원회의 의장(H.S. Amerasinghe)은 1970년 11월 24일 제1위원회 의장에게 심해저 원칙선언에 관한 그의 개인적인 초안을 전달하였으며 이것을 기초로 하여 46개국의 공동제안 형식으로 된 원칙 선언안(宣言案)이 제출되었다.110)

이는 결의안 2749(XXV)로서 총회 본회의에서 1970년 12월 17일 찬성 108표, 반대 0, 기권 14표로 채택되었다. 심해저(深海底)에 관한 원칙선언(또는 "인류공동유산"의 원칙선언)은 15개 조항으로 구성되어 있으며 그 내용은,

1) 국가관할권 밖의 국제 심해저 지역(The Area)과 그 자원은 "인류의 공동유

---

106) "U.S.Explains its Votes on Seabed Resolutions," 62 Dept. of State Bulletin 89(1970) as cited in M.Gary Knight *The Law of the Sea:Cases, Documents, and Readings*, 1978 edition (Baton Rouge, Louisiana; Claitor's Law Books and Publishing Div.,1978), pp.579-581.
107) Oda Shigeru, op.cit., p.75.
108) Ibid., p.76.
109) A/8021;Report of the Committee on the Peaceful Uses of the Seabed and the Ocean Floor beyond the Limits of National Jurisdiction
   U.N.G.A. *Official Records*, 25th, Ses., suppl., No.21.
110) A/C.1/L 544.

산"이다.

  2) 국제 심해저 지역은 국가, 자연인, 또는 법인의 소유가 될 수 없으며 어떠한 주권적 권리 주장도 배제된다.

  3) 앞으로 정립될 국제심해저제도(國際深海底制度) 및 본 원칙선언과 양립되지 않는 방법으로 실시되는 국제 심해저 지역과 그 자원에 대한 권리의 주장 및 취득은 금지된다.

  4) 국제 심해저 지역의 자원은 인류전체의 이익, 특히 개발도상국가의 특별한 필요를 고려하여 개발되어야 한다.

  5) 국제 심해저 지역은 평화적 목적을 위해서만 개방되고 유보되어야 한다.

는 것으로 요약할 수 있다.[111]

  심해저(深海底)의 원칙선언에 대하여는 한 표의 반대도 없었다. 46개국의 공동제안국(共同提案國)속에는 유고슬라비아를 제외한 동구권 제국이 모두 빠졌고 서구지역에서는 영국과 미국이 빠져 있다.

  제25차 유엔총회에서 채택한 결의안은 이것 외에도 3가지가 있는데 심해저 광물의 경제적 의의에 관한 결의(2750 A), 내륙국의 해양이용방법에 관한 결의(2750 B)와 그리고 제3차 유엔해양법회의를 1973년도에 개최할 것을 내용으로 하는 결의(2750 C)가 그것이다.[112]

3. 제3차 유엔 해양법회의(海洋法會議)에서의 토의

(1) 준비회의

  심해저(深海底)에 관한 원칙선언을 하고 제3차 유엔해양법회의를 1973년에 개최키로 결의한 제25차 유엔총회는 제3차 유엔해양법회의의 시작을 위해서는 매우 의의깊은 회의였다고 볼 수 있다. 전술한 것처럼 심해저위원회는 여기서 42개국이 44개국으로 확장되었고(결의 2750 C 5항) 1970년 두 차례의 준비회기(Preparatory Sessions)를 갖도록 지시되었다.(동 6항)

  이 결의 6항에 따라 1971년 봄과 여름에 준비회기는 개최되었다. 여기서 심해저위원회는 3개의 분과위원회를 갖게 되었던 바, 심해저(深海底)의 문제는 제1위원회에서 집중적으로 다루게 되었다. 1971년 12월 21일 유엔총회는 심해저위원회를 91개국의 구성국가로 확대하였다. 그리고 그 동안의 "고무적인 진전"을 감안하여 1972년에 3차 및 4차 준비회기를 뉴욕과 제네바에서 개최할 것을 결정하였다.[113]

---

111) U.N.GA/Res.2749(XXV) Doc.17,1970
112) G.A/Res.2750-c(XXV) Doc.17,1970

사실 1972년의 심해저위원회(深海底委員會)에 의한 제3차, 4차 준비회기에서 이미 제3차 유엔해양법회의 전기간(全期間)을 통한 협상의 기본적 작업의 추진형태가 잡혀졌다. 심해저위원회(深海底委員會)에서 제3차 유엔해양법회의를 준비하는 모든 사람에게 있어 해양에 관한 문제는 모든 것이 긴밀하게 상호 연결되어 있으며 해양에 관한 과학지식과 기술의 급속한 발전과 해양자원에 대한 인류의 급박한 수요를 감안할 때 포괄적이고 전진적인 해양법의 조기확정(早期確定)은 긴급사(緊急事)인 것으로 인식되어 있었다.

다루어야 할 안건(案件)들은 산적하여 있었으며, 대부분의 대표들은 주제의 다양성과 복잡성으로 인하여 곤란을 받을 지경이었다. 사실 각 문제에 대한 일반적으로 통용될 수 있는 견해조차 아직 형성되어 있지 않았던 당시에 그러한 혼란이나 혼돈이 그들 대표들의 무능력에 기인한 것은 아니었다. 오히려 그들은 열의와 집념으로 1973년에 5차 및 6차의 준비회기를 거쳐서 제3차 유엔해양법회의를 탄생시키는 기초작업을 훌륭히 해냈던 것이다.

대체로 협상의 기본적 작업추진의 순서는, 주제에 대한 일반토의(General Debate)를 한 다음 문제별로 작업 Group에서 합의를 모색하고 여기에 종합된 협상기록을 근거로 하여 협약초안(協約草案)을 작성한다는 순서이다. 6차의 준비회기동안 469회의 공식회의와 무수한 비공식회의가 열렸으며 그 결과는 28차 유엔총회에 보고되었다.

(2) 심해저 문제의 논의

심해저위원회(深海底委員會)의 준비회기(準備會期)중 제3차 유엔해양법회의를 위해 마련된 심해저(深海底)에 관한 의안(議案)은 다음과 같은 것이었다.

「해양법(海洋法)에 관한 의안목록(議案目錄)」
1. 국가관할권(國家管轄權) 이원(以遠)의 해저와 해상을 위한 국제제도
1-1. 심해저의 성질과 특성
1-2. 국제기구 - 구성, 기능, 권한
1-3. 경제적 의의
1-4. 연안국 내륙국을 불문한 개도국의 특수한 이익과 필요를 참작한 이익의 배분
1-5. 심해저 지역의 한계의 정의
1-6. 평화적 목적만을 위한 사용[114]

일반적으로 제3차 유엔 해양법회의의 모든 의제(議題)중에서 심해저(深海底)에 관

---

113) G.A/Res.2881(XXVI) Doc.21,1971
114) United Nations: Sea-bed Committee list of Subjects and Issues to be discussed at Law of the Sea Conference [Aug.16, 1972], Gary Knight, op.cit.,p.602.

한 문제가 가장 어려운 것이었다. 해양법협약상 심해저(深海底)에 관한 규정은 주로 제11장에서 규정되어 있으며 부속서III(탐사개발조건), 부속서IV(개발청) 등이 직접적으로 국제해저개발에 관한 문제를 규정하는 부분이다. 그 외에 부속서V, VI, VII, VIII(분쟁해결제도) 등에서도 심해저(深海底)와 관련된 사항을 규정하고 있다. 제11장의 표제는 국제 심해저 지역(The Area)으로 되어 있다. 이제 심해저제도에 관한 제3차 유엔해양법회의에서의 논의의 경과를 개관하여 본다.

가. 1973년부터 1976년까지의 경과

위에서 말한 바와 같이 심해저(深海底) 문제는 제1위원회에서 논의하게 되었다. 협의가 진행됨에 따라 주제별 집중토의를 위한 방편으로서 위원회 수준의 논의 이외에 Working Group이 나타났다. ISNT를 작성한 3회기까지의 작업방식은 이러한 형태를 취한 것이었다. 이 당시 주로 논의된 문제는, 첫째로, 심해저자원(深海底資源)을 인류의 공동유산으로 선언한 유엔결의들의 정신에 입각한 심해저(深海底) 개발제도와 둘째는 심해저자원(深海底資源)에서 어느 만큼의 양을 일정기간에 채광할 것인가 하는 것인데 포괄적으로는 탐사개발의 조건이라고 할 수 있고 나중에 자원정책 및 생산통제의 문제로 분화된다. 그리고, 셋째는 국제해저기구(國際海底機構)의 구조와 권한에 관한 문제 등이다.

제3차 유엔 해양법회의는「인류의 공동유산」이라는 개념을 협약상의 권리 의무로 구체화시키는 데에 많은 애로를 겪었다. 이는 그 개념이 법률적 의미에서 너무 철학적이거나 애매하기 때문이라기보다 심해저 지역과 그 자원에 관한 지식이 너무 초보적인 것이기 때문이다. 이에 관하여는 어업문제에 있어서와 같은 경험이나 개발에 관한 이미 확립된 역사적 Pattern이 존재치 않는다.

우선 첫째「개발제도(開發制度)에 관하여」개발도상국가들은 일종의 Licensing System을 주장하였고, 선진공업국들은 Enterprise System을 주장하였다.「탐사개발조건(探査開發條件)」에 관해서는 선진공업국들은 국제기구가 "약한" 통제권능을 가질 것을 희망하였다. 국가기업과 민간기업들은 광구등록을 하고 심해저기구의 역할이란 기본적으로 이윤의 접수와 그 배분에 국한하는 것으로 하자는 것이었다. 개발도상국가의 공식입장은 "강한" 국제해저기구(國際海底機構)를 요구하는 것이다. 이 기구는 심해저 지역을 채광하는데 있어서 배타적 권한을 가져야만 한다는 것이었다. 3회기 말에 정리된 ISNT에서 구상한 개발제도는 개발은 국제해저기구(國際海底機構)에 의해서 수행되거나 적어도 그에 연관되어 수행되도록 되어 있었다.(소위 "단일개발체제") 제1분과위 의장에 의하면, 이는 인류 공동유산의 원칙에 입각한 것이고 새로운 국제경제질서(NIEO)를 수립하겠다는 유엔의 선언에 따른 것이다. ISNT의 조문들은 일반적으로 개발도상국가들에게는 만족할 만한 것이었으나, 일부 고도 선진공업국들에게는 마음에 들지 않는 것들이었다. 그런데 이들 고도 선진공업국들은 이들 심해저자원(深海底資源)에 대한 필요한 지식을 가진 자들이며 또 이들 자원의 개발을 위한 기술적 방법과 돈을 갖고 있는 자들이다. 이들 선진국의 관심을 참작하려고 시도하였던 RSNT는 따라서 필연적으로 이 문제에 관하여 본질적인 개정조항을 포함하고 있었다. 개정초안에서 고안된 새로운 제도는, 국제 심해저기구와 각 국가 및 그 국가들이 지원하는 기업들은 똑같이 국제해저지역에 대한 개발권을 갖는다는 것이다.(일반적으로 병행개발제도로 알려져 있다.) RSNT에서 구상하는 제도에 의하면 광석이 채취될 수 있는 유망지를 찾기 위하여 심해저 지역을 탐사, 시굴하는 권리가 모두에게 개방되어 있다. 특정국가 또는 그 국가가 지원하는 기업은 계약체결의 자격을 얻기 위해 하나 또는 두 개의 이러한 유망지를 심해저기구(深海底機構)에 제공할 수 있다.

그리고 심해저기구(深海底機構)에 제공된 유망지역의 1/2에 대한 개발권을 허가해 줄 것을 요청한다. 나머지 1/2은 심해저기구(深海底機構) 자신이 장래에 개발하기 위해 유보해 두는 것이다. 이것은 소위 Banking System이라고 불리워졌다. 이 제도는 아시아, 아프리카의 개발도상국가들에게 전적으로 받아들여질 수 없는 것이었다. 왜냐하면, 만일 이 안(案)이 발효하게 되면 모든 유망지의 1/2이 몇몇 고도선진공업국(高度先進工業國)들, 또는 그 국민에게 주어질 것이다. 그런데 이들이야말로 탐사유망지역(探査有望地域)을 찾아낼 능력을 가진 유일한 자들이다. 그래서 심해저기구(深海底機構)를 위해서 유보되는 나머지 1/2은 단지 그저 종이 위에만 존재하는 것이 될 것이다. 왜냐하면 심해저기구(深海底機構)는 개발을 위한 돈도, 기술적인 지식도 갖고 있지 않으며 또 심해저기구(深海底機構)를 위해 유보된 지역의 자원을 개발하기 위하여 실질적으로 적절한 시기에 이들 돈과 기술을 갖출 수는 없을 것이기 때문이다.

1976년 8월에 뉴욕에서 소집된 77그룹회의는 RSNT에서 고안된 병행개발제도를 전적으로 반대하였다. 77그룹은 심해저 지역(深海底 地域)의 개발은 심해저기구(深海底機構)가 직접 수행한다든지 그의 주관 하에서 또는 적어도 그의 관련하에서 수행되어야만 한다는 종래의 견해를 강력하게 주장한 것이다.

1976년 8월, 4회기에 이어서 곧바로 소집된 5회기의 협상에서 이러한 견해의 대립으로 인한 회의의 침체를 타개하고 조속한 합의점을 발견하기 위해서 비공식 Workshop이 구성되었다. 이 Workshop은 두 명의 의장을 두는 것으로 조직되었는데 선진국 측 의장으로 네덜란드의 Mr. Sondaal, 개도국 측 의장으로는 인도의 Dr. Jagota가 결정되었다. 이 Workshop의 작업대상은 단일개발제도(單一開發制度: Unitary System)를 주장하는 77그룹 안(案), 병행개발제도(竝行開發制度: Parallel System)를 내용으로 하는 미국 안(案), 그리고 사회주의국가의 이익을 옹호하기 위해 일종의 이원적(二元的)

제도를 주장한 소련(현 러시아) 안(案) 등 3가지이었다. 5회기가 끝난 1976년 9월에도 아무런 합의점도 이룩되지 않았다. 유엔총회는 각 정부간의 협상을 위해 6회기를 다음 해 5월에 열기로 하였다.115)

나. 1977년부터 1980년까지의 경과

5회기가 끝날 무렵 미국정부는 만일 병행개발제도가 채택되고 선진공업국 및 그의 지원을 받는 기업들에게 심해저 지역(深海底 地域) 자원의 개발권이 부여된다면 미국은 국제심해저기구(國際深海底機構)가 그를 위해 유보된 지역에서 자원개발을 하는데 필요한 자금과 기타 원조를 하겠다고 제의하였다. 이것은 당시 미 국무장관이었던 H. Kissinger의 제의였다. 그는 아울러 25년 주기의 재검토 회의를 제안하였다.

이 이후 수개월 동안 상당한 외교적 활동과 양자협상 및 기타 여러 차원의 협상모임에서 정부간의 협의가 이루어졌다. 이러한 협상 중 중요한 것 중의 하나가 아시아, 아프리카 법률자문위원회의 18차 총회이었다. 이는 1977년 2월 바그다드에서 개최되었다.

이 회의에서 본 협의회 회원국은 물론 39개국의 Observer 및 각 국제기관으로부터의 대표가 참석하였다. 이 회의에서 가장 강조된 주제는 개발도상국과 선진국의 견해를 동시에 충족시킬 수 있는 타협안의 발견이었다. 바그다드회의의 아주 의의 깊은 성과는 그 회의에 참석한 개발도상국가들(그들은 또한 모두 77그룹의 회원국이다)이 인류공동유산의 개념이 희생되지 않는다면 새로운 제안을 고려하는 데에 인색하지 않겠다는데 대한 일반적 합의를 성립하였다는 것이다. 이 회의에 제출된 아시아, 아프리카 법률자문위원회 사무국의 문서에는 타협을 위한 제안이 포함되어 있었다. 이들 제안에는 본질적으로 다음과 같은 관념이 전제되고 있다. 즉 심해저 지역(深海底 地域)에서의 모든 활동은 국제심해저기구(國際深海底機構)가 직접 이를 수행하거나 적어도 심해저기구(深海底機構)가 관여하는 형태로 수행되어야 한다는 원칙을 수락하되, 그 자원을 개발하는 실질적인 방법으로서, 과도기에 있어서는 적절한 보증과 경제적 조정을 강구한다는 것이다. 여기에 제시된 최소한도의 보장은 다음과 같다.

(a) 국제심해저기구(國際深海底機構)는 즉시 그리고 계약자와 동시에 개발작업을 수행하는 입장에 놓이게 된다. 즉 계약자들이 개발하는 지역의 수와 적어도 동일한 수의 지역을 개발하는 것이다. 국제기구로부터 심해저 지역(深海底 地域)의 자원개발계약(資源開發契約)을 허가 받은 당사자는 그 계약상 의무의 일부로서 그 국제기구의 이름으로 동일한 유용성을 가진 다른 지역을 개발할 의무를 지거나 적어도 국제심해저기구(國際深海底機構)가 직접적으로 그 지역을 개발함에 필요한 기술적 지

---

115) G.A./Res.31/63.10.Dec.,1976.

식과 자금을 공급할 책임을 진다.

　(b) 병행개발제도를 적용하는 동안 국가나 기타 당사자가 이 활동으로 이익을 얻되 그러한 활동이 자원을 고갈시키지 않도록 공정한 균형을 유지하여 조정된다.

　(c) 탐사와 개발에 관련하여 계약 당사자의 활동에 관하여는 물론이고, 그러한 계약자를 선별함에 있어서 국제해저기구(國際海底機構)는 충분한 통제력을 가져야 한다.

　(d) 개발도상국가는 기술이전과 유망지역의 유보 등의 방법으로 장래에 있어서 심해저개발활동에 참여되는 것이 보장되어야 한다.

　바그다드회의 이후 제3차 유엔해양법회의의 6회기가 뉴욕에서 열렸으며 1977년 5월 25일 노르웨이의 Evensen장관이 의장이 된 Evensen Working Group이 결성되어 이 문제를 집중 토의하기 시작하였다. 여기서는 국가기업들이 심해저기구(深海底機構)의 개발청과 함께 심해저 개발을 운영할 수 있는 체제를 채택하는 방향으로 의견이 모아졌다. 다만, 동구권 지역국가들 즉, 사회주의국가들은 개발제도에 관한 남북대화에 맞지 않는 특별한 이해관계를 가지고 있었다. 그들의 중요한 관심사는 심해저 광물을 몇몇의 다국적기업이 전유하는 것을 방지하는 것이었다. 개발도상국가들은 또한 앞으로 이 심해저 광물 채굴에 직접적으로 참여키를 원하고, 이어서 제외 당하는 것을 원치 않았다.

　이들 개발도상국가들은 채광의 분야나 광석운반 또는 제련과정 및 투자 등 어느 분야이거나 주동적인 역할을 맡기를 희망하고 있었다. 그리하여 1977년 7월 15일 작성된 ICNT에는 조정된 병행개발제도와 20년 주기의 재검토 회의가 반영되었다.

　6회기의 회기 중에 Evensen Group이 집중적으로 다룬 문제를 종합하면 다음과 같다.

　(a) 개발문제, 특히 개발체제의 방식(각 방식의 잠정존속기간을 포함), 탐사와 개발의 기본적 조건, 국제해저기구(國際海底機構)의 자원정책, 개발청의 능력범위 (재정문제포함)

　(b) 국제해저기구(國際海底機構)의 구성, 조직에 관한 기본조항

　(c) 분쟁해결제도(紛爭解決制度)

　특별히 이 Evensen Group의 협상 작업에는 각 대표단의 수석 대표급이 참여하여 심해저(深海底)에 관한 협의를 진행하였는데 그 결과로서 작성된 초안들은 어느 쪽도 완전히 만족시킬 수 있는 것은 아니었으나 하나의 새로운 절충을 위한 시도로서 광범위한 지지를 받았다.

　해저광물자원의 국제적 관리기구를 개설하고 이에 관한 법규를 제정하는 일은 순수한 권익을 분배하고 관행을 성문화하여 법규화 하는 일반적인 경우를 훨씬 능가하는 어려운 문제를 제기한다. 그러므로 심해저 광물개발문제에 있어서는 매장자원(埋

葬資源)의 가치(價値)와 생산비(生産費)에 관한 경제적인 불확실성, 경제적 변동(變動)에 관한 정치적 불확실성 등이 중심문제가 된다. 이러한 불확실성 속에서 국가이익을 보호할 필요성 때문에 일부 심해저 광물 생산국은 보다 저렴한 해저광물 생산국과의 경쟁에서 자신을 보호하기 위하여 본질적으로 방어적인 입장으로 간주될 수 밖에 없는 태도를 취하여 심해저광물개발에 강한 규제를 가할 것을 역설하였다. 고도로 발달한 과학기술이 이들 새로운 자원의 공급원에 가세될 때 이로부터 나오는 방대한 이윤은 결국 이미 부유한 국가의 차지가 될 것이라는 우려 때문이었다. 실제적으로 모든 정부의 일차적 관심은 심해저 광업의 경제적 의의이다. 그리하여 자원정책에 관한 협안 초안은 수차의 수정을 겪어야만 하였다.

광물 소비국은 중요광물의 공급을 통제할 수 있는 Cartel이 육상광물자원 생산국에 의하여 성립되어 광물 소비국에 맞서게 될 것이며, 소비국들은 이러한 잠재적 위험에 대처키 위해 심해저 광물을 직접 채광할 수 있는 길을 보장받아야 한다고 하였다. 이에 대하여 육상생산국은 주장하기를, 심해저 광물채광이 보다 값싸고 신뢰성이 있는 광물이 될 것이며 심해저광업회사가 통합됨으로써 수출·수입의 상당부분을 광물에 의존하는 개발도상국가가 심각하게 피해를 입게 될 것이다. 그러므로 육상광물생산국에 경제적으로 나쁜 영향을 주지 않기 위해 심해저 광물 생산에 일정한 제한이 가해져야 한다. 그리하여 기존 육상광물생산이 확장될 여지를 남기고, 관계된 광물의 채광가능한 육상매장량을 개발할 수 있도록 보장해야 한다고 주장하였다.

6회기 전반 3주간의 Evensen Working Group의 협의결과는 어느 정도 의견의 조정이 가능할 것이라는 시사를 주는 것으로 양측의 기대를 모았던 것이나, 실제 이 안을 ICNT에 반영시킴에 있어 개발도상국가 측의 견해에 편중된 초안을 작성시킨 P.B.Engo 제1회 의장의 「수정(修正)」은 선진국 측의 반발을 강화시키는 결과만을 초래하였다. 예컨대 육상 생산 개발도상국가의 경제적 타격을 줄이기 위해 심해저광물 생산을 연간 소비 증가률의 50%로 제한하고 아울러 육상생산 개발도상국가에 대한 보상규정을 반드시 삽입시키자는 77그룹의 주장에 대하여 심해저 광물의 개발은 자유경쟁원칙이 적용되는 시장경제원리에 입각해서 생산의 규제를 최소한으로 하여 수요에 대응한 공급의 원활을 기해야한다는 선진국의 주장이 대립된 바, Evensen의 절충결과는 초기 7년간의 심해저광물 채취율이 연간 소비증가율의 75%를 초과하지 않도록 생산 제한을 가한다는 타협안이었다. 그런데, ICNT 제150조 1항의 B (i)에는 이를 초기잠정기간 7년간 60%를 초과할 수 없는 것으로 제한하도록 규정한 것이다.

서방 선진국들은 이러한 Engo위원장의 태도는 본래의 Evensen타협안을 본질적으로 변경시킨 것[116]이라고 비난하고 특히 미국은 ICNT의 심해저 관계조항은 받아들

---

116) Smith, "The Seabed Negotiation and the Law of the Sea Conference-ready for a

일 수 없는 것이라고 언명하였다.117) 1978년 봄 Geneva에서 열린 7회기에서 이 문제는 다시 집중적으로 토의되었다. 특히 7회기에서는 제3차 유엔해양법회의의 토의대상 중에서 핵심인 문제분야를 7개로 압축하여 이들 7개 문제를 다루는 협의 Group (Negotiating Group :NGS)을 만들었다.

심해저문제를 다룬 협의 Group(NGS)는 다음의 셋이다.
(1) NG-1 : 심해저개발체제의 자원정책을 심의 (의장은 케냐의 Njenga)
(2) NG-2 : 국제해저기구의 재정문제(의장은 싱가폴의 T.Tomy B.Koh)
(3) NG-3 : 국제해저기구의 기관구성의 문제(의장은 Cameroon의 P.B. Engo)

1978년 봄 7회기의 논의에서 개발도상국들은 타협안을 만들어 보려는 목적으로 자기들 입장에서 상당히 능동적인 의욕을 보였었으며, 그렇기 때문에 이 회의의 결과에 큰 기대를 갖고 있었다. 그러나 이러한 기대는 완전히 산산조각 나고 말았다. 또 하나의 길고 긴 회기가 Geneva에서 아무 성과도 없이 끝났다. 오직 유일한 현실적 성과라고 하면 제7회기를 3개월의 간격을 두고 뉴욕에서 다시 재개한다는 합의였다. 각국 대표들은 이 속개회의에 참석하는 것조차도 주저하는 경향이 생겼다. 이상과 같이 암담한 사태에 도전하여 아시아, 아프리카 법률자문위원회는 1978년 7월과 8월의 기간중 뉴델리에서 보다 솔직한 의견교환을 위해서 여러 입장을 대표하는 해양법(海洋法) 전문가 및 각국의 주도적 인물을 초청하여 회의를 열었다. 이 회의에는 미국, 소련(현 러시아), 영국, 캐나다, 일본 그리고 아시아, 아프리카 및 남미의 개발도상국가들의 대표들이 참석하였다.

뉴델리 회의에서 상정된 기본 문제에 대한 안건은 제3차 유엔해양법회의 7회기 속개회의에서의 협상에 있어서도 하나의 기본적 전제가 되었다. 그것을 간추려 보면 다음과 같다.

(a) 개발에 관한 병행개발 제도에 있어서의 타협안은 국제해저기구(國際海底機構)가 선진국의 계약자들과 동시에 심해저 채광 활동을 개시할 수 있는 입장이 보장될 때에만 가능하다.

(b) 심해저 채광은 가능한 한, 조속히 실시되어야 하며, 그 수익은 인류전체에 배분되어야 한다.

(c) 심해저 광물자원이 인류의 공동유산이라는 원리에 입각하여 각 국가 및 기타 계약주체들은 '심해저 지역 채광권(深海底 地域 採鑛權)'을 허여(許與)받는데 대한 지출금 지급의무를 부담하여야 한다.

(d) 계약자와 국제해저기구(國際海底機構)간의 재정적 조정은 심해저 채광사업에

Divorce..?,; 18 *VJIL* 46(1977)
117) Statement by Ambassador Elliot Richardson, 77 *Dept. of State Bull.* 389. 389.(1977)

참여하는 기업자의 상업적 수익을 보장할 수 있도록 되어야 한다.
 위의 (c)호 및 (d)호는 6회기이래 자원정책과 함께 꾸준히 논의된 "재정문제(財政問題)"와 관련된다. 본래 Evensen Group이 7회기에 이에 관한 제안을 한 바 있었으나 이 안은 개발도상국들이 병행개발제도(並行開發制度)에 관하여 타협안의 필수적 요건으로 간주하고 있는 계약자의 국제해저기구(國際海底機構)에 대한 선급의무가 규정되어 있지 않아 궁극적인 타협안의 기초가 될 수 없는 것이었다. 선진국들은 또 그 나름대로 이 제안에 대해서는 동 제안에서는 계약자에게 그들이 충분하다고 생각할 만한 내부적 수익율을 보장하지 못하고 있다는 이유로 유보를 두고 있었다.
 Evensen은 뉴욕의 7회기 속개회의에서 그의 최초안(最初案)에 대한 두개의 수정안을 제출하였다. 그들은 NG-2에서 집중적으로 토의되었다.
 망간단괴의 개발로부터의 이익과 기타 이윤의 흐름을 파악한다는 것은, 아직 상업화 단계에 이르지 않은 해저광물개발의 경제성을 한번도 실험해 보지 못하였으므로, 대부분의 경우 추측일 뿐이다.
 자금조건에 대한 일반적 고찰에서 두 가지의 개괄적인 선택의 여지가 있음을 보게 된다. 대부분 다른 기업에 있어서도 마찬가지지만 이윤이 보장된 양(量)만을 생산하는 조건(위험부담이 없는 방법)과 예상할 수는 없으나 이윤이 보장되는 것 보다 더 많은 양(量)을 생산하는 조건(위험부담이 있는 방법)과의 선택의 문제가 있다. 개발도상국은 일반적으로 앞의 방법을 택하려 하고 선진공업국은 뒤의 방법을 택하려 하였다.
 사회주의국가들과 국가기업도 전자의 방법을 두둔하는 경향이 있었다. 자본과 기술이 앞선 국가들은 심해저 경제가 매우 불리하게 될 수도 있다고 주장하고 채광자(採鑛者)측이 부담해야 할 위험요소를 감안해야 한다고 역설하였다. 결국 위험을 감수한 결과 아무 일 없이 사업이 성공할 경우에도 그들이 감수한 위험은 보상되어야 한다는 것이다. 그러나 반면에 개발도상국들은 흔히 심해저 채광의 경제성은 일부 선진공업국에서 자국 국민들에게 심해저 채광을 허용하는 정책결정을 한 것으로 이미 잘 입증되었다고 주장하였다.
 수익성이나 안전성의 문제를 논외로 하고라도 채광회사가 상당한 금액의 첫 계약금을 내고서, 일정소액을 차차 지불하는 식으로 하는 것을 많은 나라들이 찬성하였다. 그것은 경제성 있는 운영이 시작되는 초기 단계부터 상당한 수익을 국제해저기구가 수납 받을 수 있도록 하기 위함이며, 또 국제해저기구(國際海底機構)가 그 이윤배분의 기준을 삼을 일반적 회계감사 및 감독에 대한 그 자체의 능력이 의심스럽기 때문이다. 다수의 개발도상국이 이미 그들의 다국적기업에 대한 감독 문제에서의 쓰디쓴 경험을 예로 지적하였다.
 이 두 가지의 방법을 종합하면 초기 단계에서는 채광의 시도를 포기하지 않을 정도로 많지 않은 계약금을 부담하되 그것은 또 國際海底機構(國際海底機構)가 효과적으로 운영을 해나가기 어려운 정도로 저액(低額)이 아닌 한도로 하고 그 다음 단계에서는 국제해저기구(國際海底機構)가 이윤을 분할 받을 뿐만 아니라 그 위험을 나누어 부담토록 점진적으로 고율(高率)로 책정된 이윤 분배금을 부담시키는 것이다.

이렇게 고정액(固定額) 부과와 이후의 이윤분배방식을 택하는 것은 시장경제국가의 필요에는 잘 적응될 수 있다. 이러한 "결합제도"에 있어서 계약자가 일정한 기간 중에 투자분에 대한 적당한 수익을 받지 못할 때 이를 보완해 줄 수 있는 보장규정이 있어야 한다는 것에도 의견이 모아졌다. 이 지불제도에 의한 이윤 분배비율, 국제해저기구(國際海底機構)가 수납할 수 있는 돈의 개략적인 계산치, 그리고 채광자가 그의 자본투자에 대하여 회수할 수 있는 이윤의 비율 등이 추산된 바 있다.118)

NG-1의 논의 중에 가장 중요한 것의 하나가 기술이전문제(技術移轉問題)이다. 기술이전의 문제는 이미 단순한 계약자의 자격취득 요건으로만 생각되는 단계를 넘었다. 많은 사람들이 심해저개발에서 얻어낼 수 있는 가장 중요한 이익을 돈이 아니라고 믿게 되었다. 그것은 국제해저기구(國際海底機構)의 기술적 능력의 신장이며, 즉 이것은 개발청과 개발도상국의 기술향상을 의미한다. 이는 실효성 있는 개발제도에 있어서 금전적인 문제보다 훨씬 중요한 문제로 나타났다. 기술적 능력은 새로운 산업에 참여하는 것만을 의미하는 것이 아니라 이는 하부지원 조직을 확장하고 고용을 증대시키며 채광기술을 향상시키고 공업을 진흥시키는 모든 기회를 의미한다. 이 기술이전의 전반적 문제는 신국제경제질서(NIEO)를 수립하기 위한 여러 방법론 중에서도 중심을 차지하였다. 신국제경제질서 수립을 위한 이들 제반 방법론의 목표는 개발도상국가에게 정치적, 경제적 이익을 주기 위하여 국제관계를 기본적으로 재구성한다는 것이다. 다수의 개발도상국가에게 해양법회의는 특정한 분야에 대하여 이 NIEO의 개념을 구체화 할 하나의 기회를 부여한 셈이다. 결과적으로 이 회의를 법적, 정치적, 경제적 측면에 있어서 국제관계를 재검토하는 하나의 시금석으로 보는 경향이 생겨났다. 그러므로 기술이전에 관한 규정에 대한 협상은 특별히 개발도상국에게 의미심장한 바가 있었다. 고도로 전문화되고 고가인 심해저 채광기술의 경우에는 국제해저기구(國際海底機構)와 계약을 맺는 자에게 특정 의무를 부과하는 특별규정이 성립되었다.119)

계약의 재정문제 조항에 있어서와 같이 기술이전문제에 관한 구체적인 검토는 협의의 후반기에 시작되었으나 여러 가지 제안이 나온 바 있다. 심해저광물 생산기술은

---

118) J.D.Nyhart et al, *A Cost Model of Deep Ocean Mining and Associate Regulatory Issues*, Report of Massachusetts Institute of Technology.(1978).
119) Article 5. *Transfer of Technology*, Annex Ⅱ of ICNT.Rev. 1, A/CONF 62/WP. 10/Rev. 1.

주로 다국적 채광회사가 가지고 있다. 필요할 때에 국제해저기구(國際海底機構)가 이들 기술을 이전 받도록 할 수 있겠는가 하는 것은 의심스러운 일이다.[120]

제3차 유엔해양법회의 8회기에서의 논의의 특징은 Negotiating Group별 활동과 함께 Working Group-21을 결성하여 심해저 문제를 토의하게 되었다는 점이다. 이는 특별히 난항에 봉착한 심해저 문제의 협상촉진을 위해서 선진국 10개국, 개발도상국 10개국과 중국을 합한 21개국을 위원으로 하는 소규모 협의 Group을 형성시킨 것이다. 또 NG-1의 의장인 Njenga는 특히 생산정책문제만을 다루기 위하여 Staya Nandan Group을 결성하여 그 문제를 집중 토의토록 하였으며, 8회기 속개회의에는 Harry Wuensche가 이끄는 법률전문가 Group(The Group of Legal Expert on Seabed Dispute)이 여름 내내 정열적인 협의를 계속하였다. 여기서 심해저 문제에 관한 분쟁해결제도의 초안이 충실히 작성되었다.

1980년도 제3차 유엔해양법회의 제9회기의 목표는 잔여 미결문제를 타결하고 해양법협약 초안(Draft Convention on the Law of the Sea)을 채택한다는 것이었다. 그러나, 이 목표는 결국 1980년 Geneva에서 열린 속개회의로서도 달성되지 못하였다.

9회기 속개회의에서도 다시 사업계획을 엄격하게 수립하였다. 그것은 대체로 해양법협약의 공식초안을 채택하기 위한 총의(總意: Consensus)를 형성한다는 데에 목표를 둔 것이었다. 그러나, 1981년 제10회기가 시작될 때까지 많은 문제들이 미결로 남게 되었다. 즉 1980년 이내에 해양법협약을 채택한다는 목표는 결국 실패하였다. 그러나 7년여의 협상 결과, 아주 충실한 초안이 작성되었고 이에 대한 귀중한 타협과 절충이 완성되어가고 있었던 것은 사실이다. 이러한 때에 1968년 심해저위원회(深海底委員會)의 의장으로부터 시작해서 제3차 유엔해양법회의의 의장을 계속 역임한 Hamilton Shirley Amerashinge가 1980년 12월 4일 갑작스럽게 서거(逝去)한 것은 참으로 애석한 일이다.

다. 1981년 이후의 경과

1981년, 해양법협약의 타결을 목전에 두고 열린 제10회기는 Amerashinge의장의 후임 선출문제와, 미국의 해양법협약 초안에 대한 거부적인 입장표명 등으로 벽두부터 어려운 시작을 하였다. 의장에는 Tommy T. B. Koh가 선출되었다.

미국은 10회기가 개막되기 수일 전인 3월 3일 국무성의 성명을 통해서 "금번 회기에는 심각한 문제가 내재된 비공식초안의 공식화를 반대하며 지금까지 미국이 동의

---

120) *Asian Wall Street Journal* Nov.24th, 1982. p.6.
　　...What complicates matters is that much of this technology is nearly identified to that used by the U. S. Navy in anti-submarine warfare....

해 온 조항까지도 전면 재검토하기로 결정하였다"고 발표하였다. 이로써 미국은 10회기 이후, 정책 재검토까지 회의에는 참석하나, 실질적인 협상은 회피한다는 입장을 취하여 회의는 중대한 위기를 맞이하게 되었다. 이러한 미국의 입장변경에 대하여 77그룹은 오랜 협의결과 타결된 협약의 내용을 일국의 국내사정에 의해서 백지화하는 것은 부당하므로 회의진행은 엄격하게 의사규칙에 따라야 하고 총의로써 합의된 문제의 협상재개는 어떠한 경우도 찬성할 수 없다는 입장을 표명하였다.

서구 선진국 그룹은 제3차 유엔해양법회의에 있어서 미국의 역할의 중대성에 비추어 미국의 정책 재검토 결과 세부적 입장표명이 있은 후 이에 관한 제3차 유엔해양법회의에서의 논의가 있어야 할 것이라고 하였다. 소련(현 러시아)을 포함한 동구권 국가들은 미국만이 정책을 재검토한다는 것은 일종의 부당한 특권을 누리려 하는 것이라고 비난하고 미결문제에 관한 조속한 협상완료를 촉구하였다. Tommy Koh의장은 미국과 77그룹과의 협의를 주선하여 보기도 하였으나 미국의 반대 이유가 근본적인 데 있었으므로 아무런 성과도 없었다. 일부 아랍국가들의 반대의견도 있었으나 10회기 속개회의에서 해양법협약 초안을 공식문서로 채택하였다.[121] 해양법협약 초안의 지위를 공식문서로 하였으나 아직 미결문제는 남아있었으므로 이들에 대한 비공식 협의를 계속하고 A/Conf.62/62 para.11에 준한 조건[122]이 충족되는 한 공식 수정절차 없이 이들로서 협약초안을 수정할 수 있다는 점과 이러한 미결문제의 비공식협상이 완료된 후 각 초안에 대한 공식 수정안을 제출토록 한다는 것이 합의되었다.

10회기의 전·후반 회기동안 협상의 주제는 미결문제(未決問題)의 비공식협의(非公式協議)와 준비위원회(準備委員會: Preparatory Commission)에 관한 것이었다. 또 1981년 8월 21일 국제해저기구(國際海底機構)의 소재지를 Jamaica로, 해양법재판소의 소재지를 서독(현 독일)의 Hamburg로 정한 것도 특기할만한 사항이라고 하겠다.

11회기에서의 해양법 협약의 채택은 미국의 제의에 따라 이례적으로 표결에 부쳐졌다.[123] 이 표결에서는 130개국의 절대다수가 협약채택에 찬성하였다. 심해저개발제

---

121) A/CONF.62/L.78.(28 Aug.1981)
122) Doc A/CONF. 62/62. Organization of Work: Decisions taken by the Conference at its 90th meeting on the report of the General Committee (Original: English)(13 April.1978), para.11

    11. The revision of the Informal Composite Negotiating Text should be the collective responsibility of the chairman of the main committees, acting together as a team headed by the President. The chairman for the Drafting Committee and Rapporteur-General should be accociated with the team as the former should be fully aware of the considerations that determined any revision and the latter should, ex-officio, be kept informed of the manner in which the conference has proceeded at all stages.

123) UNCLOS III *Rules of Procedure*, p.6. Rule 37.

도(深海低開發制度)에 관한 불만을 이유로 반대한 미국과 이외에 터키, 이스라엘 및 베네주엘라의 4국이 반대표를 내었으며 동구권 국가 17개국이 기권하였다. 약간의 자구수정을 위한 제11회기 속개회의(1982년 9월)를 거쳐 최종 회기인 Jamaica의 Montego Bay회의에서 이 협약은 성립되었다. 이 협약의 정식명칭은 "국제연합 해양법협약(United Nations Convention on the Law of the Sea)"이다. 이 명칭은 전술한 11회기 속개회의에서 결정을 보았다. 이미 1980년부터 미국에 의해서 제의되어 왔던 사전투자보호(事前投資保護)의 문제가 1981년에는 미국의 태도변경으로 협상의 대상에서 제거되었다가 11회기에 와서 선진국 측 견해를 가능한 범위 내에서 수용해 보려는 개발도상국 측의 용의(容儀) 등이 주효하여 급진적으로 이 문제에 관해 타결이 이루어졌다.

(3) 유엔 해양법협약(海洋法協約)의 발효과정과 발효 후의 동향

가. 개관 (유엔해양법협약 발효의 의의)

유엔 해양법협약은 서방 선진국들이 이 협약의 제11장 즉 심해저 개발에 관한 조항에 계속 반대를 하고 그 서명조차도 거부해온 관계로 협약의 보편성(普遍性:universality)과 실효성(實效性)[124]이 문제가 되어 있었으며 그 일차적인 발효요건[125]인 60개국의 비준서가 기탁되는데 만도 약 11년이라는 긴 시간이 소요되었다. 그런데 사실상 이 협약의 보편성과 실효성 결여(缺如)의 문제는 1994년 7월 28일 유엔 총회에서 채택된 이른바 「1982년 12월 10일자 해양법에 관한 유엔협약 제11부 이행에 관한 협정(이하 이행협정(履行協定)이라 한다)」[126]으로 실질적인 해결을 보아, 그 동안 심해저 개발제도에 관련하여 이 협약에 반대하여 오던 서방 선진국들이 각기 국내 절차가 끝나는 대로 이 협약에 비준해 올 것이 예상되고 있으므로[127] 이제 이 유엔 해양법 협약은 당초에 목표로 한바, "해양의 모든 문제를 전체적으로 고려한 해양 관습국제법의 법전화(法典化)와 현대적 해양 이용활동에 상응하는 새로운 전진적 입법(前進的 立法)"[128]의 결정

---

124) 이 협약 발효 요건인 60개국의 비준서가 기탁된 1993년 11월 16일 현재로도 그 60개 비준국의 유엔 재정 부담비율은 4.3%에 불과하였다.
125) 협약 제 308조
126) 「1982년 유엔 해양법 협약 제 11장의 이행에 관한 협정」
    Agreement relating to the Implementation of Part XI of the United Nations Convention on the Law of the Sea. 10 December 1982. U.N.G.E. Res/48/263.
127) 호주(濠洲)와 독일(獨逸)은 이 이행 협정의 타결을 계기로 해양법 협약에 즉시 비준하였다.(1994년 10월 5일 및 1994년 10월 14일)
    Law of the Sea Bulletin No.26.(October 1994)
    Division of Ocean Affairs and the Law of the Sea, Office of Legal Affairs. pp.5-18.
128) 1982년 유엔 해양법 협약, 전문 참조.

체로서 명실 상부(相扶)한 「바다의 대헌장(大憲章)」으로 기능 하게 되었다.

이처럼 유엔 해양법 협약이 그 보편성과 실효성을 갖추고 통일된 법규범으로서의 실정규범 체계로 가동(稼動)하게 됨으로서, 그 동안 선진 공업국들의 집요한 협약 반대로 협약 성립이후 10여 년 동안 우려해 오던 것과 같은 "해양질서(海洋秩序)의 무정부상태(無政府狀態)"는 이제 회피, 극복할 수 있게 되었다. 따라서 앞으로는 각종의 해양이용 활동, 해양 자원개발 활동이 활발해 질 것이 예상된다. 특히 포괄적이고 보편적인 해양법 규범체계의 가동으로 해양법에 관련된 다양한 국가관행과 지금까지 모호했던 관습법 규범의 내용들은 확연히 통일되어 기속력이 있는 법규범으로 적용되게 될 것이다.

나. 협약의 발효과정과 「이행협정(履行協定)」의 채택.

1982년 체결된 이 유엔 해양법 협약은 성립 이후, 발효되기 이전에도 인간의 해양이용활동 및 해양 자원개발을 촉진하는 긍정적인 기능을 다 하였다.

협약 성립 이후 이어서 속개된 「준비위원회 회의」[129]는 협약의 구체적 시행을 위한 실질 문제의 토의를 진행시키는 훌륭한 협력의 장(場)이 되어 왔다. 특히 이 협약의 발효와 관계없이 이 협약의 많은 중요한 법적 내용이 새로운 관습국제법으로 정착되는 계기를 마련한 것도 사실이다.[130] 그런데 특히 이 협약 제11장은 심해저와 그 자원을 "인류 공동의 유산"(common heritage of mankind)으로 정의하고 이 원칙을 정점(頂点)으로 국제 심해저 기구가 자원 개발의 주체가 되는 각종의 제도 즉 병행개발제도(並行開發制度), 생산제한제도(生産制限制度), 재검토회의(再檢討會議), 개발청(Enterprise)의 사업독점, 강제적 기술이전 조항과 복잡한 의사결정절차(議事決定節次) 등을 규정하여, 경제주체의 자유 민주적 창의성과 기업활동의 자치를 제약하고 시장경제 원칙들과 양립할 수 없는 통제적 원리를 도입함으로써 결국 미국 등 선진 공업국들의 완강한 협약 거부의 원인을 제공하게 되었었다.[131]

---

129) '국제 심해저 기구' 및 '국제 해양법 재판소' 설립을 위한 준비 위원회
   Preparatory Commission for the International Seabed Authority and for the International Tribunal for the Law of the Sea; Prep.Comm.
130) 특히 각 국가의 해양 활동 관행이 해양법 협약의 내용과 일치되도록 함에 있어서 유엔에 설치된 「해양법 사무소(海洋法 事務所)」(The United Nations Office for Ocean Affairs and the Law of the Sea)의 역할이 컸다.
131) 미국 행정부의 협약 거부 이유는 다음 6개 항목으로 요약된다.
   ① 심해저 개발활동의 제약
   ② 개발청의 일방적 사업 독점
   ③ 국제 심해저기구(이사회)의 의사결정방식의 불합리
   ④ 재검토 회의 제도
   ⑤ 강제적 기술 이전

이 협약은 1982년 12월 협약이 성립된 이래 미국 등 선진 공업국들로부터 철저히 거부당한 채 개발 도상국 위주로 비준이 진행되어 갔다. 결국 개발 도상국 중심으로 협약이 발효될 경우에는, ① 개발자금과 기술의 부재로 인하여 심해저 개발 자체가 불가능할 뿐만 아니라 ② 운영비용 부족으로 국제 심해저 기구 및 국제 해양법 재판소 등 협약 기구의 운영조차 불가능 할 것이 예상되었다. 이미 협약이 타결되기 직전부터 선진 공업국들은 그들만의「협약 외 개발체제」(a mini-treaty system)를 논의하고 있어서 협약의 장래는 여러 모로 우려스러운 지경에 있었다. 그러나 1980년대 후반에 들어서자 동구 공산권의 붕괴를 계기로 국제적 경제질서의 조정에 있어서도 시장경제원칙의 적용이 다시 강조되게 되었으며, 다른 한편으로는 심해저 광물자원 개발제도에 관련된 협약 제11장의 제도가 전제로 하고 있었던 여러 가지 광업 기술상의 기본적 조건들이 비현실적이고 부정확한 것으로 판명되었고,132) 또 더구나 심해저 광물의 상업적 생산 전망이 당초의 예상과는 판이하게 늦춰지게 되었다.133)

---

⑥ 민족운동기구 등에 대표자격 부여.
   Statement by President Reagan.29 Jan.1982. Weekly Comp.Presidential Declaration 94.
132) 협약상 심해저 개발제도가 전제한 기본요건과 상황의 변화
   ① 심해저 광물의 상업적 생산 시기에 대한 예측의 착오
      당초 1976년 1월 1일 또는 늦어도 1985년 1월 1일로 가정했던 것이나 현재는 2020년 이후로 예상된다.
   ② 심해저 광물의 시장 수요 예측의 착오
      육상광물의 재련기술 개발 및 경기의 장기 침체 등으로 Ni, Co, Cu, Mg 등 소위 전략 광물에 대한 시장수요가 극히 저조하다.
   ③ 육상 및 연안에서 대체광물의 발견
      1980년대 초부터 심해저가 아닌 육상과 연안국의 인접 관할 수역에서 풍부한 대체광물(polymetallic sulfide and cobalt rich manganese crust deposits)들이 발견되었다.
   Kim Young-Koo, "A Suggestion for the Decision Making in the Seabed Mining Regime of the Law of the Sea", *Korean Journal of Maritime Law*. Vol.2, August 1990. pp.43-45.
133) Report of the Group of the Technical Experts to the General Committee of the Prep. Comm. LOS/PCN/BUR/R32. 1994.2.1. Para. 57.
   1994년 1월 개최된 준비위원회의 기술전문가그룹(The Group of Technical Experts)회의는 심해저 상업개발전망과 관련하여 다음 요지의 결론을 내리고 이를 준비위원회 운영위원회에 보고하였다.
   ① 여러 가지 예측 불가능한 변수로 인하여 상업개발의 가능시기는 불분명하지만, a)광대한 자원 부존량, b) 심해저 광석이 여러 가지 금속을 함유하고 있으며, c) 개발기술상 극복 불가능한 것이 없을 것이라는 측면에서 상업개발이 언젠가는 이루어 질 것으로 예상되며;
   ② 다만, 금세기 이전에는 상업적 심해저개발이 이루어지지 않을 것이 확실하며;
   ③ 또한 2010년 이전에 이루어질 가능성도 희박함("It is unlikely that commercial deep seabed mining will take place.")
   ④ 아울러 상당한 기간에 걸쳐 대규모 타당성조사가 이루어질 경우, 보다 정확한 개발가능 시기를 예상할 수 있을 것임.

이에 따라 국제사회 전반적으로 심해저 개발제도 속에 내포된 '육상광물생산 개도국(陸上鑛物生産 開途國)' 보호규정에 대한 비판적 논의가 대두되었으며 이 심해저 개발제도를 이유로 중요 공업 선진국들이 배제되고 있는 해양법 협약의 보편성(universality)확보를 위해 공업 선진국들과 협상 절충할 용의가 있음이 개도국 측을 대표하는 77그룹 의장의 이름으로 공표되게 되었다.134)

개도국 측의 이러한 적극적 태도가 계기가 되어 "해양법 협약의 보편성 있는 가동"을 촉구하는 유엔 총회의 결의를 성립시켰으며135) 당시 유엔 사무총장 Javier Perez de Cuellar는 미국을 비롯한 선진제국과 77그룹국 등 30여개국 대표를 초청하여 양측간의 입장차이를 조정하고 심해저개발체제와 관련된 장애요인을 해결하기 위한 협의를 시작하도록 주선하였는데, 이것이 "비공식 협의"(informal consultation)라는 사실상 실질적인 협의를 개시하게 된 계기가 된 것이다. 유엔 사무총장의 해양법 협약의 보편성 확보를 위한 이 "비공식 협의"는 Cuellar와 그 후임인 Boutros Ghali에 이어진 두 단계의 협상 과정(two rounds)으로 진행되었다.

Cuellar가 주재한 제 1 과정(the first phase)은 1990년 7월부터 시작되어 그의 임기 만료기인 1991년 12월까지 계속되었으며 모두 6회의 비공식 회합을 가졌다.136) 이 과정에서는 협약의 규정을 선진 공업국들이 수용할 수 있는 것으로 개선하기 위한 핵심적 쟁점사항을 확정하고137) 선진국과 개도국간의 일차적인 의견교환을 시도하였으며, 유엔사무국은 동 논의의 내용을 정리하여 설명자료(Information Note)로서 각국에 배포하였다. Boutros Ghali가 주재한 제 2과정(the second phase)은 1992년 6월

준비위원회 제12차 회기(1994.2.7~2.11, 자메이카, 킹스턴 개최), 기술전문가 그룹의 준비위원회 운영위원회 앞 보고.
134) *Law of the Sea Bulletin*, No. 15.(May.1990).
  Division of Ocean Affairs and the Law of the Sea, Office of Legal Affairs. p.55.
135) U.N.G.A. Res.44/26 (20 November 1989), 45/145 (14 December 1990).
136) 비공식 회합의 일자는 다음과 같다.
  ① 1990년 7월 19일. ②1990년 10월 30일. ③1991년 3월 25일. ④1991년 7월 23일.
  ⑤ 1991년 10월 14, 15일. ⑥1991년 12월 10, 11일.
137) 핵심쟁점사항은 다음의 9개로 정리되었다.
  ① 당사국이 부담하는 경비(Costs to States Parties)
  ② 개발청 (The Enterprise)
  ③ 의사결정 방식(Decision Making System)
  ④ 재검토회의(Review Conference)
  ⑤ 기술이전(Transfer of Technology)
  ⑥ 생산제한 제도(Production Limitation)
  ⑦ 보상기금 문제(Compensation Fund)
  ⑧ 계약의 재정조건(Financial Terms of Contracts)
  ⑨ 환경 문제(Environmental Consideration)
  Law of the Sea Bulletin. Special Issue IV (16 November 1994). p.2. Para.5.

부터 시작되었으며 9회에 걸친 회합을 가졌다.138) 이 과정에서는 비공식 협의의 대상을 모든 국가에 개방하고 심해저 개발 관련 협약 규정을 개선함에 있어 그 동안 변화된 경제, 정치 상황을 고려하여 개발 사업에 있어 시장경제 원리를 도입하고 민간기업의 창의성 있는 운영을 보장하는 주체적 위치를 확립하고 기존 투자가의 이익을 보호하는 방향으로 협의를 진행시켰다. 1993년 8월 제5차 회의 이후부터는 협의의 내용이 급진전을 이루었는바, 실질 문제에 관한 구체적 접근방안을 제시한 소위 "Boat Paper"139)를 중심으로 9개의 중요현안문제를 협의하였으며, 아울러 이 비공식 협의의 결과를 어떤 방식으로 협약에 연계시키느냐 하는 절차문제도 병행해서 토의되었다.

Boat Paper는 협상결과에 따라 점차로 수정되어 갔으며 한편으로 1993년 11월 16일에는 Guyana가 60번째로 해양법 협약 비준서를 유엔에 기탁함으로써 동 협약 제308조에 명시된 협약 발효요건이 충족되었으므로 어찌 되었든 이 협약은 1994년 11월 16일에는 발효하게 되었다. 이런 상황에서 Boutros Ghali 유엔 사무총장이 주도하는 비공식 협의는 더욱 가속화되었고 Boat Paper는 1994년 2월 및 4월 회합에서 수정을 거쳐서 「1982년 유엔 해양법 협약 제11장 이행에 관한 결의 및 협정 초안」140)으로 제출되었다. 이 초안은 1994년 5월의 마지막 회합에서 최종적인 수정을 보고 1994년 7월 28일 제48차 유엔 총회에서 「1982년 유엔 해양법 협약 제11장 이행에 관한 협정」(이하에서는 「이행협정(履行協定)」) 141)으로 채택되었다.142)

이 「이행협정(履行協定)」은 유엔 해양법 협약과는 단일문서로 취급되며 양자간에 모순이 있을 때는 「이행협정」이 우선하므로143) 이는 사실상 협약 제11장을 개정한

---

138) 제 2단계 회합 일자는 다음과 같다.
① 1992년 6월 16, 17일. ② 1992년 8월 6, 7일. ③ 1993년 1월 28, 29일. ④ 1993년 4월 27, 28일. ⑤ 1993년 8월 2-6일. ⑥ 1993년 11월 8-12일.⑦ 1994년 1월 31일-2월 4일. ⑧ 1994년 4월 4-8일. ⑨ 1994년 5월 31-6월 3일.
139) 초안의 표지에 심해저 개발을 상징하는 선박의 그림이 그려져서 "Boat Paper"로 불려지게 되었다. 이 초안은 공업 선진국과 개도국을 대표한 일부 전문가들에 의해 작성되었으며 Satya Nandan (Fiji), G. A. French (Australia), H. R. Valle (Brazil), Hazim Djalal (Indonesia), K. O. Ratray (Jamaica) 등에 의해서 정리된 것으로 알려지고 있다.
Council on Ocean Law, Vol. XI, No.2. (May 1994)
140) Draft Resolution and Draft Agreement relating to the Implementation of Part XI of the 1982 United Nations Convention on the Law of the Sea. SG/LOS/CRP.1/Rev.1 (3 June 1994)
141) Agreement relating to the Implementation of Part XI of the United Nations Convention of the Law of the Sea of December 1982. A/Res/48/263.
142) 찬성 121, 기권 7, 반대 0.
Official tabulation of the vote on the draft resolution of the Agreement, 101st meeting of the United Nations General Assembly. 28 July 1994. A/48/L.60.
143) 「이행 협정」 제 2조 1항.

공식 문서(a protocol of amendment)로 보아야 한다. 「이행협정」은 40개 국가가 비준한 날로부터 30일 후에 발효하게 되어 있었다.144) 만일 이 「이행협정」이, 유엔 해양법협약의 발효 예정일인 1994년 11월 16일에도 발효되지 못하는 경우에도 그날(11월 16일)부터 「이행협정」의 발효 요건이 충족되는 날 까지, 또는 계속해서 요건이 충족되지 않는 경우에는 1998년 11월 16일 까지 잠정적으로 적용된다.145) 우리 나라는 1994년 11월 7일 63번째로 「이행협정」에 서명함으로서 그 잠정 적용국이 되었다. 예정대로 유엔 해양법 협약은 1994년 11월 16일에 발효되었으며 또 이 「이행협정」도 그 제6조에 의거 1996년 7월 28일에 발효되었다. 이 「이행협정」의 채택으로 이제 미국을 비롯한 선진 공업국들이 해양법 협약에 참여할 수 있는 기본적인 조건은 마련된 것이다.146)

다. 국제심해저기구(國際深海底機構)의 가동

국제심해저기구(國際深海底機構: ISBA)는 심해저자원을 개발·관리하기 위하여, 모든 심해저활동을 통제하는 기관이다. 이는 협약 제11장에 의거하여 설립되는 국제

---

144) 「이행 협정」 제 6조.
  이 40개 비준 국가에는 협약 결의 II, 제 1항 (a)에 규정된 선행 투자국 (pioneer investor; PI) 중 7개국이 포함되어야 하며 또 이 7개국에는 5개국 이상의 선진국이 포함되어야 한다.
  협약 결의 II, 제 1항 (a)의 선행 투자국은 다음 3 종류가 있다.
  범주 1; 프랑스, 일본, 인도, 소련(현 러시아)
  범주 2; 4개의 심해저 개발사업 Consortia(OMA, Kennecott, OMI, OMCO)의 지분참여국
    벨기에, 캐나다, 서독(지금은 독일), 이태리, 일본, 화란, 영국, 미국.
  범주 3; 1985년 1월 1일 까지(나중에 이 시한은 협약 발효시 까지로 완화됨) 3천만불을 심해저 개발사업에 투자한 개발도상국.
  이 범주에 든 PI로는 중국, 한국 그리고 OMI 등이 있다.
  "선진국"의 개념에 관한 정의나 또는 범위의 규정은 협약이나 「이행 협정」의 어디에도 없다.
145) 「이행협정」 제7조. 잠정적용 대상국은,
  (1) 「이행협정」 채택시에 찬성한 국가.(121개국)
  (2) 「이행협정」에 동의 서명을 한 국가.
    (1994년 11월 16일 현재 68개국)
  (3) 수탁자에게 서면으로 잠정적용을 승인한 국가
    (1994년 11월 16일 현재 EC, France, Italy, Japan)
  (4) 「이행협정」에 가입한 국가.
  들이다. 물론 1), 2)에 있어서는 서면으로 잠정적용을 배제하는 의사표시를 할 수 있다. 잠정적용 배제의 의사표시를 한 나라는 1994년 11월 16일 현재 17개국이다.
  Law of the Sea Bulletin. Special Issue IV (Nov. 16, 1994.), pp. 26-38.
146) 미국의 해양법 협약 비준에 관해서는 아직 확실한 입장이 공표되지는 않았으나 미국 상원 외교위원회 청문회 기록에 의하면, 강력한 비준 동조의 견해들이 표명되고 있다.
  Ambassador David A. Colson's Testimony before the Subcommittee on Oceanography House Merchant Marine and Fisheries Committee (April 26, 1994)
  http//www.clark.net/pub/diplonet/colson.html

기구로서 "자원에 관한 새로운 국제연합"이라고 할 수 있다.

준비위원회가 그 동안 이 ISBA의 설립과 가동을 위해 준비해온 것을 토대로 하여 유엔해양법협약이 발효된 1994년 11월 16일자로 법적으로 설립되었다.

그러나 실제로는 1996년 제2차 총회에서 이사회의 구성이 완료된 이후인 3월부터 정상가동 되었다. ISBA의 사무국은 자메이칸의 수도인 Kingston에 소재하고 있다.

Ⅳ. 유엔 해양법협약상 심해저개발제도(深海底開發制度)

1. 개관(槪觀)

(1) 협약(協約)의 규정(規定)

심해저자원개발제도(深海底資源開發制度)는 유엔 해양법협약의 제11장에서 규정하고 있다. 이는 5개 절(節), 58개 조문(條文)으로 구성된다. 협약본문 제11장의 규정 이외에, 2개의 부속서와 2개의 결의가 심해저 제도의 내용을 보완하고 있다. 이들은 모두 합해서 124개 조문으로 된 방대한 규정이다.

(2) 기본원리(基本原理)

가. 인류공동유산(人類共同遺産)의 원리(原理)

앞서 분석해온 바와 같이 유엔 해양법협약상 심해저개발제도는 심해저 지역(深海底 地域)과 그 자원이「인류공동의 유산」이라는 법적 원칙에 기초하고 있다.(제136조) 그러므로 어떤 국가도 심해저 지역(深海底 地域)이나 심해저 자원(深海底 資源)의 전부나 일부에 대하여 주권적 권리를 주장하거나 행사할 수 없다. 또 어떤 국가나 자연인 또는 법인도 이를 전유(專有)할 수 없다.(제137조 1항)

심해저자원(深海底資源)에 관한 모든 권리는 전체 인류 및 그 전체 인류를 대표하는 국제해저기구(國際海底機構)에 귀속된다. 그러므로 심해저 지역(深海底 地域)에서 나오는 모든 광물은 본 협약 제11장의 규정과 절차에 의해서만 양도될 수 있다.(제137조 2항) 모든 국가나 자연인 또는 법인이 심해저 지역(深海底 地域)에서 나오는 광물에 관한 권리를 취득하고 행사하는 것은 전적으로 본 협약 제11장에 의거한다. 본 협약 제11장의 규정과 절차에 의하지 않는 권리는 인정될 수 없다.(제137조 3항)

나. 인류전체(人類全體)의 이익보장(利益保障)

유엔 해양법협약에 의하면 심해저자원 개발제도는 인류전체의 이익을 보장하기 위하여 수행되어야 한다.(제140조) 그러므로 심해저개발활동은 모든 국제법상의 주체에게 공정(公正)하고 균등(均等)하게 보장되어야 한다. 특히 개발도상국과 총회결의 1514호(XV)로 유엔이 승인하는 비독립자치단체(非獨立自治團體)들의 권익과 필요를 특히 참작하여 수행되어야 한다.147) 국제해저기구(國際海底機構)는 심해저자원개발(深海底資源開發)에서 얻어진 재정적·경제적 수익을 균등하게 분배해야 한다.

다. 심해저(深海底)와 그 자원(資源)의 평화적 사용(平和的 使用)

심해저(深海底)와 그 자원은 평화적 목적을 위한 사용에만 개방된다.(제141조) 이는 심해저(深海底)의 군사목적 사용을 금지하는 일반원칙을 재확인한 것이며, 1971년 「심해저의 핵무기등 다량파괴 무기설치 금지협약」의 정신과 상통하고 있다.148)

(3) 법적 구속력(法的 拘束力)의 문제(問題)

거듭 지적해 두거니와 심해저자원(深海底資源)은 전통 국제법상의 이론에 의하면 무주물(res nullius)로 보아야한다. 그러나 1960년대 이후 전통국제법상의 해양에 관한 기본적인 전제들이 모두 변화되고 새로운 상황이 형성되어, 이미 심해저(深海底)의 자원은 무주물로 간주되지 않으며 이는 「인류공동의 유산」이라는 새로운 법적 지위를 갖게 되었다. 이러한 법적 원리는 일반국제법의 내용이 되었으며 이미 *Lex Lata*로 보아야 한다. 다만 이러한 원리를 전제로 심해저자원(深海底資源)을 개발하고 관리할 국제해저기구(國際海底機構)와 개발제도 자체는 유엔 해양법협약 제11장에 의해서 비로소 구체화되었다.

또 이 협약이 발효되기 이전부터 이 제도와 관련된 일부의 권리와 의무가 이미 발생되고 또 행사되고 있어 왔다는 것을 간과해서는 안된다. 즉, 준비위원회에 관한 결의 I에 의해서 협약 서명국이 아니라도 준비위원회에 참여할 권리를 가지며, 사전 투자보호를 위한 결의 II에 규정된 각 조항은 협약발효와 상관없이 이미 사전투자가(事前投資家: pioneer investor)를 중심으로 한 중요한 권리를 부여하며, 또 행사할 수 있게 하였다. 이들 「결의(決議)」들은 제3차 유엔해양법회의의 최종의정서(最終議定書: The Final Act)의 일부로서 협약에 대한 찬(贊)·부(否)와 관계없이 모든 참여국들이 서명한 특별한 합의이다.

---

147) Declaration on the Granting of Independence to Colonial Countries And Peoples. G.A. Res.1514/XV. (Dec.14, 1960).
148) Treaty on the Prohibition of the Emplacement of Nuclear Weapons of Mass Destruction on the Sea-bed and the Ocean floor and its subsoil thereof. T.I.A.S. No.7337., 10 *ILM* 146(1971) 1971년 2월 11일 체결.

2. 국제해저기구(國際海底機構)

(1) 기구(機構)의 구성(構成) : 개관(概觀)

국가관할권 이원(以遠)의 심해저 지역(深海底 地域)과 그 자원을 인류의 공동유산으로 파악하고 이에 관한 새로운 법 제도를 수립하여 해양의 새 질서를 모색함에 있어서 이 국제심해저지역과 그 자원의 개발활동을 주도할 새로운 국제기구를 만들어야 한다는 것이 제3차 유엔 해양법회의의 본래의 목표였다.

협약 제11장 제4절에서는 이 국제해저기구(國際海底機構: ISBA)에 관하여 규정하고 있다. ISBA는 심해저(深海底) 활동 특히 그 자원의 개발과 관리에 관한 모든 활동을 조직하고 통제하는 기관이다.(제157조 1항) ISBA는 이 기본적인 사명을 위해서 협약에 명시된 중요한 조직, 통제, 관리의 권한을 갖는 외에 심해저(深海底) 활동에 관한 이러한 기능을 수행함에 필요한 부수적인 권한들을 갖는 것으로 추정된다.(제156조 2항) 협약의 모든 가입국(加入國)은 자동적으로 ISBA의 회원국이 된다.(제156조 2항) 그리고, 이행협정에서 국제해저기구는 유엔해양법 제11부와 이 협정에 의하여 수립된 심해저 제도에 따라 협약당사국이 이를 통하여 심해저 활동을 조직하고 통제하며, 특히 심해저 자원을 관리할 목적으로 설립되는 기구라고 규정하고 있다(이행협정 부속서 제1절 1항).

또한 당사국이 부담하는 경비를 최소화하기 위하여 협약과 이 협정에 따라 설립되는 모든 기관과 보조기관은 비용을 절약하여 운영한다. 이러한 원칙은 회합의 횟수, 기간 및 일정에도 적용하며(2항), 해저기구의 각종기관과 보조기관은 심해저 활동의 각 단계에서 각각의 임무를 효과적으로 수행할 수 있도록 관련기관과 보조기관의 기능적 필요성을 고려하여 점진적으로 설립·운영한다(3항)라고 규정하고 있다.

ISBA의 중요한 기관으로는 총회와 이사회 그리고 사무국이 있다.(제158조 1항) 그리고 심해저(深海底)와 그 자원을 인류의 공동유산으로 파악하고 전체 인류를 위하여 ISBA가 직접 심해저 개발을 실시한다는 것이 본래의 이상이었던 것인 바 이와 같이 ISBA를 위해 직접 심해저 개발을 담당하는 기관이 「개발청(開發廳: Enterprise)」이다.(제153조 2항 (a)호, 제170조 및 제159조 2항) 유엔 해양법협약에 규정된 분쟁해결기구로 국제해양법재판소(國際海洋法裁判所: International Tribunal for The Law of the Sea : ITLOS)가 있다. ITLOS의 산하에 특히 심해저(深海底)에 관한 분쟁해결을 위해서 심해저분쟁재판부(深海底紛爭裁判部: Sea-bed Dispute Chamber, SBDC)가 있다. ITLOS는 그 보조기관을 둘 수 있다.(제158조 4항) 총회의 보조기관으로는 대륙붕 경계위원회(Commission on the Limits of the Continental Shelf)가 있고 이사회의 보조기관으로는 경제기획위원회(經濟企劃委員會: Economic Planning

Commission)와 법률기술위원회(法律技術委員會: Legal and Technical Commission)가 있다.(도표 11-4 참조)

ISBA의 본부는 자메이카에 위치한다.(제156조 4항) 그리고 ITLOS는 독일연방공화국 함부르크 시(市)에 소재 한다.(제VI부속서 제1조 2항)

〈도표 11-4〉 국제심해저기구 Group별 이사회 구성(1999-2002)

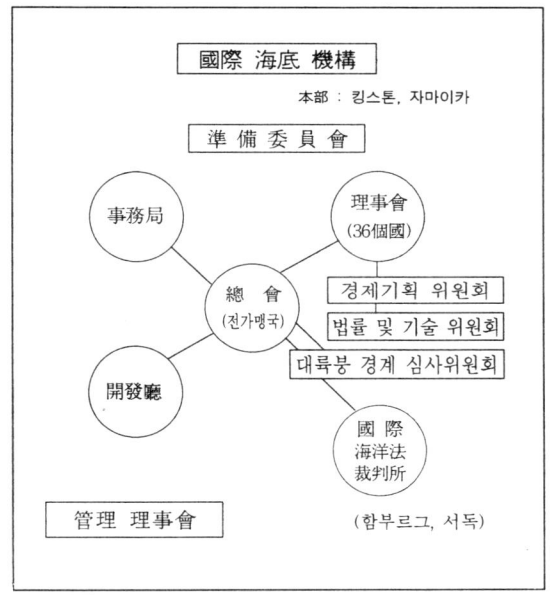

(2) 총회(總會)

가. 개관(槪觀)

총회(總會)는 기구의 각 회원국(會員國)으로 구성된다. 즉, ISBA의 주요 기관 중에서 모든 가맹국으로 구성되는 유일한 기관이 바로 총회이다.(제159조 6항)

총회는 ISBA의 일반정책을 수립하는 권한을 갖는다. 총회는 정기적인 연차회의(년 1회)를 가지며, 총회의 결의나, 이사회 또는 총회원국 과반수의 요청으로 사무총장이 소집하는 수시의 특별회의를 갖는다. 총회에서 회원국은 1표의 투표권을 갖는다.(제159조 6항) 절차문제의 의결은 출석위원의 과반수로 결의하며(동7항) 본질문제의 의결은 출석위원의 2/3의 다수결로 결의한다.(동8항) 이 2/3다수결은 그 회기에 참가한 회원국의 과반수를 넘어야 한다.

총회의 권능에는 (1) 이사국(理事國)의 결정(決定) (2) 사무총장(事務總長)의 선출(選出) (3) 개발청(開發廳)의 이사(理事)의 선출(選出) (4) ISBA의 예산심의(豫算審

議) 및 승인(承認) (5) 이사회(理事會)와 개발청(開發廳)의 정기보고(定期報告) 및 특별보고(特別報告) (6) 보상제도(補償制度)의 설정(設定)과 운영(運營) 등의 중요한 것들이 포함된다.

나. 법적지위(法的地位)

협약 제160조 1항에서 총회는 "기구(機構)의 최고기관(最高機關)"으로 규정되고 있다. 이 규정과 관련해서 총회의 법적지위 특히 이사회와의 관계가 논의의 초점이 되어 왔다. 국제해저기구(國際海底機構)의 기능이 확대되는 것을 우려하여 선진국들은 이 기구의 권한과 기능을 심해저 광물자원의 탐사, 개발에 관한 것에 한정시키려고 노력하여 왔다. 그러므로, 선진국들의 기본입장은 국제해저기구(國際海底機構)의 권한과 기능을 구체적으로 명시적으로 규정하여 놓는 것이었다. 그들은 총회의 기능을 일반정책결정에 한정시키고 총회가 이사회의 결정을 번복할 수 없도록 주장하여 왔다.

즉 그들은 이사회의 지위는 적어도 총회와 동등한 것이며 상호견제적 역할을 기대한다는 것이다.[149]

이러한 선진국들의 주장은 협약규정에 반영되지 않았다. 제160조 1항에 의하면, "…총회이외의 다른 주요기관들(이사회·개발청·사무국)은 총회에 대하여 책임을 진다."고 규정되어 있다. 관장할 기관이 명시되지 않는 모든 사항은 결국 총회에서 처리되는 것으로 규정되어 있고(제160조 2항(n)호) 총회는 "협의 당사국 모두가 참여하는 유일한 기관으로서 해저기구의 최고기관"으로 규정되어 있다.(제160조 1항)

후술하는 이사국의 의사결정방식의 실질적 효율성이 확보되지 아니하는 한, 새로운 국제해저기구(國際海底機構)가 유엔처럼 본래 기대된 기능이 완전히 마비되는 국제기구가 되지 않는다는 보장이 없다. 이 점을 상기할 때는 총회의 권한을 제한하는 것은 바람직하지 않은 일이라고 생각된다. 그러나 또 바로 이점이 선진국들로 하여금 현 협약을 반대하게 한 중요한 요인이 되어 있음을 생각하면 총의(總意)에 이를 수 있는 이사회와 총회와의 관계를 설정하기란 어려운 일이다.

생각하건대, 미국의 수정안과 같이 제160조 1항 전체를 삭제하는 것과 같은 것은 현명한 방법은 아니라고 본다. 실질적으로 현 협약은 총회와 이사회의 기능이 거의 동등하게 균형 되어 있다고 말할 수 있을 만큼 이사회의 기능과 권한이 강조되어 있

---

[149] The U.S. Proposals for Amendments to the Draft Convention on the Law of the Sea("Green Book")
이 미국 제안에 의하면 (1)제160제 1항을 전부 삭제하고 (2)동 2항의 각호를 수정하는 것인데 특히 (n)호의 후단, "국제해저기구(國際海底機構)의 어느 기구에도 특정하여 위임되어 있지 않은 문제나 사항을 기구 소속기관의 각 권한과 기능의 분배를 감안하여 어느 기관이 이를 다룰 것인가를 결정할 권한을 갖는다."는 조항을 삭제하고 있다.

는 것이다. 그러므로 총회가 집행기관인 이사회에 대해서 분명히 우월한 지위에 있음을 "원칙적"으로 밝힌 제160조 1항의 규정은 받아들여져야 한다.

(3) 이사회(理事會)

가. 이사회(理事會)의 권한(權限)과 기능(機能)

이사회는 국제해저기구(國際海底機構)의 일상적 의사를 결정해 나갈 실무집행기관(實務執行機關)이다.(제160조 1항) 이러한 일상적 실무집행에 해양법 협약 당사국들이 모두 참여할 수는 없는 일이므로 이사회는 제한된 수의 대표국으로 구성되게 된다.

이사회의 구성을 몇 개국으로 할 것인가 하는 문제는 제3차 유엔해양법회의의 협의 초기부터 많은 논의가 있어 왔으나 결국 36개국으로 구성하는 것으로 확정하게 되었다.(이행협정 제3절 15항, 16항) 이사회는 해양법협약의 규정에 의거하거나 총회가 정한 일반정책의 수행을 위하여 국제해저기구(國際海底機構)의 권한 내의 모든 문제에 관한 구체적인 결정을 하고 이를 집행하는 기능을 갖는다.

이사회의 기능을 세부적으로 개관하면 다음과 같다.(제162조 2항)

(ⅰ) 기구전체(機構全體)의 활동을 통괄 조정 한다.
(ⅱ) 사무총장(事務總長), 개발청장(開發廳長), 개발청(開發廳) 관리이사회(管理理事會)의 위원(委員)을 추천한다.
(ⅲ) 경제기획위원회(經濟企劃委員會), 법률기술위원회(法律技術委員會) 기타 필요한 특별위원회(特別委員會) 운영
(ⅳ) 자체 절차규정(節次規定)의 제정(制定)
(ⅴ) 유엔 기타 국제기구(國際機構)와의 협정체결(協定締結)
(ⅵ) 기구(機構) 예산안(豫算案)을 총회(總會)에 제출(提出)
(ⅶ) 개발청(開發廳) 사업(事業)의 지시(指示)·통제(統制)
(ⅷ) 개발청(開發廳) 사업보고서(事業報告書)의 심의(審議)
(ⅸ) 심해저 지역(深海底 地域)의 모든 해저활동 통제
(ⅹ) 해저분쟁재판부(海底紛爭裁判部: SBDC)에의 제소(提訴), 기타 절차진행(節次進行)
(ⅺ) 해저환경보존(海底環境保存)을 위한 비상명령(非常命令)
(ⅻ) 해양활동의 검사(檢査)·감독(監督)을 위한 기구의 설치, 운영 등이다.

이사국(理事國)의 임기(任期)는 4년이며 다시 선임될 수 있다.(제161조 3항 4항) 이사회는 국제해저기구(國際海底機構)의 업무상 필요할 때는 언제나 소집되며 최소한 1년 3회 이상은 소집되어야 한다.(동조 5항) 이사회의 각 회원국은 한 표의 표결권(表決權)을 갖는다.(동조 7항)

나. 이사회(理事會)의 구성(構成)

(가) 협약 발효 전의 이사회의 구성

이사회는 36개의 임원국으로 구성된다. 이사국은 총회(Assembly)의 정기총회에서 뽑는다. 해양법협약 당사국들 중에서 어떤 국가를 이사국으로 선출하는가 하는 문제는 어느 국가에게나 중대한 관심사가 아닐 수 없다.

36개의 이사국의 반이 매 2년마다 다시 선출된다.(동조 3항) 이사국은 재선될 수 있으나, "의석의 교체가 바람직하다는 점에 대해 적절한 배려가 있어야 한다."(동조 4항) 이사국의 구성에 대해서는 협의 초기부터 나타난 의견 중에서 특별 이해관계 대표국과 지리적 안배에 따른 지역이익 대표국으로 구성한다는 것이 대체로 받아 들여졌다.

서구 선진공업국들은 특별이해관계대표를 지리적 이익대표 보다 더욱 중요시해서 전자 대 후자의 비율을 24대 12로 할 것을 주장하였는가 하면, 이에 대하여 개발도상국들의 협의체인 77그룹의 견해는 지역이익대표를 더 중시해서 그 비율을 12대 24로 하고 특별이해관계대표(特別利害關係代表) 12개국 중 그 반인 6개국은 반드시 개발도상국에서 선출하자고 주장하였다.150) 이 대립된 견해는 결국 절충되어 1977년(제6회기)에 이르러 전자와 후자의 비율은 18대 18로 한다는데 합의하게 되었다.151) 이사회의 구성에 관한 구체적인 내용(제161조 1항)은 1994년 이행협정 부속서 제3절에서 변경되었으나(제15항·16항) 기본적 개념은 유지되고 있으므로 이하에서는 우선 본래 협약 제161조 1항에서 규정된 내용을 설명하고, 이행협정상의 수정내용을 설명하기로 한다.

1) 특별이해관계대표(特別利害關係代表)

이사국 총 36개국 중에서 18개국은 특별이해관계대표(特別利害關係代表: Council members representing special interests)로서 구성된다. 이사회의 구성에 있어서 각종 특별이해관계 그룹의 적절한 대표가 유지되어야 한다는 것은 원만한 이사회의 기능을 보장하는데 있어서 확실히 중요한 요건이 된다. 왜냐하면 ISBA의 일상적인 의사결정과정에서 그리고 중요한 집행과정에서 어느 한 그룹만에 유리하게 운영되는 이사회란 결국 용납될 수 없을 것이기 때문이다. 각 이해관계 그룹의 이익은 공정하게 존중되어야 하며 그들의 명시적(明示的) 또는 묵시적(默示的) 권리(權利)들이 행사될 수 있는 기회는 균등하게 부여되어야 한다. 이를 위해서는 이사회의 의사결정절

---

150) 제3차 UN 해양법회의 초기에는 이 77그룹의 견해가 비공식교섭안에 반영되어 있었다. ISNT, RSNT, Art.27, para.1.
151) ICNT, Art.159, para.1.

차가 합리적으로 되어 있어야 하는 것도 한가지 요건이 될 것이지만 무엇보다 이사회의 구성이 적정하여야 할 것이다. 협의 과정 중에 나타난 특별이해관계 그룹을 열거하여 보면 다음과 같다.

(ⅰ) 중요한 투자와 개발에 본질적인 기여를 한 선진공업국가군
(ⅱ) 해저광물의 주요 수입국 및 소비국
(ⅲ) 해저광물의 주요 수출국
(ⅳ) 육상에서 광물을 생산하는 주생산국
(ⅴ) 개발국 중 인구다수국
(ⅵ) 내륙국 및 지리적 불리국
(ⅶ) 최저 개발국

들이다.

그런데 전술한 것과 같이 협의 초기에는 특별이해관계 대표는 이사회 36개국 임원국 중 12개국으로 구성토록 하고 그 절반인 6개국을 개발도상국으로 한다는 안(案)이 지배적이었으므로 당초에는 이사회 구성을 위한 특별이해관계국 자체가 명확히 세분되어 있지 않았다. 1977년 5월 제6회기의 ICNT 이후, 이 특별이해관계그룹도 개발국 특별이익대표(6개국)를 제외하고 3종으로 세분되게 되었다. 이하 본문에서는 이들을 Group A,B,C로 각 호칭키로 한다. 특별이해관계대표 이사국 18개국은 3개 Group에 속한 각 4개국과 개도국특수이익대표 6개국으로 구성되는 것으로 규정된 것이다.『제161조 1항(a), (b), (c) 및 (d)-(이행협정에 의해 삭제)』

① Group A

해저광물의 주요 수입국(輸入國)과 소비국(消費國) 그룹이다. 이들을 대표할 이사국은 4개국으로 한다. 그리고 그 중에 1개국은 동구「공산권」국가로 한다.(제161조 1항(a)호-이행협정에 의해 삭제) 이 Group A에 관해서는 1979년 ICNT.Rev.1 이래 좀더 그 범위가 구체화되었다. 즉 "세계 총 소비량의 2% 이상을 소비하는 소비국이거나 세계 총수입 양(量)의 2%이상을 수입하는 수입국"으로 규정한 것이다.[152]

생각하건대, 단순히 "주요 수입국"이라고 하면 소비국의 이익을 대표하는 이사국이 빠지게 되는 셈이다. 수입국이 언제나 소비국이 된다고 볼 수 없다. 심해저광물의 국가별 수입량과 그 소비량은 언제나 일치하지 않기 때문이다. 따라서 ICNT.Rev.1의 체제가 거의 그대로 유지되고 있었다. 협약채택(協約採擇)의 최종단계에 제출되었던 선진공업국 측의 7개국 안(案)과 11개국 안(案)에서는 이사회의 구성에 관해서도 수정을 주장하는 사항이 많았는데, 특히 Group A로 선출될 4개 이사국 중 1개국은 "세계최대(世界最大)의 소비국(消費國)"으로 할 것을 주장하였다. 특별히 이

---

[152] ICNT.Rev.1. Art.161, para.1, sub-para.(b)

러한 조건을 부가시킨 것은 동구권 1개국의 의석보장과 균형을 유지키 위해 「미국」의 의석을 보장하기 위한 배려인 것으로 11개국 안의 제안국(提案國)인 Norway대표가 취지를 밝힌 바 있다. 이 조건은 협약에 채택되었고 Group A에 첨부하면서 조문상의 그 위치가 제161조 1항(b)호로 순서를 바꾸어 놓았다.

② Group B

중요한 투자(投資)와 선진기술(先進技術) 등으로 해저자원의 탐사와 개발에 본질적으로 기여를 한 선진공업국그룹이다. 이들을 대표할 이사국은 4개국으로 한다. 그 중에 1개국은 동구(공산권)국가로 한다. (제161조 1항(b)-이행협정에 의해 삭제) 이 Group B는 1979년 봄 8회기의 ICNT. Rev.1에서 "국가가 직접 또는 그 국민의 기업을 통해서 심해저 개발사업과 그 준비를 위해 거액투자를 실시한 선진공업국가 중 8개국.."으로 그 범위가 구체화되었다.153) 이는 실제로 이사국을 선임하는데 있어서 후보국의 범위를 명료하게 함으로써 선진 기업국의 특별이익대표 선임을 보장하게 하는 발전적 개선이라 하여 환영을 받았다.

그러나 이 거액투자국(巨額投資國) 8개국을 어느 나라로 정하는가 하는 것도 신중히 결정하여야 하는 것이다. 심해저광물의 탐사, 개발사업에 참여하고 있는 선진공업국가는 1981년 현재 미국, 영국, 벨기에, 캐나다. 일본, 서독(현 독일), 네덜란드, 프랑스 및 이태리 등을 들 수 있다.154) 그런데 앞으로 본격적인 심해저개발사업이 개시되면 개도국·선진국을 불문하고 심해저광물 채광사업에 대거 참여할 것이 예상된다. 따라서 범위는 급격히 증가될 것이다. 그러므로, Group B에 속한 8개국의 선정은 그 때마다 신중히 결정되어야할 것이다. 협약 제161조(이행협정에 의해서 삭제)에서는 ICNT. Rev.1.의 체제를 거의 그대로 유지하고 있었다. 미국은 협약초안에 관한 정책 재검토를 결정한 이유 중에 이 Group B의 체제를 문제삼았다.155) 심해저

---

153) ICNT.Rev.1. DOC A/CONF.62/WP 10/Rev.1 Art.161 para.1. sub-para.(a)
154) *New York Times*(7 April, 1981) D1, p.15.;
   Soundings Special Summary issue(1981) Law of the Sea News & Comment Published by OEP and United Methodist Law of the Sea Project (Washington D.C.) p.10.
155) (1) The Text of Testimony by Assistant Secretary Designate J.L.Makone, Special Representative of the President for the Law of the Sea Conference before House Merchant Marine & Fisheries Committee, Subcommittee on Oceanography on April 28. 1981. p.4
   (2) Testimony of J.L.Malone before the Senate Subcommittee on Arms Control, Oceans, International Operations & Environment, Senate Foreign Relations Committee. June 4, 1981, p.4
   (3) Statement by Ambassador L.Malone Special Representative of the Sea Plenary, August 5, 1981. 3.00 p.m., p.4
   (4) Statement by Ambassador L.Malone Special Representative of the President of the

자원의 탐사 및 개발에 관한 기술연구와 투자에 있어서 단연코 주도적 위치에 있는 미국이 단순히 거액투자국 8개국에 포함됨으로써 타 선진공업국과 매번 이사국피선을 위하여 경쟁해야만 하게된다는 것은 동구권(실질적으로는 소련(현 러시아))이 Group A에서 당연히 1석을 보장받고 있는 것과 대조할 때 어쨌든 이론상으로는 형평에 반한 규정이라는 주장이 가능하다고 본다. 그러나 실질적으로 미국은 Group B 나 또는 전술한 Group A의 특수이익대표로서 이사회의 임원국으로 당연히 참여하게 될 수 있다고 보는 것이 정확하다.156)

③ Group C

해저광물의 주요 수출국 그룹이다. 이들을 대표할 이사국도 4개국으로 한다. 그리고 그 중에 2개국은 개발도상국으로 한다.(제161조 1항(c)호-이행협정에 의해 삭제) Group C에 대해서도 조금씩은 개선되어 왔다고 본다. 1979년의 ICNT. Rev.1에서는 위의 개도국 대표 2석에 관하여 "이 전략광물의 수출이 국가경제에 중대한 의의를 갖는 나라"로 할 것을 규정하여 의미를 분명히 하였다.157) 이는 즉 심해저(深海底)의 "육상생산국(陸上生産國)"을 의미하는 것이다. 1980년 제9회기의 비공식협약초안에서 "주요 순수출국(純輸出國)"이라고 수정보완 하였는데158) 이것도 의미를 분명히 하려는 개선의 노력이라고 본다. 이러한 수정이 필요하게 되는 이유는 "생산국은 즉 수출국이다."라고 하는 명제가 언제나 성립하는 것이 아니기 때문이다. 예컨대 미국은 세계최대의 구리생산국이다. 그러나 1980년의 순수입의존도(純輸入依存度)는 14%나 되고 있다.159)

④ 개발도상국(開發途上國) 특수이익대표(特殊利益代表)

전술한 바와 같이 특수이익대표를 12개국을 하고 지리적 안배에 의한 지역이익대표를 24개국으로 하던 ISNT와 RSNT에서는 그 특수이익대표 12석의 반인 6개석을 개발도상국에 할애하는 것으로 되어 있었다. 특수이익대표를 18개국으로 조정한 ICNT 이후에도 개도국에 대한 이 6석 보장의 규정은 그대로 남아 있게 되었다.160)

United Stated to on informal meeting convened by the Conference and the Chairman of the First Committee. August 13, 1981. p.2
156) Testimony of Elliot L.Richardson before the Senate Foreign Relations Committee Subcommittee on Arms Control, Oceans, International and Environment, May 14, 1981. p.3
157) ICNT.Art, 159, para.1, subpara.(c)에서 ICNT.Rev.1, Art. 161,para.1,subpara. (c)로 개정됨.
158) Informal Draft Convention. A/CONF.62/ WP/10/Rev.3. September 22.1980. Art. 161, para.1/ subpara.(c)
159) *Mineral Commodity Summaries* 1981. Bureau of Mines U.S.Dept. of Interior (Washington D.C.) p.41
160) ISNT, RSNT.Art.27, para.1, subpara.(b)
　　ICNT. Art.159, para.1, subpara(d)

그러나 그 이후 역시 내용은 조금씩 개선된 셈인데 개발도상국 특수이익 그룹은
(ⅰ) 인구다수국(人口多數國)
(ⅱ) 내륙국(內陸國)
(ⅲ) 지리적 불리국(地理的 不利國)
(ⅳ) 해저광물 수입국(海底鑛物 收入國)
(ⅴ) 최저개발국(最低開發國)
(ⅵ) 해저광물(海底鑛物)의 잠재적(潛在的) 생산국(生産國)
등으로 되어 있다. (제161조 1항(d) 호-이행협정에 의해 삭제)

2) 지역이익대표(地域利益代表)

이사국 총 36개국 중에서 18개국은 지역이익대표(地域利益代表: Council members elected according to the principle of equitable geographical representation)로 구성되었다. 금후의 해양활동(海洋活動)의 중추가 되는 이사회에 있어서 각 당사국의 이해관계는 공정하게 대표되어야 하며 모든 국가는 경제적 이익의 보호는 물론이고 상호 대등한 정치적 주체로 형평에 맞는 지리적 배분기준에 의거 대표되어야 하였기에 협약 제161조 1항 (e)호는 "이사국 전체의 의석을 형평에 맞는 지리적 배분이 되도록 하는 원칙에 따라 18개국 임원국을 선출한다. 단, 각 지역구분에서는 본 항에 의거해서 최소한 1개국 이상이 선출되어야한다. 이러한 목적을 위한 지역구분은 아프리카 · 아시아 · 동구(공산권) · 라틴아메리카 · 서구 및 기타(5개 지역구분)로 정한다."라고 규정하고 있었다.161)

① 지역구분(地域區分: Regional Division)

지역구분이란 세계를 그 지리적 동질성에 따라 편의상 수 개로 구분한 것을 말한다. 세계를 지리적 동질성에 따라서 구분하는 방법도 동서양을 통하여 그리고 시의 고금을 통하여 실로 다양한 바가 있다. 동양에서는 주로 중국을 중심으로 동이(東夷), 서융(西戎), 남만(南蠻), 북적(北狄) 등으로 구분한 예가 있으며, 15 · 16세기이래 서구 열강이 식민지를 확장함에 따라서 세계를 당시 문명의 중심이라고 할 유럽 특히 영국을 중심으로 근동(Near East), 중동(Middle East), 극동(Far East)등으로 구분한 예가 있다. 지리적 구분은 어느 경우에나 그 기준이나 범위가 획일적으로 정하여 지기는 어려운 특질이 있다. 즉 인종 · 언어 · 종교 · 관습 등 동일 문화권을 생

---

161) (e) Eighteen members elected according to the principle of ensuring and equitable geographical distribution of seats in the Council as a whole, provided that each geographical region shall have at least one member elected under this subparagraph. For this purpose the geographical regions shall be Africa, Asia, Eastern (Socialist) Europe, Latin America and Western Europe and others.

각할 때 아프리카에 위치한 이집트를 중동으로 구분하는 예라든지, 북미대륙에 위치한 멕시코를 라틴아메리카로 구분하는 경우가 그 전형적 예이다.

　지리적 구분은 또 위의 제161조와 같이 5개 지역만으로 구분될 수 있는 것도 아니다. 차라리 6개의 대륙을 각기 지리적 구역으로 구분하는 것이 "지리적 동질성"에 더욱 충실한 것이 되었을 것이다. 그러나, 지리적 안배를 고려하여 일찍부터 해양법회의에서 사용하였던 지역구분은 위의 제161조와 같은 5개 지역구분이었다. 이 5개 지역구분은 해양법회의에서 뿐만 아니고 유엔기구의 활동상 관습적으로 인정되었던 지역구분이다. 이 「5개 지역구분」은 해양법회의의 조직상 배분기준으로 여러 경우에 사용되고 있었다.162) 실제로 「5개 지역구분」은 세계를 어떻게 "지리적(地理的)으로" 구분하고 있는가?

　앞에서 수차 지적한 것처럼 순수하게 "지리적 동질성(地理的 同質性)"에 따라 구분되고 있지 않은 것은 물론이다. 문화적 동질성, 개발의 정도 등이 중요한 요소로 고려되고 있다. 유엔의 관행도 하나의 요소가 될 것이다. 종합적으로 5개 지역구분의 구획은 다음과 같이 되어 있었다.

　(i) 아프리카: 아프리카 대륙 전역의 국가들, 물론 Madagascar, Seychelles, Mauritius 등이 포함되고, South Africa는 제외된다.

　(ii) 아시아: 아시아대륙의 소련(현 러시아)을 제외한 국가들, Turkey를 제외, 중동제국, 그리고 태평양 도서국가들

　(iii) 동 구: 소련(현 러시아)을 비롯한 유라시아의 공산권국가들(중국과 몽고를 제외)

　(iv) 라틴아메리카: 남아메리카의 제국, Mexico를 비롯한 북미대륙의 카리브 해 연안국(沿岸國), 도서국(島嶼國)

　(v) 서구 및 기타: 동구 공산권 국가를 제외한 유럽제국(Turkey포함) 북미 대륙의 미국과 Canada, 아프리카 대륙의 South Africa, 태평양의 Australia, New Zealand를 포함한다.(지도 11-2 참조)

---

162) 예컨데 제3차 유엔해양법회의 조직상 부위원장단의 배분 기준은 아프리카 9개국, 아시아 8개국, 동구 3개국, 라틴아메리카 5개국, 서구 및 기타 6개국으로 총 31개국으로 되어 있다. 초안기초위원회 임원국의 배분을 보면, 아프리카 6개국, 동구 3개국, 라틴 아메리카 4개국, 서구 및 기타에 4개국으로 총 23개국으로 되어 있다.
　UNCLOSⅢ *Official Records*, Vol. I, pp.3-5

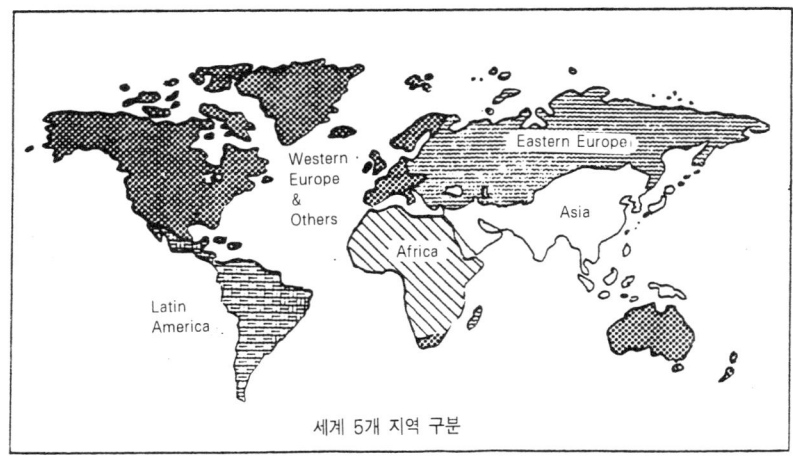

(지도 11-2) 세계 5개 지역 구분

② 지역이익대표(地域利益代表)

이사회의 18개 지역이익대표는 5개 지역구분에 따라 "형평에 맞는 배분"이 될 수 있도록 선출한다. 어떻게 "형평에 맞는 배분"을 할 것인지는 제161조 및 관련조항에는 규정된 바가 없었다. 다만 "각 지역에서 최소한 1개국의 지역이익대표가 선출되어야 한다."라고 규정하였다. 협의과정에서 일부 중소산업선진국(中小産業先進國. 주로 Sweden, Norway, Scandinavia국가들 등)들이 특별이해관계 대표로 이사국에 선임될 가능성이 적은 것을 감안하여 지역이익대표 보장의석을 각 지역별 1개 의석에서 최소한 2개 의석으로 하자는 주장을 한 바가 있다.[163] 1980년 4월 1일 해양법회의 제9회기에서 Trinidad and Tobago 대표가 대단히 흥미 있는 제안을 하였다. 즉 이사회의 36개 의석은 각 지역구분에 다음과 같이 할당되도록 한다는 것이다. 즉 아프리카 9석, 아시아 7석, 동구 3석, 라틴아메리카 6석, 서구 및 기타에 11석[164]과 같다.

이사회의 의사결정절차가 타결되면 이사회의 구성문제는 그후에 쉽게 타결될 것이라고 하였지만 당시 이 안은 큰 관심을 모으지 못하였고, 충분히 토의되지도 않았다. 지역이익대표를 위한 전체적 의석할당(全體的 議席割當)을 시도하였다는 점에서 이 안은 의의가 있다. 단지 이 안에 부수하여 그 의석배분(議席配分)이 어떤 기준에서 할당된 것인지 전혀 설명되지 않은 것이 아쉬웠다. 특히 흥미 있는 점은 지역이익대표 18개 의석만을 5개 지역에 할당한 것이 아니고 이사회 36개 의석 전체를 지

---

163) UNCLOS III *Official Records,* Vol, X III, p.12, para.15.(The Comment by Mr. Danelius from Sweden) p.47, para.209.(The Comment by Mr. Evensen from Norway).
164) Ibid., p.59. para. 32.(The Comment by Mr.Sealy from Trinidad and Tobago)

역별로 할당하고 있다는 점이다.

제161조 2항은 총회가 이사국을 선출함에 있어서 3가지의 조건을 부여하고 있다.165) 이 제2항은 1항 내용전체에 적용되는 것인 만큼 이들 3조건은 특별이익대표 선임이나 지역이익대표 선임에 똑같이 적용되는 것인데 이는 결국 각 당사국에 있어서 특별이해관계 그룹의 지위와 지역 그룹으로서의 지위의 양립을 전제하여야 하는 것이다. 이와 관련해서 문제가 되는 것은 2항(c)호 인데 특수이익 그룹으로서의 당사국들의 지위는 지역이익 그룹으로서의 각 당사국들의 지위와 당연히 양립하는 것으로 해석해야 한다.

(나) 이행협정(履行協定)상 이사회(理事會)의 구성(構成)
1) 국제심해저기구의 이사회의 구성은 이행협정 부속서 제3절 제15조에 의해 다음과 같이 수정되었다.166)

① 통계를 이용할 수 있는 최근 5년 동안 심해저로부터 채취되는 광물과 같은 종류의 광물로부터 생산된 상품의 세계 총소비 중 금액기준의 2% 이상을 순수입한 당사국 중 4개국. 다만, 이 4개국 가운데는 협약 발효(發效) 시에 국내 총생산의 관점에서 보아 동유럽지역에서 경제규모가 가장 큰 1개국과 국내 총생산의 관점에서 보아 세계에서 가장 큰 경제규모를 가진 국가가 이 그룹에 포함되기를 희망하는 경우 이러한 국가를 포함한다. 동구권 최대소비국과 동등한 순위로 세계 최대소비국을 규정함으로써 미국의 이사회의석을 보장한 것이다.

② 직접 또는 그 국민을 통하여 심해저활동 준비와 수행에 가장 많이 투자한 8개 당사국 중 4개국. 동구권의 고정의석보장조항이 삭제되어 있다.

③ 심해저로부터 채취되는 광물과 같은 종류의 광물의 주요 순수출국(자국 관할권 지역에서의 생산을 기준으로 하여)인 당사국 중 4개국(그러한 광물의 수출이 자국경제에 중대한 영향을 미치는 개발도상국 중 최소한 2개국을 포함)

④ 특별이익을 대표하는 개발도상국 중 6개 당사국(대표되는 특별이익으로는 인구다수국, 내륙국이나 지리적 불리국, 도서국, 심해저에서 나오는 광물종류의 주요 수입국, 이러한 광물의 잠재생산국 및 최빈 개발도상국(最貧 開發途上國)의 이익이 포함된다.)

---

165) 이 조건은 다음과 같다.
　① 제2항(a)호 - 내륙국, 지리적 불리국의 비례대표의 보장
　② 제2항(b)호 - 특수 이해관계 Group에 해당없는 개발도상국의 비례대표의 보장
　③ 제2항(c)호 - 이해관계 Group별 대표제의 원칙
166) 1996년 3월 국제심해저기구 3차 회기에서 기구의 첫 번째 이사국들이 선출.
　이행협정 상의 이사회의 구성 - http://www.ISBA.org.jm/members/council.htm 참조.

⑤ 이사회에서 전체적으로 의석의 공평한 지리적배분(地理的配分) 보장원칙(保障原則)에 따라 선출되는 18개 회원국, 다만 각 지리적 지역에는 이 호에 따라 선출되는 최소한 1개 회원국이 배정된다. 이러한 목적 상 지리적 지역은 아프리카・아시아・동유럽・라틴아메리카・카리브해・서유럽 및 기타지역이다.

이사국 선출기준으로서 협약상 심해저활동에 이미 최대투자를 한 8개국 중 4개국이 선출되며, 동유럽국가 중 1개국이 포함되어야 한다고 규정되어 있으나 이행협정에서는 동유럽국가 중 1개국 포함부분을 삭제하였다. 아울러 특별이해관계를 가지는 개발도상국 중 6개국 선임 규정 중 특별이해관계의 기준으로서 도서국(島嶼國)의 그룹을 새로 추가하였다.

"동유럽국가 1개국 포함" 부분을 삭제하는 것과 관련하여, 러시아・우크라이나・체코・폴란드 등 동유럽국가들의 강한 반대가 있었으나, 대부분의 개도국을 포함, 동 삭제를 주장하였던 바, 이는 과거 동서대립시대에 협약이 채택됨으로써 동유럽국가가 부당한 대우를 받고 있다고 주장하였다. 또한 동유럽국가들은 기타 지역적 안배 등의 원칙에 따른 18개국의 이사국이 선출되는 Group에서 각 지역별로 최소한 2개의 이사국이 선출되어야 한다고 시종일관 주장하였으나, 이러한 주장도 아프리카・아시아 등 개도국들의 반대로 실현되지 못하고 협약 상의 "각 지역별 최소 1명"의 규정이 유지되었다.

77그룹은 국가숫자로 볼 때, 50여개국의 아프리카 지역과 20여개국의 동유럽국가가 동일하게 최소한 2개씩의 이사국 의석을 가지도록 할 경우, 이는 균형에 맞지 않는다고 반대하였던 것이다.

2) 1999년부터 2002년까지 국제심해저기구의 각 Group별 이사회 구성[167](도표11-5 참조) (Composition of the Council of the International Seabed Authority. 1999 - 2002)

다. 이사회(理事會)의 의사결정방식(意思決定方式)

1) 이사회(理事會) 의사결정방식(意思決定方式)의 협의경과(協議經過)

이 의사결정방식에 관해서는 협상과정에서 대개 3개의 주요 이익그룹이 대립되어 있었다. 그것은 첫째, 개발도상국가, 둘째, 서구선진국(일본포함) 그리고 셋째, 동구공산권 국가들이었다.

이들은 이사회에 있어서의 표결방식(表決方式)이 심해저자원개발(深海底資源開發)에 관한 자기들의 이익을 보장하는데 직접적인 영향을 줄 것이며, 전체적으로 각 그룹의 입장에서 생각하고 있는 인류공동유산의 합리적 관리를 보장하는 관건이 된다고

---

[167] http://www.ISBA.org.jm/membership98-00.htm 참조

〈도표 11-5〉 심해저 자원개발체제의 삼위일체

1999	2000	2001	2002
Group A(4)			
일 본	일 본		
러 시 아	러 시 아	러 시 아	러 시 아
영 국	영 국		
미 국	미 국	미 국	미 국
Group B(4)			
중 국	중 국		
프 랑 스	프 랑 스		
독 일	독 일	독 일	독 일
네덜란드	네덜란드	네덜란드	네덜란드
Group C(4)			
캐 나 다	캐 나 다	캐 나 다	캐 나 다
칠 레	칠 레	인도네시아	인도네시아
가 봉	가 봉	남아프리카	남아프리카
폴 란 드	폴 란 드		
Group D(6)			
브 라 질	브 라 질		
이 집 트	이 집 트		
피 지	피 지	피 지	피 지
자메이카	자메이카	자메이카	자마이카
오 만	오 만		
수 단	수 단		
Group E(18)			
케 냐	케 냐		
나미비아	나미비아		
세 네 갈	세 네 갈		
튀니지아	튀니지아	튀니지아	튀니지아
나이지리아	나이지리아	나이지리아	나이지리아
카 메 룬	카 메 룬	카 메 룬	카 메 룬
필 리 핀			
파키스탄	파키스탄	파키스탄	파키스탄
사우디아라비아	사우디아라비아	사우디아라비아	사우디아라비아
한 국	한 국	한 국	한 국
인도네시아	인도네시아		
아르헨티나	아르헨티나		
트리니다드 & 토바고	트리니다드 & 토바고		
코스타리카	코스타리카	칠 레	칠 레
파라과이	파라과이	파라과이	파라과이
우크라이나	우크라이나		
벨 기 에	이탈리아		
오스트리아	벨 기 에		

보았으므로 이 문제의 협의를 중요시하였고 자기들의 주장을 양보하려 하지 않았다.

초기 ISNT에 반영된 이사회의 의사결정방식은 개발도상국가의 입장이 가장 충실하게 반영된 것이었다. 즉 이사회가 결정할 문제를 "중요한 문제(important questions)"와 "기타의 문제"(the other question)로 나누고, 전자는 2/3다수결로, 후자는 단순 과반수로 결의할 수 있는 것으로 규정하였다.[168]

그러나 선진국들은 소수의 자원개발사업 기여국(寄與國)의 이익이 충분히 보장되지 않을 것을 고려하여 2/3 다수결을 적극 반대하였다.

선진국들과 동구 공산권국가들로부터 여러 가지 절충안이 제시되었는데, 예컨대 이사회의 의결대상을 "절차문제(節次問題)"와 "본질문제(本質問題)"로 구분하고 본질문제의 결정은 3/4 다수결로 한다는 안이다. 3/4다수결의 경우에는 개발도상국 협의그룹인 "Group of 77"의 의사만으로는 결정되기 어렵고 Casting vote가 필요하게 된다. 이렇게 되면 개도국의 독주를 막을 수 있다는 것이다. 또 3/4다수결의 동의국(同意國)이 심해저광물의 생산국 및 소비국 총수의 과반수(過半數)를 이루도록 하는 일종의 이중다수제(二重多數制)를 제의(提議)하는 안(案)도 있었다.(이를 Chamber Voting이라고 칭함)

이중다수제(二重多數制)와는 달리, 2/3다수결에 집착하는 개도국(開途國) 측 견해에 대한 절충안으로서, 선진국(先進國) 측 일부에서 제의된 안(案)중에서는 2/3다수결로 하되 일정 수의 반대투표(Blocking Vote)로 이 안을 부결시킬 수 있는 것으로 하자는 주장이 있었다. 이 반대투표에 대해서도 5개국 또는 10개국 등 여러 가지 안(案)이 제시되었던 것이다. 반대투표로서 5표를 주장한 것은 서구선진국(西歐先進國) 측인데 그들은 미, 영, 불, 서독(현 독일), 일본의 5개국을 계산한 것이다.

이에 대하여 77그룹 측은 반대투표를 인정해야만 할 경우라면, 10표 정도로 해야한다고 하고, 소련(현 러시아) 및 동구권은 서구선진국의 5표에 대한 Casting Vote로써 자기들이 주도권을 행사할 수 있도록 7표로 하자고 주장하였다.

생각하건대, 이중다수 (Chamber Voting)나 반대투표(Blocking Vote) 등의 안(案)은 결국 일종의 Veto제도라고 볼 수도 있는 것이다. 개도국 측은 원칙적으로 2/3다수결 이외의 어떠한 안에도 반대하였고, 선진국 측의 주장은 그들 나름대로 정리되지 못하여 1977년 6회기의 INTC 이래, 본질문제의 결의는 3/4다수결로 한다는 조건은 1980년 9회기의 ICNT. Rev.2에 까지 그대로 유지되고 있었지만, 그것은 총의(總意: Consensus)에 이른 것도 아니고 또 조만간 타결될 전망도 보이지 아니하였다.

그런데, 이중다수제나 반대투표가 가미되지 않은 3/4다수결은 서구선진국에서도 반대하였고 77그룹은 개도국의 다수가 위력을 발휘할 수 있는 2/3다수결을 주장해 온

---

168) ISNT. Part I Art.27, para.6.

터이므로 3/4다수결은 처음부터 반대이었다. 다만 소련(현 러시아) 및 동구권 국가들은 자기들이 Casting Vote를 행사할 수 있을 것으로 계산하고 이를 지지하고 있었다. 이렇게 경직된 대립은 해양법협약을 위한 전체적 협상을 지체하는 최대의 난제로서 「이사회 의사결정방식(理事會 意思決定方式)」을 부각시켰다.

1980년 여름에 이르러 그간의 견해들이 정리되고, 총의(consensus)에 이르기 위한 새로운 노력이 시작되었다.

즉 첫째, Chamber Voting이나 Blocking Vote는 어느 것도 받아들여질 수 없다는 것. 둘째, 특수이익관계군(特殊利益關係群)과 지역구분군(地域區分群)의 이익은 이 의사결정방식에서 합리적으로 보장된다는 것. 셋째, 가급적이면 모든 의사결정은 consensus에 이르도록 해야 한다는 것 등이다.

특히 "본질문제(本質問題)"를 내용상 구분해서 "일반적 본질문제(substantive issues)"와 "특별히 중요한 실질문제(particularly sensitive issues)"로 구분하여 의사결정을 할 수 있다는 안(案)이 논의되기 시작한 것이다.[169]

그리하여 1980년 9회기 이후에 나오게 된 비공식 해양법협약초안에서는 의안을 내용에 따라 3개의 Group로 구분하고 절차문제는 단순 과반수로, 본질문제는 3개의 Group에 따라 2/3다수결, 3/4다수결 및 Consensus로 결의할 수 있는 것으로 규정하기에 이른 것이었다.[170]

비공식협약초안(非公式協約草案)에 정리된 3강표결제도(3綱表決制度: The Three Tiers Decision Making System)는 Chamber Voting이나 Blocking Vote System을 피하였다는 점에는 그 가치를 인정하여 줄 수 있겠으나 그 나름대로의 문제를 역시 내포하고 있는 것이었다.

그 내용을 보면 알 수 있듯이 이사회가 처리할 대부분의 실질적 사항들이 3/4다수결로 결정되게 되어 있으므로 3/4 다수결제를 반대하던 77그룹의 대부분의 국가들은 사실상 이번에도 만족할 수는 없었을 것이다.[171]

이 3강표결제를 전면적으로 반대하지 않더라도 그 내용에 상당한 유보를 두는 견해가 많았다. 즉 각종 다수결에 해당되는 각 처리사항들의 내용이 한쪽 강목에서 다

---

169) U. N. *Press Release*, SEA/ 422. "Round-Up of Session" (2. Sep.1980), pp.5-6
170) 3개의 Group에 속한 문제로 나눈 것을 이유로 이를 "Three Tier Decision Making System"이라고 하였다. 번역을 한다면, 3강표결제라고 할 수 있을 것이다.
171) 3강표결제의 효율성을 의심하여 당시 (1980년 9회기) 반대의 견해를 표시한 나라들은 다음과 같다.
  Austria, Cape Verde, Colombia, Ecuador, Iraq, Icory Coast, Libya, Mauritius, Oman, Philippine, Quatar, Saotome and Principe, Sierra Leone, Switzerland, the United Republic of Tanznania 그리고 Uruguay 등.
  U. N. Press Release, SEA/425 "Back Ground Release" 4 March 1981, p.9. 참조

른 쪽 강목으로 오히려 조정되어야 한다는 견해(중국)라든지, consensus로 결의된 사항의 범위를 보다 제한하여야 한다는 견해(콩고, 리비아) 또는 아주 완곡한 유보적 견해로서, "이 3강표결방식은 훌륭한 절충의 길을 여는 수단으로 안전장치가 필요하다"(한국)는 것들이다.172)

그러나, 상당한 나라들이 이 표결방식에 찬성하였으며,173) 오랫동안 난제로 남아 있던 이사회 의사결정방식은 일응의 총의(總意: consensus)를 얻은 것으로 간주되었다.

비공식협약초안의 내용은 따라서 공식초안에 그대로 유지되었으며,174) 협약 채택을 위한 공식 수정기간에175) 선진국(특히 미국)의 수정안이 제출된바,176) 그 내용을 보면, 3/4다수결에 대하여 이중다수제(二重多數制)를 가미하여 특별이해관계대표의 단순다수결(單純多數決)을 결합시킴으로서 Chamber Voting을 제안하였고 2/3 다수결 처리 대상사안을 수정하였으며, consensus처리에 해당하는 강목(綱目)의 제한적 열거형식을 풀어 포괄적 규정을 하였다. 그러나 이러한 제안은 채택되지 않았다.177)

결국 해양법협약 내용중의 다른 부분에서와 같이 이사회의 의사결정방식은 누구에게도 만족스럽지 않은 상태로 채택된 것이다.

2) 유엔 해양법협약 발효전 이사회 의사결정방식(理事會 意思決定方式)
(가) 내 용

현 협약 상 이사회의 의사결정방식은 일국일표주의(一國一票主義)에 입각한 다원적 다수결제라고 할 수 있다. 즉 각 당사국의 투표권의 가치는 동일하며 결의의 대상이 되는 사안에 따라 특별다수결(特別多數決: Qualified Majority)의 요건만이 달라진다. 절차문제는 단순다수결 즉 과반수로 실질문제상 사안의 내용에 따라 2/3, 3/4 및 총의(總意: consensus)로 결의한다. 이를 3강표결제(3綱表決制: The Three Tiers Decision Making System)라고 한다. 그러므로, 이러한 경우에 중요한 것은 동일한 투표권을 행사하게 될 이사국의 구성과, 둘째로 어떤 사안을 어떤 특수다수결 요건에

---

172) Ibid.
173) 찬성의 견해를 표시한 국가들은 다음과 같다.
    Brazil, Byelorussia, Chile, Fiji, India, Japan, Mongolia, Nigeria, Poland, Switzerland, the USSR, Yugoslavia, Egypt, German Democratic Republic, Hungry, France, Italy 등. Ibid., p.10.
174) Art. 161. para. 7 of Draft Convention.
175) 3rd U. N Conference on the Law of the Sea Rules of. Procedure 제6조, Rule 37, para.2 참조 해양법협약 공식초안에 대한 수정안의 제출은 1982년 4월 13일 오후 6시에 마감 되었고, 의장은 14일부터 21일까지 8일간의 숙고기간을 선언하였다.
176) Supra Note 133.
177) Report of the President to the Conference 3rd UNCLOS eleventh session A/CONF. 62/L.141/Add.1.

적용시키는가 하는 문제이다, 전자의 문제는 이사회의 구성에서 논의하였으므로 여기서는 후자에 대한 것을 개관키로 한다.

(A) Consensus 결의에 해당되는 사안(제161조 8항 d호)

① 해저광물 채광제도의 기본적 골격을 정하는 규정, 규칙, 절차의 제정, 채택(제162조 2항 o호의 (ⅱ))

이는 이사회가 갖는 심해저활동 전반에 관한 구체적 통제권 행사의 전제가 되는 중요한 사항이다. 특별히 이 제162조 2항 o호의 (ⅱ)는 최종적 공식수정기간에 수정된 몇 안되는 부분중의 하나이다.

우선 여기서 "규정·규칙·절차는 해저구역 내의 채광활동·탐사·개발과 해저기구의 재정관리 및 내부행정 일반에 관한 것이다."라고 명시하고 있다. 특히 "복합금속단괴(複合金屬團塊: polymetallic nodules)의 탐사, 개발을 위한 규정, 절차의 채택에는 우선권을 부여한다."라고 하는 규정이 마지막으로 첨가되었다.[178]

이들은 법률기술위원회, 기타 관계보조기관의 권고를 고려하여 채택되며, 이렇게 채택된 규정, 규칙, 절차는 총회의 승인이 있을 때까지 잠정적으로 유효하다.

② 재정적, 경제적 수익의 균등분배에 관한 규정, 규칙, 절차의 제정, 채택(제162조 2항 o호 (ⅰ))

여기서 말하는 "재정적, 경제적 수익"을 국제해저기구(國際海底機構)가 취득하게 되는 원천에는 두 가지가 있다.

첫째는 심해저 지역(深海底 地域)의 활동 전반에서 취득하는 수익이다. 이것에는 개발청(開發廳)의 심해저(深海底) 자원개발사업의 이윤과 참여기업들이 부담하는 광구료(鑛區料), 생산부과금(生産賦課金)이 모두 포함된다.

둘째로는 200해리 이원(以遠)의 대륙붕자원의 개발에 대하여 연안국이 부담하는 수익납부제(收益納付制: Revenue Sharing Scheme)에 의한 국제해저기구(國際海底機構)의 수익이다.(협약 제82조)

③ 개발도상 육상생산국의 보호를 위한 특별조치(제162조 2항 m호)

심해저개발로 인하여 개발도상의 육상생산국에 미치는 악영향을 제거하고 이들을 보호하기 위하여 필요하고도 적절한 조치를 경제기획위원회의 자문을 받아 채택하는 일이다.

④ 해양법협약 제11장(심해저개발제도)에 관련된 수정안(협약 제314조)의 채택(제161조 8항 d호 후단)

⑤ 총의(總意: Consensus) 결의시의 조정위원회(제161조 8항 e호)

총의에 의한 결의시의 "총의"(Consensus)라 함은 공식적인 반대의견이 존재하지

---

[178] A/CONF.62/LAdd/1. pp.1-2

아니함을 말한다. 의장은 결의안이 이사회에 제출된 후 14일 이내에 반대의견이 존재함을 확인한 때에는 그로부터 적어도 3일 이내에 그 견해의 차이를 조정하여 새로운 제안을 만들 조정위원회를 구성시켜야 한다. 이는 9명 이내의 조정위원으로 구성되고 의장은 이 위원회의 의장이 된다. Consensus로 채택될 수 있는 제안을 이 위원회가 추천할 수 없을 때는 그 보고서에 제안이 반대된 이유를 기술해야 한다.

(B) 3/4다수결로 의결할 사안(제161조 8항 c호-이행협정에 의해 삭제)

다음 사안의 의결에는 재적 3/4다수결로 결정한다. 단 동의의 표가 재적과반수가 되어야 한다.

1. 심해저문제에 관한 기구의 일상적 정책수립(제162조 1항)
   이것은 이사회가 갖는 전형적 집행기능이다.
2. 심해저문제에 관한 협약규정의 이행을 위한 협조와 통제조정(제162조 2항a호)
3. 기구사무총장(機構事務總長) 후보명단의 인준(認准) (동조 동항b호)
4. 개발청장, 개발청 관리이사회의 임원 후보명단의 인준(동c호)
5. 보조기구의 설립(동d호)
   보조기관은 제163조 1항의 법률기술위원회와 경제기획위원회 및 기타 제11장의 규정에 따라 국제해저기구(國際海底機構)의 기능을 수행함에 필요하다고 인정되는 모든 특별위원회를 말한다.
6. 이사회 자체의 내부규정의 입법(동e호)
7. 이사회의 통제권 행사에 관한 사항(동l호)
8. 해저기구의 예산서를 총회에 제출하는 일 (동r호)
9. 총회에 대한 정책건의 (동s호)
10. 협약의 심해저 관계규정을 반복해서 중대하게 위반하는 협약 당사국의 권리와 특권을 정지하는 건의를 총회에 제출하는 일(동t호)
    이것은 국제해저기구(國際海底機構)를 실력적인 국제기구로서 존재할 수 있게 하는 제재수단(制裁手段: sanction)의 실행에 관한 권한으로 매우 중요한 의의를 갖는다.179)
11. 개발계약자 또는 그 후원자가 의무위반을 했을 때 ITLOS 해저분쟁재판부(SBDC)에 해저기구의 이름으로 제소하는 일(동u호)
12. 해양환경보존(海洋環境保存)을 위한 긴급명령의 발령(동w호)
13. 긴급명령이 30일 이상 계속 유효하려면 다시 이사회의 총의(consensus)로 결정되어야 한다.

---

179) Wolfgang Frienmann, *The Changing Structure of International Law*,(New York; Colombia Univ. press, 1964), pp.66-68.

14. 해양환경보존의 훼손을 이유로 개발광구의 승인을 취하(取下)하는 일 (동x호)
15. 생산정책의 규정(제151조)에 의한 생산허가를 위해, 부속서 III 제7조에 규정한 생산허가 신청자의 선별 (동q호-이행협정에 의해 삭제)
16. 재정규칙 등의 기초기관의 설치 (동y호)
17. 광구활동 감사기관의 설치 (동z호)
18. 법률기술위·경제기획위의 임원의 선임(제163조 2항)
19. 해저기구를 위한 자금의 차용(제174조 3항)
20. 개발청의 재정에 관한 결의 (부속서 IV의 제11조)

(C) 2/3다수결로 결의할 사안(제161조 8항 b호-이행협정에 의해 삭제)

다음 사안의 결의에서 재석(在席) 2/3 다수결로 결정한다. 단 동의의 표가 재적 과반수가 되어야 한다.
1. 유엔 기타 국제기구와의 협정체결(제162조 2항 f호)
2. 개발청의 예산보고서 심의·제출 (동g호)
3. 연례보고서, 기타 특별보고서의 총회에의 제출 (동h호)
4. 개발청 (제170조)에 대한 사업지시 (동i호)
5. 보상제도 및 경제적 원조조치(제151조 10항)에 관한 총회에 권고를 행하는 일(동m호)
6. 심해저개발사업에 관련된 기구의 출납금의 감사 (동q호)
7. SBDC의 재결을 총회에 통고하고 피고의 권리 및 특권을 동 판결에 따라 정지하는 조치를 건의하는 일(동v호)
8. 권고적 견해의 요청(제191조)

(D) 기타 사안

위의 3항목에 명기되어 있지 않은 사항을 어느 방식으로 결의할 것인가는 그 사항을 규정하는 규칙, 규정, 절차를 결의하는 방식에 따르고, 그러한 것도 정하여 지지 않을 때는 Consensus에 의거, 어느 방식에 의한 것인가를 결정한다.

특정사안이 3항목의 어느 것에 해당하는 것인지에 관하여 분쟁이 있을 때는 문제된 결의방식보다 한 단계 무거운 방식으로 하고, 그것도 불가할 때는 최가중다수결(最加重多數決) 즉 Consensus에 의거한다.(제161조 8항 f.g호)

(E) 비이사국(非理事國)의 권한(權限)

이사국이 아닌 협상당사국은 자국에 영향을 주는 문제가 이사회에서 심의되는 경우, 이사회의 토의에 참여할 것을 요청할 수 있다. 그러나 표결에는 참여할 수 없다.(제161조 9항)

(나) 특성

국제해저기구(國際海底機構)의 이사회의 의사결정방식의 특성을 요약하여 보면,

첫째, 주권평등(主權平等)의 원칙(原則)에 입각한 일국일표주의(一國一票主義)를 고수하고 가중투표제(加重投票制)를 채택하지 아니하였다.

둘째, 다수결원칙은 다원적으로 규정하여 사안별로 1/2, 2/3, 3/4 및 총의(consensus)로 의결토록 하였는데 특히 총의(consensus)에 의한 의결방식을 명문으로 규정한 것과 총의 달성을 위한 조정위원회를 운영토록 한 것은 지금까지 다른 국제기구에서 보지 못한 점이다.

3) 유엔 해양법협약 제11부 이행에 관한 협정상 이사회 의사결정방식(부속서 3절)

협약상 사안의 중요도에 따라 여러 종류의 의사결정방식이 규정되어 있다. (consensus, 3/4, 2/3, 단순과반수). 선진국들은 숫자적 근거에 의한 결정은 소수의 주요 투자국과 재정 기여국의 입장을 저해할 소지가 많으므로 consensus에 의한 결정방식을 선호하였으며, 또한 총회의 최고권한을 가급적 제한하려고 시도하였다.

이러한 사유로, 국제해저기구의 총회(Assembly)와 이사회(Council)간 입장대립으로 인하여 총회가 이사회의 권고를 거부할 경우, 이를 다시 이사회에 회부토록 추진하였다.

협상결과는 협약 상 총회가 "해저기구의 최고의사결정기관(the supreme organ of the Authority)"으로서 해저기구의 권한 내에 있는 어떠한 문제에 대해서도 일반적인 정책을 수립할 수 있는 권한을 가지는 것으로 규정되어 있는 것을(협약 제160조) "총회는 이사회와의 협력 하에" 해저기구의 일반정책을 수립하는 것으로 수정하였으며, 아울러 일반적인 규칙으로서 해저기구의 각종 기관이 내리는 결정은 consensus에 의하도록 규정하였다.

총회와 이사회간의 최종적인 권한 및 책임문제에 관하여 명확히 규정을 하지 않는 것으로 묵시적 양해가 이루어져 "총회가 이사회의 권고를 수락하지 않을 때에는 이를 다시 이사회에 회부하며, 이사회는 총회에서의 의견을 고려하여 이를 재고한다"는 선에서 얼버무렸다.[180]

이사회도 권한을 가지는 사안 및 행정·예산 또는 재정에 관한 사항은 이사회의 권고에 기초하여 총회가 결정을 하도록 하였으며, 특히 재정이나 예산에 관계되는 사항

---

[180] 총회의 우월적 권한여부에 관하여 모호한 상태로 둠으로써 개발도상국들이 수적 우세에 입각하여 일방적으로 결정할 수 있는 소지를 제한한 것이다. 개도국들이 이러한 방식에 반대하였으나, 선진국들이 시종 강한 입장을 견지하였으며, 이것이 이사회에서 개도국 Chamber들에게도 거부권을 인정하는 것으로 타협되었던 사유중의 하나이다.

은 다시 재정위원회의 권고에 입각하도록 함으로써 2중의 안전판을 설정하였다. 이사회의 이사국 선출을 위한 기준도 부분적으로 조정하고,[181] Chamber System의 채택 및 각 Chamber가 거부권(veto)을 가지도록 함으로써 결정적인 안전판을 마련하였다.(이행협정 제3절 5항).

당초 개도국 그룹은, 총회의 최고결정기구로서의 권능이 명확히 규정되지 않는 가운데 거부권이 인정될 경우 이는 선진 수개국이 사실상 어떠한 결정도 저지할 수 있게 되기 때문에, 이를 수락할 수 없다는 입장을 취하였다. 이러한 시각에서 선·후진국 그룹간의 논란 과정에서 개도국그룹도 거부권을 가져야 한다는 주장도 커지게 되어 이를 인정하게 되었다. 개도국 중에 특별히 이해관계에 영향을 받는 6개국으로 구성되는 개도국만의 Chamber와 지역적 배분 등의 원칙에 따라 구성되는 18개국 Chamber에 속하게 될 개도국들이 합하여 "하나의 개도국 단위"로서 거부권을 가지는 것으로 타결되었다.[182]

(4) 개발청(開發廳)

가. 협약 상의 문제점

개발청에 대해서는 이것이 심해저개발을 실행할 공익주체이며 보편적 이익을 관리할 수 있는 실체라는 인식에서 개도국들은 큰 관심을 견지하였고, 반면 선진국들은 공익주체라 하더라도 일반 사기업과 다른 특별한 지위를 인정할 수 없다는 입장을 주장하였기 때문에 양측간 입장과 견해가 크게 대립되었다.

---

[181] 중국은 8개 최대 투자국 중에서 4개의 이사국이 선출되도록 되어 있는 Group에서, 등록선행투자가(RPI; Registered Pioneer Investor)에게 우선권을 부여해야 한다는 주장을 하였으나, 받아들여지지 않았다. RPI에 대하여 잠재선행투자가(PPI; Potential Pioneer Investor)와 달리 취급하는 것은 타당하지 않기 때문이다.

[182] 선·후진국간에 입장대립이 컸던 사안의 하나로서, 개도국 Chamber에 대해서도 거부권이 인정하여야 할 것 인지의 문제에 있어서 논란이 많았던 바, 협상과정에서 제시된 주요 찬성, 반대 논점들은 다음과 같다.
① Chamber의 거부권 보유관련, 특정 이익그룹의 Chamber가 거부권을 가질 경우, 개도국들도 "인류의 공동유산"의 원칙에 입각하여 최소한 하나의 이익그룹으로서 거부권을 가져야 함;
② 이사회에서의 특정 Chamber의 거부권을 가지지 않아도 무방하나, 이사회와 총회간의 관계에서 총회의 우월성이 인정되지 않을 경우에는 개도국 그룹에 대해서도 반드시 거부권이 인정되어야 함;
③ 이사회의 전반적인 구성자체가 개도국이 수적으로 우월할 것이므로 개도국 그룹의 Chamber에 별도로 거부권을 부여하지 않아도 현실적으로는 별 차이가 없을 것임;
④ 거부권은 소수의 이익을 보호하기 위해 필요한 것인 만큼, 수적으로 우세한 개도국 그룹이 거부권을 가져야 한다는 것은 논리에 맞지 않음;
⑤ 개도국 모두를 사실상 하나의 Chamber로 묶어 거부권을 부여할 경우, 개도국 자체의 이해관계가 다른 만큼, 단합된 입장을 결정하는 것이 오히려 어려울 경우가 많을 것임.

우선 협약 규정 상 개발청의 초기 운영자금의 반을 당사국으로부터 무이자로 융자받고 나머지 반은 당사국 보증 하에 융자받도록 되어 있는데, 이는 개발청이 재정적으로 다른 상업 개발주체에 비해 특혜를 향유하게 되며, 자유경쟁의 원칙과 시장메커니즘에 어긋나는 것이라고 하여 선진국들이 반대하였으며, 또한 개발청의 운영비를 공공의 자금으로 지원하는 것에도 반대하였다.

개도국들은 개발청이 심해저광업을 실행하는 기구로서 자율성을 가져야 하며, 이사회의 거부권으로부터 어느 정도의 보호장치를 가져야 한다는 견지에서 개발청 자체의 집행이사회를 가져야 한다고 주장한 반면, 선진국들은 개발청도 결국은 국제기구처럼 운용될 가능성이 크며, 자체의 집행이사회를 가지더라도 결국 참가국들의 의사에 따라야 되는 만큼, 그러한 기구는 결국 이사회와 중복된다고 하여 반대하였다.

나. 이행협정(履行協定) 상의 개발청(開發廳)

협상의 결과, 개발청은 독자적인 기능을 하게 될 때까지 국제해저기구(國際海底機構) 사무국(事務局)이 그 업무를 대행하도록 하였으며(이행협정 제2절 제1항), 또한 개발청은 초기 광업개발사업을 합작투자를 통하여 시작하도록 하였다.(이행협정 제2절 제2항)

이것은 개발청은 초기단계에서의 사업능력이 독자적으로 수행될 수 있을 만큼 기대하기가 어려울 것이라는 선진국들의 인식이 반영된 것이다. 또한 개발청의 광구개발사업(鑛區開發事業)과 관련하여, 그것이 어떠한 광구이든 합작사업의 대상인지의 여부와 관계없이, 어떠한 당사국도 이를 위한 자금지원의무가 부인된 것이다.

또한 개발청도 다른 사적인 개발업자와 동일한 지위에서 심해저개발에 따르는 의무를 부담하여, 국제해저기구와의 계약조건도 일반 개인 주체와 동일한 지위에서 하는 것으로 하였다. 또한 선진국들은 계약자가 기부한 해저기구의 유보광구의 탐사·개발에 있어서 그 계약자는 개발청과의 합작개발에 있어서 최우선권(the right of first refusal to enter into a joint-venture arrangement with the Enterprise)을 인정받아야 한다고 주장하여 이를 반영시켰다.

한편 개도국들은 개발청이 사업계획을 지연시키더라도 동 유보광구를 해저기구가 장기간 유보할 수 있어야 한다는 입장을 보였던 바, 이 문제와 관련하여 개발청이 15년간 사업계획을 지연시킬 수 있는 것으로 타협이 이루어졌다.

15년 이후에는 그 유보광구를 기부한 계약자가 개발청을 일차적인 합작사업대상자로 성실히 고려할 것을 조건으로 그 지역에 대하여 사업계획서를 제출할 자격을 가지는 것으로 타협이 이루어졌다.(이행협정 제2절 제5항.)

다. 구성(構成)과 기능(機能)

ISBA를 위해 직접 심해저개발사업을 담당하는 기관이 「개발청(開發廳: Enterprise)」이다. 「개발청」은 「국제해저기업(國際海底企業)」으로 번역하는 경우도 있고 중국은 「기업부」로 일본은 「Enterprise」로 각기 번역하고 있으나 우리 국내에서는 제3차 유엔해양법회의 기간 중 「개발청」으로 번역하여 사용하여 온 용어사용의 관례에 따라 본서에서는 이 사용 예에 따랐다.[183] 즉 병행개발체제를 택한 지금의 협약에서 직접 심해저 개발활동을 수행하고 채취된 광물의 수송, 가공, 판매를 수행하는 ISBA의 기관이다.(제170조 1항)

이러한 활동은 제IV부속서 등 유엔해양법협약의 규정에 의거하여, "건전한 상행위(商行爲)의 원리"에 따라서 수행된다.(제170조 2항) 개발청은 관리이사회(Governing Board), 개발청장 및 기타 본부로서 구성된다.

라. 개발청장(開發廳長)

개발청장(Director-General)은 개발청 관리이사회의 추천과 ISBA의 이사회(the Council)의 권고로서 총회에 의하여 선출된다. 임기는 5년이고 재선 가능하다.

개발청장은 개발청의 법적 대표자이며 개발청의 운영에 관하여 관리이사회에 대해서 책임을 진다. 개발청은 직접 개발사업의 주체로 활동하는 만큼 그 범위 내에서는 ISBA와 독립적인 법률행위의 능력이 부여되어야 한다고 생각된다. 개발청장은 개발청 관리이사회의 이사는 아니므로 관리이사회에서의 투표권은 없다.

제170조 제2항에서는 "ISBA의 법적 인격의 체계 내에서 필요한 법률능력을 갖는다"고 전제하고 (1) 관계국가 및 국제기구 등과의 협약체결 및 계약체결능력, (2) 동산(動産), 부동산(不動産)을 취득(取得), 임차(賃借), 소유(所有) 및 처분하는 능력, (3) 법적 소송절차의 당사자가 될 수 있는 능력 등을 예시하고 있다.

마. 관리이사회(管理理事會)

관리이사회(Governing Board)는 개발청의 목적을 위한 모든 활동의 중추기관이다.

「관리이사회」는 집행이사회(한국)[184], 관리위원회(일본)[185], 동사회(董事會)(중국)[186]등으로 번역되어 사용되고 있다. 본서에서는 그 권한과 기능의 성질로 보아 관

---

[183] 1 류병화, 「국제법총론」, (서울: 일조각, 1983), p.524.
    2 Chinese Version of Informal Draft of the Convention on the Law of the Sea. A/CONF 62/WP.10/Rev.3(27 August, 1980).
    3 國際海運問題研究所, 「海洋法協約草案」, (東京: 日本海運振興會, 1981)
[184] 외무부, 「유엔해양법협약 국문 번역본」,(집무자료 82-202) p.207.
[185] 國際海運問題研究所, 「海洋法協約草案」, p.196.

리이사회로 번역하여 사용키로 한다.

관리이사회는 15명의 이사로 구성된다. 이들은 총회에서 매4년 임기로 선출되며 재선이 가능하다. 이사는 1표의 투표권을 가지며 2/3다수결로써 의사를 결정한다. 관리이사회는 개발청의 주사무소에서 활동하며 업무상 필요할 때마다 소집된다.

바. 개발청(開發廳)의 공식활동(公式活動) 개시 시점 결정 문제 등

개발청이 심해저 개발이익을 보편적으로 관리할 수 있는 공익주체라는 측면에서 개도국 그룹은 공식 활동개시 시점에 관해 객관적인 기준을 확립하여 특정 조건하에서는 자동적으로 기업활동을 개시할 수 있도록 규정되어야 한다는 입장을 보인 반면, 선진국들은 일방 개발청이라는 주체가 불필요하다는 과격한 입장으로부터, 타방 개발청의 필요성을 인정하면서도 협약 상의 기능이 비현실적으로 너무 광범위하다는 인식 하에, 개발청의 독자적인 운용 전망이 극히 불투명한 현시점에서는 이 문제를 미리 규정할 수가 없으며, 추후 상업생산의 전망이 보다 명확해지고 개발청의 독자적 활동 가능성이 평가 될 수 있는 시점에 가서 이사회가 별도로 결정토록 해야 할 것이라고 주장하였다.

개발청이 사적개발주체와 대등한 지위를 가져야 하지만, 그렇더라도 일종의 국제기구와 같은 것으로서 독자적인 상업적 판단에 입각하여 개발활동을 개시한다는 것은 기대하기 어려우므로, 이사회의 지침 하에서 공식활동을 개시하도록 해야 한다는 입장이었던 것이다. 이러한 논란을 거쳐, 절충안으로서 개발청의 독자적 운영시점을 심해저기구의 이사회의 지침(directive)에 따르도록 하되, 이사회는 어느 정도의 객관적인 기준이 이루어질 경우 이를 승인하도록 합의되었다. 이러한 객관적 기준으로서 일반계약자의 사업계획을 승인하는 시점 또는 일반계약자가 개발청과 최초의 합작사업을 신청하는 시점에서 이를 검토하여, 합작사업이 상업적인 원칙에 따르고 있는 것으로 평가될 경우에는, 개발청이 공식 업무를 개시하는 것으로 이사회가 승인하도록 하였다.[187]

(5) 사무국(事務局)

사무국(Secretariat)은 국제해저기구(國際海底機構)의 지원 행정업무를 담당하는 기관으로 사무총장과 업무수행에 필요한 국제공무원(國際公務員)인 사무국직원들로 구성된다. 사무총장은 국제해저기구(國際海底機構)의 최고 행정관리이다.

---

186) 유엔 Law of the Sea Convention. Chinese Version, 附件四, 第5條, 理事會.
187) 이러한 타협이후에도 개도국들은 "상업적 타당성(commercial viability)"의 기준이 어떻게 될 것인지, 누가 판단할 것인지의 문제에 관해 의문을 제기하였으나, 현 시점에서는 이러한 문제를 충분히 다루는 것이 불가능하다는 일반적인 분위기였다.

그는 국제해저기구(國際海底機構)의 총회, 이사회 및 기타 모든 보조기관에서 국제해저기구(國際海底機構)의 최고책임자(最高責任者)의 자격을 갖는다. 그리하여 이러한 자격으로 이들 기관이 위임하는 모든 행정기능을 수행한다. 사무총장은 국제해저기구(國際海底機構)의 전반적 사업에 관한 연례보고를 총회에 제출하여야 한다.(제166조)

사무총장은 이사회의 추천으로 총회가 선출한다. 그 임기는 4년이며 재선될 수 있다. 사무총장과 사무국의 직원은 국제해저기구(國際海底機構)의 외부 즉 각 직원의 본국정부를 포함한 어떤 국가의 정부나 기타 다른 국제 기구로부터의 간섭이나 지시를 받지 아니한다.

그들은 오직 국제해저기구(國際海底機構)에 대해서만 책임을 지며, 그들의 이러한 국제적 지위에 영향을 줄 만한 행위를 삼가야 한다.

협약의 모든 당사국들은 사무국 직원의 이러한 국제적 지위를 존중하여야 한다. 그러므로 사무총장을 포함한 사무국 직원이 그 직무를 수행함에 있어서도 각 당사국들은 간섭이나 영향을 주려고 시도해서도 안된다.

사무총장과 직원은 심해저자원(深海底資源)개발사업과 관련한 어떠한 재정적 이익도 가질 수 없다. 또 그들은 그 직무종료 후에도 그들이 직무수행 중에 지득(知得)한 산업비밀, 재정적 자료, 기타 비밀보고를 누설하여서는 안 된다.

사무국직원의 직무상 책임 및 의무위반은 적절한 행정재판소(行政裁判所)나 국제재판소(國際裁判所)에 제소되어야 한다. 이들 재판소가 권고함에 따라서 그 관계된 직원을 사무총장은 해고하여야 한다.

(6) 국제해양법재판소(國際海洋法裁判所)

국제해양법재판소에 관해서는 본서 제12장 해양분쟁의 평화적 해결에서 다루기로 한다.

(7) 경제기획위원회(經濟企劃委員會)와 법률기술위원회(法律技術委員會)

국제해저기구(國際海底機構) 이사회의 보조기관으로 경제기획위원회(經濟企劃委員會: Economic Planning Commission : EPC)와 법률기술위원회(法律技術委員會: Legal and Technical Commission : LTC)가 있다.(제163조)

EPC는 심해저자원(深海底資源)의 개발로 인하여, 광물의 가격하락, 수출량의 감소가 유발되고 이로 인하여 개발도상국의 경제와 수출소득에 악영향을 가져왔을 경우에 이 개도국의 경제를 보호하기 위한 적절한 조치를 이사회에 권고하며, 경제적 악영향을 입은 개도국에 대한 보상제도와 경제조정 원조조치를 위한 권고를 행함을 주된 기능으로 하는 보조기관이다.

LTC는 이사회가 심해저자원(深海底資源) 개발사업자들의 광구신청과 사업계획을 승인함에 있어서 필요한 검토와 권고를 제공하고 해양환경보호를 위한 통제와 그 밖의 소송절차를 위한 제반조치와 권고를 행한다. 이들 EPC와 LTC는 각기 이사회가 선출한 15명의 위원으로 구성된다. 특히 EPC는 육상생산국인 개도국 출신의 위원 2명을 포함하여야 한다. 위원의 임기는 5년이고 재선될 수 있다. 각 위원회의 위원은 규정된 적절한 자격을 갖추어야 한다. 그리고, 이행협정에 의하여 삭제된 것은 협약 제165조(법률기술위원회) 2항 (n)호이다.

3. 심해저활동(深海底活動)에 관한 기본조건(基本條件)

(1) 심해저자원 개발제도(深海底資源 開發制度)의 목표(目標)

협약 제11장에서 규정하는 심해저자원 개발제도(深海底資源 開發制度)의 목표는 심해저자원(深海底資源)의 능률적인 개발과 합리적인 관리를 통해서 세계 경제의 건전한 발전과 국제무역의 균형 있는 성장을 촉진하고 모든 국가 특히 개발도상국의 전반적인 발전을 위해 국제협력을 증진시키는 것이다.(협약 제150조)

이를 위한 방법으로 특히 개도국의 개발활동참여의 보장, 기술이전, 육상광물생산국의 이익보호 등을 구체적인 목표로 하고 있다.

(2) 심해저자원(深海底資源)의 탐광활동(探鑛活動)

일반적 광물개발의 예와 같이 심해저광물자원 탐사개발에 있어서도 그 사전 단계로서의 탐광활동(探鑛活動: prospecting)이 필요하게 된다. 이러한 탐광활동은 그 자체 만으로서는 광물을 생산하는 것이 아니므로 어떠한 권리도 부여하는 것이 될 수 없다. 그러므로 동일한 구역에서 동시에 일개이상의 주체가 탐광활동을 수행하는 것도 가능하다. 그리고 탐광활동 시는 검사에 필요한 만큼 합리적인 양(量)의 견본광물을 채취하는 것도 허용된다.

유엔 해양법협약에서는 이러한 탐광활동에 대하여 배타적 성질의 탐광조사권(探鑛調査權)이나 기타 허가를 부여하는 것으로 하지 않는 대신, 모든 탐광조사자들은 국제해저기구(國際海底機構)에 서면약속(書面約束)을 제출할 것이 요구되고 있다. 이 서면약속은 해양환경보존(海洋環境保存)과 해양과학조사(海洋科學調査) 및 기술이전(技術移轉)에 관한 협약상의 규정과 절차를 준수하며, 그 이행여부에 대한 국제해저기구(國際海底機構)의 검증을 수락한다는 약속이다.(이상 제Ⅲ부속서 제2조)

탐광활동이란 용어는 "개괄탐사"(한국)[188], "탐사"(중국)[189], "광역조사"(일본)[190],

---

188) 외무부, 「유엔해양법협약 국문 번역본」, (집무자료 82-202), p.179.

또는 "조사"191)등 다양하게 번역 사용되고 있다. 본서에서는 "탐광활동(探鑛活動)"이라는 용어를 채택 사용키로 한다.

(3) 심해저자원 (深海底資源)의 개발제도(開發制度)

가. 병행개발체제(並行開發體制)

심해저개발제도에 관한 개발도상국의 기본입장은 심해저자원(深海底資源)을 인류의 공동유산으로 보고 이러한 자원의 개발은 인류전체를 대표하는 국제해저기구(國際海底機構)에 의해서 또는 그와 공동으로 해서만 수행되어야 한다는 것이다.192)

그러나 이러한 개발도상국의 입장은 선진국과의 협상을 통해서 수정되어 개발주체로는 첫째, 국제해저기구(國際海底機構)의 개발청(開發廳)과 둘째로, (1) 해저기구와 제휴한 당사국, (2) 국가기업, (3) 당사국이 보증하는 사기업(私企業), 자연인 그리고 (4) 기업연합 등이 되어, 이들에 의해서 개발사업이 수행될 수 있는 것으로 변경되었다.(협약 제153조 2항 a, b) 이것이 소위 병행개발체제(並行開發體制: Parallel System)이다.

나. 광구유보제(鑛區留保制)

기본적으로 병행개발체제는 후술하는 재검토 및 Banking System이라고 불리우는 광구유보제도와 삼위일체의 관계로 결합되어 있다.(도표 11-5 참조) 개발허가를 신청하는 당사국의 국가기업 또는 당사국이 보증하는 사기업은 의무적으로 충분한 상업적 가치가 추산되는 두개의 광구를 지정하여 신청하여야 하며 국제해저기구(國際海底機構: ISBA)는 이 두 개의 광구 중 하나를 개발청을 위한 유보광구로 지정한 후 나머지에 대한 개발허가를 허여(許與)하게 된다.(제Ⅲ부속서 제8조)

이것이 소위 광구유보제도이다.

개발계약신청자는 두 개 광구의 좌표를 표시해야 하며, 이 광구의 망간단괴에 관한 표본(標本), 부존도(賦存度) 및 기타 광물성분 등의 자료를 아울러 제출하여야 한다.

그러나 이 두개의 광구가 반드시 단일의 계속된 위치에 있을 필요는 없다.

이상의 자료에 의해 유보광구를 지정함에 있어 국제해저기구(國際海底機構)는 45일 이내에 이를 결정해야 하며 독립된 전문가에게 자료의 평가를 의뢰할 때에는 추가로 45일간 결정을 연기할 수 있다.

---

189) UN Law of the Sea Convention Chinese Version, 海洋法協約公約. 附件三, 第2條.
190) 日本海運振興會,「海洋法條約」(苛役) 附屬書 Ⅲ, 第2條.
191) 소위 "Unitary System"이라고 함. ISNT. para 1. Art. 22. 참조
192) 한국해운연구소,「심해저광물자원 개발방안연구」부록, p.51.

〈도표 11-6〉 준비위원회

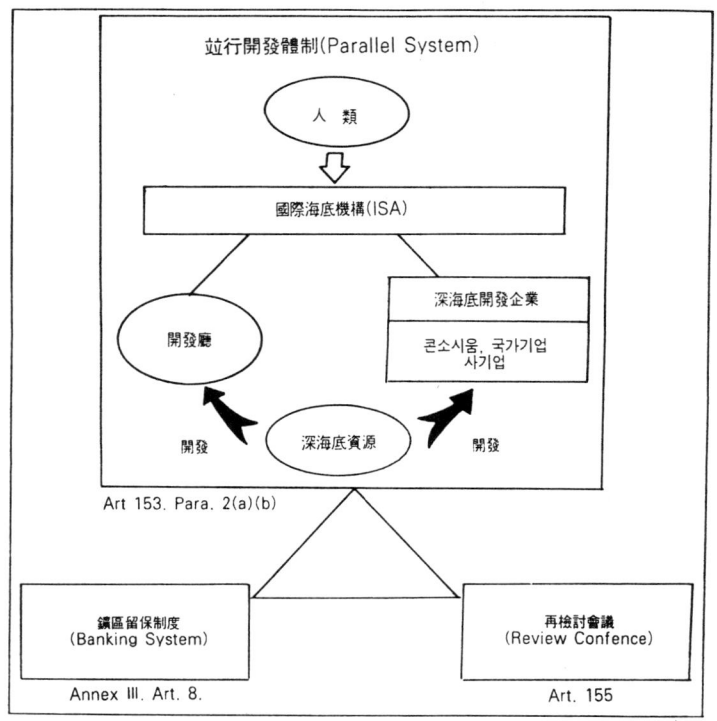

다. 재검토회의(再檢討會議)

유엔해양법협약은 심해저광물자원의 상업생산이 개시된 이후 15년이 경과하면 심해저 개발체제를 평가하기 위한 재검토회의를 소집하도록 규정하고 있었으며, 아울러 이러한 회의에서 5년 이내에 합의가 이루어지지 않을 경우, 3/4의 다수결로 개발체제를 수정·변경할 수 있도록 규정하고 있었는데(협약 제155조), 선진제국은 개도국들이 수적 우세를 기초로 일방적인 협약개정 가능성에 우려를 표시하여 왔다.

따라서 선진국들은 협약 제155조(재검토회의)의 적용을 배제할 것을 요구하였다. 재검토회의는 협약개정절차와는 별개의 것이나, 심해저개발문제에 관하여 재검토회의에서의 표결을 통해 개발체제를 수정·변경할 수 있다는 것은 사실상 협약자체가 개정될 수 있는 가능성을 의미하기 때문이다.

이행협정을 위한 비공식협의결과, 재검토회의에 관한 협약 상의 조항, 제155조 1항·3항·4항을 적용 배제키로 하고, 대신 협약 제314조 제2항의 규정에도 불구하고 총회는 이사회의 권고에 따라 협약 제155조 제1항에 언급된 사항을 언제라도 재검토할 수 있게 정하였다(이행협정 부속서 제4절 재검토회의 전단).

또한 이 협정과 제11부의 개정은, 협약 제155조 제2항에 언급된 원칙, 제도 및 조건이 유지되고 동조 제5항에 언급된 권리가 영향을 받지 아니하는 한, 협약 제314조, 제315조 및 제316조에 포함된 절차에 따라야 한다.(이행협정 제4절 후단)

4. 심해저자원 생산정책(深海底資源 生産政策)

협약 규정은 과거 15년간의 니켈 소비량을 기초로 심해저광물(深海底鑛物) 생산량을 소비증가분의 60%로 제한하고 기본 소비량을 육상생산국이 공급토록 함으로써 기존의 육상생산국을 보호하도록 하고 있었다. 이러한 규정 역시 선진국들은 인위적인 생산조절은 시장원리(市場原理)에 배치되며, 투자효율(投資效率)을 왜곡시키고, 1970년대 시장조건을 전제로 생산한도를 설정함으로서 현실적으로 심해저광업을 억제시키는 결과를 야기한다고 하여 이를 반대하여 왔다.

심해저제도에 관한 비공식협상 결과, 심해저 자원개발은 "온전한 상업주의 원칙에 입각하여 이루어져야 한다"(이행협정 부속서 제6절 생산정책 제1조 (a)항)는 원칙 하에서, GATT 및 관련협정 또는 이를 대체하는 여타 국제조약상의 불공정한 관행에 대한 대응원칙이 심해저활동에도 적용되는 것으로 하고(동 (b)), 특히 심해저활동에 대한 보조금 지급도 규제하는 것으로 합의하였다(동 (c)).

또한 심해저탐사(深海底探査)·개발(開發)에는 장기적 과학·기술차원의 국가지원이 필요 불가결하다는 현실 하에서 이러한 국가지원을 어떻게 해석해야 하는지의 문제에 관해 논란이 있었으나, 이 문제 역시 보조금 지급규제를 위한 일반적인 국제규범의 테두리 내에서 적용되어야 할 것으로 합의가 되었다.[193]

그리고, 이행협정에 의하여 생산정책(生産政策)을 규정한 제151조는 10항을 제외하고 모두 삭제되었다.(이행협정 부속서 제6절 7항)

5. 탐사 및 개발절차 (探査 및 開發節次)

(1) 개발계약신청자(開發契約申請者)의 자격(資格) (제Ⅲ부속서 제4조)

심해저자원(深海底資源)에 대한 탐사 및 개발은 "전체로서의 인류를 대표한" ISBA가 주관하여 조직, 수행 및 통제한다.(제153조 1항)

심해저자원 개발활동의 주체는, 첫째로 ISBA의 개발청(開發廳)이며 둘째로는 해양법협약의 당사국·당사국의 국적을 갖는 자연인이나 법인 및 이들로 구성된 다국적 기업연합(多國籍企業聯合: Consortium)으로서 해양법협약 제Ⅲ부속서 제4조의 자격

---
193) 최승호, 유엔해양법협약 체제의 출범과 이에 대비한 협상 경과, 외무부, 1995.

을 갖춘 자들이다.(제153조 2항 (b)호)

제Ⅲ부속서 제4조에서는 개발청 이외의 주체가 ISBA에 개발계약을 신청할 수 있기 위한 자격요건을 상세하게 규정하고 있다.

① 첫 번째의 요건은 해양법협약의 당사국이어야 한다는 것이다. 국가 이외의 신청자 즉 자연인 및 법인도 그 국적국(國籍國)이 본 협약의 당사국이어야 하며 이러한 당사국의 보증을 받고 있어야 한다.

다수국가의 기업단위가 결합한 Consortium의 경우는 모든 관계당사국의 보증을 받거나. 그 Consortium을 효과적으로 주도하는 국가의 보증을 받아야만 한다.(제Ⅲ부서 4조 3항)

② 신청자는 이사회에서 정한 재정 및 기술분야의 자격기준에 도달하여야한다.(동 2항)

③ 신청자는 심해저 활동에 관한 ISBA의 통제를 인정하여야하고 기술이전(技術移轉)에 관한 협약의 조건에 충실히 따라야만 한다.

(2) 사업계획(事業計劃) 및 탐사사업계획(探査事業計劃)의 승인(承認)

가. 사업계획(事業計劃)의 승인(承認)

일단 광구가 지정되면(광구유보제도 참조) 개발계약자는 심해저 개발활동의 개시를 위해서 두 가지의 승인을 받아야 하는데 그것은 생산허가(生産許可)와 사업계획(事業計劃)의 승인(承認)이다.

사업계획(事業計劃)은 ISBA와 개발사업자의 계약의 형태로 되어 있다. 이 사업계획은 이사회의 승인(承認)을 받아야만 한다. 개발계약자가 앞서 말한 재정(財政) 및 기술분야(技術分野)에 있어서의 자격기준에 합당한 경우에 사업계획승인(事業計劃承認)은 자동적으로 이루어진다.

본(本) 협약이 발효된 일자로부터 6개월 이후와 그로부터 매 4개월마다 ISBA는 제안된 사업계획의 승인을 위한 심의를 실시한다.(제Ⅲ부속서 제6조 1항) 사업계획이 ISBA에 제출되면 그 접수된 순서에 따라 처리된다.

사업계획(事業計劃)의 심의(審議)는 1차적으로 절차적 요건 즉 신청절차의 준수, 신청국(申請國)의 협약가입여부 또는 당사국의 보증의 여부 등이 검토되며 이러한 절차적 요건에 흠결(欠缺)이 있을 때는 이를 보완시키기 위해서 45일의 보완기간(補完期間)이 주어진다. (제Ⅲ부속서 제6조 2항)

또한 협약 제Ⅲ부속서 제6조 3항에서는 독점방지(獨占防止)를 위하여, 사업계획의 승인에 있어서 당해 사업계획을 제출하는 국가 또는 그 개발주체의 보증국가가 만일 신청된 사업구역을 중심으로 40만 평방km의 면적 중 30% 이상에 달하는 구역에 대하여 이미 사업계획을 승인 받고 있거나 또는 신청된 사업구역을 포함해서 이미 사업계획을 승인 받은 전체면적이 총심해저(總深海底) 구역(區域)의 2%이상에 달할 때는 그 사업계획은 승인되지 않게 규정하고 있다.

나. 탐사사업계획(探査事業計劃)의 승인(承認)

협약에서는 「사업계획(事業計劃)의 승인(承認): (Approval of plans of work)」에 대해 규정하고 있는데, 이행협정 부속서 제1절에서는 이에 부가하여 「탐사사업계획(探査事業計劃)의 승인(承認): (Approval of plans of work for exploration)」에 대해 새로이 규정하고 있다.

탐사사업계획(探査事業計劃)의 승인신청서(承認申請書)의 심의는, 신청에 대한 법률기술위원회(法律技術委員會)의 추천을 받아 이사회가 한다. 탐사사업계획 승인신청서는 제Ⅲ부속서를 포함한 협약과 이 협정의 규정에 따라 다음을 조건으로 처리하게 된다.(이행협정 부속서 제1절 제6조 (a))

첫째, 신청자가 연구 및 탐사활동에 미화 3천만달러 이상을 지출하고 그 중 최소한 10퍼센트 이상을 사업계획서(事業計劃書)에 의하여 광구위치설정(鑛區位置設定)·탐사(探査) 및 평가(評價)에 지출하였음을 후원국이 확인한 경우, 협약발효 이전에 이미 실질적인 심해저 활동을 수행하였던 등록선행투자가 이외의 결의Ⅱ 제1항(a)의 (ⅱ) 또는 (ⅲ)에 언급된 국가나 주체 또는 그러한 주체의 구성원과 그들의 이익승계자의 이름으로 제출된 사업계획서는 사업계획 승인에 필요한 재정적(財政的)·기술적(技術的) 자격을 갖춘 것으로 본다. 사업계획서가 협약 및 협약에 따라 채택된 규칙·규정 및 절차상의 요건을 달리 충족시키는 경우, 이는 이사회에서 계약의 형태로 승인된다. 이 부속서 제3절 제11항의 규정은 이에 따라 적절히 해석되고 적용된다.(이행협정 부속서 제1절 6항 (a)의 (ⅰ))

둘째, 결의Ⅱ 제8항 (a)의 규정에도 불구하고, 등록선행투자가는 협약 발효 후 36개월 이내에 탐사사업계획서(探査事業計劃書)의 승인(承認)을 요청할 수 있다. 탐사사업계획서는 준비위원회에 등록 전과 등록 후에 제출된 서류, 보고서 및 그 밖의 자료로 구성되며, 이에는 결의Ⅱ 제11항 (a)에 따라 준비위원회에서 발행한 선행투자가제도상의 의무이행상태를 기술한 사실보고서로 구성된 이행증명서가 첨부되어야 한다. 이렇게 승인된 사업계획서는 제ⅩⅠ부와 이 협정에 따라 해저기구와 등록선행투자가간에 체결된 계약의 형태로 이루어진다.(동 (ⅱ))

셋째, 무차별원칙(無差別原則: the principle of non-discrimination)에 따라 이행협정 부속서 제1절 6항 (a)의 (ⅰ)에 언급된 국가나 주체 또는 이러한 주체의 구성원과의 계약에는 (a)의 (ⅱ)에 언급된 등록선행투자가와 합의된 약정과 비슷하거나 또는 불리하지 아니한 약정이 포함되어야 한다. (a)의 (ⅰ)에 언급된 국가나 주체, 또는 이러한 주체의 어느 구성원에게 보다 유리한 약정(約定)이 부여된 경우, 이사회는 (a)의 (ⅱ)에 언급된 등록선행투자가의 권리 및 의무와 관련하여 이와 비슷하거나 불리하지 아니한 약정을 체결한다. 다만, 그러한 약정이 해저기구의 이익에 영향을 주거나 이익을 침해하지 아니하여야 한다.(동 (ⅲ))

넷째, 이행협정 제7조에 따라 이 협정을 잠정적(暫定的)으로 적용하는 당사국 또는 이 이행협정 부속서 제1절 제12항에 따른 잠정회원국은 (a)의 (ⅰ) 또는 (ⅱ)의 규정에 따른 사업계획신청서의 후원국(後援國)이 될 수 있다.(동 (ⅳ))

탐사사업계획서의 승인신청에는 계획된 활동의 잠재적인 환경영향(環境影響) 평가서(評價書)와 해저기구가 채택한 규칙·규정 및 절차에 따른 해양학연구 및 기초환경 연구를 위한 사업계획기술서(事業計劃記述書)가 첨부되어야 한다.(동 7항)

탐사사업계획서는 15년의 기간으로 승인된다. 탐사사업계획이 종료되면 계약자는 개발사업계획(開發事業計劃)을 신청하는데 다만, 계약자가 개발사업계획을 이미 신청하였거나 탐사사업계획 기간연장(期間延長)을 받은 경우에는 그러하지 아니하다. 계약자는 그러한 기간연장을 각기 5년 이내에 한하여 신청할 수 있다. 계약자가 통제할 수 없는 사유로 인하여 생산단계로의 진전에 준비작업을 완수하지 못하였거나 또는 주된 경제여건상 개발단계로 이행할 수 없는 경우, 탐사기간 연장은 승인된다.(동 9항) 하지만 이에 불구하고, 이행협정을 잠정 적용하는 국가 중 최소한 1개국이 후원하고 있는 승인된 탐사사업계획은, 그러한 국가가 이 협정에 대한 잠정적용을 종료하여 제12항에 따른 잠정회원자격을 상실하는 경우 또는 당사국이 되지 못한 경우에는 종료된다.(동 10항)

또한 각 광구에 대하여 해저기구가 승인한 개발사업계획서(開發事業計劃書)에는 사업계획에 따라 생산할 광물의 연간 최대 추정생산량을 포함한 생산계획이 표시되어야 한다.(이행협정 부속서 제6절 1항(e))

다. 사업계획(事業計劃)에 대한 이사회(理事會)의 의사결정(意思決定)

사업계획(事業計劃)에 대한 이사회(理事會)의 의사결정(意思決定)을 규정한 협약 제162조 2항 (j)는 이행협정 부속서 제3절 11항(b)에 의하여 삭제되었다.(이행협정 부속서 제3절 11항 (b))

이 이행협정에서는, 이사회의 각 그룹에 참석하여 투표하는 회원국(會員國)의 다수결(多數決)과 참석하여 투표하는 회원국 2/3 이상의 다수결에 의하여 이사회가 사업계획을 승인하지 아니하기로 결정하지 않는 한, 이사회는 법률기술위원회의 권고(勸告)에 따라 사업계획을 승인하며, 이사회가 규정된 기간 내에 사업계획 승인권고에 대한 결정을 내리지 아니하는 경우, 그 권고는 이사회에 의하여 그 기간 종료 시에 승인된 것으로 본다. 그리고, 규정된 기간은 이사회가 더 길게 정하지 아니하는 한 통상 60일로 하며, 위원회가 사업계획의 불승인(不承認)을 권고하거나 또는 권고를 하지 아니하는 경우에도 이사회는 실질문제(實質問題)의 의사결정(意思決定)에 관한 의사규칙에 따라 사업계획을 승인할 수 있다고 규정하였다.(동 (a))

그리고, 반대의 견해가 제출되면 Consensus의 의결방식에 따라 3일 이내에 9인의 조정위원회(調停委員會)를 결성하고 동 조정위원회는 결성 후 14일 이내에 조정결과를 이사회에 통보한다. 조정절차가 실패한 경우라도 동 사업계획이 이사회에서 Consensus의 결의로 부결되지 아니하는 한 승인된 것으로 간주(看做)한다.(협약 제161조 8항 (e))

(3) 생산허가(生産許可)

생산정책을 규정한 협약 제151조의 삭제로, 생산허가에 대하여 규정한 협약 제151조 2항, 6항과 제Ⅲ부속서 7조 역시 이행협정에 의해 삭제되었다.

6. 개발청(開發廳)에 대한 심해저기술(深海底技術)의 이전(移轉)

협약 규정(제Ⅲ부속서 제5조)은 개발사업(開發事業) 계약자(契約者)로 하여금 개발청에게 시장(市場)에서 취득할 수 없는 기술의 경우에도 이를 이전토록 하고, 기술이전(技術移轉)을 하지 아니할 경우에는 심해저광업기술(深海底鑛業技術)의 사용을 금지하고 있었다.

이에 선진제국은 협약규정이 시장원리에 정면 배치되며, 국제해저기구와 심해저 기업에게 특혜를 부여함으로써 개발청이 다른 상업개발자에 비해 인위적으로 유리한 위치에 서게 하는 불합리성을 내포하고 있다고 반대하였다.

결과적으로, 심해저에 관한 비공식협상에서 개발청이 합작투자사업을 통하여 필요한 기술을 이용하도록 하고, 필요시에는 시장가격(상업적 조건)으로 개발청이 기술을 사도록 하는 방향으로 타결이 되어, 심해저개발(深海底開發)을 위한 기술이전(技術移轉)은 협약 제144조의 규정 및 이행협정 부속서 제5절의 원칙에 의해 규율이 되기로 규정되었으며(이행협정 부속서 제5절 1항), 협약 제Ⅲ부속서 제5조(기술이전)는 삭제되었다.

7. 국제해저기구 (國際海底機構)의 재정 (財政)

(1) 개발계약(開發契約)의 재정조항(財政條項)

가. 광구신청료(鑛區申請料)

개발계약자는 사업계획의 허가 신청 시 매 계약당(契約當) 50만 불의 광구신청료를 지급하여야 하였다. 이는 ISBA가 그 사업계획을 승인하기 위한 제반절차의 행정비용을 위한 것인데, ISBA는 이 50만 불에서 실제 행정비용을 계산하고 잔액이 있으면 신청인에게 환불하여야 하였다.(제Ⅲ부속서 제13조 2항)

그러나, 이행협정 제8절 3항에서 종래의 재정부담금(財政負擔金)을 전액수정 하여 탐사계획(探査計劃)·개발단계(開發段階)를 불문하고 어느 한 단계에 국한된 사업계획 승인신청의 처리를 위한 수수료는 25만 불을 지불하는 것으로 갈음하였다.

나. 생산부과금(生産賦課金): 납부제도(納付制度) 및 생산수수료(生産手數料)

첫째, 해저기구에 대한 납부제도(納付制度)는 계약자와 해저기구 모두에게 공정하여야 하며 계약자가 이를 이행하도록 하기 위한 적절한 수단을 갖추어야 한다.(이행협정 부속서 제8절 1항 (a))

둘째, 납부제도하의 납부율(納付率)은 심해저광업자(深海底鑛業者)에게 인위적인 경쟁우위(競爭優位)를 부여하거나 인위적인 경쟁열위(競爭劣位)를 부과하지 아니하도록 동일한 광물이나 유사한 광물의 육상광업에 널리 적용되는 비율의 범위 내에서 정한다.(동 (b))

셋째, 납부제도(納付制度)는 복잡하지 않아야 하며, 해저기구나 계약자에게 과중한 행정비용을 초래하지 않아야 한다. 특허사용제도의 채택 또는 특허사용제도와 이익분배제도의 혼합제도의 채택에 관한 고려가 있어야 한다. 대안이 결정되는 경우, 계약자는 자신의 계약에 적용할 수 있는 제도를 선택할 권리가 있다. 그러나 후속적인 대안선택 변경은 해저기구와 계약자간의 합의에 의해서 이루어진다.(동 (c))

넷째, 연간(年間) 고정수수료(固定手數料)는 상업생산 개시일부터 납부하며, 이 수수료는 동(c)에 규정된 납부제도하에 납부하는 다른 지불금에서 공제될 수도 있다. 그리고 수수료의 결정은 이사회가 한다.(동 (d))

다섯째, 납부제도는 변화하는 여건을 고려하여 주기적으로 수정될 수 있다. 어떠한 수정도 차별 없이 적용된다. 그러한 수정은 계약자 선정에 있어서만 기존계약에 적용될 수 있다. 후속적인 대안선택의 수정은 해저기구와 계약자간의 합의에 의하여 이루어진다.(동 (e))

그리고 생산부과금(生産賦課金)에 대하여 규정한 협약 제Ⅲ부속서 제13조 3항부터

10항까지의 규정은 이행협정 부속서 제8절 2항에 의하여 모두 삭제되었다.

(2) 개발청(開發廳)의 초기사업자본(初期事業資本)

개발청에 의한 개발사업의 자본은 다음의 재원(財源)으로부터 충당된다.
① 개발청 사업자금(事業資金)을 위한 ISBA의 지원예산(支援豫算)
   (제170조 4항, 제173조 2항(b), 제Ⅳ부속서 제11조 1항(a))
② 자발적 기여금(제Ⅳ부속서 제11조 1항 (b))
③ 기타 초기 생산활동개시(生産活動開始)를 보조(補助)하기 위한 자금
   (제Ⅳ부속서 제11조 1항 (e))
④ 개발청 개발사업이익금(開發事業利益金)
   (제Ⅳ부속서 제10조 2항)
⑤ 개발청이 차입(借入)한 금액
   (제Ⅳ부속서 제11조 2항 (a))
⑥ 자본시장(資本市場)과 국제금융시장(國際金融市場)으로부터의 차관(借款)
   (제Ⅳ부속서 제11조 2항 (b))

Ⅴ. 사전투자(事前投資)의 보호(保護)

1. 개관(槪觀)

(1) 사전투자(事前投資)는 왜 보호되어야 하는가?

심해저자원개발사업(深海底資源開發事業)에 있어서 일반적인 탐사 및 연구개발을 위한 투자가 반드시 특정의 광구에 관련 지어져서 이루어지는 것은 아니지만 상업생산이 시작되기 훨씬 전부터 주요한 투자는 특정한 광구에 대하여 투여된다고 보아야 할 것이다. 이는 광구의 탐사에 있어서는 말할 것도 없고 시추장비의 최종설계나 제작에 있어서와 제련공장 그리고 탐사선(探査船)과 인양장비(引揚裝備) 설계제작 과정의 어느 범위까지도 특정 광구를 전제로 하는 것이다. 즉 심해저자원(深海底資源) 채광(採鑛)과 제련장치(製鍊裝置)의 중요한 부분들은 그것을 사용할 일정한 해저광구의 지형이나 위치에 따라서 특별히 설계되는 것이다.

유엔 해양법협약이 체결된 1982년 당시, 그 때까지 20여 년간 심해저 채광기술의 발전에 투자를 계속해온 대부분의 회사들은 초보적인 연구단계를 완료하였기 때문에 이제는 투자규모가 거대한 자금을 필요로 하는 중간단계에 이르고 있었으며 무엇보다

도 이들 거대한 사업자금은 이제는 특정광구에 관련지어져서 투자되어야 하는 시기에 이르고 있었다. 그러므로 일단 해양법협약(海洋法協約)이 발효(發效)되면 이들 특정광구(特定鑛區)를 그 협약의 규정에 의거해서 자신들의 회사가 적법하게 전속적으로 개발할 수 있다는 것이 보장되지 않는 한 그러한 거대한 자금을 선뜻 투자하기는 어렵게 되어 있었던 것이다. 또 기술적인 의미에서 특정광구와 아무 상관이 없는 투자에 속하는 것들, 예컨대 채광선박(採鑛船舶), 시험제련공장(試驗製鍊工場)의 설비(設備), 그리고 본격적인 생산제련공장의 건설과 같은 경우에도 그 채광회사가 어떤 광구에 전속적인 채광권(採鑛權)을 법적으로 확보하지 않는 한 이들을 위해 거액의 투자를 감행하지는 않을 것이었다. 이것은 채광사업들의 일반적 관행이며 또 이들 사업을 지원할 관련 금융기관들이 반드시 지키는 신중한 자금활용의 원칙이기도 하였다.

따라서 채광광구확보(採鑛鑛區確保)의 보장이 없다면 이제 이들 회사는 해산을 하든지 아니면 해양법협약에 반대하여 협약 외 체제에서 채광사업을 강행하든지 하는 수 밖에는 없게 되었다. 따라서 협약발효 이전에 이들 심해저 개발사업자들로 하여금 안심하고 그들의 투자와 개발 활동을 추진하게 하려면 그들이 투자하고 있는 특정의 광구에 대한 우선권을 그들에게 보장해주는 제도가 필요하였다.

협약발효 이전에 사전광구지정제도(事前鑛區指定制度)를 마련하여 사전투자(事前投資)의 우선권(優先權)을 확보해 주자는 주장은 이러한 필요성을 근거로 미국에 의해서 제기 되었다.194) 최초에 그들이 제안한 요지(要旨)는, 준비위원회의 집행부가 협약 발효 이전부터 이러한 우선권을 얻으려는 사전투자자들의 신청을 받아서 협약 제Ⅳ부속서 제8조가 규정하는 바와 같이 동일 가치의 2개 광구중의 하나를 우선권 신청자의 개발광구로 지정하고 나머지를 개발청을 위한 유보광구로 지정하여 놓는다는 것이다. 그리하여 제Ⅳ부속서 제6조 3항의 규정에도 불구하고 협약 발효이후 6개월 이후에 선착순으로 신청하는 모든 광구신청자에 대하여 이 사전 우선권 지정자의 권한이 법적으로 우선하는 것으로 한다는 요지이었다.195)

(2) 사전투자보호(事前投資保護)를 위한 결의Ⅱ의 채택(採擇)

미국이 최초로 이러한 제안(IA/1)을 한 이후 1981년 제3차 유엔해양법회의의 제10회기 초에 미국은 해양법협약 초안내용 전반에 대한 정책의 재검토를 선언하고 아울러 이 제안도 철회(撤回) 하였으므로 한동안 실질적인 협의는 이루어지지 않았다. 그

---

194) Informal working paper by the United States: An Apprach to interim protection of investment, CA/1(2 April 1980)
195) Ibid.; Informal Suggestion by the United States for a Treaty Provision regarding Preparatory Investment Protection.

러다가 1982년에 들어서 제3차 유엔해양법회의의 제11회기에 이르러 이 문제에 관한 본격적인 제안이 나왔고 기본적으로 냉담한 입장을 고수해오던 개발도상국(특히 77그룹)들은 미국의 반대로 파경 직전에 직면한 해양법회의의 협의를 활성화 해보려는 의도에서 이 문제에 관심을 보여 협의는 급진전을 보게 되었다. 1982년 봄에 사전투자(事前投資)의 보호문제(保護問題)에 관하여 제기된 초안은

1. 서독, 일본, 영국, 미국의 공동제안[196]
2. 77그룹의 제안[197]
3. 프랑스 초안[198]
4. G-10을 대표한 오스트리아, 캐나다. 덴마크, 노르웨이초안[199]

들이다.

이들을 근거로 한 협의를 토대로 작성된 공동위원장의 초안[200]이 나왔으며 이에 대한 수정안들을 놓고 최종협상이 이루어져 해양법협약의 부속결의Ⅱ로서, 「다금속단괴(多金屬團塊)에 관련된 선발활동(先發活動)의 사전투자(事前投資)를 규율하는 결의」가 채택되게 된 것이다.

2. 사전투자보호(事前投資保護)의 대상(對象)

(1) 사전투자보호(事前投資保護)의 요건(要件)

결의Ⅱ에 의하면 사전투자에 대한 보호제도의 대상은 심해저 개발에 최소한 3천만불 이상을 투자한 개발사업자들이다. 그리고 그 중에서도 그 10% 이상을 구체적인 개발활동 즉 우선권이 확보될 광구에 대한 위치측정, 조사 및 평가활동에 소비하였어야만 한다. 그리고 이러한 투자는 1983년 1월 1일까지를 기준으로 평가된 것이어야 한다.

(2) 사전투자가(事前投資家)의 종류(種類)

이상은 일반적인 요건이며, 심해저 개발사업에 대한 기왕투자자(旣往投資者)로서 보호될 사업자로 결의Ⅱ가 규정한 범위는 이와 같은 일반적 요건을 전제로 한 다음 3가지 종류이다.

---

196) TPIC/2, 15 March, 1982
197) TPIC/2, 19 March, 1982
198) TPIC/4, 22 March, 1982.
199) TPIC/5, 25 March, 1982
200) A/CONF,62/C.1/L.30.

범주 1 : 프랑스, 일본, 인도, 소련(현 러시아)의 국가기업(결의Ⅱ 제1조 (a)(i))
범주 2 : 벨기에, 캐나다. 서독, 이태리, 일본, 네덜란드, 영국, 미국의 국적을 가졌거나 이들 국가가 유효하게 통제하는 자연인 및 법인이 참여하고 있는 4개의 심해저 개발사업 Consortium.(결의Ⅱ 제1조(a)(ⅱ))

이 4개의 Consortium는,
  (a) Ocean Mining Association(미국, 벨기에, 이태리) - Deep Sea Venture Group
  (b) Kennecott Consortium(미국, 영국, 캐나다, 일본)- Kennecott Group
  (c) Ocean Management incorporated(캐나다. 서독, 미국, 일본)- INCO Group
  (d) Ocean Mineral Company(미국, 네덜란드) - Lockheed Group 등이다.[201]
범주 3 : 1985년 1월 1일까지 3천만 불을 심해저개발사업에 투자한 개발도상국의 국가기업(결의Ⅱ 제1조 (a)(ⅲ))

사전투자의 보호란 원래 이미 투자한 것을 보호하려는 제도이나, 개발도상국의 심해저자원개발참여를 고무시키기 위하여 특별히 요건을 완화해 놓은 것이 이 범주 3이다. 중국은 약 4,400만 불을 1976년부터 1982년 4월까지의 기간 중 투자하였다고 1982년 4월 19일 제3차 유엔해양법회의 의장 (Amb. Tommy Koh)에게 통고하였다.
한국도 결의Ⅱ(a)(ⅱ)에 의거, 1994년 8월 2일자로 선행투자국의 자격을 ISBA로부터 인정받았으며, 동 12일자로 선행투자국으로서 등록되었다.[202]

(3) 사전투자(事前投資) 보호대상(保護對象)의 범위(範圍)에 관한 논의

이상과 같은 사전투자보호(事前投資保護)의 대상범위에 관해서는 약간의 검토가 필요하다. 무엇보다도 기왕투자(旣往投資)를 보호하려는 이 사전투자보호(事前投資保護)의 제도는 어디까지나 해양법협약에 대한 잠정조치(暫定措置)이므로 유엔 해양법협약과 유리(遊離)된 것이어서는 안 된다는 논리적 명제가 있다. 따라서 위에 열거한 3개 범주의 보호대상에 있어서 이러한 명제가 충족되어야만 하는 것이다.[203]

범주의 1의 4개 기업은 그 4개 국가가 해양법협약 가입국(加入國)이어야 할 것임은 물론이다. 프랑스, 인도, 소련(현 러시아)은 1982년 12월 10일 협약 성립당일에 가입하였으며 일본은 1983년 2월 7일 가입함으로써 118번째의 가입국이 된 것이다.[204]
범주의 2의 4개 Consortia에 관하여 보면, 그 구성국가 중에 하나라도 가입한 국가

---

201) Resolution Ⅱ, Footnote 1. U. N. Doc. ST/ESA/107
202) LOS/PCN/L.115/Rev.1, paras. 18-19.
203) Report of the coordinators of the Working Group 21, Tommy Koh and P.B. Laneo to the first committee. A/CONF.62/C.1/L.30,(29 March 1982), p.3
204) *Ocean Science News* (Feb.14,1983), p.3.

가 있으면 그 국가가 보증국가(保證國家: Certifying State)가 되어 사전투자보호(事前投資保護)의 등록신청을 할 수 있게 된다. 그러나 사업계획의 승인을 위해서는 모든 구성국가가 유엔 해양법협약에 가입하여야 한다.(결의Ⅱ 제8조 (c)항)

범주 3에 해당하는 개발도상국이 협약가입국 이어야 하는 것은 물론이다.

범주 2에 대하여 소련(현 러시아)은 결의Ⅱ 제1조(a) (ii)가 사기업(私企業)에 대하여 사전투자가(事前投資家)로서의 우선권(優先權)을 부여하는 것은 이들에 대하여 "국가"와 동일한 법적 지위를 부여하는 것이 되므로 제3차 유엔해양법회의라는 "국제회의(國際會議)"가 국제법의 본질적인 내용과 위배되는 이러한 결정을 할 수는 없는 것이라고 주장하였다.205)

이러한 주장들에 대해서, 당시 유엔법률고문이던 Erik Suy가 제시한 견해 중 중요한 요지를 보면, 대체로 다음과 같다.206)

첫째, 협약, 제153조나 제Ⅲ부속서 등의 규정에서 심해저 지역(深海底 地域)에서의 개발활동이 "사기업"에 의해서 수행된 것임을 명시하고 있는 만큼 협약 (또는 결의Ⅱ)이 "사기업"의 참여를 규정하는 것은 당연하다.

둘째로, 결의Ⅱ의 조문 제1조 (a) (ii)은 관련국가의 특정조치『보호·등록』또는 동의가 없이는 이들 "사기업"에 대하여 하등의 권한(權限)이나 이익(利益)을 부여하고 있지 아니하다. 즉 직접적으로 관련된 국가의 동의(同意)나 국가책임(國家責任)이 반드시 수반되어 있는 것이다.

결의Ⅱ의 제1조 (c)에서 명백히 하고 있는 바와 같이 사기업의 사전투자 우선권 신청(事前投資 優先權 申請) 및 등록(登錄)에 있어서의 보증국(保證國: Certifying State)이란 제Ⅲ부속서 제4조에서 규정하는 보증국(保證國: Sponsoring State)과 동일한 법적 관계에 있는 것이다.

셋째, 다자협약(多者協約)이나 양자협약(兩者協約)에서 국가와 사기업에 일정한 권한이나 이익을 부여하기로 결정하는 것은 이미 많은 선례가 있다.

항공협약들에 있어서는 당사국은 협약으로 지정된 특정항로에서 항공운항사업을 할 수 있도록 사기업을 지정하고 있다. 세계은행차관협약(世界銀行借款協約)에 있어서도 유사한 선례를 발견할 수 있다.

---

205) A/CONF.62/L.133(23 April,1982).
206) Ibid., Annex.;
    Memorandum dated 27 April 1982 from the Legal Council Addressed to the Special Representative of the Secretary General to the Third United Nations Conference on the Law of the Sea, Opinion of the Legal Council in response to questions raised in a letter dated 22, April 1982 from the Chairman of the USSR Delegation addressed to the President of the Conference. A/CONF.62/L.139, 28 April 1982.

따라서 결의Ⅱ의 제1조(a) (ii)가 규정하는 방식은 법적으로 가능하며 유엔의 일반적 관행에 일치하는 것으로 본다는 의견이다. Erik Suy는 두 번째의 이유와 관련해서 결의Ⅱ의 제1조 (a)에서의 "사전투자가(事前投資家)"라는 용어대신 "사전투자가후보(事前投資家候補: Prospective Pioneer Investor)"라고 하는 것이 오해를 방지할 수 있고 법적으로 보다 논리적이었을 것이라고 지적하고 있다.[207]

또 소련(현 러시아)은 범주1 및 범주3 등에서는 모든 관련국가가 협약에 가입하여야 하는데 범주2에서는 Consortium의 구성국가중 하나 또는 수 개 국가만 이 협약에 가입을 해도 사전투자가(事前投資家)로 신청될 수 있다는 것은 형평에 맞지 않으며, 만일 그 구성국 중 일부가 끝내 비준을 하지 않든지 또는 이를 지연한다면 협약상의 아무 의무를 지지 않는 비당사국(非當事國)이 부당하게 협약상의 우선권을 누리는 불합리한 결과를 초래할 것이라는 주장을 하였다.[208]

이에 대하여 Tommy Koh 의장은 위와 같은 주장은 일리는 있으나 이들 Consortium의 구성국가가 빠짐없이 협약에 가입치 아니하면 그 사업계획의 승인은 이루어지지 아니하므로 이것은 형평에 반하는 규정이라고 볼 수는 없다.

오히려 소련(현 러시아)은 심해저개발사업분야에 있어서 서방국가들 보다 훨씬 참여가 미진하였음에도 불구하고 범주1에 포함됨으로써 완전히 1개의 독립광구를 허여받을 수 있는데 반하여 범주2의 선진개발기업 구성국가인 서방 7개국은 심해저개발사업분야에서 많은 기여(寄與)가 축적되어 있음에도 불구하고 결국 4개의 광구를 7개국이 공동참여(共同參與)하는 형편이므로 이것이야말로 형평에 기울어지는 특전을 소련(현 러시아)이 누리는 것이라고 지적하고 있다.[209]

3. 사전투자가(事前投資家)의 활동(活動)과 광구(鑛區)

(1) 선도개발활동(先導開發活動: Pioneer activities)

사전투자가(事前投資家)는 특정한 광구에 대한 우선권을 허여받는 셈이지만 협약발효 이전에 이들 광구에서 할 수 있는 활동은 탐사(探査)와 시굴(試掘)에 한정된다. 즉 상업생산의 개시는 협약발효 이후에만 가능하다. 고로 사전투자가(事前投資家)의 선도개발활동의 내용은 상업생산에 앞서 초기단계에서는 다금속단괴를 발견·분석·평가하고 기타 심해저자원(深海底資源)을 탐사·채취·연구·분석·평가하여 각 자원의 개발에 관한 기술적·경제적 가능성과 타당성을 결정해내는 것이다. 이러한 초기단계

---

207) A/CONF. 62/L.133, Annex. foot note 2
208) A/CONF. 62/L.133 and A/CONF. 62/L.144, 29 April, 1982.
209) UNCLOS Ⅲ 11th session Provisional Summary Record of the 180th Plenary Meeting held at Headquarters New York, on thursday, 29 April, 1982, at 5 p. m.

이후 제2단계의 활동은 개발에 필요한 시험장비를 설계·제조하고 이를 실제 사업규모로 확대하여 각 광구별로 효율적인 자원채취의 체제를 준비하는 것이다.「결의II」에서는 이 선도개발활동의 정의에 개발장비의 설계·시공 및 시험을 위한 다금속단괴(多金屬團塊)의 채취까지를 포함시키고 있다.(동 제1조 (b))

(2) 사전투자광구(事前投資鑛區)와 포기제도(抛棄制度)

각 사전투자(事前投資) 등록신청자(登錄申請者)는 오직 1개의 광구를 할당받는다. 이 1개의 광구는 15만km²를 넘지 않는 해역광구이다. 이 광구에 대해서 만큼은 배타적(排他的)인 탐사권(探査權)을 누릴 수 있다. 앞에서 누차 설명한 것처럼 사전투자가(事前投資家) 등록신청자도 광구유보제(鑛區留保制: Banking System)에 따라 동일한 상업적 가치가 있는 두 개의 광구를 제시하여 그 중 하나는 개발청을 위해 유보되고 나머지 1개 광구를 사전투자광구로 허여(許與) 받게 되는 것이다.(결의II 제3조)

15만km²란 광대한 구역이므로 몇몇 사전투자가(事前投資家)들이 상업적 가치가 높은 광구를 독점하는 결과가 초래될 위험이 있는 것이다. 이러한 의구심에서 일부 개발도상국과 일본 등이 사전투자광구의 면적을 6만km²로 감소할 것을 주장한 바도 있었으나 결의II에서 채택된 것은 " 광구포기제도(鑛區抛棄制度: relinquishment scheme)"이다.(제1조(e)의 (ⅰ)(ⅱ)(ⅲ)참조)

즉 사전투자가(事前投資家)는 다음과 같은 시간계획에 따라 허여 받은 사전투자광구의 절반을 ISBA의 개발청을 위한 "국제구역(國際區域)"으로 유보시키기 위하여 포기해야 한다.
1. 사전투자구역 할당 후 3년까지 20%
2. 사전투자구역 할당 후 5년까지 추가 10%
3. 사전투자구역 할당 후 8년까지 추가 20%

마지막 포기부분은 ISBA가 그 규칙, 규정 및 절차에 의거하여 결정한 개발구역의 면적보다 사전투자 보호구역으로 당초에 허여된 광구의 50%가 더 클 때는 그 차이만큼을 더 포기해야 한다.

4. 사전투자(事前投資)의 등록(登錄)

결의II 제2조와 제3조는 사전투자의 등록에 관하여 규정하고 있다.

(1) 사전투자등록(事前投資登錄)의 요건(要件)

모든 협약 서명국가는 준비위원회가 발족하는 즉시 그 국가자신이나 국가기업 또는 그가 보증하는 사기업 주체를 위하여 준비위원회에 사전투자가(事前投資家) 등록신청을 할 수 있다.(동 제2조) ① 사전투자 등록신청자는 1983년 1월 1일 이전까지 3천만불(US$ 30million)을 투자하고 그 10%이상을 광구탐사에 소비하였음을 증명하는 증빙서류(證憑書類)를 첨부해야 한다.(제2조) ② 사전투자가(事前投資家) 등록신청이 제출되기 전에 모든 중복광구(重複鑛區)의 분쟁은 완전히 해결되어야 하며 분쟁해결 경과에 관한 상세한 내용을 준비위원회에 보고하여야 한다.(제5조) ③ 특히 광구유보제도(鑛區留保制度)를 위해서 신청 시 제시되는 사전투자광구는 두 개의 광구로서 크고 또 동일한 상업적 가치를 갖는 것이어야 한다. 이것은 두개가 지리적으로 연속된 지역일 필요는 없다. ④ 이 두개의 광구후보지역은 좌표로서 명시되어야 한다. 그리고 이 두개의 광구후보지역에 관하여 신청자가 알고 있는 모든 자료를 표시해야 한다. 이러한 자료는 특히 광구후보지역에 대한 지도작성(地圖作成)·표본채취(標本採取)·망간단괴(團塊)의 조밀도(稠密度)·망간단괴가 함유하는 금속의 내용 등에 관한 것들이 포함돼야 한다.(제3조) 이들 자료를 다루는 준비위원회와 그 역원(役員)들은 이들 자료에 대한 보안유지(保安維持)에 관한 협약의 제반규정을 엄밀히 준수해야 한다.

(2) 사전투자광구(事前投資鑛區)의 지정(指定)

사전투자(事前投資) 등록신청을 받은 날로부터 45일 이내에 준비위원회(準備委員會)는 유보광구(留保鑛區)를 지정한다. 나머지 부분은 그 사전투자가(事前投資家)의 전속적인 탐사광구로 지정·할당된다.

5. 사전투자광구(事前投資鑛區)의 경합(競合)과 분쟁해결(紛爭解決)

(1) 「결의Ⅱ」의 규정(規定)

등록신청(登錄申請)을 하는 모든 가입국가(加入國家)는 사전투자광구로 신청되는 구역이 이미 등록된 광구나 또 이제 등록신청을 하려는 광구와 중복되지 않도록 확인해야만 한다. 중복에 관한 분쟁이 있은 경우에 관련 국가들은 그 분쟁의 해결과정에 관하여 준비위원회에 계속적이고도 소상한 진행과정을 통보하여야 한다. 만일 이 분쟁이 1983년 3월 1일까지 타결되지 않을 때는 UNCITRAL 중재규칙(仲裁規則)에 따른 강제중재(强制仲裁)에 이 분쟁사건(紛爭事件)을 회부하도록 해야 하며, 이 강제중재는 1983년 5월 1일 이전에 개시되어 1984년 12월 1일까지 완결되어야만 한다.

만일 분쟁의 일방 당사국이 스스로 이러한 강제중재에 기속(羈束) 되기를 원하지 않을 때는 동일 국적의 법인으로 하여금 동(同) 분쟁을 위한 중재에 나서게 할 수 있다. 중재판정(仲裁判定)의 기일은 타당한 이유가 있으면 30일씩 수회까지 연장할 수 있다. 중재판정의 재결(裁決)은 다음과 같은 사항을 참작하여 공정하고도 형평에 부합되게 내려져야 한다.(제5조(d))

① 청구제기(請求提起)의 시점 - 보증국가가 분쟁지역의 좌표를 중재재판소(仲裁裁判所)에 제출하는 것이 1983년 1월 1일 또는 최종 의정서의 채택 중 어느 것이든지 빠른 쪽보다 늦어서는 안 된다.
② 분쟁구역(紛爭區域)에 대한 과거의 개발활동의 범위와 계속성의 정도
③ 분쟁대상인 신청구역에서 분쟁당사자나 그 전임자가 탐사개발활동을 개시한 일자
④ 분쟁구역에 대하여 투자된 개발활동의 비용
⑤ 개발활동이 수행된 시간과 개발활동의 질

(2) 중복광구(重複鑛區)의 분쟁해결현황(紛爭解決現況)

보증국가들 중에 「결의Ⅱ」 제5조 (c)에서 명시한 중복광구분쟁의 임의적 해결을 위한 시한(1983년 3월 1일)을 지킨 나라는 하나도 없다. 다만 소련(현 러시아)과 인도가 그 양국상호간의 중복문제를 해결하였으며 즉시 사전투자가(事前投資家: Pioneer Investor 이하PI로 표기)등록을 하겠다는 의사를 표시한 바 있다.[210]

Prep. Com의 기능이 개시되지도 않은 상황에서는, (1) 제5조 (c)항의 시한[211]과 (2) 1983년 1월 1일 또는 최종의정서 채택일(1982년 12월 10일)중 어느 쪽이든 빠른 쪽을 기준으로 하여(물론 후자가 된다) 그 기일 안에 PI등록신청을 위해 보증국가가 신청광구의 좌표를 제출해야 한다고 하는 시한(제5조 (d)항 (i)호)등은 모두 무의미하다. 따라서 이들 규정은 이미 실효(失效) 되었다고 보아야 한다. 제5조 (c)항에서는 중복광구의 분쟁을 "합리적 기간 내에 협의에 의하여" 임의적으로 해결할 것을 PI등록 이전에 있어서의 각 보증국가들의 의무로 규정하고 있다. 그러나 이 "임의적 분쟁해결의 협의"가 어떤 구조로 실행될 것인지에 대해서는 아무런 언급이 없다.

사전투자보호체제(事前投資保護體制) 내에서의 중복광구분쟁을 임의적으로 해결하기 위한 기본적 협의체제를 정하기 위해서 Canada가 주관한 관련국 간의 협의가 1982년부터 1983년까지 진행되었다. Canada는 분쟁해결절차에 관한 양해각서초안(Memorandum of Understanding : MOU)을 제시하였다.[212] 당초에 이 MOU협의에는 모든 심해저개발 관련국가가 망라되어 참여하였으나, 차츰 협약의 비서명국, 특

---

[210] The Soviet Union, Letter to Prep. Com.(May 4,1983) (LOS/PCIV/19) India; Note Verbal to Prep. Com.(May 13, 1983)(LOS/PCN/21)
[211] 1983년 5월 1일 부터 1984년 12월 1일까지 사이에 UNCITAL 중재규칙에 따른 강제 중재의 완료.
[212] Memorandum of Understanding on the Settlement of Conflicting Claims with respect to Seabed Areas, Draft(March 31, 1983)

히 미국·서독·벨기에·이태리 등이 탈락되어 협약 가입국만이 협의에 참가하였다.

Canada의 MOU 초안에 의하면, Prep. Com에 PI로서 등록코자 하는 개발사업자는 서로 신청광구의 좌표를 미리(협의 2주전) 교환하고 그 중복여부를 확인 후 다시 3주 내에 갖는 재회합에서 협의토록 하는 것으로 되어 있다.213) 그러나 결의II의 시한이 당초에 Prep. Com의 작업진도와는 맞지 않게 비현실적으로 설정되어 있었으며, 이런 시한을 고집하여 협약 비가입국의 중복광구협의 및 Prep. Com참여를 극력 반대하는 소련(현 러시아) 등의 주장 때문에 Canada의 Prep. Com초안은 채택되지 못하였다.214)

그 이후 소련(현 러시아)은 Prep. Com이 중복광구협의(重複鑛區協議)를 위해 특별한 조치를 취하지 않는 한, 1983년 5월 1일자로 최초의 사전투자자로서 등록신청을 하겠다는 의사를 표명하였다.215) 1983년 소련(현 러시아)이 제출한 봉함된 PI등록신청서는 Prep. Com의장으로부터 유엔사무총장에게 기탁되었으며 Prep. Com이 광구신청을 접수 개시할 때 개봉키로 하였다.216) 결국 소련(현 러시아)과 인도는 이미 1983년 5월에 PI등록신청의 의사표시를 하여 놓은 셈이 되었다.217)

일본과 프랑스가 1984년 8월 21일 Prep. Com 제2회기 속개회의 기간 중 PI등록신청을 함으로써 결의II 제1조(a)(i)에서 PI로 지목된 4개국은 모두 PI등록신청을 한 셈이 된다.

Prep. Com 제2회기 속개회의에서는 실패한 MOU에 대체될 수 있는 중복광구문제 해결의 방도를 강구하려고 노력하여 다음과 같은 양해에 합의하였다. 첫째, 협약 서명 시한인 1984년 12월 9일까지 PI등록신청을 제출하는 사전투자자를 First Family로 규정하고 둘째, 이들 First Family의 보증국(保證國)들은 1984년 12월 17일까지 신청광구의 좌표를 상호 교환한다.

셋째, 교환된 자료에 의거한 PI 등록신청국(登錄申請國) 간의 중복광구분쟁은 관계국간의 협상으로 해결 조정하여야 하는데 그 협의는 1985년 1월 11일부터 개시해야 하며, 최소한 동 3월 4일까지 완료하고 Prep. Com 3회기가 시작되기 전인 동 3월 8일까지 Prep. Com 의장에게 협의결과를 보고해야 한다.

넷째, 1985년 3월 11일부터 동 4월 5일까지 사이에 개최되는 Prep. Com 3회기에

---

213) MOU Ann.I.
214) Canada, Letter to Prep. Com. (April 29, 1983)(LOS/PCN/15) Soviet Union, Letter to Pre.Com.(May 2, 1983)(LOS/PCN/17)
215) Soviet Union, Letter to Prep. Com.(April 6, 1983)(LOS/PCN/4).
216) J.M.Broadus, Porter Hoagland III, "Conflict Resolution in the Assignment of Area Entitlement for Seabed Mining," *Sandiego Law Review*, Vol.21.LOSXVI(1984), p.569. note 149.
217) Supra Note. 201.

서는 PI 등록신청서를 심사하여 PI로 등록한다.

그러나 Prep. Com 3회기까지 이 First Family간의 중복광구협상은 원만하게 타결되지 못하였다.

6. 사전투자가(事前投資家)의 권리(權利)·의무(義務)

(1) 사전투자가(事前投資家)의 권리(權利)

가. 선도개발활동권(先導開發活動權: right of pioneer activity)

위의 요건과 절차에 따라 사전투자가(事前投資家: Pioneer Investor, 이하 PI로 표기)로 등록된 개발사업자는 그 등록된 날로부터 그 지정된 사전투자광구 내에서 선도적 개발활동(pioneer activity)을 영위할 배타적 권리(排他的 權利)를 갖는다.(제6조)

나. 사업계획에 있어서의 우선권(優先權)

PI는 협약이 발효될 때 정당한 개발계약자로 될 수 있는 지위가 보장되는 것이다. 결의Ⅱ의 제8조에서 이에 관한 절차를 규정하고 있다. 즉 협약 발효 후 6개월 이내에 PI는 개발사업의 사업계획을, 준비위원회가 발부하는 PI확인증명서류와 함께 ISBA에 제출함으로써 승인을 받는다. 이 사업계획은 협약의 관계규정(예컨대 제Ⅲ부속서 제6조 등)과 ISBA의 규칙·규정 및 절차에 완전히 부합하는 것이어야 하며, 특히 개발사업자로서의 운영요건·재정요건 및 기술이전의 의무조항 등이 철저히 준수되는 그런 것이어야만 한다.

이러한 요건이 충족된 PI의 사업계획은 ISBA가 이를 승인하여야만 하게 되어 있다. 즉 PI의 우선적 권한은 보장되는 것이다.

제Ⅲ부속서 제6조에서 일반개발계약자의 사업계획 승인심사가 협약발효 이후 6개월이 된 다음부터 실시되는 것과 PI의 사업계획승인 신청이 협약발효 후 6개월 이전에 완료되어야 하는 점을 유의할 필요가 있다고 본다. 당초의 초안[218]에는 6개월의 시한이 부가되어 있지 않았다. PI에 대한 보증국가가 협약에 비준하지 않으면 그 사업계획은 승인될 수 없다. 특히 제1조(c)(ii)에서 규정하고 있는 Consortium의 경우에 그 구성국가 중 하나만 가입하면 PI등록이 가능했으나 사업계획의 승인을 위해서는 모든 구성국가가 협약에 가입하지 않으면 안 된다. 이 요건이 충족되지 않고 있다는 ISBA로부터의 통보를 받고 6개월 이내에 비준(批准)을 완료치 않으면 ISBA의 이사회가 3/4다수결로 보완기간(補完期間)을 연장해 주지 않는 한, PI의 지위는 종료

---

218) A/CONF.62/C.30.Annex Ⅱ, para.8.

된다. 보완기간의 연장은 6개월을 초과할 수 없다.

  협약발효 이후에 본래 보증국가(保證國家: Certifying State)가 그 지위를 상실하거나, PI의 개발사업을 실효적으로 통제하는 국가가 보증국가로서의 지위를 종료할 때, 그 PI로서의 권한과 지위도 종료할 것이다. 이러한 경우에 그 PI는 6개월 내에 그 국적을 변경하거나 새로운 보증국가로 교체함으로써 우선권의 종지를 면할 수 있다. 이 경우에 새로이 변경하는 보증국가는 사전투자사업을 실효적으로 통제할 수 있는 국가이어야만 한다.(결의II 제10조) 이는 편의치적(便宜置籍)의 악폐를 방지하려는 조치이다. 당초의 보증국가가 결국 해양법협약을 비준하지 못하는 경우가 전형적인 예가 될 것이다.

다. 생산허가(生産許可)에 있어서의 우선권(優先權)

  PI는 사업계획을 일반계약자에 우선하여 승인 받는 외에 생산허가에 있어서도 확고하게 보장된 우선권을 누린다. 모든 PI는 생산한도(生産限度: Production Ceiling) 이내에서 모든 개발계약자에 우선하여 일정량의 광물생산을 수행할 권한을 보장받는다. 좀더 구체적으로 보면 협약 제151조 4항에 의거하여 결정되는 생산한도 이내에서 개발청의 1차 광구 개발을 위한 년간 38,000ton만을 제외하고 나머지 부분에 대하여 다른 모든 개발계약 신청자에 우선해서 생산허가를 받을 수 있다.(제9조 (a))

  ISBA는 PI가 승인된 사업계획에 의거 5년 이내 상업생산을 개시할 것을 통보한 날로부터 30일 이내에 생산허가를 발급하여야 한다.(제9조 (b)) 만일 둘 이상의 PI가 동시에 상업생산 개시 의도를 통보하고 이들의 희망생산량이 총생산한도를 초과하는 경우에는 ISBA가 이러한 사실을 관계되는 개발신청자인 PI에게 통보한다. 이 통보로부터 3개월 이내에 경쟁관계에 있는 PI들은 상호 협의하여 그 총생산한도내의 허용생산량을 서로 배분하여 생산할 것인지 아니면 서로 순서를 정하여 생산허가를 받을 것인지를 정해야 한다.(제9조 (d))

  생산한도량(生産限度量)의 배분의 경우에는 ISBA는 그 상호협의된 배분량에 대한 생산허가를 각자에게 허여 한다. 생산허가의 우선순위(優先順位)를 정한 경우는 그 우선 순위자에게 생산허가가 발급된다.

  PI는 부득이 하여 5년 이내에 상업생산을 개시할 수 없을 때에는 법률기술위원회에 기간의 연장을 신청하여야 한다. 법률기술위원회(法律技術委員會)는 5년을 넘지 않는 범위 내에서 기간을 연장해 줄 수 있다.

(2) 사전투자가(事前投資家, PI)의 재정의무(財政義務)

가. 사전투자등록비(事前投資登錄費)와 광구신청료(鑛區申請料)

모든 PI 등록신청자는 준비위원회에 25만불을 지급해야 한다. 또 협약발효 이후 제Ⅲ부속서 제13조 2항에 따라 탐사 및 개발을 위한 사업계획서를 ISBA에 제출할 때 다시 25만불을 지급하여야 한다. 그러나, 이행협정 부속서 제1절 [당사국이 부담하는 경비 및 기구적 조정]제6항 (a)(ⅱ)의 규정에 따라서 PI의 등록신청시 지불되는 25만불은 탐사 및 개발단계를 위한 수수료로써도 간주됨으로써 PI의 재정의무는 대폭 삭감되었다.(이행협정 부속서 제8절 [계약의 재정조건] 제3항 참조)

나. 연간 고정분담금(年間 固定分擔金)

또 일단 사전투자구역을 할당받은 PI는 그 때부터 연간 고정분담금 1백만불 씩을 지급해야 한다. 협약에 의한 ISBA가 발족하기 전까지는 준비위원회에 지급하게 되겠고 ISBA가 발족하여 사업계획을 승인 받으면 이를 ISBA에 지급해야 할 것이다. PI의 연간고정분담금 1백만불의 지급의무의 개시도, 이행협정 부속서 제8절 1항 (d)에 의거, 상업생산 개시일부터 납부하는 것으로 유예되었다.

다. 정기적(定期的) 개발비용(開發費用)의 투자의무(投資義務)

PI는 사업계획을 승인 받을 때까지 그 할당받는 사전투자광구의 개발을 위해서 준비위원회에서 결정한 액수의 비용을 정기적으로 투자해야만 한다. 이 정기 개발비용 투자액은 사전투자광구에서 가능한 시간 내에 상업생산을 이룩해 보려는 성실한 개발사업가로서 그 광구의 면적에 상응하는 정도의 비용이어야 한다.(결의Ⅱ 7항(c)) 이 정기투자비 지급의무도 이행협정 부속서 제1절 6항 (a)(ⅱ)에 의하여 상업생산지까지 면제된 것으로 본다.

(3) 개발청(開發廳)을 위한 지원의무(支援義務)

PI는 개발청이 심해저개발활동을 "일반적인 국가 및 사기업들과 똑같이" 추진할 수 있도록 보장해 주기 위해서 다음과 같은 지원의무를 부담해야만 한다.(제12조)

가) 등록된 모든 PI의 의무
(결의Ⅱ 제12조 (a)항 - 이행협정 부속서 제1절 6항 (a) (ⅱ)참조)
① 준비위원회의 요청에 따라 개발청을 위해 유보광구(留保鑛區)에서의 탐사작업(探査作業)을 대행(代行)할 것(비용과 그에 대한 연 10% 이자는 추후 상

환하는 조건임)
② 준비위원회가 지정한 인원들에 대해 기술훈련(技術訓練)을 실시할 것
③ 협약발효 이전에, 기술이전(技術移轉)에 관한 협약 상의 의무를 수행할 것

나) 보증국가(保證國家)의 의무(義務)(동 (b)항)
① 협약규정에 따라서 개발청의 사업자금이 적시에 조달될 수 있도록 보장 할 것
② 준비위원회에 정기적으로 보증하고 있는 기업 등 개발사업주체의 개발활동을 보고할 것

이상과 같이 PI의 개발청 지원의무는 특히 개도국이 PI가 될 경우에 과중한 의무가 될 수 있었다. 그러나 전술한 바와 같이 이행협정 부속서 제1절과 제8절의 규정으로 이러한 의무는 합리적으로 조절, 경감된 것이다.

VI. 준비위원회(準備委員會)

1. 준비기구(準備機構)의 설치(設置) : 일반론(一般論)

ISBA는 많은 부속기관과 전문위원회를 거느리게 된다. 협약발효와 동시에 이들이 적시에 필요한 기능을 발휘하면서 발족할 수 있게 하기 위해서는 일정한 준비작업이 필요하다. 그리하여 국제해저기구(國際海底機構)와 ITLOS의 기능개시를 위한 준비기구를 만들기로 제3차 유엔해양법회의 협의참가국들은 결의하였다.[219] 이렇게 해서 설립된 것이 소위 「국제해저기구(國際海底機構)와 국제해양법재판소(國際海洋法裁判所)를 위한 준비위원회(準備委員會)」이다.

Vienna 조약법 협약 제25조에 의하면 협약의 발효 전에 그 협약내용의 잠정적인 적용은 그 협약 내에서 그렇게 규정하고 있거나 교섭국들이 별도로, 합의한 방식에 따르기로 되어 있다. 국제민간항공기구(國際民間航空機構: ICAO)의 경우에는 협약 내에서 잠정기구에 관해 규정하고(국제민간항공협약 제45조) 잠정기구를 위한 별도 협정에 의거 잠정기구를 운영하였다.

별도 협정에 의해 잠정기구를 발족시켰던 다른 예로는 국제피난민구제기구(國際避難民救濟機構: International Refuge Organization: IRO)와 세계보건기구(世界保健

---

[219] Resolution I: Establishment of the Preparatory Commission for the International Seabed Authority and for the International Tribunal for the Law of the Sea, Working Paper 2, 7 june, 1982 ; Resolution of UNCLOS III adapted together with the Draft Convention on 30 April 1982.

機構: World Health Organization: WHO)등이 있다. 정부간 해사자문기구(政府間 海事 諮問機構: Inter-Governmental Maritime Consultative Organization: IMCO) 는 별도의 결의로 잠정기구(暫定機構)를 발족시키고 있다.

국제원자력기구(國際原子力機構; International Atomic Energy Agency: IAEA) 는 협약의 부속서로 그 잠정기구에 관한 규정을 두고 있다. 또 1968년 10월 24일 채택된 바 있는 국제설탕협약(International Sugar Agreement)에 의하면, 그 잠정기구에 관한 규정을 협약 내에서 규정하고 있다.[220]

이상 전례를 개관컨대 국제기구를 위한 잠정기구를 설치하는 방식은

(a) 교섭당사국의 별도결의
(b) 별도의 부속협약문서
(c) 협약내의 규정

3가지가 있다고 생각된다.

해양법협약은 국제해저기구(國際海底機構)와 ITLOS의 발족과 그 기능발휘가 부당하게 지연되지 않게 하기 위한 준비조치를 수행해 나갈 가능한 방도를 강구하기 위하여 "별도의 결의"를 채택하는 방식을 취하였던 것이다.(결의I 전문 참조)

2. 준비위원회(準備委員會)의 당사국적격(當事國適格)

원칙적으로 유엔 해양법협약에 서명, 가입한 나라들로서 준비위원회는 구성된다. (결의I 제2조) 최종의정서의 서명국은 Observer의 자격으로만 모든 활동에 참여할 수 있다. 선진국 특히 프랑스는 최종의정서(最終議定書)의 서명국에까지 준비위원회에서의 투표권을 인정하자고 주장하였다.

이러한 주장의 저의는 협약에 아직 서명하지 않은 국가의 준비위원회에의 참여의 길을 열어 놓자는 것이며 그렇게 함으로써 선진국의 의사가 준비위원회에서 한층 더 다수의사로 통할 수 있기를 바라는 것으로 생각된다. 이러한 주장을 긍정적으로 볼 수 있는 명분도 있다. 즉 유엔 해양법협약은 본래 다른 다자조약(多者條約)과는 달리 본질적으로 세계의 모든 국가가 망라적(網羅的)으로 가입할 것을 목표로 하고 있다는 특질이 있는 점이다.

그러나 이러한 주장은 받아들여지지는 아니하였다.[221]

---

[220] A/AC.138/88. 12 June, 1973. Examples of Precedents of Provisional Application Pending Their Entry Into Force of Multilateral Treaties, especially Treaties which have established International Organizations and/or Regimes. Report of Secretary General, p.7.
[221] Observer국은 준비위 작업그룹인 WG-32에 각 지역별 교체대표로 참여하게 되었고, 표결권

3. 소집(召集)과 존속기간(存續期間)

　잠정적 준비기관(暫定的 準備機關)의 활동기간을 정하는데 있어서도 전례는 다양하다. ICAO의 잠정기구는 시카고 협약이 체결된 1944년 12월 7일 즉시 잠정기구가 발족하여 1945년 6월 6일까지 7개월간 존속하였다. IRO의 준비위원회는 2주간 존속하였다. 대부분 국제기구협정이 성립되고 가입 및 비준을 위하여 협약을 공개함과 동시에 준비기구는 가동하고 협약 상 본격적인 기구가 실질적으로 기능 할 수 있는 최소한의 준비기간 동안 이러한 잠정기구를 운영하고 있는 것이 전례의 추세이며 또 합리적인 운영으로 생각된다.

　유엔 해양법협약의 준비위원회는 협약에 서명 가입한 나라가 50개국이 되는 날로부터 60일 이후 90일 이내에 유엔사무총장이 소집하도록 되어 있다.(결의I, 제1조)

　유엔 해양법협약의 경우 지난 1982년 12월 10일 협약성립 당일에 117개국과 2개국의 비국가대표(非國家代表)가 서명함으로써 50개국의 요건을 훨씬 상회하였으므로 그 준비위원회의 소집은 60일의 요건을 고려하여 1983년 3월 15일에 유엔사무총장에 의하며 Jamaica에서 소집되었다. 준비위원회는 연2회 각 회기는 약 4주간씩 자메이카의 Kingstone 또는 스위스 제네바에서 열려 왔다. 준비위원회는 원칙적으로 ISBA의 본부에 있는 가용한 회의장에서 소집하며 그 목적과 기능상 필요한 만큼 자주 소집된다.(결의 I, 제12조) 준비위원회의 존속기간은 ISBA 총회의 제1차 회기종료 시까지로 하였다.(결의 I, 제13조) 결의I의 협의과정 중 일부의 견해 특히 77그룹의 견해로, 유엔 해양법협약이 발효하여 그 ISBA의 총회가 소집되는 시기와 준비위원회가 이들 기구의 기능발휘를 위한 실질적인 준비를 완료하는 시기가 일치하면 이상적이겠지만 만일 일정한 시간이 지나도 협약이 발효되지 아니할 경우에 준비위원회를 계속 활동시킬 수는 없다는 의견이 나왔다. 그리하여 준비위원회가 최초로 소집된 때로부터 5년이 되기까지 협약이 발효되지 아니하면 유엔총회에 달리 결정되지 아니하는 한 준비위원회는 종료한다는 규정을 삽입시킨 초안이 작성되기도 하였다.[222] 그러나 이러한 견해는 채택되지 않았다. 실질적으로 준비위원회의 업무는 1994년 말까지 12년 동안 계속되었다. 준비위원회는 결의 I 제13조에 의거, ISBA 1차회기가 완료되는 1995년까지 존속하였다.

4. 준비위원회(準備委員會)의 기능(機能)

　준비위원회의 기능은 주로 결의 I 제5조가 규정하고 있다. 생각하건대 준비위원회

　은 없지만 의사진행발언권(Point of Order)을 인정하였다.(준비위원회 절차규칙 제22조)
[222] WG-21/Informal Paper. 17,(26 Aug, 1981), p.2. foot note.

의 기능은 잠정기구로서 당연히 갖는 일반적인 기능과 해양법협약의 목적에 입각한 국제해저기구(國際海底機構) 및 ITLOS의 조속한 발족을 위해 존재하는 준비기구로서의 특별기능으로 대별할 수 있다.[223]

전자에 속하는 것으로 분류될 수 있는 기능으로는,
(1) 총회의장 및 역원의 선임(제3조)
(2) 집행기구와 특별위원회의 구성(제7,8조)
(3) 의사규칙의 채택(제4조)
(4) 총회 및 이사회의 제1차 회기소집 그리고 이를 위한 잠정의제 등의 준비(제5조 (c)항)
(5) ISBA의 제1차 회계년도 예산에 관한 권고안(勸告案) 작성(제5조 (c)항)
(6) ISBA와 유엔 및 기타 유엔 산하기관과의 관계를 정할 각종 협의안의 준비(제5조 (d)항)
(7) ISBA의 사무국에 관한 설립기준 기타 관계규정 초안 등의 기초(제5조 (e)항) 들이며,

후자에 속하는 것으로 분류 가능한 기능은,
(1) 총회와 이사회의 의사규칙 안(案)의 준비(제5조 (b)항)
(2) ISBA의 내부적 관리규정과 재정에 관한 규칙 및 규정들을 포함한 ISBA의 기능개시에 필요한 법규, 규정 기타 절차초안의 준비(제5조 (g)항)
(3) 사전투자가(事前投資家) 보호에 관한 "결의 II"로서 주어진 기능과 권한의 행사 (제5조 (g)항)
(4) 심해저자원(深海底資源)의 개발로 경제적 타격을 받는 육상생산국이 당면한 문제의 연구를 수행하고, 이들을 위한 조치를 ISBA에 건의하며 보상기금을 성립시키는 일 등에 관한 일체의 사무(제5조 1항) 들이다.

5. 준비위원회(準備委員會)의 구성(構成)

(1) 개관(槪觀)

준비위원회는 주요기관인 전체회의(全體會議: Plenary)와 4개의 동등한 지위를 갖는 특별위원회(特別委員會: Special Commission) 및 기타 부속기관으로 구성된다.(결의 I 제2조 제7, 8조 의사규칙 12조) 준비위원회는 그 의장과 기타 역원을 선출한다.

---

[223] Report of the President on the Work of the Informal Plenary on the Preparatory Commission, A/CONF.62/L.55.(1 April, 1980), p.3.

〈도표 11-7〉 특별위원회의 구성과 기능

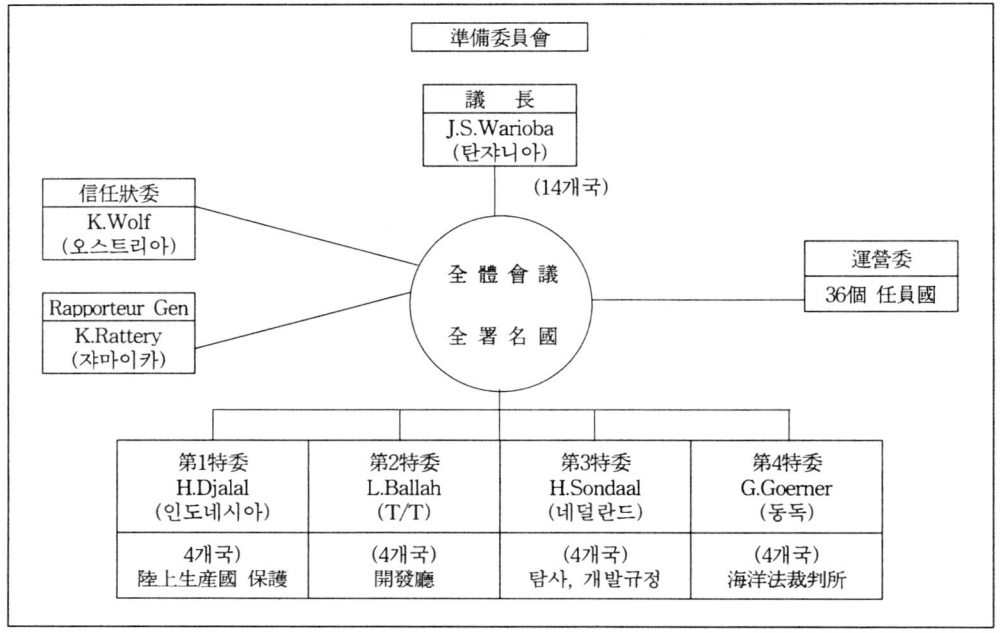

 (결의 I, 제3조) 준비위원회의 업무에 관하여 의장을 보좌하고 준비위원회 업무를 조정하기 위해서 운영위원회를 둔다.(의사규칙 제13조, 제14조) 위원회의 제1차 회기에서 탄자니아의 Joseph S. Warioba 법무장관 겸 검찰총장이 의장으로 선출되었다. 의장의 임기는 준비위원회의 존속시간으로 한다.(의사규칙 제12조)(도표 11-7 참조)

(2) 특별위원회(特別委員會: Special Commissions)

 1983년 9월 8일 준비위원회 전체회의에서 채택된 4개의 특별위원회는 다음과 같다.(도표 11-8 참조)

1) 제1특위

 육상광물생산 개도국의 범위를 규명하고 심해저광물생산(深海底鑛物生産)으로부터 받는 경제적 악영향 등을 다각적으로 분석함으로써 가장 적절한 보상조치를 강구코자 제1특위에서는 여러 의견을 수렴하였다.
 특히 GATT, EEC, UNCTAD 등이 개도국을 위해 실시하는 경제적 조치와 유엔기구, 유엔전문기구, 지역개발은행, 비정부간기구(Non-Governmental 위한 금융보상

〈도표 11-8〉 특별위원회의 구성과 기능

특위	의 장	임 원 국	기 금	근 거
제1특위	Hasjim Djalal (인도네시아)	잠비아, 쿠바, 루마니아, 오스트리아	육상전략광물 생산국 보호문제	결의 I 제9조
제2특위	Lennox Ballah (트리니다드 토바고)	세네갈, 유고, 캐나다, 몽고	개발청의 효율적 운영과 조기사업개시를 위한 방안	결의 I 제8조
제3특위	Hans Sondaal (네덜란드)	가봉, 멕시코, 폴란드, 파키스탄	심해저탐사개발에 관한 시행세칙	결의 I 제7조
제4특위	Gunter Goerner (동독(현 서독))	수단, 콜롬비아, 그리스, 필리핀	국제해양법재판소	결의 I 제10조

조치 등을 육상생산국 보상제도의 Model로 연구한 것이다.

2) 제2특위

제2특위는 개발청을 위한 PI의 의무이행과 개발청의 조속한 기능개시를 위한 실질적 방법을 여러모로 모색하였다. 특히 Prep. Com 제2회기에 오스트리아는 「탐사・연구 및 개발을 위한 합작기업안(合作企業案: Proposal for a Joint Enterprise for the Exploration, Research and Development: JEFERAD)」을 제출하였다.[224]

그 내용을 요약하면,

① 구성 : 협약 서명국, 동 국가의 국적을 보유하거나 효율적으로 통제하는 단체(법인, 자연인)와 협약 서명국에 의해 효율적으로 통제 받는 다국적기업 등이 참여한다.

② 주요 활동 :
  * 탐사, 부존량 평가 및 탐광, 수송, 제련기술의 연구개발
  * 기술은행(Technical bank) 설립
  * 사전투자가(事前投資家)의 특정 기술훈련계획수립
  * ISBA의 산하에 훈련연구개발원(訓練研究開發院: Institute for Training, Research and Development) 설립준비

③ 자금조달 : 자금이 공식적이고 법적으로 이루어질 수 있도록 제도적 장치를 확립하고 UNDP 회전기금(Revolving Fund)을 사용하거나 유엔 총회결의로 사무총장이 관장하는 특별자금의 조성 및 활용을 모색한다.

④ 존속시간 : 사전투자가(事前投資家)들의 중복광구문제가 해결되고 개발청이 유보광구에서 탐사활동이 가능할 때부터 5년간 존속하고 준비위원회의 결정에 따라 1

---

[224] LOS/PCN/SCN.2/Add.1(29 March 1984)

년씩 연장이 가능하며 협약발효 후 6개월 이내에 개발청에 임무를 승계 한다.
한마디로 JEFERAD는 준비위원회를 위한 ISBA의 개발청과 같은 존재이다. 이에 의하면 선진공업국은 연구개발비를 절약할 수 있고, 개도국은 개발사업의 훈련 및 기술습득이 가능하게 된다.

3) 제3특위
「심해저탐사·개발에 관한 시행규칙안」(LOS/PCN/SCN.3/WP.6)을 심의, 제정하였다.
4) 제4특위
「국제해양법재판소규정」(LOS/PCN/SCN.4/WP.2)을 심의, 제정하였다.

(3) 운영위원회(運營委員會: General Committee)

1) 구성(構成)

운영위원회는 준비위원회 의장단(의장, Rapporteur General 및 14명의 부의장) 16명과 4개 특별위원회의 의장, 그리고 4개 특별위원회의 임원으로 구성된 36명이 임원이 된다. 이 운영위원회 36명의 구성에는 지리적 지역구분에 기한 안배를 고려한다. 준비위원회 제1회기 속개회의에서 정한 지역안배의 기준은

아시아 - 9개국
아프리카 - 9개국
라틴아메리카 - 7개국
서구 및 기타 - 6개국
동구권 - 5개국

으로 되어 있다.

아시아에 배정된 9개 의석에는 일본, 중국, 인도, 스리랑카, 이란, 인도네시아, 파키스탄, 필리핀, 등 9개국이 선출되었다. 한국은 북한과 중국의 반대로 탈락되었다.

2) 기능(機能)

운영위원회의 중요한 기능은 준비위원회의 일반적 업무를 관장하고 조정하며 전체회의에의 권고와 제안을 준비하는 것과 「결의 Ⅱ」에서 정한 사전투자 신청과 등록에 관한 실질적 집행기관으로서 임무를 수행하는 것이다.
운영위원회는 준비위원회, 특별위원회 및 부속기관의 업무진행을 준비 검토하기 위하여 정기적으로 소집된다.

6. 준비위원회(準備委員會)의 재정(財政)

준비위원회의 경비는 유엔총회의 승인을 받아 유엔경상예산에서 충당된다.(결의 I, 제14조)

유엔의 관례에 의하면 이러한 비용은 장차 본격적으로 활동할 기구에 의한 추후 상환을 전제로 해서 유엔이 주선한 차관으로 충당되는 것이 보통이다.[225]

제3차 유엔해양법회의 의장의 준비위원회에 관한 초안[226] 제12조에 의하면 준비위원회의 경비를 유엔이 주선한 차관에 의해서 충당하는 것으로 규정하고 있었다. 그러나, 협의가 진행됨에 따라 유엔의 일반경상예산에서 충당돼야 한다는 견해가 대두되었던 것이다.[227] 결국 "결의 I"에는 위에서 말한 대로 유엔 경상예산에서 충당되는 것으로 규정되었다. 본래 선진국의 견해로 차관에 의한 경비충당의 주장이 제출되었던 것이었는데 결국 유엔일반예산으로 준비위원회를 운영케 되자 이것도 해양법협약에 대한 선진국의 불만의 요인의 하나가 되었다.

유엔 경비의 최대부담자인 미국(25%)은 이제 더구나 협약에 반대하고 있기 때문에 준비위원회의 당사국도 아니며 준비위원회에 Observer 조차도 참가시키지 아니 하였는데 유엔을 통해서 준비위원회의 경비를 혼자서 많이 (연간 약 70만불 상당) 부담하게 된다는 것은 미국 자신으로 볼 때는 말할 수 없이 부당한 일일 것이다.

미국의 Regan대통령이 준비위원회의 비용에 해당한 양(量)만큼의 유엔 경상비부담을 동결시켜버렸던 것은 이러한 사정에서 연유된 것이다.[228]

7. 준비위원회(準備委員會)의 의사규칙(意思規則)

결의 I 제4조에서 규정된 바와 같이 준비위원회의 의사결정규칙은 위원회 자신이 이를 채택해야 한다. 준비위원회 제1회기와 속개회의에서 의장단회의 및 각 지역 그룹회의를 통해 조정된 안을 기초로 Warioba 의장이 종합안을 작성 제출하였으며 이를 수정 없이 총의(consensus)로 채택함으로써 준비위원회의 의사규칙은 다음과 같이 결정되었다.[229]

---

225) A/CONF.62/L.55, Annex I, p.5.
226) PC/2, 14 March 1980.
227) (a) WG-21/Informal Paper 15, (6 August, 1981), Art.11
　　 (b) WG-21/Informal Paper 16, (13 August, 1981), Art.11
　　 (c) WG-21/Informal Paper 17, (26 August, 1981), Art.11.
228) *Ocean Science News*(Jan.10, 1983), p.6 (Washington D. C.:Nautilus Press Inc.)
229) LOS/PCN/WP.15.
　　 Drafts Rules of Preparatory Commission for the International Seabed Authority and for the International Tribunal for the Law of the Sea.

(1) 의사정족수(議事定足數)(제16조)

가) 준비위원회 회의개시 : 당 회기 참가회원국의 1/3 출석
나) 절차문제의 결정 : 당 회기 참가회원국의 1/2의 출석
다) 실질문제의 결정 : 당 회기 참가회원국의 1/2 출석

(2) 의결정족수(議決定足數)

가) 실질문제
1) 총의(consensus)로 결정될 사안(제35조)
  ① 유엔 해양법협약에서 총의(總意)로 결정되는 모든 사안
  ② 「결의Ⅱ」의 시행과 사전투자보호(事前投資保護)를 위한 기구설립에 관한 규칙과 절차
  ③ 국제 심해저 탐사·개발에 관한 규칙
  ④ 총회에 제출한 최종보고서와 협약당사국에 제출한 ITLOS의 설립보고서 승인 (단, 60번째 국가의 협약비준서 기탁일로부터 협약발효까지 1년간의 최종기간에 consensus의 형성이 불가능할 경우 2/3다수결로 승인이 가능함)
  ⑤ 회원국에게 유엔에서 승인된 예산 이외의 재정적 의무를 부담시키는 결의
2) 2/3 다수결로 결정될 사안(제36조)
  ① 기타 본질문제는 참가 투표국의 2/3 다수결로 결정
  ② 실질문제가 투표 회부 전에 consensus 형성을 위한 모든 노력이 경주(傾注)되었는지 여부는 표결참가국의 2/3다수결로 결정

나) 절차문제(節次問題)
절차문제는 표결참가국의 1/2 다수결로 결정하고, 절차문제와 본질문제의 구분은 의장이 결정한다.

(3) 기타(其他)

가) 특별위원회 및 기타 부속기관의 의사규칙은 준비위원회 의사규칙을 필요한 적절한 변경을 가하여 적용한다. 단 이들은 절차문제는 과반수, 실질문제는 2/3으로 다수결로 결정한다.
나) Observer는 표결이나 consensus 형성에서 제외되며 토의참여 범위도 다음과 같이 제외한다.
  ① 특별제안을 의사결정에 회부하기 전에 2개국에게 허용되는 찬반발언권(贊

反發言權)은 정회원국에게만 인정한다.
② 회의진행에 관한 의사진행발언(point of order)은 토의과정의 일부로 observer에게도 인정되나 의사진행발언에 관한 의장의 판정에 대한 이의제기권한(appeal)은 정회원국에게만 인정된다.
③ Observer도 휴회(adjournment)와 토의종결(closure of debate)에 동의할 수는 있으나 그 동의에 대한 투표회부 전 찬반발언권은 정 회원국에게만 인정된다.
④ 이미 채택되었거나 거부된 '특정의제의 재고(reconsideration of proposals)'를 위한 동의가 있는 경우에 그 동의의 투표회부 전 찬반발언권은 정회원국에게만 인정된다.

8. 최종보고서(最終報告書)

위원회는 ITLOS의 설치준비에 관한 보고서를 협약 제 IV 부속서 제4조에 의거, 소집될 당사국 회의에 제출하여야 한다.(제10조) 또 위원회는 최종보고서를 ISBA총회의 제1차 회기 회의에 제출하여야 한다. 이 보고서와 관련해서 취해진 모든 조치는 엄격히 협약이 규정하고 있는 각 기관의 권한과 기능에 따라야 한다.(제11조)

최종보고서란, ISBA와 ITLOS를 발족시키기 위하여 사전 잠정기구로서 활약한 준비위원회의 결산보고서와 같은 것이다. 이것으로 그 노력의 전체적인 평가가 이루어질 수 있으며 실질적으로 준비위원회의 활동을 종료할 수 있게 되는 것이다.

9. 준비위원회의 활동마감

1994년 11월 16일 유엔해양법협약의 발효로 인해, 준비위원회도 1994년 8월1일부터 8월12일까지의 마지막 회합을 가지고, 1983년이래 12년간 계속하여 왔던 준비작업과 공식활동을 사실상 마감하였다.

Ⅶ. 한국(韓國)과 심해저자원개발(深海底資源開發)

1. 개관(槪觀)

심해저자원개발의 주종을 이루는 망간(Mn), 니켈(Ni), 구리(Cu), 코발트(Co)등은 한국의 모든 산업에서 필수적인 전략광물이 되어 있다. 그런데 이들 광물은 한국에 부존(賦存)되어 있는 양이 극히 미미하여 전량을 수입에 의존하고 있는 형편이다. 따라서 국가적인 차원으로 심해저자원개발이 절실히 요구된다 할 것인데, 이는 국제법적·국제정치적으로 아주 미묘한 문제를 내포하고 있다.

이에 한국은 제3차 유엔해양법회의 전과정(全過程)과 준비위원회 1회기부터 참여하여 왔으나, 국제적으로는 중국, 러시아, 북한 등의 견제로 인하여 심해저개발연구와 활동에 있어서 소극적인 태도를 보였었고, 국내적으로는 종래 정부의 심해저개발과 관련한 정책이 하위순위에 있었으며, 기업 역시 자금부족과 개발결과의 불확실성 등으로 인해 섣불리 개발에 참여하기를 꺼리는 실정이었고, 심해저개발의 필수전제라 할 수 있는 지질자료, 관련전문가 및 장비와 기술의 부족 등으로 인하여 그 동안의 심해저자원개발은 전무한 상태라 해도 과언이 아닐 것이다.

유엔해양법협약의 발효와 제11부 이행에 관한 협정이 국제사회에 있어서 새로운 해양질서의 초석이 됨을 인식한 한국은 1996년 1월 유엔해양법협약 및 협정에 비준하여 보편적인 해양법체제에 적극참여하기 시작하였으며, 심해저자원개발 또한 정부와 관련연구소 주도로 적극적이고 능동적으로 참여하고 있는 바, 본 절에서는 한국의 심해저자원개발에 대한 국제적인 활동과 현황을 분설 하기로 한다.

2. 한국(韓國)의 국제해저기구(國際海底機構) 활동참여

(1) 선행투자가(先行投資家) 등록 및 심해저개발광구(深海底開發鑛區)확보

한국은 해양법협약의 발효 이전 4천5백만불을 심해저개발(深海底開發)에 투자함에 따라 1994년 8월 2일 "국제해저기구(國際海底機構) 및 국제해양법재판소(國際海洋法裁判所) 설립 준비위원회"로부터 선행투자가 등록 승인을 취득하였다. 그후 한국은 1994년 8월 하와이섬 동남방 2,000km 거리에 소재하는 Clarion-Clipperton 해역상의 15만km²230)를 한국의 심해저 개발광구로 확보하여, 니켈·망간·코발트·구리 등 심해저 부존광물(賦存鑛物)의 탐사에 주도적으로 참여가 가능하게 되었다.

(2) 국제해저기구(國際海底機構) 이사회(理事會) 진출

1996년 3월에 개최된 제2차 국제해저기구(ISBA) 총회에서 한국은 당초 B그룹에 진출하고자 하였으나, 투자액 순위에서 밀려 대신 2년 임기인 E그룹 이사국으로 피선되었다.

제2차 국제해저기구 총회의 토의결과 B그룹 소속국들은 프랑스(임기 4년), 독일(2), 중국(4), 인도(2)를 최초의 이사국으로 한 후, 당사국의 이해를 조정하는 차원에

---

230) 유엔해양법협약 결의 Ⅱ 제1조 1항 (e)의 (ⅰ)(ⅱ)(ⅲ) 참조.
　　졸저(拙著), 「한반도관련 해양법조약 법령집」, 효성출판사, 1998, p.333

서 인도의 임기종료 후 네덜란드를 4년 임기의 이사국으로 선출하기로 합의하였다.

동 합의에 대해 한국 대표단은 96년 3월 현재의 이사회 구성의 문제는 1996년 상황을 기준으로 하고, 그 이후의 이사국 선출문제는 해당 선거시점에서 B그룹의 요건(투자액 순위)을 충족하는 국가를 대상으로 무차별하고 동등한 교대의 원칙에 입각하여야 한다는 근거에서 반대를 하였다.

1998년 3월 국제해저기구 제4차 총회에서 한국은 4년 임기(1999~2002)의 E그룹 이사국으로 입후보하여 피선이 되었다.

(3) 국제해저기구(國際海底機構) 법률(法律)·기술위원회(技術委員會) 위원 진출

1996년 8월에 개최된 국제해저기구 이사회에서 한국해양연구소의 강정극 박사가 동 기구 법률·기술위원회의 위원으로 피선(被選)이 되었다. 국제해저기구의 법률·기술위원회는 이사회의 직속기관으로서 동 위원회 위원은 해양광업(海洋鑛業) 또는 관련 법률분야의 최고 전문가 중에서 공평한 지역적 배분을 고려하여 선출되며, 임기 5년에 1회에 한하여 재선이 가능하다.

(4) 한국의 선행투자가(先行投資家) 의무이행(義務履行) 현황

1994년 8월 2일 한국의 심해저개발 선행투자가등록 이후 1994년 8월 11일 해양법준비위원회 제12회기 속개회의에서 한국이 부담하여야 할 사항에 관한 의무이행양해(LOS/PCN/L115)가 채택되었다.

의무이행양해의 형식상 포함되어 있는 의무내용은,
- 최소 4명의 인원에 대한 훈련제공의무(訓練提供義務)
- 기술이전(技術移轉) 의무
- 정기적(定期的) 탐사비용(探査費用)의 부담
- 연차보고서(連次報告書) 제출
- 유보광구(留保鑛區) 탐사자료(探査資料)의 전산 Database 제출
- 광구포기제도(鑛區抛棄制度)의 이행
- 탐사사업계획서(探査事業計劃書)의 제출

등 8개 사항이다.

이에 한국은 1995년 3월 국제해저기구에 등록선행투자가의 훈련계획의무를 이행하기 위한 훈련실시 계획서를 제출하여 1997년 8월 제3차 총회에서 승인을 받았으며, 훈련계획의무의 이행과 관련하여 1998년 국제해저기구 제4회기 속개회의에서는 훈련생 선발이 법률·기술위원회에서 추진되었다. 해양지질분야(海洋地質分野) 2명, 해양

지구물리분야(海洋地球物理分野) 1명, 전기공학분야(電氣工學分野) 1명으로 훈련생을 모집한 한국의 훈련계획에 대하여 60명의 후보가 18개국 정부에 의하여 추천이 되었고, 60명의 후보는 과거 다른 등록선행투자가의 훈련계획에 대한 후보가 10여명에 불과하였음을 감안할 때 한국의 훈련계획에 대하여 각국의 관심이 지대하였음을 알 수 있다.

훈련생 선발은 한국이 제시한 학력, 연령, 전공, 경험 등에 기초하고 준비위원회 훈련위원회가 사용한 선발절차 및 법률기술위원회의 위원추천절차를 거쳐 4명의 훈련생이 확정되었고, 추가로 4명의 예비훈련원이 선발되었다[231].

3. 한국(韓國)의 심해저탐사(深海底探査)

한국은 21세기 선진공업국 진입에 대비하여 주요 핵심전략 광물자원을 확보하기 위한 정밀탐사와 기술개발, 법제도 및 경제성 분석을 통한 자원개발의 국가 경쟁력을 강화하기 위한 준비에 착수하였다고 볼 수 있다.

세계에서 7번째로 15만㎢ 망간단괴광구 개발 및 선행투자가 지위를 획득함으로써, 전량 수입에 의존하는 니켈, 구리 코발트, 망간 등 전략광물자원의 장기·안정적 공급원은 확보하였으며, 이를 통해 심해저 탐사기술개발 및 관련 산업의 신기술 개발의 동기를 부여하게 되었다.

현재의 개발된 연구의 내용을 살펴보면,
 ⅰ) 심해저 망간단괴 부존량 평가기술개발
 ⅱ) 음향원격탐사기에 의한 광역 수심측정 및 해저지형 판독기술개발
 ⅲ) 심해저 카메라시스템 운영 및 연속 영상판독기술개발
 ⅳ) 해양환경보존을 위한 심해저환경 연구체제확립
 ⅴ) 유엔 해양법협약 및 국제해저기구 동향 분석을 통한 한국의 활동 전략
등이다.

한국의 심해저탐사작업 현황은 아래의 표와 같다.

〈도표 11-9〉 한국의 심해저 탐사작업현황

구 분	계	1992-1996	1997-1998	1999-2001	2002-2003
탐사면적(천㎢)	1,770	1,470	120	105	75
소요예산(백만원)	31,973	10,973	6,000	9,000	6,000

(한국해양연구소자료)[232]

---

231) 한국해양연구소, 국제해저기구 제4회기 속개회의 참가보고, 1998.8.
232) http://www.kordi.re.kr/research/intro-309.html. 참조

제12장 해양의 과학적 조사(科學的 調査)와 기술이전(技術移轉)

Ⅰ. 해양(海洋)의 과학적 조사(科學的 調査)와 기술이전(技術移轉)
Ⅱ. 해양과학기술(海洋科學技術)의 이전(移轉)

제12장 해양(海洋)의 과학적 조사(科學的 調査)와 기술이전(技術移轉)

Ⅰ. 해양(海洋)의 과학적 조사(科學的 調査)

1. 머리말

해양의 과학적 조사는 다양한 목적에 필요한 활동이다. 적절하고 효율적으로 해양에 대한 과학적 탐사를 하는 것은 해양자원의 개발을 위한 기본적 전제가 된다. 예컨대 어떤 특정 어종(魚種)을 남획(濫獲)하지 않는 수준에서 어획한다는 것은 그 어종의 재생산률(再生産率)과 현존량(現存量)을 계속적으로 파악하고 있어야만 가능한 것이다. 원해(遠海)의 석유개발도 유정(油井)을 발견하기까지는 반드시 지질학적 탐사(地質學的 探查)가 선행되어야만 한다. 해파(海波), 조류(潮流), 해저(海底) 및 해양기상(海洋氣象)에 관한 연구들은 항해의 안전을 위한 기초적 자료를 제공한다.

해양환경(海洋環境)의 보호(保護)와 보존(保存)을 위해서도 해양의 과학적 조사는 반드시 필요하다. 해중(海中)에서 어떤 물질이 어떤 행태(行態)로 환경오염(環境汚染)을 가져오고 이로 인하여 어떤 해중생물이 특히 피해를 입는가를 알아내고 이러한 오염을 감소·제거할 수 있는 방도를 찾아내는 것도 전적으로 해양의 과학적 조사에 의존해서 이루어진다. 해양의 과학적 조사는 또 예컨대 수중 잠수함의 탐지능력개발(探知能力開發) 등과 같은 해양의 군사적 사용을 위해서도 그리고 심지어는 해양과학조사는 지구과학(地球科學)을 위해서도 기여한다. 즉 지각(地殼)이란 여러 개의 거대한 움직이는 구성물로 되어 있다고 하는 이론도 실은 해저(海底)를 연구관찰해서 비로소 알아내게 되었던 것이다.

20세기 중반까지도 해양의 과학적 조사 활동에 대하여는 하등의 법적 규제가 필요하다고 생각되지 아니하였으며, 따라서 해양법 규범으로 입법되어진 일도 없었다. 이는 그 당시까지만 해도 해양의 과학적 조사활동은 정부의 규제대상이 될 수 없다고 하는 지배적 관념과 해양탐사활동 자체가 극히 희소하였다는 사실에 기인하는 현상이라고 설명될 수 있다.

그러나 2차대전 이후 해양탐사활동(海洋探查活動)은 현저히 증가하였으며 자원의 개발이나 군사적 목적을 위하여 해양탐사활동의 필요성과 중요성도 더욱 인식되게 되었다. 그리고 이러한 추세는 국제적으로 해양탐사활동을 점차로 규제의 대상으로 보게 하는 요인이 되었다.

2. 1958년 제네바 협약(協約)에서의 규제(規制)

1958년에 성립된 해양법협약(海洋法協約)들의 체계상 해양의 과학적 조사활동은 공해(公海)의 자유권(自由權)에 속하는 것으로 인식되었다.

「공해협약(公海協約)」제2조에서 이것이 열거되지는 않았지만 동 조항의 공해자유의 내용은 예시적 열거인 것으로 명시되었고[1] ILC의 초안에 대한 Commentary에서는 동 조항이 예시적 열거임을 설명하기 위하여 열거되지 않은 자유로 특히 해양의 과학적 조사를 지적한 바도 있다.[2] 사실상 해양의 과학적 조사는 공해상(公海上)에서 다수 국가에 의해 실행되었으며 아무에게도 방해받지 아니하였다.

(1) 영해(領海)와 내수(內水)에 있어서의 해양과학조사(海洋科學調査)

1958년 Geneva협약에서 해양조사 활동의 제한은, 영해(領海)와 대륙붕(大陸棚)에서 나타나고 있다. 영해는 연안국의 주권에 전속된 영역이므로 이곳에서 제3국의 선박이 누릴 수 있는 것은 무해통항권(無害通航權)뿐이다. 그러므로 타국 영해내(領海內)에서의 해양의 과학적 조사 활동은 그 연안국(沿岸國)의 동의가 있는 구역에 한해서 가능하며 또 연안국이 설정한 어떠한 조건도 준수하여야만 할 것이다.

무해통항권을 행사하여 타국의 영해를 항행(航行)하는 선박이 영해구역 통과에 부수하여 해양의 과학적 조사활동을 할 수 있겠는가에 관하여는 1958년 「영해협약(領海協約)」에는 1982년 유엔 해양법협약 제19조 2항 J호나 제40조와 같은 명시적 금지조항이 없었으므로 가능한 경우도 있다고 주장할 여지는 있지만, 영해협약 제17조에서 규정하는 바에 따라 연안국은 그 국내법령에 의거, 이러한 활동을 얼마든지 제한·금지시킬 수 있었을 것이다.

연안국의 내수(內水: internal water)에 있어서의 과학조사활동은 더욱 더 연안국의 주권적(主權的) 제한(制限)에 속하는 것으로 보아야 한다.

(2) 대륙붕(大陸棚)에서의 해양과학조사(海洋科學調査)

대륙붕에 대한 과학적 조사는 1958년 「대륙붕협약(大陸棚 協約)」제5조에서 규정하고 있다. 즉 그 제1항에서는,

> 대륙붕의 탐사와 천연자원의 개발은 … 공표(公表)할 목적으로 행하는 기초적 해

---

1) U.N.G.A Official Records 11th sess., Supple. 9(1956). p.24.
2) Ibid.

양학적 조사 및 기타 과학적 조사를 방해하는 결과를 가져 와서는 안된다.

라고 개괄적인 원칙을 제시한다. 그러나 이러한 해양의 과학적 조사에 대한 기본적 보장원칙은 제8항에서 많이 제한되고 있다. 즉,

> 대륙붕(大陸棚)에 관한 조사활동(調査活動)으로서 대륙붕에서 수행(遂行)되는 것에 관해서는 어느 것이나 그 연안국의 동의(同意)를 얻어야 한다. 그러나 연안국은 자격 있는 기관이 대륙붕의 물리학적(物理學的) 또는 생물학적(生物學的) 특성에 대한 순수한 과학적 조사를 목적으로 동의를 요청할 경우에는 통상적으로 동의를 거절해서는 안 된다. 다만 연안국이 원하는 경우에는 그 연안국은 그 조사에 참여하거나 대표를 파견할 권리를 가지며 또 어느 경우에나 그 조사의 결과는 공표되어야만 한다.

라고 규정한다.

그러므로 대륙붕에 대한 "순수목적(純粹目的)"의 조사나 "응용목적(應用目的)"의 조사나 모두 연안국(沿岸國)의 사전동의(事前同意)가 필요하지만, "순수한 목적"의 조사의 경우에 연안국의 참여·탐사결과의 공표 등의 조건이 충족되는 한, 이를 "통상적(通常的)으로" 거절할 수 없다. 이러한 제5조 8항의 입법의도(立法意圖)는 대체로 합리적인 것으로 이해되지만, 조문의 표현에 관해서는 논의의 여지가 많다.

우선 "대륙붕에 관한 조사활동으로서 대륙붕에서 수행되는 것"이라는 표현에 관하여 보면 두 가지의 해석이 가능하다. 한가지 해석은, 해양의 과학적 조사로서 대륙붕에 관한 것이며, 동시에 물리적으로 대륙붕의 해저(海底), 해상(海床)에서 수행되는 것만이 연안국 동의의 대상이 된다는 해석이다. 이와는 달리, 그것이 해저, 해상에서 수행되거나 또는 상층수역에서 수행되거나 대륙붕에 관련된 것이면 모두 이에 해당되고 또 대륙붕에 관한 것이거나 아니거나 대륙붕의 해저, 해상에서 수행되는 모든 조사활동도 이에 해당된다는 해석이 나올 수 있다. 어느 쪽의 해석이 온당한 것인가를 정함에 있어서 이 조항을 위한 입법과정의 정황적 자료(travaux preparatoires)는 그다지 도움이 되지 않는다. 대륙붕 협약당사국들 사이의 국가관행(國家慣行)을 상고(想考)하면 후자의 해석에 대체로 따르고 있는 것으로 생각된다.[3] 어느 쪽 해석을 따르든지 간에 대륙붕에 관련되지 않고 대륙붕의 상층수역(上層水域)에서 수행되는 과학조사활동은 연안국의 동의를 필요로 하지 아니한다는 것만은 분명하다. 이러한 조사활동은 기본적으로 공해자유(公海自由)의 내용 중에 포함되고 있는 해양의 과학적 조사의 자유권에 해당될 것이기 때문이다.

"순수(純粹)한 목적(目的)"의 과학적 조사라는 표현도 문제가 있다.

---

3) A.H.A.Soons, *Marine Scientific Research and the Law of the Sea*(The Hague, 1982), pp.66-82.

순수(純粹)한 목적의 조사와 응용적(應用的) 목적의 조사를 실제적으로 구별한다는 것은 용이하지 않다. 본래 "순수한" 목적에서 기획되고 시작된 과학적 조사도 일단 조사가 실제로 이루어지고 그 결과가 분석되고 나면 그 결론은 응용면(應用面)에 유용한 경우가 대부분이다. 또 순수목적의 과학적 조사에 동의를 부여해야할 "통상적(通常的)"인 상황의 범위에 관해서도 제5조 8항에는 아무런 기준이 명시되어 있지 않다.

또한 "자격(資格) 있는" 연구기관이란 어떤 것인 가도 문제이다. 무엇보다 대륙붕 협약 제1조에서 규정하는 대륙붕의 정의에서 대륙붕의 외적범위가 명확히 정의될 수 없다는 것은 제5조 8항의 해석에 기본적인 난점을 더 하고 있다고 볼 수 밖에 없다.

(3) 어업수역(漁業水域)에서의 해양과학조사(海洋科學調査)

1958년, 4개의 해양법 협약이 채택된 이래 나타나게 된 어업보존수역(漁業保存水域)의 개념은 해양의 과학적 조사활동을 규제하게 하는 또 하나의 요인이 되어왔다.

어업보존수역(漁業保存水域)을 설정한 대부분의 연안국들은 그들의 배타적 어업수역내의 조사활동에서 어류를 채취(採取)하는 한, 어업에 관련된 조사활동을 규제하는 권리를 주장하였다. 이러한 연안국의 주장은 명백한 반대를 받지 않았으며 따라서 이런 종류의 과학적 조사활동 규제는 이제 관습국제법의 내용이 되었다고 볼 수 있게 되었다.

그러나 어류를 채취하지 않는 과학적 조사활동을 규제하는 주장은 적어도 제3차 유엔 해양법회의(海洋法會議) 이전에는 나타나지 아니 하였다.

3. 1982년 유엔 해양법협약상(海洋法協約上)의 해양과학조사

200해리 경제수역(經濟水域)의 개념과 대륙붕(大陸棚)의 외측한계(外側限界)의 확장, 군도수역제도(群島水域制度)등을 등장시킨 제3차 유엔해양법 회의는 전반적으로 해양의 과학적 조사활동에 관한 보다 강화된 규제의 추세를 가져왔다. 이 회의를 통해 특히 개발도상국들은 이러한 추세를 가속화시키는 주장을 일관해서 강조하였는 바, 그 원인은 첫째로 200해리 경제수역을 비롯한 새롭게 정의된 확장된 관할수역에서 해양의 과학적 조사활동의 규제권한을 확보하지 않는 한 이들 확장된 수역에서의 주권적 관할권의 실효성은 상실된다고 개도국들이 믿었던 때문이고 특히 군사 강대국들의 해양조사활동은 간첩활동(間諜活動)으로 연결된다고 의심하고 있었기 때문이다. 1968년 미국 해군의 해양조사선 Pueblo호를 불법으로 나포한 북한이, 이 선박이 그들의 12해리 영해를 침범하였으며 간첩활동에 관련되었다고 주장한 사건은 이러한 개도국들의 의심을 더욱 조장시키는 역할을 하였다.

해양의 과학적 조사활동에 대한 규제의 강화를 반대한 것은 우선 과학자들이었다. 이미 1958년 대륙붕 협약이 1964년에 발효됨에 따라 시작된 과학적 조사활동에 대한 기존의 규제만도 진저리날 정도라고 이들은 생각하였으며, 더 이상의 규제강화는 해양연구 조사활동계획의 제안들을 무산시키게 하거나 조사계획이 채택되더라도 무익하고 지루한 관료적 절차의 장애로 인하여 효과적 실시가 결국 저해될 것이라고 우려하였다.

그들 과학자들 주장에 의하면, 해양의 과학적 조사는 모든 인류의 이익을 위한 것이며 해양이란 본래 하나의 통일된 생태학적 존재이므로 인위적 경계로 그 과학적 조사활동을 제한해서는 안 된다는 것이다. 이러한 과학자들의 주장은 제3차 유엔 해양법회의에서 선진해양국가들의 견해로 나타났다. 제3차 유엔 해양법회의의 심의과정(審議過程)을 통하여 개도국들의 강경한 규제강화의 주장에 맞선 이러한 선진해양국가들의 주장들은 결국 절충적 형태로 타결되었으며, 1958년 협약에서의 해양과학조사에 관한 규제를 보다 명확하고 세밀하게 1982년 유엔 해양법협약안(海洋法協約案)에 정착시켰다.

(1) 일반원칙(一般原則)

모든 국가와 자격 있는 국제조직은 그 지리적 위치에 관계없이 원칙적으로 해양과학조사를 수행할 권리를 갖는다. 그러나 유엔 해양법협약에 규정된 타국의 적법한 권리와 의무를 존중하는 것을 전제로 한다.(제238조) 1982년 유엔 해양법협약은 해양의 과학적 조사에 관해서 제13장에서 규정하고 있다.

이 협약의 규정에 따라서 모든 국가와 자격 있는 국제조직은 해양과학조사를 수행하고, 그 발전을 고무 증진 시켜야만 한다.(제239조) 해양의 과학적 조사활동에는 다음 원칙이 적용된다.(제240조 및 제241조)

가. 평화적(平和的) 목적(目的)의 원칙(原則)

해양의 과학적 조사는 평화적(平和的) 목적(目的)만을 위하여 수행되어야 한다. "평화적 목적만을 위한다"는 의미는 군사적(軍事的) 응용(應用)을 주된 목적으로 하는 과학적 조사활동을 배제한다는 뜻으로 해석된다.[4] 이와 유사한 조항은 「외기권(外氣圈) 협약(協約)」[5] 제4조 및 「달 협약(協約)」[6] 제3조에서도 발견된다.

---

4) G.Gal, Space Law (Layden, 1969) pp.164-172.
5) 「달과 기타 천체를 포함한 외기권(外氣圈)의 탐사 및 이용에 관한 국가활동을 규제하는 원칙에 관한 협약」 1967. Treaty on Principles Governing the Activities of States in the Exploration

나. 수단방법(手段方法)의 적법성(適法性) 원칙(原則)

해양의 과학적 조사는 유엔해양법 협약과 양립할 수 있는 적절한 수단방법에 의해 수행되어야 한다.

다. 타(他) 해양이용활동(海洋利用活動)과의 조화(調和)

해양의 과학적 조사는 다른 적법한 해양이용활동을 방해하여서는 안되며 반면에 그 다른 해양이용 활동도 해양과학조사활동을 존중하여야 한다.

라. 해양환경보호(海洋環境保護), 보존조항(保存條項)의 준수(遵守)

해양의 과학적 조사는 해양환경의 보호와 보존을 위한 협약상의 관련규칙을 준수하여야 한다.

마. 청구권(請求權) 주장(主張)의 배제(排除) (제241조)

해양의 과학적 조사활동은 그러한 활동이 전개된 해양환경이나 그 조사활동의 대상이 된 해양자원에 대한 청구권을 발생시키지 아니하며, 그러한 청구권 주장을 위한 법적 근거를 구성하지 아니한다.

(2) 영해내(領海內)의 해양과학조사(海洋科學調査)

타국의 영해내(領海內)에서의 해양과학적 조사활동(調査活動)은 그 연안국(沿岸國)의 동의(同意) 하에 그 연안국이 설정한 규제와 조건에 따라서만 수행되어야 한다.(제245조) 협약에서 명시하고 있지는 않지만 내수구역(inter water)에서의 활동도 연안국의 주권적 재량권(載量權) 하에 들어가는 것은 물론이다. 1958년 영해협약(領海協約)과는 달리 무해통항(無害通航)중 항해에 부수적인 형태로의 조사행위가 불가

---

and Use of Outer Space Including the Moon and Other Celestial Bodies. 1967년 1월 27일 워싱톤에서 체결 1967년 10월 13일 한국가입 (발효)
Article Ⅳ
… The Moon and other celestial bodies shall be used by all States Parties to the Treaty exclusively for peaceful purposes.…

6) 「달과 기타 천체에서의 국가활동을 규제하는 협약」
1979 The Agreement governing the activities of States on the Moon and Other Celestial Bodies.
1979년 12월 5일 체결(UNGA. Res. 34/68)
1980년 12월 발효(5개국 비준)
ArticleⅢ(1)
The moon shall be used by all States Parties exclusively for peaceful purposes.

(不可)한 것은 조문으로 명시하고 있다.(제19조 2항 J호)

국제해협인 영해내에서의 과학적 조사활동도 연안국의 명시적인 사전허가 없이는 불가하다.(제40조) 군도수역 해로통항(海路通航)에서도 이는 마찬가지이다.(제54조)

(3) 대륙붕 및 배타적경제수역에서의 해양과학조사

가. 연안국의 동의권(同意權)과 규제권(規制權)

협약은 기본적으로 대륙붕 및 배타적경제수역에서의 해양의 과학적 조사활동의 규제에 관해 1958년 대륙붕협약 제5조 8항의 골격을 따르고 있다.(제246조) 그러므로 대륙붕 및 배타적경제수역에서의 해양과학조사는 연안국의 동의가 있어야 한다.(제246조 2항 대륙붕협약 제5조 8항 제1문장)

협약은 "순수한 목적"의 조사라는 용어를 신중하게 회피하고 있지만 1958년 대륙붕협약에서 "순수한 목적"의 조사와 "응용적 목적"의 조사를 구별하던 방식은 그대로 답습되고 있는 셈이다. 즉 제246조 3항은 "오로지 평화적인 목적만을 위하고, 모든 인류의 이익을 위해 해양환경에 관한 과학적 지식을 증진하기 위한 조사"라는 표현을 쓰고 있는바, 이는 대륙붕협약 제5조 8항의 "순수한 목적"의 조사라는 개념을 좀더 구체화하고 있다는 차이가 있을 뿐이다. 이러한 순수한 목적의 조사의 신청에 대하여 연안국은 "통상적인 상황에서" 동의를 부여하여야만 한다. 1958년 대륙붕협약보다 개선된 규정이라면 연안국의 동의가 부당하게 지연되거나 거부되지 않도록 보장하기 위한 구체적 규제와 절차를 연안국은 미리 정해 놓을 의무가 있다고 명시한 부분이다.

제246조 제5항에는 ① "... 자원의 탐사와 개발에 직접적인 중요성이 있는 조사" ② "대륙붕의 굴착(掘鑿)·폭발물(爆發物)의 사용 또는 해양환경(海洋環境)에 유해한 물질을 도입하는 조사" ③ "인공도서(人工島嶼) 시설 및 구조물(構造物)을 건조운영 사용하는 조사"를 분류해 놓고 있는바, 이들은 1958년 대륙붕협약상의 소위 응용적(應用的) 목적의 조사에 해당한다고 볼 수 있다. 이들 응용적 목적의 조사에 관하여 연안국은 그 동의(同意)를 부여 할 것인가의 여부에 관해 완전한 재량권(裁量權)을 갖는다.(동 제5항) 또, 연안국이 완전한 재량권을 갖게되는 다른 경우로는 해양과학조사국(海洋科學調査國)이 연안국(沿岸國)에 대한 정보제공의무(情報提供義務)를 해태(懈怠)하거나 조사국(調査國) 및 자격 있는 국제조직이 이전(以前)의 조사계획으로 연안국에 현저한 의무를 미이행(未履行)하고 있을 때이다.(246조 5항(b))

연안국은 응용적 목적의 조사 및 제246조 5항(d)의 경우에 갖는 해양과학조사 신청의 동의에 대한 완전재량권의 존부(存否)에 관련된 분쟁에 대해서는 제287조의 강제적(强制的) 사법절차(司法節次)를 받아들일 의무가 없으며, 일방 당사자의 요청에 의거 제5부속서 소정의 강제조정(强制調停: obligatory conciliation)에 부탁될 뿐이다.(제12장 2의 (2)참조)

　대륙붕협약에 비하여 순수한 목적의 조사와 응용적 목적의 조사에 대한 구별이 1982년 유엔 해양법협약에서는 더 잘 정의되고 있다고 판단된다. 따라서 연안국이 당연히 동의를 부여해야 할 해양의 과학적 조사활동의 범위도 좀더 구체화된 셈이다. 협약은 더 나아가 일정한 경우에 연안국이 동의를 한 것으로 의제 할 수 있는 소위「묵시적(默示的) 동의(同意)의 경우」를 규정하고 있는 바, 이는 다음의 경우이다.

　첫째, 연안국이 조사수행국(調査遂行國)으로부터 필요한 정보를 제공받고도 4개월 이내에 ① 동의(同意)의 유보(留保) 부여 ② 정보(情報)의 부정확(不正確) 또는 오류(誤謬)의 지적 ③ 정보의 보충설명(補充說明) 요구 ④ 조사국(調査國)의 현저한 이행의무(履行義務)의 잔존 등을 통보함으로써 응답치 않는 경우는 그 정보제공일(情報提供日)로부터 6개월 후부터 연안국의 동의가 있는 것으로 의제 된다.(제252조)

　둘째, 연안국이 회원국으로 되어 있는, 또는 연안국과 양자조약을 체결한 국제기구가 그 연안국의 대륙붕 및 배타적경제수역에서 해양과학조사를 요청한 경우에 연안국이 계획통보를 받고 4개월 내에 응답치 않는 경우에도 그 계획대로 연안국이 조사를 허가한 것으로 간주된다.(제247조)

　순수한 목적의 조사에 대한 연안국의 동의의무와 관련한 소위 "통상적 상황"은 어떤 것인가에 대한 기준은 1958년 대륙붕조약 보다 개선된 바가 전혀 없다. 다만 제246조 제4항에서 순수한 목적의 조사에 관한 연안국의 동의에 관하여 그 연안국과 조사국간의 외교적 관계가 없는 것이 "통상적 상황"을 배제하는 것이 아님을 주의규정으로 밝히고 있을 뿐이다. 생각건대 일반적으로 "통상적 상황"이란 연안국과 조사국간에 무력적 적대관계가 진행중이거나 심각한 긴장상태가 존재하지 않는 한, 항상 성립되는 것으로 보아야 한다.

　나. **조사국(調査國)의 의무(義務)**

　타국의 대륙붕이나 배타적경제수역에서 해양의 과학적 조사를 수행하고자 하는 조사국은 그 연안국에 대하여 몇 가지의 의무를 진다.

　ⅰ) 정보제공(情報提供)의 의무(義務)

　　　조사국은 과학적 조사계획이 시작되기전 적어도 6개월 전에 ① 계획의 목적, 성질 ② 선박의 명칭, 톤수, 유형, 등급 등 조사수단과 과학장비 ③ 조사구역 ④ 시작과 종료일 ⑤ 조사기관, 후원기관, 계획책임자의 성명 ⑥ 연안국의 참여범위 등의 정보를 제공하여야 한다.(제248조)

　ⅱ) 연안국(沿岸國) 조사활동참여(調査活動參與) 보장의무(保障義務)

조사국 및 국제조직은, 연안국이 희망할 경우에는, 연안국으로 하여금 해양과학조사활동(海洋科學調査活動)에 참여케 하거나 해양과학조사계획(海洋科學調査計劃)에 대표가 될 수 있도록 보장하여야 한다.(제249조 1항(a))

iii) 조사결과보고(調査結果報告)의 제공의무(提供義務)(제249조 1항 (b)-(e))

조사국 및 국제조직은, 연안국이 요청할 경우에는 해양과학조사의 예비보고와 결과보고 등을 제공하여야 한다. 또 조사활동에서 얻은 모든 자료와 결론은 연안국이 이용할 수 있도록 하고 복사된 자료와, 손상 없이 분할 될 수 있는 견본을 분할하여 연안국에 제공하여야 한다.

iv) 연안국(沿岸國) 부여조건(附與條件)의 이행의무(履行義務)

순수한 목적의 조사에 관하여 연안국은 이를 부당하게 지연시키거나 거부되지 않도록 보장하는 규칙과 절차를 확립해야 하고, 과도한 조건을 부여할 수 없다.(제246조 3항) 그러나 응용적 목적의 조사에는 각종의 조건을 정할 수 있으며 조사국은 이들 조건을 이행하여야 한다.(제249조 2항)

v) 연안국의 주권적권리(主權的權利) 및 관할권 행사존중(管轄權 行事尊重)의 의무

해양의 과학 조사활동은 연안국의 주권적 권리 및 적법한 관할권 행사에 따라 연안국이 수행하는 활동을 부당하게 간섭·저해할 수 없다.(제246조 8항)

다. 200해리 이원(以遠) 대륙붕(大陸棚)에서의 조사활동(調査活動)

응용목적의 조사인 경우라도, 기선으로부터 200해리 이원의 대륙붕에서의 조사활동에 대하여는 연안국은 동의유보재량권(同意留保載量權)이 없다. 다만 개발탐사작업이 진행 중이거나 곧 진행될 일정구역을 특정구역으로 공표한 경우에 이 구역에 대해서는 동의유보재량권이 있다.(제246조 제6항)

라. 조사활동(調査活動)의 정지(停止) 및 중지(中止)

타국의 대륙붕 및 경제수역에서 조사활동을 수행하는 경우에 조사국이 연안국에 통보한 각종 정보자료대로 조사가 수행되고 있지 않거나 조사국이 연안국의 조사활동참여를 보장하고 그 조사결과를 활용할 수 있도록 보장하는 등의 각종 의무를 이행치 않은 경우에는 연안국은 그 조사활동(調査活動)의 정지(停止)를 요구(要求)할 수 있다.(제253조 1항) 연안국(沿岸國)의 정지명령(停止命令)은 조사국이 그 정보제공의무 및 기타 조사국 의무를 이행하며 조사활동을 이행하여 시정하는 즉시, 연안국에 의해서 해제되어야 하며, 조사활동은 계속되도록 허용하여야 한다.(제253조 5항) 또 중요한 사항에 관한 정보제공을 해태(懈怠)하거나, 연안국이 조사를 요구하게 된 사항의 시정이 합리적 기간 내에 이루어지지 않을 때는 그 조사활동의 중지

를 요구할 수 있다.(제253조 2,3항)

중지명령을 통고 받은 조사국은 그 조사활동을 종료하여야 한다.(제253조 4항)

(4) 공해(公海)에서의 해양과학조사(海洋科學調査)

공해에서의 해양과학조사 활동은 공해사용자유(公海使用自由)의 내용으로 명백히 규정되고 있다.(제87조) 협약상 연안국의 대륙붕 이원의 공해해저(公海海底)와 그 하층토(下層土)는 소위 국제해저지역(國際海底地域: The Area)으로 정의된다.(제1조 1항) 이러한 국제해저지역에서의 해양과학조사는 오직 평화적 목적만을 위하여, 전체로서의 인류의 이익을 위해 수행되어야 한다.(제143조 1항) 국제해저기구(國際海底機構: ISBA)는 국제해저지역(Area)에서의 조사활동을 주관한다. 즉 ISBA는 조사활동을 직접 수행하거나 이를 위한 계약을 체결할 수 있고, 지역(Area)내의 조사의 수행을 고무 증진하고, 그 조사결과를 분석·전파하여야 한다.(동 제2항)

협약의 당사국들도 지역(Area)에서의 해양과학조사를 수행할 수 있다. 이들은 이를 위해 국제적 협력을 증진하여야 한다.(동 제3항)

(5) 해양과학조사(海洋科學調査) 시설(施設) 및 장비(裝備)

해양과학조사를 위해서는 각종 고정구조물(固定構造物)의 설치나 부이 등 해상부유장치(海床浮游裝置)의 설비가 필요하다. 이들 해양자료수집기기(海洋資料收集器機: ocean data acquisition system : ODAS)들의 법적 성질에 관하여는 1960년대에 이미 UNESCO의 IOC와 IMO등이 주동이 되어 연구·검토되어 왔다. 이 결과는 「해양자료수집기기에 관한 법적 문제」라는 제명으로 1969년에 발간된 바도 있다.[7] 또 이와 관련된 협약이 기초되었으나[8] 제3차 유엔해양법회의에서 이 문제를 종합하여 타결하도록 결정되었다.

결국 이 문제는 1982년 해양법협약 제13장 제4절에서 다루어지게 되었다.

기본적으로 해양자료수집기기(ODAS)의 법적 지위와 그 사용에 관한 조건은 유엔해양법협약에서 규정된 바에 의한다.(제258조)

그러므로 영해(領海)와 군도수역(群島水域)에 있어서 이들 ODAS의 설치와 사용은 연안국의 사전동의와 규제에 의한다. 대륙붕 및 경제수역에 있어서 인공도서, 시설 또는 구조물인 ODAS의 설치와 사용에 관련되는 조사활동은 그 목적이 순수한 학술적인 경우라도 소위 응용적 조사의 범주에 속하게 되어(제246조 5항 (c)) 오로지 연안국(沿岸國)의 동의유보재량권(同意留保裁量權)에 복(服)하게 되며, 또 이를

---

[7] IOC Technical Series No.5(1969)
[8] Doc SC/IOC. EG-1(Ⅳ)/12(17 September 1970), AnnexⅢ.

인공도서·시설 또는 구조물의 형태를 갖는 ODAS는 연안국의 배타적(排他的) 관할권(管轄權)에 속하게 된다.(제250조, 제80조) 그러나 인공도서, 시설 또는 구조물의 범위에 속하지 않는 해양조사기기들이 "순수한 목적"의 조사에 활용되는 경우에 연안국은 이들의 설치 및 사용에 부당한 규제나 거부조치를 할 수 없을 것이다.

일반적으로 ODAS의 설치국(設置國)은 그 설치물(設置物)에 대해 함선에 대한 기국의 관할권과 같은 것을 갖는 것으로 일응 의제(擬制) 된다. 그러나 적어도 타국의 대륙붕과 배타적경제수역 내에서는 위와 같은 강한 제약을 받는다. 공해에 있어서도 설치국의 기국관할은 완전히 인정되며, 이는 조사활동이 상층수역이나 해저 하층토의 어디에서 수행되든 차이가 없다.

일반적으로 이들 시설장비 및 기기는 도서(島嶼)로서의 지위를 갖지 않으며 그 자체의 영해(領海)를 가질 수 없는 것은 물론, 영해·배타적경제수역 또는 대륙붕(大陸棚)의 경계획정(境界劃定)에도 영향을 주지 아니한다.(제259조) 설치국은 과학조사시설 주위에 500m를 넘지 않는 폭의 안전수역을 설정할 수 있다. 이 안전수역은 모든 국가의 선박에 의하여 존중되어야 한다.(제260조) 그러나 설치국은 이러한 장비나 시설을 중요 국제해운항로(國際海運航路)에 지장을 주는 장소에 설치해서는 안 된다.(제261조) 특히 이들 시설과 장비에는 등록국(登錄國) 또는 소속 국제기구(國際機構)를 나타내는 식별표시를 부착해야 하며, 항해 및 비행안전을 위한 경고표식도 부착하여야 한다.(제262조)

협약 제4절에서 규정하고 있는 ODAS에 관련된 규정은 완전한 것은 아니다. IOC와 IMO에서는 이들 규정을 보완하는 새로운 입법을 준비하고 있다. 특히 유실되어 타국관할권내에서 발견되는 회수된 ODAS에 관한 문제, ODAS의 활용을 불법으로 침해한 경우의 책임과 배상문제, ODAS의 기국에는 등록 및 안전규정문제 등이 제4절의 미비 된 점으로 지적될 수 있다.

(6) 해양과학조사(海洋科學調査)를 위한 국제협력(國際協力)

협약의 과학조사 활동은, 초기에는 민간연구기관이 주도하였으나 차츰 규모와 내용이 확대 발전됨에 따라 각 국가가 국가적 계획에 의해 수행하여 왔다. 그러나 해양이란 본래 하나의 통일된 생태학적 존재이고 더구나 해양이용활동 자체가 모든 면에서 단위 국가의 관련범위를 넘어 국제적인 형태로 이루어지고 있으므로 현대의 해양과학조사 활동에는 국제적 협력이 필연적으로 이루어지게 되었다.

그러므로 협약 제13장에서는 국제협력에 관한 별도의 규정을 두고 있다. 모든 국가는 주권존중(主權尊重)의 원칙(原則)과 상호이익존중(相互利益尊重)의 기초 위에 평화적 목적을 위한 해양과학조사에 있어 국제적 협력을 증진토록 하여야 한다.(제

255조)

특히 사람의 건강과 안전의 침해 및 해양환경 훼손을 방지 통제함에 필요한 정보를 획득할 수 있도록 상호 협조하여야 한다.(제242조) 모든 국가는 해양과학조사를 위해 유리한 조건을 조성시켜서 해양환경 내에서 발생하는 현상과 과정의 본질 및 상호관계를 연구함에 있어 과학자들의 노력을 통합시킬 수 있도록 상호 협력하여야 한다.(제243조) 모든 국가(및 국제조직)들은 해양과학조사로 획득된 지식과 정보를 발간 배포하며, 특히 개도국의 기술 및 과학인원을 교육하고 훈련시키는 계획을 통해 개도국들이 이러한 지식을 이용할 수 있게 하여야 한다.(제249조)

실제로 유엔전문기구들 중에는 이러한 국제협력을 위한 노력을 주도하고 있는 것들이 있다. 국제식량농업기구(FAO)는 어업에 관한 해양조사를 주도하고 있다. 세계기상기구(WMO)는 기상관측에 관한 국제협력을 주도한다. 1960년대 UNESCO에는 정부간 해양과학위원회(Inter-governmental Oceanographic Commission : IOC)가 설립되었던 바, IOC는 "그 체약국(締約國) 요원의 통합된 노력을 통해 해양의 특성과 자원에 관한 보다 많은 지식을 얻을 수 있도록 해양에 대한 과학적 조사활동을 개선증진"함을 목적으로 하고 있다.

Ⅱ. 해양과학기술(海洋科學技術)의 이전(移轉)

1. 서 론

최근 수십 년간 과학과 기술의 급속한 발전으로 인하여 야기된 가장 급하고 절실한 문제는, 이 과학과 기술의 능력을 개발도상국에게 전파하기 위한 적절한 국제법적(國際法的) 제도(制度)와 국제기구(國際機構)를 설정하는 일이다. 이것은 일반적으로 "기술이전(技術移轉: transfer of technology)"이라는 문제로 최근에 논의되고 있으며, 개발도상국 측에서는 소위 신국제경제질서(NIEO)의 수립에 관한 논의와 주장의 가장 중요한 내용을 이루고 있는 것이기도 하다.

이들 개도국들이 특히 신국제경제질서(新國際經濟秩序)의 중요한 내용으로 기술이전을 강조하는 데는 두 가지의 이유가 있다.

그 첫째는, 모든 사회의 경제적 발전에 있어서 기술은 가장 중요한 요소가 되며, 적절한 기술을 갖는다는 것은 사회개발의 필수적 요건이 되기 때문이다. 둘째로 이들의 견해에 의하면, 서구 선진국가의 기술이란, 서구열강의 식민지 경영을 통한 산업개발과 제국주의적 정책의 부산물로서 기술발전 자체도 소위 "인류(人類)의 공동유산(共同遺産)"의 일부에 불과한 것이라고 한다.[9]

개도국과 선진국간의 기술의 격차는 해양 기술분야에서 극적으로 나타나고 있다. 특히 심해저 자원개발에 관련된 해양기술은 아주 몇 안 되는 선진공업국에 의해 독점되고 있다. 제3차 유엔 해양법회의를 소집하게 된 주된 계기가 이 해양기술분야(海洋技術分野)의 발전과 관련된 문제에서 비롯되었다고도 말할 수 있다. 이 회의에서 "77그룹"은 개도국의 선진화를 가속화하고 나아가 신국제경제질서를 수립하는 하나의 수단으로서 해양기술의 개도국에의 이전을 강력히 주장하였다.10)

해양기술분야에 있어서는 심해저개발(深海底開發)에 관한 기술만이 급성장을 보인 유일한 분야는 아니다. 연안 대륙붕의 Gas와 석유개발기술도 획기적으로 발전하여 보다 수심 깊은 곳에서도 개발이 이루어지게 되었다. 또 어업기술(漁業技術)도 대단히 발전하였다. 어구의 개선 등을 통해서 원양어로기술(遠洋漁撈技術)은 급성장을 보였다. 해운(海運)과 해운환경보호(海運環境保護)를 위한 기술진전(技術進展)도 괄목할 만한 것이었다.

해양자체에 대한 과학적 지식의 발전은 일반적 기술수준의 향상과 결합하여 해양과학기술(海洋科學技術)의 급속한 발전을 이룩하게 된 것이다. 예컨대 해양의 조류(潮流)와 해수온도차(海水溫度差)를 이용한 에너지 생산기술을 비롯해서, 해저가옥(海底家屋), 인공도시(人工都市)의 건축(建築), 빙산(氷山)의 활용(活用) 등이 그것이다.

그러나 현재로서는 이러한 첨단적 해양기술이 모두 개도국에로 이전되어야 할 소위 "기술이전(技術移轉)"의 대상이 되는 것은 아니다. 기술은 일정한 정치적 법적 체제 속에서 축적되고 또 전파되게 마련이다. 그리고, 그러한 특정의 정치적 법적 체제의 성질에 따라서 개도국이 그 기술에 접근하는 양상이 달라지게 된다.

해양기술은 특히 심해저 개발기술을 비롯해서, 일반적 기술과 구별되는 고유의 특성을 갖는 것은 사실이나, 기술이전 일반에 대하여 적용되는 기본적 골격이 해양기

---

9) Statement of the Cuban representative at UNCLOS Ⅲ,
 "… The wealth and the technological superiority of many developed countries derived in part from imperialist, colonialist and neo-colonialist exploitation of the developing countries …"
 UNCLOS Ⅲ Official Records Vol.2, (1975), p.347.
10) UNCLOSⅢ Official Records Vol. Ⅱ,(1975).
 ① Statement of the representative of Congo:
   "… Scientific research and the transfer of technology could help to establish more equitable relation between developed and developing countries …". Ibid., p.353.
 ② Comment by the delegate from Argentina:
   "The development of science and technology, controlled by world centers of power as an instrument of hegemony, had widened the gap between poor and rich countries… The new law of the sea must contribute to narrow the gap separating them from the developed countries.: Ibid., p.73.

술의 이전에 대해서도 적용되게 마련이다. 기술이전 그 자체는 최근 많은 보고서와 법률논문의 주제가 되어 왔으나, 정작 해양기술의 이전문제가 별도로 논의되지 않은 것은 그 때문이다. 해양기술의 이전의 문제 중에서는 심해저(深海底) 망간 단괴(團塊)의 개발에 관련된 기술의 이전문제만이 특별히 잘 알려졌고 법적 분석의 대상이 되어 온 것은 주의할 만한 일이다. 그러나 유엔 해양법협약에서는 주지하는 바와 같이 심해저 개발기술에만 국한되지 않고 해양기술 전체의 개발과 이전에 관한 규정을 위하여 한 개의 장「제14장」을 할애하고 있다.11)

2.「기술이전(技術移轉)」에 관한 일반론(一般論)

「기술(技術)」이란 용어의 개념은 실로 모호하여, UNCTAD 보고서가 지적했듯이 "신비에 쌓여 있다"12)

일반적으로 말해서, 기술이란 "물질(物質)과 물리적(物理的) 힘을 조작하는 인간의 도구와 방법"이라고 정의될 수 있다.13) 그리고 이런 의미에서 해양기술(海洋技術)이란, 제3차 유엔해양법회의 개최를 위한 유엔사무총장의 보고서에서 나타난 바와 같이 "합리적(合理的)으로 조합된 작동체제(作動體制)를 통하여 해양환경에 적응하고 또 이를 통제하려는 인류노력(人類努力)의 산물(産物)이다"라고 정의될 수 있다.14)

유엔해양법협약 제3부속서 제5조 8항에서는 심해저개발기술(深海底開發技術)의 이전(移轉)과 관련된 "기술(技術)"의 정의를,

> 본 조의 목적상 "기술(技術)"이란, 전문화된 장비, 운영 가능한 체제를 조립, 유지, 운영하는데 필요한 교범(敎範)·설계(設計)·운영지침(運營指針) 훈련(訓練) 및 기술적 자문(諮問)과 원조(援助)를 포함한 기술적 지식 및 이런 목적 (조립, 유지, 운영의 목적)을 위하여 이들 전문장비(專門裝備)·기술적(技術的) 지식(智識) 등을 공동으로 사용할 수 있는 법적 권리를 말한다.

라고 정의하고 있다. 그러므로 기술의 개념에는 최소한 다음 요소가 내포되는 것으로 생각된다.」

즉, Hardware(외형적 장비) 운영 및 관리유지를 위한 절차와 기능 및 관리능력과

---

11) Treves., "Le transfert de technologie et la Conference sur le droit de la mar," 104 *J.DU DROIT INT'L* 43(1977)
12) UNCTAD, Guidelines for the Study of the Transfer of Technology to Developing Nations UN Doc. TD/B/A.C.11/9(1972)
13) Schilling, "Technology and International Relations", 15 Int'l *Enc.Soc. Science* 584, at 589(1967)
14) UN Report of the Sec.Gen., Description of Some Types of Marine Technology and Possible Methods for their Transfer.
UN Doc.A/Conf 62/C. 3/L.33, UNCLOS Ⅲ Off.Rec. Vol.4,(1975), p.201, 202.

같은 것들이다.

그러나 일반적으로 기술이란 외형적 물질(기계 및 장비)과 정보(가능성 연구·기획서·도표·지침서·설계도·등과 같은 기술적 지식이나 비법) 및 숙련된 인력(기술인력, 관리인력 및 고문관과 훈련요원)등과 같이 유상으로 획득가능하고 배타적 지배가 가능한 요소들 이외에 독특한 문화적 전통이나, 사고나 행위의 태양까지 포함하는 것으로 생각하고 있다. 이들 문화적 전통(文化的 傳統), 사고(思考) 및 행위의 태양은 특정 인간사회에서 오랫동안 그들의 환경에 적응하도록 고안되고, 학습되는 과정에서 축적되고 형성된 것이라고 인식되고 있다.

이러한 차원의 "기술(技術)"의 개념에는 국가조직·행정구조·교육훈련·정부의 과학정책·기획계획능력 그리고 국민전체의 과학적 기술에 대한 성향 등이 내포된다.15)

기술의 이전에 관한 논의에 있어서, 「이전(移轉)」이라는 용어를 정의한 국제적 문서나 기록은 아직 보이지 않는다. 국제적 기술이전을 정의한다면, 이는 "하나의 실체적 작동을 완성하는 인간의 행위가 여러 개의 국경을 넘어서 이루어짐으로서 기술이 확산되는 과정"이라고 말할 수 있을 것이다.

완성품의 수출은 기술의 이전이 아니다. 그것은 기술의 결과의 이전일 뿐이다. 기술의 이전은 2개의 단계로 이루어진다. 즉, 기술의 공급자로부터 기술을 습득하는 단계와 그 습득된 기술을 적용하는 단계이다.

그러므로 기술이전의 과정에는 4개의 주체가 참여하게 된다.

즉 기술공급자와 공급국가 및 기술수입자와 수입국가이다. 기술의 이전이 이루어지는 통로는 다음 8가지를 생각할 수 있다.

① 책이나 기타 인쇄된 정보의 흐름
② 학교 및 연구소의 방문 등 전문인력의 이동
③ 타국에서 생산되는 상품에 대한 지식의 습득
④ 기술자의 양성과 고용
⑤ 인력과 정보의 교환
⑥ 기계, 장비 및 관련 기술도서의 수입
⑦ 특허, 면허, 특정 기술지식의 양여(讓與), 대여(貸與)등에 관한 관련협정 및 기술 원조 조약
⑧ 직접해외투자 및 국제적 기업의 운용

---

15) Franssen, "Comment," Law of the Sea : *The Emerging Regime of the Oceans* J.K. Gamble and G.Pontercorro eds, Proceedings of the 8th Annual, Conference of the Law of the Sea Institute,(1973), p.90.

등이 그것이다.16)

　기술의 획득을 위하여 어떤 통로를 사용할 것인가는 그 문제된 기술의 특성과 그 기술을 사용할 기술 수입자의 필요와 기술적 능력수준에 의해 결정될 것이다. 어업기술(漁業技術)의 이전(移轉)에서 증명된 바로는 가장 효율적 기술이전(技術移轉)은 직접적인 접촉과 관련된 인원의 공동작업에서 이루어진다는 것이었다.17)

3. 해양기술(海洋技術)의 개도국(開途國)에로의 이전(移轉)

　해양기술(海洋技術)의 개도국(開途國)에로의 이전은 우선, 주로 국제적(國際的) 기업활동(企業活動)을 통한 상업적(商業的) 통로(通路)로 이루어진다. 또한 비영리적(非營利的) 연구계획(研究計劃) 등을 위한 양자조약(兩者條約) 및 다자조약(多者條約)의 이행을 통해서도 이루어진다.

　지금까지 역사적으로는 해외투자가 해양기술이전의 중요한 형태로 이루어져 왔지만 근래에 와서 새로운 추세는 여러 가지 형태의 개도국과 선진국간의 합작기업(合作企業)으로 나타나고 있다.

　이러한 합작기업(合作企業)은 해양기술이전의 획기적인 통로로 각광을 받고 있다. 그런데 이 국제기업에 의한 영리적 기술이전의 절차와 방법은 기술수입 측에서부터 비판을 받아 오고 있다.

　개도국은 국제기술시장(國際技術市場)에서 약자의 입장에 서게 된다. 이는 선진국과의 기술교류에 있어서 개도국은 언제나 받기만 하는 입장이기 때문이다. 여기에 더하여, 열세한 경제력·유치한 기획능력·기술 및 관리능력의 상대적 저열(低劣)상태는 이러한 입장을 더욱 심각하게 한다. 게다가 조금 고급의 기술은 선진국간에서만 유통되고 있는 실정이다.

　1974년의 「신 국제경제질서(新 國際經濟秩序) 수립을 위한 선언(宣言)」은 "현대의 기술적 발전은 국제사회의 모든 구성원들이 동등하게 이를 향유하지 못하고 있다."고 지적하고 「신국제경제질서」의 주요한 원칙의 하나는 개도국들에게 현대과학과 기술의 첨단적 성과를 누리게 하는 것이며, 기술의 이전을 촉진하고 개도국의 이익을 위한 고유의 기술을 개발시키는 것이라고 규정하고 있다.18)

　「신 국제경제질서(新 國際經濟秩序) 수립(竪立)을 위한 행동계획(行動計劃)」19)에

---

16) UNCTAD, Transfer of Technology, Including Know-How and Patents: Elements of a Programme of Work for UNCTAD. UN Doc TD/B/310.
17) Liston & Smith, "Fishing and Fishing Industry: An Account with Comments on Overseas Technology Transfer," 2 *ODIL* 285(1975).
18) U.N.G.A. Res.3201(S-VI). para. 1 & 4(P).
　　13 *ILM* 715(1974)

서는 더 나아가 기술의 이전을 위한 국제적 행동규칙을 제정할 것을 주장하고 있다. 이들 행동규칙은 개도국들이 보다 더 개선된 조건으로 현대적 기술을 활용할 수 있게 하고 개도국의 수요에 맞게 기술의 이전에 관한 상업적 관행을 성립시켜 나가는 것이어야 한다.

이 「행동계획(行動計劃)」에 의거 1978년 UNCTAD는 「기술이전(技術移轉)에 관한 국제적(國際的) 행동규칙안(行動規則案)」을 만들었다. 기술이전의 체제를 만들고 개도국으로 기술을 이전함에 있어 그 비용을 절감시키도록 규정하고 있는 이 행동규칙안(行動規則案)은 여러 외교회의를 통해 협의되었으나 아직 채택의 합의를 이루지 못하고 있다. 특히 이 행동규칙이 임의적 지침인가, 법적 구속력 있는 협약 규정인가 하는 기본적 성질규명에서 조차 의견의 합치를 보지 못하고 있다.

기술이전은 특허권 및 기타 지적 소유권에 관한 법률과 관련해서 어려운 문제들을 제기하는 바, 유엔전문기관의 하나인 「세계지적소유권기구(世界知的所有權機構: WIPO)」는 「1883년 산업재산권(産業財産權)의 보호(保護)에 관한 국제협약(國際協約)」(이하 "파리협약"으로 표기)의 개정 작업을 시작하였다. 1980년 1981년 두 차례의 외교회의를 소집하여 심의하였지만 이 국제협약의 개정안은 타결되지 아니하였다. 기술이전에 관한 행동규칙(안)이나 "파리협약"의 개정안 등은 해양과학기술만에 국한된 것은 아니다.

UNCTAD와 WIPO가 「기술이전(技術移轉)」 일반에 관한 입법작업에 임하고 있는 반면에, UNCLOSⅢ는 해양과학기술 분야의 기술이전에 관한 문제를 다루었다.

4. 유엔 해양법협약상 기술개발과 이전(移轉)

유엔 해양법협약은 두 군데에서 이것을 규정하고 있다.

하나는 심해저 개발제도에 관한 부분이고 다른 하나는 제14장이다.

첫번째 부분에 관하여 보면, 유엔해양법협약 제3부속서 제5조는 누구든지 심해저지역(深海底地域)에서 자원개발사업(資源開發事業) 광구신청(鑛區申請)을 하자면 개발청(開發廳)이나 개도국들에게 심해저개발기술(深海底開發技術)을 이전하여야 하도록 규정하고 있다. 또 제144와 제274조는 국제해저기구(國際海底機構)로 하여금 개도국의 기술요원을 훈련하고 해저광물자원개발(海底鑛物資源開發)에 관한 기술서적을 개도국이 이용할 수 있게 하고 이들 개도국들이 심해저자원 개발기술을 획득할

---

19) U.N.G.A Res. 3202(S-Ⅵ). para. N
   13 *ILM* 720(1974)
   Charter of Economic Rights and Duties of States Art.B
   U.N.G.A.Res. 3281(XXIX) 14 ILM 251(1975)

수 있게 지원할 의무를 부담하도록 규정하고 있다.

이러한 기능을 수행함에 있어서 ISBA는 해양기술의 보유자, 공급자 및 수익자의 권리와 의무를 포함한 모든 적법한 이익을 적절히 고려하여야 한다.(제267조)

두 번째 부분 즉 제14장의 규정에 관하여 보면, 이들 규정은 대체로 임의 규정의 형태를 취하고 있다.

제266조는,

> 모든 국가는 직접적으로 또는 권한 있는 국제기구를 통하여, 공정하고 합리적인 조건으로 해양기술과 과학을 개발하고 이전함을 적극적으로 촉진하기 위해서 각자의 능력범위 내에서 협조하여야 한다.

라고 규정하고 있다.

해양과학기술(海洋科學技術)의 이전(移轉)을 위하여 모든 국가는 일반적으로 수락된 지침, 기준 및 표준의 수립을 추진하여야 한다.(제271조) 해양과학기술의 이전과 개발을 위한 수단으로 생각될 수 있는 것은 기술협동을 위한 개발계획(開發計劃)의 수립, 과학과 기술에 관한 학술회의(學術會議)를 개최하는 일, 합작기업(合作企業)을 설립하는 것, 지방적 또는 국가적 해양과학기술(海洋科學技術) CENTER를 설립하는 일 등이다.(제269조 ~ 제277조까지)

이러한 규정들이 효과적으로 적용되느냐 하는 것의 관건은, 해양법협약상 중요한 역할과 기능을 부여받고 있는 국제기구의 조치를 비롯해서, 유엔해양법 협약이 발효된 후, 기술이전을 위해 어떤 조치가 취해지는가에 달려있다.

5. 기술이전(技術移轉)에 관한 법적 제도(法的 制度)의 전망(展望)

이미 일부의 국제기구(國際機構)가 해양기술(海洋技術)의 이전(移轉)에 관여하고 있는 것은 주목할 만한 일이다.

예컨대 FAO는 많은 개도국들에게 어업기술(漁業技術)을 이전하는 상당한 업적을 보이고 있다(제62조 4항(j)호에서는 어부의 훈련 어로기술이전을 규정) 또 IMO는 해운안전(海運安全)과 해양오염방지(海洋汚染防止) 분야에서 개도국에 기술원조(技術援助)를 제공하고 있고 해양분야(海洋分野)의 전문인력양성(專門人力養成)을 원조하고 있다.

그러나 석유 및 천연 GAS개발이나 근해항만(近海港灣) 시설의 건축과 같은 해양이용분야에 대해서는 기술이전을 주선할 국제기구가 존재하지 아니한다. 따라서 이 분야의 기술이전을 위해서는 국가 대 국가의 직접적인 접촉이 필요하다. 그리고 이러한 국가간 직접접촉에 의해서는 기술이전이 이룩되기는 어려운 일이다. 더구나 석유개발의 기술과 같은 것은 일부의 다국적 기업이 독점하고 있는 실정이다.

협약 일반규정에서 제302조는,

> 모든 국가는 국가안전보장의 중대한 이익에 저촉될 경우에 본 협약의 의무이행으로 요구된 정보의 제공을 거절할 수 있다.

고 규정하고 있다.

UNCTAD에서 추진하는 기술이전(技術移轉)의 행동규칙(行動規則)이 타결되면 이는 해양기술이전(海洋技術移轉)을 위하여 도움이 될 것이다. 현재로는 유엔 해양법협약상의 기술이전 조항으로 개도국이 선진해양기술을 용이하게 획득할 수 있으리라고 보여지지는 않는다. 또 각 기술의 분야별로 그 사정은 각기 다르게 될 것이다.

제13장 해양분쟁(海洋紛爭)의 평화적 해결(平和的解決)

Ⅰ. 전통 해양법상(傳統 海洋法上) 분쟁의 해결
Ⅱ. 유엔 해양법협약상(海洋法協約上) 분쟁해결제도(紛爭解決制度)

제13장 해양분쟁(海洋紛爭)의 평화적 해결(平和的解決)

I. 전통 해양법상(傳統 海洋法上) 분쟁의 해결

1. 국제분쟁(國際紛爭)의 발단(發端)

해양법(海洋法) 문제에는 분쟁(紛爭)이 생길 수 있는 경우가 많다. 예를 들어 인접국(隣接國)과 대향국(對向國)들은 서로의 경계에 관하여 다툴 수 있다. 또 어떤 국가가 타국의 EEZ 내에서 군함의 기동을 할 수 있는 권리가 있다고 주장할 때 그 타국이 그러한 권리를 부인하면 분쟁이 생긴다. 그리고 연안(沿岸) 50해리에서 고기를 잡은 어부를 연안국이 체포할 때 그 어부가 연안국에게 거안 50해리에서는 아무런 권리가 없다고 다툰다면 이것도 해양분쟁이라고 말할 수 있다.

앞의 두 가지 경우는 국가간의 분쟁이고 세 번째는 국가와 개인간의 분쟁이다. 그러나 세 번째도 아래에서 설명하는 국내법원(國內法院)의 판결(判決)과 상대국가의 외교적(外交的) 보호권(保護權)의 행사로 곧 국가간의 분쟁으로 진전되고 다루어지게 된다.

(1) 국제분쟁(國際紛爭)의 국내적 구제(國內的 救濟: local remedy)

국제분쟁(國際紛爭)이라도 우선 국내법적 구제방식을 통하여 해결하도록 노력하여야 한다.(국내적 구제의 원칙) 따라서 '국내적 구제방식의 완결(exhaustion of local remedy)'이 없는 것은 국제재판(國際裁判)에서 일종의 선결적(先決的) 항변(抗辯)이 될 수 있다. 어떤 개인이 타국 법률에 의해 체포되었는데 그가 그것이 국제법 위반이라고 생각한다면 그는 자기를 체포한 관리를 상대로 그 나라의 국내법원에 이를 다툴 수 있다. 그리고 그 국내법원은 실정 국제법을 적용해서 이를 판단하게 될 것이다.

예컨대 영국 Scotland 법에 의하면 영국 성문법규는 관습국제법에 언제나 우선한다. Mortensen vs Peters case(1906)에 관해 보면, 노르웨이 어선의 덴마크인 선장 Mortensen에 대해 영국어업구역(英國漁業區域: Moray Firth)침범을 이유로 벌금형을 선고하였던 바, 이는 3해리를 넘는 연안구역(沿岸區域)에서의 외국선박에 대한 관할권 행사이므로 국제법에 위반한다는 주장이 있었으나, 결국 이 벌금형은 유효한 것으로 판단되었다. Scotland 법원의 견해로는, Mortensen에게 벌금형을 부여케 한 영국어업제한구역(英國漁業制限區域)이 국제법에 위반된다 할지라도, 영국의회가 제정한 성문법규인 그 어업제한법(漁業制限法)에 영국법원은 기속(羈束)된다고 한 것이다. 단지 이 경우에는 외교적인 해결이 있을 수 있다. 결국 영국정부는 그 어부에게 사과하고 벌금을 돌려주었다.

그러나 Common law를 기조(基調)로한 영미법계가 아니고 로마법을 기조로한 대륙법계에서는 조약이 국내입법에 우선하는 효력을 인정받고 있다.(그러나 국내법 중 신법은 구법인 조약법에 우선한다) 독일 연방공화국에서는 실정 조약법 외에 관습국제법에도 이런 국내법 우선의 효력을 인정한다. 이러한 법제에서는, 어떤 경우에 국제법을 적용하여 국내법의 효력을 배제할 수 있는 경우도 생기게 된다.

Sally호와 Newton호 사건에서 국내법에 기한 재판관할권(裁判管轄權)을 주장한 마르세이유 항 및 앤트워프 항의 프랑스 법원판결들은 프랑스 국사원(Conseil d'Etat)에 의해 배척되었으며 그 이유는 선박의 "내부사항"은 기국관할(碁局管轄)에 속한다는 국제법을 적용하였기 때문이었다.1)

이러한 영미법과 대륙법의 법제상의 차이는 사실상 뚜렷한 것은 아니다. 왜냐하면 영미법의 Mortensen-Peters 원칙은 실제로 국내법규를 국제법에 저촉되지 않도록 해석하는 노력 즉, 소위 "해석이론(解釋理論: a rule of construction)과 영국의회는 국제법 위반의 의사가 없다고 하는 추정(推定: presumption)등으로2) 약화되고 있다. 미국에 있어서는, 조약 중에서 『자기 집행적 조약(自己 執行的 條約: self-executing treaty)』 즉 조약 그대로의 형태로 국내적 효력을 갖는다고 미국 재판소가 인정하는 조약은 직접적으로 국내적 효력을 갖는다. 따라서 이러한 조약은 국내적 구법에도 우선한다.

(2) 외교적(外交的) 보호권(保護權)의 발동(發動)

국내법원은 경우에 따라 국제법에 위반된다고 다투어지는 국내법을 적용할 수도 있다. 이러한 판결의 대상이 타국 국민인 경우에 그 타국은 이를 이유로 소위 외교적 보호권을 행사할 수 있다. 그렇게 되면 여기서부터는 국가와 외국 국민간의 분쟁에서 국가와 국가간의 분쟁으로 발전하게 되는 것이다.

2. 국제 해양분쟁(國際 海洋紛爭)의 해결(解決) : 개관(槪觀)

Libya와 Tunisia간의 대륙붕 경계에 관한 분쟁, Albania와 영국간의 Corfu 해협사

---
1) 졸저(拙著)『현대해양법론(現代海洋法論)』,(서울:아시아 社,1988), p.55.
2) Post Office vs Estuary Radio Ltd.case(1968)에서 영국의 Court of Appeal은, 영국 영해(領海)를 정하는 조례의 불분명한 부분은 "그 조례에 표시된 언어의 통상적 의미가 허용하는 한 " 「영해협약」의 각 조문과 일치하도록 해석하여야 한다고 판시하고 있다. 1952년 이후의 판례를 수록한 Queens Bench Division Law Reports (AB) Volume 2, p.40 참조.

건 등은 처음부터 국가 간의 분쟁으로 시작된 것으로서 전형적인 국제해양분쟁(國際海洋紛爭)이다.

이러한 경우는 어느 쪽 국가의 국내법원에도 먼저 제소될 필요는 없다. 국제해양분쟁에 관하여 관계 각국은 이를 평화적 수단으로 해결할 의무가 있다. 평화적 수단이라 함은 협의(協議)·조사(調査)·중개(仲介)·조정(調停)·중재(仲裁) 및 사법적 판결(司法的 判決)을 구하는 방법 등을 포함한다.3)

(1) 당사국 간의 직접협의

국제적 분쟁이 발생되었을 때는 우선 관계 당사국은 그 분쟁의 해결을 위해서 상호 교섭(相互交涉)·협의(協議)에 노력하여야 한다. 이러한 국제분쟁(國際紛爭)이 개인과 국가간의 관계에서 유발된 외교적 보호권의 발동으로 시작된 것인 경우에, 이러한 교섭과 협의는 문제된 개인이 주재국(駐在國)에 의해 체포, 기소되기 이전부터 이루어질 수도 있다. 분쟁의 원인이 일방 당사국의 국내입법에 기인된 때도 그 입법이 국내입법기관에 초안의 형태로 제안된 시기부터 국가간의 협의와 교섭은 진행될 수 있다. 교섭과 협의는 관계 당사국의 대사(大使)나 외무부장관 또는 특별교섭대표단(特別交涉代表團)에 의해 수행될 수 있다. 이러한 협의 진행에 따라 분쟁의 사실관계가 확정되고 논점이 정리되며 상호 합의점이 모색될 수 있게 되는 것이다.

(2) 제3자가 개입된 교섭

당사국 간의 직접협의와 교섭에서 합의점이 발견되지 않거나 아예 당초부터 당사국 간의 협의를 위한 접촉조차도 실현되지 못할 특별히 어려운 사정이 있을 때, 제3자가 개입하여 교섭의 진행에 결정적인 역할을 해 줄 수가 있다.

개입의 형태와 정도에 따라서 주선(周旋:good office)·중개(仲介:mediation), 조정(調停:conciliation)등의 여러 가지 형태가 있다.

가. 주선(周旋: good office)

주선(周旋)이라 함은 분쟁을 제3국의 개입으로 해결하는 방법인데 이때 제3국은 분쟁당사국 간의 의사를 연락하고 직접교섭의 개시를 주선하는 것을 기능으로 한다. 즉 제3국은 분쟁의 외곽에 위치하여 분쟁내용이나 해결안(解決案)에 관여하지 않고 권고적 의견도 제시하지 못한다.

---

3) 「유엔.헌장」 제33조 「1982년 국가간 평화적 분쟁해결에 관한 1982년 Manila선언」 UNGA. Res. 37/10(1982).

나. 중개(仲介: mediation)

중개(仲介)라 함은 분쟁을 제3국의 중개로 해결하는 방법인데 이때 제3국은 교섭의 기초를 제공하고 교섭내용에 개입하여 양보를 권유하거나 해결안을 제시할 수 있다.

다. 조정(調停: conciliation)

조정이라 함은 분쟁 당사국에 의해서 설정된 제3자적 기관이 분쟁해결을 도맡아 평화적 해결을 모색하는 방법이다. 이때 이 제3자적 기관을 조정위원회(調停委員會: conciliation commission)라고 한다.

조정위원회는 분쟁사실관계를 조사하고 분쟁의 내용을 검토하여 분쟁관계 전체의 논점을 명백하게 하는 것을 주된 기능으로 하고 나아가 해결책(解決策)을 제안할 수도 있지만 이러한 해결안은 권고적 성질을 가지며 결코 분쟁 당사국에 대한 기속력(羈束力)은 없다. 유엔헌장 제33조에 명시된 조사(enquiry)의 방법은 대체로 이 조정의 개념에 포괄시킬 수 있다. 구태여 이를 구별해서 전자는 사실의 확정만을 기능으로 한정하며 후자는 법률적 분쟁의 내용에도 관여한다는 점을 차이점으로 지적하는 견해가 있지만[4] 이는 다분히 관념적인 또는 강학상(講學上)의 편의에 따른 설명일 뿐이다. 1962년 Red Crusader호 사건에서 영국과 덴마크가 합의해서 설정한 조사위원회(The Commission of Enquiry)는 영국어선 Red Crusader의 영해침범 사실여부만을 조사한 것이 아니라 책임의 범위 및 배상액까지를 결정하였으므로 이것은 하나의 조정위원회(conciliation commission)의 역할을 다한 것으로 보아야 한다.[5]

물론 Jan Mayen섬 대륙붕사건에서 Norway와 Iceland가 합의하여 설정한 조정위원회는 본격적 조정의 기능을 하였으며, 그의 권고안(勸告案)은 양국에 의하여 받아들여졌다.[6]

(3) 중재(仲裁: arbitration)

주선(周旋), 중개(仲介)와 조정(調停)까지를 "제3자가 개입한 분쟁 당사국의 교섭"의 항목으로 설명한 것은 제3자의 개입이 있으나 이들 경우에는 그 해결안이나 제시된 논점이 당사국들을 결코 기속하지 아니한다는 점에서 이들 분쟁해결 방식은 결국

---

4) 유병화, 「국제법 총론」(서울:일조각, 1983), pp.732-737.
5) 영국 어선 Red Crusader호는 1961년 5월 30일 덴마크 영해인 Feroe도 근해에서 어로작업을 한 혐의로 덴마크 경비정의 추적(hot pursuit)을 받았다. 이 사고로 인한 분쟁해결을 위해 양국은 조사위원회의 구성을 합의하였으며, 동 조사위의 보고서는 1962년 3월 23일 제출되었다. 35 ILR 485.
6) Report of Conciliation Commission established by the Governments of Iceland and Norway, Concerning the Continental Shelf Area between Iceland and Jan Mayen. 20 ILM 797, at 803(1981).

넓은 의미의 분쟁당사국 간의 교섭에 의한 분쟁해결로 보았기 때문이다. 평화적 분쟁해결을 위한 중요한 또 다른 방식으로는 당사국이 선임한 제3자적 기관의 사실조사나 해결안 제시에 당사국들이 법적 의무로 기속(羈束)되는 것이 있다. 전자를 외교적 분쟁해결(diplomatic means of settlement), 후자를 법률적 분쟁해결(legal means of settlement)이라고도 한다.7)

법률적 분쟁해결 방식에는 중재(仲裁)와 국제사법재판(國際司法裁判)이 있다. 중재(仲裁)는 당사자들이 선임한 법관들로 구성된 제3자적 기관(중재법원)이 당사자들이 합의한 절차규칙에 따라 분쟁사실을 조사하고 해결안을 제시하는 분쟁해결 방식이다. 중재법원(仲裁法院)의 구성과 그 절차규칙은 기본적으로 분쟁 당사국들의 의사의 합치에 의한 것이라는 점에서 절차규칙과 법원의 구성이 따로 이미 확정되어 있는 국제사법재판과 구별된다.

가. 수시적 특별 중재법원(隨時的 特別 仲裁法院: ad hoc arbitral tribunal)

중재재판은 대부분이 분쟁이 발생하였을 때 관계 당사국의 합의에 의한 구성과 절차로 진행되는 중재재판부에 의해 실시되므로 이는 원칙적으로 수시적 특별중재법원(ad hoc arbitral tribunal)에 의한 분쟁해결 형식을 취한다. 1977년 영·불 대륙붕 중재판결도 이러한 방식의 전형적인 예라고 할 수 있다.

1907년 『국제분쟁의 평화적 해결에 관한 헤이그 협약』에 의거 소위 상설중재법원을 설치하였으나 이는 "상설법원(常設法院)"이라고는 할 수 없고 중재법관이 될 인사의 명단을 유지하고 있는 사무국이 있을 뿐이다. 분쟁의 당사국은 이 명단에서 2명씩의 중재법관을 선택·지명하고 이들 4명의 법관은 합의로 중재재판장을 선택·지명하여 5명의 법관이 수시적 특별중재법원을 구성하게 되는 것이다.

나. 상설중재법원(常設仲裁法院)

특별협약으로 일정한 체약국 사이에 특정된 분야의 분쟁을 위한 중재재판법원(仲裁裁判法院)의 구성과 재판절차를 미리 정하여 놓은 경우가 있는데 이것을 상설중재법원(常說仲裁法院: standing arbitral tribunal)이라고 분류해도 무방할 것이다.

1964년 『구주어업협약(歐洲漁業協約)』,8) 1969년 『기름에 의한 오염사고 발생시 공해상 개입에 관한 국제협약』9)등에 이러한 중재재판조항이 규정되어 있고 1982년 『심

---

7) J.G.Merrills, *International Dispute Settlement*(London: Sweet & Maxwell, 1984),p.70.
8) 1964 Fisheries Convention, 1964년 3월 9일 London에서 체결, 1966년 3월 15일 발효 581 U.N. T.S 57, No II. p.654.
9) 「공법협약(公法協約)」, 1969,International Convention relating to Intervention on the High Seas in cases of Oil Pollution Casualties (Intervention Convention 1969으로 표기됨.)

해저 광업에 관한 중재재판절차협정』10)은 이러한 유형의 중재법원을 규정하고 있다.

(4) 국제사법재판(國際司法裁判)

가. 국제사법재판소(國際司法裁判所)

국가 간의 분쟁을 평화적으로 해결함에 있어서, 제3자적 기관의 조사와 판단에 의한 해결에 당사국들이 법률적으로 기속 되는 본격적인 방식이 국제사법재판이다.

국가간의 평화적인 분쟁해결을 위한 제3자적 기관의 성립과 사법적 해결을 위한 완성된 절차가 일찍부터 절실히 요구되어 왔음에도 불구하고 국내적 법체제(法體制)와는 달리 국가주권(國家主權) 절대(絶對)의 원칙과 주권평등(主權平等)의 원칙을 근간으로 하는 국제사회에 있어서는 제도화된 사법기관(司法機關)과 소송절차(訴訟節次)의 완성은 여러 가지 제한과 곤란이 따르므로 쉽사리 이루어지지 않았다.

1919년 『국제연맹규약(國際聯盟規約)』은 제14조에서 상설국제사법재판소(常設國際司法裁判所: Permanent Court of International Justice: PCIJ)를 설립할 것을 규정하였던 바 이 규정에 의거 1922년 『상설국제사법재판소』가 설립되었다. 이 상설국제사법재판소는 법관의 구성과 소송절차 등이 분쟁발생 이전에 분쟁 당사국의 의사와는 관계없이 확정되어 있다는 점에서 명실공히 최초의 "상설법원(常設法院)"이라고 볼 수 있다. 단, 제소(提訴)를 위해서 양 당사국의 합의가 있어야 하는 것은 물론이다. 국제연맹이 해체된 1939년까지 PCIJ는 79건을 처리하였다. 그중 51건은 계쟁사건(係爭事件)에 대한 판결이었으며 28건은 권고적 의견의 제시였다.

국제연합의 등장과 함께 그 헌장에 따라 『국제사법재판소(國際司法裁判所: International Court of Justice: ICJ)』가 PCIJ의 뒤를 이었다. ICJ규정은 PCIJ규정을 기초로 만들어졌으며 유엔헌장과 불가분의 일체를 이룬 분쟁해결을 위한 헌장이 되었다. (유엔헌장 제92조)

나. ICJ의 강제 관할권(强制 管轄權)

PCIJ에 있어서와 같이, ICJ는 원칙적으로 분쟁 당사국 상호간의 제소(提訴)의 합의

1969년 11월 2일 Brussels에서 체결, 1975년 5월 6일 발효.
9 ILM 25(1970); Singh, *International Maritime Law Convention* (1983), Vol.3, p.2454.
10) 開發企業間 仲裁協約(Industry Arbitration Agreements)
　① 仲裁裁判 節次協定(Final Settlement Agreement. Feb. 22, 1982)
　② 鑛區 資料交換合意(Contidentiality Agreement. July 13, 1982)
　③ 暫定的 仲裁合意(Interim Agreement Sept. 2, 1982)
　④ 追加 仲裁裁判 節次協定(Supplementary Agreement. Dec. 5, 1983)
　졸저(拙著), 『현대해양법론(現代海洋法論)』, pp.729-30

(合意)가 있어야만 관할권(管轄權)을 갖게 된다. 국제사회는 독립절대의 주체인 국가들이 주권평등(主權平等)의 원칙(原則)을 유지하면서 상호 병존하고 있다는 대전제로 볼 때 국제사법재판을 위한 ICJ의 관할권이 원칙적으로 이처럼 임의성을 가져야 함은 논리적으로 당연한 것이다. 그러나 국제적 분쟁의 해결기구로서 국제사법재판소(ICJ)가 적극적인 역할을 수행하는 재판기관으로 가능하기 위해서는 분쟁당사자의 의사에 관계없이 재판관할권(裁判管轄權)을 갖는 것이 바람직하다. 이러한 두개의 논리적 상황의 충돌을 절충시킬 목적으로 국제재판에 있어서도 유사 강제관할권을 인정하는 몇 가지 방식이 고안되어 왔다.

1) 약정관할권조항(約定管轄權條項)에 의한 강제관할권(强制管轄權)

ICJ규정 제36조 1항에 의하면, "유엔헌장이나 현행 협약에서 특히 약정하는 사항"에 ICJ 관할권이 있다고 규정하고 있다. 국가들은 어떤 협약을 체결할 때에 그 협약의 해석 및 적용에 관한 특정분야의 분쟁을 그 협약 당사국중 어느 한쪽의 제소로 ICJ에 부탁할 수 있다는 약정관할조항(約定管轄條項: compromisory clause)을 삽입하는 경우가 있는데 이것이 ICJ규정 제36조 1항의 "현행 협약과 헌장에서 특히 약정하는 사항"이 될 것이다.11) 해양법에 관한 협약들 중에는 이러한 ICJ관할을 인정하는 약정관할조항을 내포한 협약들이 많다. 특별한 예로는 해양법에 관한 1958년 Geneva 4협약에 대해서『분쟁의 강제적 해결에 관한 선택의정서(選擇議定書)』12)가 있다. 이 선택의정서에서는 이들 4협약의 해석과 적용에 관한 체약국간의 분쟁이 발생하였을 경우에 일정한 합리적인 기간 내에 분쟁당사국이 다른 분쟁해결절차를 선택하는 것으로 합의하지 않는 한, 이 선택의정서의 당사국인 일방 분쟁 당사국의 제의에 의해 ICJ에 제소된다고 규정되어 있다.

그러나 해양법에 관한 Geneva 4협약의 해석과 적용에 관련된 분쟁에 관해 장차 발생될 분쟁 당사국의 일방적 제의로 ICJ의 관할을 인정해야하는 이『선택의정서』는, 분쟁내용을 예측할 수도 없고 강제관할을 받아들여야 하는 명백하고 광범위한 국가적 의무를 부과시키게 되므로 그다지 환영받지 못하였다. 이 의정서를 비준한 것은 36개국에 불과하다.13)

---

11) 유엔헌장 제36조 3항에서 규정하는 안보이사회(安保理事會)의 ICJ에 제소 권고(勸告)도 이 예에 해당한다.
12) 「Optional Protocol of Signature concerning the Compulsory Settlement of Disputes」 1958년 4월 29일 Geneva에서 체결, 1958년 9월 30일 발효.
13) 서명(署名)만 한 국가는 Austria, Canada, Indonesia, Israel, U.S.A 의 5개국, 비준(批准)한 국가는 (괄호 내는 비준년도), Australia(63), Belgium(65), Bolivia(58), Colombia(58), Costa Rica(58), Cuba(58), Denmark(68), Dom.Rep(58), Finland(65), France(58), Germany. FRG.(73), Ghana(58), Haiti(58), Liberia(58), Madagascar(62), Malawi(65), Malaysia(61),

2) 선택조항(選擇條項: optional clause)에 의한 강제관할권(强制管轄權)

ICJ규정 제36조 2항에 의하면, "국가는 일정한 사항에 관한 법률적 분쟁에 있어서 ICJ의 재판관할권을 동일한 재판의무(裁判義務)를 수락(受諾)하는 모든 국가에 대한 관계에 있어서 특별한 합의 없이 당연히 의무적임을 인정하는 선언을 할 수 있다"고 규정하고 있다.

제36조 2항에서 규정하는 "일정한 사항"이란,
(ⅰ) 조약의 해석
(ⅱ) 국제법상의 문제
(ⅲ) 확정된 경우 국제적 의무위반을 구성하는 사실의 존재
(ⅳ) 국제적 의무위반에 대한 배상의 성질과 범위
등이다.

이러한 선택조항을 수락하는 선언을 한 나라는 ICJ의 강제관할권을 인정하게 되어 위의 4가지 사항의 법률적 분쟁에 관해서는 타방 분쟁 당사국의 제의가 있으면 구체적인 경우에 제소의 의사가 없을지라도 이에 응소(應訴) 해야 할 의무가 생긴다. 이러한 재판의무는 선택조항의 수락을 선언한 국가간에만 발생한다. 선택조항의 수락선언시 특정국가와 상호조건으로 수락한 경우는 그 특정국가와의 분쟁에서만 재판의무가 생긴다. 수락선언은 일정한 기간, 분쟁의 특성 등의 조건을 부쳐서 할 수도 있다.(ICJ 규정 제36조 2항)

선택조항 수락의 선언서는 유엔사무총장에게 기탁한다. PCIJ규정 제36조에 의한 수락선언으로 계속 유효한 부분은 ICJ규정 제36조에 규정된 조건으로 ICJ의 강제관할권을 수락한 것으로 간주한다.(ICJ규정 제36조 5항)

본래, ICJ의 강제적 관할을 인정키 위한 본격적인 제도는 ICJ규정 제36조 2항의 선택조항에 의한 것이라고 일반적으로 인식되어 왔음에도 불구하고 이러한 인식과 기대는 완전히 빗나간 셈이다. 실제로 선택조항을 수락한 국가의 수는 50개국을 넘지 않았으며[14] 그것도 수락기간(受諾期間)의 제한, 관할대상(管轄對象)의 제한 등을 내용으로

Malta(66), Mauritius(70), Nepal(58), Netherlands(66), New Zealand(58), Pakistan(58), Panama(58), Portugal(63), Senegal(61), Sierra Leone(63), Solomon Is.(81), Sri Lanka(58), Sweden(66), Switzerland(66), Uganda(64), U.K.(58), Uruguay(58), Vatican(58), Yugoslavia (66) 등 36개국.

14) Gross, "Compulsory Jurisdiction under the Optional Clause: History and Practice," *The International Court of Justice at a Crossroads*, L.Damrosch, ed.(1987). p.19.
선택조항 수락국가

Australia	Austria	Belgium	Botswana	Canada
Colombia	Costa Rica	Denmark	Dominican Rep.	Egypt
El Salvador	Finland	France	Gambia	Haiti

하는 유보(留保)를 부침으로서 선택조항의 수락자체를 거의 무의미하게 하는 경우가 많았다.15)

오히려 ICJ규정 제36조 1항의 약정관할조항(compromisory clause)에 의한 ICJ의 강제관할인정(强制管轄認定)의 경우가 전자의 그것보다 더 실질적인 효과를 나타내었다. L. B. Sohn 교수에 의하면, 1920년에서 1946년까지 국제연맹에 등록된 협약수는 4,834건이며, 1946년부터 현재까지 유엔에 등록된 협약은 12,500여 개에 달하는 바 이들 중 4,000여건의 협약이 약정관할조항을 내포하고 있다고 한다.16)

Ⅱ. 유엔 해양법협약상(海洋法協約上) 분쟁해결제도(紛爭解決制度)

1. 개관(槪觀)

세계의 거의 모든 국가들이 해양법 문제에 관한 분쟁(紛爭)을 갖고 있다. 그리고 이러한 분쟁중에는 그 해결이 곤란한 문제들도 많다. 유엔 해양법협약중 분쟁의 평화적 해결에 관한 제도는 제15장에서 규정되어 있는데 이들은 유엔 해양법협약의 타결중 가장 논란과 대립이 많았던 내용이다.

기존의 국제법 상 분쟁해결제도를 기초로, 보다 전진적인 절차적 제도를 규정하고 있는 해양법 협약상의 규범의 특징은 두개의 절차적(節次的) 원칙(原則)과 구속력(拘束力) 있는 결정을 낼 수 있는 강제적(强制的) 절차(節次)라고 지적할 수 있다.

Honduras	Iceland	India	Israel	Japan
Kenya	Khmer Rep.	Liberia	Liechtenstein	Luxemburg
Malawi	Malta	Mauritius	Mexico	Netherlands
New Zealand	Nicaragua	Nigeria	Norway	Pakistan
Panama	Philippines	Portugal	Somalia	Sudan
Swaziland	Sweden	Switzerland	Uganda	U.K.
U.S.A	Uruguay			

선택조항 수락국(受諾國)은 47개국이나, 이 중 Malawi, Philippines, Sudan 및 U.S.A.는 유보를 부쳐 소위 "국내문제"의 관할을 배제하였으며, 특히 Egypt는 Suez운하에 관련된 분쟁에 대한 관할만을 인정하고 있다. 35 *ICJ Yr. Bk.* 55-89(1981). 참조.

15) Gross,op.cit. : D'Amato,"Modifying U.S. Acceptance of the Compulsory Jurisdiction of the World Court," 79 *AJIL* 385(1985)
16) L. B. Sohn,"Settlement of Disputes Relating to the International and Application of Treaties," 150 *Recuiel Des Cours* 259.(1976.Ⅱ).

(1) 분쟁해결수단(紛爭解決手段) 선택(選擇)의 자유(自由)

유엔 해양법협약상 분쟁해결제도의 기초는 유엔헌장 제2조 3항(분쟁의 평화적 해결 의무)과 제33조(분쟁의 평화적 해결방법)에 두고 있다.(제279조)

그리고 이 협약은 당사자간의 합의로 달리 다른 평화적 분쟁해결 수단을 선택할 수 있는 권리를 보장한다.(제280조) 본 협약 체약국 간에 분쟁이 발생된 경우 분쟁당사국(紛爭當事國)은 분쟁의 평화적 해결을 위한 방법의 선택에 관하여 "신속히 의견을 교환할 의무"가 있다.(제283조 1항)

또 분쟁당사국 간에 합의된 분쟁해결수단에 의한 타결이 실패로 끝났을 경우에도, 또는 타결은 되었으나 해결의 시행 등에 관해 상호협의가 요구되는 경우에도 양 당사국은 "신속히 의견을 교환할 의무"가 있다.(제283조 2항)

"신속히 의견을 교환할 의무"를 지킴으로써 기초적으로 분쟁의 평화적 해결을 위한 노력은 진행될 것이기 때문에 이러한 의무를 명시적으로 규정하고 있는 것이다.

(2) 자발적 분쟁해결(自發的 紛爭解決)의 원칙(原則)

분쟁해결의 기초는 당사국의 자발적인 협상(協商)과 타협(妥協)이 가장 우선적인 것으로 강조되어야 하므로 협약은 앞서 지적한 것처럼 당사국간의 합의에 의한 평화적 분쟁해결 수단의 선택(제280조)을 권리로서 보장하고 있으며, 나아가 협약 상의 분쟁해결제도는 원칙적으로 이러한 당사국간에 합의된 분쟁해결수단이 실패한 경우에만, 또 양 당사국이 합의로서 더 이상의 절차를 배제하고 있지 않는 경우에만, 적용되는 것으로 규정하고 있다.(제281조)

또 분쟁의 해결에 관한 구속력 있는 결정을 낼 수 있는 일반적(一般的)·지역적(地域的)·또는 양자적(兩者的) 협정이 별도로 성립되어 있고 발생된 분쟁을 이 협정의 절차에 부탁하도록 합의되어 있는 경우에는 이들 협정 상의 분쟁해결절차가 유엔해양법협약 제15장의 분쟁해결규정(紛爭解決規程)에 우선한다.(제282조)

2. 구속력(拘束力)있는 결정(決定)을 낼 수 있는 강제적절차(强制的節次)

분쟁해결수단 선택의 자유보장 등의 규정은 원칙적으로 분쟁의 해결은 당사국간의 자발적 노력으로 해결되는 것을 가장 우선적인 방법으로 본다는 것을 의미한다. 그러나 분쟁당사국들이 분쟁해결수단 선택에 합의하지 못하거나, 그들이 합의한 해결 수단으로 분쟁해결에 이르지 못한 경우는 어떻게 할 것인가? 이 때는 앞서 지적한 "신속히 의견을 교환할 의무"(제283조 2항)가 발생되며 비로소 협약 제15장 2절의 『구속력(拘束力)있는 결정을 내기 위한 강제절차(强制節次)』를 적용하게 되는 것이다.

유엔해양법협약에 이러한 강제절차를 도입하는 문제에 관하여는 많은 논란이 있었다. 1958년 Geneva 제1차 유엔해양법회의에서는 『분쟁의 강제적 해결에 관한 선택의 정서(選擇議定書)』[17]를 채택하여 해양법에 관한 강제적 분쟁해결절차를 위한 선택조항을 마련해 놓은 바 있다. 제3차 유엔해양법회의에서도 이러한 형식을 빌어서 선택조항을 두자는 견해들이 있었다. 그러나 제3차 유엔해양법회의에서 성안(成案)된 해양법협약은 방대하고도 복잡한 내용의 해양법제도를 규정하고 있는 것이기 때문에 이에 관한 분쟁들은 기속력(羈束力)있는 제3자적 기관에 의한 절차를 통해서만 해결될 수 있다고 보고 강제적 절차를 마련하게 된 것이다.[18]

궁극적으로 강제적 절차에 회부된다는 인식 그 자체가 해양법 시행상의 불합리성이나 분쟁의 요인을 회피하게 하는 기능을 하게 될 것이다. 그러므로 모종의 강제적 절차를 해양법에 관한 국제분쟁의 사법적 해결제도 속에 도입키로 결정된 것이다.

(1) 강제절차(强制節次)의 선택(選擇)과 결정(決定)

협약의 체약국은 서명(署名)·비준(批准)·가입(加入) 시나 또는 그 이후 어느 때든지 해양법협약의 해석 및 적용에 관한 분쟁의 해결을 위하여 다음 4가지 사법적 절차들 중의 하나, 또는 그 이상을 선택함을 서면으로 선언한다.(제287조 1항)

(ⅰ) 제6부속서에 의거한 국제해양법재판소(ITLOS)
(ⅱ) 국제사법재판소(ICJ)
(ⅲ) 제7부속서에 의거한 중재재판소
(ⅳ) 제8부속서에 의거한 특별중재재판소

체약국들은 예외 없이 이들 중 하나를 선택해야 하므로, 이러한 4가지 절차를 선택하는 선언이 없으면, (ⅲ)의 제7부속서에 의거한 중재재판을 선택한 것으로 간주한다. (제287조 3항)

분쟁 당사국이 동일한 종류의 사법적 절차를 서면선언으로 선택한 경우에 분쟁해결은 그 사법적 절차에 의할 것이다.(동4항) 그러나 서로 다른 강제절차를 선택한 당사국간의 분쟁은 제7부속서에 의거한 중재절차에 회부된다.(동5항)[19]

절차선택의 선언을 철회할 때는 철회 통고를 유엔사무총장에 기탁한지 3개월이 경과되어야 그 효력을 갖는다.

그러나 심해저 개발에 관련된 제11장과 그 관련 부속서의 해석 및 적용에 관한 당

---

17) Optional Protocol of Signature concerning the Compulsory Settlement of Disputes 1958년 4월 29일 Geneva에 체결, 1958년 9월 30일 발효
18) J.G. Merrills, op.cit., p119.
19) 이 경우에 ICJ나 ITLOS에 의한 절차를 선택한 것으로 간주하는 당초의 초안은 1977년 이후 탈락되었다.

사국간의 분쟁, 당사국과 기구간의 분쟁, 또는 당사국, 기구, 개발청, 국가기업 및 기타 법인 또는 자연인 개발사업주체 간의 분쟁이 제11장 5절에 의거 '국제해양법재판소 해저분쟁부(國際海洋法裁判所 海底紛爭部: SBDC)'의 관할에 속할 때에는 위의 강제절차 선택선언에 의하여 이러한 SBDC의 관할은 영향받지 아니한다.(제287조 3항)

(2) 강제절차(强制節次)의 적용제한(適用制限)과 적용배제선언(適用排除宣言)

ICJ의 경우 ICJ규정 제36조 2항의 선택조항에 의거한 강제관할이나, 1958년 해양법 협약들을 위한 선택의정서에 의한 강제관할이나, 독립절대의 존재인 주권국가가 자신의 의사에 반하여 제3자적 기관에 의한 결정에 기속 된다는 점 때문에 실제로 국제재판의 강제절차가 환영받지 못해온 것은 주지의 사실이다.

1982년 유엔해양법협약 제15장 제2절에서 규정하는 강제절차도 이러한 문제가 내재하기는 마찬가지이다. 그러나 앞서 지적한 것처럼 해양법규범의 방대성, 분쟁의 복잡성 등을 감안하여 종래에 없이 강력하고 신중한 강제절차를 제15장 2절에 성안하여 규정하여 놓은 것이다. 이러한 강력한 강제절차규정(强制節次規定)은 필연적으로 전통적인 국가주권절대(國家主權絶代)의 개념과의 조화가 필요하게 된다. 강제절차의 적용제한과 배제선언을 규정한 제297조 및 298조는 말하자면 이러한 조화를 위한 신중한 배려라고 볼 수 있다.

가. 강제적 절차(强制的 節次)의 적용제한(適用制限)

1) 협약 제15장 제2절의 강제적(强制的) 사법절차(司法節次)는 연안국의 주권적 권리 및 주권적 관할권 행사를 위한 재량권(裁量權)의 발동에 관련된 분쟁에 관해서는 원칙적으로 적용되지 않는다.

   다만, 항해·상공비행 및 해저전선·관선부설의 자유와 EEZ내에서 타국이 누릴 항해의 자유(제58조)등을 침해하는 것 같이 해양법상의 기본적인 공해자유(公海自由)의 침해나 위법이 연안국 측에 있다고 주장된 분쟁의 경우나, 해양환경의 보호·보존에 관한 국제기준 국제법칙에 위반되었다고 주장된 경우에는 제2절의 강제절차를 적용한다.(제297조 1항)

2) 『해양의 과학조사』나 『어업에 관한 분쟁』의 경우에도 원칙적으로 강제적 사법절차는 적용되지 않으며 일방당사자의 요청에 따라 제5부속서 제2절에 의한 조정(調停)에 부탁된다.(제297조 2항, 3항)

   조정(調停: conciliation)의 제기를 위한 상대방의 합의가 불필요하다는 점에서 이를 일종의 "강제조정(强制調停: obligatory conciliation)"이라고 할 수 있겠지만, 역시 조정에 불과하므로 당사국을 법적으로 기속하지 못하며, 연안국의 재량

을 조정위원회의 재량으로 대체하지도 못한다.(제297조 3항(c))

나. 강제절차(强制節次)의 적용배제선언(適用排除宣言)

유엔해양법협약의 체약국들은 그 서명, 비준, 가입 시나 그 이후 어느 때든지 다음 3가지 분야의 분쟁에 관하여는 제287조에서 규정한 강제적 분쟁해결을 위한 사법적 절차를 수락하지 않는 것을 서면으로 선언함으로써 강제절차를 배제할 수 있다.(제298조)

1) 군사활동에 관한 분쟁(제298조 1항(b))
2) 유엔 안전보장이사회(安全保障理事會)가 유엔헌장에 따른 기능을 행사함에 관련된 분쟁 (제298조 1항(c))
3) 해양경계획정 및 역사적 만이나 권원에 관한 분쟁(제298조 1항 (a))

3. 유엔 해양법협약상 분쟁해결을 위한 기구(機構)와 절차(節次)

(1) 조정(調停)

협약 제15장 제1절에서 분쟁해결제도의 일반적 총칙을 규정함에 있어서, 협약이 제3자적 분쟁해결방식으로 유일하게 특별히 규정하고 있는 것은 바로 "조정(調停)"이다.(제284조) 조정은 강제절차의 적용제한을 규정함에 따라 해양과학조사(海洋科學調査)나 어업(漁業)에 관한 분쟁에 있어서는 "강제적조정(强制的調停: a compulsory conciliation)"으로도 해결할 수 있게 규정되고 있다.(제297조 2,3항)

따라서 "조정(調停)"은 유엔해양법협약상 제3자적 분쟁해결절차로서는 가장 중요한 방식이라고 생각된다.

유엔해양법협약상의 조정은 그 제5부속서에 규정되고 있다. 유엔해양법협약은 다른 종래의 국제법상 조정과 유사하게 "수시적 조정위원회(隨時的 調停委員會: an ad hoc conciliation commission)"가 분쟁을 해결하는 주체가 되는 것으로 규정하고 있다.

가. 절차(節次)의 개시(開始)

조정(調停)은 분쟁의 당사자가 합의함으로써 절차가 개시된다.(제284조 제5부속서 1조) 강제조정인 경우에는 일방 당사자의 요청으로 개시될 것이다.(제297조 2,3항)

나. 조정위원회(調停委員會)의 구성(構成)

모든 협약 당사국은 각 4명씩의 조정위원(調停委員)을 지명하여[20] 유엔사무총장이

---

[20] 각국이 조정위원을 지명함에 있어서 조정위원의 자격은 "공정성, 능력 및 성실성에 있어서 높은

유지하는 조정위원명부(調停委員名簿)에 등재토록 한다. 조정절차를 개시한 분쟁당사국은 3주 이내에 이 조정위원 명부에서 당해 사건 해결을 위해 각 2명씩의 조정위원을 선임한다. 2명중 1명은 당사국간에 달리 합의하지 않는 한 자국민일 수 있다.

4인의 조정위원이 선임된 후 30일 이내에 이들은 조정위원회 위원장이 될 위원을 조정위원명부에서 선임한다.

이 기간 내에 이들이 제5의 위원을 선임치 못한 경우에는 1주일 내에 유엔사무총장에게 그 선임을 요청할 수 있다. 유엔사무총장은 위의 요청을 받은 후 30일 이내에 이를 조정위원회 명부에서 선임하여야 한다.(제5부속서 2조 3조)

다. 분쟁(紛爭)의 조정(調停)

조정위원회(調停委員會)는 그 자체의 절차(節次)를 스스로 결정할 수 있으며 분쟁해결을 위한 조정위원회의 보고(報告) 및 권고(勸告)에 관한 결정을 할 수 있다. 이러한 결정은 위원들의 과반수로써 행한다.(동 제4조)

위원회는 분쟁 당사자의 동의 하에 다른 유엔해양법협약의 체약국들에게 그 분쟁사건의 해결을 위해서 구두 또는 서면의 견해를 제출토록 요청할 수 있다. 또 위원회는 분쟁의 우호적 해결을 촉진토록 할 수 있는 조치를 당사국들에게 촉구할 수 있다.(동 제5조)

조정위원회의 기능은 "당사자의 진술을 듣고, 그 주장과 반론을 검토하여 우호적 해결에 도달하기 위하여 당사자에게 제안을 하는 것"이다.(동 제6조)

라. 조정보고서(調停報告書)

조정위원회는 그 구성후 12개월 이내에 분쟁사건에 관한 조정보고를 하여야 한다. 이 보고서는 분쟁사건에 관련된 사실문제 모두에 대한 결론과 또 우호적인 해결을 위하여 적절하다고 판단되는 권고를 기록하여야 한다.(동 제7조)

이상과 같은 유엔해양법협약상의 조정절차의 내용은 1969년 『조약법에 관한 Vienna협약』 "부속서"에 규정된 조정절차와 거의 동일하다.[21]

다만 1969년 조약법 협약에서 규정한 조정은 "자격 있는 법률가(qualified jurists)"로 구성된 명부에서 선임되는 조정위원회에서 실시하도록 규정되고 있는 점이 다르다. 이러한 법률가 요건을 사상(捨象)하고 있는 유엔해양법협약상 조정위원회가 "법률적 문제"에 대한 적법한 결론을 낼 수 있을 것인가에 관해 의문을 표시하는 견해도 있

평판을 갖는 자"일 것으로 되어있다.(제5부속서 제2조) 그러므로 조정위원은 반드시 법관이거나 변호사일 필요는 없다.

21) Vienna Convention on the Law of Treaties, 1969 Annex, Text in (1969) 63 *AJIL* 875.

다.22) 그러나 조정위원회의 기능(제6조)과 조정보고서의 요건(제7조)등을 똑같이 규정함으로써23) 유엔해양법협약상 조정도 사법적(司法的) 요소가 강조되어 있다고 볼 수 있으므로 당연히 "법률적 문제"에 대한 결론을 낼 수 있으며 "당사자의 진술을 듣고 주장과 반론을 검토하여…해결에 도달하도록 권고할 수 있다"고 보아야 한다.(제6조)

1982년 유엔해양법협약상의 조정이나 1969년 조약법 협약상의 조정에 있어서나, 어느 경우에도 조정위원회의 결론이나 권고를 포함한 보고는 당사자를 구속하지 아니한다.

(2) 중재(仲裁)

가. 중재절차(仲裁節次)에의 부탁

유엔해양법협약상 제3자적 분쟁해결방식으로서의 중재절차가 시작되는 것은 다음 3가지 경우가 있다.

첫째는 분쟁 당사자가 그들의 분쟁을 평화적으로 해결하는 방식으로 중재절차(仲裁節次)에 의하기로 합의(合意)한 경우이다.(제280조)

둘째는 구속력 있는 결정을 내리는 강제절차로서, 분쟁 당사국의 일방이 서면 선언으로 중재방식을 선택한 경우이다.(제287조 1항(C))

셋째는 구속력 있는 결정을 내는 강제절차로서 어떤 방식도 선택한 바 없는 당사국은 결국 중재재판방식을 선택한 것으로 간주되며(제287조 3항) 또 분쟁 당사국이 서로 다른 방식을 강제절차로 선택한 경우에도 당사국간에 달리 합의되지 않는 한 분쟁은 중재절차에 의하게 된다.(제287조 5항) 중재절차는 유엔 해양법협약 제7부속서에 규정되어 있다. 분쟁 당사자는 타국 당사자에 대한 서면통고로써 분쟁을 중재절차에 부탁할 수 있다. 이 통고에는 청구내용(請求內容)과 청구이유(請求理由) 및 이유에 관한 진술이 내재되어야 한다.(제7부속서 제1조)

나. 중재재판소(仲裁裁判所)의 구성(構成)

모든 협약 당사국은 각 4명씩의 중재관을 지명하여 유엔사무총장이 유지하는 중재관 명부에 등재토록 한다. 각국이 중재관을 지명함에 있어서 중재관의 자격은, "해사(海事)에 경험이 풍부하고, 공정성(公正性)·능력(能力) 및 성실성(誠實性)에 있어서 높은 평판을 갖는 자"일 것으로 규정되어 있다.(동 제2조 1항) 그러므로 중재관(仲裁官)은 반드시 법관이거나 변호사일 필요는 없다. 중재관의 자격에 법관으로서의 요건이 결여되어 있는 점에 관련해서 역시 중재재판절차를 통한 법적 판단의 완전성에 관

---

22) J.G. Merrills, op.cit., p124.
23) Vienna Convention on the Law of Treaties, 1969 Annex, para.3-6. Text in(1969)63 *AJIL* 875,; 대한민국 관보 1980.1.22(화요일) 제8450호 pp.45-46

해서 우려하는 견해가 있다.[24]

　소송절차(訴訟節次)를 제기한 당사자가 중재개시를 통고할 때는 위의 중재관 명부에서 자국적(自國籍)인 중재관 1명을 선임하여 통고한다. 상대방 당사국은 중재개시 통고를 받은 날로부터 30일 이내에 역시 위의 중재관 명부에서 자국적 중재관 1명을 선임하여야 한다. 기간 내에 선임하지 않을 때는 국제해양법재판소 소장이 이를 선임한다.

　분쟁 당사국은 위의 자국적 중재관 이외에 제3국 국적인 3명을 중립적 중재관으로 상호합의하여, 위의 중재관 명부에서 선임한다. 그리고 분쟁 당사국들은 이들 3명의 중재관중에서 중재재판장을 선임한다. 중재개시를 통고 후 60일 이내에 중립 중재관(中立 仲裁官) 선임 및 중재 재판장(仲裁 裁判長) 선임에 관한 합의가 이루어지지 않을 때는 일방 당사국의 요청에 의해 국제해양법재판소 소장이 이를 선임한다.

　2개 이상의 분쟁 당사자가 관련된 분쟁에 있어서는 쌍방 당사자의 경우의 규정을 최대한 적용한다.

　수 개의 당사자가 있는 경우, 이들은 각기 1명의 자국적 중재관을 임명하고 관련 당사자의 합의로 제3국적의 중립 중재관을 선임하여야 한다. 이러한 중립 중재관의 수는 각 당사자가 선임한 자국적 중재관의 수보다 1명이 더 많아야 한다.(제7부속서 제3조)

　다. 중재재판(仲裁裁判)

　당사자가 달리 합의하지 않는 한, 중재재판소(仲裁裁判所)는 그 자체의 절차를 스스로 결정할 수 있다. 중재재판소는 각 당사자에게서 진술을 듣고 각자의 입장을 주장할 완전한 기회를 보장한다.(제7부속서 제5조)

　분쟁당사국은 중재재판절차(仲裁裁判節次)를 위하여 모든 관련 있는 문서·시설·정보를 제공하여야 하며, 중재재판소가 증인 또는 전문가를 소환해서 그들의 증거를 수집하거나 사건과 관련 있는 지역을 방문코자 할 때 이 모든 것이 가능토록 실현시켜야 한다.(동 제6조) 그러나 이러한 협조의무는 어디까지나 "분쟁 당사국의 자국법"에 따라 "이용 가능한 수단"의 범위 내에서의 의무이므로 실질적으로는 큰 효과가 기대될 수 없는 경우도 많을 것이다. 중재재판소의 결정은 중재관들의 과반수로서 행한다.

　중재재판소 중재관들의 결석이나 기권은 중재재판소의 의결에 장애가 되지 아니한다.(동 제8조) 이 조항은 유엔해양법협약상 중재재판 규정 중 특색 있는 부분인 바, 중재재판소의 중재관들에 의한 고의적인 재판기피나 재판불능 사태를 미연에 방지하는 효과를 위한 새로운 규정이라고 생각된다.

　가부(可否)가 동수(同數)일 때는 중재 재판장이 결정 투표권을 갖는다.(동 제8조)

　일방의 당사국이 중재재판에 출정하지 아니하거나 또는 사건의 방어를 하지 아니하

---

[24] J.G.Merrills, op.cit., p.126.

는 때는 타방 당사국은 자국에 유리하도록 판정할 것을 요청할 수 있다. 즉 중재재판 절차에 있어서 일방의 궐석(闕席)이나 사건의 방어포기(防禦抛棄)는 소송절차 진행에 장애를 구성하지 아니한다. 다만 중재재판소는 판정을 하기 전에 당 재판소가 당해 분쟁에 재판관할권을 갖고 있는가 하는 것을 확인해야 할 뿐만 아니라 청구가 사실상 법률상 충분히 근거가 있는 것임을 확인하여야 한다.(동 제9조) 이상과 같은 중재재판 당사자의 궐석 및 방어포기에 대한 규정은 ICJ규정 제 53조와 거의 동일하다.

라. 중재재판(仲裁裁判)의 판정(判定)

중재재판소(仲裁裁判所)의 판정(判定)은 분쟁 당사국을 기속(羈束)한다. 일단 중재판정이 나오면 이것은 최종적인 것으로 확정된다. 미리 당사국간에 상소절차(上訴節次)에 관한 합의가 없는 한 상소(上訴)로 다툴 수 없다. 그리고 분쟁 당사자는 그 판정내용을 이행하여야 한다.(동 제11조)

중재재판소의 판정의 효력은 분쟁 당사국에 의하여 부탁된 분쟁의 중요사항에 대해서만 국한된다. 판정은 그 기초가 된 이유를 제시하여야 한다. 그리고 판정에는 참여한 중재관의 성명과 판정일자를 명시하여야 한다.

당해 분쟁을 위한 중재재판소의 중재관은 판정에 대한 개별의견 또는 반대의견을 첨부할 수 있다.(동 제19조)

판정의 해석이나 이행 방법에 관한 분쟁은 일방 당사자의 요청으로 중재재판을 내린 그 중재재판소에 다시 부탁될 수 있다. 물론 분쟁 당사국간의 합의로 제287조 1항의 다른 재판절차에 의할 수도 있다.(동 제12조)

제7부속서의 중재절차 규정은 국제기구(國際機構)와 같은, "국가가 아닌 분쟁 당사자"에게도 필요한 수정을 가하여(*mutatis mutandis*) 적용될 수 있다.(동 제13조)

(3) 특별중재(特別仲裁)

해양활동에 관련된 국가간의 분쟁내용이 그 특별한 분야에 전문적 지식과 기술을 가진 전문가로서의 특별한 소양이 없는 중재관에 의해서는 원만한 처리가 되기 어려운 것들이 나타나게 되었다. 일찍이 1958년 제1차 유엔해양법회의에서 성안된 『어업(漁業) 및 공해(公海)의 생물자원보존(生物資源保存)에 관한 협약(協約)』에는 어업과 해양환경 보존분야에 관한 분쟁을 위한 특별절차가 규정된 바 있었다.(동 협약 제9조-제12조)

이러한 특별절차를 1982년 유엔 해양법협약에서는 그 범위와 내용을 발전시켜서 채택하고 있다. 이러한 특별 중재절차는 제8부속서에서 규정된다.

가. 특별중재절차(特別仲裁節次)의 제기(提起)

특별중재절차는 구속력(拘束力)있는 결정을 내는 강제절차의 선택적 수단 중의 하나이다.(제187조 제1항(d)) 따라서 서면 선언으로 이 방식을 수락한 당사국간의 일방 당사자의 요청으로 이 특별중재절차는 제기될 수 있다. 특별중재절차로 다룰 수 있는 분쟁은 특별한 분야에 국한된다. 즉 ① 어업(漁業) ② 해양환경(海洋環境)의 보호(保護)와 보존(保存) ③ 해양의 과학적 조사 및 ④ 선박기인오염(船舶起因汚染) 및 투기오염(投棄汚染)에 관련된 항행문제의 4가지 분야에 관한 유엔 해양법협약의 해석과 적용에 관한 분쟁만이 대상이 된다.(제8부속서 제1조)

나. 특별중재재판소(特別仲裁裁判所)의 구성(構成)

특별중재재판소의 중재관 선임을 위한 전문가의 명부는 위의 4가지 분야별로 어업분야(漁業分野)는 FAO가, 해양환경(海洋環境保護)·보존(保存)의 분야는 UNEP가, 해양과학조사(海洋科學調査) 분야는 IOC가, 선박기인 및 투기오염에 관련된 선박문제 분야에는 IMO가 각기 작성·유지한다.(제8부속서 제2조 1·2항)

모든 해양법협약 당사국들은 위 4개의 각 분야별로 2명씩의 전문가를 지명하여 각 전문가 명부에 등재할 수 있다. 이 전문가 명부를 위한 지명에 선임될 수 있는 인사의 자격요건은 "각 해당된 분야에서 법적, 과학적, 기술적인 자격이 확고히 성립되고, 일반적으로 인정되고 있고, 공정성과 성실성에 있어서 높은 평판을 갖는 자"이어야 한다.(동 제2조 3항)

일반적인 조정, 중재절차의 판정위원이 될 자의 요건에서는 의도적으로 누락되고 있는 법적자격요건(法的資格要件)이, 특별중재재판을 위한 전문가의 자격에서는 포함되고 있는 것은 특히 부적절하게 뒤바뀐 느낌이 없지 않다. 결과적으로 유엔 해양법협약상의 분쟁해결제도에 있어서는 법적 자격을 분쟁해결의 판정자가 일반적 국제협약의 해석과 적응에 관련된 판단을 함에 있어서 우선적으로 갖추어야 할 공동된 자격요건으로 보고있지 않으며, 다만 전문성이 요구되는 경우에, 과학이나 기술 등과 동등하게 취급되는 또 하나의 전문적 분야에 불과한 것으로 취급되고 있다고 보여진다.

특별중재절차를 제기하는 분쟁 당사국은 위의 4분야 중 분쟁사항과 관련되어 해당되는 전문가 명부에서 자국적의 중재관 1명을 포함한 2명의 중재관을 선정하여 특별중재절차 제기통고에 포함시킨다. 이러한 서면통고를 받은 타방 당사자는 30일 이내에 역시 관련 전문가 명부에서 자국적 중재관 1명을 포함한 2명의 중재관을 선임한다. 이러한 선임이 기간 내에 이루어지지 않으면 특별중재 제기자(特別仲裁 提起者)의 요청에 따라 유엔사무총장이 당사국과 합의하여 이를 선임한다.

분쟁 당사국은 합의에 의하여 특별중재 재판장이 될 제5의 중재관을, 제3국 국적인으로, 위의 전문가 명부에서 선임한다. 이에 관한 합의가 30일 이내에 이루어지지 않을 때도 유엔 사무총장이 당사국과 합의하여 이를 선임한다.

다. 특별중재(特別仲裁)의 재판(裁判)과 판정(判定)

특별중재의 재판과 판정에 관해서는 중재재판에 관한 규정(제7부속서 제4조부터 제12조까지)을 준용한다.(제8부속서 제4조)

라. 특별중재재판(特別仲裁裁判)의 특성(特性) : 사실심사(事實審査)와 권고(勸告)

중재(仲裁)는, 중개(仲介)나 조정(調停) 등과는 구별되는 소위 "법률적 분쟁해결방식(legal means of settlement)"이다. 따라서 특별중재방식도 원칙적으로는 그 사실조사나 판정에 당사국들이 법적 이행의무로 기속 되는 것은 동일하다.

그러나 특별중재재판소 구성에서 보아온 바와 같이 특별중재재판소는 중재재판소의 구성방법보다는 조정위원회 구성방법에 더욱 가깝게 되어 있다. 그리고 특히 제8부속서 제5조에서는 특별중재재판소의 기능에 사실조사(제5조 1항)와 분쟁해결을 위한 권고제시(勸告提示)(제5조 3항)등을 첨가함으로써 조정에 유사한 특성을 아울러 갖게 하였다.

(4) 국제해양법재판소(國際海洋法裁判所: ITLOS)

해양법상의 분쟁해결을 위하여 특별히 신설되는 법률적 분쟁해결 기관이 국제해양법재판소(ITLOS)이다

특정분야의 분쟁은 그 특정 분야만을 위하여 설립된 특별법률기관에 의해서 해결하는 것이 가장 바람직하다고 하는 생각은 새로운 것은 아니다. 그 가장 전형적 선례는 『구주인권협약(歐洲人權協約)』[25] 을 위한 구주인권재판소(歐洲人權裁判所)이다. 그러나 ICJ이외에 ITLOS를 신설하게 된 것은 기존의 ICJ의 기능에 대한 불신감이 작용한 것이라고 지적하는 견해도 있다.[26]

가. 재판소(裁判所)의 설치(設置)와 구성(構成)

1) 설치(設置)

국제해양법재판소(International Tribunal for Law of the Sea : ITLOS)는 해양

---

[25] European Convention for the Protection of Human Rights and Fundamental Freedoms Signed at Rome on November 4, 1950. entered into force on September 3, 1953. 213 U.N.T.S.221.
[26] J.G.Merrills, op.cit., p.130.

법에 관한 분쟁해결을 위한 기관이다. 이는 유엔해양법협약의 규정과 그 제6부속서인 『국제해양법재판소규정(國際海洋法裁判所規程: Statute of the International Tribunal for the Law of the Sea)』에 의거, 서독(현 독일)의 함부르크 시에 설치하기로 하였다.(제6부속서 제1조) ITLOS의 설치와 그 기능의 원활한 수행을 준비하기 위해, 그리고 필요한 규칙·규정의 제정과 기타 필요한 조치를 위하여 준비위원회(準備委員會: The Preparatory Commission for the International Sea-bed Authority and for the International Tribunal for the Law of the Sea)가 1983년 3월부터 정기적으로 소집되어 준비를 진행하였다.(『결의 I』참조)

2) 구성(構成)

ILTOS는 공정하고 성실하다는 훌륭한 평판을 갖고, 해양법 분야에 공인된 권위와 능력이 있는 인사 중에서 선발된 독립된 자격의 21명의 판사로 구성된다.(제6부속서 제2조) 이들 중에 동일국적(同一國籍)의 판사는 2명을 초과할 수 없고 또 그들의 출신에 관하여 유엔총회가 수립한 지리적 지역구분(「이사회 구성에 있어서의 5개 지역구분」참조)을 기준으로 한 형평에 맞는 안배가 고려되어야 한다. 이를 위하여 각 지역구분에서 최소한 3명의 판사를 배출하여야 한다.(동 제3조)

이들 판사의 선출을 위하여 본 협약 당사국은 각 2명 이하의 후보를 지명할 수 있다. 유엔해양법협약이 발효한 날로부터 6개월 이내에 이들 후보로부터 판사를 선출하기 위한 제1차 선거가 실시되어야 한다. 이 최초의 선거는 유엔사무총장이 소집하는 당사국회의에서 2/3의 출석과 2/3의 다수결로 결정된다. 제1차 이후의 판사의 선임은 당사국회의에서 합의한 절차에 따른다.(동 제4조)

판사의 임기는 9년이며 재선될 수 있다. 그러나 1차 선거에서 선임된 판사 중 7명은 3년 후에, 다른 7명은 6년 후에 임기가 종료하는 것으로 함으로써 매 3년마다 7명씩의 판사가 다시 선출되도록 규정되어 있다.(동 제5조) 1차 선거에서 선출된 판사 중 3년 또는 6년 임기의 판사를 결정하는 것은 유엔사무총장이 실시할 추첨으로 정하기로 되어 있다.(동 제5조 2항) 재판소는 3년 임기의 재판소 소장과 부소장을 선출하며, 이들은 재선될 수 있다. 재판소는 서기를 둔다. 그리고 필요한 다른 직원을 둘 수 있다. 재판소장과 서기는 재판소의 소재지에 거주해야 한다.(동 제12조)

재판소는 특별한 범주의 분쟁을 처리하기 위하여 필요하다고 인정할 때는 3인 이상의 재판관으로 구성되는 특별부(Special Chamber)를 설치할 수 있다.(동 제15조)

재판소의 재판을 위한 정족수는 11명이다.(동 제13조) 재판소는 그 기능을 수행하기 위한 규칙과 절차를 제정하여야 한다.(동 제16조)

나. 재판소(裁判所)의 권능(權能)

1) 당사자(當事者) 적격(適格)

유엔해양법협약의 당사국은 이 재판소의 소송당사자(訴訟當事者)가 될 수 있다. 본 협약당사국이 아니라도 본 협약 제11장에서 명시적으로 규정하거나, 이 재판소의 관할권을 인정하는 다른 협약에 따라 분쟁해결을 부탁하는 모든 주체도 이 재판소의 소송당사자가 될 수 있다.(동 제20조)

2) 재판소(裁判所)의 관할권(管轄權)

이 재판소는 유엔해양법협약의 규정에 의거 이 재판소에 부탁되는 모든 분쟁과 신청들, 그리고 이 재판소에 관할권을 부여하는 다른 협정에서 특히 규정하는 범위의 모든 사건에 대하여 관할권을 가진다.(동 제21조) 이미 발효 중이고 유엔해양법협약의 내용과 연관된 모든 당사국이 동의한 때에는 그 협약의 해석·적용에 관한 분쟁도 ITLOS가 다룰 수 있다.(동 제22조)

3) 절차(節次)

이 재판소가 다룰 모든 사건은 제소(提訴)의 특별협정이나 서면신청(書面申請)을 서기에게 송부함으로써 절차가 시작된다. 서기는 이 특별협정이나 서면신청을 모든 관계자와 당사국에 통보한다. 변론(辯論)은 재판소의 소장 또는 부소장의 주재로 진행된다. 이 재판소의 심리(審理)는 원칙적으로 공개된다.(동 제26조 2항) 일방 당사자가 나타나지 않거나 자기의 사건을 변호하지 않는 경우에는 타방 당사자가 절차를 진행하여 결정을 내릴 수 있다. 모든 문제는 출석한 재판관의 과반수 동의로 결정된다. 가부동수인 경우에는 재판소장이 결정권을 갖는다.(동 제29조)

4) 판결(判決)

판결은 그 기초가 된 이유를 제시하여야 하고, 판결에는 결정에 참여한 판사의 이름을 포함시켜야 한다.(동 제30조) 판결은 최종적이며, 모든 당사자를 구속한다.(동 제33조)

다. 해양법재판소(海洋法裁判所)의 설립(設立).

협약 규정 제308조 3항에 의거하여 국제심해저기구(國際深海底機構: International Seabed Authority: ISBA) 총회(Assembly) 모임의 제1차 회기가 세 번에 걸쳐 개최되었다. 즉 총회 제1회기는 1994년 11월 16-18일, 1995년 2월 27일-3월 17일, 1995년 8월 7일-18일 Jamaica에서 열려 해양법 협약 체제의 조기 가동에 관한 문제를 토의하였다. 여기에서 가장 중요한 문제는 이사회의 구성을 위한 각 이사국의 선임과 해양법재판소의 개설문제이었다. 이 해양법재판소는 해양문제에 관련된 국가간의 분쟁을 재판을 통해서 해결키 위한 중요한 국제사법기관으로서 1982년 유엔 해양법 협약 제15장 및 제6부속서에 의거해서 새로 신설된 재판기관이다. 이는 유엔 헌장 제92조에 의거해서「헤이그」에 설립되어 있는 국제사법재판소(國際司法裁判所)와 쌍벽을 이루는 국제사회의 사법적(司法的) 분쟁해결기관(紛爭解決機關)이다. 해양에 관련된 국가 간 분쟁의 평화적 해결은 현대 국제사회에 있어서 점차로 그 중요성이 커져가고 있으므로 해양법 협약에서 국제사법재판소와 별도로 이 재판기관을 신설한 것은 참으로 의의 있는 일이다. 구주인권협약(歐洲人權協約)이 유럽인의 인권문제를 위해 구주인권재판소(歐洲人權裁判所)를 따로 설치한 것처럼 특정분야의 분쟁은 그 분야를 전문적으로 다루기 위해서 설립된 사법기관에서 해결하는 것이 바람직하다는 생각은 새로운 것은 아니다. 그러나 국제사법재판소(國際司法裁判所)가 있는데 따로 해양법재판소(海洋法裁判所)를 새로 설립하는 것은 기존의 국제사법재판소의 기능을 저해하며 그 권위에 대한 불신을 가져올 것이라는 이유 등으로 그 설립에 강력히 반대한 일부의 견해도 있었다.27) 그러나 국제분쟁의 사법적 해결을 위한 다양한 재판기관이 설립되는 것은 오히려 분쟁 당사국에게 보다 확실하게 사법적 해결을 시도하도록 고무하는 국제법상 제도의 발전으로 보아야 하며 따라서 해양법재판소의 설치로 국제사법재판소의 권위가 저해된다는 생각은 현대 국제사회와 국제법의 본질을 오해하는 부정확한 견해라고 볼 수 밖에 없다.28) 어찌되었든 해양문제의 분쟁 당사국들은 그 분쟁의 사법적(司法的) 해결(解決)을 위해 분쟁해결의 절차와 수단을 선택할 수 있게 되어있다(협약 제280조). 이러한 선택에 있어서 기존의 국제사법재판소와 새로 생긴 해양법 재판소는 동등한 자격으로 선택되는 사법적(司法的) 수단이 된다(협약 제287조).

해양법 재판소를 구성하는 21명의 재판관은 전체적으로 세계의 중요한 법체계가 대표되고 지리적으로 공평한 배분이 이루어지도록 구성하여야 한다(제6부속서 제3조 해양법재판소 규정 제2조 2항). 그러나 실제로 이러한 배분을 법적으로 보장하는 것은, "각 지리적 구분마다 3인 이상의 재판관을 선출토록 한다."라고 규정한 동 규정 제9조 2항 밖에는 없다. 그리하여 해양법협약 당사국 회의에서는 이 조항을 보완하기 위해 세계의 5개 지역 구분별 재판관 수의 배분을 정하였다. 이에 의하면, 아시아 지역에 5명, 아프리카 지역에 5명, 라틴 아메리카 및 캐리비안 지역에 4명, 서유럽 및 기타 지역에 4명, 동유럽 지역에 3명 등으로 배분되었다.

해양법재판소의 구성을 위해 그 재판관 선임을 위한 제1차 선거를 협약 발효 일로

---

27) Shigeru Oda, "The International Court of Justice from the Bench", 244 Recueil des Course 9, 139-55 (1993 Ⅶ).
28) Jonathan I. Charney, "The Implications of Expanding International Dispute Settlement Systems: The 1982 Convention on the Law of the Sea," 90 AJIL (1996) 69-75.

부터 6개월 이내에 실시하게 되어 있었지만29) 1994년 11월 21일, 22일에 소집된 초기 당사국회의 (Meeting of States Parties to the Convention)에서는 「이행협약」으로 새롭게 협약을 비준하게될 선진 공업국들의 국내적 절차 이행의 시간을 고려하여 이를 1년 이상 연기하기로 정하였으며 결국 1996년 8월 1일에 실시키로 되었다. 다만 유엔 사무총장은 1995년 5월 16일 (즉 협약 발효 후 6개월) 이내에 해양법재판소 서기장 대리(書記長 代理: an acting Registrar)를 지명토록 하였다.30)

유엔 사무총장은 1995년 3월 27일 각국으로 하여금 해양법재판소 판사후보를 지명토록 권고하였는 바, 이 권고에 의거 협약 당사국인 각국은 33명의 후보를 지정 등록하였다. 이 후보 등록은 1996년 6월 17일 마감되었다. 1996년 7월 24일부터 8월 2일에 걸쳐 New York에서 소집된 제5차 당사국 회의에서 21명의 재판관이 선임되었다.31) 해양법재판소는 독일 함부르크에서 1996년 10월 1일부터 그 정식 업무를 개

---

29) 협약 제6부속서, 제4조 3항.
30) Moritaka Hayashi, "Towards Universalization of the International Tribunal for the Law of the Sea." Script presented in the SEAPOL meeting at Shangri-La Hotel Bankok, Thailand. December 14 1994.
31) 지난 8월 2일 해양법재판소 재판관 선임 결과, 우리 나라의 박춘호 교수가 9년 임기의 재판관으로 선임되었다. 아시아 지역의 5명은 한국, 일본, 중국, 인도 및 레바논 후보가 각기 재판관에 선임되었다. 이 중 한국과 일본 국적 재판관은 임기 9년이며, 중국은 6년, 인도와 레바논이 각기 3년으로 되었다. 21명의 재판관 명단은 다음과 같다.

재판관	소속국적
AKL, Joseph*	Lebanon
ANDERSON, David Heywood	United Kingdom of Great Britain and Northern Ireland
GAMINOS, Hugo**	Argentina
EIRIKSSON, Gudmundur**	Iceland
ENGO, Paul Bamela*	Cameroon
KOLODKIN, Anatoly Lazarevich*	Russian Federation
LAING, Edward Arthur**	Belize
MAROTTA RANGEL, Vicente*	Brazil
MARSIT, Mohamed Mouldi	Tunisia
MENSAH, Thomas A.	Ghana
NDIAYE, Tafsir Malick**	Senegal
NELSON, L. Dolliver M	Grenada
PARK, Choon-Ho	Republic of Korea
RAO, P. Chandrasekhara*	India
Treves, Tullio**	Italy
VUKAS, Budislav	Croatia
WARIOBA, Joseph Sinde*	United Republic of Tanzania

시하였다.

(5) 해저분쟁재판부(海底紛爭裁判部: SBDC)

해저자원의 탐사(探査)와 개발(開發)에 관한 유엔 해양법협약의 새로운 제도와 규범들에 관련된 각종 분쟁은 그 자체에 내재된 성격이 특수하므로 해양법재판소(ILTOS)와는 별도의 특별재판기관에서 다루어져야 한다는 주장이 있었다. 그러나 결국 해저자원의 개발·탐사에 관련된 분쟁을 위한 분쟁해결기구로서는 ITLOS내에 따로 해저분쟁재판부를 두어서 기능적 접근을 하는 방식으로 타결되었다.

가. 설치(設置)와 구성(構成)

SBDC는 유엔해양법협약 제11장과 제6부속서 제4절에 따라 ITLOS내에 둔다. ITLOS의 판사 중 재판소의 다수결로 선출된 11명의 판사로 SBDC를 구성한다. 11명을 선출함에 있어서는 세계의 법체계의 구분과 지리적 지역구분에 따른 안배가 고려되어야 한다. 국제해저기구(國際海底機構)의 총회에서 이 안배원칙(按配原則)에 관련된 권고를 채택할 수 있다. SBDC의 구성을 위한 안배원칙에 관해서 정치적 기관인 총회(總會)가 관여할 길이 열려있는 것은 당초에 SBDC의 구성에 관한 전권(全權)을 총회에 부여하려한 제안의 잔재이며 중립적 국제사법기관(國際司法機關)인 ITLOS가 다수결로서 SBDC의 판사를 선출하도록 정하여진 것에 대한 보완책(補完策)이기도 하다.

SBDC의 판사는 매 3연마다 선출되며 2회에 한하여 중임 될 수 있다. 그러나 소송절차(訴訟節次)가 3년 내에 종결되지 않으면 그 SBDC는 종래의 판사가 그 소송절차를 완료하여야 한다. SBDC의 재판을 위한 의사정족수는 7명이다. 재판을 위한 의결정족수는 물론 과반수이다.

나. 관할권(管轄權)과 적용법조(適用法條)

SBDC는 해저지역내 자원의 탐사·개발활동에 관련된 분쟁에 대한 관할권을 갖는다.(제288조 3항, 제187조, 제6부속서 14조)

제187조는 SBDC의 관할권 범위에 관해서 상세한 규정을 하고 있다. SBDC가 관할

WOLFRUM, Rudiger*	Germany
YAMAMOTO, Soji	Japan
YANKOV, Alexander**	Bulgaria
ZHAO, Lihai**	China

위의 명단 중에서 *표 하나는 3년 임기, *표 두 개는 6년 임기, *표가 없는 사람은 9년 임기의 재판관으로 선임된 것임.

할 분쟁은 ① 당사국간, ② 당사국과 해저기구간, ③ 해저기구와 개발계약자간, ④ 국가 기업 및 자연인 또는 법인을 막론하고 개발계약자 상호간의 분쟁들을 모두 포괄한다.

강제절차(强制節次)의 선택선언(選擇宣言)이 SBDC의 관할에 영향을 주지 않는다는 것은 앞서 지적한 바와 같다.(제287조 2항)

개발계약 또는 작업계획의 해석·적용에 관한 분쟁은 달리 합의하지 않는 한, 일방 당사자의 요청에 의하여 구속력있는 상사중재에 회부되어야 한다.(제187조 2항) 그러나 이 UNCITRAL 중재규칙에 의거한 상사중재재판소(商事仲裁裁判所)는 협약의 해석에 관한 한, SBDC의 판단에 의거하여야 한다. 그러므로 이러한 상사중재재판 중에 분쟁이 협약의 해석문제와 관련되거나, 당사자의 청구(請求)나 직권(職權)으로(proprio motu), SBDC의 판결에 의존키로 한 때는 이들 분쟁은 SBDC의 관할로 될 것이다.

SBDC는 본 협약과 이와 충돌하지 않는 모든 국제법 규범을 적용하며 당사국의 합의로 형평과 선을 재판의 준거로 할 수 있다.(제293조) 그러나 이에 더하여 ① 기구가 채택한 규칙·규정 및 절차와 ② 계약과 관련된 사항에 있어서는 지역 내 활동에 관한 계약조건들도 적용할 수 있다.(제6부속서 제38조)

다. 해저분쟁재판부(海底紛爭裁判部)의 특별부(特別部)(Ad Hoc Chamber of SBDC)

SBDC는 특정 사건의 취급을 위하여 3인의 재판관으로 구성되는 특별부를 둘 수 있다. 이는 당사자의 승인으로 SBDC가 결정된다. 당사자가 합의에 이르기 어려울 때는 각 당사자가 1인의 재판관을 각기 지명하고 제3의 재판관은 합의에 의하거나 SBDC의 재판장이 지명한다.(제6부속서 제36조)

사건은 일방 당사자의 요청으로 이 특별부에 회부될 수 있다.(제188조 1항)

라. SBDC결정(決定)의 집행(執行)

SBDC의 결정은 그 당사국의 국내 최상급 법원의 판결을 그 영토 내에서 집행하는 것과 동일한 방식으로 집행된다.(제6부속서 제39조)

4. 맺음말

현대 해양법 체계에 있어서, 특히 많은 새로운 제도를 개발시킨 방대한 유엔해양법 체계에 있어서, 해양분쟁(海洋紛爭)의 평화적(平和的) 해결제도(解決制度)는 특별히 다음과 같은 중요한 의의가 있다.

첫째, 분쟁해결(紛爭解決)을 위한 효과적인 법적 절차의 확립은 국제사회의 해양이용활동에 관한 각국의 국익조정에 있어서 정치적·경제적 압력수단을 방지하게 한다.

강대국 및 선진 경제대국에 맞서서 해양활동을 영위해 가야할 개발도상국들은 "법안에서의 평등(equality in law)" 원칙이 보장되는 국제법적 차원에서 그들의 분쟁을 법절차에 따라 해결할 수 있도록 보장하는 것이 필요하다.

둘째, 일반적으로 해양법의 해석(解釋)과 적용(適用)에 있어서 일관성(一貫性)과 안정성(安定性)을 보장하는 방도를 마련하는 것은 강대국과 개도국을 막론하고 필요하고도 중요한 일이다. 만일 해양법의 해석과 적용에 일관성과 안정성이 보장될 수 없다면 오랜 세월 많은 나라의 협의와 노력으로 어렵게 만들어낸 해양법협약이라는 것도 하나의 무용지물에 불과하게 된다.

셋째로, 특히 제3자적 절차를 해양분쟁의 평화적 해결수단으로 해양법 제도 속에 확립하는 것은 중요하고 필요하다. 왜냐하면 해양법 규범에 새롭게 등장한 각종 제도는 상호간의 긴밀한 균형관계에 있으며 이들 제도에 관한 각 조항의 해석과 적용은 공정하고 확립된 제3자적 사법절차(司法節次)에 의해서만 그 안정성과 일관성이 보장될 수 있을 것이기 때문이다.

참고문헌목록

참고문헌목록

1. 〔일반참고문헌〕

姜泳勳, 「군함의 법적 지위」, (서울 : 연경문화사), 1984.
金大淳, 「국제법론」, (서울 : 삼영사), 1998.
金明圭, 「영해법」, (서울 : 형설출판사), 1976.
金榮球, 「현대 해양법론」, (서울 : 아세아사), 1988.
金楟鍵, 「국제법」, (서울 : 박영사), 1993.
朴種聲, 「해양국제법」, (서울 : 법문사), 1973.
    -, 「한국의 영해」, (서울 : 법문사), 1985.
朴椿浩·柳炳華, 「해양법」, (서울:민음사), 1986.
柳炳華, 「국제법총론」, (서울 : 일조각), 1983.
    -, 「국제법 Ⅰ」, (서울 : 진성사), 1996.
    -, 「국제법 Ⅱ」, (서울 : 진성사), 1989.
    -, 「동북아지역과 해양법」, (서울 : 진성사), 1991.
李丙朝·李仲範, 「국제법신강」, (서울 : 일조각), 1996.
李錫龍, 「국제법-이론과 실제」, (서울 : 세창출판사), 1995.
李漢基, 「국제법강의」, (서울 : 박영사), 1983.
    -, 「한국의 영토」, (서울: 서울대출판부), 1969.
曹佐鎬, 「세계문화사」, (서울 : 박영사), 1975.
崔宗和, 「국제해양법강의」, (부산 : 태화출판사), 1998.
洪成化, 「대륙붕법」, (서울 : 삼화출판사), 1973.
玄勝鐘, 「로마법원론」, (서울, 일조각), 1966.
Alexander, L. M. ed., *Law of the Sea : A New Geneva Conference*, 1972.
----------., *Regional Arrangements in Ocean Affairs*, New Port : Office of Naval Research, 1977.
Amache, Pyan C. and Sweeney, Richard James. ed., *The Law of the Sea :U.S. Interests and Alternatives*, Washington D.C. : American Enterprise Inc., 1976.
Anand, R. P., *Legal Regime of the Seabed and the Developing Countries*, Indian : Ramson Press, 1975.

Archer, Alan A. "Resources and Potential Resources of Nickel and Copper in Manganese Nodules", *Manganese Nodules, Dimensions and Perspectives* (Proceeding of a United Nations Expert Group Meeting on Sea-bed Mineral Resources Assessment), *Natural Resources Library* Vol. II, Dordrecht : D. Reidel Publishing Company, 1979.

Attard, C. J., *The Exclusive Economic Zone in International Law*, Oxford: Clarendon Press, 1987, p.174

Barabolya, P. D. et al., *Manual of International Maritime Law*(Moscow : Military Publishing House, Ministry of Defence USSR, 1966) trans. by U.S. Dept. of the Navy, Jan. 1968.

Baty, T., *Britain and Sea Law,* 1911.

Baxter, R. R. and Triska, Jan F., *The Law of International Waterways with Particular Regards to Interoceanic Canals*, Cambridge MA : Harvard Univ. Press, 1964.

----------., *The Law of International Waterways*, Cambridge : Harvard Univ. Press, 1964.

Benarde, Melvin A., *Our Precarious Habitat*, New York : Viking Press, 1970.

Benedicts, Edward G., *American Admiralty* Vol. 6A 7th ed. by Knauth, 1958.

Biliana, Cicin-Sain and Knecht, Robert W., *Regional Arrangements in Ocean Affairs*, New Port : Office of Naval Research, 1977.

Borgese, Elisabeth Mann., *The Drama of the Ocean*, New York : Harry N. Abrams Inc. Publishers, 1975.

Bowett, Derek, *Islands, Rocks, Reefs, and Low-tide Elevations in Maritime Boundary Delimitations,* Ibid.

Brierly, J. L., *The Law of Nations* 4th. ed., Oxford : Clarendon Press, 1949.

----------., *The Law of Nations* 6th. ed., Oxford : Clarendon Press, 1963.

Briggs, Herbert W., *The Law of Nations : Cases, Documents and Notes* 2nd. ed., New York : Appleton-Century Inc., 1952.

Brittin, Burdic H., *International Law for Sea-going Officers* 3rd. ed., Annapolis : Naval Inc. Press, 1977.

Brown, E. D., *The Area Within National Jurisdiction*, London : Graham & Trotman, 1984.

----------.,*The International Law of the Sea*, Vol. I (Introductory Manual),

Aldershot: Dartmouth, 1994.

Brownlie, Ian., *Principles of Public International Law* 2nd. ed., Oxford Clarendon Press, 1977.

Brüel, Eric., *The International Straits*, 1947.

Butler, W. E., *Northeast Arctic Passage*, Netherlands : Sijthoff & Noordhoff, 1978.

──────., *The Soviet Union and the Law of the Sea*, Baltmore : The Johns Hoptins Press, 1971.

Cable, J. F., *Diplomacy at sea*, London, Macmillian, 1985.

Cagle, M. W. and Mason F. A. *The Sea War in Korea*, Anapolis : U.S. Naval Institute, 1957.

Candy, Courtland., *A History of Ships and Seafaring*, New York : Hawthorn Books, 1963.

Carson, Rachel., *Silent Spring*, Boston : Houghton Miffin Co., 1962.

Castaneda, Jorge., *Legal Effect of U.N. Resolution*, New York : Columbia Univ. Press, 1979.

Churchill, R. R. and Lowe, A. V., *The Law of the Sea*, Manchester Univ. Press, 1983.

Columbus, C. J., *The International Law of the Sea* 2nd ed., London : Longmans Gr. & Co., 1951.

──────., *The International Law of the Sea* 3rd ed., London : Longmans Gr. & Co., 1954.

──────., *The International Law of the Sea* 4th ed., London : Longmans Gr. & Co., 1959.

Cuyvers, Luc., *Ocean Uses and Their Regulation,* New York : John Wiley & Sons Inc., 1984.

Dahmani, Mohamed, *The Fisheries Regime of the Exclusive Economic Zone*, Dordrecht: Martinus Nijhoff, 1987.

Dalloz., *Jurisprudence generale* Vol. Ⅰ.

Davis, Jr. Richard A., *Principle of Oceanography*, Addision-Westey, 1977.

Dea'K and Jessup., *Neutrality, Laws, Regulations and Treaties* Vol. Ⅱ, 1939.

Fauchille, P. *Traité de droit international public* Vol. 1 & 2, Paris, 1925.

Fenwick, Chares G., *International Law* rev. 3rd ed., New York : Appleton

Century Crofts, Inc., 1952.

Friedmann, Wolfgang., *The Changing Structure of International Law*, New York : Columbia Univ. Press, 1964.

Fulton, T. W., *The Sovereignty of the Sea*, London : William Blackwood & Sons, 1911.

Galani., *De doveri de'principi neutrali verso i principi guerre giant i, e di questi verso i neutrali*, Naples, 1782.

Gal, G. *Space Law*, Layden, 1969.

Garcia, S.M., *The Precautionary Principle: Its Implecations in Capture Fisheries Management, Ocean and Coastal Management* Vol.22.

Gidel, Gilbert C., *Le droit international public de la mer* Vol. Ⅰ, 1934.

Gilbert, C., *Le Droit International Public de la Mer*, 3.Vols., Paris, 1932-1934.

Greig, D. W., *International Law* 2nd. ed., 1976.

Grotius, Hugo., *Mare Liberum* Ralph McGoffin Van Dean. trans from Latin to English, *Freedom of the Seas*, New York : Oxford Univ. Press, 1916.

Hall, William Edward., *A Treaties on International Law* 8th. by A Pearce Higgins, Oxford Univ. Press, 1924.

Highet, Keit., *Use of Geophysical Factors in the Delimitation of Maritime Boundary*, in International Maritime Boundaries.

Henkin, Louis., *Law of the Sea's Mineral Resources*, Prepared for the National Council on Marine Resources and Engineering Development, Washington D.C., 1967.

Higgins and Columbus., *The International Law of the Sea* 2nd. ed., London : Longmans Green & Co., 1951.

Horsfield, Brenda and Stone Peter, Bennet., *The Great Ocean Business*, London & Aukland : Hodder and Stoughron, 1972.

Jennings, Robbert and Watts, Arthur., *Oppenheim's International Law* 9th ed., Vol. Ⅰ·Ⅱ·Ⅲ, London: Longman Group, 1992

Jessup, P. C. *The Law of Territorial Waters and Maritime Jurisdiction,* New York : Oceana, 1927.

Johnston, Douglas M., *The Environmental Law of the Sea : Early Adjustments* (1945-1973), Halifax : Dalhousie Univ. Press, 1979.

----------., *The International Law of Fisheries,* New Haven : Yale Univ.

Press, 1965.

Knight, H. Gary., *The Law of the Sea : Cases, Documents and Readings*, Louisiana : Claitor's Law Book, 1978.

Lapidoth, Ruth., *Les Detroits en Droit International*, Paris : Pedone, 1972.

Lauterpacht., *International Law*, Vol. I 8th ed, London: Longmans Green, 1955,

Leifer, Michael., *Malacca, Singapore, and Indonesia,* Netherland : Sijthoff & Nooredhoff, 1978.

Lenoble, J. P., *Polymetalic Nodules Resources and Reserves in North Pacific from the Data Collected by AFERNOD*, Bringhton : Oceanology International, 1980.

Linklater, Eric., *The Voyage of the Challenger*, London : Doubleday & Company Inc., 1972.

Lissittzyn, Oliver J. *International Law Today and Tomorrow*, New York : Oceana, 1965.

Little, Arther D., *Technological and Cost Analysis of Manganese Nodule Processing Technologies and Their Significant Variations*, 1984.

MacChesney, Brunson., *International Law Situation and Documents,* U.S. Naval War College *(1956)*, Washington D.C. : U.S. Government Printing Office, 1957.

----------., *International Law Situation and Document*, U.S. Naval War College (1956), Washington D.C. : U.S. Government Printing Office, 1957.

Mass'e, G., *Le droit commercial dans ses rapports avec la droit des gens(1844)*, cited in O'Connell D. P. *The International Law of the Sea* Vol. I, ed. by Shearer I. A., Oxford : Clarendon Press, 1984.

Maxwell, Richard and Robertson, Horace. ed., *Law and Contemporary Problems : Law of the Sea, Where Now?*, Durham Duke Univ. Press Vol. 46, No. 2, Spring 1983.

Ma, Ying Jeou., *Legal Problem Seabed Boundary Delimitation in the East China Sea*, Occasional Papers Reprint Series in Contemporary Asian Studies, No. 3, School of Law, Univ. of Maryland.

McDougal, Myers S. and Burke, William T., *The Public Order of the Oceans,* New York : Yale Univ. Press, 1976.

McKelvey, V. E. and Wang Frank F. H., *World Subsea Mineral Resources*, Dept. of Interior U.S. Geological Survey, 1969.

Mero, John L., *The Mineral Resources of the Sea*, New York : Elsevier, 1965.

Merrills, J. G., *International Dispute Settlement*, London : Sweet & Maxwell, 1984.

M'Gonigle, R. Michael and Zacher, Mark W., *Pollution, Politics and International Law : Tanker at Sea*, Berkely : Univ. of California Press, 1979. review

Murray, J. and Renard, A. F., *Deep Sea Deposit : Reports on the Scientific Results of Voyage of HMS Challenger*(during the years of 1873-76), London : Her Majesty's Stationary Office, 1891.

Nordquist, Myron H. and Park, Choon Ho., *North America and Asia-Pacific and the Development of the Law of the Sea : USSR*, New York : Oceana, 1981.

Nussbaum, Arthur., *A Concise History of The Law of Nations*. rev. ed., New York : The MacMillan Co., 1954.

Nyhart, J. D. et al., *A Cost Model of Deep Ocean Mining and Associate Regulatory Issuse*, Report of Massashusets Institute of Technology, 1978.

O'Connell, Daniel Patrick., *International Law* Vol. Ⅰ. 2nd ed., London : Stevens and Sons, 1970.

----------., *The Influence of Law on Sea Power*, Manchester : Manchester Univ. Press, 1975.

----------., *The International law of the Sea* Vol. Ⅰ, Oxford : Clarendon Press, 1982.

----------., *The International Law of the Sea* Vol. Ⅰ. ed. Shearer, New York : Oxford Univ. Press, 1982.

----------., *The International law of the Sea,* Oxford : Clarendon Press, 1984.

Oda, Shigeru., *The Law of the Sea in our Time-New Development 1966-1975*, Lyden : Sijthoff, 1977.

Park, Choon Ho. *East Asia and The Law of the Sea*, Seoul : SNU Press, 1983.

Petrow, Richard., *Across the Top of Russia*, New York : David McKay, 1967.

Prescott, Victor,, *The Maritime Political Boundaries of the World*, 1985.

Ramazani, R. K., *The Persian Gulf and the Strait of Hormuz,* Netherland : Sijthoff & Nooredhoff, 1979.

Rembe, N. S., *Africa and the International Law of the Sea*, : Sijthoff & Noordhoff, 1980.

Roach, Ashley and Robert, Smith., *United States Responses to Excessive Maritime Claims,* 2nd ed. Boston, Martinus Nijoff Publisher, 1996.

Robert, A. and Guelff, R. ed., *Documents on the Laws of War*, Oxford : Clarendon Press, 1982.

Rosenne, S., *League of Nations Conference for the Codification of International Law(1930)*, New York : Dobbs Ferry, 1975.

Rovine, A. W. ed., *Digest of United States Practice in International Law*, Washington D.C. : Government Printing Office, 1974.

Schneider, J., *World Public Order of the Environment* ch.6, 1979.

Shalowitz, Aaron L., *Shore and Sea Boundaries* Vol. I (1962), cited in Knight H. Gary. *The Law of the Sea : Cases, Documents and Readings*, Baton Rouge : Claitor's Law Books, 1978.

Shusterich, Kurt Michael., *Resources Management and the Oceans : The Political Economy of Deep Seabed Mining*, Bulder Colorado : West View Press, 1982.

Smith, H. A., *The Law of Custom of the Sea* 3rd ed., London : Stevens & Sons Ltd., 1956.

Smith, Robert W., *Exclusive Economic Zone Claims : An Analysis and Primary Documents*, Dordrecht : Marinus Nijhoff Publishers, 1986.

----------. *Geographic Research Study*, U.S. Dept. of State, No. 20, Oct. 21 1985.

----------. *Report* No. 988, U.S. Dept. Bureau of Intelligence and Research, June 15 1978.

Sohn, Louis B. and Gustafson, Kristen., *The Law of the Sea in a Nutshell,* St. Paul : West Publishing Co., 1984.

Soons, A. H. A., *Marine Scientific Research and the Law of the Sea*, The Hague, 1982.

Sorensen, Marx., *Manual of Public International Law*, London : Mcmillan,

1968.

Stone, Julius., *Legal Control of International Conflict*, Sydney : Maitland Pub. Ltd., 1954.

Stove, Keith S., *Ocean Science*, New York : John Wrilry & Sons, 1979.

Symmons, C. R., *The Maritime Zones of Islands in International Law*, Hague, 1979.

Takeuchi, Hitosh, Uyede, Kanamor., *Debate about the Earth : Approach to Geophysics through Analysis of Continental Drift*, San Francisco : Freeman, Cooper & Co., 1967.

Teclaff, Ludwick A. and Uton, Albert E., *International Environmental Law*, New York : Praeger Publishers, 1974.

Timagenis, G., *International Control of Marine Pollution* Vol. Ⅱ, New York : Ocean Pub., 1980.

Toffler, Alvin., *Future Shock*, New York : Benten Books, 1970.

Tressle, and Lemon, G., *Marine Products of Commerce* 2nd. ed., 1951.

Truver, Scott C., *The Strait of Gibraltar and the Mediterranean*, Alphenaan den Rijn : Sijthoff & Noordhoff, 1980.

Tucker, Robert W., *The Law of War and Neutrality at Sea : Naval War College International Law Studies*, Washington : U.S. Government Printing Office, 1957.

Verzil, J. H. W., *International Law in Historical Perspective* Vol. Ⅳ.

Weston, B. H., Falk, R. A. and D'Amato, A., *Basic Documents in International Law and World Order*, St. Paul : West Publishing Co., 1980.

Wiseman, J. D. H. and Ovey, C. D., *Definition of features on the deep sea floor Deep Sea Research* Vol. Ⅰ, 1952.

Wolf, Christian., *Institution Juris Naturae of Gentium*, 1750.

Jessup, C. Philp., *Modernes Völkerrecht*, Wien-Stuttgart : Humboldt-Verlag, 1950.

Verdross, Alfred., *Völkerrecht, Wien* : Springer-Verlag, 1964.

岩田光明・木材泰彦,「國際海峽」, (東京 : 教育社), 1978.

西村友晴,「領海問題と非核三原則」, (東京 : 安全保障調査會), 1977.

橫田喜三郎,「海の國際法」, 上卷, (東京 : 有斐閣), 1959.

敬健一府 外,「深海底資源と國際法」, (東京明星大學出判部), 1973.

加藤一郎 遍,「公海法の國際的 展開」, (東京 : 岩波書店), 1982.

2. 〔논문집〕

고려대 법학연구소「법학논집」

서울대학교「법학」

박춘호박사 문집간행위원회,「之海문집」

LSI Proceedings, *Law of the Sea : Neglected Issues*, 1978.

----------, *Ship Generated Pollution*, 1979.

----------, *The Law of the Sea : Problems from the East Asian Perspective*, 1981.

----------, *The Law of the Sea and Ocean Industry : New Opportunities and Restraints*, 1982.

----------, *The 17th Law of the Sea Institute Annual Conference*, 1983.

----------, *The Law of the Sea : Problems from the East Asian Perspective*, 1984.

----------, *The Law of the Sea : What Lies Ahead?*, 1986.

----------, *The UN Convention on the law of the Sea : Impact and Implementation*, 1987.

----------, *The International of Extended Maritime Jurisdiction in the Pacific*, 1987.

----------, *The International Implications of Extended Maritime Jurisdiction in the Pacific*, 1987.

----------, *New Developments in Marine Science and Technology : Economic, Legal and Political Aspects of change*, 1988.

----------, *Implementation of The Law of the Sea Convention Through International Institution*, 1989.

----------, *The Law of the Sea in the 1990s : A Framework for Further International Cooperation*, 1990.

Natural Resources Lawyer Proceedings American Bar Association National Institute on the Marine Resources.

New Directions in Ocean Law Policy and Management, Halifax : Dalhousie Univ., 1986.

Proceedings American Bar Association Conference Inc. of Marine Resources,

Long Beach Calif., June 1967.
Proceedings 1st World Dradging Conference, New York, 1967.
Proceedings U.S. Naval Institute, Jan. 1982., Nov. 1986.
Reports of the Committee ILA Seoul Conference, 1986.
Occasional Papers No. 8, School of Law Univ. of Maryland, 1987.
Thesaurus Acroasium Vol. Ⅶ, *Proceedings* of the Institute of Public International Relations, Greece : Thessalonikci, 1977.
The Center for Ocean Law and Policy 7th Annual Seminar *Proceedings*, Montego Bay Jamaica, 1983.
The Frontier of the Seas Proceedings of the 5th International Ocean Symposium, Tokyo : Japan, 1981.
The SEAPOL Meeting *Proceedings* at Shangri-La Hotel Bankok, Thailand. December 14, 1994.
U.S. & the LOS Convention LSI Workshop Proceedings, Honolulu : Univ. of Hawaii, 1984.
「國際政經論集」第3號, 青山學院大學 國際政治經濟學會, 1985年 6月.
林 久茂 外 9人, 海洋法の 新秩序-高林秀雄 先生 還曆記念, (東京, 東信堂), 1993.

3. 〔정기학술지〕

대한국제법학회, 「국제법학회논총」
한국사법행정학회, 「사법행정」
서울국제법연구원, 「서울국제법연구」
국제문제조사연구소, 「국제문제연구」
한국해양대학교, 「사회과학연구논총」
한국해양연구소, 「해양정책연구」
한국환경법학회, 「환경법연구」
Academie de Droit International de Ia Haye. (Hague Recueil)
American Association of Petroleum Geologist Bulletin (AAPG)
American Bar Association Journal (ABAJ)
American Geological Society Bulletin (AGSB)
American Journal of International Law (AJIL)
American Society of International Law (ASIL)
Annuaire de I' Institut de droit international (Annuaire)

Annuaire francais de droit international (Annuaire francais)
Asian Wall Street Journal (AWSJ)
Australian Year Book of International Law (AYIL)
British and Foreign State Papers (BFSP)
British Yearbook of International Law (BYIL)
Cambridge Law Journal (Cam.LJ)
Canadian Yearbook of International Law (Can.YIL)
Current Legal Problems (CLP)
Digest of International Law (DIL)
Foreign Affairs (FA)
Harvard International Law Journal (HIJL)
Indian Journal of International Law (IJIL)
Informal Composite Negotiating Text (ICNT)
Informal Composite Negotiating Text-Revision 1 (ICNT-Rev.1)
Informal Composite Negotiating Text-Revision 2 (ICNT-Rev.2)
Informal Single Negotiating Text (ISNT)
International and Comparative Law Quarterly (ICLQ)
International Economy, Society, Science (IESS)
International Lawyer (IL)
International Organization (IO)
Japanese Annual of International Law (JAIL)
Journal de Droit International (J.de dtoit int'l)
Journal of Geophysics Research (JGR)
Journal of Law and Economy (JLE)
Journal of Maritime Law and Commerce (JMLC)
Kansas Law Review (KLR)
Korean Journal of International Law (KJIL)
Korean Journal of Maritime Law (KJML)
Law and Contemporary Problems (LCP)
Law of the Sea Institute Occasional Paper (LSIOP)
League of Nations (LoN) digest
Limits in the Seas, published by the Geographer, United States Department of State(*Limits in the Seas*)

Marine Fisheries Review (MFR)
Marine Policy (MP)
Marine Policy Reports (MPR)
National Resources Lawyer (NRL)
Netherland Yearbook of International Law (NYIL)
Ocean Development and International Law (ODIL)
Recueil des cours de l'Académie de droit international de La Haye(Recueil Des Cours)
Revised Single Negotiating Text (RSNT)
Revue Generale de Droit International Public (RGDIP)
San Diego Law Review (San Diego L.R.)
Sydney Law Review (Sydney L.R.)
The International Law and Policy of Human Welfare
U.S Dept. of State Bulletin
U.S. Dept. of State Research Study
U.S. Naval war College Review
Washington Law Review
World Federal Authority Committee
Virginia Journal of International Law (VJIL)
Yale Law Journal
Yearbook of the International Law Commission (ILC Yr.Bk.)
世界の艦船
世界週報
軍事硏究(*Japan Military Review*)

4. 〔국제기구 및 정부자료〕

外務部, 국제해저기구 및 국제해양법재판소 설립준비위원회 제9회기 본회의 참가보고서, 1991.
外務部, 국제해저기구 및 국제해양법재판소 설립준비위원회 제10회기 본회의 참가보고서, 1992..
外務部, 국제해저기구 및 국제해양법재판소 설립준비위원회 제11회기 본회의 참가보고서, 1993.
外務部, 국제해저기구 및 국제해양법재판소 설립준비위원회 제12회기 본회의 참가보고서, 1994.
外務部報道資料 제97-83호, "97년도 제1차 한일 어업실무자회의 결과", 1997.3.7.
外務部, 유엔해양법협약 체제의 출범과 이에 대비한 협상 경과, 1995.
Command Papers (1870-1899)
Command Papers (1900-1918)
Command Papers (1919-1956)
Command Papers (1956-)
(* Command Papers laid by the Crown before U.K Parliament)
Seabed Committee Reports (*SBC Reports*)
First United Nations conference on the Law of the Sea (*UNCLOS I*)
Second United Nations conference on the Law of the Sea (*UNCLOS II*)
Third United Nations conference on the Law of the Sea (*UNCLOS III*)
UNCLOS I · II · III *Official Records*
UNECAFE/CCOP *Technical Bulletin.*
United Nations Legislative Series. (UN *Leg.Ser.*)
United Nations Reports of International Arbitral Awards. (*RIAA*)
1982 UN Convention on the Law of the Sea, Volume II. Boston, Martinus Nijhoff Publishers, 1993.

5. 〔조약집 및 판례집〕

< 조약집 >

金成勳, 「최신국제조약집」, (서울 : 일신사), 1980.
金榮球, 「한반도 관련 해양법조약 법령집」, (부산 : 효성출판사), 1998.
外務部, 「동북아제국의 해양법령」, 1996.
外務部, 「해양법에 관한 국제연합협약 및 1982년 12월 10일자 해양법에 관한 국제연합협약 제11부 이행에 관한 협정(영한대역)」, 1995.
해운항만청 선원선박국감수, 「1983년 해상인명안전협약 (1983 AmendmeCommand Papersnts to the International Convention for the Safety of life at Sea 1974)」, (서울 : 석정), 1985.
Consolidated Treaty Series, ed. Clive Parry. (*CTS*)
League of Nations Treaty Series. (*LNTS*)
Martens G.F., Nouveau recueil de traites (1808-1839) (*Martens N.R.*)

Martens G.F., Nouveau recueil general de traites (*Martens N.R.G.(1st)*)
Martens G.F., Nouveau recueil general de traites (*Martens N.R.G.(2st)*)
Martens G.F., Nouveau recueil general de traites (*Martens N.R.G.(3st)*)
Treaties and other International Acts Series. (*TIAS*)
Treaties and Other International Agreement of the United States of America(1776-1949) Compiled under the direction of Charles I. Bevns (*Bevans*)
United Kingdom Treaty Series. (*UKTS*)
United Nations Treaty Series. (*UNTS*)
United States Treaties and other International Agreements. (*UST*)
legislative
國際海運問題硏究所,「海洋法協約草案」, 東京, 日本海運振興會, 1981.
日本運輸省船舶局, 1966年 國際滿載喫水船條約, 東京, 海文堂, 1967.

< 판례집 >

高麗大學校 國際法硏究會,「국제법판례연구」, 之海 朴椿浩교수 정년기념논문집, 1996.
崔載勳·외 5人,「판례중심 국제법」, (경남대학교 극동문제 연구소), 1982.
Annual Digest of Public International Law Cases (*AD*)
Bishop, Jr. W. W., *International law Case & Materials,* New York : Prentice Hall Inc., 1953.
English Reports(1307-1865) (*ER*)
Federal Reporter(1880-1931) (*Fed.*)
Federal Supplement(1932-) (*F.Supp*)
Gold, Edgar, *Gard Handbook on Marine Pollution* 2nd ed, Publish : Assuranceforeningen Gard, 1997
Hackworth, F.H., *Digest of International Law* (1940-1944) (*Hackworth*)
International Boundary Studies by U.S. Dept; of State, Office of the Geographer. (*IBS*)
International Court of Justice, *Reports of Judgements, Advisory Opinions and Orders.* (I.C.J. *Rep.*)
International Court of Justice Yearbook (*ICJ.Yr.Bk.*)
International Legal Materials (*ILM*)
International Law Reports (*ILR*)

Law Reports from the Court of Exchequer(1875-1880) (*Exchequer Div.*)
Moore, J.B., *A Digest of International Law*, 8 vols, 1906. (Moore, *Digest*)
──────, *History and Digest of the International Arbitration* to which the United States has been a party, 6 vols, Washington D.C.: U.S.Govt. Print.Off., 1888-1890.
(Moore, *Int'.Arb*)
──────, *International Adjudications, Ancient and Modern*, 6 vols. New York: Oxford Univ. Press, 1929-1933. (Moore, *Int'.Adjudication*)
United Nations Reports of International Arbitral Awards (*RIAA*)
U.S. Supreme Court Reports, Cranch, (1801-1815) (*Cranch*)
Whiteman, M., *The Digest of International Law* Vol. Ⅳ, Washington : Government Printing Office, 1965.
──────., *The Digest of International Law* Vol. Ⅸ, Washington : Government Printing Office, 1968.

색 인

국 문

(ㄱ)

가시거리설 105
가재 390
간성(杆城) 459
간첩작전시의 임검검색(臨檢檢索) 637
간첩행위(間諜行爲) 637
간첩혐의선박(間諜嫌疑船舶) 637
간출지(干出地) 34, 55, 276
감시(監視) 401
갑술조(甲戌條) 316
갑자산(甲子山) 64
강소성북부(江蘇省北部) 70
강제 관할권(强制 管轄權) 876
강제적 분쟁해결방식 362
강제절차의 선택과 결정 881
강제절차의 적용제한 882
강제조정(强制調停) 497
강하성 어종((降河性 魚種) 386
개발 참여의 제한 385
개발가능성 475
개발계약신청자의 자격 815
개발도상국 특수이익대표 793
개발청(開發廳) 786, 807
개발청의 초기사업자본 821
개발청장(開發廳長) 809
개발활동기인오염 684
개방등록국가(開放登錄國家) 608
개방적 해협개념 224
개입권(介入權) 394
거리기준(距離基準) 528
검색권(檢索權)의 행사 638
게 390

결의Ⅰ 835, 836, 837, 841
결의Ⅱ 828
결의Ⅱ 833
경계왕래어종(境界往來魚種) 387
경계획정법리(境界劃定法理) 487
경계획정의 기본원칙 492
경계획정재판(境界劃定裁判) 517
경도(經度) 136
경인조(庚寅條) 316
경제기획위원회 786, 811
경제사회이사회 664
경제수역항로(經濟水域航路) 230
계선(繫船) 49
계속성(繼續性) 642
계획조정위원회 664
고도회유성 어종(高度回遊性 魚種) 387
고려사(高麗史) 316
고전적 주권설(古典的 主權說) 106
고정지점(固定地點) 486
고조선(高潮線) 31
공공(公空) 397
공공물(公共物) 598
공동관리수역(共同管理水域) 427
공동규제수역(共同規制水域) 411, 413
공동적 주권개념 429
공법협약(1969) 677
공법협약(公法協約.1969) 394
공유물(公有物) 5, 469, 597, 751, 758
공유물(共有物)(민법262조) 599
공해(公海) 14, 597
공해대(公海帶) 128
공해사용(公海使用)의 자유 652
공해상 기국(旗國)이외의 관할권 627

공해생물자원보존의 의무 622
공해생물자원보존이행협약 625
공해생물자원의 보존 624
공해생물자원의 보존과 관리 622
공해설(公海說) 368
공해수로(公海水路) 230
공해어업 이행협약(公海漁業 履行協約) 721
공해어업과 생물자원의 보존 621
공해어업의 권리 621
공해어업회의(1992) 625
공해에서의 해양과학조사 858
공해의 범위 597
공해의 법적성질 750
공해의 자유 602
공해의 평화적 이용 604
공해자유의 내용 600
공해자유의 원칙 350, 411
공해제도(公海制度) 597
공해조업(公海操業) 388
공해조업국(公海操業國) 389
공해차단(公海遮斷) 40
공해협약 및 대륙붕협약 15
공해환경과 어족자원보존을 위한 국제회의(1992) 626
과개발(過開發) 377
과어획(過漁獲) 377
과학 및 기술문제 자문보조기관 730
과학적 기술 및 공학자문 보조기관 731
관리이사회(管理理事會) 809
관세시설 345
관세절차면제구역(關稅節次免除區域) 345
관습(慣習) 8
관습국제법(慣習國際法) 10, 20
관할권 행사존중의 의무 857
관할권(管轄權) 370, 373
관할내해수역(管轄內海水域) 25
관할수역 접근방식 675

관할수역별 접근방식 8
광구신청료(鑛區申請料) 820
광구유보제(鑛區留保制) 813, 827
광구포기제도(鑛區抛棄制度) 827
교섭초안 18
구단사(九段沙) 74
구조물 392
구주(九州) 333
구주공동체 659
구주육상기인오염 방지협약 669
구주인권재판소(歐洲人權裁判所) 889
구체적 개별적 환경침해에 대한 국가책임 709
국가정기항공공조종사연맹 213
국가평등원칙 95
국가항공기 209
국경하천 수자원 관리규제에 관한 협약 659
국경하천의 수자원(水資源) 사용에 관한 협정(1964) 659
국기심사(國旗審査) 633
국기심사권 634
국기심사권의 행사 637
국기의 오용 635
국내수역(國內水域) 29
국내적 구제방식의 완결 871
국내적 구제의 원칙 871
국제 Balt해의 해 668
국제문의처 666
국제민간항공협약 247, 398
국제민간항공협약(1944) 208
국제법위원회 14
국제법전편찬회의(國際法典編纂會議.1930) 13, 14, 31, 49, 103, 108, 162, 469
국제법학회 13
국제법협회 13
국제보상기금(國際補償基金)의 적용배제 714
국제보상기금기구(國際補償基金機構) 714
국제보상기금협약 711

국제분쟁(國際紛爭) 871, 875, 881, 892
국제사법재판(國際司法裁判) 876
국제사법재판소(國際司法裁判所) 876
국제선원규약(國際船員規約) 617
국제신호서(國際信號書) 195, 637
국제심해저기구 693
국제심해저기구의 가동 783
국제연맹규약(國際聯盟規約.1919) 876
국제연합 교육과학문화기구 663
국제연합 인간환경계획기구 664
국제연합 해양자원청 739
국제연합해양회의(1948) 662
국제예양(國際禮讓) 10, 94, 151, 705
국제원자력기구 610, 655
국제원자력기구(國際原子力機構) 835
국제인명안전회의(1948.런던) 613
국제적 관리론자 740
국제적 지역권설(國際的 地役權說) 107
국제포경위원회 390
국제표준주의 611
국제표준주의(國際標準主義) 692
국제피난민구제기구(國際避難民救濟機構) 834
국제하천법(國際河川法) 648
국제항공업무통과협정 209
국제항공운송협정 209
국제해사기구 611
국제해상충돌예방규칙(1972) 614
국제해양법재판소 786, 811
국제해양법재판소(國際海洋法裁判所) 889
국제해양분쟁의 해결 872
국제해양심사위원회 623
국제해양인공위성기구 619
국제해양인공위성기구협약(1976) 619
국제해양통신운영체제 619
국제해양환경법(國制海洋還境法) 649, 673, 681, 716
국제해저기구 690

국제해저기구(國際海底機構) 786
국제해저기구의 재정 820
국제해저지역 291
국제해항제도에 관한 조약(1923) 95
국제해협(國際海峽) 11, 13, 21, 84, 119, 125, 162, 206, 223, 227, 230, 239, 253, 618
국제협약(國際協約) 8, 249, 253, 295, 611, 631
국제환경법 648
국제환경법(國際環境法) 7, 654, 660
군도국가(群島國家) 273
군도수역(群島水域) 277
군도수역내의 통항 278
군도직선기선(群島直線基線) 274
군도직선기선의 길이 275
군도해로(群島海路) 279
군도해로통항권(群島海路通航權) 278
군사분계선 연장선 461
군사수역(軍事水域) 173
군사활동의 허용한계 404
군함의 영해통항(領海通航) 159
군함의 임검권(臨檢權) 606, 634
굴입(屈入) 35
권장실무규약(勸奬實務規約) 613
근접성(近接性) 520
금반언(禁反言)의 원칙 91
기계(奇計) 635
기관당직근무(機關當直勤務) 617
기구군도(崎嶇群島) 74, 79
기구열도(崎嶇列島) 78
기국(旗國) 98, 100, 157, 185, 199, 229, 237, 606, 609, 610, 627, 631, 633, 692, 700
기국주의(旗國主義) 411, 424, 428, 457, 631, 639, 648, 652, 677, 691, 700, 708
기금갹출(基金醵出) 의무자 714
기능적 접근방식 8
기름 유출사고 656

기름오염에 관한 Tanker책임의 잠정적 지원
보상계약　715
기선(基線)　29, 51, 52, 57
기선(基線)의 법적성질　51
기술　862
기술이전(技術移轉)　860
기술이전문제(技術移轉問題)　775
기술이전에 관한 일반론　862
기술이전에 관한 행동규칙안(1978)　865
기술이전의 과정　863
기왕투자자(旣往投資者)　823
기원연안국(起源沿岸國)　386
기유조(己酉條)　317
기죽도(磯竹島)　311
기타의 권리　370, 374
기항지국(寄港地國)의 오염규제 시행권　706
기항지국주의(寄港地國主義)　677
기후변화에 관한 기본합의　720
기후변화에 관한 유엔기본협약　717, 729
기후변화에 관한 정부간 소위원회　724
기후변화협약　717
기후변화협약 정부간 평의회　729
기후협약 정부간 준비위원회　729
긴급성(緊急性)　642
긴급추적권(緊急追跡權)　639
긴급추적권(緊急追跡權)의 종료　642
긴급추적권의 요건　640
긴급추적권의 주체　642
꽁치봉수망어업　441

(ㄴ)

나투나 제도(諸島)　277
나포권자(拿捕權者)　630
낙가산(洛伽山)　79
남극조약(南極條約.1959)　432, 757
남녀군도(男女群島)　436

남동 태평양지역계획　672
남서 태평양지역계획　673
남아시아해 지역계획　672
남어산(南魚山)　72
남태평양 지역계획　672
납부제도(納付制度)　820
낭강산열도　78
내륙국(內陸國)　341, 344, 345, 346, 376, 383, 602, 606, 766
내륙국의 권리　383
내륙국의 자유통과권(自由通過權)　341
내륙국의 통과무역(通過貿易)에 관한 규정 (1965)　343
내륙국의 해양에의 출입권　344
내무성지부(內務省之部)　318
내수(內水)　29, 850
내수(內水)의 법적지위　92
내용적 협상그룹　16
내해(內海)　339
넓은 대륙붕　531
노예매매거래의 종사　635
노예매매의 금지　631
뉴델리 회의　773

(ㄷ)

다국적기업연합　815
다금속단괴　747
다금속유화광상(多金屬琉化鑛床)　747, 749
다자조약(多者條約)　9, 19, 95, 205, 666, 864
단일개발제도　769
단일개발체제　768
달념산도(達念山島)　67
달산도(達山島)　67
당사국회의　717
당초 갹출금(當初 醵出金)　714
대곡(大谷)　316

대구산(大衢山) 78
대기기인오염 684, 690
대기로부터 또는 대기를 통한 오염에 대한 입법의무 695
대륙괴(大陸塊) 478
대륙변계 467, 478, 482
대륙붕 467, 474, 742
대륙붕 개발기인 오염에 대한 입법의무 693
대륙붕 경계위원회 786
대륙붕(大陸棚)에서의 해양과학조사 850
대륙붕개발활동 기인오염 688
대륙붕경계위원회 481, 745
대륙붕경계획정문제 745
대륙붕단(大陸棚段) 474
대륙붕선언 349, 471
대륙붕의 경계획정 486
대륙붕의 범위 473, 482
대륙붕의 법적지위 469, 473
대륙붕의 외측한계 473
대륙붕제도 467
대륙붕협약(1958) 393, 472, 473
대륙사면 467, 478, 742
대륙사면단 478, 483
대륙융기 467, 478
대륙해팽 742
대마(對馬) 84
대마도(對馬島) 333
대문충(大蚊虫) 79
대산(垈山) 78
대우(大遇) 84
대잠장비 405
대하원(貸下願) 325
대한민국 인접해양에 대한 주권선언 407
대한항공 여객기 격추사건 209
대한해협 122, 129
대한해협 서수로 117
대향국 134, 356

대화퇴 수역 443
대화퇴어장 434, 441
덴마크해협 253
독도(獨島) 302, 310, 426
독도(獨島)문제 415
독도의 명칭 변천사 310
독수대(毒水帶) 684
동구 795
동국문헌비고(東國文獻備考) 309
동남고각 65
동남제도개척사(東南諸島開拓使) 324
동남초(東南礁) 71
동도(東島) 71, 75, 302
동복산(東福山) 79
동부 아프리카 지역계획 671
동사사저(銅沙沙咀) 74
동사천탄(銅沙淺灘) 74
동서련도(東西連島) 77
동아시아해 지역계획 671
동왕사(東旺沙) 74
동중국해(東中國海) 415, 447
동해(東海) 중간수역 423
등거리선 487, 488, 499, 500, 508
등거리원칙(等距離原則) 135, 520
등대 618
등대선 618
등부표 618

(ㄹ)

라누 호수사건 651
라인강 오염을 위한 국제위원회에 관한 협정(1963) 659
라첼·카아슨의 경고 658
라틴아메리카 795
러시아 462
레만호(湖) 수질오염방지협약(1962) 659

로오드 해법 4
리마 선언 351

(ㅁ)

마안열도(馬鞍列島) 74
마약과 향정신성물질의 불법 거래 632
마이크로네시아 281
마채행(麻菜行) 67
만(灣) 41, 54
만구폐쇄선 54, 459
만기요람(萬機要覽) 316
만입폐쇄선(灣入閉鎖線) 42
만재흘수선(滿載喫水線) 협약 612
망간 Crust 748
망간단괴 468, 747
망향봉(望鄕峰) 308
매물수도 128
면세구역(免稅區域) 345
모야도(謨倻島) 64
모젤르강(江) 오염방지를 위한 국제위원회 설립을 위한 의정서(1961) 659
모택동 Line 69, 454
무국적(無國籍) 636
무국적방송의 방지에 관한 구주협약(歐洲協約)(1965) 633
무로랑 사건(1979) 414
무릉(武陵) 307
무배수양선(無排水量船) 606
무인암초 292
무인조(戊寅條) 317
무주물(無主物) 469, 598, 751
무주물선점이론(無主物先占理論) 599
무주지 320, 598, 751
무차별원칙 817
무해 144, 160
무해성(無害性) 146, 236

무해통항권 106, 143, 850
무해통항의 일시적정지 148
무해통항제도(無害通航制度) 230
무허가방송 633, 636
무허가방송의 금지 633
미국・캐나다간 국경하천조약(1909) 653
미국내무성광업국 738
미나마따 병(水俣病) 684
미쓰시마등대 125
미해군전술교법 195
민간항공기 209
민사재판관할권 614
민사재판관할권에 관한 협약(1952) 614
민사책임협약(1969) 711, 712

(ㅂ)

반폐쇄해(半閉鎖海) 25, 337, 338, 463
발라르타 그룹 677
발틱해 598
방공식별구역(防空識別區域) 397
방위각(方位角) 641
방위수역(防衛水域) 173
방위협력지침 304
배타적 경제수역 349
배타적 경제수역내에서의 규제권한 분배 703
배타적 경제수역법(1996.한국) 456
배타적 경제수역에서의 오염 규제 705
배타적 경제수역의 법적지위 368
배타적경제수역의 범위 355
배회 144
백악관 회의 738
범미주국가회의(1939) 355
범세계 항해경고 제공체제 619
범세계적 통합해양기지체제 663
법률기술위원회 787, 811
법률위원회 611

법률적 분쟁해결 875
법률전문가 Group 776
법적확신(法的確信) 10
법학제요(法學提要) 30
베르사이유 조약(1919) 606
베르사이유(Versailles)회의(1919) 96
베링해 388
병행개발제도 769
병행개발체제 813
보증국(保證國) 825
본주(本州) 333
본질문제 800
부상도시(浮上都市) 392
부영양화(富營養化) 684
북대서양 연어보존협약(1982) 386
북대서양어업 상호협조조약(1978) 381
북대서양연어보존기구 386
북동 대서양 어업위원회 623
북동대서양 어업협약(1980) 388
북방한계선 138, 461
북서 태평양지역계획 673
북서대서양 어업상호협력협약(1978) 388
북어산(北魚山) 72
북해 대륙붕사건(1969) 473, 498
북해도 명태잡이 트롤어업 441
북해도(北海島) 333
북해어업협정(1882) 31
북해의 유탁처리협력에 관한 협정(1969) 666
북해지역 협력기구 666
분쟁해결수단(紛爭解決手段) 선택의 자유 880
분쟁해결에 관한 교환공문(1965) 304
분쟁해결에 관한 선택의정서 15
불법나포(不法拿捕)에 대한 보상 630
브레즈네프 독트린 142
비공식 협의 781
비공식단일교섭초안(非公式單一交涉草案) 48, 353, 477, 679

비공식통합교섭초안 679
비삼핵원칙(非核三原則) 203
비생물자원(非生物資源)의 개발 374
비엔나(Vienna)회의 최종의정서(1815) 96
비이사국(非理事國)의 권한 805
비핵삼원칙(非核三原則) 124, 203, 238

(ㅅ)

사무국(事務局) 810
사업계획(事業計劃)의 승인 816
사유(私有)의 선박 628
사전광구지정제도(事前鑛區指定制度) 822
사전통고제(事前通告制) 165, 171
사전투자(事前投資)의 보호 821
사전투자가(事前投資家) 785
사전투자가(事前投資家)의 재정의무 833
사전투자가(事前投資家)의 종류 823
사전투자가의 권리 831
사전투자광구의 지정 828
사전투자등록(事前投資登錄)의 요건 827
사전투자보호(事前投資保護)의 대상 823
사전투자보호(事前投資保護)의 요건 823
사전허가제(事前許可制) 165, 171
산동고각(山童高角) 64
산림보존원칙선언(山林保存原則宣言) 719
산업재산권의 보호에 관한 국제협약(1883) 865
산토 도밍고 선언 351
산호암초(珊瑚岩礁) 55, 300
삼각주(三角洲) 47, 73
3강표결제도(3綱表決制度) 801
삼국사기(三國史記) 316
삼림보호에 관한 원칙성명 720
상공비행권(上空飛行權) 237
상공비행의 자유 237, 397
상선최저기준협약(商船最低基準協約.1976) 617
상설국제사법재판소(常設國際司法裁判所) 876

상설중재법원(常設仲裁法院) 875
상설중재재판소(常設仲裁裁判所) 42
상해 77
상호원조의무 667
상호임검권(相互臨檢權) 631
상호주의의 원칙 345
상화환(祥和丸)사건 686
새로운 해협통항제도(海峽通航制度) 236
생명공학안전의정서 731
생물다양성협약 718, 731
생물자원 보존체제 공식 376
생산부과금(生産賦課金) 820
생산수수료(生産手數料) 820
생산한도(生産限度) 832
생산허가 819
생존정(生存艇) 621
서구 795
서도 302
서부 및 중앙아프리카 지역계획 671
서사군도(西沙群島) 57
서산도(徐山島) 67
서산등대(徐山燈臺) 79
서서(西嶼) 71
서세동점(西勢東漸) 312
서해 5도 지역 143
서해북부해역 138
석도(石島) 310
선도개발활동(先導開發活動) 826
선도개발활동권(先導開發活動權) 831
선박기인오염 684, 685
선박유류오염방지협약(1973) 695
선박의 국적(國籍) 606
선박의 내항성 612
선박충돌(船舶衝突)의 방지 613
선박충돌시(船舶衝突時)의 처리 614
선별주장(選別主張) 21
선원의 상무(常務) 620

선원의 자격확보(資格確保) 617
선원의 훈련, 자격부여 및 당직근무에 관한 국제협약 617
선적부여권(船籍附與權) 609
선점(先占) 306, 315, 319, 322, 469, 751
선주(船主)에 대한 기금의 보상 714
선주책임보험제도 713
선주책임보험제도(船主責任保險制度) 715
선주책임제한협약(船主責任制限協約.1957) 713
선택조항(選擇條項) 878
선형이론(扇形理論) 499
섬 285, 293
섬의 영해(領海) 289
성산각(成山角) 64
성인봉(聖人峰) 308
세가(世家) 316
세계 야생동식물 보존기금 725
세계보건기구(世界保健機構) 834
세계연안역회의(1993) 724
세계은행차관협약(世界銀行借款協約) 825
세계환경감시체제(世界環境監視體制) 666
세종실록(世宗實錄) 316
세토나이카이(瀨戶內海) 81
소도서국가 722
소도서국연맹 730
소령도 127
소산도(蘇山島) 66
소하성 어종 385
소해역(小海域) 337
송도(松島) 311
송도개척지의(松島開拓之議) 312
쇄환정책(刷還政策) 318
수단방법의 적법성 원칙 854
수산업에 관한 허가사무취급규정(1975.한국) 454
수송수단 344
수시적 특별중재법원 875
수에즈 운하 97

수익납부제 803
수익분담금 391
수정교섭초안 353
수정단일교섭초안 679
수중대잠장비(水中對潛裝備)의 설치 405
수중음파통신기 195
숙종실록(肅宗實錄) 309, 317
순수목적의 조사 851
숭명도(崇明島) 74
숭명천탄(崇明淺灘) 74
승인신청서 817
시고꾸(四國) 333
시달거리(視達距離) 308
시카고협약 209, 213, 398
신 어업협정안 423
신 한일(韓日)어업협정 423
신국제경제질서 775, 864
신국제경제질서(新國際經濟秩序) 860
신라본기(新羅本紀) 316
신묘조(辛卯條) 317
신사협정선언(紳士協定宣言) 17
신영해법(일본) 419
신증동국여지승람(新增東國輿地勝覽.1531) 307
실제적 잠정약정 433
실행문제 보조기관 730
실효적 지배 752
심해고지 744
심해구(深海丘) 742
심해저 고형광물 자원개발법 743
심해저 특별위원회 보고서 763
심해저개발기인 오염에 대한 입법의무 693
심해저개발활동 기인오염 689
심해저광상의 금속함량 750
심해저문제 735
심해저분쟁재판부(深海底紛爭裁判部) 786
심해저에 관한 원칙선언 737, 765
심해저원칙선언(深海底原則宣言) 759

심해저위원회 236, 476, 674, 762, 763
심해저의 개념 741
심해저의 범위 743
심해저의 법적지위 750
심해저의 자원 746
심해저자원 생산정책 815
심해저자원 평화이용 674
심해저자원개발사업(深海底資源開發事業) 821
심해저자원의 개발 735
심해저자원의 개발유예선언 764
심해저자원의 개발제도 813
심해저자원의 법적지위 755
심해저자원의 탐광활동 812
심해저특별위원회 762
심해평원 742
싱가포르해협 258
싼티아고 선언 351
쏘련 원자력잠수함의 일본영해 통항사건 200

(ㅇ)

아드리아해 598
아모코, 카디즈호 좌초사건(1978) 656
아시아 795
아시아・아프리카 법률자문회의(1970) 351
아프리카 795
안보수역(安保水域) 173
암미제도(庵美諸島) 206
암반절벽(岩盤絶壁) 32
암석 291
애모코·카디즈 호 사건 686
야묘동(野猫洞) 79
약정관할권조항(約定管轄權條項) 877
약탈(掠奪)의 의도 628
양자조약(兩者條約) 10, 95, 345, 380, 864
양해각서초안 829
양해선언(諒解宣言) 484

양형제도(兩兄弟島) 79
양형제서(兩兄弟嶼) 71
어로자유(漁撈自由)의 원리 756
어산열도(魚山列島) 72
어선 해상사고 처리에 관한 합의서(한·중.1988) 447
어선안전협약(漁船安全協約.1977) 613
어업 및 공해생물자원 보존협약(1958) 15, 378, 601
어업(漁業)의 자유 599
어업보존관리법(1960) 379
어업보존수역(漁業保存水域) 350, 356, 852
어업수역에 관한 잠정조치법(일본) 415
어업수역에서의 해양과학조사 852
어업자원보호법(1953) 453
어업자원보호수역 453
어업전관수역(漁業專管水域) 411, 412
어자원 공동관리 457
어획능력 376
억류(抑留)와 소송(訴訟)의 제기 706
에게해 249
에벤센 그룹 678
여사항(呂四航) 79
역사적 권원의 응고 141
역사적 만 43
연간 고정분담금(年間 固定分擔金) 833
연간 고정수수료 820
연근해 어선의 안전조업을 위한 규제사항 (1985) 455
연안국 법령위반의 혐의 640
연안국 부여조건의 이행의무 857
연안국 어획능력의 결정 381
연안국 오염규제권 676
연안국 조사활동참여 보장의무 856
연안국과 기국의 규제권한 재분배 700
연안국의 권리·의무 374, 375
연안국의 권한 248

연안국의 민·형사 관할권 155
연안국의 법령시행권 153, 401
연안국의 법령제정권 399
연안국의 오염규제 시행권 705
연안국의 의무 158
연안국의 입법권 150
연안국의 정지명령 857
연안국의 주권적권리 857
연안국의 추적권 606
연안군도(沿岸群島) 40
연안대륙붕 469
연안전면(沿岸前面)의 폭 499
연안통항분리구역 267
연안협곡(沿岸峽谷) 32
연접성 475
연차 각출금(年次 醵出金) 714
연합군 최고사령부 훈령 677호 334
열전(列傳) 316
영·불 어업협정(1964) 510
영·불간 중재제소합의 507
영구적 주권 350, 372
영국-노르웨이간 어업분쟁사건(1951) 32, 75, 754
영국·베네주엘라간 국경분쟁 중재사건(1899) 330
영국해협 267
영미주의 98
영미주의(英美主義) 99
영불(英佛)어업협정 58
영산도(靈山島) 70
영역 주권 제한의 원리 651
영역주권절대(領域主權絶對)의 원리 651
영토조약(英土條約.1799) 250
영토주권제한(領土主權制限)의 이론 652
영해 103
영해 및 접속수역에 관한 협약 4조 35
영해 상공의 법적지위 207

영해(領海)내에서의 규제권한 분배 701
영해내의 해양과학조사 854
영해설(領海說) 369
영해의 범위 110
영해의 법적지위 106
영해지배 105
영해협약 15, 219, 236
5대호 수질보전에 관한 협정(1972) 659
오수미(大隅)해협 206
오염 수로(水路)문제를 위한 3국위원회설립에 관한 의정서 658
오염규제권의 남용방지조치 679
오염규제에 관한 시행권 704
오염원 684
오염위반 혐의 선박 705
오염자 부담의 원칙 670
오징어채낚기어업 441
오토만제국 250
오호초(五虎礁) 72
와까사만(灣) 89
외개각(外磕脚) 67
외교적 보호권 872
외교적 분쟁해결 875
외국영해수산조합법(外國領海水産組合法) 325
외기권(外氣圈) 757
외일도(外一島) 317
외차도(外遮島) 66
외항선의 나포에 관한 브랏셀협약(1952) 95
외형적 협상그룹 16
요산열도(遼山列島) 72
우산(于山) 307
우산국(于山國) 315
운영위원회 840
운하 97
울도(鬱島) 318
울도군(鬱島郡) 310

울릉도 310
울릉도(鬱陵島) 318
울릉도개척령(鬱陵島開拓令) 324
울진현조(蔚珍縣條) 316
원록기(元祿期) 317
원수폭(原水暴) 687
원양어로기술 861
원양어업장려법(遠洋漁業奬勵法) 325
원조제공의무 620
원호정접법(圓弧正接法) 33
위도((緯度) 136
위요지 364, 439
위태로운 휴식처 647
유구열도 447
유기오염물 725
유럽경제위원회 659
유류오염방지협약(1954) 602
유사편의 항로 233
유스티니아누스 법전 30
유엔 인간환경 개발회의(1992) 648
유엔 인간환경회의(1972) 647
유엔국제법위원회 39
유엔산하기구 661
유엔인간환경회의 660
유엔통상개발회의 343
유엔해양법협약 227, 616
유엔해양법회의(제1차.1958) 8, 14, 47, 81, 112, 146, 162, 184, 487, 604, 643, 737, 881
유엔해양법회의(제2차.1960) 15, 112, 338
유엔해양법회의(제3차) 6, 11, 15, 58, 122, 154, 199, 204, 357, 473, 487, 630, 677, 700, 767
유엔협약 제11부 이행에 관한 협정 778
유엔환경개발회의(1992) 716
유엔환경계획기구 725
유엔환경계획기구(1972) 647

유조선 686
유탁오염분과위 662
유해행위 147
육분의(六分儀) 641
육상광물생산 개도국 보호규정 781
육상기인 오염에 대한 입법의무 694
육상기인 오염원 725
육상기인 오염통제의 강화 725
육상기인오염 684
육상기인활동으로부터 해양환경을 보호하기 위한 전 지구적 조치계획(1995) 725
육상오염원(陸上汚染源) 448
육지영토의 연장 476
육지의 자연연장 476
육지의 자연연장개념 367
육지의 자연적연장기준 527
율경(津經) 84
융기 744
은주시청합기(隱州視聽合記) 311
을사보호조약 328
응용목적의 조사 851
의사결정 17
의사규칙 17
의아선박(疑訝船舶) 637
이사부조(異斯夫條) 316
200해리 EEZ 624
이사국 845
이사회 789
이사회의 구성 790
이사회의 의사결정방식 798
이중다수제 800
이중적 규제표준 695
이중적(二重的) 695
이행협정(履行協定) 23, 82, 779, 783, 778
이행협정상 이사회의 구성 797
이행협정상의 개발청 808
인간환경과 개발에 관한 Rio선언 716

인간환경선언(1972) 716
인공도(人工島) 299
인공도서 392
인공섬 286
인류공동유산 601, 737, 757
인류공동유산의 원리 784
인류공동유산의 원칙 9
인류공동의 유산 690
인류일반의 적 637
인산염(燐酸鹽) 684
인위적 항로조건 233
인접국 134, 356
인접성(隣接性) 520
일·중공 어업협정선 69
일괄타결(一括妥結) 18, 21
일국일표주의 802
일도이명설(一島異名說) 307
일률적 관할설 294
일반원칙 853
일반적 본질문제 801
일반적 환경침해에 대한 국가책임 710
일반적 환경피해 711
일본의 직선기선 80
일정 범위설 111
일조양국통어규칙(日朝兩國通漁規則) 325
일중어업협정(1975) 454
임검권 635
임검권 주체의 확대 634
임검권(臨檢權) 633
임검권의 행사 637
임검수색권(臨檢搜索權) 632
임의적 합의에 의한 해결방식 362
입어 어획할당량의 배정 400
입어료 399
입어료(入漁料)의 부과 399
입항권 93
잉여허용어획량 375, 376

잉여허용어획량의 입어할당 381

(ㅈ)

자국민에 대한 보존조치실시의무 622
자기 집행적 조약 872
자르강(江) 오염방지를 위한 국제위원회설립을 위한 의정서 658
자발적 분쟁해결의 원칙 880
자연적 연장설 516
자연적 항로조건 234
자원관할권 373
자유개발론자 740
자유방임(自由放任)의 원칙(原則) 371
자유방임주의적체제 604
자유통항(自由通航) 238
자유통항구역(自由通航區域) 238
자유해론(自由海論) 5, 105, 599
잠수정 144
잠수함의 통항 194
잠수항행주정 194
잠정적 조치의 합의 421
잠정적 합의수역 421
잠정조치(暫定措置) 359, 493
잠정조치수역 457
잠정합의수역 422
잠항통항권(潛航通航權)의 긍정설 240
잠항통항권(潛航通航權)의 부정설 240
장강구 북각(長江口 北角) 74
장기갑 305
재검토회의 814
재산권적 권한 105
저조선(低潮線) 31
적아식별 212
적용배제선언 882
적조(赤潮) 684
전속관할수역의 범위문제 434

전통 관습국제법 650
전통적 어업실적의 보장 425
절대적 배타성의 제한 372
절차문제 800
접근권(接近權) 637
접속수역(接續水域) 215, 289
접속수역의 문제 437
접속수역의 범위 218
정박지(碇泊地) 49
정보제공의 의무 856
정부간 국제기구 610
정부간 해사자문기구(政府間 海事諮問機構) 835
정부간 해양과학위원회 663, 736
정부간 해양학 연구위원회 724
정선명령(停船命令) 641
정착성 어종 390
정책선언 397
제1 한일협약 319
제1위원회 15
제2위원회 15
제3위원회 16, 677
제네바 협약(1958) 850
제주도 남부 공동관리 수역 424
제주해협(濟州海峽) 128, 129, 229, 232
조도 436
조련도(朝連島) 67
조사결과보고의 제공의무 857
조사국의 의무 856
조사활동의 정지 및 중지 857
조약(條約) 8, 12
조약법(條約法) 653
조약법규(條約法規) 33, 42
조어대(釣魚臺) 336, 421
조업자율규제안 414
조업자율규제조치 415
조정(調停) 874, 883
조정위원회 819

조정판정(調停判定) 497
존재추정원칙 216
좁은 대륙붕 531
종곡(宗谷) 84
주가산(朱家山) 79
주권적 권리 349, 370
주권적 권리(主權的 權利) 371
주도(主島)의 위치 276
주류협정 217
주산군도(舟山群島) 71, 74, 79
주산반도 78
주선(周旋) 873
죽도(竹島) 310
죽도일건(竹島一件) 316
죽차도(竹搓島) 70
준비위원회(準備委員會) 777, 834
준비위원회(準備委員會)의 당사국적격(當事國適格) 835
준비위원회의 구성 837
준비위원회의 의사규칙 841
준비위원회의 재정 841
중가산군도(中伽山群島) 79
중간값 63
중간선 488, 508
중간선원칙 135, 358, 526
중간선원칙 수정안 489
중간수역의 범위 434
중간수역의 법적성격 427
중개(仲介) 874
중국 어뢰정 사건 181
중국어선의 한국 수역 침범문제 452
중국의 직선기선(直線基線)(1996) 56, 456
중도(中道)Group 491
중복광구분쟁 829
중부 베링해 명태자원 보존관리협약(1994) 389
중재(仲裁) 874, 885
중재재판(仲裁裁判) 886

중점방어구역 142
지괴 476, 478
지구감시체제(地球監視體制) 666
지구환경청(地球環境廳) 726, 728, 730
지리적 불리국 383
지리적 불리국 그룹 343
지리적 불리국의 권리 383
지리적생물자원 보존기구 622
지리지(地理誌) 316
지속가능개발(持續可能開發) 649
지속가능개발위원회(持續可能開發委員會) 726
지역 관습국제법 12
지역구분 794
지역구분군 801
지역이익대표 794, 796
지역적 협력기구 666
지역환경보호계획 670
지적편찬(地籍編纂) 사건 321
지중해 지역계획 670
지질학적 기준 528
지체없는 항진 244
지형학적 기준 528
직선기선(直線基線) 32, 53, 60
직선기선(直線基線)의 기점 34
진전산(陳錢山) 79
진정한 관련 607

(ㅊ)

차우산도(車牛山島) 67
착탄거리설 111
착탄거리설(着彈距離說) 30
책임보장을 위한 기타 담보협약 715
책임있는 어로를 위한 행동규범 722
천연자원 468
천호열도 78
철부(凸部) 67

첨각열도(尖閣列島) 336, 415, 421
청구권 주장의 배제 854
청도항(靑島港) 67, 70
청산각(靑山角) 79
촌천(村川) 316
총허용어획량 376, 450, 625
총허용어획량의 결정 376, 380
총회 787
총회의 법적지위 788
최가중다수결(最加重多數決) 805
최고조(最高潮) 510
최대지속생산량 376, 380, 625
최적이용목표 376
최적지속생산량 376, 379
최혜국 조관 346
추적권 216
추적권개시수역(追跡權開始水域) 641
축조심의(逐條審議) 679
춘관지(春官志) 309
충적광상 468
77그룹 777
침묵의 봄 658

(ㅋ)

카라후도 333
카리브해 지역계획 671
코사끼등대 125
콘스탄스호(湖) 오염방지협정(1960) 658
콘스탄티노플 250
콘스탄티노플 협약(1888) 97
쿠로쇼오(黑潮) 448
쿠웨이트 지역계획 670

(ㅌ)

타국과의 협력의무 622
탐광활동 812

탐사사업계획(探査事業計劃)의 승인 816, 817
탐색과 구조에 관한 국제협약(1979) 619
태정관(太政官) 317
태정관지령문(太政官指令文) 318
태종실록(太宗實錄) 316
토케루 제도(諸島) 281
통계학상의 Poisson 확률분포 61
통과국 344
통과운송 344
통과통항권(通過通航權) 237
통과통항제도(通過通航制度) 125, 230, 237
통상(通商)의 자유 599
통상기선(通常基線) 30
통치권적 권한 105
통합 연안역 관리 723
통합교섭초안 354, 480
통항 143
통항분리제(通航分離制) 154, 261, 279, 616
통항분리제(通航分離制)의 실시 616
통항선박의 의무 243
통항의 정상성 241
퇴적암 478
투기(投棄) 687
투기방지협약(1972.런던) 695
투기협약(1972) 688
투묘(投錨) 49
트롤 어업금지선 414
트루만 선언(1945) 290
특별국제해협 249
특별다수결 802
특별법률위원회 662
특별법원의 관할과 임무 521
특별위원회 838
특별이해관계대표(特別利害關係代表) 790
특별제소협정 526, 527
특별중재(特別仲裁) 887
특별히 중요한 실질문제 801

특수선박의 통항문제 199
특수수역설(特殊水域說 369
특수어족의 관리 385
특수이익관계군 801
특정방위수역(特定防衛水域) 637

(ㅍ)

파나마 운하 97
파나마 운하조약(1977) 98
파나마선언(1939) 355
파랑도 335
파랑도(波浪島) 287
파리선언(1856) 159
파리협약 669
팽후 군도 333
편의국적선(便宜國籍船) 608
편의기국(便宜旗國) 608
평균 저조선(平均 低潮線) 57
평균고도 510
평균치 63
평도(平島) 67
평행궤적법(平行軌跡法) 33
평화기구연구위(1938) 738
평화선 선언(1952. 한국) 127, 351, 411
평화적 목적의 원칙 853
폐쇄적 해협개념 223
폐쇄해 337
폐쇄해론 105
포경사(捕鯨事) 324
표준미달선박 707
표준편차 63
프랑스주의 98, 99, 151
피추적선 640
피해선박 629
피해자에 대한 기금의 보상범위 714

(ㅎ)

하구(河口) 46, 54
하구지형(河口地形) 46
하구폐쇄선(河口閉鎖線) 46
하천 96
학설휘찬(學說彙纂) 598
학설휘찬(學說彙纂:Digesta 598
한국 어선의 중국 측 수역에서의 어로자주 규제 454
한국 영해법의 연혁 134
한국 트롤 어선단 414
한국과 배타적 경제수역 406
한국과 심해저자원개발 843
한국과 일본간의 어업협력 문제 410
한국과 중국간의 어업 협력 446, 452
한국어선 출어 자주규제구역선 69, 454
한국영해의 경계획정 137
한국의 국제해저기구 활동참여 844
한국의 배타적경제수역법(1996) 361
한국의 심해저탐사 846
한국의 영해범위 116
한국의 영해법 117
한국해양연구소 845
한일 의정서(1904) 319, 329
한일 정부간 신어업협정 체결교섭 420
한일 협상조약 328
한일(韓日)간 새로운 어업협력관계의 정립 문제 416
한일(韓日)간 어업협의 실무자 회의(서울) 420
한일간 EEZ경계획정 문제 443
한일간 대륙붕공동개발협정(1974) 432
한일간 북북대륙붕 경계에 관한 협정 305
한일대륙붕공동개발구역 421
한일어업협정 410
한일어업협정 개정 협의 418
한일어업협정 합의의사록 414

한일어업협정(1965) 410, 411
한중(韓中) 간 EEZ 경계획정의 문제 458
한중(韓中)어업협정 455
한중어업협정(1998) 447
한중외무장관회담(1993) 447
한중일 3국의 어업협정 체결 408
함상(艦上)의 선원배치에 관한 협약(1949) 617
함상(艦上)의 작업시간·임금·인원배치에 관한 협약(1958) 617
합리성의 원칙 652
합리성의 제약 653
합작기업안 839
항공규칙에 관한 협약(1919) 208
항공기의 무해비행 208
항공기의 의무 243
항공기의 타국 영해 상공비행 207
항로 154
항로보조시설의 상태 234
항로의 우회도 234
항만 93
항만시설(港灣施設) 48
항주만(杭州灣) 74
항해(航海)의 안전 610
항해(航海)의 자유 237, 599
항해보조시설의 설비유지 618
항해안전을 위한 새로운 조치 618
항해안전조치의 시행 619
항해의 자유 605
항행의 자유 395
해구(海溝) 742
해군연습구역 605
해난구조협약(海難救助協約.1910) 620
해난사고 정보제공 의무 666
해남도 57
해륙비(海陸比) 39
해만(海灣) 337
해문수도(海門水道) 79

해법(海法) 6
해분(海盆) 337
해사관습법(海事慣習法) 4
해사법(海事法) 6
해사안전위원회(海事安全委員會) 609
해사자문기구(海事諮問機構) 611
해상 투기오염에 대한 입법의무 694
해상인명안전협약(海上人命安全協約) 612
해석선언(解釋宣言) 397, 443
해수유탁처리의 협력에 관한 협정(1971) 667
해양경계분쟁 해결 362
해양경계분쟁(海洋境界紛爭)의 해결 494
해양경계획정 357, 517
해양고원 744
해양과학기술의 발달 655
해양과학기술의 이전 860
해양과학위원회 860
해양과학조사 시설 및 장비 858
해양과학조사를 위한 국제협력 859
해양관할선언(1945) 349
해양군도(海洋群島) 40
해양기술 862
해양기술의 개도국에로의 이전 864
해양기술의 이전의 문제 862
해양법(海洋法) 3, 648
해양법연구소(미국) 739
해양분쟁(海洋紛爭)의 평화적 해결 871
해양산맥 481, 742
해양연구 장기확장계획 663
해양오염 전문가회의 664
해양오염규제에 관한 일반적 의무 691
해양오염규제의 법적의무화 691
해양오염분과위 662
해양오염에 관한 정부간 작업그룹의 원칙(1971) 691
해양의 경제적 이용활동 391
해양의 과학적 조사 393, 849

해양의 무한한 자체정화능력 601
해양의 무한한 자체정화능력(自體淨化能力) 600
해양의 점유(占有) 불가능성 600
해양자료수집기기 858
해양자원(無枯渴性)의 무고갈성 600
해양자유권 372
해양저 476
해양점유(海洋占有)의 불가능성 600
해양주권론 106
해양지배 104
해양질서의 무정부상태 779
해양탐사 국제위원회(1920) 653
해양투기 기인오염 669
해양투기방지협약(1972) 687
해양포유동물 389
해양학에 관한 과학적 연구를 위한 사무국간 위원회 663
해양환경(海洋環境) 648, 683, 860
해양환경보존위원회(海洋環境保存委員會) 611
해양환경보호를 위한 국제협력기구 661
해양환경보호위원회 662
해양환경에 관한 국가의 일반적 의무 선언 710
해양환경오염에 관한 범지구적 조사계획 663
해양환경의 보호와 보존 394, 647
해양환경의 오염 682
해양환경침해의 책임과 구제 709
해운위원회 609
해운환경보호 861
해원(海員)의 고용계속에 관한 협약(1976) 617
해저개발 기인오염 669
해저고지 484
해저기구의 최고의사결정기관 806
해저돌출부(海底突出部) 744
해저분쟁재판부 894
해저사주(海底砂洲) 67
해저열수광화작용(海底熱水鑛化作用) 749
해저의 지형학적 구성비 743

해저자원개발권(海底資源開發權) 745
해저전선 및 관선부설의 자유 398, 643
해저전선보호협약(1884.파리) 643
해저탐사 684
해저탐사 및 개발활동 기인오염 688
해저평화이용 감시위원회 674
해저평화이용위원회 674
해저화산 742
해적선(海賊船) 628
해적선(海賊船)·해적항공기(海賊航空機)의 나포와 처벌 629
해적선·해적혐의의 처벌 630, 632
해적행위 628
해적행위에의 종사 635
해적행위의 진압 627
해주만(海州灣) 77, 78
해중투기오염 684, 686
해초(海礁) 71, 75
해퇴(海堆) 744
해항(海航)의 국제제도를 위한 제네바협약(1923) 342
해협 223
해협(海峽)의 잠항통항권(潛航通航權) 239
해협통항제도(海峽通航制度) 238
핵무기 확산금지조약(1968) 654
핵무기확산금지조약 655
핵물질운반자의 민사책임에 관한 협약 711
핵선박운영자의 책임에 관한 협약 711
핵실험금지협약(核實驗禁止協約.1963) 604
핵추진잠수함(核追進潛水艦) 239
핵확산금지조약(核擴散禁止條約.1968) 757
허용어획량 375
헤이그 국제법전편찬회의(1930) 469
헬싱키 규칙(1966) 654
혐의선박의 나포권 639
협상그룹 16
협약 외 개발체제 780

형사재판관할권　615
형평설　294
형평스런 활용의 원칙　654
형평에 맞는 조건　384
형평의 원칙　358
형평의 원칙 수정안　490
홍해와 Aden만 지역계획　671
화산맥　742
화조산(花鳥山)　79
환경 입법의 범위와 한계　695
환경법　648
환경보호 기본원칙　661
환경보호를 위한 협력의 의무　699
환경위해물질의 규제　658
환경입법의 의무　692
환경적 규제조치의 의무　700

환경적 행동계획　649
환경평가의무　667
환경피해의 책임보장을 위한 국제적 협조체제　711
환초(環礁)　300
황동중국해　456
황해(黃海)　415, 447
황해와 동중국해의 어족자원 개발현황　449
횡사(橫沙)　74, 79
후법 우선의 원칙　9
흑산군도　127
흑산해협(黑山海峽)　128
흑해　161
흑해지역계획　672
흑해해협　249

영 문

(A)

ADIZ(Air Defence Identification Zone) 397
AOSIS 730
Abia 조약 672
Abidjan 조약 671
Abyssal plains and hills 742
Ad Hoc Chamber of SBDC 895
Ad Hoc Seabed Committee 762
Ad Hoc Working Group of Experts on Biological Diversity 719
Ad Hoc Working Group of Technical and Legal Experts 719
Ad hoc Legal Committee 662
Adjacent States 134
Admiralty Law 6
Agenda 21 626, 717, 720, 726
Agreement on Great Lakes Water Quality(1972) 659
Alliance of Small Island States 723
Amoco Cadiz호 680
Anglo-French Arbitration case 505, 516
Anglo-Norwegian Fisheries case(1951) 32, 49, 75, 754
AntiSubmarine-Warfare Sonar Array 405
Approval of plans of work 817
Approval of plans of work for exploration 817
Aquaba만 226
Araunah호 case 216
Argonaut 313
Asian-African Legal Consultative Committee(1970) 351
Aves 섬 297

(B)

Babel Mandeb해협 266
Bahamas 301
Baltic해협 616
Balt해 지역협력기구 667
Balt해 해양학자 회의(1970) 668
Balt해협 253
Bangladesh분쟁 263
Banking System 769, 827
Barcelona 자유통상협약(1921) 342
Barcelona 조약 670
Basin 337
Bay of Tunis 753
Bayonne조약(1866) 652
Bengal만 263
Berhanti Batu 260
Bering Sea 388
Biodiversity 718
Black Sea 161
Blocking Vote 800
Boat Paper 782
Bonn 협약 666
Bosporus 해협 249
Bothnia 668
Brittany 680
Brown Bank 519
Buffalo Rock 260
Bureau of Mines, US Dept. of the Interior 739

(C)

CBD 718
CDZ(Critical Defense Zone) 142

COP 717, 729
CPC 664
CRISTAL 715
CSD 726
CTH(capacity to harvest) 376
Cairo선언 319
Cape Elizabeth 522
Caracas 677
Caracas회기(1974) 237
Cartagena 조약 671
Caspian Sea 339
Casting vote 800
Certifying State 825
Chamber Voting 800
Channel 제도(諸島) 509
Chile./Argentina 해양경계합의(1984) 444
Clarion 섬 297
Clarion-Clipperton 748
Clark Line 177
Clipperton Island case 321
Clipperton 섬 297
Code of Conduct for Responsible Fishing 722
Comino 525
Cominotto 525
Commission on Sustainable Development 726
Commission on the Limits of the Continental Shelf 745, 786
Committee on Protramme and Coordination 664
Committee on Shipping 609
Committee Ⅲ 677
Conference of Parties 717, 729
Consensus 17
Consolato del Mare 4
Consortia 824

Consortium 815
Continental rise 742
Continental shelf 742
Continental slope 742
Convention on Biological Diversity 718
Copenhagen 협정 667
Copenhagen조약 253
Cordoba case(1912) 100
Corfu Channel case(ICJ. 1949) 145, 162, 223, 651
Corpus Iuris Civilis 30
Council members representing special interests 790
Cuba/Haiti - Navassa Isl.(U.S. vs Haiti)(1977) 446
Cunard S.S.C. vs Mellon case(1923) 98

(D)

Dagelet 313
Danish straits 253
Dardanells조약 250
Dardanells해협 249
David case 145
De dominio maris dissertatio 106
Declaration of Gentleman's Agreement 17
Declaration of Panama 355
Deep Sea Venture Group 824
Delimara곶 529
Digesta 598
Dinkum Sands 288
Director-General 809
Dominium 105, 111
Dover해협 267
Dumping Convention 695

(E)

ECE 659
ECOSOC 664, 726, 762
EEC 659
EEZ(the Exclusive Economic Zone) 349
EPC 811
Earth Summit +5 720
Earth Watch System 666
Eastern Channel 122
Eastern Greenland Case 753
Economic Commission for Europe 659
Economic Planning Commission 786, 811
Economic and Social Council 664
Eddy-Stone Rock 510
Eisler case 100
Ekofisk 689
Enterprise 786
Enterprise System 768
Estonia 669
Estuaries 46
European Economic Community 659
European Union 669
Evensen Group 16, 678
Evensen Working Group 771
Exclusive Fisheries Zone(EFZ) 356

(F)

Ferro-manganese nodule 468
Filfla 525
Finland 668
Fishery Conservation and Management Act of 1976 379
Frisian군도 271
Funndy만(灣) 518

(G)

GDS(geographically disadvantaged States) 383
GEF 728
GESAMP 664
GIPME 663
Gabe만 514
Galapagos광상 749
General Committee 840
Georges Bank 519
Gibraltar해협 255
Global Environment Facility 728
Global Environment Monitoring System 666
Global Investigation of Pollution in Marine Environment 663
Gozo 525
Grand Bank 721
Great Belt 253
Great Lakes 339
Group A 791
Group B 792
Group C 793
Group of 21 16
Group of 77 800
Guadalupe 섬 297
Guaymas Basin 749
Guide Line 304
Gulf 337
Gulf of Maine case(1984) 365, 366, 518
Gulf of Manar 753

(H)

HMS Challenger호 469
Hard Law 720
Hardware 862

Hay Bunau-Varilla Treaty 98
Hebrides제도 271
Helsinki 협약 667
Henry L. Marshall case 216
High Seas 597
Horburgh 260
Hormuz해협 264
Hovering Act 215

(I)

IAEA 610, 835
ICAM 723
ICAO 663
ICES 623, 653
ICJ 876
ICNT 354, 480, 489, 679
ICO 663
ICSPRO 663
IFF(identification friend or foe) 212
IGOSS 663
IIL 13
ILA 13
ILA총회(1986.서울) 365
ILC 14, 39
IMCO 609, 611, 663, 692, 835
IMO 611, 692
INCO Group 824
INMARSAT 619
IOC 663, 724, 762, 860
IPCC 724, 729
IRO 834
IRS 666
ISBA 690, 693, 786
ISNT 48, 353, 477, 488, 679
ITLOS 786, 889
IWC 390

Imperium 105
Individual volcanoes and composite volcanic ridges 742
Indo/Burma - Narcondam Isl.(1986) 444
Indo/Sri Lanka - Kachchaitivu Isl.(1974) 444
Informal Single Negotiating Text 48
Integrated Global Ocean Station System 663
Inter-governmental Maritime Consultative Organization 835
Inter-governmental Oceanographic Commission 663, 724, 860
Inter-governmental Panel on Climate Change 729
International Atomic Energy Agency 835
International Baltic Sea Year(1970) 668
International Court of Justice 876
International Referral Service 666
International Refuge Organization 834
International Sea-Farer's Code 617
International Servitude 107
International Tribunal for The Law of the Sea 786
International Whaling Commission 390
Iran/Qatar - Halul Isl.(1970) 446
Irish Formular 478, 485
Island of Palmas case(1928) 321
Ixtoc 689

(J)

JEFERAD 839
Jacques Cartier Pass 234
Jerba 섬 514
Jiddah 조약 671
Juan de Fuca Ridge 749
Juan de Fuca Strait 234

(K)

Kennecott Consortium 824
Kennecott Group 824
Kerkennah 제도 514
Korea Strait 122
Kutchuck-Kainerdji조약 250
Kuwait 조약 670

(L)

L'Esperance 섬 298
LEPOR 663
LL/GDS 16
LL/GDS Group 343
LLC 383
LSI 739
LTC 811
Lake Lanoux case 651
Latvia 669
Lausanne조약 251
Le Louis case 215
Legal Committee 611
Legal and Technical Commission 787, 811
Lex Lata 785
Liancourt Rocks 313
Libya 45
Libya/Malta case(1985) 366
Licensing System 768
Lima Declaration on the Law of the Sea 351
Lima 협약 672
Limits in the Seas 53
Liquor Treaty 217
Lithuania 669
Little Belt 253
Lockheed Group 824
Lombok해협 259
London조약(1841) 250
Long Term Expanded Programme of Ocean Research 663
Loran 641
Lotus case 615

(M)

MARPOL 1973 676
MEPC 662
MOU 829
MSR 393
MSY 376, 625
Mac Arthur Line 330, 332, 410
Magnuson Act 518
Main Strait 260
Main Trends 345
Malacca해협 258, 616
Maldives 301
Malta 525
Manganese Nodules 747
Mare Clausum 105
Mare Liberum 5, 105, 598
Marine Environment Protection Committee 662
Marine Mammals 389
Marine Scientific Research 393
Maritime Environment Preservation Committee 611
Maritime Law 6
Maritime Safety Committee 609
Marmara해 249
Massachusetts 521
Memorandum of Understanding 829
Military Demarcation Line Extention 461
Montreux조약 249, 252
Moratorium 493
Moratorium 결의(1982) 390

Moray Firth 871
Mortensen-Peters 원칙 872
Murry Renard Reports(1891) 469
Muscat Dhow case(1905) 607

(N)

NASCO(North Atlantic Salmon Conservation Organization) 386
NEAFC 623
NG-1 773
NG-2 773
NG-3 773
NG-7 489
NGO 724
NIEO 768, 775
NLL 138, 461
NPT 654
Nantucket 523
Natuna Islands 277
Nauru 301
Negotiating Group 773
Negotiating Groups 16
Negotiating Text 18
New Hampshire 521
Non-Governmental Organization 724
North East Channel 519
Northern Limits Line 138, 461
Northern Trends 728
Nottebohm case(1955) 607
Nova Scotia 520, 521

(O)

ODAS 858
OILPOL 1954 676
OSY 379
OSY(optimum sustainable yield) 376, 379
Ocean Management incorporated 824
Ocean Mineral Company 824
Ocean Mining Association 824
Oceanic ridges and rises 742
One Fathom Bank 260
Opposite States 134

(P)

P & I 715
PCIJ 876
POPs 725
Pandectae 598
Paracel Isl. 57
Parallel System 769, 813
Paria만 470
Paria만 조약(영국-베네수엘라.1942) 497
Paria항 470
Paris조약(1856) 250
Patterson vs Bark Ecuador case 93
People vs Wong Cheng case(1922) 99
Permanent Court of International Justice 876
Philip Channel 260
Pioneer activities 826
Platform Alpha (A) 689
Platform Bravo (B) 689
Plenary 837
Poggioli case 95
Potsdam선언 334
Preparatory Commision 777
Principle of Estoppel 91
Production Ceiling 832
Prospective Pioneer Investor 826
Protection & Indemnity 715
Public Minister vs Jensen case(1894) 99

(Q)

Qualified Majority 802

(R)

RSNT 49, 164, 353, 488, 679
Radar 641
Ras Ajdir 529
Ras Zarruq 529
Rasii-Wardija 529
Rebecca case 100
Redstart case(1985) 100
Regional Division 794
Report of the Ad Hoc Commitee 763
Revenue Sharing Scheme 803
Revised Single Negotiating Text 164
Rhodian Sea Law 4
Rift Zone 526
Rio Summit(1992) 626, 648, 716
Rio 선언 716
Rio원칙선언 720
Rockall 섬 297
Roms Head 510
Rules of Procedure 17

(S)

SAC 376
SAR Convention 621
SBDC 786, 882, 894
SBI 730
SBSTA 730
SBSTTA 731
SCAP 332
SCMP 662
SID/NET 723
SID/TAP 723
SOLAS 612
SOLAS 개정협약(1983) 617
SOSUS 405
SSBN 126, 239
STCW협약 617
Sable 곶 523
Salley and the Newton case(1806) 99
San Francisco 강화조약(1952) 331, 334
San Francisco 평화협정 411
Santa Barbara 688
Santiago Declaration 351
Sea-bed Dispute Chamber 786
Sea-bed committee 762
Seal섬 522
Secretariat 810
Seven Stones Reef 602
Sheikh of Abu Dhabi 중재사건 472
Sicily 511, 525
Sidra 45, 257
Sito case 216
Skagerrak 668
Skaw 668
Skjaergaad 32
Small Islands States 722
Socotra Rocks 335
Soft Law 720
Sound 253
Special Commission 837
Special Commissions 838
Sponsoring State 825
St. Paul 섬 298
St. Peter 섬 298
Standing Seabed Committee 763
Stockholm 인간환경회의 659
Stockholm선언 673
Strait of Tiran 234
Sub-Committee on Oil Pollution 662
Submarine elevations 744

Subsidiary Body for Implementation 730
Subsidiary Body for Scientific and Technological Advice 730
Sunda해협 259
Sverre case (1907) 99

(T)

TAC 376, 625
TOVALOP 715
Tanker 655
Tariff Act(1922) 216
Territorial Sea 109
Thalweg 136
The Anna case(1805) 111
The Antarctic Treaty 432
The Area 743
The Commission to Study the Organization of Peace 738
The Conference of Baltic Oceanographers 668
The Convention on Biological Diversity 720
The Declaration of Santo Domingo(1972) 351
The Final Act 785
The Framework Convention on Climate Change 720
The Group of Legal Expert on Seabed Dispute 776
The International Council for the Exploration of the Sea 653
The Law of the Sea Institute 739
The North Sea continental shelf case(1969) 473
The Rio Declaration of Principle 720
The Statement on Forest Principles 720
The Tempest case(1859) 99
The Three Tiers Decision Making System 801
The United Nations Framework Convention for Climate Change 729
The polluter-pays system 670
Tiran해협 226
Titanic 613
Tordesillas 5, 104
Torres해협 364
Total Exclusion Zone 181
Trail Smelter 원칙 650
Treaty on the Non-Proliferation on Nuclear Weapons 654
Trenches 742
Trinidad 470
Truman 선언(1945) 470
Tunisia/Libya case(1982) 364, 366, 374, 512, 532
Tunisia연안 514
Turkey해협 249

(U)

U-boat 161
U.K.C 261
U.N. Marine Resources Agency 739
U.N. Maritime Conference 662
U.S.Navy "TACAID" 195
UNCED 626, 648
UNCLOS Ⅲ 674
UNCTAD 343, 609
UNEP 647, 663, 664, 725
UNESCO 663
UNFCCC 717, 729
UQC 195
Ukraine/Romania - Serpents/Zemiyney (1997) 445
Unitary System 769
United Nations Convention on the Law

of the Sea 778
United Nations Educational Scientific Cultural Organization 663
United Nations Environment Programme 664
Unkiar Skelessi조약 250
Ushant섬 511
Utrecht조약 255

(V)

Valletta 526
Verification of flag 634
Vilkitsky해협사건 206

(W)

WHO 835
Waston case(1856) 99
Western Channel 122
Whisky on the Rocks case 196
Wildenhus case 99
Working Group 768
World Health Organization 835
World Wildlife Fund 725

(Y)

Yaunde선언 352

(a)

a mini-treaty system 780
a nascent legal force 761
ad hoc arbitral tribunal 875
adjacency 520
adjacent States 356
anadromus stocks 385
annual contribution 714
arbitration 874
artificial islands 392
award 497

(b)

bank 744
banks 49
biosafety protocol 731
breath of coastal front 499

(c)

caps 744
catadromus species 386
choke point 125
clearing-house mechanism 731
coastal archipelago 40
cobalt rich manganese crust 748
cod 388
common heritage of mankind 779
common heritage of mankind principle 9
compromisory clause 877
compulsory conciliation 497
conciliation 874
conciliation commission 874
condominium 429
continental masses 476
continental rise 478
continental shelf-proper 467
continental-margine 467
continental-rise 467
continental-slope 467
continuousness 642
convexity 67
crabs 390
customs facilities 345
customs free zones 345

(d)

declaration or statement of policy　397
deeply intended coast line　35
defense zones　173
devices　405
diplomatic means of settlement　875
distance criterion　528
doctrine of constructive presence　216
double voting system　728
drag dredge technique　735
drying rocks　49
dumping　687
dumping at sea　686
duty free zones　345

(e)

emerged land　476
enclaves　364
environmental action plan　649
envoys of mankind　758
equidistance principle　135
equidistant line　508
estuaries　683
exhaustion of local remedy　871
external group　16

(f)

fjord　32
flag of convenience　608
floating city　392
food-chain　725
foot of continental-slope　478
freedom　237
freedom of navigation　237
full effect　298

full effect line　511
functional approach　8

(g)

good office　873

(h)

half effect　299
half effect line　511
highest-water tide　510
highly migratory species　387
hotness　642

(i)

informal consultation　781
initial contribution　714
inland waters　29
inner continental shelf　531
integrated coastal area management　723
intergovernmental organization　610
internal group　16
internal waters　29
international air space　397
international fluvial law　648
interpretative declaration　397

(j)

jack mackerel　388
jurisdiction　370
jus cogens　9

(l)

laissez faire　604
land locked country　383

land-based pollution 684
latitude 136
legal bay 41
legal means of settlement 875, 889
lobsters 390
local remedy 871
location of basepoints 34
longitude 136
low tide elevation 34, 49

(m)

maximum sustainable yield 376
mean high-water tide 510
mean length 63
mean low water line 57
medial value 63
median line 508
median line principle 135
mediation 874
military zones 173

(n)

national waters 29
non-displacement craft 606
normal baseline 58

(o)

ocean data acquisition system 858
ocean-basin 476
oceanic archipelago 40
oceanic ridges 481
oil slick 689
open registry States 608
operational spill 688
opinio juris 10, 23

opposite States 356
optimum sustainanle yield 379
optional clause 878
other rights 370
outer continental shelf 531
outer space 757

(p)

package deal 18, 21
partial effect 299
particularly sensitive issues 801
persistent organic pollutants 725
pick and choose 21
pioneer investor 785
plateaux 744
pollack 388
pollution from or through the atmosphere 690
pollution from seabed activities 688
polymetallic sulfide deposits 747
pontoon bridge 606
precarious habitat 647
principles of equitable utilization 654
provisional agreements of a practical nature 433
proximity 520

(q)

quid pro quo 18

(r)

radar beacon 618
recommended code of practice 613
reduced effect 299, 444
relinquishment scheme 827
res communis 5, 469, 597

res nullius 469
res omnium communis 599
right of approach 637
right of hot pursuit 216, 639
right of pioneer activity 831
right of search 638
right of visit 634
rises 744
rules of comity 10
ruse 635

(s)

safe guards 679
sector principle 499
security zone 173
sedentary species 390
sedimentary rocks 478
semi-enclosed sea 25
shelf edge 474
ship generated pollution 685
sic 499
sovereign right 370
special rapportour 610
species 718
spurs 744
squid 388
standard deviation 63
standing arbitral tribunal 875
straddling fish stock 387
strict liability 713
structure 405
sub-marine hydrothermalism 749
submerged land 476
submerged sand bank 67
surplus of the allowable catch 376

survival craft thereof 621
sustainable development 649, 716

(t)

terra nullius 598
the law of the sea 648
the ordinary practice of seaman 620
the principle of non-discrimination 817
the right of arrest 639
the second phase 781
the supreme organ of the Authority 806
tonage 400
total allowable catch 376
traffic in transit 344
traffic separation scheme 616
transfer of technology 860
transit passage regime 237
transit state 344

(u)

universality 23

(v)

validity 23

(w)

white zone 429

(z)

zero effect 298, 444, 446
zero effect line 511
zonal approach 8, 675
zone-locked sea area 25

판례 및 중요사건 색인

Anglo-French Arbitration case 505, 516
Anglo-Norwegian Fisheries case(1951) 32, 49, 75, 754
Aramco 중재판결(1958) 94
Araunah case 216
Clipperton Island case 321
Corfu Channel case(ICJ. 1949) 145, 162, 223, 651
Cunard S.S.C. vs Mellon case(1923) 98
David case 145
Eastern Greenland Case 753
Eisler case 100
Franconia호 사건(1876) 107
Gulf of Maine case(1984) 365, 366, 518
Henry L. Marshall case 216
Island of Palmas case(1928) 321
Jan Mayen Case(1993) 367
Lake Lanoux case 651
Le Louis case 215
Libya/Malta case(1985) 366
Lotus case 615
Minquiers and Ecrecos case
Mortensen vs Peters case(1906) 871
Muscat Dhow case(1905) 607
Nottebohm case(1955) 607
Patterson vs Bark Ecuador case 93
People vs Wong Cheng case(1922) 99

Poggioli case 95
Public Minister vs Jensen case(1894) 99
Rebecca case 100
Redstart case(1985) 100
Salley and the Newton case(1806) 99
Sheikh of Abu Dhabi 중재사건 472
Sito case 216
Sverre case (1907) 99
Taiyo Maru사건(1974) 220
The Anna case(1805) 111
The North Sea continental shelf case(1969) 473
The Tempest case(1859) 99
Tunisia/Libya case(1982) 364, 366, 374, 512, 532
Vilkitsky해협사건 206
Waston case(1856) 99
Whisky on the Rocks case 196
Wildenhus case 99
대한항공 여객기 격추사건 209
무로랑 사건(1979) 414
북대서양 연안어업사건(1910) 42
상화환(祥和丸)사건 686
쏘련 원자력잠수함의 일본영해 통항사건 200
아모코, 카디즈호 좌초사건(1978) 656
중국 어뢰정 사건 181
지적편찬(地籍編纂) 사건 321

```
┌─────┐
│판 권│
│소 유│
└─────┘
```

韓國과 바다의 國際法　　　　　定價 45,000원

1999年 2月 6日 發 行
2002年 9月 10日 再發行

　　　　　著　者：金　榮　球
　　　　　發 行 人：朴　重　烈
　　　　　印 刷 處：曉 星 文 化 社
　　　　　發 行 處：曉 星 出 版 社
　　　　　叢書出刊：韓國海洋戰略硏究所
　　　　　登錄番號：02-01-203號(1994年)
　　　　　住　　所：釜山廣域市 中區 中央洞 3街 19-9番地
　　　　　　　　　　Tel. : (051) 462-7207~8
　　　　　　　　　　Fax. : (051) 465-0646

※ 저자의 명시적 승인없이 복사·전재·전자적 재편집을 할 경우
　 저작권법 위반으로 형사적 처벌을 받게 됩니다.